Educational Producer For Your Success

7급 · 경찰직 · 국회직 · 법원직 · 법무사 · 변호사 · 승진 시험대비

고영동 헌법

| 고영동 편저 |

- 최신 헌법재판소 판례 및 개정 법령 반영
- 출제가능성이 높은 쟁점들을 집중적으로 정리

CONSTITUTIONAL LAW

에듀피디 동영상강의 www.edupd.com

고영동 헌법

1판 1쇄   2018년 5월 15일
3판 1쇄   2024년 9월 10일

편저자   고영동
발행처   에듀피디
등 록   제300-2005-146
주 소   서울 종로구 대학로 45 임호빌딩 2층 (연건동)
전 화   1600-6690
팩 스   02)747-3113

※ 이 책은 저작권법에 따라 보호받는 저작물이므로 무단전재와 무단복제를 금지하며 책 내용의 전부 또는 일부를 이용하려면 반드시 저작권자와 에듀피디의 서면 동의를 받아야 합니다.

PREFACE

들어가며

1. 헌법은 현대 행정이 법치국가를 지향한다는 점에서 공무를 담당하거나, 공익과 관련성이 큰 자격 내지 면허를 취득하고자 하는 이들이 필수적으로 알아야 하는 내용에 대해 탐구하는 과목입니다. 헌법이 공무원시험 등 각종 국가고시에 필수과목으로 지정되어 운영되고 있는 이유이기도 한 것입니다.

2. 한편 헌법의 연구대상이 되는 법률관계는 우리가 생활하는 과정에서 인식을 못할 뿐 주변에서 계속해서 일어나고 있습니다. 결코 생소한 내용의 학문이 아닌 것입니다. 이에 헌법은 적절한 사례를 들어 이해하게 되면 매우 재미있는 과목입니다. 따라서 헌법에 대한 입체적 이해를 위해서는 대표적인 사례에 대한 이해 및 그에 대한 문제의식을 갖는 것이 보다 중요합니다.

3. 다만 헌법학에 대한 깊이 있는 고찰은 대학에서 교수님들이 다루어야 할 문제로서 여러분들은 수험생의 신분임을 망각해서는 안 됩니다. 따라서 수험생으로서는 너무 깊이 있는 학설 및 논쟁에 집착하기 보다는 시험과 관련하여 출제가능이 큰 쟁점에 보다 주의를 기울여야 할 것입니다.

공부해야 할 대상

1. 우선 헌법은 다른 법학분야와는 달리 대상이 되는 학문의 범위가 가장 넓은 분야입니다. 그러나 그 출발점은 바로 성문헌법입니다. 성문법 체계 하에서는 성문헌법의 내용이 가장 중요합니다. 따라서 기본서를 볼 때에도 곁에 성문헌법전을 두고 항상 확인하는 습관을 들여야 합니다.

2. 그 다음은 성문헌법에 모든 내용을 담을 수 없기에 성문헌법의 내용을 대신하는 성문법령이 중요합니다. 보통 헌법부속법령이라고도 합니다. 그래서 헌법부속법령에 어떠한 내용이 있는지에 대해서 전부는 아니더라도 주요 내용에 대해서는 숙지하셔야 합니다.

3. 마지막으로 성문헌법 또는 부속법령에 규정이 없거나 그 내용에 대해 다의적 해석이 가능할 경우 그에 대한 학설이 문제됩니다. 다만 여러 학설 중에서 헌법재판소 또는 대법원이 어떠한 학설을 취하느냐에 따라 현재 문제가 된 법률관계의 결론이 좌우되게 됩니다. 따라서 성문법의 문제점 및 그에 대한 판례, 특히 헌법재판을 행하는 헌법재판소에서 어떤 견해를 취하는지가 중요합니다.

4. 이상의 내용을 종합해보면 결국 헌법은 성문헌법전과 헌법부속법령, 그리고 헌법재판소의 결정례가 수험생이 공부해야 할 그 대상이 되는 것입니다.

PREFACE

본 교재의 특징

1. 현행헌법인 제6공화국 헌법전에 대한 조문 순서에 입각하여 헌법부속법령 및 그 내용에 대해 서술하려고 노력하였습니다. 이는 성문법 체계 하에서 성문헌법의 중요성을 항시 강조하기 위함입니다. 다만 헌법재판소의 결정례에 대해서는 대표적인 사례만을 소개하고 세부적인 결정례는 판례집에 싣기로 하였습니다. 기본서로서의 역할에 충실하기 위함을 이해해 주시기 바랍니다.

2. 헌법과 관련하여 고루한 부분에 대해서는 과감하게 생략 내지는 최소화하되 헌법의 내용을 이해하는데 필요하거나 실제 출제가능성이 높은 쟁점에 관한 문제에 대해서는 보다 세분화된 고찰이 가능하도록 하였습니다.

3. 각종 국가고시에 이미 출제되었던 내용을 본문에 보다 많이 반영함으로서 앞으로 있을 시험대비에 충실하도록 하였습니다. 다만 그러다보니 너무 압축적인 서술이 이루어져 내용이 끊기는 듯한 단점도 있었으나, 어차피 기출지문이 다시 시험에 출제되고 또 이에 대비해야 한다는 점에서 행한 부득이한 선택이었음을 양해해 주시기 바랍니다.

4. 기본서의 주된 내용 중 가장 대표적인 기출문제를 병행함으로서 기본서의 내용에 대해 보다 입체적인 이해가 가능하도록 하였습니다.

나가며

정진하시는 수험생들의 노고에 충분한 결실로 답할 수 있는 교재임을 감히 자신해 봅니다. 마지막으로 본 교재가 나오기까지 성의를 다해주신 여러분께 깊은 감사를 드립니다.

고영동

CONTENTS

■ 제1편 헌법 총론

제1장 헌법 ·· 10
1절 헌법의 의의, 특질, 분류 ··· 10
2절 헌법의 해석 ·· 17
3절 헌법의 제정·개정·변천 ··· 19
4절 헌법의 수호 ·· 29

제2장 대한민국헌법 총설 ·· 37
1절 대한민국헌정사 ··· 37
2절 대한민국의 국가형태와 구성요소 ································· 41
3절 헌법의 기본원리 ·· 56
4절 헌법의 기본질서 ·· 72
5절 헌법의 기본제도 ·· 87

■ 제2편 기본권론

제1장 기본권 총론 ·· 162
1절 기본권의 의의 ·· 162
2절 기본권의 본질과 법적 성격 ·· 167
3절 기본권의 주체 ·· 171
4절 기본권의 효력 ·· 178
5절 기본권의 제한과 그 한계 ··· 189
6절 기본권의 확인과 보장 ··· 202

제2장 인간의 존엄과 가치·행복추구권·평등권 ················ 214
1절 인간의 존엄과 가치·행복추구권 ································ 214
2절 평등권 ·· 227

CONTENTS

제3장 자유권적 기본권 ··················· 237
  1절 자유권적 기본권 총론 ··············· 237
  2절 인신의 자유권 ······················· 238
  3절 사생활 자유권 ······················· 260
  4절 정신적 자유권 ······················· 276

제4장 경제적 기본권 ··················· 324
  1절 현행헌법과 경제적 기본권 ··········· 324
  2절 재산권 ······························ 324
  3절 직업선택의 자유 ····················· 335
  4절 소비자의 권리 ······················· 342

제5장 정치적 기본권 ··················· 344

제6장 청구권적 기본권 ················· 350
  1절 의의 및 유형 ························ 350
  2절 청원권 ······························ 350
  3절 재판청구권 ·························· 355
  4절 국가배상청구권 ····················· 360
  5절 국가보상청구권 ····················· 368
  6절 범죄피해자구조청구권 ··············· 374

제7장 사회적 기본권 ··················· 380
  1절 사회적 기본권의 구조와 체계 ········ 380
  2절 인간다운 생활권 ···················· 384
  3절 교육을 받을 권리 ··················· 388
  4절 근로의 권리 ························ 393
  5절 근로3권 ···························· 397
  6절 환경권 ······························ 404
  7절 보건권과 모성을 보호받을 권리 ····· 408

CONTENTS

■ 제3편 통치구조론

제1장 통치구조론의 이론적 기초와 체계 ········ 414
제2장 통치구조의 근본이념 ········ 416
제3장 통치구조의 구성원리 ········ 417
- 1절 국민주권의 원리 ········ 417
- 2절 대의제의 원리 ········ 417
- 3절 권력분립의 원리 ········ 422
- 4절 법치주의의 원리 ········ 427
- 5절 책임정치의 원리 ········ 427

제4장 통치구조의 형태(정부형태) ········ 428

제5장 통치작용(국가기능 · 통치권력) ········ 436
- 1절 입법작용(입법권) ········ 436
- 2절 집행작용(집행권) ········ 440
- 3절 사법작용(사법권) ········ 443

제6장 통치의 기구 ········ 448
- 1절 통치기구의 구조원리 ········ 448
- 2절 국회 ········ 448
- 3절 대통령 ········ 517
- 4절 정부 ········ 556
- 5절 선거관리위원회 ········ 572
- 6절 법원 ········ 574

제7장 헌법재판소 ········ 601
- 1절 서설 ········ 601
- 2절 헌법재판소의 지위 및 구성과 조직 ········ 612
- 3절 위헌법률심판 ········ 633
- 4절 탄핵심판권 ········ 656
- 5절 정당해산심판권 ········ 659
- 6절 권한쟁의심판 ········ 660
- 7절 헌법소원심판 ········ 673

[부록] 대한민국 헌법 ········ 720

헌법 총론

제1장 헌법
제2장 대한민국헌법 총설

PART 01

제1절 헌법의 의의, 특질, 분류

제1항 헌법의 개념

헌법이라 함은 국가의 기본법으로서 국가의 구성, 조직, 작용과 인권보장에 관한 기본적 원칙을 규정한 근본법이라고 말할 수 있다.

I 헌법개념의 양면성

헌법이 동시에 가지는 국가적 공동체의 현실적 권력관계라고 하는 정치적 사실의 측면과 정치적 권력관계를 법적으로 규율하는 법규범의 측면을 헌법의 양면성이라 한다.

II 고유한 의미의 헌법

(1) 국가의 조직과 구성에 관한 근본조직법을 의미하는 헌법이다.
(2) 어떠한 국가든지 반드시 가지고 있는 헌법이다.
(3) 근대입헌주의를 전제로 하지 않는 역사성이 배제된 헌법개념이다.

III 역사적 발전에 따른 헌법

1. 근대 입헌주의 헌법

(1) 개념

1) 개인의 자유와 권리의 보장 그리고 권력분립에 의하여 국가권력의 남용을 억제하는 것을 내용으로 하는 헌법이다.
2) 자유주의적 이데올로기와 대의제를 통한 피치자의 정치과정에의 참여를 담고 있는 헌법이다.

(2) 유형

시민혁명의 경험을 통한 헌법의 성립여부에 따라 ① 진정한 입헌주의 헌법(1776년 Virginia헌법, 1787년 미국 연방헌법, 1791년 프랑스헌법)과 ② 명목적(외견적) 입헌주의 헌법(1871년 비스마르크헌법, 1889년 일본국 헌법)으로 나뉜다.

2. 현대 복지주의 헌법

1) 근대 입헌주의 헌법을 기초로 하여 복지국가의 이념이 가미된 헌법이다.
2) 양차대전 이후 대두된 자본주의사회의 구조적 모순을 극복하기 위하여 등장한 헌법이다(1919년의 바이마르헌법).

Ⅳ 존재형식을 기준으로 한 헌법개념(형식적 의미의 헌법과 실질적 의미의 헌법)

1. 형식적 의미의 헌법

(1) 내용을 불문하고 헌법전의 형식으로 존재하거나(존재형식 기준), 최고의 형식적 효력을 가진(형식적 효력 기준) 법을 헌법이라 할 경우의 헌법이다.
(2) 특별한 기관에 의하여 제정되고 특별한 절차를 통해서만 개정될 수 있는 헌법이다.
(3) 보통 성문헌법과 동일한 의미로 쓰인다.
(4) "영국에는 헌법이 없다"고 말하는 경우에는 형식적 의미의 헌법이 없다는 것을 의미한다.
(5) 그 내용에 상관없이 헌법으로서의 효력을 가진다.

2. 실질적 의미의 헌법

(1) 국가적 공동생활에 관한 기본적 사항(헌법사항)을 규정하는 법규범의 전체이다.
(2) 헌법전을 비롯하여 법률·명령·규칙은 물론 헌법적 관습도 헌법사항을 규정한 것이면 모두 포함한다.
(3) 헌법전의 형식으로 존재하는 경우에는 헌법으로서의 효력을, 법률의 형식으로 존재하는 경우에는 법률로서의 효력을 가진다.
(4) 실질적 의미의 헌법과 고유의 의미의 헌법은 헌법의 형식보다 국가의 존재를 전제로 그 내용을 중시한다는 점에서는 동일하다.

3. 양자의 불일치

(1) 입법기술상 실질적 의미의 헌법을 전부 성문화하는 것은 불가능하다.
(2) 편의상 빈번하게 개정할 필요성이 있는 것은 실질적 의미의 헌법에 해당하는 사항일지라도 성문화하지 않는다.
(3) 헌법정책상 실질적 의미의 헌법에 해당하지 않더라도 특별히 그 개정을 곤란하게 하기 위하여 헌법전에 수록한다.
(4) 헌법사항은 그 본질상 가변적이다.

형식적 의미의 헌법이지만 실질적 의미의 헌법이 아닌 것	형식적 의미의 헌법은 아니지만 실질적 의미의 헌법인 것	
• 스위스헌법의 도살조항 • 미연방헌법의 금주조항 • 바이마르헌법의 풍치조항 • 벨기에헌법의 선혼인후거례조항 등	• 정부조직법 • 법원조직법 • 공직선거법 • 선거관리위원회법 등	• 국회법 • 헌법재판소법 • 정당법

제2항 헌법의 본질

I 법실증주의

1. A. Comte의 철학적 실증주의, 자연과학의 발전, 유물론 등의 영향을 받았다.
2. 실정법의 무흠결성을 강조하면서 법의 해석·적용에 있어서의 학문적 객관성을 확보하고자 한다.
3. 대표적 학자로 G. Jellinek, H. Kelsen을 든다.

구분	G. Jellinek	H. Kelsen
방법론적 기초	• 방법이원론 • 완성된 사실의 이론 • 자연법을 인정 • 관습법 및 헌법변천을 긍정	• 규범 중심의 방법일원론 • 자연법을 부정 • 관습법 및 헌법변천을 부정
국가관	국가와 사회를 구별하면서 국가는 이미 주어진 것으로 전제	
	국가양면설, 국가법인설, 국가주권설	법단계설
헌법관	헌법해석도 일반 법률해석과 동일	
헌법의 타당성 근거	헌법규범 그 자체의 내재적 논리	근본규범
기본권관	• 상태-지위이론 • 기본권의 분류 : ① 국가에 대한 의무, ② 자유권, ③ 수익권, ④ 참정권 • 자유의 성격 : 국가가 법에 의하여 제한이 가능한 법률 안에서의 자유	• 관계이론 • ① 수동적 관계, ② 능동적 관계, ③ 소극적 관계 • 자유의 성격 : 국가가 법을 규정하지 않음으로써 인정되는 '반사적 이익' 내지 '은혜적인 것'에 불과
통치구조관	자기목적적 강제질서	단계석 법정립 기능
공적	전제군주에 의한 자의적인 통치를 막기 위하여 규범에 의한 통치, 실정헌법의 의미를 강조한 점	
	공권의 지위를 반사적 이익에서 주관적 공권으로 끌어올린 점	방법의 순수성을 일관성 있게 유지하여 법학의 순화를 시도한 점
비판	• 법의 정당성의 근거를 절차적 합법성에서만 구한 점 • 기본권을 통치구조의 장식품으로 전락시킨 점	
	• 방법혼동주의에 빠졌다는 점	• 근본규범에 관한 설명에서는 법실증주의적 태도가 관철되고 있지 않다는 점 • 모든 현실적 요소를 법학에서 배제함으로써 법과 법학을 형식화하고 추상화한 점

Ⅱ 결단주의

1. 바이마르헌법 당시의 혼란 상태를 정당한 국가보다는 자유와 안전 및 평화를 보장할 수 있는 강하고 힘 있는 국가를 통하여 극복하려는 헌법관이다.
2. 대표적 학자로 C. Schmitt가 있다.

구 분	내 용
방법론적 기초	존재일원론
국가관	국가와 사회를 구별하면서 국가(시민적 법치국가)는 이미 주어진 것으로 전제
헌법관	헌법과 헌법률의 구별(헌법제정권력과 헌법개정권력의 구별)
헌법의 타당성 근거	헌법제정권자의 정치적 의지
기본권관	• 기본권은 전국가적·초국가적 성질로서 자유권이 중심 • 배분의 원리(개인의 자유영역은 무제한적이고, 국가권력은 제한적)
통치구조관	• 정치적 영역으로서 민주주의가 지배하는 통치구조는 비정치적(국가로부터의 자유) 영역으로서 법치주의가 지배하는 기본권과 이념적 단절관계
공적	• 현실적인 것·정치적인 것의 설명을 제공하여 형식주의적 사고를 극복 • 헌법의 생성적 측면을 고찰하여 동태적 측면을 강조 • 헌법제정권력을 해명함으로써 국민주권론의 확립을 시도 • 기본권을 전국가적·초국가적 권리로 파악하여 인권옹호적 측면을 강조
비판	• 헌법제정권자의 의지를 중요시한 나머지 헌법의 규범성을 경시 • 정당한 질서의 중요성을 무시하여 독재권력에 봉사할 위험 • 결단의 결과만을 문제 삼고 결단이 이루어지는 과정을 도외시

Ⅲ 통합주의

1. 바이마르헌법 당시의 혼란과 무질서, 그리고 갈등과 분쟁을 Litt의 가치론과 Hegel의 국가관을 통하여 극복하고자 한 헌법관이다.
2. 대표적 학자로 R. Smend가 있다.

구 분	내 용
방법론적 기초	• 국가와 헌법을 정신과학적으로 인식하고 규범과 현실의 상호관련성을 강조 • 존재론적, 현상학적 접근방법
국가관	• 국가와 사회의 구별을 부정하면서 국가란 동화되고 통합되어 가는 과정 • 통합은 사회구성원이 공동의 가치를 중심으로 정치적 통일체인 국가를 성립시키거나 형성하는 것 • 국가작용을 기본권적 가치의 실현을 위해서 마련된 헌법상의 통합기능적 메커니즘으로 이해 • 국가는 사회의 자기조직으로 파악
헌법관	• 헌법은 국가의 기본적 법질서로서 계속적으로 통합과정에 있는 현실(동태적 헌법관) • 헌법의 개방성(가치는 고정적인 것이 아니고 부단히 변화하는 것)
헌법의 타당성 근거	• 최고규범성(헌법은 사회구성원이 합의한 가치질서)

기본권관	• 민주주의국가(복지국가, 사회국가, 사회적 법치국가)에서의 기본권(Smend) • 주관적 공권으로서의 측면보다 객관적 법질서로서의 성격이 더 중요 • 국가로부터의 자유가 아니라 국가를 향한 자유로서의 의미(Hesse에 의하여 기본권의 이중적 성격론으로 발전) • 비개인적이고 제도적인 것(Häberle에 의하여 제도적 기본권론으로 발전) • 법적 권리로서의 성격과 정치적 권리로서의 성격
통치구조관	• 기본권과 통치구조는 동일한 정치적 구성부분(이념적으로 단절관계에 있는 것이 아님) • 통합의 핵심인 가치체계로서의 기본권실현을 위한 수단 내지는 기술적 장치(전국가성과 개인적 자유의 대국가적 방어권성에는 동의하지 않음)
공적	• 기본권과 통치구조의 단절을 극복 • 자유의 형식적 보장만이 아니라, 국가권력에 의하여 실질적으로 자유가 보장되어야 한다는 새로운 기본권 해석방법을 시도
비판	• 통합의 중요성을 강조하여 헌법의 규범성을 지나치게 소홀히 취급 • 국가적 통합구조가 과대평가되어 개인의 유기적 위치설정이 지나치게 경시 • 법과 정치를 혼동한 방법혼동주의에 빠짐 • 부분보다는 전체를, 다양성보다는 통합을 강조하는 점에서 전체주의의 위험성이 있음

제3항 헌법의 특질

사실적 특질	규범적 특질	구조적 특질
정치성 이념성 역사성 개방성 가치성	최고규범성 수권적 조직규범성 및 권력제한규범성 생활규범성 자기보장규범성 골격규범으로서의 성격 기본권보장규범으로서의 특질	간결성 미완결성 추상성 불확정성

제4항 헌법의 분류

I 존재형식에 의한 분류

1. 성문헌법과 불문헌법

성문헌법	불문헌법
• 모든 헌법사항이 반드시 헌법전에만 규정될 것 불요 • 다른 법률에 의하여 헌법사항을 규정하는 것 허용	• 형식적 의미의 헌법과 실질적 의미의 헌법이 구별되지 않음
• 성문헌법이 반드시 경성헌법인 것은 아님	• 불문헌법은 필연적으로 연성헌법
• 성문헌법국가에서도 성문헌법의 규범적 테두리 안에서 관습헌법이 존재 • 관습헌법은 성문헌법의 보충적 효력(통설)[1](≠헌법재판소).	• 위헌법률심사권은 부정 • 헌법변천·헌법해석·헌법보호의 개념은 인정
• 미국, 프랑스	• 영국, 오스트레일리아

2. 관습헌법

(1) 관습헌법의 개념

관습헌법이라 함은 반복하여 행해진 기본적 헌법사항에 해당하는 관례 내지 관행이 헌법으로서의 규범력에 대한 사회구성원들의 법적확신을 통하여, 국가 내의 최고법으로서의 규범성을 획득하여, 헌법과 동일한 효력을 가지게 된 것을 말한다.

(2) 관습헌법의 인정여부

성문헌법이라고 하여도 그 속에 모든 헌법사항을 빠짐없이 완전히 규율하는 것은 불가능하고 또한 헌법은 국가의 기본법으로서 간결성과 함축성을 추구하기 때문에 형식적 헌법전에는 기재되지 아니한 사항이라도 이를 불문헌법 내지 관습헌법으로 인정할 소지가 있다.

(3) 관습헌법의 헌법적 근거

국민주권주의 또는 민주주의는 성문이든 관습이든 실정법 전체의 정립에의 국민의 참여를 요구하는 원리라고 할 수 있다.

(4) 관습헌법의 성립요건

(가) 관습이 성립되는 사항이 헌법적으로 중요한 기본사항일 것

① 관습헌법이 성립하기 위하여서는 관습이 성립하는 사항이 단지 법률로 정할 사항이 아니라 반드시 헌법에 의하여 규율되어 법률에 대하여 효력상 우위를 가져야 할 만큼 헌법적으로 중요한 기본적 사항이 되어야 한다.

---

[1] 다만 헌법재판소는 관습헌법에 대해 성문헌법과 동등한 효력을 인정한다(헌재 2004.10.21. 2004헌마554).

② 헌법기관의 소재지, 특히 국가를 대표하는 대통령과 민주주의적 통치원리에 핵심적 역할을 하는 의회의 소재지를 정하는 문제는 국가의 정체성을 표현하는 실질적 헌법사항의 하나이다.
③ 수도를 설정하는 것 이외에도 국명을 정하는 것, 우리말을 국어로 하고 우리글을 한글로 하는 것, 영토를 획정하고 국가주권의 소재를 밝히는 것 등이 국가의 정체성에 관한 기본적 헌법사항이 된다고 할 것이다.

(나) 관습법의 일반적 성립요건을 충족할 것

관습헌법이 성립하기 위하여서는 관습법의 성립에서 요구되는 일반적 성립요건이 충족되어야 한다. 첫째 기본적 헌법사항에 관하여 어떠한 관행 내지 관례가 존재하고, 둘째 그 관행은 국민이 그 존재를 인식하고 사라지지 않을 관행이라고 인정할 만큼 충분한 기간 동안 반복 내지 계속되어야 하며(반복·계속성), 셋째 관행은 지속성을 가져야 하는 것으로서 그 중간에 반대되는 관행이 이루어져서는 아니 되고(항상성), 넷째 관행은 여러 가지 해석이 가능할 정도로 모호한 것이 아닌 명확한 내용을 가진 것이어야 한다(명료성). 또한 다섯째 이러한 관행이 헌법관습으로서 국민들의 승인 내지 확신 또는 폭넓은 컨센서스를 얻어 국민이 강제력을 가진다고 믿고 있어야 한다(국민적 합의).

(5) 관습헌법의 효력

① 우리나라는 성문헌법을 가진 나라로서 기본적으로 우리 헌법전이 헌법의 법원이 된다.
② 관습헌법도 성문헌법과 마찬가지로 주권자인 국민의 헌법적 결단의 의사의 표현이며 성문헌법과 동등한 효력을 가진다고 보아야 한다.

(6) 관습헌법의 변경

① 관습헌법도 헌법의 일부로서 성문헌법의 경우와 동일한 효력을 가지기 때문에 그 법규범은 최소한 헌법 제130조에 의거한 헌법개정의 방법에 의하여만 개정될 수 있다.
② 형식적인 헌법개정 외에 관습헌법은 그것을 지탱하고 있는 국민적 합의성을 상실함에 의하여 법적 효력을 상실할 수 있다. 관습헌법의 요건들은 그 성립의 요건일 뿐만 아니라 효력유지의 요건이다.

Ⅱ 개정방법에 의한 분류

연성헌법	경성헌법
• 법률의 개정절차와 동일한 절차와 방법으로 개정할 수 있는 헌법 (영국, 1848년 사르디니아왕국헌법, 1947년 이후의 뉴질랜드헌법 등)	• 법률보다 엄격한 절차와 방법으로만 개정할 수 있는 헌법 (거의 대부분의 국가)
• 정국의 불안정에 대한 단점	• 정국의 안정과 헌법의 악용을 방지하고 헌법의 권위를 유지하기 위하여 경성헌법의 형태를 취하는 것이 일반적이지만, 헌법생활에 있어서 불가피한 요구에 신축성을 가지고 적응할 수 없다는 단점 있음

Ⅲ 제정주체에 의한 분류

흠정헌법	협약헌법	민정헌법
군주	군주와 국민대표의 합의	국민

제2절 헌법의 해석

제1항 헌법의 해석

Ⅰ 헌법해석의 의의

(1) 헌법해석이라 함은 헌법조문의 법적인 의미와 내용을 밝히는 헌법인식작용이다.
(2) 헌법이 갖는 간결성·미완결성·추상성·불확정성·개방성이라는 구조적 특질 때문에 헌법해석은 일반 법률해석에 비하여 법보충과 법형성의 폭이 크고 정치적 관점이 개입될 가능성이 크다.

Ⅱ 헌법해석의 방법

1. 전통적 해석방법(=고전적 해석방법)

(1) 전통적 해식방법은 헌법해석이 법률해석과 동일하다고 본다.
(2) Savigny의 4단계 해석방법론(문법적 해석 → 논리적 해석 → 역사적 해석 → 체계적 해석)을 헌법해석의 방법론으로 취한다.

2. 헌법에 고유한 해석방법

헌법의 추상성·개방성이라는 구조적 특질 때문에 규범에 담겨진 기존의 의사를 확인하는 전통적 해석방법은 완결적인 해석방법이 되지 못한다.

제2항 합헌적 법률해석

I 합헌적 법률해석의 개념

1. 법률의 합헌성 추정의 원칙은 미연방대법원이 1827년 Ogden v. Saunder 사건을 통하여 정립하였다.
2. 합헌적 법률해석은 법률의 합헌성 추정의 원칙을 독일연방헌법재판소가 수용하여 발전시킨 것이다.
3. 합헌적 법률해석이라 함은 법률을 해석함에 있어서 위헌적 해석과 합헌적 해석의 가능성이 모두 있는 경우에 이를 합헌으로 판단하여야 한다는 사법소극주의적인 법률해석기법이다.
4. 헌법재판소는 『어떤 법률의 개념이 다의적이고 그 어의의 테두리 안에서 여러 가지 해석이 가능할 때 헌법을 최고법규로 하는 통일적인 법질서의 형성을 위하여 헌법에 합치되는 해석, 즉 합헌적인 해석을 택하여야 한다』고 하여 명시적으로 합헌적 법률해석을 수용하고 있다(헌재 1990.4.2. 89헌가113).
5. 합헌적 법률해석은 법률은 되도록 그 효력을 지속시켜야 한다는 소극적 내용과 헌법정신에 맞도록 법률내용을 제한·보충 또는 새로 형성하는 적극적 내용을 갖는다.
6. 다만 적극적 내용은 입법권이 침해될 가능성이 있으므로 무제한 허용될 수는 없다.

II 합헌적 법률해석과 규범통제의 상호관계

구 분	합헌적 법률해석	규범통제
공통점	· 이론적 근거: 헌법의 최고규범성 · 규범통제와 합헌적 법률해석은 표리관계(합헌적 법률해석이 규범통제에 대한 제약이 되고, 규범통제에 의해서 합헌적 법률해석의 한계가 정해짐)	
차이점	· 법률의 해석이므로 당연히 허용 · 해석규칙(법률의 해석기준) · 법률의 효력을 지속	· 별도의 명시적 근거규정 필요(헌법 제111조 제1항 제1호) · 저촉규칙(법률의 심사기준) · 헌법의 효력을 수호

III 합헌적 법률해석의 이론적 근거(헌재 1990.6.25. 90헌가11)

1. 헌법을 최고법규로 하는 통일적인 법질서의 형성을 위해서나 입법부가 제정한 법률을 위헌이라고 하여 전면폐기하기보다는 그 효력을 되도록 유지하는 것이 필요하다.
2. 권력분립의 정신에 합치한다.
3. 민주주의적 입법기능을 최대한 존중하는 것이 되며, 일부 위헌요소 때문에 전면위헌을 선언하는데서 초래될 충격을 방지한다.
4. 법적 안정성을 갖추기 위하여서도 필요하다.

Ⅳ 합헌적 법률해석의 한계

법률 또는 법률조항은 원칙적으로 가능한 범위 안에서 합헌적으로 해석함이 마땅하나 그 해석은 법의 문구와 목적에 따른 한계가 있다. 즉, 법률의 조항의 문구가 간직하고 있는 말의 뜻을 넘어서 말의 뜻이 완전히 다른 의미로 변질되지 아니하는 범위 내이어야 한다는 문의적 한계와 입법권자가 그 법률의 제정으로써 추구하고자 하는 입법자의 명백한 의지와 입법의 목적을 헛되게 하는 내용으로 해석할 수 없다는 법목적에 따른 한계가 바로 그것이다. 왜냐하면, 그러한 범위를 벗어난 합헌적 해석은 그것이 바로 실질적 의미에서의 입법작용을 뜻하게 되어 결과적으로 입법권자의 입법권을 침해하는 것이 되기 때문이다(헌재 1989.7.14. 88헌가5).

한계	내용
문의적	• 법조문의 문구가 명료하고 일의적이어서 하나의 적용가능성만이 고려되는 경우 합헌 또는 위헌만이 확인될 수 있을 뿐 합헌적 법률해석은 허용되지 않는다.
법목적적	• 합헌적 법률해석이 법목적적 한계에서 벗어나서 전혀 새로운 목적이나 내용을 가지게 하는 것은 실질적인 입법이 되기 때문에 규범통제보다 더 강력한 입법통제적 기능을 하게 된다.
헌법수용적	• 합헌적 법률해석이 헌법규범의 내용을 지나치게 확대해석함으로써 이루어진다면 헌법규범이 정상적으로 수용할 수 있는 한계를 넘어서는 것으로 허용되지 않는다.
기본권 보장적	• 정신적 자유권을 규제하는 입법의 경우 합헌적 법률해석이 제한된다.

Ⅴ 합헌적 법률해석에 따른 헌법재판소의 결정유형

유형	의미
한정합헌결정 한정위헌결정	• 한정합헌결정은 위헌적인 해석 가능성과 그에 따른 법적용을 소극적으로 배제한 것이고, 한정위헌결정은 위헌적인 법적용 영역과 그에 상응하는 해석 가능성을 적극적으로 배제한다는 뜻에서 차이가 있을 뿐, 본질적으로 다 같은 부분위헌결정이다(헌재 1992.2.25. 89헌가104). • 합헌적 법률해석의 전형적인 유형이다.

제3절 헌법의 제정·개정·변천

제1항 헌법의 제정

Ⅰ 헌법제정의 의의

헌법의 제정이라 함은 실질적으로는 헌법제정권자가 행하는 헌법창조행위(헌법제정행위)를 말하고, 형식적으로는 헌법사항의 성문헌법화를 말한다.

Ⅱ 헌법제정권력

1. 헌법제정권력의 의의
(1) 헌법을 시원적으로 창조하는 힘이다.
(2) 정치적 권력인 동시에 헌법에 정당성을 부여하는 권위이다.

[구별개념]

헌법제정권력(=주권)	헌법개정권력	통치권
• 창조적 · 시원적 권력	• 조직되고 제도화된 권력	• 헌법제정권력의 하위 권력
• 특별한 행사절차 없음	• 헌법이 정한 절차에 따름	• 입법권 · 집행권 · 사법권의 총합
• 실정법상 한계 無	• 실정법상 한계 有	

2. 헌법제정권력이론의 형성과 발전

(1) A. Siéyès에 의한 체계화

1) 프랑스혁명 당시 "제3계급이란 무엇인가?"라는 소책자에서 헌법제정권력을 체계화하였다.

2) 주요내용
① 헌법제정권력은 시민계급(국민)에 속하는 것이다.
② 국민에게 속하는 헌법제정권력도 각 계급의 대표로 구성된 제헌의회라는 대의기관에 의하여 행사될 수 있다(대의민주주의의 사상적 선구자).
③ 헌법제정권력은 시원성을 갖는다.
④ 헌법제정권력과 헌법개정권력(전래된 헌법제정권력)은 구별된다.
⑤ 헌법제정권력은 유일불가분이며, 절차면에서 일체의 법적 제한을 받지 않는다.

(2) 법실증주의자에 의한 부인
① 헌법제정권력=헌법개정권력=입법권으로 이해한다.
② 최고권력으로서의 헌법제정권력의 개념을 부인한다.
③ 대표적 학자들로 G. Anschütz, P. Laband, G. Jellinek 등을 들 수 있다.

(3) C. Schmitt에 의한 부활

1) 사상적 배경
A. Siéyès의 이론과 J. J. Rousseau의 국민주권 사상의 영향을 받아 헌법제정권력론을 부활시켰다.

2) 주요내용
① 헌법제정권력의 주체를 국민에게만 한정하지 않는다.
② "헌법제정권력-헌법-헌법률-헌법에 의해서 만들어진 권력"의 위계질서를 인정한다.
③ 헌법제정권력과 헌법개정권력을 구별하였다.

④ 헌법제정권력의 한계를 부인하였다.

[A. Siéyès와 C. Schmitt의 비교]

구 분	A. Siéyès	C. Schmitt
정당성	• 시원성	• 헌법제정권력자의 정치적 의지(결단)
특징	• 시원성 · 무한계성 · 창조성 · 무오류성 • 단일불가분성	• 사실성 · 혁명성 · 정치적인 힘
주체	• 국민(시민계급, 제3계급)	• 신 · 소수자 · 군주 · 국민 등
행사방법	• 제헌의회 • 대의민주주의의 선구자	• 국민투표
헌법개정권력	• 구별 긍정	• 구별 긍정
한계	• 부정	• 부정

3. 헌법제정권력의 본질

① 사실성과 규범성
② 창조성
③ 시원성과 자율성
④ 단일불가분성과 불가양성
⑤ 항구성

4. 헌법제정권력의 주체(헌법제정권력자)

① 헌법제정권력의 주체는 시대에 따라 다르다.
② 프랑스 대혁명기 이래 헌법제정권력의 주체는 국민이다.

5. 헌법제정권력의 행사방법(헌법제정절차)

헌법제정권력의 행사방법을 구속하는 절차는 존재하지 아니하며 그 행사방법을 미리 규정할 수도 없다.

6. 헌법제정권력의 한계

(1) 학설의 대립

(가) 한계부정설

① 헌법제정권력은 시원성을 갖는다(A. Siéyès).
② 헌법제정권력 주체는 절대적 힘, 즉 결단적 의지와 혁명적 성격을 갖는다(C. Schmitt).
③ 헌법제정권력은 입법권과 동일하다(법실증주의).

(나) 한계긍정설(우리나라의 통설)

① 불변의 근본규범(W. Kägi)
② 초국가적 인권과 같은 자연법상의 원리(Th. Maunz)

(2) 헌법제정권력의 내용상 한계

자연법적	• 인간의 기본적 권리는 초국가적인 자연법에서 유래하는 것
정치이념적	• 제헌 당시의 정치상황을 지배하는 시대사상, 정치이념 또는 생활감각의 제약 • 현대 민주국가에 있어서 정치이념인 민주주의
법원리적	• 법적 이성, 정의 또는 법적 안정성 등과 그 사회에 확립된 법률문화에 구속
국제법적	• 패전국 또는 해방된 식민지의 경우

7. 우리 헌법에서의 헌법제정권력

① 제헌헌법 전문은 "대한국민은 … 헌법을 제정한다"고 하여 헌법제정권력이 국민에게 있음을 명백히 하였다.
② 현행헌법은 전문에서 "1948년에 제정되고 8차에 걸쳐 개정된 헌법을 개정한다"고 명시하여 역대헌법의 성격을 모두 개정헌법으로 보고 있다.
③ 현행헌법에 헌법제정권력을 명문화한 규정은 없다.
④ 현행헌법 전문은 헌법을 제정한 주체는 국민임을 분명히 밝히고 있고, 제1조 제2항은 "대한민국의 주권은 국민에게 있다"고 하여 '국민'이 주권자임을 선언하고 있다(헌재 2000.8.31. 97헌가12).

제2항 헌법의 개정

I 서설

1. 헌법개정의 개념

① 헌법의 개정이라 함은 헌법에 규정된 개정절차에 따라(형식적 요건) 기존의 헌법과 기본적 동일성을 유지하면서 (실질적 요건) 헌법의 특정조항이나 특정문구를 의식적으로 수정·삭제·증보하는 행위를 말한다.
② 헌법의 개정은 형식적 의미의 헌법, 즉 성문헌법과 관련된 개념이다.
③ 불문헌법의 개정은 법률개정의 문제로 다루어진다.
④ 헌법재판소는 불문헌법인 관습헌법의 변경에 관해서 우리 헌법의 경우 헌법 제10장 제128조 내지 제130조는 일반 법률의 개정절차와는 다른 엄격한 헌법개정절차를 정하고 있으며, 동 헌법개정절차의 대상을 단지 '헌법'이라고만 하고 있으므로 관습헌법도 헌법에 해당하는 이상 여기서 말하는 헌법개정의 대상인 헌법에 포함된다고 보아야 한다고 판시하여 헌법개정의 문제로 보았다(헌재 2004.10.21. 2004헌마554).

[헌법개정과의 구별개념(C. Schmitt)]

헌법의 파괴	• 헌법제정권력의 주체를 변경하는 혁명과 같이 헌법의 기본적 동일성이 상실되는 것(프랑스혁명, 바이마르헌법의 제정) • 헌법의 파괴는 평화적인 방법으로 이루어지기도 함(1947년 일본헌법)
헌법의 폐제	• 헌법제정권력의 주체는 경질되지 아니하면서, 즉 헌법의 기본적 동일성은 유지하면서 기존 헌법을 폐지하는 것(예 쿠데타, 정변)
헌법의 침해	• 위헌임을 인식하면서도 의식적으로 특정한 헌법조항에 위반되는 명령의 발포나 공권력을 행사하는 것으로 헌법조항의 효력에는 영향이 없다는 점에서 헌법개정과 구별 • 당해 헌법조항의 효력은 계속 유지
헌법의 정지	• 특정한 헌법조항의 효력을 일시적으로 중단시키는 것 • 합헌적 헌법정지와 위헌적 헌법정지
헌법의 변천	• 헌법의 특정조항이 의식적으로 변경되는 것이 아니라 조항의 외형에는 영향을 주지 않으면서 그 의미와 내용만이 실질적으로 변질되는 것

II 헌법개정의 불가피성 : 헌법의 규범력 확보

1. 변화된 정치적·경제적 상황에 적응하여 헌법의 실효성 유지(헌법의 현실적응성과 실효성의 유지)
2. 폭력에 의한 헌법의 파괴나 폐제 방지
3. 정치세력들 간의 갈등과 대립 해소(헌법파괴·폐제의 방지)
4. 헌법제정 당시에 그 제정과정에 참여하지 못한 새로이 형성된 정치집단에게도 헌법형성에 참여할 기회 제공 (헌법정책적 필요)
5. 헌법규범과 헌법현실 사이의 괴리를 좁혀 궁극적으로 헌법의 규범력 유지

III 헌법개정의 형식과 방법

1. 헌법개정의 형식

수정식(개폐식)과 증보식(추가식)이 있다.

2. 헌법개정의 방법

① 헌법회의 소집에 의한 방법
② 국민투표에 의한 방법: 개헌안을 일단 의회에서 심의·의결한 후 국민투표로 확정시키는 방법(현행헌법)
③ 일반 입법기관에 의한 방법: 헌법개정은 의회의 의결만으로 가능하나, 그 개정절차를 일반법률보다 엄격하게 정하는 방법(제헌헌법, 독일기본법)
④ 연방제의 개헌방법: 연방헌법에 특유한 것으로서 지분국가의 동의가 필수요건임

Ⅳ 헌법개정의 한계

1. 학설의 대립

(1) 한계긍정설(통설)
1) 헌법제정권과 헌법개정권을 구별하여 헌법제정권자가 내린 근본적 결단으로서의 헌법은 헌법률과 달라서 헌법개정의 대상이 되지 않는다(결단주의 헌법관).
2) 사회공동체의 공감대적 가치질서, 즉 헌법의 중심적 가치를 강조하고 그것을 헌법개정의 한계라고 주장한다(통합주의 헌법관).
3) 실정헌법에 편입된 자연법의 원리에 위반되는 헌법개정은 허용되지 않는다.

(2) 한계부정설
1) 헌법의 현실적응성의 요청
2) 헌법제정권과 헌법개정권의 구별부인론과 헌법규범등가론(법실증주의)
3) 현재의 규범이나 가치에 의해 장래의 세대를 구속하는 것은 부당

2. 헌법재판소(헌재 2001.2.22. 2000헌바38)
① 헌법은 전문과 각 개별조항이 서로 밀접한 관련을 맺으면서 하나의 통일된 가치체계를 이루고 있는 것으로서 이념적·논리적으로는 규범 상호간의 우열을 인정할 수 있다.
② 규범 상호 간의 우열이 헌법의 어느 특정규정이 다른 규정의 효력을 전면적으로 부인할 수 있을 정도의 개별적 헌법규정 상호 간에 효력상의 차등을 의미하는 것이라고는 볼 수 없다.
③ 헌법규범 등가론적 입장을 취하고 있다고 평가된다.

Ⅴ 헌법개정의 구체적 한계

1. 절차적 한계
① 헌법개정은 헌법 제128조 내지 제130조의 헌법개정절차에 따라야 한다.
② 헌법상의 헌법개정에 관한 방법과 절차(헌법 제128조 내지 제130조)를 통하여 헌법개정에 관한 방법과 절차를 개정할 수 있는지가 문제된다(예컨대 국민투표의 폐지나 헌법안의 공고나 의결에서 기간의 제한에 대한 변경 등). 헌법제정권력자의 의사를 존중한다는 의미에서 경성헌법을 연성헌법으로 개정하는 것은 불가능하나, 연성헌법을 경성헌법으로 개정하는 것은 가능하다고 본다(E. Ehmke).

2. 실정법적 한계
① 헌법 자체가 명문규정으로 특정조항이나 특정사항의 개정을 금지하는 것을 말한다.
② 제2차 개헌헌법[헌법 제1조(민주공화국), 제2조(국민주권원리), 제7조의2(국민투표)의 규정][2]과 독일기본법은

헌법개정의 실정법적 한계를 규정하고 있다.
③ 현행헌법에서는 명시적인 헌법개정금지조항이 없다.
④ 현행헌법상 헌법개정의 한계에 관한 명문의 규정은 없다. 다만 "대통령의 임기연장 또는 중임변경을 위한 헌법개정은 그 헌법개정 제안 당시의 대통령에 대하여는 효력이 없다(제128조 제2항)"는 규정이 헌법개정의 한계조항이라는 논의가 있다. 그러나 이 규정은 헌법개정의 한계조항이 아니라, 다만 개정된 헌법의 인적 효력범위를 제한하는 규정으로 보는 견해가 다수설이다(인적효력범위제한설).

3. 헌법내재적 한계

① 헌법의 핵에 해당하는 민주공화국, 국민주권의 원리, 자유민주적 기본질서, 사회적 시장경제질서 등은 개정할 수 없다.
② 헌법의 내용에 저촉되는 법률을 제정함으로써 헌법이 가지는 본래의 의미를 변질시키는 우회적인 개정(방법상의 제약), 비상사태 또는 외국군대의 점령상태와 같은 공정한 개정을 기대할 수 없는 시기(시기상의 제약)의 헌법개정도 허용되지 아니한다.

4. 초헌법적 한계

헌법개정은 자연법의 원리, 국제법상의 일반원칙 등 초헌법적(헌법외적) 요인에 의한 제약을 받는다.

Ⅵ 개정의 한계를 무시한 헌법개정의 효력

1. 법적으로 무효이다.
2. 헌법규정에 대한 위헌심사가 인정되지 않으므로 헌법개정의 한계를 넘어서서 개정된 헌법조항의 적용중지를 명할 권한이 헌법재판소에 없다.
3. 법적으로 무효일지라도 사실로서 그것이 강행되는 경우, 즉 "무효이지만 실제로 적용되고 있다"는 시대가 발생할 수 있는바, 이는 헌법개정론의 영역을 벗어난 경우로 헌법수호 내지 저항권행사의 문제가 된다.

Ⅶ 현행헌법의 개정절차

1. 헌법개정의 제안 및 공고

> **헌법**
> 제128조
> ① 헌법개정은 국회재적의원 과반수 또는 대통령의 발의로 제안된다.
> ② 대통령의 임기연장 또는 중임변경을 위한 헌법개정은 그 헌법개정 제안 당시의 대통령에 대하여는 효력이 없다.
> 제129조
> 제안된 헌법개정안은 대통령이 20일 이상의 기간 이를 공고하여야 한다.

---

2) 제5차 개헌헌법에서 폐지

(1) 제안

대통령은 국무회의의 심의를 거쳐 헌법개정안을 제안할 수 있다.

(2) 공고

① 개헌에 대한 국민적 합의를 형성하기 위한 필수적 절차이다.
② 기간의 단축은 불가능하다.
③ 공고는 대통령이 반드시 행해야 하는 의무이다.
④ 대통령의 공고의무 불이행시 직무위반의 책임을 질뿐만 아니라 탄핵사유가 된다.

2. 국회의 의결

> ● 헌법
> 제130조
> ① 국회는 헌법개정안이 공고된 날로부터 60일 이내에 의결하여야 하며, 국회의 의결은 재적의원 3분의 2 이상의 찬성을 얻어야 한다.

① 헌법개정안은 수정의결을 할 수 없다.
② 국회의 표결은 기명투표로써 한다(국회법 제112조 제4항).

3. 국민투표에 의한 확정

> ● 헌법
> 제130조
> ② 헌법개정안은 국회가 의결한 후 30일 이내에 국민투표에 붙여 국회의원선거권자 과반수의 투표와 투표자 과반수의 찬성을 얻어야 한다.

4. 공포 및 발효

> ● 헌법
> 제130조
> ③ 헌법개정안이 제2항의 찬성을 얻은 때에는 헌법개정은 확정되며, 대통령은 즉시 이를 공포하여야 한다.
> 부칙
> 제1조
> 이 헌법은 1988년 2월 25일부터 시행한다. 다만 이 헌법을 시행하기 위하여 필요한 법률의 제정·개정과 이 헌법에 의한 대통령 및 국회의원의 선거 기타 이 헌법 시행에 관한 준비는 이 헌법 시행 전에 할 수 있다.

(1) 공포

① 대통령은 국민투표의 결과를 통보받은 때에는 즉시 공포하여야 한다.
② 대통령의 공포권은 권한인 동시에 의무이다.

(2) 발효

헌법개정의 발효시기에 관해서 '공포시설'과 '20일 경과시설'이 있으나, 전자의 방법이 관례라 할 수 있다. 현행헌법은 부칙 제1조에서 1988년 2월 25일부터 효력을 발생한다고 직접 규정하고 있다.

Ⅷ 한계를 무시한 헌법개정에 대한 구제수단 여부에 관한 헌법재판소의 판례

1. 위헌법률심판(헌재 1995.12.28. 95헌바3)

① 헌법 제111조 제1항 제1호 및 헌법재판소법 제41조 제1항은 위헌법률심판의 대상에 관하여, 헌법 제111조 제1항 제5호 및 헌법재판소법 제68조 제2항, 제41조 제1항은 헌법소원심판의 대상에 관하여 그것이 법률임을 명문으로 규정하고 있다.
② 위헌심사의 대상이 되는 법률이 국회의 의결을 거친 이른바 '형식적 의미의 법률'을 의미하는 것에는 아무런 의문이 있을 수 없다.
③ '헌법의 개별규정' 자체는 그 대상이 아님이 명백하다.

2. 헌법소원심판(헌재 1996.6.13. 94헌바20)

① 국민투표에 의하여 확정된 현행헌법의 성립과정과 헌법 제130조 제2항이 헌법의 개정을 국민투표에 의하여 확정하도록 하고 있음에 비추어, 헌법은 그 전체로서 주권자인 국민의 결단, 내지 국민적 합의의 결과라고 보아야 할 것이다.
② 헌법의 규정을 헌법재판소법 제68조 제1항 소정의 공권력 행사의 결과라고 볼 수도 없다.

제3항 헌법의 변천

Ⅰ 서설

1. 헌법변천의 의의

(1) 헌법변천의 개념

① 헌법의 변천이라 함은 특정의 헌법조항이 헌법에 규정된 개정절차에 따라 의식적으로 수정·변경되는 것이 아니고, 당해 조문은 원상태로 존속하면서 그 의미·내용만이 실질적으로 변화하는 경우를 말한다.
② 헌법변천은 위헌법률심사제가 확립된 나라에서는 발생하기가 쉽지 않지만, 경성헌법을 가진 국가일수록 발생할 여지가 크다.

(2) 헌법개정·헌법해석과의 관계

① 의식적 또는 무의식적으로 발생하는 헌법변천은 명시적이지 않은 변화라는 점에서, 명시적인 의사의 표시와 헌법에 정한 절차에 따라 헌법을 변경하는 헌법개정과 구별된다.
② 헌법변천은 기존규정의 규범력이 없다는 판단을 내림과 동시에 별도의 내용의 규범적 효력을 인정하는 점에서 헌법해석과 다르다.

2. 헌법변천의 기능

헌법규범과 헌법현실 사이의 간극을 좁혀서 헌법의 규범적 기능, 특히 헌법의 생활규범성을 유지하는데 그 의의가 있다.

Ⅱ 헌법변천의 인정여부

긍정설과 부정설이 대립하나, 원칙적으로 헌법변천을 부정하되, 헌법의 기본이념에 충실하거나 흠결보완의 의미를 가지는 경우에는 예외적으로 인정하는 견해가 다수설이다.

Ⅲ 헌법변천의 성립

1. 헌법규범의 의미·내용에 변화가 있을 것
2. 변화가 상당기간 동안 반복되는 일정한 헌법적 관례가 존재할 것(물적 요건)
3. 관례에 대한 국민적 승인이 존재할 것(심리적 요건)
4. 헌법변천의 동기가 헌법의 기본이념에 충실하기 위한 것이고, 그 내용이 헌법규범의 역사적 발전법칙에 순응하기 위한 것일 것

Ⅳ 헌법변천의 한계

1. 헌법개정의 한계 범위 이내일 것

명시적인 헌법개정에도 그 한계가 있다고 보는 것이 통설이므로, 묵시적인 헌법변천으로 헌법개정의 한계를 넘어설 수 없는 것은 당연하다. 헌법변천의 가능성이 다한 경우에는 헌법을 개정하지 않으면 안 된다.

2. 한계를 벗어난 헌법변천의 효력

한계를 벗어난 헌법변천에 대하여는 헌법보장기관으로서의 헌법재판소와 법원의 사법적 개입이 가능하다. 최종적으로는 국민의 엄격한 감시를 통한 주권적 개입을 통한 통제가 이루어질 것이다.

Ⅴ 헌법변천의 실례

1. 외국헌법의 변천

(1) 미국
① 대법원의 위헌법률심사권 행사(1830년 Marbury v. Madison 사건)
② 간접선거제이지만 직선제처럼 운용되는 대통령선거

(2) 영국
국왕의 실질적 권한상실 및 내각의 지위향상이라는 내용을 갖는 의원내각제[3]

2. 우리나라
① 제1차 개정헌법에서 양원제를 규정하였으나 단원제로 운용한 것
② 1962년 헌법에서 지방자치제도를 규정한 이래 입법 지연으로 지방의회가 구성됨이 없이 관치행정을 한 것
③ 제헌헌법 하에서의 군법회의 등

제4절 헌법의 수호

제1항 헌법수호 총론

Ⅰ 서설

1. 헌법수호의 의의
① 헌법의 수호 내지 헌법의 보장이란 헌법(불문헌법 포함)의 핵심적 내용이나 규범력에 대한 위협이나 침해행위를 사전 예방하거나 사후 배제하는 것을 말한다.
② 헌법수호는 헌법의 최고규범성에서 당연히 나오는 것이다.
③ 헌법의 수호는 국가의 특정한 존립형식을 보호하는 것을 의미하는 것이므로, 국가의 존립 그 자체를 대상으로 하는 국가의 수호 내지는 국가보장과 구별된다.

2. 헌법수호의 대상
① 실질적 의미의 헌법도 대상에 포함된다.
② 모든 헌법사항이 수호대상이 아니라 헌법의 기본원리나 기본적 가치질서 그리고 기본적 인권의 보장 등이 수호대상이다.

---

[3] 이는 불문헌법을 가진 국가에서도 헌법변천이 가능하다는 것을 보여준다.

II 헌법의 수호자

(1) 대통령 등 국가기관
우리 헌법상 헌법수호기능은 대통령, 헌법재판소, 법원 및 국민에 분산되어 있다.

(2) 최후의 헌법수호자로서의 국민
오히려 침해의 주체가 될 가능성이 있다는 점에서 국회·정부·법원에 의한 헌법수호에는 한계가 있다. 따라서 국민이야말로 헌법의 수호자 중의 수호자라고 할 수 있다.

제2항 국가긴급권

I 서설

1. 국가긴급권의 개념
국가긴급권이란 전쟁·내란 등과 같이 국가의 존립과 안전을 위태롭게 하는 비상사태가 발생한 경우에 국가원수(집행부 수반)가 국가의 존립과 안전을 확보하기 위하여 긴급히 필요한 조치를 강구할 수 있는 비상권한을 말한다.

2. 국가비상사태와 헌법장애상태의 구별 및 구별실익
① 어떤 헌법기관이 그에게 주어진 헌법상의 기능을 수행할 수 없는 상태, 즉 헌법기관의 자체 고장에 의한 기능장애상태(헌법적 이상상태)를 헌법의 장애상태라 한다(예 대통령 사망 등).
② 헌법장애상태는 헌법이 정하는 정상적인 방법에 의해서도 해소될 수 있다.
③ 헌법장애상태를 수습할 목적으로 국가비상사태를 전제로 하는 국가긴급권을 발동하는 것은 긴급권의 과잉행사로서 헌법상의 과잉금지의 원칙에 저촉된다.

II 국가긴급권의 유형

1. 합헌적 국가긴급권
① 헌법 자체가 국가적 비상사태를 예상하여 헌법상 제도화하고 있는 국가긴급권을 말한다.
② 현행헌법은 제76조(긴급명령 및 긴급재정경제명령)와 제77조(계엄선포권)에서 규정하고 있다.

2. 초헌법적 국가긴급권
국가긴급권이 헌법상 제도화되어 있든 없든 극도의 국가적 비상사태 하에서 헌법상의 제한을 무시하고 독재적 조치를 강구하는 국가긴급권을 말한다.

Ⅲ 초헌법적 국가긴급권의 인정여부

1. 학설의 대립
긍정설과 부정설이 대립한다.

2. 헌법재판소(헌재 1994.6.30. 92헌가18)
① 우리 헌법도 국가긴급권을 대통령의 권한으로 규정하면서도 국가긴급권의 내용과 효력통제와 한계를 분명히 함으로써 그 남용과 악용을 막아 국가긴급권이 헌법보호의 비상수단으로써 제 기능을 나타내도록 하고 있다.
② (국가보위에관한특별조치법은) 초헌법적인 국가긴급권을 대통령에게 부여하고 있다.
③ (국가보위에관한특별조치법은) 헌법을 부정하고 파괴하는 반입헌주의, 반법치주의의 위헌법률이다.

Ⅳ 국가긴급권의 발동요건과 한계

1. 발동요건
국가긴급권은 국가비상사태 하에서, 국가존립이나 안전을 신속히 회복할 목적으로, 예외적으로 발동될 수 있다.

2. 한계

종류	내용
소극성의 원칙 (목적적 한계)	새로운 사회질서 확립이나 공공복리의 증진 등의 적극적 목적을 위해서 발동되어서는 아니된다.
잠정성의 원칙 (시간적 한계)	국가긴급권은 시간적으로 일시적이고 잠정적인 것으로 행사되어야 한다.
보충성의 원칙 (상황적 한계)	국가긴급권의 발동이 불가피한 최후 수단임이 객관적으로 명백한 경우이어야 한다.
최소성의 원칙 (내용적 한계)	국가긴급권은 최소한의 기본권 침해를 내용으로 하는 것이어야 하며, 기본권을 제한하는 경우에도 과잉금지의 원칙 등이 존중되어야 한다.
절차상의 한계	국가긴급권을 발동함에 있어서 헌법과 법률상의 절차를 준수하여야 한다.

Ⅴ 국가긴급권에 대한 통제

종류	내용
입법적	긴급권의 목적·요건·절차·효과 등을 헌법이나 법률에 명시
사법적	법원과 헌법재판소(현실적으로 어려움이 있어도 이론적으로는 가능)
정치적	의회에 의한 통제와 국민투표
사회적	저항권과 국민의 호헌의지

VI 대한민국헌법과 국가긴급권

역대헌법	국가긴급권의 종류			
제1공화국	계엄선포권	긴급명령권	긴급재정처분권	
제2공화국	계엄선포권(내각)	긴급명령권 삭제, 긴급재정명령권	긴급재정처분권	
제3공화국	계엄선포권	긴급명령권을 부활 긴급재정경제명령권	긴급재정경제처분권	
제4공화국	계엄선포권			긴급조치권
제5공화국	계엄선포권			비상조치권
제6공화국	계엄선포권	긴급명령권 긴급재정경제명령권	긴급재정경제처분권	

제3항 저항권

I 서설

1. 저항권의 개념

저항권이란 헌법질서 또는 기본권을 침해하는 공권력에 대하여 주권자로서의 국민이 헌법질서를 유지·회복하고 기본권을 수호하기 위하여 공권력에 저항할 수 있는 비상수단적 권리인 동시에 헌법수호제도를 말한다.

2. 구별개념

(1) 시민불복종권

① 시민불복종이라 함은 양심상 부정의하다고 확신하는 개별법이나 개별정책을 개선할 목적으로 기존의 법을 위반하여 비폭력적 방법으로 행하는 공적이고 정치적인 불복종의 집단적 항의행위를 말한다.
② 헌법적 질서가 부정되거나 위협받는 경우는 물론이고 단순히 정의에 반하는 내용의 개별법령이나 정책이 시행되는 경우에도 행사될 수 있다.
③ 비폭력적인 방법으로 행사될 것이 요구된다.
④ 남용에 따른 위험이 심각하지 않으므로 보충성 요건의 제약을 받지 않는다.
⑤ 권력의 정당성은 인정하면서 그 행사의 부당성을 알리기 위한 것이다(반면에 저항권은 저항의 상대방을 제거하는 것을 목적으로 한다).
⑥ 위법성이 조각(阻却)되는 행위가 아니다. 다만 합법성과 정당성 사이에 놓이는 사회적 갈등의 해결양식이기 때문에 적어도 법적으로 관용될 것을 요청한다.

(2) 혁명권

① 혁명권은 기존의 헌법적 질서를 폭력수단으로 파괴하고 새로운 헌법적 질서를 수립하려는 것을 목적으로 한다.
② 기존의 헌법적 질서를 전제로 하여 이를 유지하고 회복하려는 목적으로 행사되는 저항권과 구별된다.

(3) 국가긴급권

국가긴급권은 국가의 자구행위임에 반하여, 저항권은 국민의 권리이다.

Ⅱ 저항권에 관한 사상

① 저항권 사상은 서양의 폭군방벌론과 동양의 역성혁명론에서 그 기원을 찾을 수 있다.
② 근대적 저항권이론은 J. Locke에 의하여 체계화되었다.

Ⅲ 저항권의 성질

1. 저항권의 본질

① 저항권은 기본권의 일종(기본권 보장을 위한 기본권)이면서 동시에 헌법수호를 위한 수단의 성격을 아울러 가지고 있는 것으로 보아야 한다(이중적 성격 : 다수설).
② 헌법수호를 위하여 불가피한 경우에는 저항의 권리와 함께 저항의 의무가 있다.

2. 저항권의 법적 성격

저항권은 인간의 존엄과 가치를 유지하고 헌법질서를 최후의 단계에서 수호하기 위한 부득이한 수단이라는 점에서 자연법상의 권리이다.

Ⅳ 저항권의 인정여부

1. 학설의 대립

저항권의 인정여부에 대해서는 긍정설과 부정설이 대립한다.

2. 판례

(1) 대법원(부정설)[대판 1980.5.20. 80도306(김재규 사건); 대판 1975.4.8. 74도3323(민청학련사건)]

① 저항권이 실정법에 근거를 두지 못하고 오직 자연법에만 근거하고 있는 한 법관은 이를 재판규범으로 원용할 수 없다.

② 헌법 전문(全文) 중 4·19의거 등은 저항권규정으로 볼 수 없다.

(2) 헌법재판소(긍정설)(헌재 1997.9.25. 97헌가4)

① 국가권력에 의하여 헌법의 기본원리에 대한 중대한 침해가 행하여지고 그 침해가 헌법의 존재 자체를 부인하는 것으로서 다른 합법적인 구제수단으로는 목적을 달성할 수 없을 때에 국민이 자기의 권리·자유를 지키기 위하여 실력으로 저항하는 권리이다.
② 국회법 소정의 협의없는 개의시간의 변경과 회의일시를 통지하지 아니한 입법과정의 하자는 저항권행사의 대상이 되지 아니한다.

Ⅴ 저항권행사의 요건

1. 주체
① 저항권은 원칙적으로 주권을 가진 내국인에게만 인정되는 것이다.
② 외국인에게는 저항권이 인정되지 않는다.

2. 대상: 공권력의 담당자
모든 공권력의 담당자, 즉 자연인 또는 법인 및 그 집단이 될 것이다.

3. 상황

(1) 헌법침해의 중대성
① 공권력의 발동이 단순히 개별헌법조항을 위반한 경우에는 인정되지 않는다.
② 민주적·법치국가적 기본질서나 기본권 보장의 체계에 대해 중대한 침해를 가함으로써 그 질서 또는 체계 자체가 부인되는 경우이어야 한다.

(2) 헌법침해의 명백성
공권력 행사의 민주적·법치국가적 기본질서나 기본권 보장의 체계에 대해 중대한 침해가 객관적으로 명백하여야 한다. 주관적 동기는 고려사항이 아니다.

(3) 최후수단성(보충성, 예비성)
① 독일기본법은 저항권을 국민의 권리로서 규정하면서 그 행사요건으로서 최후수단성을 명시하고 있다.
② 헌법이나 법률이 규정하는 모든 구제수단에 의해서도 목적을 달성할 수 없는 경우에 인정될 수 있다.

(4) 성공가능성 여부
일반적으로 저항권행사의 요건으로 보지 않는다.

4. 목적

① 저항권은 민주주의적 헌법체제와 법치국가적 기본질서를 유지하고 수호하기 위하여 행사되어야 한다.
② 사회경제적 체제를 개혁하기 위한 수단으로는 이용될 수 없다.

5. 방법

저항권은 평화적이고 비폭력적인 방법으로 목적을 달성할 수 없는 불가피한 경우에는 모든 필요한 실력을 동원한 폭력적인 방법도 허용된다.

Ⅵ 저항권행사의 효과

정당한 저항권의 행사는 형법상 정당행위로서 위법성이 조각된다.

제4항 방어적 민주주의

Ⅰ 방어적 민주주의의 개념

① 방어적 민주주의(투쟁적 민주주의)란 민주주의의 이름으로 민주주의 그 자체를 파괴하려는 헌법질서의 적으로부터 민주주의가 자신을 효과적으로 방어하고 그와 투쟁하기 위한 자기방어적·자기수호적 민주주의를 말한다.
② 헌법내재적 보호수단의 하나이다.

Ⅱ 독일에서 방어적 민주주의론의 전개

민주주의를 다수에 의한 의사결정의 형식적 방법으로만 이해하는 절대적 민주주의, 다수에 의한 의사결정에는 누구든지 따라야 한다는 동일성민주주의, 다수결에 의하지만 무엇이든 할 수 있다는 상대적 민주주의, 어떤 내용을 담고 있든 형식적 법률을 따를 때에만 합법이라는 형식적 민주주의가 결국은 바이마르공화국의 붕괴를 가져왔다.

Ⅲ 방어적 민주주의의 성격과 기능

1. 가치구속적·가치지향적 민주주의의 산물이다.
2. 민주주의와 기본권의 본질 그리고 헌법을 사전예방적으로 수호하는 기능을 한다.

Ⅳ 방어적 민주주의의 한계

민주주의의 보호라는 목적을 넘어 방어적 민주주의가 확대 적용되는 경우 그것은 민주주의의 수호가 아닌 민주주의의 파괴 또는 민주주의의 자기부정이 된다.

V 방어적 민주주의의 핵심적 가치로서의 자유민주적 기본질서

1. 입법례

① 방어적 민주주의는 가치상대주의적 관용을 지양하고 민주주의를 일정한 가치에 구속하는 것으로 이해하는 가치구속적 민주주의관을 전제로 한다.
② 우리나라의 경우 1972년 유신헌법의 전문(全文)에서 방어적 민주주의 이념이 등장한 이후 제6공화국헌법에 이르기까지 빠짐없이 규정되고 있다.

2. 판례

① 독일연방헌법재판소는 민주주의의 핵심적 가치를 자유민주적 기본질서로 보고 있다.
② 독일연방헌법재판소의 입장을 우리 헌법재판소도 수용하여 자유민주적 기본질서를 민주주의의 핵심적 내용으로 파악하고 있다.

VI 대한민국헌법과 방어적 민주주의

1. 대한민국헌법에 있어서 방어적 민주주의

(1) 현행헌법의 이념적 기초로서의 방어적 민주주의

① 헌법전문에서 "자유민주적 기본질서를 더욱 확고히 하고"라고 하여 자유민주주의를 대한민국의 국가적 이념으로 명시하고 있다.
② 제4조에서는 "자유민주적 기본질서에 입각한 통일정책"이라고 규정하고 있는 점에서, 현행헌법은 그 이념적 기초로서 방어적 민주주의를 채택하고 있다.

(2) 위헌정당강제해산제도

헌법 제8조 제4항은 "정당의 목적이나 활동이 민주적 기본질서에 위배될 때에는 정부는 헌법재판소에 그 해산을 제소할 수 있고, 정당은 헌법재판소의 심판에 의하여 해산된다"고 규정하여 방어적 민주주의를 채택하고 있다.

(3) 기본권 제한사유

우리나라의 경우 독일과 달리 방어적 민주주의의 실현수단으로서 기본권실효제도는 채택하지 않았다.

2. 판례

대법원과 헌법재판소는 방어적 민주주의를 수용하고 있다(헌재 1999.12.23. 99헌마135).

제2장 대한민국헌법 총설

제1절 대한민국헌정사

I 제헌헌법의 제정

제정과정	내용
· 제헌국회는 헌법제정작업에 착수하였다. 유진오의 헌법초안을 원안으로 하고, 권승렬의 초안을 참고안으로 하여 토의가 진행되었는데, 두 안은 ① 의원내각제, ② 양원제, ③ 대법원에 위헌법률심사권 부여 등 내용면에서 비슷하였다. 그러나 ① 대통령제, ② 단원제, ③ 헌법위원회에 위헌법률심사권 부여를 주장하는 이승만과 그 동조세력들 때문에 결국 이승만의 주장대로 대통령제와 단원제를 채택하는 한편 한국민주당의 주장인 의원내각제적인 국무원제와 국무총리제가 가미된 절충안이 만들어져 1948년 7월 17일 헌법이 공포·시행되기에 이르렀다. · 제헌헌법은 헌법기초위원회에서 작성한 헌법안을 국민투표가 아닌 국회의 의결로 최종 확정하였다.	· 전문·10장·103조로 구성. ① 민주공화국과 국민주권의 원리, 국가의 영역, 국제평화주의, 지방자치제도, ② 기본권 보장과 법률유보에 의한 기본권 제한, ③ 노동3권과 근로자의 이익분배균점권(제5차개정시 삭제), ④ 대통령과 부통령을 4년(1차에 한하여 중임)임기로 국회에서 선출, ⑤ 국무총리는 국회의 승인을 얻어 대통령이 임명함으로써 부통령과 국무총리를 동시에 인정, ⑥ 대통령의 법률안 제출권, 법률안거부권, 계엄선포권과 긴급명령권, ⑦ 의결기관으로서의 국무원, ⑧ 단원제 국회, ⑨ 가예산 제도, ⑩ 통제경제를 바탕으로 하는 경제질서, 자연자원의 원칙적 국유화, ⑪ 헌법개정의 제안은 대통령과 재적국회의원 3분의 1 이상이, 의결은 국회에서 재적의원 3분의 2 이상의 찬성으로, ⑫ 헌법위원회와 탄핵재판소 · 정당조항과 통일조항은 없었음. · 사회정의의 실현을 위한 경제에 관한 규제와 조정은 사회적 시장경제질서의 핵심요소로서, 제헌헌법 이래 역대 헌법에 규정되어 오고 있다.

Ⅱ 헌법의 개정과정

구 분	개정과정	내용	위헌성
제1차 헌법개정 (1952. 발췌개헌)	1950년 1월 한국민주당은 의원내각제로의 개헌안을 제출하였고(제1차개헌안), 1950년 5월 이승만 대통령은 정·부통령 직선제 및 양원제로의 개헌안을 제출하였으나(제2차개헌안), 모두 부결되었다. 1952년 4월 야당의원이 제출한 개헌안과 정부가 제출한 개헌안을 절충하여 발췌개헌의 형식으로 제3차 개헌안이 제출되어 통과되었다.	① 대통령과 부통령의 직선제, ② 양원제국회, ③ 국회의 국무원불신임제, ④ 국무위원 임명에 있어서 국무총리의 제청권 등	① 공고절차 위반(공고되지 않은 헌법안이 통과) ② 토론의 자유 억압, 국회 의사결정의 위법 ③ 체계정당성 무시(대통령 직선제 채택과 의원내각제적 요소인 국무원불신임제 채택)
제2차 헌법개정 (1954. 사사오입 개헌)	1953년 1월 정부는 자유시장경제체제로의 개헌안을 제출하였다가(제4차개헌안) 이를 철회하고, 1954년 9월 제5차개헌안을 제출하여 통과되었다.	① 초대 대통령에 한하여 중임제한 철폐(부칙), ② 주권의 제약·영토변경을 가져올 국가안위에 관한 중대사항에 대한 국민투표제도의 도입, ③ 국무위원에 대한 개별적 불신임제, ④ 대통령 궐위시 부통령 승계, ⑤ 특별법원(군법회의)에 대한 헌법상 지위 부여, ⑥ 자유시장경제체제로의 전환, ⑦ 국무총리제의 폐지, ⑧ 헌법개정의 한계에 대한 명문규정 신설, ⑨ 헌법개정안에 대한 국민발안 도입(제2차개정헌법에서 처음으로 규정되어, 제3공화국헌법(1969년헌법)까지 인정되었으나, 제4공화국헌법에서 폐지) 등	① 평등원칙위배, ② 의결정족수미달
제3차 헌법개정 (1960. 제2공의 성립)	1960년 4·19혁명으로 이승만 대통령이 하야하고 5월 2일에 허정 과도정부가 성립되어 제6차개헌안이 제출되어 6월 15일에 통과되었다. 헌법개정기초위원회가 작성한 개헌안을 부정선거로 구성된 제1공화국의 국회가 통과시켰다. 헌정사상 처음으로 합헌적 개정절차에 의하여 개헌이 행하여졌다.	① 의원내각제 채택, ② 국민의 기본권 강화(검열제·허가제 금지, 기본권의 본질적 내용의 침해 금지), ③ 정당조항의 신설(정당제도의 보장과 방어적 민주주의의 채택), ④ 탄핵재판소와 헌법위원회를 폐지하고 헌법재판소 설치, ⑤ 대법원장과 대법관의 선거제, ⑥ 중앙선거관리위원회의 헌법기관화, ⑦ 공무원의 신분 및 정치적 중립성 보장, ⑧ 경찰의 중립, ⑨ 지방자치단체장의 선거제 등	
제4차 헌법개정 (1960. 부칙 개정)	부정선거의 원흉과 부정선거에 항거한 자를 살상한 자에 대한 헌법적 처벌근거를 마련하기 위하여 제7차개헌안이 제출되었다. 민의원과 참의원의 의결을 함께 거친 유일한 경우이다.	① 1960. 3·15 부정선거 관련자 및 4·19혁명 탄압자 처벌을 위한 특별법 제정근거를 부칙에 규정, ② 반민주행위자와 부정축재자 처벌을 위한 특별법 제정근거 규정, ③ 이들 사건을 처리하기 위하여 특별재판소와 특별검찰부를 둘 수 있다는 것 등	소급입법에 의하여 참정권과 재산권을 제한할 수 있게 한 점

제5차 헌법개정 (1962. 제3공의 성립)	1961년 5월 16일 군사쿠데타로 국가재건최고회의가 구성되고, 동년 6월 6일 국가재건비상조치법이 제정·공포되었으며, 구 헌법은 국가재건비상조치법에 저촉되지 않는 범위 내에서 효력을 가지게 되었다.	① 헌법전문 최초 개정(제5, 7, 8, 9차 때 개정), ② 인간의 존엄과 가치 신설, ③ 대통령제로의 환원, ④ 단원제 국회, ⑤ 헌법재판소 폐지, 위헌법률심사권을 대법원에 부여, ⑥ 극단적인 정당국가를 지향(정당의 추천이 없으면 대통령·국회의원에 출마 금지, 당적변경시 의원직 상실), ⑦ 대법원장과 대법관은 법관추천회의 제청에 의하여 대통령이 임명, 일반법관은 대법원판사회의의 의결을 거쳐 대법원장이 임명, ⑧ 헌법개정에 국민투표제 신설, ⑨ 탄핵심판위원회 설치, ⑩ 경제과학심의회의와 국가안전보장회의 신설, ⑪ 국무총리는 국회의 동의없이 대통령이 임명, 국회는 국무총리의 해임건의권을 가지는 등 (제3공화국헌법에서 처음으로 폐지된 것은 공무원파면청구권, 심계원, 근로자의 이익균점권, 개헌의 실정법적 한계 등)	① 국가재건최고회의의 의결을 거치고 국민투표에 의하여 확정된 점 ② 민의원 및 참의원에서의 의결을 거치지 않은 채 국가재건비상조치법상의 국민투표로만 개정한 점
제6차 헌법개정 (1969. 3선개헌)	1969년 8월 7일에 여당인 민주공화당 소속 의원 122명은 대통령의 연임횟수 연장을 골자로 하는 개헌안(제9차개헌안)을 제출하였다. 국회의 의결과 국민투표를 모두 거친 최초의 개헌이다.	① 대통령의 계속 재임을 3기로 연장, ② 대통령에 대한 탄핵소추 의결정족수 가중, ③ 국회의원 정수 증원, ④ 국회의원의 국무위원 겸직 허용 등	대통령의 계속 재임을 3기로 연장함으로써 장기집권의 계기를 만들어 주었다.
제7차 헌법개정 (1972. 제4공의 성립)	1972년 10월 17일 박정희 대통령은 전국에 비상계엄을 선포하고 "10·17 비상조치"를 단행하였다. 이에 따라 제3공화국헌법의 규범적 효력이 사실상 상실된 가운데 헌정은 중단되고 말았다. 헌법개정안 작성의 책임을 맡은 비상국무회의는 예정대로 헌법개정안을 마련해서 공고하고 국민투표에 부쳤고, 개헌안은 헌법으로 확정되어 동년 12월 27일 유신헌법이 공포되었다.	① 주권 행사방법 처음으로 규정, ② 기본권 제한의 사유로서 국가안전보장 추가, 자유와 권리의 본질적 내용 침해금지조항 삭제, ③ 기본권 보장의 약화(구속적부심사제도 폐지, 임의성 없는 자백의 증거능력부인조항 삭제, 재산권의 수용 등에 따른 보상을 법률에 위임, 군인·군무원의 이중배상청구 금지, 근로 3권의 범위 제한), ④ 통일주체국민회의 설치(대통령과 국회의원정수의 3분의 1 선출, 국회가 제안한 개헌안 의결), ⑤ 대통령의 긴급조치권, 국회해산권, 국회의원 정수의 3분의 1의 추천권, 국민투표부의권(중대사항 → 정책국민투표로 개정), 모든 법관의 임명권 행사 규정, ⑥ 징계처분에 의한 법관의 파면 인정, ⑦ 헌법위원회에 헌법재판권 부여, ⑧ 헌법개정의 이원화(대통령이 제안한 경우는 국민투표로, 국회의원이 제안한 경우는 통일주체국민회의의 의결로 확정), ⑨ 지방의회의 구성을 조국통일이 이루어질 때까지로 유예, ⑩ 평화통일조항규정 등	전형적인 신대통령제의 권위주의체제가 형성되었다. 대통령은 3권의 위에 군림하는 절대군주적 지위를 가지고 있었던 바, 이는 권력분립의 기본정신에 정면으로 배치되었다.

제8차 헌법개정 (1980. 제5공의 성립)	1979년 10월 26일 박대통령이 급서하게 되자, 1979년 11월 26일 국회에 여야 동수로 "헌법개정심의특별위원회"가 구성되고, 정부도 "헌법개정심의위원회"를 발족시켰다. 그러나 12·12사태로 인하여 국가보위비상대책위원회가 구성되고 전두환이 상임위원회 위원장이 되었다. 이어 전두환이 통일주체국민회의에서 제11대 대통령으로 선출되어 1980년 9월 1일 대통령으로 취임하고, 개헌작업에 박차를 가하여 개헌안은 동년 10월 22일 국민투표에 회부되어 확정되었다.	① 전통문화의 창달, 재외국민보호(재외국민보호의무는 현행헌법에서 규정), 정당보조금 지급, 국군의 국가안전보장조항 신설(국토방위의 신성한 의무는 제헌헌법때), ② 행복추구권, 연좌제금지, 사생활비밀, 환경권, 적정임금조항 신설, 구속적부심사제의 부활, 언론·출판의 사회적 책임, 평생교육, 형사피고인의 무죄추정 등 규정. ③ 통일주체국민회의 폐지, 대통령선거방식을 선거인단에 의한 간선제로 변경. ④ 대통령의 긴급조치권을 비상조치권으로 변경, ⑤ 대통령의 임기를 7년 단임제로 하며, 임기연장이나 중임변경을 위한 헌법개정은 그 헌법개정제안 당시의 대통령에 대해서는 적용불가 규정, ⑥ 국회의 국정조사권 신설, ⑦ 일반법관의 임면권을 대법원장에게 부여, 징계처분에 의한 법관의 파면 배제, 법률의 위헌여부에 대한 제1차적 심사권을 법원에 부여, ⑧ 경제질서에 대한 공법적 규제 확대(독과점의 규제와 조정, 소비자보호, 국가표준제도, 중소기업의 보호·육성, 농·어민·중소기업의 자조조직의 정치적 중립성 선언), ⑨ 헌법개정절차의 일원화(국민투표로만 확정) 등	
제9차 헌법개정 (1987. 제6공의 성립)	1987년 6·10항쟁을 계기로 여·야간의 8인 정치회담을 구성하여 헌법개정을 논의한 바, 1987년 9월 17일에 전문과 본문 제130조 및 부칙 제6조에 달하는 개헌안을 확정하여 헌정사상 최초로 여·야간의 합의개헌에 성공하였다.	① 기본권 보장 강화, 최저임금제 최초 도입 ② 대통령의 직선제, 임기 5년 단임제, ③ 대통령의 권한 축소(국회해산권 삭제, 비상조치권을 긴급명령권, 긴급재정경제처분 및 명령권으로 변경), ④ 국회의 지위강화(국정감사권 부활, 회기제한규정 삭제, 정기회 100일로 연장, 임시회 소집요건의 완화), ⑤ 헌법위원회 폐지, 헌법재판소 설치(헌법소원제도 최초 도입) 등	① 형사피고인에게 구속적부심사청구를 허용하지 않은 점, ② 국선변호인을 형사피고인에게만 허용하고 있는 점, ③ 선거연령을 법률에 위임한 점, ④ 대통령제 정부형태의 기본요소인 부통령제를 두지 않은 점, ⑤ 부총리제를 헌법에 규정하지 않은 점, ⑥ 법적 구속력이 결여된 해임건의제도를 둔 점 등

제2절 대한민국의 국가형태와 구성요소

제1항 대한민국의 국가형태

I 국가형태의 의의

국가형태라 함은 국가의 조직형태와 기본적 가치질서를 기준으로 한 국가의 유형을 말한다.

II 국가형태의 분류

1. 군주국과 공화국

① 군주국이란 종래의 견해에 따르면 주권이 군주 개인에게 있는 국가형태를 의미하였다.
② 국민주권이 확립된 오늘날에는 군주국이란 의례적인 군주제도가 존재하는 나라를 말한다.
③ 공화국이란 비군주국을 말한다.

2. 단일국가와 연방국가

(1) 의의

① 단일국가라 함은 국가의 구성이 단일하고 통일적인 국가를 말한다.
② 연방국가라 함은 국가적 성격을 가진 각 지방이 결합하여 하나의 전체국가를 형성하는 국가를 말한다.
③ 연방국가도 단일국가이다.

(2) 차이점

구 분	단일국가	연방국가
통치권	중앙집권주의	분권주의
지방의 지위	중앙정부의 하급단체	연방의 의사결정에 동참하고 광범한 자주조직권을 보유한 지방국이 입법권·사법권을 가짐
권력통제	수직적 권력통제 (법률에 의한 권력의 분립)	수직적 권력통제 + 수평적 권력통제 (헌법에 의한 권력의 분립)

3. 연방국가와 국가연합

(1) 의의

국가연합이라 함은 조약에 의하여 성립하는 주권국가들의 잠정적·한시적인 정치적 결합체를 말한다.

(2) 차이점

구분	연방국가	국가연합
국가성	진정한 의미의 국가	진정한 의미의 국가가 아님
국제법상 주체	연방정부	구성국(국가연합은 조약에 규정된 특정사항에 관하여만)
국제법상 책임	연방이 국제법상 책임을 부담	각 구성국만이 국제법상 책임을 부담
통치권	분할	분할되지 않음
병력	연방만이 병력을 보유	구성국만이 병력을 보유
기타	통일헌법·양원제의회·연방최고법원 등	연합조약 등의 존재

Ⅲ 대한민국의 국가형태

> 헌법 제1조
> ① 대한민국은 민주공화국이다.

1. 대한민국의 국가형태

(1) 헌법규정

헌법 제1조 제1항은 "대한민국은 민주공화국이다"라고 규정하여 우리나라의 국호가 '대한민국'이라는 것과 대한민국의 국가형태가 '민주공화국'임을 선언하고 있다.

(2) 민주공화국의 의미

① 헌법 제1조 제1항의 민주공화국이 우리나라의 국가형태를 의미한다는 점에 있어서는 이견이 없다.
② 다만 헌법 제1조 제2항과 더불어 구체적으로 무엇을 의미하는지에 대해서는 군주의 존재를 부정하는 공화국의 내용이 민주가 되어야 한다는 의미를 갖는 규정으로 보는 것이 통설이다.

(3) 민주공화국의 내용

1) 공화국
① 소극적으로는 전체주의적·독재적 국가형태가 배제되어야 함을 뜻한다.
② 적극적으로는 대한민국의 국가적 질서가 자유민주적·국민국가적 질서이어야 함을 뜻한다.
③ 형식적으로라도 군주가 존재하지 않는다.

2) 민주
① 민주는 자유민주주의, 사회민주주의 등 여러 가지 다양한 민주주의의 상위개념이다.
② 대한민국에 있어서 민주적 기본질서는 자유민주주의는 물론 그 밖의 여러 민주주의를 동시에 내용으로 할 수 있으며 그 때 그 때의 헌법정책에 따라 특정한 민주주의에 보다 더 비중을 두는 것일 수도 있다.

2. 우리 헌법상 민주공화국 규정의 법적 성격과 내용

① 헌법 제1조 제1항은 헌법의 핵으로서 근본규범적 효력을 가지는 것이다.
② 헌법의 다른 모든 규정을 구속한다.
③ 헌법상 적극적 지도원리로서 기능한다.
④ 헌법개정의 한계로서 작용한다.

제2항 대한민국의 구성요소

◆ **헌법**
제1조
② 대한민국의 주권은 국민에게 있고, 모든 권력은 국민으로부터 나온다.
제2조
① 대한민국의 국민이 되는 요건은 법률로 정한다.
② 국가는 법률이 정하는 바에 의하여 재외국민을 보호할 의무를 진다.
제3조
대한민국의 영토는 한반도와 그 부속도서로 한다.

헌법은 제1조 제2항에서 주권을, 제2조에서 국민을, 제3조에서 영토에 대해 규정함으로써 국가 3요소설에 입각하고 있다.

I 국가권력

넓은 의미에서 국가권력이라 함은 주권과 통치권을 말한다.

1. 주권

(1) 주권의 개념 및 본질

1) 주권의 개념

주권은 역사적 개념이며 일반적으로는 국내에 있어서는 최고의 권력이고, 국외에 대하여는 독립의 권력을 의미한다. 주권개념은 국가권력의 최고·독립성의 뜻으로, 통치권 내지 현실적인 국가권력의 뜻으로, 국가의사를 결정하는 근원적인 힘의 뜻으로 사용된다.

2) 주권의 본질

주권을 헌법제정권력과 동일하게 보는 통설에 의하면 헌법제정권력의 본질인 최고성·독립성·시원성·자율성·단일불가분성·불가양성·항구성·실정법초월성 등을 주권의 본질로 본다.

(2) 주권의 주체

1) 군주주권론
① J. Bodin: 최초로 주장
② T. Hobbes: 복종계약설

2) 국가주권론
① 19세기 독일에서 군주주권론과 국민주권론의 대립을 지양하기 위한 타협이론
② Jellinek: 국가법인설

3) 국민주권론
① J. Althusius, J. Locke, J. J. Rousseau
② J. Locke: 위임계약설
③ J. J. Rousseau: 국가권력의 기초는 총의에 있는 바, 총의는 국민의 의사이며, 따라서 국민이 주권자이다.

(3) 주권의 한계
주권을 헌법제정권력과 동일하게 보는 통설에 의하면 주권에도 일정한 한계가 있다.

2. 통치권

(1) 통치권의 개념 및 내용
① 통치권이라 함은 통치목적을 달성하기 위한 지배권을 총괄적으로 말하는 것이다.
② 통치권은 그 실질적 내용에 따라 영토고권, 대인고권, 자주조직권으로 나누어진다.
③ 통치권은 그 발동형태에 따라 입법권·집행권·사법권으로 분류할 수 있다.

(2) 통치권의 특성
① 통치권은 국가목적을 수행하기 위하여 조직된 권력이다.
② 주권과 달리 가분적이며, 필요에 따라 그 내용과 행사방법을 제약할 수 있는 상대적 권력이다.

3. 주권과 통치권의 차이점

구 분	주 권	통치권
성 격	국가의사를 최종적으로 결정하는 최고권력	주권이 위임하고 주권에 의하여 조직된 권력
주 체	국민	국가기관
가분성	불가분성	가분성
양도성	불가양성	양도성

4. 현행헌법과 국가권력

① 헌법 제1조 제2항 전단의 "대한민국의 주권은 국민에게 있고"라고 할 때의 주권은 국가권력의 최고 독립성 또는 국가의사를 결정하는 원동력으로서의 본래의 주권을 의미한다.
② 헌법 제1조 제2항 후단의 "모든 권력은 국민으로부터 나온다"고 할 때의 "모든 권력"은 통치권을 의미한다.

Ⅱ 국민

> ⬠ **헌법**
> **제2조**
> ① 대한민국의 국민이 되는 요건은 법률로 정한다.
> ② 국가는 법률이 정하는 바에 의하여 재외국민을 보호할 의무를 진다.

1. 국민의 의의

① 국민이라 함은 국가의 구성원이 되는 법적 자격을 가진 모든 사람을 말한다.
② 국민은 법적인 개념인 점에서 혈연을 기초로 한 민족과 구별된다.
③ 국민은 국가의 구성원이 아닌 사회의 구성원을 의미하는 사회학적 개념인 인민과 구별된다.

2. 대한민국의 국민이 되는 요건

헌법은 제2조 제1항에서 "국민이 되는 요건은 법률로 정한다"고 규정하여 국적법정주의를 채택하고 있다. 이에 따라 국민의 국적취득과 상실 등을 국적법에서 규정하고 있다.

3. 국적과 국적법

① 국적이라 함은 국민으로서의 신분 또는 국민이 되는 자격을 말하며, 국민이 되는 요건과 자격을 정한 법을 국적법이라고 한다.
② 국적에 대하여 헌법으로 규율하는 경우를 국적헌법주의, 민법에서 규율하는 경우를 국적민법주의, 별도의 법을 두어서 규율하는 경우를 국적단행법주의라고 한다.
③ 우리나라는 국적단행법주의를 채택하고 있다. 국적법은 국적취득에 관한 부분, 국적상실에 관한 부분, 이중국적을 금지하는 부분으로 나뉜다.

4. 국적법의 주요 내용

(1) 국적의 취득

1) 선천적 취득

(가) 출생에 의한 국적 취득(국적법 제2조)

> ◆ 국적법
> 제2조(출생에 의한 국적 취득) ① 다음 각 호의 어느 하나에 해당하는 자는 출생과 동시에 대한민국 국적을 취득한다.
> 1. 출생 당시에 부(父) 또는 모(母)[4]가 대한민국의 국민인 자
> 2. 출생하기 전에 부가 사망한 경우에는 그 사망 당시에 부가 대한민국의 국민이었던 자
> 3. 부모가 모두 분명하지 아니한 경우나 국적이 없는 경우에는 대한민국에서 출생한 자
> ② 대한민국에서 발견된 기아(棄兒)는 대한민국에서 출생한 것으로 추정한다.

(나) 인지에 의한 국적 취득(제3조)

> 제3조(인지에 의한 국적 취득) ① 대한민국의 국민이 아닌 자(이하 "외국인"이라 한다)로서 대한민국의 국민인 부 또는 모에 의하여 인지(認知)된 자가 다음 각 호의 요건을 모두 갖추면 법무부장관에게 신고함으로써 대한민국 국적을 취득할 수 있다.
> 1. 대한민국의 「민법」상 미성년일 것
> 2. 출생 당시에 부 또는 모가 대한민국의 국민이었을 것
> ② 제1항에 따라 신고한 자는 그 신고를 한 때에 대한민국 국적을 취득한다.

2) 후천적 취득

(가) 귀화에 의한 국적 취득

> 제4조(귀화에 의한 국적 취득) ① 대한민국 국적을 취득한 사실이 없는 외국인은 법무부장관의 귀화허가를 받아 대한민국 국적을 취득할 수 있다.
> ② 법무부장관은 귀화허가 신청을 받으면 제5조부터 제7조까지의 귀화 요건을 갖추었는지를 심사한 후 그 요건을 갖춘 사람에게만 귀화를 허가한다.
> 제5조(일반귀화 요건) 외국인이 귀화허가를 받기 위해서는 제6조나 제7조에 해당하는 경우 외에는 다음 각 호의 요건을 갖추어야 한다.
> 1. 5년 이상 계속하여 대한민국에 주소가 있을 것
> 1의2. 대한민국에서 영주할 수 있는 체류자격을 가지고 있을 것
> 2. 대한민국의 「민법」상 성년일 것
> 3. 법령을 준수하는 등 법무부령으로 정하는 품행 단정의 요건을 갖출 것
> 4. 자신의 자산이나 기능에 의하거나 생계를 같이하는 가족에 의존하여 생계를 유지할 능력이 있을 것
> 5. 국어능력과 대한민국의 풍습에 대한 이해 등 대한민국 국민으로서의 기본 소양을 갖추고 있을 것

---

4) 모계출생자에 대한 국적취득의 특례(국적법 부칙 제7조)
1978년 6월 14일부터 1998년 6월 13일까지의 사이에 대한민국의 국민을 모로 하여 출생한 자로서 ① 모가 현재 대한민국의 국민인 자 또는 ② 모가 사망한 때에는 그 사망 당시에 모가 대한민국의 국민이었던 자는 2004년 12월 31일까지 법무부장관에게 신고함으로써 대한민국의 국적을 취득할 수 있으며, 신고한 자는 그 신고를 한 때에 대한민국의 국적을 취득한다.

6. 귀화를 허가하는 것이 국가안전보장·질서유지 또는 공공복리를 해치지 아니한다고 법무부장관이 인정할 것

제6조(간이귀화 요건) ① 다음 각 호의 어느 하나에 해당하는 외국인으로서 대한민국에 3년 이상 계속하여 주소가 있는 사람은 제5조 제1호 및 제1호의2의 요건을 갖추지 아니하여도 귀화허가를 받을 수 있다.
1. 부 또는 모가 대한민국의 국민이었던 사람
2. 대한민국에서 출생한 사람으로서 부 또는 모가 대한민국에서 출생한 사람
3. 대한민국 국민의 양자로서 입양 당시 대한민국의「민법」상 성년이었던 사람

② 배우자가 대한민국의 국민인 외국인으로서 다음 각 호의 어느 하나에 해당하는 사람은 제5조 제1호 및 제1호의2의 요건을 갖추지 아니하여도 귀화허가를 받을 수 있다.
1. 그 배우자와 혼인한 상태로 대한민국에 2년 이상 계속하여 주소가 있는 사람
2. 그 배우자와 혼인한 후 3년이 지나고 혼인한 상태로 대한민국에 1년 이상 계속하여 주소가 있는 사람
3. 제1호나 제2호의 기간을 채우지 못하였으나, 그 배우자와 혼인한 상태로 대한민국에 주소를 두고 있던 중 그 배우자의 사망이나 실종 또는 그 밖에 자신에게 책임이 없는 사유로 정상적인 혼인 생활을 할 수 없었던 사람으로서 제1호나 제2호의 잔여기간을 채웠고 법무부장관이 상당하다고 인정하는 사람
4. 제1호나 제2호의 요건을 충족하지 못하였으나, 그 배우자와의 혼인에 따라 출생한 미성년의 자(子)를 양육하고 있거나 양육하여야 할 사람으로서 제1호나 제2호의 기간을 채웠고 법무부장관이 상당하다고 인정하는 사람

제7조(특별귀화 요건) ① 다음 각 호의 어느 하나에 해당하는 외국인으로서 대한민국에 주소가 있는 사람은 제5조 제1호·제1호의2·제2호 또는 제4호의 요건을 갖추지 아니하여도 귀화허가를 받을 수 있다.
1. 부 또는 모가 대한민국의 국민인 사람. 다만, 양자로서 대한민국의「민법」상 성년이 된 후에 입양된 사람은 제외한다.
2. 대한민국에 특별한 공로가 있는 사람
3. 과학·경제·문화·체육 등 특정 분야에서 매우 우수한 능력을 보유한 사람으로서 대한민국의 국익에 기여할 것으로 인정되는 사람

제8조(수반 취득) ① 외국인의 자(子)로서 대한민국의「민법」상 미성년인 사람은 부 또는 모가 귀화허가를 신청할 때 함께 국적 취득을 신청할 수 있다.
② 제1항에 따라 국적 취득을 신청한 사람은 부 또는 모가 대한민국 국적을 취득한 때에 함께 대한민국 국적을 취득한다.

(나) 국적회복에 의한 국적 취득(제9조)

제9조(국적회복에 의한 국적 취득) ① 대한민국의 국민이었던 외국인은 법무부장관의 국적회복허가를 받아 대한민국 국적을 취득할 수 있다.
② 법무부장관은 국적회복허가 신청을 받으면 심사한 후 다음 각 호의 어느 하나에 해당하는 사람에게는 국적회복을 허가하지 아니한다.
1. 국가나 사회에 위해를 끼친 사실이 있는 사람
2. 품행이 단정하지 못한 사람
3. 병역을 기피할 목적으로 대한민국 국적을 상실하였거나 이탈하였던 사람
4. 국가안전보장·질서유지 또는 공공복리를 위하여 법무부장관이 국적회복을 허가하는 것이 적당하지 아니하다고 인정하는 사람

3) 국적 취득자의 의무(제10조)

> 제10조(국적 취득자의 외국 국적 포기 의무) ① 대한민국 국적을 취득한 외국인으로서 외국 국적을 가지고 있는 자는 대한민국 국적을 취득한 날부터 1년 내에 그 외국 국적을 포기하여야 한다.
> ② 제1항에도 불구하고 다음 각 호의 어느 하나에 해당하는 자는 대한민국 국적을 취득한 날부터 1년 내에 외국 국적을 포기하거나 법무부장관이 정하는 바에 따라 대한민국에서 외국 국적을 행사하지 아니하겠다는 뜻을 법무부장관에게 서약하여야 한다.
>   1. 귀화허가를 받은 때에 제6조 제2항 제1호·제2호 또는 제7조 제1항 제2호·제3호의 어느 하나에 해당하는 사유가 있는 자
>   2. 제9조에 따라 국적회복허가를 받은 자로서 제7조 제1항 제2호 또는 제3호에 해당한다고 법무부장관이 인정하는 자
>   3. 대한민국의 「민법」상 성년이 되기 전에 외국인에게 입양된 후 외국 국적을 취득하고 외국에서 계속 거주하다가 제9조에 따라 국적회복허가를 받은 자
>   4. 외국에서 거주하다가 영주할 목적으로 만 65세 이후에 입국하여 제9조에 따라 국적회복허가를 받은 자
>   5. 본인의 뜻에도 불구하고 외국의 법률 및 제도로 인하여 제1항을 이행하기 어려운 자로서 대통령령으로 정하는 자
> ③ 제1항 또는 제2항을 이행하지 아니한 자는 그 기간이 지난 때에 대한민국 국적을 상실한다.
> 제11조(국적의 재취득) ① 제10조 제3항에 따라 대한민국 국적을 상실한 자가 그 후 1년 내에 그 외국 국적을 포기하면 법무부장관에게 신고함으로써 대한민국 국적을 재취득할 수 있다.
> ② 제1항에 따라 신고한 자는 그 신고를 한 때에 대한민국 국적을 취득한다.

(2) 복수국적자(대한민국 국적과 외국 국적을 함께 가지게 된 자)

1) 복수국적자의 법적 지위(제11조의2)

> 제11조의2(복수국적자의 법적 지위 등) ① 출생이나 그 밖에 이 법에 따라 대한민국 국적과 외국 국적을 함께 가지게 된 사람으로서 대통령령으로 정하는 사람[이하 "복수국적자"라 한다]은 대한민국의 법령 적용에서 대한민국 국민으로만 처우한다.
> ② 복수국적자가 관계 법령에 따라 외국 국적을 보유한 상태에서 직무를 수행할 수 없는 분야에 종사하려는 경우에는 외국 국적을 포기하여야 한다.

2) 복수국적자의 국적선택의무(제12조)

> 제12조(복수국적자의 국적선택의무) ① 만 20세가 되기 전에 복수국적자가 된 자는 만 22세가 되기 전까지, 만 20세가 된 후에 복수국적자가 된 자는 그때부터 2년 내에 제13조와 제14조에 따라 하나의 국적을 선택하여야 한다. 다만, 제10조 제2항에 따라 법무부장관에게 대한민국에서 외국 국적을 행사하지 아니하겠다는 뜻을 서약한 복수국적자는 제외한다.
> ② 제1항 본문에도 불구하고 「병역법」 제8조에 따라 병역준비역에 편입된 자는 편입된 때부터 3개월 이내에 하나의 국적을 선택하거나 제3항 각 호의 어느 하나에 해당하는 때부터 2년 이내에 하나의 국적을 선택하여야 한다. 다만, 제13조에 따라 대한민국 국적을 선택하려는 경우에는 제3항 각 호의 어느 하나에 해당하기 전에도 할 수 있다.
> ③ 직계존속이 외국에서 영주할 목적 없이 체류한 상태에서 출생한 자는 병역의무의 이행과 관련하여 다음 각 호의 어느 하나에 해당하는 경우에만 제14조에 따른 국적이탈신고를 할 수 있다.
>   1. 현역·상근예비역 또는 보충역 또는 대체역으로 복무를 마치거나 마친 것으로 보게 되는 경우
>   2. 전시근로역에 편입된 경우

3. 병역면제처분을 받은 경우

3) 외국국적 선택절차(제14조) : '수리한 때' 대한민국국적 상실

> **제14조(대한민국 국적의 이탈 요건 및 절차)** ① 복수국적자로서 외국 국적을 선택하려는 자는 외국에 주소가 있는 경우에만 주소지 관할 재외공관의 장을 거쳐 법무부장관에게 대한민국 국적을 이탈한다는 뜻을 신고할 수 있다.
> ② 제1항에 따라 국적 이탈의 신고를 한 자는 법무부장관이 신고를 수리한 때에 대한민국 국적을 상실한다.

4) 대한민국 국적의 이탈에 관한 특례

> **제14조의2(대한민국 국적의 이탈에 관한 특례)** ① 제12조 제2항 본문 및 제14조 제1항 단서에도 불구하고 다음 각 호의 요건을 모두 충족하는 복수국적자는 「병역법」 제8조에 따라 병역준비역에 편입된 때부터 3개월 이내에 대한민국 국적을 이탈한다는 뜻을 신고하지 못한 경우 법무부장관에게 대한민국 국적의 이탈 허가를 신청할 수 있다.
>   1. 다음 각 목의 어느 하나에 해당하는 사람일 것
>   가. 외국에서 출생한 사람(직계존속이 외국에서 영주할 목적 없이 체류한 상태에서 출생한 사람은 제외한다)으로서 출생 이후 계속하여 외국에 주된 생활의 근거를 두고 있는 사람
>   나. 6세 미만의 아동일 때 외국으로 이주한 이후 계속하여 외국에 주된 생활의 근거를 두고 있는 사람
>   2. 제12조 제2항 본문 및 제14조 제1항 단서에 따라 병역준비역에 편입된 때부터 3개월 이내에 국적이탈을 신고하지 못한 정당한 사유가 있을 것
> ② 법무부장관은 제1항에 따른 허가를 할 때 다음 각 호의 사항을 고려하여야 한다.
>   1. 복수국적자의 출생지 및 복수국적 취득경위
>   2. 복수국적자의 주소지 및 주된 거주지가 외국인지 여부
>   3. 대한민국 입국 횟수 및 체류 목적·기간
>   4. 대한민국 국민만이 누릴 수 있는 권리를 행사하였는지 여부
>   5. 복수국적으로 인하여 외국에서의 직업 선택에 상당한 제한이 있거나 이에 준하는 불이익이 있는지 여부
>   6. 병역의무 이행의 공평성과 조화되는지 여부
> ③ 제1항에 따른 허가 신청은 외국에 주소가 있는 복수국적자가 해당 주소지 관할 재외공관의 장을 거쳐 법무부장관에게 하여야 한다.
> ④ 제1항 및 제3항에 따라 국적의 이탈 허가를 신청한 사람은 법무부장관이 허가한 때에 대한민국 국적을 상실한다.

5) 복수국적자에 대한 국적선택명령(제14조의3)

> **제14조의3(복수국적자에 대한 국적선택명령)** ① 법무부장관은 복수국적자로서 제12조 제1항 또는 제2항에서 정한 기간 내에 국적을 선택하지 아니한 자에게 1년 내에 하나의 국적을 선택할 것을 명하여야 한다.
> ② 법무부장관은 복수국적자로서 제10조 제2항, 제13조 제1항 또는 같은 조 제2항 단서에 따라 대한민국에서 외국 국적을 행사하지 아니하겠다는 뜻을 서약한 자가 그 뜻에 현저히 반하는 행위를 한 경우에는 6개월 내에 하나의 국적을 선택할 것을 명할 수 있다.
> ③ 제1항 또는 제2항에 따라 국적선택의 명령을 받은 자가 대한민국 국적을 선택하려면 외국 국적을 포기하여야 한다.
> ④ 제1항 또는 제2항에 따라 국적선택의 명령을 받고도 이를 따르지 아니한 자는 그 기간이 지난 때에 대한민국 국적을 상실한다.

6) 대한민국 국적 상실결정(제14조의4)

> 제14조의4(대한민국 국적의 상실결정) ① 법무부장관은 복수국적자가 다음 각 호의 어느 하나의 사유에 해당하여 대한민국의 국적을 보유함이 현저히 부적합하다고 인정하는 경우에는 청문을 거쳐 대한민국 국적의 상실을 결정할 수 있다. 다만, 출생에 의하여 대한민국 국적을 취득한 자는 제외한다.
> 1. 국가안보, 외교관계 및 국민경제 등에 있어서 대한민국의 국익에 반하는 행위를 하는 경우
> 2. 대한민국의 사회질서 유지에 상당한 지장을 초래하는 행위로서 대통령령으로 정하는 경우
> ② 제1항에 따른 결정을 받은 자는 그 결정을 받은 때에 대한민국 국적을 상실한다.

(3) 국적 상실

1) 대한민국 국민의 외국국적 취득에 따른 국적 상실(제15조)

> 제15조(외국 국적 취득에 따른 국적 상실) ① 대한민국의 국민으로서 자진하여 외국 국적을 취득한 자는 그 외국 국적을 취득한 때에 대한민국 국적을 상실한다.
> ② 대한민국의 국민으로서 다음 각 호의 어느 하나에 해당하는 자는 그 외국 국적을 취득한 때부터 6개월 내에 법무부장관에게 대한민국 국적을 보유할 의사가 있다는 뜻을 신고하지 아니하면 그 외국 국적을 취득한 때로 소급하여 대한민국 국적을 상실한 것으로 본다.
> 1. 외국인과의 혼인으로 그 배우자의 국적을 취득하게 된 자
> 2. 외국인에게 입양되어 그 양부 또는 양모의 국적을 취득하게 된 자
> 3. 외국인인 부 또는 모에게 인지되어 그 부 또는 모의 국적을 취득하게 된 자
> 4. 외국 국적을 취득하여 대한민국 국적을 상실하게 된 자의 배우자나 미성년의 자(子)로서 그 외국의 법률에 따라 함께 그 외국 국적을 취득하게 된 자

2) 국적상실자의 권리변동(제18조)

대한민국 국적을 상실한 자는 국적을 상실한 때부터 대한민국의 국민만이 누릴 수 있는 권리를 누릴 수 없다. 대한민국의 국민만이 누릴 수 있는 권리 중 대한민국의 국민이었을 때 취득한 것으로서 양도할 수 있는 것은 그 권리와 관련된 법령에서 따로 정한 바가 없으면 3년 내에 대한민국의 국민에게 양도하여야 한다.

5. 정부수립 전에 출생한 자의 국적

남조선과도정부법률 제11호 「국적취득에 관한 임시조례」 제2조 제1호는 조선인을 부친으로 하여 출생한 자는 조선의 국적을 가지는 것으로 규정하고 있고, 제헌헌법은 제3조에서 대한민국의 국민이 되는 요건은 법률로써 정한다고 규정하면서 제100조에서 현행 법령은 이 헌법에 저촉되지 아니하는 한 효력을 가진다고 규정하고 있다.
정부수립 전에 출생한 자의 국적과 관련하여 「국적취득에 관한 임시조례」의 승계를 인정하여 대한민국 국민으로 볼 것인지에 대해서는 학설이 대립하나, 대법원은 조선인을 부친으로 하여 출생한 자는 「국적취득에 관한 임시조례」의 규정에 따라 조선국적을 취득하였다가 제헌헌법의 공포와 동시에 대한민국 국적을 취득한다고 보아 승계를 인정한다(승계긍정설; 대판 1996.11.12, 96누1221).

6. 재외국민의 보호

1) 재외국민의 의의
① 재외국민이라 함은 대한민국 국민으로서 외국정부로부터 영주허가를 받았거나 계속하여 장기간 외국에 체류하는 자를 말한다.
② 헌법은 제2조 제2항에서 "국가는 법률이 정하는 바에 의하여 재외국민을 보호할 의무를 진다"고 함으로써 재외국민에 대한 국가적 보호의무를 규정하고 있다.

2) 「재외동포의 출입국과 법적 지위에 관한 법률」 주요 내용

(가) 재외동포의 개념

◆ 재외동포의 출입국과 법적 지위에 관한 법률
제2조(정의) 이 법에서 "재외동포"란 다음 각 호의 어느 하나에 해당하는 자를 말한다.
1. 대한민국의 국민으로서 외국의 영주권을 취득한 자 또는 영주할 목적으로 외국에 거주하고 있는 자(이하 "재외국민")
2. 대한민국의 국적을 보유하였던 자(대한민국정부 수립 전에 국외로 이주한 동포를 포함한다) 또는 그 직계비속으로서 외국 국적을 취득한 자 중 대통령령으로 정하는 자(이하 "외국국적동포")

(나) 출입국과 체류에 있어서 보호

제10조(출입국과 체류) ① 재외동포체류자격에 따른 체류기간은 최장 3년까지로 한다.
② 법무부장관은 제1항에 따른 체류기간을 초과하여 국내에 계속 체류하려는 외국국적동포에게는 대통령령으로 정하는 바에 따라 체류기간 연장허가를 할 수 있다. 다만 제5조 제2항 각 호의 어느 하나에 해당하는 사유(체류결격사유)가 있는 경우에는 그러하지 아니하다.
③ 국내거소신고를 한 외국국적동포가 체류기간 내에 출국하였다가 재입국하는 경우에는 「출입국관리법」 제30조에 따른 재입국허가가 필요하지 아니하다.
⑤ 재외동포체류자격을 부여받은 외국국적동포의 취업이나 그 밖의 경제활동은 사회질서 또는 경제안정을 해치지 아니하는 범위에서 자유롭게 허용된다.

7. 국민의 헌법상 지위
(1) 주권자로서의 국민
(2) 기본권 주체로서의 국민
(3) 피치자로서의 국민

Ⅲ 국가의 영역

1. 영역의 의의

① 영역이란 국가의 공간적 존립기반을 말하며 영토·영해·영공으로 구성된다.
② 헌법에는 영토에 대한 규정이 있지만 영해와 영공에 대하여는 명문규정이 없다.
③ 영역의 확정과 관련하여「영해 및 접속수역법」제1조는 한반도와 그 부속도서의 육지에 접한 12해리까지의 해양을 원칙적으로 영해로 한다. 단 대한해협은 3해리로 한다.
④ 24해리 이내 영역에서 영해를 제외한 영역을 접속수역으로 설정하여 관세·재정·출입국관리 또는 보건·위생에 관한 대한민국의 법규를 위반하는 행위의 방지·제재를 할 수 있다.
⑤ UN협약법 제76조 제1항에 따라 우리 연안으로부터 수심 200m까지의 해저대륙붕에서 천연자원을 개발할 수 있는 권리를 가진다.
⑥「영해 및 접속수역법」제5조는 무해통항권을 인정하고 있다. 영공에서는 무해통항권이 원칙적으로 인정되지 않는다.

2. 영토의 변경

① 영토는 자연적 원인에 의하거나 영토의 병합과 할양 등 국제조약에 따라 그 범위가 변경된다.
② 조약에 의한 영역의 변경은 국적의 변경을 가져올 뿐만 아니라 그 영역에 적용되는 법체계에 영향을 미치기 때문에 헌법개정을 전제로 해서만 가능하다.
③ 우리 헌법은 침략적 전쟁을 부인하고 있기 때문에(제5조 제1항) 무력전쟁에 의한 영역의 변경은 금지된다.

3. 대한민국의 헌법규정

① 헌법 제3조: 대한민국의 영토는 한반도와 그 부속도서로 한다.
② 영토조항의 의미: 대한민국의 영역이 구한말시대의 국가영역을 기초로 한다는 것(구한말영토승계론)과 우리나라의 영토의 범위를 명백히 함으로써 타국의 영토에 대한 야심이 없음을 표시하는 국제평화 지향적인 의미를 가지고 있다(국제평화주의론).
③ 헌법 제3조의 영토조항은 우리나라의 공간적인 존립기반을 선언하는 것인바, 영토변경은 우리나라의 공간적인 존립기반에 변동을 가져오고, 또한 국가의 법질서에도 변화를 가져옴으로써, 필연적으로 국민의 주관적 기본권에도 영향을 미치지 않을 수 없는 것이다. 이러한 관점에서 살펴본다면, 국민의 개별적 기본권이 아니라 할지라도 기본권보장의 실질화를 위하여서는, 영토조항만을 근거로 하여 독자적으로는 헌법소원을 청구할 수 없다 할지라도, 모든 국가권능의 정당성의 근원인 국민의 기본권침해에 대한 권리구제를 위하여 그 전제조건으로서 영토에 관한 권리를, 이를테면 영토권이라 구성하여, 이를 헌법소원의 대상인 기본권의 하나로 간주하는 것은 가능한 것으로 판단된다(헌재 2001.3.21, 99헌마139).

4. 영토조항과 평화통일조항의 관계

> ⬟ **헌법**
> **제3조**
> 대한민국의 영토는 한반도와 그 부속도서로 한다.
> **제4조**
> 대한민국은 통일을 지향하며, 자유민주적 기본질서에 입각한 평화적 통일정책을 수립하고 이를 추진한다.

영토조항에 따르면 북한을 반국가단체로 보게 될 수밖에 없어 북한을 실체로 인정하는 것을 전제로 하는 평화통일조항과 상충되고, 반면에 평화통일조항에 따르면 분단의 현실을 인정하는 것을 전제로 하므로 분단의 현실을 부정하는 영토조항과 상충된다.

(1) 학설의 대립

1) 영토조항우위론: 유일합법정부론, 흡수통일론
2) 평화통일조항우위론: 헌법변천론, 국제정치현실론, 신법우선론
3) 양조항등가론: 북한정권의 이중적 성격론

(2) 헌법재판소: 영토조항과 평화통일조항의 규범조화적 해석

현 단계에 있어서의 북한은 조국의 평화적 통일을 위한 대화와 협력의 동반자임과 동시에 대남적화노선을 고수하면서 우리 자유민주체제의 전복을 획책하고 있는 반국가단체라는 성격도 함께 갖고 있다(헌재 1993.7.29. 92헌바48; 헌재 1997.1.16. 92헌바6 등).

5. 북한의 헌법상 지위

(1) 학설의 대립

1) 국가설
2) 반국가단체설(유일합법정부론)
3) 이중적 성격론
   ① 헌법 제3조와 제4조를 조화롭게 해석하여 영토조항을 근거로 북한을 반국가단체로, 평화통일조항을 근거로 북한을 대외적 협력의 동반자로 본다.
   ② 헌법재판소가 「남북교류협력에 관한 법률」 제3조 헌법소원사건에서 전개한 "이중적 성격론"과 입장을 같이하는 견해라고 할 수 있다.
4) 사실상 정권론

(2) 판례

1) 대법원(대판 1993.9.28, 90도1451)

헌법 제3조는 "대한민국의 영토는 한반도와 그 부속도서로 한다"고 규정하고 있어 법리상 이 지역에서는 대한민국의 주권과 부딪치는 어떠한 국가단체도 인정할 수가 없는 것이므로, 비록 북한이 국제사회에서 하나의 주권국가로 존속하고 있고 우리 정부가 북한 당국자의 명칭을 쓰면서 정상회담 등을 제의하였다 하여 북한이 대한민국의 영토고권을 침해하는 반국가단체가 아니라고 단정할 수 없다.

2) 헌법재판소(헌재 1997.1.16, 92헌바6)

① 북한이 남북한 유엔 동시가입, 소위 남북합의서의 채택·발효 및 「남북교류협력에 관한 법률」 등의 시행 후에도 적화통일의 목표를 버리지 않고 각종 도발을 자행하고 있으며 남·북한의 정치, 군사적 대결이나 긴장관계가 조금도 해소되고 있지 않음이 현실인 이상, 국가의 존립·안전과 국민의 생존 및 자유를 수호하기 위하여 신·구 「국가보안법」의 해석·적용상 북한을 반국가단체로 보고 이에 동조하는 반국가활동을 규제하는 것 자체가 헌법이 규정하는 국제평화주의나 평화통일의 원칙에 위반된다고 할 수 없다.

② 현 단계에 있어서의 북한은 조국의 평화적 통일을 위한 대화와 협력의 동반자임과 동시에 대남적화노선을 고수하면서 우리 자유민주체제의 전복을 획책하고 있는 반국가단체라는 성격도 함께 갖고 있음이 현실인 점에 비추어, 헌법 제4조가 천명한 자유민주적 기본질서에 입각한 평화적 통일정책을 수립하고 이를 추진하는 한편 국가의 안정을 위태롭게 하는 반국가활동을 규제하기 위한 법적 장치로서, 전자를 위하여는 「남북교류협력에 관한 법률」 등의 시행으로써 이에 대처하고 후자를 위하여는 「국가보안법」의 시행으로써 이에 대처하는 것이다.

6. 남북관계발전에 관한 법률

남북간 합의서의 법적 실효성을 확보하는 차원에서 「남북관계발전에 관한 법률」이 공포되었다.

> ⬟ **남북관계발전에 관한 법률**
> **제3조(남한과 북한의 관계)** ① 남한과 북한의 관계는 국가 간의 관계가 아닌 통일을 지향하는 과정에서 잠정적으로 형성되는 특수관계이다.
> ② 남한과 북한간의 거래는 국가 간의 거래가 아닌 민족내부의 거래로 본다.
> **제4조(정의)** 이 법에서 사용하는 용어의 정의는 다음과 같다.
> 　3. "남북합의서"라 함은 정부와 북한 당국 간에 문서의 형식으로 체결된 모든 합의를 말한다.
> **제21조(남북합의서의 체결·비준)** ① 대통령은 남북합의서를 체결·비준하며, 통일부장관은 이와 관련된 대통령의 업무를 보좌한다.
> ② 대통령은 남북합의서를 비준하기에 앞서 국무회의의 심의를 거쳐야 한다.
> ③ 국회는 국가나 국민에게 중대한 재정적 부담을 지우는 남북합의서 또는 입법사항에 관한 남북합의서의 체결·비준에 대한 동의권을 가진다.
> **제23조(남북합의서의 효력범위 등)** ① 남북합의서는 남한과 북한사이에 한하여 적용한다.
> ② 대통령은 남북관계에 중대한 변화가 발생하거나 국가안전보장, 질서유지 또는 공공복리를 위하여 필요하다고 판단될 경우에는 기간을 정하여 남북합의서의 효력의 전부 또는 일부를 정지시킬 수 있다.
> ③ 대통령은 국회의 체결·비준 동의를 얻은 남북합의서에 대하여 제2항의 규정에 따라 그 효력을 정지시키고자 하는 때에는 국회의 동의를 얻어야 한다.

7. 남북한관계와 관련된 문제

(1) 국가보안법의 위헌여부

국가의 존립·안전과 국민의 생존 및 자유를 수호하기 위하여 국가보안법의 해석·적용상 북한을 반국가단체로 보고 이에 동조하는 반국가활동을 규제하는 것 자체가 헌법이 규정하는 국제평화주의나 평화통일의 원칙에 위반된다고 할 수 없다(헌재 1997.1.16, 92헌바6).

(2) 남북교류협력에관한법률과 국가보안법의 관계

현 단계에 있어서의 북한은 조국의 평화적 통일을 위한 대화와 협력의 동반자임과 동시에 대남적화노선을 고수하면서 우리 자유민주체제의 전복을 획책하고 있는 반국가단체라는 성격도 함께 가지고 있음이 엄연한 현실임에 비추어, 헌법 제4조가 천명하는 자유민주적 기본질서에 입각한 평화적 통일정책을 수립하고 이를 추진하는 한편 국가의 안전을 위태롭게 하는 반국가활동을 규제하기 위한 법적 장치로서, 전자를 위하여는 「남북교류협력에 관한 법률」 등의 시행으로써 이에 대처하고 후자를 위하여는 「국가보안법」의 시행으로써 이에 대처하고 있는 것이다. 이와 같이 「국가보안법」과 「남북교류협력에 관한 법률」은 상호 그 입법목적과 규제대상을 달리하고 있다(헌재 1993.7.29, 92헌바48).

(3) 남북한 UN동시가입의 법적 해석

남·북한이 UN에 동시 가입하였다고 하더라도, 이는 "UN헌장"이라는 다변조약(多邊條約)에의 가입을 의미하는 것으로서 유엔헌장 제4조 제1항의 해석상 신규가맹국이 "UN"이라는 국제기구에 의하여 국가로 승인받는 효과가 발생하는 것은 별론으로 하고, 그것만으로 곧 다른 가맹국과의 관계에 있어서도 당연히 상호간에 국가승인이 있었다고는 볼 수 없다는 것이 현실 국제정치상의 관례이고 국제법상의 통설적인 입장이다(헌재 1997.1.16, 92헌바6).

(4) 남북기본합의서의 법적 해석

① 남북합의서는 남북관계를 '나라와 나라 사이의 관계가 아닌 통일을 지향하는 과정에서 잠정적으로 형성되는 특수관계'임을 전제로 하여 이루어진 합의문서인 바, 이는 한민족공동체 내부의 특수관계를 바탕으로 한 당국 간의 합의로서 남북당국의 성의있는 이행을 상호 약속하는 일종의 공동성명 또는 신사협정에 준하는 성격을 가짐에 불과하다(헌재 1993.7.29, 92헌바48).

② 남북 사이의 화해와 불가침 및 교류협력에 관한 합의서는 남북관계가 '나라와 나라 사이의 관계가 아닌 통일을 지향하는 과정에서 잠정적으로 형성되는 특수관계'임을 전제로, 조국의 평화적 통일을 이룩해야 할 공동의 정치적 책무를 지는 남북한 당국이 특수관계인 남북관계에 관하여 채택한 합의문서로서, 남북한 당국이 각기 정치적인 책임을 지고 상호간에 그 성의있는 이행을 약속한 것이기는 하나 법적 구속력이 있는 것은 아니어서 이를 국가 간의 조약 또는 이에 준하는 것으로 볼 수 없고, 따라서 국내법과 동일한 효력이 인정되는 것도 아니다(대판 1999.7.23. 98두14525).

(5) 북한주민의 법적 지위

조선인을 부친으로 하여 출생한 자는 남조선과도정부법률 제11호 국적에 관한 임시조례의 규정에 따라 조선국적을 취득하였다가 제헌헌법의 공포와 동시에 대한민국의 국적을 취득하였다 할 것이고, 설사 그가 북한법의 규정에 따라 북한국적을 취득하여 중국주재 북한대사관으로부터 북한의 해외공민증을 발급받은 자라 하더라도 북한지역 역시 대한민국의 영토에 속하는 한반도의 일부를 이루는 것이어서 대한민국의 주권이 미칠 뿐이고, 대한민국의 주권과 부딪치는 어떠한 국가단체나 주권을 법리상 인정할 수 없는 점에 비추어 볼 때 그러한 사정은 그가 대한민국국적을 취득하고 이를 유지함에 있어 아무런 영향을 끼칠 수 없다(대판 1996.11.12, 96누1221).

제3절 헌법의 기본원리

헌법의 기본원리라 함은 헌법의 이념적 기초인 동시에 헌법을 총체적으로 지배하는 지도원리를 말한다. 이것은 헌법의 전문과 본문 중에 명시되어 있거나 추상적으로 반영되어 있다.

제1항 대한민국헌법의 전문(前文)

> 유구한 역사와 전통에 빛나는 우리 대한국민은 3·1운동으로 건립된 대한민국임시정부의 법통과 불의에 항거한 4·19민주이념을 계승하고, 조국의 민주개혁과 평화적 통일의 사명에 입각하여 정의·인도와 동포애로써 민족의 단결을 공고히 하고, 모든 사회적 폐습과 불의를 타파하며, 자율과 조화를 바탕으로 자유민주적 기본질서를 더욱 확고히 하여 정치·경제·사회·문화의 모든 영역에 있어서 각인의 기회를 균등히 하고, 능력을 최고도로 발휘하게 하며, 자유와 권리에 따르는 책임과 의무를 완수하게 하여, 안으로는 국민생활의 균등한 향상을 기하고 밖으로는 항구적인 세계평화와 인류공영에 이바지함으로써 우리들과 우리들의 자손의 안전과 자유와 행복을 영원히 확보할 것을 다짐하면서 1948년 7월 12일 제정되고 8차에 걸쳐 개정된 헌법을 이제 국회의 의결을 거쳐 국민투표에 의하여 개정한다.

I 의의

1. 개념

① 헌법전문이라 함은 헌법의 본문 앞에 위치한 문장이다.
② 헌법이 제정된 유래 또는 헌법이 채택하고 있는 기본원리와 기본가치 등을 정하고 있는 헌법의 서문에 해당한다.
③ 성문헌법의 구성부분이다.

2. 성문헌법과의 관계

① 헌법전문은 성문헌법에서만 찾아볼 수 있지만 헌법전문이 모든 성문헌법의 필수적인 구성요소는 아니다.
② 오늘날 대부분의 성문헌법이 전문을 두고 있음을 이유로 헌법 전체를 이념적으로 지배하는 성문헌법의 구성부분이라고 정의하는 견해도 있다.

II 규범적 효력 인정여부

1. 학설의 대립

(1) 효력부정설

① 헌법전문은 헌법의 유래라든가 헌법제정의 목적 또는 헌법제정에 관한 국민의 일반적인 의사를 단순히 선언한 것에 불과하다.
② 독일의 법실증주의자들과 미연방대법원이 취하는 입장이다.

(2) 효력긍정설

① 헌법전문은 헌법제정권력의 소재를 밝히고 국민의 이념적 합의 또는 근본적 결단의 본질적 부분을 내포하고 있으므로 법적 규범력을 가진다.
② 헌법을 국민의 정치적 결단이라고 이해하는 결단주의 헌법관에서는 헌법전문에 들어 있는 정치결단적인 요소를 무시하고는 헌법의 규범적 효력을 설명하기가 곤란하기 때문에 헌법전문의 규범적 효력을 강조한다(C. Schmitt)
③ 통합과정론의 관점에서는 헌법을 사회통합의 당위적인 가치질서로 이해하므로 헌법전문에 들어 있는 근본이념이나 사회통합의 당위적인 방향과 목표 등을 떠나서 헌법의 규범적 효력을 설명할 수 없기 때문에 헌법전문의 규범적 효력을 인정한다(R. Smend).
④ 독일연방헌법재판소, 프랑스의 헌법원과 우리나라 통설의 입장이다.

2. 헌법재판소

① 헌법은 그 전문에 "정치 · 경제 · 사회 · 문화의 모든 영역에 있어서 각인의 기회를 균등히 하고"라고 규정하여 기회균등 … 을 선언하고 있는 바, 우리 헌법의 최고원리로서 국가가 입법을 하거나 법을 해석하고 집행함에 있어 따라야 할 기준이다(헌재 1989.1.25, 88헌가7).
② 전문의 "3 · 1운동으로 건립된 대한민국임시정부의 법통을 계승"의 부분에서 독립유공자와 그 유족에 대하여 국가가 응분의 예우를 하여야 할 헌법적 의무가 도출된다(헌재 2005.6.30, 2004헌마859).

Ⅲ 규범적 효력이 미치는 범위

1. 최고규범성

① 실질적으로는 헌법본문을 비롯한 모든 법령의 내용을 한정하고 그것이 타당성을 가지는 근거가 되며, 형식적으로는 헌법본문을 비롯한 모든 법령에 상위하는 효력을 가진다.
② 헌법은 그 전문에서 기회균등을 선언하고 있는 바, 그것은 우리 헌법의 최고원리로서 국가가 입법을 하거나 법을 해석하고 집행함에 있어 따라야 할 기준이다(헌재 1989.1.25, 88헌가7).

2. 헌법 및 법령의 해석기준

① 헌법전문은 최고규범이므로 헌법본문을 비롯한 모든 법령의 해석기준이 된다.
② 국가보안법 제7조 제1항에서 사용하고 있는 개념들은 … 헌법전문과 양립하기 어려운 문제점이 있다(헌재 1990.4.2, 89헌가113).

3. 재판규범성

헌법은 그 전문에 "정치 · 경제 · 사회 · 문화의 모든 영역에 있어서 각인의 기회를 균등히 하고"라고 규정하여 기회균등 … 을 선언하고 있는바, 우리 헌법의 최고원리로서 국가가 입법을 하거나 법을 해석하고 집행함에 있어 따라야 할 기준이다(헌재 1989.1.25, 88헌가7).

4. 기본권성 여부

① 헌법의 기본원리는 헌법의 이념적 기초인 동시에 헌법을 지배하는 지도원리로서 입법이나 정책결정의 방향을 제시하며 공무원을 비롯한 모든 국민·국가기관이 헌법을 존중하고 수호하도록 하는 지침이 되며, 구체적 기본권을 도출하는 근거로 될 수는 없으나 기본권의 해석 및 기본권제한입법의 합헌성 심사에 있어 해석기준의 하나로서 작용한다(헌재 1996.4.25, 92헌바47).

② 헌법소원심판과정에서 공권력의 행사 또는 불행사가 위헌인지 여부를 판단함에 있어서 국민주권주의, 법치주의, 적법절차의 원리 등 헌법의 기본원리를 그 기준으로 적용할 수는 있으나, 공권력의 행사 또는 불행사로 헌법의 기본원리가 훼손되었다고 하여 그 점만으로 국민의 기본권이 직접 현실적으로 침해된 것이라고 할 수는 없다(헌재 1995.2.23, 91헌마231).

③ "헌법전문에 기재된 3.1정신"은 우리나라 헌법의 연혁적·이념적 기초로서 헌법이나 법률해석에서의 해석기준으로 작용한다고 할 수 있지만, 그에 기하여 곧바로 국민의 개별적 기본권성을 도출해낼 수는 없다고 할 것이므로, 헌법소원의 대상인 "헌법상 보장된 기본권"에 해당하지 아니한다(헌재 2001.3.21, 99헌마139).

5. 헌법개정의 한계

① 헌법전문은 국민적 합의인 헌법의 지도이념·지도원리를 규정한 것이다.
② 자구수정을 넘어선 지도이념 그 자체의 폐기나 전면개정은 헌법의 기본적 동일성을 파괴하는 것으로서 헌법개정의 한계를 벗어나는 것이므로 금지된다.

Ⅳ 내용

1. 헌법의 인간상

사회적 인격체로서의 자주적 인간이다.

2. 대한민국의 건국이념

> 우리 대한국민은 3·1 운동으로 건립된 대한민국임시정부의 법통과 불의에 항거한 4·19 민주이념을 계승하고 …

'대한민국임시정부의 법통'은 현행헌법에서 처음 명시되었다.

3. 국민주권의 이념

> 우리 대한국민은 … 1948년 7월 12일에 제정되고 8차에 걸쳐 개정된 헌법을 이제 국회의 의결을 거쳐 국민투표에 의하여 개정한다.

① 헌법의 제정·개정권자가 국민임을 명문으로 밝히고 있다.
② 제1조 제2항은 국민주권주의를 규정하고 있다.

4. 자유민주주의 이념

> 자유민주적 기본질서를 더욱 확고히 하여 …

자유민주주의 이념은 기본권 보장, 권력분립, 민주적 정당의 보장 등으로 구체화되고 있다.

5. 사회국가의 이념

> 모든 사회적 폐습과 불의를 타파하며, … 각인의 기회를 균등히 하고, 능력을 최고도로 발휘하게 하며, 자유와 권리에 따르는 책임과 의무를 완수하게 하여, 안으로는 국민생활의 균등한 향상을 기하고 …

'제2장 국민의 권리와 의무'와 '제9장 경제' 부분에서 이를 구체화하고 있다.

6. 문화국가의 이념

> 유구한 역사와 전통에 빛나는 우리 대한국민은 … 문화의 영역에 있어 각인이 기회를 균등히 하고 능력을 최고도로 발휘하게 하며 …

헌법은 민족문화창달의무, 종교의 자유, 언론·출판·집회·결사의 자유, 학문과 예술의 자유, 교육을 받을 권리와 의무, 환경권을 보장하고, 대통령이 취임시 민족문화창달의 노력을 선서할 것을 규정하고 있다.

7. 민족통일의 이념

> 조국의 민주개혁과 평화적 통일의 사명에 입각하여 … 정의·인도와 동포애로써 민족의 단결을 공고히 하고 …

제4조에서 통일의 지향과 자유민주적 기본질서에 입각한 평화적 통일정책이 수립 및 추진의무를 규정하고, 제66조 제3항에서는 대통령에게 조국의 평화적 통일을 위한 성실의무를 부과하고 있다.

8. 국제평화의 이념

> 밖으로는 항구적인 세계평화와 인류공영에 이바지함으로써 …

제5조는 침략적 전쟁의 부인을, 제6조는 공포된 조약과 일반적으로 승인된 국제법규는 국내법과 같은 효력을 가지며, 외국인의 지위를 존중한다는 점 등을 규정하여 영구평화주의와 평화적 생존권을 강조하고 있다.

9. 우리 국민의 국민적 과제

> 우리들과 우리들의 자손의 안전과 자유와 행복을 영원히 확보할 것을 다짐하면서 …

대한국민의 과제가 국민 모두의 안전과 자유 및 복지사회의 조화적 실현임을 강조하고 있다.

[전문에 규정되지 않은 사항]
① 권력분립의 원리
② 민주공화국, 국가형태(제1조)
③ 자유민주적 기본질서에 입각한 평화적 통일정책(제4조)
④ 국제평화의 유지에 노력, 침략적 전쟁 부인(제5조)
⑤ 전통문화계승발전, 민족문화창달의무(제9조)
⑥ 개인의 자유와 창의의 존중(제119조 제1항)
⑦ 5·16혁명(3·4공화국 헌법에 규정)
⑧ 정치적·경제적·사회적·문화적 생활의 모든 영역에서(헌법 제11조)

제2항 헌법의 기본원리

I 국민주권의 원리

1. 의의

국민주권의 원리라 함은 주권을 국민이 가진다는 것과 모든 국가권력의 정당성의 근거가 국민에게 있다는 원리를 말한다.

2. 주권이론의 발전과 입법례

① 근대국가의 이론으로서의 국민주권이론은 전제군주제 하에서 근대민주국가의 수립을 위한 항의적 이데올로기로서 주장되었다.
② J. Bodin과 T. Hobbes의 군주주권이 H. Krabbe의 법주권론과 G. Jellinek의 국가주권론을 거쳐 J. J. Rousseau와 J. Locke의 국민주권론으로 발전하였다.
③ 국민주권론이 최초로 성문화된 것은 1791년 미국의 Virginia 인권선언(1776)과 독립선언(1776), 프랑스 인권선언(1789)이다.
④ 헌법에서 이를 규정한 것은 1791년 프랑스 헌법이 최초이다.
⑤ 우리 헌법도 제헌헌법 이래 국민주권원리를 선언하고 있다.

3. 내용

(1) 국민주권에 있어서 "주권"의 의미

① 주권은 하나의 실체적 개념으로서 국가의사를 결정하는 최고의 독립적·불가분적·불가양적 권력이다.
② 주권은 헌법제정권력을 의미한다.

(2) 국민주권에 있어서 "국민"의 의미

국민개념이분설 중에서 국민주권의 원리에 있어서 국민을 전체국민과 유권적 시민의 총체로 2분하여, 주권의 귀속주체 내지 주권의 보유자(이념적 주권자)는 전체국민이고, 주권의 현실적 행사자(현실적 주권자)는 유권적 시민의 총체라고 이해하는 국민전체 및 유권자전체설이 다수설적 견해이다.

4. 국민주권의 원리에 관한 견해

(1) 국민주권의 원리를 국민주권론과 인민주권론으로 구분하는 견해

구분	국민주권론	인민주권론
주권의 주체	이념적·추상적 국민 (의사결정능력이 없는 국민)	유권적 시민의 총체 (의사결정능력이 있는 구체적 국민)
주권의 성격	주권자 개인의 분유(分有) 불가능	주권자 개인마다 주권 분유
주권의 보유와 행사	분리가능: 대표자가 행사(의회주권론)	분리불가능: 치자와 피치자의 동일성
주권의 위임	자유위임(무기속위임)	기속위임
정치형태	대의제(권력분립 필수적 요청)	직접민주제(권력융합의 요청)
선거방식	제한선거도 가능	보통선거
선거의 법적 성격	권능인 동시에 의무	권리
헌법제정권력의 행사	제헌의회	국민이 직접
대표자	A. Siéyès	J. J. Rousseau

(2) 국민주권의 원리를 '형식적 국민주권'과 '실질적 국민주권'으로 구분하는 견해

5. 현행헌법과 국민주권원리

(1) 국민주권원리의 선언

① 헌법전문은 국민이 헌법을 제정했고 그 헌법을 국민투표에 의해 개정했음을 선언하고 있다.
② 제1조 제1항은 민주공화국임을 규정하여 국민주권원리의 채택을 간접적으로 규정하고 있다.
③ 제1조 제2항은 "대한민국의 주권은 국민에게 있고, 모든 권력은 국민으로부터 나온다"고 하여 국민주권의 원리를 명문으로 선언하고 있다.

(2) 국민주권원리의 구현

1) 간접민주제를 통한 구현

헌법은 대의제에 입각한 의회주의와 합리적 선거제도를 규정하고 있다.

2) 직접민주제의 가미를 통한 구현

헌법은 제72조와 제130조 제2항에서 직접민주제를 도입하고 있다.

Ⅱ 자유민주주의 원리

1. 개념
① 자유민주주의는 자유주의와 민주주의가 결합된 정치원리이다.
② 자유주의는 개인의 자유와 자율을 옹호하고 존중할 것을 요구하는 사상적 입장을 말하며, 민주주의는 국민에 의한 지배 또는 국가권력이 국민에게 귀속되는 것을 특징으로 하는 정치원리를 말한다.

2. 내용

(1) 현행헌법상의 규정
① 자유민주적 기본질서를 더욱 확고히 하여(전문)
② 대한민국은 … 자유민주적 기본질서에 입각한 평화적 통일정책을 수립하고 이를 추진한다(제4조).
③ 정당의 목적이나 활동이 민주적 기본질서에 위배될 때에는 … 해산된다(제8조 제4항).

(2) 헌법재판소 결정례(헌재 1990.4.2, 89헌가113)
① 자유민주적 기본질서에 위해를 준다 함은 모든 폭력적 지배와 자의적 지배, 즉 반국가단체의 1인 독재 내지 1당 독재를 배제하고 다수의 의사에 의한 국민의 자치·자유·평등의 기본원칙에 의한 법치국가적 통치질서의 유지를 어렵게 만드는 것이고, 이를 보다 구체적으로 말하면 기본적 인권의 존중, 권력분립, 의회제도, 복수정당제도, 선거제도, 사유재산과 시장경제를 골간으로 한 경제질서 및 사법권의 독립 등 우리의 내부체제를 파괴·변혁시키려는 것으로 풀이할 수 있을 것이다.
② 자유민주적 기본질서에 대한 독일연방헌법재판소의 견해를 대체로 수용하고 있다.

Ⅲ 사회국가의 원리

1. 개념 및 등장배경

(1) 개념
사회국가라 함은 모든 국민에게 그 생활의 기본적 수요를 충족시킴으로써 건강하고 문화적인 생활을 영위할 수 있도록 하는 것이 국가의 책임이면서 그것에 대한 요구가 국민의 권리로서 인정되어 있는 국가를 말한다.

(2) 등장배경
사회국가는 20세기에 접어들면서 대두된 노·사간의 갈등과 대립의 심화, 사회적 빈곤의 일반화 등의 문제를 해결하기 위하여 등장하였다.

2. 헌법적 수용
① 사회적 기본권을 두지 아니하고 사회국가조항만을 규정하는 방식(독일기본법)

② 명시적인 사회국가조항을 두지 아니하고 사회적 기본권 등의 사회국가적 목표를 개별적으로 헌법에 규정하는 방식(바이마르헌법, 현행헌법)
③ 사회국가조항과 함께 사회국가 실현방법을 구체적으로 규정한 방법 등이 있다.

3. 법적 성격

사회국가조항은 사회국가실현의 헌법지침적 성격을 가지며, 국가권력의 담당자로 하여금 사회적 약자를 적극적으로 배려하게 할 의무 및 권한을 규정한 직접적인 효력을 가진 수권적 성격을 갖는 규정이다.

4. 내용

(1) 사회적 자유: 물질적 궁핍으로부터 해방된 실질적 자유
(2) 사회적 평등: 최대한의 기회균등과 사회적 약자의 특별한 보호(사회적 급부와 사회적 부담의 차등화)
(3) 사회적 정의
(4) 사회적 안전

5. 한계

(1) 이념적 한계(자유시장경제질서의 준수)

① 사회국가원리에 입각한 국가적 규제와 개입은 근본적으로 자유시장경제질서 그 자체를 부정하는 것이어서는 아니 되며, 자유민주적 기본질서의 범위 내에서 이루어져야 한다는 한계를 지니고 있다.
② 자기의 책임을 수반하는 경제활동의 자유를 폐지하는 국가에 의한 포괄적인 급여는 사회국가원리에 부합하지 않는다.
③ 공산주의적 배급국가나 국민의 생활을 전적으로 국가의 사회보장제도에 의존하게 하는 복지국가는 사회국가의 한계를 넘어서는 것이다.

(2) 보충성원리에 의한 한계

1) 의의 및 기능

① 보충성의 원리란 '경제적·사회적 문제의 해결은 1차적으로 개인적 차원에서 이루어지도록 하고, 개인적 차원에서의 해결이 불가능한 경우에 비로소 국가가 개입해야 한다.'는 원리를 말한다.
② 보충성의 원리는 국민 개개인의 자활의지를 확보하고 복지정책으로 인한 도덕적 해이를 방지하기 위한 원리로서 작용한다.

2) 보충성원리의 한계

구조적인 사회적·경제적 약자에게는 보충성의 원리를 적용하기가 곤란할 것이므로 국가는 사회적·경제적 약자에게 인간다운 최저생활을 보장하여야 할 1차적 책임이 있다.

(3) 법치국가적 한계

사회국가원리의 실현을 위하여 국가가 적극적인 개입을 하는 경우에도 법치국가적 절차를 무시해서는 아니된다는 한계가 있다.

(4) 재정·경제상의 한계

국가의 재정부담 능력 내에서 실현되어야 한다.

(5) 경제정책적 한계

일정 규모의 경제의 확대재생산을 보장하는 한도 내에서 실현되어야 한다.

(6) 기본권 제한상의 한계

기본권의 본질적 내용을 침해해서는 아니된다.

(7) 권력분립상의 한계

극단적인 처분적 법률이나 위임입법의 한계를 일탈한 행정입법권의 행사는 허용되지 않는다.

Ⅳ 문화국가의 원리

1. 개념

문화국가라 함은 국가로부터 문화활동의 자유가 보장되고 국가에 의하여 문화가 공급(문화에 대한 국가적 보호·지원·조정 등)되어야 하는 국가, 또는 국가가 개인의 문화적 자유와 자율을 보장함과 더불어 국가가 적극적으로 개인의 문화적 생활을 구현하기 위하여 노력하는 국가를 말한다.

2. 문화헌법의 등장

① 문화국가원리를 최초로 헌법에 수용한 것은 바이마르(Weimar)헌법이다.
② 우리나라는 제헌헌법 이래 문화국가원리를 헌법의 기본원리로 채택해 왔다.

3. 내용

(1) 문화적 자율성의 보장

① 현대의 문화국가는 '문화조성적 국가'라고 할 수 있으나, 문화형성의 제1차적 주체는 시민사회이어야 한다.
② 오늘날 불편부당의 원칙이 가장 바람직한 문화정책으로 평가받고 있으나, 이것이 모든 문화적 가치에 대한 평가가 전적으로 사회적 및 개인적 판단에 유보되어야 한다는 것을 의미하지는 않는다. 예컨대, 인간 존엄성의 존중에 배치되거나 헌정질서를 부정하는 문화적 가치에 대해서는 국가가 개입하는 경우가 있을 수 있다.

(2) 문화의 보호·육성·진흥·전수

문화국가원리의 목표는 인간의 문화 창조활동 및 이의 계승·전수, 그리고 그러한 문화적 산물의 향유를 보호하는 데 있는 것이므로 최소한의 보장이 아닌 국가가 적극적으로 개인의 문화적 생활의 구현을 위하여 노력하는 국가를 말한다.

(3) 문화적 평등의 보장

① 문화향유권은 사회적 기본권의 성격을 가진다.
② 헌법재판소는 행복추구권에서 자유로운 문화향유권을 도출한다(헌재 2004.5.27, 2003헌가1).

4. 한계

① 국가의 문화에 대한 규제와 보호는 문화현상 그 자체의 방향이나 문화적 가치를 정해 주기 위한 것이 아니라 문화가 자율적으로 발전할 수 있는 여건 내지 풍토를 조성하는 목적에 한한다(문화영역에 대한 국가의 가치중립주의).
② 사회국가원리에 있어서의 국가적 개입이 조정적이라면, 문화국가원리에 있어서의 국가적 개입은 조성적이다.

5. 현행헌법과 문화국가의 원리

(1) … 문화의 모든 영역에 있어서 각인의 기회를 균등히 하고 능력을 최고도로 발휘하게 하며(전문)
(2) 국가는 전통문화의 계승발전과 민족문화의 창달에 노력하여야 한다(제9조).
(3) 인간의 존엄과 가치 및 인간다운 생활의 보장(제10조, 제34조 제1항)은 인간다운 생활을 보장하기 위해서는 일정 수준의 문화적 생활까지 보장되어야 한다는 뜻에서 문화국가에 관한 이념적 규정이라고 할 수 있다. 따라서 문화향유권은 자유권적 기본권이라기보다는 사회적 기본권으로서의 성격을 가진다고 보아야 한다.
(4) 정신적 자유권과 교육제도의 보장
　① 정신적 기본권으로 양심과 사상의 자유(제19조), 언론 · 출판 · 집회 · 결사의 자유(제21조), 학문과 예술의 자유(제22조) 등을 규정하고 있다.
　② 문화국가의 이념을 실현하는 방법적 기초로서 교육을 받을 권리와 교육제도에 관해서도 규정하고 있다(제31조).
　③ 교육을 받을 권리는 우리 헌법이 지향하는 문화국가 · 민주복지국가의 이념을 실현하는 방법적 기초이다(헌재 1991.2.11, 90헌가27).
(5) 대통령은 취임시 민족문화창달에 노력할 의무를 선서하여야 한다(제69조).

Ⅴ 법치국가의 원리

1. 서설

(1) 법치주의의 개념

법치주의란 특정인의 자의적인 지배가 아닌 법의 지배를 의미하며, 국가권력은 의회가 제정하는 법률에 의하여 발동되고 이에 대한 사법심사가 보장되어야 함을 의미한다. 전제군주 하에서의 국가권력은 군주의 자의에 의하여 행사되었고, 이에 따라 시민의 자유는 희생되었다. 이에 대한 반성으로 국가작용은 의회가 제정한 법에 의해서만 행사되어야 하고, 특히 행정이 법에 의하여 행하여질 것이 요구되었다.

(2) 법치주의의 기초

법치주의가 확립된 것은 근대 시민혁명 이후의 자유주의사상이 바탕이 되었다. 즉, 법치주의는 국가권력을 통제하여 국민의 자유와 재산을 보장하는 것을 목적으로 한다. 근대 법치주의의 이념적 기초는 자유주의사상이지만, 오늘날의 법치주의는 민주주의와도 밀접한 관련이 있다.

(3) 법치주의의 내용

1) 독일의 법치주의는 입헌군주주의의 산물로서 형식적 법치주의였으므로 법률의 내용에 대해서는 도외시하였으나, 영·미의 법의 지배는 처음부터 법의 내용 자체를 중시하는 입장으로 개인의 자유와 재산을 부당하게 제한하는 법률이 제정된다면 그것은 법의 지배에 위배되는 것으로 보았다.
2) 대륙법계의 법치행정원리는 실체법에 대한 기속을 중시하는 입장이나, 영미법계의 법치행정원리는 절차법에 대한 기속을 중시하는 입장이다. 최근 다수의 국가들은 행정의 절차법에 대한 기속을 중시하면서 법치행정의 원리는 실체법에 대한 적합뿐만 아니라 절차법에 대한 적합도 요구하게 되었다.

2. 형식적 법치주의

(1) 의의

19C 후반 독일에서 O. Mayer에 의하여 체계화된 것으로, 형식적 법치주의는 의회가 법률의 우위를 바탕으로 제정한 형식적인 법률의 지배를 말한다. 행정이 법에 따라 행하여지면 되고 법의 내용이나 이념은 문제되지 아니하며 법률이라는 형식과 절차만 강조하는 개념이다. 따라서 정의에 어긋나는 법일지라도 그것이 법률이 정한 절차와 형식에만 부합하면 정당하게 되어 버리는 문제점이 발생하였고, 행정의 합법성은 곧 정당성의 근거가 됨에 따라 국민의 권리와 자유는 형식적인 것에 그치게 되었다.

(2) 형식적 법치주의의 내용(O. Mayer)

구 분	내 용
법률의 법규창조력	법규를 창조하는 것은 국민의 대표기관인 의회의 전속적 권한에 속하며, 따라서 의회에서 제정한 법률만이 법규로서의 구속력을 갖는다는 것을 의미한다(행정의 법규창조력 부정).
법률의 유보	① 법률의 유보는 행정청의 침익적인 행정권의 발동에는 법률의 근거를 필요로 한다는 원칙을 말한다. ② 법률유보원칙은 행정에 대한 의회의 적극적 통제로서, 행정의 전 영역에 적용되면 권력분립위반의 소지가 있으므로 그 적용영역에 대하여 견해의 대립이 있다. ③ 법률유보는 법치주의의 적극적 기능에 해당한다.
법률의 우위	① 행정은 헌법과 법률에 위반할 수 없다는 의미로서 행정의 법률종속성을 의미한다. ② 법률의 우위는 행정은 법률에 위배될 수 없으므로 행정의 모든 영역에서 적용된다. ③ 법률우위는 법치주의의 소극적 기능에 해당한다.

(3) 형식적 법치주의의 특징

형식적 법치주의는 행정이 의회가 제정한 법률에 의하여 행해질 것을 요구할 뿐, 법률의 목적이나 내용은 문제 삼지 않아 법률과 행정을 형식적으로만 규율하여 국민의 자유와 권리는 형식적인 것에 그치게 되었다.

(4) 형식적 법치주의의 문제점

법률우위를 절대시하여 법률에 의한 합법적 독재를 할 수 있게 되었고, 긴급명령 등 행정권에 광범위한 위임입법권을 인정함으로써 입법의 포괄적 수권이 가능하게 되었으며, 행정을 위한 광범위한 자유재량권의 설정을 가능하게 하였다.

3. 실질적 법치주의

형식적 법치주의가 한계를 드러내면서 제2차 세계대전 이후 영국의 법의 지배원리의 영향을 받아 등장한 법치주의사상이다. 형식적 법치주의가 법률의 내용은 불문하고 행정의 합법성만을 강조한 것에 대한 반성으로 법률의 합법성과 정당성을 모두 요구하게 되었고 국민의 기본권 보장과 정의의 실현이라는 이념이 추가된 형태를 말한다. 실질적 법치주의는 의회가 제정한 법률의 행정구속성에 그치지 않고 성문법뿐만 아니라 불문법도 포함하며, 입법부의 헌법에 의한 입법권의 제약을 전제로 하여 법률의 내용적으로까지 타당한 법률을 강조하여 의회가 제정한 법률의 내용적 타당성 여부에 대한 사법심사(위헌법률심사)를 인정하게 되었다.

> **관련판례**
> 오늘날 법률유보원칙은 단순히 행정작용이 법률에 근거를 두기만 하면 충분한 것이 아니라, 국가공동체와 그 구성원에게 기본적이고도 중요한 의미를 갖는 영역, 특히 국민의 기본권 실현과 관련된 영역에 있어서는 국민의 대표자인 입법자가 그 본질적 사항에 대해서 스스로 결정하여야 한다는 요구까지 내포하고 있다(의회유보원칙). 그런데 텔레비전방송수신료는 대다수 국민의 재산권 보장의 측면이나 한국방송공사에게 보장된 방송자유의 측면에서 국민의 기본권 실현에 관련된 영역에 속하고, 수신료금액의 결정은 납부의무자의 범위 등과 함께 수신료에 관한 본질적인 중요한 사항이므로 국회가 스스로 행하여야 하는 사항에 속하는 것임에도 불구하고 한국방송공사법(현재 폐지됨) 제36조 제1항에서 국회의 결정이나 관여를 배제한 채 한국방송공사로 하여금 수신료금액을 결정해서 문화관광부장관의 승인을 얻도록 한 것은 법률유보원칙에 위반된다(헌재 1999.5.27. 98헌바70).

4. 법치주의 실현의 제 원칙

(1) 비례의 원칙

(가) 의의

비례의 원칙이란 광의로는 국가작용의 실현에 있어서 목적실현을 위한 수단과 당해 목적과의 사이에 합리적인 비례관계가 유지되어야 한다는 원칙을 말한다.

(나) 헌법적 근거

비례의 원칙의 근거는 법치국가원리와 헌법 제37조 제2항에서 찾을 수 있다.

(다) 내용

과잉금지의 원칙은 광의의 비례원칙이라고도 하는데, ① 국가작용이 정당화되기 위해서는 그 목적이 정당하여야 하고, ② 정당한 목적을 추구하는데 법적으로나 사실상으로나 적합하고 유용한 수단을 선택하여야 하며, 여러 적합한 수단 중에서도 공익상의 필요에 따른 최소한의 침해를 가져오는 수단을 선택하여야 하고, ③ 그 침해 정도는 공익상의 필요의 정도와 상당한 비례관계가 유지되어야 한다는 것이다.
한편, 헌법재판소는 비례원칙의 내용에 관해 ① 목적의 정당성, ② 방법의 적정성, ③ 침해의 최소성, ④ 법익의 균형성으로 바꿔 표현하고 있다.

① 목적의 정당성

국가작용이 행사됨에 있어서는 그 행사의 목적이 정당하여야 한다.

② 수단의 적합성(방법의 적정성)

국가작용이 취한 수단 및 조치는 그것이 달성하고자 하는 그 목적에 적합한 것이어야 한다는 원칙이다. 즉, 목적과 수단 간에 합리적인 관련성이 존재하여야 한다는 것을 내용으로 한다. 그러나 선택된 수단이 가장 적합할 것까지 요구하는 것이 아니며 목적달성에 기여할 정도이면 된다.

③ 수단의 필요성(최소침해성)

필요성의 원칙은 적합한 수단이 여러 가지인 경우에 국민의 권리를 최소한으로 침해하는 수단을 선택하여야 한다는 원칙이다. 즉, 목적달성에 적합한 수단 가운데 국민의 권리나 이익침해가 가장 적은 수단을 선택해야 한다.

④ 상당성(법익균형성, 협의의 비례원칙)

어떤 국가작용이 그 설정된 행정목적 실현을 위하여 적합하고 필요한 수단이라 할지라도 이를 취함에 따른 불이익이 그것에 의해 초래되는 이익보다 큰 경우에는 당해 조치를 해서는 안 된다는 원칙이다. 즉, 필요하고 적합한 수단을 통해 달성하려는 공익과 침해되는 사익 사이에 적절한 균형이 이루어져야 하고, 이를 위해서 이익형량이 요구된다.

(라) 3원칙의 관계

목적의 정당성·수단의 적합성·수단의 필요성·상당성의 원칙은 단계구조를 이루고 있다. 즉, 목적이 정당하여야 하고 → 목적달성에 적합한 수단이 → 적합한 수단 중에서도 필요한 수단이 → 필요한 수단 중에서도 상당성 있는 수단만이 선택되어야 한다. 따라서 이러한 순차적 단계를 무시한 비례원칙은 허용될 수 없고 또한 적합성과 필요성은 충족하였을지라도 가치가 적은 공익이 가치가 큰 사익을 침해하는 경우에는 비례원칙에 위반되게 된다.

(2) 평등의 원칙

(가) 의의

평등의 원칙이란 국가작용을 하는 데에 있어서 특별한 합리적 사유가 존재하지 않는 한 상대방인 국민을 공평하게 처우해야 한다는 것을 말한다.

(나) 헌법적 근거

헌법 제11조는 "모든 국민은 평등하다. 누구든지 성별·종교 또는 사회적 신분에 의하여 정치적·경제적·사회적·문화적 생활의 영역에 있어서 차별을 받지 아니한다."라고 규정하고 있다.

(3) 신뢰보호의 원칙

(가) 의의

신뢰보호원칙이란 국가기관이 결정한 행위의 정당성이나 존재에 대하여 국민이 신뢰한 경우에 그 신뢰가 보호받을 가치가 있는 한 그 신뢰를 보호해 주어야 한다는 원칙을 말한다.

(나) 헌법적 근거

① 헌법 제13조 제1항은 형벌불소급의 원칙을 규정함으로써 형벌에 있어서 개인의 신뢰를 보호하고 있고,

헌법 제13조 제2항은 참정권과 재산권에 있어서 개인의 신뢰를 보호하고 있다.

② 신뢰보호의 원칙은 헌법상 법치국가의 원칙으로부터도 도출된다(헌재 1995.6.29. 94헌바39).

(다) 적용요건

① 국가에 의한 선행조치의 존재
② 보호가치 있는 상대방인 국민의 신뢰
③ 선행조치를 신뢰하여 그로 인한 국민의 구체적인 행위의 존재
④ 선행조치에 반하는 후행조치의 존재

(라) 신뢰보호원칙 위반여부의 판단기준 : 공·사익의 비교 형량

법률의 개정으로 야기되는 당사자의 손해가 극심하여 새로운 입법으로 달성하고자 하는 공익적 목적이 당사자의 신뢰의 파괴를 정당화할 수 없다면 그러한 입법은 신뢰보호의 원칙상 허용될 수 없다(헌재 1995.10.26. 94헌바12).

(마) 신뢰이익의 보호가치에 대한 구체적 검토

① 국가의 행위에 대한 예측가능성(헌재 2002.11.28. 2002헌바45)

법률에 그 개정이나 폐지가 예정되어 있는 경우에는 신뢰이익의 보호가치는 감소한다. 일반적으로 법률은 현실상황의 변화나 입법정책의 변경 등으로 언제라도 개정될 수 있는 것이기 때문에, 원칙적으로 이에 관한 법률의 개정은 예측할 수 있다고 보아야 한다.

② 국가에 의하여 유도된 신뢰(헌재 2002.11.28. 2002헌바45)

개인의 신뢰이익에 대한 보호가치는 i) 법령에 따른 개인의 행위가 국가에 의하여 일정 방향으로 유인된 신뢰의 행사인지, ii) 아니면 단지 법률이 부여한 기회를 활용한 것으로서 원칙적으로 사적 위험부담의 범위에 속하는 것인지 여부에 따라 달라진다.

만일 법률에 따른 개인의 행위가 단지 법률이 반사적으로 부여하는 기회의 활용을 넘어서 국가에 의하여 일정 방향으로 유인된 것이라면 특별히 보호가치가 있는 신뢰이익이 인정될 수 있고, 원칙적으로 개인의 신뢰보호가 국가의 법률개정이익에 우선된다고 볼 여지가 있다.

(바) 신뢰이익의 보호방법

① 경과규정제도
② 신법에 적응하기 위한 지원 또는 손해전보

(4) 소급입법금지원칙

(가) 의의

이미 종료한 법적인 관계는 변경되지 않아야 한다는 원칙을 소급입법금지원칙이라고 한다. 소급입법금지원칙은 법적 질서의 안정성을 보장하기 위하여 이미 과거에 완성된 사실·법률관계에 대한 법적 규율이나 아직 완성되지 아니하고 진행과정에 있는 사실·법률관계에 대한 법적 규율에 일정한 제한을 가하기 위한 것이다.

(나) 헌법적 근거

① 헌법 제13조 제1항은 형벌불소급의 원칙을 규정하여 형벌법규의 소급적용뿐 아니라 소급입법도 금지하고 있다.

② 헌법 제13조 제2항은 소급입법에 의한 참정권 및 재산권 박탈 금지를 규정하고 있다.
③ 헌법 제13조는 주의적·선언적 규정에 지나지 않으며, 소급입법금지원칙은 법치국가의 원리의 당연한 내용이다.

(다) 소급입법의 종류

소급입법에는 현재를 기준으로 이미 종료된 과거의 사항을 규율대상으로 하는 입법형식인 '진정소급입법'과 과거에 발생하여 현재까지 지속되고 있는 사항을 규율대상으로 하는 입법형식인 '부진정소급입법'이 있다.

(라) 진정소급입법의 허용여부

① 원칙적 금지(헌재 1995.10.26, 94헌바12 등)

진정소급입법이 행해지는 경우에는 과거에 이미 완성된 사실이나 법률관계가 변경됨으로써 개인의 자유와 권리는 침해당하게 된다. 진정소급입법은 헌법적으로 허용되지 않는 것이 원칙이며, 특별한 사정이 있는 경우에만 예외적으로 허용될 수 있다.

② 예외적 허용(헌재 1999.7.22, 97헌바38)
㉠ 국민이 소급입법을 예상할 수 있는 경우
㉡ 법적 상태가 불확실하고 혼란스러워 보호할 만한 신뢰이익이 적은 경우
㉢ 소급입법에 의한 당사자의 손실이 없거나 아주 경미한 경우
㉣ 신뢰보호의 요청에 우선하는 심히 중대한 공익상의 사유가 소급입법을 정당화하는 경우

(마) 부진정소급입법의 허용여부

① 원칙적 허용(헌재 1995.10.26, 94헌바12 등)

현재 진행 중인 법률관계를 사회의 변동에 따라 변경하는 것은 당연한 것으로, 부진정소급입법은 원칙적으로 허용된다.

② 예외적 금지(헌재 1995.10.26, 94헌바12)

부진정소급입법은 원칙적으로 허용되지만, 소급효를 요구하는 공익상의 사유와 신뢰보호의 요청 사이의 교량과정에서 신뢰보호의 원칙이 입법자의 형성권에 제한을 가하게 된다.

※ 진정소급과 부진정소급

구분	진정소급	부진정소급
	기성, 종료, 완성 후	계속·진행 중
원칙	금지	허용
예외	허용	금지

(바) 소급입법금지원칙의 적용범위

① 입법영역(대판 1999.9.17, 97도3349)

형사처벌의 근거가 되는 것은 법률이지 판례가 아니고, 형법조항에 관한 판례의 변경은 그 법률조항의 내용을 확인하는 것에 지나지 아니하여 이로써 그 법률조항 자체가 변경된 것이라고 볼 수는 없으므로, 행위 당시의 판례에 의하면 처벌대상이 되지 아니하는 것으로 해석되었던 행위를 판례의 변경에 따라 확인된 내용의 형법 조항에 근거하여 처벌한다고 하여 그것이 헌법상 평등의 원칙과 형벌불소급의 원칙에 반한다고 할 수는 없다.

② 침익적 성격을 지닌 영역(헌재 2002.2.28, 2000헌바69)

신법이 피적용자에게 유리한 경우에는 이른바 시혜적인 소급입법이 가능하지만 이를 입법자의 의무라고는 할 수 없다. 시혜적인 소급입법을 할 것인지의 여부는 입법재량의 문제로서 그 판단은 일차적으로 입법기관에 맡겨져 있다.

③ 실체적 형사법 영역(헌재 1996.2.16, 96헌가2 등)

형벌불소급의 원칙에 관한 헌법의 규정은 "행위의 가벌성"에 관한 것이기 때문에, 소추가능성에만 연관될 뿐 가벌성에는 영향을 미치지 않는 공소시효규정은 원칙적으로 그 효력범위에 포함되지 않는다. 헌법 제13조 소정의 형벌불소급의 원칙은 형사소추가 언제부터 어떠한 조건하에서 가능한가의 문제에 관한 것이고, 얼마동안 가능한가의 문제에 관한 것이 아니기 때문이다.

(5) 체계정당성의 원칙(헌재 2005.6.30, 2004헌바40)

(가) 의의

'체계정당성'의 원리라는 것은 동일규범 내에서 또는 상이한 규범 간에 (수평적 관계이건 수직적 관계이건) 그 규범의 구조나 내용 또는 규범의 근거가 되는 원칙면에서 상호 배치되거나 모순되어서는 안 된다는 하나의 헌법적 요청이다. 즉 이는 규범 상호간의 구조와 내용 등이 모순됨이 없이 체계와 균형을 유지하도록 입법자를 기속하는 헌법적 원리라고 볼 수 있다.

(나) 필요성과 헌법적 근거

규범 상호간의 체계정당성을 요구하는 이유는 입법자의 자의를 금지하여 규범의 명확성, 예측가능성 및 규범에 대한 신뢰와 법적 안정성을 확보하기 위한 것이고 이는 국가공권력에 대한 통제와 이를 통한 국민의 자유와 권리의 보장을 이념으로 하는 법치주의원리로부터 도출되는 것이라고 할 수 있다.

(다) 체계정당성 위반과 위헌여부

일반적으로 일정한 공권력작용이 체계정당성에 위반한다고 해서 곧 위헌이 되는 것은 아니다. 즉 체계정당성 위반 자체가 바로 위헌이 되는 것은 아니고, 이는 비례의 원칙이나 평등원칙 위반 내지 입법의 자의금지 위반 등의 위헌성을 시사하는 하나의 징후일 뿐이다. 따라서 그것이 위헌이 되기 위해서는 결과적으로 비례의 원칙이나 평등의 원칙 등 일정한 헌법의 규정이나 원칙을 위반하여야 한다.

Ⅵ 평화국가의 원리

1. 의의

평화국가라 함은 국제협조와 국제평화의 지향을 그 이념적 기반으로 하는 국가를 말하고, 평화국가의 원리라 함은 국제적 차원에서 평화공존, 국제분쟁의 평화적 해결, 각 민족국가의 자결권 존중, 국내문제 불간섭 등을 핵심내용으로 하는 국가적 원리를 말한다.

2. 현행헌법과 평화국가의 원리

헌법전문은 "밖으로는 항구적인 세계평화와 인류공영에 이바지함으로써"라고 하고, 제5조 제1항은 "대한민국은 국제평화의 유지에 노력하고 침략적 전쟁을 부인한다"고 함으로써 대외적으로 평화주의를 표방하고 있다.

제4절 헌법의 기본질서

헌법에 따라 형성되고 국가적 생활의 기본이 되는 정치·경제 및 국제적 영역 등에 관한 질서를 헌법의 기본질서라 한다. 대한민국헌법은 (1) 정치적 공동체로서의 민주적 기본질서, (2) 경제적 공동체로서의 사회적 시장경제질서, (3) 국제사회의 구성국으로서의 평화주의적 국제질서를 규정하고 있다.

제1항 민주적 기본질서

I 민주주의의 개념 및 본질

1. 개념

민주주의는 다의적 개념이므로 일의적인 개념규정이 불가능하지만, 일반적으로 광의의 민주주의는 국가생활과 사회생활에 있어 실천원리로 파악되며, 협의의 민주주의는 특정한 정치적 원리로 이해되고 있다.

2. 본질

(1) 민주주의를 정치형태로 보는 견해(경험적·기능적 접근론, Kelsen)

1) 국민에 의한 통치와 국민에 의한 지배이기만 하면 모두 민주정치라고 한다.
2) 민주주의의 본질적 요소로 ① 국민에 의한 국민의 지배, ② 다수결의 원칙, ③ 정치과정의 자유와 공개성 등을 들고 있다.
3) 다수가 원하는 바를 제한하고 통제하는 민주주의의 수정형태가 법치국가이므로 다수의 절대적 효력을 관철시키려고 하는 한 법치주의와 민주주의는 대립관계에 놓이게 된다.

(2) 민주주의를 정치이념으로 보는 견해(고전적·규범적 접근론, Adler)

특정한 이념 또는 목적을 실현하기 위하여 필요한 경우에는 폭력적·자의적인 지배일지라도 민주정치라고 한다.

(3) 민주주의의 이상형

이상적인 민주주의는 정치형태로서의 민주주의와 정치이념으로서의 민주주의를 동시 조화적으로 구현하는 형태로서 국민에 의한 통치를 그 수단과 방법으로 하면서도 인류사회의 보편적 가치를 실현하는 경우라고 할 수 있다.

3. 민주주의의 유형

(1) 동일성 민주주의론
① 민주주의를 치자와 피치자의 동일한 통치형태로 이해하는 이론이다.
② J. J. Rousseau에서 유래하고 C. Schmitt에 의해 체계화되었다.
③ 국가기관은 국민이 가지는 통일된 정치의사를 단순히 집행하는 집행자에 불과하다.
④ 지배의 객체에 불과하던 국민을 치자로 끌어올린 점에 의미 있는 이론이다.
⑤ 독재로 흐를 위험성이 있으며, 국가기관이 행하는 일은 언제나 통일된 국민의 의사를 집행하는 것이라고도 주장할 수 있기 때문에 오히려 민주주의의 본질이 역행할 우려가 있다.
⑥ 국민과 국가의 이해관계를 동일시하며 국가와 사회를 동일한 것으로 간주한다(일원론).
⑦ 국가는 국민에 의해 창설된다고 보면서 통치권력에 대한 저항권은 부정한다.
⑧ 우리 헌법재판소도 동일성민주주의를 수용한 바가 있다.

(2) 상대적 민주주의론
① J. J. Rousseau의 절대민주주의는 가치중립성을 전제로 하여 다수결에 의하면 어떠한 가치든 추구할 수 있으므로, 가치의 측면에서 이를 상대민주주의라고 한다.
② 민주주의가 어떤 이념적인 것이 아니고 정치적인 의사형성과 정치적인 결단에 이르기 위한 형식적인 규칙이라고 보아 다수결원칙이 민주정치의 내용을 결정하는 중요한 요인이라고 본다.
③ 민주주의 내용은 다수결원칙에 따라서 결정된다.
④ 다수결의 측면에서는 절대민주주의, 가치의 측면에서는 상대민주주의이다.
⑤ 상대민주주의는 민주주의와 정반대인 독재 내지 자의적인 통치형태로 변질될 가능성이 높다.
⑥ 다수결원칙이 민주주의의 본질이 아니라 단지 민주주의를 실현하기 위한 수단에 불과하다는 점을 간과하고 있다.

(3) 가치구속적 민주주의론
① 오늘날 민주주의는 민주주의의 실질적 요소를 침해하려는 민주주의의 적에 대하여 스스로 투쟁적 내지 방어적 제도를 갖추고 있다.
② 가치관적 민주주의는 객관적 진리 내지 절대적 가치를 추구한다는 가치 위에 존재하기 때문에 자유주의에 입각한 가치의 상대화를 부정하게 된다. 결국 민주주의와 자유주의는 서로 긴장관계에 놓이게 된다.
③ 현대와 같이 민주주의를 가치 구속적·절대적으로 이해한다면, 민주주의와 자유주의는 이념적으로 긴장관계를 보이고 결합이 용이하지 않다.

Ⅱ 민주주의의 구현방법

1. 국민의 정치참여를 보장하는 제도적 장치
현대 민주국가에서 민주주의는 정치적 기본권이 보장되고 선거제도·정당제도·지방자치제 등이 정비되고 존중되어야만 구현될 수 있다.

2. 국민의 생활철학으로서의 민주의식의 함양

민주주의가 제도적으로 성공하고 정착하기 위해서는 모든 국민이 일정한 윤리적·도덕적 생활철학을 실천할 수 있어야 한다.

Ⅲ 현행헌법과 정치적 기본질서 : 민주적 기본질서

1. 현행헌법의 민주적 기본질서조항

① 민주적 기본질서와 자유민주적 기본질서의 용어는 전자가 제3차 개정헌법(1960.6.15.) 제13조 제2항에서 처음으로 규정되어 현행헌법에 이르고 있고, 후자는 제7차 개정헌법의 전문에서 처음 규정되어 현행헌법에 이르고 있다.
② 현행헌법은 전문에서 "4·19 민주이념을 계승하고, 조국의 민주개혁"을 규정하고 있고, 제1조 제1항에서는 "대한민국은 민주공화국이다"라고 규정하고 있으며, 제8조 제2항에서는 "정당은 그 목적·조직과 활동이 민주적이어야 하며"라고 하고 있고, 동조 제4항에서는 "정당의 목적이나 활동이 민주적 기본질서에 위배될 때에는 … 해산된다"라고 규정하고 있으며, 제119조 제2항에서는 "경제의 민주화"를 규정하고 있다.

2. 민주적 기본질서의 내포

민주적 기본질서는 헌법적 질서의 하나로서 자유민주주의와 사회민주주의를 비롯하여 모든 민주주의를 그 내용으로 포괄하는 공통분모적 상위개념이다. 다만 민주적 기본질서에 대한 위배는 당연히 헌법적 질서에 대한 위반이 되지만, 헌법적 질서의 위반이 곧 민주적 기본질서의 위반이 되는 것은 아니다.

(1) 자유민주적 기본질서

1) 개념

헌법재판소는 자유민주적 기본질서를 모든 폭력적 지배와 자의적 지배, 즉 반국가단체의 일인독재 내지 일당독재를 배제하고 다수의 의사에 의한 국민의 자치, 자유·평등의 기본원칙에 의한 법치국가적 통치질서(헌재 1990.4.2, 89헌가113)로 규정하였다.

2) 내용

헌법재판소는 자유민주적 기본질서의 내용으로 기본권의 존중, 권력분립, 의회제도, 복수정당제, 선거제도, 사유재산과 시장경제를 골간으로 하는 경제질서, 사법권의 독립 등을 열거하고 있다(헌재 1990.4.2, 89헌가113).

(2) 사회민주적 기본질서

사회민주주의는 자유민주주의를 배격하는 것이 아니라 자유민주주의를 전제로 하여 사회정의와 국민복지의 실현을 위하여 자유의 체계에 적절한 제한이 가해지는 민주주의라고 할 수 있다.

(3) 우리 헌법에 있어서 양 질서의 관계

① 민주적 기본질서는 자유민주적 기본질서와 사회민주적 기본질서를 포괄하는 개념이기는 하나, 우리 헌법이 보다 역점을 두고 있는 쪽은 자유민주적 기본질서이다. 헌법이 그 전문에서 "자유민주적 기본질서를 더

욱 확고히 하여"라고 하고 있을 뿐만 아니라, 제4조에서는 "자유민주적 기본질서에 입각한 평화적 통일정책을 수립하고 추진한다"고 하고 있기 때문이다.

② 헌법재판소도 국가는 헌법이 수호하려는 최고의 가치인 자유민주적 기본질서 … (헌재 1990.4.2, 89헌가113)라고 판시하여 자유민주적 기본질서에 보다 역점을 두고 있다.

③ 우리 헌법상 자유민주적 기본질서는 국가기관 및 국민이 준수하여야 할 최고의 가치규범이고, 헌법의 각 조항을 비롯한 모든 법령의 해석기준이며, 입법권의 범위와 한계 및 국가정책결정의 방향을 제시한다.

제2항 사회적 시장경제질서

I 헌법과 경제질서

18, 19세기의 헌법은 경제에 관한 자유방임주의, 재산권의 불가침을 규정하는 정도였으나 19세기말에서 20세기에 걸쳐 자유방임경제가 분배불균형의 문제, 공황·실업·독점 등의 문제를 드러냄에 따라 국가가 경제에 개입하게 되었다. 그 한 흐름은 사회주의 계획경제였고 나른 하나는 사회적 시장경제질서였다.

II 경제질서의 유형

1. 자본주의적 자유시장경제질서: 자유주의사상을 기초로 하고 있는 근대의 경제질서로서, 사유재산을 보장하고 개인의 경제활동의 자유를 보장하며 경제영역에 대한 국가의 간섭을 원칙적으로 금지하는 경제질서를 말한다.
2. 사회주의적 계획경제질서: 모든 생산수단을 국유화하고 경제영역에서의 모든 활동을 국가의 계획하에 행하며, 모든 개인의 경제활동이 국가의 명령통제 하에 있게 되는 경제질서를 말한다.
3. 사회적 시장경제질서: 1919년 바이마르공화국헌법이 헌법차원에서 최초로 도입한 경제질서로서, 사유재산제의 보장과 자유경쟁을 기본원리로 하는 시장경제질서를 근간으로 하되, 사회복지·사회정의·경제민주화 등을 실현하기 위하여 부분적으로 사회주의적 계획경제(통제경제)를 가미한 경제질서를 말한다.

III 현행헌법과 경제적 기본질서

1. 대한민국헌법상 경제조항의 변천

제헌헌법	• 국유화, 사회화를 광범위하게 규정함으로써 원칙적으로 통제경제를 채택하였다. • 바이마르헌법의 영향을 받아 경제를 독립된 장으로 규정하였다.
1954년 제2차개헌	• 자유시장경제질서로 명확히 규정하였다.
1962년헌법 (제3공화국헌법)	• 개인의 자유와 창의조항을 처음으로 규정하였다(기업의 자유와 창의는 현행헌법이 최초). • 사회국가의 실현을 위하여 경제에 관한 규제와 조정을 규정하였다.

1972년헌법 (제4공화국헌법)	• 관주도형 경제체제, 정부의 개입, 국가의 개입이 더 확대되었다.
1980년헌법 (제5공화국헌법)	• 독과점규제, 중소기업육성, 소비자보호운동보장, 농지임대차허용 등 경제질서를 대폭 개정하였다.
1987년헌법 (현행헌법)	• 국민경제의 안정과 성장, 분배의 적정, 경제민주화 등을 위하여 경제질서에 대한 공법적 규제를 강화하였다.

2. 현행헌법의 규정태도

제119조
① 대한민국의 경제질서는 개인과 기업의 경제상의 자유와 창의를 존중함을 기본으로 한다.
② 국가는 균형 있는 국민경제의 성장 및 안정과 적정한 소득의 분배를 유지하고, 시장의 지배와 경제력의 남용을 방지하며, 경제주체간의 조화를 통한 경제의 민주화를 위하여 경제에 관한 규제와 조정을 할 수 있다.

제120조
① 광물 기타 중요한 지하자원·수산자원·수력과 경제상 이용할 수 있는 자연력은 법률이 정하는 바에 의하여 일정한 기간 그 채취·개발 또는 이용을 특허할 수 있다.
② 국토와 자원은 국가의 보호를 받으며, 국가는 그 균형 있는 개발과 이용을 위하여 필요한 계획을 수립한다.

제121조
① 국가는 농지에 관하여 경자유전의 원칙이 달성될 수 있도록 노력하여야 하며, 농지의 소작제도는 금지된다.
② 농업생산성의 제고와 농지의 합리적인 이용을 위하거나 불가피한 사정으로 발생하는 농지의 임대차와 위탁경영은 법률이 정하는 바에 의하여 인정된다.

제122조
국가는 국민 모두의 생산 및 생활의 기반이 되는 국토의 효율적이고 균형 있는 이용·개발과 보전을 위하여 법률이 정하는 바에 의하여 그에 관한 필요한 제한과 의무를 과할 수 있다.

제123조
① 국가는 농업 및 어업을 보호·육성하기 위하여 농·어촌종합개발과 그 지원 등 필요한 계획을 수립·시행하여야 한다.
② 국가는 지역 간의 균형 있는 발전을 위하여 지역경제를 육성할 의무를 진다.
③ 국가는 중소기업을 보호·육성하여야 한다.
④ 국가는 농수산물의 수급균형과 유통구조의 개선에 노력하여 가격안정을 도모함으로써 농·어민의 이익을 보호한다.
⑤ 국가는 농·어민과 중소기업의 자조조직을 육성하여야 하며, 그 자율적 활동과 발전을 보장한다.

제124조
국가는 건전한 소비행위를 계도하고 생산품의 품질향상을 촉구하기 위한 소비자보호운동을 법률이 정하는 바에 의하여 보장한다.

제125조
국가는 대외무역을 육성하며, 이를 규제·조정할 수 있다.

제126조
국방상 또는 국민경제상 간절한 필요로 인하여 법률이 정하는 경우를 제외하고는, 사영기업을 국유 또는 공유로 이전하거나 그 경영을 통제 또는 관리할 수 없다.

제127조
① 국가는 과학기술의 혁신과 정보 및 인력의 개발을 통하여 국민경제의 발전에 노력하여야 한다.
② 국가는 국가표준제도를 확립한다.
③ 대통령은 제1항의 목적을 달성하기 위하여 필요한 자문기구를 둘 수 있다.

> [현행헌법에 명문으로 규정되지 않은 사항]
> ① 한국은행의 독립성 보장
> ② 토지생산성의 제고
> ③ 독과점 규제와 조정
> ④ 경제상 이용할 수 있는 풍력
> ⑤ 환경보호운동의 보장
> ⑥ 기간산업지원 등 필요한 계획을 수립·시행
> ⑦ 국토의 효율적이고 지속가능한 개발과 보전

3. 현행헌법상 경제질서의 성격

(1) 학설의 태도

통설은 헌법 제119조 제1항은 개인과 기업의 경제상의 자유와 창의를 존중함을 기본으로 하는 자유경제의 원칙을 규정한 것이고, 제119조 제2항은 그에 대한 예외로서 경제에 관한 규제를 규정한 것으로 이해함으로써, 헌법 제119조에 근거하여 우리 헌법은 사회적 시장경제질서를 원칙으로 채택하고 있다고 이해한다.

(2) 헌법재판소(통설)

1) 재산권 보장에 관한 헌법 제23조, 경제질서에 관한 헌법 제119조의 각 규정에서 볼 때, 우리 헌법의 경제체제는 사유재산제를 바탕으로 하면서 법치주의에 입각한 재산권의 사회성·공공성을 강조하는 사회적 시장경제체제임을 알 수 있다(헌재 1989.12.22, 88헌가13).
2) 우리 헌법상의 경제질서는 사유재산제를 바탕으로 하고 자유경쟁을 존중하는 자유시장경제질서를 기본으로 하면서도 이에 수반되는 갖가지 모순들을 제거하고 사회복지·사회정의를 실현하기 위하여 국가적 규제와 조정을 용인하는 사회적 시장경제질서로의 성격을 띠고 있다(헌재 1996.4.25, 92헌바47).

Ⅳ 경제영역에 대한 국가적 개입의 한계

1. 보충성의 원칙

헌법상 경제질서는 어디까지나 경제상의 자유와 창의를 최대한으로 존중, 보장하는 자본주의에 바탕을 둔 시장경제질서이므로 국가의 경제개입은 보충성의 원칙에 의한 일정한 한계가 있다. 헌법 제119조 제1항은 "대한민국의 경제질서는 개인과 기업의 경제상의 자유와 창의를 존중함을 기본으로 한다"고 규정하여, 우리 헌법상 경제질서의 기본이 자유시장경제임을 밝히고 있다.

2. 구체적 한계

(1) 사적자치원칙과 법치국가원리에 의한 한계

국가는 우선 사적자치의 영역에서 공공복리의 목적수행이 가능하도록 조장하고 그것이 여의치 않을 때에만 실질적 법치주의에 따른 목적과 비례성 범위 내에서 개입하는 것이 타당하다.

(2) 재산권의 본질적 내용 침해 금지

사유재산제도의 전면적 부정, 재산권의 무상몰수, 소급입법에 의한 재산권 박탈 등은 재산권에 대한 본질적 침해가 되므로 허용되지 아니한다.

(3) 사회주의적 계획경제의 불허용

자본주의의 테두리 내에서 규제와 조정을 행하는 경제계획은 무방하지만, 전면적인 국가관리경제를 의미하는 사회주의적 계획경제 내지 전면적 사회화는 허용되지 아니한다.

제3항 평화주의적 국제질서

> ● 헌법
> 제4조
> 대한민국은 통일을 지향하며, 자유민주적 기본질서에 입각한 평화적 통일정책을 수립하고 이를 추진한다.
> 제5조
> ① 대한민국은 국제평화의 유지에 노력하고 침략적 전쟁을 부인한다.
> ② 국군은 국가의 안전보장과 국토방위의 신성한 의무를 수행함을 사명으로 하며, 그 정치적 중립성은 준수된다.
> 제6조
> ① 헌법에 의하여 체결·공포된 조약과 일반적으로 승인된 국제법규는 국내법과 같은 효력을 가진다.
> ② 외국인은 국제법과 조약이 정하는 바에 의하여 그 지위가 보장된다.

I 헌법과 국제질서

양차 세계대전 이후 각국의 헌법들은 예외없이 평화주의와 국제질서존중주의를 핵심내용으로 하는 국제질서에 관한 규정을 두게 되었다.

II 국제평화주의

1. 국제평화주의의 연혁

제1차 대전 이후 국제연맹규약(1919)은 전쟁일반의 금지와 전쟁의 국제적 관리를 지향하고, 1924년의 「제네바의정서」와 1928년의 「전쟁포기에 관한 조약(부전조약)」에서는 전쟁포기의 원칙을 선언하게 되었다. 부전조약은 이 후 몇몇 국가의 헌법에 반영되어 국내법상의 원칙이 되기도 하였다. 제2차 대전 이후 뉘른베르크국제군사재판과 동경극동군사재판은 전범처벌의 원칙에서 출발하였고, 1945년의 국제연합헌장은 무력행사제한의 대상을 무력행사 전반으로 하여 부전조약과 달리 전쟁에 한정하지 아니하였다. 이에 따라 대전 후 각국 헌법들은 국제평화주의를 다양한 형태로 채택하고 있다.

2. 국제평화주의의 헌법적 보장과 유형

내 용	입 법 례
주권의 제한 및 주권의 국제기구에의 이양	독일기본법, 이탈리아헌법
평화교란행위의 처벌	독일기본법
양심적 반전권의 인정	독일기본법, 네덜란드헌법

III 침략적 전쟁의 금지

1. 헌법 제5조 제1항은 "대한민국은 … 침략적 전쟁을 부인한다"고 규정하고 있다.
2. 침략적 전쟁이란 영토의 확장·국가정책의 관철·국제분쟁해결을 위한 수단으로서 행하는 무력행사를 말한다. 헌법은 일체의 전쟁을 금지하는 것이 아니라 침략적 전쟁만을 금지하고 자위전쟁은 허용한다. 상호방위조약을 체결한 국가에 전쟁이 발발한 경우 그것이 자위전쟁이라면, 그 국가에 군대를 파견하는 것은 헌법에 위반되지 않는다.
3. 무력의 행사란 형식적으로는 전쟁이 아니니 실질적으로는 전쟁이라고 볼 수 있는 대외적 군사행동을 말하며, 단순한 경찰력의 행사는 이에 포함되지 않는다.

IV 국제법질서 존중

1. 현행헌법의 규정과 국제법의 개념

① 헌법은 제6조 제1항에서 "헌법에 의하여 체결·공포된 조약과 일반적으로 승인된 국제법규는 국내법과 같은 효력을 가진다"고 함으로써 국제법질서존중주의를 명문으로 규정하고 있다.
② 국제법이란 '헌법에 의하여 체결·공포된 조약'과 '일반적으로 승인된 국제법규'를 말한다.

2. 국제법과 국내법의 관계

(1) 효력

1) 학설의 대립

(가) 이원설

① 국제법의 타당근거는 국가 간의 의사의 합치에 있고 국내법의 타당근거는 한 국가의 단독의사에 있기 때문에 국제법과 국내법은 별개의 각기 독립된 법질서로서 제정 및 효력근거, 규율대상영역, 법원(法源) 및 규범의 수규자가 상이하다.
② 조약이 위헌심사의 대상이 되느냐 하는 문제가 생기지 않는다.

(나) 일원설
국내법과 국제법이 하나의 통일적 법질서를 이룬다는 견해이다.

2) 헌법재판소의 태도

헌법 제6조 제1항의 국제법 존중주의는 우리나라가 가입한 조약과 일반적으로 승인된 국제법규가 국내법과 같은 효력을 가진다는 것으로서 조약이나 국제법규가 국내법에 우선한다는 것은 아니다(헌재 2001.4.26, 99헌가13).

(2) 국제법규의 국내적 적용방식

1) 변형이론

국제법·국내법 이원설을 전제로 하는 것으로서 국제법은 그대로는 국내에 적용될 수 없고 국내적으로 적용되기 위해서는 국내법으로 탈바꿈시키는 국내적인 특별입법절차를 거쳐야 하며, 국제법규범이 국제법 법원에 근거를 두는 반면, 변형·성립된 국내법규범은 국내법에 그 효력의 근거가 있다고 한다.

2) 수용이론(편입이론)

국제법규범이 국내적으로 유효하기 위하여 국가의 집행행위가 요구되지 않고, 국제법규범은 직접적으로 국내에서 유효하며, 국제법은 국내법으로 변형되는 것이 아니고 국제법으로서의 성격을 잃지 않는다고 한다. 이는 국제법·국내법 일원설과 연관되어 있다.

3) 우리헌법의 태도(헌법 제6조 제1항의 해석)

현행헌법의 태도에 대하여 학설은 대체로 편입이론을 취한 것으로 해석하여 국회의 비준동의권은 행정부의 조약체결에 대한 정치적 통제행위에 불과할 뿐, 변형기능을 수행하는 것이 아니며, 조약의 공포는 조약의 국내적 발효를 위한 필수적 요건이기는 하지만 이것의 변형기능은 인정되지 아니한다고 한다.

3. 조약의 국내법적 효력

(1) 조약의 의의

조약이란 국가 간의 문서에 의한 합의로서 반드시 조약이라고 명명될 필요는 없으며 협약, 협정, 규약, 헌정서, 합의서 등이라 하더라도 그 명칭에 상관없이 조약이라 할 수 있다. 헌법 제6조 제1항 전단의 조약은 일반적으로 승인된 국제법규와 달리 우리나라가 체결·공포한 조약에 국한된다.

(2) 조약의 성립 및 효력발생요건

1) 국제법적 효력발생요건

① 조약은 대통령이 체결·비준함으로써, 국제법적 효력을 발생한다(헌법 제73조).
② 조약의 체결이란 대통령에 의한 전권대표의 지명·파견, 조약내용에 대한 기본방침지시 등을 말한다.
③ 조약의 비준이란 대통령이 전권대표가 서명한 조약이 국제법상 유효함을 확인함으로써 국가의 의무를 발생하게 하는 행위를 말한다. 조약의 체결·비준은 반드시 국무회의의 심의를 거쳐야 한다(헌법 제89조 제3호).

2) 국내법적 효력발생요건

(가) 국회의 동의가 있을 것

A. 국회동의의 의의

① 국회의 동의는 조약을 민주적으로 통제함으로써 국민의 권리를 보장하며, 대통령의 비준행위를 국

내법적으로 정당화시키고, 조약의 국내법적 효력의 근거를 마련해주는 입법행위의 실질이라는 의미가 있다.
② 조약의 국내법적 효력은 국내법과 같이 대통령이 체결·비준하여 공포한 때부터 발생한다.
③ 유효하게 성립하고 공포된 조약은 국내법과 동일한 효력을 갖는다(헌법 제6조 제1항).
④ 국회의 동의는 대통령의 비준행위를 헌법적으로 정당하게 하는 의미를 가지므로 대통령의 비준이 있기 전에 행함이 원칙이다.
⑤ 국회동의 없이 대통령이 체결·비준한 조약은 국제법상으로는 유효하지만, 국내법상으로는 효력을 갖지 못한다.

B. 국회동의를 요하는 조약의 범위

> ● 헌법
> 제60조
> ① 국회는 상호원조 또는 안전보장에 관한 조약, 중요한 국제조직에 관한 조약, 우호통상항해조약, 주권의 제약에 관한 조약, 강화조약, 국가나 국민에게 중대한 재정적 부담을 지우는 조약 또는 입법사항에 관한 조약의 체결·비준에 대한 동의권을 가진다.

① 헌법 제60조 제1항이 열거조항인지 아니면 예시조항인지에 대하여 견해가 대립하나 국가의 중요한 조약이 아닌 단순한 행정 협조적이고 기술적인 사항에까지 국회의 동의를 요한다고 보기는 어려우므로 열거설이 타당하다.
② 헌법 제60조 제1항에 열거되지 아니한 조약, 예를 들어 조약의 위임에 근거한 세칙규정이나 조약의 실시에 필요한 사항에 대한 고시류조약, Visa협정, 문화교류협정 등과 같이 국가 간의 단순한 행정 협조적이고 기술적인 사항에 관한 조약 등은 국회의 동의를 요하지 아니한다.

(3) 조약과 국내법의 효력관계

1) 조약과 헌법의 효력관계

(가) 학설의 대립

조약우위설과 헌법우위설이 대립하나, 헌법우위설이 통설이다.

2) 조약과 법률의 효력관계

(가) 학설의 태도

조약과 법률과의 효력에 대해서는 ① 국회의 동의를 얻은 조약과 승인된 국제법규는 법률과 동일한 효력을 갖는다. ② 다만, 헌법 제60조 제1항에 열거된 조약 이외의 입법사항과 관계가 없는 행정협정(국회의 동의 불요)과 같은 조약 등은 명령과 같은 효력을 갖는다고 보는 견해가 통설이다.

(나) 헌법재판소의 태도

① 마라케쉬협정은 적법하게 체결되어 공포된 조약이므로 국내법과 같은 효력을 갖는 것이어서, … 마라케쉬협정에 의하여 관세법위반자의 처벌이 가중된다고 하더라도 이를 들어 법률에 의하지 아니한 형사처벌이라거나 행위시의 법률에 의하지 아니한 형사처벌이라고 할 수 없다(헌재 1998.11.26, 97헌바65).
② 이 사건 국제통화기금협정 제9조 제3항(사법절차의 면제) 및 제8항(직원 및 피용자의 면제와 특권), 전문기구의특권과면제에관한협약 제4절은 각 국회의 동의를 얻어 체결된 것으로서, 헌법 제6조 제1

항에 따라 국내법적, 법률적 효력을 가지는 바, 가입국의 재판권 면제에 관한 것이므로 성질상 국내에 바로 적용될 수 있는 법규범으로서 위헌법률심판의 대상이 된다(헌재 2001.9.27. 2000헌바20).

3) 조약과 법률의 충돌시 해결방법

조약과 법률이 충돌할 경우에는 상위법우선의 원칙과 특별법우선의 원칙, 그리고 신법우선의 원칙에 따라 해결한다.

(5) 조약에 대한 위헌심사

1) 위헌심사 가부

(가) 학설의 대립

위헌심사부정설과 위헌심사긍정설이 대립하나 긍정설이 통설이다.

(나) 헌법재판소

헌법 제111조 제1항 제1호 및 헌법재판소법 제41조 제1항은 위헌법률심판의 대상에 관하여, 헌법 제111조 제1항 제5호 및 헌법재판소법 제68조 제2항, 제41조 제1항은 헌법소원심판의 대상에 관하여 그것이 법률임을 명문으로 규정하고 있으므로 형식적 의미의 법률과 동일한 효력을 갖는 조약 등은 헌법소원심판의 대상에 포함된다고 볼 것이다(헌재 1995.12.28. 95헌바3 등).

명칭은 비록 "협정"으로 되어 있으나 그 실질적 내용 및 효력은 "조약"에 준하여 취급하여야 한다. … 조약의 성립절차상에 아무런 하자가 없으므로 합헌이다(헌재 1999.4.29. 97헌가14).

2) 위헌심사기관

법률적 효력을 갖는 조약은 헌법재판소의 위헌법률심판의 대상이 된다. 법률적 효력을 갖는 조약이 직접 국민의 기본권을 제한하고 있는 때에는 헌법소원심판의 대상이 된다. 반면 명령적 효력을 갖는 조약은 대법원이 이를 최종적으로 심판하지만 행정처분을 매개로 하지 않고 바로 국민의 기본권을 제한하는 경우에는 헌법소원심판의 대상이 된다.

3) 위헌결정의 효력

(가) 국내법적으로는 ① 헌법재판소의 위헌결정이 있으면 당해 조약은 그 결정이 있은 날로부터(형벌에 관한 것인 경우는 소급하여) 일반적으로 효력을 상실하고, ② 법원의 위헌결정이 있으면 당해사건에 관하여만 조약의 효력이 부인된다.

(나) 어느 경우라고 하더라도 조약의 국제법적 효력이 당연히 상실된다고 할 수는 없다.

4) 조약에 대한 규범통제의 특수성과 결정방식

① 조약의 경우에는 국가 간의 신뢰보호가 문제되므로 가능하면 합헌적 법률해석을 하는 것이 타당하다.
② 합헌적 법률해석에 의하여도 결론에 이르기 어려운 경우에는 헌법불합치결정을 하고, 동시에 잠정적용을 명하여 국제법규의 효력을 잠정적으로 유지시키면서 입법자에게 스스로 이를 시정할 기회를 부여하는 것이 바람직하다.

4. 일반적으로 승인된 국제법규의 국내법적 효력

(1) 일반적으로 승인된 국제법규의 의의

일반적으로 승인된 국제법규라 함은 국제사회의 보편적 규범으로서 세계 대다수 국가가 승인하고 있는 법규를 말한다. 이는 우리나라에 의해서 승인되어야 한다는 것을 의미하는 것은 아니다. 일반적으로 승인된 국제법규라는 개념을 처음으로 규정한 헌법은 바이마르헌법이다.

(2) 일반적으로 승인된 국제법규에의 인정여부

일반적으로 승인된 국제법규인지 여부는 법원과 헌법재판소가 판단한다.

(3) 일반적으로 승인된 국제법규성 인정여부

구분	인정	부정
국제 관습법	- 포로의 살해금지와 그 인도적 처우에 관한 전쟁법의 일반기본원칙 - 외교관의 대우에 관한 국제법상의 원칙 - 국내문제불간섭의 원칙 - 민족자결의 원칙 - 조약준수의 원칙	- 1948년의 국제연합인권선언 - 전쟁범죄 및 반인도적 범죄에 대한 국제법상의 시효의 부적용에 관한 협약 - 강제노동의 폐지에 관한 국제노동기구(ILO)의 제105호 조약
일반적으로 승인된 조약	- 유엔헌장(1945)의 일부 - 포로에 관한 제네바협정(1949) - 집단학살(genocide)의 금지협정(1948) - 부전조약(1928) - UN의 여성차별철폐협약	- 포츠담선언 - 시민적 및 정치적 권리에 관한 국제규약 - 정치범불인도의 원칙

(4) 일반적으로 승인된 국제법규와 국내법의 효력관계

헌법은 일반적으로 승인된 국제법규에 대하여 국회의 동의와 같은 별도의 절차 없이도 국내법적 효력을 갖도록 하고 있다. 이에 그 효력에 관하여 법률과 같은 효력을 인정하는 견해도 있으나, 조약과 같이 구체적 내용에 따라 개별적으로 판단하여야 한다는 견해가 다수설이다.

(5) 일반적으로 승인된 국제법규에 대한 규범통제의 특수성

1) 일반적으로 승인된 국제법규를 국내법으로 편입시키는 특별한 수용절차를 마련하지 않고 있는 우리 헌법질서 내에서 규범통제의 면에서 특수한 문제가 발생한다. 즉 그 국제법규가 과연 일반적으로 승인된 것인지 여부를 조사해야 하고, 다음에는 그것이 헌법에 저촉되는지 여부를 심사해야 하며, 또한 헌법에는 저촉되지 않는다 하더라도 국내의 다른 법률과 저촉되는지 여부를 조사해야 한다. 그러한 조사나 평가는 엄밀한 의미에서 규범통제로서의 성격을 갖는 것이 아니라 국내법으로의 수용절차적 성격을 갖는다. 이 점이 조약에 대한 규범통제와 일반적으로 승인된 국제법규에 대한 규범통제가 다른 점이다.

2) 일반적으로 승인된 국제법규가 헌법 및 법률에 저촉된다고 하더라도 위헌선언을 통하여 일반적 효력을 상실시키기 곤란하다는 점에서 조약에 대한 규범통제와는 그 효력에 있어서 구별된다.

Ⅴ 외국인의 법적 지위의 보장

우리 헌법 제6조 제2항은 "외국인은 국제법과 조약이 정하는 바에 의하여 그 지위가 보장된다"고 규정하여 상호주의원칙을 채택하고 있다.

Ⅵ 평화통일의 원칙

1. 헌법의 통일조항

(1) 역대 헌법의 통일조항

제헌헌법은 남북통일에 관한 특별규정을 두지 아니하고 암묵적으로는 무력통일을 목표로 하였다. 제7차 개정헌법이 평화통일조항을 신설한 이래 이것을 답습하여 오다가 현행헌법에 와서 상세한 규정을 두게 되었다.

(2) 현행헌법의 통일조항

> ◆ 전문
> 평화적 통일의 사명에 입각하여
> 제4조
> 대한민국은 통일을 지향하며, 자유민주적 기본질서에 입각한 평화적 통일 정책을 수립하고 이를 추진한다.
> 제5조
> ① 대한민국은 국제평화의 유지에 노력하고 침략적 전쟁을 부인한다.
> 제66조
> ③ 대통령은 조국의 평화적 통일을 위한 성실한 의무를 진다.
> 제69조
> 대통령은 취임에 즈음하여 다음의 선서를 한다.
> "나는 헌법을 준수하고 국가를 보위하며 조국의 평화적 통일과 국민의 자유와 복리의 증진 및 민족문화의 창달에 노력하여 대통령으로서의 직책을 성실히 수행할 것을 국민 앞에 엄숙히 선서합니다."
> 제72조
> 대통령은 필요하다고 인정할 때에는 외교·국방·통일 기타 국가안위에 관한 중요정책을 국민투표에 붙일 수 있다.
> 제92조
> ① 평화통일정책의 수립에 관한 대통령의 자문에 응하기 위하여 민주평화통일자문회의를 둘 수 있다.

2. 남북한 통일의 원칙

(1) 평화통일의 원칙

남북한의 통일은 평화주의에 기초한 통일이어야 한다. 평화통일은 무력에 의한 통일이나 강압에 의한 통일을 배격한다는 의미를 가질 뿐, 이른바 "흡수통일"이 평화통일원칙에 반하는 것은 아니다.

(2) 국민적 합의의 원칙

남북한의 통일은 그 내용과 방향이 국민적 합의를 바탕으로 하는 것이어야 한다.

(3) 자유민주적 기본질서에 입각한 통일의 원칙

① 남북한의 통일은 자유민주적 기본질서에 입각한 통일이어야 한다.
② 헌법상 통일관련 규정들은 통일의 달성이 우리의 국민적·국가적 과제요 사명임을 밝힘과 동시에 자유민주적 기본질서에 입각한 평화적 통일 원칙을 천명하고 있는 것이다. 따라서 우리 헌법이 지향하는 통일은 대한민국의 존립과 안전을 부정하는 것이 아니고, 또 자유민주적 기본질서에 위해를 주는 것이 아니라 그것에 바탕을 둔 통일인 것이다(헌재 2000.7.20, 98헌바63).

3. 통일조항의 효력

(1) 통일조항의 규범적 효력

헌법의 통일조항은 국민적 합의에 바탕을 둔 국민의 정치적 결정을 규범화한 것이며, 국가적 목표인 동시에 헌법의 기본원리이다. 헌법의 통일조항은 국내의 정치적 기본질서에 관한 규범이면서 국제적 기본질서의 영역에 관한 규범이기도 하다. 또한 모든 국가기관과 국민을 구속하는 효력을 가진다. 다만 헌법상의 여러 통일 관련 조항들은 국가의 통일의무를 선언한 것이기는 하지만, 그로부터 국민 개개인의 통일에 대한 기본권, 특히 국가기관에 대하여 통일과 관련된 구체적인 행위를 요구하거나 일정한 행동을 할 수 있는 권리가 도출된다고 볼 수는 없다(헌재 2000.7.20, 98헌바63).

(2) 영토조항과 통일조항의 충돌문제

우리 헌법은 제헌당시에 영토조항을 규정하고, 1972년 개헌시에 평화통일조항을 규정하였다.

1) 학설의 대립

(가) 헌법 제3조 우선설
   대한민국만이 한반도의 유일한 합법정부이며 북한지역은 이른바 인민공화국이 불법적으로 점령한 미수복지역이다.

(나) 헌법 제4조 우선설
   ① 구법(영토조항)에 대한 신법(통일조항) 우선의 원칙에 따라 해결되어야 한다.
   ② 특별조항인 통일조항이 일반조항인 영토조항에 우선한다.

(다) 헌법 제3조와 제4조의 조화를 추구하는 견해
   ① 북한은 여전히 반국가단체이며(종래의 다수설을 전제) 영토조항에 의한 통일의 책무실현에 있어 무력에 의한 통일을 배제하는 한 영토조항과 통일조항은 상충되지 않는다.
   ② 영토조항은 대내적 관점으로 통일조항은 대외적 관점으로서 상호 다른 차원의 규정이고 남과 북은 특수한 관계이다.
   ③ 영토조항은 미래 지향적·역사적·미완성적·개방적·프로그램적 성격을 가진 조항인데 반해, 평화통일조항은 현실적·구체적·법적 성격을 가진 조항이다.
   ④ 양 규정은 상반구조적 입법으로 두 조항의 효력을 모두 인정해야 한다.

(라) 헌법변천을 주장하는 견해
   통일정책의 변화에 따라 북한을 반국가단체로 보던 영토조항의 본래적 의미가 실질적으로 변화하였다.

(마) 헌법입법론적으로 해결하자는 견해

현실에 맞지 않는 영토조항을 삭제하거나 현실에 맞게 영토의 범위를 축소 개정하여야 한다.

2) 판례

(가) 대법원(대판 1992.7.24, 92도1148)

헌법 제3조는 "대한민국의 영토는 한반도와 그 부속도서로 한다"고 규정하고 있어 법리상 이 지역에서는 대한민국의 주권과 부딪치는 어떠한 국가단체도 인정할 수 없는 것이므로, 비록 북한이 국제사회에서 하나의 주권국가로 존속하고 있고 우리 정부가 북한당국자의 명칭을 쓰면서 정상회담 등을 제의하였다 하여, 북한이 대한민국의 영토고권을 침해하는 반국가단체가 아니라고 단정할 수 없다. 우리 헌법이 전문과 제4조, 제5조에서 천명한 평화통일의 원칙과 국제평화주의는 자유민주적 기본질서라는 대 전제하에서 추구되어야 하는 것이므로, 아직도 북한이 우리의 자유민주적 기본질서에 대한 위협이 되고 있음이 분명한 상황에서 국가보안법이 북한을 반국가단체로 본다고 하여 국제평화주의 등의 원칙과 모순되는 법률이라고 볼 수 없다.

(나) 헌법재판소(헌재 1997.1.16, 92헌바6)

① 북한이 남북한 유엔 동시 가입, 소위 남북합의서의 채택·발효 및 남북교류협력에관한법률 등의 시행 후에도 적화통일의 목표를 버리지 않고 각종 도발을 자행하고 있으며 남·북한의 정치·군사적 대결이나 긴장관계가 조금도 해소되고 있지 않음이 현실인 이상, 국가의 존립·안전과 국민의 생존 및 자유를 수호하기 위하여 신·구 국가보안법의 해석·적용상 북한을 반국가단체로 보고 이에 동조하는 반국가활동을 규제하는 것 자체가 헌법이 규정하는 국제평화주의나 평화통일원칙에 위반된다고 할 수 없다.

② 현 단계에 있어서의 북한은 조국의 평화적 통일을 위한 대화와 협력의 동반자임과 동시에 대남적화노선을 고수하면서 우리 자유민주체제의 전복을 획책하고 있는 반국가단체라는 성격도 함께 갖고 있음이 현실인 점에 비추어, 헌법 제4조가 천명한 자유민주적 기본질서에 입각한 평화적 통일정책을 수립하고 이를 추진하는 한편 국가의 안전을 위태롭게 하는 반국가활동을 규제하기 위한 법적 장치로서, 전자를 위하여는 남북교류협력에관한법률 등의 시행으로써 이에 대처하고 후자를 위하여는 국가보안법의 시행으로써 이에 대처하는 것이다.

제5절 헌법의 기본제도

제1항 헌법과 제도적 보장

I 서설

1. 제도적 보장의 의의

(1) 제도적 보장이라 함은 국가 자체의 존립 기초가 되는 전래된 객관적 제도(예컨대 직업공무원제도, 지방자치제도, 사유재산제도의 보장 등)를 헌법에 규정함으로써 당해 제도의 본질을 보장하려는 것을 말한다.
(2) 제도적 보장은 헌법제정권자가 특히 중요하고도 가치가 있다고 인정되는 국가제도를 헌법에 규정함으로써 장래의 법 발전, 법형성의 방침과 범주를 미리 규율하려는 데 그 의의가 있다(헌재 1997.4.24, 95헌바48).

2. 제도적 보장의 목적

(1) 직접적 목적: 바이마르공화국 당시의 혁명적 개혁으로부터 전통적인 개인주의적·자유주의적 질서와 제도의 최소한을 수호하려는 것이었다.
(2) 간접적 목적: 법률만능주의 내지 법실증주의로부터 기본적 인권을 수호하려는 것이었다.
(3) 궁극적 목적: 인권 보장에 있었다.

3. 제도적 보장의 연혁

(1) 창안: M. Wolff가 바이마르헌법의 재산권 규정과 관련하여 창안하였다. 제도보장이론은 역사적으로 전통적인 자유주의와 사회주의의 타협의 산물로써 성립된 바이마르공화국헌법에서의 자유주의원리를 수호하려는 데에 그 출발점이 있었다.
(2) 체계화: C. Schmitt는 기본권과 제도적 보장을 엄격히 구별하여, 제도적 보장은 국가내적 존재이며 헌법에 의하여 인정된 것으로서 단순한 입법으로는 그 배제가 불가능한 것으로 보았다. C. Schmitt가 제도보장이론을 강조한 것은 입법권의 만능을 강조하는 법실증주의적 사고에 대한 반발과 기본권을 자유보장으로 이해하는 그에게 있어 자유보장이 아닌, 제도보장을 위한 수단을 기본권과 구별하고자 할 필요가 있었기 때문이다.
(3) 발전: P. Häberle에 이르러서는 제도적 기본권이론으로까지 발전 내지 변질되고 있다.

Ⅱ 제도적 보장과 기본권의 차이

1. 법적 성격상 차이

(1) 객관적 법규범성

기본권은 천부적·전국가적인 주관적 권리임에 반하여, 제도적 보장은 국가 내에서 국가의 법질서에 의하여 비로소 인정된 제도이므로 주관적 권리가 아닌 객관적 법규범에 불과하다(헌재 1997.4.24, 95헌바48).

(2) 재판규범성

① 제도적 보장도 기본권과 같이 입법권·행정권·사법권을 직접적으로 구속하는 재판규범이다.
② 헌법개정권력은 구속하지 못한다.
③ 권리보장규범은 아니므로 제도적 보장규정 그 자체만을 직접 근거로 하여 개인이 자신의 권리보호를 위한 헌법소원 등의 소송을 제기할 수는 없다.

2. 보장 내용상의 차이

(1) 보장의 대상

① 보장의 대상이 되는 제도는 국가공동체 내에서 역사적으로 형성된 기존의 전통적 제도(예 사유재산제)에 한한다.
② 헌법규정에 의하여 비로소 형성된 제도인 의원내각제나 대통령제 등은 그 대상이 될 수 없다.

(2) 보장의 정도

1) 기본권의 보장은 "최대한 보장의 원칙"이 적용되는 것임에 반하여, 제도적 보장에 있어서 헌법이 보장하려는 것은 특정한 제도의 본질적 내용이지 기존의 제도를 현상 그대로 유지하려는 것은 아니므로 제도적 보장에는 "최소한 보장의 원칙"이 적용된다. 즉, 제도의 본질적 내용을 훼손하지 아니하는 범위 내에서 법률로써 그 제도를 자유로이 형성할 수 있는 동일성 범주 내에서의 가변성 보장이라 할 것이다. 다만 제도보장의 대상이 되는 정당, 언론기관, 대학 등은 현재 기본권의 주체이므로 제도보장으로서 최소한의 보장을 받는다고 하기 보다는 기본권 주체로서 최대한의 기본권을 보장받는 것이 더욱 타당한 해석이라는 점에서 우리 헌법해석에서 제도보장론의 이론적 의의는 과대평가되어서는 안 된다는 견해가 유력하다.

2) 헌법재판소의 태도

기본권의 보장은 … "최대한 보장의 원칙"이 적용되는 것임에 반하여, 제도적 보장은 기본권 보장의 경우와는 달리 그 본질적 내용을 침해하지 아니하는 범위 안에서 입법자에게 제도의 구체적인 내용과 형태의 형성권을 폭넓게 인정한다는 의미에서 "최소한 보장의 원칙"이 적용될 뿐인 것이다(헌재 1997.4.24, 95헌바48).
지방자치단체를 통·폐합하는 것은 가능하여도 지방자치단체 그 자체를 폐지한다면 이는 제도적 보장의 정신에 반하게 된다(헌재 1995.3.23, 94헌마175).

구분	기본권 보장	제도적 보장
보장의 대상	천부인권	역사적으로 형성된 기존의 제도
성격	주관적 공권	객관적 법규범
보장의 정도	최대한의 보장	최소한의 보장
재판규범성	긍정	긍정
소권성(헌법소원)	긍정	부정
배분의 원리	적용	적용되지 않음
효력	모든 국가권력 구속, 헌법개정권력 구속 O	모든 국가권력 구속, 헌법개정권력 구속 X

Ⅲ 제도적 보장과 기본권

1. 제도적 보장과 기본권의 관계

(1) 보충적 기능

제도적 보장은 기본권과는 달리 객관적 법규범이지만 기본권의 보충기능을 하므로 헌법상 기본권의 보장을 배제하는 것은 아니고 또 헌법상 기본권 보장과 결합되는 경우도 있다.

(2) 헌법재판소의 태도

1) 지방자치단체를 폐지·병합하는 법률을 제정할 수 있으나, 지방자치단체의 폐지·병합은 지방자치단체의 자치권의 침해문제와 더불어 그 주민의 헌법상 보장된 기본권의 침해문제도 발생할 수 있다(헌재 1995.3.23. 94헌마175).
2) 헌법 제8조 제1항은 정당을 설립할 권리를 국민의 기본권으로 보장하면서, 아울러 정당설립의 자유를 보장한 것의 당연한 법적 산물인 복수정당제를 제도적으로 보장하고 있다.
3) 의무교육제도는 국민의 교육을 받을 권리를 뒷받침하기 위한, 헌법상의 교육기본권에 부수되는 제도보장이다(헌재 1991.2.11. 90헌가27).
4) 제도적 보장으로서 주민의 자치권은 원칙적으로 개별 주민들에게 인정된 권리라 볼 수 없으며, …헌법상의 주민자치의 범위는 법률에 의하여 형성되고, 핵심영역이 아닌 한 법률에 의하여 제한될 수 있는 것이다(헌재 2006.2.23. 2005헌마403).

2. 제도적 보장과 기본권의 구체적 관계

(1) 기본권 보장과 관련이 없는 경우

직업공무원제, 지방자치제 등은 기본권 보장과 직접 관련 없이 제도 그 자체만 보장되는 경우이다.

(2) 권리가 제도에 종속하는 경우

특정한 제도가 보장됨으로써 부수적으로 기본권이 보장되는 경우이다. 그 예로써 복수정당제가 보장됨으로써 정당의 설립, 가입, 탈퇴의 자유가 보장되는 경우를 드는 견해가 있다.

(3) 제도가 기본권에 수반되는 경우

특정한 기본권을 보장하기 위하여 그 수단으로써 특정한 제도의 보장을 필요로 하는 경우인데 정치적 기본권을 확보하기 위하여 민주적 선거제도가 보장되는 경우가 그 예이다.

(4) 보장이 병존하는 경우

사유재산권의 보장이 동시에 사유재산제도의 보장을 의미하는 것과 같이 특정의 기본권 보장이 동시에 특정한 제도의 보장을 의미하는 경우이다.

3. 제도적 보장규정으로부터 기본권의 도출

헌법의 원리·원칙·제도를 규정하고 있는 조항의 경우에도 기본권적인 가치를 포함하고 있는 경우가 있다. 헌법에서 자유와 권리를 명시적으로 정하고 있는 기본권조항만 기본권 보장규정이 되는 것이 아니라, 문언상의 형식은 기본권을 명시적으로 보장하는 것이 아니라 할지라도 그 규정의 성질상 기본권적인 가치판단을 포함하고 있는 것이어서 기본권이 도출되는 경우에는 그 역시 기본권 보장규정이 될 수 있다.

Ⅳ 현행헌법과 제도적 보장

우리 헌법상 제도적 보장이라고 할 수 있는 것으로는 ① 사유재산제, ② 복수정당제, ③ 민주적 선거제도, ④ 직업공무원제, ⑤ 지방자치제, ⑥ 민주적 교육제도와 대학자치제, ⑦ 민주적 군사제도, ⑧ 민주적 혼인제도와 가족제도 등을 들 수 있다.

제2항 정당제도(복수정당제)

Ⅰ 서설

1. 정당의 개념

(1) 정당은 그 목적·조직과 활동이 민주적이어야 하며, 국민의 정치적 의사 형성에 참여하는 데 필요한 조직을 가져야 한다(헌법 제8조 제2항).

(2) 정당이라 함은 국민의 이익을 위하여 책임있는 정치적 주장이나 정책을 추진하고, 공직선거의 후보자를 추천 또는 지지함으로써 국민의 정치적 의사 형성에 참여함을 목적으로 하는 국민의 자발적 조직을 말한다(정당법 제2조).

2. 정당의 개념요소

우리 헌법 및 정당법상 정당의 개념적 징표로서는 ① 국가와 자유민주주의 또는 헌법질서를 긍정할 것, ② 공익의 실현에 노력할 것, ③ 선거에 참여할 것, ④ 정강이나 정책을 가질 것, ⑤ 국민의 정치적 의사형성에 참여할 것, ⑥ 계속적이고 공고한 조직을 구비할 것, ⑦ 구성원들이 당원이 될 수 있는 자격을 구비할 것 등을 들 수 있다. 즉, 정당은 정당법 제2조에 의한 정당의 개념표지 외에 예컨대 독일의 정당법(제2조)이 규정하고 있는 바와 같이 "상당한 기간 또는 계속해서", "상당한 지역에서", 국민의 정치적 의사형성에 참여해야 한다는 개념표지가 요청된다고 할 것이다(헌재 2006.3.30, 2004헌마246).

3. 헌법상 정당의 기능

국민의 정치적 의사형성기능, 여론중개적 기능, 정치교육적 기능, 정치지도자 양성기능 등을 수행한다.

Ⅱ 정당제 민주주의

1. 대중민주주의의 출현과 의회제 민주주의의 변질

2. 의회제 민주주의와 정당제 민주주의의 특징(G. Leibholz)

구분	의회제 민주주의	정당제 민주주의
국민의 지위	이념적 통일체를 의미하는 주권적 국민 (선거 때만 간헐적으로 투표에 참가하는 유권자집단)	정당의 중개를 통하여 실질적인 행동통일체로서 역할하는 주권적 국민
권력구조	권력분립	정당을 중심으로 한 권력통합
의원의 지위	전체국민의 봉사자(무기속위임의 원칙)	정당에의 기속
선거의 성격	국민의 대표를 선출하고 국가기관을 구성한다는 의미	국가기관의 구성이라는 의미 외에 정부선택을 위한 국민투표적 성격

Ⅲ 현행헌법상 정당조항의 규범적 의미와 정당의 지위

1. 정당에 대한 헌법적 수용단계

H. Triepel은 정당에 대한 헌법적 수용단계를 ① 적대시 단계(미국헌법제정자들, J. J. Rousseau), ② 무시 및 무관심단계(초기 입헌주의헌법들), ③ 승인 및 합법화 단계(1919년 바이마르 헌법), ④ 헌법에의 편입단계의 4단계로 나누고 있다. 미국·영국·일본 등에는 헌법에 정당에 관한 규정이 없고, 독일·프랑스·이탈리아 등에는 헌법에 이에 관한 규정이 있다.

2. 우리 헌법의 정당조항

(1) 정당조항의 변천

구분	단계	주요 내용
1948년 헌법	(승인 및 합법화단계)	국회법에 정당에 관한 규정을 두었다.
1960년 헌법	(헌법에의 편입단계)	정당은 법률이 정하는 바에 의하여 국가의 보호를 받는다는 정당의 보호규정과 동시에 위헌정당해산제도를 두었다.
1962년 헌법	(극단적 정당국가화)	대통령선거와 국회의원선거에 입후보할 경우 정당의 추천을 필수요건으로 하고, 탈당하거나 소속정당이 해산된 경우 의원직을 상실하게 하였다. 정당의 설립자유와 복수정당제(현행 제8조 제1항)를 최초로 규정하였다.
1972년 헌법		무소속 입후보를 허용하였다.
1980년 헌법		정당운영자금에 대한 국고보조금조항을 추가하였다.
1987년 헌법		정당목적의 민주화를 추가하여, 정당의 민주성을 강화하고 있다.

● 헌법

제8조
① 정당의 설립은 자유이며, 복수정당제는 보장된다.
② 정당은 그 목적·조직과 활동이 민주적이어야 하며, 국민의 정치적 의사 형성에 참여하는데 필요한 조직을 가져야 한다.
③ 정당은 법률이 정하는 바에 의하여 국가의 보호를 받으며, 국가는 법률이 정하는 바에 의하여 정당운영에 필요한 자금을 보조할 수 있다.
④ 정당의 목적이나 활동이 민주적 기본질서에 위배될 때에는 정부는 헌법재판소에 그 해산을 제소할 수 있고, 정당은 헌법재판소의 심판에 의하여 해산된다.

(2) 현행헌법 제8조의 의미 및 헌법 제21조와의 관계

① 헌법 제21조 제1항 결사의 자유의 특별규정이다(헌재 1999.12.23. 99헌마135).
② 복수정당제를 보장하는 조항이므로 정당제의 전면적 부정이나 일당제는 인정되지 아니한다.
③ 직접적으로는 정당설립의 자유를 보장하는 조항이지만, 간접적으로는 모든 국민에게 정당을 설립할 자유와 정당에의 가입과 탈퇴의 자유를 보장하는 조항이다.
④ 헌법개정에 의해서도 폐지할 수 없는 개정금지조항이다.

(3) 헌법 제8조 제1항의 의미(헌재 2006.3.30. 2004헌마246)

헌법 제8조 제1항 전단의 정당설립의 자유는 정당설립의 자유만이 아니라 정당활동의 자유를 포함한다. 즉, 헌법 제8조 제1항은 정당설립의 자유만을 명시적으로 규정하고 있지만, 정당설립의 자유만이 아니라 누구나 국가의 간섭을 받지 아니하고 자유롭게 정당에 가입하고 정당으로부터 탈퇴할 수 있는 자유를 함께 보장한다. 나아가 정당설립의 자유는 설립에 대응하는 정당해산의 자유, 합당의 자유, 분당의 자유도 포함한다. 뿐만 아니라 정당설립의 자유는 개인이 정당 일반 또는 특정 정당에 가입하지 아니할 자유, 가입했던 정당으로부터 탈퇴할 자유 등 소극적 자유도 포함한다.

(4) 헌법 제8조 제2항의 의미(헌재 2004.12.16, 2004헌마456)

헌법 제8조 제2항은 헌법 제8조 제1항에 의하여 정당의 자유가 보장됨을 전제로 하여, 그러한 자유를 누리는 정당의 목적·조직·활동이 민주적이어야 한다는 요청, 그리고 그 조직이 국민의 정치적 의사형성에 참여하는 데 필요한 조직이어야 한다는 요청을 내용으로 하는 것으로서 정당에 대하여 정당의 자유의 한계를 부과한 것이다.

(5) 헌법 제8조 제3항의 의미(헌재 1999.11.25, 95헌마154)

헌법은 제8조에서 국가로부터의 정당의 자유(제1항)와 정당운영에 필요한 자금을 국가가 보조할 수 있다는 것(제3항)만을 규정할 뿐, 사인의 정치자금 기부에 관하여는 아무런 규정을 두고 있지 않다. 이로써 헌법은 정당이 그 설립과 활동에 있어서 국가로부터 자유로울 것을 보장하고 있을 뿐 개인, 기업, 단체의 영향력으로부터의 자유로울 것을 보장하고 있지는 않으므로, 사인이 정당에 정치자금을 기탁하는 것을 원칙적으로 금지하지 않는다.

(6) 헌법 제8조 제4항의 의미(헌재 1999.12.23, 99헌마135)

헌법 제8조 제4항은 정당의 존립상 특권이면서 정당활동의 한계를 설정한 조항이다.

3. 정당의 헌법상 지위와 법적 형태

(1) 정당의 헌법상 지위

정당은 헌법상의 기관은 아니나 정치적·사회적·제도적으로 보장하되, 국민과 국가 사이의 정치적 의사 형성에 중개적 역할을 하는 기관이다(통설).

(2) 정당의 법적 형태

헌법재판소는 재산귀속관계에 있어서 정당을 '법인격 없는 사단'으로 본다(헌재 1993.7.29, 92헌마262). 따라서 정당은 일정한 경우에 기본권의 주체가 되고 헌법소원심판에서 청구인능력을 가진다.

Ⅳ 정당의 설립

1. 정당설립의 실질적 요건

(1) 정당의 조직 및 합당

> ◆ 정당법
> **제3조(구성)** 정당은 수도에 소재하는 중앙당과 특별시·광역시·도에 각각 소재하는 시·도당(이하 "시·도당")으로 구성한다.
> **제6조(발기인)** 창당준비위원회는 중앙당의 경우에는 200명 이상의, 시·도당의 경우에는 100명 이상의 발기인으로 구성한다.
> **제17조(법정시·도당수)** 정당은 5 이상의 시·도당을 가져야 한다.

제18조(시·도당의 법정당원수) ① 시·도당은 1천인 이상의 당원을 가져야 한다.
제19조(합당) ① 정당이 새로운 당명으로 합당(이하 "신설합당")하거나 다른 정당에 합당(이하 "흡수합당")될 때에는 합당을 하는 정당들의 대의기관이나 그 수임기관의 합동회의의 결의로써 합당할 수 있다.
② 정당의 합당은 제20조(합당된 경우의 등록신청)제1항·제2항 및 제4항의 규정에 의하여 중앙선거관리위원회에 등록 또는 신고함으로써 성립한다. 다만 정당이 「공직선거법」 제2조(적용범위)의 규정에 의한 선거(이하 "공직선거")의 후보자등록신청개시일부터 선거일까지의 사이에 합당된 때에는 선거일 후 20일에 그 효력이 발생한다.
⑤ 합당으로 신설 또는 존속하는 정당은 합당 전 정당의 권리·의무를 승계한다.
제37조(활동의 자유) ① 정당은 헌법과 법률에 의하여 활동의 자유를 가진다.
③ 정당은 국회의원지역구 및 자치구·시·군, 읍·면·동별로 당원협의회를 둘 수 있다. 다만 누구든지 시·도당 하부조직의 운영을 위하여 당원협의회 등의 사무소를 둘 수 없다.

(2) 당원의 자격 및 입당과 탈당

🟢 **정당법**

제22조(발기인 및 당원의 자격) ① 16세 이상의 국민은 공무원 그 밖에 그 신분을 이유로 정당가입이나 정치활동을 금지하는 다른 법령의 규정에 불구하고 누구든지 정당의 발기인 및 당원이 될 수 있다. 다만 다음 각 호의 어느 하나에 해당하는 자는 그러하지 아니하다.
1. 「국가공무원법」 제2조(공무원의 구분) 또는 「지방공무원법」 제2조(공무원의 구분)에 규정된 공무원. 다만 대통령, 국무총리, 국무위원, 국회의원, 지방의회의원, 선거에 의하여 취임하는 지방자치단체의 장, 국회 부의장의 수석비서관·비서관·비서·행정보조요원, 국회 상임위원회·예산결산특별위원회·윤리특별위원회 위원장의 행정보조요원, 국회의원의 보좌관·비서관·비서, 국회 교섭단체대표의원의 행정비서관, 국회 교섭단체의 정책연구위원·행정보조요원과 「고등교육법」 제14조(교직원의 구분) 제1항·제2항에 따른 교원은 제외한다.
2. 「고등교육법」 제14조 제1항·제2항에 따른 교원을 제외한 사립학교의 교원
3. 법령의 규정에 의하여 공무원의 신분을 가진 자
4. 「공직선거법」 제18조 제1항에 따른 선거권이 없는 사람
② 대한민국 국민이 아닌 자는 당원이 될 수 없다.

2. 정당설립의 절차적 요건

🟢 **정당법**

제4조(성립) ① 정당은 중앙당이 중앙선거관리위원회에 등록함으로써 성립한다.
② 제1항의 등록에는 제17조(법정시·도당수) 및 제18조(시·도당의 법정당원수)의 요건을 구비하여야 한다.
제15조(등록신청의 심사) 등록신청을 받은 관할 선거관리위원회는 형식적 요건을 구비하는 한 이를 거부하지 못한다.

Ⅴ 정당의 권리와 의무

(1) 정당의 특권

1) 설립·활동·존립상의 특권

① 정당은 결성과 등록에 있어 특권을 누리고(법 제9조 제2항, 제16조), ② 헌법과 법률에 의하여 활동의 자유를 가지며(법 제30조), ③ 헌법재판소의 심판에 의하여 해산되는 경우를 제외하고는 강제해산되지 아니한다(헌법 제8조 제4항).

2) 정치적 특권

① 정당은 공직선거에 참여하거나 여론을 형성하고 주도하는 등의 방법으로 국민의 정치적 의사 형성에 참여할 권리가 있고(헌법 제8조 제2항), ② 균등한 경쟁기회(헌법 제116조 제1항) 등을 헌법에 의하여 보장받으며, ③ 선거운동에 관한 특권이 있고, ④ 각급 선거관리위원회 위원 추천권(선거관리위원회법 제4조), 선거참관인 지명권(공직선거법 제181조), 정당대표자 예우 등의 특권이 있다.

3) 재정상 특권

국가는 법률이 정하는 바에 의하여 정당 운영에 필요한 자금을 보조할 수 있다(헌법 제8조 제3항 후단). 그러나 우리 헌법상 국가의 정당에 대한 재정보조의무를 인정할 근거조항이 없기 때문에 국가가 그 재정을 떠맡을 헌법적 의무는 없다. 정당은 선거공영제에 따라 선거에 관한 경비를 원칙적으로 부담하지 아니할 권리(헌법 제116조 제2항)와 정당이 수령하는 기부나 찬조 기타 재산상의 출연에 대한 면세특혜(정치자금법 제2조, 제59조)를 받는다.

(2) 정당의 의무

① 정당은 대한민국을 부인하거나 국가의 존립을 위태롭게 하는 행위를 해서는 안 되고, ② 자유민주적 기본질서를 존중해야 하며(헌법 제8조 제4항), ③ 목적·조직·활동의 민주화(당내민주화)의 의무가 있다(헌법 제8조 제2항). ④ 정당의 재정공개의무를 헌법이 규정하고 있지는 않지만 정치자금법은 회계의 공개와 자금의 공정한 운용을 규정하여 재정공개의무를 정당에 지우고 있다(법 제2조 제2항).

Ⅵ 정당의 기구 및 활동

1. 정당의 기구

> ● 정당법
> 제29조(정당의 기구) ① 정당은 민주적인 내부질서를 유지하기 위하여 당원의 총의를 반영할 수 있는 대의기관 및 집행기관과 소속 국회의원이 있는 경우에는 의원총회를 가져야 한다.
> ② 중앙당은 정당의 예산과 결산 및 그 내역에 관한 회계검사 등 정당의 재정에 관한 사항을 확인·검사하기 위하여 예산결산위원회를 두어야 한다.
> 제38조(정책연구소의 설치·운영) ① 「정치자금법」 제27조(보조금의 배분)의 규정에 의한 보조금 배분대상정당은 정책의 개발·연구활동을 촉진하기 위하여 중앙당에 별도 법인으로 정책연구소를 설치·운영하여야 한다.

2. 정당의 활동

> ⬟ **정당법**
> **제37조(활동의 자유)**
> ① 정당은 헌법과 법률에 의하여 활동의 자유를 가진다.
> ② 정당이 특정 정당이나 공직선거의 후보자(후보자가 되고자 하는 자를 포함한다)를 지지·추천하거나 반대함이 없이 자당의 정책이나 정치적 현안에 대한 입장을 인쇄물·시설물·광고 등을 이용하여 홍보하는 행위와 당원을 모집하기 위한 활동(호별방문을 제외한다)은 통상적인 정당활동으로 보장되어야 한다.

Ⅶ 정당제 민주주의에 있어서 당내민주주의의 요청

> ⬟ **정당법**
> **제10조(창당집회의 공개)** ① 정당의 창당집회는 공개하여야 한다.
> **제28조(강령 등의 공개 및 당헌의 기재사항)** ① 정당은 그 강령(또는 기본정책)과 당헌을 공개하여야 한다.
> **제29조(정당의 기구)** ① 정당은 민주적인 내부질서를 유지하기 위하여 당원의 총의를 반영할 수 있는 대의기관 및 집행기관과 소속 국회의원이 있는 경우에는 의원총회를 가져야 한다.
> **제32조(서면결의의 금지)** ① 대의기관의 결의와 소속 국회의원의 제명에 관한 결의는 서면이나 대리인에 의하여 의결할 수 없다.
> ② 대의기관의 결의는 「전자서명법」 제2조(정의) 제3호의 규정에 의한 공인전자서명을 통하여도 의결할 수 있으며, 그 구체적인 방법은 당헌으로 정한다.
> **제33조(정당소속 국회의원의 제명)** 정당이 그 소속 국회의원을 제명하기 위해서는 당헌이 정하는 절차를 거치는 외에 그 소속 국회의원 전원의 2분의 1 이상의 찬성이 있어야 한다.
> **제42조(강제입당 등의 금지)** ① 누구든지 본인의 자유의사에 의하는 승낙 없이 정당가입 또는 탈당을 강요당하지 아니한다. 다만 당원의 제명처분은 그러하지 아니하다.
> ② 누구든지 2 이상의 정당의 당원이 되지 못한다.

1. 정당의 당내민주화 의무

(1) 정당은 국민과 국가 사이의 정치적 의사를 형성하는 매개체로서의 기능을 수행한다. 따라서 정당내부에서 정당구성원의 의사가 상향식으로 형성되는 구조가 갖추어지고 있지 못하다면 정당은 민주주의의 실현에 기여하는 기능을 수행할 수 없다. 그러므로 당내민주주의의 확보는 정당민주주의가 민주주의로서 정당화되기 위한 기본전제 내지 민주주의의 실현을 위한 정당의 의무라고 보아야 한다.

(2) 헌법은 제8조 제2항에서 "정당은 그 목적·조직과 활동이 민주적이어야 하며, 국민의 정치적 의사 형성에 참여하는데 필요한 조직을 가져야 한다"고 규정하여 정당민주화 내지 당내민주주의의 실현의무를 규정하고 있다.

2. 당내민주주의의 요소

정당의 공개성, 정당내부의 민주적 의사형성, 후보자 공천의 민주성 확보, 당원의 법적지위의 보장, 정당재정의 민주화 등을 들 수 있다.

3. 정당의 당내민주주의 실현방안

(1) 국가기관에 의한 정당민주화 실현

1) 위헌정당해산제도에 의한 정당통제의 가능성

헌법 제8조 제2항에서의 정당조직의 '민주성'과 헌법 제8조 제4항에서의 '민주적 기본질서'의 의미는 동일하지 않다. 전자가 민주주의의 일반원칙에 충실할 것을 요구한다면, 후자는 헌법의 기본적 가치 합의사항인 자유민주적 기본질서라는 특정한 실질에 정당이 구속되어야 한다는 요구라고 보아야 한다. 따라서 정당조직의 비민주성을 이유로 정당을 해산할 수는 없다.

2) 국고보조금지급의 제한을 통한 정당민주화 실현

선거비용에 대한 국고보조금을 차등지급 또는 지급배제하는 것은 선거의 공적인 성격과 선거공영제(헌법 제116조 제2항)에 헌법상 허용되지 않는다. 다만 정당의 운영비에 대한 국고보조금에 대하여는 정당의 민주화를 강제하는 차원에서 차등지급 등 제한된 범위 내에서 불이익을 가하는 것이 가능하다고 본다.

3) 비민주적 공천후보자의 등록거부

공직선거후보자추천절차는 헌법 제8조 제2항에 따른 '민주적 절차'의 요청과 헌법 제41조 제1항, 제67조 제1항에 정한 헌법상의 '선거원칙'을 지켜야 한다. 현행 정당법과 공직선거법은 민주적 절차만을 원칙적으로 강조하고 그의 구체화에 대하여는 지역구 국회의원 후보자의 추천에 대해서는 정당의 당헌에 유보하고 있으나, 비례대표국회의원후보자의 추천에 대해서는 비교적 구체적인 기준을 제시하고 있다(정당법 제28조 제2항 및 공직선거법 제47조). 나아가 선거관리위원회는 각 정당의 공천에 의한 후보자 등록신청에 대하여 비민주적 공천후보자에 대해서는 등록을 거부하도록 하고 있으며, 등록이 되더라도 무효로 하도록 규정하고 있다(공직선거법 제49조 및 제52조).

(2) 국민에 의한 정당민주화 실현

1) 선거를 통한 방법

정당에 대한 국민의 평가는 선거를 통해서 나타나므로, 선거는 정당의 자유로운 활동을 직접 방해하지 않으면서 당내 민주주의의 실현에 상당히 효과적으로 작용할 수 있다.

2) 국민 여론을 통한 방법

국민 여론에 의한 정당의 통제 내지 정당민주화의 간접강제는 선거에 의한 간접강제만큼 직접적이고 강력한 효과는 없지만, 선거기간 중에만 한정하지 않고 항상 이용할 수 있다는 장점이 있다.

Ⅷ 정당의 소멸

정당은 헌법재판소의 위헌정당해산결정, 선거관리위원회의 등록취소, 자진해산에 의하여 소멸한다.

> ◆ 정당법
> 제44조(등록의 취소) ① 정당이 다음 각 호의 어느 하나에 해당하는 때에는 당해 선거관리위원회는 그 등록을 취소한다.
> 1. 제17조(법정시·도당수) 및 제18조(시·도당의 법정당원수)의 요건을 구비하지 못하게 된 때. 다만 요건의 흠결이 공직선거의 선거일 전 3월 이내에 생긴 때에는 선거일 후 3월까지, 그 외의 경우에는 요건흠결시부터 3월까지 그 취소를 유예한다.
> 2. 최근 4년간 임기만료에 의한 국회의원선거 또는 임기만료에 의한 지방자치단체의 장선거나 시·도의회의원선거에 참여하지 아니한 때
> 3. ~~임기만료에 의한 국회의원선거에 참여하여 의석을 얻지 못하고 유효투표총수의 100분의 2 이상을 득표하지 못한 때~~ [단순위헌, 2012헌마431, 2012헌가19(병합)]
>
> 제45조(자진해산) ① 정당은 그 대의기관의 결의로써 해산할 수 있다.
> 제48조(해산된 경우 등의 잔여재산 처분) ① 정당이 제44조(등록의 취소) 제1항의 규정에 의하여 등록이 취소되거나 제45조(자진해산)의 규정에 의하여 자진해산한 때에는 그 잔여재산은 당헌이 정하는 바에 따라 처분한다.
> ② 제1항의 규정에 의하여 처분되지 아니한 정당의 잔여재산 및 헌법재판소의 해산결정에 의하여 해산된 정당의 잔여재산은 국고에 귀속한다.
> 제41조(유사명칭 등의 사용금지) ① 이 법에 의하여 등록된 정당이 아니면 그 명칭에 정당임을 표시하는 문자를 사용하지 못한다.
> ② 헌법재판소의 결정에 의하여 해산된 정당의 명칭과 같은 명칭은 정당의 명칭으로 다시 사용하지 못한다.
> ④ 제44조(등록의 취소) 제1항의 규정에 의하여 등록취소된 정당의 명칭과 같은 명칭은 등록취소된 날부터 최초로 실시하는 임기만료에 의한 국회의원선거의 선거일까지 정당의 명칭으로 사용할 수 없다.

Ⅸ 위헌정당의 강제해산

> ◆ 헌법재판소법
> 제55조(정당해산심판의 청구) 정당의 목적이나 활동이 민주적 기본질서에 위배될 때에는 정부는 국무회의의 심의를 거쳐 헌법재판소에 정당해산심판을 청구할 수 있다.
> 제57조(가처분) 헌법재판소는 정당해산심판의 청구를 받은 때에는 청구인의 신청 또는 직권으로 종국결정의 선고시까지 피청구인의 활동을 정지하는 결정을 할 수 있다.
> 제59조(결정의 효력) 정당의 해산을 명하는 결정이 선고된 때에는 그 정당은 해산된다.
> 제60조(결정의 집행) 정당의 해산을 명하는 헌법재판소의 결정은 중앙선거관리위원회가 정당법의 규정에 의하여 이를 집행한다.

1. 방어적 민주주의와 정당강제해산

방어적 민주주의라 함은 민주주의의 이름으로 민주주의 그 자체를 파괴하는 민주적·법치국가적 헌법질서의 적으로부터 민주주의가 자신을 효과적으로 방어하고 그와 투쟁하기 위한 자기방어적·자기수호적 민주주의를 말한다. 헌법 제8조 제4항은 방어적 민주주의의 구현을 위하여 반민주적 정당의 강제해산제를 채택하고 있다.

2. 헌법 제8조 제4항의 성격

헌법 제8조 제4항은 "정당의 목적이나 활동이 민주적 기본질서에 위배될 때에는 정부는 헌법재판소에 그 해산을 제소할 수 있고, 정당은 헌법재판소의 심판에 의하여 해산된다"고 하여 우리 헌법상의 민주주의가 정당의 자유를 보장하지만 반민주적 정당의 존립까지 보장하는 것은 아님을 명백히 하고 있다. 즉 정당의 강제해산을 규정한 헌법 제8조 제4항은 정당존립의 특권을 보장한 것이면서 정당활동의 자유에 한계를 설정한 조항으로서의 의미를 가진다.

3. 정당강제해산의 실질적 요건

(1) 해산대상으로서의 정당의 개념

1) 기성정당

강제해산의 대상이 되는 정당은 정당으로서의 등록을 필한 기성정당에 한한다. 정당의 방계조직·위장조직·대체정당 등은 헌법 제21조의 일반결사의 범주에 속한다. 정당성립의 시기는 중앙당이 중앙선거관리위원회에 등록을 필한 때이다(정당법 제4조 제1항).

2) 결성단계에 있는 정당의 지위

결성단계에 있는 정당이란 중앙당창당준비위원회의 대표자가 중앙선거관리위원회에 창당신고만을 하고 아직 정당으로서 등록을 필하지 아니한 정당이다.

다수의 학자들은 창당준비위원회를 두 가지 유형으로 분리하여, ① 아직 정당으로서의 실질적 요건을 갖추지 못한 창당준비위원회는 일반 정치결사와 동일하게 보고, ② 정당으로서의 실질적 요건을 이미 완비하고 다만 등록절차를 진행 중에 있는 창당준비위원회는 정당에 준하는 것으로 본다.

(2) 정당의 목적과 활동의 위헌성

1) 목적의 위헌성

① 정당의 목적의 위헌성은 정당의 정강정책이 명문으로 민주주의의 실질적 요소에 속하는 이념을 부인하거나 침해할 것을 목적으로 하는 경우에 한한다. 따라서 특정 헌법조항의 폐지 내지 개정을 주장하거나 특정 헌법제도에 대한 반대투쟁을 선언하는 정도로는 정당해산의 사유가 될 수 없다.

② 정당의 목적이 명시적으로 민주주의원리를 부인하고 있을 뿐만 아니라 정당의 당원이나 지지세력의 정치활동이 명백히 민주주의의 제거·침해 또는 국가존립의 위해를 목표로 하는 것이 명백한 경우에만 정당해산의 헌법적 요건을 충족한 것으로 보아야 한다.

2) 활동의 위헌성

① 반민주적 정당의 해산제도는 개인의 범죄행위에 대한 처벌과 달리 객관적으로 민주적 기본질서에 위배하는 사실이 있으면 해산사유에 해당한다.

② 정당의 목적이나 활동이 민주적 기본질서에 위배된다고 하더라도 그것이 구체적 위험성이 없는 경우에도 해산사유가 된다고 할 수 있는지에 대하여 구체적 위험이 있어야 한다는 견해가 있으나, 정당은 그 자체 조직과 당원을 가지므로 그 목적이나 활동이 민주주의를 부정하고 전체주의를 지향한다면 현실적 위험성이 인정된다고 보아야 할 것이어서 구체적 위험성이 없는 경우도 해산사유에 해당할 수 있다고 보는 것이 타당하다.

(3) 민주적 기본질서에 위배

헌법 제8조 제4항은 '민주적 기본질서'라고만 규정하고 있다.

1) 학설의 대립

① 정당해산의 구실을 극소화하기 위해서라도 이때의 민주적 기본질서는 자유민주적 기본질서만을 의미하는 것으로 제한하여 해석할 필요가 있다는 점 등을 근거로 자유민주적 기본질서로 보는 견해와 ② 민주적 기본질서는 자유주의와 보수주의를 배격하는 것이 아니라 부익부·빈익빈을 조장하는 경제적 자유와 독점자본주의를 배격하는 것이므로 헌법상의 가장 중요한 이념인 사회정의, 사회적 복지국가의 원리에 어긋나는 극단적인 정당의 존립까지 보장해야 하는 것은 아니라는 점 등을 근거로 사회민주적 기본질서까지 포함한다고 보는 견해의 대립이 있다.

2) 헌법재판소(헌재 1999.12.23, 99헌마135)

헌법은 정당의 금지를 민주적 정치과정의 개방성에 대한 중대한 침해로서 이해하여 오로지 제8조 제4항의 엄격한 요건하에서만 정당설립의 자유에 대한 예외를 허용하고 있다. 이에 따라 자유민주적 기본질서를 부정하고 이를 적극적으로 제거하려는 조직도, 국민의 정치적 의사 형성에 참여하는 한, '정당의 자유'의 보호를 받는 정당에 해당하며, 오로지 헌법재판소가 그의 위헌성을 확인한 경우에만 정당은 정치생활의 영역으로부터 축출될 수 있다.

4. 정당강제해산의 절차적 요건

(1) 강제해산의 제소

1) 해산제소권자

위헌정당해산의 제소권은 정부에게 있다(헌법 제8조 제4항, 헌법재판소법 제55조). 정당의 목적과 활동이 민주적 기본질서에 위반된다고 판단할 경우 대통령은 국무회의의 심의를 거쳐 헌법재판소에 그 해산을 제소하면 된다.

2) 해산제소가 정부의 의무인지 여부

헌법 제8조 제4항은 정당해산의 실질적 요건이 성립하면 정부는 헌법재판소에 그 해산을 "제소할 수 있고"라고 규정하고 있다.

① 헌법 제8조 제4항은 "제소할 수 있고"라고 규정하고, 정당에 대한 해산결정보다 위헌적 정당을 상대로 한 민주적 공개경쟁을 통해서 정당의 사회적 기반을 붕괴시키는 것이 민주주의 보호에 더 효과적이라고 판단되는 경우에는 해산의 제소를 보류하는 것이 더 나을 수 있다는 점에서 자유재량이라는 견해(다수설)와 ② 정부의 해산제소권의 불행사는 궁극적으로 민주적 기본질서를 어지럽히는 결과를 초래할 수 있다는 점에서 기속의무라는 견해의 대립이 있다.

(2) 헌법재판소의 해산결정 및 집행

헌법재판소는 9인의 재판관 중 6인 이상의 찬성으로 정당의 해산결정을 할 수 있다(헌법 제113조 제1항, 헌법재판소법 제23조 제2항). 정당해산심판은 민사소송에 관한 법령을 준용한다(헌법재판소법 제40조). 헌법재판소가 정당의 위헌여부를 심리한 결과, 일단 위헌이 아니라고 결정한 경우에는 동일한 정당에 대하여 동일한 사유로 다시 제소할 수 없다(일사부재리원칙). 해산결정의 통지를 받은 선거관리위원회는 해산결정을 받은 정당의 등록을 말소하고 그 뜻을 지체없이 공고하여야 한다(정당법 제47조). 해산결정의 선고를 받은 정당은 선고와 동시에 불법 결사가 된다.

5. 위헌정당강제해산의 효과

(1) 해산의 효력발생시기

정당의 해산결정이 선고되면 그 때부터 정당은 모든 특권을 상실한다. 헌법재판소의 심판은 정당의 위헌성을 인정하는 창설적 효력을 갖는 것이므로, 이 결정에 의하여 정당은 비로소 위헌정당으로 확정되고 정당은 해산결정에 의해 자동적으로 해산된다. 당해 선거관리위원회의 해산 공고는 단지 선언적·확인적 효력밖에 없다.

(2) 대체정당 등의 금지

헌법재판소의 결정으로 정당이 해산된 경우에는, 그 정당의 대표자 및 간부는 해산된 정당의 강령과 동일하거나 유사한 대체정당을 창설하지 못하며(정당법 제40조), 해산된 정당의 명칭과 동일한 명칭을 정당의 명칭으로 다시 사용하지 못한다(정당법 제41조 제2항).

(3) 정당잔여재산의 귀속

헌법재판소의 결정에 의하여 해산된 정당의 잔여재산은 국고에 귀속한다(정당법 제48조 제2항).

(4) 집회 또는 시위의 주최 금지

누구든지 헌법재판소의 결정에 따라 해산된 정당의 목적을 달성하기 위한 집회 또는 시위를 주최하여서는 아니된다(집회 및 시위에 관한 법률 제5조).

(5) 소속 의원의 자격 상실여부

1) 실정법상 근거

우리 헌법이나 헌법재판소법, 공직선거법 그 어느 것도 헌법 제8조 제4항에 의해 헌법재판소가 정당의 해산결정을 내린 경우에 그 정당소속 국회의원의 신분 상실여부에 관한 규정을 두고 있지 않다.

2) 학설의 대립

① 국회의원의 국민대표성을 중시하고 현행법상 무소속입후보의 허용을 들어 소속정당이 해산되더라도 국회의원의 직은 상실하지 않으나 국회에서의 징계나 자격심사에 의해서 그 신분은 상실할 수도 있다고 보는 자격유지설과 ② 정당제 민주주의 원리를 중시하고 또 방어적 민주주의 정신에 비추어 비례대표의원이든 지역구의원이든 모든 경우에 국회의원 신분을 상실한다고 보는 자격상실설, 그리고 ③ 지역구의원은 무소속으로 자격을 유지하나, 비례대표의원은 자격이 상실된다고 보는 비례대표의원자격상실설 등 견해의 대립이 있다.

3) 헌법재판소(헌재 2014.12.19, 2013헌다1)

헌법재판소는 '통합진보당 해산청구사건'에서 위헌정당의 해산을 명하는 비상상황에서는 국회의원의 국민 대표성은 희생될 수밖에 없으므로 강제해산되는 정당 소속 국회의원의 의원직 상실은 위헌정당해산제도의 본질로부터 인정되는 기본적 효력으로 봄이 상당하므로, 이에 관하여 명문의 규정이 있는지 여부는 고려의 대상이 되지 아니하고, 그 국회의원이 지역구에서 당선되었는지, 비례대표로 당선되었는지에 따라 아무런 차이가 없이, 정당해산결정으로 인하여 신분유지의 헌법적 정당성을 잃으므로 그 의원직은 상실되어야 한다고 판시하였다(자격상실설).

[등록취소와 강제해산의 비교]

구분	등록취소된 정당	강제 해산된 정당
헌법상 근거	헌법 제8조 제2항	헌법 제8조 제4항
사유	정당법 제17조 및 제18조의 요건불비/ 4년간 선거불참	헌법 제8조 제4항 위배
기존명칭의 사용	가능(다만 등록취소된 날부터 다음 총선거일까지는 사용 불가)	불가
목적유사정당 설립가부	가능	불가
잔여재산 처리방법	① 당헌 → ② 국고 귀속	국고 귀속
소속의원신분 상실여부	자격유지	자격상실(헌재)
법원에의 제소가부	가능	불가

X 정당과 정치자금

1. 현행법상 정치자금원

(1) 정치자금의 기본원칙

> ● 정치자금법
> 제2조(기본원칙) ① 누구든지 이 법에 의하지 아니하고는 정치자금을 기부하거나 받을 수 없다.
> ⑤ 누구든지 타인의 명의나 가명으로 정치자금을 기부할 수 없다.
> 제45조(정치자금부정수수죄) ① 이 법에 정하지 아니한 방법으로 정치자금을 기부하거나 기부받은 자는 5년 이하의 징역 또는 1천만원 이하의 벌금에 처한다. 다만 정치자금을 기부하거나 기부받은 자의 관계가 「민법」 제777조(친족의 범위)의 규정에 의한 친족인 경우에는 그러하지 아니하다.

(2) 현행법상의 정치자금원

> ● 정치자금법
> 제3조(정의) 이 법에서 사용하는 용어의 정의는 다음과 같다.
> 1. 정치자금의 종류는 다음 각 목과 같다.
>   가. 당비
>   나. 후원금
>   다. 기탁금
>   라. 보조금
>   마. 정당의 당헌·당규 등에서 정한 부대수입
>   바. 정치활동을 위하여 정당, 「공직선거법」에 따른 후보자가 되려는 사람, 후보자 또는 당선된 사람, 후원회·정당의 간부 또는 유급사무직원, 그 밖에 정치활동을 하는 사람에게 제공되는 금전이나 유가증권 또는 그 밖의 물건
>   사. 바목에 열거된 사람의 정치활동에 소요되는 비용

2. 정치자금기부의 제한

> ◆ 정치자금법
> 제31조(기부의 제한) ① 외국인, 국내·외의 법인 또는 단체는 정치자금을 기부할 수 없다.
> ② 누구든지 국내·외의 법인 또는 단체와 관련된 자금으로 정치자금을 기부할 수 없다.

3. 당비

> ◆ 정치자금법
> 제3조(정의)
> 　3. "당비"라 함은 명목여하에 불구하고 정당의 당헌·당규 등에 의하여 정당의 당원이 부담하는 금전이나 유가증권 그 밖의 물건을 말한다.
> 제4조(당비) ① 정당은 소속 당원으로부터 당비를 받을 수 있다.
> ② 정당의 회계책임자는 타인의 명의나 가명으로 납부된 당비는 국고에 귀속시켜야 한다.

사법상 결사체로서의 정당은 그 구성원들의 자발적인 당비납부를 통해서 필요한 재원을 마련하고, 결사체가 지향하는 목적을 달성해 가는 것이 가장 자연스러운 일이다. 이런 의미에서 당비는 정당의 원칙적인 재원조달방법이라고 할 수 있다.

4. 후원금

(1) 후원금의 의의

후원금은 정치자금법의 규정에 의하여 후원회에 기부하는 금전이나 유가증권 그 밖의 물건을 말한다.

> ◆ 정치자금법
> 제3조(정의)
> 　4. "후원금"이라 함은 이 법의 규정에 의하여 후원회에 기부하는 금전이나 유가증권 그 밖의 물건을 말한다.

(2) 후원회지정권자

> ◆ 정치자금법
> 제6조(후원회지정권자) 다음 각 호에 해당하는 자는 각각 하나의 후원회를 지정하여 둘 수 있다.
> 　1. 중앙당(중앙당창당준비위원회를 포함한다)
> 　2. 국회의원(국회의원선거의 당선인을 포함한다)
> 　2의2. 지방의회의원(지방의회의원선거의 당선인을 포함한다)
> 　2의3. 대통령선거의 후보자 및 예비후보자
> 　3. 정당의 대통령선거후보자 선출을 위한 당내경선후보자
> 　4. 지역선거구국회의원선거의 후보자 및 예비후보자. 다만, 후원회를 둔 국회의원의 경우에는 그러하지 아니하다.
> 　5. 중앙당 대표자 및 중앙당 최고 집행기관의 구성원을 선출하기 위한 당내경선후보자
> 　6. 지역구지방의회의원선거의 후보자 및 예비후보자. 다만, 후원회를 둔 지방의회의원의 경우에는 그러하지 아니하다.
> 　7. 지방자치단체의 장선거의 후보자 및 예비후보자

정치자금법상 후원회지정권자는 정당(2017.6.30.~), 국회의원(당선인 포함), 대통령선거의 후보자 및 예비후보자, 대통령선거경선후보자, 지역국회의원후보자 및 예비후보자, 당대표경선후보자, 지방자치단체장후보자 등이다. 따라서 비례대표국회의원은 후원회지정권자이나, 비례대표국회의원 후보자 및 예비후보자는 후원회지정권자가 될 수 없고, 비례대표지방의원 및 그 후보자 등도 역시 후원회지정권자가 될 수 없다. 정당에 대한 후원회제도는 1965년부터 2006. 3. 12.까지 약 40년간 존재하다가 2002년 불법대선자금 사건의 여파로 2006. 3. 13. 폐지되었다. 그러나 헌법재판소는 정당에 대한 후원금지에 대해서 정당활동의 자유와 국민의 정치적 표현의 자유를 침해한다고 보아 헌법불합치 결정하였으며(헌재 2015.12.23, 2013헌바168), 그 결과 국회의 입법에 의해 다시 부활되었다.

(3) 기부한도: 후원인과 후원회의 기부한도

> **◆ 정치자금법**
> **제8조(후원회의 회원)** ① 누구든지 자유의사로 하나 또는 둘 이상의 후원회의 회원이 될 수 있다. 다만 제31조(기부의 제한) 제1항의 규정에 의하여 기부를 할 수 없는 자와 「정당법」 제22조(발기인 및 당원의 자격)의 규정에 의하여 정당의 당원이 될 수 없는 자는 그러하지 아니하다.
> **제11조(후원인의 기부한도 등)** ① 후원인이 후원회에 기부할 수 있는 후원금은 연간 2천만원을 초과할 수 없다.
> ③ 후원인은 1회 10만원 이하, 연간 120만원 이하의 후원금은 이를 익명으로 기부할 수 있다.
> ④ 후원회의 회계책임자는 제3항의 규정에 의한 익명기부한도액을 초과하거나 타인의 명의 또는 가명으로 후원금을 기부받은 경우 그 초과분 또는 타인의 명의나 가명으로 기부받은 금액은 국고에 귀속시켜야 한다.
> ⑤ 후원회의 회원은 연간 1만원 또는 그에 상당하는 가액 이상의 후원금을 기부하여야 한다.

(4) 후원금 모금방법

> **◆ 정치자금법**
> **제14조(후원금 모금방법)** ① 후원회는 우편·통신(전화, 인터넷전자결제시스템 등을 말한다)에 의한 모금, 중앙선거관리위원회가 제작한 정치자금영수증(이하 "정치자금영수증")과의 교환에 의한 모금 또는 신용카드·예금계좌 등에 의한 모금 그 밖에 이 법과 「정당법」 및 「공직선거법」에 위반되지 아니하는 방법으로 후원금을 모금할 수 있다. 다만 집회에 의한 방법으로는 후원금을 모금할 수 없다.

5. 기탁금

(1) 기탁금의 의의

> **◆ 정치자금법**
> **제3조(정의)**
> 5. "기탁금"이라 함은 정치자금을 정당에 기부하고자 하는 개인이 이 법의 규정에 의하여 선거관리위원회에 기탁하는 금전이나 유가증권 그 밖의 물건을 말한다.

(2) 기탁금의 기탁방법 및 한도

> ◉ **정치자금법**
> **제22조(기탁금의 기탁)** ① 기탁금을 기탁하고자 하는 개인(당원이 될 수 없는 공무원과 사립학교 교원을 포함한다)은 각급 선거관리위원회(읍·면·동선거관리위원회를 제외한다)에 기탁하여야 한다.
> ② 1인이 기탁할 수 있는 기탁금은 1회 1만원 또는 그에 상당하는 가액 이상, 연간 1억원 또는 전년도 소득의 100분의 5 중 다액 이하로 한다.
> ③ 누구든지 타인의 명의나 가명 또는 그 성명 등 인적 사항을 밝히지 아니하고 기탁금을 기탁할 수 없다. 이 경우 기탁자의 성명 등 인적 사항을 공개하지 아니할 것을 조건으로 기탁할 수 있다.

(3) 기탁금의 배분·지급

> ◉ **정치자금법**
> **제23조(기탁금의 배분과 지급)** ① 중앙선거관리위원회는 기탁금의 모금에 직접 소요된 경비를 공제하고 지급 당시 제27조(보조금의 배분)의 규정에 의한 국고보조금 배분율에 따라 기탁금을 배분·지급한다.

(4) 기탁금의 국고귀속

> ◉ **정치자금법**
> **제24조(기탁금의 국고귀속 등)** ① 제22조(기탁금의 기탁) 제2항 및 제3항의 규정을 위반하여 기탁된 기탁금은 국고에 귀속한다.

6. 보조금

(1) 보조금의 의의

> ◉ **정치자금법**
> **제3조(정의)**
> 6. "보조금"이라 함은 정당의 보호·육성을 위하여 국가가 정당에 지급하는 금전이나 유가증권을 말한다.

보조금에는 선거보조금과 경상보조금, 여성추천보조금, 장애인추천보조금 및 청년추천보조금 등이 있다.

(2) 선거보조금

선거공영제라 함은 국가가 선거를 관리하고 그에 소요되는 선거비용을 국가가 부담(선거지원보조금)하는 것을 원칙으로 함으로써 선거의 형평을 기하고 선거비용을 경감하며, 공명선거를 실현하려는 제도를 말한다. 헌법 제116조 제2항은 "선거에 관한 경비는 법률이 정하는 경우를 제외하고는 정당 또는 후보자에게 부담시킬 수 없다"고 규정하여 선거공영제를 선거운동의 기본원칙으로 하고 있다.

(3) 경상보조금

헌법 제8조 제3항은 국가는 법률이 정하는 바에 의하여 정당의 민주적인 운영과 정당을 유지·운영할 수 있도록 정당운영에 필요한 자금을 보조할 수 있도록 규정하고 있다. 국고보조금은 선거권자를 기준으로 금액으로 계산하여 지급됨으로써 유권자들에 대한 강제기부금의 성격을 가진다.

> **🏛 정치자금법**
>
> **제25조(보조금의 계상)** ① 국가는 정당에 대한 보조금으로 최근 실시한 임기만료에 의한 국회의원선거의 선거권자 총수에 보조금 계상단가를 곱한 금액을 매년 예산에 계상하여야 한다. 이 경우 임기만료에 의한 국회의원선거의 실시로 선거권자 총수에 변경이 있는 때에는 당해 선거가 종료된 이후에 지급되는 보조금은 변경된 선거권자 총수를 기준으로 계상하여야 한다.
> ② 대통령선거, 임기만료에 의한 국회의원선거 또는 「공직선거법」 제203조(동시선거의 범위와 선거일) 제1항의 규정에 의한 동시지방선거가 있는 연도에는 각 선거(동시지방선거는 하나의 선거로 본다)마다 보조금 계상단가를 추가한 금액을 제1항의 기준에 의하여 예산에 계상하여야 한다.

(4) 후보자추천보조금

후보자추천보조금은 상대적으로 공직후보자가 되기 어려운 여성, 장애인, 청년을 공직후보자로 추천하는 것을 장려하기 위한 제도이다.

> **🏛 정치자금법**
>
> **제26조(공직후보자 여성추천보조금)** ① 국가는 임기만료에 의한 지역구국회의원선거, 지역구시·도의회의원선거 및 지역구자치구·시·군의회의원선거에서 여성후보자를 추천하는 정당에 지급하기 위한 보조금으로 최근 실시한 임기만료에 의한 국회의원선거의 선거권자 총수에 100원을 곱한 금액을 임기만료에 의한 국회의원선거, 시·도의회의원선거 또는 자치구·시·군의회의원선거가 있는 연도의 예산에 계상하여야 한다.
> **제26조의2(공직후보자 장애인추천보조금)** ① 국가는 임기만료에 의한 지역구국회의원선거, 지역구시·도의회의원선거 및 지역구자치구·시·군의회의원선거에서 장애인후보자를 추천한 정당에 지급하기 위한 보조금으로 최근 실시한 임기만료에 의한 국회의원선거의 선거권자 총수에 20원을 곱한 금액을 임기만료에 의한 국회의원선거, 시·도의회의원선거 또는 자치구·시·군의회의원선거가 있는 연도의 예산에 계상하여야 한다.
> **제26조의3(공직후보자 청년추천보조금)** ① 국가는 임기만료에 의한 지역구국회의원선거, 지역구시·도의회의원선거 및 지역구자치구·시·군의회의원선거에서 청년후보자(39세 이하 후보자를 말한다)를 추천한 정당에 지급하기 위한 보조금으로 최근 실시한 임기만료에 의한 국회의원선거의 선거권자 총수에 100원을 곱한 금액을 임기만료에 의한 국회의원선거, 시·도의회의원선거 또는 자치구·시·군의회의원선거가 있는 연도의 예산에 계상하여야 한다.

(5) 경상보조금 및 선거보조금의 배분·지급방식

> **🏛 정치자금법**
>
> **제27조(보조금의 배분)** ① 경상보조금과 선거보조금은 지급 당시 「국회법」 제33조(교섭단체) 제1항 본문의 규정에 의하여 동일 정당의 소속의원으로 교섭단체를 구성한 정당에 대하여 그 100분의 50을 정당별로 균등하게 분할하여 배분·지급한다.
> ② 보조금 지급 당시 제1항의 규정에 의한 배분·지급대상이 아닌 정당으로서 5석 이상의 의석을 가진 정당에 대하여는 100분의 5씩을, 의석이 없거나 5석 미만의 의석을 가진 정당 중 다음 각 호의 어느 하나에 해당하는 정당에 대하여는 보조금의 100분의 2씩을 배분·지급한다.
>   1. 최근에 실시된 임기만료에 의한 국회의원선거에 참여한 정당의 경우에는 국회의원선거의 득표수 비율이 100분의 2 이상인 정당
>   2. 최근에 실시된 임기만료에 의한 국회의원선거에 참여한 정당 중 제1호에 해당하지 아니하는 정당으로서 의석을 가진 정당의 경우에는 최근에 전국적으로 실시된 후보추천이 허용되는 비례대표시·도의회의원선거, 지역구시·도의회의원선거, 시·도지사선거 또는 자치구·시·군의 장선거에서 당해 정당이 득표한 득표수 비율이 100분의 0.5 이상인 정당

3. 최근에 실시된 임기만료에 의한 국회의원선거에 참여하지 아니한 정당의 경우에는 최근에 전국적으로 실시된 후보추천이 허용되는 비례대표시·도의회의원선거, 지역구시·도의회의원선거, 시·도지사선거 또는 자치구·시·군의 장선거에서 당해 정당이 득표한 득표수 비율이 100분의 2 이상인 정당

③ 제1항 및 제2항의 규정에 의한 배분·지급액을 제외한 잔여분 중 100분의 50은 지급 당시 국회의석을 가진 정당에 그 의석수의 비율에 따라 배분·지급하고, 그 잔여분은 국회의원선거의 득표수 비율에 따라 배분·지급한다.

배분율		배분방법
전체의 50%		20석 이상의 정당(교섭단체 구성 정당)에 균분
전체의 5% 씩		5석 이상 19석 이하 정당
전체의 2% 씩		의석이 없거나 5석 미만의 의석을 가진 정당(0~4석 보유 정당) 중 일정한 지지율을 갖춘 정당
잔여분	50%	지급 당시 의석비율
	50%	국회의원선거 득표율

(6) 보조금의 용도제한 및 감액

◆ 정치자금법

제28조(보조금의 용도제한 등) ① 보조금은 정당의 운영에 소요되는 경비로서 다음 각 호에 해당하는 경비 외에는 사용할 수 없다.
1. 인건비
2~9. 생략

제29조(보조금의 감액) 중앙선거관리위원회는 다음 각호의 규정에 따라 당해 금액을 회수하고, 회수가 어려운 때에는 그 이후 당해 정당에 지급할 보조금에서 감액하여 지급할 수 있다.

제30조(보조금의 반환) ① 보조금을 지급받은 정당이 해산되거나 등록이 취소된 경우 또는 정책연구소가 해산 또는 소멸하는 때에는 지급받은 보조금을 지체없이 다음 각 호에서 정한 바에 따라 처리하여야 한다.

제3항 선거제도

◆ 헌법

제24조
모든 국민은 법률이 정하는 바에 의하여 선거권을 가진다.

제41조
① 국회는 국민의 보통·평등·직접·비밀선거에 의하여 선출된 국회의원으로 구성한다.
② 국회의원의 수는 법률로 정하되, 200인 이상으로 한다.
③ 국회의원의 선거구와 비례대표제 기타 선거에 관한 사항은 법률로 정한다.

제67조
① 대통령은 국민의 보통·평등·직접·비밀선거에 의하여 선출한다.
② 제1항의 선거에 있어서 최고득표자가 2인 이상인 때에는 국회의 재적의원 과반수가 출석한 공개회의에서 다수표를 얻은 자를 당선자로 한다.

③ 대통령후보자가 1인일 때에는 그 득표수가 선거권자 총수의 3분의 1 이상이 아니면 대통령으로 당선될 수 없다.
④ 대통령으로 선거될 수 있는 자는 국회의원의 피선거권이 있고 선거일 현재 40세에 달하여야 한다.
⑤ 대통령의 선거에 관한 사항은 법률로 정한다.

제116조
① 선거운동은 각급 선거관리위원회의 관리하에 법률이 정하는 범위 안에서 하되, 균등한 기회가 보장되어야 한다.
② 선거에 관한 경비는 법률이 정하는 경우를 제외하고는 정당 또는 후보자에게 부담시킬 수 없다.

I 선거의 의의 및 기능

1. 선거의 의의

선거라 함은 주권자인 국민이 그들을 대표할 국가기관을 선임하는 행위를 말한다. 오늘날의 정당제민주주의에서 선거는 개인후보자에 대한 인물선거로서의 성격과, 정부선택적 국민투표의 성격을 가진 것으로 평가되고 있다.

2. 선거의 기능

① 국가기관을 구성하고 그 기관에 민주적 정당성을 부여하는 기능, ② 민의에 의한 정치를 가능하게 하고 혁명을 예방하는 기능, ③ 국민의 참정권을 현실화하는 기능, ④ 통치기관에 신탁을 부여하는 기능 등을 수행한다.

II 선거의 법적 성질

1. 합성행위

① 선거는 국민이 갖고 있는 주권을 대표자에게 위임하는 것이 아니라 단지 주권의 행사를 위임하는 것에 불과한 행위이다.
② 선거는 집합적 합성행위로서 일종의 합동행위적 다수의사의 표명이므로, 선거는 각 선거인의 개별적 투표행위 그 자체를 지칭하는 것이 아닐뿐더러 하향식 선임행위인 공무원 임명행위와도 성질이 상이하다.
③ 선거는 단순한 지명행위라는 점에서, 특정의 공무수행기능을 수행하는 위임행위와도 구별된다.

2. 선거인과 대의기관의 관계

헌법은 제7조 제1항에서 "공무원은 국민전체에 대한 봉사자이며 … ", 제46조 제2항에서 "국회의원은 국가이익을 우선하여 양심에 따라 직무를 행한다"라고 규정함으로써 무기속위임의 원칙을 명백히 하고 있다. 따라서 '법적 대표관계'가 아니라, 대표자에게 선거인의 의사를 존중하여야 할 정치적 책임을 지우는 '정치적 대표기관'이다(정치적 대표설).

Ⅲ 선거의 기본원칙

> ⬢ **헌법**
> 제41조
> ① 국회는 국민의 보통·평등·직접·비밀선거에 의하여 선출된 국회의원으로 구성한다.
> 제67조
> ① 대통령은 국민의 보통·평등·직접·비밀선거에 의하여 선출한다.

헌법은 선거의 원칙으로서 보통·평등·직접·비밀선거를 규정하고 있다(제41조 제1항, 제67조 제1항). 다만 자유선거의 원칙은 당연한 것으로 보아 명시적 규정을 두고 있지 않다.

1. 보통선거의 원칙

(1) 의의

모든 국민은 재력이나 납세액 또는 그 밖의 사회적 신분·인종·신앙·성별·교육 등에 의해서 선거권과 피선거권의 제한을 받아서는 아니된다는 보통선거의 원칙은 제한선거에 대한 대응개념으로서 평등선거의 원칙과 마찬가지로 일반적인 평등원칙의 선거법상의 실현원리이다. 후보자에게 과도한 기탁금을 요구하는 것은 보통선거의 원칙에 위배된다.

(2) 선거권

> ⬢ **헌법**
> 제24조 모든 국민은 법률이 정하는 바에 의하여 선거권을 가진다.
> 제41조 ① 국회는 국민의 보통·평등·직접·비밀선거에 의하여 선출된 국회의원으로 구성한다.
> 제67조 ① 대통령은 국민의 보통·평등·직접·비밀선거에 의하여 선출한다.
> 제118조 ② 지방의회의 조직·권한·의원선거와 지방자치단체의 장의 선임방법 기타 지방자치단체의 조직과 운영에 관한 사항은 법률로 정한다.
>
> ⬢ **공직선거법**
> 제3조(선거인의 정의) 이 법에서 "선거인"이란 선거권이 있는 사람으로서 선거인명부 또는 재외선거인명부에 올라 있는 사람을 말한다.
> 제15조(선거권) ① 18세 이상의 국민은 대통령 및 국회의원의 선거권이 있다. 다만 지역구국회의원의 선거권은 18세 이상의 국민으로서 제37조 제1항에 따른 선거인명부작성기준일 현재 다음 각 호의 어느 하나에 해당하는 사람에 한하여 인정된다.
>   1. 「주민등록법」 제6조 제1항 제1호 또는 제2호에 해당하는 사람으로서 해당 국회의원지역선거구 안에 주민등록이 되어 있는 사람
>   2. 「주민등록법」 제6조 제1항 제3호에 해당하는 사람으로서 주민등록표에 3개월 이상 계속하여 올라 있고 해당 국회의원지역선거구 안에 주민등록이 되어 있는 사람
> ② 18세 이상으로서 제37조 제1항에 따른 선거인명부작성기준일 현재 다음 각 호의 어느 하나에 해당하는 사람은 그 구역에서 선거하는 지방자치단체의 의회의원 및 장의 선거권이 있다.
>   1. 「주민등록법」 제6조 제1항 제1호 또는 제2호에 해당하는 사람으로서 해당 지방자치단체의 관할 구역에 주민등록이 되어 있는 사람

2. 「주민등록법」제6조 제1항 제3호에 해당하는 사람으로서 주민등록표에 3개월 이상 계속하여 올라 있고 해당 지방자치단체의 관할구역에 주민등록이 되어 있는 사람
3. 「출입국관리법」제10조에 따른 영주의 체류자격 취득일 후 3년이 경과한 외국인으로서 같은 법 제34조에 따라 해당 지방자치단체의 외국인등록대장에 올라 있는 사람

제17조(연령산정기준) 선거권자와 피선거권자의 연령은 선거일 현재로 산정한다.

제37조(명부작성) ① 선거를 실시하는 때마다 구·시·군의 장은 대통령선거에서는 선거일 전 28일, 국회의원선거와 지방자치단체의 의회의원 및 장의 선거에서는 선거일 전 22일 현재 제15조에 따라 그 관할구역에 주민등록이 되어 있는 선거권자를 투표구별로 조사하여 선거인명부작성기준일부터 5일 이내에 선거인명부를 작성하여야 한다.

선거권이라 함은 선거에 있어 투표에 참여할 수 있는 권리를 말한다. 선거권의 법적 성질은 공무수행인 동시에 정치적 기본권의 행사라는 양면성을 가진다.

1) 선거권의 제한

> **공직선거법**
>
> **제18조(선거권이 없는 자)** ① 선거일 현재 다음 각 호의 어느 하나에 해당하는 사람은 선거권이 없다.
> 1. 금치산선고를 받은 자
> 2. <u>1년 이상의 징역 또는 금고의 형의 선고를 받고 그 집행이 종료되지 아니하거나 그 집행을 받지 아니하기로 확정되지 아니한 사람.</u> 다만 <u>그 형의 집행유예를 선고받고 유예기간 중에 있는 사람은 제외한다.</u>
> 3. 선거범,「정치자금법」제45조(정치자금부정수수죄) 및 제49조(선거비용관련 위반행위에 관한 벌칙)에 규정된 죄를 범한 자 또는 대통령·국회의원·지방의회의원·지방자치단체의 장으로서 그 재임 중의 직무와 관련하여 「형법」(「특정범죄가중처벌 등에 관한 법률」 제2조에 의하여 가중처벌되는 경우를 포함한다) 제129조(수뢰, 사전수뢰) 내지 제132조(알선수뢰)·「특정범죄가중처벌 등에 관한 법률」 제3조(알선수재)에 규정된 죄를 범한 자로서, 100만원 이상의 벌금형의 선고를 받고 그 형이 확정된 후 5년 또는 형의 집행유예의 선고를 받고 그 형이 확정된 후 10년을 경과하지 아니하거나 징역형의 선고를 받고 그 집행을 받지 아니하기로 확정된 후 또는 그 형의 집행이 종료되거나 면제된 후 10년을 경과하지 아니한 자(형이 실효된 자도 포함한다)
> 4. 법원의 판결 또는 다른 법률에 의하여 선거권이 정지 또는 상실된 자
>
> ② 제1항 제3호에서 "선거범"이라 함은 제16장 벌칙에 규정된 죄와 「국민투표법」 위반의 죄를 범한 자를 말한다.
>
> ③ 「형법」 제38조에도 불구하고 제1항 제3호에 규정된 죄와 다른 죄의 경합범에 대하여는 이를 분리 선고하고, 선거사무장·선거사무소의 회계책임자 또는 후보자의 직계존비속 및 배우자에게 제263조 및 제265조에 규정된 죄와 이 조 제1항 제3호에 규정된 죄의 경합범으로 징역형 또는 300만원 이상의 벌금형을 선고하는 때에는 이를 분리 선고하여야 한다.

(가) 국적에 의한 제한

민주주의는 국민에 의한 국가의 지배를 의미하므로, 선거권을 국민만이 가진다는 것은 민주주의 원리상 당연한 것이다. 지방차원에서의 참정권은 지방자치단체의 본질에 비추어 '국민의 권리'가 아닌 '주민의 권리'로 파악하여 외국인에게도 지방에 한하여 참정권을 인정하는 것이 타당하다. 현행 공직선거법은 영주의 체류자격 취득일 후 3년이 경과한 18세 이상의 외국인으로서 지방자치단체의 외국인등록대장에 등재된 자에 대하여는 지방자치단체장과 지방의회의원 선거에서의 선거권을 인정하고 있다(공직선거법 제15조 제2항).

(나) 사회적 신분에 의한 제한
A. 정신적 무능력자의 선거권 제한
선거권을 행사하기 위해서는 선거의 의미를 이해할 수 있는 최소한의 정신적 능력이 있어야 한다. 따라서 금치산자는 선거권이 없다.

B. 수형자 등의 선거권 제한
종래 공직선거법은 "금고 이상의 형을 선고받고 집행이 종료되지 아니한 일반 범죄자와 100만원 이상의 벌금형이나 집행유예 또는 징역형 등을 받은 선거범, 정치자금법 위반범 등의 경우에는 선거권이 인정되지 아니한다"고 규정하였다. 헌법재판소는 수형자의 선거권을 제한하는 공직선거법 제18조 제1항 제2호에 대해서 종래 합헌입장이었으나(헌재 2004.3.25, 2002헌마411), 2014. 1. 28. 견해를 변경하여 헌법 제37조 제2항에 위반하여 선거권을 침해하고, 보통선거원칙에 위반하여 평등원칙에도 어긋난다고 보아 헌법불합치결정 및 위헌결정을 선고하였다(헌재 2014.1.28, 2012헌마409). 이에 따라 개정된 공직선거법은 "1년 이상의 징역 또는 금고의 형의 선고를 받고 그 집행이 종료되지 아니하거나 그 집행을 받지 아니하기로 확정되지 아니한 사람. 다만 그 형의 집행유예를 선고받고 유예기간 중에 있는 사람은 제외한다"로 변경하였다.

2) 재외국민의 선거권 행사

> ● **공직선거법**
> **제218조(재외선거관리위원회 설치·운영)** ① 중앙선거관리위원회는 대통령선거와 임기만료에 따른 국회의원선거를 실시하는 때마다 선거일 전 180일부터 선거일 후 30일까지「대한민국재외공관설치법」제2조에 따른 공관마다 재외선거의 공정한 관리를 위하여 재외선거관리위원회를 설치·운영하여야 한다.

(3) 피선거권

> ● **공직선거법**
> **제16조(피선거권)** ① 선거일 현재 5년 이상 국내에 거주하고 있는 40세 이상의 국민은 대통령의 피선거권이 있다. 이 경우 공무로 외국에 파견된 기간과 국내에 주소를 두고 일정기간 외국에 체류한 기간은 국내거주기간으로 본다.
> ② 18세 이상의 국민은 국회의원의 피선거권이 있다.
> ③ 선거일 현재 계속하여 60일 이상 해당 지방자치단체의 관할구역에 주민등록이 되어 있는 주민으로서 18세 이상의 국민은 그 지방의회의원 및 지방자치단체의 장의 피선거권이 있다. 이 경우 60일의 기간은 그 지방자치단체의 설치·폐지·분할·합병 또는 구역변경에 의하여 중단되지 아니한다.
> ④ 제3항 전단의 경우에 지방자치단체의 사무소 소재지가 다른 지방자치단체의 관할 구역에 있어 해당 지방자치단체의 장의 주민등록이 다른 지방자치단체의 관할 구역에 있게 된 때에는 해당 지방자치단체의 관할 구역에 주민등록이 되어 있는 것으로 본다.
> **제19조(피선거권이 없는 자)** 선거일 현재 다음 각 호의 어느 하나에 해당하는 자는 피선거권이 없다.
> 1. 제18조(선거권이 없는 자) 제1항 제1호·제3호 또는 제4호에 해당하는 자
> 2. 금고 이상의 형의 선고를 받고 그 형이 실효되지 아니한 자
> 3. 법원의 판결 또는 다른 법률에 의하여 피선거권이 정지되거나 상실된 자
> 4. 「국회법」제166조(국회 회의 방해죄)의 죄를 범한 자로서 다음 각 목의 어느 하나에 해당하는 자(형이 실효된 자를 포함한다)
> 가. 500만원 이상의 벌금형의 선고를 받고 그 형이 확정된 후 5년이 경과되지 아니한 자

> 나. 형의 집행유예의 선고를 받고 그 형이 확정된 후 10년이 경과되지 아니한 자
> 다. 징역형의 선고를 받고 그 집행을 받지 아니하기로 확정된 후 또는 그 형의 집행이 종료되거나 면제된 후 10년이 경과되지 아니한 자
> 5. 제230조 제6항(정당의 후보자추천 관련 금품수수금지)의 죄를 범한 자로서 벌금형의 선고를 받고 그 형이 확정된 후 10년을 경과하지 아니한 자(형이 실효된 자도 포함한다)

피선거권이란 선거에 의하여 대통령·국회의원 등 국가기관 또는 지방자치단체기관의 구성원으로 선출될 수 있는 자격을 말한다. 피선거권의 요건은 공무수행능력을 감안하여 선거권보다 엄격하다.

1) 후보자 추천

A. 정당추천후보자

> ⬟ 공직선거법
> **제47조(정당의 후보자추천)** ① 정당은 선거에 있어 선거구별로 선거할 정수범위 안에서 그 소속당원을 후보자로 추천할 수 있다. 다만 비례대표자치구·시·군의원의 경우에는 그 정수 범위를 초과하여 추천할 수 있다.
> ② 정당이 제1항에 따라 후보자를 추천하는 때에는 민주적인 절차에 따라야 한다.
> ③ 정당이 비례대표국회의원선거 및 비례대표지방의회의원선거에 후보자를 추천하는 때에는 그 후보자 중 100분의 50 이상을 여성으로 추천하되, 그 후보자명부의 순위의 매 홀수에는 여성을 추천하여야 한다.
> ④ 정당이 임기만료에 따른 지역구국회의원선거 및 지역구지방의회의원선거에 후보자를 추천하는 때에는 각각 전국지역구총수의 100분의 30 이상을 여성으로 추천하도록 노력하여야 한다.
> ⑤ 정당이 임기만료에 따른 지역구지방의회의원선거에 후보자를 추천하는 때에는 지역구시·도의원선거 또는 지역구자치구·시·군의원선거 중 어느 하나의 선거에 국회의원지역구마다 1명 이상을 여성으로 추천하여야 한다.

B. 무소속후보자추천

> ⬟ 공직선거법
> **제48조(선거권자의 후보자추천)** ① 관할선거구 안에 주민등록이 된 선거권자는 각 선거별로 정당의 당원이 아닌 자를 당해 선거구의 후보자로 추천할 수 있다.

C. 예비후보자

> ⬟ 공직선거법
> **제60조의2(예비후보자등록)** ① 예비후보자가 되려는 사람(비례대표국회의원선거 및 비례대표지방의회의원선거는 제외한다)은 다음 각 호에서 정하는 날부터 관할선거구선거관리위원회에 예비후보자등록을 서면으로 신청하여야 한다.
> 1. 대통령선거
>   선거일 전 240일
> 2. 지역구국회의원선거 및 시·도지사선거
>   선거일 전 120일
> 3. 지역구시·도의회의원선거, 자치구·시의 지역구의회의원 및 장의 선거
>   선거기간개시일 전 90일
> 4. 군의 지역구의회의원 및 장의 선거
>   선거기간개시일 전 60일

제60조의3(예비후보자 등의 선거운동) ① 예비후보자는 다음 각호의 어느 하나에 해당하는 방법으로 선거운동을 할 수 있다.
1. 제61조(선거운동기구의 설치) 제1항 및 제6항 단서의 규정에 의하여 선거사무소를 설치하거나 그 선거사무소에 간판·현판 또는 현수막을 설치·게시하는 행위
2. 자신의 성명·사진·전화번호·학력·경력, 그 밖에 홍보에 필요한 사항을 게재한 길이 9센티미터 너비 5센티미터 이내의 명함을 직접 주거나 지지를 호소하는 행위. 다만, 선박·정기여객자동차·열차·전동차·항공기의 안과 그 터미널·역·공항의 개찰구 안, 병원·종교시설·극장의 안에서 주거나 지지를 호소하는 행위는 그러하지 아니하다.
3. 삭제
4. 선거구 안에 있는 세대수의 100분의 10에 해당하는 수 이내에서 자신의 사진·성명·전화번호·학력·경력, 그 밖에 홍보에 필요한 사항을 게재한 인쇄물(이하 "예비후보자홍보물"을 작성하여 관할선거관리위원회로부터 발송대상·매수 등을 확인받은 후 선거기간개시일 전 3일까지 중앙선거관리위원회규칙이 정하는 바에 따라 우편발송하는 행위. 이 경우 대통령선거 및 지방자치단체의 장선거의 예비후보자는 표지를 포함한 전체면수의 100분의 50 이상의 면수에 선거공약 및 이에 대한 추진계획으로 각 사업의 목표·우선순위·이행절차·이행기한·재원조달방안을 게재하여야 하며, 이를 게재한 면에는 다른 정당이나 후보자가 되려는 자에 관한 사항을 게재할 수 없다.
5. 선거운동을 위하여 어깨띠 또는 예비후보자임을 나타내는 표지물을 착용하거나 소지하여 내보이는 행위
6~7호 삭제
② 다음 각 호의 어느 하나에 해당하는 사람은 예비후보자의 선거운동을 위하여 제1항 제2호에 따른 예비후보자의 명함을 직접 주거나 예비후보자에 대한 지지를 호소할 수 있다.
1. 예비후보자의 배우자(배우자가 없는 경우 예비후보자가 지정한 1명)와 직계존비속
2. 예비후보자와 함께 다니는 선거사무장·선거사무원 및 제62조 제4항에 따른 활동보조인
3. 예비후보자가 그와 함께 다니는 사람 중에서 지정한 1명

2) 공무원 등의 입후보제한

공직선거법
제53조(공무원 등의 입후보) ① 다음 각 호의 어느 하나에 해당하는 사람으로서 후보자가 되려는 사람은 선거일 전 90일까지 그 직을 그만두어야 한다. 다만 대통령선거와 국회의원선거에 있어서 국회의원이 그 직을 가지고 입후보하는 경우와 지방의회의원선거와 지방자치단체의 장의 선거에 있어서 당해 지방자치단체의 의회의원이나 장이 그 직을 가지고 입후보하는 경우에는 그러하지 아니하다.
1. 「국가공무원법」 제2조(공무원의 구분)에 규정된 국가공무원과 「지방공무원법」 제2조(공무원의 구분)에 규정된 지방공무원. 다만 「정당법」 제22조(발기인 및 당원의 자격) 제1항 제1호 단서의 규정에 의하여 정당의 당원이 될 수 있는 공무원(정무직공무원을 제외한다)은 그러하지 아니하다.
2. 각급 선거관리위원회위원 또는 교육위원회의 교육위원
3. 다른 법령의 규정에 의하여 공무원의 신분을 가진 자
4. 「공공기관의 운영에 관한 법률」 제4조 제1항 제3호에 해당하는 기관 중 정부가 100분의 50 이상의 지분을 가지고 있는 기관(한국은행을 포함한다)의 상근 임원
5. 「농업협동조합법」·「수산업협동조합법」·「산림조합법」·「엽연초생산협동조합법」에 의하여 설립된 조합의 상근 임원과 이들 조합의 중앙회장
6. 「지방공기업법」 제2조에 규정된 지방공사와 지방공단의 상근 임원
7. 「정당법」 제22조 제1항 제2호의 규정에 의하여 정당의 당원이 될 수 없는 사립학교교원

8. 「신문 등의 진흥에 관한 법률」제2조에 따른 신문 및 인터넷신문, 「잡지 등 정기간행물의 진흥에 관한 법률」제2조에 따른 정기간행물, 「방송법」제2조에 따른 방송사업을 발행·경영하는 자와 이에 상시 고용되어 편집·제작·취재·집필·보도의 업무에 종사하는 자로서 중앙선거관리위원회규칙으로 정하는 언론인
9. 특별법에 의하여 설립된 국민운동단체로서 국가 또는 지방자치단체의 출연 또는 보조를 받는 단체의 대표자

② 제1항 본문에도 불구하고 다음 각 호의 어느 하나에 해당하는 경우에는 선거일 전 30일까지 그 직을 그만두어야 한다.
 1. 비례대표국회의원선거나 비례대표지방의회의원선거에 입후보하는 경우
 2. 보궐선거 등에 입후보하는 경우
 3. 국회의원이 지방자치단체의 장의 선거에 입후보하는 경우
 4. 지방의회의원이 다른 지방자치단체의 의회의원이나 장의 선거에 입후보하는 경우

③ 제1항 단서에도 불구하고 비례대표국회의원이 지역구국회의원 보궐선거 등에 입후보하는 경우 및 비례대표지방의회의원이 해당 지방자치단체의 지역구지방의회의원 보궐선거 등에 입후보하는 경우에는 후보자등록신청 전까지 그 직을 그만두어야 한다.

④ 제1항부터 제3항까지의 규정을 적용하는 경우 그 소속기관의 장 또는 소속위원회에 사직원이 접수된 때에 그 직을 그만 둔 것으로 본다.

⑤ 제1항 및 제2항에도 불구하고, 지방자치단체의 장은 선거구역이 당해 지방자치단체의 관할구역과 같거나 겹치는 지역구국회의원선거에 입후보하고자 하는 때에는 당해 선거의 선거일전 120일까지 그 직을 그만두어야 한다. 다만 그 지방자치단체의 장이 임기가 만료된 후에 그 임기만료일부터 90일 후에 실시되는 지역구국회의원선거에 입후보하려는 경우에는 그러하지 아니하다.

(4) 기탁금

> **◆ 공직선거법**
>
> **제56조(기탁금)** ① 후보자등록을 신청하는 자는 등록신청 시에 후보자 1명마다 다음 각 호의 기탁금(후보자등록을 신청하는 사람이 「장애인복지법」제32조에 따라 등록한 장애인이거나 선거일 현재 29세 이하인 경우에는 다음 각 호에 따른 기탁금의 100분의 50에 해당하는 금액을 말하고, 30세 이상 39세 이하인 경우에는 다음 각 호에 따른 기탁금의 100분의 70에 해당하는 금액을 말한다)을 중앙선거관리위원회규칙으로 정하는 바에 따라 관할선거구선거관리위원회에 납부하여야 한다. 이 경우 예비후보자가 해당 선거의 같은 선거구에 후보자등록을 신청하는 때에는 제60조의2 제2항에 따라 납부한 기탁금을 제외한 나머지 금액을 납부하여야 한다.
> 1. 대통령선거는 3억원
> 2. 지역구국회의원선거는 1천500만원
> 2의2. 비례대표국회의원선거는 500만원
> 3. 시·도의회의원선거는 300만원
> 4. 시·도지사선거는 5천만원
> 5. 자치구·시·군의 장 선거는 1천만원
> 6. 자치구·시·군의원선거는 200만원
>
> **제57조(기탁금의 반환 등)** ① 관할선거구선거관리위원회는 다음 각 호의 구분에 따른 금액을 선거일 후 30일 이내에 기탁자에게 반환한다. 이 경우 반환하지 아니하는 기탁금은 국가 또는 지방자치단체에 귀속한다.
> 1. 대통령선거, 지역구국회의원선거, 지역구지방의회의원선거 및 지방자치단체의 장선거
>   가. 후보자가 당선되거나 사망한 경우와 유효투표총수의 100분의 15 이상을 득표한 경우에는 기탁금 전액
>   나. 후보자가 유효투표총수의 100분의 10 이상 100분의 15 미만을 득표한 경우에는 기탁금의 100분의 50에 해당하는 금액

다. 예비후보자가 사망하거나, 당헌·당규에 따라 소속 정당에 후보자로 추천하여 줄 것을 신청하였으나 해당 정당의 추천을 받지 못하여 후보자로 등록하지 않은 경우에는 제60조의2 제2항에 따라 납부한 기탁금 전액

2. 비례대표국회의원선거 및 비례대표지방의회의원선거
당해 후보자명부에 올라 있는 후보자중 당선인이 있는 때에는 기탁금 전액. 다만 제189조 및 제190조의2에 따른 당선인의 결정 전에 사퇴하거나 등록이 무효로 된 후보자의 기탁금은 제외한다.

② 제56조 제3항에 따라 기탁금에서 부담하여야 할 비용은 제1항에 따라 기탁금을 반환하는 때에 공제하되, 그 부담비용이 반환할 기탁금을 넘는 사람은 그 차액을, 기탁금 전액이 국가 또는 지방자치단체에 귀속되는 사람은 그 부담비용 전액을 해당 선거구선거관리위원회의 고지에 따라 그 고지를 받은 날부터 10일 이내에 납부하여야 한다.

구분	요건		액수
기탁금의 반환	당선		기탁금 - (과태료+불법시설물 등에 대한 대집행비용)
	사망		
	득표	유효투표총수의 15% 이상 득표: 전액	
		유효투표총수의 10% 이상 ~ 15% 미만 득표: 50%	
	* 비례대표의 경우 후보자 중 당선인이 있는 때: 전액		
기탁금의 국고귀속	사퇴		
	등록무효		
	일정수준 득표미달		
	비례대표의 경우 후보자 중 당선인이 없는 때		

대통령선거	3억원 합헌 → 개정 5억원 헌법불합치 → 현재 3억원
국회의원선거	무소속 2천만원, 정당추천 1천만원 : 헌법불합치 → 모두 2천만원 : 위헌 → 1,500만원으로 개정 → 지역구 : 합헌(단, 비례대표 : 헌법불합치 → 500만원)
광역의원선거	7백만원 : 헌법불합치 → 4백만원으로 하향조정 → 3백만원으로 재개정
광역지자체장선거	5천만원 합헌
기초의원선거	2백만원 합헌

2. 평등선거의 원칙

(1) 의의

① 평등선거원칙은 차등선거 내지 불평등선거에 대한 대응개념으로서 일반적인 평등원칙의 선거법상의 실현원리이다.
② 보통선거의 원칙이 선거권의 귀속(유무)에 대한 불합리한 차별을 금지하는 것이라면, 평등선거의 원칙은 선거권의 가치(내용)에 대한 불합리한 차별을 금지하는 것이다.
③ 투표가치의 평등과 선거참여자의 기회균등이 평등선거의 핵심적인 두 가지 내용이다.

(2) 내용

1) 투표의 성과가치의 평등

① 평등선거의 원칙은 평등의 원칙이 선거제도에 적용된 것으로서 투표의 수적 평등 즉 복수투표제 등을 부인하고 모든 선거인에게 1인 1표(one man, one vote)를 인정함을 의미할 뿐만 아니라 투표의 성과가치의 평등 즉 1표의 투표가치가 대표자선정이라는 선거의 결과에 대하여 기여한 정도에 있어서도 평등하여야 함(one vote, one value)을 의미한다(헌재 1995.12.27, 95헌마224).

② 다수대표제에서는 투표의 계산가치의 평등만을 의미하는데 반하여, 비례대표제에서는 투표의 계산가치뿐 아니라 그 성과가치까지도 평등해야 한다.

2) 게리맨더링에 대한 부정

3) 선거참여자의 기회균등

정당추천후보자와 무소속후보자의 기탁금에 차등을 둔 것은 정당인과 비정당인 간에 지나친 차별대우를 하는 것으로 보통·평등선거의 원칙에 반하고, 헌법 제11조의 평등보호규정에 위배된다(헌재 1989.9.8, 88헌가6).

(3) 선거구획정과 평등선거

1) 선거구획정위원회

국회의원선거구획정위원회는 중앙선거관리위원회에(공직선거법 제24조 제2항), 자치구·시·군의원선거구획정위원회는 시·도에 각각 둔다(동법 제24의3 제1항).

2) 선거구획정시기

국회의원선거구획정위원회는 재적위원 3분의 2 이상의 찬성으로 의결한 선거구획정안을 임기만료에 따른 국회의원선거의 선거일 전 13개월까지 국회의장에게 제출하여야 하며(제24조 제11항), 자치구·시·군의원선거구획정위원회는 선거구획정안을 마련하여 임기만료에 따른 자치구·시·군의원선거의 선거일 전 6개월까지 시·도지사에게 제출하여야 한다(제24의3 제5항).

3) 선거구의 획정

(가) 국회의원지역구의 획정(공직선거법 제25조 제1항)

국회의원지역구는 시·도의 관할구역 안에서 인구·행정구역·지리적 여건·교통·생활문화권 등을 고려하여 다음 각 호의 기준에 따라 획정한다.

1. 국회의원지역구 획정의 기준이 되는 인구는 선거일 전 15개월이 속하는 달의 말일 현재「주민등록법」제7조 제1항에 따른 주민등록표에 따라 조사한 인구로 한다.
2. 하나의 자치구·시·군의 일부를 분할하여 다른 국회의원지역구에 속하게 할 수 없다. 다만 인구범위(인구비례 2:1의 범위를 말한다. 이하 이 조에서 같다)에 미달하는 자치구·시·군으로서 인접한 하나 이상의 자치구·시·군의 관할구역 전부를 합하는 방법으로는 그 인구범위를 충족하는 하나의 국회의원지역구를 구성할 수 없는 경우에는 그 인접한 자치구·시·군의 일부를 분할하여 구성할 수 있다.

(나) 지방의회의원선거구의 획정(공직선거법 제26조)

시·도의원지역구는 인구·행정구역·지세·교통 그 밖의 조건을 고려하여 자치구·시·군을 구역으로 하거나 분할하여 이를 획정하며, 자치구·시·군의원지역구는 인구·행정구역·지세·교통 그 밖의 조건을 고려하여 획정한다. 시·도의원지역구 또는 자치구·시·군의원지역구를 획정하는 경우 하나의 읍·면·동의 일부를 분할하여 다른 시·도의원지역구 또는 자치구·시·군의원지역구에 속하게 하지 못한다.

(4) 선거구획정과 사법심사

1) 사법심사가능성

미합중국의 경우 연방대법원이 1946년에 Colegrove v. Green(328 U.S. 549)사건에서 선거구획정은 정치문제이므로 사법적 심사의 대상에서 제외되어야 한다고 판시하였다. 그러나 Baker v. Carr(369 U.S. 186)사건에서 지나치게 불평등한 인구비례의 선거구획정은 헌법 수정 제14조의 평등보호조항에 위배되고, 이 문제는 사법심사의 대상에 속한다고 하였지만 이 사건에서 구체적인 선거구획정의 기준을 제시하고 있지는 않았다.

2) 사법심사방법

선거 전에는 선거권자나 입후보자가 직접 자신의 선거권, 피선거권과 평등권이 침해되었음을 이유로 헌법소원을 제기할 수 있다.

국회의원지역선거구는 공직선거법 별표로서 법률의 형식을 가지므로, 선거 후에는 선거소송을 대법원에 제기하여 재판의 전제성을 갖추어 위헌법률심판제청 신청을 할 수 있고, 동 신청이 기각될 경우에는 헌법재판소법 제68조 제2항의 위헌소원을 통하여 다툴 수 있다.

(5) 선거구획정에 있어 인구편차의 허용한계에 대한 헌법재판소의 입장

1) 국회의원 지역선거구 구역표의 인구편차 허용한계 - 상하 33⅓% 편차(2 : 1)

헌법재판소는 종래 ① 2001년 결정에서는 평균인구수 기준 50% 편차(이 경우 상한 인구수와 하한 인구수의 비율은 3 : 1)를 기준으로 위헌여부를 판단하였으나(헌재 2001.10.25. 2000헌마92), ② 2014년 결정에서는 인구편차 상하 33⅓% 편차(이 경우 상한 인구수와 하한 인구수의 비율은 2 : 1)를 기준으로 위헌여부를 판단하는 것으로 변경하였다(헌재 2014.10.30. 2012헌마190).

2) 지방의회의원 지역선거구 구역표의 인구편차 허용한계 - 상하 50% 편차(3 : 1)

'시·도의원' 및 '자치구·시·군회의원' 지역선거구 구역표의 인구편차 허용한계에 대해서는 인구 외에 행정구역·지세·교통 등 여러 가지 조건을 고려하여야 하므로, 그 기준은 선거구 획정에 있어서 투표가치의 평등으로서 가장 중요한 요소인 인구비례의 원칙과 우리나라의 특수사정으로서 시·도의원의 지역대표성 및 인구의 도시집중으로 인한 도시와 농어촌 간의 극심한 인구편차 등 3개의 요소를 합리적으로 고려하여, 현시점에서는 상하 60%의 인구편차(상한 인구수와 하한 인구수의 비율은 4 : 1) 기준을 헌법상 허용되는 인구편차기준으로 삼는 것이 가장 적절하다고 보았으나(헌재 2007.3.29. 2005헌마985; 헌재 2009.3.26. 2006헌마14), 최근에는 기준을 보다 엄격하게 설정할 필요가 있다고 보아 인구편차 상하 50%(인구비례 3 : 1)로 변경하였다(헌재 2018.6.28. 2014헌마189; 헌재 2018.6.28. 2014헌마166).

3. 직접선거의 원칙

직접선거란 간접선거에 대한 대응개념으로 선거인 스스로가 대표자를 선출하는 것을 말한다. 직접선거의 원칙은 선거결과에 중간선거인의 개입 없이 선거권자의 자신의 투표에 의하여 직접 결정될 것을 요구하는 원칙이다.

4. 비밀선거의 원칙

비밀선거의 원칙이란 공개선거에 대한 대응개념으로서 투표에 의해서 나타나는 선거인의 의사결정이 타인에게 알려지지 않도록 하는 것을 말한다.

> **공직선거법**
> 제167조(투표의 비밀보장) ① 투표의 비밀은 보장되어야 한다.
> ② 선거인은 투표한 후보자의 성명이나 정당명을 누구에게도 또한 어떠한 경우에도 진술할 의무가 없으며, 누구든지 선거일의 투표마감시각까지 이를 질문하거나 그 진술을 요구할 수 없다. 다만, 텔레비전방송국·라디오방송국·「신문 등의 진흥에 관한 법률」 제2조 제1호 가목 및 나목에 따른 일간신문사가 선거의 결과를 예상하기 위하여 선거일에 투표소로부터 50미터 밖에서 투표의 비밀이 침해되지 않는 방법으로 질문하는 경우에는 그러하지 아니하며 이 경우 투표마감시각까지 그 경위와 결과를 공표할 수 없다.
> ③ 선거인은 자신이 기표한 투표지를 공개할 수 없으며, 공개된 투표지는 무효로 한다.

5. 자유선거의 원칙

(1) 의의

자유선거란 강제선거에 대한 대응개념으로서 선거인이 강제나 외부의 어떠한 간섭도 받지 않고 자기의 선거권을 자유롭게 행사할 수 있는 것을 말한다.

자유선거의 원칙은 선거의 내용뿐 아니라 선거의 가부까지도 선거인의 임의로운 결정에 맡겨질 것을 요구하기 때문에 선거의무를 헌법적 차원이 아닌 법률로 규정하는 것은 허용될 수 없다.

후보자추천을 당원이나 대의기관의 의사를 반영하지 않고 당 총재에 의해 구성되는 공천심사위원회에서 공천권을 행사하도록 하는 것은 자유선거의 원칙에 반한다.

(2) 선거운동의 자유

선거운동의 자유는 곧 정치적 표현의 자유를 의미하므로 선거운동에 대한 규제는 헌법상 표현의 자유의 제한 법리에 의해 그 한계가 정해진다. 즉 명백하고 현존하는 위험을 피하기 위한 필요불가피한 최소한의 제한만이 허용된다고 할 것이다.

(3) 여론조사결과공표금지

> **공직선거법**
> 제108조(여론조사의 결과공표금지 등) ① 누구든지 선거일 전 6일부터 선거일의 투표마감시각까지 선거에 관하여 정당에 대한 지지도나 당선인을 예상하게 하는 여론조사의 경위와 그 결과를 공표하거나 인용하여 보도할 수 없다.
> ② 누구든지 선거일전 60일부터 선거일까지 선거에 관한 여론조사를 투표용지와 유사한 모형에 의한 방법을 사용하거나 후보자 또는 정당의 명의로 선거에 관한 여론조사를 할 수 없다.

> ⑬ 선거에 관한 여론조사에 성실하게 응답한 사람에게는 중앙선거관리위원회규칙으로 정하는 바에 따라 전화요금 할인 혜택을 제공할 수 있다. 이 경우 전화요금 할인에 소요되는 비용은 해당 여론조사를 실시하는 자가 부담한다.
> **제108조의2(선거여론조사를 위한 휴대전화 가상번호의 제공)** ① 선거여론조사기관이 공표 또는 보도를 목적으로 전화를 이용하여 선거에 관한 여론조사를 실시하는 경우 휴대전화 가상번호를 사용할 수 있다.
> ② 선거여론조사기관이 제1항에 따른 여론조사를 실시하는 경우에는 관할 선거여론조사심의위원회를 경유하여 이동통신사업자에게 휴대전화 가상번호를 제공하여 줄 것을 요청할 수 있다.

Ⅳ 대표제

1. 대표제의 의의

대표제란 의원정수의 당선결정방법을 말한다.

2. 대표제의 유형

(1) 다수대표제

1) 다수대표제의 의의

다수대표제란 다수의 후보자 중에서 선거인으로부터 다수표를 얻은 사람을 당선자로 결정하는 선거제도를 말한다.

2) 다수대표제의 유형

다수대표제에는 한 선거구에서 상대적으로 다수를 얻은 사람이 당선되는 상대다수대표제(우리나라, 영국, 미국)와 총투표의 과반수 득표를 얻은 자를 당선자로 하는 절대다수대표제가 있다(프랑스). 절대다수대표제는 결선투표가 행해지기 쉽다.

(2) 소수대표제

소수대표제란 한 선거구에서 2인 이상의 대표를 선출하는 제도로서 소수에게도 최소한의 대표를 보장하게 하려는 대표제이다. 소수대표제에 있어서 대표보장방법으로는 누적투표법, 제한연기투표법, 체감연기투표법(순위체감법), 대선거구 단기비이양식 투표법 등이 있다.

(3) 비례대표제

1) 의의

비례대표제는 소수보호의 정신과 정치세력의 지지도에 상응한 비례적인 대의의 실현형태로서 각 정치세력의 득표율에 비례하여 대표자수를 각 정치세력에 분배하는 선거제도를 말한다.

비례대표선거제의 도입으로 선거권자에 의하여 직접 결정되어야 할 선거결과가 의원의 선출뿐만 아니라 정당의 의석확보도 포함하게 됨으로써 직접선거의 원칙이 내용상 변화를 겪게 되었다.

2) 연혁

비례대표제는 바이마르헌법에서 처음 도입되었고, 우리나라에서는 제3공화국 헌법에서 법률로 처음 도입되었고, 제5공화국 헌법에서 헌법에 처음 도입되었다.

3) 현행헌법

제41조 제3항에서 국회의원의 선거구와 비례대표제 기타 선거에 관한 사항은 법률로 정한다고 규정하고 있다.

4) 비례대표제의 장·단점

장점	• 비례대표제는 투표의 성과가치의 평등도 함께 실현하려는 제도이므로 평등선거의 원리와 조화된다. • 소수정치세력의 의회진출을 용이하게 함으로써 소수의 보호에 우호적인 제도이다. • 다수대표 선거제도하에서의 선거구분할의 불가피한 불균형을 시정하는 기능을 갖는다. • 정당정치에 적합하여 정당·정강을 위주로 한 정당본위의 선거를 발전시킬 수 있다.
단점	• 선거절차와 과정이 정당의 일방적인 정치적 영향과 주도하에서 행하여지기 때문에 일반대중이 정치에서 소외당하기 쉽다. • 후보자의 선정과 그 순위결정권이 정당의 간부들에게 독점되어 부조리의 온상이 될 수 있다. • 군소정당의 난립으로 인해서 안정된 다수세력의 형성이 어렵다. • 선거의 직접성에 모순되고 기술적 곤란성과 절차적 복잡성을 수반한다.

5) 비례대표제의 구체적 실현형태

(가) 입후보방식

고정명부제(우리나라), 가변명부제, 개방명부제 등이 있다.

(나) 선거인의 투표방법

고정명부제의 경우 선거인은 원칙적으로 하나의 투표권만을 갖고 각 정당이 제시하고 있는 명부 중에서 한 정당의 명부만을 그 전체로서 선택하게 된다.

가변명부제의 경우에는 선거인에게 적어도 두 개의 투표권이 주어져서, 하나의 투표는 명부의 선택에 또 하나의 투표는 명부 내의 후보자의 선택에 사용되도록 한다.

(다) 의석배분방식

① 병립형 비례대표제

정당의 득표율에 따라 이미 지정된 비례대표의석을 배분하는 방식으로서, 지역구 당선자의 수가 이미 정당의 득표율을 초과한 경우라도 상관없이 비례대표의석을 추가적으로 배분하게 되는 방식을 말한다.

② 연동형 비례대표제

정당의 득표율에 연동해 의석을 배정하는 방식으로, 예컨대 A정당이 10%의 정당득표율을 기록했다면 전체의석의 10%를 A정당이 가져갈 수 있도록 하는 것이다. 연동형 비례대표제는 지역구 후보에게 1표, 정당에게 1표를 던지는 '1인 2표' 투표방식이지만, 소선거구에서의 당선 숫자와 무관하게 전체의석을 정당득표율에 따라 배분한다. 그리고 정당득표율로 각 정당들이 의석수를 나눈 뒤 배분된 의석수보다 지역구 당선자가 부족할 경우 이를 비례대표 의석으로 채우게 된다. 연동형 비례대표제는 '혼합형 비례대표'로도 불리는데, 이를 택하고 있는 대표적 국가로는 독일, 뉴질랜드 등이 있다.

③ 준연동형 비례대표제

연동형 비례대표제를 철저하게 관철하게 되면 지역구 당선자의 수가 정당득표율을 초과할 경우에는 국회의원의 정수가 유동적이게 된다. 실제 독일의 경우에 연방하원은 598석을 기본으로 하지만 선거 때마다 정원이 달라진다. 이러한 점을 보완하기 위해 국회 전체의석을 고정하기 위해 정당득표율의 일정 비율만을 반영하는 방식을 준연동형 비례대표제라고 한다.

2020년 4월 15일 국회의원선거와 관련해서 공직선거법은 국회 전체의석을 300석으로 고정하되 전국 정당득표율을 기준으로 50%만을 반영하는 준연동형 비례대표제를 도입하였다. 즉 전체의석 300석 중 지역구는 253석, 비례대표 의석수는 47석으로 하되, 연동율 50%만을 반영하도록 하였다. 나아가 공직선거법 부칙에서는 2020년 선거에서만큼은 비례대표 의석수 47석 중 30석만 캡을 씌워 연동형 비례대표제의 대상으로 하고, 나머지 17석에 대해서는 종래 다수당의 비례대표국회의원 당선을 보장하기 위해 기존의 병립형 배분방식을 취하도록 하였다.

(라) 저지조항

A. 의의 : 의석배분에 참여하고자 하는 정당에게 득표율이나 직선의석수 등을 요구함으로써 인위적인 저지선을 설정하는 조항인 저지조항은 의석배분에 참여할 수 있는 정당을 제한함으로써 군소정당의 난립으로 인한 정국의 불안을 방지하려는 제도이므로 국민의 정확한 의사를 반영하여 비례적 대의를 실현하려는 목적보다는 정국의 안정을 우선적으로 고려한 제도이다. 따라서 대통령제 국가에서보다는 의원내각제 국가에서 의의가 크다.

저지조항이 정당하게 작동되기 위해서는 그 전제로서 정당의 정치적 활동과 선거운동에서의 기회균등이 철저히 보장되어야 한다.

B. 저지조항의 실례 : 현행 공직선거법 제189조는 제1항은 국회의원선거의 경우 지역구에서 5명 이상의 당선자를 냈거나 비례대표국회의원선거에서 유효표총수의 3% 이상을 득표한 정당만이 비례대표 의석배분에 참여할 수 있도록 하고 있고, 동법 제190조의2 제1항은 지방의회의원선거의 경우 유효투표총수의 100분의 5 이상을 득표한 각 정당에 한하여 의석배분에 참여할 수 있게 하고 있다.

6) 구 공직선거법상 1인1표제 하에서의 비례대표국회의원 선거제도의 위헌성

(가) 헌법재판소(헌재 1995.12.27, 95헌마224 등)[한정위헌]

공직선거법 제146조 제2항 중 "1인 1표로 한다" 부분은 국회의원선거에 있어 지역구국회의원선거와 병행하여 정당명부식 비례대표제를 실시하면서도 별도의 정당투표를 허용하지 않는 범위에서 헌법에 위반된다.

(나) 공직선거법

> ● 공직선거법
> 제146조(선거방법) ① 선거는 기표방법에 의한 투표로 한다.
> ② 투표는 직접 또는 우편으로 하되, 1인 1표로 한다. 다만 국회의원선거, 시·도의원선거 및 자치구·시·군의원선거에 있어서는 지역구의원선거 및 비례대표의원선거마다 1인 1표로 한다.
> ③ 투표를 함에 있어서는 선거인의 성명 기타 선거인을 추정할 수 있는 표시를 하여서는 아니된다.

7) 헌법상 비례대표제 실시가 의무사항인지 여부

① 학설의 태도

헌법 제41조 제3항은 "국회의원의 선거구와 비례대표제 기타 선거에 관한 사항은 법률로 정한다"고 규정하고 있고, 여기의 '법률로 정한다'는 의미는 비례대표제 '실시 자체'는 국회의 의무이고, '실시의 구체적 내용'은 입법재량에 속한다고 보아 의무사항으로 보는 견해가 일반적이다.

② 헌법재판소

그러나 헌법재판소는 "비례대표제를 실시하지 않고 단순히 지역구 다수대표제 선거만을 채택한다면 그 자체 아무런 위헌성이 없다"고 하여 비례대표제를 실시하지 아니하는 경우에도 위헌은 아니라는 입장이다.

(4) 직능대표제

직능대표제란 선거인단을 각 직능별로 분할하고 직능을 단위로 대표를 선출하는 제도를 말한다.

V 선거구제

1. 의의

(1) 선거구제란 선거인단을 지역단위로 분할하는 방식을 말한다. 이론적으로는 전국을 한 선거구로 하는 것이 국민주권의 원리에 합치한다고 할 수 있으나, 기술적으로 어려운 점이 많기 때문에 전국을 여러 개의 선거구로 구분하는 것이 원칙이다. 선거구는 소선거구와 중선거구, 대선거구로 나누어진다.

(2) 헌법 제41조 제3항은 "국회의원의 선거구와 비례대표제 기타 선거에 관한 사항은 법률로 정한다"고 규정하고 있다. 따라서 헌법을 개정하지 않고는 선거구제를 폐지할 수 없다.

2. 선거구제의 유형

(1) 소선거구제

1) 의의

소선거구제란 1선거구에서 1명의 대표자를 선출하는 제도를 말한다. 투표는 단기를 원칙으로 하고, 절대다수나 상대다수에 의한 결정을 한다.

> ● 공직선거법
> 제21조(국회의 의원정수) ② 하나의 국회의원지역선거구에서 선출할 국회의원의 정수는 1인으로 한다.
> 제26조(지방의회의원선거구의 획정) ① 시·도의회의원지역선거구는 인구·행정구역·지세·교통 그 밖의 조건을 고려하여 자치구·시·군을 구역으로 하거나 분할하여 이를 획정하되, 하나의 시·도원지역구에서 선출할 지역구시·도의원정수는 1명으로 하며, 그 시·도의회지역구의 명칭과 관할구역은 별표 2와 같이 한다.

2) 장·단점(= 다수대표제의 장·단점)

장점	• 양당제도를 확립할 수 있다. • 정책이 유사한 정당이 형성되어 안정된 정치상황을 확보할 수 있다. • 선거인과 의원 간의 거리감을 줄일 수 있다. • 선거의 단속이 용이하여 선거의 공정을 기하기 쉽고, 선거비용이 적게 든다.
단점	• 사표가 나올 가능성이 많고 대정당에 부당하게 유리하여, 평등원칙에 위배될 가능성이 있다. • Gerrymandering의 위험성이 강하다. • 지방적 소인물이 당선될 가능성이 크다. • 정당의 득표율과 의석의 배분이 불균형하게 될 가능성(Bias현상)이 크다.

(2) 중선거구제

중선거구제란 한 선거구에서 2~4인의 대표자를 선출하는 선거구제를 말한다.

> ◆ 공직선거법
> 제26조(지방의회의원선거구의 획정)
> ② 자치구·시·군의원지역구는 인구·행정구역·지세·교통 그 밖의 조건을 고려하여 획정하되, 하나의 자치구·시·군의원지역구에서 선출할 지역구자치구·시·군의원정수는 2인 이상 4인 이하로 하며, 그 자치구·시·군의원지역구의 명칭·구역 및 의원정수는 시·도조례로 정한다.

(3) 대선거구제

대선거구제란 한 선거구에서 5인 이상의 대표자를 선출하는 제도를 말한다. 소수대표제와 연결된다.

장점	• 가능한 한 사표를 적게 하여, 소수대표를 가능하게 한다. • 인물선택의 범위가 넓기 때문에 국민대표에 적합한 후보자를 선택할 수 있다. • 선거의 공정을 기할 수 있다. • 선거시의 쟁점은 정당의 강령이나 정책이 되기 때문에 후보자와 유권자의 수준도 향상될 수 있다.
단점	• 군소정당의 난립으로 정국의 불안정을 초래하는 경향이 있다. • 선거비용의 지출이 과도하게 된다. • 유권자가 후보자의 인격이나 식견을 자세히 알기 어렵다. • 보궐선거나 재투표가 곤란하다.

Ⅵ 공직선거법상의 기타 선거제도

1. 의원정수

> ◆ 공직선거법
> 제21조(국회의 의원정수) ① 국회의 의원정수는 지역구국회의원 254명과 비례대표국회의원 46명을 합하여 300명으로 한다.
> ② 하나의 국회의원지역선거구에서 선출할 국회의원의 정수는 1인으로 한다.
> 제22조(시·도의회의 의원정수) ① 시·도별 지역구시·도의원의 총 정수는 그 관할구역 안의 자치구·시·군 수의 2배수로 하되, 인구·행정구역·지세·교통, 그 밖의 조건을 고려하여 100분의 14의 범위에서 조정할 수 있다. 다만, 인구가 5만명 미만인 자치구·시·군의 지역구시·도의원정수는 최소 1명으로 하고, 인구가 5만명 이상인 자치구·시·군의 지역구시·도의원정수는 최소 2명으로 한다.
> ③ 제1항 및 제2항의 기준에 의하여 산정된 의원정수가 19명 미만이 되는 광역시 및 도는 그 정수를 19명으로 한다.
> ④ 비례대표시·도의원정수는 제1항 내지 제3항의 규정에 의하여 산정된 지역구시·도의원정수의 100분의 10으로 한다. 이 경우 단수는 1로 본다. 다만 산정된 비례대표시·도의원정수가 3인 미만인 때에는 3인으로 한다.
> 제23조(자치구·시·군의회의 의원정수) ① 시·도별 자치구·시·군의회 의원의 총정수는 별표 3과 같이 하며, 자치구·시·군의회의 의원정수는 당해 시·도의 총정수 범위 내에서 제24조의3의 규정에 따른 당해 시·도의 자치구·시·군의원선거구획정위원회가 자치구·시·군의 인구와 지역대표성을 고려하여 중앙선거관리위원회규칙이 정하는 기준에 따라 정한다.
> ② 자치구·시·군의회의 최소정수는 7인으로 한다.
> ③ 비례대표자치구·시·군의원정수는 자치구·시·군의원 정수의 100분의 10으로 한다. 이 경우 단수는 1로 본다.

2. 거소·선상투표신고

> **공직선거법**
> 제38조(거소·선상투표신고) ① 선거인명부에 오를 자격이 있는 국내에 거주하는 사람으로서 제4항 제1호부터 제5호까지 또는 제5호의2에 해당하는 사람은 선거인명부작성기간 중 구·시·군의 장에게 서면이나 해당 구·시·군이 개설·운영하는 인터넷 홈페이지를 통하여 신고를 할 수 있다. 이 경우 우편에 의한 거소투표신고는 등기우편으로 처리하되, 그 우편요금은 국가 또는 해당 지방자치단체가 부담한다.
> ② 대통령선거와 임기만료에 따른 국회의원선거에서 선거인명부에 오를 자격이 있는 사람으로서 다음 각 호의 어느 하나에 해당하는 선박에 승선할 예정이거나 승선하고 있는 선원이 사전투표소 및 투표소에서 투표할 수 없는 경우 선거인명부작성기간 중 구·시·군의 장에게 서면[승선하고 있는 선원이 해당 선박에 설치된 팩시밀리(전자적 방식을 포함한다)로 신고하는 경우를 포함한다]이나 제1항에 따른 인터넷 홈페이지를 통하여 신고를 할 수 있다. 이 경우 우편에 의한 방법으로 선상투표신고를 하는 경우에는 제1항 후단을 준용한다.

3. 당내경선의 실시 등

(1) 당내경선의 실시

> **공직선거법**
> 제57조의2(당내경선의 실시) ① 정당은 공직선거후보자를 추천하기 위하여 경선을 실시할 수 있다.
> ② 정당이 당내경선을 실시하는 경우 경선후보자로서 당해 정당의 후보자로 선출되지 아니한 자는 당해 선거의 같은 선거구에서는 후보자로 등록될 수 없다. 다만 후보자로 선출된 자가 사퇴·사망·피선거권 상실 또는 당적의 이탈·변경 등으로 그 자격을 상실한 때에는 그러하지 아니하다.

(2) 당내경선사무의 위탁

> **공직선거법**
> 제57조의4(당내경선사무의 위탁) ① 「정치자금법」 제27조(보조금의 배분)의 규정에 따라 보조금의 배분대상이 되는 정당은 당내경선사무 중 경선운동, 투표 및 개표에 관한 사무의 관리를 당해 선거의 관할선거구선거관리위원회에 위탁할 수 있다.
> ② 관할선거구선거관리위원회가 제1항에 따라 당내경선의 투표 및 개표에 관한 사무를 수탁관리하는 경우에는 그 비용은 국가가 부담한다. 다만 투표 및 개표참관인의 수당은 당해 정당이 부담한다.

4. 선거운동 및 선거운동기간 등

(1) 선거운동

> **공직선거법**
> 제58조(정의 등) ① 이 법에서 "선거운동"이라 함은 당선되거나 되게 하거나 되지 못하게 하기 위한 행위를 말한다. 다만 다음 각 호의 어느 하나에 해당하는 행위는 선거운동으로 보지 아니한다.
> 1. 선거에 관한 단순한 의견개진 및 의사표시
> 2. 입후보와 선거운동을 위한 준비행위
> 3. 정당의 후보자 추천에 관한 단순한 지지·반대의 의견개진 및 의사표시

4. 통상적인 정당활동
   5. 삭제
   6. 설날·추석 등 명절 및 석가탄신일·기독탄신일 등에 하는 의례적인 인사말을 문자메시지(그림말·음성·화상·동영상 등을 포함한다)로 전송하는 행위
② 누구든지 자유롭게 선거운동을 할 수 있다. 그러나 이 법 또는 다른 법률의 규정에 의하여 금지 또는 제한되는 경우에는 그러하지 아니하다.

(2) 선거운동기간

◆ 공직선거법
제59조(선거운동기간) 선거운동은 선거기간개시일부터 선거일 전일까지에 한하여 할 수 있다. 다만 다음 각 호의 어느 하나에 해당하는 경우에는 그러하지 아니하다.
1. 제60조의3(예비후보자 등의 선거운동) 제1항 및 제2항의 규정에 따라 예비후보자 등이 선거운동을 하는 경우
2. 문자메시지를 전송하는 방법으로 선거운동을 하는 경우. 이 경우 자동동보통신의 방법(동시 수신대상자가 20명을 초과하거나 그 대상자가 20명 이하인 경우에도 프로그램을 이용하여 수신자를 자동으로 선택하여 전송하는 방식을 말한다)으로 전송할 수 있는 자는 후보자와 예비후보자에 한하되, 그 횟수는 8회를 넘을 수 없으며, 중앙선거관리위원회규칙에 따라 신고한 1개의 전화번호만을 사용하여야 한다.
3. 인터넷 홈페이지 또는 그 게시판·대화방 등에 글이나 동영상 등을 게시하거나 전자우편을 전송하는 방법으로 선거운동을 하는 경우. 이 경우 전자우편 전송대행업체에 위탁하여 전자우편을 전송할 수 있는 사람은 후보자와 예비후보자에 한한다.
4. 선거일이 아닌 때에 전화(송·수화자 간 직접 통화하는 방식에 한정하며, 컴퓨터를 이용한 자동 송신장치를 설치한 전화는 제외한다)를 이용하거나 말(확성장치를 사용하거나 옥외집회에서 다중을 대상으로 하는 경우를 제외한다)로 선거운동을 하는 경우
5. 후보자가 되려는 사람이 선거일 전 180일(대통령선거의 경우 선거일 전 240일을 말한다)부터 해당 선거의 예비후보자등록신청 전까지 제60조의3 제1항 제2호의 방법으로 자신의 명함을 직접 주는 경우

(3) 선거운동을 할 수 없는 자

◆ 공직선거법
제60조(선거운동을 할 수 없는 자) ① 다음 각 호의 어느 하나에 해당하는 사람은 선거운동을 할 수 없다. 다만 제1호에 해당하는 사람이 예비후보자·후보자의 배우자인 경우와 제4호부터 제8호까지의 규정에 해당하는 사람이 예비후보자·후보자의 배우자이거나 후보자의 직계존비속인 경우에는 그러하지 아니하다.
1. 대한민국 국민이 아닌 자. 다만 제15조 제2항 제3호에 따른 외국인이 해당 선거에서 선거운동을 하는 경우에는 그러하지 아니하다.
2. 미성년자(18세 미만의 자를 말한다)
3. 제18조(선거권이 없는 자) 제1항의 규정에 의하여 선거권이 없는 자
4. 「국가공무원법」 제2조(공무원의 구분)에 규정된 국가공무원과 「지방공무원법」 제2조(공무원의 구분)에 규정된 지방공무원. 다만 「정당법」 제22조(발기인 및 당원의 자격) 제1항 제1호 단서의 규정에 의하여 정당의 당원이 될 수 있는 공무원(국회의원과 지방의회의원 외의 정무직공무원을 제외한다)은 그러하지 아니하다.
5. 제53조(공무원 등의 입후보) 제1항 제2호 내지 제8호에 해당하는 자
6. 예비군 중대장급 이상의 간부
7. 통·리·반의 장 및 읍·면·동주민자치센터에 설치된 주민자치위원회위원
8. 특별법에 의하여 설립된 국민운동단체로서 국가 또는 지방자치단체의 출연 또는 보조를 받는 단체(바르게살기운동협의회·새마을운동협의회·한국자유총연맹을 말한다)의 상근 임·직원 및 이들 단체 등의 대표자

9. 선상투표신고를 한 선원이 승선하고 있는 선박의 선장

② 각급선거관리위원회위원·예비군 중대장급 이상의 간부·주민자치위원회위원 또는 통·리·반의 장이 선거사무장, 선거연락소장, 선거사무원, 제62조 제4항에 따른 활동보조인, 회계책임자, 연설원, 대담·토론자 또는 투표참관인이나 사전투표참관인이 되고자 하는 때에는 선거일 전 90일까지 그 직을 그만두어야 하며, 선거일 후 6월 이내에는 종전의 직에 복직될 수 없다. 이 경우 그만둔 것으로 보는 시기에 관하여는 제53조 제4항을 준용한다.

8. 선거비용의 제한

9. 당선인의 결정 등

(1) 대통령선거

● 공직선거법
제187조(대통령당선인의 결정·공고·통지) ① 대통령선거에 있어서는 중앙선거관리위원회가 유효투표의 다수를 얻은 자를 당선인으로 결정하고, 이를 국회의장에게 통지하여야 한다. 다만 후보자가 1인인 때에는 그 득표수가 선거권자총수의 3분의 1 이상에 달하여야 당선인으로 결정한다.
② 최고득표자가 2인 이상인 때에는 중앙선거관리위원회의 통지에 의하여 국회는 재적의원 과반수가 출석한 공개회의에서 다수표를 얻은 자를 당선인으로 결정한다.
④ 천재·지변 기타 부득이한 사유로 인하여 개표를 모두 마치지 못하였다 하더라도 개표를 마치지 못한 지역의 투표가 선거의 결과에 영향을 미칠 염려가 없다고 인정되는 때에는 중앙선거관리위원회는 우선 당선인을 결정할 수 있다.

(2) 지역구국회의원선거

● 공직선거법
제188조(지역구국회의원당선인의 결정·공고·통지) ① 지역구국회의원선거에 있어서는 선거구선거관리위원회가 당해 국회의원지역구에서 유효투표의 다수를 얻은 자를 당선인으로 결정한다. 다만 최고득표자가 2인 이상인 때에는 연장자를 당선인으로 결정한다.
② 후보자등록마감시각에 지역구국회의원후보자가 1인이거나 후보자등록마감후 선거일 투표개시시각전까지 지역구국회의원후보자가 사퇴·사망하거나 등록이 무효로 되어 지역구국회의원후보자수가 1인이 된 때에는 지역구국회의원후보자에 대한 투표를 실시하지 아니하고, 선거일에 그 후보자를 당선인으로 결정한다.

(3) 비례대표국회의원 의석배분

헌법재판소는 종래 1인1표제 하의 유권자에게 별도의 정당투표를 인정하지 않고, 지역구선거에서 표출된 유권자의 의사를 그대로 정당에 대한 지지의사로 의제하여 비례대표의석을 배분토록 하고 있는 비례대표선출방식(구 공직선거법 제189조 제1항)은 민주주의원리에 부합하지 않을 뿐만 아니라 직접선거, 평등선거의 원칙에 위배된다고 보아 위헌결정하였다(헌재 2001.7.19, 2000헌마91).

◆ 공직선거법
제189조(비례대표국회의원의석의 배분과 당선인의 결정·공고·통지) ① 중앙선거관리위원회는 다음 각 호의 어느 하나에 해당하는 정당에 대하여 비례대표국회의원의석을 배분한다.
   1. 임기만료에 따른 비례대표국회의원선거에서 전국 유효투표총수의 100분의 3 이상을 득표한 정당
   2. 임기만료에 따른 지역구국회의원선거에서 5 이상의 의석을 차지한 정당
② 비례대표국회의원의석은 다음 각 호에 따라 각 의석할당정당에 배분한다.

(4) 지방의회의원선거

◆ 공직선거법
제190조(지역구지방의회의원당선인의 결정·공고·통지) ① 지역구시·도의원 및 지역구자치구·시·군의원의 선거에 있어서는 선거구선거관리위원회가 당해 선거구에서 유효투표의 다수를 얻은 자를 당선인으로 결정한다. 다만 최고득표자가 2인 이상인 때에는 연장자순에 의하여 당선인을 결정한다.
② 후보자등록마감시각에 후보자가 당해 선거구에서 선거할 의원정수를 넘지 아니하거나 후보자등록마감 후 선거일 투표개시시각까지 후보자가 사퇴·사망하거나 등록이 무효로 되어 후보자수가 당해 선거구에서 선거할 의원정수를 넘지 아니하게 된 때에는 투표를 실시하지 아니하고, 선거일에 그 후보자를 당선인으로 결정한다.
제190조의2(비례대표지방의회의원당선인의 결정·공고·통지) ① 비례대표지방의회의원선거에 있어서는 당해 선거구선거관리위원회가 유효투표총수의 100분의 5 이상을 득표한 각 정당에 대하여 당해 선거에서 얻은 득표비율에 비례대표지방의회의원정수를 곱하여 산출된 수의 정수의 의석을 그 정당에 먼저 배분하고 잔여의석은 단수가 큰 순으로 각 의석할당정당에 1석씩 배분하되, 같은 단수가 있는 때에는 그 득표수가 많은 정당에 배분하고 그 득표수가 같은 때에는 당해 정당 사이의 추첨에 의한다. 이 경우 득표비율은 각 의석할당 정당의 득표수를 모든 의석할당정당의 득표수의 합계로 나누고 소수점 이하 제5위를 반올림하여 산출한다.

(5) 지방자치단체의 장 선거

◆ 공직선거법
제191조(지방자치단체의 장의 당선인의 결정·공고·통지) ① 지방자치단체의 장 선거에 있어서는 선거구선거관리위원회가 유효투표의 다수를 얻은 자를 당선인으로 결정하고, 이를 당해 지방의회의장에게 통지하여야 한다. 다만 최고득표자가 2인 이상인 때에는 연장자를 당선인으로 결정한다.

10. 임기의 개시

◆ 공직선거법
제14조(임기개시) ① 대통령의 임기는 전임대통령의 임기만료일의 다음날 0시부터 개시된다. 다만 전임자의 임기가 만료된 후에 실시하는 선거와 궐위로 인한 선거에 의한 대통령의 임기는 당선이 결정된 때부터 개시된다.
② 국회의원과 지방의회의원의 임기는 총선거에 의한 전임의원의 임기만료일의 다음 날부터 개시된다. 다만 의원의 임기가 개시된 후에 실시하는 선거와 지방의회의원의 증원선거에 의한 의원의 임기는 당선이 결정된 때부터 개시되며 전임자 또는 같은 종류의 의원의 잔임기간으로 한다.
③ 지방자치단체의 장의 임기는 전임지방자치단체의 장의 임기만료일의 다음 날부터 개시된다. 다만 전임지방자치단체의 장의 임기가 만료된 후에 실시하는 선거와 제30조(지방자치단체의 폐치·분합시의 선거 등) 제1항 제1호 내지 제3호에 의하여 새로 선거를 실시하는 지방자치단체의 장의 임기는 당선이 결정된 때부터 개시되며 전임자 또는 같은 종류의 지방자치단체의 장의 잔임기간으로 한다.

11. 재선거와 보궐선거 등

(1) 재선거와 보궐선거

> ◉ 공직선거법
>
> 제35조(보궐선거 등의 선거일) ① 대통령의 궐위로 인한 선거 또는 재선거(제3항의 규정에 의한 재선거를 제외한다)는 그 선거의 실시사유가 확정된 때부터 60일 이내에 실시하되, 선거일은 늦어도 선거일 전 50일까지 대통령 또는 대통령권한대행자가 공고하여야 한다.
>
> 제195조(재선거) ① 다음 각 호의 1에 해당하는 사유가 있는 때에는 재선거를 실시한다.
>   1. 당해 선거구의 후보자가 없는 때
>   2. 당선인이 없거나 지역구자치구·시·군의원선거에 있어 당선인이 당해 선거구에서 선거할 지방의회의원정수에 달하지 아니한 때
>   3. 선거의 전부무효의 판결 또는 결정이 있는 때
>   4. 당선인이 임기개시 전에 사퇴하거나 사망한 때
>   5. 당선인이 임기개시 전에 제192조(피선거권상실로 인한 당선무효 등) 제2항의 규정에 의하여 당선의 효력이 상실되거나 같은 조 제3항의 규정에 의하여 당선이 무효로 된 때
>   6. 제263조(선거비용의 초과지출로 인한 당선무효) 내지 제265조(선거사무장 등의 선거범죄로 인한 당선무효)의 규정에 의하여 당선이 무효로 된 때
>
> 제200조(보궐선거) ① 지역구국회의원·지역구지방의회의원 및 지방자치단체의 장에 궐원 또는 궐위가 생긴 때에는 보궐선거를 실시한다.
> ② 비례대표국회의원 및 비례대표지방의회의원에 궐원이 생긴 때에는 선거구선거관리위원회는 궐원통지를 받은 후 10일 이내에 그 궐원된 의원이 그 선거 당시에 소속한 정당의 비례대표국회의원후보자명부 및 비례대표지방의회의원 후보자명부에 기재된 순위에 따라 궐원된 국회의원 및 지방의회의원의 의석을 승계할 자를 결정하여야 한다.
> ③ 제2항에도 불구하고 의석을 승계할 후보자를 추천한 정당이 해산되거나 임기만료일 전 120일 이내에 궐원이 생긴 때에는 의석을 승계할 사람을 결정하지 아니한다.
>
> 제201조(보궐선거 등에 관한 특례) ① 보궐선거 등(대통령선거·비례대표국회의원선거 및 비례대표지방의회의원선거를 제외한다)은 그 선거일부터 임기만료일까지의 기간이 1년 미만이거나, 지방의회의 의원정수의 4분의 1 이상이 궐원되지 아니한 경우에는 실시하지 아니할 수 있다. 이 경우 지방의회의 의원정수의 4분의 1 이상이 궐원되어 보궐선거 등을 실시하는 때에는 그 궐원된 의원 전원에 대하여 실시하여야 한다.

(2) 선거의 연기 및 재투표

> ◉ 공직선거법
>
> 제196조(선거의 연기) ① 천재·지변 기타 부득이한 사유로 인하여 선거를 실시할 수 없거나 실시하지 못한 때에는 대통령선거와 국회의원선거에 있어서는 대통령이, 지방의회의원 및 지방자치단체의 장의 선거에 있어서는 관할선거구선거관리위원회위원장이 당해 지방자치단체의 장과 협의하여 선거를 연기하여야 한다.
>
> 제198조(천재·지변 등으로 인한 재투표) ① 천재·지변 기타 부득이한 사유로 인하여 어느 투표구의 투표를 실시하지 못한 때와 투표함의 분실·멸실 등의 사유가 발생한 때에는 관할선거구선거관리위원회는 당해 투표구의 재투표를 실시한 후 당해 선거구의 당선인을 결정한다.
> ② 제1항의 규정에 의한 재투표가 당해 선거구의 선거결과에 영향을 미칠 염려가 없다고 인정되는 때에는 재투표를 실시하지 아니하고 당선인을 결정한다.

12. 선거쟁송

(1) 선거쟁송의 종류

선거에 관한 쟁송에는 선거의 효력을 다투는 '선거소송'과 선거가 유효임을 전제로 개개인의 당선인결정에 위법이 있음을 이유로 그 효력을 다투는 '당선소송'이 있으며, 지방자치선거의 특수성을 고려하여 지방자치선거의 효력 또는 당선의 효력에 관하여 이의가 있는 경우에는 행정심판법이 준용되는 '선거소청'을 제기할 수 있다.

구분	선거소송(공직선거법 제222조)	당선소송(공직선거법 제223조)
제소사유	선거의 효력(전부·일부)에 이의	당선의 효력에 이의
원고	선거인·정당·후보자	정당·후보자
피고	관할 선관위장	• 대선 : 당선인·중앙선관위장·국회의장 • 국회의원선거 : 당선인, 관할선관위장 • 지방의회의원·단체장선거 : 당선인·관할선관위장 • 당선인이 사퇴·사망한 경우 : 법무부장관(대선)·관할 고등검사장(기타)
제소기간	• 대통령·국회의원선거 : 선거일로부터 30일 이내 • 지방의원·단체장선거 : 선거일로부터 14일 이내 소청 → 소청결정서를 받은 날로부터 10일 이내 제소	• 대통령·국회의원선거 : 당선인결정일로부터 30일 이내 • 지방의원·단체장선거 : 당선인결정일로부터 14일 이내 소청 → 소청결정서를 받은 날로부터 10일 이내 제소
관할법원	• 대통령, 국회의원/시·도지사, 비례대표시·도의원 : 대법원(단심제) • 지역구시·도의원, 기초의원, 기초단체장 : 고등법원(2심제)	좌동

(2) 판결 및 소송 등의 처리

> ◆ 공직선거법
> 제224조(선거무효의 판결 등) 소청이나 소장을 접수한 선거관리위원회 또는 대법원이나 고등법원은 선거쟁송에 있어 선거에 관한 규정에 위반된 사실이 있는 때라도 선거의 결과에 영향을 미쳤다고 인정하는 때에 한하여 선거의 전부나 일부의 무효 또는 당선의 무효를 결정하거나 판결한다.
> 제225조(소송 등의 처리) 선거에 관한 소청이나 소송은 다른 쟁송에 우선하여 신속히 결정 또는 재판하여야 하며, 소송에 있어서는 수소법원은 소가 제기된 날 부터 180일 이내에 처리하여야 한다.

제4항 공무원제도

> **◆ 헌법**
> 제7조
> ① 공무원은 국민전체에 대한 봉사자이며, 국민에 대하여 책임을 진다.
> ② 공무원의 신분과 정치적 중립성은 법률이 정하는 바에 의하여 보장된다.
> 제25조
> 모든 국민은 법률이 정하는 바에 의하여 공무담임권을 가진다.

I 서론

현행헌법 제7조 제1항은 공무원의 헌법상 지위에 대하여, 제2항은 직업공무원제도에 대하여 규정하고 있다. 직업공무원제도를 헌법에 처음으로 규정한 것은 1919년 바이마르헌법이다. 공무원의 헌법상 지위에 대하여는 제헌헌법에서부터 규정하고 있었으나, 직업공무원제도는 제3차개정헌법(제2공화국 헌법)에서 처음으로 도입하였고, 제3공화국헌법은 국민전체의 봉사자로서의 공무원규정을 추가하였고, 현행헌법에서 국군의 정치적 중립성을 추가하였다.

II 공무원의 개념과 범위

1. 공무원의 개념

일반적으로 말하여 공무원이란 직접 또는 간접적으로 국민에 의하여 선출 또는 임용되어 국가나 공공단체와 공법상의 근무관계를 맺고 공공적 업무를 담당하고 있는 사람들을 가리킨다고 할 수 있고, 공무원도 각종 노무의 대가로 얻는 수입에 의존하여 생활하는 사람이라는 점에서는 통상적인 의미의 근로자적인 성격을 지니고 있으므로 헌법 제33조 제2항 역시 공무원의 근로자적 성격을 인정하는 것을 전제로 규정하고 있다. 그러나 공무원은 그 임용주체가 궁극에는 주권자인 국민 또는 주민이기 때문에 국민전체에 대하여 봉사하고 책임을 져야 하는 특별한 지위에 있고, 그가 담당한 업무가 국가 또는 공공단체의 공공적인 일이어서 특히 그 직무를 수행함에 있어서 공공성·공정성·성실성 및 중립성 등이 요구되기 때문에 일반근로자와는 달리 특별한 근무관계에 있는 사람이다(헌재 1992.4.28, 90헌바27).

2. 공무원의 범위

(1) 국가공무원법상의 공무원

> **◆ 국가공무원법**
> 제2조(공무원의 구분) ① 국가공무원은 경력직공무원과 특수경력직공무원으로 구분한다.
> ② "경력직공무원"이란 실적과 자격에 따라 임용되고 그 신분이 보장되며 평생동안 공무원으로 근무할 것이 예정되는 공무원을 말하며, 그 종류는 다음 각 호와 같다.
>   1. 일반직공무원: 기술·연구 또는 행정 일반에 대한 업무를 담당하는 공무원

> 2. 특정직공무원: 법관, 검사, 외무공무원, 경찰공무원, 소방공무원, 교육공무원, 군인, 군무원, 헌법재판소 헌법연구관, 국가정보원의 직원, 경호공무원과 특수 분야의 업무를 담당하는 공무원으로서 다른 법률에서 특정직공무원으로 지정하는 공무원
> 3. 삭제(기능직 공무원)
> ③ "특수경력직공무원"이란 경력직공무원 외의 공무원을 말하며, 그 종류는 다음 각 호와 같다.
> 1. 정무직공무원
>   가. 선거로 취임하거나 임명할 때 국회의 동의가 필요한 공무원
>   나. 고도의 정책결정 업무를 담당하거나 이러한 업무를 보조하는 공무원으로서 법률이나 대통령령에서 정무직으로 지정하는 공무원
> 2. 별정직공무원: 비서관·비서 등 보좌업무 등을 수행하거나 특정한 업무 수행을 위하여 법령에서 별정직으로 지정하는 공무원
> 3. 삭제(계약직 공무원)
> 4. 삭제(고용직 공무원)

(2) 국가배상법상의 공무원

국가배상법상의 공무원이란 널리 공무를 위탁받아 이에 종사하는 자를 말한다. 따라서 공무원법상의 공무원은 물론이고 조세의 원천징수자, 집행관, 각종 위원 등이 포함된다.

Ⅲ 공무원의 헌법상 지위

1. 국민전체에 대한 봉사자로서의 공무원

(1) 국민 전체에 대한 봉사자

국민 전체에 대한 봉사자란 국민주권주의의 표현으로서 공무원은 특정인이나 특정의 당파·계급·종교·지역 등 부분이익만을 대표하여서는 안 되고, 주권자인 국민 전체의 이익을 위하여 봉사하여야 한다는 것을 의미한다. 이때의 공무원은 가장 넓은 의미의 공무원을 의미한다. 따라서 일반직공무원은 물론 특정직공무원과 특수경력직공무원도 포함되며, 공무원의 신분은 가지지 않지만 공무를 위탁받아 이에 종사하는 모든 사람도 여기서 말하는 공무원에 포함된다.

(2) 국민에 대하여 책임을 지는 공무원

공무원은 이념상 국민 전체의 수임자로서 국민에 대하여 충성·성실 등을 그 내용으로 하는 윤리적·정치적 봉사관계에 있다.

헌법 제7조 제1항 후단의 공무원의 책임의 성질에 관하여 법적 책임설, 헌법적 책임설, 윤리적(정치적)책임설 등이 대립하고 있으나 국민의 공무원소환권·파면권 등이 인정되지 아니하는 현행헌법의 경우에는 윤리적·정치적 책임을 의미하고, 법적 책임을 의미하는 경우는 예외적이라고 보아야 할 것이다.

예외적으로 법적 책임을 지는 경우로 ① 대통령·국무총리·국무위원 등에 대한 탄핵(헌법 제65조) ② 공무원의 불법행위에 대한 손해배상청구(헌법 제29조) ③ 공무원의 직무상 행위에 대하여 징계·변상·형사책임 등을 추궁(국가공무원법 제78조 내지 제84조 등)하는 것을 들 수 있다.

Ⅳ 직업공무원제도

1. 직업공무원제도의 개념 및 헌법적 보장

직업공무원제도라 함은 헌법 또는 법률에 의하여 신분이 보장되고 정치적으로 중립성을 갖는 직업공무원으로 하여금 국가의 정책집행을 담당케 하여 정권교체에 관계없이 행정의 일관성을 유지함으로써 안정적이고 능률적인 정책집행을 보장하려는 공직구조에 관한 제도를 말한다. 헌법은 제7조 제2항에서 "공무원의 신분과 정치적 중립성은 법률이 정하는 바에 의하여 보장된다"고 규정하여, 국민주권의 원리에 입각한 민주적이고 법치국가적인 직업공무원제도를 보장하고 있다.

2. 직업공무원의 범위

헌법 제7조 제2항이 말하는 직업공무원은 국가 또는 공공단체와 근로계약을 맺고 이른바 공법상 특별권력관계에서 공무를 담당하는 것을 직업으로 하는 협의의 공무원, 즉 일반직·특정직공무원과 같은 경력직공무원만을 말하며, 정무직·별정직과 같은 특수경력직공무원은 포함되지 않는다. 헌법재판소도 정치적 공무원, 임시직 공무원, 별정직 공무원(동장)은 공무원법상의 신분보장을 받지 못한다고 한다.

3. 직업공무원제도의 내용

(1) 공무원의 정치적 중립

1) 의의

공무원의 정치적 중립이란 공무원의 정치적 활동의 금지, 구체적으로는 정당에 가입하거나 어떤 정당을 위한 활동을 금지하는 소극적 중립을 말한다. 다만 정치적 중립을 이유로 공무원이 국민의 한 사람으로서 당연히 누려야 할 정치적 기본권의 전부를 부정하여서는 아니된다.

2) 내용

공무원이 여당의 정당정책을 홍보하는 것은 정치적 중립에 위반되므로 헌법적으로 보호받을 수 없으며, 정부가 직접 홍보나 인쇄물을 통해 여당을 지지하는 것은 국가기관의 활동은 규범의 보호영역에 해당하지 아니하기 때문에 언론·출판의 자유의 보호영역에도 포함되지 아니한다.

3) 현행법상 공무원의 정치활동의 제한

> ◆ **국가공무원법**
> **제65조(정치 운동의 금지)** ① 공무원은 정당이나 그 밖의 정치단체의 결성에 관여하거나 이에 가입할 수 없다.
> ② 공무원은 선거에서 특정 정당 또는 특정인을 지지 또는 반대하기 위한 다음의 행위를 하여서는 아니된다.
>   1. 투표를 하거나 하지 아니하도록 권유 운동을 하는 것
>   2. 서명 운동을 기도(企圖)·주재(主宰)하거나 권유하는 것
>   3. 문서나 도서를 공공시설 등에 게시하거나 게시하게 하는 것
>   4. 기부금을 모집 또는 모집하게 하거나, 공공자금을 이용 또는 이용하게 하는 것
>   5. 타인에게 정당이나 그 밖의 정치단체에 가입하게 하거나 가입하지 아니하도록 권유 운동을 하는 것
> ③ 공무원은 다른 공무원에게 제1항과 제2항에 위배되는 행위를 하도록 요구하거나, 정치적 행위에 대한 보상 또는 보복으로서 이익 또는 불이익을 약속하여서는 아니된다.

(2) 공무원의 신분보장

공무원의 신분보장이란 정권교체시나 동일한 정권하에서도 정당한 이유 없이 해임당하지 아니하는 것을 말한다. 국가공무원법과 지방공무원법도 "공무원은 형의 선고, 징계처분 또는 동법에 정하는 사유에 의하지 아니하고는 그 의사에 반하여 휴직·강임 또는 면직을 당하지 아니한다(국가공무원법 제68조, 지방공무원법 제60조)"고 규정하고 있다. 그러나 정부조직의 개편이나 예산의 감소 등에 의하여 폐직 또는 과원이 되었을 때에는 직권면직이 가능하다(국가공무원법 제70조 제1항 제3호).

(3) 실적주의

실적주의 또는 성적주의란 인사행정에 있어 정치적 또는 정실적 요인을 배제하고 자격이나 능력을 기준으로 공무원을 임용하는 원칙을 말한다. 공무원법은 "공무원의 임용은 시험성적·근무성적 기타 능력의 실증에 의하여 행한다(국가공무원법 제25조, 지방공무원법 제25조)"고 하여 실적주의를 명시하고 있다. 공무원채용시험에서의 제대군인가산점제도는 이러한 실적주의에 반하여 위헌이다(헌재 1999.12.23, 98헌마363).

V 공무원의 기본권 제한과 그 한계

1. 헌법에 의한 제한

공무원의 정치활동의 제한(제7조 제2항), 이중배상금지(제29조 제2항), 근로3권의 제한(제33조 제2항) 등이 있다.

2. 법률에 의한 제한

공무원관계는 특별권력관계로서 특정한 목적달성에 필요한 한도 내에서 공무원에 대해서는 일반인과 차별되는 기본권 제한이 가능하다. 다만 이 경우에도 법률에 의하여야 한다(오늘날의 특별권력관계).

VI 공무원의 권리와 의무

1. 공무원의 권리

신분보장권, 직위보유권, 직무수행권, 직명사용권, 제복착용권, 행정쟁송권 등과 같은 신분상 권리와 보수청구권, 연금청구권, 실비변상수령권, 특수연구과제 수행 보상수령권과 같은 재산상 권리가 있다.

2. 공무원의 의무

공무원의 의무로는 법령준수의무, 명령복종의무, 성실의무, 직무전념의무, 비밀준수의무, 품위유지의무, 친절·공정의무 등이 있다. 단, 국가공무원법상의 공무원의 의무에 헌법준수의무는 포함되지 않는다.

> **국가공무원법**
> 제56조(성실의무) 모든 공무원은 법령을 준수하며 성실히 직무를 수행하여야 한다.
> 제57조(복종의 의무) 공무원은 직무를 수행할 때 소속 상관의 직무상 명령에 복종하여야 한다.
> 제58조(직장 이탈 금지) ① 공무원은 소속 상관의 허가 또는 정당한 사유가 없으면 직장을 이탈하지 못한다.
> ② 수사기관이 공무원을 구속하려면 그 소속 기관의 장에게 미리 통보하여야 한다. 다만 현행범은 그러하지 아니하다.
> 제59조(친절·공정의 의무) 공무원은 국민 전체의 봉사자로서 친절하고 공정하게 직무를 수행하여야 한다.
> 제59조의2(종교중립의 의무) ① 공무원은 종교에 따른 차별 없이 직무를 수행하여야 한다.
> ② 공무원은 소속 상관이 제1항에 위배되는 직무상 명령을 한 경우에는 이에 따르지 아니할 수 있다.
> 제60조(비밀 엄수의 의무) 공무원은 재직 중은 물론 퇴직 후에도 직무상 알게 된 비밀을 엄수하여야 한다.
> 제61조(청렴의 의무) ① 공무원은 직무와 관련하여 직접적이든 간접적이든 사례·증여 또는 향응을 주거나 받을 수 없다.
> ② 공무원은 직무상의 관계가 있든 없든 그 소속 상관에게 증여하거나 소속 공무원으로부터 증여를 받아서는 아니된다.
> 제62조(외국 정부의 영예 등을 받을 경우) 공무원이 외국 정부로부터 영예나 증여를 받을 경우에는 대통령의 허가를 받아야 한다.
> 제63조(품위 유지의 의무) 공무원은 직무의 내외를 불문하고 그 품위가 손상되는 행위를 하여서는 아니된다.
> 제64조(영리업무 및 겸직 금지) ① 공무원은 공무 외에 영리를 목적으로 하는 업무에 종사하지 못하며 소속 기관장의 허가없이 다른 직무를 겸할 수 없다.
> 제65조(정치운동의 금지) ① 공무원은 정당이나 그 밖의 정치단체의 결성에 관여하거나 이에 가입할 수 없다.
> ② 공무원은 선거에서 특정 정당 또는 특정인을 지지 또는 반대하기 위한 다음의 행위를 하여서는 아니된다.
>   1. 투표를 하거나 하지 아니하도록 권유 운동을 하는 것
>   2. 서명 운동을 기도·주재하거나 권유하는 것
>   3. 문서나 도서를 공공시설 등에 게시하거나 게시하게 하는 것
>   4. 기부금을 모집 또는 모집하게 하거나, 공공자금을 이용 또는 이용하게 하는 것
>   5. 타인에게 정당이나 그 밖의 정치단체에 가입하게 하거나 가입하지 아니하도록 권유 운동을 하는 것
> ③ 공무원은 다른 공무원에게 제1항과 제2항에 위배되는 행위를 하도록 요구하거나, 정치적 행위에 대한 보상 또는 보복으로서 이익 또는 불이익을 약속하여서는 아니된다.
> 제66조(집단행위의 금지) ① 공무원은 노동운동이나 그 밖에 공무 외의 일을 위한 집단 행위를 하여서는 아니된다. 다만 사실상 노무에 종사하는 공무원은 예외로 한다.
> ③ 제1항 단서에 규정된 공무원으로서 노동조합에 가입된 자가 조합 업무에 전임하려면 소속 장관의 허가를 받아야 한다.
> ④ 제3항에 따른 허가에는 필요한 조건을 붙일 수 있다.

3. 공직부패방지제도

고충민원의 처리와 이에 관련된 불합리한 행정제도를 개선하고, 부패의 발생을 예방하며 부패행위를 효율적으로 규제하도록 하기 위하여 국무총리 소속으로 국민권익위원회를 둔다(부패방지 및 국민권익위원회의 설치와 운영에 관한 법률 제11조).

제5항 지방자치제도

I 서설

1. 지방자치의 의의와 요소 및 기능

(1) 의의

지방자치라 함은 지역중심의 지방자치단체가 독자적인 자치기구를 설치해서 그 자치단체의 고유사무를 국가기관의 간섭없이 스스로의 책임 아래 처리하는 것을 말한다(헌재 1996.6.26. 96헌마200).

(2) 요소

1) 주민

첫째, 인적 구성요소는 주민이다.

2) 구역

둘째, 공간적 요소는 구역이다. 즉 일정한 지역을 기초로 한 지역단체이다. 그러나 국가주권에 종속된다. 지방자치단체는 독립된 법인격을 가진 법인이다. 일정한 지역에 대한 지배권을 가진다는 점에서 여타 공법인과 구별된다. 지방자치단체의 구역은 주민·자치권과 함께 자치단체의 구성요소이며, 자치권이 미치는 관할구역의 범위에는 육지는 물론 바다도 포함되므로, 공유수면에 대한 지방자치단체의 자치권한이 존재한다(헌재 2004.9.23. 2000헌라2).

다만 마치 국가가 영토고권을 가지는 것과 마찬가지로, 지방자치단체에게 자신의 관할구역 내에 속하는 영토, 영해, 영공을 자유로이 관리하고 관할구역 내의 사람과 물건을 독점적, 배타적으로 지배할 수 있는 권리가 부여되어 있다고 할 수는 없다. 청구인이 주장하는 지방자치단체의 영토고권은 우리나라 헌법과 법률상 인정되지 아니한다(헌재 2006.3.30. 2003헌라2).

3) 자치권(자치고권)

셋째, 권능적 요소는 자치권이다. 자치입법권·자치조직권·자치행정권·자치재정권을 가진다.

(3) 기능

민주주의의 실현기능, 기본권 실현기능, 기능적 권력분립기능, 기능분배의 기능(보충성의 원리) 등을 들 수 있다.

2. 지방자치의 연혁

제1공화국	제헌헌법에서부터 지방자치에 관한 규정을 두었으나, 1952년에 비로소 지방의회를 구성
제2공화국	명실상부한 지방자치제도 시행(읍·면의 의회 구성, 시장 등 선거)
제3공화국	헌법 부칙에 지방의회의 구성시기를 법률로 정하도록 함(법률 제정하지 않음)
제4공화국	헌법 부칙에 지방의회의 구성을 조국의 통일시까지 유예규정을 두어 지방자치를 사실상 폐지
제5공화국	헌법 부칙에서 지방의회를 재정자립도를 감안하여 순차적 구성, 그 시기는 법률로 정하도록 함(법률 제정하지 않음)
제6공화국	1991년 지방의회 구성. 다만 1995년 지방자치단체장 선거(지방의원과 동시선거), 단 임기 3년으로 한정 그 후 1998년부터 4년마다 동시선거

Ⅱ 지방자치권의 본질

1. 지방자치권의 성격

지방자치권의 성격에 대하여 ① 자치단체가 가지는 권능은 개인의 기본적 인권과 마찬가지로 고유한 권리로 보아야 한다는 고유권설, ② 지방자치단체도 국가의 통치구조의 일환으로 보아야 하며, 지방자치단체의 권능도 국가의 통치권의 일부가 지방자치단체에 전래된 것으로 보아야 한다는 전래권설이 있으나, ③ 지방자치를 헌법에 의하여 제도로써 규정하고 보장하는 한 그 본질적 내용은 국가의 입법에 의하여도 이를 부인할 수 없다는 제도적 보장설이 타당하다고 본다.

2. 지방자치제의 본질적 내용

헌법 제117조 및 제118조가 보장하고 있는 본질적인 내용은 자치단체의 보장, 자치기능의 보장 및 자치사무의 보장이다. 따라서 모든 지방자치단체를 폐지하거나, 지방자치단체로 하여금 오로지 국가의 위임사무만을 처리케 한다거나, 지방자치단체에 전혀 자치권을 부여하지 아니할 경우에는 지방자치제의 본질적 내용을 침해하는 것이 된다.

Ⅲ 지방자치의 유형 및 특징

1. 지방자치의 유형

지방자치의 유형에는 주민의 자기통치를 기본원리로 하여 성립된 주민자치(영미법계의 정치적 의미의 자치)와 지방분권 사상을 기초로 하여 성립된 단체자치(대륙법계의 법적 의미의 자치)가 있다.

2. 지방자치의 특징

구분	주민자치	단체자치
의의	직업공무원이 아닌 지역주민이 국가의 지방행정청에 참여하여 그 지역사회의 정치와 행정을 자신의 책임 하에 처리하는 자치제를 말한다.	일정한 지역을 기초로 하는 지방자치단체가 국가 밑에서 국가로부터 독립된 법인격과 자치권을 인정받아 국가로부터 독립된 단체자체의 기관을 가지고 자주적으로 단체의 의사를 결정하며 그 사무를 처리하는 자치제를 말한다.
기원	영국, 미국	독일, 프랑스
성격	정치적 의미의 지방자치	법률적 의미의 지방자치
자치권의 성격	자연권으로서의 주민의 권리(고유권)	실정권으로서의 단체의 권리(전래권)
자치의 중점	주민의 참여	국가로부터의 독립
기본원리	민주주의의 자기통치	지방분권
권한부여	개별적 수권주의	포괄적 수권주의
관할사무	고유사무와 위임사무의 구별 ×	고유사무와 위임사무의 구별 ○
자치기관의 성격	국가의 지방행정청	독립기관으로서의 자치기관
자치기관의 형태	의결기관이자 집행기관(기관통합·단일주의)	의결기관·집행기관의 분리(기관대립주의)
지방세	독립세주의	부가세주의
통제방법	입법적·사법적 감독중심	행정적 감독중심

Ⅳ 지방자치단체의 권한

1. 자치조직권

2. 자치입법권

3. 자치행정권

고유사무, 단체위임사무, 기관위임사무가 있다.

4. 자치재정권

지방자치단체는 재산을 관리·형성·유지할 권한을 가진다.

Ⅴ 우리 헌법상의 지방자치제도

> ● **헌법**
> **제117조**
> ① 지방자치단체는 주민의 복리에 관한 사무를 처리하고 재산을 관리하며, 법령의 범위 안에서 자치에 관한 규정을 제정할 수 있다.
> ② 지방자치단체의 종류는 법률로 정한다.
> **제118조**
> ① 지방자치단체에 의회를 둔다.
> ② 지방의회의 조직·권한·의원선거와 지방자치단체의 장의 선임방법 기타 지방자치단체의 조직과 운영에 관한 사항은 법률로 정한다.

1. 지방자치단체의 종류·성질

> ● **지방자치법**
> **제2조 (지방자치단체의 종류)** ① 지방자치단체는 다음의 두 가지 종류로 구분한다.
>   1. 특별시, 광역시, 특별자치시, 도, 특별자치도
>   2. 시, 군, 구
> ② 지방자치단체인 구(이하 "자치구")는 특별시와 광역시의 관할 구역 안의 구만을 말하며, 자치구의 자치권의 범위는 법령으로 정하는 바에 따라 시·군과 다르게 할 수 있다.
> ③ 제1항의 지방자치단체 외에 특정한 목적을 수행하기 위하여 필요하면 따로 특별지방자치단체를 설치할 수 있다.
> **제3조 (지방자치단체의 법인격과 관할)** ① 지방자치단체는 법인으로 한다.
> ② 특별시, 광역시, 특별자치시, 도, 특별자치도는 정부의 직할로 두고, 시는 도 또는 특별자치도의 관할 구역 안에, 군은 광역시·도 또는 특별자치도의 관할 구역 안에 두며, 자치구는 특별시와 광역시의 관할 구역 안에 둔다. 다만, 특별자치도의 경우에는 법률이 정하는 바에 따라 관할 구역 안에 시 또는 군을 두지 아니할 수 있다.
> ③ 특별시·광역시 및 특별자치시가 아닌 인구 50만 이상의 시에는 자치구가 아닌 구를 둘 수 있고, 군에는 읍·면을 두며, 시와 구에는 동을, 읍·면에는 리를 둔다.

(1) 종류

지방자치단체에는 일반지방자치단체와 특별지방자치단체가 있다. 일반지방자치단체에는 광역지방자치단체(특별시, 광역시, 특별자치시 및 도, 특별자치도)와 기초지방자치단체(시, 군 및 자치구)가 있고, 2개 이상의 지방자치단체가 공동으로 특정한 목적을 위하여 광역적으로 사무를 처리할 필요가 있을 때 설치하는 특별지방자치단체에는 수도권매립지운영관리조합 등이 있다.

(2) 성질

지방자치단체는 공법인으로 국가와는 별개의 권리의무의 주체라는 것을 의미한다.

(3) 자치단체 상호 간의 관계

자치단체 상호 간에는 법상으로는 대등한 법인이고, 원칙적으로 상하관계가 존재하는 것은 아니다.

(4) 지방자치단체의 명칭과 구역

> ● 지방자치법
> 제5조(지방자치단체의 명칭과 구역) ① 지방자치단체의 명칭과 구역은 종전과 같이 하고, 명칭과 구역을 바꾸거나 지방자치단체를 폐지하거나 설치하거나 나누거나 합칠 때에는 법률로 정한다.
> ② 제1항에도 불구하고 지방자치단체의 구역변경 중 관할 구역 경계변경과 지방자치단체의 한자 명칭의 변경은 대통령령으로 정한다.
> 제7조(자치구가 아닌 구와 읍·면·동 등의 명칭과 구역) ① 자치구가 아닌 구와 읍·면·동의 명칭과 구역은 종전과 같이 하고, 이를 폐지하거나 설치하거나 나누거나 합칠 때에는 행정안전부장관의 승인을 받아 그 지방자치단체의 조례로 정한다.

2. 자치단체의 사무

> ● 지방자치법
> 제13조(지방자치단체의 사무범위) ① 지방자치단체는 관할 구역의 자치사무와 법령에 따라 지방자치단체에 속하는 사무를 처리한다.
> ② 제1항에 따른 지방자치단체의 사무를 예시하면 다음 각 호와 같다. 다만 법률에 이와 다른 규정이 있으면 그러하지 아니하다.
>   1. 지방자치단체의 구역, 조직, 행정관리 등
>   2. 주민의 복지증진
>   3. 농림·상공업 등 산업 진흥
>   4. 지역개발과 자연환경보전 및 생활환경시설의 설치·관리
>   5. 교육·체육·문화·예술의 진흥
>   6. 지역민방위 및 지방소방
>   7. 국제교류 및 협력

(1) 자치사무(고유사무)

고유사무는 지방자치단체의 존립목적이 되는 사무로서 지방자치단체가 자율적으로 처리한다. 고유사무에 대한 국가적 감독은 소극적 감독만이 허용되고 적극적 감독은 배제된다.

(2) 단체위임사무

단체위임사무는 법령에 의하여 국가 또는 상급지방자치단체로부터 위임된 사무를 말한다(법 제9조 제1항). 대표적인 단체위임사무로는 국세징수법에 의한 시·군의 국세징수사무, 하천법에 의한 국유하천의 점용료 등의 징수사무, 감염병의예방및관리에관한법률에 의한 예방접종사무, 지역보건법에 의한 보건소운영사무, 국민기초생활보장법에 의한 생활보호사무 등이 있다.

(3) 기관위임사무

기관위임사무는 전국적으로 이해관계가 있는 사무로서 국가 또는 광역자치단체로부터 지방자치단체의 집행기관에 위임된 사무를 말한다.

구분	자치사무(고유사무)	단체위임사무	기관위임사무
법적근거	헌법 제117조 제1항 (지방자치법 제13조)	개별법령 필요 (지방자치법 제13조)	개별법령 필요 (지방자치법 제115조)
본질	지방자치단체의 고유사무	법령에 의해 지방자치단체에 위임된 사무	국가 또는 상급자치단체로부터 하급행정기관인 자치단체장에 위임된 사무
국가감독	소극적 감독 (사후의 합법성만)	소극적 감독/합목적성 감독	사전·사후의 적극적 감독
비용부담	지방자치단체	국가·지방자치단체분담설과 위임단체설의 견해 대립	위임한 국가 또는 단체
국정감사	불가 (단, 본회의 의결시 기초자치단체는 가능)	가능	가능
조례제정	인정	인정	부정
예	① 교육사무 ② 수도사무 ③ 구 호적사무 ④ 주민등록사무 ⑤ 공유재산의 사용료율을 정하는 것	① 국세징수사무 ② 예방접종사무 ③ 보건소운영사무 ④ 생활보호사무	① 병사·선거·경찰·지적사무 등 국가의 일반사무 ② 부랑인선도시설·정신질환자요양시설 지도·감독사무

3. 기관

(1) 지방의회

1) 지방자치단체의 필수기관(제118조 제1항)

2) 구성과 권한

> **지방자치법**
> 제39조(의원의 임기) ① 지방의회의원의 임기는 4년으로 한다.
> 제40조(의원의 의정활동비 등) ① 지방의회의원에게 다음 각 호의 비용을 지급한다.
>   1. 의정 자료를 수집하고 연구하거나 이를 위한 보조 활동에 사용되는 비용을 보전하기 위하여 매월 지급하는 의정활동비
>   2. 지방의회의원의 직무활동에 대하여 지급하는 월정수당
>   3. 본회의 의결, 위원회의 의결 또는 의장의 명에 따라 공무로 여행할 때 지급하는 여비

(가) 구성

지방의원을 명예직으로 하도록 한 규정을 삭제하여, 현재는 '회기수당' 대신에 '월정수당'이 지급된다.

(나) 권한

① 의결권

② 행정사무감사권 및 조사권(지방자치법 제49조)

③ 출석·답변 및 서류제출요구권(지방자치법 제51조, 제48조)
④ 지방자치단체의 장의 선결처분에 대한 승인권(지방자치법 제122조)
⑤ 의장·부의장 등의 선거권(지방자치법 제49조)
⑥ 청원의 수리와 처리권(지방자치법 제85조~제88조)
⑦ 지방의회의 자율권

3) 운영: 소집과 회기

> ◎ **지방자치법**
> **제53조(정례회)** ① 지방의회는 매년 2회 정례회를 개최한다.
> ② 정례회의 집회일, 그 밖에 정례회의 운영에 관하여 필요한 사항은 해당 지방자치단체의 조례로 정한다.
> **제54조(임시회)** ① 지방의회의원 총선거 후 최초로 집회되는 임시회는 지방의회 사무처장·사무국장·사무과장이 지방의회의원 임기 개시일부터 25일 이내에 소집한다.
> ② 지방자치단체를 폐지하거나 설치하거나 나누거나 합쳐 새로운 지방자치단체가 설치된 경우에 최초의 임시회는 지방의회 사무처장·사무국장·사무과장이 해당 지방자치단체가 설치되는 날에 소집한다.
> ③ 지방의회의 의장은 지방자치단체의 장이나 조례로 정하는 수 이상의 지방의회의원이 요구하면 15일 이내에 임시회를 소집하여야 한다. 다만, 지방의회의 의장과 부의장이 부득이한 사유로 임시회를 소집할 수 없을 때에는 지방의회의원 중 최다선의원이, 최다선의원이 2명 이상인 경우에는 그 중 연장자의 순으로 소집할 수 있다.
> ④ 임시회 소집은 집회일 3일 전에 공고하여야 한다. 다만, 긴급할 때에는 그러하지 아니하다.
> **제72조 (의사정족수)** ① 지방의회는 재적의원 3분의 1 이상의 출석으로 개의한다.
> ② 회의 참석 인원이 제1항의 정족수에 미치지 못할 때에는 지방의회의 의장은 회의를 중지하거나 산회를 선포한다.
> **제73조 (의결정족수)** ① 회의는 이 법에 특별히 규정된 경우 외에는 재적의원 과반수의 출석과 출석의원 과반수의 찬성으로 의결한다.
> ② 지방의회의 의장은 의결에서 표결권을 가지며, 찬성과 반대가 같으면 부결된 것으로 본다.

4) 의장과 부의장

> ◎ **지방자치법**
> **제57조(의장·부의장의 선거와 임기)** ① 지방의회는 의원 중에서 시·도의 경우 의장 1명과 부의장 2명을, 시·군 및 자치구의 경우 의장과 부의장 각 1명을 무기명투표로 선거하여야 한다.
> ③ 의장과 부의장의 임기는 2년으로 한다.
> **제59조(의장 직무대리)** 지방의회의 의장이 부득이한 사유로 직무를 수행할 수 없을 때에는 부의장이 그 직무를 대리한다.
> **제62조(의장·부의장 불신임의 의결)** ① 지방의회의 의장이나 부의장이 법령을 위반하거나 정당한 사유 없이 직무를 수행하지 아니하면 지방의회는 불신임을 의결할 수 있다.
> ② 제1항의 불신임 의결은 재적의원 4분의 1 이상의 발의와 재적의원 과반수의 찬성으로 한다.
> ③ 제2항의 불신임 의결이 있으면 지방의회의 의장이나 부의장은 그 직에서 해임된다.

5) 조례제정권

1. 조례의 의의 및 조례제정권의 근거

① 지방자치단체는 헌법이나 법률이 국가나 그 밖의 공공단체의 사무로 유보하고 있는 것이 아니라면, 지

방자치단체의 모든 사무를 자치적으로 처리하는데 필요한 자치입법권을 갖는다.

② 지방자치단체의 조례제정권의 근거는 지방자치단체는 법령의 범위 안에서 자치에 관한 규정을 제정할 수 있다고 규정하고 있는 헌법 제117조 제1항 후단과, 이에 의거하여 지방자치단체는 법령의 범위 안에서 그 사무에 관하여 조례를 제정할 수 있다고 규정하고 있는 지방자치법 제28조에서 찾을 수 있다. 다만 지방자치법의 규정은 헌법 제117조 제1항 후단을 확인하고 조례규정사항의 범위를 명백히 한 것일 뿐이다. 따라서 기관위임사무를 제외한 모든 사무는 법률의 수권이나 위임이 없을지라도 법령에 위배되지 아니하는 한 조례로써 규정할 수 있다고 할 것이다.

2. 조례제정권의 한계

> **● 지방자치법**
> **제28조(조례)** ① 지방자치단체는 법령의 범위에서 그 사무에 관하여 조례를 제정할 수 있다. 다만, 주민의 권리 제한 또는 의무 부과에 관한 사항이나 벌칙을 정할 때에는 법률의 위임이 있어야 한다.
> ② 법령에서 조례로 정하도록 위임한 사항은 그 법령의 하위 법령에서 그 위임의 내용과 범위를 제한하거나 직접 규정할 수 없다.
> **제29조(규칙)** 지방자치단체의 장은 법령 또는 조례의 범위에서 그 권한에 속하는 사무에 관하여 규칙을 제정할 수 있다.
> **제30조(조례와 규칙의 입법한계)** 시·군 및 자치구의 조례나 규칙은 시·도의 조례나 규칙에 위반하여서는 아니된다.
> **제34조(조례위반에 대한 과태료)** ① 지방자치단체는 조례를 위반한 행위에 대하여 조례로써 1천만원 이하의 과태료를 정할 수 있다.

(1) 사항적 한계

1) 사무의 종류에 따른 한계

지방자치단체는 자치사무를 처리하기 위하여 필요한 때에는 조례를 제정할 수 있다. 조례는 고유사무와 단체위임사무에 대하여만 제정할 수 있으며, 기관위임사무에 대하여는 조례를 제정할 수 없다. 기관위임사무의 경우에도 법령에 의한 위임이 있는 경우에는 조례를 제정할 수 있다고 본다. 한편 법률이 기관위임사무로 유보하고 있지 않더라도 국가 전체를 획일적으로 규율할 필요가 있는 사항도 조례의 대상이 아니다.

2) 지역적 한계

조례의 효력이 미치는 범위는 당해 지방자치단체의 구역 내에 한정되는 것이 원칙이다. 지방자치단체의 구역 내라면 원칙적으로 주민인지 여부를 불문하고 효력을 미친다.

(2) 법치국가적 원리에서 오는 한계

헌법 제117조 제1항과 지방자치법 제28조는 지방자치단체는 '법령의 범위 안에서' 조례를 제정할 수 있다고 규정하고 있다. 여기서의 '법령의 범위 안에서'라는 명문규정은 법치국가원리의 요소인 법률우위의 원칙을 규정한 것으로 해석되고 있다. 법치행정의 원리는 모든 행정작용을 헌법과 법률에 기속시킴으로써 행정작용의 자의와 남용을 막고 국민의 자유와 권리를 보장하려는 헌법의 기본원리로서, 일종의 행정작용이라고 할 수 있는 조례의 제정에도 당연히 적용된다.

1) 법률유보의 원칙
   (가) 법률유보원칙의 적용여부
   지방자치단체는 법령의 범위 안에서 그 사무에 관하여 조례를 제정할 수 있다. 다만 주민의 권리제한 또는 의무부과에 관한 사항이나 벌칙을 정할 때에는 법률의 위임이 있어야 한다(지방자치법 제28조).

   A. 법률유보원칙의 적용여부(지방자치법 제28조 단서의 위헌여부)
      ① 조례는 헌법 제117조 제1항에 의하면 '법령의 범위 안에서' 제정할 수 있는데, 지방자치법 제28조 단서가 법률의 위임이라는 추가요건을 규정한 것은 헌법상 근거 없이 지방자치단체의 조례제정권을 제한한 것으로서 위헌이라는 견해와 헌법 제37조 제2항에 비추어 국민의 기본권을 제한하는 경우에는 반드시 '법률에 근거'하여야 한다는 점을 논거로 지방자치법 제28조 단서는 헌법에 위반되지 않아 합헌이라는 견해가 대립된다.
      ② 대법원
      지방자치법 제15조(현 제28조) 단서에서 … 법률의 위임을 요한다고 규정하고 있는 바, 이는 기본권 제한에 대하여 법률유보원칙을 선언한 헌법 제37조 제2항의 취지에 부합하므로 … 위헌이라고 할 수 없다(대판 1995.5.12, 94추28).

   (나) 법률의 위임시 위임의 정도
   A. 조례의 법적 성질을 행정입법이라고 보아 위임명령의 경우와 동일하게 구체적·개별적 위임을 필요로 한다고 보는 구체적·개별적 위임필요설과 조례의 법적 성질을 자주법이라고 보아 일반적·포괄적 위임으로 조례제정이 가능하다고 보는 일반적·포괄적 위임설의 대립이 있다.
   B. 판례의 태도
      ① 대법원
      법률이 주민의 권리·의무에 관한 사항에 관하여 구체적으로 아무런 범위도 정하지 아니한 채 조례로 정하도록 포괄적으로 위임하였다고 하더라도, 행정관청의 명령과는 달리 조례는 주민의 대표기관인 지방의회의 의결로 제정되는 지방자치단체의 자주법인 만큼, 지방자치단체가 법령에 위반되지 않는 범위 내에서 주민의 권리·의무에 관한 사항을 조례로 제정할 수 있는 것이다(대판 1991.8.27, 90누6613).
      ② 헌법재판소
      ⅰ) 조례의 제정권자인 지방의회는 선거를 통해서 그 지역적인 민주적 정당성을 지니고 있는 주민의 대표기관이고, ⅱ) 헌법이 지방자치단체에 대해 포괄적인 자치권을 보장하고 있는 취지로 볼 때, 조례제정권에 대한 법률의 위임은 법규명령에 대한 법률의 위임과 같이 반드시 구체적으로 범위를 정하여 할 필요가 없으며 포괄적인 것으로 족하다(헌재 1995.4.20, 92헌마264).

2) 법률우위의 원칙
   (가) 의의
   법률우위의 원칙이란 모든 공권력작용은 법률을 위반하여서는 아니된다는 원칙을 말한다.

조례도 조례의 내용 등이 상위법령을 위반하여서는 아니된다. 헌법 제117조 제1항과 지방자치법 제28조 본문은 '법령의 범위 안에서' 조례를 제정할 수 있다고 하여 법률우위의 원칙을 규정하고 있다.

(나) 조례규율사항이 이미 법령에 규율되어 있는 경우

국가의 법령과 동일한 대상을 다른 목적으로 규율하는 조례나 동일한 목적이라도 당해 법령의 대상 외의 사항을 규율하는 조례는 법령에 위반되지 않지만, 법령과 동일한 목적으로, 동일한 사항에 대하여 규율하는 경우에도 조례제정권이 허용되는지에 대하여 조례가 당해 법률의 규제범위 외의 사항을 규제하거나, 법률이 정한 이상의 엄격한 기준을 두어 규제하는 것은 허용될 수 없다는 '법률선점론'과 법률이 전국적으로 일률적 기준을 설정하여 획일적으로 규율하고자 하는 취지의 경우에는 동일한 대상을 동일한 목적으로 법률보다 더 엄격하고 강하게 규율하는 조례(상승조례)는 허용될 수 없으나, 당해 법률이 전국적 최소한도의 기준만 설정한 것으로 해석될 때에는 지역적 필요성에 따라 그보다 강화된 기준에 의한 조례(초과조례)를 통한 규율이 가능하다고 보는 '수정법률선점론'이 대립하고 있으나, '수정법률선점론'이 통설·판례이다.

3. 조례의 제정절차

> **● 지방자치법**
>
> **제32조(조례와 규칙의 제정절차 등)** ① 조례안이 지방의회에서 의결되면 지방의회의 의장은 의결된 날부터 5일 이내에 그 지방자치단체의 장에게 이송하여야 한다.
> ② 지방자치단체의 장은 제1항의 조례안을 이송받으면 20일 이내에 공포하여야 한다.
> ③ 지방자치단체의 장은 이송받은 조례안에 대하여 이의가 있으면 제2항의 기간에 이유를 붙여 지방의회로 환부하고, 재의를 요구할 수 있다. 이 경우 지방자치단체의 장은 조례안의 일부에 대하여 또는 조례안을 수정하여 재의를 요구할 수 없다.
> ④ 지방의회는 제3항에 따라 재의 요구를 받으면 조례안을 재의에 부치고 재적의원 과반수의 출석과 출석의원 3분의 2 이상의 찬성으로 전(前)과 같은 의결을 하면 그 조례안은 조례로서 확정된다.
> ⑤ 지방자치단체의 장이 제2항의 기간에 공포하지 아니하거나 재의 요구를 하지 아니하더라도 그 조례안은 조례로서 확정된다.
> ⑥ 지방자치단체의 장은 제4항 또는 제5항에 따라 확정된 조례를 지체 없이 공포하여야 한다. 이 경우 제5항에 따라 조례가 확정된 후 또는 제4항에 따라 확정된 조례가 지방자치단체의 장에게 이송된 후 5일 이내에 지방자치단체의 장이 공포하지 아니하면 지방의회의 의장이 공포한다.
> ⑦ 제2항 및 제6항 전단에 따라 지방자치단체의 장이 조례를 공포하였을 때에는 즉시 해당 지방의회의 의장에게 통지하여야 하며, 제6항 후단에 따라 지방의회의 의장이 조례를 공포하였을 때에는 그 사실을 즉시 해당 지방자치단체의 장에게 통지하여야 한다.
> ⑧ 조례와 규칙은 특별한 규정이 없으면 공포한 날부터 20일이 지나면 효력을 발생한다.

4. 조례에 대한 통제

(1) 행정적 통제

> 🔷 **지방자치법**
>
> **제120조(지방의회의 의결에 대한 재의요구와 제소)** ① 지방자치단체의 장은 지방의회의 의결이 월권이거나 법령에 위반되거나 공익을 현저히 해친다고 인정되면 그 의결사항을 이송받은 날부터 20일 이내에 이유를 붙여 재의를 요구할 수 있다.
> ② 제1항의 요구에 대하여 재의한 결과 재적의원 과반수의 출석과 출석의원 3분의 2 이상의 찬성으로 전과 같은 의결을 하면 그 의결사항은 확정된다.
> ③ 지방자치단체의 장은 제2항에 따라 재의결된 사항이 법령에 위반된다고 인정되면 대법원에 소를 제기할 수 있다. 이 경우에는 제192조 제4항을 준용한다.
>
> **제121조(예산상 집행 불가능한 의결의 재의요구)** ① 지방자치단체의 장은 지방의회의 의결이 예산상 집행할 수 없는 경비를 포함하고 있다고 인정되면 그 의결사항을 이송받은 날부터 20일 이내에 이유를 붙여 재의를 요구할 수 있다.
>
> **제192조(지방의회 의결의 재의와 제소)** ① 지방의회의 의결이 법령에 위반되거나 공익을 현저히 해친다고 판단되면 시·도에 대해서는 주무부장관이, 시·군 및 자치구에 대해서는 시·도지사가 해당 지방자치단체의 장에게 재의를 요구하게 할 수 있고, 재의 요구 지시를 받은 지방자치단체의 장은 의결사항을 이송받은 날부터 20일 이내에 지방의회에 이유를 붙여 재의를 요구하여야 한다.
> ② 시·군 및 자치구의회의 의결이 법령에 위반된다고 판단됨에도 불구하고 시·도지사가 제1항에 따라 재의를 요구하게 하지 아니한 경우 주무부장관이 직접 시장·군수 및 자치구의 구청장에게 재의를 요구하게 할 수 있고, 재의 요구 지시를 받은 시장·군수 및 자치구의 구청장은 의결사항을 이송받은 날부터 20일 이내에 지방의회에 이유를 붙여 재의를 요구하여야 한다.
> ③ 제1항 또는 제2항의 요구에 대하여 재의한 결과 재적의원 과반수의 출석과 출석의원 3분의 2 이상의 찬성으로 전과 같은 의결을 하면 그 의결사항은 확정된다.
> ④ 지방자치단체의 장은 제3항에 따라 재의결된 사항이 법령에 위반된다고 판단되면 재의결된 날부터 20일 이내에 대법원에 소를 제기할 수 있다. 이 경우 필요하다고 인정되면 그 의결의 집행을 정지하게 하는 집행정지결정을 신청할 수 있다.
> ⑤ 주무부장관이나 시·도지사는 재의결된 사항이 법령에 위반된다고 판단됨에도 불구하고 해당 지방자치단체의 장이 소를 제기하지 아니하면 시·도에 대해서는 주무부장관이, 시·군 및 자치구에 대해서는 시·도지사가 그 지방자치단체의 장에게 제소를 지시하거나 직접 제소 및 집행정지결정을 신청할 수 있다.
> ⑥ 제5항에 따른 제소의 지시는 제4항의 기간이 지난 날부터 7일 이내에 하고, 해당 지방자치단체의 장은 제소 지시를 받은 날부터 7일 이내에 제소하여야 한다.
> ⑦ 주무부장관이나 시·도지사는 제6항의 기간이 지난 날부터 7일 이내에 제5항에 따른 직접 제소 및 집행정지결정을 신청할 수 있다.
> ⑧ 제1항 또는 제2항에 따라 지방의회의 의결이 법령에 위반된다고 판단되어 주무부장관이나 시·도지사로부터 재의 요구 지시를 받은 해당 지방자치단체의 장이 재의를 요구하지 아니하는 경우에는 주무부장관이나 시·도지사는 제1항 또는 제2항에 따른 기간이 지난 날부터 7일 이내에 대법원에 직접 제소 및 집행정지 결정을 신청할 수 있다.
> ⑨ 제1항 또는 제2항에 따른 지방의회의 의결이나 제3항에 따라 재의결된 사항이 둘 이상의 부처와 관련되거나 주무부장관이 불분명하면 행정안전부장관이 재의 요구 또는 제소를 지시하거나 직접 제소 및 집행정지 결정을 신청할 수 있다.

(2) 법원에 의한 통제
  1) 기관소송
    기관소송이란 국가 또는 공공단체의 기관 상호간에 있어서의 권한의 존부 또는 그 행사에 관한 다툼이 있을 경우 제기하는 소송(행정소송법 제3조 제4호)으로서, 개별법률이 정한 경우에 한하여 제기할 수 있다.
    지방자치법 제120조 및 제192조에 의하면 지방자치단체의 장은 조례의 법령위반을 이유로 조례를 재의결한 지방의회를 상대로 대법원에 소를 제기할 수 있다. 대법원의 위법결정은 당해 조례 자체를 무효로 하는 효력을 가지게 된다.
  2) 조례 자체에 대한 항고소송
    일반적으로 조례는 항고소송의 대상이 되는 행정처분에 해당하지 않지만, 조례가 집행행위의 개입 없이도 그 자체로써 직접 국민의 구체적인 권리의무나 법적 이익에 영향을 미치는 등의 법률상의 효력을 발생하는 경우 그 조례는 항고소송의 대상이 되는 행정처분에 해당하여, 항고소송을 통하여 조례를 통제할 수도 있다(대판 1996.9.20, 95누8003).
  3) 조례에 근거한 행정처분에 대한 항고소송
    위법한 조례에 근거하여 발하여진 행정처분에 의하여 권리를 침해받은 경우에는 그 처분의 취소 또는 무효확인소송을 통하여 권리구제를 받을 수 있다. 항고소송은 주관적 소송의 성질을 가지므로, 위법으로 판단된 해당 조례를 당해사건에 적용할 수 없을 뿐, 조례를 일반적으로 무효화시킬 수는 없다(개별효).
(3) 헌법재판소에 의한 통제
  조례제정행위도 공권력작용에 해당하므로 조례가 별도의 구체적인 집행행위를 기다리지 아니하고 직접 그리고 현재 자기의 기본권을 침해하는 것일 때에는 그 조례 자체의 효력을 직접 다투는 것을 소송물로 하여 일반법원에 구제를 구할 수 있는 절차가 있는 경우가 아니어서 다른 구제절차를 거칠 것 없이 바로 헌법소원심판을 제기할 수 있다(헌재 1995.4.20, 92헌마264).
(4) 주민에 의한 통제

> ● 지방자치법
> 제18조(주민투표) ① 지방자치단체의 장은 주민에게 과도한 부담을 주거나 중대한 영향을 미치는 지방자치단체의 주요 결정사항 등에 대하여 주민투표에 부칠 수 있다.

6) 자치재정권(제136조 내지 제163조)

[지방의회 · 국회의 예산 · 결산 비교]

구분		지방의회(지방자치법)	국회(헌법)
예산	제출	· 시 · 도: 회계연도개시 50일 전까지 · 시 · 군 · 구: 회계연도개시 40일 전까지	회계연도개시 90일 전까지
	의결	· 시 · 도: 15일 전까지 의결 · 시 · 군 · 구: 10일 전까지 의결	30일 전까지 의결
	수정	단체장은 수정예산안을 제출	
	변경	추가경정예산	좌동
계속비 의결		총액과 연도별금액을 정하여 의결	연한을 정하여 의결
예비비	의결	의결에 대한 내용 없음	총액으로 의결
	지출	다음 해 지방의회의 승인	차기국회의 승인
준예산		· 법령이나 조례에 의하여 설치된 기관 또는 시설의 유지 · 운영 · 법령상 또는 조례상 지출의무 이행 · 이미 예산으로 승인된 사업의 계속	· 헌법이나 법률에 의하여 설치된 기관 또는 시설의 유지 · 운영 · 법률상 지출의무 이행 · 이미 예산으로 승인된 사업의 계속
재정부담 수반 의결		미리 단체장의 의견 청취	해당 내용 없음
결산 승인		다음 해 지방의회의 승인	감사원 검사, 대통령과 차년도 국회에 보고

(2) 지방자치단체의 장

1) 지방자치법의 규정

🔵 **헌법**

제118조
② 지방의회의 조직 · 권한 · 의원선거와 지방자치단체의 장의 선임방법 기타 지방자치단체의 조직과 운영에 관한 사항은 법률로 정한다.

🔵 **지방자치법**

제107조(지방자치단체의 장의 선거) 지방자치단체의 장은 주민이 보통 · 평등 · 직접 · 비밀선거에 따라 선출한다.
제108조(지방자치단체의 장의 임기) ① 지방자치단체의 장의 임기는 4년으로 하며, 3기 내에서만 계속 재임할 수 있다.
제112조(지방자치단체의 장의 퇴직) 지방자치단체의 장이 다음 각 호의 어느 하나에 해당될 때에는 그 직에서 퇴직된다.
  1. 지방자치단체의 장이 겸임할 수 없는 직에 취임할 때
  2. 피선거권이 없게 될 때. 이 경우 지방자치단체의 구역이 변경되거나 없어지거나 합한 것 외의 다른 사유로 그 지방자치단체의 구역 밖으로 주민등록을 이전하였을 때를 포함한다.
  3. 제110조에 따라 지방자치단체의 장의 직을 상실할 때

2) 권한

(가) 주민투표부의권

(나) 재의요구권

대통령은 법률안에 대해서만 재의요구를 할 수 있으나, 지방자치단체장은 조례안뿐만 아니라 지방의회의 의결사항 전체에 대하여 재의요구를 할 수 있다.

(다) 선결처분권(제122조)

지방자치단체장의 선결처분권은 헌법 제76조 대통령의 긴급명령 내지 긴급재정경제처분·명령과 유사하다.

(라) 기타 권한

> ⬟ 지방자치법
> 제29조(규칙) 지방자치단체의 장은 법령이나 조례가 위임한 범위에서 그 권한에 속하는 사무에 관하여 규칙을 제정할 수 있다.
> 제114조(지방자치단체의 통할대표권) 지방자치단체의 장은 지방자치단체를 대표하고, 그 사무를 총괄한다.
> 제115조(국가사무의 위임) 시·도와 시·군 및 자치구에서 시행하는 국가사무는 시·도지사와 시장·군수 및 자치구의 구청장에게 위임하여 수행하는 것을 원칙으로 한다. 다만, 법령에 다른 규정이 있는 경우에는 그러하지 아니하다.
> 제116조(사무의 관리 및 집행권) 지방자치단체의 장은 그 지방자치단체의 사무와 법령에 따라 그 지방자치단체의 장에게 위임된 사무를 관리하고 집행한다.
> 제118조(직원에 대한 임면권 등) 지방자치단체의 장은 소속 직원(지방의회의 사무직원은 제외한다)을 지휘·감독하고 법령과 조례·규칙으로 정하는 바에 따라 그 임면·교육훈련·복무·징계 등에 관한 사항을 처리한다.

(3) 지방자치단체의 부단체장의 권한대행

> ⬟ 지방자치법
> 제124조(지방자치단체의 장의 권한대행 등) ① 지방자치단체의 장이 다음 각 호의 어느 하나에 해당되면 부지사·부시장·부군수·부구청장이 그 권한을 대행한다.
> 1. 궐위된 경우
> 2. 공소 제기된 후 구금상태에 있는 경우
> 3. 「의료법」에 따른 의료기관에 60일 이상 계속하여 입원한 경우

(4) 지방교육자치단체

> ⬟ 지방교육자치에 관한 법률
> 제2조(교육·학예사무의 관장) 지방자치단체의 교육·과학·기술·체육 그 밖의 학예에 관한 사무는 특별시·광역시 및 도의 사무로 한다.
> 제3조(「지방자치법」과의 관계) 지방자치단체의 교육·학예에 관한 사무를 관장하는 기관의 설치와 그 조직 및 운영 등에 관하여 이 법에서 규정한 사항을 제외하고는 그 성질에 반하지 아니하는 범위에서 「지방자치법」의 관련 규정을 준용한다. 이 경우 "지방자치단체의 장" 또는 "시·도지사"는 "교육감"으로, "지방자치단체의 사무"는 "지방자치단체의 교육·학예에 관한 사무"로, "자치사무"는 "교육·학예에 관한 자치사무"로, "행정안전부장관"·"주무부장관" 및 "중앙행정기관의 장"은 "교육부장관"으로 본다.

4. 주민의 권리와 의무

(1) 주민의 권리

1) 공공시설이용권

2) 선거권 · 피선거권

3) 주민투표권

> **지방자치법**
> 제18조(주민투표) ① 지방자치단체의 장은 주민에게 과도한 부담을 주거나 중대한 영향을 미치는 지방자치단체의 주요 결정사항 등에 대하여 주민투표에 부칠 수 있다.
> ② 주민투표의 대상 · 발의자 · 발의요건, 그 밖에 투표절차 등에 관한 사항은 따로 법률로 정한다.

주민투표권의 주요 내용에 대해서는 주민투표법이 제정되어 있다.

4) 조례의 제정 및 개폐청구권(지방자치법 제19조 및 주민조례발안에관한법률)

18세 이상의 주민으로서 일정한 요건에 해당하는 자는 해당 지방자치단체의 장에게 조례를 제정하거나 개정하거나 폐지할 것을 청구할 수 있다.

> **지방자치법**
> 제19조(조례의 제정과 개정 · 폐지 청구) ① 주민은 지방자치단체의 조례를 제정하거나 개정하거나 폐지할 것을 청구할 수 있다.
> ② 조례의 제정 · 개정 또는 폐지 청구의 청구권자 · 청구대상 · 청구요건 및 절차 등에 관한 사항은 따로 법률로 정한다.
>
> **주민조례발안에 관한 법률**
> 제2조(주민조례청구권자) 18세 이상의 주민으로서 다음 각 호의 어느 하나에 해당하는 사람(「공직선거법」 제18조에 따른 선거권이 없는 사람은 제외한다)은 해당 지방자치단체의 의회에 조례를 제정하거나 개정 또는 폐지할 것을 청구할 수 있다.
> 1. 해당 지방자치단체의 관할 구역에 주민등록이 되어 있는 사람
> 2. 「출입국관리법」 제10조에 따른 영주할 수 있는 체류자격 취득일 후 3년이 지난 외국인으로서 같은 법 제34조에 따라 해당 지방자치단체의 외국인등록대장에 올라 있는 사람

5) 감사청구권(제21조)

18세 이상의 주민으로서 일정한 요건에 해당하는 자는 주무부장관 또는 시 · 도지사에게 해당 지방자치단체와 그 장의 권한에 속하는 사무의 처리가 법령에 위반되거나 공익을 현저히 해친다고 인정되면 감사를 청구할 수 있다.

6) 주민소송권(제22조)

제21조 제1항에 따라 재무관계에 관한 사항을 감사청구한 주민은 감사청구한 사항과 관련이 있는 위법한 행위나 업무를 게을리 한 사실에 대하여 해당 지방자치단체의 장을 상대방으로 하여 소송을 제기할 수 있다.

7) 주민소환권(제25조)

주민은 그 지방자치단체의 장 및 지방의회의원(비례대표 지방의회의원은 제외한다)을 소환할 권리를 가진다. 그리고 주민소환권의 주요 내용에 대해서는 '주민소환에 관한 법률'이 제정되어 있다.

(2) 주민의 의무

> ● 지방자치법
> 제27조(주민의 의무) 주민은 법령으로 정하는 바에 따라 소속 지방자치단체의 비용을 분담하여야 하는 의무를 진다.

5. 지방자치단체 상호 간의 분쟁 조정 등

> ● 지방자치법
> 제165조(지방자치단체 상호 간의 분쟁조정) ① 지방자치단체 상호 간 또는 지방자치단체의 장 상호 간에 사무를 처리할 때 의견이 달라 다툼이 생기면 다른 법률에 특별한 규정이 없으면 행정안전부장관이나 시·도지사가 당사자의 신청을 받아 조정할 수 있다. 다만, 그 분쟁이 공익을 현저히 해쳐 조속한 조정이 필요하다고 인정되면 당사자의 신청이 없어도 직권으로 조정할 수 있다.

6. 국가의 관여

(1) 행정적 관여

1) 지방자치단체장에 대한 국가의 감독

A. 위법·부당한 명령·처분의 시정

> ● 지방자치법
> 제188조(위법·부당한 명령·처분의 시정) ① 지방자치단체의 사무에 관한 지방자치단체의 장의 명령이나 처분이 법령에 위반되거나 현저히 부당하여 공익을 해친다고 인정되면 시·도에 대해서는 주무부장관이, 시·군 및 자치구에 대해서는 시·도지사가 기간을 정하여 서면으로 시정할 것을 명하고, 그 기간에 이행하지 아니하면 이를 취소하거나 정지할 수 있다.
> ⑤ 제1항부터 제4항까지의 규정에 따른 자치사무에 관한 명령이나 처분에 대한 주무부장관 또는 시·도지사의 시정명령, 취소 또는 정지는 법령을 위반한 것에 한정한다.

B. 직무이행명령

> ● 지방자치법
> 제189조(지방자치단체의 장에 대한 직무이행명령) ① 지방자치단체의 장이 법령에 따라 그 의무에 속하는 국가위임사무나 시·도위임사무의 관리와 집행을 명백히 게을리하고 있다고 인정되면 시·도에 대해서는 주무부장관이, 시·군 및 자치구에 대해서는 시·도지사가 기간을 정하여 서면으로 이행할 사항을 명령할 수 있다.

C. 자치사무에 대한 감사

> ⬟ **지방자치법**
> 제190조(지방자치단체의 자치사무에 대한 감사) ① 행정안전부장관이나 시·도지사는 지방자치단체의 자치사무에 관하여 보고를 받거나 서류·장부 또는 회계를 감사할 수 있다. 이 경우 감사는 법령 위반사항에 대해서만 한다.
> ② 행정안전부장관 또는 시·도지사는 제1항에 따라 감사를 하기 전에 해당 사무의 처리가 법령에 위반되는지 등을 확인하여야 한다.

2) 지방의회에 대한 국가의 감독 : 지방자치법 제192조(지방의회 의결의 재의와 제소)

(2) 사법적 관여

> ⬟ **지방자치법**
> 제188조(위법·부당한 명령·처분의 시정) ⑥ 지방자치단체의 장은 제1항, 제3항 또는 제4항에 따른 자치사무에 관한 명령이나 처분의 취소 또는 정지에 대하여 이의가 있으면 그 취소처분 또는 정지처분을 통보받은 날부터 15일 이내에 대법원에 소를 제기할 수 있다.
> 제189조(지방자치단체의 장에 대한 직무이행명령) ⑥ 지방자치단체의 장은 제1항 또는 제4항에 따른 이행명령에 이의가 있으면 이행명령서를 접수한 날부터 15일 이내에 대법원에 소를 제기할 수 있다. 이 경우 지방자치단체의 장은 이행명령의 집행을 정지하게 하는 집행정지결정을 신청할 수 있다.
> 제192조(지방의회 의결의 재의와 제소) ④ 지방자치단체의 장은 제3항에 따라 재의결된 사항이 법령에 위반된다고 판단되면 재의결된 날부터 20일 이내에 대법원에 소를 제기할 수 있다. 이 경우 필요하다고 인정되면 그 의결의 집행을 정지하게 하는 집행정지결정을 신청할 수 있다.
>
> ⬟ **헌법재판소법**
> 제61조(청구사유) ① 국가기관 상호간, 국가기관과 지방자치단체 간 및 지방자치단체 상호 간에 권한의 유무 또는 범위에 관하여 다툼이 있을 때에는 해당 국가기관 또는 지방자치단체는 헌법재판소에 권한쟁의심판을 청구할 수 있다.

제6항 군사제도

> **헌법**
> 제5조
> ② 국군은 국가의 안전보장과 국토방위의 신성한 의무를 수행함을 사명으로 하며, 그 정치적 중립성은 준수된다.
> 제60조
> ② 국회는 선전포고, 국군의 외국에의 파견 또는 외국군대의 대한민국 영역 안에서의 주류에 대한 동의권을 가진다.
> 제74조
> ① 대통령은 헌법과 법률이 정하는 바에 의하여 국군을 통수한다.
> ② 국군의 조직과 편성은 법률로 정한다.
> 제82조
> 대통령의 국법상 행위는 문서로써 하며, 이 문서에는 국무총리와 관계국무위원이 부서한다. 군사에 관한 것도 또한 같다.
> 제86조
> ③ 군인은 현역을 면한 후가 아니면 국무총리로 임명될 수 없다.
> 제87조
> ④ 군인은 현역을 면한 후가 아니면 국무위원으로 임명될 수 없다.
> 제89조
> 다음 사항은 국무회의의 심의를 거쳐야 한다.
>   6. 군사에 관한 중요사항
> 제91조
> ① 국가안전보장에 관련되는 대외정책·군사정책과 국내정책의 수립에 관하여 국무회의의 심의에 앞서 대통령의 자문에 응하기 위하여 국가안전보장회의를 둔다.

Ⅰ 군사에 관한 헌법원칙

1. 병정통합의 원칙

(1) 국가의 기본적인 병정관계는 군을 지휘·명령·통솔하는 군령작용(용병작용)과 국군을 편성·조직하고 병력을 관리하는 군정작용(양병작용)의 통합여부에 따라 병정통합주의와 병정분리주의로 나눌 수 있다.

(2) 병정통합주의란 군령과 군정을 다 같이 일반 행정기관으로 하여금 관장하게 함으로써 정부에 의한 군의 통제를 가능하게 하는 제도를 말하며, 병정분리주의란 군정은 일반 행정기관으로 하여금 관장하게 하지만 군령은 국가원수 소속 하의 별도의 기관으로 하여금 관장하게 하는 제도를 말한다.

우리나라는 대한민국 헌법 제74조에서 '대통령은 헌법과 법률이 정하는 바에 의하여 국군을 통수한다'고 규정하여 병정통합주의를 채택하고 있다. 대통령의 국군통수권에는 국군지휘권, 국군편성권, 국군규율권은 포함되나, 군사재판권은 포함되지 않는다.

2. 기타의 원칙

① 국가수호의 원칙(헌법 제5조 제2항 전단)
② 국민군의 원칙(헌법 제7조, 제39조 제1항, 제2항)
③ 문민우위원칙(헌법은 제86조 제3항, 제87조 제4항, 제60조 제2항, 제82조, 제89조)
　　문민우위의 원칙은 국무총리와 국무위원의 경우에는 헌법에 규정되어 있으나 대통령의 경우에는 헌법에 직접 규정되어 있지 아니하다.
④ 정치적 중립의 원칙(헌법 제5조 제2항 후단)
⑤ 민주군정의 원칙(헌법 제74조 제1항)
⑥ 평화지향의 원칙

Ⅱ 군사제도와 기본적 인권

1. 일반 국민의 기본권 제한

(1) 군사적 부담

그 내용에 따라 근로동원·징발·군사적 제한이 있고, 이에 관한 일반법으로 징발법·군사기지 및 군사시설 보호법 등이 있다.

(2) 근로3권의 제한

> ● 헌법
> 제33조
> ③ 법률이 정하는 주요방위산업체에 종사하는 근로자의 단체행동권은 법률이 정하는 바에 의하여 이를 제한하거나 인정하지 아니할 수 있다.

(3) 표현의 자유 및 알 권리의 제한

국가기밀 내지 군사기밀의 보호를 위하여 국민의 표현의 자유와 알 권리가 제한된다. 이에 대한 근거법령으로는 형법·군사기밀보호법 등이 있다.

2. 군인의 기본권 제한

(1) 재판청구권의 제한

> ● 헌법
> 제110조
> ① 군사재판을 관할하기 위하여 특별법원으로서 군사법원을 둘 수 있다.

(2) 국가배상청구권의 제한

> ● 헌법
> 제29조
> ② 군인·군무원 등은 전투·훈련 등 직무집행과 관련하여 받은 손해에 대하여는 법률이 정하는 보상 외에 국가 또는 공공단체에 공무원의 직무상 불법행위로 인한 배상을 청구할 수 없다.

(3) 군무 이외의 집단행위의 제한

군인복무기본법 제31조는 군인으로서 군복무에 관한 기강을 저해하거나 군무의 본질을 해치는 군무 이외의 집단행위를 하는 것을 금지하고 있다.

(4) 병역의무자에 대한 국외여행허가제

제7항 교육제도

> ● 헌법
> 제31조
> ① 모든 국민은 능력에 따라 균등하게 교육을 받을 권리를 가진다.
> ② 모든 국민은 그 보호하는 자녀에게 적어도 초등교육과 법률이 정하는 교육을 받게 할 의무를 진다.
> ③ 의무교육은 무상으로 한다.
> ④ 교육의 자주성·전문성·정치적 중립성 및 대학의 자율성은 법률이 정하는 바에 의하여 보장된다.
> ⑤ 국가는 평생교육을 진흥하여야 한다.
> ⑥ 학교교육 및 평생교육을 포함한 교육제도와 그 운영, 교육재정 및 교원의 지위에 관한 기본적인 사항은 법률로 정한다.

I 현행헌법과 교육제도

1. 교육의 기본원칙

① 교육의 자주성: 교육내용과 교육기구가 교육자에 의하여 자주적으로 결정되고 행정권력에 의한 교육통제가 배제되어야 한다.
② 교육의 전문성: 교육정책이나 그 집행은 교육전문가가 담당해야 한다.
③ 교육의 정치적 중립성: 교육이 국가권력이나 정치적 세력으로부터 부당한 간섭을 받지 아니할 뿐만 아니라 그 본연의 기능을 벗어나 정치영역에 개입하지 않아야 한다.

2. 교육제도 등의 법정주의

헌법 제31조 제6항은 국가에 의한 교육의 자의적인 규제를 배제하기 위하여 교육제도·교육재정·교원의 법적 지위 등의 법정주의를 규정하고 있다.

Ⅱ 대학의 자치

1. 대학의 자치의 의의

대학의 자치란 연구와 교육이라는 본연의 임무를 달성하는 데 필요한 사항인 교수의 인사나 시설 등에 관하여 대학 자체가 자주적으로 결정·운영하는 것을 말한다. 학문의 연구는 복수의 연구자의 상호 협력과 비판이라는 과정을 통하여 행해지며, 이것은 주로 대학을 기초로 하여 행해지고 있기 때문에 대학의 자치는 학문의 자유의 중요한 내용이다.

2. 대학자치의 헌법적 근거 및 법적 성격

헌법재판소는 대학자치의 헌법적 근거를 헌법 제22조 제1항 학문의 자유와 헌법 제31조 제4항(교육의 자주성·전문성·정치적 중립성 및 대학의 자율성은 법률이 정하는 바에 의하여 보장된다)에서 찾고 있다(헌재 1998.7.16, 96헌바32). 이에 대해 대학의 자치는 자유권으로서의 성격과 제도보장으로서의 성격을 동시에 갖는다고 보는 견해가 다수설이다.

3. 대학의 자치의 주체

(1) 학교법인, 대학교

학교법인은 대학의 자치의 주체가 된다. 다만 헌법재판소는 종래 영조물에 불과한 서울대학교에 대해 공권력 행사의 주체인 동시에 학문의 자유와 대학의 자율권의 주체가 될 수 있음을 인정하였다(헌재 1992.10.1, 92헌마6 등).

(2) 교수, 교수회

대학자치는 학문의 연구와 교육이라는 대학의 본래적인 기능을 수행하는데 필요한 사항에 대하여 대학이 자주적으로 결정하는 것을 말하는 것이므로 대학에서 오로지 연구와 교육에 종사하는 교수나 교수회는 대학의 자치의 주체가 된다. 헌법재판소도 경우에 따라서 대학, 교수, 교수회 모두가 단독, 혹은 중첩적으로 주체가 될 수 있다고 본다(헌재 2006.4.27. 2005헌마1047).

(3) 학생

학생 역시 대학의 인적 구성원에 해당하나, 대학자치의 주체가 될 수 있는지에 대해서는 학설이 대립한다.

1) 헌법재판소: 인정

대학생들의 대학자치에의 참여권은 인정되지만 대학생들의 건의내용과 다른 학사결정이 내려졌어도 참여권의 침해는 아니며, 신입생자격 제한은 재학생들의 학문의 자유와는 무관하다(헌재 1997.3.27, 94헌마277). 청구인들에게 대학총장 후보자 선출에 참여할 권리가 있고 이 권리는 대학의 자치의 본질적인 내용에 포함된다고 할 것이므로 결국 헌법상의 기본권으로 인정할 수 있다(헌재 2006.4.27, 2005헌마1047).

2) 대법원: 부정

총장선임권은 사립학교법 제53조 제1항의 규정에 의하여 학교법인에게 부여되어 있는 것이고 달리 법률 또는 당해 법인 정관의 규정에 의하여 교수들에게 총장선임권 또는 그 참여권을 인정하지 않고 있는 이상, 헌법상의 학문의 자유나 대학의 자율성 내지 대학의 자치만을 근거로 교수들이 사립대학의 총장선임에 실질적으로 관여할 수 있는 지위에 있다거나 학교법인의 총장선임행위를 다툴 확인의 이익을 가진다고 볼 수 없다(대판 1996.5.31, 95다26971).

4. 대학자치의 내용

(1) 교원인사 자주결정권

대학은 교수의 임용과 보직 등을 자주적으로 결정할 수 있어야 한다. 현행 법제 하에서는 교육공무원의 임용은 교육공무원법에 규정되어 있다.

(2) 시설관리 자주결정권

연구와 교육의 내용 및 그 방법과 대상, 교과과정의 편성 등에 관한 자주결정권, 연구와 교육을 위한 시설의 관리에 관한 자주결정권, 대학의 재정에 관한 자주결정권 등이 포함된다.

(3) 학사 자주결정권

5. 대학자치의 한계

① 대학도 치외법권지역이 아니기 때문에 국가공권력이 발동될 수 있다. 그러나 대학이라는 특수한 연구권역에서 대학의 자치를 실질적으로 보장하기 위해서는 가급적 스스로 질서를 유지하는 것이 바람직하기 때문에, 대학에 대한 경찰권의 발동은 가급적 자제되어야만 한다.

> ● 집회및시위에관한법률
> 제19조(경찰관의 출입) ① 경찰관은 집회 또는 시위의 주최자에게 알리고 그 집회 또는 시위의 장소에 정복을 입고 출입할 수 있다. 다만 옥내집회 장소에 출입하는 것은 직무집행을 위하여 긴급한 경우에만 할 수 있다.
> ② 집회나 시위의 주최자, 질서유지인 또는 장소관리자는 질서를 유지하기 위한 경찰관의 직무집행에 협조하여야 한다.

② '집회 및 시위에 관한 법률'에서는 대학에서의 총·학장의 요청 없이도 경찰관이 출동할 수 있는 법적 근거를 마련하고 있다(집회및시위에관한법률 제19조). 그러나 대학의 요청이나 동의가 없는 경우에는 폭력시위와 같이 대학의 대처능력을 넘어서는 경우이거나, 명백히 범죄로 인정되는 행위의 계획 및 실행을 할 우려가 있는 긴급한 사유가 있는 경우에 한하여 경찰권의 개입을 인정하는 것으로 제한 해석해야 할 것이다.

제8항 가족제도

> **헌법**
> 제36조
> ① 혼인과 가족생활은 개인의 존엄과 양성의 평등을 기초로 성립되고 유지되어야 하며, 국가는 이를 보장한다.

I 서론

1. 헌법 제36조 제1항의 의의

헌법 제36조 제1항은 "혼인과 가족생활은 개인의 존엄과 양성의 평등을 기초로 성립되고 유지되어야 하며, 국가는 이를 보장한다"고 하여 민주적인 혼인·가족제도를 보장하고 있다. 이는 혼인제도와 가족제도를 지배하는 헌법원리인 동시에, 개인의 존엄과 남녀평등에 입각한 양성의 결합이라는 일부일처제의 제도적 보장을 규정한 조항이다.

2. 연혁

(1) 제헌헌법 : 제20조에서 "혼인의 남녀동등권과 혼인의 순결"을 규정하였다.
(2) 제3공화국헌법 : 혼인의 남녀동등권 규정 삭제, "혼인의 순결"은 계속 명문으로 규정하였다.
(3) 제5공화국헌법 : "혼인과 가족생활에 있어서의 개인의 존엄과 양성의 평등"을 추가·신설하였다.
(4) 현행헌법 : 제5공화국헌법을 이어받아 혼인·가족제도를 보장하고 나아가 "국가의 보호의무"를 명시하였다.

II 혼인과 가족생활 보장의 법적 성격

헌법재판소는 민법 제809조 제1항 위헌심판사건에서 제도보장의 성격과 자유권으로서의 성격을 가진다고 판시한 바 있다. 최근 헌법재판소는 소득세법 제61조 위헌소원사건에서 자유권과 제도적 보장, 헌법원리 내지 원칙규범으로서의 성격을 가짐을 인정하고 있다.

III 헌법이 보장하는 혼인제도의 내용

1. 혼인결정의 자유

(1) 혼인결정의 자유의 내용

혼인결정의 자유는 혼인을 할 것인가 여부의 자유, 혼인시기 선택의 자유, 자기가 선택한 배우자와 혼인할 수 있는 자유를 포함한다.

1) 혼인퇴직제

혼인퇴직제는 혼인의 자유를 침해하는 것으로서 위헌적인 약정이다. 따라서 사업주는 근로여성의 혼인, 임신 또는 출산을 퇴직사유로 예정하는 근로계약을 체결하여서는 아니된다(남녀고용평등과 일·가정 양립 지원에 관한 법률 제11조 제2항).

2) 동성동본금혼제

민법 제809조 제1항(동성동본 금혼조항)은 사회적 타당성 내지 합리성을 상실하고 있음과 아울러 "인간으로서의 존엄과 가치 및 행복추구권"을 규정한 헌법이념 및 "개인의 존엄과 양성의 평등"에 기초한 혼인과 가족생활의 성립·유지라는 헌법규정에 정면으로 배치될 뿐 아니라, 남계혈족에만 한정하여 헌법상의 평등의 원칙에도 위반되며, 또한 그 입법목적이 사회질서나 공공복리에 해당될 수 없다는 점에서 헌법 제37조 제2항에도 위반된다(헌재 1997.7.16. 95헌가6).

(2) 혼인결정의 자유의 제한

혼인결정의 자유도 무제한적인 것은 아니다. 혼인결정의 자유도 헌법 제37조 제2항에 의하여 법률로써 제한이 가능하다. 민법은 ① 미성년자가 혼인하는 경우 부모의 동의를 얻도록 한 것(제808조 제1항), ② 중혼을 금지한 것(제810조) 등의 혼인결정의 자유에 대한 제한규정을 두고 있다.

2. 혼인관계 유지 및 해소의 자유

헌법 제36조 제1항은 국가에 의한 간섭없이 혼인부부가 혼인생활을 자유롭게 영위할 수 있는 자유를 보장한다. 나아가 혼인의 자유에는 혼인관계를 유지할 것인가 아니면 해소할 것인가의 자유도 보장된다. 다만 이혼을 함에 있어서는 혼인파탄에 책임있는 사람은 이혼을 청구할 수 없고, 그 상대방만이 이혼을 청구할 수 있는 유책주의와 혼인이 파탄된 이상 당사자의 책임여부를 떠나 이혼청구가 허용되는 파탄주의가 있다. 그 채택여부는 입법재량에 속하나, 우리 민법은 유책주의를 원칙적으로 채택하고 있다.

Ⅳ 헌법이 보장하는 가족제도의 내용

1. 개인의 존엄과 양성의 평등을 기초로 하는 부부관계

부부관계는 각자의 인격을 존중하고 부부의 평등이 유지되는 것이어야 한다. 양성의 평등은 헌법 제11조에 의하여 보장되고 있지만, 헌법 제36조 제1항은 이를 다시 한 번 강조하고 있다.

2. 개인의 존엄과 양성의 평등을 기초로 하는 친자관계

가족생활에 있어 친자관계도 개인의 존엄과 양성의 평등을 기초로 하는 것이어야 한다. 이를 위하여 헌법은 제36조 제1항 외에 헌법 제31조를 두어 부모의 자녀교육의무를 규정하고, 민법도 부모의 공동친권과 부양의무 등을 규정하고 있다.

Ⅴ 혼인과 가족생활 보장에 관한 헌법규정의 효력

헌법 제36조 제1항은 모든 국가권력을 직접 구속한다. 따라서 양성의 평등에 반하는 입법이나 집행행위는 위헌으로 개인은 그 배제를 청구할 수 있다. 또 이 조항은 제3자적 효력도 가진다. 따라서 사인 간의 혼인의 자유를 침해하는 합의는 위헌·무효이다.

기본권론

제1장 기본권 총론
제2장 인간의 존엄과 가치 · 행복추구권 · 평등권
제3장 자유권적 기본권
제4장 경제적 기본권
제5장 정치적 기본권
제6장 청구권적 기본권
제7장 사회적 기본권
제8장 국민의 기본적 의무

PART 02

제1장 기본권 총론

제1절 기본권의 의의

제1항 기본권의 개념

1. 기본권의 개념

기본권은 국민의 기본적 권리로서 협의로는 개인의 주관적 공권을 의미하며 광의로는 국가에 대한 국민의 관계를 규율하는 객관적 헌법규범으로 정의한다.

2. 인권과 기본권

인권 또는 인간의 권리란 인간이 인간으로서 당연히 가지는 권리를 말하나, 기본권이란 국민의 기본적 권리가 실정헌법에 성문화된 것을 말한다. 엄격한 의미에서 인권과 기본권은 동일한 개념이 아니지만, 각국의 헌법에서 보장하고 있는 기본권은 자유권적 기본권을 중심으로 구성하고, 그 밖의 기본권 등은 인간의 권리와 보완관계에 있으므로 인권과 기본권을 동일시하는 것이 일반적인 견해이다.

제2항 기본권 보장의 역사

I 각국의 인권보장의 발전

1. 영국

① 영국의 인권은 영국인의 기존의 신분적인 자유와 권리를 재확인한 것이거나 절차적 보장에 역점을 둔 것이며, 미국이나 프랑스처럼 천부적 자연권으로서 규정된 것은 아니다.

② 마그나 카르타, 권리청원, 인민협정, 인신보호법, 권리장전의 순으로 진행되어 왔다.

역사적 발전		내용
1215	대헌장(Magna Carta)	봉건귀족들의 특권을 인정
1628	권리청원(Petition of Right)	의회의 승인없는 과세 금지와 신체의 자유에 대하여 규정
1647	인민협정(Agreements of the People)	종교·양심의 자유(1647) 언론출판의 자유(1649)
1679	인신보호법(Heabeas Corpus Act)	인신보호영장에 의한 구속적부심사제(절차적 보장의 강화)
1689	권리장전(Bill of Rights)	청원권, 언론의 자유 및 형사절차의 보장, 과세문제·법률문제·국방문제에 대한 의회의 통제를 공식화

2. 미국

미국의 인권은 자유주의 국가관에 기초하여 천부인권의 불가침성을 강조한 자연권 사상에 기초를 두고 있다.

역사적 발전		내용
1776. 6	버지니아권리장전	행복추구권·생명권·자유권·재산권·저항권 등과 신체의 자유, 언론·출판의 자유, 종교·신앙의 자유, 참정권 등(근대인권선언의 효시)
1776. 7	독립선언	행복추구권·생명권·자유권·저항권 등(개별적 인권목록을 제시한 것은 아님)
1787. 9	미연방헌법	1791년 수정 10개조로서 인권조항을 추가(제정 당시 인권 규정을 두지 않음, 인권을 수용한 최초의 근대국가헌법)

3. 프랑스

인간과 시민의 권리선언(1789)은 인권을 자연권으로 규정하고, 평등, 소유권의 불가침, 신체의 자유 및 종교와 표현의 자유를 규정하였다. 특히 인권 보장과 권력분립이 되어 있지 아니한 나라는 헌법을 가졌다고 볼 수 없다고 선언함으로써 근대적 의미의 헌법이 무엇인가를 규정하고 있다. 프랑스의 인간과 시민의 권리선언은 그 명칭 그대로 인간의 자연권에 대한 확인적 성격을 띠는 것으로서, 미래의 국가적 생활의 기준으로서 교육적 성격을 가지는 것이지, 권리의 실현을 위한 조직적인 규범적 관철가능성을 포함하고 있지 않다. 이러한 권리의 규범적 실현가능성은 다음에 제정되는 헌법에 맡기고 있다.

헌법	내용
1791년헌법	인간과 시민의 권리선언을 수용하고 있다. 최초의 전쟁포기 헌법
제4공화국헌법(1946)	전문에 생존권을 규정하고, 기본권에 대한 개별규정을 두고 있다.
제5공화국헌법(1958)	전문에만 인권선언을 규정하고 따로 개별적인 기본권 규정을 두고 있지 않다.

4. 독일

헌법	내용
프랑크푸르트헌법 (1849)	60여 개의 기본권이 규정되어 있었으나 실시되지 못하였다(바이마르헌법에 영향). 학문의 자유, 형사보상청구권이 규정되었다.
비스마르크헌법 (1871)	기본권 보장을 포괄적으로 규정하여 형식적인 보장에 그쳤다. 통일을 위한 실용적 조항만을 두었다.
바이마르헌법 (1919)	사회적 기본권을 최초로 규정하였다. 현대적 헌법의 효시이다.
서독기본법 (1949)	인간의 존엄과 가치, 기본권조항이 직접구속력을 가지는 것으로 규정하였다. 사회국가원리를 간접적으로 선언하면서 사회적 기본권에 관한 규정을 두고 있지 않다.

Ⅱ 기본권 보장의 현대적 전개

1. 기본권의 사회화

바이마르헌법에서 상세한 생존권적 기본권이 보장된 뒤 제2차 세계대전 이후 1946년 제정된 프랑스 제4공화국헌법은 전문에서 생존권을 규정하였고, 1949년 제정된 독일기본법은 사회국가원리만을 규정하였다. 자유권의 성질을 소극적 방어권뿐만 아니라 생활권적 시각에서 이해하려는 자유권의 생활권화 현상이 나타나고 있다.

2. 기본권의 자연권화

현대적 인권 보장이 갖는 특색들 중의 하나는 자연법사상의 영향을 받은 자연권 사상의 부활과 그 강조이다. 1948년 인권에 관한 세계선언은 인간의 존엄과 평등 그리고 불가양의 권리를 확인함으로써 전통적인 천부인권론의 이념을 부활시켰다. 이러한 이념은 제2차 대전 후 제정된 각국 헌법에도 계승되었다.

3. 기본권 보장의 국제화

(1) 인권문제에 대한 국제적 관심의 증가

두 차례의 세계대전으로 인권의 중요성에 대한 국제적 인식이 커짐에 따라 인권문제는 세계의 공동관심사로 떠오르게 되었다. 인권문제에 대한 국제적 관심의 증가를 상징적으로 말해 주는 것이 국제연합(UN)의 세계인권선언(1948)과 유럽인권규약(1950), 국제인권규약(1966) 등이다.

구분	내용
세계인권선언 (1948)	① 개인의 자유와 권리를 국제적 차원에서 규정한 최초의 기록이다. ② 인권과 근본적인 자유가 모든 사람과 모든 장소에서 적용된다는 점을 세계 최초로 천명하였다. ③ 전문과 30개 조항(인간의 존엄성, 평등권, 신체의 자유, 표현의 자유, 정보수집의 자유, 망명자 보호청구권, 국제적보호청구권 등)으로 이루어져 있다. ④ 강제력은 없지만 국제적 인권보장에 있어서 획기적 계기를 마련하였다. ⑤ 한계: 구체적으로 어떻게 보장할 것인가에 대한 국가의 의무를 제시하지 못하고 있다는 점과 시민적·정치적 권리에 비해 경제적·사회적·문화적 권리영역을 충분히 다루지 못하고 있다는 점이다.
유럽인권규약 (1950)	이행강제성을 확보한 최초의 지역적 인권규약이다. 유럽인권법원의 설치로 규범력을 확보하고 있다.
국제인권규약 (1966)	① 세계인권선언에 규정된 기본적 인권의 실효성을 뒷받침하기 위한 것이다. ② 비준 국가의 이행에 관한 보고서 제출의무를 규정하였으며, 서명국에게는 조약으로서의 법적인 강제력을 가진다. ③ A규약(경제적·사회적·문화적 권리에 관한 규약)과 B규약(시민적·정치적 권리에 관한 규약) 및 B규약 의정서의 셋으로 구성되었다. ④ 우리나라 국회는 A규약에는 유보조항 없이 가입·동의하였으나, B규약은 4개항을 유보한 채 가입·동의(현재 제22조(결사의 자유)만을 가입유보)하였다.

(2) 제3세대 인권론

1) 내용

UNESCO는 시민적·정치적 권리를 제1세대 인권, 경제적·사회적 및 문화적 인권을 제2세대 인권, 연대권을 제3세대 인권이라고 한다. 연대권의 내용에 대해 견해의 차이는 있지만 ① 개발에 대한 권리, ② 평화에 대한 권리, ③ 의사소통의 권리, ④ 서로 다를 수 있는 권리, ⑤ 건강하고 조화된 환경에 살 권리, ⑥ 인류공동체유산으로부터 이익을 받을 권리, ⑦ 인도적 구조를 받을 수 있는 권리 등을 일반적으로 든다. 현행헌법은 제3세대 인권 중 환경권 등을 보장하고 있어 가장 선도적인 기본권 규정이라고 평가받고 있다.

2) 특색(제1·2세대 인권과 비교)

① 정치적 색채가 적다.
② 보장은 법적인 강제수단을 통하여 국가에 의하여 이루어지지 않고 개인, 국가, 공·사의 단체 및 국제공동체가 연대책임을 지는 것을 전제로 해서만 가능하다.
③ 국내법적 차원이 아닌 국제법적 차원에서 문제가 제기된다.
④ 인권의 주체가 개인이 아닌 민족이든 국가이든 집단이다.
⑤ 제1·2세대 인권에 대한 종합이며 완성된 권리가 아닌 생성 중에 있는 권리다.

Ⅲ 대한민국헌법의 기본권 보장의 역사 개요

1. 제1공화국헌법
① 바이마르헌법규정을 본받아 기본권을 실정헌법상의 권리로 보장하였다.
② 자유권에 개별적 법률유보를 규정하였다.
③ 일반적 법률유보에 의한 기본권제한을 규정하였다.
④ 근로3권과 근로자의 이익분배균점권을 규정하였다.

2. 제2공화국헌법
① 기본권에 대한 개별적 법률유보조항의 삭제 및 기본권의 본질적 내용 침해금지조항 신설로 기본권보장을 강화하였다.
② 언론·출판·집회·결사에 대한 허가나 검열은 금지되었다.

3. 제3공화국헌법
① 인간의 존엄과 가치의 존중에 관한 조항을 신설하였다.
② 직업선택의 자유, 인간다운 생활을 할 권리에 관한 조항을 신설하였다.
③ 고문의 금지와 자백의 증거능력제한에 관한 규정을 신설하였다.

4. 제4공화국헌법
① 기본권보장규정이 제1공화국헌법상의 기본권보장규정 수준으로 복귀되었다.
② 기본권에 대한 개별적 법률유보조항이 부활된 반면에 기본권의 본질적 내용 침해금지규정의 삭제로 기본권보장이 약화되었다.
③ 군인·군무원의 이중배상청구금지를 규정하였다.

5. 제5공화국헌법
① 기본권에 대한 개별적 법률유보규정을 대폭 줄이고, 기본적 인권의 불가침성과 기본권의 본질적 내용 침해금지규정을 다시 규정하였다.
② 행복추구권, 무죄추정의 원칙, 사생활의 비밀과 자유, 환경권 등 새로운 기본권이 추가되었다.
③ 연좌제를 폐지하였다.

6. 제6공화국헌법
① 국민의 기본권 강화를 위해 절차적 보장을 확대하였다.
② 형사피의자의 형사보상청구권, 형사피해자의 국가구조청구권, 노인·여자·청소년의 복지권, 쾌적한 주거생활권 등이 추가되었다.

제2절 기본권의 본질과 법적 성격

제1항 기본권의 본질

I 법실증주의적 헌법관

1. H. Kelsen의 기본권관(관계이론)
국민은 "국가가 베푸는 은혜로서의 자유" 내지 "힘의 자제에 의한 반사적 효과로서의 자유"를 누릴 뿐이므로 국가로부터의 자유 또는 국가의 부작위를 요구할 수 있는 법적인 권리, 즉 주관적 공권이 부정된다.

2. G. Jellinek의 기본권관(지위이론)
국민의 국가권력에 대한 지위는 수동적 지위, 소극적 지위, 적극적 지위, 능동적 지위의 네 가지인데, 국민의 국가에 대한 적극적·능동적 지위로부터 국민의 주관적 공권이 나온다. 주관적 공권은 국가가 자제하는 범위 내에서만 인정되는 것이므로 국가는 언제든지 이를 회수할 수 있다.

II 결단주의적 헌법관(C. Schmitt)

① 헌법은 정치적 부분과 비정치적 부분으로 구분되는데 정치적 부분(통치구조)에는 민주주의원리가 적용되고 비정치적 부분(기본권)에는 법치국가원리가 적용된다.
② 국가권력과 기본권의 관계는 이른바 배분의 원리(인간의 자유와 권리는 천부적·전국가적인 것이므로 원칙적으로 무제한적, 국가권력은 원칙적으로 제한적)에 의하여 규율된다.
③ 자유는 제도가 아니다(자유주의적 기본권이론).

III 통합과정론적 헌법관

1. R. Smend의 기본권관
기본권은 질서의 원리를 뜻하기 때문에 사회구성원은 이 질서를 지키고 존중할 책임과 의무를 지게 된다. 기본권의 권리의 측면보다는 객관적 질서의 측면을 강조하고, 기본권을 비개인적이고 제도적인 것으로 이해한다. 따라서 국가를 통합하는 기본권은 그 성질상 가치간의 서열을 갖게 된다.

2. P. Häberle의 제도적 기본권이론

(1) 주요내용
① 자유는 제도일 수밖에 없다.
② 자유란 법이나 국가를 떠나서 존재하는 것이 아니고 법속에서만 현실화될 수 있다.
③ 기본권에 대한 법률유보는 기본권을 제한하기 위한 것이 아니라 기본권을 실현시키고 구체화하기 위한 기본권 구체화적·형성적 법률유보를 의미한다.
④ 기본권의 본질적 내용의 침해금지조항은 하나의 선언적 의미 밖에는 가지지 못한다.
⑤ 기본권의 '개인권적 측면'과 '제도적 측면'이 합쳐서 전체로서 기본권을 이루는 것(양 측면이 불가분적으로 결합됨)으로 보고 있다.

(2) 비판점
① 제도는 자유의 실현을 위한 하나의 수단일 수는 있어도 제도가 곧 자유를 뜻할 수는 없다.
② 기본권에 대한 침해나 제한을 기본권 실현의 불가피한 수단이라고 파악하는 경우 법률 속의 자유라는 법실증주의의 세계로 돌입하게 된다.
③ 우리 헌법은 기본권의 주관적 권리로서의 측면을 강조하고 있고, 본질적 내용의 침해금지조항을 두고 있다는 점 등에서, 우리 헌법을 해석하는데 제도적 기본권이론이 원용될 여지는 없다.

3. K. Hesse의 양면적 기본권이론
① R. Smend의 기본권관에 입각해서 기본권의 질서적 성격을 역시 강조한다.
② 인간은 헌법질서에 의하여 일방적으로 구속만 받는 것이 아니고, 질서를 형성·개선해 나갈 수 있는 주관적 권리를 가진 인격주체임을 강조하면서, 기본권의 주관적 권리로서의 성격을 아울러 강조한다(기본권의 이중성).

[C. schmitt와 R. Smend의 기본권관]

분류	C. schmitt	R. Smend
국가관	기본권 침해자	기본권 보호자
기본권의 본질	전국가적, 자연법적 권리	사회구성원의 합의된 가치질서
기본권의 성질	국가로부터의 자유 (비정치적, 소극적, 방어적 권리)	국가를 향한 자유 (정치적, 적극적 권리)
기본권과 통치구조의 관계	주관적 권리 측면 (기본권의 대국가적 효력) 양자는 단절, 대립관계	객관적 질서 측면 (대사인적 효력) 국가권력은 기본권 실현수단으로 기능

제2항 기본권의 법적 성격

I 주관적 공권성

통설에 따르면 사회적 기본권은 그에 관한 구체적 입법이 있는 경우에 비로소 현실적 권리가 될 수 있는 추상적 권리이지만, 그 밖의 기본권은 개개인이 자신을 위하여 국가의 일정한 행위나 부작위를 요구할 수 있는 현실적 권리로서 모든 국가권력을 직접 구속하는 주관적 공권이라고 한다(기본권 2분설).

II 자연권성(다수설)

① 기본권은 실정헌법에 의하여 비로소 보장되는 것이 아니고 인간이 인간이기 때문에 당연히 가지는 권리이다(기본권선재설).
② 기본권이 자연권으로서 가지는 항의적 성격은 여전히 의미가 있다.
③ 모든 국가권력은 기본권 존중이라는 근본규범에 구속되어야 하기 때문에 기본권은 초국가적인 자연권이다.

III 기본권의 이중적 성격

1. 의의

기본권의 이중적 성격 내지 양면성이란 기본권은 주관적으로는 개인을 위한 공권을 의미하면서, 동시에 객관적으로는 국가의 기본적 법질서를 구성하는 요소로서의 성격을 지닌다는 것을 의미한다. 예컨대 언론의 자유의 헌법적 보장(헌법 제21조)은 개인의 표현의 자유를 보장한 것이면서 동시에 자유로운 여론형성 및 존중의 원칙을 객관적으로 확인한 민주국가적 법질서의 구성요소로서의 성격을 가진다는 것이다.

2. 이론적 배경

(1) 헌법관

① 규범주의적 헌법관: 국민의 자유와 권리는 반사적 이익 혹은 실정법에 의해서만 보장되는 주관적 공권이다.
② 결단주의적 헌법관: 기본권은 자연권으로서 주관적 공권이다.
③ 통합주의적 헌법관: 기본권은 이중적 성격을 갖는다.

(2) 통합주의적 헌법관

1) R. Smend의 가치적 기본권설
① 기본권이란 사회의 동화적 통합을 위한 법질서의 바탕이 되는 가치체계로서 헌법질서를 정당화시켜 주는 정당성의 원천이며 질서의 원리를 뜻한다.
② 기본권의 객관적 요소로서의 측면을 지나치게 강조하여 기본권의 주관적 권리로서의 측면을 지나치게 경시하였다는 비판을 받고 있다.

2) P. Häberle의 제도적 기본권설
① 기본권의 이중성을 출발점으로 삼되 '자유는 제도일 수밖에 없다'는 시각에서 기본권을 정의하여 기본권의 객관적 요소로서의 성격을 극대화하였다.
② 기본권의 법률유보는 기본권에 대한 제한적 법률유보의 의미가 아니라 기본권 실현적 법률유보의 의미를 갖게 된다.
③ 제도는 자유를 실현하기 위한 수단이지 자유 자체가 아니라는 점에서 비판을 받고 있다.

3) K. Hesse의 기본권의 양면설
① 인간은 헌법질서에 의하여 일방적으로 구속받기만 하는 것은 아니고 질서를 형성, 개선해 나갈 수 있는 주관적 권리를 가진 인격주체이다.
② 기본권의 주관적 권리성을 강조함으로써 기본권의 이중성 이론을 정립하였다.

3. 기본권의 이중적 성격 인정여부

(1) 견해의 대립

1) 긍정설
다수설은 다음과 같은 이유에서 기본권의 이중적 성격을 인정한다.
① 기본권은 본래 국민 대 국가의 관계에서 인정되는 것으로 주관적 공권으로서의 성격이 원칙적인 것이고 우선하는 것이기는 하나, 헌법은 국가 최고법으로서 모든 법질서를 지도하여야 한다는 측면에서 보면 객관적 질서의 요소로서의 성격을 부인할 수 없다.
② 기본권이 사법을 제정하는 입법권을 구속하는 것일 뿐만 아니라 사법의 해석에 있어서도 기준이 되어야 한다는 점에서 객관적 질서의 요소로서의 성격을 강조한다.
③ 객관적 가치질서는 주관적 권리를 행사하는 결과 가능한 것이므로 기본권의 주관적 성격과 객관적 질서성은 상호 기능상의 보완관계에 있다.

2) 부정설
반면에 독일과 달리 이에 대한 명문규정이 없는 우리나라에서는 기본권이 헌법에 규정됨으로써 비로소 객관적 질서가 되는 것이지 기본권 자체가 당연히 객관적 질서의 성격을 가지는 것은 아니라고 하면서 부정하는 견해도 유력하다.

(2) 헌법재판소(긍정설)

헌법 제15조에 의한 직업선택의 자유는 각자의 생활의 기본적 수요를 충족시키는 방편이 되고 개성신장의 바탕이 된다는 점에서 주관적 공권의 성격을 가지면서도 국민 개개인이 선택한 직업의 수행에 의하여 국가의 사회질서와 경제질서가 형성된다는 점에서 사회적 시장경제질서라고 하는 객관적 법질서의 구성요소이기도 하다(헌재 1995.7.21. 94헌마125).

제3절 기본권의 주체

I 국민

1. 일반국민

기본권 주체로서의 국민은 대한민국국적을 가진 사람을 총칭하는 법적인 개념이다.

(1) 기본권보유능력

1) 의의

헌법상 보장된 기본권을 향유할 수 있는 능력이다.

2) 민법상 권리능력과의 관계

헌법상의 기본권보유능력이 민법상의 권리능력과 반드시 일치하는 것은 아니다.
① 민법상으로는 예외적으로만 권리능력이 인정되는 태아도 헌법상으로는 원칙적으로 생명권의 주체가 된다.
② 민법상 권리능력 없는 법인에게도 기본권보유능력이 인정되는 경우가 있으며, 권리능력 있는 법인이라 하더라도 생명권, 양심의 자유 등에서 제한되는 경우가 있다.

(2) 기본권행사능력

1) 의의

기본권보유능력을 가진 기본권 주체가 기본권을 구체적으로 행사할 수 있는 능력이다.

2) 민법상 행위능력과의 관계

기본권행사능력도 민법상의 법률행위능력과 일치하지 않는다.
① 기본권행사능력은 일반적·개별적으로 결정되나, 행사능력 중 선거연령, 피선거연령의 경우 헌법이나 법률에서 일률적으로 정하고 있다.
② 민법상으로는 법률행위능력이 제한되는 미성년자와 피한정후견인(구 한정치산자)라도 기본권행사능력을 가질 수 있다.

③ 민법상으로는 완전한 법률행위능력이 있는 경우라도 헌법상으로는 그 기본권행사능력이 제약되는 경우가 있다(예 성년자라도 공무담임권 내지 각종 피선거권을 가질 수 없는 경우).

(3) 기본권보유능력과 기본권행사능력의 관계

기본권보유능력을 가진 경우에도 기본권 행사가 제한되는 다음과 같은 경우가 있다.
① 기본권의 성격상 기본권보유능력과 기본권행사능력을 구별할 필요성이 있는 경우(예 영아의 집회의 자유를 행사할 능력)
② 헌법이 직접 기본권행사능력을 정하고 있는 경우(예 대통령의 연령(헌법 제67조 제4항)]
③ 헌법의 위임에 의한 법률에 의하여 기본권행사능력이 정해지는 경우(예 선거권과 피선거권, 공무담임권 등의 연령제한)
④ 헌법상 위임이 없음에도 불구하고 법률에 의하여 기본권행사능력이 제한되는 경우(예 민법의 성년기, 친권자의 거소지정권)

2. 성년자

성년자인 대한민국 국민은 당연히 기본권 주체가 된다.

3. 미성년자

(1) 미성년자와 같은 민법상의 행위무능력자라도 기본권보유능력뿐만 아니라 기본권행사능력도 갖고 있으나 기본권의 행사에서 성인보다 더 많은 제한을 받을 뿐이다.
(2) 미성년자의 기본권적 이익과 제3자의 기본권의 조화에 있어 연령에 따라 일률적으로 판단할 것이 아니라 문제가 되는 개별기본권에 따라 미성년자의 인식능력, 기본권의 보호목적, 특성에 따라 개별적으로 판단되어야 한다.
(3) 미성년자의 기본권행사능력의 범위를 정하는 법률조항은 그 대상이 되는 미성년자의 신체적·정신적 성숙도를 고려하여 위헌여부가 심사될 수 있다.

4. 태아와 수정란

태아도 그 성질이 허용되는 범위 내에서는 기본권 주체가 된다. 예컨대 생명권, 신체를 훼손당하지 아니할 권리, 인격권 등의 주체가 된다.

헌법재판소는 "모든 국민은 헌법상 생명권의 주체가 되며, 형성 중의 생명인 태아에게도 생명에 대한 권리가 인정되어야 한다"고 하여 태아의 생명권 주체성을 인정하였다(헌재 2008.7.31. 2004헌바81). 다만 자궁에 착상하기 전 또는 원시선이 나타나기 전까지의 초기배아, 수정란에 대해서는 기본권의 주체성을 부정하였다(헌재 2010.5.27, 2005헌마346).

5. 재외동포

(1) 재외국민

재외국민은 대한민국의 국민으로서 외국의 영주권을 취득한 자 또는 영주할 목적으로 외국에 거주하고 있는 자를 말한다. 재외국민은 대한민국 국민이므로 국민에 대한 기본권 주체성에 대한 법리가 그대로 적용된다.

(2) 외국국적동포

외국국적동포는 대한민국국적을 보유하였던 자 또는 그 직계비속으로서 외국국적을 취득한 자 중 대통령령이 정하는 자를 말한다. 외국국적동포는 재외동포체류자격으로 최장 3년간 체류할 수 있고, 그 기간의 연장도 가능하며, 재입국허가없이 자유롭게 출입국할 수 있다. 또 자유롭게 취업 기타 경제활동을 할 수 있으며, 토지취득, 이용, 보유 및 처분이 가능하다.

6. 특별권력관계에 있는 자

국가의 공무를 수행하는 공무원, 국립대학교 학생 등 특수한 지위에 있는 사람의 기본권이 일정한 범위와 정도에서 제한되는 것은 그러한 특수한 신분이나 지위의 성질상 본질적으로 내재되어 있는 것이며, 이는 헌법에서 명시적이거나 묵시적으로 정해져 있다. 다만 이러한 특별권력관계(특수신분관계)에 있는 사람에게도 기본권의 주체성이 인정되므로 이런 사람의 기본권에 대한 제한은 그러한 관계에 있지 않은 사람의 기본권 제한과 비교하여 그 정도와 범위에서 차이가 있을 뿐이다. 따라서 일반국민과 특수신분관계의 국민을 기본권 주체를 논함에 있어 구별하는 것은 실익이 없다.

7. 사자(死者)

사자에 대하여 어떤 기본권을 인정할 것인가 하는 것은 국가에 따라 역사, 문화, 전통, 가치관 등에 의하여 개별적으로 정해진다. 헌법재판소는 "친일반민족행위결정이 이루어지면, 조사대상자의 사회적 평가에 영향을 미치므로 헌법 제10조에서 유래하는 일반적 인격권이 제한받는다. 다만 이러한 결정에 있어서 대부분의 조사대상자는 이미 사망하였을 것이 분명하나, 조사대상자가 사자의 경우에도 인격적 가치에 대한 중대한 왜곡으로부터 보호되어야 한다. 사자에 대한 사회적 명예와 평가의 훼손은 사자와의 관계를 통하여 스스로의 인격상을 형성하고 명예를 지켜온 그들의 후손의 인격권, 즉 유족의 명예 또는 유족의 사자에 대한 경애추모의 정을 제한하는 것이다"라고 판시하였다(헌재 2010.10.28, 2007헌가23).

II 외국인

1. 외국인의 범위

외국인이란 한 국가를 중심으로 그 국가의 국적을 가지지 않은 자를 말한다. 여기에는 외국의 국적을 가진 자, 무국적자가 있다.

2. 외국인의 기본권 주체성 인정여부

① 독일기본법은 제19조에서 외국인에게도 헌법상의 기본권을 인정한다는 명문규정을 두고 있다.
② 우리헌법 제2장은 "국민의 권리와 의무"라고만 규정하고 있다.
③ 기본권 주체로서 외국인을 이야기할 때 외국인은 주로 국내에 있는 외국인의 기본권 주체성을 의미한다.

(1) 견해의 대립

1) 부정설

① **법실증주의**: 기본권을 법률 속의 자유로 이해하므로 외국인은 당연히 제외된다.
② **통합과정론**: 기본권을 사회공동체가 통합되어 가기 위한 당위론적 가치질서로 파악하므로 외국인은 원칙적으로 기본권 주체가 될 수 없다.
③ **기본권 문언설**: 헌법 제2장의 표제는 "국민의 권리와 의무"이므로 외국인의 권리까지 보장하는 것은 아니다.

2) 긍정설

① **결단주의**: 기본권을 천부적·선국가적인 인간의 권리로 보므로 외국인도 기본권 주체가 되는 것이 당연하다. 다만 외국인에게 어떤 기본권이 인정될 것인지는 인간의 권리이냐 국민의 권리이냐, 즉 권리의 성질에 따라 결정해야 한다(권리성질설).
② **통합과정론에 입각한 제한적 긍정설**: 외국인은 자국민의 동화적 통합을 해치지 않는 범위 내에서 기본권 주체가 될 수 있으나 참정권은 인정되지 않는다. 어떤 기본권을 외국인이 향유할 수 있는지는 구체적 상황에 따라 개별적으로 결정된다.

(2) 헌법재판소

기본권 보장규정인 헌법 제2장의 제목이 "국민의 권리와 의무"이고 그 제10조 내지 제39조에서 "모든 국민은 … 권리를 가진다"고 규정하고 있으므로 국민 또는 국민과 유사한 지위에 있는 외국인과 사법인만이 기본권 주체라 할 것이다(헌재 1994.12.29, 93헌마120).

3. 외국인이 주체가 될 수 있는 기본권

① **인간의 존엄·가치**: 인간의 권리이므로 외국인에게도 당연히 인정된다.
② **행복추구권**: 인간의 권리이므로 외국인에게도 당연히 인정된다.
③ **평등권**: 원칙적으로 외국인도 평등권의 주체가 되나, 국제법상 호혜평등원칙이나 상호주의원칙에 따라 제한적으로 인정하려는 제한적 긍정설(다수설)과 자연법상의 평등원칙에 근거하여 원칙적으로 외국인도 평등권의 주체가 되나, 구체적인 상황에 따라 외국인의 평등권을 제한하는 것은 가능하다는 상황적 제한설 등이 대립한다.
④ **자유권적 기본권**
   ⅰ) 전통적 자유권은 인간의 권리이므로 외국인에게도 원칙적으로 보장된다. 다만 거주·이전의 자유(제14조), 언론·출판의 자유(제21조), 집회·결사의 자유(제21조) 등은 제한이 가능하다.
   ⅱ) 입국의 자유는 그에 관한 특별한 조약이 없는 한 외국인의 입국을 허가할 의무는 없으며, 입국 후의 체류의 자유는 인정되지만 특정한 법적 근거가 있는 경우에는 국외추방을 할 수 있다고 본다. 그러나 일단

입국이 허용된 외국인에게는 출국의 자유가 보장된다.
  iii) 망명권: 대법원은 망명권에 관하여 소극적 입장을 취한다(대판 1984.5.22. 84도39).
  iv) 경제적 기본권: 직업선택의 자유, 토지소유권, 광업권 등 경제적 기본권은 내국인보다 많은 제한을 받는다.
⑤ 정치적 기본권: 국민의 권리를 의미하므로 외국인에게는 인정되지 않는다.
⑥ 청구권적 기본권: 기본권을 보장하기 위한 기본권이므로 일정한 기본권의 보장과 결부된 청구권적 기본권(예: 재판청구권)은 외국인에게도 인정되어야 한다. 다만 국가배상청구권, 범죄피해자구조청구권은 상호의 보증이 있는 경우에 한하여 인정된다(국가배상법 제7조).
⑦ 사회적 기본권: 헌법의 차원에서 자국민의 인간다운 생활을 보장하기 위한 기본권이므로 외국인에게는 원칙적으로 인정되지 아니한다.
⑧ 환경권, 건강권: 인간의 권리로서의 성격도 가지고 있으므로 제한된 범위 내에서 외국인에게도 인정된다.

III 법인

1. 헌법상 법인의 개념

① 의사결정과 활동에 있어 통일성을 가지는 조직적 통일체라야 하고, ② 당해 조직에 참여하는 자연인과의 관계에서 법적으로 상대적 독립성을 유지하는 것이어야 하며, ③ 그 구성에 있어 사적 자율을 기초로 하는 조직이라야 한다.

2. 기본권 주체성 인정여부

① 우리 헌법은 독일기본법과 달리 법인의 기본권 주체성을 명문으로 규정하고 있지 않다.
② 인권성질설, 법인의제설, 결단주의적 입장에서 부정하는 견해와 법인실재설, 법실증주의적 입장에서 긍정하는 견해의 대립이 있다.
③ 현대사회에서 법인은 자신에게 속해 있는 자연인의 기본권 행사를 편리하게 해주거나 촉진시켜 주는 점 및 법인이 자연인의 기본권 실현의 수단으로 제대로 기능하게 하기 위해서는 법인에게 소속 자연인으로부터 독립된 지위를 부여할 필요가 있다는 점 등에서 일반적으로 긍정한다.

3. 기본권 주체로서의 법인의 범위

(1) 사법인(私法人)

법인에게 기본권 주체성을 인정하는 근거가 자연인의 기본권을 보장해 주기 위한 것이라면, 그것의 법인격 취득여부 및 종류(사단이든 재단이든)는 문제가 되지 않는다.

(2) 공법인(公法人)

1) 원칙: 기본권 주체성 부정

공법상의 법인은 국가이든, 지방자치단체이든, 행정청이든, 공법상의 영조물이든, 공법상의 재단이든 그 종류를 불문하고 원칙적으로 기본권 주체성이 인정되지 않는다.

2) 예외: 기본권 주체성 긍정

(가) 공법인의 활동의 영역 내에 있는 경우
   ① 사경제주체로서 활동하는 경우
   ② 조직법상 국가로부터 독립하여 고유한 업무영역을 가지고 있는 경우
   ③ 개인의 이익과 결합하여 개인의 이익을 대변하여 국가에 대항하는 구조를 취하고 있는 활동을 하는 경우
   ④ 다른 공법인과의 관계에서 지배복종의 관계가 성립하여 사인과 같이 다른 공법인의 지배하에 있는 경우
   (예 국공립의 교육기관, 방송기관, 은행, 지방자치단체 등)

(나) 헌법상 기본권에 의해 보호되는 생활영역에 직접 편입되어 있는 경우
   이 경우에는 국가로부터 조직상 독립되어 있고, 주로 그 활동영역을 보호대상으로 하는 기본권만을 인정할 수 있다(예 한국방송공사의 언론의 자유 등).

(다) 공법인이 개인의 기본권을 실현하는데 기여하고 있을 뿐만 아니라 국가로부터 구별되는 실체를 가지고 있는 경우(예 국립대학과 언론기관의 학문의 자유, 언론의 자유 등)

(3) 외국법인

① 독일 판례는 법인의 기본권 주체성을 내국법인에 한정하고 외국법인에는 인정하지 않는다.
② 일반적으로 법인에게 인정되는 기본권은 외국법인의 경우에도 외국인에 준하여 인정된다. 다만 외국법인이 향유할 수 있는 기본권의 범위는 법인으로서의 제약과 외국인으로서의 제약이라는 이중적 제약을 받게 되어 매우 협소하다.
③ 현실적으로 외국사법인에 대해서는 기본권이 인정되지 않는다는 견해가 지배적이다. 결국 외국사법인에게 인정되는 기본권으로는 재산권, 영업활동의 자유, 재판청구권 등을 들 수 있다.

(4) 정당

정당은 국민과 국가 간의 정치적 의사 형성의 중개기관이라는 특수한 지위를 가지고 있는 바, 선거에 있어서의 평등권, 언론·출판·집회·결사의 자유, 재판청구권, 재산권 등이 인정된다.

(5) 법인격 없는 단체(사단·재단)

헌법학의 영역에서의 법인 개념에 비추어 사법상의 권리능력유무는 법인의 기본권 주체성을 결정하는 기준이 아니다.

[기본권 주체성 긍정]
① 사단법인 한국영화인협회(헌재 1991.6.3, 90헌마50)
② 한국신문편집인협회(권리능력 없는 사단)(헌재 1995.7.21, 92헌마177 등)
③ 국립대학교(헌재 1990.10.1, 92헌마68)
④ 정당(헌재 1991.3.11, 91헌마21)
⑤ 일간신문사(헌재 1991.4.9, 89헌마160)
⑥ 대한예수교장로회신학연구원(헌재 2000.3.30, 90헌마50)
⑦ 축협중앙회(헌재 2000.6.1, 99헌마5531)
⑧ 정당의 지구당(헌재 1993.7.29, 92헌마2621)
⑨ 한국방송공사(헌재 1999.5.27, 98헌바70)

[기본권 주체성 부정]
① 한국영화인협회 감독위원회(헌재 1991.6.3, 90헌마50)
② 국회노동위원회(헌재 1994.12.29, 93헌마120)
③ 교육위원회, 교육위원(헌재 1995.9.28, 92헌마23)
④ 지방의회(헌재 1998.3.26, 96헌마345)
⑤ 사립중고등학교(헌재 1993.7.29, 89헌마187)
⑥ 국가(헌재 1998.3.26, 96헌마345)
⑦ 지방자치단체(헌재 1997.12.24, 96헌마365)
⑧ 직장의료보험조합(헌재 2000.6.29, 99헌마289)
⑨ 농지개량조합(헌재 2000.11.30, 99헌마90)

4. 법인이 향유할 수 있는 기본권의 범위

(1) 범위획정의 기준

1) 학설의 대립

개별기본권의 성질을 기준으로 평등권, 경제적, 청구권적 기본권은 법인에게 인정되지만, 인간의 존엄과 가치·행복추구권, 생존권 등은 법인에게 인정되지 아니한다는 기본권기준설과 법인이 수행하는 다양한 사적·공적 기능과 설립목적에 따라 그 기본권 주체성의 인정여부를 개별적으로 판단하여야 한다는 법인기준설이 대립한다.

2) 헌법재판소

헌법재판소는 영화법 제12조 등 헌법소원사건에서 기본권기준설의 입장을 취한다.

(2) 구체적 검토

1) 법인에게 인정되는 기본권

평등권, 인격권, 직업선택권, 재산권, 언론·출판·집회·결사의 자유, 사생활의 비밀과 자유(견해대립), 거주·이전의 자유, 주거의 자유(견해대립), 통신의 자유, 청원권, 재판청구권, 국가배상청구권, 손실보상청구권 등이다.

2) 법인에게 인정되지 않는 기본권

인간의 존엄과 가치, 행복추구권(견해대립), 생명권, 인신의 자유, 참정권, 사회적 기본권 등이다.

3) 사법절차적 기본권

① 사법절차적 기본권은 기본권이 침해된 경우에 그 회복 또는 구제를 위한 권리이므로, 기본권의 주체가 될 수 있는 자는 누구나 그 권리의 주체가 된다. 따라서 내국인뿐 아니라 외국인이나 법인에게도 보장된다.
② 사법절차적 기본권 중 재판절차진술권은 법인에게는 인정되지 아니한다.

제4절 기본권의 효력

기본권의 효력이란 기본권이 그 의미·내용대로 실현될 수 있는 힘, 즉 기본권의 구속력을 말한다.

제1항 기본권의 대국가적 효력

① 실증주의적 입장에 의하면 기본권이란 실정법상의 힘에 불과하므로 기본권의 대국가적 효력도 단순한 선언적 의미를 가질 뿐이다.
② 결단주의적 입장에 의하면 기본권을 천부적 권리로 이해하므로 기본권은 국가에 대하여 직접적 효력을 가지게 된다.
③ 통설은 헌법 제10조 후문을 기본권의 대국가적 기속력에 대한 근거규정으로 본다.
④ 사회적 기본권은 자유권적 기본권에 비하여 대국가적 효력이 약하다.

I 입법권에 대한 효력

① 오늘날 기본권은 입법·행정·사법의 모든 국가권력을 구속한다.
② 입법에 대한 기본권의 효력은 '입법자의 형성의 자유' 때문에 다른 국가권력에 대한 기본권의 효력과는 다른 형태로 나타난다.
③ 입법자는 기본권을 제한하는 법률을 제정함에 있어서 과잉금지의 원칙 및 본질적 내용의 침해금지의 원칙을 준수하여야 한다. 반면 사법권과 집행권은 국민의 기본권을 최대한 보장하는 방향으로 재판 내지 집행을 하여야 한다.

Ⅱ 집행권에 대한 효력

1. 국고작용에 기본권의 기속력이 미치는지 여부
공권력의 주체로서의 국가와 비권력적·경제적 주체로서의 국가의 구별 없이 국가작용 일반에 대하여 기본권의 효력이 미친다.

2. 국고작용에 기본권의 기속력이 미치는 방식
① 국고작용이 사법형식을 취한다 하더라도 공적 과제를 수행하기 위한 것으로서 여전히 국가작용임에는 변함이 없으므로 국고작용의 경우에도 기본권의 대국가적 효력이 미친다.
② 쟁송수단과 관련하여 국고작용이 헌법소원심판의 대상이 되는 공권력의 행사에 해당한다고 볼 수는 없으므로 민사소송을 통해 다툴 수밖에 없다.
③ 헌법재판소도 국가의 사법(私法)상의 행위는 헌법소원심판의 대상이 되지 않는다고 한다.

Ⅲ 사법권에 대한 효력
사법권도 국민의 기본권을 최대한으로 보장하는 방향으로 재판해야 하며, 기본권을 침해하는 재판은 그 정당성이 부인된다.

Ⅳ 헌법개정권력에 대한 효력
헌법개정의 한계긍정론에 의하면 헌법개정권력도 기본권에 기속되므로 기본권을 개악하거나 인간의 존엄성을 침해하는 헌법개정은 할 수 없다(통설).

제2항 기본권의 제3자적 효력

Ⅰ 서설

1. 의의
① 근대입헌주의헌법의 기본권은 대국가적 방어권으로서 사인간의 관계에 있어서는 효력을 갖지 않는다.
② 오늘날 국가가 아닌 사적인 단체, 기업, 노동조합, 시민단체 등에 의해 국민의 기본권이 침해되는 현상이 발생하고 있으므로 사인 상호간의 기본권 침해를 방지하고 개인생활의 안전을 보호하기 위해 기본권의 타당범위를 국가권

력에 대한 관계에서 일반 제3자인 사인 상호간의 관계로까지 확대하여, 사인의 법익 침해에 대하여도 기본권의 효력을 인정하고자 하는 것이 기본권의 제3자적 효력의 문제이다.**예** 기업에 취업한 사람에게 기업이나 노동조합이 강제로 노동조합에 가입하지 못하게 하거나 가입하도록 강요하는 것, 종교학교가 무종교의 학생에게 종교행사나 종교수업에 참가하게 하는 것 등)

2. 이론의 등장배경

① 자본주의의 고도화와 사회생활의 복잡화로 인해 국가와 유사한 기능을 하는 사회적 세력들(기업, 정당, 이익단체 등)이 등장하였고 이들에 의하여 계약자유의 미명 하에 일반국민의 자유와 권리가 침해당할 가능성이 증대하였다.
② 기본권은 주관적 권리이면서 동시에 객관적 가치질서로서의 성격도 가진다는 기본권의 이중성이론이 등장하면서 기본권의 제3자적 효력은 그 이론적 기초를 갖추게 되었다.

II 외국에서의 논의

1. 미국

(1) 국가유사론(국가행위의제론)

① 미국연방헌법의 인권 규정(수정 제1조, 제14조)은 그 문언상 연방 및 주에 의한 인권의 제약만을 금지하고 있다.
② 미국연방헌법의 인권 규정(수정 제1조, 제14조)은 이론적으로 볼 때 기본권의 효력이 원칙적으로 국가권력에게만 미치고 사인에게는 미칠 수 없다는 것을 전제로 하는 자연법적인 기본권 사상에 바탕하고 있다.
③ 사인 간에 기본권의 효력을 인정하기 위해서 사인의 행위를 국가작용인 것처럼 의제하지 않으면 안 되었고 이를 국가행위의제론(state action doctrine) 또는 국가유사론(looks like government theory)이라고 하는 판례이론에 의하여 해결하여 왔다.
④ 오늘날에는 종래 위 판례이론에 의하여 해결되어 오던 문제들이 시민권법(Civil Rights Act)에 의하여 대부분 해결되고 있다.
⑤ 미국의 국가유사론과 독일의 직접적용설은 실질적 결과에 있어서는 동일하다.

(2) 판례이론에 나타난 유형

1) 국가재산이론

국가의 시설을 임차한 사인이 당해 시설을 이용하여 개인의 기본권을 침해한 경우에 그 침해행위를 국가행위와 동일시하여 헌법규정을 적용하려는 이론이다(1962. Turner v. City of Memphis).

2) 국가원조이론

국가로부터 재정적 원조라든가 토지수용권·조세감면 또는 그 밖의 공적 원조를 받고 있는 사인(시영버스회사 등 공익사업체)의 행위를 국가행위와 동일시하여 거기에 헌법을 적용하려는 이론이다(1944. steele v. Louisville and Nashville R.R.Co.).

3) 통치기능이론

정당이나 사립대학 등 실질적으로 통치적 기능을 수행하는 사적 집단에 의한 인권 침해행위를 국가적 행위로 간주하여 헌법의 규제에 따르게 하려는 이론이다(1944. Smith v. Allwright).

4) 사법집행이론

사인에 의한 인권 침해행위가 쟁송의 대상이 되어 법원이 개입하고 그것이 사법적으로 집행된 경우 그 집행행위를 위헌인 국가적 행위로 간주하는 이론이다(1948. Shelly v. Kraemer).

5) 특권부여이론

국가로부터 특정의 특권 내지 특별한 권한을 부여받아 그 한도 내에서 국가의 광범위한 규제를 받으면서 국가와 밀접한 관계가 인정되는 사적 단체의 행위를 국가행위와 동일시하는 이론이다(1952. Public Utilities Commission v. Pollak).

2. 독일

(1) 효력부인설(바이마르헌법 하의 다수설(전통적 이론))

1) 근거

기본권의 제3자적 효력을 인정하게 되면 공·사법의 이원체계에 혼란을 가져오고 사적자치의 원칙을 완전히 배제하게 되는 문제점이 있다.

2) 내용

공법과 사법의 구별을 전제로 공법의 영역에서 적용되는 기본권은 공권으로서의 성격을 갖는 반면에 사법의 영역에서는 사적자치의 원칙이 적용되어야 한다.

(2) 직접적 효력설(직접적용설)

1) 근거

기본권이 직접 유효한 법으로서 입법·사법·행정을 구속한다(독일기본법 제1조 제3항)는 규정은 국가권력뿐만 아니라 사인까지도 구속한다.

2) 내용

기본권은 사법상의 일반원칙과 같은 매개물을 통할 필요 없이 직접 사인 상호 간의 법률관계에도 적용된다.

(3) 간접적 효력설(간접적용설)

1) 근거

기본권은 주관적 공권이면서 동시에 객관적 가치질서를 뜻하므로 모든 생활영역에 방사효과를 미치게 되는데 사인간의 사적인 법률관계라고 할지라도 이 기본권의 방사효과를 받는다.

2) 내용

기본권 규정이 사법질서에 직접 적용되는 것이 아니라 사법상의 일반조항(공서양속조항·신의성실조항 등)을 통하여 간접적으로 적용된다. 기본권이 사법에 들어가기 위한 열쇠로서 언제나 사법상의 규범을 필요로 한다.

Ⅲ 우리나라

① 현행 헌법은 독일기본법 제9조 제3항과 같은 직접적 사인효력을 인정하는 명문규정을 두지 않았고, 또 사인 간의 기본권 효력을 부인하는 명문규정도 없다.
② 언론·출판의 자유에 관하여 그 한계와 책임을 명시하는 규정(제21조 제4항)을 둠으로써 사인 간에도 경우에 따라서는 기본권에 의한 권리침해가 생길 수 있다는 점을 암시하고 있을 뿐이다.

1. 다수설(독일의 간접적용설)

① 기본권은 그 성질상 사인 간에 적용될 수 없는 것을 제외하고는 원칙적으로 사법상의 일반원칙을 통하여 간접적으로 사인 간에 효력을 미치는 것이다.
② 직접효력을 인정하는 명문규정이 있거나 그 성질상 직접 적용될 수 있는 기본권(인간의 존엄과 가치·행복추구권, 노동3권 및 합리적인 근로조건의 보장에 관한 규정, 언론·출판의 자유, 참정권 등)은 예외적으로 사인 간에도 직접 효력을 미친다.

2. 소수설

① 우리 헌법이 특별히 직접적 효력을 인정하는 제21조 제4항의 언론·출판의 자유만이 사인 간에 직접적용되고 나머지 기본권들은 사법상의 일반원칙을 통하여 간접적용된다는 견해와, ② 노동3권만이 사인 간에 직접적용되고, 나머지 기본권은 원칙적으로 간접적용된다는 견해가 있다.

Ⅳ 기본권의 충돌문제와 그 구제

① 기본권의 제3자적 효력이 인정되기 때문에 기본권의 충돌이 발생한다.
② 기본권의 충돌현상이 발생하면 법원에 제소하여 재판에서 자신의 기본권을 구제받지 못하는 경우 헌법소원에 의하여 구제받게 될 것이다.
③ 헌법재판소법 제68조 제1항 본문은 재판작용을 헌법소원심판의 대상에서 제외하고 있기 때문에 원칙적으로 구제의 길이 막혀 있다.

> ⬟ **기본권의 제3자적 효력이 적용되지 않는 기본권**
> ① 신체자유 보장을 위한 헌법지도원리: 죄형법정주의, 사전영장주의, 이중처벌금지원칙, 연좌제금지, 무죄추정의 원칙 등
> ② 신체자유 보장을 위한 권리: 불리한 진술거부권, 변호인의 도움을 받을 권리, 공정한 재판을 받을 권리 등
> ③ 청구권
> ④ 청원권, 국가배상청구권 등(단, 자유권적 측면을 강조하여 간접적용을 주장하는 견해 있음)
> ⑤ 기본제도: 직업공무원제도, 지방자치제도, 정당제도
> ⑥ 소급입법에 의한 재산권의 박탈

제3항 기본권의 갈등(기본권의 경합과 충돌)

I 서설

기본권의 한 주체가 국가권력에 대하여 동시에 여러 기본권을 주장하거나 여러 기본권 주체 상호간의 관계에서 기본권이 충돌하는 경우에 제기되는 문제를 기본권의 갈등이라고 한다. 기본권의 갈등은 기본권의 경합과 기본권의 충돌을 포괄하는 개념이다.

II 기본권의 경합(경쟁)

1. 기본권 경합의 의의

(1) 기본권 경합의 개념

① 기본권의 경합이란 단일의 기본권 주체가 국가에 대하여 동시에 여러 기본권의 적용을 주장하는 경우를 말한다.
② 기본권의 경합의 문제는 하나의 기본권 주체에게서 발생하며, 동일한 기본권 주체의 특정한 행위가 여러 기본권의 구성요건에 해당하는 현상을 말한다.
③ 기본권이 경합하는 경우 기본권의 효력이 강화되는 것이 일반적이지만, 배타적 기본권간에는 상호보완관계가 성립하지 아니하므로 기본권의 경합으로 반드시 기본권의 효력이 강화되는 것은 아니다.

(2) 기본권의 유사경합

기본권의 유사경합이란 외견상 기본권의 경합처럼 보이지만, 실제로는 제한 내지 침해되었다고 주장하는 기본권이 그 기본권의 보호영역을 벗어난 경우이어서 기본권의 경합이 아닌 것을 말한다.

> **예** 어떤 기본권 주체가 학문적 표현이나 예술적 수단을 이용한 광고 또는 선전행위를 하였으나 공권력에 의해 그 행위를 못하게 된 경우 영업의 자유(제15조)나 재산권(제23조) 이외에 학문과 예술의 자유(제22조)까지도 경합적으로 주장하는 것이 가능한가의 문제이다. 상업적 목적의 광고 또는 선전행위는 학문적 지식이나 예술적 관념을 전파하는 전형적 수단이 아니므로 그러한 행위는 학문과 예술의 자유(제22조)로서 보호받을 수는 없는 것이고, 영업의 자유(제15조)나 재산권(제23조)보호의 문제만이 문제된다. 따라서 기본권 경합의 문제는 발생하지 않는다.

2. 기본권 경합의 유형

기본권의 경합에는 일반기본권과 특별기본권의 경합, 제한 정도가 상이한 기본권 사이의 경합, 제한 정도가 동등한 기본권 사이의 경합의 3가지 유형이 있다.

3. 기본권 경합의 해결원칙

(1) 일반기본권과 특별기본권의 경합

'특별법적 지위에 있는 기본권'이 '일반법적 지위에 있는 기본권'에 우선(특별법이 일반법에 우선)하고, '기본법적 지위에 있는 기본권'이 '보충적 지위에 있는 기본권'에 우선(기본법이 보충법에 우선)한다.

> ◆ **헌법재판소 결정례**
> ① 개별평등권조항〉일반평등권조항(헌재 2002.8.29. 2001헌바82)
> ② 공무담임권〉직업선택의 자유(헌재 1999.12.23. 99헌마135)
> ③ 개별기본권〉행복추구권(헌재 2000.12.14. 99헌마112)

(2) 제한의 정도가 상이한 기본권 사이의 경합

1) 최약효력설
① 법률유보가 있는 기본권과 법률유보가 없는 기본권이 경합하는 경우와 같이 제한의 가능성이 각기 상이한 여러 기본권이 서로 경합하는 경우 제한의 가능성이 보다 더 큰(효력이 보다 더 약한) 기본권을 우선시켜야 한다.
② 쇠사슬은 그 제일 약한 부분만큼만 강하다는 물리적인 법칙을 그 논거로 삼고 있다.
③ 기본권을 최대한으로 존중하고 보호하려는 헌법정신에 오히려 역행하는 결과를 초래한다.

2) 최강효력설
① 서로 경합하는 기본권들 중에서 그 제한의 가능성과 제한의 정도가 제일 적은, 가장 강한 기본권에 따라서 국민의 자유와 권리가 보호되어야 한다.
② 기본권 존중사상에 바탕을 두고, 기본권을 침해하는 공권력작용은 그것이 헌법상 가장 강하게 보호되고 있는 기본권과 조화될 수 있을 때 비로소 정당화된다.

(3) 제한 정도가 동등한 기본권 사이의 경합

1) 학설의 대립
① 관련 기본권 전부적용설
  문제의 사안과 관련이 있는 모든 기본권의 효력이 동일한 경우에는 관련이 있는 기본권 모두를 적용할 수밖에 없다는 견해이다.
② 1차적 관련 기본권 우선적용설
  우선 사안과 가장 밀접한 관계를 맺고 있는 규범을 1차적으로 적용하여 해결하고, 기본권 주체의 의도와 기본권을 제한하는 공권력의 동기를 감안해서도 1차적으로 관계된 규범을 확정할 수 없는 경우에는 문제의 사안과 관련이 있는 모든 기본권을 적용하여 해결한다는 견해이다.

2) 헌법재판소
헌법재판소는 사안과 관련이 있는 기본권 전부를 적용하는 것이 주류적 입장이었으나, 최근 '출판사및인쇄소의등록에관한법률' 제5조의2 제5호 등 위헌심판사건과 '경비업법' 제7조 제8항 등 헌법소원사건에서 사안과 가장 밀접한 관계에 있고 또 침해의 정도가 큰 주된 기본권을 중심으로 해서 그 제한의 한계를 따져 보아야 할 것이라고 판시한 바 있다.

Ⅲ 기본권의 충돌

1. 기본권 충돌의 의의

(1) 기본권 충돌의 개념
① 기본권의 충돌이란 복수의 기본권 주체가 서로 충돌하는 권익을 실현하기 위하여 국가에 대해 각기 대립하는 기본권의 적용을 주장하는 경우를 말한다.
② 실질적으로는 사인 상호 간에 이해관계가 충돌하는 경우라 하더라도 기본권 주체는 상대방 기본권 주체를 상대하지 않고 직접 국가권력을 상대로 기본권의 구제수단을 청구하므로 기본권 충돌문제는 궁극적으로 기본권의 대국가적 효력의 문제로 평가된다.
③ 기본권의 충돌문제는 대립하는 두 기본권 주체와 국가권력의 삼각관계의 문제라고도 말할 수 있을 것이다.

> **예** 언론기관이 특정인의 과거의 범죄사건을 보도함으로써 언론기관의 보도의 자유(제21조)와 범인의 인격권(제10조)이 충돌하는 경우, 합리적인 이유 없이 사원채용에서 특정인을 자의적으로 배제함으로써 고용자측의 계약의 자유(제10조)와 피고용자측의 평등권(제11조)이 충돌하는 경우. 기업주가 공해사업을 운영함으로써 기업주의 직업의 자유와 인근 주민의 환경권이 충돌하는 경우

(2) 기본권의 유사충돌

① 기본권의 유사충돌이란 기본권의 적용을 주장하는 자의 행위가 당해 기본권 규정의 보호범위를 벗어난 것이어서 진정한 의미에서의 기본권 충돌의 문제가 아닌 경우를 말한다.

> **예** 출판업자가 출판을 위하여 종이를 절취하고서 종이의 소유자에 대하여 출판의 자유를 주장한다거나, 연극배우가 무대 위에서 살인을 하고서 피살자에 대하여 예술의 자유를 주장하는 경우를 들 수 있다.

② 기본권의 적용을 주장하는 자의 행위가 당해 기본권 규정의 보호범위를 벗어난 경우에는 일반법률(형법)의 적용을 받게 된다.

③ 진정한 의미에서의 기본권의 충돌이란 어떠한 기본권이 그 보호범위 안에서 행사되는 경우임에도 불구하고 다른 기본권이 이를 현실적으로 제한하게 되는 경우를 말한다.

> **예** 특정인을 모델로 하여 창작·발표된 소설로 인하여 개인의 명예가 훼손되었을 때 소설가가 예술의 자유를 주장하는 반면에 명예가 훼손된 개인이 명예권을 주장하는 경우

(3) 기본권 충돌과 법익 충돌

① 기본권의 충돌은 어느 하나의 기본권 주체가 기본권을 행사하는 경우에 다른 기본권 주체의 기본권 행사에 제한이나 침해를 가져옴으로써 기본권간에 충돌이 있는 경우를 의미하지만, 법익 충돌은 기본권이 가치적으로 다른 법익과 충돌하는 경우(예컨대 '예술의 자유'와 '청소년 보호'처럼 헌법상 보장되고 있는 가치나 이익들이 법률상의 권리·가치·이익과 충돌하는 경우)를 의미한다.

② 기본권의 충돌은 법익 충돌의 한 유형에 해당하며, 법익 충돌은 기본권의 충돌보다 더 넓은 개념이다.

③ 이를 부진정한 기본권의 충돌이라고 정의하기도 한다.

2. 기본권 충돌의 발생영역

① 기본권은 사인 간에 있어서는 간접적 효력만을 가지고 있기 때문에 기본권의 행사에서 기본권 주체들 사이에 실제 기본권들이 서로 충돌하는 상황은 발생하지 않는다.

② 기본권의 충돌은 국가에 대하여 복수의 기본권 주체가 자신의 기본권을 보호해 달라고 주장하는 경우에 한하여 발생한다.

③ 기본권의 충돌이 문제되는 것은 입법, 행정, 재판을 함에 있어서 기본권적인 가치들이 충돌하는 경우인데 이때 국가는 서로 충돌하는 이익들을 형량하거나 조화시키는 길을 찾는다.

④ 입법의 영역에서 기본권의 충돌이 발생한 경우 충돌되는 기본권들이 조화되는 지점에서 입법이 이루어지므로 대부분의 경우 기본권의 제한의 문제로 나타난다.

⑤ 기본권의 충돌이란 국가공권력이 한 사인의 기본권을 보호하려는 의도를 가지고 이와 대립하는 다른 사인의 기본권을 제한하는 경우를 의미한다.

3. 기본권 충돌의 해결원칙

(1) 이익형량에 의한 해결

1) 의의

① 기본권 간의 서열을 규정하고 그 보호법익을 형량함으로써 보다 우위에 있는 것으로 판단되는 기본권을 우선

시키려는 이론이다.

② 기본권 효력의 우열을 가리기 위한 합리적인 기준을 제시하기가 쉽지 않다는 점 때문에 제한적인 해결만이 가능하다.

2) 구체적 해결방법

(가) 상하기본권 간의 충돌의 경우

① 상위기본권 우선의 원칙에 따라 상위기본권에 우선적 효력을 인정하여야 한다.

② 독일연방헌법재판소는 인공임신중절행위에 대한 판결에서 '임부의 개성신장의 자유'보다 '태아의 생명권'에 우선적인 효력을 인정했다.

(나) 동위기본권 간의 충돌의 경우

① 인격적 가치 우선의 원칙에 따라 인격적 가치를 보호하기 위한 기본권을 재산적 가치를 보호하기 위한 기본권보다 우선시킨다.

② 자유우선의 원칙에 따라 자유의 가치를 평등의 가치보다 우선시킨다.

3) 이익형량에 의한 해결방법의 문제점

① 기본권 효력의 우열을 가리기 위한 합리적인 기준을 제시하기가 쉽지 않다.

② 기본권 효력의 우열을 가리는 작업은 가치판단이므로 주관이 개입되기 쉽다.

(2) 규범조화적 해석에 의한 해결

1) 의의

① 두 기본권이 상충하는 경우에도 이익형량에 의하여 어느 하나의 기본권만을 다른 기본권에 우선시키지 아니하고 헌법의 통일성을 유지하기 위하여 상충하는 기본권 모두가 최대한으로 그 기능과 효력을 나타낼 수 있는 조화의 방법을 찾으려는 것이다.

② 기본권 내의 위계질서를 반드시 그 전제로 하지 않는다는 점과 충돌하는 두 기본권의 효력을 함께 존중할 수 있는 조화의 길을 모색한다.

2) 구체적 해결방법

(가) 과잉금지의 방법(공평한 제한의 원칙)

상충하는 기본권 모두에게 일정한 제약을 가함으로써 두 기본권 모두의 효력을 양립시키되 두 기본권에 대한 제약은 필요한 최소한에 그치도록 하는 방법이다.

(나) 대안식 해결방법

과잉금지의 원칙에 의해서 충돌하는 기본권을 조화시킬 수 없는 경우 충돌하는 기본권을 다치지 않는 일종의 대안을 찾아내서 기본권의 상충관계를 해결하려는 방법이다.

> 예 자(子)의 생명을 구하는 길은 수혈뿐인데도 종교적인 양심 때문에 자에 대한 수혈을 동의할 수 없는 부(父)에게 구태여 그 동의를 강요하는 것보다는 후견법원이나 친족회의 동의를 얻어내는 방법을 모색하는 것

(다) 최후수단의 억제방법

대안식 해결방법에 의해서도 상충하는 기본권을 조화시킬 수 없는 경우에 대한 해결책으로서 유리한 위치에 있는 기본권의 보호를 위해서 가능하고 필요한 수단일지라도 그 모든 수단을 최후의 선까지 동원

하는 것만은 삼가하려는 방법이다.

> **예** 독일연방헌법재판소는 모든 질병과 싸워서 이기는 최상의 치료법은 하나님께 열심히 기도하는 것이라는 종교상의 확신 때문에 위독한 배우자의 입원치료를 강력히 권유하지 못하고 결국 배우자를 사망케 한 형사피고인에게 가장 강력한 사회적인 응징수단이라고 볼 수 있는 형법상의 형벌을 가하는 것은 종교의 자유의 방사효과를 제대로 인식하지 못한 위헌적인 처사라고 판시한 바 있다.

(3) 헌법재판소

두 기본권이 충돌하는 경우 그 해법으로는 기본권의 서열이론, 법익형량의 원리, 실제적 조화의 원리(=규범조화적 해석) 등을 들 수 있다. 헌법재판소는 기본권 충돌의 문제에 관하여 충돌하는 기본권의 성격과 태양에 따라 그때마다 적절한 해결방법을 선택, 종합하여 이를 해결하여 왔다.

> **[이익형량에 의한 해결방법으로 해결한 헌법재판소 결정례]**
> ① 전교조사건(수학권 > 수업거부권)
> ② 검·인정교과서사건(수학권 > 수업권)
> ③ 금연·흡연구역지정사건(혐연권 > 흡연권)
> ④ 서울대입시요강사건(대학의 자율권 > 교육의 기회균등권)
> ⑤ 유니온샵협정사건[노동조합의 적극적 단결권 > 근로자의 소극적 단결권(단결하지 않을 자유)]
>
> **[규범조화적 해석에 의한 해결방법으로 해결한 헌법재판소 결정례]**
> ① 정정보도청구사건(언론의 자유 & 반론권)
> ② 유니온샵협정사건(노동조합의 적극적 단결권 & 근로자의 단결선택권)
> ③ 채권자취소권사건(채권자의 재산권 & 채무자·수익자의 일반적 행동의 자유/채권자의 재산권 & 수익자의 재산권)

(4) 결론

① 해당 사안에 어떠한 기본권이 가장 직접적인 관련성을 가지는가를 따져 사안관련성이 가장 직접적인 기본권을 고려하되, ② 이익형량상 양자택일할 수밖에 없는 경우에는 우월한 기본권을 보호하고, ③ 그렇게 할 수 없는 경우에는 충돌하는 기본권을 모두 실현시킬 수 있는 적절한 조화점을 찾아 이를 해결한다. ④ 충돌하는 기본권을 조화시킬 수 있는 방법을 찾을 수 없는 경우에는 대안을 마련하는 방식을 고려하고, ⑤ 대안의 마련조차 어려운 경우에는 결국 어느 특정한 기본권을 불가피하게 후퇴시킬 수밖에 없는데, 이러한 경우에는 과잉금지원칙에 합치하여야 한다.

Ⅳ 기본권의 경합과 충돌의 비교

① 기본권의 경합문제는 단일의 기본권 주체를 전제로 한 개념이고, 기본권의 충돌문제는 복수의 기본권 주체를 전제로 한 개념이라는 점에서 구별된다.
② 양자 모두 기본권의 해석에 관한 문제인 동시에 기본권의 효력에 관한 문제라는 점에서 공통점이 있다.
③ 기본권의 경합문제는 주로 기본권의 대국가적 효력의 측면에서의 문제인 점에서, 주로 기본권 주체 상호간에 누구의 기본권을 보다 우선시킬 것이냐의 문제인 기본권의 충돌과 다르다.

④ 기본권의 경합은 대국가적인 효력이 문제되는 것이나 기본권의 충돌은 대국가적인 효력과 대사인적인 효력이 함께 문제된다.
⑤ 기본권 경합의 경우 법조경합의 경우, 효력의 정도가 다른 기본권들이 경합하는 경우, 효력의 정도가 같은 기본권들이 경합하는 경우의 3가지 유형이 있고, 이익형량에 의한 방법과 실제적 조화의 원리에 의한 방법은 기본권 충돌의 해결방법이다.

구분	기본권 경합	기본권 충돌
기본권의 주체	단수	복수
기본권의 종류	다른 기본권, 복수	동일 기본권, 다른 기본권, 복수
기본권 침해주체	국가	사인
기본권의 효력	대국가적 효력	대사인적 효력, 대국가적 효력
해결방법	- 최강효력설 - 1차적 관련기본권 우선적용설 - 관련기본권 전부적용설	- 이익형량이론 - 규범조화적 해석이론 - 규범영역분석이론 - 수인한도론

제5절 기본권의 제한과 그 한계

제1항 기본권의 제한

I 서설

1. 기본권의 보호영역과 기본권 제한

(1) 기본권의 보호영역의 개념

① 기본권의 보호영역이란 기본권에 의해 보호되는 일정한 생활영역을 말하는데 달리 기본권의 구성요건이라고도 한다.
② 기본권의 보호영역에 속한 행위를 기본권의 행사라 한다.

(2) 보호영역의 확정

① 기본권의 보호영역은 헌법의 해석에 의하여 확정된다.
② 보호영역의 확정이 법률에 맡겨지는 경우도 있다. 예컨대 '재산권의 내용과 한계(헌법 제23조 제1항)' 또는 '환경권의 내용과 행사(제35조 제2항)'를 법률로 정할 수 있는 것이다.

(3) 기본권의 보호영역과 기본권 제한의 관계

① 기본권의 제한은 어떤 사실이 기본권의 보호영역 내의 것일 때에만 문제된다.
② 1단계로 문제된 행위가 기본권의 보호영역에 포섭될 수 있는 것인가를 검토한 다음, 2단계로 기본권의 제한이 정당한가를 판단해야 한다.

2. 기본권 제한의 의의

① 기본권의 제한이란 기본권 규정에 의하여 보장된 결정이나 활동의 자유 또는 특정행위나 영역에 대한 보호를 사항적으로 축소시킴으로써 기본권으로부터 이끌어낼 수 있는 개인의 법적 지위를 전적으로 또는 특정한 경우에 감소시키는 공권력의 행사를 말한다.
② 개인에게 기본권의 보호영역에 속하는 어떤 행위를 전부 또는 일부 불가능하게 하는 모든 국가의 활동은 직접적이거나 의도된 간접적 결과로서, 법적 행위의 결과뿐만 아니라 사실행위의 결과로서, 명령과 강제에 의하든지 그렇지 않든지 기본권의 제한을 발생하게 된다.

3. 기본권 제한과 침해의 구별

기본권의 제한은 기본권의 보호영역에 속하는 행위나 상태를 제한하는 공권력의 행사를 의미하지만, 기본권의 침해는 위헌적으로 기본권의 보호영역을 축소하는 것을 의미한다.

Ⅱ 기본권 제한의 유형

1. 헌법유보 또는 헌법 직접적 기본권제한(기본권의 헌법적 한계)

(1) 의의

① 헌법 직접적 기본권제한이란 헌법이 명문규정에 근거하여 직접 기본권의 제약을 규정하고 있는 경우를 말한다.
② 헌법 직접적 기본권 제한은 국민의 입장에서 중요한 권리침해이므로 헌법의 직접 명시적 제한만 허용된다.

(2) 유형

① **일반적 헌법유보**

독일기본법 제2조 제1항처럼 "누구든지 타인의 권리를 침해하지 아니하고, 헌법질서와 도덕률에 위반하지 아니하는 한 인격의 자유로운 발현권을 가진다"고 정하는 방식인 기본권 일반을 제한하는 경우를 말한다. 우리 헌법에는 일반적 헌법유보조항이 없다.

② **개별적 헌법유보**

우리 헌법이 정하는 방식으로서 특정의 기본권을 제한하는 경우를 말한다.

(3) 기능

① 일반적 헌법유보는 기본권의 내재적 한계를 확인하고 선언한 것이라는 의미가 있다.
② 개별적 헌법유보는 기본권 제한에 있어서 입법형성권의 한계를 처음부터 헌법에 명시함으로써 입법형성권을 제한하는 기능을 한다.
③ 개별적 헌법유보는 기본권의 내용을 명시함으로써 기본권의 남용에 대한 경고적 기능을 한다.
④ 개별적 헌법유보는 구체적 기본권의 한계를 직접 헌법에 밝혀 놓음으로써 그 기본권과 기타의 헌법적 보호법익을 합리적으로 조화시켜 헌법의 통일성을 유지시키는 헌법정책적 기능을 수행한다.

(4) 현행헌법(개별적 헌법유보)

구분	헌법규정
기본권내용에 관한 제한	① 제8조 제4항(정당의 해산): 민주적 기본질서에 위배되는 정당의 활동 금지 ② 제21조 제4항(언론·출판의 자유): 타인의 명예, 공중도덕, 사회윤리 침해 금지 ③ 제23조 제2항(재산권): 재산권 행사의 공공복리적합의무
기본권주체에 관한 제한	① 제29조 제2항(국가배상청구권): 군인, 군무원, 경찰공무원 등의 이중배상청구 금지 ② 제33조 제2항(노동3권): 공무원의 노동3권, 방위산업체 근로자의 단체행동권의 제한

2. 법률유보(헌법 간접적 기본권제한)

(1) 의의

① 법률유보란 헌법이 기본권의 제한을 직접 규정하지 아니하고, 기본권의 내용과 한계의 개별적 확정을 입법권자에게 위임한 것이다.
② 법률유보는 기본권을 제한하려면 반드시 입법권자가 제정하는 법률에 의하거나, 법률에 근거가 있어야 한다는 뜻이다.
③ 법률유보는 그 자체가 행정권이나 사법권으로부터 기본권을 보호해 주고 강화해 주는 일종의 기본권 제한의 한계를 의미하게 된다.
④ 독일기본법은 헌법이 제한 가능한 기본권만 개별적으로 법률로써 제한하도록 한 방식인 개별적 법률유보를 채택하고 있다.

(2) 일반적 법률유보에 의한 제한과 개별적 법률유보에 의한 제한

① 일반적 법률유보

일반적 법률유보란 기본권 일반에 대하여 법률로써 제한할 수 있도록 규정한 것을 말한다. 헌법 제37조 제2항이 일반적 법률유보에 의한 기본권제한에 해당한다.

② 개별적 법률유보

개별적 법률유보란 개별적 기본권에 법률유보조항을 두어서 특정한 기본권을 법률로써 제한할 수 있도록 규정한 것이다. 예컨대 헌법 제23조 제3항(재산권), 제12조(신체의 자유), 제13조(죄형법정주의) 등이 있다.

(3) 법률유보의 유형

구분	내용
기본권 제한적 법률유보	① 자유권적 기본권에 대한 법률유보가 여기에 해당한다. ② 본래적 의미의 법률유보에 해당한다.
기본권 구체화적 법률유보	① 헌법상 구체적 권리를 법률에 의하여 그 행사·절차·내용을 구체화하는 경우의 법률유보를 말한다. ② 참정권, 청구권적 기본권 등의 법률유보가 여기에 해당한다.
기본권 형성적 법률유보	① 헌법상 추상적 권리를 법률로써 그 내용을 형성하는 법률유보를 말한다. ② 사회적 기본권을 구체화하기 위한 법률유보가 여기에 해당한다.

① 기본권 제한적 법률유보를 본래적 의미의 법률유보라고도 하며, 보통 "자유권"의 경우 문제되고 입법재량이 형성적 법률유보에 비해서 축소된다.
② 헌법 제32조 제3항 근로조건법정주의에서의 법률유보는 기본권 구체화적 법률유보 내지 기본권 보장적 법률유보로서 법률에 의해 보장이 더욱 강화된다는 의미이다.

(4) 법률유보의 순기능과 역기능

헌법에 보장된 기본권을 제한하기 위해서는 반드시 법률의 근거가 있어야 한다는 의미로 법률유보를 이해하는 경우에는 기본권을 강화시켜 주는 순기능을 하지만, 입법자가 법률로써 한다면 헌법에 보장된 기본권이라도 제한할 수 있다는 의미로 법률유보를 이해하는 경우에는 오히려 입법자에게 기본권 제한의 문호를 개방해 주는 역기능을 가지게 된다.

[법률유보의 역기능 방지방안]
① 입법권의 기본권 기속화
② 법률유보의 부분적 헌법적 한계화
③ 기본권의 성질에 따라 일반적 법률유보를 개별적인 차등유보로 다원화
④ 본질적 내용 침해금지조항을 두어 기본권 제한의 최후적 한계 명시
⑤ 위헌법률심판이나 헌법소원을 통한 위헌법률에 대한 통제 강화

(5) 현행헌법

① 제37조 제2항을 두어 '일반적 법률유보'에 의한 기본권 제한을 원칙으로 하고 있지만, 신체의 자유 등에서 '개별적 법률유보'조항도 두고 있다.
② 개별적 법률유보에 의하여 당해 기본권을 제한하는 경우에도 헌법 제37조 제2항의 적용을 받는다.

3. 기본권의 내재적 한계

(1) 의의

① 기본권의 내재적 한계란 법률에 의해서도 제한할 수 없는 이른바 절대적 기본권을 규정하고 있는 헌법질서 내에서 그 절대적 기본권에 대한 제한의 필요성이 현실적으로 생긴 경우, 이를 합리적으로 해결하기 위한 헌법이론적 논리형식을 말한다. 즉 기본권의 내재적 한계이론은 독일의 특유한 이론이다.

② 여기서 말하는 법률에 의해서도 제한할 수 없는 이른바 절대적 기본권이란 헌법에서 특정의 기본권에 대하여 법률로써 제한을 할 수 있도록 규정하고 있지 아니한 유보없는 기본권을 의미한다.

(2) 현행헌법과 기본권의 내재적 한계

① 기본권의 내재적 한계에 관한 논쟁은 독일기본법에서와 같은 절대적 기본권을 규정하고 있는 헌법질서 내에서 그 기본권의 제한 가능성을 둘러싸고 전개되는 것이다.
② 현행헌법(제37조 제2항)은 모든 기본권을 법률로써 제한할 수 있도록 규정함으로써 절대적 기본권을 인정하지 않고 있다.
③ 그 결과 현행헌법하에서는 기본권의 내재적 한계를 인정할 필요성이 굳이 없음에도, 헌법재판소는 종래 형법상 간통죄(제241조)에 대한 헌법소원사건에서 기본권의 내재적 한계를 헌법 제37조 제2항을 적용하는 과정에서 언급하면서 긍정한 바 있다(헌재 1990.9.10, 89헌마82).

Ⅲ 현행헌법상 기본권 제한의 일반원칙(일반적 법률유보에 의한 기본권 제한)

1. 현행헌법 제37조 제2항의 의의

① 현행헌법은 제4공화국헌법에서 규정되었던 대부분의 개별적 법률유보조항을 없애면서 제3·5공화국헌법과 같이 제37조 제2항에서 기본권 제한의 일반원칙을 규정하고 있다.
② 기본권 제한의 일반원칙의 의의는 기본권을 제한할 수 있음을 규정한 수권규범의 성격보다 기본권 제한에 있어서 그 한계를 규정하는 기본권 보장규범으로서의 성격에 있다.

2. 제한의 대상이 되는 기본권

① 현행헌법상 제한의 대상이 되는 기본권은 모든 기본권이다(통설).
② 제37조 제2항에 의거하여 실제로 제한의 대상이 되는 기본권은 그 성질상 제한이 가능한 기본권에 한한다.
③ 양심과 신앙의 자유처럼 인간의 내심적 작용을 내용으로 하는 절대적 기본권은 성질상 제한이 불가능하다.

3. 기본권 제한의 목적(목적상의 한계)

① 헌법 제37조 제2항에 의하면 법률로써 기본권을 제한하는 경우 그 제한의 목적이 국가안전보장, 질서유지, 공공복리 가운데 어느 하나 또는 복수의 것에 해당하여야 한다.
② 헌법 제37조 제2항에 명시된 이 세 가지 목적 이외에 어떠한 목적을 위해서도 기본권을 제한할 수 없다.

(1) 국가안전보장

① 국가안전보장이란 국가의 독립과 영토의 보전, 헌법과 법률의 규범력과 헌법기관의 유지 등 국가적 안전의 확보를 말한다.
② 국가안전보장을 위하여 기본권을 제한하는 법률로는 형법, 국가보안법, 군사기밀보호법 등이 있다.

(2) 질서유지

① 질서유지의 개념에 대하여 다양한 견해가 있으나 자유민주적 기본질서를 포함하는 헌법적 질서는 물론이고 그 밖의 사회적 안녕질서를 포함하는 광의의 의미로 이해하는 것이 타당하다.
② 질서유지를 위하여 기본권을 제한하는 법률로는 형법, 집회및시위에관한법률, 도로교통법, 경범죄처벌법, 경찰관직무집행법, 소방기본법 등이 있다.

(3) 공공복리

① 공공복리란 공동으로 사회생활을 영위하는 사회구성원 전체를 위한 공공적 이익, 즉 국민공동의 이익을 말한다.
② 공공복리를 위한 기본권의 제한은 국가안전보장이나 질서유지와는 달리 적극적인 복지향상을 위한 것이기는 하나 가능한 한 제한적으로 해석되어야만 할 것이다.
③ 공공복리를 위하여 기본권을 제한하는 법률로는 국토의계획및이용에관한법률, 건축법, 도로법, 공익사업을위한토지등의취득및보상에관한법률 등이 있다.

(4) 목적에 대한 입증책임

① 기본권 제한법률의 입법을 한 국가가 기본권 제한목적이 존재함을 설명하고 입증하여야 한다.
② 법률의 목적규정을 두는 것만으로는 충분하지 않고, 국가는 해당 법률에서 적시한 입법목적이 타당함을 입증해야 한다.

4. 기본권 제한의 형식(형식상의 한계)

(1) 법률

1) 형식적 의미의 법률

① 기본권을 제한하는 '법률'은 국민의 대표기관인 국회에서 제정한 '형식적 의미의 법률'을 의미한다. 따라서 다른 어떤 국가기관도 법률이라는 형식을 가지고 기본권을 제한할 수 없다.
② 국민주권원리의 요청에 따라 민주적 정당성을 확보하고 있는 국민대표기관에게만 국민의 기본권을 제한할 수 있는 권한을 부여하기 위한 것이다.
③ 관습법에 의한 기본권 제한은 인정되지 않는다.

2) 실질적 의미의 법률

① 긴급명령·긴급재정경제명령은 국회의 승인을 얻게 되면 국회가 제정한 법률과 동일한 효력을 가지므로 이에 의한 기본권 제한도 가능하다.
② 조약과 일반적으로 승인된 국제법규는 국내법과 동일한 효력을 가지므로(헌법 제6조 제1항), 조약과 국제법규에 의한 기본권 제한도 가능하다. 다만 조약의 경우 헌법 제60조 제1항에 해당하는 조약으로서 국회의 동의를 얻은 조약에 한한다.

(2) 법률로써

① 기본권 제한의 방법은 원칙적으로 법률로써만 가능하고 제한의 정도도 기본권의 본질적 내용을 침해할 수 없고 필요한 최소한도에 그쳐야 한다.

② 기본권 제한에 관한 법률유보의 원칙은 법률에 의한 규율을 요청하는 것이 아니라 법률에 근거한 규율을 요청하는 것이므로, 기본권의 제한에는 법률의 근거가 필요할 뿐이고 기본권 제한의 형식이 반드시 법률의 형식일 필요는 없다. 따라서 법률의 위임을 받은 명령이나 규칙 등에 의하여도 기본권을 제한할 수 있다.

(3) 법률이 갖추어야 할 요건

1) 법률의 일반성

① 법률의 일반성이란 불특정 다수인을 상대로(규범수신인의 일반성) 불특정 다수의 사건들(규율대상의 일반성)을 규율하는 법률의 성질을 말한다.
② 원칙적으로 개별적인 사람이나 개별적인 사건을 규율하는 처분적 법률로는 기본권을 제한할 수 없다. 과거의 부정선거관련자처벌법, 정치활동정화법, 정치풍토쇄신에관한법률, 부정축재자처리법 등은 일종의 권리박탈법인데 이는 헌법 부칙에 예외를 인정하고 있었기 때문에 위헌은 아니었다 할지라도 이러한 개별적 법률의 제정은 일반성의 원칙에 반한다. 다만 처분적 법률도 그 자체만으로 평등원칙에 반하는 것은 아니며, 차별의 합리적 근거가 있다면 가능하다는 것이 헌법재판소의 입장이다(헌재 2001.2.22, 99헌마613).

2) 법률의 명확성

기본권의 한계 또는 제한을 설정하는 법률은 그 내용이 명확해야 하며, 법률의 내용이 불명확한 경우에는 '불명확하기 때문에 무효'라는 이론이 적용된다.

3) 법률의 구체성

기본권 제한 법률은 그 제한의 대상이 되는 기본권을 구체적으로 적시하여야 하며 지나치게 광범위하게 기본권 일반을 제한한다고 규정하는 것은 허용될 수 없다.

4) 입법절차의 준수

① 의회민주주의는 국민의 대표기관인 의회가 국가의 정책결정권을 행사한다는 의미뿐만 아니라, 의사결정 과정의 민주적·절차적 정당성을 갖출 것까지 요구한다.
② 국민의 기본권을 제한하는 법률은 헌법에 정한 입법절차를 준수하여야 한다.
③ 현행헌법은 다수결원칙에 관한 제49조, 의사공개원칙에 관한 제50조 등 입법절차에 있어서 준수해야 할 원칙에 관한 규정들을 두고 있다.

5. 과잉금지의 원칙(방법상의 한계)

(1) 의의

① 과잉(입법)금지원칙이란 국가가 국민의 기본권을 제한하는 내용의 입법활동을 함에 있어서 준수하여야 할 기본원칙 내지 입법활동의 한계를 의미한다.
② 목적의 정당성·방법의 적정성·피해의 최소성·법익의 균형성을 부분원칙으로 하여 그 어느 하나에라도 저촉되면 위헌이 된다는 헌법상의 원칙이다.
③ 과잉금지원칙은 기본권제한 법률의 방법적 한계를 심사하는 기준이고, 기본권의 제한목적은 헌법이 명시하고 있는 목적이 존재할 것을 요구하는 것이라고 하여 목적의 정당성은 과잉금지원칙의 내용에 포함되지 않는다는 견해가 있다.

④ 과잉금지의 원칙은 헌법문언상 '필요한 경우'라고 표현되는 바, '필요한 경우에 한하여'라는 의미에는 과잉금지원칙의 부분원칙 모두가 포함된다.

(2) 헌법적 근거

① 과잉금지원칙은 비례원칙을 의미하는 바, 헌법상의 근거로는 법치주의 이외에 헌법 제37조 제2항을 들 수 있다.
② 헌법재판소도 과잉금지원칙의 근거를 헌법상의 법치주의와 헌법 제37조 제2항에서 찾고 있다.

(3) 구체적 내용

1) 목적의 정당성

① 목적의 정당성이란 국민의 기본권을 제한하는 입법은 그 목적이 헌법과 법률의 체계 내에서 정당성을 가져야 한다는 것을 말한다.
② 정당성이란 입법목적 그 자체가 정당해야 할 뿐만 아니라 헌법에 규정된 다른 헌법이념·헌법원리와 배치되어서는 아니된다는 것을 말한다.

2) 수단의 적합성

① 수단의 적합성이란 기본권의 제한방법은 입법목적을 달성하기 위한 방법으로서 효과적이고 적절한 것이어야 한다는 것을 말한다.
② 수단의 적합성이란 그 수단이나 방법이 기본권의 제한을 통하여 달성하고자 하는 목적을 완전히 실현시킬 수 있는 것이어야 하는 것은 아니다. 기본권 제한의 수단이나 방법이 기본권 제한의 목적을 실현시키는데 부분적으로 기여하는 것이어도 된다.
③ 수단의 적합성은 목적을 실현하는데 가장 적합한 수단일 것을 요구하는 것은 아니다. 따라서 선택된 수단이 입법목적을 부분적으로만 촉진한다 하더라도 적합한 수단으로 평가된다.
④ 목적달성에 필요한 수단이 여러 가지일 경우 채택된 모든 수단이 각각 목적에 적합해야 한다.
⑤ 수단의 적합성이란 그 수단이 목적을 달성시키는 유일무이한 것일 필요는 없다.
⑥ 적합성의 원칙을 충족시키는가의 여부를 심사함에 있어서는 명백히 적합하지 않은 수단이나 방법인 경우 이외에는 대부분 적합성의 원칙을 충족한 것으로 본다.
⑦ 수단의 적합성여부는 객관적인 경험법칙에 의한 인과관계만을 기준으로 판단하고 가치적 요소는 고려하지 않는다. 수단의 합헌성여부는 수단의 적합성에서 심사하는 것이 아니라 피해의 최소성에서 심사한다.
⑧ 헌법재판소의 주류적 입장도 수단의 합헌성여부를 피해의 최소성에서 심사하지만, 제대군인가산점제도 사건에서는 수단의 합헌성여부를 수단의 적합성에서 판단한 바 있다.

3) 피해의 최소성

① 피해의 최소성이란 입법자가 선택한 기본권 제한조치가 설사 입법목적을 달성하기 위하여 적절한 것이라 할지라도 그 밖의 보다 완화된 수단이나 방법이 있는 지를 모색함으로써 기본권 주체에게는 최소의 피해만 발생토록 해야 한다는 것을 말한다.
② 피해의 최소성에 있어서는 목적달성에 적합한 여러 가지 수단들을 평가하여 가장 피해가 적은 수단을 선택했는지 여부를 판단한다.

4) 법익의 균형성

① 법익의 균형성은 달리 '상당성의 원칙', '협의의 비례원칙', '수인가능성의 원칙'이라고도 한다.
② 법익의 균형성이란 어떤 행위를 규제함으로써 얻어지는 공익과 그로 인하여 침해되는 사익을 비교하여 얻어지는 공익이 크거나 적어도 양자 간에 균형이 유지되어야 한다는 원칙을 말한다.
③ 제한을 받는 기본권의 주체가 침해되는 사익을 수인할 수 없을 정도의 것이어서는 아니된다는 원칙을 말한다.
④ 비례성의 원칙은 과잉금지원칙의 부분원칙 가운데 최후의 단계에서 심사한다.
⑤ 법익균형성을 갖추었는지 여부의 판단은 특정상황에 놓인 특정의 기본권 주체를 기준으로 판단하는 규범적인 성질의 것이기 때문에 판단의 객관적인 기준을 찾기가 쉽지 않다. 반면에 적합성과 필요성의 판단은 사실적·경험적 성질을 지닌다.

(4) 적용범위

① 일반적 법원칙으로서의 비례원칙은 기본권의 제한에만 적용되는 것이 아니라, 국가의 급부작용 등과 같은 모든 국가작용에 적용된다.
② 국가의 국민에 대한 침해적 작용에는 '과잉제한금지원칙'으로 작용하고, 국민에 대한 급부석 작용에서는 '과소급부금지원칙'으로 작용한다. 다만 과잉임을 판단하는 기준은 제한적 작용에서는 더 정밀하고 엄격하고, 급부적 작용에서는 상대적으로 덜 엄격한 양상을 띠게 된다.
③ 헌법재판소는 헌법 제37조 제2항의 과잉금지원칙은 입법권의 유보적 한계를 선언하는 것으로 보았으나, 구치소 밖 미결수용자의 재소자용 수의착용처분에 대해 행정작용에 대하여도 과잉금지원칙을 적용하고 있다. 또 계구사용행위의 위헌여부와 관련하여 동일한 취지의 판시를 한 바 있다. 결국 헌법재판소는 비례의 원칙은 입법권에 의한 기본권의 제한에만 적용되는 것이 아니라, 행정권에 의한 기본권의 제한 등에도 적용된다고 보았다.

(5) 과잉금지원칙의 적용 정도

① 개별적 기본권의 특성을 무시한 채 과잉금지원칙이 천편일률적으로 동일한 내용과 정도로 적용된다고 하기는 어렵다.
   예 공용침해에 의해 재산권을 제한하는 경우에는 다른 기본권의 제한과는 달리 보상을 해야 하고, 직업의 자유의 경우에는 단계적 심사기준이 적용된다.
② 개별기본권에 합당한 형태로의 변형은 있을지라도 과잉금지원칙은 법원칙으로서의 성질을 가지기 때문에 그 기본 법리는 모든 기본권의 제한에 적용된다.

6. 본질적 내용 침해 금지(내용상의 한계)

(1) 의의

① 헌법 제37조 제2항은 "기본권을 제한하는 경우에도 자유와 권리의 본질적인 내용을 침해할 수 없다"고 명시적으로 규정하고 있다. 이를 기본권 제한의 내용상의 한계라고 한다.
② 기본권을 법률로써 제한하는 경우에 비례원칙을 준수하여도 기본권의 본질적 내용을 침해하면 헌법에 위반된다.

③ 헌법의 하위법인 법률로써 기본권을 부정하거나 제거할 수 없기 때문에 본질적 내용의 침해금지는 헌법에서 명시적으로 정하든 정하지 않든 헌법의 효력상 당연히 인정된다.
④ 헌법 제37조 제2항의 본질적 내용 침해금지는 기본권의 헌법적 보장원리를 확인하고 선언하는 의미를 가진다.
⑤ 법률유보에 의한 기본권 제한에 있어서 기본권의 본질적 내용 침해금지는 어떤 개인의 기본권의 전적인 제한의 금지에 가장 중요한 의미가 있다.

(2) 본질적 내용 침해금지의 대상(본질적 내용의 보장대상)

1) 학설의 대립

본질적 내용의 보장대상이 개인이 주관적 권리인지(주관설), 아니면 객관적인 질서인지(객관설)에 대해서는 학설이 대립하나, 주관설이 다수설이다.

(3) 본질적 내용의 의미

1) 학설의 대립

본질적 내용은 기본권의 내용 가운데 어떠한 이유로도 침해할 수 없는 핵심영역으로서 이는 절대적으로 보호되어야 한다는 절대설, 본질적 내용은 개별적 기본권에 있어서 이익과 가치의 형량을 통해 구체적으로 확정되고 필요에 따라 제한도 가능하다는 상대설, 기본권의 핵심을 절대적으로 보호하는 것은 긍정하지만 공동체의 존립을 위해 필요한 법익의 보호를 위해서 예외적으로 개인의 기본권침해를 허용할 수 있다는 절충설 등이 대립한다.

2) 헌법재판소

헌법재판소의 대부분의 판례는 절대설의 입장에 있다. 즉, 토지거래허가제 위헌법률심판사건에서 절대설의 입장을 취한 바 있으며, 전교조사건에서도 동일한 입장을 취한 바 있다. 그러나 형법 제250조(사형제도) 위헌소원 사건에서는 상대설의 입장을 취하기도 하였다.

Ⅳ 기본권 제한 요건을 충족하지 아니한 법률에 대한 구제

기본권을 제한하는 법률이 기본권 제한의 요건을 충족하지 아니한 경우에는 이로 인한 기본권 침해에 대하여 구제절차가 강구되어야 한다. 그에 관한 구제절차로서 헌법은 청원권(제26조), 위헌법률심판제도(제107조 제1항), 헌법소원심판제도(제111조 제1항) 등을 규정하고 있다.

제2항 특별권력관계와 기본권 제한

I 특별권력관계의 의의 및 유형

1. 의의

특별권력관계란 법규정이나 당사자의 동의 등 특별한 법적 원인에 의하여 성립하고, 공법상의 특정한 목적달성에 필요한 한도 내에서 포괄적인 지배·복종 관계를 그 내용으로 하는 공법상의 특수한 법률관계를 말한다.

2. 유형

종류	내용
공법상 근무관계	• 국가와 공무원의 관계
공법상 영조물이용관계	• 국공립학교와 재학생의 관계(재학관계) • 국공립병원과 전염병환자의 관계(입원관계)
공법상 특별감독관계	• 별정우체국장과 산업통상자원부의 관계 • 사립대학과 국가의 관계 • 특허기업과 감독행정기관의 관계 • 공무수탁사인과 국가의 관계
공법상 사단관계	• 산림조합과 그 조합원의 관계 • 농지개량조합과 그 조합원의 관계

II 특별권력관계의 인정여부

특별권력관계론은 19세기 독일에서 구성된 이론으로 특별권력관계에는 법치주의가 적용되지 아니한다고 하였다. 오늘날에도 일반권력관계와 별도로 특별권력관계를 인정할 것인지 여부가 문제된다.

1. 절대적 구별설

① 과거의 다수설로서 특별권력관계는 일반권력관계와 전혀 그 기반을 달리하며, 거기에 타당한 법체계가 따로 있다.
② 특별권력관계에서는 법치주의의 적용과 사법심사를 부인하게 되고, 기본권도 법적 근거를 일일이 요하지 않고 제한할 수 있다.

2. 상대적 구별설(통설)

① 양자는 상대적인 차이가 있을 뿐이다.
② 특별권력관계는 일반국민으로서의 지위가 특수화된 것으로서, 법치주의에 대한 상대적인 제한이 인정된다.
③ 특별권력관계와 관련하여 기본권이 침해된 경우에는 사법심사를 전면적으로 긍정한다.
④ 특별권력관계가 법규에 의하여 강제적으로 성립된 경우에는 헌법에 직접 규정되어 있거나 적어도 헌법이 그것을 전제하고 있는 경우에만 기본권의 제한이 가능하다.

⑤ 특별권력관계가 법규에 의하여 강제적으로 성립된 경우에는 헌법에 제한근거가 필요하고, 당사자의 동의에 의하여 성립된 경우에도 일반국민에게 인정되지 않는 기본권의 상대적인 제한이 가해지는 것이므로 최소한 법률상의 근거는 필요하다.

3. 구별부인설

① 법치주의와 기본권을 보장하는 현행헌법 체계 하에서는 일반권력과 구별되는 특별권력을 인정할 근거가 없다.
② 특별권력관계에도 법치주의가 당연히 적용되며, 특별권력관계에서의 공권력의 행사에도 법률의 개별적인 근거를 요한다.

Ⅲ 특별권력관계와 기본권

1. 기본권 제한의 허용여부

① 특별권력관계를 설정한 목적을 달성하기 위한 합리적 범위 내에서 일반 국민에게는 허용되지 아니하는 기본권 제한도 가능하다(제33조 제2항, 제29조 제2항 등).
② 헌법 또는 법률에 근거가 있을 것을 요건으로 한다.

2. 특별권력관계와 사법심사

(1) 학설의 대립

전통적(고전적)인 특별권력관계론에 입각하여 특별권력관계는 법으로부터 자유로운 영역으로서 사법심사가 미치지 못하는 것으로 보는 부정설과 기본관계(외부적 관계)와 복종관계(내부적 관계)로 구분하여 기본관계에 관한 처분에 대하여는 사법적 통제가 인정되어야 한다는 C.H.Ule의 견해를 따르는 제한적 긍정설, 그리고 특별권력관계에 있어서의 처분도 예외없이 사법적 통제의 대상이 된다는 전면적 긍정설이 대립한다.

(2) 판례의 입장

헌법재판소는 인사명령 취소를 구하는 헌법소원사건에서 특별권력관계에 있어서의 사법적 구제를 인정한다. 대법원 또한 특별권력관계에 있어서의 사법적 구제를 인정한다.

Ⅳ 현행헌법상 특별권력관계에 따른 기본권 제한

1. 공무원의 기본권 제한

① 정당가입이나 정치활동의 자유 제한(정당법 제22조)
② 노동3권 제한(헌법 제33조 제2항)
③ 헌법재판소 재판관, 중앙선관위원의 정당가입의 자유 및 정치활동자유 제한(헌법 제112조 제2항, 제114조 제4항)
④ 집단적 청원과 직무관련청원 금지
⑤ 영리활동 금지

2. 군인·군무원의 기본권 제한

① 국가배상청구권의 제한(제29조 제2항)
② 군사법원의 재판을 받음, 즉 일반법원의 재판을 받을 권리 제한(제27조 제2항, 제110조)
③ 비상계엄하의 단심제(제110조 제4항)
④ 공무담임권의 제한(헌법 제86조 제3항 및 제4항)
⑤ 영내거주(병역법 제18조), 제복착용

3. 수형자 등

수형자, 국·공립학교의 학생, 전염병환자 등에 대하여도 형의집행및수용자의처우에관한법률·교육법·감염병예방법 등에서 기본권 제한에 관한 특례를 규정하고 있다.

제3항 국가긴급권에 의한 기본권 제한

I 국가긴급권에 의한 기본권 제한의 의의 및 특징

1. 의의

① 헌법보호를 위하여 국가긴급권의 발동이 필요한 경우도 있지만, 한편으로 국가비상사태를 빙미로 한 그 남용 내지 악용의 가능성도 있다.
② 현행헌법(제76조, 제77조)은 국가긴급권을 인정하면서도, 그 요건에 대하여 자세한 규정을 두고 있다.

2. 특징

국가긴급권에 의한 기본권 제한은 그 자체가 기본권 제한이라는 의미보다 기본권 보호의 수단일 수 있다는 역설적인 의미를 갖는다는 점에서, 정상적인 헌법질서를 전제로 하는 기본권 제한(제37조 제2항)과는 그 성질이 다르다.

II 현행헌법상의 국가긴급권에 의한 기본권 제한

1. 긴급재정·경제명령에 의한 기본권 제한

① 긴급재정·경제명령이 발동되면 그 명령은 법률의 효력을 가지기 때문에, 이 명령으로 기존의 법률을 개정 또는 폐지하는 것도 가능하고, 또 법률에 의한 것과 마찬가지로 국민의 재정·경제생활영역을 제한하는 조치를 할 수도 있다.

② 긴급재정·경제명령에 의한 기본권 제한에도 기본권 제한의 내용상의 한계와 방법상의 한계는 반드시 존중되어야만 한다. 따라서 형식상의 한계만을 제외하고는 법률에 의한 기본권 제한의 원칙이 그대로 적용된다(다수설).
③ 헌법재판소는 긴급재정경제명령 등 위헌확인사건에서 긴급명령이 헌법 제76조가 정하고 있는 요건과 한계에 부합하는 것인지 여부만 판단하면 족하다 하였다.

2. 긴급명령에 의한 기본권 제한

① 긴급명령이 발동되면 그 명령은 법률과 같은 효력을 가지기 때문에 기존 법률의 개폐는 물론 국민의 기본권을 제한하는 조치를 취할 수도 있다.
② 제한되는 기본권은 긴급재정·경제명령의 경우보다 포괄적이다. 이때에도 기본권 제한에 관한 원칙규정으로서의 헌법 제37조 제2항의 요건을 충족하여야 할 것이다(다수설).

3. 비상계엄에 의한 기본권 제한

비상계엄이 선포된 때에는 계엄법의 규정에 따라 영장제도, 언론·출판·집회·결사의 자유, 정부나 법원의 권한에 관하여 특별한 조치를 할 수 있다.

제6절 기본권의 확인과 보장

제1항 국가의 기본권보호의무

I 기본권보호의무의 의의 및 법적 성격

1. 의의

① 국가의 기본권보호의무란 기본권에 의하여 보호되는 법익이 국가나 사인에 의해 위법하게 침해되지 않도록 보호해야 할 국가의 의무를 말한다.
② 국가의 기본권보호의무를 인정하는 것은 국가는 국민의 기본권을 침해하거나 제한하기 위하여 존재하는 것이 아니라, 국민의 기본권을 적극적으로 보호하고 실현하는 주체로 존재하는 것임을 확인하는 것이다.
③ 기본권보호의무를 지는 국가는 국민의 기본권에 대한 침해자로서의 지위에 서는 것이 아니라 국민과 동반자로서의 지위에 서게 된다(헌재 1997.1.16. 90헌마110 등).

2. 법적 성격

기본권보호의무의 법적 성격에 관하여 법적 의무설과 도덕적 의무설이 대립하고 있으나 국가의 기본권보호의무를 현행헌법상 제10조에서 명시적으로 규정하고 있음에 비추어, 이는 단순한 도덕적 의무가 아니라 법적 의무로 보는 것이 타당하다. 따라서 국가가 기본권보호의무를 이행하지 않을 경우 그 위반에 대한 법적 책임의 추궁이나 그 이행을 확보하는 법적 수단을 강구할 수 있다.

II 기본권과의 구별

1. 자유권적 기본권과 기본권보호의무

① 자유권적 기본권과 기본권보호의무는 모두 기본권을 보호한다는 점에서는 일치한다.
② 국가와의 관계에서 자유권적 기본권은 국가의 침해로부터의 자유를 보장하여 주는 반면, 기본권보호의무는 개인의 기본권을 보호하기 위한 활동을 국가에게 요구하는 적극적 지위를 매개하여 준다.
③ 방어권은 헌법에 의하여 직접적으로 효력이 발생하지만, 국가의 기본권보호의무는 일반적으로 법률의 매개를 통하여 실현된다.

2. 청구권적 기본권과 기본권보호청구권

① 기본권보호청구권은 종래 방어권의 소극적 성격과는 달리 국가를 상대로 일정한 조치를 요청한다는 점에서 청구권적 기본권과 일면 유사한 성격이 있다.
② 청구권적 기본권은 절차적 권리이며 기본권 보장을 위하여 행사되는 반면, 기본권보호청구권은 기본권이 침해되지 않도록 보호하는 것을 목적으로 한다.

III 기본권보호의무의 근거

1. 이론적 근거

① 개인이 국가에 대하여 주관적 권리를 가지는 경우 상대방인 국가는 주관적 권리에 대응하는 의무 즉 기본권보호의무를 진다.
② 개인이 국가에 대하여 주관적 권리를 가지지 않는 경우에도 국가는 그 본질상 국민의 기본권을 보호하고 실현하여야 할 의무를 지고, 이러한 기본권보호의무는 사인에 의해 기본권이 침해되는 경우에도 발생한다.
③ 국가의 기본권보호의무는 헌법이 정하고 있는 기본권의 보장과 국가의 본질·목적에서 도출된다.
④ 기본권의 이중적 성격 중 객관적 면으로부터 국가의 기본권보호의무가 도출된다.
⑤ 기본권의 이중적 성격 중 객관적 가치질서의 측면은 필연적으로 보편적 효력, 즉 방사효를 가지게 되어 국가권력을 기속할 뿐만 아니라 당연히 사인 상호 간에도 효력이 미치게 된다. 그 결과 국가의 공권력은 기본권 규범에 의하여 스스로 개인의 자유영역을 침해해서는 아니 될 뿐만 아니라 그에 대한 사회세력의 위해를 방지하여야 할 의무도 지게 된다.

2. 실정법적 근거

① 국가는 개인이 가지는 불가침의 기본적 인권을 확인하고 이를 보장할 의무를 지닌다(헌법 제10조 후문).
② 우리들과 우리들의 자손의 안전과 자유와 행복을 영원히 확보할 것을 다짐하면서(헌법 전문)
③ 타인의 범죄행위로 인하여 생명·신체에 대한 피해를 받은 국민은 법률이 정하는 바에 의하여 국가로부터 구조를 받을 수 있다(헌법 제30조).
④ 혼인과 가족생활은 개인의 존엄과 양성의 평등을 기초로 성립되고 유지되어야 하며, 국가는 이를 보장한다(헌법 제36조 제1항).
⑤ 국가는 건전한 소비행위를 계도하고 생산품의 품질향상을 촉구하기 위한 소비자보호운동을 법률이 정하는 바에 의하여 보장한다(헌법 제124조).

3. 판례의 수용

헌법재판소는 교통사고처리특례법 제4조 등 헌법소원사건에서 최초로 기본권보호의무를 명시적으로 수용하였다.

Ⅳ 기본권보호의무의 발생요건

1. 국가영역에서의 기본권보호의무

① 기본권은 주관적 공권의 성격을 가지고 있으므로 상대방인 국가는 권리에 대응하는 의무를 진다. 따라서 국민이 국가에 대하여 일정한 권리를 주장할 수 있는 경우 국가의 기본권보호의무가 발생한다.
② 국가는 권리에 대응하지 않는 의무를 지는 경우도 있으므로, 이러한 경우에도 역시 국가의 기본권보호의무가 발생한다.
  예 입법지침으로서의 성격을 가지고 있는 기본권 규정의 경우

2. 사적영역에서의 기본권보호의무

사인의 행위에 의하여 기본권의 침해 또는 침해의 위험이 발생한 경우에도 국가는 기본권보호의무를 진다.

(1) 자유권적 기본권과 관련되는 법익일 것

① 보호의무의 문제는 자유권적 기본권에 의하여 보호될 가치가 있는 모든 법익, 생명, 신체의 건강뿐만 아니라 재산권, 신체의 자유, 자유로운 직업활동 등 여타의 자유권적 기본권의 법익과 관련하여 발생할 수 있다.
② 사회적 기본권의 내용이 되는 사회적 급부는 보호의무의 적용 대상에서 제외된다. 보호 의무는 기존의 법적 지위를 사인의 위해로부터 보존하는 것을 목표로 하기 때문이다.

(2) 사인이 위험원일 것

① 기본권보호의무는 사인인 제3자가 타인의 기본권적 법익에 위법적으로 위해를 가하였거나 그러한 위험이 있는 경우에 발생한다.
② 기본권보호의무가 발생하는 경우 항상 사인인 가해자-국가-사인인 피해자의 삼각관계가 형성된다.

(3) 위법성 및 위해 또는 위해의 위험이 있을 것

기본권적 법익에 대한 제약은 위법한 것이어야 하며, 기본권적 법익에 실제로 피해가 발생한 경우뿐만 아니라 위해의 객관적인 위험이 존재하는 경우에도 기본권보호의무가 발생한다.

Ⅴ 기본권보호의무의 내용

1. 기본권의 침해 금지의무

국가는 공권력으로 국민의 기본권을 침해해서는 아니된다. 따라서 국가가 비례의 원칙을 위반한 공권력을 행사하는 경우에 그것은 소극적 방어권으로서의 기본권을 침해하는 것인 동시에 국가의 기본권보호의무에도 반하는 것이 된다. 다만 이것은 방어권의 문제이기 때문에 국가의 기본권보호의무에 포함되지 않는다는 견해도 있다.

2. 기본권의 적극적 실현의무

(1) 입법기관

① 모든 국가기관이 기본권보호의무를 지지만 보호 의무는 법률의 매개를 통하여 확정된다는 점에서 일차적으로 보호의무를 이행할 책임은 입법자가 진다.
② 위험에 대한 보호대책이 아예 없는 경우에는 효과적인 보호대책을 마련해야 할 입법의무를 진다.
③ 기존의 보호대책들로는 보호의무의 요청을 충족시킬 수 없는 경우에는 그것을 대체하거나 개선하여야 할 입법개선의무를 진다.

(2) 행정기관 및 사법기관

① 행정기관은 법령의 집행에 있어서나 명령·규칙의 정립에 있어서 국민의 기본권이 최대한 보장될 수 있도록 노력해야 한다.
② 사법기관도 국민의 기본권 침해에 대하여 기본권 최대보장의 정신을 존중하는 방향으로 법을 적용함으로써 국민의 권리구제에 적극적으로 임해야 한다.

3. 사인 간의 기본권 침해 방지의무

기본권의 실현이 모든 영역에서 이루어질 수 있도록 국가는 사인에 의한 기본권 침해를 방지하고 실효성 있는 피해구제수단을 마련해야 한다. 기본권은 대사인적 효력이 있으므로 법원은 사인 간의 법적 분쟁을 해결함에 있어서 기본권 최대보장이라는 헌법상의 요청을 적극적으로 수용하여야 한다.

Ⅵ 기본권보호의무 위반여부의 판단기준(과소보호금지원칙)

1. 과소보호금지원칙의 의의

과소보호금지원칙이란 입법자는 기본권보호의무의 이행과 관련하여 광범위한 형성의 자유를 가지지만, 헌법이 요구하는 최저한의 보호수준을 하회하여서는 아니된다는 기본권보호의무 위반여부의 판단기준을 말한다.

2. 최저한의 보호수준의 판단

① 헌법이 요구하는 최저한의 보호수준을 일반적·일률적으로 확정할 수는 없다.
② 개별적 사례에 있어서 ⅰ) 관련 법익의 종류 및 그 법익이 헌법질서에서 차지하는 위상, ⅱ) 그 법익에 대한 침해 위험의 태양과 정도, ⅲ) 상충하는 법익의 의미 등을 비교형량하여 구체적으로 확정하여야 한다.
③ 헌법상의 기본권 체계에 있어서 중심적인 의의를 가지는 생명·신체의 안전 등과 같은 기본권적 법익들의 보호에 관하여는 최저한의 보호수준이 강화되고 그만큼 입법자의 입법형성의 여지는 축소된다.

3. 과소보호금지원칙과 과잉금지원칙의 관계

(1) 학설의 대립

1) 동일설

① 과소보호금지원칙은 질적으로 과잉금지원칙 이상의 아무런 독자적인 내용을 가지고 있지 않다.
② 대는 소를 포함한다는 논리에 따라 과잉금지원칙의 최대한의 기본권 보호 필요성은 과소보호금지원칙의 최소한의 기본권 보호 필요성을 포함한다.
③ 과소보호금지원칙의 판단에 있어서 어느 정도의 보호가 필요한가의 문제는 과잉금지원칙의 부분원칙이라고 할 수 있는 필요성의 원칙에서 이미 심사될 수 있다.

2) 구별설

① 과소보호금지원칙과 과잉금지원칙은 서로 같은 내용을 가진 것이 아니다.
② 과소보호금지원칙은 기본권의 최소한의 보호를 강조하는 반면, 과잉금지원칙은 기본권의 최대한의 보호를 목적으로 한다.
③ 과잉금지원칙은 기본권 제한의 한계 원리인 반면, 과소보호금지원칙은 피해자를 보호하는 객관적 질서 형성에 중점을 두는 원리이다.

(2) 헌법재판소

헌법재판소는 교통사고처리특례법 제4조 헌법소원사건에서 입법부작위나 불완전한 입법으로 기본권보호의무를 위반했는지 여부를 판단하는 기준으로 과잉금지원칙과 구별되는 과소보호금지원칙을 적용한 바 있다. 그러다가 최근 민법 제3조 등 위헌소원사건에서 양자를 구별하는 입장을 명백히 하였다.

Ⅶ 기본권보호청구권의 인정여부

① 헌법으로부터 국가의 기본권보호의무를 도출해 낼 수 있다고 하여 언제나 그에 상응하는 사인의 권리가 존재한다고 할 수는 없다.
② 기본권보호청구권의 인정문제는 사인이 국가의 보호 의무에 상응하는 보호청구권을 보유하는지, 아니면 국가에게 개인의 자유를 보호할 의무를 부과하는 규범만이 존재할 뿐인지가 문제된다. 다시 말해서 이는 기본권의 객관적 성격으로부터 개인적인 주관적 공권으로서의 청구권을 도출할 수 있는 것인지의 문제이기도 하다.
③ 기본권의 객관적 내용의 구체화는 1차적으로 입법자에 위임되어 있고, 하나의 권리가 소구 가능할 정도의 보호를 받기 위해서는 그 내용이 확정되어 있어야 하는데 객관적인 규범으로서의 기본권은 실현의 방향만을 제시할 뿐 그 자체 내용적으로 불명확하기 때문에 보호청구권을 인정할 수는 없다는 부정설도 있으나 국가의 존재목적은 국민의 기본권 보장이고 국가의 기본권보호의무에 앞서 국민의 보호청구권이 존재하였다고 보는 것이 논리적이라는 점, 국가의 기본권보호의무는 개인의 자유로운 인격발현의 확보를 위하여 필요한 사익을 위한 것이라는 점, 국가의 기본권보호의무의 주관적 권리화만이 사적자치의 실효성을 보장해 줄 수 있다는 점에 비추어, 국민에게 국가에 대한 기본권보호청구권을 인정하는 것이 타당하다.

제2항 기본권의 제3자적 효력과 기본권 보호의무의 관계

Ⅰ 서론

① 기본권의 제3자적 효력이란 사인으로부터의 법익 침해에 대하여도 기본권의 효력을 인정하고자 하는 이론을 말하며, 기본권보호의무란 국가 또는 사인인 제3자의 위법적 제약으로부터 기본권을 보호하여야 할 국가의 의무를 말한다.
② 기본권 보호의무와 기본권의 제3자적 효력의 문제는 사인 상호간의 기본권의 효력문제라는 점에서 공통적이다.

Ⅱ 기본권의 제3자적 효력과 기본권 보호의무 간의 관계

양자의 관계에 대하여 전면긍정설, 부분긍정설, 부정설 등의 견해 대립이 있으나 양자 모두 사인 간의 법률관계를 전제로 하며 종국적으로는 국가기관에 호소한다는 점에서 사안의 본질은 같지만, 기본권보호의무는 국가기관에 대한 직접적인 기본권의 기속을 전제로 하는 반면, 기본권의 제3자적 효력은 사법관계 내부에서 제3자의 기본권 기속을 의미한다는 점에서 이론적으로 구별된다는 점에서 부분긍정설이 타당하다.

Ⅲ 기본권의 제3자적 효력과 기본권보호의무의 비교

1. 공통점

(1) 사인간의 관계에 적용

기본권의 제3자적 효력은 사인 간의 관계에서 사적자치라는 이름 하에 개인의 자유가 침해되는 것을 방지하고자 하는 것에 목적이 있고, 국가의 기본권보호의무는 국민의 사적인 생활관계에서도 국민의 기본권이 보호되도록 입법, 집행, 사법의 권한을 행사해야 하는 의무라는 점에서 공통점이 있다.

(2) 기본권의 객관적 측면으로부터 파급

기본권의 이중적 성격 중 객관적 가치질서라는 기본권의 객관적 측면이 사인 간에 파급된 것이 기본권의 제3자적 효력이론이고 국가 측으로 파급된 것이 국가의 기본권보호의무이다.

(3) 국가기관에 호소

양자 모두 사인 간의 법률관계를 전제로 하며 종국적으로는 국가기관에 호소한다는 점에서 그 본질이 같다.

2. 차이점

(1) 기본권 기속대상

기본권보호의무는 국가기관에 대한 기본권의 직접적인 기속을 전제로 하는 반면, 기본권의 제3자적 효력은 사법관계 내부에서 제3자에 대한 기본권의 기속을 의미한다.

(2) 이론상의 배경

① 기본권의 제3자적 효력의 문제는 기본권을 구체화한 법률이 존재하지 않을 것을 전제로 하는 것이다. 고용과 관련하여 남녀 간의 불평등한 대우를 하는 경우 오늘날 '남녀고용평등과 일·가정 양립 지원에 관한 법률(남녀고용평등법)'이 제정되어 있어 고용관계에서 나타나는 문제는 헌법이론을 원용할 필요 없이 남녀고용평등법의 해석문제로 된다. 만약 이러한 개별법률이 존재하지 않는 경우, 고용관계에서의 불평등의 문제는 기본권을 사인간의 관계에 적용하도록 주장함으로써 해결될 수밖에 없다.

② 국가의 기본권보호의무는 기본권을 구체적으로 보장하는 법률의 존재여부에 관계없이 국민의 기본권이 관철되도록 입법권, 행정권 등 권한을 행사하도록 하는 것이다.

③ 독일연방헌법재판소는 여성과의 고용계약 체결에 있어서 차별금지를 규정한 법률의 해석과 관련하여, 대학교원이 기계기술자 모집에 응모한 여성에게 면접의 기회를 부여하지 않음으로써 채용하지 않은 사안에서 이것이 여성차별에 해당한다는 주장을 배척한 란트 노동재판소의 판결에 대해, 노동재판소는 노동법 규정의 해석에 있어 성에 의한 차별로부터 여성을 보호하도록 해석하지 않으면 안 된다고 결정하였다.

(3) 보장방법

기본권의 제3자적 효력이 원칙적으로 사후적인 구제만을 예정하고 있는 반면, 국가의 기본권보호의무는 국민의 기본권에 대한 사전적인 보장에까지 미칠 수 있다.

제3항 기본권의 침해와 구제

I 서설

① 기본권은 최대한으로 보장되어야 하며, 기본권 보장이 실효를 거두려면 기본권이 침해된 경우에 그 침해의 배제와 더불어 구제절차가 완비되어야 한다.
② 기본권 침해의 문제는 지금까지 국가 대 사인간의 관계에서만 발생하는 것으로 인식되어 왔으나 오늘날에는 사인 상호간의 관계에서도 문제되고 있다.

II 적극적 입법에 의한 기본권 침해와 구제

1. 적극적 입법에 의한 기본권 침해

① 기본권은 모든 국가권력을 기속한다.
② 입법권도 기본권에 기속되기 때문에 헌법이 허용하는 범위를 일탈하여 기본권을 침해하는 것을 내용으로 하는 법규를 입법기관이 제정하는 것은 허용되지 않으며, 그러한 입법은 위헌무효가 된다.

2. 적극적 입법에 의한 기본권 침해에 대한 구제

(1) 헌법소송

1) 위헌법률심판

기본권을 침해하는 법률이 재판의 전제기 된 경우 당사자의 신청 또는 직권으로 법원이 헌법재판소에 위헌법률심판을 제청할 수 있다.

2) 헌법소원심판

법률이 직접적으로 개인의 기본권을 침해한 경우에는 그 개인은 헌법재판소에 당해 법률에 관하여 헌법소원심판을 청구할 수 있다.

(2) 기타방법

① 대통령의 법률안거부권 행사
② 법률의 개폐에 관한 청원권의 행사
③ 선거를 통하여 정치적 책임을 추궁하는 방법
④ 입법예고제를 통한 사전적 · 예방적 보호

Ⅲ 입법부작위에 의한 기본권 침해와 구제

1. 입법부작위의 의의 및 종류

① 광의의 입법부작위란 입법자가 법률의 제정·개정·폐지를 하지 않거나 불충분한 입법을 하는 것을 말하고 협의의 입법부작위란 입법의무가 있음에도 상당기간 입법을 하지 않는 것을 말한다.
② 입법부작위에는 단순입법부작위, 진정입법부작위, 부진정입법부작위가 있다.
③ 단순입법부작위는 국회에 입법의무가 존재하지 않으므로 헌법상 문제를 발생하지 않는다.

2. 진정입법부작위와 부진정입법부작위

(1) 구별실익(헌재 2000.6.1, 2000헌마18): 헌법소원청구 가부

① 헌법소원은 헌법재판소법 제68조 제1항에 규정한 바와 같이 공권력의 불행사에 대하여서도 청구할 수 있다.
② 진정입법부작위에 대한 헌법소원은 원칙적으로 인정될 수 없고, 다만 헌법에서 기본권 보장을 위해 명시적인 입법위임을 하였음에도 입법자가 이를 이행하지 않거나, 헌법해석상 특정인에게 구체적인 기본권이 생겨 이를 보장하기 위한 국가의 행위의무 내지 보호의무가 발생하였음이 명백함에도 입법자가 아무런 입법조치를 취하지 않고 있는 경우에만 예외적으로 인정될 수 있다.
③ 기본권 보장을 위한 법규정이 불완전하여 보충을 요하는 부진정입법부작위의 경우에는 그 불완전한 법규 자체를 대상으로 하여 그것이 헌법위반이라는 적극적인 헌법소원을 청구함은 별론으로 하고, 입법부작위를 헌법소원의 대상으로 삼을 수는 없다.

(2) 구별기준(헌재 2010.2.25, 2009헌바95): 입법권의 행사여부

넓은 의미의 입법부작위에는 입법자가 헌법상 입법의무가 있는 어떤 사항에 관하여 전혀 입법을 하지 아니함으로써 입법행위의 흠결이 있는 경우(입법권의 불행사)와 입법자가 어떤 사항에 관하여 입법은 하였으나 그 입법의 내용·범위·절차 등이 당해 사항을 불완전, 불충분 또는 불공정하게 규율함으로써 입법행위에 결함이 있는 경우(즉, 결함이 있는 입법권의 행사)가 있는데, 일반적으로 전자를 진정입법부작위, 후자를 부진정입법부작위라고 부르고 있다.

(3) 구별이 문제되는 경우

1) 법률폐지의 경우

입법부가 제정한 법률을 나중에 폐지하여 결과적으로 입법의무불이행의 상태로 된 경우에는 법률을 나중에 폐지했다고 하더라도 이는 결과적으로 원래의 입법의무를 이행하지 않고 있는 상태가 되므로 진정입법부작위로 보는 것이 타당하다.

2) 특정집단 배제법률의 경우

① 국회가 입법을 하면서 특정집단을 배제하는 입법을 한 것은 적극적인 입법을 하면서 특정집단을 차별한 것이므로 부진정입법부작위라고 보아야 한다.

② 헌법재판소는 대한민국정부수립 이전에 해외로 이주한 자 및 그 직계존속을 재외동포의 범주에서 제외한 재외동포의출입국과법적지위에관한법률 제2조 제2호에 대하여 부진정입법부작위라고 보았다(헌재 2001.11.29, 99헌마494).
③ 헌법규정이 직접 포함시켜야 할 집단을 명시하고 있음에도 법률에서 그 집단을 배제시켰다면 이는 진정입법부작위라고 보아야 한다.

3) 경과규정을 두지 않은 경우

법률을 개정하면서 국민의 기본권을 보호하기 위한 경과규정을 두지 않은 경우에는 특별한 사정이 없는 한 경과규정을 두지 않은 해당 법률조항의 불완전함이 문제되는 것이므로 부진정입법부작위에 해당한다.

3. 입법부작위에 의한 침해가 문제되는 기본권

① 자유권적 기본권은 그 본질상 개인의 기본권에 대한 국가의 부당한 침해를 방어하는 소극적 방어권이므로, 입법부작위로 인한 자유권적 기본권의 침해는 문제되지 않는다.
② 입법부작위에 의한 기본권의 침해는 정치적 기본권·청구권적 기본권·사회적 기본권 등 국가의 적극적 입법이 요구되는 기본권 분야에서 주로 문제된다.

4. 진정입법부작위에 의한 기본권 침해에 대한 구제방법

(1) 위헌법률심판

위헌법률심판의 대상은 법률이므로 진정입법부작위는 그 대상이 될 수 없다. 특히 이 경우에는 매개행위가 있을 수 없어 구체적 규범통제가 불가능하다.

(2) 헌법소원심판(헌재 1993.3.11, 89헌마79 등)

① 진정입법부작위는 원칙적으로 헌법소원심판의 대상이 되지 않는다.
② 다만 헌법에서 기본권 보장을 위하여 명시적인 입법위임을 하였음에도 입법자가 이를 이행하지 아니한 때, 헌법해석상 특정인에게 구체적인 기본권이 생겨 이를 보장하기 위한 국가의 행위의무 내지 보호의무가 발생하였음이 명백함에도 불구하고 입법자가 아무런 입법조치를 취하고 있지 않은 경우에 한하여 헌법소원심판의 대상이 된다.

(3) 기타방법

① 청원권
② 참정권: 입법부작위에 의하여 국민의 기본권이 침해되는 경우에 입법을 청원할 수 있으며, 차기선거에서 낙선시키는 선거권의 행사가 있을 수 있다.
③ 국가배상청구 등

5. 부진정입법부작위에 의한 기본권 침해에 대한 구제방법

(1) 위헌법률심판

법률이 불완전한 경우 그에 근거한 처분 등이 있을 경우에는 처분 등을 대상으로 소송을 제기한 상태에서 그 근거가 되는 법률을 대상으로 위헌법률심판을 청구할 수 있다.

(2) 헌법소원심판

부진정입법부작위의 경우 불완전하긴 하나 법령이 있는 상태이기 때문에 입법부작위 그 자체를 대상으로 하는 헌법소원을 청구할 수는 없으나, 예외적으로 불완전한 법령 그 자체가 직접 기본권 침해를 가져오는 경우에 당해 법령을 대상으로 적극적 헌법소원을 청구할 수 있다.

(3) 청원권

진정입법부작위와 동일하게 국가기관에 입법청원을 할 수 있다.

Ⅳ 행정기관에 의한 기본권 침해와 구제

① 헌법 제26조에 의한 청원
② 헌법 제28조에 의한 형사보상청구
③ 헌법 제29조 제1항에 의한 손해배상청구 등
④ 헌법 제107조 제2항에 의한 명령·규칙심사제도 등
⑤ 헌법 제107조 제3항에 의한 행정심판
⑥ 행정소송
⑦ 법률개정
⑧ 탄핵소추
⑨ 헌법소원심판

Ⅴ 사법기관에 의한 기본권 침해와 구제

① 상소·재심·비상상고
② 형사보상청구
③ 재판절차에서 진술기회 요구
④ 재판을 제외(원칙)한 법원의 기본권 침해에 대한 헌법소원의 제기

Ⅵ 사인에 의한 기본권 침해와 구제

① 민사상의 손해배상·위자료 등을 청구할 수 있고, 형사상의 고소·고발을 할 수도 있다.
② 기본권의 침해가 합의나 협정 또는 자율적 규제의 방법으로 행해질 경우에는 기본권의 제3자적 효력의 이론에 따라 구제받을 수 있다.

Ⅶ 예외적인 구제방법

① 인권상담제도
② 대한법률구조공단에 의한 법률구조제도
③ 자력구제
④ 저항권

Ⅷ 국가인권위원회에 의한 기본권의 구제

① 국가인권위원회법에 근거하여 2001년 11월 25일부터 인권의 보호와 향상을 위한 업무를 독립적으로 수행하기 위한 국가인권위원회가 설립되었다.
② 공권력에 의한 기본권 침해뿐만 아니라 사인에 의하여 평등권이 침해된 경우에도 침해된 기본권을 구제받을 수 있다.
③ 우리 국민은 물론이고 한국에 체류하는 외국인까지도 침해된 기본권을 구제받을 수 있다.

❂ 국가인권위원회법

제2조(정의) 이 법에서 사용하는 용어의 정의는 다음과 같다.
1. "인권"이란 「대한민국헌법」 및 법률에서 보장하거나 대한민국이 가입·비준한 국제인권조약 및 국제관습법에서 인정하는 인간으로서의 존엄과 가치 및 자유와 권리를 말한다.
3. "평등권 침해의 차별행위"란 합리적인 이유 없이 성별, 종교, 장애, 나이, 사회적 신분, 출신 지역, 출신 국가, 출신 민족, 용모 등 신체 조건, 기혼·미혼·별거·이혼·사별·재혼·사실혼 등 혼인 여부, 임신 또는 출산, 가족 형태 또는 가족 상황, 인종, 피부색, 사상 또는 정치적 의견, 형의 효력이 실효된 전과, 성적(性的) 지향, 학력, 병력(病歷) 등을 이유로 한 다음 각 목의 어느 하나에 해당하는 행위를 말한다. 다만 현존하는 차별을 없애기 위하여 특정한 사람을 잠정적으로 우대하는 행위와 이를 내용으로 하는 법령의 제정·개정 및 정책의 수립·집행은 평등권 침해의 차별행위로 보지 아니한다.
   가. 고용(모집, 채용, 교육, 배치, 승진, 임금 및 임금 외의 금품 지급, 자금의 융자, 정년, 퇴직, 해고 등을 포함한다)과 관련하여 특정한 사람을 우대·배제·구별하거나 불리하게 대우하는 행위
   나. 재화·용역·교통수단·상업시설·토지·주거시설의 공급이나 이용과 관련하여 특정한 사람을 우대·배제·구별하거나 불리하게 대우하는 행위
   다. 교육시설이나 직업훈련기관에서의 교육·훈련이나 그 이용과 관련하여 특정한 사람을 우대·배제·구별하거나 불리하게 대우하는 행위
   라. 성희롱[업무, 고용, 그 밖의 관계에서 공공기관(국가기관, 지방자치단체, 「초·중등교육법」 제2조, 「고등교육법」 제2조와 그 밖의 다른 법률에 따라 설치된 각급 학교, 「공직자윤리법」 제3조의2 제1항에 따른 공직유관단체를 말한다)의 종사자, 사용자 또는 근로자가 그 직위를 이용하여 또는 업무 등과 관련하여 성적 언동 등으로 성적 굴욕감 또는 혐오감을 느끼게 하거나 성적 언동 또는 그 밖의 요구 등에 따르지 아니한다는 이유로 고용상의 불이익을 주는 것을 말한다] 행위

제4조(적용범위) 이 법은 대한민국 국민과 대한민국의 영역 안에 있는 외국인에 대하여 적용한다.

제45조(고발 및 징계권고) ① 위원회는 진정을 조사한 결과 진정의 내용이 범죄행위에 해당하고 이에 대하여 형사처벌이 필요하다고 인정하면 검찰총장에게 그 내용을 고발할 수 있다. 다만 피고발인이 군인등인 경우에는 소속 군 참모총장 또는 국방부장관에게 고발할 수 있다.
② 위원회가 진정을 조사한 결과 인권침해 및 차별행위가 있다고 인정하면 피진정인 또는 인권침해에 책임이 있는 사람을 징계할 것을 소속기관등의 장에게 권고할 수 있다.
③ 제1항에 따라 고발을 받은 검찰총장, 군 참모총장 또는 국방부장관은 고발을 받은 날부터 3개월 이내에 수사를 마치고 그 결과를 위원회에 통지하여야 한다. 다만 3개월 이내에 수사를 마치지 못할 때에는 그 사유를 밝혀야 한다.
④ 제2항에 따라 위원회로부터 권고를 받은 소속기관등의 장은 권고를 존중하여야 하며 그 결과를 위원회에 통지하여야 한다.

진정을 하는데 있어서 자기관련성이 요구되지 않으므로 인권 침해나 차별행위를 당한 피해자뿐만 아니라 그 사실을 알고 있는 사람도 진정할 수 있다. 진정이 없는 경우에도 인권 침해나 차별행위가 있다고 믿을 만한 상당한 근거가 있고 그 내용이 중대한 경우 위원회의 직권조사가 가능하도록 함으로써 기본권 보호에 인권위원회가 적극적으로 개입할 수 있는 법적 근거를 마련하였다.

제2장 인간의 존엄과 가치 · 행복추구권 · 평등권

제1절 인간의 존엄과 가치 · 행복추구권

> **헌법**
> 제10조
> 모든 국민은 인간으로서의 존엄과 가치를 가지며, 행복을 추구할 권리를 가진다. 국가는 개인이 가지는 불가침의 기본적 인권을 확인하고 이를 보장할 의무를 진다.
> 제32조
> ③ 근무조건의 기준은 인간의 존엄성을 보장하도록 법률로 정한다.
> 제36조
> ① 혼인과 가족생활은 개인의 존엄과 양성의 평등을 기초로 성립되고 유지되어야 하며, 국가는 이를 보장한다.

제1항 인간의 존엄과 가치

I 서론

1. 인간의 존엄과 가치의 의의

① 인간의 존엄과 가치라 함은 이성적 존재로서의 인간은 인격의 주체가 될 수 있는 존귀한 가치가 있다는 것을 말한다.
② 인간의 존엄과 가치에서의 인간은 고립된 개체로서의 개인주의적 인간상이 아니라 사회관계성 내지 사회구속성을 수용하는 인간상을 의미한다.
③ 인간의 존엄과 가치는 인간의 본질로 간주되는 존귀한 인격주체성을 의미한다.

2. 연혁

① 제2차 세계대전 이후 세계인권선언, 국제인권규약 등과 각국 헌법에 명문화되었고, 독일기본법에도 규정되었다.
② 우리나라의 경우 제5차개정헌법에 처음으로 규정되었다.

3. 인간의 존엄과 가치조항의 헌법적 가치

① 헌법 제10조에서 규정하고 있는 인간의 존엄과 가치는 기본권 실현의 방법적 기초가 아닌 기본권 실현의 이념적 기초이다.
② 기본권의 핵으로서 우리 헌법의 최고의 객관적 규범이다.
③ 헌법전문과 함께 우리 헌법상의 기본권 존중주의를 규정한 근본규범으로서 모든 국가권력을 구속하고, 모든 법령의 해석기준이 되며, 헌법개정의 한계에 해당하는 근본규범이다.
④ 통치구조의 한계를 명백히 하고 기본권 실현수단으로서의 통치구조의 기능을 보여주는 것이다.
⑤ 헌법의 명문규정으로 인간의 존엄과 가치의 존중을 천명함으로써 국가목적적인 국가를 부인하는 의미와 아울러 개인이익우선의 원칙을 명백히 하고 있다.

Ⅱ 인간의 존엄과 가치조항의 법적 성격

헌법 제10조의 인간의 존엄과 가치조항이 개인의 주관적 공권을 보장한 것이냐 아니면 객관적인 헌법원리를 선언한 것이냐에 따라 이에 대한 침해를 이유로 권리구제를 청구할 수 있는가에 있다.

1. 학설의 대립

(1) 근본원리설

인간의 존엄과 가치조항은 구체적 권리가 아니라 모든 기본권 보장의 목적 내지 원칙적인 가치지표가 되는 객관적 헌법원리를 규범화한 것이다.

(2) 주기본권설

헌법 제10조는 헌법의 객관적 질서로서 국가의 기본적 인권 보장의무를 규정한 근본규범인 동시에 국민의 주관적 권리를 확인하고 있는 이중적 성격을 가지고 있다는 견해이다. 인간의 존엄과 행복추구권은 합하여 포괄적 기본권이다.

(3) 절충설

인간의 존엄을 헌법질서의 이념적 기초(최고이념)로서 인정하면서, 인간의 존엄이 독자적·개별적 권리성을 가질 만큼 구체적인 내용으로 특정될 수 있는지에 따라서 구체적 권리성 여부를 결정하여야 한다는 견해이다. 나아가서 인간의 존엄에 대하여 헌법에 열거되지 아니한 자유와 권리의 판단기준으로서의 역할과 기능을 부여하고 있다.

2. 헌법재판소

헌법재판소는 인간의 존엄과 가치의 기본원리적 성격과 더불어 구체적 권리성을 인정하고 있다.
(1) 헌법 제10조는 모든 기본권 보장의 종국적 목적(기본이념)이라 할 수 있는 인간의 본질과 고유한 가치인 개인의 인격권과 행복추구권을 보장하고 있다(헌재 1990.9.10, 89헌마82).
(2) 헌법 제10조에서 규정한 인간의 존엄과 가치는 '헌법 이념의 핵심'으로 국가는 헌법에 규정된 개별적 기본권을

비롯하여 헌법에 열거되지 아니한 자유와 권리까지도 이를 보장하여야 하며, 이를 통하여 개별 국민이 가지는 인간으로서의 존엄과 가치를 존중하고 확보하여야 한다는 헌법의 기본원리를 선언한 조항이다(헌재 2004.10.28. 2002헌마328).

Ⅲ 기본권의 도출여부

① 헌법 제2장에서 정하고 있는 개별적 기본권은 예시적으로 명기된 것이므로 헌법에 명기된 것이 아닌 개별적 기본권은 헌법 제10조의 인간의 존엄과 가치를 통해서 도출할 수 있다.
② 헌법재판소도 인간의 존엄과 가치로부터 인격권을 도출하고 있다.
③ 헌법재판소는 헌법 제10조의 인간의 존엄성 및 행복추구권으로부터 교육환경에 대한 결정권 및 문화향유권을 도출한 바 있다.

> ⚖️ **관련판례**
> 헌법이 보장하는 인간의 존엄성 및 행복추구권은 국가의 교육권한과 부모의 교육권의 범주 내에서 아동에게도 자신의 교육환경에 관하여 스스로 결정할 권리, 그리고 자유롭게 문화를 향유할 권리를 부여한다고 할 것이다(헌재 2004.5.27. 2003헌가1 등).

Ⅳ 인간의 존엄과 가치와 그 밖의 기본권의 관계

1. 행복추구권과의 관계

(1) 학설의 대립

1) 구별설
① 모든 기본권은 '인간의 존엄과 가치'를 실현하기 위한 수단이라는 점에서 목적과 수단의 관계에 있는바, 인간의 존엄과 가치와 행복추구권도 목적과 수단의 관계에 있다.
② 행복추구권은 독립적 권리이지만, 일반적 인격권은 인간의 존엄과 가치와 행복추구권으로부터 도출된다.
③ 일반적 인격권은 '인간의 존엄과 가치'의 보장과 불가분의 관련 속에 있는 '행복추구권'의 중요한 일부라고 볼 수 있다.
④ 인간의 존엄과 가치는 일반적 인격권의 보조적 기준으로서 역할을 하는 정도에서 행복추구권과 결합된다.

2) 경합설
① 헌법 제10조는 인간의 존엄과 가치, 행복추구권을 합하여 포괄적 기본권인 동시에 주기본권을 규정한 것이다.
② 인간의 존엄과 가치에 대하여는 기본권성을 부정하고 행복추구권만을 포괄적 기본권으로 보는 것은 인간의 존엄성과 행복추구가 불가분의 긴밀한 관계에 있음을 도외시한 점에서 타당하지 않다.

(2) 헌법재판소

헌법재판소는 일찍이 행복추구권의 독자적 권리성은 인정하였지만, 양자의 관계에 대하여 명확한 입장을 밝히지는 않았다.

2. 헌법에 열거된 기본권과의 관계

① 인간의 존엄과 가치는 모든 기본권 보장의 궁극적 목적이고, 헌법에 열거된 기본권은 인간의 존엄과 가치를 유지하고 구현하기 위한 수단이라고 할 수 있다.
② 인간의 존엄성 규정을 우선 적용해서는 아니되고 보충적으로 적용해야 한다.
③ 헌법재판소도 인간의 존엄과 가치조항의 보충적 성격을 인정하고 있다.

3. 헌법 제37조와의 관계

(1) 헌법 제37조 제1항과의 관계(헌법에 열거되지 아니한 기본권과의 관계)

① 헌법 제37조 제1항의 헌법에 열거되지는 않았지만 경시할 수 없는 자유와 권리인 일반적인 행동의 자유·일조권·인격권·초상권·성명권·명예권 등도 인간의 존엄과 가치를 실현하기 위한 수단이다.
② 제10조 제1문 전단과 제37조 제1항은 통합관계 내지 상호보완적 관계에 있다.

(2) 헌법 제37조 제2항과의 관계

인간의 존엄과 가치에 관한 규정은 제37조 제2항을 근거로 행해지는 법률에 의한 기본권 제한시에 그 최후적 한계로서의 성격과 기능을 갖는다.

V 인간의 존엄과 가치의 주체

1. 자연인

① 인간의 존엄과 가치는 모든 인간에게 고유한 가치로 간주되는 인격주체성을 의미하므로 외국인도 주체가 된다.
② 자연인은 누구나 인간의 존엄과 가치를 누릴 수 있다.
③ 인간의 존엄과 가치, 행복추구권의 향유능력은 이 권리를 사실적으로 행사할 자율적 능력을 전제하지 않는다(예 정신이상자, 기형아 등).

2. 인간의 사체

① 원칙적으로 인간의 존엄과 가치를 인정할 수 없으나, 사자의 가족이 관련되는 경우에 한하여 제한적으로 인정하는 견해, ② 원칙적으로 인간의 존엄과 가치를 인정할 수 없으나 인간의 사체를 산업용으로 이용하는 경우에는 예외적으로 인정하는 견해, ③ 인간은 육체와 심령 그리고 정신의 통합체인데 사자는 육체밖에 없으므로 사체에 인간의 존엄과 가치를 인정하는 것은 무리라는 견해 등이 있다.

3. 법인

① 자연인만이 인간의 존엄과 가치의 주체가 될 수 있을 뿐, 법인은 그 주체가 될 수 없다는 견해와 일반적 인격권의 내용으로 도출되는 명예권과 같은 경우 법인에게도 인정된다고 보아 법인도 주체가 된다는 견해가 대립하나, 법인의 구성원의 기본권 보장과 관련되는 경우에는 법인도 주체가 되지만, 법인의 재산권과 같이 그 구성원의 기본권과 관련이 없는 경우에는 주체가 되지 않는다고 보는 것이 타당하다.

② 헌법재판소는 법인이 인격권의 주체가 되는 듯한 입장을 취하고 있다.

> **관련판례**
> 사죄광고 과정에서는 자연인이든 법인이든 인격의 자유로운 발현을 위해 보호받아야 할 인격권이 무시되고 국가에 의한 인격의 외형적 변형이 초래되어 인격형성에 분열이 필연적으로 수반되게 된다. 이러한 의미에서 사죄광고제도는 헌법에서 보장된 인간의 존엄과 가치 및 그를 바탕으로 하는 인격권에 큰 위해도 된다고 볼 것이다(헌재 1991.4.1. 89헌마160).

Ⅵ 인간의 존엄과 가치의 내용

1. 인간성 부정행위의 금지

(1) 인간의 물적 취급 금지

① 인신매매행위, 인종차별, 당사자의 동의 없는 거짓말탐지기의 사용, 도청행위 등은 금지된다.
② 인간을 국가목적을 달성하기 위한 수단으로 이용하는 것은 금지된다.

(2) 인간복제의 금지

① 인간의 복제는 인간의 정체성을 부정하는 행위일 뿐만 아니라 한 개체로서의 고유한 존엄과 가치를 부정하는 것이기 때문에 허용되지 않는다.
② 생명윤리및안전에관한법률 제20조는 인간을 복제하기 위한 행위 등을 금지하고 있다.

2. 도출되는 개별기본권

① 일반적 인격권은 인격권, 초상권, 명예권, 성명권 등이다.
② 일반적 인격권은 인격에 대하여 소극적으로 침해받지 않을 권리와 적극적으로 보호받을 권리를 포함한다.
③ 헌법재판소는 헌법 제10조에서 일반적 인격권을 도출하고 있다.

> **관련판례**
> 청구인들로 하여금 유치기간 동안 차폐시설이 불충분한 화장실을 사용하도록 강제한 피청구인의 행위는 인간으로서의 기본적 품위를 유지할 수 없도록 하는 것으로서, 수인하기 어려운 정도라고 보여지므로 헌법 제10조의 인간의 존엄과 가치로부터 유래하는 인격권을 침해하는 정도에 이르렀다고 판단된다(헌재 2001.7.19. 2000헌마546).

Ⅶ 인간의 존엄과 가치조항의 효력

① 인간의 존엄과 가치조항은 기본권 보장의 이념적 기초이고 최고원리로서 모든 국가권력과 사인에 대하여 효력을 갖는다.
② 인간의 존엄과 가치조항으로부터 도출되는 개별기본권은 국가에 대하여 직접적인 효력을 가지고 사인에 대하여도 간접적인 효력을 가진다.
③ 인간의 존엄과 가치는 헌법개정권력을 구속한다.

Ⅷ 인간의 존엄과 가치의 제한

1. 인간의 존엄과 가치 자체의 제한

인간의 존엄과 가치는 기본권을 제한하는 경우 그 최후적 한계로서 기능할 뿐만 아니라 기본권의 본질적 내용을 이루는 것이기 때문에 헌법 제37조 제2항에 따라 인간의 존엄과 가치 자체를 제한할 수 없다.

2. 도출되는 개별기본권의 제한

인간의 존엄과 가치로부터 도출되는 개별적 기본권은 다른 기본권과 마찬가지로 헌법 제37조 제2항에 의하여 제한할 수 있다. 이 경우 헌법 제37조 제2항에 따라 과잉금지원칙을 위반할 수 없고, 해당 기본권의 본질적 내용을 침해할 수 없다.

제2항 행복추구권

Ⅰ 서설

1. 의의

① 헌법 제10조 제1문 후단은 "모든 국민은 … 행복을 추구할 권리를 가진다"고 하여 행복추구권을 규정하고 있다.
② 행복이라는 관념은 다의적인 것이고 행복의 감정 역시 주관적인 것이므로 인생관이나 가치관에 따라 상이한 내용으로 이해될 수 있으나, 일반적으로 행복추구권이란 안락하고 만족스러운 삶을 추구할 수 있는 권리라고 정의할 수 있다.

2. 연혁

(1) 배경
로크는 자연상태에서 인간이 가지는 자유, 생명 등의 내용을 포함한 포괄적 권리로 행복추구권을 규정하였다.

(2) 입법례

1) 미국
1776년 미국독립선언, 버지니아권리장전에 규정하였으나 1787년 미연방헌법에는 규정이 없었다. 그러다가 미연방수정헌법에 규정을 두었다.

2) 독일
행복추구권에 관한 규정을 두지 않는 대신에 인격발현권을 규정하고 있다.

3) 우리나라
제5공화국헌법(제8차개정헌법)에서 신설하여 현행헌법에 이르고 있다.

II 법적 성격

1. 주관적 공권성
① 인간의 존엄과 가치를 최대한으로 실현하는 것을 그 내용으로 하는 모든 국민의 당위적인 삶의 지표를 분명히 밝혀 놓은 것이라는 견해도 있으나 헌법은 행복을 추구할 "권리"라고 명기하고 있으므로 독자적인 주관적 공권이라는 견해가 통설이다.
② 헌법재판소는 독자적인 주관적 공권으로 파악하고 있다.

2. 포괄적 권리성
① 행복추구권은 헌법에 규정된 기본권 중에서 행복추구의 수단이 될 수 있는 기본권은 물론이고 그 외에도 행복을 추구하는 데 필요한 것이면 헌법에 열거되지 아니한 자유와 권리까지도 그 내용으로 하는 포괄적 기본권으로 이해하는 것이 학설의 일반적 경향이다.
② 헌법재판소는 기부금품모집금지법 제3조 등 위헌심판사건에서 행복추구권이 헌법에 열거되지 아니한 자유와 권리도 그 내용으로 하는 포괄적 기본권으로서의 성격을 가진 것으로 보고 있다.

3. 자유권에 관한 총칙규정
① 자유권에 관한 총칙규정이라는 견해, 사회적 기본권에 관한 총칙규정이라는 견해, 그리고 행복추구권은 자유권으로서의 성격과 사회적 기본권으로서의 성격을 아울러 가지는 것이므로 기본권 전반에 관한 총칙규정으로 보아야 한다는 견해 등이 있다.
② 헌법재판소는 국가유공자예우등에관한법률 제9조 본문 위헌심판사건에서 '자유권'에 관한 총칙규정으로 보고 있다.

III 다른 기본권과의 관계

1. 행복추구권과 개별기본권의 경합

① 행복추구권조항을 우선적으로 적용하여야 한다는 우선적 보장설, 두 조항을 동시에 적용하여야 한다는 보장경합설, 그리고 직접 적용할 기본권조항이 없는 경우에 한하여 행복추구권조항을 보충적으로 적용하여야 한다는 보충적보장설(통설)이 있다.
② 종래 헌법재판소의 주류적 입장은 보충적보장설의 입장을 취하고 있다.

> ⚖️ **관련판례**
> 1. 행복추구권은 다른 기본권에 대한 보충적 기본권으로서의 성격을 지니므로, 공무담임권이라는 우선적으로 적용되는 기본권이 존재하여 그 침해여부를 판단한 이상, 행복추구권 침해여부를 독자적으로 판단할 필요는 없다(헌재 2002.8.29, 2001헌가26 등).
> 2. 행복추구권은 다른 개별적 기본권이 적용되지 않는 경우에 한하여 보충적으로 적용되는 기본권으로서, 이 사건에서 제한된 기본권으로서 결사의 자유나 재산권이 고려되는 경우에는 그 적용이 배제된다고 보아야 한다(헌재 2000.12.14, 99헌마112).

2. 행복추구권과 헌법 제37조 제1항의 관계

① 헌법 제37조 제1항과 같은 포괄적 권리조항은 제헌헌법 당시부터 있어 왔다.
② 포괄적 권리로서의 성격을 가진 행복추구권이 제8차 개헌을 통하여 우리 헌법에 수용되어 양 권리조항의 관계를 어떻게 이해할 것인지가 문제된다.

(1) 학설의 대립

1) 확인규정설
행복추구권이 포괄적 기본권으로서 주된 기능을 하고 제37조 제1항은 행복추구권을 확인한 주의적·확인적 규정에 불과하다.

2) 포함규정설
행복추구권의 포괄적인 성격에 비추어 헌법에 열거되지 아니한 자유와 권리도 이에 포함된다.

3) 독자규정설
행복추구권은 무정형적인 일반적 행동자유권을 보장하는 반면, 제37조 제1항은 정형적인 행위유형을 독자적·개별적 권리로서 보장한다.

(2) 헌법재판소

헌법재판소는 가정의례에관한법률 제4조 제1항 제7호 헌법소원사건에서 독자규정설의 입장을 취한 것처럼 보인다(헌재 1998.10.15, 98헌마168).

Ⅳ 행복추구권의 주체

1. 학설의 태도

① 행복추구권은 인간의 권리이므로 자연인만이 누릴 수 있으며, 법인은 그 주체가 되지 않는다.
② 자연인이면 자국민뿐만 아니라 외국인도 향유할 수 있다.
③ 다만 행복추구권의 내용을 일반적 인격권이라 하고, 일반적 인격권 속에는 일반적 행동의 자유가 포함되는 것으로 이해한다면, 그러한 한도 내에서는 법인도 일반적 행동의 자유의 주체가 될 수 있다는 유력한 견해가 있다.

2. 헌법재판소

헌법재판소는 노동단체의 정치자금기부를 금지하는 정치자금에관한법률 제12조 등 위헌확인사건에서는 법인도 행복추구권의 주체가 된다고 판시하였으나, 교원의노동조합설립및운영등에관한법률 제6조 제1항 위헌소원 사건에서는 행복을 추구할 권리는 그 성질상 자연인에게 인정되는 기본권이라고 할 것이어서 법인인 청구인들에게는 적용되지 않는다고 판시하기도 하였다.

Ⅴ 행복추구권의 내용

1. 의의

(1) 학설의 태도

① 행복추구권은 포괄적인 성격의 기본권이므로 헌법에 열거된 기본권뿐만 아니라 헌법에 열거되지 아니한 자유와 권리도 이에 포함된다.
② 행복추구권의 포괄적 성격에 비추어 행복추구권의 구체적인 내용을 남김없이 망라한다는 것은 불가능하다.
③ 행복추구권의 주요 내용만을 보면 헌법에 열거된 기본권과 헌법에 열거되지 아니한 자기결정권, 일반적 행동자유권, 생명권, 신체를 훼손당하지 아니할 권리, 자유로운 활동과 인격발현에 관한 권리(인격권), 휴식권, 수면권, 일조권, 스포츠권 등을 들 수 있다.

(2) 헌법재판소

헌법재판소는 행복추구권에 일반적 행동자유권, 개성의 자유로운 발현권, 자기결정권, 계약의 자유 등이 포함되어 있다고 판시하고 있다(헌재 2005.4.28. 2004헌바65). 그런데 일반적 행동자유권, 개성의 자유로운 발현권 및 자기결정권은 반드시 서로 구별될 수 있는 것은 아니기 때문에 헌법재판소는 때로 둘 이상을 동시에 거론하면서 행복추구권을 설명하기도 한다. 그 외에도 신체의 불훼손권과 평화적 생존권뿐만 아니라 생명권·휴식권·수면권·일조권·스포츠권 등도 행복추구권의 내용이 될 수 있다.

2. 자기결정권

(1) 의의
자기결정권이란 개인이 자신의 삶에 관한 중대한 사항에 대하여 스스로 자유롭게 결정할 수 있는 권리를 의미한다.

(2) 법적 성격

1) 자유권
자기결정권은 개인이 일정한 사적 사안에 관하여 공권력의 간섭없이 스스로 결정할 수 있는 자유권으로서, 소극적·방어적인 성격을 지니는 권리이다.

2) 보충적 기본권
우리 헌법상 자기결정권의 내용은 대부분 개별적 기본권에 의해 포섭되고 있다. 예컨대 생명·양심·종교·직업 등의 선택과 관련한 자기결정은 생명권·양심의 자유·종교의 자유·직업선택의 자유 등에 의해 보장되고 있고, 사생활에 관련된 영역도 대부분 헌법 제17조에 의해 규율될 수 있다. 이러한 점에서 자기결정권은 헌법에 열거된 개별적 기본권에 대하여 보충적 기본권이라고 할 수 있다.

(3) 헌법적 근거
① 자기결정권에 대하여는 헌법에 명문규정이 없다.
② 헌법 제37조 제1항에서 찾는 견해, 헌법 제10조에서 찾는 견해, 헌법 제10조와 제37조 제1항에서 찾는 견해, 헌법 제10조와 제17조에서 찾는 견해 등이 대립한다.
③ 헌법재판소는 간통죄처벌규정에 대한 합헌결정에서 헌법 제10조에서 자기결정권의 근거를 찾고 있다.

(4) 보호영역

1) 학설의 대립

(가) 인격적 이익설
① 개인의 인격발전과 관련된 영역에 한정하여 자기결정권의 효력이 미친다.
② 안전벨트 없이 자가용 승용차를 운전하는 행위, 안전모 없이 오토바이를 운전하는 행위 등은 자기결정권의 범위에 포함되지 않는다.

(나) 일반적 자유설
① 자기결정권은 자신의 삶에 관한 자유로운 결정을 할 수 있는 권리를 의미하므로, 개인의 인격발현과는 무관한 모든 생활영역에 자기결정권의 효력이 미친다.
② 안전벨트 없이 자가용 승용차를 운전하는 행위, 안전모 없이 오토바이를 운전하는 행위 등도 자기결정권의 범위에 포함된다.

2) 헌법재판소
헌법재판소는 자도소주구입명령사건에서 자기결정권이 제한된 것은 어느 회사의 소주를 먹을 것인지 여부라고 하고 있는데, 이는 인격과 무관한 문제이므로 헌법재판소는 일반적 자유설에 입각하여 자기결정권을 인정하고 있다고 볼 수 있다(헌재 1996.12.26, 96헌가18).

(5) 구제적인 내용

1) 임부의 자기결정권
① 모성의 신체적 내지 정신적 고통으로 인하여 존엄성이 궁극적으로 훼손될 가능성이 확실한 때에는 임부의 자기결정권을 존중하여 낙태를 허용하는 것이 타당하다.
② 대법원은 모자보건법상의 낙태를 엄격한 요건 하에 허용하고 있다.

2) 생명에 대한 자기결정권
① 환자 아닌 제3자가 직접적으로 생명을 단절하게 되는 적극적 형태로서의 안락사는 어느 경우에도 인정할 수 없다.
② 생명유지장치를 제거하는 등으로 사망을 초래하는 소극적 형태로서의 안락사로서 고통이 극심한 환자가 생명에 대한 자기결정권을 행사하여 생명유지조치를 원하지 아니함을 명백히 표시한 경우에는 형사처벌의 대상이 되지 않는다.

3) 신체의 일부에 대한 자기결정권
장기등이식에관한법률에 의하면 엄격한 요건 하에 장기에 대한 처분권을 인정하고 있으며, 적출 가능한 장기를 한정하고 있다. 그러나 장기매매는 금지된다.

4) 생활방식에 대한 자기결정권
흡연·음주·외양·복장 등을 자유로이 결정할 수 있는 권리를 말한다. 이러한 자기결정권에 대하여는 법률에 의한 상당한 제한이 인정되어 제복근로자의 제복착용이나 두발형의 제한은 합리적인 것으로 인정되고 있다.

5) 소비자의 자기결정권
자도소주구입명령제도는 비록 직접적으로는 소주판매업자에게만 구입의무를 부과하고 있으나 실질적으로는 구입명령제도가 능력경쟁을 통한 시장의 점유를 억제함으로써 소주제조업자의 "기업의 자유" 및 "경쟁의 자유"를 제한하고, 소비자가 자신의 의사에 따라 자유롭게 상품을 선택하는 것을 제약함으로써 소비자의 행복추구권에서 파생되는 "자기결정권"도 제한하고 있다(헌재 1996.12.26. 96헌가18).

6) 기타의 자기결정권
헌법재판소는 성적 자기결정권(헌재 2015.2.26. 2009헌바17), 혼인에 있어서 상대방을 결정할 수 있는 혼인의 자유 등을 인정한 바 있다(헌재 2011.11.24. 2009헌바146).

3. 개성의 자유로운 발현권

헌법재판소는 다수의 판례에서 일반적 행동자유권과 개성의 자유로운 발현권을 동시에 헌법 제10조에서 규정하고 있는 행복추구권의 내용으로서 적시한다. 또한 헌법재판소는 행복추구권의 구체적인 내용으로서 개성의 자유로운 발현권을 독자적으로 적시하기도 한다(헌재 1990.1.15. 89헌가103).

4. 일반적 행동자유권

(1) 의의

일반적 행동자유권이란 모든 국민이 행복을 추구하기 위하여 자유롭게 행동할 수 있는 자유권이다. 일반적 행동자유권에는 적극적으로 자유롭게 행동하는 것은 물론 소극적으로 행동을 하지 않을 부작위의 자유도 포함되며 반드시 가치있는 행동만을 그 보호영역으로 하는 것은 아니다. 일반적 행동자유권은 개인이 행위를 할 것인가의 여부에 대하여 자유롭게 결단하는 것을 전제로 하여 이성적이고 책임감 있는 사람이라면 자기에 관한 사항은 스스로 처리할 수 있을 것이라는 생각에서 인정된다(헌재 2005.12.22. 2004헌바64).

(2) 법적 성격

일반적 행동자유권은 포괄적인 의미의 자유권으로서 일반조항적인 성격을 가진다(헌재 2003.10.30. 2002헌마518).

인간은 자신의 운명이나 인생을 스스로 결정하고 그에 따라 행동할 수 있어야 인격적 가치의 존중과 고유한 개성의 발현이 가능하다는 점에서 일반적 행동자유권은 자기결정권과 관련된다. 여기서 일반적 행동자유권은 행동의 측면을, 자기결정권은 결정의 측면을 강조한다는 점에서 양자는 구별된다.

(3) 헌법상 근거

일반적 행동자유권은 헌법 제10조의 행복추구권으로부터 도출된다. 즉 헌법상 행복추구권의 핵심적인 내용의 하나가 일반적 행동자유권이다. 헌법재판소도 일반적 행동자유권은 개성의 자유로운 발현권과 더불어 행복추구권 속에 함축되어 있다고 판시하고 있다.

(4) 구체적인 내용

1) 계약의 자유

행복추구권 속에 함축된 일반적인 행동자유권과 개성의 자유로운 발현권은 국가안전보장, 질서유지 또는 공공복리에 반하지 않는 한 입법 기타 국정상 최대의 존중을 필요로 하는 것이라고 볼 것이다. 일반적 행동자유권에는 적극적으로 자유롭게 행동을 하는 것은 물론 소극적으로 행동을 하지 않을 자유 즉 부작위의 자유도 포함되는 것으로, 법률행위의 영역에 있어서는 계약을 체결할 것인가의 여부, 체결한다면 어떠한 내용의, 어떠한 상대방과의 관계에서, 어떠한 방식으로 계약을 체결하느냐 하는 것도 당사자 자신이 자기의사로 결정하는 자유뿐만 아니라 원치 않으면 계약을 체결하지 않을 자유 즉 원치 않는 계약의 체결은 법이나 국가에 의하여 강제되지 않을 자유인 이른바 계약자유의 원칙도, 여기의 일반적 행동자유권으로부터 파생되는 것이라 할 것이다(헌재 1991.6.3. 89헌마204).

2) 휴식권

휴식권은 헌법상 명문의 규정은 없으나 포괄적 기본권인 행복추구권의 한 내용으로 볼 수 있을 것이다. 이 행복추구권은 헌법 제10조에 의하여 보장되는 것으로 포괄적이고 일반조항적인 성격을 가지며 또한 그 구체적인 표현으로서 일반적인 행동자유권과 개성의 자유로운 발현권을 포함한다(헌재 2001.9.27. 2000헌마159).

3) 개성의 자유로운 발현권

헌법 제10조 전문은 모든 국민은 인간으로서의 존엄과 가치를 지니며, 행복을 추구할 권리를 가진다고 규정하여 행복추구권을 보장하고 있고, 행복추구권은 그의 구체적인 표현으로서 일반적인 행동자유권과 개성의 자유로운 발현권을 포함한다(헌재 2003.10.30, 2002헌마518).

4) 인간다운 생활공간에서 살 권리

이 사건 법률제정으로 인하여 청구인들의 고향인 중원군이 충주시에 편입됨으로써 청구인들은 헌법 제10조의 인간의 존엄과 가치 및 행복추구권에서 파생되는 인간다운 생활공간에서 살 권리(자신이 태어난 고장에 대한 애착을 가지고 전통문화를 기리면서 삶을 영위하는 권리)를 침해받게 될 수도 있다(헌재 1994.12.29, 94헌마201).

5) 하기 싫은 일을 강요당하지 아니할 권리

이 사건 법률조항이 하기 싫은 일(음주측정에 응하는 일)을 하지 아니할 수 없도록 하는 속박의 요소가 있으므로 하기 싫은 일을 강요당하지 아니할 권리, 즉 행복추구권에 포함되어 있는 일반적 행동의 자유를 침해하는 것은 아닌지 여부를 본다(헌재 1997.3.27, 96헌가11).

6) 문화향유권

이 사건 법률조항은 대학교육의 능률성을 위한다는 입법목적을 위하여 극장운영자의 기본권을 과도하게 침해하고 있을 뿐 아니라, 대학생의 자유로운 문화향유에 관한 권리 등 행복추구권을 침해하고 있는바, 그 정당화 사유를 찾기 어렵다. 따라서 이 사건 법률조항은 이 점에서도 위헌적인 법률이라고 할 것이다(헌재 2004.5.27, 2003헌가1).

7) 그 밖의 기부금품의 모집행위, 하객들에게 주류와 음식물을 접대하는 행위, 사적자치권 등이 행복추구권에서 파생된다.[5]

VI 행복추구권의 효력

행복추구권은 대국가적 효력과 제3자적 효력을 아울러 가지고 있다.

---

5) 평화적 생존권
헌법재판소는 평화적 생존권에 관하여 "오늘날 전쟁과 테러 혹은 무력행위로부터 자유로워야 하는 것은 인간의 존엄과 가치를 실현하고 행복을 추구하기 위한 기본전제가 되는 것이므로 달리 이를 보호하는 명시적 기본권이 없다면 헌법 제10조, 제37조 제1항으로부터 평화적 생존권이라는 이름으로 이를 보호하는 것이 필요하다. 그 기본 내용은 침략전쟁에 강제되지 않고 평화적 생존을 할 수 있도록 국가에 요청할 수 있는 권리라고 볼 수 있을 것이다"라고 판시하였다(헌재 2006.2.23. 2005헌마268, 대한민국과 미합중국간의 미합중국군대의 서울지역으로부터의 이전에 관한 협정 등 위헌확인).
그러나 헌법재판소는 2009년 판례변경을 통하여 "헌법에 열거되지 아니한 기본권을 새롭게 인정하려면 그 필요성이 특별히 인정되고 그 권리내용(보호영역)이 비교적 명확하여 구체적 기본권으로서의 실체 즉, 권리내용을 규범 상대방에게 요구할 힘이 있고 그 실현이 방해되는 경우 재판에 의하여 그 실현을 보장받을 수 있는 구체적 권리로서의 실질에 부합하여야 할 것이다"라고 판시하면서 평화적 생존권을 헌법에 열거되지 아니한 기본권으로서 특별히 새롭게 인정할 필요성이 있다거나 그 권리내용이 비교적 명확하여 구체적 권리로서의 실질에 부합한다고 보기 어려워 헌법상 보장된 기본권이라 할 수 없다고 본다(헌재 2009.5.28. 2007헌마369, 2007년 전시증원연습 등 위헌확인).

Ⅶ 행복추구권의 한계와 제한

1. 행복추구권의 한계
행복추구권의 행사에도 일정한 한계가 있다.

2. 행복추구권의 제한
행복추구권도 헌법 제37조 제2항에 의하여 제한될 수 있다. 그러나 본질적 내용을 침해할 수 없고 과잉금지의 원칙에 위배되어서는 아니된다.

Ⅷ 행복추구권의 침해와 구제

행복추구권은 국가나 사인에 의하여 침해될 수 있다. 국가나 사인에 의하여 행복추구권이 침해받은 때에는 이를 이유로 침해행위배제청구권이나 예방청구권 또는 손해배상청구권을 행사할 수 있다. 또 청원권, 재판청구권, 헌법소원의 행사를 통하여 구제받을 수 있다.

제 2 절 평등권

헌법

제11조
① 모든 국민은 법 앞에 평등하다. 누구든지 성별·종교 또는 사회적 신분에 의하여 정치적·경제적·사회적·문화적 생활의 모든 영역에 있어서 차별을 받지 아니한다.
② 사회적 특수계급의 제도는 인정되지 아니하며, 어떠한 형태로도 이를 창설할 수 없다.
③ 훈장 등의 영전은 이를 받은 자에게만 효력이 있고, 어떠한 특권도 이에 따르지 아니한다.

제31조
① 모든 국민은 능력에 따라 균등하게 교육을 받을 권리를 가진다.

제32조
④ 여자의 근로는 특별한 보호를 받으며, 고용·임금 및 근로조건에 있어서 부당한 차별을 받지 아니한다.

제36조
① 혼인과 가족생활은 개인의 존엄과 양성의 평등을 기초로 성립되고 유지되어야 하며, 국가는 이를 보장한다.

제41조
① 국회는 국민의 보통·평등·직접·비밀선거에 의하여 선출된 국회의원으로 구성한다.

제119조
② 국가는 균형 있는 국민경제의 성장 및 안정과 적정한 소득의 분배를 유지하고, 시장의 지배와 경제력의 남용을 방지하며, 경제주체간의 조화를 통한 경제의 민주화를 위하여 경제에 관한 규제와 조정을 할 수 있다.

제123조
② 국가는 지역 간의 균형 있는 발전을 위하여 지역경제를 육성할 의무를 진다.

제1항 평등권

Ⅰ 평등권의 의의 및 법적 성격

1. 의의
① 헌법 제11조 제1항은 평등권을 규정하고 있다.
② 평등권이란 국가에 대하여 합리적 이유 없이 불평등한 대우를 하지 말 것과 평등한 대우를 해 줄 것을 요구할 수 있는 개인의 주관적 공권을 말한다.
③ 자유권과 달리 평등권은 모든 기본권 실현의 방법적 기초가 되므로 논리상으로는 모든 생활영역이 평등권의 보호영역이지만 '특별법 우선의 원칙'을 적용하여 판단할 수 있다.
④ 사안과 직접 관련이 있는 자유권 또는 개별적 평등권이 있는 경우 그 규정에 기초하여 우선 심사하고, 위헌이라고 판단할 수 없을 때에는 일반적 평등권 내지 평등원칙을 근거로 차별심사를 해야 한다.
⑤ 평등권과 자유권은 방어권으로서 자유권은 일반적 침해행위의 중단을 요구할 수 있는데 반하여, 평등권은 차별행위의 수정 및 변경만을 요구할 수 있다는 점과 기본권의 보호영역에 있어서는 자유권과 달리 평등권은 독자적인 보호범위를 가지고 있지 않고, 비교대상인 사인간의 관계에 대한 평가기준이므로 심사의 논증과정이 일반기본권과는 다르다.

2. 법적 성격
① 개인을 위한 주관적 공권인 동시에 객관적 법질서의 구성요소이다.
② 실정권이 아니라 자연권이다.
③ 모든 기본권을 보장하기 위하여 모든 기본권에 공통적으로 적용되어야 할 기능적·수단적 권리로서 자유권과는 구별된다.
④ 일반적 평등원칙은 기본권 보장의 방법적인 기초로서 기능을 한다.

Ⅱ 평등권과 평등원칙의 관계

① 평등원리는 형식적 법원리이므로, 어떤 권리, 어떤 의무, 어떤 결정절차가 존재하여야 하는지에 대해서는 아무런 정보를 제공하지 않는다.
② 평등원리는 일정한 내용의 법이 제정되거나 법이 적용되는 과정에서 비로소 구체적 의미를 갖게 된다.
③ 평등원리 자체는 형식적 성격을 띠는 법원리이기 때문에 특정한 부담을 지지 아니할 권리나 특정한 급부를 요구할 권리를 발생시키지 않는다.

Ⅲ 평등권의 주체

① 평등권은 자연인만이 아니라 법인이나 법인격 없는 단체, 정당도 그 주체가 된다.
② 원칙적으로 외국인도 평등권의 주체가 되나, 국제법상의 호혜평등의 원칙이나 상호주의원칙에 따라 제한될 수 있다(제한적 긍정설, 다수설).

Ⅳ 평등권의 내용

1. 법 앞에 평등의 의미

(1) "법"의 의미

법이란 성문법과 불문법을 막론하고 일국의 법체계를 형성하는 모든 법규범을 말한다.

(2) "앞에"의 의미

① 입법자는 구속하지 않는다는 법적용평등설(입법자비구속설)과 입법·집행·사법 등 모든 국가작용을 구속한다는 법내용평등설(입법자구속설)의 대립이 있다.
② 헌법재판소는 법내용평등설의 입장이다.

(3) "평등"의 의미

1) 상대적 평등

① 평등의 의미에 대하여 평균적 정의론에 입각한 절대적 평등설도 주장되고 있으나, 배분적 정의론에 입각하여 모든 인간을 평등하게 처우하되 정당한 이유 또는 합리적 근거가 있는 차별 내지 불평등은 허용된다는 상대적 평등설이 통설이다.
② 하지만 정치적 영역에서는 절대적 평등이 보다 중시되고 사회적·경제적 영역에서는 상대적 평등이 보다 더 중시되어야 하는 것처럼 생활영역에 따라 평등의 의미가 변용될 수 있다. 따라서 현대에 이르러 절대적 평등의 의미가 완전히 상실되었다고 단정할 수는 없다.

2) 적법한 평등

평등보호에서는 적법한 상태와 행위만이 보호의 대상이 되고 위법행위는 보호의 대상이 되지 않는다. 즉 "불법의 평등"은 인정되지 않는다.

2. 차별금지사유

(1) 헌법 제11조 제1항 제2문의 성격

① 헌법 제11조 제1항 제2문은 차별금지사유로서 성별·종교·사회적 신분을 규정하고 있다.
② 이 규정에 대하여 단순한 예시적 규정으로서 성별·종교·사회적 신분이 아닌 다른 근거에 의한 차별도 그것이 자의적이거나 불합리한 경우에는 금지된다는 견해, 헌법 제11조 제1항 제2문은 차별금지사유를

몇 가지로 명시하고 있으므로 이는 열거적인 것으로 보되, 이 조문에 명시되지 아니한 차별금지사유는 헌법 제11조 제1항 제1문에 따라 판단되어야 한다고 보는 견해, 1문에 대한 특별규정으로서 한정적 의미를 가지며 엄격한 심사기준이 적용되어야 한다는 견해 등이 대립한다.

③ 헌법재판소는 예시규정으로 보면서도 동 사유에 의한 차별에 대한 입증책임이 입법자에게 있음을 밝히고 있다.

(2) 개별사유 검토

1) 성별

성별에 의한 차별의 금지는 남녀평등을 의미하므로 성에 관한 가치판단을 기초로 하는 차별대우는 허용되지 아니한다. 다만 남녀의 생리적 차이에 의거하거나, 합리적 이유가 있는 차별은 허용된다.

2) 종교

종교에 의한 차별의 금지는 종교평등을 의미한다. 어떠한 종교도 우대하여 국교로 할 수 없다.

3) 사회적 신분

사회적 신분이 무엇을 의미하는가에 대하여 선천적 신분설과 후천적 신분포함설이 대립하나 후천적 신분포함설이 타당하다. 따라서 귀화인, 전과자, 공무원, 파산자, 변호사 등도 사회적 신분에 해당한다. 그러나 이른바 형법상 신분(상습도박죄, 누범 등)으로 형이 가중되는 경우는 사회적 신분에 의한 차별이 아니다.

3. 차별금지영역

차별이 금지되는 영역은 인간의 모든 생활영역이다. 즉 정치적·경제적·사회적·문화적 생활의 모든 영역에서 차별이 금지된다(헌법 제11조 제1항).

(1) 정치적 생활영역

정치적 생활영역에서의 차별금지는 선거권과 피선거권, 국민투표권, 공무담임권 등에서 차별되지 아니한다는 것을 말하며, 정치적 평등권은 절대적 평등권이라고 말하여진다. 헌법은 따로 평등선거의 원칙을 규정하고 있다(제41조 제1항, 제67조 제1항).

(2) 경제적 생활영역

경제적 영역에서의 차별금지는 조세의 부담, 재산의 수용, 고용·임금에 있어서 차별되지 아니한다는 것을 의미한다. 헌법은 근로관계에서의 여성의 차별을 금지하고 있다(제32조 제4항).

(3) 사회적 생활영역

사회적 생활영역에서의 차별금지는 주거·여행·공공시설이용 및 혼인과 가족생활 등에서의 차별금지를 의미한다(제36조 제1항).

(4) 문화적 생활영역

문화적 생활영역에서의 차별금지란 교육, 학문, 예술, 기타 문화 활동 등의 영역에서의 차별금지를 가리킨다. 다만 헌법 제31조 제1항(교육에 있어서의 기회균등)의 규정에 따라 교육에 있어서 능력에 의한 차별은 허용된다.

Ⅴ 현행헌법에서의 평등권의 구현

1. 헌법 제11조 제2항과 제3항에 의한 구현

(1) 사회적 특수계급제도의 부인(헌법 제11조 제2항)

사회적 특수계급의 제도는 인정되지 아니하며, 어떠한 형태로도 이를 창설할 수 없다. 특수계급이란 귀족제도나 반상제도와 같은 봉건적 유제를 말하며, 영전에 따르는 연금 등의 보훈제도나 전직대통령에 대한 예우는 이에 해당하지 아니한다.

(2) 영전일대의 원칙(헌법 제11조 제3항)

① 훈장 등의 영전은 이를 받은 자에게만 효력이 있고, 어떠한 특권도 이에 따르지 아니한다.
② 영전의 세습제를 부인하는 것은 그로 말미암은 특권(그 자손의 특진·조세감면·형벌면제 등)을 부인하는 것이지 연금지급이나 유족에 대한 보훈까지 금지하는 것은 아니다.
③ 헌법재판소는 독립유공자예우에관한법률시행령 제7조 위헌확인사건에서 이 법에 의한 독립유공자나 그 유족에게 국가보은적 견지에서 서훈의 등급에 따라 부가연금을 차등지급하는 것은 위 헌법조항에 위배된다고 할 수 없다고 판시하였다(헌재 1997.6.26. 94헌마52).

2. 그 밖의 헌법규정에 의한 구현

(1) 근로관계에 있어서의 여성에 대한 차별 금지(헌법 제32조 제4항)

여자의 근로는 특별한 보호를 받으며, 고용·임금 및 근로조건에 있어서 부당한 차별을 받지 아니한다.

(2) 혼인과 가족생활에 있어서의 양성의 평등(헌법 제36조 제1항)

혼인과 가족생활은 개인의 존엄과 양성의 평등을 기초로 성립되고 유지되어야 하며, 국가는 이를 보장한다.

(3) 그 밖의 영역에 있어서의 평등

그 외에도 교육의 기회균등(제31조 제1항), 평등선거(제41조 제1항, 제67조 제1항), 경제질서에 있어서 균형성(제119조 제2항, 제123조 제2항) 등을 강조하고 있다.

Ⅵ 평등권 침해의 심사기준

1. 외국의 평등권 침해의 심사기준

(1) 독일연방헌법재판소

① 독일연방헌법재판소는 1980년 초반까지 이른바 '자의금지원칙'만을 평등심사기준으로 활용하였다.
② 독일연방헌법재판소는 차별적 취급으로 인하여 기본권에 대한 중대한 제한이 초래되는 경우에는 입법형성권이 축소된다고 보아 엄격한 평등심사기준인 비례의 원칙을 추가적으로 적용하였다.

(2) 미국연방대법원

1) **합리성기준(전통적 기준)**
   차별대우가 법률의 목적과 관련하여 합리성이 있는지 여부를 판단하였다.

2) **2중심사기준(워렌법원시대에 정립, 1953-1969)**
   ① 사회경제적 입법에 대하여는 완화된 합리성기준을 적용하였다.
   ② 회의적 차별(인종, 출신국, 종교에 주로 적용)이나 기본권적 권익(기본적 인권, 투표권 등)에 해당하는 사안에 대하여는 엄격심사기준을 적용하였다.

3) **3중심사기준(버거법원시대에 정립, 1969-1986)**
   ① 2중심사기준 외에 중간심사기준을 추가하였다.
   ② 중간심사기준은 남녀·적서문제의 판단기준으로서, 합리적 기준보다는 엄격하고 엄격심사기준보다는 완화된 기준을 적용하였다.

2. 평등권 침해의 심사기준

(1) 자의금지의 원칙(완화된 심사척도, 완화된 비례원칙에 의한 심사, 합리성심사, 자의성심사)

① 자의금지원칙은 입법자에게 본질적으로 같은 것을 자의적으로 다르게, 본질적으로 다른 것을 자의적으로 같게 취급하는 것을 금하는 심사기준이다.
② 자의적이라는 것은 합리적인 이유가 결여된 것을 말하므로 이 기준에 의하면 자의성을 심사함에 있어서 단지 '차별하는데 합리적인 이유가 존재 하는가'만을 판단한다.
③ 자의금지원칙은 법률에 의한 차별이나 평등대우를 위한 합리적인, 사물의 본성으로부터 나오는, 또는 그 밖의 객관적으로 명백한 근거를 발견할 수 없을 때, 즉 법률규정과 입법자가 규율하려는 영역 사이에 아무런 내적인 연관성이 존재하지 않을 때, 혹은 그와 같은 내적 관련성이 존재하긴 하지만 명백한 불충분성이 존재할 때 등과 같이 자의적이라는 개념은 주관적인 책임비난을 의미하는 것이 아니라, 객관적인 의미에서 객관적으로 명백한 근거가 없는 경우 즉 명백성통제를 의미한다.
④ 헌법재판소를 비롯한 법원은 입법자를 비롯한 공권력 주체의 평가가 명백히 잘못되었는지 여부의 판단에 국한하여야 하고, 그만큼 규율주체의 형성의 여지는 넓어지게 된다.
⑤ 자의심사의 경우에는 차별을 정당화하는 합리적인 이유가 있는 지만을 심사하기 때문에 그에 해당하는 비교대상 간의 사실상의 차이나 입법목적(차별목적)의 발견·확인에 그친다(헌재 2001.2.22, 2000헌마25).

(2) 비례의 원칙(엄격한 심사척도, 엄격한 비례원칙에 의한 심사)

비례심사의 경우에는 단순히 합리적인 이유의 존부문제가 아니라 차별을 정당화하는 이유와 차별간의 상관관계에 대한 심사, 즉 비교대상 간의 사실상의 차이의 성질과 비중 또는 입법목적(차별목적)의 비중과 차별의 정도에 적정한 균형관계가 이루어져 있는가를 심사한다. 차별대우의 비례성을 검토함에 있어서 세부적으로는 적합성, 필요성, 좁은 의미의 비례성을 심사하는데, 좁은 의미의 비례성은 평등권 심사에서 중요한 부분으로서 비례의 원칙을 기준으로 한 차별심사는 주로 이 부분에 집중되고 있다(헌재 2001.2.22, 2000헌마25).

(3) 헌법재판소(헌재 1999.12.23. 98헌마363)

평등위반 여부를 심사함에 있어 엄격한 심사척도에 의할 것인지, 완화된 심사척도에 의할 것인지는 입법자에게 인정되는 입법형성권의 정도에 따라 달라질 것이다. 원칙적으로 입법부에는 재량이 인정되므로 완화된 심사척도에 의할 것이나, ① 헌법에서 특별히 평등을 요구하고 있는 경우에 대한 차별과 ② 차별적 취급으로 인하여 관련 기본권에 대한 중대한 제한을 초래하는 경우에는 입법형성권이 축소되어 보다 엄격한 심사척도가 적용되어야 한다고 본다.

제2항 적극적 평등 실현조치(잠정적 우대조치)

I 적극적 평등 실현조치의 의의 및 특징

1. 의의

적극적 평등 실현조치란 종래 사회로부터 차별을 받아 온 특정집단에 대해 그 동안의 차별로 인한 불이익을 보상해 주기 위하여 그 집단의 구성원에게 취업이나 입학 등의 영역에서 사회적 이익을 직·간접적으로 부여하는 국가의 정책을 말한다.

2. 특징(헌재 1999.12.23, 98헌마363)

① 개인의 자격이나 실적보다는 집단의 일원이라는 점을 근거로 하여 혜택을 준다.
② 기회의 평등보다는 결과의 평등·실질적 평등을 추구한다.
③ 항구적 정책이 아니라 구제목적이 실현되면 종료되는 잠정적 조치이다.

II 적극적 평등 실현조치에 대한 찬반론

적극적 평등 실현조치의 인정 여부에 대한 견해의 대립은 기본적으로 평등의 개념요소(기회의 평등과 결과의 평등) 중 어느 것을 더 강조하느냐에 관련된 문제라고 할 수 있다. 결국 적극적 평등 실현조치를 위하여 일의적 기준을 제시하여 모든 관계자에게 동일하게 적용하는 것은 위헌이지만, 소외된 집단을 사회의 중심으로 끌어들여 실질적인 평등을 보장해 주려는 적극적 평등 실현조치는 평등보호조항의 목적을 달성하는 유효한 수단으로서 허용된다는 것이 다수설이다.

III 적극적 평등 실현조치의 헌법적 근거

1. 사회국가의 원리(헌재 1999.12.23, 98헌마363)

① 사회국가원리의 실현을 위해 사회적 약자의 교육, 고용 등에 있어서 실질적인 평등을 실현하기 위한 국가의 개입과 조정의무가 정당화될 수 있다.

② 국가의 적극적 평등 실현의무는 헌법상 사회국가원리의 실현을 위한 목적을 가지고 있다.
③ 우리 헌법도 여성과 장애인 등 약자들의 권익을 국가가 적극적으로 보호하여야 함을 여러 곳에서 천명하고 있는 바, 평등권을 규정한 헌법 제11조, 인간다운 생활권을 보장한 헌법 제34조 제1항 이외에도 헌법 제32조 내지 제36조 등이 여기에 해당한다.

2. 민주국가의 원리

우리 헌법은 국민주권의 이념을 실현하기 위하여 자유민주주의 원리를 채택하고 있다. 민주주의는 자유, 평등, 정의의 가치를 국민의 정치참여를 통하여 실현하는 정치형태를 말한다. 의회, 정당 등의 정치 분야에서 여성강제할당제 등의 적극적 우대조치는 여성의 정치참여를 실현하기 위한 제도로서 민주국가의 원리에 의해 정당화될 수 있다.

Ⅳ 적극적 평등 실현조치에 대한 심사기준

1. 학설의 대립

(1) 동일심사기준 적용설

① 적극적 평등 실현조치에 기초한 차별도 역시 차별에 해당하므로 다른 평등원칙 위반에 대한 심사기준과 동일한 기준이 적용되어야 한다.
② 구체적 사안에 따라 자의금지원칙이나 비례심사기준을 적용하여 판단한다.

(2) 완화심사기준 적용설

① 적극적 평등 실현조치에 의하여 차별받게 되는 다수는 과거에 집단적으로 차별받아 온 적이 없기 때문에 그들을 차별하는 것은 실질적인 평등을 실현하기 위한 것이다.
② 따라서 관대한 심사기준을 적용하여야 한다.

2. 헌법재판소

① 헌법재판소는 평등권 침해의 심사기준에 있어서 원칙적으로 완화된 심사원칙(자의금지원칙)을 기준으로 심사한다.
② 헌법에서 특별히 평등을 요구하고 있는 경우나, 차별적 취급으로 인하여 관련기본권에 대한 중대한 제한을 초래하게 되는 경우에는 입법형성권이 축소됨을 이유로 비례의 원칙을 기준으로 심사한다.
③ 적극적 평등 실현조치는 헌법에서 특별히 평등을 요구하고 있는 것이 아니라 오히려 차별대우를 할 것을 명하고 있는 경우이고, 역차별을 받는 다수의 기본권에 중대한 제한이 초래되지 않는 경우가 많을 것이므로 원칙적으로 완화된 기준인 자의금지원칙이 적용된다.
④ 적극적 평등 실현조치가 지나쳐 다수의 기본권에 대한 중대한 제한이 초래되는 경우에는 그 한계를 넘은 것으로서 적극적 평등 실현조치에 해당한다고 볼 수 없으므로 엄격한 기준인 비례의 원칙을 적용하여 판단해야 할 것이다 (헌재 1999.12.23, 98헌마363).

V 적극적 평등 실현조치와 관련된 문제

1. 장애인고용할당제도

장애인은 과거로부터 차별취급을 받아 왔고, 그 동안의 불이익에 대한 보상의 필요성이 있으며, 이를 위해서는 단순한 기회의 평등이 아니라 결과의 평등을 추구하지 않으면 아니된다는 점에 비추어, 따라서 장애인고용할당제는 적극적 평등 실현조치에 해당한다고 할 수 있다.

2. 양성채용목표제도

양성채용목표제는 공무원채용시험 시 어느 한쪽 성의 합격자가 일정한 채용목표비율에 도달할 때까지 추가 채용하는 적극적 조치이다. 현행의 양성채용목표제는 일정한 선발비율을 유보해두는 할당제에 해당하고, 합격선의 3~5점 범위 내라는 최소자격을 요구하고 있어 최소자격요건할당제이며, 3~5점 범위 내에 해당하기만 하면 30%의 비율을 인사권자의 재량에 의하여 변동시킬 수 없으므로 결과할당제의 유형에 속한다고 할 것이다.

3. 인재지역할당제도

과거의 부당한 차별에 대한 보상이 아니라도 지역 간의 균형 있는 발전과 인재의 적정한 배분, 출신지역의 다양성의 확보라는 측면에서 인재지역할당제의 목적 자체는 정당화될 수 있다는 점에서 적극적 평등 실현조치에 해당한다.

4. 제대군인가산점제도: 위헌(헌재 1999.12.23. 98헌마363)

(1) 제대군인이 공무원채용시험 등에 응시한 때에 과목별 득점에 과목별 만점의 5% 또는 3%를 가산하는 제대군인 가산점제도가 헌법에 근거를 둔 것인지 여부: 소극
(2) 가산점제도로 인한 차별의 대상
  가산점제도는 ① 실질적으로 성별에 의한 차별이고, ② 현역복무나 상근예비역 소집근무를 할 수 있는 신체 건장한 남자와 그렇시 못한 남자, 즉 병역면제자와 보충역복무를 하게 되는 자를 차별하는 제도이다.
(3) 가산점제도의 평등위반여부를 심사함에 있어 적용되는 심사척도
  가산점제도는 헌법 제32조 제4항이 특별히 남녀평등을 요구하고 있는 "근로" 내지 "고용"의 영역에서 남성과 여성을 달리 취급하는 제도이고, 또한 헌법 제25조에 의하여 보장된 공무담임권이라는 기본권의 행사에 중대한 제약을 초래하는 것이기 때문에 엄격한 심사척도가 적용된다.
(4) 가산점제도로 여성, 신체장애자 등의 평등권이 침해되는지 여부: 적극
(5) 가산점제도로 여성, 신체장애자 등의 공무담임권이 침해되는지 여부: 적극

5. 국가유공자 자녀에 대한 가산점제도

(1) 국가유공자 가산점제도 사건(1차 결정)

완화된 비례성 심사 ⇨ 기각(헌재 2001.2.22. 2000헌마25)

(2) 국가유공자 가산점제도 사건(2차 결정)

엄격한 비례성 심사 ⇨ 인용(헌재 2006.2.23. 2004헌마675)

[헌법불합치]
오늘날 가산점의 대상이 되는 국가유공자와 그 가족의 수가 과거에 비하여 비약적으로 증가하고 있는 현실과 취업보호대상자에서 가족이 차지하는 비율, 공무원시험의 경쟁이 치열해지는 상황을 고려할 때, 헌법 제32조 제6항은 엄격하게 해석할 필요가 있다. 이러한 관점에서 위 조항의 대상자는 조문의 문리해석대로 '국가유공자', '상이군경' 그리고 '전몰군경의 유가족'이라고 봄이 상당하다. 따라서 '국가유공자의 가족'의 경우 그러한 가산점의 부여는 헌법이 직접 요청하고 있는 것이 아니라 입법정책으로서 채택된 것이라 볼 것이다. … 종전 결정은 국가유공자와 그 가족에 대한 가산점제도는 모두 헌법 제32조 제6항에 근거를 두고 있으므로 평등권 침해 여부에 관하여 보다 완화된 기준을 적용한 비례심사를 하였으나, 국가유공자 본인의 경우는 별론으로 하고, 그 가족의 경우는 위에서 본 바와 같이 헌법 제32조 제6항이 가산점제도의 근거라고 볼 수 없으므로 그러한 완화된 심사는 부적절한 것이다. … 그런데 이 사건 조항의 차별로 인한 불평등 효과는 입법목적과 달성수단 간의 비례성을 현저히 초과하므로 일반 공직시험 응시자의 평등권을 침해한다.

[제대군인 가산점제도와 국가유공자 가산점제도 비교]

구분	제대군인 가산점	국가유공자 가산점 (1차 결정)	국가유공자 가산점 (2차 결정)	
			본인	가족
헌법상 근거 유무	헌법상 근거 없음	헌법 제32조 제6항 (유공자 본인/ 가족 모두)	헌법 제32조 제6항	헌법상 근거 없음
위헌성 심사기준	엄격한 비례성 심사	완화된 비례성 심사	완화된 비례성 심사	엄격한 비례성 심사
가산점제도를 통해 실현되는 법익	입법정책상 법익	헌법상 법익	헌법상 법익	입법정책상 법익
주문	위헌	합헌	합헌	헌법불합치 (잠정적용)

제 3 장 자유권적 기본권

제1절 자유권적 기본권 총론

I. 자유권적 기본권의 의의

① 자유권적 기본권이란 개인이 그 자유로운 영역에 관하여 국가권력의 간섭이나 침해를 받지 아니할 소극적·방어적 공권을 말한다.
② 자유권은 천부적·초국가적 권리이므로 실정법적 근거가 있든 없든 포괄적인 권리로서 보장되는 것으로 보아야 한다. 따라서 헌법 제37조 제1항도 자유권의 포괄성을 재확인한 규정으로 해석하여야 한다.

II. 자유권적 기본권의 구조와 체계

1. 자유권적 기본권의 구조

① 일반적·포괄적 자유권이란 일반적인 행동의 자유권을 말하고, 개별적·구체적 자유권이란 헌법에 규정된 일련의 개별적 자유권을 총칭한다.
② 일반적 행동자유권에 관한 명문규정이 없는 현행헌법상 그 근거를 어디에서 구할 것인가에 대하여 헌법재판소는 헌법 제10조에서 그 근거를 구하고 있다.

2. 자유권적 기본권의 체계

자유권적 기본권의 전통적 분류방법은 현대에 와서 발생한 자유권적 기본권의 효력의 포괄성으로 인해 무의미한 것이거나 불합리할 수 있지만, 논의의 편의상 자유권적 기본권을 그 성질과 내용에 따라 ① 인신의 자유권, ② 사생활자유권, ③ 정신적 자유권으로 분류하고, ④ 경제적 자유권은 경제적 기본권으로 편별할 수 있다.

제2절 인신의 자유권

제1항 생명권

I 생명권의 의의 및 헌법적 근거

1. 의의
① 생명권이란 인간의 생명에 대한 권리를 말한다.
② 생명권은 모든 기본권의 전제가 되는 권리이다.
③ 생명에 관한 사회적·법적 평가는 원칙적으로 허용되지 아니한다.

2. 헌법적 근거
① 우리 헌법상에는 생명권을 보장하는 명문규정은 없지만 학설이나 판례는 생명권을 인정하고 있다.
② 헌법재판소는 생명권을 자연법에서 그 근거를 찾고 있다.

II 생명권의 법적 성격

1. 적극적 성격의 기본권
① 생명권은 국가가 개인의 생명을 침해하는 경우 이를 배제할 것을 요구할 수 있는 자유권적 성격과 국가에 대하여 생존할 수 있도록 사회적·경제적 여건을 마련하여 줄 것을 요구할 수 있는 생존권적 성격을 아울러 갖는다.
② 국가에게 생명조성의 의무는 없다. 생명권에는 국가에 대하여 죽어가는 생명의 연장을 요구할 수 있는 생명의 조성청구권이 포함되어 있지 않다.
③ 독일기본법은 우리 헌법과 달리 생명권에 대한 명문규정을 두고 있다.

2. 상대적 기본권
헌법재판소는 생명권도 헌법 제37조 제2항의 일반적 법률유보조항에 의한 제한이 가능한 상대적 기본권으로 보고 있다(헌재 1996.11.28, 95헌바1).

Ⅲ 생명권의 주체

1. 모든 자연인
① 생명권은 인간의 권리이므로 내·외국인을 불문하고 그 주체가 된다.
② 법인은 주체가 될 수 없다.

2. 태아

(1) 독일
① 독일연방헌법재판소는 모태에 착상한 후부터는 태아도 생명권의 주체가 됨을 인정하고 있다.
② 독일연방헌법재판소는 태아에 대하여도 생명권의 주체성을 인정하면서 인간의 생명은 계속적으로 이어지는 일련의 과정이며 출생도 그러한 과정의 일환으로 이해하였다.
③ 독일연방헌법재판소는 임신 후 12주 이내의 의사에 의한 동의낙태를 무조건 불가벌로 규정한 형법 제218조 a를 위헌으로 판시한 바 있다.

(2) 미국(Roe v. Wade판결, 1973)
미국 연방대법원은 Roe v. Wade사건에서 3·3·3의 공식을 제시하였다. ① 임신 초기 3개월간은 의사와 임신부가 자유롭게 낙태시킬 수 있고, ② 그 다음 3개월간은 원칙적으로 낙태를 허용하되 모체의 건강을 위한 충분한 이유가 있는 경우에는 주정부가 규제할 수 있으며, ③ 마지막 3개월간은 태아가 모체로부터 독립하여 독자적인 생존능력을 가짐으로써 임부의 생명 또는 건강 보호를 위하여 필요한 경우를 제외하고는 낙태를 금지할 수 있다고 판시함으로써 낙태를 금지한 Texas주법을 위헌이라고 선언하였다.

(3) 우리나라
① 헌법재판소는 태아의 생명권에 대하여 이를 명시적으로 인정한 판례는 아직 없다.
② 대법원은 모자보건법상의 낙태가 허용되기 위해서는 "임신의 지속이 모체의 생명과 건강에 심각한 위험을 초래하게 되어 모체의 생명과 건강만이라도 구하기 위하여는 인공임신중절수술이 부득이하다고 인정되는 경우를 의미한다"고 보아 낙태허용요건을 엄격하게 해석하고 있다(대판 1985.6.11, 84도1958).

Ⅳ 생명권의 내용

1. 생명 침해에 대한 방어권
생명을 단절하는 국가적 행위나 생명에 대한 위협을 방치하는 국가적 부작위에 대하여 개인은 대국가적 방어권을 가진다. 우생학적 단종시술이나 안락사, 정치적 이유에 의한 사형제도 등은 허용되지 아니한다.

2. 생명 침해에 대한 보호청구권

국가는 사인인 제3자에 의한 생명권 침해로부터 이를 보호해야 할 의무를 진다. 이에 상응하여 개인은 국가에 대하여 제3자에 의한 생명권 침해로부터 보호해 줄 것을 청구할 수 있는 보호청구권을 가진다.

V 생명권의 효력

생명권은 그 법적 성격상 모든 국가권력을 구속하고, 사인 상호간에도 효력이 미친다.

VI 생명권의 한계와 제한

① 모든 생명은 등가적인 것이므로, 생명에 관하여 사회적 또는 법적으로 평가하는 것은 원칙적으로 허용되지 않는다.
② 정당한 이유 없이 타인의 생명을 부정하거나 둘 이상의 생명이 충돌하는 경우에 국법은 어떠한 생명을 존중하고 어떠한 생명을 부정할 것인가의 기준을 제시해야 한다. 이러한 경우에 한하여 생명에 대한 법적 평가가 예외적으로 허용된다.

VII 생명권 관련문제

1. 사형제도

(1) 외국의 입법례 및 판례

1) 입법례
독일기본법은 사형을 명문으로 금지하고 있다.
국제인권규약은 사형을 폐지하고 있다.

2) 미국판례
미국 연방대법원도 사형제도 자체가 위헌이라는 판결을 번복하여 절대적 법정형으로 사형을 규정한 경우만 위헌이라고 판시하고 있다. Furman v. Georgia(1972) 사건에서 사형제도를 위헌이라 판단하였으나, Gregg v. Georgia(1976)에서 사형 그 자체는 위헌이 아니지만 절대적 사형 규정은 위헌이라고 판시하였다. 다만, 절대적 법정형으로 사형을 규정한 것에 대하여는 Woodson v. North Carolina(1976) 및 Roberts v. Louisiana(1976)에서 위헌이라 판시하였고, 나아가 1988년 Thomson v. Oklahoma 사건에서는 15세 소년에 대한 사형은 위헌이라고 판시하였다.

(2) 우리나라

① 생명권은 상대적 기본권으로서 헌법 제37조 제2항에 의한 제한이 가능하므로 사형제도 그 자체는 합헌적인 것이라고 하여도, 그것은 타인의 생명을 부정하는 불법행위를 한 경우처럼 최소한의 경우에 한정되어야 한다는 합헌설이 다수설적 견해이다.
② 대법원은 사형제도를 합헌이라고 보고 있다(대판 1987.9.8, 87도1458 등).
③ 헌법재판소 역시 형법 제41조 등 위헌제청사건에서 사형제도를 합헌이라고 보고 있다(헌재 2010.2.25, 2008헌가23).

2. 안락사

(1) 안락사의 종류

① 직접적으로 생명의 단절을 야기하는 적극적 안락사와 ② 생명을 연장할 수 있는 조치를 취하지 않음으로써 사망의 결과가 발생하는 경우인 소극적 안락사, ③ 고통을 완화시키기 위한 조치가 필연적으로 생명단축이라는 부수적인 효과를 가져오는 간접적 안락사 등이 있다.

(2) 안락사의 허용여부

① 학설과 판례는 적극적 안락사는 촉탁승낙에 의한 살인죄 내지 보통살인죄에 해당한다고 본다.
② 그러나 인간은 존엄성을 가지며 죽음에 임해서도 존엄성을 유지할 수 있어야 하므로 환자에게 그 생명연장조치를 거부할 권리(소극적 안락사)를 인정하여야 한다. 다만 고통이 극심한 환자가 생명연장조치를 원하지 아니함을 명백히 표시한 경우에 한한다.

Ⅷ 생명권 제한의 한계

생명권의 특성상 그 제한은 생명의 박탈을 초래하므로 생명권의 본질적 부분과 비본질적 부분을 나누어 본질적 내용의 침해여부를 검토하는 것 자체가 이론상 성립할 수 없다. 따라서 생명권에 관한 한 본질적 내용 침해금지규정은 적용이 제외된다. 헌법재판소도 동일한 취지의 입장이다. 그러나 과잉금지원칙과 같은 기본권 제한의 한계에 관한 다른 원칙들은 엄격히 준수되어야 한다(헌재 1996.11.28, 95헌바1).

Ⅸ 생명권의 침해와 구제

생명권에 대한 침해행위로는 사형·낙태·안락사·살인 등이 있다. 생명권을 침해하는 법률에 대해서는 위헌법률심판이나 헌법소원을 통하여 구제받을 수 있으며, 그 외에도 형사보상이나 국가배상 등을 청구할 수 있다. 한편 사인이 생명권을 침해한 경우에는 형사상의 처벌과 민사상의 손해배상책임을 진다.

제2항 신체의 자유

⬢ 헌법

제12조
① 모든 국민은 신체의 자유를 가진다. 누구든지 법률에 의하지 아니하고는 체포·구속·압수·수색 또는 심문을 받지 아니하며, 법률과 적법한 절차에 의하지 아니하고는 처벌·보안처분 또는 강제노역을 받지 아니한다.
② 모든 국민은 고문을 받지 아니하며, 형사상 자기에게 불리한 진술을 강요당하지 아니한다.
③ 체포·구속·압수 또는 수색을 할 때에는 적법한 절차에 따라 검사의 신청에 의하여 법관이 발부한 영장을 제시하여야 한다. 다만 현행범인인 경우와 장기 3년 이상의 형에 해당하는 죄를 범하고 도피 또는 증거인멸의 염려가 있을 때에는 사후에 영장을 청구할 수 있다.
④ 누구든지 체포 또는 구속을 당한 때에는 즉시 변호인의 조력을 받을 권리를 가진다. 다만 형사피고인이 스스로 변호인을 구할 수 없을 때에는 법률이 정하는 바에 의하여 국가가 변호인을 붙인다.
⑤ 누구든지 체포 또는 구속의 이유와 변호인의 조력을 받을 권리가 있음을 고지 받지 아니하고는 체포 또는 구속을 당하지 아니한다. 체포 또는 구속을 당한 자의 가족 등 법률이 정하는 자에게는 그 이유와 일시·장소가 지체없이 통지되어야 한다.
⑥ 누구든지 체포 또는 구속을 당한 때에는 적부의 심사를 법원에 청구할 권리를 가진다.
⑦ 피고인의 자백이 고문·폭행·협박·구속의 부당한 장기화 또는 기망 기타의 방법에 의하여 자의로 진술된 것이 아니라고 인정될 때 또는 정식재판에 있어서 피고인의 자백이 그에게 불리한 유일한 증거일 때에는 이를 유죄의 증거로 삼거나 이를 이유로 처벌할 수 없다.

제13조
① 모든 국민은 행위시의 법률에 의하여 범죄를 구성하지 아니하는 행위로 소추되지 아니하며, 동일한 범죄에 대하여 거듭 처벌받지 아니한다.
② 모든 국민은 소급입법에 의하여 참정권의 제한을 받거나 재산권을 박탈당하지 아니한다.
③ 모든 국민은 자기의 행위가 아닌 친족의 행위로 인하여 불이익한 처우를 받지 아니한다.

제27조
③ 모든 국민은 신속한 재판을 받을 권리를 가진다. 형사피고인은 상당한 이유가 없는 한 지체없이 공개재판을 받을 권리를 가진다.
④ 형사피고인은 유죄의 판결이 확정될 때까지는 무죄로 추정된다.

제28조
형사피의자 또는 형사피고인으로서 구금되었던 자가 법률이 정하는 불기소처분을 받거나 무죄판결을 받은 때에는 법률이 정하는 바에 의하여 국가에 정당한 보상을 청구할 수 있다.

I 의의 및 법적 성격

1. 의의 및 연혁

① 신체의 자유란 법률에 의하지 아니하고는 신체적 행동의 자유를 제한받지 않을 자유, 즉 자의(恣意)적 체포나 형사소추에 의하여 신체적 구속을 받지 아니하는 것을 내용으로 하는 자유를 말한다.
② 신체의 자유는 다른 기본권에 앞서 쟁취된 것으로서 영국에서 1215년의 마그나 카르타에서 비롯하여 1628년의 권리청원을 거쳐 1679년의 인신보호법, 1689년의 권리장전에 의하여 완성되었다.

③ 2차 대전 이후의 각국 헌법은 거의 예외없이 신체의 자유를 규정하고 있다.

2. 법적 성격

신체의 자유는 천부적·초국가적 자연권이고 소극적·방어적 공권이다.

Ⅱ 주체

① 신체의 자유는 인간의 권리이므로 자연인에 한한다. 따라서 외국인도 주체가 된다.
② 법인은 주체가 될 수 없다.

Ⅲ 신체의 자유의 실체적 보장

1. 법률주의

헌법 제12조 제1항 제2문 전단은 "법률에 의하지 아니하고는" 어떠한 신체의 자유도 제한하지 못하게 하는 신체의 자유에 관한 법률주의를 선언하고 있다.

2. 죄형법정주의

(1) 죄형법정주의의 의의

① 헌법 제12조 제1항 제2문 후단은 "누구든지 … 법률에 의하지 아니하고는 처벌을 받지 아니한다"고 하여 죄형법정주의를 규정하고 있다.
② 죄형법정주의란 이미 제정된 정당한 법률에 의하지 아니하고는 처벌되지 아니한다는 원칙을 말하는 바, "법률 없으면 범죄 없고, 법률 없으면 형벌 없다"는 표현으로 요약된다.

(2) 파생원칙

죄형법정주의의 파생원칙으로는 ① 법률주의(관습형법금지원칙), ② 형벌불소급의 원칙, ③ 절대적 부정기형금지의 원칙, ④ 명확성의 원칙, ⑤ 유추해석금지원칙 등이 있다.

(3) 명확성의 원칙

1) 의의

① 명확성의 원칙은 법률에 범죄와 형벌을 명확하게 규정하여야 한다는 원칙을 말한다.
② 명확성의 원칙은 법치주의를 구성하는 요소로서 법적 안정성의 요청에 기인하는 것으로서, 규범의 의미 내용으로부터 무엇이 금지되는 행위이고 무엇이 허용되는 행위인지를 수범자가 알 수 있도록 함으로써 법적 안정성과 예측가능성을 확보하고자 함에 그 취지가 있다.

2) 명확성의 정도

① 명확성의 원칙은 법률의 종류에 따라 그 정도를 달리하는 바, 침익적인 경우에는 수익적인 경우보다 해당 법적 규율이 더욱 명확하여야 한다. 다만 법률적용 단계에서 다의적으로 해석될 우려가 없고 건전한 법관의 양식이나 조리에 따른 보충적인 해석에 의하여 그 의미가 구체화될 수 있는 경우에는 불확정 개념이나 추상적 개념의 사용도 허용될 수 있다.

> **관련판례**
> 도로교통법 제20조의2 제2호 "도로의 구부러진 곳"이라는 규정에 "위험을 초래할 정도로" 또는 "시야가 가린" 내지 "전망할 수 없는" 등의 내용을 추가하는 입법형식이 이 사건 법률규정의 명확성을 더욱 담보할 수 있는 바람직한 입법으로 생각되지만, 위와 같은 내용은 입법목적에서 어느 정도 도출될 수 있는 것이어서 이 사건 법률규정에 관하여 보다 구체적인 입법이 가능하다는 이유만으로 곧바로 이 사건 법률규정이 죄형법정주의의 한 내용인 형벌법규의 명확성의 원칙에 반한다고 할 수는 없다(헌재 2000.2.24, 99헌가4).

② 형벌법규의 구성요건을 규정함에 있어 가치개념을 포함하는 일반적·규범적 개념을 사용하더라도 법률의 규정에 의하여 그 해석이 가능하고 또한 일반인이 금지행위와 허용행위를 구분하여 인식할 수 있다면 명확성원칙을 위반한 것은 아니다.

3) 적용범위

명확성의 원칙은 적극적으로 범죄성립을 정하는 구성요건 규정뿐만 아니라 위법성 조각사유와 같이 범죄의 성립을 부정하는 규정에 대하여도 적용된다(헌재 2001.6.28, 99헌바31).

(4) 죄형법정주의와 관련된 문제

1) 벌칙규정의 위임(헌재 1991.7.8, 91헌가4)

헌법상의 죄형법정주의는 벌칙규정을 행정입법에 일반적·포괄적으로 위임하는 것을 허용하지 않는다. 다만 모법이 범죄구성요건의 구체적 기준을 정하여 위임함과 동시에 처벌의 상하한도를 정하여 위임하는 것은 허용된다고 보는 것이 통설과 판례의 입장이다(대판 1969.2.18, 68도1846; 헌재 1993.5.13, 92헌마80).

2) 조례에 대한 위임

조례는 지방자치단체의 자주법(自主法)이므로 법령에 위반되지 않는 한도 내에서는 법률의 개별적인 위임(수권)이 없어도 제정될 수 있다. 다만 주민의 권리제한 또는 의무부과에 관한 사항이나 벌칙을 정할 때에는 법률의 위임이 있어야 한다고 규정하고 있다(지방자치법 제22조 단서). 이 경우 위임의 범위에 대하여 판례는 조례가 주민의 대표기관인 지방의회의 의결로 제정되는 지방자치단체의 자주법인 만큼 포괄위임이 가능하다는 입장이다(대판 1991.8.27, 90누6613).

3) 과태료와 죄형법정주의(헌재 1998.5.28, 96헌바83)

죄형법정주의는 무엇이 범죄이며 그에 대한 형벌이 어떠한 것인가는 국민의 대표로 구성된 입법부가 제정한 법률로써 정하여야 한다는 원칙인데, 과태료는 행정상의 질서유지를 위한 행정질서벌에 해당할 뿐 형벌이라고 할 수 없어 죄형법정주의의 규율대상에 해당하지 아니한다.

4) 소급입법에 의한 형벌의 강화와 공소시효 연장 및 판례 변경

① 헌법 제13조 제2항은 참정권을 제한하거나 재산권을 박탈하는 소급입법을 금지하고 있다. 죄형법정주의의 정신상 소급입법에 의하여 형벌을 강화하는 것도 금지된다.

② 공소시효를 연장하는 것은 새롭게 형벌을 과하거나 형벌을 강화하는 것이 아니므로 소급효금지원칙에 반하지 않는다(헌재 1996.2.16. 96헌가2).
③ 형사처벌의 근거가 되는 것은 법률이지 판례가 아니고, 형법조항에 관한 판례의 변경은 그 법률조항의 내용을 확인하는 것에 지나지 아니하여 이로써 그 법률조항 자체가 변경된 것이라고 볼 수는 없으므로, 행위 당시의 판례에 의하면 처벌대상이 되지 아니하는 것으로 해석되었던 행위를 판례의 변경에 따라 확인된 내용의 형법 조항에 근거하여 처벌한다고 하여 그것이 헌법상 평등의 원칙과 형벌불소급의 원칙에 반한다고 할 수는 없다(대판 1999.9.17. 97도3349).

5) 소급입법에 의한 보안처분(보호감호 및 보호관찰)

① **형벌과 보안처분**
형벌은 책임의 한계 안에서 과거 불법에 대한 응보를 주된 목적으로 하는 제재이고, 보안처분은 장래 재범 위험성을 전제로 범죄를 예방하기 위한 제재이다. 보안처분은 형벌과는 달리 행위자의 장래 재범위험성에 근거하는 것으로서, 행위시가 아닌 재판시의 재범위험성 여부에 대한 판단에 따라 보안처분 선고를 결정하므로 원칙적으로 재판 당시 현행법을 소급적용할 수 있다고 보는 것이 타당하고 합리적이다. 그러나 보안처분의 범주가 넓고 그 모습이 다양한 이상, 보안처분에 속한다는 이유만으로 일률적으로 소급입법금지원칙이 적용된다거나 그렇지 않다고 단정해서는 안 되고, 보안처분이라는 우회적인 방법으로 형벌불소급의 원칙을 유명무실하게 하는 것을 허용해서도 안 된다. 따라서 보안처분이라 하더라도 형벌적 성격이 강하여 신체의 자유를 박탈하거나 박탈에 준하는 정도로 신체의 자유를 제한하는 경우에는 소급입법금지원칙을 적용하는 것이 법치주의 및 죄형법정주의에 부합한다(헌재 2012.12.27. 2010헌가82).

② **보호감호**
보호감호처분도 신체에 대한 자유박탈을 내용으로 하는 점에서 실질에 있어서 형사적 제재의 한 태양이라고 볼 것이므로 소급입법에 의한 보호감호는 허용될 수 없다(헌재 1989.7.14. 88헌가5 등).

③ **보호관찰**
보호관찰은 형벌이 아니라 보안처분의 성격을 갖는 것으로 그에 대하여 반드시 행위 이전에 규정되어 있어야 하는 것은 아니며 재판시의 규정에 의하여 보호관찰을 받을 것을 명할 수 있다고 보아야 할 것이고 이러한 해석이 형벌불소급의 원칙에 위배되는 것은 아니다(대판 1997.6.13. 97도703).

3. 이중처벌금지의 원칙

(1) 의의

① 헌법 제13조 제1항은 "모든 국민은 … 동일한 범죄에 대하여 거듭 처벌받지 아니한다"고 하여 '이중처벌금지의 원칙'을 규정하고 있다.
② 이중처벌금지의 원칙은 한번 판결이 확정되면 동일한 사건에 대하여는 다시 심판할 수 없다는 '일사부재리의 원칙'이 국가형벌권의 기속원리로 헌법상 선언된 것으로서, 동일한 범죄행위에 대하여 국가가 형벌권을 거듭 행사할 수 없도록 함으로써 국민의 기본권, 특히 신체의 자유를 보장하기 위한 것이다.

(2) 이중처벌금지원칙의 내용

1) 처벌의 의미

① 이중처벌금지원칙에서의 '처벌'의 의미에 대하여 헌법재판소는 범죄에 대한 국가의 형벌권 실행으로서의 과벌을 의미하는 것으로, 국가가 행하는 일체의 제재나 불이익처분을 의미하는 헌법 제12조 제1항의 처벌과 구별된다고 보고 있다.

② 실체판결이 확정되어 판결의 실체적 확정력(기판력)이 발생하여야 하므로 검사가 무혐의결정 후 다시 공소를 제기하여도 일사부재리원칙 위반은 아니며, 공소기각의 판결이나 관할위반의 판결과 같은 형식재판이나 외국에서 받은 형사판결에 대하여는 일사부재리원칙이 적용되지 않는다.

③ 이중처벌금지는 형사처벌과 행정상의 책임·민사상의 책임 간에는 적용되지 않으므로 형벌과 과태료, 형벌과 징계벌의 동시부과는 이중처벌금지원칙의 위반이 아니다.

2) 이중의 의미

이중처벌금지의 원칙은 처벌 또는 제재가 "동일한 행위"를 대상으로 행해질 때에 적용될 수 있는 것이고, 그 대상이 동일한 행위인지의 여부는 기본적 사실관계가 동일한지 여부에 의하여 판단한다(헌재 1994.6.30, 92헌바38).

(3) 이중처벌금지원칙의 확장

① 과태료는 행정질서벌로서 이중처벌금지원칙에서 말하는 국가 형벌권 실행으로서의 과벌에는 해당하지 않으므로, 동일한 행위를 대상으로 한 동일주체에 대한 처벌목적으로 형벌과 과태료를 동시에 부과하는 것은 이중처벌금지원칙에 반하지 않지만, 그 기본정신에는 배치될 수 있다.

② 이중처벌금지의 원칙을 적용하지 않는다 하여 어떤 하나의 법 위반행위에 대하여 국가가 아무런 제한 없이 제재를 거듭하는 것이 헌법상 용인된다는 것은 아니다. 국민에게 부담을 가하는 공권력작용은 궁극적으로 비례성 원칙의 제약을 벗어날 수 없으므로, 형벌적 제재와 비형벌적 제재의 병과 또는 비형벌적 제재간의 병과를 인정하더라도 그 제재의 총합이 법 위반행위에 비하여 지나치게 과잉된 것이어서는 아니된다는 헌법적 견제원리는 여전히 유효하다(헌재 2003.7.24, 2001헌가25).

(4) 영미법상의 이중위험금지원칙과의 구별

1) 이중위험금지원칙의 내용

이중위험금지원칙은 판례를 통하여 확립된 것으로, ① 무죄가 된 사건에 있어 동일한 범죄사실을 재차 소추할 수 없고, ② 유죄선고가 있은 사건에서 동일한 범죄사실에 대하여 다시 소추하지 못하며, ③ 동일한 범죄에 대하여 가중된 처벌을 하지 못한다는 것 등을 주요내용으로 한다.

2) 이중처벌금지원칙과 이중위험금지원칙의 차이점

구분	이중처벌금지원칙	이중위험금지원칙
적용국가	대륙법계 국가	영미법계 국가
성격	실체법상의 원칙	절차법상의 원칙
발생시기	실체판결이 확정된 후	절차가 일정단계에 이른 후
검사의 상소	허용	이중위험(피고인의 상소는 허용)
적용범위	협소	포괄적

4. 연좌제의 금지

(1) 의의

① 연좌제란 자기의 행위가 아닌 친족의 행위로 인하여 불이익한 처우를 받는 것을 말한다.
② 헌법 제13조 제3항은 "모든 국민은 자기의 행위가 아닌 친족의 행위로 인하여 불이익한 처우를 받지 아니한다"고 하여 연좌제를 금지하고 있다.

(2) '자기의 행위가 아닌'의 의미

하급자의 행위에 대한 책임으로 상급자를 인사조치하는 것은 자기행위(감독태만)에 대하여 책임을 지는 것이므로 연좌제 금지에 위배되지 않는다.

(3) '친족의 행위'의 의미

① 민법상 친족의 행위에 국한한다는 견해와 그 밖의 타인의 행위도 포함한다는 견해가 대립하나, 헌법재판소는 전자의 견해를 취하고 있다(헌재 2009.10.29, 2008헌바146).
② 헌법재판소는 '친족이 아닌 타인의 행위로 인한 불이익 처우의 금지'에 대해서는 형사법의 기본원리인 책임주의 또는 법치주의와 헌법 제10조에서 도출되는 자기책임의 원리로 설명한다.

(4) '불이익한 처우'의 의미

"불이익한 처우를 받지 아니한다"는 의미는 형법상 불이익 외에 어떠한 불이익도 받지 않으며, 공무담임·해외여행 기타 모든 영역에서 불이익을 받지 않음을 가리킨다.

IV 신체의 자유의 절차적 보장

1. 적법절차의 원칙

(1) 적법절차원칙의 의의 및 연혁

1) 의의

적법절차원칙이란 입법·행정·사법 등 모든 국가작용은 절차상의 적법성을 갖추어야 할 뿐만 아니라, 공권력 행사의 근거가 되는 법률의 실체적 내용도 합리성과 정당성을 갖추어야 한다는 헌법원리를 말한다.

2) 연혁

① 적법절차(due process of law)는 1215년의 Magna Carta(대헌장)에서 유래한 것이다.
② 미국의 경우 적법절차원칙은 미국연방대법원의 판례를 통하여 확립된 원칙이 아니라 미국 수정헌법에 명문규정을 두고 있으며, 일본헌법, 독일헌법도 이를 규정하고 있다.
③ 우리 헌법은 제6공화국헌법에서 처벌·보안처분·강제노역(제12조 제1항 후문)과 영장발부(제12조 제3항)에 대하여 이를 새로이 추가하였다.

(2) 적법절차원칙의 헌법적 근거

헌법재판소는 형사소송법 제331조 단서 위헌심판사건에서 적법절차원칙의 근거가 헌법 제12조임을 명시적으로 밝히고 있다. 또 보호관찰법 제2조 등 위헌소원사건에서는 한국이 미국 수정헌법에 규정된 적법절차원칙을 수용하였음을 분명히 밝힘과 동시에 수용근거조항을 헌법 제12조 제1항으로 보고 있다.

(3) 헌법 제12조 적법절차조항의 법적 성격

헌법재판소는 적법절차원칙에 대하여 '절차적' 적법절차원칙뿐만 아니라 '실체적' 적법절차원칙까지 의미하는 것으로 확장하여 이해하고 있다.

(4) 적법절차원칙의 내용

① 적법절차에 있어서 "적"은 적정한(정당한) 이라는 의미이다. 이때의 적법한 절차는 절차의 적법성뿐만 아니라 절차의 적정성 내지 정당성까지 요구한다.

② "법"은 실정법뿐만 아니라 넓은 의미에서의 법규범을 의미한다. 따라서 형식적 의미의 법률은 물론이고 명령이나 조례·규칙 등을 포함하며, 법의 실질 내지 이념이라고 할 수 있는 정의·윤리·사회규범 등까지 포함하는 개념이다.

③ "절차"란 권리의 실질적 내용을 실현하기 위하여 채택하여야 할 수단적·기술적 순서나 방법을 말하지만, 여기서는 특히 고지·청문·변명 등 방어기회의 제공절차를 의미한다.

(5) 헌법 제12조 적법절차조항의 적용영역 및 적용대상

1) 기본권 제한에 국한하여 적용되는 원칙인지 여부

헌법재판소는 형사소송법 제331조 위헌확인사건에서 국민의 기본권과 무관한 경우에도 적법절차원칙이 국가작용의 적정성을 판단하는 기준으로서 작용함을 인정한 바 있다(헌재 1992.12.24. 92헌가8).

다만 준법서약제 등 위헌확인사건(헌재 2002.4.25. 98헌마425)과 노무현대통령 탄핵사건(헌재 2004.5.14. 2004헌나1)에서는 적법절차원칙이 기본권 제한을 전제로 적용되는 원칙임을 분명히 하고 있다.

> **⚖ 관련판례**
> 적법절차원칙이란, 국가공권력이 국민에 대하여 불이익한 결정을 하기에 앞서 국민은 자신의 견해를 진술할 기회를 가짐으로써 절차의 진행과 그 결과에 영향을 미칠 수 있어야 한다는 법원리를 말한다. 그런데 이 사건의 경우, 국회의 탄핵소추절차는 국회와 대통령이라는 헌법기관 사이의 문제이고, 국회의 탄핵소추의결에 의하여 사인으로서의 대통령의 기본권이 침해되는 것이 아니라, 국가기관으로서의 대통령의 권한행사가 정지되는 것이다. 따라서 국가기관이 국민과의 관계에서 공권력을 행사함에 있어서 준수해야 할 법원칙으로서 형성된 적법절차의 원칙을 국가기관에 대하여 헌법을 수호하고자 하는 탄핵소추절차에는 직접 적용할 수 없다고 할 것이고, 그 외 달리 탄핵소추절차와 관련하여 피소추인에게 의견진술의 기회를 부여할 것을 요청하는 명문의 규정도 없으므로, 국회의 탄핵소추절차가 적법절차원칙에 위배되었다는 주장은 이유 없다(헌재 2004.5.14. 2004헌나1).

2) 신체의 자유에 국한하여 적용되는 원칙인지 여부

헌법재판소는 적법절차원칙을 신체의 자유와 관계없는 정신적 또는 재산적 불이익 및 참정권 등의 경우에까지 확대하여 적용하고 있다(예시설).

(6) 적법절차원칙의 적용범위에 대한 구체적 검토

1) 형사절차

적법절차의 원칙은 형사절차에서 특별히 존중되어야 한다. 헌법도 제12조 제1항 제2문 후단에서 형사절차상의 적정을 보장하기 위한 일반적 규정을 두는 데 그치지 아니하고, 제12조 제2항 이하에서 개별적 적법절차조항까지 규정하고 있다.

2) 행정절차

행정작용에 있어서 절차의 적법성을 보장하기 위하여 행정절차법이 제정되어 있다. 행정절차법은 행정청이 처분을 하는 경우에 당사자에게 그 근거와 이유를 제시하여야 하는 이유부기 등의 절차, 그리고 당사자에게 권리를 제한하거나 의무를 부과하는 경우에 필요한 사항을 통지하는 사전통지절차 및 당사자로부터 의견을 청취하는 절차인 청문절차에 대해 규정하고 있다.

3) 입법절차

적법절차원칙은 국회의 입법절차에서도 준수되어야 한다. 법률의 제정에 있어서는 국회의 의결, 대통령의 공포와 같은 것이 중요한 절차에 해당되며, 대통령령의 제정에 있어서는 국무회의의 심의 등이 중요한 절차에 해당한다.

(7) 적법절차원칙의 기능

1) 헌법의 기본원리로서 작용

헌법재판소는 적법절차원칙에 대하여 헌법의 기본원리로서의 지위를 부여하고 있다.

2) 국가작용의 적정성 판단기준

헌법재판소는 국민의 기본권과 무관한 경우에도 국가작용의 적정성을 판단하는 기준으로서 작용함을 인정한 바 있다.

3) 절차적 기본권의 도출기능

① 헌법상 명문규정이 없다고 하더라도 적법절차원칙으로부터 절차적 권리가 도출될 수 있다.
② 원래 신체의 자유에 관한 적법절차원칙이 헌법에 명시됨으로써 절차적 기본권에 대한 헌법적 근거를 갖게 되었다.

(8) 적법절차의 침해와 구제

1) 입법기관에 의한 침해

국회가 적법절차의 원칙에 반하는 법률을 제정할 경우 위헌법률심판 신청이나 헌법소원심판 청구에 의하여 그 위헌·무효를 주장할 수 있다.

2) 행정기관에 의한 침해

행정기관이 적법절차에 반하는 행정처분을 발한 경우에는 법원에 행정소송(항고소송)을 제기하여 그 위헌·위법성을 주장할 수 있다.

3) 수사기관에 의한 침해

① 준항고·헌법소원 : 수사기관이 적법절차에 위반하여 구속·압수·수색 등 불법수사를 하는 경우, 개인은 법원에 준항고를 제기하거나 헌법소원심판을 청구할 수 있다.

② 증거능력의 부정 : 대법원은 압수물과 같은 비진술증거에 대하여도 위법수집증거배제법칙을 수용하였다. 또 대법원은 검사와 피의자의 대화를 녹화한 비디오테이프에 대한 검증조서에 관하여도 위법수집증거배제법칙을 적용하였다.

> **기타판례**
> 1. 헌법과 형사소송법이 정한 절차에 따르지 아니하고 수집된 증거는 기본적 인권보장을 위해 마련된 적법한 절차에 따르지 않은 것으로서 원칙적으로 유죄인정의 증거로 삼을 수 없다(대판 2007.11.15, 2007도3061).
> 2. 기록상 검사가 피고인에게 미리 진술거부권이 있음을 고지한 사실을 인정할 자료가 없으므로 위 녹화내용은 위법하게 수집된 증거로서 증거능력이 없다(대판 1992.6.23, 92도682).

4) 공무원에 의한 침해

적법절차에 위반한 국가의 행위로 손해를 입은 개인은 국가배상청구를 할 수 있고, 당해 공무원을 불법체포·감금죄(형법 제124조), 폭행·가혹행위죄(제125조) 등으로 고소·고발할 수 있다.

2. 영장주의

(1) 연혁

영장제도는 범죄수사로 인한 부당한 인권침해를 방지하는데 제도적 의의가 있다. 군정법령 제176호에 의하여 처음으로 도입되었고, 그 후 헌법에 편입되었다.

(2) 의의

영장주의란 수사기관이 형사절차에 있어 강제처분을 하는 경우에 법관이 발부한 영장에 의하도록 하는 제도를 말한다. 헌법 제12조 제3항은 "체포·구속·압수 또는 수색을 할 때에는 적법한 절차에 따라 검사의 신청에 의하여 법관이 발부한 영장을 제시하여야 한다"고 하여 영장주의를 규정하고 있다.

(3) 적용범위

1) 강제처분

영장주의는 강제처분에 적용되는데, 여기의 강제처분에는 물리적 강제력을 행사하는 경우뿐만 아니라 상대방에게 의무를 부담하게 하는 처분 또는 상대방의 의사에 반하여 실질적으로 법익 또는 기본권을 침해하는 처분도 포함된다. 영장주의는 신체에 물리적 강제력을 행사하는 '직접강제'의 경우에만 적용되고, 형벌에 의한 불이익을 부과함으로써 심리적·간접적으로 강제하는 경우(예 음주측정강제 등)에는 영장주의가 적용되지 않는다는 것이 헌법재판소의 입장이다(헌재 2004.9.23, 2002헌가17).

2) 즉시강제

① 의의

즉시강제란 행정강제의 일종으로서 목전의 급박한 행정상 장해를 제거할 필요가 있는 경우에 미리 의무를 명할 시간적 여유가 없을 때 또는 그 성질상 의무를 명하여서는 목적달성이 곤란할 때에, 직접 국민의 신체 또는 재산에 실력을 가하여 행정상 필요한 상태를 실현하는 작용을 말한다.

② 영장주의 적용여부

기본권 보장에 충실하여야 하므로 영장이 필요하다는 견해와 헌법 제12조 제3항은 자유권을 보장하기 위한 것이므로 영장이 필요하지 않다는 견해도 있으나, 행정강제의 특성상 행정목적을 위하여 불가피하게 영장주의를 적용할 수 없는 경우에는 영장을 요구할 수 없으나, 개인의 자유가 지속적으로 제한을 받는 경우에는 영장이 요구된다는 견해가 통설이다. 다만 헌법재판소는 원칙적으로 영장주의가 적용되지 않는다고 본다(헌재 2002.10.31. 2000헌가12).

3) 별건체포 · 구속

① 별건체포나 별건구속은 영장신청이 쉬운 별건으로 체포 또는 구속영장을 발부받은 후에 원래 의도했던 본건을 수사하는 것을 말한다.
② 별건체포나 별건구속은 본건에 대한 영장주의를 형해화시켜 헌법 제12조 제3항에 위반되므로 헌법상 허용되지 않는다는 것이 통설이다.

(4) 내용

1) 사전영장주의 원칙

헌법 제12조 제3항에서 정하고 있는 영장주의는 체포 · 구속 · 압수 · 수색을 하기 전에 행하는 사전영장을 원칙으로 한다.

2) 일반절차

① 영장신청권자

영장신청권자는 검사만이 할 수 있으며 그 예외가 인정되지 않는다. 사법경찰관은 검사를 통해서만 영장을 신청할 수 있다.

② 영장발부권자

영장발부는 법관만이 할 수 있으며 그 예외가 인정되지 않는다.

3) 특별절차

① 법원의 신체검사 : 법원은 신체의 검사, 사체의 해부, 분묘의 발굴, 물건의 파괴 기타 필요한 처분을 영장없이 할 수 있다(형사소송법 제140조).
② 법정구속 : 법원은 피고인이 ⅰ) 일정한 주거가 없거나, ⅱ) 증거를 인멸할 염려가 있거나, ⅲ) 도망하거나 도망할 염려가 있고 죄를 범하였다고 의심할 만한 상당한 이유가 있는 경우에는 피고인을 구속할 수 있다.

법관이 직권으로 발부하는 영장은 '명령장'으로서의 성격을 가지고, 수사기관의 청구에 의하여 법관이 발부하는 구속영장은 '허가장'으로서의 성격을 가진다(헌재 1997.3.27. 96헌바28).

(5) 한계 : 일반영장의 금지

영장에는 체포 · 구속할 대상, 압수의 목적물 또는 수색의 장소 등이 구체적으로 명시되어야 하며, 그 대상과 범위가 애매모호하거나 포괄적인 일반영장은 헌법상 허용되지 않는다.

(6) 영장실질심사제도(구속전 피의자심문제도)(형사소송법 제201조의2)

구 형사소송법에서는 체포된 피의자의 경우에 신청이 있는 경우에만 피의자를 심문한 뒤 구속영장 발부 여부를 결정하도록 규정하였으나, 법 개정을 통해 체포된 피의자에 대하여 구속영장을 청구받은 판사는 지체없이 피의자를 심문하도록 하는 필요적 심문제도를 도입하였다. 이때에는 피의자에게도 예외적으로 국선변호인제도가 인정된다.

(7) 사전영장주의의 예외

1) 현행범인(준현행범인 포함)과 긴급체포

헌법 제12조 제3항은 체포·구속·압수·수색에 있어서 현행범인인 경우와 장기 3년 이상의 형에 해당하는 죄를 범하고 도피 또는 증거인멸의 염려가 있을 때에는 사후에 영장을 청구할 수 있다고 하여 사전영장의 예외를 직접 정하고 있다.

형사소송법에서는 현행범의 체포(형사소송법 제212조)와 긴급체포(형사소송법 제200조의3)로 구체화되어 있다. 그러나 이러한 것은 형사소송법 제200조의4와 동법 제213조의2에 의하여 48시간 내에 구속영장을 청구하거나 아니면 석방하게 되어 있기 때문에 영장주의의 완화일 뿐 영장주의를 배제하는 것이 아니다.

① 현행범인(준현행범인 포함)

현행범인이란 범죄의 실행 중이거나 실행의 즉후인 자를 말한다. 현행범인은 누구든지 영장없이 체포할 수 있다. 다만 현행범이라도 경미한 죄(다액 50만원 이하의 벌금, 구류, 과료)에 해당하는 경우에는 주거가 불분명할 때에만 영장없이 체포가 가능하다(형사소송법 제214조). 현행범인을 체포한 경우에 구속을 계속하고자 할 때에는 체포한 때부터 48시간 이내에 구속영장을 청구하여야 한다(제213조의2, 제200조의2 제5항).

> **⬠ 용어정리**
> 준현행범이란 1. 범인으로 호창되어 추적되고 있는 자, 2. 장물이나 범죄에 사용되었다고 인정함에 충분한 흉기 기타의 물건을 소지하고 있는 자, 3. 신체 또는 의복류에 현저한 증적이 있는 자, 4. 누구임을 물음에 대하여 도망하려 하는 자를 의미한다(형사소송법 제211조 제2항).

② 긴급체포·구속

피의자가 사형·무기 또는 장기 3년 이상의 징역이나 금고에 해당하는 죄를 범하였다고 의심할 만한 상당한 이유가 있고, 도망 또는 증거인멸의 우려가 있을 경우에 긴급을 요하여 지방법원판사의 체포영장을 받을 수 없는 때에는 그 사유를 알리고 영장없이 피의자를 체포할 수 있다(형사소송법 제200조의3). 체포한 후 구속하고자 할 때에는 체포한 때부터 48시간 이내에 구속영장을 청구하여야 한다(형사소송법 제200조의4 제1항).

2) 비상계엄

영장주의는 비상계엄이 선포된 경우에는 계엄당국의 특별한 조치에 의하여 제한될 수 있다(헌법 제77조 제3항). 그러나 비상계엄 하에서 영장주의에 제한을 가하는 경우에도 법관에 의한 영장제도 그 자체를 전면적으로 배제할 수는 없다.

3. 체포·구속적부심사제도

(1) 의의

① 체포·구속적부심사제란 체포영장이나 구속영장에 의하여 체포나 구속된 피의자 또는 그 변호인·가족 등이 관할법원에 체포 또는 구속의 적부심사를 청구하고, 체포 또는 구속의 이유가 부당하거나 적법한 것이 아닐 때에는 법관이 피의자를 석방하는 제도를 말한다.

② 헌법 제12조 제6항은 "누구든지 체포 또는 구속을 당한 때에는 적부의 심사를 법원에 청구할 권리를 가진다"고 하여 체포·구속적부심사제도를 채택하고 있다.

(2) 연혁

1) 유래

체포·구속적부심사제는 원래 영·미법계 국가의 인권 보장제도인 인신보호영장제도에서 출발한 것이다.

2) 우리나라의 연혁

① 1948년 미군정법령 제176호에 의해 최초로 도입되었다.
② 1948년 제헌헌법에서부터 규정을 두었다가 제7차개헌(제4공헌법)때 삭제되기도 하였다.
③ 제8차개헌(제5공헌법)에서 부활하였으나, 법률유보조항을 두어 제한적으로 실시되었다. 이에 1987년 제9차개헌(제6공헌법)에서는 법률유보조항을 삭제하여 모든 피구속자에게 체포·구속적부심사청구가 가능하게 되어 그 범위가 확대되었다.

(3) 성격

① 수사기관의 수사권남용으로 인한 불법한 체포·구속으로부터 인신의 자유를 확보하기 위한 사전예방책이 체포·구속영장제도라면, 사후구제책이 체포·구속적부심사제이다.
② 구속영장발부에 대한 재심청구 내지 항고적 성격을 띠고 있다. 따라서 법원의 체포·구속적부심사의 결정에 대해서는 검사나 피의자 모두 항고할 수 없다(형사소송법 제214의2 제8항).

(4) 내용(형사소송법 제214의2)

> **◆ 형사소송법**
>
> **제214조의2(체포와 구속의 적부심사)** ① 체포되거나 구속된 피의자 또는 그 변호인, 법정대리인, 배우자, 직계친족, 형제자매나 가족, 동거인 또는 고용주는 관할법원에 체포 또는 구속의 적부심사를 청구할 수 있다.
> ② 피의자를 체포하거나 구속한 검사 또는 사법경찰관은 체포되거나 구속된 피의자와 제1항에 규정된 사람 중에서 피의자가 지정하는 사람에게 제1항에 따른 적부심사를 청구할 수 있음을 알려야 한다.
> ③ 법원은 제1항에 따른 청구가 다음 각 호의 어느 하나에 해당하는 때에는 제4항에 따른 심문 없이 결정으로 청구를 기각할 수 있다.
>   1. 청구권자 아닌 사람이 청구하거나 동일한 체포영장 또는 구속영장의 발부에 대하여 재청구한 때
>   2. 공범이나 공동피의자의 순차청구가 수사 방해를 목적으로 하고 있음이 명백한 때
> ④ 제1항의 청구를 받은 법원은 청구서가 접수된 때부터 48시간 이내에 체포되거나 구속된 피의자를 심문하고 수사 관계 서류와 증거물을 조사하여 그 청구가 이유 없다고 인정한 경우에는 결정으로 기각하고, 이유 있다고 인정한 경우에는 결정으로 체포되거나 구속된 피의자의 석방을 명하여야 한다. 심사 청구 후 피의자에 대하여 공소제기가 있는 경우에도 또한 같다.
> ⑧ 제3항과 제4항의 결정에 대해서는 항고하지 못한다.
> ⑩ 체포 또는 구속된 피의자에게 변호인이 없는 때에는 제33조(국선변호인)를 준용한다.

4. 인신보호제도

(1) 의의

위법한 행정처분이나 부당한 사유로 시설에 강제로 갇힌 이들을 구제하기 위한 제도로, 2007년 12월 인신보호법이 제정됐고 이듬해 6월부터 시행됐다.

(2) 헌법적 근거

헌법 제12조 제6항(누구든지 체포 또는 구속을 당한 때에는 적부의 심사를 법원에 청구할 수 있다)이 인신보호법의 헌법적 근거가 된다.

5. 체포·구속이유 등 고지·통지제도

(1) 의의

미연방대법원의 미란다판결(1966)에 의해 정립되었으며, 제9차 개헌에서 신설하였다. 헌법 제12조 제5항은 "누구든지 체포 또는 구속의 이유와 변호인의 조력을 받을 권리가 있음을 고지받지 아니하고는 체포 또는 구속을 당하지 아니한다. 체포 또는 구속을 당한 자의 가족 등 법률이 정하는 자에게는 그 이유와 일시·장소가 지체없이 통지되어야 한다"고 하여 이른바 Miranda원칙을 규정하고 있다. 이는 피의자(피고인)나 그의 가족들에게 적절한 방어수단을 강구케 하는 것이므로 인신보장에 중대한 의미를 갖는다.

(2) 법적 성격

일종의 형사사법적 제도라고 하는 객관적 제도로서의 성격과 더불어 피의자와 가족 등이 수사기관으로부터 체포·구속의 이유 등에 관하여 통지받을 권리(알 권리)라고 하는 주관적 공권의 성격을 아울러 가진다.

(3) 내용

1) 대상

적법하게 발부된 영장에 의한 구속은 물론 현행범인이나 긴급구속의 경우에도 고지 및 통지가 되어야 한다.

2) 고지와 통지

구분	고지(형사소송법 제72조, 제200조의5)	통지(형사소송법 제87조)
헌법 제12조 제5항	누구든지 체포 또는 구속의 이유와 변호인의 조력을 받을 권리가 있음을 고지받지 아니하고는 체포 또는 구속을 당하지 아니한다.	체포 또는 구속을 당한 자의 가족 등 법률이 정하는 자에게는 그 이유와 일시·장소가 지체없이 통지되어야 한다.
대상	피의자, 피고인	- 변호인이 있는 경우: 변호인 - 변호인이 없는 경우: 법정대리인, 배우자, 직계친족과 형제자매 중 피의자·피고인이 지정한 자
내용	① 피의사실의 요지 ② 체포의 이유 ③ 변호인을 선임할 수 있음 ④ 변명할 기회	① 피고사건명 ② 구속일시·장소 ③ 범죄사실의 요지 ④ 구속의 이유 ⑤ 변호인을 선임할 수 있는 취지
방식	규정이 없으나, 주로 구두(말)로 행하여진다.	서면

Ⅴ 형사피의자·형사피고인의 형사절차상 권리

1. 무죄추정의 원칙

(1) 의의
① 무죄추정의 원칙이란 형사절차와 관련하여 아직 공소가 제기되지 아니한 피의자는 물론 비록 공소가 제기된 피고인이라 할지라도 유죄의 판결이 확정될 때까지는 원칙적으로 죄가 없는 자로 다루어져야 하고, 불이익은 필요최소한에 그쳐야 한다는 원칙을 말한다.
② 헌법 제27조 제4항은 "형사피고인은 유죄의 판결이 확정될 때까지는 무죄로 추정된다"고 하여 무죄추정의 원칙을 규정하고 있다.

(2) 적용범위
① 헌법에서 말하는 유죄판결은 실형을 선고하는 형선고의 판결 이외에 형의 면제, 집행유예의 판결, 선고유예의 판결도 포함된다. 면소판결, 공소기각의 판결, 공소기각의 결정, 관할위반의 판결 등은 유죄 또는 무죄에 대한 실체적 재판이 아니고 형식적 재판이므로 무죄추정은 그대로 유지된다.
② 무죄추정의 원칙은 유죄확정의 책임과 관련되어 있는 범위에서는 형사상의 증거법에 관한 사항, 형사절차에 관한 사항뿐만 아니라 그 밖의 기본권의 제한에 관한 사항에 적용되는 것으로 이는 「유죄추정의 책임」을 배제하는 것을 의미한다. 즉 무죄추정의 원칙에서의 금지되는 불이익에는 형정상의 불이익을 포함한 일체의 불이익을 포함하는 의미이다. 이 점에서 이중처벌금지원칙이 형벌에 국한되는 것과는 구별된다.

(3) 내용
① 무죄추정의 결과로 범죄사실의 입증책임은 기소자 측에 있고 피고인 스스로 무죄를 적극적으로 입증할 필요가 없다.
② 유죄에 관한 입증이 없으면 in dubio pro reo원칙에 따라 무죄가 선고되어야 한다.
③ 공판절차의 입증단계에서 거증책임을 검사에게 부담시키는 제도, 보석 및 구속적부심제도, 미결수용자가 수용된 거실의 참관금지, 미결수용자의 일반인과 동등한 처우, 불구속수사와 불구속재판의 원칙 등은 무죄추정의 원칙이 표현된 제도이다.

(4) 주체
현행헌법은 제27조 제4항에서 형사피고인이라고 규정하고 있지만 피고인이 무죄추정을 받는다면 피의자도 당연히 무죄추정을 받는다고 해석된다(헌재 1992.1.28, 91헌마111). 따라서 피의자·피고인은 물론 참고인, 외국인, 법인 등 형사절차의 대상이 된 자는 누구든지 그 주체가 된다.

2. 자백의 증거능력 및 증명력 제한의 원칙

(1) 헌법규정
헌법 제12조 제7항은 "피고인의 자백이 고문·폭행·협박·구속의 부당한 장기화 또는 기망 기타의 방법에 의하여 자의로 진술된 것이 아니라고 인정될 때 또는 정식재판에 있어서 피고인의 자백이 그에게 불리한 유일한 증거일 때에는 이를 유죄의 증거로 삼거나 이를 이유로 처벌할 수 없다"고 하여 자백의 증거능력과 증명력을 제한하고 있다.

(2) 내용

1) 진술의 임의성 추정
① 진술의 임의성이라는 것은 고문, 폭행, 협박, 신체구속의 부당한 장기화 또는 기망 기타 진술의 임의성을 잃게 하는 사정이 있다는 것 즉 증거의 수집과정에 위법성이 없다는 것이다.
② 진술의 임의성을 잃게 하는 사정은 헌법이나 형사소송법의 규정에 비추어 볼 때 이례에 속한다고 할 것이므로 진술의 임의성은 추정된다(대판 1983.3.8, 82도3248).

2) 위법하게 수집된 자백의 증거능력 배제
피고인의 자백이 불법(고문·폭행 등)이나 부당한 방법(기망)에 의하여 자의로 진술된 것이 아닌 경우에 그 자백은 증거능력이 없어 증거로 사용할 수 없다.

3) 유일한 자백의 증명력 제한
① 헌법 제12조 제7항에 따라 자백의 증거능력이 인정되더라도 이것이 유일한 증거인 경우 유죄판결을 하고자 하는 경우에는 보강증거가 필요하다.
② 임의로 진술된 것이고 또한 보강증거가 있는 자백만이 증거능력과 증명력을 가질 뿐 임의성 없는 자백과 보강증거 없는 불리한 유일한 자백은 정식재판(즉결심판 등 약식재판은 제외)에서 증거능력 또는 증명력을 가질 수 없다.
③ 대법원은 보강증거로서는 직접증거뿐 아니라 정황증거도 증거능력이 있다고 한다.

3. 고문을 받지 아니할 권리

헌법 제12조 제2항은 "모든 국민은 고문을 받지 아니하며 … "라고 하여 고문금지에 관한 규정을 두고 있고, 형법은 고문을 범죄로 규정하고 있으며(제125조), 형사소송법도 고문에 의한 자백의 증거능력을 부인하고 있다(제309조).

4. 체포·구속이유 등을 고지받을 권리

5. 진술거부권

(1) 의의 및 취지

① 진술거부권(묵비권)이란 피고인 또는 피의자가 수사절차 또는 공판절차에서 수사기관 또는 법원의 심문에 대하여 진술을 거부할 수 있는 권리를 말한다.
② 헌법 제12조 제2항은 "모든 국민은 … 형사상 자기에게 불리한 진술을 강요당하지 아니한다"고 하여 진술거부권을 보장하고 있다.
③ 진술거부권은 실체적 진실발견이라는 국가이익보다 피고인 또는 피의자의 인권을 우선적으로 보호하는 데에 그 취지가 있다.

(2) 연혁

① 진술거부권은 16세기 후반 영국에서 보통법상의 권리로 확립된 후 1791년 미합중국연방헌법 수정 제5조에서 불리한 진술을 강요당하지 않을 권리(자기부죄거부권)으로 명문화되었다.
② 미국의 경우 자기부죄거부권은 ⅰ) 피의자를 심문하기 전에 피의자가 진술거부권을 가지고 있다는 사실, ⅱ) 피의자의 진술이 그에게 불리한 증거로 사용될 수 있다는 사실, ⅲ) 피의자가 변호인의 도움을 받을 수 있다는 사실을 고지하여야 한다는 미란다 원칙으로 구체화되었다.

(3) 적용요건

1) 주체
진술거부권은 형사피의자(가능성이 있는 자도 포함)나 형사피고인을 포함한 모든 국민에게 인정된다.

2) '진술'일 것
진술거부권은 고문 등 폭행에 의한 강요는 물론 법률로써도 진술을 강요당하지 아니함을 의미한다.
① 진술이란 언어적 표출, 즉 생각이나 지식, 경험사실을 정신작용의 일환인 언어를 통하여 표출하는 것을 말한다(헌재 1997.3.27, 96헌가11).
② 마약복용여부 판단을 위한 혈액의 채취, 주사자국 확인을 위한 강제적 팔뚝검사, 필적감식과 음성테스트를 위하여 취한 일정한 조치, 주취운전 혐의자에게 강요하는 호흡측정기에 의한 주취여부측정 등은 진술이 아니다.

3) '형사상 불리한' 진술일 것
민사·행정상 불이익이 되는 진술인 경우에는 제외되며, 행정상 처분을 받을 우려가 있는 경우(세무관리의 질문)나 자신의 명예·성실성에 손상을 주는 경우 그리고 성명권에 대하여는 묵비권이 인정되지 않는다.

4) '자기에게 불리한' 진술일 것
자기에게 불이익이 되어야 하므로 제3자에게 불이익이 되는 경우는 포함되지 않는다.

(4) 적용범위

① 진술거부권은 형사절차, 행정절차, 국회에서의 질문 등 어느 절차에서도 인정된다.
② 증인이나 감정인도 유죄여부의 기초가 되는 사실뿐만 아니라 양형의 기초가 되는 사실에 대하여 자기에게 불리한 진술을 거부할 수 있다.
③ 구두진술뿐만 아니라 서면진술의 경우에도 적용된다.

6. 변호인의 조력을 받을 권리

(1) 의의

① 변호인의 조력을 받을 권리란 무죄추정을 받는 피의자·피고인에 대하여 신체구속의 상황에서 발생하는 갖가지 폐해를 제거하고 구속이 악용되지 않도록 하기 위하여 인정된 권리를 말한다.
② 헌법 제12조 제4항은 "누구든지 체포 또는 구속을 당한 때에는 즉시 변호인의 조력을 받을 권리를 가진다"고 하여 변호인의 조력을 받을 권리를 보장하고 있다.

(2) 주체

① 체포 또는 구속을 당한 자연인은 누구든지 변호인의 조력을 받을 권리를 가진다.

② 형사절차가 종료되어 교정시설에 수용중인 수형자에게는 원칙적으로 변호인의 조력을 받을 권리가 인정되지 않는다.

(3) 내용

1) 변호인 선임권

변호인의 조력을 받을 권리의 출발점은 변호인 선임권에 있다. 이는 변호인의 조력을 받을 권리의 가장 기초적인 구성부분으로서 법률로써도 제한할 수 없다는 것이 헌법재판소의 입장이다(헌재 1992.1.28, 91헌마111). 다만 이는 '대화내용'에 대한 제한이 불가능하다는 의미로서 '장소나 시간'에 대한 제한은 가능하다고 본다(헌재 2011.5.26, 2009헌마341).

2) 변호인과의 접견교통권

① 헌법상의 변호인과의 접견교통권은 체포 또는 구속당한 피의자·피고인 자신에게만 한정되는 신체적 자유에 관한 기본권이다.

3) 비변호인과의 접견교통권(헌재 2003.11.27, 2002헌마193)

① 비변호인과의 접견교통권은 피의자 또는 피고인의 방어를 준비하기 위하여 반드시 보장되지 않으면 아니 되는 인간으로서의 기본적인 권리에 해당하므로 성질상 헌법 제10조에 의하여 보장되는 일반적 행동자유권으로부터 나오는 기본권에 속한다고 보아야 할 것이다. 다른 한편으로는 무죄추정의 원칙을 규정한 헌법 제27조 제4항도 미결수용자의 접견교통권 보장의 한 근거가 될 것이다.

② 미결수용자가 가족과 접견하는 것이 헌법 제10조가 보장하고 있는 인간의 존엄과 가치 및 행복추구권 가운데 포함되는 헌법상의 기본권이라고 한다면 그와 마찬가지로 미결수용자의 가족이 미결수용자와 접견하는 것 역시 헌법 제10조가 보장하고 있는 인간의 존엄과 가치 및 행복추구권 가운데 포함되는 헌법상의 기본권이라고 보아야 할 것이다.

4) 변호인의 조력할 권리

① 변호인 자신의 피구속자와의 접견교통권은 헌법상의 권리라고는 말할 수 없고, 단지 형사소송법에 의하여 비로소 보장되는 권리임에 그친다(헌재 1991.7.8, 89헌마181).

② 다만 헌법 제12조 제4항은 변호인의 조력을 받을 권리를 헌법상의 기본권으로 격상하여 이를 특별히 보호하고 있거니와 변호인의 조력을 받을 피구속자의 권리는 피구속자를 "조력할" 변호인의 권리가 보장되지 않으면 유명무실하게 된다. 그러므로 피구속자를 조력할 변호인의 권리 중 그것이 보장되지 않으면 피구속자가 변호인으로부터 조력을 받는다는 것이 유명무실하게 되는 핵심적인 부분은, "조력을 받을 피구속자의 기본권"과 표리의 관계에 있기 때문에 이러한 핵심부분에 관한 변호인의 조력을 할 권리 역시 헌법상의 기본권으로서 보호되어야 한다(헌재 2003.3.27, 2000헌마474).

5) 변호인과 상담하고 조언을 구할 권리(헌재 2004.9.23, 2000헌마138)

피의자·피고인의 구속여부를 불문하고 조언과 상담을 통하여 이루어지는 변호인의 조력자로서의 역할은 변호인 선임권과 마찬가지로 변호인의 조력을 받을 권리의 내용 중 가장 핵심적인 것이고, 변호인과 상담하고 조언을 구할 권리는 변호인의 조력을 받을 권리의 내용 중 구체적인 입법형성이 필요한 다른 절차적 권리의 필수적인 전제요건으로서 변호인의 조력을 받을 권리 그 자체에서 막 바로 도출되는 것이다.

6) 변호인의 적법한 조력을 받을 권리(헌재 2004.9.23, 2000헌마138)

피의자가 피의자 신문시 변호인을 대동하여 조언과 상담을 받을 수 있는 권리가 변호인의 조력을 받을 권리의 핵심적 내용으로 형사절차에 직접 적용된다 하더라도, 위 조언과 상담과정이 피의자신문을 방해하거나 수사기밀을 누설하는 경우 등에까지 허용되는 것은 아니다. 왜냐하면, 조언과 상담을 통한 변호인의 조력을 받을 권리는 변호인의 '적법한' 조력을 받을 권리를 의미하는 것이지 위법한 조력을 받을 권리까지도 보장하는 것은 아니기 때문이다.

7) 국선변호인의 조력을 받을 권리

> **형사소송법**
> **제33조(국선변호인)** ① 다음 각 호의 어느 하나에 해당하는 경우에 변호인이 없는 때에는 법원은 직권으로 변호인을 선정하여야 한다.
> 1. 피고인이 구속된 때
> 2. 피고인이 미성년자인 때
> 3. 피고인이 70세 이상인 때
> 4. 피고인이 듣거나 말하는 데 모두 장애가 있는 사람인 때
> 5. 피고인이 심신장애가 있는 것으로 의심되는 때
> 6. 피고인이 사형, 무기 또는 단기 3년 이상의 징역이나 금고에 해당하는 사건으로 기소된 때
> ② 법원은 피고인이 빈곤이나 그 밖의 사유로 변호인을 선임할 수 없는 경우에 피고인이 청구하면 변호인을 선정하여야 한다.
> ③ 법원은 피고인의 나이·지능 및 교육 정도 등을 참작하여 권리보호를 위하여 필요하다고 인정하면 피고인의 명시적 의사에 반하지 아니하는 범위 안에서 변호인을 선정하여야 한다.
> **제201조의2(구속영장 청구와 피의자 심문)** ⑧ 심문할 피의자에게 변호인이 없는 때에는 지방법원판사는 직권으로 변호인을 선정하여야 한다. 이 경우 변호인의 선정은 피의자에 대한 구속영장 청구가 기각되어 효력이 소멸한 경우를 제외하고는 제1심까지 효력이 있다.
> **제214조의2(체포와 구속의 적부심사)** ⑩ 체포 또는 구속된 피의자에게 변호인이 없는 때에는 제33조(국선변호인)의 규정을 준용한다.

① 헌법 제12조 제4항 단서는 "형사피고인이 스스로 변호인을 구할 수 없을 때에는 법률이 정하는 바에 의하여 국가가 변호인을 붙인다"고 하여 국선변호인제도를 규정하고 있다.
② 원래 국선변호는 피고인에게 인정되며 피의자에게는 인정되지 않으나(헌법 제12조 제4항), 구속전피의자심문절차(형사소송법 제201조의2 제8항)와 체포·구속적부심사절차(형사소송법 제214조의2 제10항)에서는 피의자에게도 국선변호를 인정하고 있다.

Ⅵ 신체의 자유의 제한과 그 한계

신체의 자유도 필요한 경우에는 법률로써 제한할 수 있다. 그러나 이 경우에도 신체의 자유의 본질적 내용을 침해하여서는 아니 될 뿐만 아니라 과잉금지의 원칙이 존중되어야 한다(헌법 제37조 제2항).

제3절 사생활 자유권

제1항 사생활 자유권의 구조와 체계

헌법은 일련의 사생활에 관한 자유와 권리의 규정체계와 관련하여 제17조의 사생활의 비밀과 자유의 불가침을 기본조항 내지 목적조항으로, 제14조의 거주·이전의 자유, 제16조의 주거의 불가침, 제18조의 통신의 불가침 등을 그 실현수단조항으로 규정하고 있다.

제2항 사생활 비밀과 자유

● 헌법
제17조
모든 국민은 사생활의 비밀과 자유를 침해받지 아니한다.

I 의의

1. 개념 및 취지

① 헌법 제17조는 '모든 국민은 사생활의 비밀과 자유를 침해받지 아니한다'고 규정하여 외부의 침해로부터 개인의 사적 영역을 보호하고 사생활의 자유로운 형성을 보장하고 있다.
② 헌법 제17조는 개인의 사생활 활동이 타인으로부터 침해되거나 사생활이 함부로 공개되지 아니할 소극적인 권리뿐만 아니라 오늘날 고도로 정보화된 현대사회에서 자신에 대한 정보를 자율적으로 통제할 수 있는 적극적인 권리까지도 보장하려는 데에 그 취지가 있는 것으로 해석된다.
③ 사생활의 비밀과 자유란 사생활의 비밀을 침해당하지 아니할 권리, 사생활의 자유를 방해받지 아니할 권리, 자신에 관한 정보를 스스로 관리·통제할 수 있는 권리 등을 그 내용으로 하는 복합적 성질의 권리를 말한다(대판 1998.7.24, 96다42789).

2. 구별개념

① Privacy의 권리를 광의로 이해할 경우 이는 사생활의 비밀과 자유뿐만 아니라 주거의 불가침·통신의 불가침 등 기타의 권리도 포괄하는 더 큰 개념이다.
② 인격권은 일반적으로 생명권·명예권·성명권·초상권·사생활의 비밀과 자유 등을 포함하는 권리를 말하므로 사생활의 비밀과 자유도 인격권의 범주에 속하는 권리라고 할 수 있다.
③ 헌법 제17조의 사생활의 비밀과 자유≦프라이버시권＜인격권이라는 도식이 성립한다.

3. 연혁과 입법례

① Privacy의 권리는 1890년에 Warren-Brandeis가 이에 관한 논문을 발표한 이래로 독립된 권리로 인정받기 시작하여 미국에서는 판례법상 인정되었던 바 그 근거를 행복을 추구하는 권리에서 찾고 있다.
② 독일에서는 일반적 인격권 속에 Privacy의 권리가 포함되어 있다고 본다.
③ 우리의 경우 제5공화국헌법에서 처음 명문화되었다.

4. 법적 성격

① 인격권의 일종이다.
② 국가권력 또는 제3자에 대한 소극적·방어적 성격을 가진 자유권이다.
③ 자기정보관리통제권을 포함한 청구권적 성격도 아울러 가지는 복합적 성질의 권리이다.

II 내용

1. 사생활영역의 범위

헌법재판소는 공직선거및선거부정방지법 제93조 제1항 위헌소원 등 사건에서 구체적 사건의 특성에 따라 개별적으로 판단하는 태도를 취하고 있다(헌재 2001.8.30, 99헌바92).

2. 사생활의 비밀의 불가침

① 사생활의 자유는 사적 사항, 명예나 신용, 인격적 징표가 도청, 비밀녹음, 초상도용 등으로 본인의 의사에 반하여 파악되는 것과 파악된 사생활의 내용이 공개되는 것을 금지하는 것을 포함한다.
② 사생활의 비밀의 공개가 불법행위가 되기 위해서는 사생활의 공개가 사실을 공공연하게 폭로하는 것이어야 하고, 폭로된 사실이 사적 사항이어야 하며, 공개된 사실이 평균적 감수성을 가진 합리적 인간의 감정을 침해하는 것이어야 하고, 공개된 사적 사항이 자신에 관한 것이라는 증명, 즉 일체성이 입증되어야 한다.

3. 사생활의 자유의 불가침

사생활의 자유에 대한 불가침은 평온한 사생활을 유지하는 것, 자신이 원하는 방향으로 사생활을 적극적으로 형성·전개하는 것, 사생활의 자율성을 방해 또는 간섭받지 않을 것 등을 포함한다.

4. 자기정보관리통제권

자기정보관리통제권(개인정보자기결정권)이란 협의로는 자기정보의 열람·정정·사용중지·삭제 등을 요구할 수 있는 권리를, 광의로는 자신에 관한 정보를 자율적으로 결정하고 관리할 수 있는 권리를 말한다.

Ⅲ 주체

① 원칙적으로 생존하고 있는 자연인만이 누릴 수 있고 사자(死者)는 그 주체가 될 수 없다.
② 법인이나 단체 등도 명예의 주체가 될 수 있으므로 그 명예가 훼손되거나 명칭·상호 등이 타인에 의하여 영리의 목적으로 이용당하는 경우에는 권리의 침해가 성립할 수 있다.

Ⅳ 효력

사생활의 비밀과 자유는 주관적 공권으로서 모든 국가권력을 직접 구속하며, 사인 간에서도 사법상의 일반원칙을 통하여 간접적으로 적용된다.

Ⅴ 한계와 제한

1. 사생활의 비밀과 자유의 한계

사생활의 비밀과 자유도 무제한으로 보장되는 것이 아니라 타인의 권리를 침해하여서는 아니되고 사회윤리나 헌법질서에 위반되는 것이 아니어야 한다.

(1) 언론의 자유 내지 알 권리

1) 학설의 대립

(가) 권리포기이론

① 자살자의 경우와 같이 일정한 사정 하에서는 사생활의 비밀과 자유를 포기한 것으로 간주한다.
② 사생활의 비밀과 자유를 포기한 경우에는 그에 관한 권리가 소멸하게 되므로 사생활을 공개하더라도 침해행위가 되지 아니한다.

(나) 공익이론

① 국민의 알 권리의 대상은 국민에게 알리는 것이 공공의 이익이 되는 사항이다.
② 공정한 해설, 범죄인의 체포·구금, 공중의 보건과 안전, 사이비종교, 범죄피해자의 공개 등은 사생활의 비밀과 자유의 침해가 될 수 없다.

(다) 공적인물이론

① 사생활의 비밀과 자유가 침해되었다고 주장하는 자의 사회적 지위에 따라 사생활의 비밀과 자유의 한계가 결정되어야 한다.
② 공적 인물이란 자의(自意)로 유명인이 된 자(정치인, 연예인)와 타의에 의해 유명인이 된 자(범죄인과 그 가족, 피의자)를 말한다.

(라) 인격영역이론

개인의 생활영역을 공개적 영역, 사회적 영역, 사적 영역, 비밀영역, 내밀영역 등으로 나누어 공개의 정도를 달리한다.

2) 판례의 태도
    (가) 헌법재판소
        헌법재판소는 공익이론과 공적인물이론을 적용하였다.
    (나) 대법원
        대법원은 공익이론을 적용한 것이 있는 반면, 공적인물이론을 적용한 경우도 있다.

(2) 국정감사·조사권
    ① 국회가 국정감사·조사권을 행사하여 개인의 사생활의 비밀과 자유를 침해하는 경우에는 합리적인 범위 내에서 필요최소한에 그쳐야 한다.
    ② 국정감사및조사에관한법률(제8조)은 "감사 또는 조사는 개인의 사생활을 침해하거나 계속 중인 재판 또는 수사 중인 사건의 소추에 관여할 목적으로 행사되어서는 아니된다"고 규정하고 있다.

(3) 사생활의 비밀·자유와 행정조사
    ① 통계 및 여론조사의 목적으로 사생활의 영역에 속하는 사항에 대하여 여러 가지를 물어봄으로써 사람을 괴롭히는 행위는 그 조사자료가 조사대상자와 함께 추상화되어 통계 내지 여론조사의 목적에만 사용되는 한 사생활의 침해라고 할 수 없다.
    ② 국가가 행정상 꼭 필요한 여러 가지 국민의 신상에 관한 인적 사항(이름·연령·가족관계·주소 등)을 국민에게 물어보는 행위는 그것이 국민의 권리·의무(예 납세의 의무, 국방의 의무)와도 관련이 되는 사항이기 때문에 허용된다.
    ③ 익명화되지 않은 개인정보가 행정목적에 사용되어서는 아니 될 것이며, 비경제적 영역에 관한 정보는 극히 제한적으로 허용되어야 한다.

(4) 사생활의 비밀·자유와 범죄수사
    ① 경찰관이 사진을 촬영하거나 전화를 도청하는 것이 국가안전보장·질서유지·공공복리를 위한 경우(예 범죄수사의 목적)에는 법률에 근거한 어느 정도의 사생활의 자유에 대한 침해가 인정된다.
    ② 수사기관이 어떤 사건의 수사과정에서 우연히 그 사건과 무관한 제3자의 사생활의 비밀을 알게 된 경우에도 수사기관이 그것을 다른 목적에 이용하거나 공개하지 않는 한 사생활비밀의 침해는 없다.

(5) 사생활의 비밀·자유와 행정상 공표
    행정상의 공표란 행정법상의 의무위반이 있는 경우 그 성명·위반사실을 일반에게 공개하여 간접적으로 의무이행을 확보하려는 제도를 말한다. 부동산투기자의 명단공개나 공해배출업소의 명단공개 등이 그 예이다.

2. 사생활의 비밀과 자유의 제한

    개인의 사생활의 비밀과 자유는 법률로써 제한될 수 있다. 그러나 어떠한 경우에도 사생활의 비밀과 자유의 본질적 내용을 침해할 수는 없다.

Ⅵ 침해와 구제

1. 공권력에 의한 침해와 구제

(1) 입법기관

① 입법기관이 법률을 통하여 사생활의 비밀과 자유를 침해하는 경우에는 위헌법률심사 · 헌법소원 · 청원 등을 통하여 구제받을 수 있다.
② 국회의 국정감사 또는 조사로 인하여 침해를 받은 경우에는 침해행위의 배제나 손해배상을 통하여 구제받을 수 있다.

(2) 행정기관

행정기관이 행정조사나 범죄수사와 관련하여 사생활의 비밀과 자유를 침해한 경우에는 공무원의 파면과 형사처벌, 손해배상의 청구, 헌법소원 등을 통하여 구제받을 수 있다.

(3) 사법기관

사법기관에 의한 침해의 경우 침해의 원인이 판결인 경우에는 상소나 재심을 통하여, 관계공무원의 불법행위로 인한 경우에는 청원이나 손해배상청구, 헌법소원 등을 통하여 구제받을 수 있다.

2. 사인에 의한 침해와 구제

(1) 부작위청구권

① 사생활 침해행위에 대하여 중지나 금지를 청구할 수 있는 권리를 부작위청구권이라고 한다.
② 부작위청구권은 주로 출판물배포금지가처분, 방영금지가처분 등과 같이 가처분절차에 의하여 실행된다.

(2) 손해배상청구권

언론기관에 의한 사생활침해의 경우 가장 일반적인 방법은 민법상의 불법행위를 이유로 한 손해배상청구이다. 불법행위로 인한 금전배상청구권에는 재산적 손해배상청구권과 정신적 손해의 배상을 구하는 위자료청구권이 있다.

(3) 명예회복청구권

민법 제764조는 금전배상의 특칙으로 "타인의 명예를 훼손한 자에 대하여는 법원은 … 명예회복에 적당한 처분을 명할 수 있다"고 규정하고 있다. '명예회복에 적당한 처분'에는 취소, 정정, 해명 등을 구할 수 있는 권리가 포함된다. 단 '사죄광고'는 헌법재판소의 위헌결정이 내려졌으므로 여기에 포함될 수 없다(헌재 1991.4.1. 89헌마160).

(4) 정정보도청구권

사실적 주장에 관한 언론보도가 진실하지 아니함으로 인하여 피해를 입은 자는 언론사에 대하여 정정보도청구권을 행사할 수 있다. 이 경우 언론사의 고의 · 과실이나 위법을 요하지 아니한다(언론중재및피해구제등에관한법률 제14조 · 제15조).

(5) 반론보도청구권

사실적 주장에 관한 언론보도로 인하여 피해를 받은 사람은 보도내용에 관한 반론을 언론사에 청구할 수 있다. 이 경우 언론사의 고의·과실이나 위법을 요하지 아니한다(언론중재및피해구제등에관한법률 제16조).

(6) 추후보도청구권(석명권)

언론에 의하여 범죄혐의가 있거나 형사상의 조치를 받았다고 보도 또는 공표된 자는 그에 대한 형사절차가 무죄판결 또는 이와 동등한 형태로 종결된 때에는 그 사실을 안 날부터 3월 이내에 언론사에 이 사실에 관한 추후보도의 게재를 청구할 수 있고, 추후보도의 내용에는 청구인의 명예나 권리회복에 필요한 설명 또는 해명이 포함되어야 한다(언론중재법 제17조).

제3항 자기정보관리통제권(개인정보자기결정권)

I 서설

1. 의의

① 자기정보관리통제권이란 협의로는 자기정보의 열람·정정·사용중지·삭제 등을 요구할 수 있는 권리를, 광의로는 자신에 관한 정보를 자율적으로 결정하고 관리할 수 있는 권리를 말한다.
② 자기정보관리통제권을 구체화한 법률로서 「개인정보보호법」이 시행되고 있다.

2. 사생활의 비밀·자유와의 비교

① 자기정보관리통제권은 사생활의 비밀과 자유의 일환으로서 보장되고, 인격의 자유로운 발현과 법적 안정성을 그 보호법익으로 하므로 인격권의 일종이다.
② 사생활의 비밀과 자유와 달리 청구권적 성격이 강한 능동적·적극적 권리이며, 알 권리로서의 성격도 가지고 있다.

II 헌법적 근거

헌법재판소는 주민등록법 제17조의8 등 위헌확인사건에서는 개인정보자기결정권은 헌법에 명시되지 아니한 기본권이라고 보았으나(헌재 2005.5.26, 99헌마513 등), 그 후 얼마 지나지 않아 성명, 생년월일, 졸업일자를 교육정보시스템(NEIS)에 보유하는 행위가 개인정보자기결정권을 침해하는 것인지 여부가 문제된 사건에서 자기정보결정권의 헌법적 근거를 헌법 제10조와 제17조에서 구하였다(헌재 2005.7.21, 2003헌마282 등).
한편, 대법원은 군정보기관이 민간인을 사찰한 것이 불법행위가 되는지 여부가 문제된 사건에서 자기정보결정권의 헌법적 근거를 헌법 제10조와 제17조에서 구하고 있다(대판 1998.7.24, 96다42789).

III 법적 성격

자기정보관리통제권은 소극적 방어권으로서의 성격뿐만 아니라 타인이 보유하고 있는 자신에 관한 정보에 대해 열람·삭제·정정·차단할 수 있고, 잘못된 정보로 야기된 결과를 제거할 수 있는 능동적·적극적 청구권으로서의 성격을 갖는다.

IV 주체

① 자기정보관리통제권은 인간의 권리이므로 내·외국인을 불문하고 주체가 된다.
② 원칙적으로 생존하고 있는 자연인만이 주체가 되고, 사자(死者)는 그 주체가 되지 않는다(다수설).

V 내용

1. 익명권

정보주체가 국가·기업·사인 등의 제3자와 온라인 교섭 또는 거래를 할 때 불필요하게 자신의 신원을 밝히지 않고 거래를 할 수 있는 권리를 말한다.

2. 정보열람청구권

타인에 의하여 처리되고 있는 개인정보의 내용에 대하여 정보주체가 자신에 관한 정보의 열람을 청구할 수 있는 권리를 말한다.

3. 정보정정청구권

정보주체가 자신에 관한 정보를 열람한 결과 정보내용이 부정확하거나 불완전한 것일 경우 이에 대한 정정을 요구할 수 있는 권리를 말한다.

4. 정보삭제청구권

정보보유기관이 법에 규정된 의무를 위반하거나 법의 취지에 반하여 개인정보를 부당하게 이용할 경우 정보주체가 자기정보의 삭제를 요구할 수 있는 권리를 말한다.

5. 정보분리청구권

특정목적을 위해 수집된 개인정보가 다른 기관에서 다른 목적을 위해 수집된 개인정보와 원칙적으로 통합되지 않고 분리된 상태로 유지될 것을 요구할 수 있는 권리를 말한다.

6. 정보처리금지청구권

정보보유기관이 법률에 규정된 의무를 위반하거나 법률의 취지에 반하여 개인정보를 부당하게 이용하고 있으면 정보주체는 무단공표·이용의 금지 내지 사용중지를 청구할 수 있는 권리를 말한다.

7. 정보차단청구권

정보주체가 정보보유기관에 대해 자신의 정보에 대한 일반인이나 그 밖의 권한 없는 자로부터의 불법적인 접근을 지속적으로 막아줄 것을 요구할 수 있는 권리를 말한다.

제4항 주거의 자유

> **헌법**
> 제16조
> 모든 국민은 주거의 자유를 침해받지 아니한다. 주거에 대한 압수나 수색을 할 때에는 검사의 신청에 의하여 법관이 발부한 영장을 제시하여야 한다.

I 서설

1. 의의
① 주거의 자유라 함은 자신의 주거를 공권력이나 제3자로부터 침해당하지 아니할 권리를 말한다.
② 주거의 자유는 사생활의 비밀과 자유를 지키기 위한 불가결의 기초라고 할 수 있다.
③ 현행헌법 제16조는 사생활의 중심인 주거의 불가침을 보장하고 주거침해에 대한 영장주의를 규정하고 있다.

2. 연혁
제헌헌법 제10조에서 거주·이전의 자유와 함께 규정되었으나 제3공화국헌법에서 별도로 규정하였다.

II 법적 성격

주거의 자유는 국가권력이든 개인이든 이를 침해해서는 안 된다는 의미에서 개인의 방어권적 성격을 갖는 주관적 공권이다.

Ⅲ 주체

① 주거의 자유는 인간의 권리이므로 자연인에게만 주체성이 인정되며 법인에게는 주체성이 인정되지 않는다.
② 공장, 회사, 학교, 작업장 등에서는 원칙적으로 그 생활공간의 장이 주거의 자유의 주체가 되며, 주택이나 호텔객실의 경우에는 그 소유자가 아니라 현실적인 거주자인 입주자나 투숙객이 주체가 된다.
③ 주거의 자유는 인간의 권리이므로 일정한 주거에 거주함으로써 그 장소로부터 이익을 얻는 자이면 누구나 그 주체가 된다.

Ⅳ 내용

1. 주거의 불가침

(1) 주거

① 주거는 사람이 거주하는 설비로서 개인이 사생활을 영위하는 장소이다.
② 주거는 외부와 구획된 사적인 생활공간으로서 현재의 거주여부를 불문하며, 민법상의 주소와는 상이한 개념이다.
③ 주거에는 거주용 주택은 물론이고, 호텔의 객실·상점·공장·회사·학교·작업장까지 포함된다.

(2) 불가침

① 주거의 자유에 대한 침해는 금지된다. 만약 정당한 이유 없이 타인의 주거를 침해하면 형법상 주거침입죄가 성립한다.
② 침해라 함은 거주자의 동의 내지 승낙을 얻지 아니하고 또는 그 의사에 반하여 주거에 들어가는 것을 말한다.
③ 주거 내에 설치된 도청기를 사용하여 회화를 도청하거나 녹음하는 것도 주거의 자유의 침해가 된다. 주거 밖에서 이러한 행위를 하는 것은 원칙적으로 사생활의 비밀과 자유 또는 통신의 자유에 대한 침해에 해당하고 주거의 자유에 대한 침해는 아니다.
④ 다만 주거의 자유는 주거의 평온을 보호하는데 있으므로 주거 밖에 설치된 시각적 장치나 음향적 장치라도 주거의 평온을 유지하기 위한 외부와의 차단메커니즘을 제거하는 수단으로 이용되는 경우에는 주거의 자유를 침해하는 것이 된다.

2. 영장주의

(1) 영장주의의 원칙

① 헌법 제16조 후문은 주거에 대한 압수나 수색을 할 경우에는 검사의 신청에 의하여 법관이 발부한 영장을 제시하도록 하여 주거의 침해에 대하여 영장주의에 의한 보호를 규정하고 있다.
② 헌법 제16조 제2문에는 적법절차가 명시되어 있지 않으나, 주거에 대한 압수 등도 적법한 절차에 따라야 한다.

(2) 영장주의의 예외

현행범인을 체포하거나 긴급체포를 할 때에는 합리적인 범위 내에서 영장 없이 주거에 대한 압수나 수색을 하는 것이 허용된다(통설).

Ⅴ 효력

주거의 자유에 대해서는 대국가적 효력과 간접적 대사인적 효력이 인정된다.

Ⅵ 제한과 그 한계

주거의 자유는 헌법 제37조 제2항에 따라 법률에 의하여 제한된다. 그러나 주거의 자유의 본질적 내용에 대해서는 법률로도 제한할 수 없다.

제5항 거주·이전의 자유

> ● 헌법
> 제14조
> 모든 국민은 거주·이전의 자유를 가진다.

Ⅰ 서설

1. 의의

① 거주·이전의 자유라 함은 국가권력의 간섭을 받지 아니하고 자유롭게 체류지와 거주지를 결정할 수 있는 자유를 말한다.
② 헌법 제14조는 "모든 국민은 거주·이전의 자유를 가진다"고 하여 거주·이전의 자유를 보장하고 있다.

2. 연혁

① 버지니아권리장전, 프랑스인권선언, 미연방헌법 등은 거주·이전의 자유를 자명한 것으로 보아 이에 대한 규정을 두지 않았다.
② 바이마르헌법에서부터 명문화되기 시작하여 자본주의가 늦게 발달한 국가에서 헌법에 보장하기 시작하였다.

II 법적 성격

거주이전의 자유는 인간의 존엄과 가치를 유지하기 위한 자유권으로서의 성격, 인신의 자유로서의 성격과 자기가 원하는 곳에서 자신이 원하는 생활을 할 수 있는 자유, 표현의 자유의 실효성을 보장하는 자유, 경제적 기본권으로서의 성격 등 복합적 성격을 가지는 자유이다.

III 주체

① 거주·이전의 자유는 한국국적을 가진 자연인과 국내법인이 그 주체가 된다.
② 외국인의 경우에 입국의 자유는 제한되나, 출국의 자유는 원칙적으로 허용되고 예외적으로 제한된다(다수설).

IV 내용

1. 국내에서의 거주·이전의 자유

(1) 의의

이는 대한민국의 영토 안에서 그리고 대한민국의 통치권이 실질적으로 미칠 수 있는 지역 내에서 자유롭게 그의 주소(생활의 근거지)나 거소(일시적으로 머무르는 곳)를 설정하고 이전할 수 있는 자유이다.

(2) 북한지역

북한지역에도 대한민국의 주권이 미친다고 보나 군사분계선 이남에만 실질적인 효력이 있으므로, 국내 거주·이전의 자유는 북한지역에로의 이전을 그 내용으로 할 수는 없다. 따라서 북한지역에 잠입·탈출은 국가보안법 위반이 된다. 다만 통일부장관의 승인을 얻어 왕래할 수 있다(남북교류협력에관한법률 제9조).

(3) 기타

직업·영업상 이유로 인한 거주·이전은 물론 휴양·관광 목적의 거주와 체류(관광의 자유)도 포함된다. 지역개발을 이유로 고향을 떠나 다른 곳으로 이주케 할 수 없다(고향의 권리). 부모의 자녀에 대한 거소지정권(민법 제914조)과 부부의 동거의무(민법 제826조)는 자녀나 부부의 거주·이전의 자유를 침해하는 것이 아니다. 거주지를 중심으로 중·고등학교의 입학을 제한하는 입학제도 및 파산자의 거주지 제한과 재소자·군인·군무원 등의 거주지제한은 거주·이전의 자유의 침해가 아니다(헌재 1995.2.23. 91헌마204). 또한 수재민 수용을 위한 집단거주지 설치도 거주·이전의 자유의 침해가 될 수 없다. 대법원과 헌법재판소는 대도시 인구집중억제 및 공해방지를 목적으로 등록세를 중과세하고 있는 것은 합헌이라고 본다(헌재 1996.3.28. 94헌바42 ; 대판 1985.5.14. 85누1).

2. 국외이주와 해외여행의 자유

① 모든 국민은 입국의 자유가 보장된다.

② 입국의 자유를 제한할 수는 없으나, 출국의 자유를 제한하는 것은 가능하다. 병역의무자의 출국을 제한하는 것은 거주·이전의 자유의 침해라고 볼 수 없다.

③ 외국인에게 입국의 자유는 원칙적으로 보장되지 않으나, 출국의 자유는 원칙적으로 보장된다. 합법적인 체류허가를 받은 외국인의 재입국의 자유는 보장된다.

④ 여권제도가 출국허가제도의 형식으로 운영되고 여권발급이 원칙이 아닌 예외로 취급되며, 불특정한 법률개념이 여권발급의 제한사유로 악용되는 경우에는 거주·이전의 자유에 대한 침해라고 보아야 할 것이다. 다만 여권신고제 및 해외 위난지역에서의 여권사용 제한 및 방문·체류를 금지한 것에 대해서는 거주이전의 자유를 침해한 것이 아니다(헌재 2008.6.26. 2007헌마1366).

⑤ 2000만원 이상의 추징금을 납부하지 않은 자에 대한 출국금지는 비교 형량할 때 거주·이전의 자유를 침해한 것이 아니다(헌재 2004.10.28. 2003헌가18).

3. 국적변경(이탈)의 자유

① 거주·이전의 자유는 국적변경의 자유를 포함한다는 것이 통설이고, 세계인권선언도 이를 규정하고 있다.

② 무국적의 자유는 보장되지 않는다. 또 탈세의 목적 또는 병역기피의 목적으로 국정을 변경하는 것은 보호받지 못한다.

Ⅴ 효력

거주·이전의 자유는 국가에 대한 자유로서 대국가적 효력을 가짐과 동시에 사인 간에 있어서도 대사인적 효력을 가진다. 따라서 거주·이전의 자유를 제한하는 사법상 계약의 효력에 대해서는 개별적으로 판단할 문제이나 기한을 정하지 않고 종신까지 효력을 미치도록 한 계약이라면 거주·이전의 자유에 대한 위반이라 볼 것이다.

Ⅵ 제한과 한계

거주·이전의 자유도 헌법 제37조 제2항이 정하는 기본권 제한의 한계를 넘지 않는 범위 내에서 제한할 수 있다.

제6항 통신의 자유

> **헌법**
> 제18조
> 모든 국민은 통신의 비밀을 침해받지 아니한다.

I 서설

1. 의의

① 통신의 자유란 통신수단을 자유로이 이용하여 의사소통할 권리이다. '통신수단의 자유로운 이용'에는 자신의 인적 사항을 누구에게도 밝히지 않는 상태로 통신수단을 이용할 자유, 즉 통신수단의 익명성 보장도 포함된다.
② 통신의 자유 중 '통신의 비밀의 불가침'이란 개인이나 법인이 그 의사나 정보를 우편물이나 전기통신 등의 수단에 의하여 전달 또는 교환하는 경우에 그 내용이 본인의 의사에 반하여 공개되지 아니할 자유를 말한다.
③ 헌법 제18조는 통신의 자유 중 통신의 비밀의 불가침성에 대해 보장하고 있다.

2. 표현의 자유와의 관계

언론·출판은 일반적인 대외적 표현행위를, 통신의 비밀은 제한된 한정적인 범위 내에서 대내적인 의사표시의 비밀을 보호하려는 점에서 양자는 구별된다.

II 주체

① 통신의 자유는 자연인과 법인, 법인격 없는 단체에게도 보장되며, 외국인도 이를 향유할 수 있다.
② 서신의 경우에는 수신인과 송신인이 모두 그 주체가 된다.

III 내용

1. 통신의 비밀

① 통신이라 함은 협의로는 격지자간의 의사의 연락을 말하고, 광의로는 신서(信書)·전화·전신·우편물 등 체신기관에 의하여 다루어지는 격지자간의 의사의 전달과 물품의 수수를 말한다.
② 헌법 제18조의 통신의 개념은 넓은 의미로 이해하여야 하므로 통신의 비밀이란 신서를 비롯한 전화·전신과 그 밖의 모든 방법에 의한 격지자간의 의사전달과 물품수수의 내용·형태·당사자·조달방법(인편·사서함·우편 등) 등에 관한 비밀을 말한다.

2. 통신의 비밀의 불가침

① 불가침이라 함은 통신내용의 불법적 개봉을 금지하는 것뿐만 아니라 통신의 발·수신자 및 내용 등을 인지함을 금지한다는 것을 말한다.
② 통신의 비밀의 불가침은 열람의 금지·누설의 금지·정보의 금지 등을 그 내용으로 한다.
③ 개인 간에 대면하여 행하는 대화의 침해는 사생활의 비밀의 침해는 되어도 통신의 비밀의 침해로 볼 것은 아니다.

3. 통신의 비밀과 통신의 자유

통신의 비밀은 통신을 통한 의사소통이 이루어질 때 비로소 침해가 가능하다고 보아, 의사소통이 이루어지기 전 단계까지 넓게 그 대상으로 하는 통신의 자유와 구별하는 것이 판례의 태도이다(헌재 2019.9.26. 2017헌마1209).

> **관련판례**
> 전기통신역무제공에 관한 계약을 체결하는 경우 전기통신사업자로 하여금 가입자에게 본인임을 확인할 수 있는 증서 등을 제시하도록 하는 '휴대전화 가입 본인확인제'는 익명으로 통신하고자 하는 자의 통신의 자유를 제한하나, 통신의 비밀을 제한하는 것은 아니다. 가입자의 인적사항이라는 정보는 통신의 내용·상황과 관계없는 '비 내용적 정보'이며 휴대전화 통신계약 체결 단계에서는 아직 통신수단을 통하여 어떠한 의사소통이 이루어지는 것이 아니므로 통신의 비밀에 대한 제한이 이루어진다고 보기는 어렵기 때문이다(헌재 2019.9.26. 2017헌마1209).

Ⅳ 효력

통신의 자유는 대국가적 효력과 간접적인 대사인적 효력이 모두 인정된다. 따라서 사인에 의한 통신의 비밀침해는 허용되지 않는다.

Ⅴ 한계와 제한

1. 통신의 자유의 한계

(1) 대상 : 합법적이고 정당한 통신

① 헌법상 보장되는 통신의 자유는 합법적이고 정당한 통신만을 그 대상으로 한다. 헌법질서를 침해하거나 범죄를 모의하거나 타인의 권리행사를 방해하기 위한 행위까지 보호하는 것은 아니다.
② 협박행위 등의 현행범의 경우 수사기관이나 피해자의 요청이 있을 때에는 통신의 발신장소나 발신인 등을 탐지하는 전화의 역탐지는 영장 없이도 허용된다.

(2) 의무의 충돌

통신업무를 취급하다가 우연히 중죄에 해당하는 범죄의 예비·음모사실을 알게 된 경우 그 사실을 수사당국에 알리더라도 그것은 통신의 비밀에 대한 침해가 아니라고 할 것이다. 그러한 경우 이른바 의무의 상충관계가 성립하나, 범죄예방을 위한 수사기관에의 고지의무가 누설금지의무보다 우선한다.

2. 통신의 자유의 제한

통신의 자유도 헌법 제37조 제2항이 정하는 기본권 제한의 한계를 넘지 않는 범위 내에서 제한할 수 있으며, 대표적인 법률로는 통신비밀보호법이 있다. 그 외 국가보안법·형사소송법·형의집행및수용자의처우에관한법률·파산법·전파관리법 등이 통신의 자유의 제한에 대한 규정을 두고 있다.

Ⅵ 침해와 구제

미결수용자와 변호인 아닌 자 사이의 서신이나, 수형자가 수발하는 서신에 대한 검열은 통신의 자유를 침해한 것으로 볼 수 없으나, 미결수용자와 변호인 사이의 서신을 검열하는 것은 통신의 자유를 침해한다.

Ⅶ 통신의 자유와 통신제한조치(감청)

1. 감청의 금지 및 증거능력부정

> ● 통신비밀보호법
> 제3조(통신 및 대화비밀의 보호) ① 누구든지 이 법과 형사소송법 또는 군사법원법의 규정에 의하지 아니하고는 우편물의 검열·전기통신의 감청 또는 통신사실확인자료의 제공을 하거나 공개되지 아니한 타인간의 대화를 녹음 또는 청취하지 못한다.
> 제4조(불법검열에 의한 우편물의 내용과 불법감청에 의한 전기통신내용의 증거사용 금지) 제3조의 규정에 위반하여, 불법검열에 의하여 취득한 우편물이나 그 내용 및 불법감청에 의하여 지득 또는 채록된 전기통신의 내용은 재판 또는 징계절차에서 증거로 사용할 수 없다.
> 제14조(타인의 대화비밀 침해금지) ① 누구든지 공개되지 아니한 타인간의 대화를 녹음하거나 전자장치 또는 기계적 수단을 이용하여 청취할 수 없다.

2. 범죄수사를 위한 통신제한조치(감청)

> ● 통신비밀보호법
> 제5조(범죄수사를 위한 통신제한조치의 허가요건) ① 통신제한조치는 다음 각호의 범죄를 계획 또는 실행하고 있거나 실행하였다고 의심할만한 충분한 이유가 있고 다른 방법으로는 그 범죄의 실행을 저지하거나 범인의 체포 또는 증거의 수집이 어려운 경우에 한하여 허가할 수 있다.
> 제6조(범죄수사를 위한 통신제한조치의 허가절차) ① 검사는 제5조 제1항의 요건이 구비된 경우에는 법원에 대하여 각 피의자별 또는 각 피내사자별로 통신제한조치를 허가하여 줄 것을 청구할 수 있다.
> ⑦ 통신제한조치의 기간은 2개월을 초과하지 못하고, 그 기간 중 통신제한조치의 목적이 달성되었을 경우에는 즉시 종료하여야 한다. 다만 제5조 제1항의 허가요건이 존속하는 경우에는 제1항 및 제2항의 절차에 따라 소명자료를 첨부하여 2개월의 범위에서 통신제한조치기간의 연장을 청구할 수 있다.
> ⑧ 검사 또는 사법경찰관이 제7항 단서에 따라 통신제한조치의 연장을 청구하는 경우에 통신제한조치의 총 연장기간은 1년을 초과할 수 없다. 다만, 다음 각 호의 어느 하나에 해당하는 범죄의 경우에는 통신제한조치의 총 연장기간이 3년을 초과할 수 없다.

1. 「형법」 제2편 중 제1장 내란의 죄, 제2장 외환의 죄 중 제92조부터 제101조까지의 죄, 제4장 국교에 관한 죄 중 제107조, 제108조, 제111조부터 제113조까지의 죄, 제5장 공안을 해하는 죄 중 제114조, 제115조의 죄 및 제6장 폭발물에 관한 죄
2. 「군형법」 제2편 중 제1장 반란의 죄, 제2장 이적의 죄, 제11장 군용물에 관한 죄 및 제12장 위령의 죄 중 제78조·제80조·제81조의 죄
3. 「국가보안법」에 규정된 죄
4. 「군사기밀보호법」에 규정된 죄
5. 「군사기지 및 군사시설보호법」에 규정된 죄

3. 국가안보를 위한 통신제한조치

🛡 통신비밀보호법

제7조(국가안보를 위한 통신제한조치) ① 대통령령이 정하는 정보수사기관의 장은 국가안전보장에 상당한 위험이 예상되는 경우 또는 「국민보호와 공공안전을 위한 테러방지법」 제2조 제6호의 대테러활동에 필요한 경우에 한하여 그 위해를 방지하기 위하여 이에 관한 정보수집이 특히 필요한 때에는 다음 각호의 구분에 따라 통신제한조치를 할 수 있다.

1. 통신의 일방 또는 쌍방당사자가 내국인인 때에는 고등법원 수석판사의 허가를 받아야 한다. 다만 군용전기통신법 제2조의 규정에 의한 군용전기통신에 대하여는 그러하지 아니하다. (20.3.24개정)
2. 대한민국에 적대하는 국가, 반국가활동의 혐의가 있는 외국의 기관·단체와 외국인, 대한민국의 통치권이 사실상 미치지 아니하는 한반도 내의 집단이나 외국에 소재하는 그 산하단체의 구성원의 통신인 때 및 제1항 제1호 단서의 경우에는 서면으로 대통령의 승인을 얻어야 한다.

② 제1항의 규정에 의한 통신제한조치의 기간은 4월을 초과하지 못하고, 그 기간 중 통신제한조치의 목적이 달성되었을 경우에는 즉시 종료하여야 하되, 제1항의 요건이 존속하는 경우에는 소명자료를 첨부하여 고등법원 수석판사의 허가 또는 대통령의 승인을 얻어 4월의 범위 이내에서 통신제한조치의 기간을 연장할 수있다. 다만 제1항 제1호 단서의 규정에 의한 통신제한조치는 전시·사변 또는 이에 준하는 국가비상사태에 있어서 적과 교전상태에 있는 때에는 작전이 종료될 때까지 대통령의 승인을 얻지 아니하고 기간을 연장할 수 있다.

③ 제1항 제1호에 따른 허가에 관하여는 제6조 제2항, 제4항부터 제6항까지 및 제9항을 준용한다.

4. 긴급통신제한조치

🛡 통신비밀보호법

제8조(긴급통신제한조치) ① 검사, 사법경찰관 또는 정보수사기관의 장은 국가안보를 위협하는 음모행위, 직접적인 사망이나 심각한 상해의 위험을 야기할 수 있는 범죄 또는 조직범죄등 중대한 범죄의 계획이나 실행 등 긴박한 상황에 있고 제5조 제1항 또는 제7조 제1항 제1호의 규정에 의한 요건을 구비한 자에 대하여 제6조 또는 제7조 제1항 및 제3항의 규정에 의한 절차를 거칠 수 없는 긴급한 사유가 있는 때에는 법원의 허가없이 통신제한조치를 할 수 있다.

② 검사, 사법경찰관 또는 정보수사기관의 장은 제1항에 따른 통신제한조치의 집행에 착수한 후 지체 없이 제6조에 따라 법원에 허가청구를 하여야 한다.

⑤ 검사, 사법경찰관 또는 정보수사기관의 장은 긴급통신제한조치의 집행에 착수한 때부터 36시간 이내에 법원의 허가를 받지 못한 경우에는 해당 조치를 즉시 중지하고 해당 조치로 취득한 자료를 폐기하여야 한다.

⑧ 정보수사기관의 장은 국가안보를 위협하는 음모행위, 직접적인 사망이나 심각한 상해의 위험을 야기할 수 있는 범죄 또는 조직범죄등 중대한 범죄의 계획이나 실행 등 긴박한 상황에 있고 제7조 제1항 제2호에 해당하는 자에 대하여 대통령의 승인을 얻을 시간적 여유가 없거나 통신제한조치를 긴급히 실시하지 아니하면 국가안전보장에 대한 위해를 초래할 수 있다고 판단되는 때에는 소속 장관(국가정보원장을 포함한다)의 승인을 얻어 통신제한조치를 할 수 있다.
⑨ 정보수사기관의 장은 제8항에 따른 통신제한조치의 집행에 착수한 후 지체 없이 제7조에 따라 대통령의 승인을 얻어야 한다.
⑩ 정보수사기관의 장은 제8항에 따른 통신제한조치의 집행에 착수한 때부터 36시간 이내에 대통령의 승인을 얻지 못한 경우에는 해당 조치를 즉시 중지하고 해당 조치로 취득한 자료를 폐기하여야 한다.

5. 감청에 대한 통제

● 통신비밀보호법
제15조(국회의 통제) ① 국회의 상임위원회와 국정감사 및 조사를 위한 위원회는 필요한 경우 특정한 통신제한조치 등에 대하여는 법원행정처장, 통신제한조치를 청구하거나 신청한 기관의 장 또는 이를 집행한 기관의 장에 대하여, 감청설비에 대한 인가 또는 신고내역에 관하여는 과학기술정보통신부장관에게 보고를 요구할 수 있다.

제4절 정신적 자유권

제1항 정신적 자유권의 구조와 체계

● 헌법
제19조
모든 국민은 양심의 자유를 가진다.
제20조
① 모든 국민은 종교의 자유를 가진다.
② 국교는 인정되지 아니하며, 종교와 정치는 분리된다.
제21조
① 모든 국민은 언론·출판의 자유와 집회·결사의 자유를 가진다.
② 언론·출판에 대한 허가나 검열과 집회·결사에 대한 허가는 인정되지 아니한다.
③ 통신·방송의 시설기준과 신문의 기능을 보장하기 위하여 필요한 사항은 법률로 정한다.
④ 언론·출판은 타인의 명예나 권리 또는 공중도덕이나 사회윤리를 침해하여서는 아니된다. 언론·출판이 타인의 명예나 권리를 침해한 때에는 피해자는 이에 대한 피해의 배상을 청구할 수 있다.
제22조
① 모든 국민은 학문과 예술의 자유를 가진다.
② 저작자·발명가·과학기술자와 예술가의 권리는 법률로써 보호한다.

내심적 자유	양심의 자유(제19조), 종교의 자유(제20조), 학문·예술의 자유(제22조)	
외면적 자유 (표현의 자유)	개별적 표현의 자유	언론·출판의 자유(제21조)
	집단적 표현의 자유	집회·결사의 자유(제21조)

제2항 양심의 자유

◆ **헌법**
제19조 모든 국민은 양심의 자유를 가진다.

I 서설

1. 의의

양심의 자유란 인간의 존엄과 가치의 내면적 기초가 되는 각자의 윤리의식과 사상을 외부에 표명하도록 강제당하지 아니할 자유와 그 윤리의식 또는 사상에 반하는 행위를 강요당하지 아니할 자유를 말한다.

2. 연혁

① 양심의 자유는 처음에는 종교의 자유의 한 내용으로 규정되었으나(Preußen 헌법), 그 후 종교의 자유로부터 분리하여 규정되었다(Weimar 헌법).
② 우리나라는 제5차 개정헌법에서 처음으로 종교의 자유와 양심의 자유를 독자적인 자유권으로 명문화하였다.

3. 양심의 개념

(1) 구별개념

1) 신앙
① 양심은 종교적 확신을 의미하는 신앙보다 넓은 개념이다.
② 양심은 인간의 윤리적·도덕적 영역에 관한 문제인 점에서, 인간과 사물의 본성에 관한 고차원적이고 형이상학적인 인식과 이해를 바탕으로 하는 신앙과 구별된다. 즉 양심은 윤리적 측면에서 본 것이라면, 신앙은 종교적 측면에서 본 것이다.

2) 사상
① 양심이 윤리적 차원의 사고라면, 사상은 논리적 차원의 사고라는 점에서 사상은 양심보다 넓은 개념이다.
② 양심과 사상의 가장 큰 차이는 사상은 다른 사람들의 사상 등과 마주칠 때 동화·변질의 가능성을 지니는 반면에, 양심은 Konsens가 불가능한 특성을 지니고 있다고 한다.

3) 직업적 양심

헌법 제46조 제2항(국회의원은 국가이익을 우선하여 양심에 따라 직무를 행한다)과 제103조(법관은 헌법과 법률에 의하여 그 양심에 따라 독립하여 심판한다)는 국회의원의 양심에 따른 직무수행과 법관의 양심에 따른 재판을 규정하고 있는 바 이는 직업적 양심을 나타내는 것으로서 본조의 양심과는 구별된다.

국회의원이 직무를 수행함에 있어 개인적 양심과 직무수행상의 양심이 충돌하는 경우에는 국회의원 개인의 주관적 양심을 후퇴시키고 헌법 제46조 제2항의 양심을 우선시켜야 하며, 법관 역시 직무를 수행함에 있어서 개인적인 양심과 직무수행상의 양심이 충돌하는 경우에는 헌법 제103조의 양심을 우선시켜 공정한 법관의 관점에서 법의 객관적인 의미에 따라 재판하여야 한다.

4) 단순한 사실관계의 확인, 사사로운 사유나 의견

양심은 옳고 그름에 대한 판단을 추구하는 가치적·도덕적 마음가짐으로서, ① 가치적·윤리적 판단이 개입될 여지가 없거나(예 단순한 사실관계의 확인), ② 다소의 가치관련성을 가진다고 하더라도 개인의 인격형성과 관계가 없다면(예 사사로운 사유나 의견 등) 그 보호대상이 아니다.

> **관련판례**
> 헌법 제19조에서 보호하는 양심은 옳고 그른 것에 대한 판단을 추구하는 가치적·도덕적 마음가짐으로, 개인의 소신에 따른 다양성이 보장되어야 하고 그 형성과 변경에 외부적 개입과 억압에 의한 강요가 있어서는 아니되는 인간의 윤리적 내심영역이다. 따라서 단순한 사실관계의 확인과 같이 가치적·윤리적 판단이 개입될 여지가 없는 경우는 물론, 법률해석에 관하여 여러 견해가 갈리는 경우처럼 다소의 가치관련성을 가진다고 하더라도 개인의 인격형성과는 관계가 없는 사사로운 사유나 의견 등은 그 보호대상이 아니다. 이 사건의 경우와 같이 경제규제법적 성격을 가진 공정거래법에 위반하였는지 여부에 있어서도 각 개인의 소신에 따라 어느 정도의 가치판단이 개입될 수 있는 소지가 있고 그 한도에서 다소의 윤리적 도덕적 관련성을 가질 수도 있겠으나, 이러한 법률판단의 문제는 개인의 인격형성과는 무관하며, 대화와 토론을 통하여 가장 합리적인 것으로 그 내용이 동화되거나 수렴될 수 있는 포용성을 가지는 분야에 속한다고 할 것이므로 헌법 제19조에 의하여 보장되는 양심의 영역에 포함되지 아니한다(헌재 2002.1.31. 2001헌바43).

(2) 현행 헌법상 양심의 범위

양심의 범위를 어떻게 볼 것인가에 관하여는 의견이 대립되는 바, ① 인간의 내심의 자유 중 윤리적 성격만을 의미하는 것으로 보는 견해(윤리적 양심설)와 ② 윤리적 성격에 국한될 필요가 없고 사상의 자유를 포괄하는 모든 내심의 자유를 의미하는 것으로 보는 견해(사회적 양심설)가 그것이다.

헌법재판소는 명확하게 밝히고 있지 않으나, 구 국가보안법 제10조 위헌소원사건 등 거의 대부분의 결정례에서 사회적 양심설과 입장을 같이 한다(헌재 1998.7.16. 96헌바35 등).

> **관련판례**
> 헌법 제19조에서 말하는 양심이란 세계관·인생관·주의·신조 등은 물론 이에 이르지 아니하여도 보다 널리 개인의 인격형성에 관계되는 내심에 있어서의 가치적·윤리적 판단도 포함된다(헌재 1998.7.16. 96헌바35 등).

다만 음주측정강제(헌재 1997.3.27. 96헌가11)와 준법서약서제출(헌재 2002.4.25. 98헌마425) 등의 사건에 대해서는 "양심이란 인간의 윤리적·도덕적 내심영역의 문제이고 … 선과 악의 범주에 관한 진지한 윤리적 결정"이라고 판시하여 윤리적 양심설과 유사한 입장을 취하였던 바, 이는 정책적으로 합헌결정을 내리기 위하여 양심의 범위를 좁게 해석하였던 것으로 평가된다.

> ⚖️ **관련판례**
> 1. 양심이란 인간의 윤리적·도덕적 내심영역의 문제이고, 헌법이 보호하려는 양심은 어떤 일의 옳고 그름을 판단함에 있어서 그렇게 행동하지 아니하고는 자신의 인격적인 존재가치가 허물어지고 말 것이라는 강력하고 진지한 마음의 소리이지, 막연하고 추상적인 개념으로서의 양심이 아니다. 음주측정에 응해야 할 것인지, 거부해야 할 것인지 그 상황에서 고민에 빠질 수는 있겠으나 그러한 고민은 선과 악의 범주에 관한 진지한 윤리적 결정을 위한 고민이라 할 수 없으므로 그 고민 끝에 어쩔 수 없이 음주측정에 응하였다 하여 내면적으로 구축된 인간양심이 왜곡·굴절된다고 할 수도 없다. 따라서 음주측정요구와 그 거부는 양심의 자유의 보호영역에 포괄되지 아니한다(헌재 1997.3.27, 96헌가11).
> 2. 헌법상 보호되는 양심은 어떤 일의 옳고 그름을 판단함에 있어서 그렇게 행동하지 아니하고는 자신의 인격적인 존재가치가 허물어지고 말 것이라는 강력하고 진지한 마음의 소리로서 절박하고 구체적인 양심을 말한다. 즉, '양심상의 결정'이란 선과 악의 기준에 따른 모든 진지한 윤리적 결정으로서 구체적인 상황에서 개인이 이러한 결정을 자신을 구속하고 무조건적으로 따라야 하는 것으로 받아들이기 때문에 양심상의 심각한 갈등이 없이는 그에 반하여 행동할 수 없는 것을 말한다. '양심의 자유'가 보장하고자 하는 '양심'은 민주적 다수의 사고나 가치관과 일치하는 것이 아니라, 개인적 현상으로서 지극히 주관적인 것이다. 양심은 그 대상이나 내용 또는 동기에 의하여 판단될 수 없으며, 특히 양심상의 결정이 이성적·합리적인가, 타당한가 또는 법질서나 사회규범, 도덕률과 일치하는가 하는 관점은 양심의 존재를 판단하는 기준이 될 수 없다(헌재 2004.8.26, 2002헌가1).

Ⅱ 법적 성격

1. 최상급의 기본권

① 주관적 공권인 동시에 사회공동체를 형성하고 지탱하는 객관적 가치질서를 의미한다.
② 정신적 기본권 중에서 가장 근원적인 최상급 기본권이다.
③ 정신적 자유권 중에서 가장 소극적인 자유권으로서 내심의 작용에 머무는 한 절대적 자유권이다.

2. 정신적 자유권의 전제

① 양심의 자유는 종교의 자유, 학문·예술의 자유에 비해 더욱 순수한 내심의 자유로서 이들 기본권의 전제가 된다.
② 인간의 내심작용을 외부에 발표하는 자유는 언론·출판의 자유가 되고, 양심의 내용이 학문적 체계 또는 예술적 가치성을 가질 때에는 학문의 자유·예술의 자유가 되며, 그것이 종교적 성격을 가질 때에는 종교의 자유가 된다.

Ⅲ 주체

① 양심의 자유는 인간의 권리이다. 따라서 헌법상 '모든 국민'이라는 표현에도 불구하고 외국인에게도 보장된다.
② 법인은 주체가 되지 못한다. 헌법재판소도 법인의 경우에는 그 대표자에게 양심표명의 강제를 요구하는 결과가 된다고 보아 법인 자신은 양심의 자유의 주체가 될 수 없다고 본다(헌재 1991.4.1, 89헌마160).

> ⚖️ **관련판례**
> 사죄광고의 강제는 … 침묵의 자유의 파생인 양심에 반하는 행위의 강제금지에 저촉되는 것이며 따라서 우리 헌법이 보호하고자 하는 정신적 기본권의 하나인 양심의 자유의 제약(법인의 경우라면 그 대표자에게 양심표명의 강제를 요구하는 결과가 된다)이라고 보지 않을 수 없다. … 사죄광고 과정에서는 자연인이든 법인이든 인격의 자유로운 발현을 위해 보호받아야 할 인격권이 무시되고 국가에 의한 인격의 외형적 변형이 초래되어 인격형성에 분열이 필연적으로 수반되게 된다. 이러한 의미에서 사죄광고제도는 헌법에서 보장된 인격의 존엄과 가치 및 그를 바탕으로 하는 인격권에 큰 위해도 된다고 볼 것이다(헌재 1991.4.1. 89헌마160).

Ⅳ 내용

> ⚖️ **관련판례**
> 헌법 제19조의 양심의 자유는 크게 양심형성의 내부영역과 형성된 양심을 실현하는 외부영역으로 나누어 볼 수 있으므로, 그 구체적인 보장내용에 있어서도 내심의 자유인 '양심형성의 자유'와 양심적 결정을 외부로 표현하고 실현하는 '양심실현의 자유'로 구분된다. 양심형성의 자유란 외부로부터의 부당한 간섭이나 강제를 받지 않고 개인의 내심영역에서 양심을 형성하고 양심상의 결정을 내리는 자유를 말하고, 양심실현의 자유란 형성된 양심을 외부로 표명하고 양심에 따라 삶을 형성할 자유, 구체적으로는 양심을 표명하거나 또는 양심을 표명하도록 강요받지 아니할 자유(양심표명의 자유), 양심에 반하는 행동을 강요받지 아니할 자유(부작위에 의한 양심실현의 자유), 양심에 따른 행동을 할 자유(작위에 의한 양심실현의 자유)를 모두 포함한다(헌재 2004.8.26, 2002헌가1).

1. 양심형성(결정)의 자유

(1) 양심의 자유의 본질적인 내용

① 양심형성 내지 결정의 자유란 구체적인 사항에 관한 양심의 형성 내지 결정 과정에서 어떠한 외부적인 간섭이나 압력·강제도 받지 아니하고 오로지 자기의 내면적인 소리에만 따를 수 있는 자유를 말한다.

② 양심형성 내지 양심결정의 자유는 양심의 자유의 본질적 내용인바, 이는 어떠한 경우에도 제한될 수 없는 절대적 자유에 속한다. 따라서 국가는 개인이 특정한 양심을 형성하도록 강제할 수 없다.

> ⚖️ **관련판례**
> 일기를 타인에게 보이기 위하여 작성하였거나 혹은 작성된 일기를 타인이 인식할 수 있는 상태에 놓는 등 어느 정도 외부와의 관련사항이 수반되는 등의 특별한 사정이 없는 한 일기의 내용을 근거로 삼아 처벌할 수 없다(대판 1975.12.9. 73도3392).

(2) 미결수용자의 신문구독 금지

한편 미결수용자의 신문구독금지 조치는 양심·사상을 갖지 못하게 하는 것으로서 양심의 자유를 침해할 우려가 있다.

헌법재판소는 미결수용자의 신문구독금지에 대해 양심의 자유에 관해서는 언급하지 않았고, 다만 "교화상 또는 구금목적에 특히 부적당하다고 인정되는 기사, 조직범죄 등 수용자관련 범죄기사에 대해 신문을 삭제한 후 수용자에게 구독케 한 행위가 알 권리의 과잉침해에 해당하지 않는다"라고 판시한 바 있다(헌재 1998.10.29. 98헌마4).

2. 소극적 양심실현의 자유(양심을 지키는 자유, 양심유지의 자유)

(1) 의의

소극적 양심실현의 자유란 형성·결정된 양심을 외부에 표명하도록 강요받지 아니할 자유를 말한다.

(2) 종류

1) 양심을 '언어'에 의하여 표명하도록 강요당하지 아니할 자유(침묵의 자유)

'언어'에 의하여 자기의 양심을 외부에 표명하도록 강요받지 아니할 자유를 말한다.

헌법상의 묵비권, 증인의 증언, 취재원비닉권 등은 알고 있는 단순한 사실 또는 기술적 지식에 대한 진술거부인 점에서 사상·양심에 대한 표현거부인 침묵의 자유와는 구별된다. 침묵에 의해 보호되는 것은 도덕적 판단인 양심, 정치적 신념이나 세계관 등의 사상, 또는 이와 결부된 사실이다.

2) 양심을 '행동'에 의하여 표명하도록 강요당하지 아니할 자유(양심에 반하는 행동을 강요받지 아니할 자유, 부작위에 의한 양심실현의 자유)

자기의 양심에 반하는 행동을 하지 않을 자유를 말한다. 따라서 십자가 밟기나 충선서서 등의 외부적 행위를 하게 함으로써 양심을 추정하는 것은 허용되지 않는다.

3) 양심에 반하는 행동을 강제당하지 않을 자유(작위의무로부터의 해방)

(가) 사죄광고

헌법재판소는 사죄광고제도가 위헌이라고 판시하고 있다. 양심에 반하는 행위를 강제당하지 않을 자유도 넓은 의미의 침묵의 자유로 보아, 사죄광고를 명하는 것도 침묵의 자유와 관련하여 판단하는 것이 헌법재판소의 입장이다(헌재 1991.4.1. 89헌마160).

> **관련판례**
> 사죄광고제도란 타인의 명예를 훼손하여 비행을 저질렀다고 믿지 않는 자에게 죄악을 자인하는 의미의 사죄의 의사표시를 강요하는 것으로 양심표명의 강세인 동시에 인격권을 제한하는 것이며, 이는 명예훼손죄에 의한 형사적 처단으로 만족하여야 할 보복감정을 민사책임까지 확장·충족시키는 것으로 전근대적이라 할 것이며, … 필요한 조치로는 ① 민사손해배상판결의 신문·잡지 등에 게재 ② 형사명예훼손죄의 유죄판결의 신문·잡지 등에 게재 ③ 명예훼손기사의 취소광고 등의 방법을 예상할 수 있다고 할 것인데, 이렇듯 사죄광고만이 명예회복에 유일무이의 수단이 아니라고 한다면 구태여 가해자에게 양심표명의 강제 내지 굴욕감수를 강요하는 사죄광고제도는 어디까지나 과도한 것이며 또한 불필요한 국민의 기본권의 제한이 된다고 할 것이다(헌재 1991.4.1. 89헌마160).

(나) 준법서약서제도

국가보안법과 '집회 및 시위에 관한 법률' 위반 등에 의한 수형자의 가석방 결정 전에 출소 후의 준법의지를 확인하기 위하여 제출하도록 하던 준법서약제에 대하여 헌법재판소는 합헌이라고 판시하였다(헌재 2002.4.25. 98헌마425). 그러나 헌법재판소의 합헌결정 이후에도 준법서약제가 헌법상 양심의 자유를 침해한다는 비판이 계속 제기되고 형사정책상 실효성이 없다는 지적에 따라 결국은 삭제되었다(법무부령 제536호, 2003.7.31).

> 내용상 단순히 국법질서나 헌법체제를 준수하겠다는 취지의 서약을 할 것을 요구하는 이 사건 준법서약은 국민이 부담하는 일반적 의무를 장래를 향하여 확인하는 것에 불과하며, 어떠한 가정적 혹은 실제적 상황하에서 특정의 사유(思惟)를 하거나 특별한 행동을 할 것을 새로이 요구하는 것이 아니다. 따라서 이 사건 준법서약은 어떤 구체적이거나 적극적인 내용을 담지 않은 채 단순한 헌법적 의무의 확인서약에 불과하다 할 것이어서 양심의 영역을 건드리는 것이 아니다(헌재 2002.4.25. 98헌마425).

(다) 양심적 병역(집총)거부

① 의의 및 유형

양심적 병역(집총)거부라 함은 일반적으로 병역의무가 인정되고 있는 국가에서 종교적·윤리적 이유 또는 이와 유사한 동기로부터 형성된 양심상의 결정으로 병역의무의 일부 또는 전부를 거부하는 행위를 말한다.

양심적 병역거부는 병역거부의 범위를 기준으로 모든 전쟁에 대하여 병역을 거부하는 '보편적 병역거부'와 특정전쟁에 대하여만 병역을 거부하는 '선택적 병역거부'로 나눌 수 있다.

② 선택적 병역거부 관련 외국의 판례

미국 연방대법원은 전쟁 일반이 아닌 '특정 전쟁만을 반대한 자'에게 양심적 집총거부를 부인하였고(Gillette v. U.S. 1971), 독일 연방헌법재판소도 '상황조건부 병역거부'는 허용하지 않는다.

③ 양심적 병역거부 인정 여부

양심적 병역거부는 헌법상 양심의 자유로서 보장되지 않는다는 것이 우리나라의 일관된 판례였으나, 헌법재판소는 견해를 변경하여 ① 양심적 병역거부자에 대한 대체복무제를 규정하지 아니한 병역법상의 '병역종류조항'에 대해 헌법불합치 결정을 하였다. 다만 동 판결에서 ② 양심적 병역거부자에 대한 처벌의 근거가 된 병역법상의 '처벌조항'에 대해서는 합헌결정을 하였다(헌재 2018.6.28. 2011헌바379).[6]

3. 적극적 양심실현의 자유(작위에 의한 양심실현의 자유)

(1) 의의

적극적 양심실현의 자유란 적극적인 형태로 자기의 양심에 따른 행동을 할 자유를 말하며, 양심활동의 자유라고도 한다.

(2) 양심의 자유에 포함되는지 여부

1) 학설의 대립

(가) 부정설(통설)

① 양심의 자유의 내용은 인간의 내면적인 자유에 국한되는 것이다.

---

[6] 헌법재판소는 종래 2004. 8. 26. 선고한 2002헌가1 결정 및 2004. 10. 28. 선고한 2004헌바61 결정, 2011. 8. 30. 선고한 2008헌가22 결정 등에서는 양심적 병역거부자의 처벌근거가 된 병역법 제88조 제1항 제1호(처벌규정)에 대하여 합헌결정을 하였다. 그러나 2018.6.28. 2011헌바379 결정에서는 종전과 달리 처벌규정(병역법 제88조 제1항) 이외에 병역종류조항(제5조 제1항)도 심판대상으로 삼아 판단하였으며, 병역종류조항에 대하여 재판관 6(헌법불합치) : 3(각하)의 의견으로 헌법불합치결정을 선고하였다. 다만 처벌조항에 대하여는 재판관 4(합헌) : 4(일부위헌) : 1(각하)의 의견으로 합헌결정을 선고하였다.(헌재 2018.6.28. 2011헌바379).

② 양심의 결정을 실현시키거나 구체적인 행동(작위·부작위)을 할 자유를 양심의 자유에서 제외시키는 입장이다.
③ 국가의 법질서나 개인의 권리는 국민 한 사람 한 사람의 양심상의 이유때문에 무시될 수는 없고, 양심의 외부적 표현은 표현의 자유의 문제이다.

(나) 긍정설
① 양심의 결정을 표현하는 행위도 양심의 자유에 포함된다.
② 양심결정과 같은 인간의 내심영역은 그 본질상 어차피 국가권력의 영향권 밖에 있기 마련인데, 양심의 자유에 의해서 보호되는 것이 이 같은 내심영역에 국한되는 것이라면 헌법이 특별히 양심의 자유를 보장하고 있는 이유를 설명할 수 없다.
③ 양심실현의 자유를 제외한 양심의 자유는 큰 의미가 없다.

(다) 절충설
① 작위가 아닌 부작위에 의한 양심의 실현이 양심의 자유의 내용에 포함된다.
② 양심의 자유에서 양심에 반하는 행위에 대한 작위의무로부터의 해방, 즉 일종의 부작위의 자유를 이끌어 낼 수 있다.

2) 판례의 태도

(가) 헌법재판소
헌법재판소는 구 국가보안법 제10조의 불고지죄에 대한 위헌소원사건에서 양심의 자유에 '양심의 결정을 행동으로 옮겨서 실현시킬 수 있는 자유'로서의 양심실현의 자유를 포함시키고 있다(헌재 1998.7.16. 96헌바35).

> 헌법 제19조가 보호하고 있는 양심의 자유는 양심형성의 자유와 양심적 결정의 자유를 포함하는 내심적 자유뿐만 아니라, 양심적 결정을 외부로 표현하고 실현할 수 있는 양심실현의 자유를 포함한다고 할 수 있다. 불고지는 결국 부작위에 의한 양심실현 즉 내심의 의사를 외부에 표현하거나 실현하는 행위가 되는 것이고 이미 순수한 내심의 영역을 벗어난 것이므로 이에 대하여는 필요한 경우 법률에 의한 제한이 가능하다(헌재 1998.7.16. 96헌바35).

(나) 대법원
대법원은 부정설의 입장을 취한 바 있다(대판 1992.9.14. 92도1534).

> 보안사의 민간인에 대한 정치사찰을 폭로하는 양심선언을 하기 위한 피고인의 부대이탈행위는 정당방위나 정당행위에 해당한다고 볼 수 없다(대판 1993.6.8.. 93도766).

V 효력

양심의 자유는 대국가적 효력과 제3자적 효력을 가진다(다수설). 한편 소위 경향기업이 문제된다. 경향기업이란 일정한 정치적 사상이나 신조와 결합된 특수기업을 말하는데, 경향기업이 사상·신조를 고용조건으로 삼을 수 있는지 여부에 대해서는 가능하다고 보는 견해가 다수설이다.

Ⅵ 제한과 그 한계

1. 제한의 가부

(1) 학설의 대립

1) 내재적 한계설

양심의 자유는 비록 순수하게 내심의 영역 안에 남아 있는 경우라 할지라도 일정한 한계가 있는바, 국가의 존립 그 자체를 부인하는 양심은 보호되지 않는다.

2) 내면적 무한계설(다수설)

양심이 외부에 표명되면 일정한 제한이 따르지만, 내심의 작용으로 머물러 있는 이상 제한을 받지 않는다. 이러한 다수설에 대해서는 양심의 자유에서 양심실현의 자유를 제외하는 다수설이 내면적 무한계설을 취하는 것은 논리적으로 문제가 있다는 지적이 있다.

(2) 판례의 태도

1) 대법원은 내면적 무한계설을 취하고 있다(대판 1984.1.24. 82누163).
2) 헌법재판소는 구 국가보안법 제10조의 불고지죄에 대한 위헌소원사건에서 내면적 무한계설의 입장을 취하고 있다(헌재 1998.7.16. 96헌바35).

> 헌법이 보장한 양심의 자유는 정신적인 자유로서 어떠한 사상·감정을 가지고 있더라도 그것이 내심에 머무르는 한 절대적인 자유이므로 제한할 수 없는 것이다. … 양심의 자유 중 양심형성의 자유는 내심에 머무르는 한, 절대적으로 보호되는 기본권이라 할 수 있는 반면, 양심적 결정을 외부로 표현하고 실현할 수 있는 권리인 양심실현의 자유는 법질서에 위배되거나 타인의 권리를 침해할 수 있기 때문에 법률에 의하여 제한될 수 있는 상대적 자유라 할 것이다(헌재 1998.7.16. 96헌바35).

> 양심의 자유는 헌법이 보장하는 기본적 권리이기는 하나 무제한적인 것이 아니기 때문에 헌법 제37조 제2항에 의하여 국가안전보장·질서유지 또는 공공복리를 위하여 필요한 경우에는 양심의 자유의 본질적 내용을 침해하지 않는 한도 내에서 제한할 수 있다(대판 1993.9.28. 93도1730).

2. 한계(본질적 내용의 침해 금지)

① 양심의 자유의 본질적 내용은 국가권력이 모든 국민에게 외형적인 복종을 요구할 수는 있어도 복종의 당위성에 관한 내적인 확신을 강요할 수는 없다는데 있다.
② 국가권력이 모든 국민에게 내적인 확신에 입각한 복종을 강요하는 것은 양심의 자유에 대한 본질적 내용의 침해가 된다.

Ⅶ 양심의 자유의 침해의 판단기준

헌법재판소는 양심적 병역거부에 관한 제1차 결정(헌재 2004.8.26. 2002헌가1; 합헌)에서 양심을 상대화하는 것은 양심의 자유의 본질과 부합될 수 없다고 보아 비례원칙의 일반적인 심사과정은 양심의 자유에 있어서는 그대로 적용되지 않는다고 보았다. 즉 양심의 자유의 경우에는 법익교량을 통하여 양심의 자유와 공익을 조화와 균형의 상태로 이루어 양 법익을 함께 실현하는 것이 아니라, 단지 '양심의 자유'와 '공익' 중 양자택일 즉, 양심에 반하는 작위나 부작위를 법질서에 의하여 '강요받는가 아니면 강요받지 않는가'의 문제가 있을 뿐이라고 판시하였다.

그러나 그 후 견해를 변경하여 양심적 병역거부에 관한 제2차 결정(헌재 2011.8.30. 2008헌가22; 합헌)에서는 양 가치를 양립시킬 수 있는 조화점을 최대한 모색해야 하여야 한다는 전제 하에 헌법상 비례원칙에 의하여야 한다고 판시하였다.

⚖️ 관련판례

(1) 제1차 결정(헌재 2004.8.26. 2002헌가1) [합헌] : 비례원칙에 의한 심사 : 부정
① 양심의 자유의 경우 비례의 원칙을 통하여 양심의 자유를 공익과 교량하고 공익을 실현하기 위하여 양심을 상대화하는 것은 양심의 자유의 본질과 부합될 수 없다. 양심상의 결정이 법익교량과정에서 공익에 부합하는 상태로 축소되거나 그 내용에 있어서 왜곡·굴절된다면, 이는 이미 '양심'이 아니다. 따라서 양심의 자유의 경우에는 법익교량을 통하여 양심의 자유와 공익을 조화와 균형의 상태로 이루어 양 법익을 함께 실현하는 것이 아니라, 단지 '양심의 자유'와 '공익' 중 양자택일 즉, 양심에 반하는 작위나 부작위를 법질서에 의하여 '강요받는가 아니면 강요받지 않는가'의 문제가 있을 뿐이다.
② 병역의무와 양심의 자유가 충돌하는 경우 입법자는 법익형량과정에서 국가가 감당할 수 있는 범위 내에서 가능하면 양심의 자유를 고려해야 할 의무가 있으나, 법익형량의 결과가 국가안보란 공익을 위태롭게 하지 않고서는 양심의 자유를 실현할 수 없다는 판단에 이르렀기 때문에 병역의무를 대체하는 대체복무의 가능성을 제공하지 않았다면, 이러한 입법자의 결정은 국가안보라는 공익의 중대함에 비추어 정당화될 수 있는 것으로서 입법자의 '양심의 자유를 보호해야 할 의무'에 대한 위반이라고 할 수 없다. 그렇다면 이 사건 법률조항은 양심적 병역거부자의 양심의 자유나 종교의 자유를 침해하는 것이라 할 수 없다.

(2) 제2차 결정(헌재 2011.8.30. 2008헌가22) [합헌] : 비례원칙에 의한 심사 : 긍정 - 판례 변경
① 헌법상 보장되는 양심의 자유는 우리 헌법이 실현하고자 하는 가치의 핵이라고 할 '인간의 존엄과 가치'와 직결되는 기본권인 반면, 이 사건 법률조항은 헌법상 기본의무인 국방의 의무를 형성하기 위한 법률인데, 국방의 의무는 국가의 존립과 안전을 위한 불가결한 헌법적 가치를 담고 있으므로 헌법적으로 양심의 자유와 국방의 의무 중 어느 것이 더 가치 있는 것이라 말하기는 곤란하다.
이처럼 헌법적 가치가 서로 충돌하는 경우, 국가권력은 양 가치를 양립시킬 수 있는 조화점을 최대한 모색해야 하고, 그것이 불가능해 부득이 어느 하나의 헌법적 가치를 후퇴시킬 수밖에 없는 경우에도 그 목적에 비례하는 범위 내에 그쳐야 한다.
그런데 헌법 제37조 제2항의 비례원칙은, 단순히 기본권 제한의 일반원칙에 그치지 않고, 모든 국가작용은 정당한 목적을 달성하기 위하여 필요한 범위 내에서만 행사되어야 한다는 국가작용의 한계를 선언한 것이므로, 비록 이 사건 법률조항이 헌법 제39조에 규정된 국방의 의무를 형성하는 입법이라 할지라도 그에 대한 심사는 헌법상 비례원칙에 의하여야 한다.
② 이 사건 법률조항은 … 그 입법목적이 정당하고, … 입법목적을 달성하기 위한 적절한 수단이라 할 것이며, … 나아가 최소침해의 원칙에 반한다 할 수 없으며, … 법익 균형성을 상실하였다고 볼 수 없어, 양심의 자유를 침해하지 아니한다.

(3) 제3차 결정(헌재 2018.6.28. 2011헌바379) [헌법불합치, 합헌] : 비례원칙에 의한 심사 : 긍정
① '병역종류조항'은 과잉금지원칙에 위배하여 양심적 병역거부자의 양심의 자유를 침해한다.
② '처벌조항'은 과잉금지원칙을 위반하여 양심의 자유를 침해하지 아니한다.

제3항 종교의 자유

> ⬟ **헌법**
> 제20조
> ① 모든 국민은 종교의 자유를 가진다.
> ② 국교는 인정되지 아니하며, 종교와 정치는 분리된다.

I 서설

1. 의의

① 종교의 자유라 함은 자신이 선호하는 종교를 자신이 원하는 방법으로 신봉하는 자유를 말하며, 신앙·종교적 행사·선교활동 등을 자유로이 행할 수 있는 적극적 자유만이 아니라, 무신앙의 자유, 종교적 행사·선교활동 등을 강제받지 아니할 소극적 자유까지 그 내용으로 한다.
② 헌법 제20조 제1항은 "모든 국민은 종교의 자유를 가진다"고 규정하여 종교의 자유를 보장하고 있다.

2. 양심의 자유와의 관계

① 종교는 인간의 형이상학적인 신앙을 그 내용으로 한다. 따라서 종교의 자유는 신과 피안에 대한 우주관적 확신과 관련을 가진다는 점에서 양심의 자유와 구별된다.
② 헌법 제20조는 종교적 가치판단과 이에 대한 확신을, 헌법 제19조는 윤리적 가치판단 등과 이에 대한 확신을 보장하는 것이다.

3. 연혁

(1) 영국의 인민협정(1647년)은 최초로 종교의 자유를 규정하였다.
(2) 미국의 Virginia권리장전(1776년)은 최초로 국교부인과 정교분리의 원칙을 채택하였다.
(3) 우리나라
제헌헌법에서 신앙의 자유와 양심의 자유를 함께 규정하는 방식으로 규정하였다가, 제5차 개정헌법에서 종교의 자유와 양심의 자유를 분리하여 규정하였다. 현행헌법은 국교의 불인정과 정교분리원칙을 명문화하였다.

II 법적 성격 및 주체

1. 법적 성격

종교의 자유는 국가권력에 대한 방어권으로서 주관적 공권이며, 국가의 종교적 중립성의 근거가 되는 객관적 가치질서이기도 하다.

2. 주체

① 종교의 자유는 인간의 자유이므로 외국인에게도 인정된다.
② 신앙의 자유는 그 성질상 법인에게는 인정되지 않으나, 선교의 자유, 예배의 자유 등은 법인, 특히 종교결사인 교회에게 인정된다.

Ⅲ 내용

1. 신앙의 자유

① 신앙선택, 신앙변경(개종), 신앙고백, 신앙불표현(침묵) 및 무신앙의 자유가 포함된다.
② 인간의 내심의 작용이므로 어떠한 이유로도 제한될 수 없는 절대적 자유이다(통설).
③ 공직취임시에 특정종교에 대한 신앙을 취임조건으로 하거나 종교적 시험을 과할 수 없다.
④ 신앙을 이유로 해고하는 것은 허용되지 않지만, 경향기업의 경우에는 해고할 수 있다(다수설).

2. 종교적 행사의 자유

종교상의 축전·의식·예배 등 종교적 행위를 각 개인이 임의로 할 수 있는 자유와 그러한 행위를 할 것을 강요당하지 아니하는 자유를 말한다.

3. 종교적 집회·결사의 자유

① 종교적 집회·결사의 자유는 일반적인 집회·결사의 자유의 특별법에 해당하므로 종교적 목적의 집회와 결사는 일반적 집회·결사보다 특별한 보호를 받는다.
② '집회 및 시위에 관한 법률' 제15조에 의하면 종교집회에 대하여는 옥외집회 및 시위의 신고제 등이 적용되지 아니한다.

> **참고조문**
> **집회 및 시위에 관한 법률 제15조(적용의 배제)** 학문, 예술, 체육, 종교, 의식, 친목, 오락, 관혼상제 및 국경행사에 관한 집회에는 제6조부터 제12조까지의 규정을 적용하지 아니한다.

4. 종교적 교육의 자유

① 특정 종교단체가 그 종교의 지도자·교리를 자체적으로 교육시킬 수 있는 자유가 포함된다.
② 대법원은 기독교재단이 설립한 사립대학에서 일정 학기 동안 대학예배에 참석할 것을 졸업요건으로 하는 학칙을 정한 경우 그 학칙은 헌법상 종교의 자유에 반하는 위헌·무효의 학칙이 아니라고 판시하였다(대판 1998.11.10, 96다37268).

5. 선교의 자유

① 다른 종교를 비판하거나 다른 종교를 가진 사람을 개종시키는 자유도 포함되는 바, 종교적 선전, 타종교에 대한 비판 등은 동시에 표현의 자유의 보호대상이나, 그 경우 종교의 자유에 관한 헌법 제20조 제1항은 표현의 자유에

관한 헌법 제21조 제1항에 대하여 특별규정의 성격을 갖는다 할 것이므로 종교적 목적을 위한 언론·출판의 자유의 경우에는 그 밖의 일반적인 언론·출판에 비해 보다 고도의 보장을 받게 된다(대판 1996.9.6, 96다19246).
② 종교단체에서 행하는 봉사활동은 종교선전의 의미도 포함되어 있기 때문에 신앙실행의 자유에 의해서 보호를 받아야 하며, 종교단체에서 벌이는 모금·수집운동 등도 역시 종교선전의 자유에 포함된다.
③ 반종교선전의 자유, 즉 종교에 반대하는 의견을 표명하는 것은 종교의 자유가 아니라 언론·출판의 자유에 의해 보호될 수 있다.
④ 헌법 제20조 제1항이 보장하는 종교의 자유에는 자기가 신봉하는 종교를 선전하고 새로운 신자를 규합하기 위한 선교의 자유가 포함되고, 공공장소 등에서 자신의 종교를 선전할 목적으로 타인에게 그 교리를 전파하는 것 자체는 이러한 선교의 자유의 한 내용을 당연히 이루는 것이라고 볼 것이다. … 지하철 전동차 구내에서 한 선교행위를 경범죄처벌법상 인근소란행위로 본 원심의 판단에 심리미진의 위법이 있다(대판 2003.10.9, 2003도4148).

Ⅳ 효력

종교의 자유는 대국가적 효력과 간접적인 대사인적 효력을 갖는다. 따라서 사용자가 종교를 이유로 근로조건에 관하여 차별대우를 할 수 없고, 신앙을 이유로 해고할 수도 없다. 그러나 교단이 그 구성원에 대하여 교단의 규율에 따르게 하거나 그에 위반한 경우에 합법적인 한계 내에서 징계권을 행사하는 것은 무방하다.

Ⅴ 제한과 한계

1. 제한

① 종교의 자유도 헌법 제37조 제2항에 의한 제한을 받는다.
② 종교의 자유 중 신앙의 자유는 법률로써도 이를 제한할 수 없다.
③ 종교적 행사의 자유, 종교적 집회·결사의 자유, 선교의 자유 등은 법률에 의해 제한이 가능하다.

2. 한계

종교의 자유를 제한하는 경우에도 종교의 자유의 본질적인 내용을 침해해서는 아니된다.

[종교의 자유 관련 문제]

구분	내용
허용	① 종교단체의 규율을 어긴 교인에 대한 종교적 방법의 징계권 행사
	② 국·공립학교에서 행하는 일반적 종교교육
불허	① 공직취임시 취임조건으로 특정종교의 신앙 요구
	② 신앙을 이유로 한 해고(예외: 경향기업)
	③ 국·공립학교 교사가 행하는 특정종교의 선전
	④ 국·공립학교에서 행하는 특정종교시간
	⑤ 회사가 종업원에게 강제하는 특정종교 행사 참석
	⑥ 특정종교 기념일에 발행하는 기념우표

Ⅵ 국교부인과 정교분리의 원칙

1. 의의

① 국교부인과 정교분리의 원칙이란 국가가 특정종교를 국교로 지정하는 것을 금지하고, 정치와 종교가 분리되어 국가는 모든 종교를 동등하게 대우하고 종교는 정치에 대하여 중립을 지키는 것, 즉 국가의 종교적 중립성을 말한다.
② 헌법 제20조 제2항은 국교부인과 정교분리의 원칙을 선언하고 있다.

(1) 종교의 자유와의 관계

국교부인과 정교분리의 원칙은 종교의 자유에서 파생된 원칙일 뿐 종교의 자유 중에 당연히 포함되는 것은 아니며, 종교의 자유는 성질상 개인을 위한 주관적 공권을 의미하나 국교부인과 정교분리의 원칙은 국가와 종교단체의 상호관계에 관한 제도적 보장을 의미한다.

2. 성질

① 헌법 제20조 제2항의 정교분리원칙에서 종교의 자유의 내용을 이루는 권리도 도출된다.
② 국민은 국가와 종교가 분리된 것을 전제로 하여 종교의 자유를 향유하기 때문에 정교분리원칙에 어긋나는 국가 또는 종교단체의 행위에 대하여 정교분리를 전제로 하는 자유나 권리가 침해되었음을 주장할 수 있다.

3. 내용

(1) 국교의 부인

① 국가는 특정한 종교를 국교로 지정할 수 없다.
② 종교의 자유가 반드시 국교의 부인을 필연적으로 포함하지는 않는다. 예컨대 영국은 국교를 인정하면서도 실질적으로 종교의 자유를 인정하고 있다.

(2) 국가에 대한 종교의 중립

① 종교가 정치에 간섭하거나 종교단체가 정치활동을 하는 것은 금지된다. 다만 종교적인 정치활동단체로서의 종교적 정당의 구성과 활동은 정당의 자유에 의하여 보장된다.
② 종교단체가 일반적인 정치적 의사를 표현하는 것은 정치적 자유로 인정된다. 특정 종교단체가 선거에 집단적으로 적극 참여하거나 정치단체를 결성하는 것도 인정된다.

(3) 종교에 대한 국가의 중립

① 정교분리의 원칙상 국·공립학교에서의 특정종교를 위한 종교교육은 금지되나, 사립학교에서의 종교교육 및 종교지도자 양성은 선교의 자유의 일환으로서 보장되는 것이고, … 교육기관이 학교설립인가를 받았다 하여 종교지도자 양성을 위한 종교교육을 할 수 없게 되는 것도 아니다(대판 1989.9.26, 87도519).
② 공직취임시에 특정종교의 양식에 따르는 선서를 요구할 수는 없다.
③ 국가가 어떤 종교를 우대하는 것은 금지되며, 국가가 종교적인 행사를 하는 것도 금지된다. 종교단체의

종교적 행사에 지출되는 비용의 일부를 국가나 지방자치단체의 재정에서 지원하는 행위는 허용되지 않는다. 크리스마스와 석가탄신일의 공휴일제는 특별한 종교적 의미가 없는 하나의 습속으로 인식되고 있기 때문에 무방하다.
④ 모든 종교단체에 대하여 국가가 동등하게 우대하는 문제에 관하여 ⅰ) 모든 종교에 대한 평등한 보호·우대는 무방하다는 견해가 있으나, ⅱ) 무종교의 자유를 고려할 때 비록 모든 종교단체에 대한 특별대우라고 하더라도 부당한 것으로 보아야 할 것이다(다수설).

(4) 국가의 비종교성

① 국가나 지방자치단체가 관광 진흥의 목적이라고 하더라도 특정 종교의 상징물이나 숭배의 대상이 되는 조형물(불상, 십자가, 예수상 등)을 건립하는 것은 허용되지 않는다.
② 종교적 조형물의 조성·복원을 문화재보호의 차원에서 지원하거나 발주하는 행위는 허용된다.

제4항 언론·출판의 자유

> **● 헌법**
> 제21조
> ① 모든 국민은 언론·출판의 자유와 집회·결사의 자유를 가진다.
> ② 언론·출판에 대한 허가나 검열과 집회·결사에 대한 허가는 인정되지 아니한다.
> ③ 통신·방송의 시설기준과 신문의 기능을 보장하기 위하여 필요한 사항은 법률로 정한다.
> ④ 언론·출판은 타인의 명예나 권리 또는 공중도덕이나 사회윤리를 침해하여서는 아니된다. 언론·출판이 타인의 명예나 권리를 침해한 때에는 피해자는 이에 대한 피해의 배상을 청구할 수 있다.

Ⅰ 서설

1. 언론·출판의 자유의 의의

(1) 개념

① 고전적 의미에서의 언론·출판의 자유란 사상 또는 의견을 언어·문자 등으로 불특정 다수인에게 발표하는 자유를 말한다.
② 현대적 의미에서의 언론·출판의 자유란 사상이나 의견을 발표하는 자유 외에 알 권리·엑세스권·반론권·언론기관설립권은 물론이고 언론기관의 취재의 자유와 편집·편성권 및 그 내부적 자유까지 포괄하는 의미로 사용된다.

(2) 표현의 자유와의 관계

표현의 자유는 사상이나 의견을 외부에 표현하는 자유로서 개인적 표현의 자유인 언론·출판의 자유와 집단적 표현의 자유인 집회·결사의 자유를 총칭하는 개념이므로, 표현의 자유는 언론·출판의 자유보다 넓은 개념이다.

2. 연혁

(1) 영국

1649년 인민협약(The Agreement of the People)에서 최초로 언론·출판의 자유가 선언되었고, 1695년 검열법의 폐지로 확립되었다.

(2) 입헌주의 국가

1776년 버지니아권리장전에서 최초로 언론·출판의 자유를 규정한 후 1791년 미연방헌법, 1789년 프랑스 인권선언 등에서 표현의 자유가 규정된 이래 오늘날 각국 헌법이 이를 규정하고 있다.

(3) 우리나라

① 제헌헌법에서 최초로 규정하였다.
② 1960년헌법은 자유당정권 하에서의 언론탄압에 대한 반동으로 언론의 절대적 자유를 보장하였다.
③ 1962년헌법은 언론의 자유의 한계를 명시하였다.
④ 1972년헌법은 허가제와 검열제 금지규정을 삭제함으로써 언론·출판의 자유를 크게 후퇴시켰다.
⑤ 1980년헌법은 언론·출판의 자유의 공적 책임과 사후책임 등을 규정하였다.
⑥ 1987년헌법은 검열금지규정을 부활시켰다.

II 언론·출판의 자유의 성격

1. 언론·출판의 자유의 법적 성격

① 언론·출판의 자유는 국가권력의 간섭을 받지 아니할 자유권적 성격과 정보를 수집·청구할 수 있어야 한다는 의미의 청구권적 성격 및 자유로운 여론형성과 여론존중이 보장되어야 한다는 의미에서 제도적 보장으로서의 성격을 아울러 가진다.
② 언론·출판의 자유가 갖는 이 같은 성격은 언론·출판의 자유의 구체적인 내용에 따라 다르게 나타난다. 의사표현의 자유와 알 권리에서는 주관적 권리로서 자유권의 성격이 강하게 나타나지만, 언론기관의 자유와 보도의 자유에서는 제도보장의 성격이 상대적으로 강하게 나타난다.
③ 언론의 자유는 외면적 정신활동의 자유로서 고립된 개인보다는 인간의 사회적 연대 내지 관계를 중요시한다. 주권자가 여론을 형성하여 국정에 참여하거나 영향을 미치기 때문에 언론의 자유는 민주주의의 필수적인 제도로서 이해된다.

2. 언론·출판의 자유와 그 밖의 기본권의 관계

(1) 집회·결사의 자유와의 관계

언론·출판의 자유는 개인적 표현의 자유이고, 집회·결사의 자유는 집단적 표현의 자유이다.

(2) 양심·종교·학문·예술의 자유와의 관계

헌법 제19조·제20조·제22조는 제21조에 대하여 특별법적 관계에 있으므로 양심·종교·학문·예술의 외부적 표현에 관하여는 제19조·제20조·제22조가 우선 적용된다.

(3) 사생활의 비밀·자유 및 통신의 자유와의 관계

언론·출판은 사상 또는 의견을 불특정다수인을 상대로 표현하는 행위이므로, 개인 간의 일상적인 회화나 통신은 표현의 자유로서 보호받는 것이 아니라 통신의 자유 또는 그것을 내포로 하는 사생활의 비밀·자유로서 보호받게 된다.

Ⅲ 언론·출판의 자유의 주체

① 언론·출판의 자유는 인간의 권리이기 때문에 모든 자연인에게 인정된다.
② 외국인도 원칙적으로 언론·출판의 자유의 주체가 될 수 있으나, 외국인의 정치적 표현의 자유는 보다 많은 제한을 받을 수 있다.
③ 법인에 대해서도 그 적용이 가능한 경우(의사표시·정보수집 등)에는 언론·출판의 자유가 보장된다.

Ⅳ 언론·출판의 자유의 내용

1. 의사의 표현과 전달의 자유

(1) 의사표현과 전달의 자유의 의의

자신의 의사를 표현하고 전달하며, 자신의 의사표명을 통해서 여론형성에 참여할 수 있는 자유를 말한다.

(2) 의사의 개념

① 합리적이고 평가적인 사고의 과정을 거친 '평가적인 의사'만을 의사로 보려는 평가적 의사설과 '사실의 전달'까지도 의사에 포함시키려는 사실전달포함설(다수설)의 견해대립이 있다.
② 단순한 통계숫자의 전달처럼 엄격한 의미에서의 '순수한 사실의 전달'은 의사의 개념에 포함되지 않는다.
③ 사실의 전달이라도 평가적인 사고과정을 거친 평가적인 의사표시로서의 성격이 강하게 나타나는 경우에는 의사표현으로서의 보호를 받아야 할 것이다.

(3) 의사표현의 전달방식

① 의사표현의 전달방식에는 제한이 없다.

② 언어적 표현은 물론이고 상징적 표현도 포함된다.
③ 헌법재판소는 상징적 표현, 상업적 광고, 음반 및 비디오물, 옥외광고물도 표현의 자유에 의한 보호대상으로 본다.

(4) 상징적 표현

언어를 통한 의사표현행위 이외에 언어 이외의 상징을 통하여 의사를 표현하는 의사표현적 행동, 예를 들면 행진, 피케팅, 완장의 착용과 같은 이른바 상징적 언론(symbolic speech)도 그것이 특정한 메시지를 전달하려는 의도가 있고 주변상황으로 보아 의사표현이라고 인정되면 헌법상 표현행위로 인정될 수 있다.

2. 알 권리

(1) 서설

1) 정보화 사회와 알 권리
① 정보화 사회란 고도로 발달한 정보통신기술에 의한 정보의 생산·유통·처리의 증대 및 신속화의 결과로서 그 존재양식과 가치체계의 근본적인 변화가 일어나는 사회를 말한다.
② 고도의 정보화 사회에서의 표현의 자유는 국가로부터 간섭받지 않는다는 소극적 보장에 그치지 않고, 자유로운 정보의 수집과 선택을 위한 적극적인 보장까지 그 내용으로 하는 데 특히 알 권리의 보장이 가장 중요한 문제로 대두되었다.

2) 알 권리의 의의
① 알 권리란 일반적으로 접근할 수 있는 정보원(情報源)으로부터 의사형성에 필요한 정보를 수집하고, 수집된 정보를 취사·선택할 수 있는 자유를 말한다.
② 알 권리는 세계인권선언 제19조와 독일기본법 제5조 제1항 등에서 명문으로 규정하고 있고, 미국의 경우 연방대법원의 판례를 통해 형성되어 1966년에는 정보자유법이 제정되었다.
③ 우리나라의 경우 알 권리를 선언한 헌법의 명문규정은 없으나, 1996년 「공공기관의정보공개에관한법률」이 제정되어 국민의 알 권리를 보호하고 있다.

3) 알 권리의 헌법상 기능
① 의사표현을 위한 선행조건이자, 행복추구의 전제조건이다.
② 현대인의 생활권적인 의미뿐만 아니라, 민주적 의사형성과 여론형성에 기여할 수 있다는 점에서 참정권적인 의미도 가진다.
③ 정보기기의 이용을 통하여 정부와 국민 사이, 국민과 국민 사이의 의사소통을 촉진하여 일반인의 정치적 무관심을 타파하고 공공문제에 대한 다양한 표현과 참여를 유도함으로써 민주주의의 실질적 구현에 기여하고 있다.

(2) 알 권리의 헌법적 근거

헌법재판소는 토지조사부 등의 열람등사신청에 대한 헌법소원사건에서 알 권리의 헌법적 근거를 언론·출판의 자유를 규정한 헌법 제21조 제1항에서 찾고 있다(헌재 1989.9.4. 88헌마22).

(3) 알 권리의 법적 성격

1) 복합적 권리성
헌법재판소는 알 권리의 복합적 권리성을 인정한다(헌재 1991.5.13, 90헌마133).

2) 자유권성
소극적 측면에서 국민이 국가나 사인에 의한 방해를 받음이 없이 일반적으로 접근할 수 있는 정보원으로부터 정보를 받아들이는 권리, 즉 자유권으로서의 성격을 지닌다.

3) 청구권성
헌법재판소는 알 권리가 헌법에 의하여 직접 인정되는 구체적 권리임을 인정한다(헌재 1991.5.13, 90헌마133).

(4) 알 권리의 주체
1) 알 권리는 인간의 권리이므로 국민만이 아니라 외국인에게도 보장된다.
2) 법인에게 그 적용이 가능한 경우에는 법인에게도 주체성이 인정된다.

(5) 알 권리의 내용

1) 정보수령권(정보의 자유)
정보원으로부터 방해받지 않고 정보를 수령할 수 있는 권리를 말하며, 정보의 자유 또는 알 자유권이라고도 한다.

2) 정보수집권
일반적으로 접근가능한 정보원으로부터 능동적으로 정보를 수집할 수 있는 권리를 말한다.

3) 정보공개청구권
① 적극적으로 국가나 사회 또는 개인에 대하여 정보를 공개하여 주도록 요구할 수 있는 권리로서 알 권리의 적극적 측면을 말한다.
② 헌법재판소는 정보공개청구권을 알 권리의 핵심으로 보고 있다(헌재 1991.5.13, 90헌마133).
③ 현재 정보공개법이 시행되고 있어 개인의 정보공개청구권이 법률로써 보장되고 있다.

(6) 알 권리의 한계와 제한
알 권리도 헌법 제21조 제4항이나 헌법 제37조 제2항에 의하여 제한될 수 있다. 그러나 알 권리의 제한에는 비례의 원칙이나 이익형량의 원칙 등이 충분히 고려되어야 한다. 알 권리의 제한과 관련하여 특히 문제되는 것은 국가기밀, 사생활의 비밀과 자유, 기업비밀 등과의 관계이다.

1) 국가기밀과의 관계

(가) 국가기밀에 대한 제한해석의 요청
① 국가기밀이라는 개념은 추상적이고 불확정적 개념일 뿐만 아니라 그에 관한 판단권이 정부의 재량사항으로 인식되고 있어, 국가기밀을 빙자하여 정부가 국민의 알 권리를 제한할 여지가 있다.
② 국가기밀의 범위는 알 권리의 대상영역을 가능한 최대한 넓혀 줄 수 있도록 필요한 최소한도에 한정되어야 하며, 그 요건 또한 엄격하게 해석하는 것이 타당하다.

(나) 헌법재판소
① 군사기밀이라 함은 비공지의 사실로서 관계기관에 의하여 적법절차에 따라 군사기밀로 분류표시 또는 고지된 군사관련 사항이어야 할 뿐만 아니라 아울러 그 내용이 누설될 경우 국가의 안전보장에 명백한 위험이 초래된다고 할 수 있을 정도로 그 내용 자체가 실질적인 비밀가치를 지닌 비공지의 사실이다(헌재 1992.2.25, 89헌가104).
② 국가기밀의 의미는 일반인에게 알려지지 아니한 것으로서 그 내용이 누설되는 경우 국가의 안전에 명백한 위험을 초래한다고 볼 만큼의 실질가치를 지닌 사실, 물건 또는 지식이다(헌재 1997.1.16, 92헌바6).

(다) 대법원
국가기밀은 정치·경제·사회·문화 등 각 방면에 관하여 반국가단체에 대하여 비밀로 하거나 확인되지 아니함이 대한민국의 이익이 되는 모든 사실, 물건 또는 지식으로서 그것들이 국내에서의 적법한 절차 등을 거쳐 이미 일반인에게 널리 알려진 공지의 사실, 물건 또는 지식에 속하지 아니한 것이어야 하고 또는 그 내용이 누설되는 경우 국가의 안전에 위험을 초래할 우려가 있어 기밀로 보호할 실질가치를 갖춘 것이어야 한다(대판 1997.7.16, 97도985 전원합의체).

2) 기업비밀과의 관계
① 기업의 사회적 영향과 사회적 책임의 증대에 따라 기업비밀에 대한 국민의 알 권리의 중요성이 증대되고 있다.
② 기업비밀은 기업의 자유의 보장과 기업비밀의 재산적 가치와 관련한 재산권 보장이라는 측면에서 공개를 제한할 필요성도 역시 있다.
③ 기업비밀인지 여부는 그 정보가 어느 정도 공적 영역에 속하는가와 그 정보의 개시가 초래할 기업의 잠재적 손해에 따라 판단하여야 할 것이다.

(7) 알 권리의 보장과 정보공개법

정보공개에 관한 일반법으로 「공공기관의정보공개에관한법률(이하 "정보공개법")」이 1996년 12월 31일에 공포되어 1998년 1월 1일부터 시행되고 있다. 정보공개법 시행 이전에도 대통령령인 사무관리규정, 조례 등으로부터 정보공개청구권이 학설·판례에 의해 인정되어 왔다.

1) 정보의 개념

> 공공기관의 정보공개에 관한 법률
> 제2조(정의) 이 법에서 사용하는 용어의 뜻은 다음과 같다.
> 1. "정보"란 공공기관이 직무상 작성 또는 취득하여 관리하고 있는 문서(전자문서를 포함한다) 및 전자매체를 비롯한 모든 형태의 매체 등에 기록된 사항을 말한다.

2) 정보공개청구권자

모든 국민은 정보의 공개를 청구할 권리를 가진다(동법 제5조 제1항). 모든 국민이 청구권자이므로 반드시 이해관계인에 한정하지 않는다. 여기에서 말하는 국민에는 자연인은 물론 법인과 권리능력 없는 사단·재단도 포함되고, 법인, 권리능력 없는 사단·재단 등의 경우에는 설립목적을 불문한다(대판 2003.12.12, 2003두8050). 정보공개를 청구할 수 있는 외국인에 관하여는 대통령령으로 다음과 같이 정한다.

> ● **정보공개법 시행령**
> **제3조(외국인의 정보공개청구)** 법 제5조 제2항의 규정에 의하여 정보공개를 청구할 수 있는 외국인은 다음 각호의 어느 하나에 해당하는 자로 한다.
> 1. 국내에 일정한 주소를 두고 거주하거나 학술·연구를 위하여 일시적으로 체류하는 사람
> 2. 국내에 사무소를 두고 있는 법인 또는 단체

3) 정보공개의무자

(가) 정보공개의 원칙(동법 제3조) : 공공기관이 보유·관리하는 정보는 국민의 알권리 보장 등을 위하여 이 법에서 정하는 바에 따라 적극적으로 공개하여야 한다.

(나) 적용범위(동법 제4조)
① 정보의 공개에 관하여는 다른 법률에 특별한 규정이 있는 경우를 제외하고는 「정보공개법」이 정하는 바에 따른다.
② 지방자치단체는 그 소관 사무에 관하여 법령의 범위 안에서 정보공개에 관한 조례를 정할 수 있다.
③ 국가안전보장에 관련되는 정보 및 보안업무를 관장하는 기관에서 국가안전보장과 관련된 정보 분석을 목적으로 수집되거나 작성된 정보에 대하여는 「정보공개법」을 적용하지 아니한다.

(다) 공공기관의 의미(제2조 제3호) : '공공기관'이라 함은 국가기관(국회, 법원, 헌법재판소, 중앙선거관리위원회, 중앙행정기관 및 그 소속기관과 「행정기관 소속 위원회의 설치·운영에 관한 법률」에 따른 위원회), 지방자치단체, 「공공기관의 운영에 관한 법률」 제2조에 따른 공공기관, 「지방공기업법」에 따른 지방공사 및 지방공단, 그밖에 대통령령이 정하는 기관을 말한다.

4) 정보의 사전적 공개 등(동법 제7조)

공공기관은 다음 각 호의 어느 하나에 해당하는 정보에 대해서는 공개의 구체적 범위, 주기, 시기 및 방법 등을 미리 정하여 정보통신망 등을 통하여 알리고, 이에 따라 정기적으로 공개하여야 한다. 다만 비공개대상정보(제9조)에 해당하는 정보는 그러하지 아니하다.
① 국민생활에 매우 큰 영향을 미치는 정책에 관한 정보
② 국가의 시책으로 시행하는 공사 등 대규모의 예산이 투입되는 사업에 관한 정보
③ 예산집행의 내용과 사업평가결과 등 행정감시를 위하여 필요한 정보
④ 그밖에 공공기관의 장이 정하는 정보

5) 정보목록의 작성·비치 등(동법 제8조)

공공기관은 당해 기관이 보유·관리하는 정보에 대하여 국민이 쉽게 알 수 있도록 정보목록을 작성·비치하고, 그 목록을 정보통신망을 활용한 정보공개시스템 등을 통하여 공개하여야 한다. 다만 정보목록 중 비공개대상정보가 포함되어 있는 경우에는 당해 부분을 비치·공개하지 아니할 수 있다.

6) 비공개대상정보(동법 제9조)

(가) 공공기관이 보유·관리하는 정보는 공개대상이 되지만, 다음에 해당하는 정보에 대하여는 이를 공개하지 아니할 수 있다.
① 다른 법률 또는 법률이 위임한 명령(국회규칙·대법원규칙·헌법재판소규칙·중앙선거관리위원회규칙·대통령령 및 조례에 한함)에 의하여 비밀 또는 비공개 사항으로 규정된 정보

② 국가안전보장·국방·통일·외교관계 등에 관한 사항으로서 공개될 경우 국가의 중대한 이익을 현저히 해할 우려가 있다고 인정되는 정보
③ 공개될 경우 국민의 생명·신체 및 재산의 보호에 현저한 지장을 초래할 우려가 있다고 인정되는 정보
④ 진행 중인 재판에 관련된 정보와 범죄의 예방, 수사, 공소의 제기 및 유지, 형의 집행, 교정, 보안처분에 관한 사항으로서 공개될 경우 그 직무수행을 현저히 곤란하게 하거나 형사피고인의 공정한 재판을 받을 권리를 침해한다고 인정할 만한 상당한 이유가 있는 정보
⑤ 감사·감독·검사·시험·규제·입찰계약·기술개발·인사관리·의사결정과정 또는 내부 검토과정에 있는 사항 등으로서 공개될 경우 업무의 공정한 수행이나 연구·개발에 현저한 지장을 초래한다고 인정할 만한 상당한 이유가 있는 정보. 다만 의사결정과정 또는 내부검토과정을 이유로 비공개할 경우에는 각각의 과정과 단계 및 종료예정일을 함께 안내하여야 하며, 의사결정과정 및 내부검토과정이 종료되면 정보공개청구인에게 이를 통지하여야 한다.
⑥ 해당 정보에 포함되어 있는 이름·주민등록번호 등 개인정보로서 공개될 경우 개인의 사생활의 비밀 또는 자유를 침해할 우려가 있다고 인정되는 정보. 다만 다음에 열거한 사항은 제외한다.
㉠ 법령이 정하는 바에 따라 열람할 수 있는 정보
㉡ 공공기관이 공표를 목적으로 작성하거나 취득한 정보로서, 개인의 사생활의 비밀과 자유를 부당하게 침해하지 않는 정보
㉢ 공공기관이 작성하거나 취득한 정보로서 공개하는 것이 공익 또는 개인의 권리구제를 위하여 필요하다고 인정되는 정보
㉣ 직무를 수행한 공무원의 성명·직위
㉤ 공개하는 것이 공익을 위하여 필요한 경우로 법령에 의하여 국가 또는 지방자치단체가 업무의 일부를 위탁 또는 위촉한 개인의 성명·직업
⑦ 법인·단체 또는 개인의 경영·영업상 비밀에 관한 사항으로서 공개될 경우 법인 등의 정당한 이익을 현저히 해할 우려가 있다고 인정되는 정보. 다만 다음에 열거한 정보를 제외한다.
㉠ 사업활동에 의하여 발생하는 위해로부터 사람의 생명·신체 또는 건강을 보호하기 위하여 공개할 필요가 있는 정보
㉡ 위법·부당한 사업활동으로부터 국민의 재산 또는 생활을 보호하기 위하여 공개할 필요가 있는 정보
⑧ 공개될 경우 부동산 투기·매점매석 등으로 특정인에게 이익 또는 불이익을 줄 우려가 있다고 인정되는 정보
(나) 공공기관은 (1)의 어느 하나에 해당하는 정보가 기간의 경과 등으로 인하여 비공개의 필요성이 없어진 경우에는 당해 정보를 공개대상으로 하여야 한다.

3. 보도의 자유

(1) 보도의 자유의 의의와 기능

보도의 자유라 함은 출판물 또는 전파매체에 의해 의사를 표현하고 사실을 전달함으로써 여론형성에 참여할 수 있는 자유, 즉 매스컴의 자유를 말한다.

(2) 보도의 자유의 내용

1) 출판물에 의한 보도의 자유

(가) 신문발행의 자유

신문발행은 원칙적으로 자유이고 신문발행의 허가제는 금지된다.

(나) 신문편집·보도의 자유

① 신문편집·보도의 자유는 편집·보도내용에 대해서 국가적 간섭을 배제하는 것을 그 내용으로 한다.
② 편집·보도내용에 대한 사전검열제도는 금지된다. 그러나 사후검열은 가능하다.

(다) 취재의 자유

취재의 자유는 신문의 자유의 불가결한 내용이다. 그러나 사생활의 비밀을 침해하거나 중대한 국익을 침해하는 취재활동은 허용될 수 없다.

(라) 신문보급의 자유

신문보급의 자유는 신문이 가지는 공적인 기능을 비로소 가능하게 한다는 점에서 중요한 의미를 가진다. 따라서 신문보급 내지 배포에 대한 국가적 간섭은 신문의 자유에 대한 중대한 침해가 된다.

2) 전파매체에 의한 보도의 자유(방송과 방영의 자유)

① 전파매체에 의한 보도의 자유는 방송·TV 등 유선·무선의 전파매체에 의한 언론의 자유, 즉 방송과 방영의 자유를 말한다.
② 방송의 자유의 보호영역에는, 국가의 간섭을 배제하는 주관적인 자유권 영역 외에 그 자체만으로 실현될 수 없고, 그 실현과 행사를 위해 실체적, 조직적, 절차적 형성 및 구체화를 필요로 하는 객관적 규범질서의 영역이 존재한다(헌재 2003.12.18. 2002헌바49).

4. 엑세스(Access)권

(1) 엑세스권의 의의 및 특성

1) 의의

① 엑세스권이란 넓은 의미에서 일반 국민이 자신의 생각이나 의견을 발표하기 위하여 언론매체에 자유롭게 접근하여 이를 이용할 수 있는 권리를 말한다.
② 엑세스권은 국민 대 국가의 관계에서 발생하는 문제가 아니라 국민 대 언론기관의 관계에서 발생하는 문제로서, 언론기관에 대해 '받기만 하는 국민'의 지위에서 '보내는 지위의 국민'으로 복권하자는 데 그 의의가 있다.

2) 특성

① 엑세스권의 보장문제는 국민과 보도기관 사이에서 생기는 문제라는 점에 그 권리의 특성이 있다.
② 엑세스권은 언론·출판의 자유의 제3자적 효력의 문제이다.
③ 엑세스권은 국민의 매스미디어에 대한 권리라고 보아야 한다.

(2) 엑세스권의 헌법적 근거와 법적 성격

1) 헌법적 근거
엑세스권의 헌법적 근거에 대하여는 ① 헌법 제21조 제1항과 제10조 및 제34조 제1항을 드는 견해, ② 언론·출판의 자유의 객관적 가치질서로서의 성격에서 찾아야 한다고 하여 헌법 제21조 제1항을 드는 견해, ③ 헌법 제21조 제4항에서 그 근거를 찾는 견해가 대립한다.

2) 법적 성격
엑세스권은 국민주권주의를 실질적으로 보장하며, 헌법상의 기본질서인 민주적 기본질서의 기본요소가 된다.

(3) 엑세스권의 내용

1) 의견광고
일반 상업광고와는 달리 광고주의 의견을 광고의 형식으로 선전하는 것을 말한다.

2) 독자투고
독자가 자기의 의견이나 판단을 신문 등의 정기간행물에 게재시키는 행위를 말한다.

3) 반론권
정기간행물이나 방송 등에서 공표된 사실적 주장에 의하여 피해를 입은 자가 방송국 또는 언론사에 대하여 반론보도의 방송 또는 반론보도문을 게재하여 줄 것을 요구할 수 있는 권리이다. 현재 언론중재및피해구제등에관한법률에서는 이에 대해 정정보도청구제도와 반론보도청구 및 추후보도청구 등에 대해 규정하고 있다.

(가) 정정보도청구권(언론중재및피해구제등에관한법률 제14조)
① 사실적 주장에 관한 언론보도가 진실하지 아니함으로 인하여 피해를 입은 자는 당해 언론보도가 있음을 안 날부터 3월 이내에 그 보도내용에 관한 정정보도를 언론사에 청구할 수 있다. 다만 당해 언론보도가 있은 후 6월이 경과한 때에는 그러하지 아니하다.
② 청구에는 언론사의 고의·과실이나 위법성을 요하지 아니한다.
③ 민사소송법상 당사자능력이 없는 기관 또는 단체라도 하나의 생활단위를 구성하고 보도내용과 직접적인 이해관계가 있는 때에는 그 대표자가 정정보도를 청구할 수 있다.
④ 정기간행물의등록등에관한법률상의 정정보도청구권은 반론권을 뜻하는 것으로 인격권, 사생활의 비밀과 자유 및 언론의 책임을 규정한 헌법 제21조 제4항에 그 근거를 두고 있고 언론의 자유의 본질적 내용을 침해하는 것이 아니다(헌재 1991.9.16, 89헌마165).

(나) 반론보도청구권(반론권, 언론중재및피해구제등에관한법률 제16조)
① 사실적 주장에 관한 언론보도로 인하여 피해를 입은 자는 그 보도내용에 관한 반론보도를 언론사에 청구할 수 있다.
② 청구에는 언론사의 고의·과실이나 위법함을 요하지 아니하며, 보도내용의 진실 여부를 불문한다.
③ 반론보도청구에 관하여는 정정보도에 관한 규정을 준용한다.

구분	정정보도청구	반론보도청구
보도내용의 진위	보도내용이 허위임을 전제	보도내용의 허위여부와 무관
청구기간	보도 있음을 안 날로부터 3월 이내, 보도있은 날로부터 6월까지 언론사에 청구	
입증정도	「민사소송법」의 소송절차(증명)	「민사집행법」의 가처분절차(소명)
집행에 필요한 절차	가처분절차에 의하도록 한 것 : 위헌	가처분절차에 의하도록 한 것 : 합헌
귀책사유/위법성	언론사의 고의·과실, 위법성을 요하지 않음	
중재절차	언론중재위원회의 중재절차는 임의적 절차	
주장의 대상	사실적 주장에 대해서만 가능	

(다) 추후보도청구권(석명권, 언론중재및피해구제등에관한법률 제17조)

언론에 의하여 범죄혐의가 있거나 형사상의 조치를 받았다고 보도 또는 공표된 자는 그에 대한 형사절차가 무죄판결 또는 이와 동등한 형태로 종결된 때에는 그 사실을 안 날부터 3월 이내에 언론사에 이 사실에 관한 추후보도의 게재를 청구할 수 있고, 추후보도의 내용에는 청구인의 명예나 권리회복에 필요한 설명 또는 해명이 포함되어야 한다.

(4) 엑세스권과 알 권리의 비교

구분	엑세스권	알 권리
권리특성	사인 간에 주로 발생 국민의 매스미디어에 대한 권리	사인과 국가 간에 주로 발생 국민의 국가에 대한 권리
권리주체	언론사는 주체가 되지 못함	언론사도 주체가 됨
갈등의 유형	보도의 자유와 엑세스권의 충돌관계 성립	알 권리와 변호권 등 경합관계 성립
기본권의 효력	대사인적 효력	대국가적 효력
관련법률	언론중재및피해구제등에관한법률	공공기관의정보공개에관한법률

(5) 엑세스권의 한계

① 보도의 자유와 엑세스권의 상충관계가 성립하는 경우에는 기본권 상충이론에 따라 해결해야 할 것이다.
② 인격적 가치의 침해에 대응하는 반론권 및 해명권은 우선적으로 보호되어야 할 것이고, 엑세스권에 의해서 요구되는 내용이 민주적인 여론형성과 관계가 클수록 그 보호의 필요성은 커진다.

5. 언론기관의 내부적 자유

편집권은 경영권으로부터의 독립이 보장되어야 하며, 언론경영자는 경영권의 일부로서 독자적인 인사권과 경리·운영권을 가지며, 외부의 압력에 의한 인사 등이 이루어지지 않을 것이 요구된다.

6. 취재원비닉권

(1) 취재원비닉권의 의의

① 취재원비닉권이란 취재원에 대한 진술거부권으로서, 국민에 대한 정보전파의 목적으로 내적 신뢰 관계를 통하여 취재한 취재원의 공개를 거부할 수 있는 권리를 말한다.
② 언론매체의 종사자가 자신이 수집한 정보를 비밀로 하거나, 수사기관의 수사과정이나 법원의 재판과정에서 취재원에 대한 진술 또는 증언을 거부할 수 있는 권리를 말한다.

(2) 구별개념

1) 진술거부권
① 진술거부권(묵비권)이란 피고인 또는 피의자가 수사절차 또는 공판절차에서 수사기관 또는 법원의 심문에 대하여 진술을 거부할 수 있는 권리를 말한다.
② 헌법 제12조 제2항은 "모든 국민은 … 형사상 자기에게 불리한 진술을 강요당하지 아니한다"라고 하여 진술거부권을 보장하고 있다.
③ 진술거부권은 신체의 자유를 보장하기 위한 것이라는 점에서 취재원비닉권과 구별된다.

2) 양심의 자유
① 양심이란 어떤 일의 옳고 그름을 판단함에 있어서 그렇게 행동하지 않고서는 자신의 인격적인 존재가치가 파멸되고 말 것이라는 절박하고 진지한 마음의 소리이다.
② 취재원비닉권이란 자기가 알고 있는 정보의 출처에 대하여 침묵할 수 있는 권리 즉, 객관적 사실에 대하여 침묵할 수 있는 권리를 의미하는 것이다.
③ 취재원비닉권은 양심상의 결정에 대한 침묵이라고 볼 수 없어 양심의 자유에 의하여 보호될 수 없다.

(3) 언론의 자유의 내용으로서 취재원비닉권의 인정여부
① 다수학설은 취재원비닉권을 인정할 경우 수사 및 재판에 지장을 초래하여 재판의 공정성 확보라는 중요한 헌법적 가치를 훼손할 수 있다는 점과 범죄행위를 조장할 우려가 있다는 점을 근거로 부정한다.
② 미연방대법원은 1972년 Branzburg v. Hayes 사건에서 취재원의 비밀이 언론의 자유의 내용에 당연히 포함되는 것은 아니라고 판시하여 취재원비닉권을 부정하는 입장을 취한 바 있다.
③ 일본 최고재판소는 북해타임즈 사건에서 신문이 진실을 보도하는 것은 헌법 제21조가 인정하는 표현의 자유에 속하고 또한 그를 위한 취재활동도 인정되지 않으면 아니된다. 단지 그 자유도 무제한적일 수는 없고 '공공의 복지'에 의한 제한에 따른다고 판단하여 취재원비닉권에 대하여 소극적이다.

Ⅴ 언론·출판의 자유의 효력

언론·출판의 자유는 모든 국가기관을 구속하는 대국가적 효력을 가질 뿐만 아니라 사인 간에서도 사법상의 일반조항을 통하여 간접적으로 효력을 미친다.

Ⅵ 언론·출판의 자유의 한계

1. 헌법 제21조 제4항의 법적 성격

헌법 제21조 제4항은 "언론·출판은 타인의 명예나 권리 또는 공중도덕이나 사회윤리를 침해하여서는 아니된다"고 규정하여 언론·출판의 자유의 한계를 명시하고 있는 바, 이러한 한계가 구체적으로 어떠한 성격을 가지는 것인지가 문제된다.

2. 학설의 대립

(1) 헌법적 한계설

헌법정책적 결단으로 언론·출판의 자유가 넘어설 수 없는 구체적인 헌법적 한계를 명시함과 동시에 사인 간에 직접적 효력을 가진다는 것을 특별히 명시한 것이다.

(2) 내재적 한계설

타인의 명예나 권리 또는 공중도덕이나 사회윤리를 침해하는 표현행위는 언론·출판의 자유에 의해 보호되지 않는 기본권의 내재적 한계이다. 즉 헌법 제21조 제4항은 기본권의 내재적 한계를 재확인하고 명시한 것이다.

(3) 개별적 헌법유보설

헌법에 언론·출판의 자유의 한계를 규정한 것으로 헌법에 의한 기본권의 제한, 즉 개별적 헌법유보이다.

(4) 가중적 법률유보설

언론·출판물이 오로지 타인의 명예나 권리 또는 공중도덕이나 사회윤리를 침해하는 경우에만 언론·출판의 자유를 제한할 수 있음을 헌법이 직접 규정한 것이다.

(5) 주의적 규정설

헌법 제21조 제4항의 사유는 일반적 법률유보에 관한 헌법 제37조 제2항의 기본권 제한 목적의 일부에 지나지 않고, 언론·출판의 자유는 헌법 제21조 제4항의 사유에 한정하여 제한되는 것이 아니라 헌법 제37조 제2항이 정하는 목적에 의해서도 제한될 수 있으므로, 헌법 제21조 제4항은 우리 헌법구조상 개별적 헌법유보로서 기능하지 못한다. 따라서 헌법 제21조 제4항은 언론·출판의 자유의 한계를 강조하는 당연한 내용을 정하고 있는 주의적인 규정에 지나지 않는다. 헌법입법의 기술로 볼 때에는 헌법 제37조 제2항이 있는 이상 이는 사족에 불과하므로 삭제하여도 무방하다.

3. 헌법재판소

헌법재판소는 헌법 제21조 제4항의 법적 성격에 관하여 명확한 태도를 취하고 있는 것으로 보이지는 않는다.

4. 헌법 제21조 제4항의 내용

(1) 타인의 명예

언론·출판이 헌법적 한계를 넘어 타인의 명예를 훼손한 것인지 판단하기 위해서는 언론의 자유와 인간의 존엄과 가치에 기초한 피해자의 명예권이라는 헌법상의 두 권리를 비교 형량함으로써 파악할 수 있다.

(2) 타인의 권리

언론·출판의 자유에 의하여 침해되어서는 아니 될 타인의 권리로는 사생활의 비밀, 저작권·초상권·성명권 등의 일반적 인격권, 행복추구권, 형사피고인의 무죄추정권 등을 들 수 있다.

(3) 공중도덕 · 사회윤리

언론·출판의 한계로서의 공중도덕이나 사회윤리가 무엇을 의미하는지는 헌법상의 가치질서와의 상호관계 하에서 이해해야 한다. 구체적으로 보면, ① 우리들의 자손의 안전과 자유와 행복을 영원히 확보하려는 헌법 전문의 정신에 반하는, 예를 들어 청소년의 보호 내지 청소년의 교육에 역행하는 언론·출판, ② 헌법이 추구하는 전통적인 문화국가의 정신에 어긋나는 언론·출판, ③ 우리 헌법이 보장하는 남녀평등에 바탕을 둔 혼인·가족제도에 반하는 언론·출판은 허용되지 않는다고 보아야 한다.

5. 헌법 제21조 제4항의 한계를 일탈한 언론·출판의 책임

① 언론·출판이 헌법 제21조 제4항이 규정한 헌법적 한계를 일탈한 경우에는 언론·출판의 자유로서 보호될 수 없다.
② 언론·출판이 헌법 제21조 제4항이 규정한 헌법적 한계를 일탈한 일탈행위가 실정법질서와 저촉되는 경우에는 법적인 책임(예 민법 제751조에 의한 손해배상청구, 형법 제309조에 의한 출판물에 의한 명예훼손죄)을 추궁 받게 된다.

Ⅶ 언론·출판의 자유의 제한

1. 제한의 형식

(1) 헌법 및 법률에 의한 제한

① 헌법은 제21조 제4항에서 언론·출판의 자유에 대한 헌법 직접적 제한규정을 두고 있는 바, 이를 근거로 하여 언론·출판의 자유를 제한할 수 있을 것이다.
② 제21조 제4항과 일반적 법률유보조항인 제37조 제2항의 관계가 문제되는데, 제21조 제4항은 언론에 특유한 쟁점들을 중심으로 그 제한을 규정하고 있는 것으로 제37조 제2항의 한 예시로 보아야 할 것이다.
③ 제21조 제4항의 필요성에 따른 제한의 경우에도 제37조 제2항의 법리에 비추어 해석해야 할 것이다.

(2) 긴급명령 및 비상계엄에 의한 제한

① 헌법 제76조에 의하여 대통령이 긴급명령을 발할 때에는 언론·출판의 자유도 긴급명령에 의한 제한을 받게 된다.
② 헌법 제77조 제3항에 따라 비상계엄이 선포되면 법률이 정하는 바에 따라 계엄사령관은 언론·출판의 자유에 대하여 특별한 조치를 할 수 있다(계엄법 제9조 제1항).

2. 사전제한의 금지

(1) 사전제한금지원칙을 규정한 이유

① 헌법 제21조 제2항은 "언론·출판에 대한 허가나 검열과 집회·결사에 대한 허가는 인정되지 아니한다"고 하여 사전제한금지의 원칙을 규정하고 있다.

② 표현의 자유에 대한 사전제한을 허용하는 경우에는 사상이 일반대중에게 공개되는 것 자체가 금지되어 일반 공중들에 의한 평가의 기회를 갖지 못하게 됨으로써 이른바 관제의견이나 지배자에게 무해한 여론만이 허용되는 결과를 초래할 염려가 있게 된다.

③ 사전제한을 하는 경우에는 '절차의 신속성'을 위하여 '절차의 적정성'이 훼손될 우려가 있으며, 표현에 있어서의 시의적절성을 상실할 염려가 있기 때문에 표현의 자유에 대한 사전제한을 금지하고 있는 것이다.

(2) 허가제의 금지

1) 금지되는 허가의 개념

① 헌법 제21조 제2항은 "언론·출판에 대한 허가는 … 인정되지 아니한다"고 하여 허가제의 금지를 규정하고 있다.

② 헌법재판소에 의하면 금지되는 허가란 표현의 '내용'에 대한 규제를 말하며, 표현의 내용이 아닌 표현의 '방식'에 대한 규제는 허가에 해당하지 않는다고 한다(헌재 1992.6.26. 90헌가23).

2) 검열과의 구별여부

허가를 검열과 동일한 개념으로 볼 것인지에 대하여 헌법재판소는 헌법상 금지되는 허가와 검열을 동일한 개념으로 보고 있다(헌재 1992.6.26. 90헌가23).

3) 허가제와 관련된 개별제도에 대한 헌법재판소 결정례

(가) 정기간행물의 등록제: 내용에 대한 규제가 아니므로 헌법이 금지하는 허가제에 해당하지 않는다고 보았다(헌재 1992.6.26. 90헌가23).

(나) 옥외광고물의 사전허가: 내용에 대한 규제가 아님을 이유로 헌법이 금지하는 허가제에 해당하지 않는다고 하였다(헌재 1998.2.27. 96헌바2).

(다) 종합유선방송사업의 사전허가: 내용에 대한 규제가 아님을 이유로 헌법상 금지되는 허가제가 아니라고 하였다(헌재 2001.5.31. 2000헌바43 등).

(3) 검열제의 금지

1) 검열의 개념 및 요건

(가) 의의

검열이란 사상·의견 등이 발표되기 이전에 국가기관이 그 내용을 심사·선별하여 일정한 사상이나 의견의 표현을 사전에 억제하는 제도를 말한다.

(나) 요건

① 허가를 받기 위한 표현물의 제출의무가 있을 것
② 행정권이 주체가 된 사전심사 절차일 것
③ 허가를 받지 아니한 의사표현은 금지될 것
④ 심사절차를 관철할 수 있는 강제수단 등이 있을 것

2) 영화에 대한 검열의 인정여부

헌법 제21조 제2항은 언론·출판에 대한 검열의 금지를 규정하고 있을 뿐, 영화에 대하여는 별도의 규정을 두고 있지 아니하다. 여기서 영화가 언론·출판의 한 내용에 해당하는지 여부와 헌법해석상 영화에 대한 검열이 금지되는지 여부가 문제된다.

(가) 언론·출판의 자유에 영화가 포함되는지 여부
① 언론·출판의 자유에 있어서의 '언론'은 구두로 사상이나 의견을 표현하는 것으로 토론·연설·담화·방송 등을 의미하며, '출판'은 문자나 형상에 의해 사상이나 의견을 표현하는 것으로 문서·도화 등에 의한 표현을 의미한다.
② 표현방법이 다양해지면서 언론·출판은 모든 형식의 의사표현 형식을 나타내게 되어 영화도 언론·출판의 자유의 한 부분으로 인정된다.

(나) 영화에 대한 검열의 인정여부
헌법재판소는 영화도 의견과 정보전달의 요소를 담고 있기 때문에 언론·출판의 자유에 의하여 보호가 됨을 전제로, 공연윤리위원회에 의한 영화사전심의를 헌법이 금지하는 사전검열에 해당한다고 판시하였다(헌재 1996.10.4, 93헌가13).

3) 비상계엄 하의 검열의 인정여부
헌법 제21조 제1항이 언론·출판에 대한 검열금지를 규정한 것은 비록 헌법 제37조 제2항이 국민의 자유와 권리를 국가안전보장, 질서유지 또는 공공복리를 위하여 필요한 경우에 한하여 법률로써 제한할 수 있도록 규정하고 있다고 할지라도 언론·출판에 대하여는 검열을 수단으로 한 제한만은 법률로써도 허용되지 아니한다는 것을 밝힌 것이다(헌재 1998.2.27, 96헌바2).

4) 검열제와 관련된 개별제도
(가) 검열에 해당하는 예
① 영화사전심의제도
② 음반·비디오물 및 게임물에 대한 사전심의제도
③ 영화등급분류보류제도
④ 외국비디오물수입추천제도
⑤ 외국음반 국내제작추천제도
⑥ 텔레비전 방송광고의 사전심의

(나) 검열에 해당하지 않는 예
① 제한상영가제도
② 정기간행물의 납본제도
③ 검인정교과서제도
④ 영화등급심사제도
⑤ 방영금지가처분
⑥ 게임물의 등록제
⑦ 옥외광고물 허가제
⑧ 게임물판매업자 등록제

(4) 영화상영 전 법원에 의한 가처분의 허용여부

1) 학설의 대립

(가) 제한적 긍정설

법원의 가처분에 의한 사전제한이 허용될 수 있는 요건으로 표현내용이 헌법상 보호되지 않는 것임이 명백해야 하고, 표현이 행해지는 경우 회복할 수 없는 해악의 발생이 예견되어야 하며, 위의 두 가지 사실의 입증책임은 가처분신청자가 부담하여야 하고, 가처분절차에 있어 변론을 거치는 등 적정한 절차가 보장되어야 한다.

(나) 부정설

① 공권력에 의한 사전제한은 모두 검열이다.
② 행정기관에 의한 사전제한이나 법원에 의한 사전제한이나 모두 사전제한으로 언론·출판의 자유시장에의 진입 자체를 막기 때문에 언론·출판에 대한 위험은 다를 것이 없다.
③ 법원에 의한 가처분 역시 허용되지 않는다.

2) 헌법재판소

헌법재판소는 법원에 의한 가처분은 헌법에서 금지하는 사전검열에 해당하지 않는다고 한다(헌재 1996.10.4, 93헌가13).

(5) 허가나 검열 이외의 사전제한의 허용여부(헌재 1996.10.4, 93헌가13 등)

① 헌법 제21조 제2항이 금지하는 검열은 사전검열만을 의미한다.
② 개인이 정보와 사상을 발표하기 이전에 국가기관이 미리 그 내용을 심사·선별하여 일정한 범위 내에서 발표를 저지하는 것만을 의미하고, 헌법상 보호되지 않는 의사표현에 대하여 공개한 뒤에 국가기관이 간섭하는 것을 금지하는 것은 아니다.
③ 사후심사나 검열의 성격을 띠지 아니한 그 외의 사전심사는 검열에 해당하지 아니한다. 다만 이러한 검열의 성격을 띠지 아니한 심사절차의 허용여부는 표현의 자유와 이와 충돌되는 다른 법익 사이의 조화의 문제이므로 헌법상의 기본권 제한의 일반적 원칙인 헌법 제37조 제2항에 의하여 상충하는 다른 법익과의 교량과정을 통하여 결정된다.

3. 사후제한의 허용 및 허용기준

(1) 서설

① 언론·출판의 자유에 대한 제한은 다른 기본권의 제한과 마찬가지로 기본권 제한입법의 한계조항의 범위 내에서만 가능하다.
② 언론·출판의 자유가 가지는 헌법상의 의의와 기능을 생각할 때 언론·출판의 자유에 대한 제한은 극히 필요한 최소한에 그쳐야 하는 바, 명백하고 현존하는 위험의 원리, 이중기준의 원칙, 명확성의 원칙 등이 중요한 판단기준이 된다.

(2) 명백하고 현존하는 위험의 원칙

1) 의의
① 명백하고 현존하는 위험의 원칙이란 언론의 자유에 대한 제한이 정당화되기 위해서는 언론과 해악의 발생 사이에 명백한 인과관계가 존재하고, 해악의 발생이 목전에 절박하며, 언론으로 말미암아 중대한 해악이 발생할 개연성이 있고, 다른 수단으로는 이를 방지할 수 없어야 하며, 이러한 사실을 모두 입증해야 한다는 것이다.
② 위험발생여부에 대한 사실인정의 기준이 되는 일종의 기술적인 증거법칙의 성격을 가지는 이론이다.

2) 연혁
① Schenck 사건: Holmes대법관에 의하여 명백하고 현존하는 위험의 원칙이 정립되었다(문서의 성질을 고려할 때 징병사무를 저해하는 명백하고 현존하는 위험의 존재가 있다고 하여 피고인 Schenck의 상고를 기각하였다).
② Gitlow 사건(1925년): 위험경향의 원칙(위험의 경향이 인정된다면 비록 명백하고 현존하는 위험이 존재하지 않아도 표현의 자유를 규제할 수 있다고 보아 표현의 자유에 대한 강한 규제가 가능)으로 후퇴하였다.
③ Herndon(1937년), Thornhill(1940년) 사건: 표현에 의하여 야기되는 해악이 중대한 것이 아니면 법률로써 규제할 수 없다고 하여 표현의 자유를 절대시하는 경향을 보였다.
④ Dennis 사건(1951년): 해악이 중대한 것이면 위험이 절박한 것이 아니더라도 언론을 억제할 수 있다는 방향으로 수정되었다.
⑤ Ohio 사건(1969): 다시 원형으로 복귀되어 현재까지 지속되고 있다(특히 선동만으로는 현존하는 위험이 없다고 보아, 선동행위를 규제하는 오하이오 주 법률에 대해 위헌판결을 내림으로써 종래 명백하고 현존하는 위험보다 더욱 엄격한 기준을 적용한 것으로 평가됨).

3) 내용
(가) 명백(clear)
특정한 언론의 자유의 행사와 발생된 해악 사이에 명백한 인과관계가 존재해야 함을 말한다.

(나) 현존(present)
① 표현과 표현에 의해서 발생하는 해악 사이의 시간적 근접성을 말한다.
② 인과관계가 명백히 존재한다고 하더라도 언론이 시간적으로 절박한 해악을 발생시키지 않을 때에는 그 제약이 허용되지 않는다.

(다) 위험(substantive evils)
존재하는 위험은 실질적인 위험이어야 하며, '중대한 해악'이어야 한다.

4) 적용범위
① 이 원칙은 원래 언론자유의 제한에 있어서 합헌성 판단의 기준으로 등장하였다.
② 판례의 발전과정을 통하여 미국헌법 수정 제1조가 보장하는 모든 자유권 즉, 언론·출판의 자유, 종교의 자유 및 집회의 자유의 제한으로까지 확대 적용되었다.
③ 최근에는 미국헌법에 명시적 규정이 없는 결사의 자유, 노동조합가입의 자유, 근로자의 단체교섭권에 해당하는 Picketing의 자유 등의 제한에도 적용되었다.

④ '명백하고 현존하는 위험의 원칙'은 표현행위의 자유 그 자체 및 표현행위를 수단으로 하여 행사되는 모든 기본권의 규제에 대하여 광범위하게 적용되는 일반적 헌법이론으로 인정받게 되었다.

5) 헌법재판소

헌법재판소는 명백하고 현존하는 위험의 법리를 적용한 바 있다(헌재 1990.4.2, 89헌가113 등).

(4) 이중기준의 원칙(우월적 지위의 이론)

언론·출판의 자유 등 정신적 자유권의 제한과 규제에 관하여는 경제적 기본권의 규제입법에 관한 합헌성판단의 기준인 "합리성"보다 엄격한 기준에 따르지 않으면 안 된다.

(4) 막연하기 때문에 무효의 원칙(명확성의 원칙)

표현의 자유를 규제하는 법률조항 등이 불명확한 경우에는 그 내용이 막연하기 때문에 무효이다.

(5) 기타기준

1) 과잉금지의 원칙(덜 제한적인 대체조치)

표현의 자유에 대한 제한에 있어서는 표현의 자유가 다른 자유권들보다 우월한 지위를 가진다는 점을 고려하여 보다 덜 제한적인 선택가능한 수단을 채택해야 한다는 원칙이다. 이것은 자유의 제한은 필요최소한이어야 한다는 과잉금지의 원칙을 표현의 자유에 적용한 것이다.

2) 법익형량이론(대판 1996.6.28, 96도977)

대법원은 표현의 자유와 인격권의 충돌 시 이익교량의 기준에 대하여 이익교량은 일반적으로 우월한 가치가 다른 쪽보다 중하기만 하면 되는 것이지 현저히 중하여야만 하는 것은 아니다. 공공의 이익의 기초가 되는 표현의 자유권 또한 헌법상 보장된 권리로서 인간의 존엄과 가치에 기초한 피해자의 명예(인격권)에 못지 아니할 정도로 보호되어야 할 중요한 권리이기 때문에, 전자가 후자보다 중하기만 하면 위법성조각사유로서 정당성이 충족된다고 보는 것이 타당하다고 하였다.

3) 합헌성추정 배제의 원칙

언론의 자유의 중요성을 강조하여 이를 규제하는 법령에 대하여는 일단 합헌성추정의 원칙이 배제된다는 것이다. 그러나 합헌성의 추정이 배제된다고 하여 당해 법률의 위헌성이 추정된다는 의미는 아니다.

4) 제한입법의 엄격해석의 원칙

합헌성추정 배제의 원칙의 논리적인 결과로서 언론규제에 관한 법률은 언론의 자유가 침해되지 않도록 엄격히 해석하여야 한다는 원칙이다.

5) 당사자적격 완화이론

표현의 자유가 침해되었다고 주장하는 경우에는 당사자적격의 요건을 완화하여 원고적격을 확대하자는 이론이다.

VIII. 언론·출판의 자유의 침해와 구제

1. 국가기관에 의한 침해와 구제

기본권 일반의 경우와 동일한 구제방법(위헌법률심판·헌법소원심판, 행정쟁송, 국가배상청구, 청원 등)에 따라 구제받을 수 있다.

2. 언론기관에 의한 침해와 구제

(1) 정정보도청구권

(2) 반론보도청구권

(3) 추후보도청구권(석명권)

(4) 민법상 손해배상청구

타인의 명예를 훼손한 자에 대하여 법원은 피해자의 청구에 의하여 손해배상에 갈음하거나 손해배상과 함께 명예회복에 적당한 처분을 명할 수 있다(민법 제764조).

(5) 출간가처분신청

출판물에 의하여 명예훼손을 당한 자는 출판물 출간 가처분신청을 할 수 있다.

(6) 고소

형법 제309조(출판물에 의한 명예훼손죄) 등에 의하여 고소할 수 있다.

IX. 사이버공간과 표현의 자유

1. 사이버공간에서의 표현행위의 헌법적 의미

인터넷 등 온라인매체도 의사형성적 작용을 하는 한, 언론·출판의 자유에 의해 보호된다.

2. 사이버공간에서의 표현의 자유의 규제

온라인매체를 방송매체와 동일하게 취급할 것인가에 대하여 헌법재판소는 전기통신사업법 제53조 등 위헌확인사건에서 방송매체와 그 규제의 기준을 달리보고 있다(헌재 2002.6.27, 99헌마480).

3. 인터넷 공간에서의 표현의 자유의 규제실태

(1) 음란정보의 규제

대법원은 음란한 문서, 도화, 필름 기타 물건을 반포, 판매 또는 임대하거나 공연히 전시 또는 상영한 자에 대한 처벌규정인 형법 제243조에 컴퓨터 프로그램파일은 해당한다고 할 수 없으므로, 음란한 영상화면을 수

록한 컴퓨터 프로그램파일을 컴퓨터 통신망을 통하여 전송하는 방법으로 판매한 행위에 대하여 전기통신기본법 제48조의2의 규정을 적용할 수 있음은 별론으로 하고 형법 제243조의 규정을 적용할 수 없다고 보았다(대판 1999.2.24, 98도3140). 그런데 음란한 부호 등이 인식될 수 있는 상태에서 다른 웹사이트를 링크하는 것은 형사처벌의 대상이 된다고 보았다(대판 2003.7.8, 2001도1335).

(2) 명예훼손적 정보의 규제

① 형법 제309조는 인쇄물에 의한 명예훼손행위에 적용되므로 인터넷 등 온라인 매체 상의 명예훼손행위에 대해서는 형법 제309조가 아니라 정보통신망이용촉진및정보보호등에관한법률의 정보통신망이용명예훼손죄(제70조)가 적용된다.
② 인터넷을 통하여 유통되는 명예훼손적 정보에 대한 인터넷사업자의 법적 책임에 관하여 대법원은 운영자에게 삭제의무가 있음에도 정당한 사유 없이 이를 이행하지 아니한 경우에 한하여 명예훼손에 대한 책임을 부담한다고 판시하였다.

(3) 청소년유해매체물의 규제

① 청소년유해정보의 규제란 일정한 정보에 대하여 청소년의 접근을 차단하는 것을 말한다.
② 청소년유해매체물의 결정은 청소년보호위원회가 하는 바, 헌법재판소는 청소년유해매체물의 결정을 청소년보호위원회로 하여금 할 수 있도록 규정한 것에 대하여 합헌(헌재 2000.6.29, 99헌가16)이라고 판시하였다.

(4) 스팸메일의 규제

① 스팸메일이란 각종 인터넷에서 이용자의 의도와는 상관없이 제 멋대로 보내지는 각종 홍보, 상업성 전자우편을 말한다.
② 정보통신망이용촉진및정보보호등에관한법률 제50조 제2항은 "수신자의 명시적인 수신거부 의사에 반하여" 영리목적의 광고성 정보를 전송하는 것을 금지하고 있다.
③ 영리목적의 광고성 정보인 스팸메일도 표현의 자유 특히 광고표현의 자유에 의한 보호를 받는다.

제5항 집회 · 결사의 자유

I 서설

① 헌법 제21조 제1항은 "모든 국민은 … 집회 · 결사의 자유를 가진다"고 하여 집회 · 결사의 자유를 보장하고 있고, 제2항은 "… 집회 · 결사에 대한 허가는 인정되지 아니한다"고 하여 집회 · 결사에 대한 허가제를 금지하고 있다.
② 언론 · 출판의 자유가 개인적 권리의 성질을 강하게 띤다면, 집회 · 결사의 자유는 집단적 권리의 성질을 더 두드러지게 띠는 권리라고 할 수 있다.

Ⅱ 집회의 자유

1. 의의 및 헌법상 기능

(1) 의의
① 집회의 자유라 함은 공동의 목적을 가진 다수인이 자발적으로 일시적 모임을 가질 수 있는 자유를 말한다.
② 공동의 목적이 없는 학문·예술·체육·종교·의식·친목·오락·관혼상제를 위한 집회 등은 헌법 제21조의 집회가 아니다.

(2) 헌법상 기능
① 개인의 인격실현과 개성신장을 촉진시키며 의사표현의 실효성을 증대시킨다.
② 대의기능이 약화된 경우에 직접민주주의의 수단이 될 수 있다.
③ 소수의 의견을 국정에 반영함으로써 소수를 보호하는 기능을 수행한다.
④ 소수의 보호를 위한 중요한 기본권이다.

2. 집회의 자유의 법적 성격
① 집회의 자유는 주관적 공권으로서의 성격과 객관적 가치질서로서의 성격을 가진다.
② 집회의 자유가 제도보장으로서의 성격을 갖느냐에 관해서 견해가 대립하나, 다수인의 일시적 모임은 법리상 제도적으로 보장될 수 있는 성격의 것이 아니기 때문에 이를 부정하는 것이 타당하다.
③ 집회의 자유는 국가 또는 지방자치단체 등에 대하여 공공시설의 이용을 적극적으로 요구할 수 있는 공물이용권으로서의 성격도 가지고 있다.

3. 집회의 자유의 주체
① 자연인 외에 법인도 제한된 범위 내에서 집회의 자유의 주체가 될 수 있다.
② 외국인은 호혜주의원칙에 의하여 국민에 비하여 그 제한이 가중될 수 있다.

4. 집회의 요건

(1) 인적 요건
① 집회가 되기 위해서는 최소 3인 이상이 모여야 한다는 3인설(독일민법)과 2인설이 대립한다. 따라서 1인 집회(시위)는 '집회및시위에관한법률'(이하 '집시법'이라 한다)상의 집회(시위)가 아니라 언론의 자유에 속한다.
② 집회의 주최자는 그 요건이 아니다.

(2) 목적적 요건: 공동목적

1) 견해의 대립
민주적인 공동생활의 관심사에 대한 논의만을 공동의 목적으로 이해하는 협의설, 의사표현을 위한 모든 집회를 다 포함시키되 음악회 등 단순한 오락적 성격의 모임은 제외시키는 광의설(다수설), 타인과 접촉하기 위한 것이면 족하고 의사표현을 위한 것이어야 하는 것은 아니라고 하는 최광의설이 대립한다.

2) 대법원은 광의설에 가까운 입장을 취하고 있다.

3) 결어(광의설)

① 공동목적의 요건이 충족된 경우라도 그것이 정당활동, 학문·예술활동, 종교활동, 근로활동과 관련된 집회인 때는 집회의 자유가 아니라 각각 그들의 기본권에 의한 보호를 받는다.
② 단결권 또는 단체행동권에서는 헌법 제21조의 일반적 집회·결사의 자유에 대한 특별법적 성격을 갖는 조항이므로 단결권 또는 단체행동권에 대해서는 노동조합및노동관계조정법이 우선 적용되고, 2차적으로 집시법이 적용된다.
③ 의사표현을 위한 집회이면 충분하며 정치적 목적에 한하지 않는다.
④ 다만 단순히 오락적인 성격의 모임인 음악회 등은 제외된다.

(3) 행태적 요건

① 평화적 비폭력적·비무장이어야 하며 헌법질서 타인의 권리 도덕률 등에 위배되지 않아야 한다.
② 평화적 집회와 폭력적 집회를 구별하는 기준에 관하여 ① 심리적 폭력설과 ② 물리적 폭력설이 대립하나, 집회의 자유의 중요성에 비추어 판단할 때 물리적 폭력설(다수설)이 타당하다.
③ 현행 집시법(법 제12조)도 주요도시 내 주요도로에서의 교통소통을 저해하는 농성집회를 제한할 수 있다고 하여, 물리적 폭력설의 입장을 취하고 있다.
④ 현행 집시법 제5조에 의하면 누구든지 (i) 헌법재판소의 결정에 따라 해산된 정당의 목적을 달성하기 위한 집회 또는 시위, (ii) 집단적인 폭행, 협박, 손괴, 방화 등으로 공공의 안녕 질서에 직접적인 위협을 끼칠 것이 명백한 집회 또는 시위를 주최하여서는 아니 되며, 그 금지된 집회 또는 시위를 할 것을 선전하거나 선동하여서는 아니된다.

(4) 장소 요건

공중이 자유로이 통행할 수 있는 장소라는 장소적 제한개념은 시위의 개념요소가 아니다.

5. 집회의 자유의 내용

(1) 적극적·소극적 집회의 자유

집회의 자유에는 적극적으로 ① 집회를 개최하는 자유, ② 집회를 진행하는 자유, ③ 집회에 참가하는 자유 등이 포함되며, 소극적으로 ① 집회를 개최하지 않을 자유, ② 집회에 참가하지 않을 자유가 포함된다. 다만 법률상 집회의무가 있을 때에는 소극적 자유는 인정되지 아니한다.

(2) 집회장소 선택의 자유

집회의 목적·내용과 집회의 장소는 일반적으로 밀접한 내적 연관관계에 있기 때문에 집회장소 선택의 자유를 보장할 필요가 있다.

(3) 집회장소와 항의대상의 분리 금지

집회의 자유는 다른 법익의 보호를 위하여 정당화되지 않는 한, 집회장소를 항의의 대상으로부터 분리시키는 것을 금지한다.

(4) 우발적 집회의 자유

우발적 집회의 특징은 사전신고가 불가능하다는 데 있기 때문에 집회의 자유를 보장한 헌법의 정신에 비추어 우발적 집회의 경우에도 집회의 목적과 방법이 합리적인 비례관계에 있고 사후에 신고를 하면 사전신고된 집회와 마찬가지로 보호해야 할 것이다.

(5) 긴급집회의 자유

긴급집회의 자유는 계획적이고 주최자가 있다는 점에서 우발적 집회와 구별된다. 긴급집회의 특성상 일반집회와 동일한 사전신고기간을 요구하는 것은 부당하며, 신고가 가능해진 때 신고가 있으면 합법적인 집회로 평가해야 할 것이다.

(6) 집회에서의 연설·토론의 자유

집회에서의 연설·토론이 언론의 자유에 속하는지 집회의 자유에 속하는지에 대하여 견해가 대립하나, 헌법재판소는 집회에서의 연설·토론의 자유는 언론의 자유에 포함되는 것을 전제로 한다(헌재 1992.1.28, 89헌가8).

(7) 시위로 발전한 집회의 자유

통설은 시위는 움직이는 집회로서 집단적 사상 표현의 한 형태에 불과하다고 보아 이를 긍정한다. 헌법재판소도 시위를 이동하는 집회로 본다(헌재 1992.1.28, 89헌가8). 한편 공중이 자유로이 통행할 수 있는 장소라는 장소적 제한개념은 시위의 개념요소가 아니라고 한다(헌재 1994.4.28, 91헌바14).

6. 집회의 자유의 효력

① 집회의 자유는 대국가적 효력과 간접적 대사인적 효력이 있다.
② 현행 집시법 제3조 제1항은 "누구든지 폭행·협박 기타의 방법으로 평화적인 집회 또는 시위를 방해하거나 질서를 문란하게 하여서는 아니된다"고 규정하여 제3자적 효력을 수용하고 있다.

7. 집회의 자유의 제한

① 집회 또는 시위에 관하여 사전허가를 받게 하는 허가제(원칙적 금지)는 헌법 제21조 제2항에 따라 금지된다.
② 집회 및 시위에 있어서 허가제란 집회 및 시위의 일반적 금지를 당국의 자유재량적 판단에 따라 일정한 경우에 해제함으로써 자연적 자유를 회복하여 주는 처분을 말한다.
③ 허가제에 있어서 허가는 집회개최의 요건이므로 허가없이 집회를 개최할 경우 불법집회로서 해산사유가 되거나 벌칙이 과해지며, 허가여부는 행정기관이 자유재량에 기초하여 판단한다.
④ 헌법재판소는 집시법상의 사전신고제도(원칙적 허용)에 대해서는 헌법 제21조 제2항의 사전허가제에 해당하지 않는다고 하였고(헌재 2009.5.28, 2007헌바22), 동법 제5조 제1항 제2호의 집단적인 폭행 등에 의한 집회·시위의 금지규정에 대해서도 동법 제8조의 금지통고제와 결합하여 사전허가제로 기능하는 것은 아니라고 하였다(헌

재 2010.4.29, 2008헌바118). 다만 집시법 제10조상의 야간옥외 '집회'금지의 위헌여부가 문제된 사건에 대해서는 헌법이 금지하는 허가제로 보아 헌법불합치결정을 하였으나(헌재 2009.9.24, 2008헌가25), 그 후 동조상의 야간옥외 '시위'금지의 위헌여부가 문제된 사건에 대해서는 "옥외시위를 예외없이 절대적으로 금지하는 것이므로 헌법이 금지하는 허가제에 해당되지 않으며 그 결과 허가제금지 위반여부는 문제되지 않는다"고 보았다(헌재 2014.4.24, 2011헌가29).

8. 제한의 한계

① 집회의 자유를 제한하는 경우에도 집회의 자유의 본질적 내용을 침해할 수는 없으며, 언론·출판의 자유에 있어서와 같은 명백·현존하는 위험의 원칙, 막연하기 때문에 무효의 원칙, 규제입법의 합헌성추정의 배제, 과잉금지의 원칙 등이 준수되어야 한다.
② 현행 집시법 제5조도 금지되는 집회에 대하여 "집단적인 폭행·협박·손괴·방화 등으로 공공의 안녕질서에 직접적인 위협을 가할 것이 명백한 집회 또는 시위"라고 규정하여 명백·현존하는 위험의 원칙을 수용하고 있다.
③ 사회질서에 위험을 가져올 '가능성'이 있다는 이유로 집회나 시위를 제한할 수는 없다.

9. 집회 및 시위에 관한 법률

> ● 집회 및 시위에 관한 법률
> 제2조(정의) 이 법에서 사용하는 용어의 뜻은 다음과 같다.
>   1. "옥외집회"란 천장이 없거나 사방이 폐쇄되지 아니한 장소에서 여는 집회를 말한다.
>   2. "시위"란 여러 사람이 공동의 목적을 가지고 도로, 광장, 공원 등 일반인이 자유로이 통행할 수 있는 장소를 행진하거나 위력 또는 기세를 보여, 불특정한 여러 사람의 의견에 영향을 주거나 제압을 가하는 행위를 말한다.
>   3. "주최자"란 자기 이름으로 자기 책임 아래 집회나 시위를 여는 사람이나 단체를 말한다. 주최자는 주관자를 따로 두어 집회 또는 시위의 실행을 맡아 관리하도록 위임할 수 있다. 이 경우 주관자는 그 위임의 범위 안에서 주최자로 본다.
>   4. "질서유지인"이란 주최자가 자신을 보좌하여 집회 또는 시위의 질서를 유지하게 할 목적으로 임명한 자를 말한다.
>   5. "질서유지선"이란 관할 경찰서장이나 시·도경찰청장이 적법한 집회 및 시위를 보호하고 질서유지나 원활한 교통 소통을 위하여 집회 또는 시위의 장소나 행진 구간을 일정하게 구획하여 설정한 띠, 방책, 차선 등의 경계 표지를 말한다.
>   6. "경찰관서"란 국가경찰관서를 말한다.
> 제3조(집회 및 시위에 대한 방해 금지) ① 누구든지 폭행, 협박, 그 밖의 방법으로 평화적인 집회 또는 시위를 방해하거나 질서를 문란하게 하여서는 아니된다.
> ② 누구든지 폭행, 협박, 그 밖의 방법으로 집회 또는 시위의 주최자나 질서유지인의 이 법의 규정에 따른 임무 수행을 방해하여서는 아니된다.
> ③ 집회 또는 시위의 주최자는 평화적인 집회 또는 시위가 방해받을 염려가 있다고 인정되면 관할 경찰관서에 그 사실을 알려 보호를 요청할 수 있다. 이 경우 관할 경찰관서의 장은 정당한 사유 없이 보호 요청을 거절하여서는 아니된다.
> 제4조(특정인 참가의 배제) 집회 또는 시위의 주최자 및 질서유지인은 특정한 사람이나 단체가 집회나 시위에 참가하는 것을 막을 수 있다. 다만, 언론사의 기자는 출입이 보장되어야 하며, 이 경우 기자는 신분증을 제시하고 기자임을 표시한 완장을 착용하여야 한다.
> 제5조(집회 및 시위의 금지) ① 누구든지 다음 각 호의 어느 하나에 해당하는 집회나 시위를 주최하여서는 아니된다.

1. 헌법재판소의 결정에 따라 해산된 정당의 목적을 달성하기 위한 집회 또는 시위
2. 집단적인 폭행, 협박, 손괴, 방화 등으로 공공의 안녕 질서에 직접적인 위협을 끼칠 것이 명백한 집회 또는 시위

② 누구든지 제1항에 따라 금지된 집회 또는 시위를 할 것을 선전하거나 선동하여서는 아니된다.

제6조(옥외집회 및 시위의 신고 등) ① 옥외집회나 시위를 주최하려는 자는 그에 관한 다음 각 호의 사항 모두를 적은 신고서를 옥외집회나 시위를 시작하기 720시간 전부터 48시간 전에 관할 경찰서장에게 제출하여야 한다. 다만 옥외집회 또는 시위 장소가 두 곳 이상의 경찰서의 관할에 속하는 경우에는 관할 시·도경찰청장에게 제출하여야 하고, 두 곳 이상의 시·도경찰청 관할에 속하는 경우에는 주최지를 관할하는 시·도경찰청장에게 제출하여야 한다.

1. 목적
2. 일시(필요한 시간을 포함한다)
3. 장소
4. 주최자(단체인 경우에는 그 대표자를 포함한다), 연락책임자, 질서유지인에 관한 다음 각 목의 사항
   가. 주소
   나. 성명
   다. 직업
   라. 연락처
5. 참가 예정인 단체와 인원
6. 시위의 경우 그 방법(진로와 약도를 포함한다)

② 관할 경찰서장 또는 시·도경찰청장(이하 "관할경찰관서장")은 제1항에 따른 신고서를 접수하면 신고자에게 접수 일시를 적은 접수증을 즉시 내주어야 한다.

③ 주최자는 제1항에 따라 신고한 옥외집회 또는 시위를 하지 아니하게 된 경우에는 신고서에 적힌 집회 일시 24시간 전에 그 철회사유 등을 적은 철회신고서를 관할경찰관서장에게 제출하여야 한다.

④ 제3항에 따라 철회신고서를 받은 관할경찰관서장은 제8조 제3항에 따라 금지 통고를 한 집회나 시위가 있는 경우에는 그 금지 통고를 받은 주최자에게 제3항에 따른 사실을 즉시 알려야 한다.

⑤ 제4항에 따라 통지를 받은 주최자는 그 금지 통고된 집회 또는 시위를 최초에 신고한 대로 개최할 수 있다. 다만 금지 통고 등으로 시기를 놓친 경우에는 일시를 새로 정하여 집회 또는 시위를 시작하기 24시간 전에 관할경찰관서장에게 신고서를 제출하고 집회 또는 시위를 개최할 수 있다.

제7조(신고서의 보완 등) ① 관할경찰관서장은 제6조 제1항에 따른 신고서의 기재 사항에 미비한 점을 발견하면 접수증을 교부한 때부터 12시간 이내에 주최자에게 24시간을 기한으로 그 기재 사항을 보완할 것을 통고할 수 있다.

② 제1항에 따른 보완 통고는 보완할 사항을 분명히 밝혀 서면으로 주최자 또는 연락책임자에게 송달하여야 한다.

제8조(집회 및 시위의 금지 또는 제한 통고) ① 제6조 제1항에 따른 신고서를 접수한 관할경찰관서장은 신고된 옥외집회 또는 시위가 다음 각 호의 어느 하나에 해당하는 때에는 신고서를 접수한 때부터 48시간 이내에 집회 또는 시위를 금지할 것을 주최자에게 통고할 수 있다. 다만 집회 또는 시위가 집단적인 폭행, 협박, 손괴, 방화 등으로 공공의 안녕 질서에 직접적인 위험을 초래한 경우에는 남은 기간의 해당 집회 또는 시위에 대하여 신고서를 접수한 때부터 48시간이 지난 경우에도 금지 통고를 할 수 있다.

1. 제5조 제1항, 제10조 본문 또는 제11조에 위반된다고 인정될 때
2. 제7조 제1항에 따른 신고서 기재 사항을 보완하지 아니한 때
3. 제12조에 따라 금지할 집회 또는 시위라고 인정될 때

② 관할경찰관서장은 집회 또는 시위의 시간과 장소가 중복되는 2개 이상의 신고가 있는 경우 그 목적으로 보아 서로 상반되거나 방해가 된다고 인정되면 각 옥외집회 또는 시위 간에 시간을 나누거나 장소를 분할하여 개최하도록 권유하는 등 각 옥외집회 또는 시위가 서로 방해되지 아니하고 평화적으로 개최·진행될 수 있도록 노력하여야 한다.

③ 관할경찰관서장은 제2항에 따른 권유가 받아들여지지 아니하면 뒤에 접수된 옥외집회 또는 시위에 대하여 제1항에

준하여 그 집회 또는 시위의 금지를 통고할 수 있다.
④ 제3항에 따라 뒤에 접수된 옥외집회 또는 시위가 금지 통고된 경우 먼저 신고를 접수하여 옥외집회 또는 시위를 개최할 수 있는 자는 집회 시작 1시간 전에 관할경찰관서장에게 집회 개최 사실을 통지하여야 한다.
⑤ 다음 각 호의 어느 하나에 해당하는 경우로서 그 거주자나 관리자가 시설이나 장소의 보호를 요청하는 경우에는 집회나 시위의 금지 또는 제한을 통고할 수 있다. 이 경우 집회나 시위의 금지 통고에 대하여는 제1항을 준용한다.
  1. 제6조 제1항의 신고서에 적힌 장소가 다른 사람의 주거지역이나 이와 유사한 장소로서 집회나 시위로 재산 또는 시설에 심각한 피해가 발생하거나 사생활의 평온을 뚜렷하게 해칠 우려가 있는 경우
  2. 신고장소가 「초·중등교육법」 제2조에 따른 학교의 주변 지역으로서 집회 또는 시위로 학습권을 뚜렷이 침해할 우려가 있는 경우
  3. 신고장소가 「군사기지 및 군사시설 보호법」 제2조 제2호에 따른 군사시설의 주변 지역으로서 집회 또는 시위로 시설이나 군 작전의 수행에 심각한 피해가 발생할 우려가 있는 경우
⑥ 집회 또는 시위의 금지 또는 제한 통고는 그 이유를 분명하게 밝혀 서면으로 주최자 또는 연락책임자에게 송달하여야 한다.

제26조(과태료) ① 제8조 제4항에 해당하는 먼저 신고된 옥외집회 또는 시위의 주최자가 정당한 사유 없이 제6조 제3항을 위반한 경우에는 100만원 이하의 과태료를 부과한다.

제9조(집회 및 시위의 금지 통고에 대한 이의 신청 등) ① 집회 또는 시위의 주최자는 제8조에 따른 금지 통고를 받은 날부터 10일 이내에 해당 경찰관서의 바로 위의 상급경찰관서의 장에게 이의를 신청할 수 있다.
② 제1항에 따른 이의 신청을 받은 경찰관서의 장은 접수 일시를 적은 접수증을 이의 신청인에게 즉시 내주고 접수한 때부터 24시간 이내에 재결을 하여야 한다. 이 경우 접수한 때부터 24시간 이내에 재결서를 발송하지 아니하면 관할경찰관서장의 금지 통고는 소급하여 그 효력을 잃는다.
③ 이의신청인은 제2항에 따라 금지 통고가 위법하거나 부당한 것으로 재결되거나 그 효력을 잃게 된 경우 처음 신고한 대로 집회 또는 시위를 개최할 수 있다. 다만 금지통고 등으로 시기를 놓친 경우에는 일시를 새로 정하여 집회 또는 시위를 시작하기 24시간 전에 관할경찰관서장에게 신고함으로써 집회 또는 시위를 개최할 수 있다.

제10조(옥외집회와 시위의 금지 시간) 누구든지 해가 뜨기 전이나 해가 진 후에는 옥외집회 또는 시위를 하여서는 아니된다. 다만 집회의 성격상 부득이하여 주최자가 질서유지인을 두고 미리 신고한 경우에는 관할경찰관서장은 질서 유지를 위한 조건을 붙여 해가 뜨기 전이나 해가 진 후에도 옥외집회를 허용할 수 있다.

제11조(옥외집회와 시위의 금지 장소) 누구든지 다음 각 호의 어느 하나에 해당하는 청사 또는 저택의 경계 지점으로부터 100미터 이내의 장소에서는 옥외집회 또는 시위를 하여서는 아니 된다.
  1. 국회의사당. 다만, 다음 각 목의 어느 하나에 해당하는 경우로서 국회의 기능이나 안녕을 침해할 우려가 없다고 인정되는 때에는 그러하지 아니하다.
    가. 국회의 활동을 방해할 우려가 없는 경우
    나. 대규모 집회 또는 시위로 확산될 우려가 없는 경우
  2. 각급 법원, 헌법재판소. 다만, 다음 각 목의 어느 하나에 해당하는 경우로서 각급 법원, 헌법재판소의 기능이나 안녕을 침해할 우려가 없다고 인정되는 때에는 그러하지 아니하다.
    가. 법관이나 재판관의 직무상 독립이나 구체적 사건의 재판에 영향을 미칠 우려가 없는 경우
    나. 대규모 집회 또는 시위로 확산될 우려가 없는 경우
  3. 대통령 관저, 국회의장 공관, 대법원장 공관, 헌법재판소장 공관
  4. 국무총리 공관. 다만, 다음 각 목의 어느 하나에 해당하는 경우로서 국무총리 공관의 기능이나 안녕을 침해할 우려가 없다고 인정되는 때에는 그러하지 아니하다.
    가. 국무총리를 대상으로 하지 아니하는 경우
    나. 대규모 집회 또는 시위로 확산될 우려가 없는 경우
  5. 국내 주재 외국의 외교기관이나 외교사절의 숙소. 다만, 다음 각 목의 어느 하나에 해당하는 경우로서 외교기관 또는 외교사절 숙소의 기능이나 안녕을 침해할 우려가 없다고 인정되는 때에는 그러하지 아니하다.
    가. 해당 외교기관 또는 외교사절의 숙소를 대상으로 하지 아니하는 경우

> 나. 대규모 집회 또는 시위로 확산될 우려가 없는 경우
> 　　다. 외교기관의 업무가 없는 휴일에 개최하는 경우
> **제15조(적용의 배제)** 학문, 예술, 체육, 종교, 의식, 친목, 오락, 관혼상제 및 국경행사에 관한 집회에는 제6조부터 제12조까지의 규정을 적용하지 아니한다.
> **제19조(경찰관의 출입)** ① 경찰관은 집회 또는 시위의 주최자에게 알리고 그 집회 또는 시위의 장소에 정복을 입고 출입할 수 있다. 다만 옥내집회 장소에 출입하는 것은 직무 집행을 위하여 긴급한 경우에만 할 수 있다.
> ② 집회나 시위의 주최자, 질서유지인 또는 장소관리자는 질서를 유지하기 위한 경찰관의 직무집행에 협조하여야 한다.

Ⅲ 결사의 자유

1. 의의와 헌법적 기능

① 결사의 자유라 함은 공동의 목적을 가진 다수인이 자발적으로 계속적인 단체를 조직할 수 있는 자유를 말한다.
② 결사의 자유는 개성신장의 수단으로서의 기능, 사회공동체의 동화적 통합의 기능, 자유로운 사회집단구성을 가능케 하는 소수의 보호기능, 의사형성의 수단인 동시에 의사를 정리·여론화시키는 수단으로서의 기능을 갖는다.

2. 법적 성격

① 결사의 자유는 자유권적 기본권이면서 동시에 민주적 기본질서를 형성하는 객관적 가치질서로서의 성격을 가진다.
② 결사의 자유가 제도보장으로서의 성격을 가지는가에 대하여 견해가 대립하나, 결사의 자유는 결사조직 상호간의 협동기능을 포함한 결사의 제도적 보장의 성격을 가진다.

3. 주체

(1) 결사의 자유는 개인이 결사를 조직하는 자유를 의미하므로 외국인의 경우에도 인정되나 상호주의원칙에 의하여 내국인보다 더 제한을 받는다.
(2) 결사의 자유는 자연인만이 아니라 법인도 주체가 된다.

1) 사법인

축협중앙회는 공법인성과 사법인성을 겸유한 특수한 법인으로서 이 사건에서 기본권의 주체가 될 수 있다. 법인 등 결사체도 그 조직과 의사형성에 있어서, 그리고 업무수행에 있어서 자기결정권을 가지고 있어 결사의 자유의 주체가 된다고 봄이 상당하므로, 축협중앙회는 그 회원조합들과 별도로 결사의 자유의 주체가 된다(헌재 2000.6.1. 99헌마553).

2) 공법인

결사의 목적 여하는 불문하지만 가입과 탈퇴의 자유가 인정되지 않는 결사는 제외된다. 따라서 공법인과 같은 공법상의 결사는 가입과 탈퇴의 자유가 인정되지 않으므로 결사의 자유의 주체에 포함되지 않는다.

(3) 정당 등 특수결사

정당·노동조합·예술단체 등도 결사의 일종이나 우리 헌법은 각각 제8조, 제33조, 제22조 등에서 이를 보장하고 있으므로 이러한 특수결사는 결사의 자유에 의해서 보호되기 이전에 각각 그들 기본권에 의한 보호를 받는다.

4. 내용

(1) 적극적·소극적 결사의 자유

결사의 자유에는 적극적으로는 ① 단체결성의 자유, ② 단체존속의 자유, ③ 단체활동의 자유, ④ 결사에의 가입·잔류의 자유 등이 포함되고, 소극적으로는 단체로부터 탈퇴할 자유와 결사에 가입하지 아니할 자유가 포함된다.

(2) 결사강제의 문제

① 결사에 가입하지 아니할 소극적 자유에 관해서 판례와 다수설은 사법상의 결사에는 가입을 강제할 수 없으나, 공법상의 결사에는 가입의 강제가 인정된다고 한다.
② 공법적 결사에 가입하지 아니할 자유는 결사의 자유의 내용이라 할 수 없다.
③ 변호사협회에의 가입강제로 침해되는 것은 소극적 결사의 자유가 아니라 일반적 행동의 자유이다.

5. 효력

결사의 자유에는 대국가적 효력과 간접적 대사인적 효력이 인정된다.

6. 제한

① 헌법 제37조 제2항에 근거하여 결사의 자유에 대한 제한이 가능하다.
② 헌법 제22조가 금지하는 '결사에 대한 허가제'는 허용되지 않는다.
③ 「사회단체신고에관한법률」의 폐지에 따라 신고 없이도 단체의 성립·활동이 가능하다. 다만 헌법재판소는 노동조합의 설립신고제(헌재 2012.3.29, 2011헌바53)와 정당등록제(헌재 2006.3.30, 2004헌마246)는 결사에 대한 허가제라고 볼 수 없다고 한다.

제6항 학문과 예술의 자유

◆ 헌법
제22조
① 모든 국민은 학문과 예술의 자유를 가진다.
② 저작자·발명가·과학기술자와 예술가의 권리는 법률로써 보호한다.

I 학문의 자유

1. 의의 및 연혁

① 학문의 자유란 학문적 활동에 관하여 국가의 간섭이나 방해를 받지 아니할 자유를 말한다.
② 단순한 지식의 전달을 그 내용으로 하는 교육의 자유는 학문의 자유의 내용이 될 수 없고 교육에 관한 기본권의 보호영역에 속한다.
③ 학문의 자유는 양심의 자유와 사상의 자유를 전제로 하며, 언론·출판의 자유와 집회·결사의 자유에 대해서는 특별법적 규정을 이룬다.
④ 독일에서 학문의 자유는 대학의 자유로서 시작되었다가 1849년의 Frankfurt헌법에 최초로 명문규정을 두었다.
⑤ 우리나라는 제헌헌법에서부터 규정을 두었다. 현행헌법은 제22조 제1항에서 학문의 자유를, 제31조 제4항에서 대학의 자율을 규정하고 있다.

2. 법적 성격

학문의 자유는 주관적으로는 개인의 소극적 방어권이고 객관적으로는 제도적 보장을 의미한다.

3. 학문의 자유의 주체

① 학문의 자유의 주체는 대학이나 연구소의 구성원뿐만 아니라 모든 국민이다.
② 학문의 자유는 성질상 모든 인간에게 인정되므로 외국인, 무국적자, 복수국적자에게도 인정된다.
③ 대학이나 연구단체 등 법인도 주체가 될 수 있다.
④ 교수의 자유의 주체는 대학이나 고등교육기관 등에 종사하는 교육자에 한정된다.

4. 학문의 자유의 내용

(1) 연구의 자유

① 학문연구의 자유는 학문의 자유의 본질적 내용을 형성하는 것으로서 이에 대한 제한은 법률로써도 인정되지 않는 절대적 자유에 속한다.
② 헌법재판소는 연구의 자유를 절대적인 자유로 이해하고 있다(헌재 1992.11.12, 89헌마88).

(2) 연구결과발표의 자유

① 연구결과발표의 자유란 연구결과를 외부에 공표하는 자유를 말한다.
② 발표내용이 학문연구의 결과인 이상 그것을 발표하는 방법이나 대상·장소 등에 따라서 그 보호의 진지성이 달라진다고 볼 수 없다(발표내용설).
③ 연구결과발표의 자유도 최대한으로 보장되어야 하지만 그 사회적 전파성 때문에 최소한의 범위 내에서 국가적 제한에 따른다.

(3) 교수의 자유

1) 의의

① 교수의 자유란 일반국민에게 인정되는 것이 아니고 대학이나 고등교육기관에 종사하는 교육자가 자유로이 교수하거나 강의하는 자유를 말한다.
② 교수의 자유는 전달자만 주체로 할 뿐이고 수신자는 교수의 자유의 주체가 되지 못한다. 수신자는 교육을 받을 권리와 학문의 자유 등의 주체가 된다.

2) 교육의 자유(수업의 자유)의 포함여부

헌법재판소는 교육의 자유는 학문의 자유에 포함되나 대학에서의 교수의 자유와 구별되며, 교수의 자유보다 더 많은 제약을 받는다고 본다(헌재 1992.11.12, 89헌마88).

(4) 학문적 집회·결사의 자유

① 학문적 집회·결사의 자유란 학문을 공동으로 연구하거나 발표하기 위하여 집회를 개최하거나 단체를 결성하는 자유를 말한다.
② 학문적 집회·결사의 자유는 일반적인 집회·결사의 자유보다 고도로 보장된다.

(5) 대학의 자치

(제도적 보장 중 제7항 교육제도에서 전술)

5. 학문의 자유의 효력

학문의 자유에는 대국가적 효력과 간접적 대사인적 효력이 인정된다.

6. 학문의 자유의 한계

헌법상 학문의 자유는 진리의 탐구를 순수한 목적으로 하는 경우에 한하여 보호를 받는 것이므로 반국가단체를 이롭게 할 목적으로 공산주의 혁명이론 및 전술에 관한 내용을 담은 서적을 소지하고 있었다면 그것은 학문의 자유에 대한 한계를 넘은 것이라고 할 것이며 또 소지한 서적이 국내에서 번역 소개되었다거나 대학에서 부교재로 사용되는 것이라 하여도 마찬가지이다(대판 1986.9.9, 86도1187).

7. 학문의 자유의 제한

① 학문연구의 자유는 절대적 자유권에 속하지만, 그 밖의 학문의 자유는 헌법 제37조 제2항에 따라 제한될 수 있다.
② 학문의 자유를 제한함에는 표현의 자유에 관한 명백·현존 위험의 원칙을 존중하여야 하고, 학문의 자유의 본질적 내용을 침해해서는 아니되며, 과잉금지의 원칙을 준수하여야 한다.

Ⅱ 예술의 자유

1. 예술의 자유의 의의

① 예술의 자유란 예술활동의 자유로서 예술창작의 자유, 예술표현의 자유, 예술적 집회·결사의 자유를 그 내용으로 하는 자유를 말한다.

② 예술이란 일반적으로 창작자의 개인적 체험이 객관화되어 표현된 것으로서, 커뮤니케이션을 통한 외부로의 의미전달을 지향하는 것이라고 말할 수 있다.

2. 예술의 자유의 성격

예술의 자유는 방어권으로서의 주관적 공권인 동시에, 제도로서의 예술을 보장하고 보호해야 한다는 객관적 가치질서로서의 성격을 가진다.

3. 예술의 자유의 주체(법인의 기본권 주체성)

① 예술의 자유는 예술가뿐만 아니라 일반국민에게도 보장되는 자유이며, 외국인도 주체가 된다.

② 법인이 주체가 되는지 여부에 대하여는 견해가 대립한다.

4. 예술의 자유의 내용

(1) 예술창작의 자유

① 예술에 내포된 강한 자기목적성 때문에 목적이 아닌 수단이나 도구로서 행해지는 상업광고물 등은 비록 예술형태를 갖춘다 하더라도 예술창작의 자유의 보호를 받지 못한다.

② 표현을 전제로 하지 않은 창작이란 있을 수 없기 때문에 예술창작의 자유도 절대적 자유라고 볼 수는 없다(반대설 있음).

(2) 예술표현의 자유

① 예술표현의 자유는 창작한 예술작품을 외부에 표현하고 전파하는 자유이다.

② 예술표현의 자유는 국가기관에 대하여 예술작품을 전시·공연·선전·보급해 줄 것을 요구할 수 있는 권리는 내포하고 있지 않다.

③ 예술품의 경제적인 활용은 원칙적으로 재산권에 의한 보호를 받게 되며, 예술품을 직업적인 차원에서 취급하는 경우에는 직업의 자유의 규제대상이 된다.

④ 예술적 비판이나 비평은 언론의 자유의 규제영역이지 예술의 자유의 문제는 아니다.

(3) 예술적 집회·결사의 자유

① 예술적 집회·결사의 자유는 예술활동을 위해서 집회를 개최하고 결사를 조직할 수 있는 자유이다.

② 예술적 활동에는 고도의 자율성이 요청되기 때문에 예술적 집회·결사의 자유는 일반적인 집회·결사의 자유에 비하여 고도로 보장되며, 특별법적 규정을 이룬다.

5. 예술의 자유의 효력

① 예술의 자유는 대국가적 효력과 간접적 대사인적 효력을 가진다.
② 현대문화국가에서의 예술의 자유는 예술의 진흥을 위한 국가의 적극적 지원까지 요구하는 의미를 가진다.

6. 예술의 자유의 제한과 한계

(1) 의의

예술의 자유도 국가안전보장·질서유지 또는 공공복리를 위하여 필요한 경우에는 헌법 제37조 제2항에 의하여 법률로써 제한할 수 있다. 예술의 자유도 타인의 권리와 명예 또는 공중도덕이나 사회윤리를 침해하여서는 아니 된다(제21조 제4항).

(2) 사전심의제도

원칙적으로 예술적 표현인 영화·연극·음반 및 비디오물 등에 대한 '사전제한'은 금지되어야 하겠지만, '자율적 사전심의제도' 그 자체를 위헌적으로 보기는 어렵다.

① **공연윤리위원회 및 한국공연예술진흥협의회에 의한 사전심의제 : 위헌**

구 '음반 및 비디오물에 관한 법률'상의 공연윤리위원회에 의한 사전심의제는 사전검열에 해당하는 것으로 위헌결정되었으며(헌재 1998.12.24. 96헌가23). 그 후 개정법률에서 설치된 한국공연예술진흥협의회도 공연윤리위원회와 비슷한 성격으로 보아 위헌선언되었다(헌재 1999.9.16. 99헌가1).

② **영상물등급위원회에 의한 외국음반 국내제작 추천제도 및 비디오물 등급분류보류제도 : 위헌**

그 후 대체법인 구 '음반·비디오물 및 게임물에 관한 법률'(1999년 제정)상의 영상물등급위원회에 의한 외국음반 국내제작 추천제도(헌재 2005.2.3. 2004헌가8; 헌재 2006.10.26. 2005헌가14, 위헌)와 비디오물 등급분류보류제도(헌재 2008.10.30. 2004헌가18)는 사전검열에 해당되어 위헌결정되었다.

③ **등급심사제도, 등급분류제도 및 등록제 : 합헌**

다만 공연윤리위원회의 등급심사제도(헌재 1996.10.31. 94헌가6) 및 영상물등급위원회에 의한 등급분류제도(헌재 2007.10.4. 2004헌바36)는 사전검열에 해당하지 않는다고 보았으며, 게임물판매업자의 '등록제'는 사전검열에 해당되지 않는다고 판시했다(헌재 2002.2.28. 99헌바117).

또한 검열논란이 제기되었던 구 영화법상 공연윤리위원회의 사전심의제도가 위헌으로 결정되어 구 영화법도 구 '영화진흥법'(1995년 제정)으로 대체되었다(헌재 1996.10.4. 93헌가13).

그 후 대체된 구 영화진흥법은 헌법재판소의 위헌결정을 반영하여(1997년 1차 개정) 영상물등급위원회의 상영등급분류제를 채택하였으나, 상영등급분류보류제에 대해서도 실질적으로 검열에 해당된다고 보아 위헌결정되었다(헌재 2001.8.30. 2000헌가9).

구 '음반·비디오물 및 게임물에 관한 법률'과 구 영화진흥법은 '영화 및 비디오물의 진흥에 관한 법률'(2006년 제정)로 통합되었다.

(3) 음란한 표현과 예술의 자유의 한계

한편 예술의 자유는 음란한 표현과 관련하여 그 한계가 문제되고 있다. 종래 헌법재판소는 '음란'이 사회의 건전한 성도덕을 크게 해칠 뿐만 아니라 사상의 경쟁메커니즘에 의해서도 그 해악이 해소되기 어려워 언론·출판의 자유에 의한 보장을 받지 않는 반면, '저속'은 이러한 정도에 이르지 않는 성표현 등을 의미하는 것으로서 헌법적인 보호영역 안에 있다고 하여 음란과 저속을 구별하고 있었다(헌재 1998.4.30. 95헌가16). 그러나 헌법재판소는 '음란표현'도 헌법 제21조가 규정하는 언론·출판의 자유의 보호영역에는 포함되나, 다만 헌법 제37조 제2항에 따라 국가안전보장·질서유지 또는 공공복리를 위하여 제한할 수 있는 것이라고 해석하여야 할 것이다"라고 함으로써 종전의 입장을 변경하였다(헌재 2009.5.28. 2006헌바109).

Ⅲ 지적재산권의 보호

① 헌법(제22조 제2항)은 학문과 예술의 자유를 제도적으로 뒷받침해 주고 학문과 예술의 자유에 내포된 문화국가실현의 실효성을 높이기 위해서 저작자·발명가·과학기술자와 예술가의 권리보호를 국가의 과제로 규정하고 있다.

② 저직자·발명가·과학기술자와 예술가의 권리를 보호하는 것은 학문과 예술을 발전·진흥시키고 문화국가를 실현하기 위한 불가결한 수단일 뿐 아니라.이들의 지적재산권 내지 무체재산권을 보호한다는 의미도 함께 가지고 있다.

제4장 경제적 기본권

제1절 현행헌법과 경제적 기본권

① 현행헌법은 경제적 기본권으로서 직업선택의 자유와 재산권만을 규정하고 있지만 소비자의 권리도 경제적 기본권의 하나로서 헌법상 보장된다.
② 현행헌법은 우리나라의 경제질서가 사유재산제를 기본으로 한다는 대전제 하에서 그 제도적·물적 측면은 제23조의 재산권으로써 보장하고, 그 기능적·인적 측면은 제15조의 직업선택의 자유와 소비자의 권리로써 보장하고 있다.

제2절 재산권

◆ 헌법

제13조
② 모든 국민은 소급입법에 의하여 참정권의 제한을 받거나 재산권을 박탈당하지 아니한다.

제22조
② 저작자·발명가·과학기술자와 예술가의 권리는 법률로써 보호한다.

제23조
① 모든 국민의 재산권은 보장된다. 그 내용과 한계는 법률로 정한다.
② 재산권의 행사는 공공복리에 적합하도록 하여야 한다.
③ 공공필요에 의한 재산권의 수용·사용 또는 제한 및 그에 대한 보상은 법률로써 하되, 정당한 보상을 지급하여야 한다.

I 재산권의 의의 및 연혁

1. 의의
① 재산권이라 함은 경제적 가치가 있는 모든 공법상·사법상의 권리를 말한다.
② 재산권은 모든 국민에게 경제활동을 통한 개성신장을 돕고 자주적이고 자율적인 생활의 물질적 터전을 스스로 마련할 수 있도록 하기 위한 기본권이다.

2. 연혁
① 근대 초기에 재산권은 천부적이고 전국가적인 신성불가침의 권리로 인정되었다.
② 20세기에 들어서면서 자본주의의 모순이 나타나게 되어 이에 바이마르헌법은 재산권의 사회적 구속성을 강조하였고, 2차대전 후 각국헌법도 모두 재산권의 사회적 성격을 강조하는 사회적 법치국가의 입장에 서게 되었다.

II 재산권 보장의 법적 성격

① 재산권 보장은 그 내용과 한계가 법률로써 정해지는 제도보장이기는 하나, 일단 사유재산제도가 보장된 뒤의 재산권은 사유재산으로서 자유권적 성격을 가진다는 권리·제도 동시보장설이 통설이다.
② 헌법재판소는 민법 제245조 제1항 헌법소원사건에서 권리·제도 동시보장설의 입장에 있다(헌재 1993.7.29, 92헌바20).

III 재산권의 주체

① 재산권의 주체는 모든 국민이다.
② 자연인은 물론 법인도 재산권의 주체가 된다.
③ 국가와 지방자치단체 등 국가기관도 사경제주체로서의 지위를 지니는 범위에서는 재산권의 주체가 된다.
④ 외국인과 외국법인에게는 상호주의원칙에 따라 국제법과 국제조약이 정하는 바에 의하여 다소 제한이 따르게 된다.

IV 재산권의 범위(객체)

1. 일반재산권
① 헌법상의 재산권이란 경제적 가치가 있는 모든 사법상 또는 공법상의 권리를 말한다.
② 법적 지위나 단순한 경제적 기회·기대되는 이익·반사적 이익·우연히 생긴 법적 지위 등은 재산권에 속하지 않는다.
③ 헌법 제23조의 재산권에는 공적 재산권은 포함되지 않는다.
④ 헌법상 재산권 보장의 보호를 받는 공권은 수급자가 금전적 기여를 하지 못했다 하여도 노동이나 투자, 특별한

희생에 의하여 획득되어 자신이 행한 급부의 등가물이면 족하다(헌재 2000.6.29. 99헌마289).
⑤ 우리 헌법에는 독일기본법과 달리 상속권을 명문으로 보장하는 규정은 없으나 헌법상 보장되는 재산권에 포함된다(헌재 1998.12.24. 96헌가22).

2. 지적재산권

지적재산권(저작권·산업재산권·출판권·공연권 등)도 헌법상의 재산권에 속하지만, 우리 헌법은 이에 대하여 학문과 예술의 자유와 관련시켜 따로 규정하고 있다(제22조 제2항).

3. 토지재산권

① 토지는 가장 중요한 재산권의 객체이나, 토지재산권은 그 밖의 재산권에 비하여 가중된 사회적·공공적 구속을 받는다.
② 토지재산권에 대한 가중된 규제의 헌법적 근거는 헌법 제23조 제1항 제2문, 헌법 제23조 제2항, 헌법 제34조 제1항·제119조·제120조·제122조·제123조 등이다.

4. 특수재산권

헌법 제9장(경제)에서 보장하고 있는 특수한 재산권, 즉 자연력, 농지, 사영기업의 국공유화에 관한 규정들은 제23조를 보완하는 의미를 갖는다.

5. 공법상의 권리가 재산권으로 보장되기 위한 요건

(1) 공법상의 권리가 헌법상의 재산권보장의 보호를 받기 위해서는 다음과 같은 요건을 갖추어야 한다. 첫째, 공법상의 권리가 권리주체에게 귀속되어 개인의 이익을 위하여 이용 가능해야 하며(사적 유용성), 둘째, 국가의 일방적인 급부에 의한 것이 아니라 권리주체의 노동이나 투자, 특별한 희생에 의하여 획득되어 자신이 행한 급부의 등가물에 해당하는 것이어야 하며(수급자의 상당한 자기기여), 셋째, 수급자의 생존의 확보에 기여해야 한다. 이러한 요건을 통하여 사회부조와 같이 국가의 일방적인 급부에 대한 권리는 재산권의 보호대상에서 제외되고, 단지 사회법상의 지위가 자신의 급부에 대한 등가물에 해당하는 경우에 한하여 사법상의 재산권과 유사한 정도로 보호받아야 할 공법상의 권리가 인정된다. 즉 공법상의 법적 지위가 사법상의 재산권과 비교될 정도로 강력하여 그에 대한 박탈이 법치국가원리에 반하는 경우에 한하여, 그러한 성격의 공법상의 권리가 재산권의 보호대상에 포함되는 것이다(헌재 2000.6.29. 99헌마289).
(2) 공법상의 재산적 가치 있는 지위가 헌법상 재산권의 보호를 받기 위하여는, 우선 입법자에 의하여 수급요건, 수급자의 범위, 수급액 등 구체적인 사항이 법률에 규정됨으로써 구체적인 법적 권리로 형성되어 개인의 주관적 공권의 형태를 갖추어야 한다(헌재 2000.6.29. 99헌마289).

[헌법재판소가 재산권이라고 설시한 것]
① 군인연금법상의 퇴역연금수급권(92헌가9)
② 구 토지수용법상의 환매권(95헌바22)
③ 국민연금수급권(96헌가6)
④ 상속권(96헌가22)
⑤ 근로기준법상 임금 및 퇴직금 청구권(96헌바27)
⑥ 공무원연금법상의 퇴직급여와 유족급여(96헌바73)
⑦ 관행어업권(97헌바76)
⑧ 정당한 지목을 등록함으로써 토지소유자가 얻은 이익(97헌마315)
⑨ 공유수면에 매립된 토사 상실 시 발생하는 부당이득반환청구권(98헌바34)
⑩ 환매권이 발생하였다가 제척기간의 경과로 소멸한 징발재산에 대하여 국가가 은혜적으로 다시 한 번 더 부여한 환매권(99헌바106)
⑪ 건설업자의 영업권(2000헌바27)
⑫ 일반회사의 주식 또는 정리회사의 주식(2001헌바91등)
⑬ 적법한 공용사용에 대한 수용청구권(2004헌바57)
⑭ 유언자가 생전에 최종적으로 자신의 재산권에 대하여 처분할 수 있는 법적 가능성을 의미하는 유언의 자유(2006헌바82)

[헌법재판소가 재산권이 아니라고 설시한 것]
① 국가유공자예우등에관한법률상의 전공상군경으로 등록하기 전에 갖는 보상금수급권(93헌가14)
② 국가의 간섭을 받지 아니하고 자유로이 기부행위를 할 수 있는 기회의 보장(96헌가5)
③ 강제집행권(96헌마44)
④ 전문의 자격의 불비로 인하여 급여를 정함에 있어 받는 불이익(96헌마246)
⑤ 약사의 한약조제권(97헌바10)
⑥ 환매권이 소멸된 후의 우선매수권(97헌마87)
⑦ 교원이 계속 재직하면서 재화를 획득할 수 있는 기회(99헌마112)
⑧ 농지개량조합의 재산(99헌마190)
⑨ 농조총회에서의 의결권(99헌마190)
⑩ 국민건강보험법상 의료보험조합의 적립금(99헌마289)
⑪ 신고제에서 허가제로의 전환에 따른 폐기물재생처리 신고업자의 영업권(99헌마452)
⑫ 고엽제법상 고엽제후유증환자로 등록신청하기 전에 사망한 자의 유족이 갖는 보상청구권(99헌마516)
⑬ 폐업으로 인한 재산적 손실(99헌마574)
⑭ 국립공원의 입장료 수입(2000헌바44)
⑮ 시혜적 입법에 의해 얻을 수 있는 재산상 이익(2001헌바55)
⑯ 지가상승의 기회(97헌바78), 시혜적 입법의 시혜대상이 될 경우 얻을 수 있는 재산상 이익(2001헌바55), 자신에게 유리한 경제적·법적 상황이 지속되리라는 일반적 기대나 희망(2001헌마159), 출연재산에 대한 증여세 면제혜택에 대한 기대(2002헌바63), 소멸시효의 기대이익(2003헌바22)
⑰ 확정된 지급명령 그 자체(2002헌바61·68 병합)
⑱ 특정한 장소 혹은 현재의 장소에서 영업을 함으로써 얻는 영업이익 내지 영업권(2003헌바11)
⑲ 불법적 공용수용에 대한 수용청구권(2004헌바57)
⑳ 상공회의소의 의결권 또는 회원권, 상공회의소의 재산(헌재 2006.5.25. 2004헌가1)

Ⅴ 재산권 보장의 내용

헌법 제23조 제1항은 "모든 국민의 재산권은 보장된다"고 규정하고 있는 바, '재산권 보장'의 의미가 무엇인지가 문제된다.

1. 존속보장과 가치보장

① 존속보장이란 개별 재산권에 대한 구체적 권리의 존속을 보장하는 것을 말한다. 존속보장의 원칙에 따라 재산을 사용·수익·처분할 자유가 권리로서 보장된다.
② 가치보장이란 재산권에 대한 침해가 있더라도 일단 수인하고 후에 침해에 상응하는 금전적 보상을 받는 재산권 보장의 방법이다.
③ 일반적으로 헌법 제23조 제1항 1문을 존속보장규정으로, 헌법 제23조 제3항을 가치보장규정으로 정의한다.

2. 사유재산제의 보장과 사유재산권의 보장

① 사유재산제의 보장은 현존하는 사유재산제를 현상대로 보장한다는 의미가 아니라 법률로써도 사유재산제의 기본 내지 중핵(예 생산수단의 사유)은 부인할 수 없다는 의미이다.
② 사유재산권의 보장은 사유재산제도의 바탕 위에 법률로 정하는 범위 내에서 사유재산을 임의로 이용·수익·처분·상속할 수 있는 주관적 공권을 보장한다는 의미이다.
③ 재산권의 실질적인 보장내용으로 재산권 보장의 법률주의, 재산권 제한의 법률주의, 국가의 자의적인 과세권 행사의 금지, 사유재산처분금지 법률의 금지, 소급입법에 의한 재산권박탈의 금지 등이 있다.

Ⅵ 재산권의 제한

1. 재산권 제한의 유형

① 입법자는 헌법 제23조 제1항 제2문에 의거해서 재산권의 내용과 한계를 미래를 향하여 새롭게 정할 수 있다. 이 경우에 현재의 재산관계법령에 의하여 보장되고 있는 재산권을 축소할 수도 있다.
② 입법자는 헌법 제23조 제3항에 따라서 법률로써나 법률에 근거를 두고 그 위임에 따라 제정된 명령에 의하여 재산권을 제한할 수 있다.

2. 헌법 제23조의 규범구조

(1) 재산권의 내용 및 한계형성규정(제1항)

① 헌법은 제23조 제1항 제2문에서 "그 내용과 한계는 법률로 정한다"고 하여 입법자에게 재산권의 구체적 내용을 형성할 권한을 부여하고 있다(기본권 형성적 법률유보).
② 입법자는 법률의 일반적·추상적 규정을 통하여 새로운 형태의 재산권을 창설하거나, 기존 재산권자의 법적 지위를 확대하거나(내용규정), 기존 재산권의 내용을 축소할 수 있다(한계규정).
③ 재산권에 대한 입법형성권은 제23조 제2항의 재산권 행사의 사회적 기속성의 한계 내에서만 허용되고, 법

치국가원리에서 파생되는 명확성 원칙과 비례성 원칙을 준수해야 하며, 제1항 제1문이 보장하는 재산권과 사유재산제도의 본질적 내용을 침해하지 않아야 한다.
④ 재산권의 내용 및 한계형성규정에 의한 재산권 침해의 심사기준
⑤ 재산권의 내용 및 한계형성규정과 신뢰보호

(2) 재산권 행사의 사회적 구속성규정(제2항)

1) 의의

① 재산권 행사의 사회적 구속성(공공복리 적합성, 공공복리 적합의무)이란 공공복리를 위하여 재산권의 주체가 그 재산에 관하여 기대 가능한 범위 내의 갖가지 제한을 받게 되고 또 받게 될 수 있음을 말한다.
② 사회의 동화적 통합을 위하여 개인의 재산권에 대한 일정한 제한이 불가피한 측면이 있으므로 재산권의 사회적 기속성은 동화적 통합과 불가분의 이념적 상호관계에 있다.
③ 헌법 제23조 제2항은 "재산권의 행사는 공공복리에 적합하도록 하여야 한다"고 하여, 법률로써 그 내용과 한계가 이미 확정된 구체적 재산권의 행사도 공공복리에 적합한 것이어야 한다는 재산권 행사의 사회적 구속성을 규정하고 있다.
④ 재산권의 사회적 구속성을 인정하는 것은 재산권에 대한 보장이 절대적 보장에서 상대적 보장으로 바뀌었음을 확인하게 하는 중요한 징표이다.
⑤ 재산권의 사회적 구속성이 문제되는 것은 그것이 일반적으로 재산권의 내용으로 인정되고 있음을 전제로 한다. 재산권의 내용으로 인정되지 않는 것(예컨대 노예소유권)에 대하여는 사회적 구속성을 문제 삼을 여지가 없다.

2) 법적 성격

헌법재판소는 재산권 행사의 사회적 구속성은 헌법상의 의무로서 입법형성권의 행사에 의해 현실적인 의무로 구체화된다고 본다(헌재 1989.12.22. 88헌가13).

(3) 재산권의 공용침해규정(제3항)

① 헌법 제23조 제3항은 재산권의 사회적 구속성의 한계를 넘는 적법한 재산권 제한과 그에 대한 손실보상을 규정하고 있다.
② 공공필요, 의도적 침해, 특별희생, 법률상 근거 및 정당한 보상규정의 존재 등의 요건을 갖춘 경우에 개별적·구체적 규정을 통한 재산권 제한이 공용침해로서 정당화된다.
③ 제23조 제3항의 재산권 제한은 헌법 제37조 제2항의 일반적 법률유보규정의 특별조항에 해당하므로, 동 조항의 제한요건이 충족되더라도 제37조 제2항의 일반적 기본권 제한의 한계 일탈 여부도 필요한 범위 내에서 검토해야 한다.

(4) 특별희생

손실보상이 인정되기 위해서는 재산권에 대한 공권적 침해로 인하여 사회적 제약을 넘는 특별한 희생이 발생하여야 한다. 일반적으로 특별한 희생이란 사회적 제약을 넘어서는 손실이라고 표현된다. 보상을 요하는 특별한 희생과 보상을 요하지 않는 사회적 제약을 구별하는 기준에 대해서는 견해의 대립이 있다.

1) 학설의 대립
   (가) 형식적 기준설(개별행위설)
      재산권에 대한 침해행위가 일반적인지 개별적인지의 여부에 따라 특별한 희생과 사회적 제약을 구별하는 견해로서 특정인이나 한정된 범위 내의 상대방에 대한 침해만을 특별한 희생으로 보며, 침해행위가 일반적인 경우에는 특별한 희생으로 보지 않는 견해이다. 독일 연방최고법원의 기본적인 입장이라고 볼 수 있다.
   (나) 실질적 기준설
      침해행위를 피해자의 수가 아니라 침해행위의 성질을 기준으로 침해행위가 재산권 등의 본질적 내용을 침해했는지 여부에 따라 특별한 희생과 사회적 제약을 구별하는 견해이다.
      ① 보호가치설
         역사, 일반적 사상, 언어의 관용, 법률의 취지 등에 비추어 보호할 만한 가치가 있는 재산권에 대해서만 특별한 희생으로 인정하려는 견해이다.
      ② 목적위배설(기능설)
         재산권에 대한 침해가 재산권의 본래의 기능 또는 목적에 위배되는지의 여부를 기준으로 하는 견해이다. 이에 의하면, 택지가 개발제한구역으로 지정되어 건축을 못하게 된 경우나 농지가 도로로 지정되어 종래의 이용목적대로 사용하지 못하게 된 경우에는 특별한 희생에 해당한다.
      ③ 수인한도설
         침해행위의 본질성과 강도에 따라 재산권의 배타적 지배를 침해하는 경우에는 수인한도를 넘어서는 것으로 특별한 희생에 해당한다는 견해이다.
      ④ 사적 효용설
         헌법이 보장하는 사유재산제도의 본질을 사적 효용성에서 구하고, 피해자의 주관적 이용목적인 사적 효용성을 침해하는 경우에는 특별한 희생에 해당한다는 견해이다.
      ⑤ 사회적 비용설
         사회적 비용을 고려하여 손실보상 여부를 결정하는 견해로서 개인의 특별한 희생에 대한 손실보상을 실시하기 위해 소요되는 비용을 상회하는 시점을 보상실시를 필요로 하는 기점으로 보려는 견해이다.
      ⑥ 상황구속성설
         이는 주로 토지의 이용제한과 관련하여 당해 토지가 놓여 있는 상황이나 위치에 가장 상응하게 이용되어야 할 사회적 제약 내지 상황적 구속을 받는다는 견해이다.
   (다) 결론(복수기준설)
      재산권에 대한 특별한 희생의 판단기준은 형식적 기준설과 실질적 기준설을 종합적으로 고려하여 판단하여야 한다. 그러나 특별한 희생에 대한 일반적인 기준을 정하는 것은 곤란하므로 구체적인 사안에 따라 결정될 수밖에 없을 것이다.

2) 판례
   헌법재판소 및 대법원은 공공용물에 대한 일반사용으로 인한 불이익에 대해서는 일반희생(사회적 제약)으로 본다. 그 결과 공공용물에 대한 일반사용을 하지 못하게 됨으로서 입게 되는 불이익은 손실보상의 대상이 아니다.

> ⚖️ **관련판례**
> 개발제한구역 안의 행위제한 ⇨ 헌법불합치결정(헌재 1998.12.24. 89헌마214)
> ⑦ 원칙
>   개발제한구역의 지정으로 인한 개발가능성의 소멸과 그에 따른 지가의 하락이나 지가상승률의 상대적 감소는 토지소유자가 감수해야 하는 사회적 제약의 범주에 속한다.
> ⓒ 예외
>   개발제한구역의 지정으로 인하여 예외적으로 토지를 종래의 목적으로 사용할 수 없거나(예 나대지의 경우) 또는 법률상으로 허용된 토지이용의 방법이 없기 때문에 실질적으로 토지의 사용·수익권이 폐지된 경우(예 농지오염·수로차단과 같은 사정변경으로 인한 용도폐지의 경우)에는 사회적 제약의 한계를 넘는 것이므로 보상규정을 두어야 한다.

3. '내용·한계형성규정'과 '공용침해규정'의 구별기준

(1) 경계이론

1) 의의

① 제23조 제1항 제2문과 제2항은 보상의무 없는 사회적 제약(사회적 기속성내의 내용한계형성)이고, 제23조 제3항은 보상의무 있는 공용침해이다.
② 무보상의 사회적 제약은 어떤 특정한 경계선을 넘어서면 자동적으로 보상의무 있는 공용침해로 전환된다.
③ 제23조 제1항 제2문의 내용한계형성규정에 의한 재산권 제약이 비례성 원칙 등에 반하는 입법이라 하더라도 정당한 보상을 해주면 그러한 법률은 제23조 제3항에 의해 정당화될 수 있다.

2) 비판

경계이론에 의하면 제23조 제1항 제2문 및 제2항에 의한 재산권 제한이 비례의 원칙에 반하는 입법이라 하더라도 정당한 보상을 해주면 제23조 제3항에 의해 정당화될 수 있게 된다. 그러나 이는 재산권 보장의 제1차적 기능이 구체적인 재산권의 존속을 보장하는 데에 있다는 헌법 제23조 제1항의 "존속보장의 원칙"에 반한다.

(2) 분리이론

1) 의의

① 재산권에 관한 내용한계형성규정과 공용침해규정은 서로 연장선상에 있지 아니하고 각기 독립된 별개의 것이다.
② 양 법률조항에 관한 사법심사의 기준은 서로 독립된 것으로, 양자의 구별기준을 침해의 형태나 목적을 중심으로 판단한다.
③ 내용한계형성규정으로 볼 입법이라고 하더라도 보상이 전적으로 금지되는 것은 아니고, 동 입법의 한계인 비례성 원칙을 준수하기 위하여 보상이 행해질 수 있으며, 보상의 방법도 헌법 제23조 제3항과 같이 반드시 금전의 형태이어야 하는 것도 아니다.

2) '내용한계형성규정'과 '공용침해규정'의 구별기준

① 형태를 기준으로 판단하면 침해조치가 일반적·추상적일 때에는 내용한계형성규정으로, 개별적·구체적일 때에는 공용침해규정으로 본다.

② 목적을 기준으로 판단하면 재산권자의 권리와 의무를 미래를 향해서 객관법적으로 규율하는 것이 목적이면 내용한계형성규정으로, 재산권자의 법적 지위를 완전하게 또는 부분적으로 박탈하거나 제한하는 것이면 공용침해규정으로 본다.

3) 결어

내용한계형성규정과 공용침해규정은 서로 차원을 달리 하는 것으로 위헌심사도 독자적인 심사기준에 의하며, 내용한계형성규정에 의한 입법이 한계를 넘으면 바로 위헌으로 되는 것이지, 존속보장이 가치보장으로 전환되어 정당보상을 하게 되면 합헌으로 되는 것은 아니다.

4. '경계이론'과 '분리이론'의 차이점

(1) 헌법 제23조 제1항 제2문 및 제2항에 의한 재산권 제한의 경우 보상 요부

① 경계이론에 의하면 제23조 제1항 제2문 및 제2항은 보상의무 없는 사회적 제약으로, 제23조 제3항은 보상의무 있는 공용침해로 이해하므로 법률이 제23조 제1항 제2문 및 제2항의 범위 안에 있는 한 보상은 필요하지 않다.

② 분리이론에 의하면 내용한계형성규정으로 볼 입법이라고 하더라도 보상이 전적으로 금지되는 것은 아니며, 동 입법의 한계인 비례성 원칙을 준수하기 위하여 보상이 행해질 수 있다.

(2) 보상의 방법

① 경계이론에 의하면 헌법 제23조 제3항에 의한 재산권 제한의 경우에만 보상을 요하며, 이때 보상의 방법으로 반드시 금전의 형태여야 한다.

② 분리이론에 의하면 헌법 제23조 제1항 제2문 및 제2항에 의한 재산권 제한의 경우에 행하는 보상은 헌법 제23조 제3항에 근거한 것이 아니라 제23조 제1항과 제2항 및 법치국가원리에서 도출되는 비례성 원칙에 근거하는 것으로 반드시 금전의 형태여야 하는 것은 아니다.

5. 헌법재판소

헌법재판소는 분리이론에 입각하여 판단한다고 평가된다.

> **관련판례**
>
> 입법자가 이 사건 법률조항을 통하여 국민의 재산권을 비례의 원칙에 부합하게 합헌적으로 제한하기 위해서는, 수인의 한계를 넘어 가혹한 부담이 발생하는 예외적인 경우에는 이를 완화하는 보상규정을 두어야 한다. 이러한 보상규정은 입법자가 헌법 제23조 제1항 및 제2항에 의하여 재산권의 내용을 구체적으로 형성하고 공공의 이익을 위하여 재산권을 제한하는 과정에서 이를 합헌적으로 규율하기 위하여 두어야 하는 규정이다. 재산권의 침해와 공익간의 비례성을 다시 회복하기 위한 방법은 헌법상 반드시 금전보상만을 해야 하는 것은 아니다. 입법자는 지정의 해제 또는 토지매수청구권제도와 같이 금전보상에 갈음하거나 기타 손실을 완화할 수 있는 제도를 보완하는 등 여러 가지 다른 방법을 사용할 수 있다(헌재 1998.12.24. 89헌마214).

Ⅶ 헌법 제23조 제3항에 의한 재산권의 제한

1. 재산권 제한의 헌법적 근거
① 재산권 제한도 기본권 제한이므로 제23조 제3항만이 아니라 제37조 제2항도 적용된다고 보아야 한다.
② 구체적으로 재산권의 제한을 정당화시키는 공공필요의 요건이 존재하는지의 여부를 판단하는 데 있어서 과잉금지의 원칙이 그 기준이 된다.

2. 재산권 제한의 목적
① 재산권 제한의 목적은 국가안전보장·질서유지 또는 공공복리와 공공필요이다.
② 헌법 제23조 제3항의 공공필요와 헌법 제37조 제2항의 공공복리의 상호관계에 대하여 공공필요는 공공복리보다 더 넓고 적극적인 개념으로서, 국가안전보장·질서유지 또는 공공복리를 위하여 필요한 경우 이외에도 국가정책적인 고려까지 포괄하는 개념이며, 공공필요의 유무는 공익과 사익을 비교해서 결정한다.

3. 재산권 제한의 형식
① 재산권 제한은 국회가 제정한 형식적 의미의 법률이나, 법률의 구체적 위임을 받은 명령이나 조례에 의하여 이를 할 수 있다.
② 법률로써 하는 수용에는 법률에 의한 직접적 수용인 입법적 수용과 법률에 근거한 행정처분에 의한 수용인 행정적 수용이 포함된다.
③ 재산권을 제한하는 법률에는 제한에 따르는 보상의 기준과 방법이 함께 규정되어야 한다.

4. 재산권 제한의 유형
(1) 재산권 제한의 유형에는 ① 공공필요에 의하여 개인의 특정 재산권을 법률에 의하여 종국적·강제적으로 취득하는 공용수용, ② 공공필요를 위하여 개인의 특정 재산권을 법률에 의하여 일시적·강제적으로 사용하는 공용사용, ③ 공공필요를 위하여 개인의 특정 재산권에 대하여 과하는 공법상의 제한으로서 물적 공용부담의 일종인 공용제한이 있다.
(2) 재산권의 수용·사용·제한은 재산권에 대한 진정한 침해를 의미하나, 재산권의 내용과 한계를 법률로 정한다는 것은 재산권을 확정한다는 의미이다.
(3) 공용수용을 법률로 한다는 것은 법률에 근거를 두는 공용수용을 의미한다(행정적 수용). 따라서 입법적 수용은 예외적인 경우에 한하여 허용된다(헌재 1998.3.26, 93헌바12).

5. 손실보상

(1) 손실보상의 기준(정당한 보상)
① 손실보상은 재산권의 객관적 가치의 완전한 보상(시가보상)이어야 한다(통설·판례).
② 헌법 제23조 제3항이 규정하는 정당한 보상이란 원칙적으로 피수용재산의 객관적인 재산 가치를 완전하게 보상하는 것이어야 한다는 완전보상을 의미하는 것으로서, 보상금액뿐만 아니라 보상의 시기나 방법 등에 있어서도 어떠한 제한을 두어서는 아니된다는 것을 의미한다(헌재 1995.4.20, 93헌바20 등).

(2) 손실보상의 방법

① 손실보상의 방법은 금전보상과 현물보상 등이 있으며, 구체적인 보상방법은 개별법률에서 정한다.
② 「공익사업을위한토지등의취득및보상에관한법률」은 금전보상·사전보상의 원칙에 입각하고 있으며, 예외적으로 채권보상제를 도입하고 있다.

Ⅷ 보상규정 없는 공용침해에 대한 구제방법

1. 헌법 제23조 제3항이 불가분조항(결부조항)인지 여부

① 불가분조항이란 헌법이 입법위임을 하면서 동시에 그 법률이 일정내용을 규정하여야 한다는 취지를 정하는 조항을 말한다.
② 동일한 법률 중에 재산권의 제한과 보상의 방법 및 기준을 결부시켜서(하나로 묶어서) 규정해야 한다는 취지를 정하는 조항을 말한다.
③ 헌법 제23조 제3항이 불가분조항인지 여부에 대하여 동 조항은 공권력에 의한 자의적인 재산권 침해행위를 저지함과 동시에 개인의 재산권을 보장하기 위한 헌법적 배려이고, 법률집행자에게 재정부담과 같은 재산권 제한의 결과에 대하여 경고하는 의미도 내포하고 있다는 점에 비추어, 이를 불가분조항으로 해석한다(통설).

2. 불가분조항을 위반한 법률에 의한 수용에 대한 보상여부

손실보상에 관한 일반법이 없는 현실에서 개별법률이 국민의 재산권에 대한 공용침해를 규정하면서 그에 대한 보상규정을 두고 있지 않은 경우 개인은 헌법규정만으로 보상을 청구할 수 있는가에 대해서 견해의 대립이 있다.

(1) 학설의 대립

1) 방침규정설(프로그램규정설)

헌법 제23조 제3항은 단순한 입법의 방침을 규정한 것에 불과하므로 법률에 보상규정이 없는 경우 헌법 제23조 제3항을 근거로 해서 보상을 청구할 수 없고, 헌법을 구체화한 개별법률의 제정이 있어야만 보상을 청구할 수 있다는 입장이다.

2) 국민에 대한 직접효력설

손실보상의 규정이 없더라도 직접 헌법규정을 근거로 손실보상을 청구할 수 있다는 견해로서 헌법학계의 다수설이다. 그러나 우리 헌법은 손실보상은 법률에 의한 보상을 규정하고 있다는 점을 간과한다는 비판이 있다.

3) 유추적용설(수용유사침해설)

법률에 보상규정이 없는 경우에는 헌법 제23조 제1항(재산권 보장, 제11조(평등원칙)를 근거로 헌법 제23조 제1항 및 관계규정의 유추적용을 통하여 보상을 청구할 수 있다는 견해이다. 이는 독일에서 발전된 수용유사침해이론을 도입하여 이를 손실보상의 문제로 해결하려는 것이다.

4) 입법자에 대한 직접효력설(위헌무효설)

공용침해를 규정하면서 보상규정을 두지 아니한 법률은 위헌·무효의 법률이며, 그에 근거한 재산권 침해는 위법한 행정작용이므로 개인은 손해배상을 청구할 수 있다는 입장이다.

5) 보상입법부작위설

경계이론에 기초하면서 제23조 제3항을 결부조항으로 보지 않는다. 공용침해에 보상규정을 두지 않은 것이 헌법의 위반이 아니라 보상입법부작위가 제23조 제3항 위반이므로 피해자는 보상입법부작위에 대한 헌법소원을 제기할 수 있다.

(2) 판례의 태도

판례의 입장은 일관되어 있지 않다. 직접적인 관련 규정이 없는 경우 유추해석을 통해 손실보상을 인정하기도 하고, 법률에 보상규정이 없는 경우 손실보상 대신 불법행위에 따른 손해배상을 인정하는 경우도 있다.

제3절 직업선택의 자유

● 헌법
제15조
모든 국민은 직업선택의 자유를 가진다.

I 서설

1. 의의 및 연혁

(1) 의의

① 직업선택의 자유란 인간이 생활을 유지·영위하기 위하여 그가 원하는 바에 따라 직업을 선택하고 선택한 직업에 종사할 수 있는 자유를 말한다.
② 현행헌법은 제15조에서 "모든 국민은 직업선택의 자유를 가진다"고 하여 직업선택의 자유를 규정하고 있다.
③ 직업의 자유는 중세의 신분질서를 극복하는 근대 시민사회의 성격이 강하게 부각되는 기본권이며, 재산권 보장과 불가분의 관계가 있고 자유시장경제질서를 가능하게 하는 불가결의 요소가 된다(헌재 1990.10.15. 89헌마178).

(2) 연혁

① 직업선택의 자유는 1919년 바이마르헌법에서 최초로 규정되었으며, 우리나라의 경우 제헌헌법은 직업의 자유를 명시하지 않았다.
② 1962년헌법(제3공화국헌법)에서 최초로 거주·이전의 자유와 분리하여 직업선택의 자유를 명문으로 규정하였다.

2. 직업의 의의

① 직업이란 정신적·물질적 생활의 기본적 수요를 충족시키기 위하여 행하는 계속적인 소득활동으로서 공공에 대하여 유해하지 아니한 것을 말한다.
② 직업의 개념적 요소로는 생활을 위한 수단성, 활동의 계속성, 공공에 대한 무해성 등을 들 수 있다.
③ 공공무해성은 공동체에 해롭지 않은 것으로 간주되는 활동을 말하며 법적으로 허용된 것을 의미하지는 않는다. 따라서 소매치기, 매춘 등은 직업으로 인정되지 않는다. 헌법재판소는 공공무해성을 명시적으로 요구하지는 않는다.
④ 무상 또는 일회적·일시적으로 가르치는 행위는 헌법 제15조의 직업의 자유가 아니라 일반적 행동의 자유로서 헌법 제10조의 행복추구권에서 보호된다(헌재 2000.4.27, 98헌가16).

II 직업선택의 자유의 법적 성격

직업선택의 자유는 기본적으로 경제적 자유권이지만 다른 한편 사회질서와 경제질서가 형성된다는 점에서 사회적 시장경제질서라고 하는 객관적 법질서의 구성요소이기도 하다(헌재 1997.4.24, 95헌마273).

III 직업선택의 자유의 주체

① 직업선택의 자유의 주체는 모든 국민이다. 자연인만이 아니라 법인도 그 주체가 된다.
② 지방자치단체나 공공단체 등 공법인의 경우에는 주체성이 인정되지 않는다.
③ 외국인에 대하여는 견해의 대립이 있으나, 일반적으로 직업의 자유를 인정하되 호혜주의적 입장에서 제한되는 경우가 있다(예 도선법에서 절대적으로 제한되는 도선사).

IV 직업선택의 자유의 내용

1. 직업결정의 자유

직업선택의 자유에는 ① 직종결정의 자유, ② 전직의 자유, ③ 직업교육장 선택의 자유 등 직업결정의 자유가 포함된다.

2. 직업행사(수행, 종사)의 자유

직업수행의 자유라 함은 자신이 결정한 직업을 착수(개업)·계속·종결(폐업)하는 자유를 말한다. 영업의 자유도 직업수행의 자유에 당연히 포함된다.

3. 직업이탈의 자유

직업이탈의 자유라 함은 자신이 수행하고 있거나 종사하고 있는 직업을 언제든지 자유로이 포기하거나 그 직업에서 이탈할 자유를 말한다.

4. 직장선택의 자유

직업의 자유는 독립적 형태의 직업활동뿐만 아니라 고용된 형태의 종속적인 직업활동도 보장한다. 따라서 직업선택의 자유는 직장선택의 자유를 포함한다.

5. 무직업의 자유 인정여부

근로의 의무는 헌법이 명문으로 규정한 법적인 의무이므로 무직업의 자유는 인정되지 않는다는 부정설이 있으나, 헌법상 근로의 의무는 단순한 윤리적 의무에 불과하므로 무직업의 자유도 인정된다.

V 직업선택의 자유의 효력

1. 대국가적 효력

직업선택의 자유는 모든 국가권력을 구속하는 직접적 효력을 가진다. 따라서 국가권력은 원칙적으로 어떠한 직업을 선택할 것을 개인에게 강제할 수 없고, 개인의 직업에의 종사를 방해할 수 없다.

2. 제3자적 효력

직업선택의 자유의 제3자적 효력을 직접적으로 인정하면 사적자치가 침해될 수 있다. 따라서 직업선택의 자유의 제3자적 효력은 제한된 범위 내에서만 간접적 효력만을 가진다.

3. 직업의 자유와 공무담임권의 관계

공무담임권과 직업의 자유가 경합할 경우에는 특별 · 일반의 관계에 있으므로 공무담임권외에 직업선택의 자유의 침해여부는 별도의 검토를 요하지 아니한다.

VI 직업선택의 자유의 제한

1. 제한의 근거 및 한계

직업선택의 자유도 국가안전보장, 질서유지 또는 공공복리를 위하여 필요한 경우에는 제한할 수 있되, 법률로써만 가능하고, 본질적 내용을 침해할 수 없으며, 필요한 최소한도의 침해에 그쳐야 한다(제37조 제2항).

2. 제한과 단계이론

(1) 단계이론의 의의

단계이론이란 직업의 자유에 대한 제한이 불가피하다고 판단하는 입법자는 과잉금지원칙의 위반여부를 판단함에 있어 우선 직업의 자유에 대한 침해가 제일 적은 방법으로 목적달성을 추구해 보고, 그 제한방법만으로는 도저히 그 목적달성이 불가능한 경우에만 그 다음 단계의 제한방법을 사용하며, 그 두 번째 제한방법도 실효성이 없다고 판단되는 최후의 불가피한 경우에만 마지막 단계의 제한방법을 선택해야 한다는 이론을 말한다.

(2) 단계이론의 연혁과 우리 헌법상 수용

① 직업의 자유의 제한에 대한 이른바 3단계이론은 독일연방헌법재판소가 1958년 약국판결을 통하여 확립한 이론이다. 3단계이론이 처음으로 제시된 독일의 약국판결은 객관적 사유에 의한 직업결정의 자유의 제한에 관한 것이었다.

② 우리 헌법재판소도 체육시설의설치·이용에관한법률 시행규칙 제5조 헌법소원사건에서 단계이론을 최초로 수용한 이래 경비업법 제7조 제8항 등 위헌확인사건에서 단계이론을 적용하고 있다. 유의할 것은 직업수행의 자유를 제한하는 것처럼 보이더라도 실질에 있어 직업선택의 자유를 제한하는 것과 다를 바가 없는 경우에는 직업선택의 자유를 제한하는 경우와 같이 엄격할 것이 필요하다.

(3) 단계이론의 구체적 내용

1) 제1단계 제한(직업행사의 자유의 제한)

(가) 의의

① 직업선택의 자유에 대한 제1단계 제한은 직업결정(선택)의 자유보다 그 침해가 경미한 직업행사의 자유를 제한하는 방법이다.

② 직업행사의 자유는 사회의 공공질서에 미치는 영향이 크기 때문에 헌법 제37조 제2항에 의한 제한을 가장 많이 받는다.

(나) 위헌성 심사기준으로서의 비례의 원칙의 내용(헌재 2002.10.31, 99헌바76)

① 직업의 자유도 다른 기본권과 마찬가지로 절대적으로 보호되는 것이 아니라, 공익상의 이유로 제한될 수 있다.

② 직업선택의 자유와 직업행사의 자유는 기본권주체에 대한 그 제한의 효과가 다르기 때문에 제한에 있어서 적용되는 기준도 다르며, 특히 직업행사의 자유에 대한 제한은 인격발현에 대한 침해의 효과가 일반적으로 직업선택 그 자체에 대한 제한에 비하여 적기 때문에, 그에 대한 제한은 보다 폭넓게 허용된다.

③ 제한의 경우에도 개인의 자유가 공익실현을 위해서 과도하게 제한되어서는 아니 되며 개인의 기본권은 꼭 필요한 경우에 한하여 필요한 만큼만 제한되어야 한다는 비례의 원칙(헌법 제37조 제2항)을 준수해야 한다.

2) 제2단계 제한(주관적 사유에 의한 직업결정의 자유의 제한)

(가) 의의

① 직업의 자유에 대한 제2단계 제한은 일정한 주관적 사유를 이유로 직업결정의 자유를 제한하는 방법이다. 즉 직업결정의 자유를 그 직업이 요구하는 일정한 자격과 결부시켜 제한하는 경우이다.

② 주관적 사유에 의한 직업결정의 자유의 제한은 직업선택의 자유를 제한하는 사유가 되는 그 전제조건 자체를 기본권 주체 스스로가 충족시킬 수 있고, 기본권 주체는 스스로의 노력에 의해서 그 전제조건을 충족시키면 그 제한에서 벗어날 수 있다는 점에서, 객관적 사유에 의하여 직업결정의 자유를 제한하는 제3단계와 다르다.

(나) 위헌성 심사기준으로서의 비례의 원칙의 내용

① 주관적인 요건에 의하여 직업선택의 자유를 제한하기 위하여는 그것이 누구에게나 제한 없이 그 직업에 종사하도록 방임함으로써 발생할 우려가 있는 공공의 손실과 위험을 방지하기 위한 적절한 수단이고, 그 직업을 희망하는 모든 사람에게 동일하게 적용되어야 하며, 주관적인 요건 자체가 그 제한의 목적과 합리적인 관계가 있어야 한다(헌재 2007.5.31, 2006헌마767).

② 이 사건 심판대상 조항들은 일반학원의 강사라는 직업의 개시를 위한 주관적 전제조건으로서 '대학 졸업 이상의 학력 소지'라는 자격기준을 갖추도록 요구함으로써 자격제 유사의 진입규제를 설정하는 방법으로 직업선택의 자유를 제한하고 있다. 이 때 그와 같은 제한이 헌법상 용인될 수 있기 위하여는 기본권제한의 한계원리인 과잉금지의 원칙에 따라 '대학 졸업 이상의 학력'이라는 자격기준을 갖추도록 요구하는 것이 학원법이 추구하는 공익의 달성을 위하여 적합하고, 또 기본권제약에 비추어 볼 때 필요하며, 제한목적과 적정한 비례관계를 유지하고 있어야 한다. 다만 과잉금지의 원칙을 적용함에 있어서도, 어떠한 직업분야에 관한 자격제도를 만들면서 그 자격요건을 어떻게 설정할 것인가에 관하여는 국가에게 폭넓은 입법재량권이 부여되어 있는 것이므로 다른 방법으로 직업선택의 자유를 제한하는 경우에 비하여 보다 유연하고 탄력적인 심사가 필요하다(헌재 2003.9.25, 2002헌마519).

3) 제3단계 제한(객관적 사유에 의한 직업결정의 자유의 제한)

(가) 의의

① 직업의 자유에 대한 제3단계 제한은 기본권 주체와는 무관한 어떤 객관적 사유를 이유로 직업결정의 자유를 제한하는 방법이다.

② 객관적 사유에 의한 직업결정의 자유의 제한은 직업신택의 자유에 대한 침해의 진지성이 제일 큰 경우이므로 매우 엄격한 요건을 갖춘 예외적인 경우에만 허용된다.

(나) 위헌성 심사기준으로서의 엄격한 비례의 원칙

[단계이론에 의한 구체적인 헌법재판소 결정]

제1단계 제한	예	① 백화점에서 실시하는 바겐세일 회수와 기간 등을 제한하는 것 ② 택시의 합승행위를 금지하는 것 ③ 택시영업을 격일제로 하는 것 ④ 10부제로 택시를 운행하게 하는 것 ⑤ 유흥업소의 심야영업을 제한하는 것 ⑥ 식당의 영업시간을 제한하는 것 ⑦ 판·검사재직자의 변호사 개업 후 형사사건의 수임을 제한하는 것 ⑧ 18세 미만자의 당구장출입을 제한하는 것 ⑨ 의무부과에 그 위반에 대한 제재 ⑩ 밀수품 감정금지
	합헌	① 한약업사의 영업행위에 대하여 지역적 제한을 가하는 것(89헌마231) ② 18세 미만자의 노래연습장 출입금지(94헌마13)

		③ 탁주의 공급구역제한(98헌가5) ④ 학교환경위생정화구역 안에서 노래연습장의 시설·영업금지(98헌마480) ⑤ 기존의 축협중앙회를 해산하여 신설되는 농협중앙회에 합병토록 하는 것(99헌마553) ⑥ 주점경영자에게 19세 미만의 자에게 술을 팔 수 없게 하는 것(99헌마555) ⑦ 유기장업에 대하여 6월 이내에 새로이 등록을 하고 등급분류를 받도록 규정한 것(99헌마574) ⑧ 중계유선방송사업자가 방송의 중계송신업무만 수행하고 보도·논평·광고는 할 수 없도록 하는 것(2000헌바43) ⑨ 의료기관을 요양기관으로 강제로 지정하는 '강제지정제'(2000헌마505) ⑩ 부동산중개업자로 하여금 법령이 정하는 한도를 초과하는 수수료를 받지 못하게 하는 것(2000헌마642) ⑪ 비영업용 차량을 광고매체로 이용하는 광고대행행위의 금지(2000헌마764) ⑫ 유사석유제품을 생산·판매하는 것을 제한하는 것(2001헌가6) ⑬ 대덕연구단지 내 LPG충전소의 설치금지(2001헌마646) ⑭ 의료기관과 별도로 약국을 개설하도록 하는 것(2001헌마700) ⑮ 약사의 영업장소 제한(2001헌마700) ⑯ 법무사보수기준제(2002헌바3) ⑰ 학교환경위생정화구역 안에서의 여관시설금지(2002헌바41)
	위헌	① 18세 미만자의 당구장 출입금지(92헌마80) ② 건축사가 업무범위를 위반하여 업무를 행한 때 이를 필요적 등록취소사유로 규정한 것(93헌가1) ③ 학교환경위생정화구역 안(대학, 유치원)에서 당구장시설금지(94헌마196) ④ 주류판매업자에 대한 자도생산소주의 50% 이상 구입명령(96헌가18) ⑤ 학교환경위생정화구역 안에서의 극장시설금지(2003헌가1 등): 대학은 위헌, 기타의 학교는 헌법불합치 ⑥ 4층 이상 건물의 화재보험가입의 획일적 강제
제2단계 제한	예	① 변호사가 되기 위해 사법시험합격을 요구하는 것 ② 의사가 되기 위해 의사고시합격을 요구하는 것 ③ 특정대학에 입학하기 위해 일정점수 이상의 학력고사성적을 요구하는 것
	합헌	① 군법무관으로 임용되어 5년 이상 경과된 경우에 한하여 변호사자격을 부여하는 것(90헌바43) ② 변호사가 아닌 자의 법률사무취급을 포괄적으로 금지하는 변호사법의 규정(98헌바95등) ③ 운전학원으로 등록되지 않은 자가 대가를 받고 운전교육을 실시하는 행위의 금지(2001헌마447) ④ 변호사의 자격 없이 타인의 권리를 양수하거나 양수를 가장하여 소송·조정 또는 화해 기타의 방법으로 그 권리를 실행함을 업으로 한 자를 형사처벌하는 변호사법의 규정(2002헌바36) ⑤ 세무사 시험의 응시자격을 집행유예기간 종료 후 1년이 경과한 자로 정한 것(2002헌마160) ⑥ 학원 강사의 자격요건으로 대학졸업 이상의 학력을 요구하는 것(2002헌마519) ⑦ 외국의 의사면허를 받은 자에 대하여 예비시험을 응시토록 한 것(2002헌마611) ⑧ 운전면허의 취득요건으로 양쪽 눈의 시력이 각각 0.5 이상일 것을 요구하는 것(2002헌마677) ⑨ 부정한 방법으로 건설업등록을 한 경우 이를 필요적으로 말소토록 규정한 것(2003헌바35) ⑩ 의료인이 아닌 자의 무면허의료행위를 금지·처벌하는 것(2003헌바86)

제3단계 제한	예	① 화약류의 제조·판매·운송 등을 제한하는 것 ② 겸직 금지 ③ 공직취임금지 ④ 직업허가 ⑤ 정년제도 ⑥ 당연퇴직
	합헌	① 영업양도인의 경업금지(94헌가5) ② 노동부장관의 허가를 받아야만 할 수 있는 유료직업소개사업(93헌바14) ③ 공무원의 정년제도(96헌바86) ④ 금고 이상의 형의 집행유예 판결을 받은 것을 공무원 임용결격 및 당연퇴직사유로 규정한 것(95헌바14) ⑤ 금고 이상의 형을 선고받고 그 집행이 종료되거나 그 집행을 받지 아니하기로 확정된 후 5년을 경과하지 아니한 것을 변호사의 결격사유로 규정한 것(2005헌마997)
	위헌	① 국·공립사범대학졸업자의 교육공무원 우선임용(89헌가89) ② 군법무관 재직기간이 통산하여 15년에 달하지 아니한 자는 변호사의 개업신고 전 2년 이내의 근무지가 속하는 시방법원의 관할구역 안에서는 퇴직한 날로부터 3년간 개업할 수 없다고 개업지를 제한하는 변호사법 제10조(89헌가102) ③ 법무사의 자격인정을 법원 등 퇴직공무원에 독점시키는 법무사법시행규칙 제3조 제1항(89헌마178) ④ 명예직 종사자에 대한 다른 직책의 겸직금지(90헌마28) ⑤ 검찰총장퇴직 후 2년 이내에 일체의 공직의 금지(97헌마26) ⑥ 허가를 받아 경비업을 영위하고 있는 자에게 비전문적인 영세경비업체의 난립 방지, 무자격자의 유입 차단 등을 위하여 경비업 외의 영업을 금지하는 것(2001헌마614) ⑦ 비영리법인에 한하여 지적측량업무를 대행토록 하는 것(헌재 2002.5.30, 2000헌마81) ⑧ 안마사의 자격을 인정받을 수 있는 자를 맹인으로 제한하는 것(2003헌마715)

객관적 사유에 의한 제한은 직업의 자유에 대한 제한 중에서도 가장 심각한 제약이 아닐 수 없다. 따라서 이러한 제한은 월등하게 중요한 공익을 위하여 명백하고 확실한 위험을 방지하기 위한 경우에만 정당화될 수 있다고 보아야 한다. 헌법재판소가 이 사건을 심사함에 있어서는 헌법 제37조 제2항이 요구하는 바, 과잉금지의 원칙, 즉 엄격한 비례의 원칙이 그 심사척도가 된다(헌재 2002.4.25, 2001헌마614).

* 시각장애인 안마사자격 관련 헌재 결정
1. 1차 결정: 시각장애인에게만 안마사업을 인정하는 '안마사에관한규칙'(보건복지부령)조항: 위헌(헌재 2006.5.25, 2003헌마715)
   (1) 이 사건 규칙조항은 안마사의 자격인정을 받을 수 있는 자를 일정한 범위의 "앞을 보지 못하는" 사람으로 한정하는, 이른바 비맹제외기준을 설정함으로써 시각장애인이 아닌 일반인으로 하여금 안마사 자격을 받을 수 없도록 규정하고 있다. 이는 시각장애인이 아닌 일반인이 안마사 직업을 선택할 수 있는 자유를 원천적으로 제한하는 것으로서, 기본권 제한에 관한 법률유보원칙 및 과잉금지원칙에 위배하여 일반인의 직업선택의 자유를 침해하고 있으므로 헌법에 위반된다.

(2) 전체 8인의 재판관 중 3인은 법률유보원칙 및 과잉금지원칙 위배를, 2인은 법률유보원칙 위배만을, 2인은 과잉금지원칙 위배만을 이유로 전체 8인 중 7인이 모두 위헌의견을 내었다.

재판관	결정주문	결정이유
3인	위헌	법률유보원칙 및 과잉금지원칙 위배
2인	위헌	법률유보원칙 위배
2인	위헌	과잉금지원칙 위배
1인	합헌	

2. **2차 결정**: 시각장애인에게만 안마사업을 인정하는 의료법조항 : 합헌(헌재 2008.10.30. 2006헌마1098등)
   (1) 직업선택의 자유 및 평등권 침해여부: 소극
      이 사건 법률조항은 헌법 제37조 제2항에서 정한 기본권 제한입법의 한계를 벗어나서 비시각장애인의 직업선택의 자유를 침해하거나 평등권을 침해한다고 볼 수는 없다.
   (2) 이 법률의 위헌결정 및 헌법소원 인용결정의 결정이유에 대한 기속력: 소극(6인 이상의 찬성에 미달)
      헌법재판소법 제47조 제1항 및 제75조 제1항에 규정된 법률의 위헌결정 및 헌법소원 인용결정의 기속력과 관련하여, 입법자인 국회에게 기속력이 미치는지 여부, 나아가 결정주문뿐 아니라 결정이유에까지 기속력을 인정할지 여부는 헌법재판소의 헌법재판권 내지 사법권의 범위와 한계, 국회의 입법권의 범위와 한계 등을 고려하여 신중하게 접근할 필요가 있다. 설령 결정이유에까지 기속력을 인정한다고 하더라도, 결정주문을 뒷받침하는 결정이유에 대하여 적어도 위헌결정의 정족수인 재판관 6인 이상의 찬성이 있어야 할 것이고(헌법 제113조 제1항 및 헌법재판소법 제23조 제2항 참조), 이에 미달할 경우에는 결정이유에 대하여 기속력을 인정할 여지가 없는데, 헌법재판소가 2006. 5. 25. '안마사에 관한 규칙' 제3조 제1항 제1호와 제2호 중 각 "앞을 보지 못하는" 부분에 대하여 위헌으로 결정한 2003헌마715등 사건의 경우 그 결정이유에서 비맹제외기준이 과잉금지원칙에 위반한다는 점과 관련하여서는 재판관 5인만이 찬성하였을 뿐이므로 위 과잉금지원칙 위반의 점에 대하여 기속력이 인정될 여지가 없다.

제4절 소비자의 권리

헌법
제124조 국가는 건전한 소비행위를 계도하고 생산품의 품질향상을 촉구하기 위한 소비자보호운동을 법률이 정하는 바에 의하여 보장한다.

I 의의

① 소비자의 권리란 소비자가 자신의 인간다운 생활을 영위하기 위하여 공정한 가격으로 양질의 상품 또는 용역을 적절한 유통구조를 통하여 적절한 시기에 구입하거나 사용할 수 있는 권리를 말한다.
② 현행헌법은 제124조에서 소비자보호운동의 보장을 규정하고 있다.

Ⅱ 소비자권리의 주체

모든 소비자이다. 외국인, 법인 불문한다.

Ⅲ 소비자권리의 내용(소비자기본법 제4조)

1. 물품 또는 용역(이하 "물품 등")으로 인한 생명·신체 또는 재산에 대한 위해로부터 보호받을 권리(안전에 관한 권리)
2. 물품 등을 선택함에 있어서 필요한 지식 및 정보를 제공받을 권리(알권리)
3. 물품 등을 사용함에 있어서 거래상대방·구입장소·가격 및 거래조건 등을 자유로이 선택할 권리(자유선택권)
4. 소비생활에 영향을 주는 국가 및 지방자치단체의 정책과 사업자의 사업 활동 등에 대하여 의견을 반영시킬 권리(의견반영권)
5. 물품 등의 사용으로 인하여 입은 피해에 대하여 신속·공정한 절차에 따라 적절한 보상을 받을 권리(피해보상권)
6. 합리적인 소비생활을 위하여 필요한 교육을 받을 권리(교육을 받을 권리)
7. 소비자 스스로의 권익을 증진하기 위하여 단체를 조직하고 이를 통하여 활동할 수 있는 권리(단체조직권)
8. 안전하고 쾌적한 소비생활 환경에서 소비할 권리(환경권)

Ⅳ 소비자권리의 효력

소비자의 권리는 대국가적 효력과 대사인적 효력이 인정된다.

제5장 정치적 기본권

I 서설

① 정치적 기본권이란 협의로는 참정권을, 광의로는 참정권뿐만 아니라 국민이 정치적 의견을 자유로이 표명하거나 국가의 의사형성에 참여하는 일련의 정치적 활동권을 총칭한다. 오늘날 정치적 기본권은 광의로 이해한다.
② 헌법은 제21조에서 정치적 표현의 자유를, 제8조 제1항에서 정당설립의 자유를, 제24조·제25조에서 참정권을 규정하여 각종 정치적 기본권을 보장하고 있다.

II 정치적 자유권

> **헌법**
> 제8조
> ① 정당의 설립은 자유이며, 복수정당제는 보장된다.
> 제21조
> ① 모든 국민은 언론·출판의 자유와 집회·결사의 자유를 가진다.
> 제24조
> 모든 국민은 법률이 정하는 바에 의하여 선거권을 가진다.

① 국민이 자신의 정치적 의견과 정치사상을 외부로 표현하는 정치적 표현의 자유, ② 정당가입과 정당활동의 자유를 그 내용으로 하는 정치적 결사의 자유, ③ 정치적 목적을 위한 집회나 시위를 자유로이 개최·진행하는 정치적 집회·시위의 자유, ④ 자유로운 선거운동의 자유이다.

III 참정권

> **헌법**
> 제13조
> ② 모든 국민은 소급입법에 의하여 참정권의 제한을 받거나 재산권을 박탈당하지 아니한다.
> 제24조
> 모든 국민은 법률이 정하는 바에 의하여 선거권을 가진다.

> 제25조
> 모든 국민은 법률이 정하는 바에 의하여 공무담임권을 가진다.
> 제72조
> 대통령은 필요하다고 인정할 때에는 외교·국방·통일 기타 국가안위에 관한 중요정책을 국민투표에 붙일 수 있다.
> 제130조
> ② 헌법개정안은 국회가 의결한 후 30일 이내에 국민투표에 붙여 국회의원선거권자 과반수의 투표와 투표자 과반수의 찬성을 얻어야 한다.

1. 의의 및 종류

참정권이란 국민이 국가의 정책결정에 직접 참여하거나, 선거 또는 투표에 참여하거나, 공무원으로 선임될 수 있는 국민의 주관적 공권을 말한다. 참정권은 직접참정권과 간접참정권으로 나누어진다.

2. 참정권의 법적 성격

참정권은 국가권력을 창설하고 국가권력에 정당성을 부여하는 민주시민의 정치적 기본권을 뜻하기 때문에 특히 국가를 향한 권리로서의 성격이 강하다. 또 참정권은 그 국가권력창설적·정당성부여적 기능 때문에 객관적 가치질서로서의 성격도 함께 가진다.

3. 참정권의 주체

국민이 참정권의 주체가 된다는 점에 대하여는 의문이 없다.

(1) 법인

법인에게 참정권(선거권)을 인정한다면 법인의 구성원에게는 자연인으로서 또 법인의 구성원으로서 이중으로 참정권(선거권)을 인정하는 부당한 결과가 되므로, 정당을 포함하여 법인에게는 참정권의 주체성을 인정할 수 없다고 보는 것이 타당하다.

(2) 외국인

참정권은 국민의 권리이므로 외국인에게는 인정되지 않는다는 것이 다수설이다. 공직선거법 제15조는 영주의 체류자격 취득일 후 3년이 경과한 18세 이상의 외국인으로서 선거인명부작성기준일 현재 당해 지방자치단체의 외국인등록대장에 등재된 자에 한하여 지방자치단체의 의회의원 및 장의 선거권을 부여하고 있다.

4. 참정권의 내용

(1) 직접참정권

1) 의의

직접참정권이란 국민이 국가의 의사형성이나 정책결정에 직접 참여할 수 있는 권리를 말하며, 국민발안권(국민입법)·국민표결권(협의의 국민투표)·국민소환권(국민파면) 등이 있다.

2) 종류

① **국민발안권** : 제2차개헌헌법부터 제3공화국헌법까지 헌법개정에 대한 국민발안을 두었었다.
② **국민표결권** : 제2차개헌헌법에 헌법상 주권의 제약이나 영토의 변경 등 중대사안에 대하여 국민투표제를 최초로 인정하였다. 제5차개정헌법은 이 규정을 삭제하고 헌법개정안의 확정에 관한 국민투표를 최초로 규정하였고, 현행헌법은 제72조에서 국가안위에 관한 중요정책에 대한 국민투표와 제130조에서 헌법개정안에 대한 국민투표를 규정하고 있다.
③ **국민소환권** : 우리 헌정사에서는 채택된 바가 없다. 다만 지방자치법은 행정구역개편에 있어서 주민투표제를 도입하고 있고, 주민소환에관한법률은 주민소환제도를 채택하였다.

(2) 간접참정권

간접참정권이란 국민이 국가기관의 구성에 참여(제24조)하거나 국가기관의 구성원으로 선임될 수 있는 권리(제25조)를 말한다. 현행헌법은 간접민주제를 원칙으로 하고 있으며, 간접참정권으로 선거권과 공무담임권을 규정하고 있다.

5. 참정권의 제한

(1) 헌법에 의한 제한

헌법 제67조 제4항은 대통령의 피선거권을 40세 이상으로 제한하고 있다.

(2) 법률에 의한 제한

참정권은 헌법 제37조 제2항에 따라 제한될 수 있다. 그러나 본질적 내용은 침해할 수 없고 과잉금지의 원칙이 존중되어야 한다.

(3) 소급입법에 의한 참정권 제한 금지

헌법 제13조 제2항은 소급입법에 의한 참정권의 제한을 금지하고 있다.

Ⅳ 선거권(선거제도 참조)

1. 의의

① 선거권이란 국민이 공무원을 선거하는 권리를 말한다. 여기서 공무원이란 최광의의 공무원을 말한다.
② 헌법 제24조는 "모든 국민은 법률이 정하는 바에 의하여 선거권을 가진다"고 하여 선거권을 규정하고 있다.

2. 선거권의 법적 성격

국가를 위한 공의무의 성격과 주관적 권리로서의 성격을 동시에 가진다.

3. 선거권의 내용

우리 헌법과 법률에 규정된 선거권(공직선거법 제15조)에는 대통령선거권(헌법 제67조), 국회의원선거권(헌법 제41조), 지방의회의원과 지방자치단체장 선거권(헌법 제118조 제2항) 등이 있다.

V 공무담임권(공무원제도 참조)

1. 의의 및 보호영역

① 헌법 제25조는 "모든 국민은 법률이 정하는 바에 의하여 공무담임권을 가진다"고 하여, 공무담임권을 기본권으로 보장하고 있다. 공무담임권이란 입법부, 집행부, 사법부는 물론 지방자치단체 등 국가, 공공단체의 구성원으로서 그 직무를 담당할 수 있는 권리를 말한다.
② 공무담임권은 현실적인 권리가 아니고 공무담임의 기회보장적 성격을 가진다.
③ 직무를 담당한다는 것은 모든 국민이 현실적으로 그 직무를 담당할 수 있다는 의미가 아니라, 국민이 공무담임에 관한 자의적이지 않고 평등한 기회를 보장받음을 의미하는 바, 공무담임권의 보호영역에는 공직취임기회의 자의적인 배제뿐만 아니라, 공무원 신분의 부당한 박탈까지 포함되는 것이라고 할 것이다.
④ 우리 헌법은 주권자인 국민에 대하여는 법률이 정하는 바에 의하여 선거권과 공무담임권을 인정하나, 국민들의 결합체인 단체 그 자체에 대하여는 이러한 기본권을 인정하지 않고 있다(헌재 1995.5.25. 95헌마105).

2. 공무담임권의 법적 성격

입후보와 당선을 조건으로 하여 공무원이 될 수 있는 헌법상의 권리이다(다수설).

3. 공무담임권의 내용과 제한

공무담임권은 피선거권과 공직취임권(협의의 공무담임권)을 내용으로 한다. 피선거권의 제한에 관하여는 공직선거법 제19조에 규정을 두고 있다.

VI 국민투표권(국민표결권)

1. 의의

① 국민투표권이란 국민이 중요한 법안이나 정책을 국민투표로써 결정하는 권리를 말한다.
② 헌법 제72조는 "대통령은 필요하다고 인정할 때에는 외교·국방·통일 기타 국가안위에 관한 중요정책을 국민투표에 붙일 수 있다"고 정하여 중요정책국민투표부의제도를 두고 있고, 헌법 제130조 제2항은 "헌법개정안은 국회가 의결한 후 30일 이내에 국민투표에 붙여 국회의원선거권자 과반수의 투표와 투표권자 과반수의 찬성을 얻어야 한다"고 정하여 헌법개정의 확정에서 국민투표제도를 두고 있다.
③ 헌법재판소는 국민투표의 가능성은 국민주권주의나 민주주의원칙과 같은 일반적인 헌법원칙에 근거하여 인정될 수 없으며, 헌법에 명문으로 규정하지 않는 한 허용되지 않는다고 한다. 그 결과 헌법에 명문규정이 없는 신임만을

묻는 국민투표 외에도 정책과 연계한 신임국민투표에 대해서도 헌법 제72조의 정책국민투표에 포함되지 않는다고 하여 이러한 신임국민투표를 제안하는 대통령의 행위는 위헌에 해당한다고 판시하였다(헌재 2004.5.14, 2004헌나1).

2. 법적 성격

① 헌법 제72조에서 보장되는 국민투표권과 헌법 제130조 제2항에서 보장하고 있는 국민투표권은 모두 중요정책국민투표부의제도와 헌법개정확정제도에 수반하여 인정되는 헌법상의 권리이다.
② 국민투표권이 헌법상의 권리로 보장되는 이상 방어권으로서의 성질을 가진다. 따라서 국가는 국민투표권을 박탈하거나 자유로운 행사를 방해해서는 안 된다.

3. 주체

국민주권원리와 그 성질에 비추어 모두 대한민국국적을 가진 자연인인 국민에게만 인정되는 헌법상의 권리이다.

4. 내용

(1) 중요정책에 대한 국민투표

① 헌법 제72조에 따른 국민투표권은 대통령이 헌법 제72조에서 정하는 국가의 중요정책을 국민투표에 붙일 때 이에 대하여 투표하는 권리이다. 이러한 권리는 언제나 행사할 수 있는 것이 아니라 대통령이 국민투표에 부의했을 때만 행사할 수 있다.
② 국민은 헌법 제72조의 국민투표권을 근거로 하여 대통령에게 헌법 제72조에서 정하고 있는 중요정책을 국민투표에 회부하라는 것을 법적으로 요구할 수 없고, 대통령이 이러한 회부를 하지 않은 것을 국민투표권의 침해라고 주장할 수도 없다.

(2) 헌법개정에 대한 국민투표

헌법 제130조 제2항에서 정하는 국민투표권은 헌법개정의 확정여부를 결정하는 권리이다. 헌법은 이러한 권리를 국민에게만 부여하고 있다.

5. 효력

(1) 중요정책에 대한 국민투표

헌법 제72조에 따른 국민투표는 대통령이 헌법·제72조에서 정하는 국가의 중요정책에 대하여 스스로 결정하기 전에 국민에게 찬반의 의사를 물어 그 결과를 참작하여 결정할 수 있게 한 자문적 국민투표이므로(견해대립), 국민투표의 결과는 국회, 대통령, 법원, 헌법재판소 등 국가에 대하여 기속력을 가지지 않는다.

(2) 헌법개정에 대한 국민투표

헌법 제130조 제2항의 국민투표권은 헌법개정의 확정여부를 최종적으로 결정하는 효력을 가지며, 이는 국가에 대하여 기속력을 가진다. 따라서 국가는 어떠한 경우에도 국민투표권 행사의 결과를 변경하거나 부정·거부하지 못한다.

6. 제한과 그 한계

중요정책에 대한 국민투표권과 헌법개정에 대한 국민투표권에 대해서도 헌법 제37조 제2항에 의하여 제한할 수 있다.

Ⅶ 그 밖의 정치적 활동권

소비자보호운동, 환경보호운동, 각종 주민운동의 자유 등도 정치적 기본권에 포함된다. 또한 시민운동권과 저항권 등도 정치적 기본권의 하나로 논의될 수 있다.

Ⅷ 공무원의 정치적 기본권 제한

1. 국가공무원법상의 제한

> ● 국가공무원법
> 제65조(정치운동의 금지) ① 공무원은 정당이나 그 밖의 정치단체의 결성에 관여하거나 이에 가입할 수 없다.
> ② 공무원은 선거에서 특정 정당 또는 특정인을 지지 또는 반대하기 위한 다음의 행위를 하여서는 아니된다.
>   1. 투표를 하거나 하지 아니하도록 권유 운동을 하는 것
>   2. 서명 운동을 기도(企圖)·주재하거나 권유하는 것
>   3. 문서나 도서를 공공시설 등에 게시하거나 게시하게 하는 것
>   4. 기부금을 모집 또는 모집하게 하거나, 공공자금을 이용 또는 이용하게 하는 것
>   5. 타인에게 정당이나 그 밖의 정치단체에 가입하게 하거나 가입하지 아니하도록 권유 운동을 하는 것
> ③ 공무원은 다른 공무원에게 제1항과 제2항에 위배되는 행위를 하도록 요구하거나, 정치적 행위에 대한 보상 또는 보복으로서 이익 또는 불이익을 약속하여서는 아니된다.
> 제3조(적용 범위) ② 제1항에도 불구하고 제2조 제3항 제1호의 정무직공무원에 대하여는 제33조와 제69조를 적용하지 아니하고, 대통령령으로 정하는 특수경력직공무원에 대하여는 제65조와 제66조를 적용하지 아니한다.
>
> ● 국가공무원법 제3조 제3항의 공무원의 범위에 관한 규정(대통령령)
> 제2조(범위) 국가공무원법 제3조 제3항의 규정에 의한 공무원의 범위를 다음과 같이 정한다.
>   1. 대통령   2. 국무총리
>   3. 국무위원   4. 국회의원
>   5. 처의 장   6. 각 원·부·처의 차관
>   7. 삭제   8. 정무차관
>   9. 제1호 내지 제3호·제5호 및 제6호에 규정된 공무원의 비서실장 및 비서관과 전직대통령의 비서관
>   10. 국회의장·국회부의장 및 국회의원의 비서실장·보좌관·비서관 및 비서와 교섭단체의 정책연구위원

2. 국가공무원법 제65조 소정의 '공무원'의 범위

① 국민전체에 대한 봉사자로서의 지위는 원칙적으로 모든 공무원에게 적용된다.
② 공무원의 정치적 중립성은 다른 법률의 규정이 없는 한 원칙적으로 모든 공무원에게 적용되어야 한다.
③ 다만 대통령령으로 정하는 특수경력직공무원(예 대통령, 국무총리 등)에 대하여는 제65조를 적용하지 아니한다(동법 제3조 제2항).

제6장 청구권적 기본권

제1절 의의 및 유형

① 청구권적 기본권이란 국민이 국가에 대하여 일정한 행위를 적극적으로 청구할 수 있는 주관적 공권을 말한다.
② 실체적 권리인 다른 기본권에 반하여 청구권적 기본권은 절차적인 권리이며, 기본권 보장을 위한 기본권이라기도 하다.
③ 헌법이 규정하고 있는 청구권적 기본권으로는 청원권(제26조), 재판청구권(제27조, 제107조 제1항, 제111조 제1항), 국가배상청구권(제29조), 국가보상청구권(제23조 제3항, 제28조), 범죄피해자구조청구권(제30조) 등이 있다.
④ 청구권은 헌법규정만으로도 구체적이고 현실적인 권리가 발생하며, 청구권에 관한 법률들은 보통 구체화적 법률유보에 속한다.
⑤ G. Jellinek에 의하면 청구권은 지위이론 중 적극적 지위에 해당하며, 수익권 중에서 생존권을 제외한 것이다.

제2절 청원권

◆ 헌법

제26조
① 모든 국민은 법률이 정하는 바에 의하여 국가기관에 문서로 청원할 권리를 가진다.
② 국가는 청원에 대하여 심사할 의무를 진다.

제89조
다음 사항은 국무회의의 심의를 거쳐야 한다.
  15. 정부에 제출 또는 회부된 정부의 정책에 관계되는 청원의 심사

I 의의 및 헌법상 기능

1. 의의
① 청원권이란 국민이 국가기관에 대하여 문서로 자기의 의견이나 희망을 진술할 수 있는 권리를 말한다.
② 헌법은 제26조에서 청원권을 보장하고 있다.

2. 헌법상 기능
① 국민적 관심사를 국가기관에 표명할 수 있는 수단으로서의 기능
② 국회와 국민의 유대를 지속 내지 강화시켜 주는 수단으로서의 기능
③ 국회의 국정통제의 기초를 마련해 주고 이를 뒷받침해 주는 기능
④ 제한적이긴 하지만 비정상적인 권리구제수단으로서의 기능
⑤ 의사소통수단으로서의 기능

민주적인 의회제도와 합리적인 사법제도가 확립되고 참정권과 표현의 자유가 보장됨으로써 정치에 대한 희망을 자유롭게 표명할 수 있게 되어 청원권이 갖는 중요성은 점차 감소하고 있다.

II 청원권의 법적 성격

헌법재판소는 청원권을 청구권으로 보고 있다(헌재 1997.7.16, 93헌마239).

III 청원권의 주체

① 헌법은 청원권의 주체를 국민이라고 하고 있지만 청원권은 외국인에게도 인정된다.
② 자연인만이 아니라 사법인도 청원권의 주체가 된다. 공법인도 기본권의 주체가 될 수 있는 예외적인 경우에는 주체성이 인정된다.
③ 사실상 노무에 종사하는 공무원을 제외하고는 공무원·군인 등의 경우 그 직무와 관련된 청원과 집단적 청원은 할 수 없다(국가공무원법 제66조 제1항).

Ⅳ 청원권의 내용

1. 청원사항과 청원금지사항

(1) 청원사항

> ◆ 청원법
> 제5조(청원사항) 국민은 다음 각 호의 어느 하나에 해당하는 사항에 대하여 청원기관에 청원할 수 있다.
> 1. 피해의 구제
> 2. 공무원의 위법·부당한 행위에 대한 시정이나 징계의 요구
> 3. 법률·명령·조례·규칙 등의 제정·개정 또는 폐지
> 4. 공공의 제도 또는 시설의 운영
> 5. 그밖에 국가기관 등의 권한에 속하는 사항(1) 청원사항

① 청원법 제5조는 한정적인 것이 아니라 예시적인 것이므로 공공기관의 권한에 속하는 사항이면 모두가 청원의 대상이다. 따라서 자신과 관계없는 사항도 청원할 수 있다.
② 국민소환과 동일한 효과를 가지게 되는 공무원의 파면에 대한 청원도 인정된다.

(2) 청원금지사항

> ◆ 청원법
> 제6조(청원처리의 예외) 청원기관의 장은 청원이 다음 각 호의 어느 하나에 해당하는 경우에는 처리를 하지 아니할 수 있다. 이 경우 사유를 청원인에게 알려야 한다.
> 1. 국가기밀 또는 공무상 비밀에 관한 사항
> 2. 감사·수사·재판·행정심판·조정·중재 등 다른 법령에 의한 조사·불복 또는 구제절차가 진행 중인 사항
> 3. 허위의 사실로 타인으로 하여금 형사처분 또는 징계처분을 받게 하는 사항
> 4. 허위의 사실로 국가기관 등의 명예를 실추시키는 사항
> 5. 사인간의 권리관계 또는 개인의 사생활에 관한 사항
> 6. 청원인의 성명, 주소 등이 불분명하거나 청원내용이 불명확한 사항
> 제16조(반복청원 및 이중청원) ① 청원기관의 장은 동일인이 같은 내용의 청원서를 같은 청원기관에 2건 이상 제출한 반복청원의 경우에는 나중에 제출된 청원서를 반려하거나 종결처리할 수 있고, 종결처리하는 경우 이를 청원인에게 알려야 한다.
> ② 동일인이 같은 내용의 청원서를 2개 이상의 청원기관에 제출한 경우 소관이 아닌 청원기관의 장은 청원서를 소관 청원기관의 장에게 이송하여야 한다. 이 경우 반복청원의 처리에 관하여는 제1항을 준용한다.
> 제25조(모해의 금지) 누구든지 타인을 모해할 목적으로 허위의 사실을 적시한 청원을 하여서는 아니된다.
> 제27조(벌칙) 제25조의 규정을 위반한 자는 5년 이하의 징역 또는 5천만원 이하의 벌금에 처한다.

2. 청원대상기관

> ● **청원법**
> **제4조(청원대상기관)** 이 법에 따라 국민이 청원을 제출할 수 있는 기관(이하 "청원기관"이라 한다)은 다음 각 호와 같다.
> 1. 국회·법원·헌법재판소·중앙선거관리위원회, 중앙행정기관과 그 소속 기관
> 2. 지방자치단체와 그 소속기관
> 3. 법령에 의하여 행정권한을 가지고 있거나 행정권한을 위임 또는 위탁받은 법인·단체 또는 그 기관이나 개인

3. 청원의 방법과 절차

(1) 문서주의

헌법은 청원을 문서로 하도록 규정하고 있으며, 청원법도 청원인의 성명과 주소 또는 거소를 적고 서명한 문서(전자문서를 포함한다)로 하여야 한다(동법 제9조)고 규정하고 있다. 즉 청원은 무기명으로는 하지 못한다.

(2) 절차

청원서는 해당 청원사항을 담당하는 청원기관에 제출하여야 한다(동법 제11조). 동일인이 같은 내용의 청원서를 같은 청원기관에 2건 이상 제출한 반복청원의 경우에는 나중에 제출된 청원서를 반려하거나 종결처리할 수 있으며(동법 제16조 제1항), 동일인이 같은 내용의 청원서를 2개 이상의 청원기관에 제출한 경우에는 소관이 아닌 청원기관의 장은 청원서를 소관 청원기관의 장에게 이송하여야 한다(동법 제16조 제2항).

(3) 국회와 지방의회에 대한 청원

지방의회에 대한 청원은 지방의회의원의 소개가 있어야 한다(지방자치법 제85조). 국회에의 청원은 국회의원의 소개를 받거나, 국회규칙으로 정하는 기간 동안 국회규칙으로 정하는 일정한 수 이상의 국민의 동의를 받아야 한다(국회법 제123조 제1항).

> ● **국회법**
> **제123조(청원서의 제출)** ① 국회에 청원을 하려는 자는 의원의 소개를 받거나, 국회규칙으로 정하는 기간 동안 국회규칙으로 정하는 일정한 수 이상의 국민의 동의를 받아 청원서를 제출하여야 한다.
> ② 청원은 청원자의 주소·성명을 적고 서명한 문서(전자문서를 포함한다)로 하여야 한다.
> ③ 제2항에 따라 전자문서로 제출하는 청원은 본인임을 확인할 수 있는 전자적 방법을 통하여 제출하여야 한다. 이 경우 서명이 대체된 것으로 본다.
> ④ 청원이 다음 각 호의 어느 하나에 해당하는 경우에는 이를 접수하지 아니한다.
>   1. 재판에 간섭하는 내용의 청원
>   2. 국가기관을 모독하는 내용의 청원
>   3. 국가기밀에 관한 내용의 청원
>
> ● **지방자치법**
> **제85조(청원서의 제출)** ① 지방의회에 청원을 하려는 자는 지방의회의원의 소개를 받아 청원서를 제출하여야 한다.
> ② 청원서에는 청원자의 성명(법인인 경우에는 그 명칭과 대표자의 성명을 말한다) 및 주소를 적고 서명·날인하여야 한다.

(4) 수형자의 법무부장관에 대한 청원

수용자는 그 처우에 관하여 불복하는 경우 법무부장관·순회점검공무원 또는 관할 지방교정청장에게 청원할 수 있다(형의집행및수용자의처우에관한법률 제117조). 청원의 방법은 법무부장관에게는 문서로 하나, 순회점검공무원에게는 서면 또는 말로도 할 수 있다.

Ⅴ 청원의 효과

1. 적극적 효과(수리·심사·통지의무)

> ◆ 청원법
> 제21조(청원의 처리 등) ① 청원기관의 장은 청원심의회의 심의를 거쳐 청원을 처리하여야 한다. 다만, 청원심의회의 심의를 거칠 필요가 없는 사항에 대해서는 심의를 생략할 수 있다.
> ② 청원기관의 장은 청원을 접수한 때에는 특별한 사유가 없으면 90일 이내에 처리결과를 청원인에게 알려야 한다. 이 경우 공개청원의 처리결과는 온라인청원시스템에 공개하여야 한다.
> ③ 청원기관의 장은 부득이한 사유로 제2항에 따른 처리기간에 청원을 처리하기 곤란한 경우에는 60일의 범위에서 한 차례만 처리기간을 연장할 수 있다. 이 경우 그 사유와 처리예정기한을 지체 없이 청원인에게 알려야 한다.

2. 소극적 효과

모든 국민은 청원하였다는 이유로 차별대우를 받거나 불이익을 강요당하지 아니한다(동법 제26조).

Ⅵ 청원권의 효력

청원권의 수범자는 국가기관일 뿐이므로 대국가적 효력만을 가지며 사인 상호간에는 적용될 수 없다.

Ⅶ 청원권의 제한과 그 한계

① 청원권은 대통령의 긴급명령(제76조) 또는 비상계엄(제77조 제3항)이 선포된 경우 제한될 수 있다.
② 특별권력관계에 있는 사람은 특별권력관계의 설정목적에 부합하는 범위 내에서 해당법률에 의해 청원권이 제한될 수 있다.
③ 헌법 제37조 제2항에 따라 제한될 수 있으나(청원금지사항, 이중청원의 금지 등), 그 본질적 내용을 침해하거나 과잉금지의 원칙에 위반할 수 없다.

제3절 재판청구권

> **● 헌법**
> 제27조
> ① 모든 국민은 헌법과 법률이 정한 법관에 의하여 법률에 의한 재판을 받을 권리를 가진다.
> ② 군인 또는 군무원이 아닌 국민은 대한민국의 영역 안에서는 중대한 군사상 기밀·초병·초소·유독음식물공급·포로·군용물에 관한 죄 중 법률이 정한 경우와 비상계엄이 선포된 경우를 제외하고는 군사법원의 재판을 받지 아니한다.
> ③ 모든 국민은 신속한 재판을 받을 권리를 가진다. 형사피고인은 상당한 이유가 없는 한 지체없이 공개재판을 받을 권리를 가진다.
> ④ 형사피고인은 유죄의 판결이 확정될 때까지는 무죄로 추정된다.
> ⑤ 형사피해자는 법률이 정하는 바에 의하여 당해사건의 재판절차에서 진술할 수 있다.

I 의의

① 재판청구권이란 국가에 대하여 재판을 청구할 수 있는 기본권으로서 독립된 법원에 의하여 적법한 절차에 따라 정당한 재판을 받을 권리를 말한다.
② 재판청구권은 기본권 침해에 대한 사후구제절차 중에서 가장 중요하고 대표적인 권리이다. 그러나 재판청구권은 헌법과 법률이 정한 법관에 의하여 법률에 의한 재판을 받을 권리를 의미하는 것일 뿐, 구체적 소송에 있어서 특정의 당사자가 승소의 판결을 받을 권리를 의미하는 것은 아니다.
③ 헌법 제27조는 제1항에서 제5항에 걸쳐 재판청구권에 관하여 규정하고 있다.
④ 재판청구권은 적극적으로는 국민이 국가에 대하여 재판을 청구할 수 있는 권리를 말하고, 소극적으로는 헌법과 법률이 정한 법관이 아닌 자에 의한 재판이나 법률에 의하지 아니한 재판을 받지 아니할 권리를 말한다. 이러한 재판청구권은 개인이 포기할 수 있는 권리이다.

II 재판청구권의 주체

① 재판청구권은 기본권이 침해된 경우에 그 회복 또는 구제를 위한 권리이므로, 기본권의 주체가 될 수 있는 자는 누구나 재판청구권의 주체가 된다.
② 자연인이라면 국민이나 외국인을 불문하고 그 주체가 되며, 사법인은 물론이고 공법인도 주체성이 인정된다.

III 재판청구권의 내용

1. "재판"을 받을 권리

(1) 재판을 받을 권리의 의의

재판을 받을 권리란 적극적으로는 국가에 대하여 재판을 청구할 수 있는 권리를, 소극적으로는 헌법과 법률이 정한 재판을 제외하고는 재판을 받지 않을 권리를 말하며, 구체적으로는 민사재판·형사재판·행정재판·헌법재판 등에 대한 청구권을 말한다.

(2) 대법원의 재판을 받을 권리

1) 학설의 대립

(가) 긍정설

① 헌법 제110조 제2항은 군사법원의 상고심을 대법원으로 정하고 있다.
② 헌법 제110조 제4항은 비상계엄 하의 단심군사재판을 어디까지나 예외로 규정하고 있다.
③ 헌법 제101조 제2항이 "법원은 최고법원인 대법원과 각급 법원으로 조직된다"고 규정하고 있는 것은 심급제와 상고절차에 대한 간접적인 근거가 된다.

(나) 부정설

① 현행헌법에는 이에 관한 명문규정이 없다.
② 상고문제는 법률에 맡겨져 있어 모든 사건에 대하여 상고를 할 수 있게 하느냐 않느냐는 입법정책의 문제이다.

2) 헌법재판소

헌법재판소는 형사소송법 제262조 제2항 위헌소원사건에서 부정설의 입장을 취하기도 하였고(헌재 1996.10.31. 94헌바3), 상고심절차에관한특례법 제4조 위헌소원사건에서는 제한적 긍정설의 입장을 취하기도 하였다(헌재 1997.10.30. 97헌바37).

> ⚖️ **관련판례**
>
> 1. 형사소송법 제262조 제2항은 대법원의 업무부담을 경감하려는 취지와 법률관계를 조속히 확정하고 형사재판제도의 효율성을 제고하며, 형사사건의 당사자와 이해관계인의 법적 안정성을 조화하려는 목적에서 고등법원의 결정에 대한 보통항고를 금지하고 고등법원의 결정에 대하여 사실오인을 이유로 한 항고를 금지하고 있는 형사소송법 제415조의 원칙을 재확인하는 규정에 불과하다 할 것이므로, 합리적인 이유없이 헌법 제27조 제1항이 정하는 재판을 받을 권리를 과도하게 제한하거나 그 본질적 내용을 침해하는 위헌적인 규정이라고 볼 수는 없다(헌재 1996.10.31. 94헌바3).
> 2. 헌법이 대법원을 최고법원으로 규정하였다고 하여 대법원이 곧바로 모든 사건을 상고심으로서 관할하여야 한다는 결론이 당연히 도출되는 것은 아니며, "헌법과 법률이 정하는 법관에 의하여 법률에 의한 재판을 받을 권리"가 사건의 경중을 가리지 않고 모든 사건에 대하여 대법원을 구성하는 법관에 의한 균등한 재판을 받을 권리를 의미한다거나 또는 상고심 재판을 받을 권리를 의미하는 것이라고 할 수는 없다. 또한 심급제도는 사법에 의한 권리보호에 관한 한정된 법 발견 자원의 합리적인 분배의 문제인 동시에 재판의 적정과 신속이라는 서로 상반되는 두 가지의 요청을 어떻게 조화시키느냐의 문제로 돌아가므로 원칙적으로 입법자의 형성의 자유에 속하는 사항이다. 그러므로 상고심절차에관한특례법 제4조 제1항 및 제3항과 제5조 제1항 및 제2항은 비록 국민의 재판청구권을 제약하고 있기는 하지만 위 심급제도와 대법원의 기능에 비추어 볼 때 헌법이 요구하는 대법원의 최고법원성을 존중하면서 민사, 가사, 행정 등 소송사건에 있어서 상고심 재판을 받을 수 있는 객관적인 기준을 정함에 있어 개별적 사건에서의 권리구제보다 법령해석의 통일을 더 우위에 둔 규정으로서 그 합리성이 있다고 할 것이므로 헌법에 위반되지 아니한다(헌재 1997.10.30. 97헌바37).

(3) 한 차례의 불복을 할 수 있는 상소권

헌법재판소는 상고심절차에관한특례법 제4조 위헌소원사건에서 일정한 경우에 적어도 한 차례의 불복을 할 수 있는 상소권은 헌법이 보장하는 기본권이라고 본다(헌재 1997.10.30. 97헌바37 등).

(4) 재심재판을 받을 권리

헌법재판소는 부정설의 입장을 취한다(헌재 2000.6.29. 99헌바66 등).

(5) 헌법재판을 받을 권리

1) 헌법재판소는 법원의 재판을 헌법소원의 대상에서 배제하고 있는 헌법재판소법 제68조 제1항에 대한 헌법소원사건에서 "재판청구권은 사실관계와 법률관계에 관하여 최소한 한번의 재판을 받을 기회가 제공될 것을 국가에게 요구할 수 있는 절차적 기본권을 뜻하므로 기본권의 침해에 대한 구제절차가 반드시 헌법소원의 형태로 독립된 헌법재판기관에 의하여 이루어 질 것만을 요구하지는 않는다"고 하여 헌법재판을 받을 권리가 헌법 제27조 제1항의 재판청구권에 포함되지 않는다고 판시한 바 있다(헌재 1997.12.24. 96헌마172 등).

2) 이에 반해 공정한 재판을 받을 권리는 헌법 제27조의 재판청구권에 의하여 함께 보장되고, 재판청구권에는 민사재판, 형사재판, 행정재판뿐만 아니라 헌법재판을 받을 권리도 포함되므로, 헌법상 보장되는 기본권인 '공정한 재판을 받을 권리'에는 '공정한 헌법재판을 받을 권리'도 포함된다고 한다(헌재 2014. 4. 24. 2012헌마2).

2. "헌법과 법률이 정한 법관"에 의한 재판을 받을 권리

(1) 헌법과 법률이 정한 법관에 의한 재판을 "받을 권리"

헌법과 법률이 정한 법관이란 ① 법원조직법 제42조가 규정한 자격을 구비하고, ② 헌법 제104조 및 법원조직법 제41조가 규정한 절차에 따라 적법하게 임명되며, ③ 사법권의 독립을 위하여 헌법 제105조와 제106조가 규정한 임기·정년 및 신분이 보장되고, ④ 헌법 제103조가 규정한 직무상 독립이 보장된 법관을 말한다.

(2) 헌법과 법률이 정한 법관에 의하지 아니한 재판을 "받지 않을 권리"

1) 즉결·가사심판·보호처분

헌법과 법률이 정한 법관에 의한 재판이므로 재판청구권의 침해가 문제되지 않는다.

2) 약식절차

불복시 정식재판을 청구할 수 있는 길이 있으므로 재판청구권의 침해라고 볼 수 없다.

3) 통고처분

재정범에 대한 국세청장·세무서장 등의 통고처분과 교통범칙자에 대한 경찰서장의 통고처분은 법관이 아닌 행정공무원에 의한 것이지만, 불응시에는 정식재판의 절차가 보장되어 있으므로 헌법 제27조 제1항에 위배되지 아니한다.

4) 행정심판

헌법 제107조 제3항에 근거를 두고 있다. 다만 행정기관에 의한 심판은 재판의 전심절차로서만 허용되기 때문에, 그에 관해서는 반드시 법원에 의한 정식재판의 길이 열려 있어야 한다.

5) 배심제·참심제

① 배심제는 배심원이 사실심에만 관여하므로 헌법 제27조 제1항에 위배되지 않는다. 그렇다고 하여 현행헌

법상 재판을 받을 권리에 배심재판을 받을 권리가 포함되는 것은 아니다.
② 이에 반해 사실심 외에 법률심에까지 관여하는 참심제는 위헌이다.

6) 군사재판
군사법원은 헌법 제110조에 근거가 있는 특별법원이다.

3. "법률에 의한" 재판을 받을 권리

(1) 실체법
1) 형사재판에 적용되는 법률은 형식적 의미의 법률에 한정되는 것이 원칙이나, 예외적으로 긴급명령, 긴급재정·경제명령, 법률의 효력을 갖는 조약 등은 포함될 수 있다. 단 불문법은 적용될 수 없다.
2) 민사·행정재판에 적용되는 법률은 형식적 의미의 법률 외에 일체의 성문법과 관습법·조리 같은 불문법도 포함된다.

(2) 절차법
모든 재판은 형식적 의미의 법률에 따라야 함이 원칙이나, 예외적으로 긴급명령, 긴급재정·경제명령, 법률의 효력을 갖는 조약, 대법원규칙, 헌법재판소규칙 등도 적용될 수 있다. 단 불문법은 제외된다.

4. 군사법원의 재판을 "받지 않을" 권리(헌법 제27조 제2항)

일반국민은 원칙적으로 군사법원의 재판을 받지 아니할 권리를 가진다. 그러나 대한민국 영역 안에서 중대한 군사상 기밀·초병·초소·유독음식물공급·포로·군용물에 관한 죄 중 법률이 정한 경우와 비상계엄이 선포된 경우에는 예외적으로 군사법원의 재판을 받을 수 있다.

[군사법원의 관할규정과 심급규정의 비교]

구 분	군인·군무원	일반 국민
제27조 제2항 (군사법원 관할)	① 모든 범죄 ② 평상시와 비상계엄 시 불문	① 군사상기밀·초병·초소·유독음식물공급·포로·군용물에 관한 죄 중 법률이 정한 경우 ② 비상계엄이 선포된 경우
제110조 제4항 (비상계엄시 군사법원 심급)	① 단심 ② 사형선고: 3심	① 군사에 관한 간첩죄, 초병·초소·유독음식물공급·포로에 관한 죄 중 법률이 정한 경우 : 단심 ② 사형선고: 3심

5. "신속한 공개재판"을 받을 권리

(1) "신속한 재판"을 받을 권리(헌법 제27조 제3항)
모든 국민은 신속한 재판을 받을 권리를 가진다. 어떤 경우에 재판이 지연된 것인가는 사건의 내용·심리의 곤란여부·지연의 원인과 정도·피고인에 대한 불리한 영향 등을 종합하여 판단해야 한다.

(2) "공개재판"을 받을 권리

형사피고인은 지체없이 공개재판을 받을 권리가 있다(헌법 제27조 제3항). 다만 국가의 안전보장 또는 안녕질서를 방해하거나 선량한 풍속을 해할 염려가 있을 때에는 법원의 결정으로 심리에 한하여 이를 공개하지 않을 수 있다. 그러나 선고(판결)는 반드시 공개하여야 한다(헌법 제109조 단서).

6. "공정한 재판"을 받을 권리

헌법에 명문의 규정은 없으나 당연히 인정되는 권리로서 여기서의 공정한 재판이란 정당한 재판을 말한다.

7. 무죄추정의 원칙(헌법 제27조 제4항)

① 형사피고인은 유죄의 판결이 확정될 때까지는 무죄로 추정된다.
② 무죄추정의 원칙은 형사피의자에게도 당연히 적용된다.
③ 무죄추정의 원칙으로부터 불구속수사·불구속재판의 원칙 및 검사의 범죄사실 거증책임부담의 원칙 등이 파생함으로써 형사피의자·형사피고인의 공정한 재판을 받을 권리가 보장될 수 있다.

8. 형사피해자의 재판절차진술권

(1) 의의

① 형사피해자의 재판절차진술권이라 함은 범죄로 인한 피해자가 당해사건의 재판절차에 증인으로 출석하여 자신이 입은 피해의 내용과 사건에 관하여 의견을 진술할 수 있는 권리를 말한다.
② 헌법 제27조 제5항은 재판절차진술권을 규정하고 있다.
③ 수사절차나 공판절차에서 충분히 진술하였거나 진술로 공판절차가 현저히 지연될 우려가 있는 경우에는 재판절차진술권이 인정되지 않을 수 있다.

(2) 형사피해자의 개념(헌재 1992.2.25, 90헌마91)

형사실체법상으로는 직접적인 보호법익의 주체로 해석되지 않는 자라 하여도 문제되는 범죄 때문에 법률상 불이익을 받게 되는 자라면 재판절차진술권의 주체가 될 수 있다. 그 결과 위증죄가 직접적으로는 개인적 법익에 관한 죄가 아니고 그 보호법익은 원칙적으로 국가의 심판작용의 공정성이라 하여도, 위증으로 인하여 불이익한 재판을 받게 되는 사건의 당사자는 재판절차진술권의 주체인 형사피해자가 된다고 보아야 한다.

(3) 형사피해자와 범죄피해자의 차이

헌법 제27조의 형사피해자는 모든 범죄행위로 인한 피해자이므로, 범죄로 인하여 생명·신체에 대한 피해를 입은 경우만을 의미하는 헌법 제30조의 범죄피해자보다 넓은 개념이다.

Ⅳ. 재판청구권의 효력

재판청구권은 입법권과 집행권 및 사법권을 구속한다(대국가적 효력). 다만 사인 상호간에서도 재판청구권을 부인하는 법률관계는 간접적용설에 입각한 제3자적 효력에 따라 헌법 위반으로 무효가 된다.

Ⅴ 재판청구권의 제한

1. 일반적 제한

(1) 헌법에 의한 제한(제64조 제4항)
헌법은 국회의 자율권을 존중하는 취지에서 국회에서 행한 의원에 대한 자격심사와 징계 및 제명처분에 대하여는 법원에 제소할 수 없게 하였다.

(2) 법률에 의한 제한
재판청구권은 헌법 제37조 제2항에 따라 국가안전보장 등을 위하여 필요한 경우에 한하여 법률로써 제한할 수 있다.

2. 예외적 제한

(1) 군사법원에 의한 재판
군인·군무원은 군사법원의 재판을 받고, 일반국민도 헌법 제27조 제2항에 정한 범죄를 범한 경우 및 비상계엄이 선포된 경우에는 군사재판을 받게 되는 바 이는 특별권력관계에 의하여 헌법 제27조의 재판을 받을 권리가 제한되는 것이다.

(2) 비상계엄 하의 재판
비상사태에 있어서 법원의 권한에 관하여 특별한 조치를 하는 경우 국민의 재판청구권이 결과적으로 제한될 수 있다. 특히 비상계엄 하에서는 일반국민도 군사법원의 재판을 받아 상소까지 제한되는 경우가 있다(제27조 제2항, 제77조 제3항, 제110조 제3항).

제4절 국가배상청구권

> **헌법**
> 제29조
> ① 공무원의 직무상 불법행위로 손해를 받은 국민은 법률이 정하는 바에 의하여 국가 또는 공공단체에 정당한 배상을 청구할 수 있다. 이 경우 공무원 자신의 책임은 면제되지 아니한다.
> ② 군인·군무원·경찰공무원 기타 법률이 정하는 자가 전투·훈련 등 직무집행과 관련하여 받은 손해에 대하여는 법률이 정하는 보상 외에 국가 또는 공공단체에 공무원의 직무상 불법행위로 인한 배상은 청구할 수 없다.

⬢ 국가배상법

제2조(배상책임) ① 국가나 지방자치단체는 공무원 또는 공무를 위탁받은 사인(이하 "공무원")이 직무를 집행하면서 고의 또는 과실로 법령을 위반하여 타인에게 손해를 입히거나, 「자동차손해배상보장법」에 따라 손해배상의 책임이 있을 때에는 이 법에 따라 그 손해를 배상하여야 한다. 다만 군인·군무원·경찰공무원 또는 예비군대원이 전투·훈련 등 직무 집행과 관련하여 전사·순직하거나 공상을 입은 경우에 본인이나 그 유족이 다른 법령에 따라 재해보상금·유족연금·상이연금 등의 보상을 지급받을 수 있을 때에는 이 법 및 「민법」에 따른 손해배상을 청구할 수 없다.
② 제1항 본문의 경우에 공무원에게 고의 또는 중대한 과실이 있으면 국가나 지방자치단체는 그 공무원에게 구상할 수 있다.
제4조(양도 등 금지) 생명·신체의 침해로 인한 국가배상을 받을 권리는 양도하거나 압류하지 못한다.
제5조(공공시설 등의 하자로 인한 책임) ① 도로·하천, 그 밖의 공공의 영조물의 설치나 관리에 하자가 있기 때문에 타인에게 손해를 발생하게 하였을 때에는 국가나 지방자치단체는 그 손해를 배상하여야 한다. 이 경우 제2조 제1항 단서, 제3조 및 제3조의2를 준용한다.
② 제1항을 적용할 때 손해의 원인에 대하여 책임을 질 자가 따로 있으면 국가나 지방자치단체는 그 자에게 구상할 수 있다.
제6조(비용부담자 등의 책임) ① 제2조·제3조 및 제5조에 따라 국가나 지방자치단체가 손해를 배상할 책임이 있는 경우에 공무원의 선임·감독 또는 영조물의 설치·관리를 맡은 자와 공무원의 봉급·급여, 그 밖의 비용 또는 영조물의 설치·관리 비용을 부담하는 자가 동일하지 아니하면 그 비용을 부담하는 자도 손해를 배상하여야 한다.
② 제1항의 경우에 손해를 배상한 자는 내부관계에서 그 손해를 배상할 책임이 있는 자에게 구상할 수 있다.
제7조(외국인에 대한 책임) 이 법은 외국인이 피해자인 경우에는 해당 국가와 상호 보증이 있을 때에만 적용한다.
제9조(소송과 배상신청의 관계) 이 법에 따른 손해배상의 소송은 배상심의회에 배상신청을 하지 아니하고도 제기할 수 있다.

I 서설

1. 의의

① 국가배상청구권이란 공무원의 직무상 불법행위로 말미암아 손해를 입은 국민이 국가 또는 공공단체에 대하여 배상을 청구할 수 있는 권리를 말한다.
② 헌법 제29조는 국가배상청구권을 규정하고 있다.

2. 연혁

제헌헌법에서 최초로 규정하였고, 제4공헌법에서 이중배상금지규정을 도입하였고, 제5공헌법에서 '정당한'이라는 문구를 추가하였다.

II 국가배상청구권의 법적 성격

1. 청구권과 재산권

헌법재판소는 이러한 국가배상의 본질적 특성에 착안하여 이미 확보된 구체적 국가배상에 대해 사실상 재산권적 성격을 인정하고 있다. 실제 헌법재판소는 국가배상청구권을 재산권으로 본 경우(헌재 1996.6.13, 94헌바20)도 있고, 재산권적 성격과 청구권적 성격을 아울러 가진 것으로 본 경우도 있다(헌재 1997.2.20, 96헌바24).

2. 공권과 사권

(1) 학설의 대립

① 배상청구의 원인행위가 공법작용인 점, 국가배상법은 단체주의적 공평부담의 원칙을 선언한 것이라는 점 등을 근거로 하는 공권설(다수설)과, ② 국가배상법은 민법의 특별법적 성격을 가지고 있고, 사권으로 보아야만 피해자에게 정당한 배상을 보장할 수 있음을 근거로 하는 사권설이 대립한다.

(2) 대법원

대법원은 사권설의 입장을 취하고, 그 결과 국가배상소송을 민사소송절차에 의하게 하고 있다.

III 국가배상청구권의 주체

① 헌법 제29조는 국민이라고 규정하고 있는데, 이는 내국인에 한한다.
② 내국인에는 자연인뿐만 아니라 내국법인도 포함된다.
③ 외국인은 국제법상의 상호주의원칙에 따라 국가배상청구권이 인정된다(국가배상법 제7조).
④ 군인·군무원·경찰공무원의 경우에는 이중배상을 청구하는 것을 금지하고 있을 뿐 그 주체성을 완전히 부인하고 있다고는 볼 수 없다(제29조 제2항).

IV 내용

1. 공무원의 직무상 불법행위로 인한 손해배상청구권

(1) 공무원의 행위

① 공무원이라 함은 최광의의 공무원을 말한다.
② 공무원의 신분을 가진 자만이 아니라 공무를 위탁받아 실질적으로 공무를 수행하는 모든 자를 말한다.

(2) 직무상 행위

1) 직무의 범위

학설	범위
협의설	권력행위만
광의설(통설·판례)	권력행위 + 관리행위
최광의설	권력행위 + 관리행위 + 국고행위(사법상의 행위)

2) '직무를 집행하면서'의 의미

객관설(외형설)에 입각하여 직무행위 그 자체와 직무행위의 외형을 갖춘 행위까지도 포함하여 공무원의 주관적 의사와 관계없이 외관을 객관적으로 관찰하여 직무행위인지 여부를 판단한다(통설·판례).

(3) 불법행위

① 불법행위라 함은 고의나 과실로 법령에 위반한 행위를 말한다.
② 불법행위는 작위에 의해서 뿐만 아니라 부작위에 의해서도 성립할 수 있다. 불법행위의 입증책임은 불법행위를 주장하는 피해자에게 있다.
③ 고의·과실이 있는지 여부는 불법행위를 한 공무원을 기준으로 판단하여야 하며, 국가 등이 선임감독상의 고의·과실이 있는지 여부는 불문한다.

(4) 손해발생

① 손해는 가해자인 공무원과 그 직무상의 위법행위에 가세한 자 이외의 "타인"에게 발생하여야 한다.
② 손해는 재산적 손해뿐 아니라 재산 이외의 정신적 손해까지도 포함된다.

(5) 인과관계

불법행위와 손해발생 간에는 상당인과관계가 존재하여야 한다.

2. 공공시설의 하자로 인한 손해배상청구권

(1) 의의

① 도로·하천 기타 공공시설의 설치·관리의 하자로 인하여 손해를 받은 국민이 국가 또는 지방자치단체에 그 손해의 배상을 청구할 수 있는 권리를 공공시설의 하자로 인한 손해배상청구권이라고 한다.
② 일종의 무과실책임이라는 점에서 공무원의 직무상 불법행위로 인한 손해배상(국가배상법 제5조 제1항)의 경우와 다르다.
③ 공공시설의 존재, 설치·관리의 하자의 존재, 손해의 발생이라는 세 가지 요건만 충족되면 발생하는 권리이다.

(2) 공공시설의 하자의 개념

공공시설의 하자라 함은 공공시설 자체가 통상 갖추어야 할 안전성을 갖추지 못한 상태에 있음을 말한다(대판 1967.2.21, 66다1723).

3. 국가배상책임의 본질

(1) 학설의 대립

1) 대위책임설
공무원의 불법행위에 대한 책임은 본래 공무원 개인의 책임이나, 피해자 구제를 위하여 국가나 지방자치단체가 공무원을 대신하여 배상책임을 부담한다는 것이다.

2) 자기책임설
공무원의 불법행위에 대한 국가배상책임은 국가가 공무원을 대신하여지는 것이 아니라 국가가 공무원을 통하여 행한 자기책임이며, 민법 제35조에 규정된 법인의 불법행위책임에 해당한다고 한다.

3) 중간설
공무원의 고의·중과실에 대한 국가의 배상책임은 대위책임이나, 경과실에 대한 국가의 책임은 자기책임의 성질을 갖는다는 견해이다.

4) 절충설
중간설에 입각하여 정책적으로 내용을 수정하는 견해이다.

(2) 대법원(대판 1996.2.15, 95다38677 ; 대판 1997.2.11, 95다5110)
대법원은 절충설의 입장을 따르고 있다. 그 결과 공무원이 직무를 수행함에 있어 고의·중과실로 타인에게 손해를 입힌 경우에는 공무원 개인에 대한 선택청구를 인정하나, 경과실로 입힌 경우에는 공무원 개인책임은 부담하지 않고 국가에 대해서만 인정하게 되었다.

[국가배상책임의 법적 성질]

구분	대위책임설	자기책임설	중간설	절충설(통설·판례)
책임의 성질	공무원 개인책임 단, 국가가 대신 배상책임을 짐	국가의 기관책임 국가가 배상 (자기책임으로)	고의·중과실 : 대위책임 경과실 : 자기책임	고의·중과실 : 대외적 자기책임 (중첩책임) 경과실 : 자기책임
선택적 청구	부정	긍정	고의·중과실 : 부정 경과실 : 긍정	고의·중과실 : 긍정 경과실 : 부정
구상권 행사	긍정	부정	고의·중과실 : 긍정 경과실 : 부정	고의·중과실 : 긍정 경과실 : 부정

4. 국가배상청구의 상대방

(1) 공무원의 배상책임여부

국가배상청구의 상대방은 국가나 지방자치단체이나, 고의나 중과실에 의한 공무원에 대해서는 피해자인 국민이 직접 배상책임을 물을 수도 있다는 점에서 예외적으로 국가배상청구의 상대방이 될 수 있다(절충설).

(2) 선임감독자와 비용부담자가 다를 경우

① 공무원의 선임·감독자와 공무원의 봉급 기타 비용부담자가 다를 경우 피해자는 어느 쪽에 대해서도 배상청구를 할 수 있다(국가배상법 제6조 제1항).
② 가해공무원을 선임·감독하는 자와 비용을 부담하는 자가 동일하지 아니할 때에는 손해를 배상한 자가 내부관계에서 손해를 배상할 책임이 있는 자에 대하여 구상권을 행사할 수 있다(법 제6조 제2항).
③ 내부관계에서 손해를 배상할 책임이 있는 자는 가해공무원을 선임·감독하는 자로 보아야 한다(사무관리주체설: 다수설).

5. 배상청구의 절차와 배상범위

(1) 배상청구절차

이 법에 의한 손해배상의 소송은 배상심의회에 배상신청을 하지 아니하고도 이를 제기할 수 있다(법 제9조).

> **관련판례**
> 사법절차에 준한다고 볼 수 있는 각종 중재·조정절차와는 달리 배상결정절차에 있어서는 심의회의 제3자성·독립성이 희박한 점, 심의절차의 공정성·신중성도 결여되어 있는 점, 심의회에서 결정되는 배상액이 법원의 그것보다 하회하는 점 및 부제소합의와는 달리 신청인의 배상결정에 대한 동의에 재판청구권을 포기할 의사까지 포함되는 것으로 볼 수도 없는 점을 종합하여 볼 때, 배상심의회의 배상결정에 대한 동의시 재판상 화해로 의제하는 국가배상법 제16조는 헌법과 법률이 정한 법관에 의한 재판을 청구할 수 있는 기본권을 침해한 것이다(헌재 1995.5.25. 91헌가7).

> **비교판례**
> 보상금 등의 지급결정에 동의한 때에는 특수임무수행 등으로 인하여 입은 피해에 대하여 재판상 화해가 성립된 것으로 보는 '특수임무수행자 보상에 관한 법률' 제17조의2는 재판청구권을 침해하지 아니한다(헌재 2011.2.24. 2010헌바199).

(2) 배상범위

① 헌법은 배상의 기준과 범위에 관해서 다만 "정당한" 배상이라고만 규정하고 있다.
② 헌법에서 말하는 정당한 배상이란 공무원의 직무상 불법행위 또는 공공시설의 하자와 상당한 인과관계에 있는 모든 손해의 배상을 의미한다.

6. 구상권 행사의 요건 : 가해공무원에게 고의·중과실이 있을 것

① 국가배상법은 국가 또는 지방자치단체가 피해자에게 손해배상을 한 경우 공무원에게 고의나 중과실이 있는 경우에는 공무원에게 구상권을 행사할 수 있도록 하고 있다.
② 가해공무원에게 경과실이 있는데 지나지 않는 때에는 구상권을 행사할 수 없다.
③ 가해공무원에게 구상을 할 수 있는 자는 가해공무원을 대신하여 배상한 국가 또는 지방자치단체이다(법 제2조 제2항).

Ⅴ 제한과 그 한계

1. 헌법에 의한 제한

(1) 이중배상청구 금지

① 헌법은 제29조 제2항에서 군인·군무원·경찰공무원 등이 직무집행과 관련하여 받은 손해에 대하여는 법정보상만을 인정하고 국가배상청구권을 부인하고 있다.
② 국가배상법 제2조 제1항 단서는 "다만 … 본인이나 그 유족이 다른 법령에 따라 재해보상금·유족연금·상이연금 등의 보상을 지급받을 수 있을 때에는 이 법 및 「민법」에 따른 손해배상을 청구할 수 없다"고 규정하고 있다.
③ 군인이 직무집행과 관련하여 공상을 입었더라도 군인연금법 또는 국가유공자등예우및지원에관한법률에 의하여 재해보상금, 상이연금 등 별도의 보상을 받을 수 없는 경우는 국가배상법 제2조 제1항 단서의 적용대상에서 제외된다.
④ 대법원은 여기서의 군인을 좁게 보고 있다. 그 결과 공익근무요원(대판 1997.3.28, 97다4036)이나 경비교도대원(대판 1998.2.10, 97다45914)은 여기서의 군인에 포함되지 않는다고 본다.

(2) 민간인과 군인의 공동불법행위와 국가에 대한 구상책임

민간인과 직무집행 중인 군인의 공동불법행위로 인하여 직무집행 중인 다른 군인 등이 피해를 입은 경우, 민간인의 피해군인 등에 대한 손해배상의 범위와 그 배상 이후 국가에 대한 구상권 행사여부에 대하여 헌법재판소와 대법원은 견해의 차이가 있다.

① 헌법재판소

헌법재판소는 민간인이 피해군인에 대하여 배상한 후 국가에 대한 구상권을 허용하지 않는다고 해석한다면 위헌이라고 판시하였다(한정위헌결정, 헌재 1994.12.29, 93헌바21). 즉 헌법재판소는 이 경우에는 이중배상금지특례의 적용이 부정된다고 본다. 그 결과 민간인은 국가에 대해 구상권을 행사할 수 있다.

② 대법원

이에 반해 대법원은 이 경우에도 이중배상금지특례의 적용을 긍정한다. 그 결과 민간인은 피해군인에 대하여 배상한 후에도 국가에 대해 구상권을 행사할 수가 없다(대판1993.10.8, 93다14691). 다만 최근에 판례를 변경하여 공동불법행위의 경우에 가해자가 전액 책임을 지는 부진정연대채무의 일반적인 경우와는 달리 이중배상금지특례가 적용되는 경우에는 민간인이 자신의 부담부분에 한해서만 피해군인에게 배상을 하면 된다고 보아 민간인에 대한 배상책임을 제한하고 있다(대판 2001.2.15, 96다42420 전원합의체).

구분	헌법재판소	대법원	
		변경 전	변경 후
이중배상금지특례	부정	긍정	긍정(but 부진정연대채무 적용 부정)
가해 민간인	충분한 구제	불충분한 구제	충분한 구제
피해 군인	충분한 구제	충분한 구제	불충분한 구제

헌법재판소	대법원	
(헌재 1994.12.29, 93헌바21)	변경 전	변경 후
국가배상법 제2조 제1항 단서 중 군인에 관련되는 부분을, 일반국민이 직무집행 중인 군인과의 공동불법행위로 직무집행 중인 다른 군인에게 공상을 입혀 그 피해자에게 공동의 불법행위로 인한 손해를 배상한 다음 공동불법행위자인 군인의 부담부분에 관하여 국가에 대하여 구상권을 행사하는 것을 허용하지 않는다고 해석한다면 … 헌법에 위반된다.	국가와 공동불법행위의 책임이 있는 자가 국가배상법 제2조 제1항 단서에 의하여 이중배상이 배제되는 군인·군무원 등에게 그 배상채무를 이행하였음을 이유로 국가에 대하여 구상권을 행사하는 것은 허용되지 않는다(대판 1993.10.8, 93다14691).	피해자인 군인은 국가에 대해서는 배상청구를 할 수 없지만, 민간인에 대해서는 배상청구를 할 수 있다. 다만 민간인에 대해서는 배상청구를 할 수 있지만 발생한 손해의 전부에 대한 배상청구를 할 수 있는 것은 아니고, 민간인의 부담부분에 한하여 배상청구할 수 있을 뿐이다(대판 2001.2.15, 96다42420 전원합의체).

2. 법률에 의한 제한

국가배상청구권은 헌법 제37조 제2항에 따라 법률로써 제한될 수 있다. 그러나 이 경우에도 평등의 원칙, 과잉금지의 원칙 등에 위배되어서는 아니 되며, 국가배상청구권의 본질적 내용을 침해해서는 아니된다.

Ⅵ 국가배상청구권 제한규정의 위헌성

1. 국가배상법 제2조 제1항 단서의 위헌여부

국가배상법 제2조 제1항 단서규정이 입법목적의 부당성 등으로 인하여 실질적으로 위헌적인 요소를 내포하고 있다 하더라도 헌법에 동일한 내용이 규정됨으로써 실정법 해석상 위헌이라고 선언하기 어렵다.

2. 헌법 제29조 제2항의 실질적 정당성 문제

현행헌법은 1987년 개헌 당시 여야 합의와 자유롭고 민주적인 논의를 거쳐서 국민투표에 의하여 확정된 것이므로 헌법개정의 절차적 하자는 없다. 그러나 국가배상청구권 제한에 관한 규정인 현행헌법 제29조 제2항의 내용이 실질적 정당성을 갖춘 것인지 문제된다.

제 5 절 국가보상청구권

제1항 손실보상청구권

> **헌법**
> 제23조
> ③ 공공필요에 의한 재산권의 수용·사용 또는 제한 및 그에 대한 보상은 법률로써 하되, 정당한 보상을 지급하여야 한다.

I 손실보상청구권의 의의

손실보상청구권이란 공용수용·공용사용·공용제한 등 적법한 공권력의 행사로 말미암아 재산상 특별한 희생을 당한 자가 국가에 대하여 재산적 손실의 전보를 청구할 수 있는 청구권적 기본권의 하나를 말한다.

II 손실보상청구권의 주체

① 공용수용·사용·제한 등 적법한 공권력의 행사로 말미암아 재산권을 특별히 희생당한 국민이 주체가 된다.
② 내국인뿐만 아니라 외국인 및 법인도 주체가 된다.

III 손실보상의 기준

1. 보상기준의 변천

헌법	보상기준
제1공화국헌법, 제2공화국헌법	상당한 보상
제3공화국헌법, 제6공화국헌법	정당한 보상
제4공화국헌법	법률이 정하는 보상
제5공화국헌법	이익형량보상

2. 정당한 보상의 의미

① 재산권의 객관적 가치의 완전한 보상이어야 한다는 완전보상설, ② 사회관념상 합리적인 보상이면 족하다는 상당보상설, ③ 원칙적으로 완전보상을 의미하지만 예외적으로 상당보상도 가능하다는 절충설이 있으나, 완전보상설이 타당하다(헌재 1995.4.20. 93헌마20 등).

제2항 형사보상청구권

> **❖ 헌법**
> **제28조**
> 형사피의자 또는 형사피고인으로서 구금되었던 자가 법률이 정하는 불기소 처분을 받거나 무죄판결을 받은 때에는 법률이 정하는 바에 의하여 국가에 정당한 보상을 청구할 수 있다.

Ⅰ 서설

1. 의의
① 형사보상청구권이란 형사피의자 또는 형사피고인으로 구금되었던 자가 불기소처분이나 무죄판결을 선고받은 경우에 그가 입은 물질적·정신적 손실을 보상하여 주도록 국가에 대하여 청구할 수 있는 권리를 말한다.
② 현행헌법은 제28조에서 형사보상청구권을 규정하고 있다.

2. 연혁
① 형사보상청구권은 1849년의 Frankfurt헌법에서 처음으로 규정하였다.
② 우리 헌법은 형사피고인에 대한 보상은 제헌헌법부터 규정하였고, 형사피의자에 대한 보상은 제9차 개정헌법에서 신설하였다.

Ⅱ 본질과 법적 성격

1. 본질
공법상의 조절적 공평보상의 견지에서 손실을 보상하여 주는 무과실 손실보상책임이다(손실보상설, 통설).

2. 법적 성격
형사보상청구권 자체는 헌법규정만으로 직접효력을 발생한다고 보지만, 헌법 제28조가 "법률이 정하는"이라고 규정하고 있으므로, 형사보상청구의 구체적인 대상과 보상의 내용 및 절차는 법률이 정하는 바에 따른다(기본권 구체화적 법률유보).

Ⅲ 주체
① 형사보상청구권의 주체는 형사피고인과 형사피의자이며, 청구권자 본인이 사망한 경우에는 그 상속인도 형사보상청구권의 주체가 된다.

② 범죄 혐의가 있는 외국인에 대하여 구금할 수 있고, 외국인의 경우에도 헌법 제28조가 정하는 요건에 해당하면 내국인과 구별하여야 할 이유가 없으므로 외국인에게도 헌법 제6조에 따라 형사보상청구권을 인정하는 것이 타당하다.

Ⅳ 내용

형사보상청구권이 성립하기 위해서는 ① 형사피의자로서 구금되었던 자가 법률이 정하는 불기소처분을 받거나(피의자보상), ② 형사피고인으로서 구금되었던 자가 무죄판결을 받아야 한다(피고인보상). 국가기관의 고의·과실을 불문하며, 이 점에서 손해배상책임과 구별된다.

1. 형사피고인보상

> **형사보상 및 명예회복에 관한 법률**
> 제2조(보상요건) ① 「형사소송법」에 따른 일반 절차 또는 재심이나 비상상고 절차에서 무죄재판을 받아 확정된 사건의 피고인이 미결구금을 당하였을 때에는 이 법에 따라 국가에 대하여 그 구금에 대한 보상을 청구할 수 있다.
> ② 상소권회복에 의한 상소, 재심 또는 비상상고의 절차에서 무죄재판을 받아 확정된 사건의 피고인이 원판결에 의하여 구금되거나 형 집행을 받았을 때에는 구금 또는 형의 집행에 대한 보상을 청구할 수 있다.
> 제3조(상속인에 의한 보상청구) ① 제2조에 따라 보상을 청구할 수 있는 자가 그 청구를 하지 아니하고 사망하였을 때에는 그 상속인이 이를 청구할 수 있다.
> ② 사망한 자에 대하여 재심 또는 비상상고의 절차에서 무죄재판이 있었을 때에는 보상의 청구에 관하여는 사망한 때에 무죄재판이 있었던 것으로 본다.
> 제4조(보상하지 아니할 수 있는 경우) 다음 각 호의 어느 하나에 해당하는 경우에는 법원은 재량으로 보상청구의 전부 또는 일부를 기각할 수 있다.
>   1. 「형법」 제9조 및 제10조 제1항의 사유로 무죄재판을 받은 경우
>   2. 본인이 수사 또는 심판을 그르칠 목적으로 거짓 자백을 하거나 다른 유죄의 증거를 만듦으로써 기소, 미결구금 또는 유죄재판을 받게 된 것으로 인정된 경우
>   3. 1개의 재판으로 경합범의 일부에 대하여 무죄재판을 받고 다른 부분에 대하여 유죄재판을 받았을 경우
> 제5조(보상의 내용) ① 구금에 대한 보상을 할 때에는 그 구금일수에 따라 1일당 보상청구의 원인이 발생한 연도의 「최저임금법」에 따른 일급 최저임금액 이상 대통령령으로 정하는 금액 이하의 비율에 의한 보상금을 지급한다.
> ② 법원은 제1항의 보상금액을 산정할 때 다음 각 호의 사항을 고려하여야 한다.
>   1. 구금의 종류 및 기간의 장단
>   2. 구금기간 중에 입은 재산상의 손실과 얻을 수 있었던 이익의 상실 또는 정신적인 고통과 신체 손상
>   3. 경찰·검찰·법원의 각 기관의 고의 또는 과실 유무
>   4. 무죄재판의 실질적 이유가 된 사정
>   5. 그 밖에 보상금액 산정과 관련되는 모든 사정
> ③ 사형 집행에 대한 보상을 할 때에는 집행 전 구금에 대한 보상금 외에 3천만원 이내에서 모든 사정을 고려하여 법원이 타당하다고 인정하는 금액을 더하여 보상한다. 이 경우 본인의 사망으로 인하여 발생한 재산상의 손실액이 증명되었을 때에는 그 손실액도 보상한다.
> ④ 벌금 또는 과료의 집행에 대한 보상을 할 때에는 이미 징수한 벌금 또는 과료의 금액에 징수일의 다음 날부터 보상 결정일까지의 일수에 대하여 「민법」 제379조의 법정이율을 적용하여 계산한 금액을 더한 금액을 보상한다.

⑤ 노역장유치의 집행을 한 경우 그에 대한 보상에 관하여는 제1항을 준용한다.
⑥ 몰수 집행에 대한 보상을 할 때에는 그 몰수물을 반환하고, 그것이 이미 처분되었을 때에는 보상결정 시의 시가를 보상한다.
⑦ 추징금에 대한 보상을 할 때에는 그 액수에 징수일의 다음 날부터 보상 결정일까지의 일수에 대하여 「민법」 제379조의 법정이율을 적용하여 계산한 금액을 더한 금액을 보상한다.

제6조(손해배상과의 관계) ① 이 법은 보상을 받을 자가 다른 법률에 따라 손해배상을 청구하는 것을 금지하지 아니한다.
② 이 법에 따른 보상을 받을 자가 같은 원인에 대하여 다른 법률에 따라 손해배상을 받은 경우에 그 손해배상의 액수가 이 법에 따라 받을 보상금의 액수와 같거나 그보다 많을 때에는 보상하지 아니한다. 그 손해배상의 액수가 이 법에 따라 받을 보상금의 액수보다 적을 때에는 그 손해배상 금액을 빼고 보상금의 액수를 정하여야 한다.
③ 다른 법률에 따라 손해배상을 받을 자가 같은 원인에 대하여 이 법에 따른 보상을 받았을 때에는 그 보상금의 액수를 빼고 손해배상의 액수를 정하여야 한다.

제7조(관할법원) 보상청구는 무죄재판을 한 법원에 대하여 하여야 한다.

제8조(보상청구의 기간) 보상청구는 무죄재판이 확정된 사실을 안 날부터 3년, 무죄재판이 확정된 때부터 5년 이내에 하여야 한다.

제14조(보상청구에 대한 재판) ① 보상청구는 법원합의부에서 재판한다.
③ 보상청구를 받은 법원은 6개월 이내에 보상결정을 하여야 한다.

제20조(불복신청) ① 제17조 제1항에 따른 보상결정에 대하여는 1주일 이내에 즉시항고를 할 수 있다.
② 제17조 제2항에 따른 청구기각 결정에 대하여는 즉시항고를 할 수 있다.

제21조(보상금 지급청구) ① 보상금 지급을 청구하려는 자는 보상을 결정한 법원에 대응하는 검찰청에 보상금 지급청구서를 제출하여야 한다.
③ 보상결정이 송달된 후 2년 이내에 보상금 지급청구를 하지 아니할 때에는 권리를 상실한다.

제21조의2(보상금 지급기한 등) ① 보상금 지급청구서를 제출받은 검찰청은 3개월 이내에 보상금을 지급하여야 한다.
② 제1항에 따른 기한까지 보상금을 지급하지 아니한 경우에는 그 다음 날부터 지급하는 날까지의 지연 일수에 대하여 「민법」 제379조의 법정이율에 따른 지연이자를 지급하여야 한다.

제26조(면소 등의 경우) ① 다음 각 호의 어느 하나에 해당하는 경우에도 국가에 대하여 구금에 대한 보상을 청구할 수 있다. 다만, 제3호의 경우 재심 절차에서 선고된 형을 초과하여 집행된 구금일수를 제5조 제1항에 따른 구금일수로 본다.
1. 「형사소송법」에 따라 면소 또는 공소기각의 재판을 받아 확정된 피고인이 면소 또는 공소기각의 재판을 할 만한 사유가 없었더라면 무죄재판을 받을 만한 현저한 사유가 있었을 경우
2. 「치료감호법」 제7조에 따라 치료감호의 독립 청구를 받은 피치료감호청구인의 치료감호사건이 범죄로 되지 아니하거나 범죄사실의 증명이 없는 때에 해당되어 청구기각의 판결을 받아 확정된 경우
3. 「헌법재판소법」에 따른 재심 절차에서 원판결보다 가벼운 형으로 확정됨에 따라 원판결에 의한 형 집행이 재심 절차에서 선고된 형을 초과한 경우

③ 제1항 제3호에 따른 보상청구의 경우에 법원은 재량으로 보상청구의 전부 또는 일부를 기각할 수 있다.

(1) 성립요건

1) 적극적 요건

(가) 형사피고인으로서 구금되었던 자일 것
① 형사피고인이라 함은 검사에 의하여 공소를 제기 당한 자를 말한다.
② 구금에는 형의 집행을 위한 구치나 노역장 유치가 포함된다.
③ 불구속으로 기소되어 무죄판결을 받는 자는 포함되지 않는다.

(나) 무죄판결을 받았을 것
① 무죄의 확정판결을 받아야 한다.
② 판결은 당해 절차에서의 무죄판결뿐만 아니라 상소, 재심 또는 비상상고에 의한 무죄판결도 포함된다(형사보상법 제2조 제2항).
③ 무죄의 재판이란 실질적 의미의 무죄판결이라 보아야 할 것이다. 따라서 면소 또는 공소기각의 재판을 받은 자도 면소 또는 공소기각의 재판을 할 만한 사유가 없었더라면 무죄의 재판을 받을 만한 현저한 사유가 있었을 때에는 국가에 대하여 구금에 대한 보상을 청구할 수 있다(동법 제26조).

2) 소극적 요건

무죄판결의 경우에도 일정한 경우에는 법원은 재량으로 청구의 전부 또는 일부를 기각할 수 있다.
① 형사미성년자(형법 제9조) 또는 심신상실(형법 제10조 제1항)의 사유에 의하여 무죄재판을 받은 경우
② 수사 또는 심판을 그르칠 목적으로 허위의 자백 등으로 유죄재판을 받게 된 것으로 인정된 경우
③ 경합범이 일부무죄·일부유죄 재판을 받았을 경우

(2) 절차

① 무죄재판이 확정된 사실을 안 날부터 3년, 무죄재판이 확정된 때부터 5년 이내에 무죄판결을 한 법원에 대하여 하여야 하며(형사보상법 제7조, 제8조), 법원합의부에서 재판한다(동법 제14조, 제26조).
② 종래 구법에서는 무죄재판이 확정된 때로부터 1년 이내에 하도록 되어 있었으나, 이에 대해 헌법재판소는 형사보상청구권을 침해한 것으로 보아 헌법불합치결정을 하였다(헌재 2010.7.29, 2008헌가4).
③ 법원의 청구기각결정에 대하여는 즉시항고를 할 수 있다(동법 제20조 제2항). 이에 반해 종래에는 법원의 보상결정에 대하여는 불복할 수 없도록 규정하고 있었으나, 이에 대해 헌법재판소가 위헌결정(헌재 2010.10.28, 2008헌마514)을 함으로써 이제는 보상결정에 대해서도 1주일 이내에 즉시항고 할 수 있도록 개정되었다(동법 제20조 제1항).

(3) 형사보상의 내용

1) 정당한 보상

① 헌법은 정당한 보상을 규정하고 있고 정당한 보상은 형사보상청구권자가 입은 손실(정신적 손해도 포함)을 완전히 보상함을 의미하기 때문에 보상액은 적정한 액수가 되어야 한다.
형사보상법은 구금에 대한 보상은 구금일수에 따라 1일당 보상청구의 원인이 발생한 연도의 「최저임금법」에 따른 일급 최저임금액 이상 대통령령으로 정하는 금액 이하의 비율에 의한 보상금을 지급하고, 기타 사형집행 등에 대한 보상에 관해서는 별도로 규정하고 있다(동법 제5조).

또한 수사과정과 형사절차상의 위법 또는 오판에 관계공무원의 고의나 과실이 있는 경우에는 보상을 받을 자는 그 밖의 손해배상도 청구할 수 있다(동법 제6조 제1항). 그 보상액은 큰 것으로 결산하며(동법 제6조 제2항), 이중배상은 금지된다(동법 제6조 제3항).

2) 형사보상결정의 공시제

법원은 보상결정이 확정되었을 때에는 2주일 내에 보상결정의 요지를 관보에 게재하여 공시하여야 한다. 이 경우 보상결정을 받은 자의 신청이 있을 때에는 그 결정의 요지를 신청인이 선택하는 두 종류 이상의 일간신문에 각각 한 번씩 공시하여야 하며 그 공시는 신청일부터 30일 이내에 하여야 한다(법 제25조 제1항).

(4) 군사법원에의 준용

형사보상법의 규정은 군사법원에서 무죄판결을 받거나, 군검찰부 군검사로부터 공소를 제기하지 아니하는 처분을 받은 자에 대한 보상에 대하여 이를 준용한다(법 제29조 제2항).

2. 형사피의자보상

> **◆ 형사보상법**
> 제27조(피의자에 대한 보상) ① 피의자로서 구금되었던 자 중 검사로부터 불기소처분을 받거나 사법경찰관으로부터 불송치결정을 받은 자는 국가에 대하여 그 구금에 대한 보상(이하 "피의자보상"이라 한다)을 청구할 수 있다. 다만, 구금된 이후 불기소처분 또는 불송치결정의 사유가 있는 경우와 해당 불기소처분 또는 불송치결정이 종국적인 것이 아니거나 「형사소송법」 제247조에 따른 것일 경우에는 그러하지 아니하다.
> ② 다음 각 호의 어느 하나에 해당하는 경우에는 피의자보상의 전부 또는 일부를 지급하지 아니할 수 있다.
>   1. 본인이 수사 또는 재판을 그르칠 목적으로 거짓 자백을 하거나 다른 유죄의 증거를 만듦으로써 구금된 것으로 인정되는 경우
>   2. 구금기간 중에 다른 사실에 대하여 수사가 이루어지고 그 사실에 관하여 범죄가 성립한 경우
>   3. 보상을 하는 것이 선량한 풍속이나 그 밖에 사회질서에 위배된다고 인정할 특별한 사정이 있는 경우
> ③ 피의자보상에 관한 사항을 심의·결정하기 위하여 지방검찰청에 피의자보상심의회(이하 "심의회")를 둔다.
> 제28조(피의자보상의 청구 등) ① 피의자보상을 청구하려는 자는 불기소처분을 한 검사가 소속된 지방검찰청(지방검찰청 지청의 검사가 불기소처분을 한 경우에는 그 지청이 소속하는 지방검찰청을 말한다) 또는 불송치결정을 한 사법경찰관이 소속된 경찰관서에 대응하는 지방검찰청의 심의회에 보상을 청구하여야 한다.
> ③ 피의자보상의 청구는 불기소처분 또는 불송치결정의 고지 또는 통지를 받은 날부터 3년 이내에 하여야 한다.
> ④ 피의자보상의 청구에 대한 심의회의 결정에 대하여는 「행정심판법」에 따른 행정심판을 청구하거나 「행정소송법」에 따른 행정소송을 제기할 수 있다.

(1) 성립요건

1) 적극적 요건

(가) 형사피의자로서 구금되었을 것

① 형사피의자라 함은 범죄의 혐의를 받아 수사기관에 의하여 수사의 대상이 되어 있는 자로서 아직 공소의 제기가 없는 자를 말한다.
② 구금이라 함은 형사소송법상의 구금으로서 미결구금을 의미한다.
③ 불구속이었던 자는 불기소처분을 받아도 형사보상을 청구할 수 없다.

(나) 검사로부터 불기소처분을 받거나 사법경찰관으로부터 불송치결정을 받을 것
① 광의의 불기소처분에는 협의의 불기소처분(혐의없음, 죄가안됨), 기소중지, 기소유예처분이 있다.
② 여기서 말하는 불기소처분이라 함은 '협의의 불기소처분'을 뜻한다.
③ 종전에는 검사에게만 수사종결권을 부여하였으나 사법경찰관에게도 1차적 수사종결권을 부여하는 등의 내용으로 형사소송법이 개정(2021.1.1. 시행)됨에 따라, 피의자로서 구금되었던 자 중 국가에 대하여 그 구금에 대한 보상을 청구할 수 있는 사유에 검사의 불기소처분에 대응하여 사법경찰관의 불송치결정이 추가되었다.
④ ⑴ 구금된 이후 불기소처분 또는 불송치결정의 사유가 있는 경우와 ⑵ 해당 불기소처분 또는 불송치결정이 종국적인 것이 아니거나 기소편의주의에 의한 것일 경우에는 형사보상을 청구할 수 없다(동법 제27조 제1항 단서).

2) 소극적 요건

불기소처분을 받은 경우에도 일정한 경우에는 보상의 전부 또는 일부를 하지 아니할 수 있다.
① 수사 또는 재판을 그르칠 목적으로 거짓 자백을 하거나 다른 유죄의 증거를 만든 경우
② 다른 사실에 관하여 범죄가 성립한 경우
③ 보상을 하는 것이 선량한 풍속 기타 사회질서에 위배된다고 인정되는 경우

(2) 절차

불기소처분 또는 불송치결정의 고지 또는 통지를 받은 날로부터 3년 이내에 불기소처분을 한 검사가 소속된 지방검찰청 또는 불송치결정을 한 사법경찰관이 소속된 경찰관서에 대응하는 지방검찰청의 심의회에 보상을 청구하여야 한다(동법 제28조 제1항 및 제3항). 보상심의회의 결정에 대하여는 「행정심판법」에 따른 행정심판을 청구하거나 「행정소송법」에 따른 행정소송을 제기할 수 있다(동법 제28조 제4항).

(3) 보상의 내용

형사피고인보상의 경우와 동일하다.

제6절 범죄피해자구조청구권

◆ 헌법
제30조
타인의 범죄행위로 인하여 생명·신체에 대한 피해를 받은 국민은 법률이 정하는 바에 의하여 국가로부터 구조를 받을 수 있다.

I 서설

1. 의의

① 범죄피해자구조청구권이라 함은 타인의 범죄행위로 인하여 생명·신체에 대한 피해를 입은 국민이 가해자로부터 충분한 배상을 받지 못한 경우에 국가에 대하여 경제적 구조를 청구할 수 있는 권리를 말한다.
② 현행헌법은 헌법 제30조에 범죄피해자구조제도를 신설하였다.

2. 연혁

우리 헌법은 제9차개정헌법에서 처음으로 신설하였다. 헌법에 규정한 것은 우리나라가 처음이다. 범죄피해자구조법을 폐지하고 범죄피해자보호법을 제정하였다.

3. 범죄피해자보호법의 제정

헌법 제30조에서 범죄행위로 인하여 생명·신체에 대한 피해를 받은 국민에 대하여 국가의 구조의무를 명시하고 있음에도 불구하고, 가해자에 대한 수사·재판·행형상의 인권 개선폭과 비교하여 범죄피해자의 인권개선은 여전히 부진한 실정이므로, 범죄피해자에 대한 국가 차원의 보호·지원체계를 구축하고 민간 활동을 촉진하는 등 종합적이고 효과적인 대책을 마련하려는 것이다.

II 범죄피해자구조청구권의 주체

> ● **범죄피해자보호법**
> **제16조(구조금의 지급요건)** 국가는 구조대상 범죄피해를 받은 사람(이하 "구조피해자")이 다음 각 호의 어느 하나에 해당하면 구조피해자 또는 그 유족에게 범죄피해 구조금(이하 "구조금")을 지급한다.
>   1. 구조피해자가 피해의 전부 또는 일부를 배상받지 못하는 경우
>   2. 자기 또는 타인의 형사사건의 수사 또는 재판에서 고소·고발 등 수사단서를 제공하거나 진술, 증언 또는 자료제출을 하다가 구조피해자가 된 경우
>
> **제17조(구조금의 종류 등)** ① 구조금은 유족구조금·장해구조금 및 중상해구조금으로 구분하며, 일시금으로 지급한다.
> ② 유족구조금은 구조피해자가 사망하였을 때 제18조에 따라 맨 앞의 순위인 유족에게 지급한다. 다만 순위가 같은 유족이 2명 이상이면 똑같이 나누어 지급한다.
> ③ 장해구조금 및 중상해구조금은 해당 구조피해자에게 지급한다.
>
> **제18조(유족의 범위 및 순위)** ① 유족구조금을 지급받을 수 있는 유족은 다음 각 호의 어느 하나에 해당하는 사람으로 한다.
>   1. 배우자(사실상 혼인관계를 포함한다) 및 구조피해자의 사망 당시 구조피해자의 수입으로 생계를 유지하고 있는 구조피해자의 자녀
>   2. 구조피해자의 사망 당시 구조피해자의 수입으로 생계를 유지하고 있는 구조피해자의 부모, 손자·손녀, 조부모 및 형제자매
>   3. 제1호 및 제2호에 해당하지 아니하는 구조피해자의 자녀, 부모, 손자·손녀, 조부모 및 형제자매
> ② 제1항에 따른 유족의 범위에서 태아는 구조피해자가 사망할 때 이미 출생한 것으로 본다.
> ③ 유족구조금을 받을 유족의 순위는 제1항 각 호에 열거한 순서로 하고, 같은 항 제2호 및 제3호에 열거한 사람 사이에서는 해당 각 호에 열거한 순서로 하며, 부모의 경우에는 양부모를 선순위로 하고 친부모를 후순위로 한다.
>
> **제23조(외국인에 대한 구조)** 이 법은 외국인이 구조피해자이거나 유족인 경우에는 해당 국가의 상호보증이 있는 경우에만 적용한다.

1. 범죄피해자구조청구권의 주체는 타인의 범죄행위로 인해 사망한 자의 유족이나 장해 또는 중상해를 입은 사람이다. 따라서 자연인만이 주체가 되고 법인은 주체가 될 수 없다.
2. 본인 또는 유족
    ① 범죄피해구조금은 구조피해자 또는 그 유족에게 지급한다.
    ② 유족은 구조피해자의 사망 당시 구조피해자의 수입으로 생계를 유지하고 있던 자로서 배우자와 자녀, 부모, 손자녀, 조부모, 형제자매이다(제18조 제1항). 태아는 유족의 범위를 정함에 있어 이미 출생한 것으로 본다(제18조 제2항).
3. 외국인
    ① 외국인은 상호보증이 있는 때에 한하여 그 주체가 될 수 있다(제23조).
    ② 범죄피해자구조청구권은 우리나라의 주권이 미치는 영역 내에서 발생한 범죄행위로 인한 피해자만이 그 주체가 될 수 있다(제3조).

Ⅲ 내용

1. 성립요건

> **범죄피해자보호법**
>
> **제3조(정의)** ① 이 법에서 사용하는 용어의 뜻은 다음과 같다.
>   1. "범죄피해자"란 타인의 범죄행위로 피해를 당한 사람과 그 배우자(사실상의 혼인관계를 포함한다), 직계친족 및 형제자매를 말한다.
>   2. "범죄피해자 보호·지원"이란 범죄피해자의 손실 복구, 정당한 권리 행사 및 복지 증진에 기여하는 행위를 말한다. 다만 수사·변호 또는 재판에 부당한 영향을 미치는 행위는 포함되지 아니한다.
>   3. "범죄피해자 지원법인"이란 범죄피해자 보호·지원을 주된 목적으로 설립된 비영리법인을 말한다.
>   4. "구조대상 범죄피해"란 대한민국의 영역 안에서 또는 대한민국의 영역 밖에 있는 대한민국의 선박이나 항공기 안에서 행하여진 사람의 생명 또는 신체를 해치는 죄에 해당하는 행위[「형법」 제9조(형사미성년자), 제10조 제1항(심신상실자), 제12조(강요된 행위), 제22조 제1항(긴급피난)에 따라 처벌되지 아니하는 행위를 포함하며, 같은 법 제20조(정당행위) 또는 제21조 제1항(정당방위)에 따라 처벌되지 아니하는 행위 및 과실에 의한 행위는 제외한다]로 인하여 사망하거나 장해 또는 중상해를 입은 것을 말한다.
>   5. "장해"란 범죄행위로 입은 부상이나 질병이 치료(그 증상이 고정된 때를 포함한다)된 후에 남은 신체의 장해로서 대통령령으로 정하는 경우를 말한다.
>   6. "중상해"란 범죄행위로 인하여 신체나 그 생리적 기능에 손상을 입은 것으로서 대통령령으로 정하는 경우를 말한다.
> ② 제1항 제1호에 해당하는 사람 외에 범죄피해 방지 및 범죄피해자 구조 활동으로 피해를 당한 사람도 범죄피해자로 본다.
>
> **제19조(구조금을 지급하지 아니할 수 있는 경우)** ① 범죄행위 당시 구조피해자와 가해자 사이에 다음 각 호의 어느 하나에 해당하는 친족관계가 있는 경우에는 구조금을 지급하지 아니한다.
>   1. 부부(사실상의 혼인관계를 포함한다)
>   2. 직계혈족
>   3. 4촌 이내의 친족

    4. 동거친족
② 범죄행위 당시 구조피해자와 가해자 사이에 제1항 각 호의 어느 하나에 해당하지 아니하는 친족관계가 있는 경우에는 구조금의 일부를 지급하지 아니한다.
③ 구조피해자가 다음 각 호의 어느 하나에 해당하는 행위를 한 때에는 구조금을 지급하지 아니한다.
    1. 해당 범죄행위를 교사 또는 방조하는 행위
    2. 과도한 폭행·협박 또는 중대한 모욕 등 해당 범죄행위를 유발하는 행위
    3. 해당 범죄행위와 관련하여 현저하게 부정한 행위
    4. 해당 범죄행위를 용인하는 행위
    5. 집단적 또는 상습적으로 불법행위를 행할 우려가 있는 조직에 속하는 행위
    6. 범죄행위에 대한 보복으로 가해자 또는 그 친족이나 그 밖에 가해자와 밀접한 관계가 있는 사람의 생명을 해치거나 신체를 중대하게 침해하는 행위
④ 구조피해자가 다음 각 호의 어느 하나에 해당하는 행위를 한 때에는 구조금의 일부를 지급하지 아니한다.
    1. 폭행·협박 또는 모욕 등 해당 범죄행위를 유발하는 행위
    2. 해당 범죄피해의 발생 또는 증대에 가공한 부주의한 행위 또는 부적절한 행위
⑤ 유족구조금을 지급할 때에는 제1항부터 제4항까지의 규정을 적용할 때 "구조피해자"는 "구조피해자 또는 맨 앞의 순위인 유족"으로 본다.
⑥ 구조피해자 또는 그 유족과 가해자 사이의 관계, 그 밖의 사정을 고려하여 구조금의 전부 또는 일부를 지급하는 것이 사회통념에 위배된다고 인정될 때에는 구조금의 전부 또는 일부를 지급하지 아니할 수 있다.
⑦ 제1항부터 제6항까지의 규정에도 불구하고 구조금의 실질적인 수혜자가 가해자로 귀착될 우려가 없는 경우 등 구조금을 지급하지 아니하는 것이 사회통념에 위배된다고 인정할 만한 특별한 사정이 있는 경우에는 구조금의 전부 또는 일부를 지급할 수 있다.

(1) 적극적 요건

1) 구조대상 범죄피해의 발생

구조대상 범죄행위는 사람의 생명 또는 신체를 해치는 죄에 해당하는 행위로서 폭행·상해·살인 등 폭력을 수단으로 하는 모든 행위를 말한다. 단 정당방위, 정당행위, 과실범은 제외된다(제3조).

2) 사망, 장해 또는 중상해

피해는 생명·신체에 대한 것으로 사망하거나 장해 또는 중상해를 입은 것을 말한다(제3조).

3) 피해의 전부 또는 일부를 배상받지 못할 것

① 원칙: 필요 – 일반적인 피해자(제16조 제1호)
    일반적인 피해자의 경우에는 피해의 전부 또는 일부를 배상받지 못하는 경우에만 구조금을 지급한다.

② 예외: 불요 – 형사사건과 관련된 피해자(제16조 제2호)
    '자기 또는 타인의 형사사건의 수사 또는 재판에서 고소·고발 등 수사단서를 제공하거나 진술, 증언 또는 자료제출을 하다가 구조피해자가 된 경우'에는 피해의 전부 또는 일부를 배상받지 못할 것이라는 요건은 요하지 않는다. 즉 형사사건과 관련된 피해자인 경우에는 일반적인 경우와는 달리 보충성의 요건이 필요하지 않다.

4) 가해자의 불명 또는 무자력 및 피해자의 생계곤란성 : 불요

구법에서는 "가해자의 불명 또는 무자력으로 피해자가 피해의 전부 또는 일부를 배상받지 못하는 경우"라고 하여 '가해자의 불명 또는 무자력'을 범죄피해자구조청구권의 요건으로 하였으나 개정을 통해 삭제함으로써 구조의 범위를 확대하였으며, 나아가 피해자의 생계곤란성 요건 또한 삭제함으로써 피해자의 생계유지가 충분하더라도 구조청구가 가능하게 되었다.

(2) 소극적 요건

적극적 요건이 충족된 경우에도 소극적 요건이 있으면 구조금의 전부 또는 일부를 지급하지 않을 수 있다(법 제18조 제4항, 제19조).

① 친족 간의 범죄인 경우
② 구조피해자에게 귀책사유가 있는 경우
③ 기타 사회통념상 구조금의 전부 또는 일부를 지급하지 아니함이 상당하다고 인정되는 경우

2. 구조청구권의 내용과 보충성

> ● 범죄피해자보호법
> 제20조(다른 법령에 따른 급여 등과의 관계) 구조피해자나 유족이 해당 구조대상 범죄피해를 원인으로 하여 「국가배상법」이나 그 밖의 법령에 따른 급여 등을 받을 수 있는 경우에는 대통령령으로 정하는 바에 따라 구조금을 지급하지 아니한다.
> 제21조(손해배상과의 관계) ① 국가는 구조피해자나 유족이 해당 구조대상 범죄피해를 원인으로 하여 손해배상을 받았으면 그 범위에서 구조금을 지급하지 아니한다.
> ② 국가는 지급한 구조금의 범위에서 해당 구조금을 받은 사람이 구조대상 범죄피해를 원인으로 하여 가지고 있는 손해배상청구권을 대위한다.

(1) 구조금청구권의 내용

① 구조금청구권의 내용은 범죄피해구조금의 청구와 지급이다.
② 범죄피해구조금은 유족구조금·장해구조금 및 중상해구조금으로 구분되며, 일시금으로 지급한다(제17조 제1항).

(2) 보충성

① 구조금지급은 범죄로 인한 피해보상에 있어서 보충성을 갖는다. 즉 피해자가 범죄피해를 원인으로 하여 국가배상법 기타 법령에 의한 급여 등을 지급 받을 수 있는 경우에는 구조금은 지급하지 아니한다(제20조).
② 이미 다른 방법으로 손해배상 등을 받은 경우에는 그 받은 금액의 한도 내에서 구조금을 삭감할 수 있으며, 국가가 구조금을 지급한 때에는 구조금수령자가 가지는 손해배상청구권을 대위하게 된다(제21조).

Ⅳ 구조청구권의 행사와 수급권의 보호

> ⬟ **범죄피해자보호법**
> **제24조(범죄피해구조심의회 등)** ① 구조금 지급에 관한 사항을 심의·결정하기 위하여 각 지방검찰청에 범죄피해구조심의회(이하 "지구심의회")를 두고 법무부에 범죄피해구조본부심의회(이하 "본부심의회")를 둔다.
> **제25조(구조금의 지급신청)** ① 구조금을 받으려는 사람은 법무부령으로 정하는 바에 따라 그 주소지, 거주지 또는 범죄 발생지를 관할하는 지구심의회에 신청하여야 한다.
> ② 제1항에 따른 신청은 해당 구조대상 범죄피해의 발생을 안 날부터 3년이 지나거나 해당 구조대상 범죄피해가 발생한 날부터 10년이 지나면 할 수 없다.
> **제27조(재심신청)** ① 지구심의회에서 구조금 지급신청을 기각(일부기각된 경우를 포함한다) 또는 각하하면 신청인은 결정의 정본이 송달된 날부터 2주일 이내에 그 지구심의회를 거쳐 본부심의회에 재심을 신청할 수 있다.
> **제31조(소멸시효)** 구조금을 받을 권리는 그 구조결정이 해당 신청인에게 송달된 날부터 2년간 행사하지 아니하면 시효로 인하여 소멸된다.
> **제32조(구조금 수급권의 보호)** 구조금을 받을 권리는 양도하거나 담보로 제공하거나 압류할 수 없다.

1. 구조청구권의 행사

① 각 지방검찰청에 범죄피해구조심의회(지구심의회)를 두고 법무부에 범죄피해구조본부심의회(본부심의회)를 둔다(제24조).

② 구조금을 지급 받고자 하는 자는 해당 구조대상 범죄피해의 발생을 안 날부터 3년이 지나거나 해당 구조대상 범죄피해가 발생한 날부터 10년이 지나면 할 수 없다(제25조 제2항).

③ 구조금을 받을 권리는 그 구조결정이 해당 신청인에게 송달된 날부터 2년간 행사하지 아니하면 시효로 인하여 소멸된다(제31조).

2. 수급권자의 보호

구조금을 받을 권리는 양도하거나 담보로 제공하거나 압류할 수 없다(제32조).

제7장 사회적 기본권

제1절 사회적 기본권의 구조와 체계

I 서설

1. 사회적 기본권의 개념 및 특성

(1) 개념

① 사회적 기본권이란 단체주의적 사회정의의 실현을 국가목적으로 하는 사회국가 내지 복지국가에서 국민이 인간다운 생활을 확보하기 위하여 일정한 국가적 급부와 배려를 요구할 수 있는 국법상의 권리를 말한다.
② 사회적 기본권은 국가의 사회적 배려의무를 헌법에 반영한 것이며, 시장경제질서와 자본주의의 근본적 변혁을 의도하지는 않는다.

(2) 특성

① 사회적 기본권은 그 실현에 있어서 타인의 기본권과 긴장관계에 있을 수 있다.
② 교육을 받을 권리, 사회보장수급권 등 사회적 기본권은 국가의 급부를 통하여 실현되고 자원에 종속되는 특성을 가지고 있다.

2. 사회적 기본권의 연혁

① 자본주의의 발전에 따라 발생하는 여러 가지 심각한 사회문제를 모든 사회구성원의 최저한의 인간다운 생존보장과 실질적 평등이라는 사회정의 구현을 목표로 한 사회적 기본권으로 극복하려는 사상이 강조되었다.
② 바이마르헌법은 최초로 사회적 기본권을 명문으로 규정하였다.

3. 사회국가원리의 헌법적 수용방식

① 사회적 기본권을 두지 아니하고 사회국가조항만을 규정하는 방식(독일기본법)
② 명시적인 사회국가조항을 두지 아니하고 사회적 기본권 등의 사회국가적 목표를 개별적으로 헌법에 규정하는 방식(바이마르헌법, 현행헌법)
③ 사회국가조항과 함께 사회국가실현방법을 구체적으로 규정하는 방식

II 사회적 기본권의 법적 성격

1. 법적 성격

(1) 학설의 대립

1) 프로그램 권리설

(가) 근거
① 사회적 기본권은 국가의 재정정책과 예산배분에 의존하지 않을 수 없다.
② 사회적 기본권에 관한 헌법규정은 사회적 기본권이 법적 권리가 되게 하는 데 필요한 구체적 방법을 명문으로 규정하고 있지 않다.

(나) 내용
① 사회적 기본권은 현실적·구체적 권리가 아니라 입법자에게 입법의 방침을 제시하는 방침규정으로서 직접적인 효력을 갖지 못한다.
② 헌법규정만으로는 국가에 대하여 그 의무이행을 재판상 청구할 수 없으며, 그에 관한 입법의 태만을 헌법위반이라 하여 사법적 구제를 구할 수 없다.

2) 추상적 권리설

(가) 근거
① 사회적 기본권은 처음부터 정비된 법체계를 가지지 아니한 기본권이므로 그에 관한 헌법규정만으로 사법상의 권리와 동일한 의미의 구체적 권리가 될 수 없음은 당연하지만, 그렇다고 하여 사회적 기본권에 관한 규정을 곧 프로그램규정이라고 하는 것은 논리적 비약이다.
② 보장수단의 불완전성은 사회적 기본권에 국한된 것이 아니고 권리 실현을 위하여 국가의 행위를 필요로 하는 그 밖의 기본권(재판청구권, 공무담임권 등)에도 마찬가지로 나타나므로, 보장수단의 불완전성을 이유로 사회적 기본권의 권리성을 부인할 수는 없다.

(나) 내용
① 사회적 기본권은 비록 추상적인 것일지라도 법적 권리이며, 국가의 의무이행이 사법적 절차에 의하여 강제될 수 없을지라도 사회적 기본권의 보장을 위한 국가적 의무는 헌법에 근거하는 법적 의무이다.
② 국민은 국가에 대해 입법 등의 조치를 요구할 권리를 가지며, 국회는 국가재정과 경제가 허용하는 한 필요한 입법 등의 조치를 하여야 할 의무가 있다. 다만 그에 대한 사법적 구제방법이 없을 뿐이다.

3) 구체적 권리설

(가) 근거
① 헌법상 보장되는 권리가 하위법의 흠결 때문에 보장되지 아니한다는 것은 모순이다.
② 기본적 인권의 침해에 대해서는 반드시 법적 구제가 이루어져야 한다.

(나) 내용
① 사회적 기본권은 이를 구체화하는 입법이 존재하지 않는 경우에도, 이를 근거로 직접 소구(訴求)할 수 있는 구체적 권리이다.

② 사회적 기본권의 실현에 관한 국가의 부작위는 현실적·구체적 권리의 침해가 되어 사법적 구제의 대상이 된다.
③ 헌법재판소법 제68조와 제75조 제2항 내지 제4항에 따른 헌법소원으로 사법적 구제를 구할 수 있다.

4) 기타의 학설

사회적 기본권은 구체적 권리일 수는 없다 할지라도, 불완전하나마 구체적인 권리로서의 성격은 가지고 있다는 '불완전한 구체적 권리설', 법적 구속력이 있는 국가목표규정이라는 '국가목표규정설', 입법자에게 사회적 기본권의 실현을 위한 특정내용의 입법활동을 하도록 법적 의무를 부과하는 것으로 보는 '입법위임규정설', 사회적 기본권을 각 개별기본권별로 개별기본권도 보장내용이나 보장수준별로 각각 법적 성격을 달리하는 것으로 보는 '상대적 권리설' 등이 있다.

(2) 헌법재판소

헌법재판소는 국가유공자예우등에관한법률 제9조 본문 위헌제청사건에서 인간다운 생활을 보장함에 필요한 최소한의 물질적인 조치에 대하여는 구체적 권리로, 그 이상의 급부를 요구하는 것에 대하여는 추상적 권리로 보고 있다(헌재 1995.7.21, 93헌가14).

> ⚖️ **관련판례**
> 인간다운 생활을 할 권리로부터는 인간의 존엄에 상응하는 생활에 필요한 최소한의 '물질적'인 생활의 유지에 필요한 급부를 요구할 수 있는 구체적인 권리가 상황에 따라서는 직접 도출될 수 있다고 할 수는 있어도, 동 기본권이 직접 그 이상의 급부를 내용으로 하는 구체적인 권리를 발생케 한다고는 볼 수 없다고 할 것이다. 이러한 구체적 권리는 국가가 재정형편 등 여러 가지 상황들을 종합적으로 감안하여 법률을 통하여 구체화할 때에 비로소 인정되는 '법률적' 권리라고 할 것이다(헌재 1995.7.21. 93헌가14).

Ⅲ 사회적 기본권의 효력과 실현방법

1. 효력

① 국가의 침해행위의 배제를 요구하는 사회적 기본권의 자유권적 측면에서는 직접적 효력을 당연히 인정해야 하므로 침해배제청구권은 구체적 권리성을 가진다.
② 국가에 대해 적극적 급부를 요구하는 사회적 기본권의 생존권적 측면에서는 불완전한 구체적 권리성을 가진다.

2. 실현방법(사회적 기본권의 생존권적 측면에서의 실현방법)

(1) 입법부존재의 경우(진정입법부작위)

① 인간다운 생활권이나 근로의 권리에 관한 헌법규정(제32조, 제34조 등)을 구체화하는 법률이 존재하지 않는 경우 개인은 직접 헌법규정에 의거하여 입법부작위에 대한 헌법소원을 제기할 수 있고, 헌법재판소는 입법부작위에 대한 위헌확인결정을 통하여 입법을 촉구할 수 있다.

② 헌법재판소가 직접 헌법규정에 의거하여 실직자는 현실적으로 직장알선을 보장받을 권리를 가진다든가, 생계비지급을 청구할 권리를 가진다는 결정을 할 수는 없다.

(2) 입법불충분의 경우(부진정입법부작위)
① 개인은 당해 법률에 대하여 위헌법률심판제청 신청을 할 수 있고, 헌법재판소는 헌법불합치결정이나 입법촉구결정을 할 수 있다.
② 헌법재판소가 그 법률의 내용이 불충분하므로 실직자는 직접 헌법규정에 따라 현실적으로 직장알선을 보장받을 권리를 가진다든가 생계비지급을 청구할 권리를 가진다는 내용의 결정을 할 수는 없다.

(3) 위헌의 입법의 경우
헌법소원, 위헌법률심판을 통하여 권리구제를 받을 수 있다.

(4) 구체적이고 충분한 내용의 입법의 경우
① 당해 법률에 의하여 보장되는 권리에 대응하는 구체적 의무를 국가가 이행하지 아니할 때에는 국가에 대하여 그 이행을 청구할 수 있다.
② 개개인은 당해 법률에 의거한 구체적인 직장알선청구권 또는 생계비지급청구권을 가지며, 국가의 이러한 청구에 대한 불이행은 헌법과 당해 법률에 대한 위반이 될 뿐만 아니라 그로 인한 손해배상책임을 발생하게 한다.

Ⅳ 사회적 기본권과 자유권적 기본권의 관계

1. 차이점

구분	이념적 기초	법적 성격	효력	위헌심사기준	법률유보
자유권적 기본권	① 시민국가 ② 개인주의(자유)	① 소극적·방어적 권리 ② 인간의 권리 ③ 구체적 권리	① 모든 국가권력을 직접 구속 ② 강한 재판규범 성격 ③ 원칙적 제3자효	과잉금지원칙	권리제한적 법률유보
사회권적 기본권	① 사회국가·복지국가 ② 단체주의(평등)	① 적극적 권리 ② 국법상 권리 ③ 추상적 권리	① 주로 입법권을 구속 ② 약한 재판규범 성격 ③ 예외적 제3자효	과소보호 금지의 원칙	권리형성적 법률유보

2. 상호관계
① 사회적 기본권은 본인의 자유권적 기본권과 긴장관계에 서 있다.
   예 노동의 권리보장은 개인의 직업선택의 자유에 대한 제한을 의미한다.
② 사회적 기본권과 타인의 자유권적 기본권은 긴장관계에 있다.
   예 노동기본권은 사용자의 재산권, 직업의 자유, 영업의 자유와 그리고 단체행동권은 파업에 대하여 사용자의 직장 폐쇄권과 대립된다.
③ 자유권이든 사회권이든 다 같이 인간의 존엄과 가치·행복추구권의 존중과 인격의 발현을 지향하는 기본권이므로 양자는 상호 조화되어야 한다.

제2절 인간다운 생활권

> **헌법**
> 제34조
> ① 모든 국민은 인간다운 생활을 할 권리를 가진다.
> ② 국가는 사회보장·사회복지의 증진에 노력할 의무를 진다.
> ③ 국가는 여자의 복지와 권익의 향상을 위하여 노력하여야 한다.
> ④ 국가는 노인과 청소년의 복지향상을 위한 정책을 실시할 의무를 진다.
> ⑤ 신체장애자 및 질병·노령 기타의 사유로 생활능력이 없는 국민은 법률이 정하는 바에 의하여 국가의 보호를 받는다.
> ⑥ 국가는 재해를 예방하고 그 위험으로부터 국민을 보호하기 위하여 노력하여야 한다.

I 서설

1. 인간다운 생활권의 개념

① 인간다운 생활권(생존권)이란 인간의 존엄성에 상응하는 건강하고 문화적인 생활을 할 권리를 말한다.
② 인간다운 생활권은 물질적인 최저생활의 보장만을 의미한다는 견해가 있으나, 문화적 최저생활의 보장까지를 포함한다고 보는 것이 타당하다.
③ 인간다운 생활권은 1919년 바이마르헌법에서 처음 규정되었으며, 우리 헌법은 제5차개정헌법에서 이를 신설하였다.

2. 인간다운 생활권의 헌법상 의의

① 인간다운 생활권을 규정한 헌법 제34조 제1항은 헌법 제10조의 인간의 존엄과 가치를 실현하기 위한 사회적 기본권의 총칙적 규정이다.
② 다른 개별적인 사회적 기본권은 인간다운 생활권을 실현하기 위한 구체적 수단이 되는 권리 내지 인간다운 생활권이라는 주 생존권적 기본권으로부터 파생된 것이다.

II 법적 성격

(사회적 기본권의 총론편에서 전술 참조)

III 주체

① 인간다운 생활권은 국민 중에 자연인에게만 인정되고 법인에게는 인정되지 않는다.
② 인간다운 생활권은 국민의 권리이므로 원칙적으로 외국인에게는 인정되지 않는다.

Ⅳ 헌법이 보장하는 인간다운 생활의 수준

(1) 견해의 대립

생명을 보전하고 건강을 유지할 수 있는 정도의 수준이면 충분하다는 생물학적 최저생존수준설, 육체적·정신적 통일체로서의 인간이 정상적인 사회생활을 할 수 있는 정도의 수준일 것이 필요하다는 인간다운 최저생존수준설, 정신적 존재로서의 인간이 자신의 인생을 자신의 가치관에 따라 자율적으로 설계하고 추구할 수 있는 정도의 수준일 것이 요구된다는 이상적인 인간다운 최저생존수준설의 견해들이 주장되고 있다.

(2) 헌법재판소

1. '인간다운 생활을 할 권리'로부터는, 그것이 사회복지·사회보장이 지향하여야 할 이념적 목표가 된다는 점을 별론으로 하면, 인간의 존엄에 상응하는 생활에 필요한 "최소한의 물질적인 생활"의 유지에 필요한 급부를 요구할 수 있는 구체적인 권리가 상황에 따라서는 직접 도출될 수 있다고 할 수는 있어도, 동 기본권이 직접 그 이상의 급부를 내용으로 하는 구체적인 권리를 발생케 한다고는 볼 수 없다고 할 것이다. 이러한 구체적 권리는 국가가 재정형편 등 여러가지 상황들을 종합적으로 감안하여 법률을 통하여 구체화할 때에 비로소 인정되는 법률적 차원의 권리라고 할 것이다. 그러므로 이 사건 규정의 입법자도 전공상자 등에게 인간다운 생활에 필요한 최소한의 물질적 수요를 충족시켜 주고 헌법상의 사회보장, 사회복지의 이념과 국가유공자에 대한 우선적 보호이념에 명백히 어긋나지 않는 한 광범위한 입법재량권을 행사할 수 있다고 할 것이다(헌재 1995.7.21, 93헌가14).

2. '인간다운 생활을 할 권리'를 규정한 헌법 제34조 제1항은 사회보장에 관한 것으로, 입법부와 행정부에 대하여는 국민소득, 국가의 재정능력과 정책 등을 고려하여 가능한 범위 안에서 최대한으로 모든 국민이 물질적인 최저생활을 넘어서 인간의 존엄성에 맞는 건강하고 문화적인 생활을 누릴 수 있도록 하여야 한다는 행위의 지침 즉 행위규범으로서 작용하고, 헌법재판에 있어서는 다른 국가기관 즉 입법부나 행정부가 국민으로 하여금 인간다운 생활을 영위하도록 하기 위하여 객관적으로 필요한 최소한의 조치를 취할 의무를 다하였는지의 여부를 기준으로 국가기관의 행위의 합헌성을 심사하여야 한다는 통제규범으로 작용하는 기능을 갖는 것이다(헌재 2001.8.30, 99헌바92).

Ⅴ 내용

1. 사회보장을 받을 권리

(1) 의의

① 모든 국민은 인간다운 생활을 보장받기 위하여 국가의 적극적 관여에 따른 사회보장을 받을 권리를 가진다.
② 사회보장의 방법에는 의료, 재해, 연금, 실업보험 등 위험에 대비한 사회보험과 노인, 고아, 장애인, 여자 등 사회적 약자를 보호하는 사회부조의 방법이 있다. 이를 위하여 의료급여법, 국민기초생활보장법, 모자보건법 등이 제정되어 있다.
③ 사회부조는 수익자의 경제적인 기여를 전제로 하지 않는 점에서 사회보험과 구별된다.

제7장 사회적 기본권

(2) 사회보험과 사보험의 차이(헌재 2000.6.29, 99헌마289)

① 사보험에서는 보험가입의 여부가 계약자유의 원리에 따라 당사자 간의 자유로운 의사결정에 의하여 이루어지며 보험법적 관계가 민법상의 계약에 의하여 성립되는 반면, 사회보험에서는 법이 정하는 요건을 충족시키는 국민에게 가입의무가 부과됨으로써 사회보험에의 가입이 법적으로 강제되며, 이로써 보험법적 관계가 당사자의 의사와 관계없이 법률에 의하여 성립한다. 사회보험에서는 보험가입의무가 인정되면서 보험료납부의무가 발생하고, 동시에 보험법적 보호관계가 성립하며, 피보험자는 사회적 위험의 발생시 법에 규정된 급여청구권을 가진다.

② 사보험에서는 상업적·경제적 관점이 보험재정운영의 결정적인 기준이 되지만, 사회보험에서는 사회정책적 관점이 우선하기 때문에, 사회보험의 이러한 성격은 특히 보험료의 산정에 있어서 뚜렷하게 표현된다. 보험료의 산정에 있어서 사보험에서는 성별, 연령, 가입연령, 건강상태 등의 피보험자 개인이 지니는 보험위험, 즉 위험발생의 정도나 개연성에 따라 보험료가 산정되지만, 사회보험에서의 보험료는 피보험자의 경제적 능력, 즉 소득에 비례하여 정해진다.

③ 사회보험료는 기존의 공과금체계에 편입시킬 수 없는 독자적 성격을 가진 공과금이다. 특정의 반대급부 없이 금전납부의무를 부담하는 세금과는 달리, 보험료는 반대급부인 보험급여를 전제로 하고 있으며, 한편으로는 특정 이익의 혜택이나 특정 시설의 사용가능성에 대한 금전적 급부인 수익자부담금과는 달리, 급여혜택을 받지 못하는 제3자인 사용자에게도 보험료 납부의무가 부과된다는 점에서 수익자부담금과 그 성격을 달리 한다.

④ 사회보험료를 형성하는 2가지 중요한 원리는 '보험의 원칙'과 '사회연대의 원칙'이다. 보험의 원칙이란 소위 등가성의 원칙이라고도 하는데, 이는 보험료와 보험급여간의 등가원칙을 말한다. 한편 사회보험은 사회국가원리를 실현하기 위한 중요한 수단이라는 점에서, 사회연대의 원칙은 국민들에게 최소한의 인간다운 생활을 보장해야 할 국가의 의무를 부과하는 사회국가원리에서 나온다. 보험료의 형성에 있어서 사회연대의 원칙은 보험료와 보험급여 사이의 개별적 등가성의 원칙에 수정을 가하는 원리일 뿐만 아니라, 사회보험체계 내에서의 소득의 재분배를 정당화하는 근거이며, 보험의 급여수혜자가 아닌 제3자인 사용자의 보험료 납부의무(소위 '이질부담')를 정당화하는 근거이기도 하다. 또한 사회연대의 원칙은 사회보험에의 강제가입의무를 정당화하며, 재정구조가 취약한 보험자와 재정구조가 건전한 보험자 사이의 재정조정을 가능하게 한다.

2. 생활보호를 받을 권리

신체장애자 및 질병·노령 기타의 사유로 인한 생활무능력자는 인간다운 생활을 보장받기 위하여 국가의 보호를 받을 권리가 있다. 이를 위하여 국민기초생활보장법·의료급여법·장애인복지법 등이 제정되어 있다.

> ● **국민기초생활보장법**
> **제2조(정의)** 이 법에서 사용하는 용어의 정의는 다음과 같다.
>   7. "최저생계비"란 국민이 건강하고 문화적인 생활을 유지하기 위하여 필요한 최소한의 비용으로서 제20조의2 제4항에 따라 보건복지부장관이 계측하는 금액을 말한다.
>   9. "소득인정액"이란 보장기관이 급여의 결정 및 실시 등에 사용하기 위하여 산출한 개별가구의 소득평가액과 재산의 소득환산액을 합산한 금액을 말한다.

제3조(급여의 기본원칙) ① 이 법에 따른 급여는 수급자가 자신의 생활의 유지·향상을 위하여 그의 소득, 재산, 근로능력 등을 활용하여 최대한 노력하는 것을 전제로 이를 보충·발전시키는 것을 기본원칙으로 한다.
② 부양의무자의 부양과 다른 법령에 따른 보호는 이 법에 따른 급여에 우선하여 행하여지는 것으로 한다. 다만 다른 법령에 따른 보호의 수준이 이 법에서 정하는 수준에 이르지 아니하는 경우에는 나머지 부분에 관하여 이 법에 따른 급여를 받을 권리를 잃지 아니한다.
제4조(급여의 기준 등) ① 이 법에 따른 급여는 건강하고 문화적인 최저생활을 유지할 수 있는 것이어야 한다.
제5조의2(외국인에 대한 특례) 국내에 체류하고 있는 외국인 중 대한민국 국민과 혼인하여 본인 또는 배우자가 임신 중이거나 대한민국 국적의 미성년 자녀를 양육하고 있거나 배우자의 대한민국 국적인 직계존속과 생계나 주거를 같이하고 있는 사람으로서 대통령령으로 정하는 사람이 이 법에 따른 급여를 받을 수 있는 자격을 가진 경우에는 수급권자가 된다.
제6조(최저보장수준의 결정 등) ① 보건복지부장관 또는 소관 중앙행정기관의 장은 급여의 종류별 수급자 선정기준 및 최저보장수준을 결정하여야 한다.
② 보건복지부장관 또는 소관 중앙행정기관의 장은 매년 8월 1일까지 제20조 제2항에 따른 중앙생활보장위원회의 심의·의결을 거쳐 다음 연도의 급여의 종류별 수급자 선정기준 및 최저보장수준을 공표하여야 한다.
제7조(급여의 종류) ① 이 법에 따른 급여의 종류는 다음 각 호와 같다.
1. 생계급여
2. 주거급여
3. 의료급여
4. 교육급여
5. 해산(解産)급여
6. 장제급여
7. 자활급여

② 수급권자에 대한 급여는 수급자의 필요에 따라 제1항 제1호부터 제7호까지의 급여의 전부 또는 일부를 실시하는 것으로 한다.
제35조(압류금지) 수급자에게 지급된 수급품과 이를 받을 권리는 압류할 수 없다.
제36조(양도금지) 수급자는 급여를 받을 권리를 타인에게 양도할 수 없다.

3. 재해예방과 그 위험으로부터 보호를 받을 권리

국가는 국민의 인간다운 생활을 보장하기 위하여 재해를 예방하고 그 위험으로부터 국민을 보호하기 위하여 노력하여야 한다. 이를 위하여 자연재해대책법·재해구호법 등이 제정되어 있다.

4. 기초생활을 보장받을 권리

국민기초생활을 보장받을 권리를 위하여 국민기초생활보장법이 제정되어 있다.

Ⅵ 효력

인간다운 생활권은 대국가적 효력과 간접적용설에 입각한 제3자적 효력을 가진다.

Ⅶ 한계와 제한

1. 인간다운 생활권의 한계

① 인간다운 생활권도 무제한적인 것이 아니라 보충성의 원리에 따른 한계가 있다. 즉 요보호자가 자력으로 생활능력을 구비할 수 있도록 지원하는 선에서 그쳐야 한다.
② 국민기초생활보장법은 "생활보장급여는 수급자가 자신의 생활의 유지·향상을 위하여 그 소득·재산·근로능력 등을 활용하여 최대한 노력하는 것을 전제로 이를 보충·발전시키는 것을 기본원칙으로 한다(제3조 제1항)"고 규정하여 보충성의 원리를 수용하고 있다.

2. 인간다운 생활권의 제한

① 인간다운 생활권도 헌법 제37조 제2항에 의하여 법률로 제한할 수 있다.
② 인간다운 생활권은 그 자체가 공공복리의 실현에 해당하므로 공공복리를 이유로 하는 제한은 허용될 수 없다고 보아야 할 것이다. 한편 국가안전보장·질서유지를 위하여 인간다운 생활권이 반드시 제한되어야 할 필요가 있는 경우를 쉽게 상정할 수 없다는 점을 이유로 인간다운 생활권은 법률로써 제한하기에 적합하지 않은 권리라고 보는 견해가 있다.
③ 헌법재판소는 공공복리를 이유로 하는 사회적 기본권에 대한 제한도 가능하다고 본다(헌재 2000.6.1, 97헌마190).

Ⅷ 침해와 구제

인간다운 생활권에 대한 적극적 침해에 대하여는 위헌법률심사, 헌법소원, 위헌·위법명령심사가 가능하고, 소극적 침해에 대하여는 헌법소원, 의무이행심판 청구, 부작위위법확인소송, 청원권, 선거권의 행사가 가능하다.

제3절 교육을 받을 권리

> ● 헌법
> 제31조
> ① 모든 국민은 능력에 따라 균등하게 교육을 받을 권리를 가진다.
> ② 모든 국민은 그 보호하는 자녀에게 적어도 초등교육과 법률이 정하는 교육을 받게 할 의무를 진다.
> ③ 의무교육은 무상으로 한다.
> ④ 교육의 자주성·전문성·정치적 중립성 및 대학의 자율성은 법률이 정하는 바에 의하여 보장된다.
> ⑤ 국가는 평생교육을 진흥하여야 한다.
> ⑥ 학교교육 및 평생교육을 포함한 교육제도와 그 운영, 교육재정 및 교원의 지위에 관한 기본적인 사항은 법률로 정한다.

I 의의

① 교육을 받을 권리란 교육을 받는 것을 국가로부터 방해받지 아니함은 물론 교육을 받을 수 있도록 적극적으로 배려해 줄 것을 국가에게 요구할 수 있는 권리를 말한다.
② 초등학교에서 무료로 교육을 받을 권리는 프랑크푸르트헌법이 처음으로 명문화하였다. 그러나 일반적인 교육을 받을 권리를 보장한 최초의 헌법은 1919년 바이마르헌법이다.
③ 현행헌법은 제31조 제1항에서 교육을 받을 권리를 규정하고 있으며, 교육을 받을 권리를 더욱 효과적인 것으로 하기 위한 수단적 규정으로 제2항에서 제6항까지의 규정을 두고 있다.

II 교육을 받을 권리의 법적 성격

1. 학설의 태도

① 교육을 받을 권리는 주관적 공권인 동시에 객관적 가치질서로서의 성격을 가진다.
② 교육을 받을 권리를 주관적 공권이라는 측면에서 고찰할 경우 그 법적 성격에 관하여 프로그램 권리설, 추상적 권리설, 구체적 권리설 등이 대립하나, 교육을 받을 권리는 불완전한 것이기는 하나 구체적 권리라고 이해하는 것이 타당하다.

2. 헌법재판소

(1) 교육법 제8조의2에 관한 위헌심판(헌재 1991.2.11, 90헌가27)[합헌]

① 헌법 제31조 제1항은 "모든 국민은 능력에 따라 균등하게 교육을 받을 권리를 가진다."고 규정하고 제3항에서는 "의무교육은 무상으로 한다."고 규정하여 의무교육 무상실시의 원칙을 선언하고 있다.
② 교육을 받을 권리는 우리 헌법이 지향하는 문화국가·민주복지국가의 이념을 실현하는 방법의 기초이며, 다른 기본권의 기초가 되는 기본권이다.
③ 교육을 받을 권리가 교육제도를 통하여 충분히 실현될 때에 비로소 모든 국민은 모든 영역에 있어서 각인의 기회를 균등히 하고 능력을 최고도로 발휘하게 되어 국민생활의 균등한 향상을 기할 수 있고, 인간으로서의 존엄과 가치를 가지며, 행복을 추구할 수 있다.

(2) 교육법 제96조 제1항 위헌확인(헌재 1994.2.24, 93헌마192)[기각]

① 교육을 받을 권리의 중요성을 인식하고 이를 실현하기 위하여 우리 헌법은 제31조 제1항에서 "모든 국민은 능력에 따라 균등하게 교육을 받을 권리를 가진다."고 규정함으로써 모든 국민의 교육의 기회균등권을 보장하고 있다.
② 이는 정신적·육체적 능력 이외의 성별·종교·경제력·사회적 신분 등에 의하여 교육을 받을 기회를 차별하지 않고, 즉 합리적 차별사유 없이 교육을 받을 권리를 제한하지 아니함과 동시에 국가가 모든 국민에게 균등한 교육을 받게 하고 특히 경제적 약자가 실질적인 평등교육을 받을 수 있도록 적극적 정책을 실현해야 한다는 것이다.

③ 헌법 제31조 제2항 및 제3항은 "모든 국민은 그 보호하는 자녀에게 적어도 초등교육과 법률이 정하는 교육을 받게 할 의무를 진다." "의무교육은 무상으로 한다."고 규정함으로써 독립하여 생활할 수 없는 취학연령에 있는 미성년자의 교육을 받을 권리를 실효성 있게 확보하기 위하여 학령아동의 친권자 또는 후견인에 대해 그 보호아동에게 교육을 받게 할 의무를 부과하고, 그 의무교육을 무상으로 하고 있다. 아울러 동조 제6항에서 "학교교육 및 평생교육을 포함한 교육제도와 그 운영, 교육재정 및 교원의 지위에 관한 기본적인 사항은 법률로 정한다."고 규정함으로써 교육을 받을 권리의 실현과 형성을 위한 본질적인 사항을 법률로 정하도록 하고 이로써 교육기본권이 행정기관의 부당한 간섭에 의해 침해되는 일이 없도록 예방조치를 강구하고 있다.

Ⅲ 교육을 받을 권리의 주체

① 교육을 받을 권리는 성질상 자연인에게만 보장되고 법인의 주체성은 부정된다.
② 원칙적으로 외국인은 교육을 받을 권리의 주체가 아니다. 다만 적법한 절차를 밟아 입국한 외국인은 교육을 받을 권리의 주체가 된다.
③ 교육을 받을 권리에 있어 수학권의 주체는 개개인이고, 교육기회제공청구권의 주체는 학령아동의 부모이다.

Ⅳ 교육을 받을 권리의 내용

1. "능력에 따라" 교육을 받을 권리

① 헌법 제31조 제1항에서 말하는 능력이란 일신전속적인 재능을 말하며, 재력 등 비전속적인 조건을 의미하는 것이 아니다.
② 능력에 따른 교육이란 정신적·육체적 능력에 상응한 적절한 교육을 말한다.

2. "균등하게" 교육을 받을 권리

균등한 교육은 능력 이외의 성별·종교·사회적 신분 등에 의하여 교육을 받을 기회를 차별하지 아니할 것과 모든 국민이 균등하게 교육을 받을 수 있도록 교육시설을 설치·운용하고 장학정책을 시행하는 등 교육의 외적 조건의 정비를 요구할 수 있음을 의미한다(헌재 1994.2.24. 93헌마192).

3. "교육"을 받을 권리

(1) 교육

① 교육은 학교교육·가정교육·사회교육 등을 포함하는 광의의 교육을 의미하나, 그 중 학교교육이 가장 중요하므로 헌법 제31조 제1항에서의 교육은 주로 학교교육을 뜻한다.
② 사회교육이나 직업교육에서는 차별을 받을 수 있다.
③ 헌법 제31조 제1항의 교육에는 평생교육이 포함되지만, 동조 제5항에서는 국가의 평생교육진흥의무를 따로 규정하고 있다.

(2) 무상의 의무교육

1) 의무교육(헌재 2000.4.27, 98헌가16)

① 의무교육에서 교육을 받을 권리의 주체는 취학연령의 미성년자이고, 교육을 받게 할 주체는 학령아동의 친권자 또는 후견인이다.
② 자녀가 불구·폐질·병약한 경우에는 교육을 받게 할 의무가 면제된다.
③ 부모의 교육권은 부모의 자기결정권이라는 의미에서 보장되는 것이 아니라, 자녀의 보호와 인격발현을 위해 보장되는 것이다.

2) 무상의무교육에서의 '무상'의 범위

① 법률이 정하는 바에 따른다는 무상범위 법정설, 수업료만 면제된다는 수업료 무상설, 수업료 외에 교재·학용품의 지급과 급식의 무상까지 포함된다는 취학필수비 무상설(다수설)이 주장된다.
② 헌법재판소는 취학필수비 무상설에 가까운 입장으로 판단된다(헌재 1991.2.11, 90헌가27).

4. 교육을 "받을 권리"

헌법 제31조 제1항은 "모든 국민은 능력에 따라 균등하게 교육을 받을 권리를 가진다."고 규정하여 국민의 교육을 받을 권리(이하 "수학권")를 보장하고 있는데, 그 권리는 통상 국가에 의한 교육조건의 개선·정비와 교육기회의 균등한 보장을 적극적으로 요구할 수 있는 권리로 이해되고 있다. 수학권의 보장은 국민이 인간으로서 존엄과 가치를 가지며 행복을 추구하고(헌법 제10조 전문) 인간다운 생활을 영위하는데(헌법 제34조 제1항) 필수적인 조건이자 대전제이며, 헌법 제31조 제2항 내지 제6항에서 규정하고 있는 교육을 받게 할 의무, 의무교육의 무상, 교육의 자주성·전문성·중립성보장, 평생교육진흥, 교육제도 및 교육재정, 교원지위 법률주의 등은 국민의 수학권의 효율적인 보장을 위한 규정이라고 해도 과언이 아니다(헌재 1992.11.12, 89헌마88).

Ⅴ 교육을 시킬 권리(교육할 권리)

헌법 제31조 제1항은 교육을 받을 권리라고 규정하고 있으나, 교육을 받을 권리는 교육을 시킬 권리와 표리의 관계에 있다고 볼 수 있다. 따라서 교육을 받을 권리에는 교육을 시킬 권리가 포함된다고 할 것이다.

1. 교육실시의 주체

(1) 국민 개개인이 자녀를 충분하게 교육시킬 수 없기 때문에 국가가 교육실시의 주체가 된다는 국가주체설(국가교육권설), 학부모를 중심으로 한 국민전체는 자녀를 교육할 의무를 지고 있으며, 그 의무에 대응한 교육의 자유가 있다고 하여 국민전체가 교육실시의 주체가 된다는 국민주체설(국민교육권설), 국가기관은 국민을 대표하여 교육을 실시하는 것이므로 국민과 국가 모두가 교육실시의 주체가 된다는 국가·국민공동주체설(국가·국민공동교육권설)의 견해가 주장된다.
(2) 헌법재판소는 국가·국민공동교육주체설의 입장을 취한 것으로 본다(헌재 2000.4.27, 98헌가16).

2. 학부모의 자녀교육권

(1) 의의와 헌법적 근거

① 학부모의 자녀교육권이란 학부모가 자녀교육에 대한 목표와 수단을 자유롭게 결정할 수 있는 권리를 말한다.
② 자녀교육권의 헌법적 근거에 대하여 헌법재판소는 헌법 제36조 제1항, 헌법 제10조, 헌법 제37조 제1항으로부터 찾는다(헌재 2000.4.27, 98헌가16).

(2) 특성(헌재 2000.4.27, 98헌가16)

① 부모의 자녀교육권은 다른 기본권과는 달리 기본권의 주체인 부모의 자기결정권이라는 의미에서 보장되는 자유가 아니라, 자녀의 보호와 인격발현을 위하여 부여되는 기본권이다.
② 부모의 자녀교육권은 자녀의 행복이란 관점에서 보장되는 것이며, 자녀의 행복이 부모의 교육에 있어서 그 방향을 결정하는 지침이 된다.

(3) 내용

1) 학교선택권(헌재 1999.3.25, 97헌마130)

부모는 초·중·고등학교에 다니는 미성년자인 자녀를 교육시킬 권한이 있고, 이 교육권에는 학교선택권이 포함된다. 부모의 이 학교선택권은 자녀의 교육을 받을 권리를 실효성 있게 보장하는 수단의 하나이다.

2) 교육참여권(헌재 2001.11.29, 2000헌마278)

① 일반적으로 부모의 교육권으로부터 바로 학부모의 학교참여권(참가권)이 도출된다고 보기는 어렵다.
② 학부모가 미성년자인 학생의 교육과정에 참여할 당위성은 부정할 수 없으므로 입법자가 학부모의 집단적인 교육참여권을 법률로써 인정하는 것은 헌법상 당연히 허용된다.

3) 자녀과외권(헌재 2000.4.27, 98헌가16)

법 제3조에 의하여 제한되는 기본권은, 배우고자 하는 아동과 청소년의 인격의 자유로운 발현권, 자녀를 가르치고자 하는 부모의 교육권, 과외교습을 하고자 하는 개인의 직업선택의 자유 및 행복추구권이다.

3. 교사의 교육의 자유

(1) 의의

교육의 자유란 교육내용이나 교육방법 등을 국가나 외부의 간섭없이 자주적으로 결정하는 자유를 말한다.

(2) 교사의 교육의 자유의 헌법적 근거

① 교사의 교육의 자유에 대하여 현행헌법은 명문규정을 두고 있지 않다.
② 대학에서의 교수의 자유와 학교에서의 교육의 자유 간에는 절대적인 차이가 존재하는 것이 아니고 그 차이는 상대적인 것에 불과하므로 교육의 자유는 학문의 자유의 내용에 포함된다고 보아 그 근거를 헌법 제22조 제1항의 학문의 자유에서 찾는 견해, 교육은 단순한 지식의 전달을 그 내용으로 하나 학문은 진리탐구의 과정을 포함하므로 양자는 질적으로 달라 교육의 자유는 헌법 제31조의 교육에 관한 기본권의 보호영역에 속한다고 보아 헌법 제31조 제1항에서 그 근거를 구하는 견해, 헌법 제31조 제1항의 국민의 교

육을 받을 권리의 실효성을 높이기 위한 제도적 보장이 헌법 제31조 제4항이므로 헌법 제31조 제1항과 헌법 제31조 제4항이 모두 근거가 된다고 보는 견해 등이 대립한다.
③ 헌법재판소는 교사의 교육의 자유의 헌법적 근거, 즉 기본권성에 대하여 명확한 입장을 보이지 않고 있다(헌재 1992.11.12. 89헌마88).

제4절 근로의 권리

헌법

제32조
① 모든 국민은 근로의 권리를 가진다. 국가는 사회적·경제적 방법으로 근로자의 고용의 증진과 적정임금의 보장에 노력하여야 하며, 법률이 정하는 바에 의하여 최저임금제를 시행하여야 한다.
② 모든 국민은 근로의 의무를 진다. 국가는 근로의 의무의 내용과 조건을 민주주의 원칙에 따라 법률로 정한다.
③ 근로조건의 기준은 인간의 존엄성을 보장하도록 법률로 정한다.
④ 여자의 근로는 특별한 보호를 받으며, 고용·임금 및 근로조건에 있어서 부당한 차별을 받지 아니한다.
⑤ 연소자의 근로는 특별한 보호를 받는다.
⑥ 국가유공자·상이군경 및 전몰군경의 유가족은 법률이 정하는 바에 의하여 우선적으로 근로의 기회를 부여받는다.

I 의의

① 근로의 권리란 자신의 의사와 능력에 따라 자유로이 일할 수 있는 권리와 국가에 대하여 근로의 기회를 제공하여 줄 것을 요구할 수 있는 권리를 말한다.
② 근로권을 헌법에 최초로 규정한 것은 바이마르헌법이다.
③ 우리 헌법은 제헌헌법에서 근로의 권리를 보장한 이래, 현행헌법 제32조에서도 이를 이어받아 규정하고 있다.

II 법적 성격

사회권이라는 견해, 근로의 권리 중 일할 자리에 관한 권리는 복합적 성질의 권리이지만 일할 환경에 관한 권리는 생활권적 성질의 구체적 권리라는 견해, 자유권적 성격과 사회권적 성격을 아울러 가진다는 견해 등이 대립하고 있다.

Ⅲ 주체

① 근로의 권리는 국가내적인 권리이므로 근로의 권리의 주체는 자연인 중에서 원칙적으로 대한민국 국민에 한정된다.
② 외국인에게 근로의 권리의 본질적 내용, 즉 국가에 대하여 근로기회의 제공을 요구할 권리는 인정되지 않는다.
③ 외국인은 개별법률이 인정하는 개별적 근로권은 주장할 수 있다. 현행 근로기준법 제6조는 "… 국적, 신앙 또는 사회적 신분을 이유로 근로조건에 대한 차별적 처우를 하지 못한다"고 하여 국적을 이유로 근로조건에 대한 차별적 대우를 하지 못함을 규정하고 있다.
④ 근로능력상실자는 근로자가 아니므로 근로의 권리의 주체가 되지 못한다. 근로의 권리의 제1차적 주체는 근로자 중에서도 실업상태에 있는 미취업근로자이다.

> **기타판례**
> 1. 취업자격 없는 외국인의 근로계약의 효력(대판 1995.9.15, 94누12067)
>   ① 취업자격 없는 외국인이 구 출입국관리법상의 고용제한 규정을 위반하여 근로계약을 체결하였다 하더라도 그것만으로 그 근로계약이 당연히 무효라고는 할 수 없다.
>   ② 취업자격은 외국인이 대한민국 내에서 법률적으로 취업활동을 가능케 하는 것이므로 이미 형성된 근로관계가 아닌 한 취업자격 없는 외국인과의 근로관계는 정지되고, 당사자는 언제든지 그와 같은 취업자격이 없음을 이유로 근로계약을 해지할 수 있다.
> 2. 산업연수생인 외국인근로자의 요양급여수급권(대판 1995.9.15, 94누12067)
>   ① 외국인이 취업자격이 아닌 산업연수 체류자격으로 입국하여 구 산업재해보상보험법의 적용대상이 되는 사업장인 회사와 고용계약을 체결하고 근로를 제공하다가 작업 도중 부상을 입었을 경우, 비록 그 외국인이 구 출입국관리법상의 취업자격을 갖고 있지 않았다 하더라도 그 고용계약이 당연히 무효라 할 수 없다.
>   ② 부상 당시 그 외국인은 사용 종속관계에서 근로를 제공하고 임금을 받아 온 자로서 근로기준법 소정의 근로자였다 할 것이므로 구 산업재해보상보험법상의 요양급여를 받을 수 있는 대상에 해당한다.

Ⅳ 내용

1. 근로기회제공청구권

근로의 권리의 본질적 내용에 대하여 ① 생활비지급청구권설과 ② 근로기회제공청구권설(통설)이 대립한다. 헌법재판소는 근로기회제공청구권설과 유사한 입장을 취하고 있다(헌재 2002.11.28, 2001헌바50).

2. 해고의 자유의 제한

헌법 제32조의 근로권조항은 제33조의 근로3권에 관한 규정과 더불어 개별적 근로관계에 있어서 계약의 자유뿐만 아니라 해고의 자유까지도 제한하기 위하여 등장한 것이므로, 헌법 제32조는 개별적 근로관계에도 적용되어 사용자의 해고의 자유를 제한하는 근거가 된다. 따라서 사용자가 근로자를 해고하는 경우에도 정당한 사유가 없는 한 해고는 위헌·무효가 된다. 근로기준법 제30조 제1항도 "사용자는 근로자에 대하여 정당한 이유 없이 해고 … 기타 징벌을 하지 못한다"고 규정하고 있다.

⚖️ **근로기준법**

제23조(해고 등의 제한) ① 사용자는 근로자에게 정당한 이유 없이 해고, 휴직, 정직, 전직, 감봉, 그 밖의 징벌(이하 "부당해고 등")을 하지 못한다.
② 사용자는 근로자가 업무상 부상 또는 질병의 요양을 위하여 휴업한 기간과 그 후 30일 동안 또는 산전·산후의 여성이 이 법에 따라 휴업한 기간과 그 후 30일 동안은 해고하지 못한다. 다만 사용자가 제84조에 따라 일시보상을 하였을 경우 또는 사업을 계속할 수 없게 된 경우에는 그러하지 아니하다.

제24조(경영상 이유에 의한 해고의 제한) ① 사용자가 경영상 이유에 의하여 근로자를 해고하려면 긴박한 경영상의 필요가 있어야 한다. 이 경우 경영 악화를 방지하기 위한 사업의 양도·인수·합병은 긴박한 경영상의 필요가 있는 것으로 본다.
② 제1항의 경우에 사용자는 해고를 피하기 위한 노력을 다하여야 하며, 합리적이고 공정한 해고의 기준을 정하고 이에 따라 그 대상자를 선정하여야 한다. 이 경우 남녀의 성을 이유로 차별하여서는 아니된다.
③ 사용자는 제2항에 따른 해고를 피하기 위한 방법과 해고의 기준 등에 관하여 그 사업 또는 사업장에 근로자의 과반수로 조직된 노동조합이 있는 경우에는 그 노동조합(근로자의 과반수로 조직된 노동조합이 없는 경우에는 근로자의 과반수를 대표하는 자를 말한다. 이하 "근로자대표"라 한다)에 해고를 하려는 날의 50일 전까지 통보하고 성실하게 협의하여야 한다.
⑤ 사용자가 제1항부터 제3항까지의 규정에 따른 요건을 갖추어 근로자를 해고한 경우에는 제23조 제1항에 따른 정당한 이유가 있는 해고를 한 것으로 본다.

제26조(해고의 예고) 사용자는 근로자를 해고(경영상 이유에 의한 해고를 포함한다)하려면 적어도 30일 전에 예고를 하여야 하고, 30일 전에 예고를 하지 아니하였을 때에는 30일분 이상의 통상임금을 지급하여야 한다. 다만, 다음 각 호의 어느 하나에 해당하는 경우에는 그러하지 아니하다.
1. 근로자가 계속 근로한 기간이 3개월 미만인 경우
2. 천재·사변, 그 밖의 부득이한 사유로 사업을 계속하는 것이 불가능한 경우
3. 근로자가 고의로 사업에 막대한 지장을 초래하거나 재산상 손해를 끼친 경우로서 고용노동부령으로 정하는 사유에 해당하는 경우

3. 임금의 보장

(1) 무노동·무임금의 원칙

노동조합 및 노동관계조정법에서는 무노동무임금원칙이 단체행동권을 침해하지 않는다는 관점에 입각하여, 사용자는 쟁의행위에 참가하여 근로를 제공하지 아니한 근로자에 대하여는 그 기간 중의 임금을 지급할 의무가 없으며, 노동조합은 쟁의행위 기간에 대한 임금의 지급을 요구하여 이를 관철할 목적으로 쟁의행위를 할 수 없다(제44조 제1항 및 제2항)고 규정하고 있다.

⚖️ **기타판례**
모든 임금은 근로의 대가로서 '근로자가 사용자의 지휘를 받으며 근로를 제공하는 것에 대한 보수'를 의미하므로 현실의 근로제공을 전제로 하지 않고 단순히 근로자로서의 지위에 기하여 발생한다는 이른바 생활보장적 임금이란 있을 수 없고, 또한 우리 현행법상 임금을 사실상 근로를 제공한 데 대하여 지급받는 교환적 부분과 근로자로서의 지위에 기하여 받는 생활보장적 부분으로 2분할 아무런 법적 근거도 없다(대판 1995.12.21. 94다26721 전원합의체).

(2) 적정임금 및 최저임금 등의 보장

① 적정임금조항은 제5공헌법(1980년)때에 도입되었고, 최저임금제는 현행헌법 제32조 제1항에서 처음으로 규정되었다.
② 적정임금은 근로자와 그 가족이 인간의 존엄성에 상응하는 건강하고 문화적인 생활을 영위하는 데 필요한 정도의 임금수준을 의미한다고 보는 것이 일반적이며, 최저임금은 근로자의 최저한의 물질적 생활을 보장하는 정도의 수준이라고 일반적으로 정의한다.
③ 적정임금을 정함에 있어서는 근로자 본인만 기준이 될 뿐 가족은 고려요소가 되지 못한다. 사용자는 최저임금의 적용을 받는 근로자에 대하여 최저임금액 이상의 임금을 지급하여야 하며, 최저임금액에 미달하는 임금을 정한 근로계약은 그 부분에 한하여 이를 무효로 하며 무효로 된 부분은 최저임금액과 동일한 임금을 지급하기로 정한 것으로 간주된다(최저임금법 제6조 제1항, 제3항).

4. 국가의 고용증진 의무 등

헌법 제32조 제1항 제2문 전단은 국가의 고용증진 의무를, 헌법 제32조 제3항은 근로조건기준의 법정주의를 규정하고 있다. 헌법 제32조 제4항과 제5항은 여자와 연소자의 근로를 특별히 보호하고 있다.

5. 연소자의 근로에 대한 특별한 보호

헌법 제32조 제5항은 연소자의 근로를 특별히 보호할 것을 규정하였다. 이에 근로기준법은 연소자의 근로를 보호하기 위한 상세한 규율을 하고 있다.

> **근로기준법**
> 제64조(최저 연령과 취직인허증) ① 15세 미만인 사람(「초·중등교육법」에 따른 중학교에 재학 중인 18세 미만인 사람을 포함한다)은 근로자로 사용하지 못한다. 다만 대통령령으로 정하는 기준에 따라 고용노동부장관이 발급한 취직인허증을 지닌 사람은 근로자로 사용할 수 있다.
> 제65조(사용 금지) ① 사용자는 임신 중이거나 산후 1년이 지나지 아니한 여성(이하 "임산부")과 18세 미만자를 도덕상 또는 보건상 유해·위험한 사업에 사용하지 못한다.
> 제67조(근로계약) ① 친권자나 후견인은 미성년자의 근로계약을 대리할 수 없다.
> ③ 사용자는 18세 미만인 사람과 근로계약을 체결하는 경우에는 제17조에 따른 근로조건을 서면으로 명시하여 교부하여야 한다.
> 제68조(임금의 청구) 미성년자는 독자적으로 임금을 청구할 수 있다.
> 제70조(야간근로와 휴일근로의 제한) ① 사용자는 18세 이상의 여성을 오후 10시부터 오전 6시까지의 시간 및 휴일에 근로시키려면 그 근로자의 동의를 받아야 한다.
> ② 사용자는 임산부와 18세 미만자를 오후 10시부터 오전 6시까지의 시간 및 휴일에 근로시키지 못한다. 다만 다음 각 호의 어느 하나에 해당하는 경우로서 고용노동부장관의 인가를 받으면 그러하지 아니하다.
>   1. 18세 미만자의 동의가 있는 경우
>   2. 산후 1년이 지나지 아니한 여성의 동의가 있는 경우
>   3. 임신 중의 여성이 명시적으로 청구하는 경우
> 제72조(갱내근로의 금지) 사용자는 여성과 18세 미만인 사람을 갱내에서 근로시키지 못한다. 다만 보건·의료, 보도·취재 등 대통령령으로 정하는 업무를 수행하기 위하여 일시적으로 필요한 경우에는 그러하지 아니하다.

V 효력

근로의 권리는 대국가적 효력뿐만 아니라 사인 간에서도 그 자유권적 측면은 제3자적 효력을 가진다.

VI 제한과 그 한계

근로의 권리도 헌법 제37조 제2항에 의하여 제한될 수 있다. 근로의 권리의 자유권적 측면은 국가안전보장·질서유지 또는 공공복리를 위하여 필요한 경우에는 법률로써 제한될 수 있고, 사회권적 측면은 국가안전보장과 질서유지를 위하여 필요한 경우에 법률로써 제한될 수 있다. 임금과 퇴직금에 대한 단기소멸시효제도(3년)는 재산권이나 근로의 권리에 대한 침해가 아니다.

제 5 절 근로3권

● 헌법
제33조
① 근로자는 근로조건의 향상을 위하여 자주적인 단결권·단체교섭권 및 단체행동권을 가진다.
② 공무원인 근로자는 법률이 정하는 자에 한하여 단결권·단체교섭권 및 단체행동권을 가진다.
③ 법률이 정하는 주요방위산업체에 종사하는 근로자의 단체행동권은 법률이 정하는 바에 의하여 이를 제한하거나 인정하지 아니할 수 있다.

I 의의 및 연혁

1. 의의
① 근로3권 내지 노동3권이란 근로자가 근로조건의 유지·향상을 위해서 자주적으로 단체를 조직하고, 단체의 이름으로 사용자와 교섭을 하고, 소기의 목적을 달성하기 위해서 집단적으로 시위행동을 할 수 있는 권리를 말한다.
② 헌법 제33조 제1항은 "근로자는 근로조건의 향상을 위하여 자주적인 단결권·단체교섭권 및 단체행동권을 가진다"고 하여, 근로자의 근로3권을 보장하고 있다.

2. 연혁
(1) 노동운동의 줄기찬 투쟁 속에 노동3권은 1919년 바이마르헌법에서 최초로 헌법상 보장되었고, 제2차대전 이후에는 세계 각국 헌법이 노동3권을 보장하였으며, 이제 노동3권은 "20세기의 자연법"이 요구하는 권리로서 승인되게 되었다.

(2) 우리 헌법에 있어서 근로3권의 보장

1) 제헌헌법 및 1960년헌법
근로자의 단결, 단체교섭과 단체행동의 자유는 법률의 범위 내에서 보장된다 라고 함으로써 노동3권을 법률의 범위 내에서 보장하였고, 근로자의 이익분배균점권을 규정하였다.

2) 1962년헌법
근로자의 이익분배균점권을 삭제함과 근로자는 근로조건의 향상을 위하여 자주적인 단결권·단체교섭권 및 단체행동권을 가진다 라고만 하여 법률유보조항을 삭제하였다. 다만 공무원인 근로자는 법률로 인정된 자를 제외하고는 단결권·단체교섭권 및 단체행동권을 가질 수 없다 라고 하였다.

3) 1972년헌법
근로자의 단결권·단체교섭권 및 단체행동권은 법률이 정하는 범위 안에서 보장된다고 하여 법률유보조항을 부활시켰다. 공무원에 대한 근로3권의 제한은 동일하게 유지하였고, 공무원과 국가·지방자치단체·국영기업체·공익사업체 또는 국민경제에 중대한 영향을 미치는 사업체에 종사하는 근로자의 단체행동권은 법률이 정하는 바에 의하여 이를 제한하거나 인정하지 아니할 수 있다 라고 하여 국민경제에 중대한 영향을 미치는 사업체에 종사하는 근로자의 단체행동권을 법률로 제한할 수 있는 근거를 두었다.

4) 1980년헌법
1972년헌법과 동일하게 유지하였으나 근로자는 근로조건의 향상을 위하여 자주적인 단결권·단체교섭권 및 단체행동권을 가진다. 다만 단체행동권의 행사는 법률이 정하는 바에 의한다 라고 하여 근로자의 단체행동권에 대해서만 법률유보조항을 두었다.

5) 현행헌법
단체행동권에 대한 법률유보조항 삭제(관련조문 참조)

II 법적 성격

1. 학설의 대립
근로자의 단결권과 단체행동권을 국가권력으로부터 부당한 방해나 간섭을 받지 않는 소극적인 자유권의 일종으로 이해하는 자유권설, 국가는 적극적으로 근로자의 근로3권의 행사를 보장해 주기 위하여 노력할 의무를 지므로 헌법상의 근로3권은 사회권으로 보아야 한다는 사회권설, 근로3권에는 근로자가 근로3권을 행사하는 것을 국가가 방해해서는 아니된다는 자유권적 측면과 근로자의 생활향상을 위하여 국가가 적극적으로 법률을 제정해야 한다는 생존권적 측면이 병존하고 있다는 자유권과 사회권의 복합설(통설)이 주장된다.

2. 헌법재판소
헌법재판소는 이른바 '전교조사건'에서 사회권적 성격을 더 강조하였으나(헌재 1991.7.22. 89헌가106), 최근 구 노동조합법 제33조 제1항 위헌소원사건에서는 사회권적 성격을 띤 자유권이라 하였다(헌재 1998.2.27. 94헌바13).

Ⅲ 내용

1. 단결권

(1) 단결권의 의의
① 단결권이란 근로자가 근로조건의 향상을 위하여 자주적인 단체를 결성하는 권리를 말한다.
② 단결권은 목적성과 자주성을 특징으로 한다.
③ 근로자단체는 근로자의 계속적인 단체로서의 노동조합만을 의미하는 것이 아니라, 쟁의단과 같이 일시적인 단체도 가리킨다.

(2) 단결권의 주체

1) 근로자
① 단결권의 주체는 1차적으로 근로자 개개인이지만, 근로자의 단결체도 단결권의 주체가 된다.
② 근로자는 육체적 근로자인가 정신적 근로자인가를 불문하나, 경제적 약자일지라도 자신의 재산으로써 생업을 영위하는 자영업자(소농·영세어민·소상공업자 등)나 자유직업종사자는 근로자에 포함되지 아니한다.
③ 근로자에는 현재 실업 중에 있는 자, 외국인 근로자, 해고의 효력을 다투고 있는 자, 일용직 근로자도 포함된다.

2) 사용자
① 단결권은 근로자의 권리이므로 헌법 제33조에서 사용자의 단결권이 보장되는 것은 아니다.
② 사용자의 단결권은 헌법 제21조 제1항의 결사의 자유에 의하여 보장된다.

(3) 단결권의 내용

1) 소극적 단결권의 문제
① 단결권에는 개인적 단결권·집단적 단결권·적극적 단결권이 포함된다.
② 단결하지 아니할 자유 또는 단체불가입의 자유를 의미하는 소극적 단결권도 헌법 제33조 제1항의 단결권에 의해 보장되는지에 대하여 단결권의 한 내용으로 파악하는 견해와 결사의 자유의 문제라는 견해가 대립하고 있으나 헌법 제33조 제1항의 내용으로서가 아니라 일반적 행동의 자유 내지 헌법에 열거되지 아니한 자유로서 보장된다고 이해하는 것이 타당하다(헌재 2005.11.24. 2002헌바95 등).

2) Union Shop의 문제
(가) 노동조합및노동관계조정법 제81조 제2호 단서는 단결강제의 한 유형인 Union Shop 조항을 인정하고 있다.
(나) Union Shop 관련 대법원의 입장
단체협약에 Union Shop 협정에 따라 근로자는 노동조합의 조합원이어야만 된다는 규정이 있는 경우에는 다른 명문규정이 없더라도 사용자는 노동조합에서 탈퇴한 근로자를 해고할 의무가 있다(대판 1998.3.24. 96누16070).

(다) Union Shop 관련 헌법재판소의 입장(헌재 2005.11.24. 2002헌바95)
① 소극적 단결권(단결하지 아니할 자유)과 적극적 단결권의 충돌 → 법익형량에 의한 해결(적극적 단결권 우선)

단결하지 아니할 자유와 적극적 단결권이 충돌하게 되더라도, 근로자에게 보장되는 적극적 단결권이 단결하지 아니할 자유보다 특별한 의미를 갖고 있다고 볼 수 있고, 노동조합의 조직강제권도 이른바 자유권을 수정하는 의미의 생존권(사회권)적 성격을 함께 가지는 만큼 근로자 개인의 자유권에 비하여 보다 특별한 가치로 보장되는 점 등을 고려하면, 노동조합의 적극적 단결권은 근로자 개인의 단결하지 않을 자유보다 중시된다고 할 것이어서 노동조합에 적극적 단결권(조직강제권)을 부여한다고 하여 이를 두고 곧바로 근로자의 단결하지 아니할 자유의 본질적인 내용을 침해하는 것으로 단정할 수는 없다.

② 개인적 단결권(단결선택권)과 집단적 단결권(조직강제권)의 충돌 → 규범조화적 해석에 의한 해결

이 사건 법률조항은 특정한 노동조합의 가입을 강제하는 단체협약의 체결을 용인하고 있으므로 근로자의 개인적 단결권(단결선택권)과 노동조합의 집단적 단결권(조직강제권)이 동일한 장에서 서로 충돌한다. 이와 같이 개인적 단결권과 집단적 단결권이 충돌하는 경우 기본권의 서열이론이나 법익형량의 원리에 입각하여 어느 기본권이 더 상위기본권이라고 단정할 수는 없다. 이러한 경우 헌법의 통일성을 유지하기 위하여 상충하는 기본권 모두가 최대한으로 그 기능과 효력을 발휘할 수 있도록 조화로운 방법을 모색하되(규범조화적 해석), 법익형량의 원리, 입법에 의한 선택적 재량 등을 종합적으로 참작하여 심사하여야 한다.

2. 단체교섭권

(1) 단체교섭권의 의의

① 단체교섭권이란 근로조건의 향상을 위하여 근로자단체, 곧 노동조합이 그 대표자 또는 조합이 위임하는 자를 통하여 사용자(또는 사용자단체)와 근로조건에 관한 교섭을 하고 단체협약을 체결할 수 있는 권리를 말한다.
② 단체교섭을 하기 위하여 근로자는 단결권을 가지며, 단체교섭에서 근로자에게 유리한 근로조건을 실현하기 위하여 단체행동권을 필요로 하기 때문에 단체교섭권은 노동3권 중 가장 핵심이 되는 권리이다.

(2) 단체교섭권의 주체

① 단체교섭권의 주체는 근로자 개인이 아니라 근로자 단체이다.
② 단체교섭에 있어서 근로자 측의 주체는 노동조합이고 사용자 측의 주체는 사용자이다.

(3) 경영·인사에 관한 사항이 단체교섭의 대상이 되는지 여부

1) 경영에 관한 사항

대법원은 경영에 관한 사항이라도 근로자의 근로조건과 밀접한 관계에 있는 경우에는 단체교섭의 대상이 된다고 보았다.

2) 인사에 관한 사항

대법원은 노동조합의 승낙을 얻거나 또는 노동조합과 의견의 합치를 보아 인사처분을 하도록 단체협약에 규정된 경우에는 그러한 사항은 단체교섭의 대상이 된다고 보았다.

(4) 단체협약체결권

① 노동조합의 대표자 또는 노동조합으로부터 위임을 받은 자는 그 노동자 또는 조합원을 위하여 사용자나 사용자단체와 단체협약의 체결 기타의 사항에 관하여 교섭할 권한이 있다.
② 교섭할 권한이라 함은 사실행위로서의 단체교섭의 권한 외에 교섭한 결과에 따라 단체협약을 체결할 권한을 포함하는 것이다.

> ⚖ **관련판례**
> 비록 헌법 제33조 제1항에서 '단체협약체결권'을 명시하여 규정하고 있지 않다고 하더라도, 근로조건의 향상을 위한 근로자 및 그 단체의 본질적인 활동의 자유인 '단체교섭권'에는 단체협약체결권이 포함되어 있다(헌재 1998.2.27. 94헌바13).

3. 단체행동권

(1) 단체행동권의 의의

① 단체행동권이란 노동쟁의가 발생한 경우 쟁의행위를 할 수 있는 쟁의권을 말한다.
② 쟁의권이란 근로자가 그의 주장을 관철하기 위하여 업무의 정상적인 운영을 저해하는 행위를 할 수 있는 권리를 말한다.
③ 단체행동권은 근로자와 사용자간에 단체교섭이 원만하게 이루어지지 않은 상태인 노동쟁의를 전제로 해서만 허용되는 최후수단적 성질을 갖는 근로자의 기본권이다.

(2) 단체행동권의 주체

단체행동권의 제1차적 주체는 근로자 개개인이지만, 실질적인 단체행동권의 근로자 측 주체는 노동조합이다.

(3) 단체행동권의 내용

1) 근로자 측의 쟁의행위

① 근로자 측의 단체행동권 행사의 구체적인 방법으로는 파업·태업·시위운동 등이 있다.
② 현행 노동조합및노동관계조정법은 "쟁의행위라 함은 파업·태업·직장폐쇄 기타 노동관계 당사자가 그 주장을 관철할 목적으로 행하는 행위와 이에 대항하는 행위로서 업무의 정상적인 운영을 저해하는 행위를 말한다(법 제2조 제6호)"고 규정하고 있다.
③ 쟁의행위는 근로자가 소극적으로 노무제공을 거부하거나 정지하는 행위만이 아니라 적극적으로 그 주장을 관철하기 위하여 업무의 정상적인 운영을 저해하는 행위까지 포함하므로, 쟁의행위의 본질상 사용자의 정상업무가 저해되는 경우가 있음은 부득이한 것으로서 사용자는 이를 수인할 의무가 있다.

④ 사용자는 이 법에 의한 단체교섭 또는 쟁의행위로 인하여 손해를 입은 경우에 노동조합 또는 근로자에 대하여 그 배상을 청구할 수 없으며(법 제3조), 노동조합이 단체교섭·쟁의행위 기타의 행위로서 한 정당한 행위에 대하여는 형사상 책임이 면제된다(법 제4조).

⑤ 근로자의 쟁의행위가 폭력이나 파괴행위를 수반하여 정당성의 한계를 벗어날 때에는 근로자는 업무방해죄 등 형사상 책임을 면할 수 없다(대판 1992.9.22, 92도1855).

2) 사용자 측의 직장폐쇄의 문제

① 사용자가 근로자의 단체행동에 대하여 최후의 불가피한 경우에 직장폐쇄로 맞서는 것은 사용자의 재산권 행사로 인정된다.

② 현행 노동조합및노동관계조정법도 사용자에게 직장폐쇄권을 인정하고 있다(법 제46조).

(4) 단체행동권의 한계

1) 정치적 파업

① 단체행동권은 근로조건의 향상을 효과적으로 관철하기 위해서 필요불가피한 범위 내에서만 인정되는 권리이다. 따라서 명백한 정치목적의 단체행동(정치적 파업)은 허용되지 않는다.

② 노동관계법령의 개폐 등과 같은 근로자의 지위 등에 직접 관계되는 사항을 쟁점으로 하는 산업적 정치파업은 헌법 제33조가 보장하는 정당한 쟁의행위로서 형사상·민사상 책임이 면제된다.

2) 직장점거(대판 1990.10.12, 90도1431)

태업시 사용자의 의사에 반하여 직장에 체류하는 쟁의수단인 직장점거는 사용자 측의 점유를 완전히 배제하지 아니하고 그 조업도 방해하지 않는 부분적·병존적 직장점거일 경우에 한하여 정당성이 인정되는 것이고, 이를 넘어 사용자의 기업시설을 장기간에 걸쳐 전면적·배타적으로 점유하는 것은 사용자의 시설관리권능에 대한 침해로서 부당하다고 할 것이다.

3) 생산관리

① 생산관리란 사용자의 의사에 반하여 생산수단을 점유하고 기업경영을 스스로 행하는 실력행위를 말한다.

② 생산관리에는 종래의 기업경영방침대로 기업을 경영하면서 사용자로 하여금 근로자 측의 요구를 수락하도록 압력을 가하는 데 그치는 '소극적 생산관리'와 종래의 경영방침을 변경하는 '적극적 생산관리'가 있다.

③ 생산관리는 사유재산제도의 근간을 훼손할 우려가 있으므로 원칙적으로 정당성을 인정할 수 없겠으나, 근로자들이 자신들의 요구를 관철하기 위하여 종래의 생산지침의 범위 내에서 근로를 계속하는 '소극적 생산관리'의 경우에는 이를 당연히 위법이라고 할 수는 없을 것이다.

4) 사전신고 없는 쟁의행위(대판 1992.9.22, 92도1855)

① 냉각기간이나 사전신고에 관한 규정의 취지는 분쟁을 사전 조정하여 쟁의발생을 회피하는 기회를 주고 또 쟁의발생을 사전 예고케 하여 손해방지조치의 기회를 주려는 데에 있는 것이지 쟁의행위 자체를 금지하려는 데에 있는 것이 아니다.

② 쟁의행위가 냉각기간이나 사전신고의 규정이 정한 시기와 절차에 따르지 아니하였다고 하여 무조건 정당성이 결여된 쟁의행위라고 볼 것이 아니라 그 위반행위로 말미암아 사회, 경제적 안정이나 사용자의 사업운영에 예기치 않는 혼란이나 손해를 끼치는 등 부당한 결과를 초래할 우려가 있는지의 여부 등 구체적 사정을 살펴서 그 정당성 유무를 가려 형사상 죄책 유무를 판단하여야 한다.

Ⅳ 근로3권의 효력

1. 대국가적 효력

① 자유권적인 성격에서 국가는 근로자 또는 근로자단체에 의한 근로3권의 행사에 부당하게 간섭하거나, 이를 방해해서는 안 되며 또한 형사제재를 가해서는 안 되는 효력이 인정된다.

② 사회적 기본권적인 성격에서 국가가 근로3권의 실효성 있는 보장을 위해 그 기반 제도를 마련하고 사용자의 대등한 지위를 확보하도록 근로자 측을 보호하는 법적 제도 내지 법규범을 갖추어야 하는 효력이 인정된다. 이를 위하여 노동조합및노동관계조정법은 사용자의 부당노동행위에 대한 구제절차(동법 제6장 이하), 노동쟁의에 대한 조정절차(동법 제5장 이하) 등을 규정하고 있다.

2. 제3자적 효력

① 근로3권은 사용자를 개념필연적인 전제로 하고 있을 뿐만 아니라 노동운동의 역사는 노사 간의 관계로서 전개되어 왔다는 점을 감안할 때, 비록 명문규정은 없지만 성질상 헌법 제33조의 근로3권은 사인 간에 직접 적용되는 대표적인 헌법규정이라고 할 수 있다.

② 노동조합및노동관계조정법도 제6장 이하에서 근로3권의 제3자에 대한 직접적 효력을 전제로 부당노동행위에 대하여 규정하고 있다.

Ⅴ 근로3권의 제한

1. 헌법 제33조 제2항에 의한 제한

(1) 헌법 제33조 제2항은 "공무원인 근로자는 법률이 정하는 자에 한하여 단결권·단체교섭권 및 단체행동권을 가진다"고 규정하고 있다.

(2) 공무원의 근로자성 인정여부

1) 근로3권의 보장대상인 근로자는 사기업의 근로자만 의미한다는 점을 이유로 국가기관을 구성하는 공무원의 근로자성을 부인하는 부정설과 공무원도 급여생활자의 지위에서 근로의 대가로 지불되는 금전 기타의 수입에 의해 생활하는 자라는 요건을 갖추었음을 이유로 공무원의 근로자성을 인정하는 긍정설(통설)이 있다.

2) 헌법재판소는 공무원의 근로자성을 인정하고 있다(헌재 1992.4.28, 90헌바27).

(3) 공무원의 근로3권 제한의 이론적 근거

1) 공무원은 특별권력관계에 있기 때문에 포괄적인 명령복종의 관계가 존재한다고 보아 공무원의 근로3권을 제한할 수 있다는 특별권력관계설과 헌법 또는 공무원법에서 공무원의 지위를 국민전체에 대한 봉사자로 규정하고 있음을 근거로 공무원의 근로3권을 제한할 수 있다는 국민전체봉사자설, 공무원의 근로관계는 그 직무의 성질이 공공성을 띠는 바, 직무수행이 중단될 경우 공공의 이익에 중대한 영향을 미치게 되므로 공무원의 근로3권을 제한할 수 있다는 직무성질설(통설)이 있다.

2) 헌법재판소는 국민전체봉사자설과 직무성질설을 함께 고려한다(헌재 1993.3.11. 88헌마5).

(4) 공무원 등의 근로3권의 제한

공무원의 노동조합 설립이 인정되긴 하지만 공무원노동조합과 그 조합원은 파업·태업 그 밖에 업무의 정상적인 운영을 저해하는 일체의 행위를 하여서는 아니된다(공무원의노동조합설립및운영등에관한법률 제11조). 그리고 초·중등교원의 경우 특별시, 광역시, 도 단위 또는 전국 단위에 한하여 노동조합을 설립할 수 있다(교원의노동조합설립및운영등에관한법률 제4조 제1항).

2. 헌법 제33조 제3항에 의한 제한

① 헌법 제33조 제3항은 "법률이 정하는 주요방위산업체에 종사하는 근로자의 단체행동권은 법률이 정하는 바에 의하여 이를 제한하거나 인정하지 아니할 수 있다"고 규정하고 있다.
② 방위산업체 종사근로자에 대한 근로3권의 제한은 헌법명문상 법률이 정하는 "주요" 방위산업체의 근로자에 한정되고, 또한 "단체행동권"에 한정된다.

3. 법률에 의한 제한

근로3권도 국가안전보장·질서유지 또는 공공복리를 위하여 필요한 때에는 법률로써 제한될 수 있다. 그러나 제한하는 경우에도 근로3권의 본질적 내용은 침해할 수 없다.

제6절 환경권

◎ 헌법
제35조
① 모든 국민은 건강하고 쾌적한 환경에서 생활할 권리를 가지며, 국가와 국민은 환경보전을 위하여 노력하여야 한다.
② 환경권의 내용과 행사에 관하여는 법률로 정한다.
③ 국가는 주택개발정책 등을 통하여 모든 국민이 쾌적한 주거생활을 할 수 있도록 노력하여야 한다.

I 환경권의 의의 및 특성

1. 의의

① 환경권이란 오염되거나 불결한 환경에 대하여 책임이 있는 공권력이나 제3자에 대하여 그 원인을 예방 또는 배제하여 주도록 요구할 수 있는 권리를 말한다.
② 우리 헌법은 제35조에서 환경권에 관하여 규정하고 있다.

③ 환경의 개념은 헌법 제10조 제1문, 제35조 제3항, 제34조 제1항 및 제36조 제3항을 통합적으로 이해하여야 하기 때문에 환경권에서 말하는 환경은 자연환경과 생활환경뿐만 아니라 문화환경, 교육환경, 주거환경 등 환경으로부터 얻을 수 있는 생활이익(사회환경)이 포함된 광의의 환경을 의미한다(다수설).
④ 환경권은 제5공헌법에서, 쾌적한 주거에서 생활할 권리는 현행헌법에서 처음으로 신설하였다.
⑤ 우리 헌법은 환경보호를 환경기본권의 형태로 규정하고 있으나, 독일기본법은 국가목표규정의 형태로 규정하고 있다.

2. 특성

① 환경 그 자체는 권리의 대상이 될 수 없고 타 기본권의 제한을 전제로 하는 기본권이다.
② 환경권은 의무성이 강해서 환경보전의무의 이행, 상린관계의 존중 등을 통해서만 비로소 실현될 수 있다.
③ 경제성장의 장애요인으로 작용할 수 있다.
④ 현존세대만이 아니라 미래세대의 기본권적인 성격도 가지고 있다.

Ⅱ 환경권의 법적 성격

대법원은 추상적 권리설의 입장을 취하고 있다.

Ⅲ 환경권의 주체

① 환경권은 인간의 존엄권 등에 속하는 것이므로 그 주체는 자연인이며, 환경권은 자연인인 인간의 권리이므로 법인은 환경권의 주체가 될 수 없다.
② 외국인의 환경권 주체성과 관련하여 "건강하고 쾌적한 환경에서 생활할" 환경권은 원칙적으로 국민에 한정되어야 할 것이나, 국제적인 환경보전문제가 심각하게 제기되고 있는 실정에 비추어, 외국인에게도 제한적으로 인정되어야 한다는 견해가 있다.
③ 헌법전문에서 "우리들과 우리들의 자손의 안전과 자유와 행복"을 규정하고 있으므로 우리들의 자손의 환경보호청구권도 인정된다.

Ⅳ 환경권의 내용

1. 국가의 환경침해에 대한 방어권

환경권은 제1차적으로 국가의 권력작용 등에 의해서 발생하는 환경오염행위에 대한 방어권을 그 내용으로 한다.

2. 공해배제청구권

공해배제청구권은 국가 이외의 다른 원인에 의해서 발생하는 환경오염을 막아줄 것을 요구할 수 있는 권리이다.

3. 생활환경조성청구권

① 생활환경조성청구권은 국가에게 건강하고 쾌적한 생활환경을 만들고 보전해 줄 것을 요구할 수 있는 권리이다.
② 자연환경을 보전하는 것뿐만 아니라 인공환경과 쾌적한 주거환경을 조성하고 보전하는 것까지 포함된다.

Ⅴ 환경권의 효력

환경권은 대국가적 효력과 제3자적 효력을 가진다.

Ⅵ 환경권의 제한과 그 한계

환경권도 헌법 제37조 제2항에 따라 공공복리 등을 위하여 필요한 경우에 법률로써 제한할 수 있다. 그러나 환경권의 본질적 내용을 침해하거나 과잉금지의 원칙에 위배되어서는 아니된다.

Ⅶ 환경권의 침해와 구제

1. 공권력과 사인에 의한 침해와 구제

(1) 공권력에 의하여 환경권이 침해될 경우

① 청원권의 행사·행정소송·국가배상·손실보상·헌법소원 등에 의하여 구제받을 수 있다.
② 환경권이 침해되었음을 이유로 행정처분 취소소송을 제기하는 경우 당해 행정처분의 상대방이 아닌 환경영향평가 대상지역주민들에게도 직접적·구체적인 이익이 있으므로 원고적격이 인정된다.

(2) 사인에 의하여 환경권이 침해될 경우

사전적 구제방법으로 유지청구가 가능하고, 손해가 발생한 경우에는 손해배상청구를 할 수 있다.

2. 환경권 침해에 대한 권리구제의 특수성

환경권의 침해가 다른 기본권을 침해하는 형태로 나타나는 경우가 있을 수 있다. 이때에는 원칙적으로 기본권 경합이론에 따라 그 권리구제가 이루어져야 할 것이다.
예 환경오염으로 인한 생명·건강·재산 등의 피해가 그것이다.

Ⅷ 환경권과 다른 기본권이 충돌하는 경우의 해결방법

1. 수인한도론

(1) 수인한도론의 의의

수인한도론이란 환경권의 침해에 있어서 가해자 측의 사정과 피해자 측의 사정 및 지역적 특성 등을 비교형량하여 피해가 일반인으로 하여금 통상 견딜 수 있는 한도를 초월한 경우에 한해서 ① 방해배제청구권을 행사하거나, ② 손해배상청구소송에서 상대방의 행위에 위법성을 인정할 수 있다는 이론을 말한다.

(2) 비례성 원칙과 수인한도론의 관계

환경권과 영업의 자유 및 재산권의 충돌의 경우 특별히 수인한도론이 전개되고 있으나, 그 내용을 구체적으로 살펴보면 비례성 원칙에 따른 심사를 하고 있는 것으로 평가된다. 수인한도론은 비례성 원칙의 한 심사기준인 최소침해성의 심사를 할 때 고려하면 충분할 것으로 판단된다.

2. 개연성이론

개연성이론이란 환경분쟁에 있어서 인과관계의 증명은 침해행위와 손해발생 사이에 인과관계가 존재한다는 상당한 정도의 개연성이 있음을 입증함으로써 족하다는 이론을 말한다.

3. 무과실책임

환경오염피해자는 손해배상청구권을 가지며, 환경오염배출사업자는 환경피해에 대하여 무과실책임을 인정하자는 이론구성이 있다.

4. 환경분쟁조정위원회

환경분쟁조정법은 환경분쟁조정위원회를 두어 환경관련분쟁조정을 담당케 하고 있다. 분쟁조정위원회는 개인과 다수인이 관련된 환경분쟁에 대하여 원상회복이나 손해배상을 명할 수 있는 권한이 있다.

5. 새로운 환경소송제도의 모색

사법기관이나 조정위원회를 통한 분쟁해결방안은 피해자가 불특정 다수인인 현대적 환경피해분쟁의 해결방법으로는 한계가 있다. 이에 다수의 피해자 중 대표당사자를 선정하여 소송을 수행하는 미국의 집단소송제도나 피해자 개인이 아닌 단체가 대표자로서 소송을 수행하는 독일의 단체소송제도와 같은 새로운 환경소송제도의 도입이 논의되고 있다. 또 환경소송에 있어서 원고의 적격을 완화하는 방안 등이 논의되고 있다.

제7절 보건권과 모성을 보호받을 권리

제1항 보건권

◆ 헌법
제36조
③ 모든 국민은 보건에 관하여 국가의 보호를 받는다.

I 보건권의 의의

① 헌법 제36조 제3항은 국민보건에 관한 국가의 보호의무를 규정하고 있다.
② 국민은 국가에 대하여 자신과 가족의 건강을 유지하는데 필요한 국가적 급부와 배려를 요구할 수 있는 권리인 보건권을 갖는다.

II 보건권의 법적 성격

헌법재판소는 보건권을 국가에 대하여 건강한 생활을 침해하지 않도록 요구할 수 있을 뿐만 아니라 보건을 유지하도록 국가에 대하여 적극적으로 요구할 수 있는 권리로 이해한다(헌재 1998.7.16, 96헌마246).

제2항 모성을 보호받을 권리

◆ 헌법
제36조
② 국가는 모성의 보호를 위하여 노력하여야 한다.

모성이라 함은 모든 여성을 지칭하는 것이 아니고 자녀를 가진 여성을 말한다. 모성은 가족의 핵심적 구성요소일 뿐 아니라 국가구성원인 국민의 생산적 모체가 되므로, 모성의 보호는 가족과 국가사회의 건전한 존속·발전을 위한 필수적 조건이라는 점에 헌법적 의미가 있다.

> ⬟ **헌법**
> **제23조**
> ② 재산권의 행사는 공공복리에 적합하도록 하여야 한다.
> **제31조**
> ② 모든 국민은 그 보호하는 자녀에게 적어도 초등교육과 법률이 정하는 교육을 받게 할 의무를 진다.
> **제32조**
> ② 모든 국민은 근로의 의무를 진다. 국가는 근로의 의무의 내용과 조건을 민주주의 원칙에 따라 법률로 정한다.
> **제35조**
> ① 모든 국민은 건강하고 쾌적한 환경에서 생활할 권리를 가지며, 국가와 국민은 환경보전을 위하여 노력하여야 한다.
> **제38조** 모든 국민은 법률이 정하는 바에 의하여 납세의 의무를 진다.
> **제39조**
> ① 모든 국민은 법률이 정하는 바에 의하여 국방의 의무를 진다.

I 기본적 의무의 의의 및 유형

① 국민의 기본적 의무란 국민이 국가구성원으로서 부담하는 갖가지 의무 중에서 특히 헌법이 규정하고 있는 의무를 말한다.
② 국민의 기본적 의무는 고전적 의무와 현대적 의무로 구분할 수 있다.
③ 고전적 의무로는 납세의 의무, 국방의 의무 등이 있고, 20세기 사회국가에서 등장한 현대적 의무로는 교육을 시킬 의무, 근로의 의무, 재산권 행사의 공공복리 적합의무, 환경보전의무 등이 있다.

II 고전적 의무

1. 납세의 의무

① 납세의 의무란 국가의 통치활동에 필요한 경비를 충당하기 위하여 국민이 조세를 납부하는 의무를 말한다.
② 헌법 제38조는 국민의 납세의무를 규정하고 있다.
③ 납세의무의 주체는 국민이다. 외국인이나 외국법인의 경우 국내에 재산을 가지고 있거나 과세대상이 되는 행위를 한 때에는 과세대상이 된다. 다만 치외법권이 있는 경우나 조약에 특별한 규정이 있는 경우에는 납세의무가 면제된다.
④ 조세의 부과·징수는 국민의 납세의무에 기초하는 것으로서 원칙적으로 재산권의 침해가 되지 않고, 다만 그로 인해 납세의무자의 사유재산에 관한 이용·수익·처분권이 중대한 제한을 받게 되는 경우에는 재산권의 침해가 될 수 있다.

2. 국방의 의무

(1) 의의

① 국방의 의무란 외국의 침략적 행위로부터 국가의 독립을 유지하고 영토를 보전하기 위한 국가방위의 의무를 말한다.
② 헌법 제39조 제1항은 국방의 의무를 규정하고 있다.
③ 국방의 의무는 납세의 의무와는 달리 타인에 의한 대체적 이행이 불가능하다는 점에서 일신전속적 성격을 갖는다.

(2) 내용

1) 병력형성의 의무

① 국방의 의무는 국방을 위한 직접·간접의 병력형성(제공)의무를 그 내용으로 한다.
② 직접적인 병력형성의무는 병역법에 따른 징집에 응할 의무를 말한다. 간접적인 병력형성의무는 예비군복무의무, 민방위응소의무, 전시노력동원의무 등 국방에 필요한 모든 의무를 말한다.

2) 병역의무이행으로 인한 불이익처우의 금지

헌법 제39조 제2항은 "누구든지 병역의무의 이행으로 인하여 불이익한 처우를 받지 아니한다"고 함으로써 국민개병주의를 실현하고 군복무의식을 고취하려 하고 있다.
병역의무 그 자체를 이행하느라 받는 불이익은 병역의무이행으로 인하여 불이익한 처우를 받지 아니한다고 규정하고 있는 헌법 제39조 제2항과 관련이 없다.
가산점제도는 헌법 제39조 제2항의 범위를 넘어 제대군인에게 일종의 적극적 보상조치를 취하는 제도라고 할 것이므로 이를 헌법 제39조 제2항에 근거한 제도라고 할 수 없다(헌재 1999.12.23. 98헌마363).

Ⅲ 현대적 의무

1. 교육을 받게 할 의무

교육을 받게 할 의무란 친권자 또는 후견인이 그 자녀로 하여금 초등교육과 법률이 정하는 교육을 받도록 취학시켜야 할 의무를 말한다. 헌법 제31조 제2항은 교육을 받게 할 의무를 규정하고 있다.

2. 근로의 의무

(1) 근로의 의무란 국민이 노동을 통하여 국가의 부를 증식하는 데 기여해야 할 의무를 말한다. 헌법 제32조 제2항은 "모든 국민은 근로의 의무를 진다. 국가는 근로의 의무의 내용과 조건을 민주주의원칙에 따라 법률로 정한다"고 하여 근로의 의무를 규정하고 있다.
(2) 근로의 의무의 법적 성격은 자유민주주의를 추구하는 우리나라 헌법질서 내에서 본인의 자유의사를 무시하고 모든 국민에게 획일적으로 근로의 법적 의무를 지게 할 수는 없다는 점에서 윤리적 의무이다(다수설).

3. 재산권 행사의 공공복리 적합의무

헌법 제23조 제2항은 "재산권의 행사는 공공복리에 적합하도록 하여야 한다"고 규정하고 있다. 이는 바이마르헌법 이후의 재산권의 사회적 구속성을 헌법에 규정한 것이다.

4. 환경보전의 의무

① 헌법 제35조 제1항 후단은 "국민은 환경보전을 위하여 노력하여야 한다"고 규정하고 있다.
② 이는 공해에 의하여 환경이 파괴되고 있는 현실을 감안하여 국가뿐만 아니라 국민에게도 일정한 환경보전의무를 부과하기 위한 것이다.
③ 환경보전의무는 명문으로 "의무를 진다"고 하지 않고 "노력하여야 한다"고 표현하고 있지만 법적 의무설로 본다(다수설).

통치구조론

제1장 통치구조론의 이론적 기초와 체계
제2장 통치구조의 근본이념
제3장 통치구조의 구성원리
제4장 통치구조의 형태(정부형태)
제5장 통치작용(국가기능·통치권력)
제6장 통치의 기구
제7장 헌법재판소

PART 03

통치구조론의 이론적 기초와 체계

I 법실증주의적 헌법관에서 본 통치구조(H. Kelsen)

1. 자기목적적 국가관

국가와 국민을 별개의 것으로 보고, 국가는 국민의 의사와 무관한 독자적인 완성물로서 스스로 자기목적을 추구하는 강제기구이다.

2. 자주적 정당성

국가권력의 창설과 국가권력행사의 정당성이 국민으로부터 나오는 것이 아니라 국가권력은 존재하기만 하면 그 스스로 정당성을 획득한다.

3. 법정립기능 중심관

국가의 통치기능을 입법, 사법, 행정으로 구별하지 아니하고 통치기능을 법정립기능만으로 좁게 보아 모든 국가기능을 단계를 달리하는 법정립기능으로 이해한다. 즉 입법은 상위법인 법률을 정립하는 것이고, 집행도 하위법인 명령·규칙·처분 등을 정립하는 것이라고 한다.

II 결단주의적 헌법관에서 본 통치구조(C. Schmitt)

1. 자유주의적 국가관

국가의 목적과 과제는 국민의 자연법적 자유와 권리를 보장하는 데 있다.

2. 이원적 통치구조론

국가질서를 기본권 보장에 관한 비정치적 부분과 통치질서에 관한 정치적 부분으로 구분하여, 전자에는 법치국가의 원리가, 후자에는 민주주의의 원리가 적용된다.

3. 국민의 자기통치

치자와 피치자의 동일성이론에 따라 민주주의를 이해함으로써 국민의 자기통치의 실현이 통치구조의 중심적 과제라고 한다. 국민의 자기통치의 실현을 위해 국민의 국가기관성을 인정하고, 행정기관에서 선거직공무원의 증원과 국민의 명예직행정참여기회의 증대, 법관의 선거제, 배심제도 등을 찬성한다.

Ⅲ 통합주의적 헌법관에서 본 통치구조(R. Smend)

1. 통합구조

기본권과 통치구조는 기능적으로 상호 교차관계에 있다.

2. 일원적 통치구조론

기본권의 목적성과 통치구조의 수단성이 당연히 도출되며 양자 사이에 이원적인 인위적 장벽은 없다.

제2장 통치구조의 근본이념

Ⅰ 통치권의 민주적 정당성

1. 민주적 정당성의 의의
국가기관의 구성과 국가기관의 통치권 행사가 국민의 의사에 근거해야 한다는 것이다.

2. 민주적 정당성의 확보방안
① 국민투표 ② 선거제도 ③ 국회의 동의 등 ④ 표현의 자유, 청원권의 행사

Ⅱ 통치권 행사의 절차적 정당성

1. 절차적 정당성의 의의
통치권력의 행사가 남용되지 않고 적정하게 행사되어야 한다는 것이다. 민주적 정당성이 갖추어진 통치권이라 하더라도 통치권의 남용을 방지하기 위한 제도적 장치가 반드시 필요하다.

2. 절차적 정당성의 확보방안
① 권력분립 ② 기능적 권력통제(여·야간, 관료조직과 정치세력간, 중앙정부와 지방자치단체간, 헌법재판, 선거관리위원회) ③ 기관내부통제(부서제도, 국무회의 심의제도)

제3장 통치구조의 구성원리

제1절 국민주권의 원리(총론 국민주권주의에서 전술)

제2절 대의제의 원리

I 대의제의 의의 및 발생근거

1. 의의
주권자인 국민이 국가의사나 국가정책을 직접 결정하지 아니하고 대표자를 선출하여 그들로 하여금 국민을 대신하여 국가의사나 국가정책 등을 결정하게 하는 통치구조의 구성원리를 말한다. 대의제란 국민 개개인의 개별적 이해관계에 따라 현실적으로 존재하는 '경험적 의사'가 국가의사가 되는 것이 아니라 국민 전체의 이익에 부합한다고 객관적으로 추정되는 '추정적 의사'가 국가의사가 될 수 있도록 이를 대표할 대표자를 선출하고 그 대표자로 국가의사나 국가정책을 결정하게 하는 통치원리이다. 대의제의 본질은 기관구성권을 국민이 행사한다는 데 있다. 따라서 국민에 의한 직접선거는 대의제의 본질적 요소라고 할 수 있다.

2. 발생근거
국민의 정치적 문제에 대한 올바른 판단력과 자주적이고 독자적인 의사결정능력의 결여 및 현대국가의 특성(넓은 영토, 다양한 기능 수행) 등에서 그 발생근거를 찾는다.

II 대의제의 이념적 기초

1. 국민과 국민대표의 분리(치자와 피치자의 구별)
① 대의제에서는 국가권력을 행사하는 국민의 대표자와 국가권력의 행사에 따라 지배되는 주권자인 국민이 서로 구별된다.
② 대의제에서는 이념적으로만 자기지배가 이루어지고 현실적으로는 국민의 대표자에 의한 지배가 존재한다.
③ 대의제도는 치자와 피치자를 동일시하는 J. J. Rousseau와 C. Schmitt의 동일성민주주의와는 조화되기 어렵다.

2. 국가기관구성권과 정책결정권의 분리

① 대의제는 치자와 피치자가 다르다는 것을 전제로 치자에게는 정책결정권과 책임을, 피치자에게는 기관구성권과 통제를 주는 통치기관의 구성원리이다.
② 국가기관구성권은 주권자인 국민에게 있고, 국가의사결정권은 대의기관에 주는 통치원리이다.

3. 선거에 의한 국민대표의 선출

대의제는 선거라는 방법을 통하여 국민대표자를 선출한다. 이러한 선거는 국민대표자가 행사하는 국가권력에 민주적 정당성을 부여하는 의미를 갖는다.

4. 정책결정권의 무기속위임(자유위임)

(1) 무기속위임의 의의

① 무기속위임이라 함은 대의기관이 국가의사를 결정함에 있어서 누구의 지시와 명령도 받지 않고 오직 자신의 양심에 근거한 판단에 따라 독자적으로 결정하는 것을 말한다.
② 대의민주주의에서 대의란 국민의 의사나 이익을 대표하는 것이 아니라 대의기관 스스로의 판단에 따라 국가의사를 결정하는 것을 말한다.
③ 국민의 대표자인 대의기관의 담당자는 이미 존재하는 국민의사를 확인하여 그것을 표시하는 것이 아니라, 국민의사는 대표자에 의하여 비로소 국가의사로 형성되고 표시되는 것이다.
④ 대의기관의 국가의사결정이 그때그때 여론에 나타나는 국민의 의사에 반한다 하더라도, 대의기관은 그로 인하여 법적 책임을 추궁당하지 않는다.
⑤ 대의제는 자유위임관계를 본질로 하므로 대의기관의 정책결정이 국민의 의사에 반하더라도 차기 선거에서 책임을 물을 때까지는 국민을 기속하고 국민의 추정적 동의가 있는 것으로 간주되고, 이는 책임정치의 실현에 기여하는 기능을 가진다.

(2) 무기속위임의 인정이유

대의기관의 담당자가 오로지 자신의 양심에 근거한 판단에 따라 국가의사를 결정하게 하는 것은 대표기관으로 하여금 특정집단의 부분이익이 아니라 국민전체의 이익을 실현하게 하기 위해서이다.

(3) 무기속위임의 한계

대의기관의 무기속위임원칙은 대의기관의 국가의사결정이 그 때 그 때 여론에 나타나는 국민의 의사에 반한다 하더라도, 대의기관은 그로 인하여 법적 책임을 추궁당하지 않는다는 의미이지, 대의기관의 대의활동이 헌법과 법률에 위배되는 경우까지 법률상의 책임을 묻지 않는다는 것을 의미하는 것은 아니다.

5. 추정적 국민의사 우선

대의제는 추정적 국민의사와 경험적 국민의사가 불일치하는 경우에는 추정적 국민의사를 우선시하는 원리이다.

Ⅲ 대의제의 기능

1. 사회공동체 통합기능
사회공동체의 통합은 다양한 경험적 의사보다는 국민의 추정적 의사가 중요시되어야만 가능하다.

2. 책임정치 실현기능
명령적 위임의 금지와 통치기관의 임기제를 구성요소로 하고 있는 대의제는 책임정치를 가능하게 한다.

3. 엘리트에 의한 전문정치 실현기능
국민의 경험적 의사와 관계없이 전문적인 지식을 가진 대표가 독자적인 결정을 내린다.

4. 제한정치 · 공개정치 실현기능
대의기관의 권한은 일정한 신임의 범위 안에서만 인정되므로 대의제는 본질적으로 제한정치이며, 이러한 제한정치를 보장하는데 있어서는 임기제도와 정책결정과정을 국민에게 공개하는 것이 반드시 필요하다.

5. 정치적 교육기능
대의제는 의사결정과정에 있어서 의사공개원리가 적용됨으로써, 주권자인 국민의 알 권리를 충족시키고 나아가 국민에게 정치교육을 시키는 기능을 수행한다.

Ⅳ 대표관계의 법적 성질

정치적 대표설(법적 무관계설), 헌법적 대표설, 법정대표설(강제위임설), 법직 위임관계설 등이 있다.

Ⅴ 대의제가 성공하기 위한 조건

1. 통치권의 민주적 정당성 확보
국민의 의사를 정확히 반영하는 선거제도가 마련되어야 하며, 공정한 선거를 위하여 언론 · 출판 · 집회 · 결사의 자유 및 알 권리 등이 보장되어야 한다.

2. 통치권의 절차적 정당성 확보
통치권의 남용을 방지하기 위한 제도적 장치가 반드시 필요하다. 권력분립은 국가권력의 자기통제장치라고 할 수 있으나, 국민에 의한 직접적 통제장치도 아울러 필요하다.

3. 정치문화적 조건

대표자는 국민 전체의 이익을 위해 일할 수 있는 양식과 능력을 구비하여야 하며, 주권자인 국민에게도 상당한 자질과 의식이 요구된다.

Ⅵ 현대국가에서 대의제의 위기원인

① 공개적 토론의 붕괴
② 엘리트 정치의 추락
③ 대의기관의 대표성위축
④ 정당국가현상의 심화
⑤ 무기속위임원칙 위협
⑥ 이익집단·압력단체의 영향력 강화
⑦ 직접참정욕구 증대

Ⅶ 대의제의 위기에 대한 대책으로서의 현대적 실현형태

1. 정당국가의 발전과 대의제

(1) 정당국가의 발전

① 보통선거법의 실시에 따른 선거권의 보편화와 유권자의 비약적 확대를 의미하는 현대적 대중민주주의에 있어서 국민의 정치적 의사 형성은 필연적으로 정당의 존재를 필요로 한다.
② 정당은 아래에서부터 형성된 국민의사를 국가의사로 매개 내지 중개하는 역할과 역으로 국민을 계도하여 국민의사의 형성에 영향을 미치기도 하며, 정치지도자를 발굴·양성하는 기능도 담당한다.
③ 일부국가의 헌법은 정당을 헌법에 수용하게 되었고, 이제 정당은 헌법상 불가결한 기구로서 헌법적 제도의 지위에까지 고양되기에 이르렀다.

(2) 대의제 민주주의와 정당국가의 조화

정당제 국가와 대의제는 상호 모순되는 것이 아니라, 정당제 국가를 전제로 대의제의 실현양태가 달라졌다.

[대의제 민주주의와 정당국가적 민주주의의 비교: G. Leibholz]

구분	대의제 민주주의	정당국가적 민주주의
국민	이념적 통일체	실질적인 행동통일체
기속	자유위임	정당기속
권력간 관계	국가권력의 분할	국가권력의 통합
선거	국민대표선출과 국가기관구성의 의미	국가기관구성과 정부선택을 위한 국민투표
국민의사	추정적 국민의사 중시	경험적 국민의사 중시
위헌정당해산	의원직 유지	의원직 상실
교차투표	허용(국회법 제114조의2)	허용되지 않음
비례대표의원 탈당	의원직 유지	의원직 상실(공직선거법 제192조 제4항)

2. 직접민주주의의 도입

① 직접민주주의의 도입은 대의민주주의의 교정수단으로 이루어진다.
② 직접민주주의는 통치형태에 관한 헌법의 기본원리인 대의민주주의에 대한 예외이므로 제한적이고 보충적으로 인정될 수 있을 뿐이다.
③ 헌법개정 없이 법률이나 대통령의 명령으로 헌법에서 규정하고 있는 직접민주제도 이외의 국민소환제 등의 직접민주제도를 수용하거나 실시하려는 것은 허용될 수 없다.

3. 참여민주주의의 도입

① 참여민주주의란 참된 민주주의의 실현을 위하여 시민들의 직접참여를 통하여 의사결정을 함으로써 직접민주제를 대폭 강화하려는 것을 말한다.
② 참여민주주의는 국민이 국가정책결정과정에 참여하는 것이며, 국민이 직접 국가정책을 결정하는 것은 아니다.
③ 참여민주주의를 도입한다고 하여 대의제를 완전히 배제하고 직접민주제를 도입할 수는 없고, 국민이 정책결정과정에 참여하는 참여민주주의의 확대방안을 고려할 수 있을 뿐이다.

4. 전자민주주의의 도입

일반적으로 전자민주주의란 정보통신기술을 이용하여 정치과정에 대한 시민의 참여가 이루어지는 정보사회의 민주주의를 말한다.

Ⅷ 현행헌법과 대의제

1. 대의제의 원칙

① 헌법은 대의의 원리에 입각하여 국민에 의해서 선출된 의원으로 구성되는 국회(제41조 제1항)와 국민에 의해서 직접 선출된 대통령(제67조 제1항)을 중심적인 대의기관으로 설치하고 국가의 입법권(제40조)과 집행권(제66조)을 맡김으로써 국가의 정책결정과 정책집행이 이들 대의기관의 독자적인 판단과 책임에 의해서 행해질 수 있도록 하고 있다.
② 국회법 제114조의2는 "의원은 국민의 대표자로서 소속정당의 의사에 기속되지 아니하고 양심에 따라 투표한다"고 하여 자유투표를 인정하고 있다.

2. 예외로서의 직접민주제

① 현행헌법은 헌법개정안에 대한 국민투표제(제130조 제2항)과 대통령이 부의한 국가안위에 관한 중요정책에 대한 국민투표제(제72조)를 채택하고 있다.
② 국민발안제와 국민소환제는 채택하고 있지 않다.
③ 직접민주제의 원리는 지방자치에도 적용되어야 한다.
④ 지방자치법은 지방자치단체의 주요 결정사항 등에 대한 주민투표제를 규정하고 있고(제18조), 또 국회는 2007년 5월 11일 「주민소환에 관한 법률」을 제정하여 주민소환제도를 채택하였다.

제 3 절 • 권력분립의 원리

> **● 헌법**
> 제40조 입법권은 국회에 속한다.
> 제66조 ④ 행정권은 대통령을 수반으로 하는 정부에 속한다.
> 제101조 ① 사법권은 법관으로 구성된 법원에 속한다.

Ⅰ 권력분립원리의 의의 및 본질

1. 의의

① 권력분립의 원리란 국가권력을 그 성질에 따라 여러 국가기관에 분산시킴으로써 권력 상호 간의 견제와 균형을 통하여 국민의 자유와 권리를 보호하려는 통치기관의 구성원리를 말한다.
② 권력의 속성에 대한 불신과 회의에서 싹튼 자유주의적 사고가 권력분립론의 주요한 배경이라고 할 수 있다.
③ 권력분립의 원리는 18세기 및 19세기 전반의 유럽에 있어서 사회적 세력의 균형을 제도화하는데 적합한 것이었다.

2. 본질

① 국가권력의 단순한 배분이라는 조직기술론에 그치는 것이 아니라, 개인의 자유와 권리를 확보하기 위한 자유주의적 원리이다.
② 국가권력의 구성에 있어서 그 권력의 남용과 전제성을 방지하기 위한 소극적 성격뿐만 아니라, 국가기관을 구성하는 적극적 성격을 가진다.
③ 기술적 조직원리이기 때문에 민주주의가 아닌 다른 국가형태와도 결합될 수 있는 중립적 원리이다.
④ 정치집단 간에 세력균형을 유지하게 하기 위한 권력균형의 원리를 의미한다.

Ⅱ 권력분립론의 발전

1. J. Locke의 권력분립론

(1) 배경

영국의 명예혁명(1688) 이후의 정치체제의 변화를 정당화하기 위한 목적으로 기존의 권력분립이론을 재정리함으로써 이론을 구성하였다.

(2) 내용

① 「시민정부이론」에서 최초로 권력분립이론을 설파하였다.
② 국가권력을 입법권·집행권·동맹권(연합권)·대권의 4권으로 분류하였다.
③ 4권 중 입법권은 의회에 그 외 나머지 권한은 군주에게 속하게 하는 조직상 2권분립론을 주장하였다.
④ 입법권의 집행권 및 동맹권에 대한 우위를 인정하였다.
⑤ 권력의 분리는 강조되어도 권력의 균형까지는 미치지 못하였다고 평가된다.
⑥ 사법권에 관한 언급이 없다.

(3) 발전

영국의 헌정에 영향을 주어 의원내각제로 발전하였다.

2. C. Montesquieu의 권력분립론

(1) 배경

영국헌정을 모델로 하면서도 영국헌정의 현실적 한계의 인식 하에 새로운 이론을 정립하였다.

(2) 내용

① 법의 정신에서 3권분립론을 주장하였다.
② 입법권(귀족 및 인민대표로 구성), 집행권(국제법과 시민권에 속하는 사항의 집행권 : 군주), 사법권(비상설기관)으로 구분하였다.
③ 엄격한 3권분립론에 입각하여 기관을 분리하고 각 기관 간의 견제와 균형의 확립을 시도하였다.
④ 극단의 전제정과 극단의 민주정과의 중화를 위한 입장에서 출발한 중립적 원리이다.
⑤ 국가권력의 기능상의 분리와 조직상의 분리를 함께 고려하고 권력 간의 견제와 균형을 강조하였다.

(3) 발전

미국에 영향을 주어 대통령제로 발전하였다. 겸직금지사상, 위임입법금지사상이 논리적으로 도출된다.

Ⅲ 고전적 권력분립론의 위기

1. 자유민주적 평등사회의 실현

① 고전적 권력분립론은 봉건적 신분사회와 제한군주제를 전제로 한 것이다.
② 봉건사회의 몰락과 자유민주적 평등사회의 등장(국민주권 사상의 대두)으로 현실성을 잃게 되었다.

2. 사회적 이익단체의 출현과 영향 증가

① 고전적 권력분립론은 각종 사회적 이익단체의 존재를 몰랐다.
② 사회적 이익집단의 등장과 그 정치적·사회적 영향력의 증가로 이익단체가 국가의 통치질서 내에서 현실적으로 통치권력과 버금가는 하나의 "힘의 집단"으로 활동하게 되었다.

3. 정당국가의 발달로 인한 권력통합현상

① 정당국가의 발달은 모든 국가작용이 실질적으로 집권당의 수뇌부에 의해서 결정되는 집권당의 정책대로 행해짐으로써 결국 국가의 권력이 정당의 수뇌부로 집중되는 권력통합현상을 초래하고 말았다.
② 고전적 권력분립론의 위기의 가장 큰 원인이다.

4. 급부국가적 기능의 확대

사회국가의 요청에 의한 국가의 급부국가적 기능의 확대로 인하여 행정부에 권력이 집중되는 현상이 나타나게 되었다.

5. 기타의 원인

① 비상사태의 만성화와 그에 따른 방위기구의 확대·강화
② 헌법재판제도의 강화(위기의 원인인 동시에 기능적 권력분립의 요소)로 인한 사법국가화 경향
③ 행정입법의 증대와 처분적 법률의 증가

Ⅳ 권력분립론의 현대적 변용

1. 권력분립론의 현대적 변용이론

① 고전적 권력분립론의 현대적 문제 상황에 직면하여 권력분립론의 전면적 폐지가 아니라 권력분립론을 현대적 상황에 맞게 합리적으로 재구성하려는 시도가 나타나게 되었다.
② 고전적인 권력분립론의 차원에 머물지 아니하고 합리적·기능적 권력분립론으로써 권력분립론을 재구성하려는 것이다.
③ 대표적인 것으로 K. Löwenstein의 동태적 권력분립론을 들 수 있다.

2. 기능적 권력분립론

(1) K. Löwenstein의 동태적 권력분립론

① 국가권력의 분립이라는 고전적 개념을 국가기능의 분할이라는 개념으로 대체하였다.
② 국가기능을 정책결정·정책집행·정책통제기능으로 3분하는 동태적 권력분립론을 주장한다.
③ 기능적 권력분립에 있어 가장 핵심적 의미를 갖는 것은 정책통제기능이다.
④ 수직적 통제(기관내의 통제) : 연방국가에 있어서 중앙정부와 지방정부간의 통제, 이익집단들에 의한 정부통제, 여론에 의한 통제
⑤ 수평적 통제(기관상호 간의 통제) : 정부에 대한 의회의 통제, 의회에 대한 정부의 통제, 정부 및 의회에 대한 사법부의 통제, 정부 및 의회에 대한 선거민의 통제

(2) W. Kägi의 포괄적 권력분립론

① 헌법제정·개정권과 일반입법권의 이원화
② 입법부의 양원제
③ 집행부 내부의 권력분립
④ 공권력담당자의 임기 제한
⑤ 복수정당제의 확립과 여야 간의 견제
⑥ 연방제와 지방자치제에 의한 수직적 권력분립
⑦ 국가와 교회의 이원화
⑧ 민간권력과 군사권력의 분리

Ⅴ 현행헌법상의 권력분립의 원리

1. 권력의 분할

(1) 수평적 권력분할

① 수평적 권력분할은 입법권은 국회에(제40조), 집행권은 대통령을 수반으로 하는 정부에(제66조 제4항), 사법권은 법관으로 구성된 법원에 속한다(제101조 제1항)는 규정에 의하여 실현되고 있다.
② 수평적 의미의 권력분립이란 국가권력의 입법·행정·사법의 분리와 같이 동일한 수준에 있는 국가의 기관에 국가의 권력을 분담케 하는 경우를 말하고, 수직적 의미의 권력분립이라 함은 프랑스의 이원정부제 하에서의 집행권의 대통령과 내각의 분담과 같은 동일한 계열에 속한 권력의 분립을 의미한다.
③ 권력분립의 중심적 문제는 권력의 수평적 분립이지, 동일한 권력의 분립을 의미하는 수직적 분립이 아니다.

(2) 수직적 권력분할

구조적인 측면에서는 ① 지방자치제의 채택, ② 기관내부의 관할권 배분을 통하여, 시간적인 측면에서는 ① 대통령의 임기는 5년으로, ② 대법원장·헌법재판소장·대법관·헌법재판소 재판관·선거관리위원회 위원의 임기는 6년으로 한다는 헌법규정에 의하여 뒷받침되고 있다.

2. 권력상호 간의 억제와 균형

(1) 기관구성면에서의 억제와 균형

① 대법원장·대법관·헌법재판소장 등의 임명에 국회의 동의를 얻게 하고, ② 헌법재판소와 중앙선거관리위원회의 구성을 국회·대통령·대법원장의 합동행위에 의하게 하며, ③ 정부조직법과 헌법재판소법 및 법원조직법을 국회로 하여금 제정하도록 하고 있다.

(2) 기능면에서의 억제와 균형

대통령에 대하여는 ① 임시국회소집요구권, ② 법률안 공포권, ③ 국회에서의 의견표시권, ④ 사면·감형·복권에 관한 권한을 부여하고, 국회에 대하여는 ① 국무총리 등에 대한 국회에의 출석·답변요구 및 질문권, ② 정부 및 법원의 예산심의제 등을 부여함으로써 구현하고 있다.

(3) 제도면에서의 억제와 균형

① 헌법개정시의 국민투표권, ② 복수정당제, ③ 직업공무원제, ④ 국군의 정치적 중립성, ⑤ 대학자치제, ⑥ 헌법재판제도, ⑦ 선거공영제, ⑧ 지방자치제 등을 두고 있다.

3. 권력상호간의 공화와 협조

(1) 집행부와 입법부 간의 공화와 협조

현행헌법은 ① 대법원장·국무총리·감사원장 등의 임명과 선전포고, 조약의 체결, 사면권의 행사 등에 있어 대통령은 국회의 동의를 얻어야 하고, ② 예산안이나 그 밖의 재정행위에 있어서 정부가 편성하고 국회가 심의·확정하거나 동의하게 하는 등 양 기관 간에 공화와 협조를 제도화하고 있으며, ③ 법률제정에 있어서도 심의·의결은 국회가, 공포는 대통령이 하도록 규정하고 있다.

(2) 집행부와 헌법재판소간의 공화와 협조

현행헌법은 위헌정당을 해산시킬 경우, 정부에 의한 제소와 헌법재판소에 의한 심판을 규정하고 있다.

(3) 입법부·집행부·사법부간의 공화와 협조

① 헌법재판소와 중앙선거관리위원회의 경우, 대통령이 임명하는 3인, 국회가 선출하는 3인, 대법원장이 지명하는 3인으로 구성하게 함으로써 3부의 공화와 협조를 규정하고 있고, ② 대법관의 경우 대법원장의 제청으로 국회의 동의를 얻어 대통령이 임명하게 하고 있다.

Ⅵ 권력분립의 원리와 대의제의 상관관계

1. 권력분립의 원리와 대의제의 본질

① 대의제의 본질은 기관구성권과 정책결정권의 분리를 전제로 해서 전자는 국민이, 후자는 대표기관이 행사한다는 데에 있다.
② 자유위임을 전제로 한 국민의 대표기관의 권한이 절제되지 않는다면 심각한 기본권 침해의 상황이 우려되기 때문에 대의제에서는 권력분립의 원리가 중요시된다.

2. 권력분립의 원리와 대의제의 관계

① 국민적 정당성을 확보한 국가기관의 구성은 권력분립원리와 함께 국민의 자유와 권리를 보장하는 제도적 장치이기 때문에 대의제의 민주적 활성화는 권력분립원리의 기초가 된다.
② 대의제와 권력분립원리는 모두 통치권력의 절제를 통한 국민의 자유와 권리보장을 위하여 필요불가결한 요소에 해당한다.
③ 대의제와 권력분립원리는 이념적·기능적인 불가분의 연관관계에 있으며, 또 원리상으로도 상호 결합에 있어서 아무런 갈등이 없다.

제4절 법치주의의 원리

(헌법총설 헌법원리 중 법치국가의 원리 참조)

제5절 책임정치의 원리

책임정치라 함은 국가권력의 담당자가 헌법이나 법률에 위반되는 행위를 하거나 실정(失政)을 한 경우에 책임을 지고 그 직에서 사임하게 하는 정치방식을 말한다.

제4장 통치구조의 형태(정부형태)

I 정부형태의 의의

정부형태란 권력분립의 구조적 실현형태로서 ① 광의로는 국가권력과 국가기능이 입법부·집행부·사법부에 어떻게 배분되고, 배분된 국가권력과 국가기능이 어떻게 행사되며, 이들 상호관계는 어떠한가 하는 것을, ② 협의로는 국가기본정책을 결정하는 입법부와 결정된 국가기본정책을 집행하는 집행권의 관계가 어떠한가 하는 것을, ③ 최협의로는 집행부의 구조형태를 말한다.

II 정부형태의 기본유형

1. 대통령제

(1) 대통령제의 의의

대통령제란 국민에 의하여 선출되는 대통령에게 행정권을 부여하고 입법부 및 사법부와 엄격하게 분리·독립됨으로써 국가기관 상호간에 권력적 균형이 유지되고, 안정을 유지할 수 있는 정부형태를 말한다.

(2) 대통령제의 본질적 요소

1) 권력고립의 원칙

2) 독립의 원칙: 입법부와 행정부의 조직·활동 사이에는 아무런 관계가 없어야 한다.

(3) 특징 및 기본원리

1) 민주적 정당성의 이원화

국민이 대통령과 의회의 의원을 따로 선출하여 행정부와 입법부를 각각 구성한다.

2) 집행부의 일원적 구조

대통령은 국가원수와 집행부 수반의 지위를 겸한다.

3) 대통령의 직선제와 임기제

대통령은 국민에 의하여 선출되고 임기동안 재직할 뿐만 아니라, 입법부에 대하여 정치적 책임을 지지 않는다.

4) 대통령과 의회의 상호독립성(성립상 독립, 존속상 독립, 기능상 독립)

① 국민에 의하여 선출된 대통령은 집행부 수반으로서 집행부를 독자적으로 조직하고, 임기동안 의회에 대하여 정치적 책임을 지지 아니하며 의회해산권도 없다.
② 의회의원과 집행부구성원의 겸직이 인정되지 아니하고, 정부의 법률안 제출권이나 집행부구성원의 의회출석·발언권도 인정되지 않는다.

5) 입법부와 집행부의 상호억제와 균형

① 입법부와 집행부가 상호 견제함으로써 권력적 균형이 유지된다.
② 대통령 측에서는 대통령의 정치적 무책임성, 법률안거부권 등에 의하여 실현되고, 의회 측에서는 집행부 고위공무원임명에 대한 동의, 국정감사·조사, 집행부구성원에 대한 탄핵소추 등에 의하여 실현된다.
③ 대통령제하의 국무원은 법률상의 기관으로 임의적 기관이며 자문기관에 불과하다.

> [대통령제의 기본원리가 아닌 것]
> ① 법률안 제출권
> ② 권력의 협조·공화관계
> ③ 양원제 의회
> ④ 대통령의 의회해산권
> ⑤ 정치적 연대책임

(3) 대통령제의 유형

1) 고전적 대통령제

① 미국의 대통령제로서 완전한 3권분립형 대통령제를 말한다.
② 대통령은 의회에 대하여 책임을 지지 아니하며 의회해산권도 갖지 아니한다.
③ 의회 역시 정부불신임권을 행사할 수 없다.
④ 사법권의 우위가 유지되고, 법원은 헌법해석에 관하여 최종해석권을 가진다.

2) 신대통령제

① 대통령제라는 명칭을 가지고 있지만 미국형 대통령제와는 무관한 권위주의적 정부형태를 말한다.
② 대통령은 헌법상 국가원수인 동시에 의회나 사법부에 대하여 절대적으로 우월한 지위에 있다.
③ 뢰벤슈타인(K. Löwenstein)은 권력분립이 명목적이며, 대통령의 권한행사에 대한 대안이 없는 경우를 신대통령제라 불렀다.

3) 반대통령제

① 바이메(V. Beyme)에 의하면 반대통령제는 공화국에 전제군주제의 기능을 도입한 것으로서 신대통령제의 범주에 속하며, 프랑스 제2·5공화국이 그 예에 속한다고 한다.
② 뒤베르제(M. Duverger)에 의하면 반대통령제는 대통령제보다는 의원내각제의 성격을 더 많이 가지며 집

행권의 구조가 이원화되어 있는 이원집행부제의 범주에 속하며, 바이마르공화국, 1958~1962년의 프랑스 등이 그 예에 속한다고 한다.

(4) 대통령제의 장·단점

장점	단점
① 대통령의 임기동안은 행정부 안정 ② 국가의 정책이 계속성을 가지고, 행정부가 강력한 행정을 수행할 수 있음 ③ 대통령의 법률안거부권 행사를 통한 소수이익 보호 가능	① 대통령의 독재화 염려 ② 엄격한 권력분립으로 인한 국정의 통일적 수행 곤란 ③ 행정부와 입법부의 충돌시 해결 곤란

[미국과 우리나라의 공통적 제도]
① 국회의 국정조사권
② 국회의 탄핵소추권
③ 의원의 특권(불체포특권과 면책특권)
④ 법률안거부권

2. 의원내각제

(1) 의원내각제의 의의

의원내각제란 집행부가 대통령과 내각의 두 기구로 구성되고, 의회에서 선출되어 의회에 대하여 정치적 책임을 지는 내각에게 행정권을 부여하고 내각중심으로 국정이 운영되는 정부형태를 말한다.

(2) 의원내각제의 본질적 요소

1) 권력융화의 원리
2) 의존성의 원칙

(3) 특징 및 기본원리

1) 민주적 정당성의 일원화

국민이 먼저 의원을 선출하여 의회를 구성하고, 행정부는 의회에 의하여 구성되는 구조를 가지고 있다.

2) 집행부의 이원적 구조

집행부가 명목상의 국가원수인 대통령(또는 군주)과 집행에 관한 실질적 권한을 가진 내각의 두 기구로 구성된다.

3) 내각의 성립과 존속의 의회에의 의존(성립상 의존, 존속상 의존, 기능상 의존)

① 내각의 수반이 의회에 의하여 선출되고, 내각이 의회에 대하여 연대하여 정치적 책임을 진다.
② 내각이 의회의 신임을 상실하면 총사퇴하여야 한다.
③ 의회의원과 집행부구성원의 겸직이 인정되고, 정부의 법률안 제출권이나 집행부구성원의 의회출석·발언권도 인정된다.

4) 내각불신임권과 의회해산권에 의한 권력적 균형

① 의회의 내각불신임제와 내각의 의회해산제를 통하여 입법부와 집행부 간에 권력적 균형이 유지된다.
② 레즈로브(R. Redslob)는 영국의 경우처럼 내각이 의회해산권을 가지고 있는 경우를 진정한 의원내각제라 하고, 프랑스 제3·4공화국처럼 내각이 의회해산권을 가지고 있지 않거나 의회해산권이 유명무실한 경우를 부진정한 의원내각제라 하였다.

(3) 의원내각제의 유형

1) 고전적 의원내각제(강한 의회·약한 정부의 의원내각제)

① 고전적 의원내각제는 의회는 정부를 불신임할 수 있지만, 정부는 의회를 해산하지 않았던 것이 관례가 되어 정착된 의원내각제이다.
② 레즈로브(Redslob)는 부진정한 의원내각제라 하였다.
③ 프랑스 제3·4공화국이 이에 속한다.

2) 통제된(건설적) 의원내각제(강한 정부·약한 의회의 의원내각제)

① 바이마르시대의 정치적 불안에 대한 반성으로 의원내각제에 안정화 요소들을 도입하였다.
② 독일 의원내각제의 안정화 요소 중 건설적 불신임제도가 중심내용을 이룬다.
③ 현재의 독일이 이에 속한다.

> [건설적 불신임제도]
> ① 연방총리에 대한 불신임결의는 먼저 연방의회 재적과반수의 지지를 받는 새 연방총리를 선출하고 연방대통령에게 구연방총리의 해임과 신연방총리의 임명을 요청하는 절차와 방법에 따라서만 행할 수 있다.
> ② 불신임이 있을 경우 즉시 연방총리가 면직되는 것은 아니며, 연방하원의 불신임이 있으면 대통령이 현직 연방총리를 면직하고, 이미 선출된 신임 연방총리를 대통령이 임명하게 된다.

3) 수상내각제(수상정부제)

① 영국의 정부는 하원의 다수당으로 구성되는 비교적 작은 위원회에 해당하며, 수상은 총선의 결과에 따라 다수당의 공천을 받아 자동적으로 선출된다.
② 수상은 정책과 집행의 방법과 형태를 독자적으로 결정하기 때문에 그 지위는 "입헌적 독재자"라고 불린다.

4) 외견적 의원내각제(프랑스의 혼합정부제)

① 프랑스 제5공화국헌법은 강력한 대통령을 중심으로 한 집행권의 강화를 기조로 하면서도 의원내각제를 가미한 혼합형 정부형태를 채택하였다.
② 전통적인 의원내각제와 비교하여 대통령이 상징적인 국가원수가 아니라 중요한 국가정책을 실질적으로 결정하는 지위에 있다는 점에서, 대통령은 내각은 물론 의회에 대하여도 우월한 지위에 있다.

(4) 의원내각제의 장·단점

장점	단점
① 신속하고 능률적인 국정처리	① 정국불안정
② 책임정치 실현	② 입법부가 정권획득의 장소로 전락
③ 정치적 대립의 신속한 해결	③ 강력한 정치 추진불가
④ 민주주의적 요청의 만족	④ 다수의 횡포 자행가능성

[대통령제와 의원내각제의 비교정리]
(1) 공통점
  ① 입헌주의를 역사적 배경으로 한다.
  ② 자유주의를 이론적 기반으로 한다.
  ③ 의회주의와 법치주의를 헌법적 조건으로 하고, 권력분립제와 대의제를 그 제도적 전제로 한다.
(2) 차이점
  ① 대통령제는 권력분립이 엄격하여 상호독립의 원리가 지배하나, 의원내각제는 입법부와 집행부가 상호의존의 원리에 의해 규율된다.
  ② 대통령제의 집행부는 일원적 구조를 취하나, 의원내각제는 이원적 구조를 가진다.
  ③ 대통령제는 대통령의 임기 중에는 정치적 책임추궁이 곤란하나, 의원내각제에 있어서는 내각의 불신임과 같은 수상에 대한 정치적 책임추궁이 용이하다.
  ④ 대통령제가 의원내각제와 본질적으로 구별되는 것은 의회가 내각을 불신임할 수 없다는 점과 집행부가 의회를 해산시킬 수 없다는 점이다.

Ⅲ 제3유형의 정부형태

1. 이원집행부제

(1) 이원집행부제의 의의

이원집행부제란 집행부가 대통령과 내각의 두 기구로 구성되고 대통령과 내각이 각기 집행에 관한 실질적 권한을 나누어 가지는 정부형태를 말한다. 대통령제의 요소와 의원내각제의 요소가 혼합되어 있는 혼합형 내지 절충형 정부형태이다.

(2) 이원집행부제의 본질적 요소

1) 민주적 정당성의 이원화
국민이 대통령을 직선으로 선출하고 의회의 의원을 따로 선출하여 행정부와 입법부를 각각 구성한다.

2) 집행부의 이원적 구조
대통령은 국민에 의하여 직접 선출되고 내각의 수상은 원내다수당의 지도자가 선출된다.

3) 집행에 관한 권한의 분할행사

대통령은 외교·국방 등 국가안보에 관한 사항과 국가긴급권을, 내각은 일반행정에 관한 사항을 행사한다.

4) 대통령의 국회해산권과 의회의 내각불신임권

대통령은 수상임면권과 의회해산권 등을 행사할 수 있는 반면에, 의회는 수상의 내각에 대하여만 불신임결의를 할 수 있고 대통령에 대하여는 불신임결의를 할 수 없다.

(3) 이원집행부제의 채택 배경과 운용실태

1) 채택 배경

① 복수의 정치세력이 권력적 균형을 유지하기 위하여 정치권력을 분점하고자 할 때
② 대통령제와 의원내각제의 장점만을 살려보려는 정치적 시도를 할 때

2) 채택 헌법

바이마르헌법과 프랑스 제5공헌법이 채택하였다.

(4) 이원집행부제의 장·단점

장점	단점
① 평상시: 의원내각제로 운영함으로써 입법부와 행정부의 대립에서 오는 마찰 회피 ② 국가위기시: 대통령이 직접 통치함으로써 신속하고 안정된 국정처리	① 대통령 독재화의 우려(동일정당일 때) ② 대통령이 위기를 빙자하여 비상권한을 행사하는 경우 국민대표기관인 의회의 권한이 축소·제한(동거정부 시 정국불안정)

2. 의회정부제(회의제, 집단정부제)

(1) 의회정부제의 의의

① 의회정부제(회의제, 집단정부제)란 일반적으로 집행부에 대한 의회의 절대적 우위로 특징 지워지는 정부형태, 즉 집행부의 성립과 존속은 전적으로 의회에 의존하지만, 집행부는 의회를 해산할 권한이 없으므로 집행부가 전적으로 의회에 종속하는 정부형태를 말한다.
② 의회정부제(회의제, 집단정부제)는 민주주의와 전제주의 그 어느 쪽으로도 함께 연결될 수 있는 것이 특징이다.
③ K. Löwenstein은 의회정부제를 Janus의 얼굴을 가진 존재와 같다고 하였다.

(2) 의회정부제의 입법례

영국의 장기의회에 의한 통치체제, 프랑스혁명 당시의 국민공회제, 스위스헌법상의 집정부제와 중화인민공화국의 정부형태, 북한의 인민회의제, 국가재건최고회의시절의 군법회의의 예에서 이를 확인할 수 있다.

(3) 의회정부제의 특징

① 의회가 국가권력구조의 정점에 위치하여 모든 국가기관에 대하여 절대적으로 우월한 지위를 점하며, 원칙적으로 단원제이다.
② 집행부는 전적으로 의회에 종속하며, 양자의 관계는 위임자와 수임자의 관계에 비유될 수 있다.
③ 집행부는 집단지도체제이며, 그 구성원은 의회에 의하여 선임되고 의회에 대하여 연대책임을 진다. 의회는 언제나 집행부를 불신임할 수 있지만, 집행부는 의회를 해산할 수 없다.
④ 집행부의 존립은 의회의 존립을 전제로 한다. 따라서 의회가 해산되면 집행부도 퇴진한다.
⑤ 의회는 상시개회하고, 정기적인 선거를 통하여 선거민에 대하여만 책임을 진다.
⑥ 의회가 사법기관을 포함한 모든 국가기관을 지배함으로써 권력체계가 일원화되어 있다.
⑦ 국가원수가 없는 것이 특색이다. 국가원수가 있을지라도 의례적이고 명목적인 기능을 가질 뿐이다.

Ⅳ 현행헌법상의 정부형태

1. 역대헌법상 정부형태의 변천

헌법	정부 형태
제헌헌법	대통령제에 의원내각제의 요소 가미(혼합형)
제2공화국	전형적인 의원내각제로서 영국형 의원내각제에 해당(통설)
5·16 군사쿠데타	회의제(국가재건최고회의)
제3공화국	혼합형정부형태(변형된 대통령제)
제4공화국	권위주의적 대통령제(전제적 혼합정부제)
제5공화국	K. Löwenstein의 신대통령제
제6공화국	대통령제를 기본으로 하고, 의원내각제의 요소 다양하게 가미

2. 현행헌법상 정부형태의 성격

헌법재판소는 우리 헌법상 정부형태는 본질적으로 대통령제임을 밝히고 있다(헌재 1994.4.28, 89헌마86).

3. 현행헌법상 기본인 대통령제적 요소와 가미된 의원내각제적 요소

대통령 제적요소	제53조 ② 법률안에 이의가 있을 때에는 대통령은 제1항의 기간 내에 이의서를 붙여 국회로 환부하고, 그 재의를 요구할 수 있다. 국회의 폐회 중에도 또한 같다. 제65조 ① 대통령·국무총리·국무위원·행정각부의 장·헌법재판소 재판관·법관·중앙선거관리위원회 위원·감사원장·감사위원 기타 법률이 정한 공무원이 그 직무집행에 있어서 헌법이나 법률을 위배한 때에는 국회는 탄핵의 소추를 의결할 수 있다. 제66조 ① 대통령은 국가의 원수이며, 외국에 대하여 국가를 대표한다. ④ 행정권은 대통령을 수반으로 하는 정부에 속한다. 제67조 ① 대통령은 국민의 보통·평등·직접·비밀선거에 의하여 선출한다. 제88조 ① 국무회의는 정부의 권한에 속하는 중요한 정책을 심의한다. 대통령에게 국회해산권이 없음
의원내각 제적요소	제43조 국회의원은 법률이 정하는 직을 겸할 수 없다. 제52조 국회의원과 정부는 법률안을 제출할 수 있다. 제62조 ① 국무총리·국무위원 또는 정부위원은 국회나 그 위원회에 출석하여 국정처리상황을 보고하거나 의견을 진술하고 질문에 응답할 수 있다. ② 국회나 그 위원회의 요구가 있을 때에는 국무총리·국무위원 또는 정부위원은 출석·답변하여야 하며, 국무총리 또는 국무위원이 출석요구를 받은 때에는 국무위원 또는 정부위원으로 하여금 출석·답변하게 할 수 있다. 제63조 ① 국회는 국무총리 또는 국무위원의 해임을 대통령에게 건의할 수 있다. 제82조 대통령의 국법상 행위는 문서로써 하며, 이 문서에는 국무총리와 관계 국무위원이 부서한다. 군사에 관한 것도 또한 같다. 제86조 ① 국무총리는 국회의 동의를 얻어 대통령이 임명한다. 제88조 ① 국무회의는 정부의 권한에 속하는 중요한 정책을 심의한다.

제5장 통치작용(국가기능·통치권력)

제1절 입법작용(입법권)

I 서설

① 헌법 제40조는 "입법권은 국회에 속한다"고 하여 국회의 입법권을 규정하고 있다.
② 헌법 제40조는 헌법이 권력분립의 원리를 채택하고 있음을 의미함과 동시에 입법기관으로서의 국회의 권한을 나타낸 것으로 볼 수 있다.

II 헌법 제40조의 의미

1. "입법권"의 의미

(1) 학설의 대립

1) 실질설(다수설)

① 제40조의 입법권이란 형식을 불문하고 실질적 의미의 법률제정권을 의미한다.
② 실질설은 다시 실질적 의미의 법률제정권이 무엇을 의미하는지에 대하여 법규사항설과 입법사항설로 나누어진다.
③ 법규사항설에 의하면 입법권이란 국민의 권리와 의무에 관한 규정, 즉 법규를 정립하는 국가의 작용을 말하며, 그 내용에 있어서 법규를 정하는 것이면 법률·명령·규칙 등의 형식 여하를 불문하고 다 포함된다는 입장이다.
④ 입법사항설에 의하면 입법권이란 국민의 권리와 의무에 관한 규정인지 여부와 관계없는 일반적인 법규범을 정립하는 국가의 작용으로 이해하는 입장이다.

2) 형식설

① 제40조의 입법권이란 형식적 의미의 법률제정권, 즉 법률의 내용을 불문하고, 법률정립이 일정한 형식에 의하여 이루어지는 것을 의미한다.
② 오로지 국회만이 형식적 입법권을 갖으며, 국회는 법률이라는 형식에 의하는 한 국민의 권리·의무에 관한 법규 이외에도 많은 입법사항을 규정할 권한을 가진다.

(2) 결어

① 형식설에 의하면 법률의 형식이 아니기만 하면 헌법에 그에 관한 근거가 있든 없든 집행부나 사법부가 자유로이 입법을 할 수 있는 것이 되어, 긴급명령·법규명령 등의 제정도 의회입법의 원칙에 모순되거나 그에 대한 예외가 아닌 것이 될 수 있다.

② 입법작용을 "국가기관에 의한 일반적이고 추상적인 성문법규범의 정립작용"으로 파악하는 실질설이 타당하다.

③ 법규범은 일반적·추상적 법규범을 의미하는 것일 뿐 그 내용이 반드시 국민의 권리·의무와 직접적 관계가 있는 것에 한정되지 아니하고, 법규범의 형식도 법률에 한정되지 아니한다.

2. "국회에 속한다"의 의미

(1) 국회중심입법의 원칙

① 국회는 입법의 중심기관으로서, (형식적 의미의) 법률은 오로지 국회가 제정한다.

② 헌법에 규정된 법률사항에 대한 입법은 국회가 독점하며, 국회 이외의 기관이 법률을 제정해서는 아니된다.

③ 국회규칙·대법원규칙·대통령령·부령·긴급명령·조약체결·조례 등의 실질적 의미의 법률은 국회중심입법의 원칙에 대한 예외이다. 이것은 형식적 의미의 법률이 아니기 때문에 헌법에 의하여 타 기관에게 위임되어진 것이다.

(2) 국회단독입법의 원칙

국회는 원칙적으로 단독으로 법률을 제정한다. 다만 정부의 법률안 제출권과 대통령의 법률안거부권, 대통령의 법률안 공포권 등의 예외가 있다.

(3) 국민입법(제72조의 국민투표를 통한 법률제정)의 허용가능성

1) 학설의 대립

(가) 긍정설

① 국민주권의 원리상 국민 대중에게 실질적인 결정권을 부여해야 한다.

② 국민발안권이 보장되지 않는 현행헌법 하에서 국민이 입법을 할 수 있는 제도로 이용될 수 있다.

(나) 부정설

① 우리 헌법상 민주주의는 대의제를 원칙으로 하고 있는데, 대의제의 원리상 입법권은 국회에 속한다(헌법 제40조).

② 법률안의 세부적 내용에 대한 찬반토론을 할 수 없어 기술적으로도 불가능하다.

2) 결어

① 국민투표를 통해 국가의 중요정책이 확정되는 것이 아니라, 국민투표는 단지 국민의 의사를 확인하기 위한 것에 불과하다.
② 국민투표를 통해 확인된 국민의 의사를 법률로 제정하기 위해서는 별도의 입법절차가 필요하다.
③ 국민투표에 의해 곧바로 법률안을 법률로 확정하는 식의 국민입법은 불가능하다.

Ⅲ 국회가 행사하는 입법권의 범위

1. 국회가 행사하는 입법권

① 헌법은 "입법권은 국회에 속한다"고 하여 국회입법원칙을 규정하고 있다.
② 헌법은 실질적 의미의 입법에 관한 권한을 국회에 독점시키지 아니하고(국회입법독점의 배제) 국회입법원칙에 대한 예외를 여러 곳에서 규정하고 있다.
③ 헌법상 국회가 단독으로 행사할 수 있는 입법권은 실질적 의미의 입법에 관한 권한 중 헌법개정안 심의·의결권(제128조 제1항, 제130조 제1항), 법률안 심의·의결권(제53조), 조약의 체결·비준에 대한 동의권(제60조), 국회규칙의 제정권(제64조 제1항)뿐이다.
④ 법률안 심의·의결권은 국회가 보유하는 입법권의 중심을 이룬다.

2. 법률 제정권의 범위(법률이 담아야 할 내용)

① 형식적 의미의 법률은 국민의 권리와 의무에 관한 사항만을 그 내용으로 할 수 있다는 권리·의무설(법규사항설)과 형식적 의미의 법률은 국민의 권리와 의무에 관한 사항뿐만 아니라 헌법이 입법사항으로 하고 있는 것이면 그 내용으로 할 수 있다는 입법사항설(법률사항설)이 대립한다.
② 법률의 제정을 국가생활의 기본문제를 법규범화하는 작용이라고 한다면, 법률은 국민의 권리와 의무에 관한 법규사항만을 내용으로 할 이유가 없으며 그 밖의 국가생활의 기본문제(입법사항)도 그 내용으로 할 수 있는 것이다.

Ⅳ 처분적 법률

1. 서설

① 법률이란 국회가 헌법이 정하는 일정한 입법절차에 따라 심의·의결하고 대통령이 서명·공포함으로써 효력을 발생하는 헌법 하위의 법규범을 말한다.
② 법률은 원칙적으로 일반적·추상적이어야 한다.
③ 일반적이란 불특정의 다수인을 대상으로 함을 말하고, 추상적이란 규제대상을 지나치게 구체적으로 규정하지 아니함을 말한다.

2. 처분적 법률의 의의

처분적 법률이란 자동집행력을 가지는 법률로서 처분적 법률과 자동집행적 법률은 동일하며, 이에는 개별사건법률, 개인적 법률, 한시적 법률의 세 가지 유형이 있다(다수설).

3. 처분적 법률의 필요성

오늘날 사회적 법치국가에서는 일반적 법률만으로는 제대로 구현할 수 없는 국민의 생존과 복지향상을 기하고, 현대 위기국가의 상존화에 적절히 대처하기 위하여 처분적 법률의 존재가 불가피해졌다.

4. 처분적 법률의 종류

(1) 유형

① 일정범위의 국민만을 대상으로 하는 개인적 법률
  예 부정선거관련자처벌법, 정치활동정화법, 부정축재처리법, 정치풍토쇄신을위한특별조치법 등
② 개별적·구체적인 상황 또는 사건을 대상으로 하는 개별사건법률
  예 긴급금융조치법, 긴급통화조치법 등
③ 시행기간이 한정된 한시적 법률
  예 재외국민취적·호적정정및호적정리에관한임시특별법 등

(2) 헌법재판소 결정례

1. 5.18특별법 제2조는 이른바 12.12사건과 5.18사건에만 적용됨을 명백히 밝히고 있으므로, 개별사건법률임을 부인할 수는 없다(헌재 1996.2.16, 96헌가2, 96헌바7 등 병합).
2. 이 사건 폐지법은 세무대학설치의 법적 근거로 제정된 기존의 세무대학설치법을 폐지함으로써 세무대학을 폐교하는 법적 효과를 발생하는 것이므로, 동법은 세무대학과 그 폐지만을 규율목적으로 삼는 처분법률의 형식을 띤다. 그러나 이와 같은 처분법률의 형식은 폐지대상인 세무대학설치법 자체가 이미 처분법률에 해당하는 것이므로, 이를 폐지하는 법률도 당연히 그에 상응하여 처분법률의 형식을 띨 수밖에 없는 필연적 현상이다. 한편 어떤 법률이 개별사건법률 또는 처분법률의 성격을 띠고 있다고 해서 그것만으로 헌법에 위반되는 것은 아니다. 따라서 정부의 조직 및 기능 조정을 위해 세무대학을 폐지해야 할 합리적 이유가 있는 것이므로 이 사건 폐지법은 그 처분법률의 성격에도 불구하고 헌법적으로 정당하다 할 것이다(헌재 2001.2.22, 99헌마613).

5. 처분적 법률의 위헌여부

극단적인 개별적·구체적 처분이나 재판을 그 내용으로 하는 것이 아니면 처분적 법률도 사회국가적 요청에서 부득이한 것이므로 권력분립의 원리에 위배되지 아니하며, 사회국가적 이념을 구현하기 위하여 특정 범위의 국민의 생존을 배려할 필요가 있는 경우 처분적 법률의 제정도 합리적인 이유가 있는 것이므로 평등의 원칙에 위배되는 것이 아니다(통설).

6. 처분적 법률에 대한 위헌심사

(1) 위헌법률심판

처분적 법률도 법률이므로 재판의 전제성 요건을 갖춘 경우에는 당연히 위헌법률심판의 대상이 된다.

(2) 헌법소원심판

처분적 법률은 구체적·직접적이므로 이를 대상으로 하는 헌법소원이 가능하다.

제 2 절 집행작용(집행권)

제1항 행정권의 의의와 범위

I 행정의 의의

행정부에 속하는 기관에 의하여 행해지는 모든 작용이라는 형식설이 있으나 법에 따라 구체적인 국가목적을 실현하기 위한 능동적이고 적극적인 형성적 국가작용이라는 실질설이 타당하다.

II 행정권의 범위

① 헌법 제66조 제4항의 행정권은 실질적 의미의 행정에 관한 권한으로 이해하여야 한다.
② 헌법상 집행부가 행사할 수 있는 집행권의 구체적인 범위는 실질적 의미의 집행작용 중에서 헌법이 다른 국가기관의 소관으로 하고 있는 것을 제외한 집행에 관한 권한이다.

제2항 행정권에 대한 통제

I 옴부즈맨에 의한 통제

1. 옴부즈맨제도의 개념 및 연혁

(1) 개념

옴부즈맨제도라 함은 의회에 의하여 임명된 옴부즈맨이 의회의 위임을 받아 집행부의 업무수행과 관련된 비리나 민원을 독립적으로 조사·보고함으로써 국민의 기본권을 보호하려는 제도를 말한다.

(2) 연혁

옴부즈맨 제도는 1809년 스웨덴에서 처음 채택된 이래로 스칸디나비아의 여러 국가에서 일반화되었고, 1980년 이후에는 세계 각국에 널리 도입되기에 이르렀다.

2. 옴부즈맨제도의 법적 성격

옴부즈맨이 행사하는 권한들은 기본적으로 집행작용이다.

3. 현행법상 옴부즈맨의 도입

방위사업법(제6조 제4항), 경제자유구역의지정및운영에관한특별법(제28조 제1항) 및 연구개발특구의육성에관한특별법(제25조 제1항) 등에서는 명문으로 옴부즈만을 둘 수 있는 법적 근거를 마련하고 있다.

Ⅱ 국민권익위원회

1. 국민권익위원회의 설치

> ● 부패방지 및 국민권익위원회의 설치와 운영에 관한 법률
> 제11조(국민권익위원회의 설치) ① 고충민원의 처리와 이에 관련된 불합리한 행정제도를 개선하고, 부패의 발생을 예방하며 부패행위를 효율적으로 규제하도록 하기 위하여 국무총리 소속으로 국민권익위원회(이하 "위원회"라 한다)를 둔다.
> ② 위원회는 「정부조직법」 제2조에 따른 중앙행정기관으로서 그 권한에 속하는 사무를 독립적으로 수행한다.

2. 국민권익위원회의 기능

> ● 부패방지 및 국민권익위원회의 설치와 운영에 관한 법률
> 제12조(기능) 위원회는 다음 각호의 업무를 수행한다.
> 1. 국민의 권리보호·권익구제 및 부패방지를 위한 정책의 수립 및 시행
> 2. 고충민원의 조사와 처리 및 이와 관련된 시정권고 또는 의견표명
> 3. 고충민원을 유발하는 관련 행정제도 및 그 제도의 운영에 개선이 필요하다고 판단되는 경우 이에 대한 권고 또는 의견표명
> 4. 위원회가 처리한 고충민원의 결과 및 행정제도의 개선에 관한 실태조사와 평가
> 5. 공공기관의 부패방지를 위한 시책 및 제도개선 사항의 수립·권고와 이를 위한 공공기관에 대한 실태조사
> 6. 공공기관의 부패방지시책 추진상황에 대한 실태조사·평가
> 7. 부패방지 및 권익구제 교육·홍보 계획의 수립·시행
> 8. 비영리 민간단체의 부패방지활동 지원 등 위원회의 활동과 관련된 개인·법인 또는 단체와의 협력 및 지원
> 9. 위원회의 활동과 관련된 국제협력
> 10. 부패행위 신고 안내·상담 및 접수 등

11. 신고자의 보호 및 보상
12. 법령 등에 대한 부패유발요인 검토
13. 부패방지 및 권익구제와 관련된 자료의 수집·관리 및 분석
14. 공직자 행동강령의 시행·운영 및 그 위반행위에 대한 신고의 접수·처리 및 신고자의 보호
15. 민원사항에 관한 안내·상담 및 민원사항 처리실태 확인·지도
16. 온라인 국민참여포털의 통합 운영과 정부민원안내콜센터의 설치·운영
17. 시민고충처리위원회의 활동과 관련한 협력·지원 및 교육
18. 다수인 관련 갈등 사항에 대한 중재·조정 및 기업애로 해소를 위한 기업고충민원의 조사·처리
19. 「행정심판법」에 따른 중앙행정심판위원회의 운영에 관한 사항
20. 다른 법령에 따라 위원회의 소관으로 규정된 사항
21. 그밖에 국민권익 향상을 위하여 국무총리가 위원회에 부의하는 사항

Ⅲ 특별검사에 의한 통제

1. 특별검사제의 의의 및 기능

(1) 의의

① 특별검사란 대통령을 비롯한 고위공직자의 비위 또는 비행에 대하여 집행부로부터 독립하여 수사권과 공소권을 행사할 수 있는 독립수사기구를 말한다.
② 특별검사제는 대통령 또는 그 측근 고위직의 범죄행위가 문제되는 경우, 대통령 또는 법무부장관으로부터 독립된 지위에 있는 법률전문가만이 공정한 수사를 할 수 있다는 것을 전제로 하는 것이다.

(2) 기능

① 공적 사안의 처리에 있어서 이익충돌의 회피를 구현하며, ② 사건처리의 공정성을 실현하고, ③ 검찰의 정치적 중립성을 보장하며, ④ 효과적인 권력통제와 탄핵제도의 실효성을 보장하는 기능을 수행한다.

2. 특별검사제의 연혁

특별검사제는 미국에서 최초로 채택된 제도이다. '특별검사'라고 불리는 직책으로 미국에서는 두 종류가 있는데, 하나는 특별연방검찰관(special counsel)이고 다른 하나는 독립검찰관(independent counsel)이다. 특별연방검찰관은 공공이익이 요구되는 특별사건의 처리에 있어서 연방검사에 조력하는 자를 말하고, 독립검찰관은 외부인사로 특별법원에 의해 임명되어 고위직공무원의 형사적 불법행위에 대하여 수사하는 자를 말한다. 우리의 특별검사제는 독립검찰관과 유사한 제도이다. 미국의 독립검찰관제도가 생겨나게 된 직접적 계기가 된 것은 1973년 「워터게이트」사건이다.

3. 우리나라의 특별검사제

(1) 특검법의 제정

1999년 9월 30일, '한국조폐공사노동조합의파업유도및전검찰총장부인에대한옷로비의혹사건의진상규명을위한특별검사의임명등에관한법률(1999년특검법)', 2001년 11월 26일 '주식회사지앤지대표이사이용호의주가조작·횡령사건및이와관련된정·관계로비의혹사건등의진상규명을위한특별검사의임명등에관한법률(2001년특검법)'과 2003년 3월 15일 '남북정상회담관련대북비밀송금의혹사건등의진상규명을위한특별검사임명등에관한법률(2003년특검법)' 등이 제정·시행되었으며, 2014.6.19.부터 '특별검사의 임명 등에 관한 법률(약칭: 특검법)'이 시행되고 있다. 최근에는 박근혜정부의최순실등민간인에의한국정농단의혹사건규명을위한특별검사의임명등에관한법률(시행 2016.11.22.)이 시행되어 효력이 유지되고 있다. 동법상의 특별검사는 공소를 제기하지 아니하는 결정을 하거나 판결이 확정되어 보고서를 제출한 때에 당연히 퇴직하며, 동법은 특별검사가 퇴직할 때까지 효력을 유지한다(동법 부칙 제2조).

(2) 향후 개선점

사건처리의 공정성 확보차원과 권력형 비리의 특성상 정치권 특히, 행정부와 밀착관계를 보이는 일이 잦나는 점을 고려하여 특별검사 임명권을 사법부에 부여하는 것이 타당하다.

수사기간이 지나치게 단기간이어서 충분한 수사가 이루어질 수 없고, 전직검사인 변호사를 특별검사로 임명한 결과 철저한 독립성이 어려웠다는 점, 수사대상을 사건과 직접 관련이 있는 특정인물이나 사항에 한정한 결과 진실규명에 한계가 있을 수 있다는 등의 문제점도 개선할 필요가 있다.

제3절 사법작용(사법권)

I 사법작용의 의의

① 헌법 제101조 제1항은 "사법권은 법관으로 구성된 법원에 속한다"고 하여 사법권은 원칙적으로 법원의 권한임을 명백히 하고 있다.

② 사법의 의미에 대하여 "법원이 관장하고 있는 사항이면 내용을 불문하고 모두 사법작용"이라는 견해(형식설)가 있으나, 오늘날의 지배적인 견해는 "구체적인 법적 분쟁이 발생한 경우에 당사자로부터의 쟁송의 제기를 기다려 독립적 지위를 가진 기관이 제3자적 입장에서 무엇이 법인가를 판단하고 선언함으로써 법질서를 유지하기 위한 작용"으로 이해한다(실질설).

Ⅱ 사법권의 한계

1. 실정법상의 한계

(1) 헌법재판소의 권한에 속하는 사항(소극적 한계)

헌법은 위헌법률심판, 탄핵심판, 위헌정당해산심판, 권한쟁의심판, 헌법소원심판에 관하여 헌법재판소의 권한으로 규정하고 있다(제111조 제1항).

(2) 국회의원의 자격심사·징계·제명(적극적 한계)

① 국회는 의원의 자격을 심사하며 의원을 징계·제명할 수 있는데, 이에 대하여는 법원에 제소할 수 없다(제64조 제4항).
② 지방의회의원의 경우에는 헌법 제64조와 같은 사법권 행사의 한계조항을 두고 있지 아니하므로 지방의회의 의원징계의결은 행정소송으로 다툴 수 있다.

(3) 비상계엄 하의 군사재판

비상계엄 하의 군사재판은 군인·군무원의 범죄나 군사에 관한 간첩죄의 경우와 초병·초소·유독음식물공급·포로에 관한 죄 중 법률이 정한 경우에 한하여 단심으로 할 수 있다. 다만 사형을 선고한 경우에는 그러하지 아니하다(제110조 제4항).

2. 국제법상의 한계

(1) 치외법권자

① 외교사절과 그 가족 및 한국국민이 아닌 수행자, 국제기구의 직원, 승인받고 한국영역 내에 주둔하는 외국의 군인 또는 군함의 승무원 등 국제법상 외교특권을 누리는 자에 대하여는 사법권이 미치지 아니한다.
② 미국군의 구성원, 군속, 그들의 가족에 대하여는 한미행정협정에 의하여 한국의 형사재판권이 미치나 민사재판권은 미치지 않는다(동 협정 제22조).

(2) 조약

헌법 제60조 제1항의 국회의 동의를 얻은 조약에 대하여는 헌법재판소에 위헌심사권이 있기 때문에 법원은 심사하지 못한다.

3. 권력분립상의 한계

(1) 통치행위

1) 통치행위의 의의

통치행위란 국정의 기본방향이나 국가적 차원의 정책결정을 대상으로 하는 고도의 정치적 성격을 띤 국가기관의 행위로서 그 성질상 사법심사의 대상으로 하기에 부적합한 행위를 말한다.

2) 통치행위의 연혁

(가) 프랑스
대통령의 비상대권 발동, 국민의회 해산, 국민투표 부의 등이 통치행위에 해당한다고 본다.

(나) 미국
Rhode Island州의 반란정부와 기존정부 중 누가 적법한 정부인지 여부에 대하여 연방대법원은 법원판단사항이 아니라 연방의회가 판단할 사항이라고 판시(Luther v. Borden, 1849년)하였고, 선거구 판단과 관련하여 Colegrove v. Green사건(1946년)에서는 선거구에 관한 주 법률은 정치적 문제에 속하므로 사법적 심사의 대상에서 제외된다고 판시하였다가, Baker v. Carr사건(1962년)에서는 선거구에 관한 법적 판단이 가능하며, 선거구 간 인구의 과도한 편차는 평등권 침해라고 판시한 바 있다.

(다) 독일·일본
행정소송에 대해 개괄주의를 채택하여 모든 행정작용에 대한 사법심사가 가능한 것을 원칙으로 하되, 다만 그 예외로서 통치행위개념을 인정하고 있다.

3) 통치행위의 주체

(가) 행정부
통치행위는 그 속성상 원칙적으로 행정부가 행사하게 된다.

(나) 입법부
① 종래 군주에 의해 통일적으로 행사되어 오던 통치권이 근대 입헌주의운동의 결과 군주와 의회에 의해서 분할 행사되게 되었다. 이와 같은 역사적 사실로 인해 오늘날 행정부뿐만 아니라 입법부에도 통치행위의 주체성이 인정되게 되었다.

② 국회가 행하는 통치행위의 대표적인 예로는 국회예산안 기타 국가재정의 심의·확정행위, 국회의 조약체결에 대한 비준행위 등이 있다. 특히 국가의 주요정책이 법률의 형태로 나타날 때는 '법률의 형식에 의한 통치행위'라는 개념을 사용할 수 있을 것이다.

(다) 사법부
사법부의 본래적 기능은 정치적인 형성행위와는 거리가 먼 법적용을 통하여 분쟁을 해결함으로써 법질서를 유지하는 데 있기 때문에, 정치적인 형성행위를 본질로 하는 통치행위의 주체가 될 수 없다.

4) 통치행위에 대한 사법심사 가부

(가) 학설의 대립

A. 사법심사긍정설(통치행위부정설)
① 권력남용의 억제와 기본권 보장의 측면에서 고도의 정치적 행위도 사법심사의 대상이 되어야 한다.
② 헌법이 위헌법률과 명령·규칙·처분에 대한 심사를 인정하고(제107조 제2항, 제111조 제1항), 행정소송법상 개괄주의를 채택하고 있다는 점에 비추어 사법심사의 대상이 될 수 없는 국가작용은 원칙적으로 존재하지 않는다.

B. 사법심사부정설(통치행위긍정설)
법리적 차원에서 구하는 입장에는 ① 권력분립설(내재적한계설), ② 자유재량행위설이 있고, 법정책적 차원에서 구하는 입장에는 ③ 사법부자제설이 있다.

(나) 판례
   A. 대법원
      대법원은 주로 권력분립설(내재적 한계설)에 입각하여 사법심사를 부정한다.
   B. 헌법재판소
      헌법재판소는 긴급재정경제명령 등 위헌확인사건, 신행정수도특별법위헌확인사건, 그리고 이라크파병위헌확인사건 등에서 사법심사자제설에 입각하여 통치행위를 긍정하고 있다.

5) 통치행위의 범위
   (가) 요건
      ① 고도의 정치성을 띤 행위이고, ② 헌법이나 법률에 그 내용이나 절차를 규제하는 규정을 두고 있지 아니할 뿐더러, ③ 국민의 기본권 보장과 직접 관련이 없는 행위에 한하여 통치행위의 범주에 속한다.
   (나) 현행헌법상 통치행위
      ① 국회의 의결, 국회 내 선거의 효력, 정족수, 투표의 계산, 국회의 의사(議事), 의원의 자격심사에 관한 쟁송, 의원의 징계 등 국회의 자율에 관한 사항
      ② 국무위원의 임면(任免) 등 행정내부사항
      ③ 대통령의 국가승인 내지 정부승인 등 외교에 관한 문제
      ④ 선전포고, 계엄령의 선포와 해제 시기
      ⑤ 대통령의 영전수여, 사면, 국민투표회부
      ⑥ 대통령이 국가안위에 관한 중요정책을 국민투표에 붙이는 행위(제72조)
      ⑦ 법률안에 대한 대통령의 재의 요구
      ⑧ 대통령의 일반외교에 관한 행위
   (다) 유신헌법상의 긴급조치
      ① 통치행위 해당 여부
         종래 헌법재판소와 대법원은 유신헌법에 근거를 둔 긴급조치에 대해 통치행위로 보아 사법심사의 대상에서 제외하였다. 그러나 2010년에 들어 대법원은 견해를 변경하여 대통령 긴급조치 1호에 대해 위헌판결을 내렸다(대판 2010.12.16, 2010도5986 전원합의체). 나아가 헌법재판소도 2013년 3월 21일 긴급조치 1, 2, 9호에 대해 위헌결정을 내렸다(헌재 2013.3.21, 2010헌바132).
      ② 사법심사기관
         대법원은 "헌법 제107조 제1항, 제111조 제1항 제1호의 규정에 의하면, 헌법재판소에 의한 위헌심사의 대상이 되는 '법률'이란 '국회의 의결을 거친 이른바 형식적 의미의 법률'을 의미하고, 위헌심사의 대상이 되는 규범이 형식적 의미의 법률이 아닌 때에는 그와 동일한 효력을 갖는 데에 국회의 승인이나 동의를 요하는 등 국회의 입법권 행사라고 평가할 수 있는 실질을 갖춘 것이어야 한다. 구 대한민국헌법('유신헌법') 제53조 제3항은 대통령이 긴급조치를 한 때에는 지체 없이 국회에 통고하여야 한다고 규정하고 있을 뿐, 사전적으로는 물론이거니와 사후적으로도 긴급조치가 그 효력을 발생 또는 유지하는 데 국회의 동의 내지 승인 등을 얻도록 하는 규정을 두고 있지 아니하고, 실제로 국회에서 긴급조치를 승인하는 등의 조치가 취하여진 바도 없다. 따라서 유신헌법에 근거한 긴급조치는 국회의 입법권 행사라는 실질을 전혀 가지지 못한 것으로서, 헌법재판소의 위헌심판대상이 되는 '법률'에 해당한다고 할 수 없고, 긴급조치의 위헌 여부에 대한 심사권은 최종적으로 대법원에 속

한다(대판 2010.12.16, 2010도5986 전원합의체)"라고 하여 대법원의 관할임을 밝히고 있다.

이에 반해 헌법재판소는 "헌법 제107조 제1항, 제2항은 법원의 재판에 적용되는 규범의 위헌 여부를 심사할 때, '법률'의 위헌 여부는 헌법재판소가, 법률의 하위 규범인 '명령·규칙 또는 처분' 등의 위헌 또는 위법 여부는 대법원이 그 심사권한을 갖는 것으로 권한을 분배하고 있다. 이 조항에 규정된 '법률'인지 여부는 그 제정 형식이나 명칭이 아니라 규범의 효력을 기준으로 판단하여야 하고, '법률'에는 국회의 의결을 거친 이른바 형식적 의미의 법률은 물론이고 그 밖에 조약 등 '형식적 의미의 법률과 동일한 효력'을 갖는 규범들도 모두 포함된다. 따라서 최소한 법률과 동일한 효력을 가지는 이 사건 긴급조치들의 위헌 여부 심사권한도 헌법재판소에 전속한다(헌재 2013.3.21, 2010헌바132 등)"라고 하여 헌법재판소의 관할로 보고 있다.

③ 긴급조치의 위헌여부

헌법재판소나 대법원 모두 긴급조치에 대해서는 목적의 정당성을 갖추지 못하였다고 보아 위헌결정하였다.

④ 위헌심사의 준거규범

대법원은 "긴급조치가 유신헌법 제53조상의 요건을 갖추지 못하였을 뿐만 아니라 현행헌법에도 위반된다"고 보아 위헌심사의 준거규범을 유신헌법과 현행헌법으로 보았다. 다만 헌법재판소는 "헌법으로서의 규범적 효력을 가지고 있는 것은 오로지 현행헌법뿐이라고 할 것이어서 긴급조치의 위헌 여부를 심사하는 기준은 유신헌법이 아니라 현행헌법으로 보아야 한다"는 입장이다.

6) 통치행위의 한계

① 통치행위도 헌법의 기본원리는 물론 형평의 원칙·과잉금지의 원칙 등 헌법상의 원칙에 위배될 수 없다. 즉 통치행위는 법령으로부터의 자유일 따름이지, 결코 헌법으로부터의 자유일 수는 없다.

② 통치행위는 정치적 책임으로부터는 자유로울 수 없다.

(2) 국회의 자율권에 속하는 사항(통치행위의 내용으로 보는 견해 有)

① 국회의 내부적 규율과 의원의 자격심사 및 징계, 의결정족수와 투표의 계산 등 국회의 자율에 속하는 사항은 사법심사의 대상이 되지 아니한다.

② 특히 현행헌법은 의원의 자격심사와 징계 및 제명처분에 대하여는 법원에 제소할 수 없도록 하고 있다(제64조 제4항).

(3) 행정청의 자유재량행위

재량권을 벗어난 경우인지 또 남용한 경우인지는 심리의 결과 비로소 판단될 수 있는 것이므로 자유재량행위도 사법심사의 대상이 된다(통설, 대판).

(4) 특별권력관계에서의 처분(특별권력관계에서 전술)

(5) 행정소송상 의무이행판결

① 법원이 행정청을 대신하여 스스로 구체적 처분을 하거나 처분을 명할 수 없다고 하여 이를 부정하는 견해와 인정하는 견해가 대립한다.

② 대법원은 부정설의 입장을 취하고 있다.

고영동 헌법
제3편 통치구조론 | CONSTITUTION

제 6 장 통치의 기구

제1절 통치기구의 구조원리

① 현대민주국가의 헌법들은 예외없이 국민주권의 원리를 선언하면서, 그 실현방법으로 대의제를 채택하고 있다.
② 현행헌법도 일반통치권인 입법권·집행권·사법권은 국민에 의하여 직접·간접으로 선출된 국민의 대의기관인 국회·대통령·법원·헌법재판소 등으로 하여금 담당하게 하고 있다.

제2절 국회

제1항 의회주의(의회제도)

I 서설

1. 의회주의의 개념
① 국회의 이념적인 바탕은 대의원리와 의회주의이다.
② 의회주의는 국가의 운영이 국민대표기관인 의회를 중심으로 이루어져야 한다는 것을 의미한다.
③ 의회주의란 국민으로부터 선출된 의원들로 구성된 합의기관인 의회가 집행부와 권력적 균형을 유지하면서 입법 등의 방식으로 국가의 정책결정과정에 참여하는 정치원리를 말한다.

2. 의회주의와 정부형태
① 의회주의이념은 민주주의와 결합하여 국가는 민주적 정당성을 가진 합의체 국민대표기관인 의회를 중심으로 운영되어야 한다는 의회민주주의로 발전되었고, 더 나아가 정부형태까지 지배하여 의원내각제라는 형태를 만들어 내게 되었다.

② 의회주의는 정치원리이고 의원내각제는 권력분립원리에 따른 정부형태이므로 양자는 동의어는 아니지만 의회주의를 정부형태에 관철시킨 결과가 의원내각제로 나타나게 되었다.
③ 대통령제는 민주적 정당성이 이원화된다는 점에서 의회주의를 관철시키는 것이 아니지만, 대통령제에서도 의회는 권력분립적 요소인 측면에서 여전히 중요하다.

II 의회주의의 연혁과 발전

1. 등족회의
부정적 견해도 있지만 의회주의의 중심요소인 대표의 관념은 중세 등족회의에서 비롯되었다고 보아 일반적으로 의회제도의 기원을 등족회의에서 찾고 있다.

2. 근대적 의회제의 성립
모범의회를 거쳐 14세기에 이미 양원제의 모습을 갖춘 영국의회는 1688년 명예혁명을 통하여 국왕에 대한 의회우위를 확보하기 시작하였고, 명예혁명 이후 채택된 권리장전은 근대의회제의 기본원리를 구현하였다. 18세기 말의 미국 독립혁명과 프랑스 시민혁명은 근대입헌주의의 태동을 알렸으며, 그것은 동시에 영국식 신분 양원제를 뛰어넘은 국민주권에 기초한 의회제의 정립을 의미하기도 하였다.

3. 근대 시민혁명 이후의 의회제
미국과 프랑스의 근대 시민혁명의 성공으로 유럽 각국에서는 의회제를 헌법의 기본원리로 받아들여 의회제의 기본원리가 제도화되었다.
두 차례의 세계대전을 거치면서 의회주의에 대한 회의론이 대두되었고, 국민주권의 실질화를 위한 반(半)대표론이 대두되었다.

III 의회주의의 기본원리

1. 국민대표의 원리
① 의회주의는 의회의 국민대표성을 기본원리로 한다.
② 의회의 국민대표성을 보장하기 위하여 (ⅰ) 의원의 신분보장을 통한 의원의 의회활동의 보장, (ⅱ) 위임입법의 금지, (ⅲ) 불체포특권과 면책특권의 보장, (ⅳ) 겸직의 금지, (ⅴ) 의원의 선거인과의 독립(자유위임), (ⅵ) 의원의 대리제 불허 등이 요청된다.

2. 의사공개의 원칙(후술)

3. 다수결의 원칙(후술)

4. 그 외의 원리

의회의 대표기능성과 합의기능성을 드는 견해와 정권교체의 원리를 드는 견해가 있다.

Ⅳ 현대국가에서 의회의 약화 현상

1. 의회의 약화 현상

국가가 의회를 중심으로 운영되던 의회주의의 전성기와 비교해 보면 20세기에 들어와서는 국가 운영에서 의회의 기능과 비중이 상대적으로 약화된 점을 발견할 수 있다.

2. 의회 약화의 주요원인

① 국가과제의 증대와 행정국가 등장
② 대의제도의 결함
③ 의원내각제의 실패
④ 대통령제의 등장
⑤ 정당국가의 등장
⑥ 의회운영상의 실패

Ⅴ 의회기능의 정상화를 위한 방안

1. 대의제도의 성공조건 강화

① 후보자공천의 민주성확보와 후보자토론회 등을 통한 선거제도
② 정치자금을 통제하는 장치와 정치부패를 방지하는 장치 마련

2. 의회의 역량 강화

3. 의회운영의 효율성 제고

① 직능대표제의 도입
② 국회전문위원회의 확대 개편
③ 의회의 운영을 상임위 중심으로 개편

4. 기타의 방안

① 사회국가원리의 실질적 구현을 통한 계층 간의 대립 해소
② 정당조직과 정당의사결정의 민주화

Ⅵ 대한민국헌법과 의회주의

1. 의회주의의 변천

① 우리나라에 의회주의가 도입된 것은 1948년의 제헌헌법부터이다.
② 의회의 구성방식으로 제헌헌법에서는 단원제가 채택되었으나, 1952년의 1차개헌에서는 양원제가 채택되었다.
③ 1962년헌법에서는 다시 단원제로 환원되고, 현행헌법도 단원제를 채택하고 있다.

2. 현행헌법에 있어서의 의회주의

① 현행헌법은 대의제의 핵심이 되는 의회주의를 통치구조의 기본원리의 하나로 하고 있다. 의회주의에 대한 보완책으로 직접민주제를 부분적으로 채택하고 있다.
② 부분적으로 채택된 직접민주제는 헌법개정안에 대한 국민투표제(제130조 제2항)과 대통령이 부의한 국가안위에 관한 중요정책에 대한 국민투표제(제72조)이다.

제2항 국회의 헌법상 지위

Ⅰ 의회의 헌법상 지위

① 의회의 헌법상 지위와 권한은 국가형태가 단일제국가인가 연방제국가인가, 정부형태가 의원내각제인가 대통령제인가, 헌법유형이 연성헌법인가 경성헌법인가에 따라 다르다.
② 단일제국가에서는 연방제국가에 비하여 의회의 권한이 강력하고, 연성헌법의 경우가 경성헌법의 경우에 비하여 의회의 권한이 강력하며, 의원내각제의 의회는 대통령제의 의회에 비하여 그 권한이 강력하다.

Ⅱ 국민대표기관으로서의 국회

1. 헌법규정

① 국회의 국민대표성을 명문으로 규정하고 있는 독일기본법과 달리 우리 헌법은 국회의 국민대표성을 명시적으로 규정하고 있지 않다.
② 헌법재판소는 국회가 국민대표기관이라는 것을 자명한 사실로 받아들이고 있다(헌재 1989.9.8, 88헌가6).

2. 대표관계의 법적 성질

헌법에는 국회의원에게 명령적 또는 강제위임을 지시하고 있는 규정이 없다는 점과 헌법 제45조는 "국회의원은 국회에서 직무상 행한 발언과 표결에 관하여 국회 외에서 책임을 지지 아니한다"고 규정하고 있는 점에 비추어 정치적 대표관계이다(정치적 대표설; 다수설).

3. 국민대표기관으로서의 지위의 변질

오늘날 정당정치의 발달로 말미암아 의원이 소속정당에 엄격히 예속되어 국민을 대표한다기보다 오히려 정당을 대표하는 기관으로 전락하고 있다.

III 입법기관으로서의 국회

① 헌법은 제40조에서 "입법권은 국회에 속한다"고 규정하고 있다.
② 실질적 의미의 입법에 관한 권한은 헌법에 다른 규정이 없는 한 원칙적으로 국회가 행사한다.
③ 정부의 법률안 제출권(제52조), 대통령의 법률안거부권(제53조 제2항), 대통령의 긴급재정·경제명령권, 긴급명령권(제76조) 등의 예외적인 입법권이 인정되고 있다.

IV 국정통제기관으로서의 국회

1. 헌법규정

탄핵소추의결권(제65조), 국정감사 및 조사권(제61조), 국무총리나 국무위원에 대한 국회출석요구권·질문권·해임건의권(제61조, 제62조), 재정에 관한 권한(제54조 내지 제59조), 긴급명령 및 긴급재정·경제명령에 대한 승인권(제76조), 계엄해제요구권(제77조) 등이 그것이다.

2. 국정통제기관으로서의 지위의 상대적 강화

국회의 국민대표기관으로서의 지위와 입법기관으로서의 지위는 점차 약화되고 있지만, 국정통제기관으로서의 지위는 상대적으로 강화되고 있다.

V 국가최고기관의 하나로서의 국회

① 헌법이 명시하지는 않았으나 국회는 국가최고기관으로서의 지위를 가진다.
② 국회가 국가의 유일한 최고기관이라 할 수는 없고, 정부·법원·헌법재판소와 같은 최고기관들 중의 하나라고 할 것이다(통설).

제3항 국회의 구성

I 양원제

1. 양원제의 의의와 연혁

(1) 의의
양원제란 국회를 두 개의 상호 독립한 합의체기관으로 구성하고, 상호 독립해서 활동하되 두 합의체기관의 일치된 의사만을 국회의 의사로 간주하는 국회의 구성원리를 말한다.

(2) 연혁
① 양원제는 의회제도의 모국인 영국에서 채택된 것으로 귀족원과 평민원의 2원제에서 출발하였다.
② 양원제는 영국과 같은 2원적인 신분사회의 대의에 유리할 뿐만 아니라 연방국가의 구조적인 특성을 살리는데 유리하므로, 영국의 입헌군주제의 정치전통 내지 미국의 연방국가적 구조와 밀접한 관련이 있다.

2. 주요 국가의 양원제

(1) 영국
① 서민원(하원): 직선에 의해 선출, 임기 5년, 국가최고기관으로서 실질적 권한 행사
② 귀족원(상원): 귀족으로 구성, 임기는 종신

(2) 미국
① 하원: (ⅰ) 25세 이상, 정원은 435명, 임기는 2년
　　　　(ⅱ) 세입법안우선심의권·탄핵소추권·대통령선출권을 갖음
② 상원: (ⅰ) 30세 이상, 정원은 100명, 임기는 6년, 2년마다 1/3씩 개선
　　　　(ⅱ) 고위공무원임명동의권·조약비준동의권·탄핵심판권·부통령결선권을 갖음
③ 상원의 권한이 하원보다 강력하다고 평가됨

(3) 프랑스
① 국민의회: 직접선거에 의해 선출된 의원들로 구성, 실질적인 권한 행사
② 상원: 간접선거에 의해 선출된 의원들로 구성(지방공공단체대표로 구성된 선거인단)

(4) 독일
① 연방의회(하원): 직접선거에 의해 선출된 임기 4년의 의원들로 구성
② 연방참사원(상원): 각 주 정부의 대표로 구성(임기는 정해져 있지 않다)

3. 양원제의 장·단점

장점	단점
① 의안의 심의에서 신중을 기할 수 있어 단원제의 경솔과 졸속을 피할 수 있다. ② 의회구성에 권력분립의 원리를 도입함으로써 원내다수파의 전제와 횡포를 방지하고 국민의 권익을 옹호할 수 있다. ③ 일원이 정부와 충돌한 경우에 타원이 이를 조정할 수 있다.	① 이중절차에 의해 심의가 지연되어 국고가 낭비된다. ② 의회의 책임 소재를 불분명하게 한다. ③ 정부에 대한 의회의 지위가 상대적으로 약화된다. ④ 상원의 보수화로 인하여 국민의사를 왜곡·굴절하여 반영할 위험이 있다.

4. 양원의 관계

(1) 조직독립·의결독립의 원칙

양원은 조직과 권한 및 활동에서 서로 독립적이며, 의결도 독립적으로 한다.

(2) 의사병행·의사일치의 원칙

양원의 의견이 일치하는 경우에만 의회의 의결로 한다. 단, 양원은 동시에 개회하고 폐회한다.

(3) 양원간의 권한불균형

양원 간의 권한불균형 관계도 양원제의 제도적 징표에 속한다.
미국처럼 상원의 권한이 우월한 경우도 있고, 독일처럼 하원의 권한이 우월한 경우도 있다.

Ⅱ 단원제

1. 단원제의 의의와 연혁

(1) 의의

① 단원제란 의회가 민선의원으로 조직되는 단일의 합의체로써 구성되는 의회제도를 말한다.
② 단원제는 동일사항에 관하여 국민의 총의가 둘이 있을 수 없으므로, 국민의 대의기관은 하나이어야 한다는데 이론적 근거가 있다.

(2) 연혁

① 단원제는 J. J. Rousseau, A. Siéyès 등이 주장하였다.
② J. J. Rousseau는 "동일사항에 대하여 국민의 총의가 둘이 있을 수 없으므로 국민의 대의기관은 하나이어야 한다"고 하면서 단원제를 주장하였다.
③ A. Siéyès는 양원제의 폐단과 모순을 지적하면서, "제2원이 제1원과 같은 결정을 한다면 제2원은 무용한 존재이고, 반대로 제2원이 제1원과 다른 결정을 한다면 제2원은 유해한 존재이다"라고 강조하였다.
④ 1791년의 프랑스혁명헌법이 단원제를 최초로 채택한 것은 A. Siéyès의 사상적 영향을 받은 것으로 알려지고 있다.

2. 단원제의 장·단점

장점	단점
① 의안심의를 신속하게 처리할 수 있다. ② 국회의 경비를 절감할 수 있다. ③ 정부에 대한 의회의 지위를 강화할 수 있다. ④ 의회의 책임 소재를 분명하게 한다.	① 의안심의가 경솔해진다. ② 국회의 정부에 대한 횡포가 우려된다. ③ 졸속입법의 위험성이 있다. ④ 국회가 정쟁의 무대가 될 수 있다. ⑤ 국회와 정부의 충돌 시 완충책이 없다.

Ⅲ 대한민국헌법에 있어서 국회의 구성

공화국	구성형태	주요내용
제헌헌법	단원제	• 임기4년
제1차개정헌법	양원제	• 참의원(임기6년, 2년마다 1/3 개선)은 구성 안 됨, 민의원(임기4년)만 구성됨
제2공화국헌법	양원제	• 민의원: 소신거구제, 4년 임기 • 참의원: 도 단위의 대선거구, 6년 임기 • 민의원의 전속권한 : 국무총리의 선출권, 내각에 대한 불신임의결권, 법률안·예산안우선심의권 • 민의원의 참의원에 대한 우월성 보장 • 양원의 의결이 일치하지 않을 경우 민의원의 재의결을 국회의 의결로 함(재적과반, 출석 2/3)
제3공화국헌법	단원제	• 전국구의원과 지역구의원으로 구성, 무소속입후보금지
제4공화국헌법	단원제	• 지역구출신의원(6년)과 통일주체국민회의가 선거하는 의원(3년)으로 구성 • 통일주체국민회의는 대통령의 추천에 따라 국회의원정수의 1/3 선출
제5공화국헌법	단원제	• 지역구의원과 비례대표의원으로 구성
현행헌법	단원제	• 지역구의원과 비례대표의원으로 구성 • 국회의원정수의 하한을 헌법에 규정(법률로 정하되 200인 이상)

제4항 국회의 기관(의장과 부의장)

> **헌법**
> 제48조 국회는 의장 1인과 부의장 2인을 선출한다.

1. 지위
① 국회의 기관으로서 1인의 의장과 2인의 부의장이 있다(헌법 제48조).
② 의장은 국회를 대표하고 의사(議事)를 정리하며, 질서를 유지하고 사무를 감독한다(국회법 제10조).

2. 사임 및 겸직 제한
① 의장과 부의장이 사임하고자 할 때에는 반드시 국회의 동의를 얻어야 한다(국회법 제19조).
② 의장과 부의장은 원칙적으로 의원 이외의 직을 겸할 수 없다(국회법 제20조 제1항).
③ 의장과 부의장은 다른 의원과는 달리 국무위원의 직을 겸할 수 없다(국회법 제20조 제2항).
④ 의장은 상임위원이 될 수 없으나, 부의장은 상임위원이 될 수 있다(국회법 제39조 제3항).

3. 의장직무대리 및 대행
① 직무대리는 권한의 귀속주체가 일시적인 사정으로 권한을 행사할 수 없는 경우에 권한을 일시적으로 대신 행사하게 하는 것을 말한다.
② 직무대행은 권한의 귀속주체가 존재하지 않아 상무(常務)를 대신 행사하게 하는 것을 말한다.
③ 사무총장의 의장직무대행사유에 폐회 중에 의장·부의장이 모두 궐위된 경우가 추가되었다(국회법 제14조).

4. 의장의 권한
① 의사정리권
② 질서유지권
③ 사무감독권
④ 임시회집회공고권
⑤ 의사일정작성·변경권
⑥ 원내 각 위원회에의 출석·발언권
⑦ 국회에서 의결된 의안의 정부이송권
⑧ 대통령이 확정법률을 공포하지 않을 때의 법률공포권
⑨ 의원에 대한 청가수리권
⑩ 폐회 중의 의원사직허가권
⑪ 원내 및 회의의 질서유지에 관한 권한
⑫ 방청허가권

제5항 국회의 위원회

I 서설

1. 위원회의 의의

① 국회의 위원회란 본회의에서의 의안심의를 원활하게 할 목적으로 일정한 사항에 관하여 전문적 지식을 가진 일단의 소수의원들이 의안을 예비적으로 심의하는 합의제 기관을 말한다.
② 위원회는 실제에 있어 '소의회'라 불릴 만큼 기능적인 의미의 의회라는 성격을 가지나, 의안의 예비적 심사를 하는 기관이라는 위원회의 본질상 위원회의 의결이 본회의의 의결 자체를 구속하지는 못한다.
③ 헌법에 규정은 없으나 국회법은 국회 운영에 있어서 '위원회심의중심주의'와 '본회의결정중심주의'를 채택하고 있다. 따라서 모든 의안은 위원회의 심사를 필수요건으로 한다(국회법 제81조).

2. 위원회제도의 필요성

① 모든 안건을 본회의에서 심의하기에는 의원 수가 너무 많다.
② 입법사무가 양적으로 광대하다.
③ 입법에의 고도의 전문성과 기술성이 요구된다.
④ 부적당한 의안을 폐기함으로써 본회의 운영을 합리화할 수 있다.
⑤ 국회의 입법기능 및 정부통제기능의 위축현상에 따른 국회의 전문성의 결여를 보완하기 위한 노력의 일환이다.

II 위원회제도의 장·단점

장점	단점
① 의안심의의 능률향상 ② 예비심사제도를 통한 방대한 안건의 효율적 처리 ③ 의안의 심도 있는 심사 ④ 효율적인 본회의 운영	① 본회의의 형해화 ② 의안심의의 공정성 저해 ③ 이익집단활동의 매개체 제공 ④ 소관행정부처의 출장소화 될 위험 ⑤ 의원들에게서 폭 넓은 국정심의의 기회 박탈

III 위원회의 종류

1. 상임위원회

> ◆ **국회법**
> 제35조(위원회의 종류) 국회의 위원회는 상임위원회와 특별위원회 두 종류로 한다.

제37조(상임위원회와 그 소관)
① 상임위원회의 소관사항은 다음과 같다.
  1. 국회운영위원회
     가. 국회운영에 관한 사항
     나. 「국회법」과 국회규칙에 관한 사항
     다. 국회사무처 소관에 속하는 사항
     라. 국회도서관 소관에 속하는 사항
     마. 국회예산정책처 소관에 속하는 사항
     바. 국회입법조사처 소관에 속하는 사항
     사. 대통령비서실, 국가안보실, 대통령경호처 소관에 속하는 사항
     아. 국가인권위원회 소관에 속하는 사항
  2. 법제사법위원회
     가. 법무부 소관에 속하는 사항
     나. 법제처 소관에 속하는 사항
     다. 감사원 소관에 속하는 사항
     라. 고위공직자범죄수사처 소관에 속하는 사항
     마. 헌법재판소 사무에 관한 사항
     바. 법원·군사법원의 사법행정에 관한 사항
     사. 탄핵소추에 관한 사항
     아. 법률안·국회규칙안의 체계·형식과 자구의 심사에 관한 사항
  3. 정무위원회
     가. 국무조정실, 국무총리비서실 소관에 속하는 사항
     나. 국가보훈부 소관에 속하는 사항
     다. 공정거래위원회 소관에 속하는 사항
     라. 금융위원회 소관에 속하는 사항
     마. 국민권익위원회 소관에 속하는 사항
  4. 기획재정위원회
     가. 기획재정부 소관에 속하는 사항
     나. 한국은행 소관에 속하는 사항
  5. 교육위원회
     가. 교육부 소관에 속하는 사항
     나. 국가교육위원회 소관에 속하는 사항
  6. 과학기술정보방송통신위원회
     가. 과학기술정보통신부 소관에 속하는 사항
     나. 방송통신위원회 소관에 속하는 사항
     다. 원자력안전위원회 소관에 속하는 사항
  7. 외교통일위원회
     가. 외교부 소관에 속하는 사항
     나. 통일부 소관에 속하는 사항
     다. 민주평화통일자문회의 사무에 관한 사항
  8. 국방위원회
    국방부 소관에 속하는 사항
  9. 행정안전위원회
     가. 행정안전부 소관에 속하는 사항

나. 인사혁신처 소관에 속하는 사항
　　다. 중앙선거관리위원회 사무에 관한 사항
　　라. 지방자치단체에 관한 사항
10. 문화체육관광위원회
　　문화체육관광부 소관에 속하는 사항
11. 농림축산식품해양수산위원회
　　가. 농림축산식품부 소관에 속하는 사항
　　나. 해양수산부 소관에 속하는 사항
12. 산업통상자원중소벤처기업위원회
　　가. 산업통상자원부 소관에 속하는 사항
　　나. 중소벤처기업부 소관에 속하는 사항
13. 보건복지위원회
　　가. 보건복지부 소관에 속하는 사항
　　나. 식품의약품안전처 소관에 속하는 사항
14. 환경노동위원회
　　가. 환경부 소관에 속하는 사항
　　나. 고용노동부 소관에 속하는 사항
15. 국토교통위원회
　　국토교통부 소관에 속하는 사항
16. 정보위원회
　　가. 국가정보원 소관에 속하는 사항
　　나. 「국가정보원법」 제4조 제1항 제5호에 규정된 정보 및 보안업무의 기획·조정 대상부처 소관의 정보예산안과 결산심사에 관한 사항
17. 여성가족위원회
　　여성가족부 소관에 속하는 사항

상임위원회의 소관은 1 이상의 정부조직과 연관되도록 국회법에 규정하고 있다. 따라서 모든 국가기관은 원칙적으로 어느 하나의 상임위원회에 속하게 되어 있다. 어느 상임위원회에도 속하지 아니하는 사항은 의장이 국회운영위원회와 협의하여 정한다.

2. 특별위원회

① 특별위원회는 여러 상임위원회 소관과 관련되거나 특히 필요하다고 인정되는 안건을 효율적으로 심사하기 위하여 본회의의 의결로 일시적으로 설치하는 위원회이다(국회법 제44조).
② 국회법에서 명시적으로 설치한 특별위원회로는 윤리특별위원회, 예산결산특별위원회, 인사청문특별위원회가 있는데, 예산결산특별위원회는 상설이다(국회법 제45조, 제46조 및 제46조의3).
③ 특별위원회의 위원장은 위원회에서 호선한다(국회법 제47조). 단, 예산결산특별위원회의 위원장은 본회의에서 선거한다(국회법 제45조 제4항).

3. 인사청문회

인사청문회는 청문대상에 따라 ① 특별히 인사청문특별위원회를 구성해서 실시하는 경우(국회법 제46조의3)와 ② 해당 상임위원회에서 실시하는 경우(국회법 제65조의2) 두 가지가 있다.

4. 전원위원회

(1) 의의 및 제도의 취지

1) 의의

전원위원회는 위원회중심주의로 인하여 본회의에서의 심의가 형식화하는 것을 보완하기 위해, 주요 의안의 본회의 상정 전이나 상정 후에 재적의원 4분의 1 이상의 요구가 있을 경우에 의원 전원으로 구성되는 위원회를 말한다(국회법 제63조의2).

2) 취지

제6대 국회부터 위원회에서 중점적인 심의가 이루어짐에 따라 본회의가 형해화 되는 등의 문제점이 드러남에 따라 상임위원회중심주의의 문제점을 개선하고 안건의 심도있는 심사 등을 위하여 도입한 것이다. 전원위원회는 그 구성원에서는 본회의와 일치하지만 전원위원회는 어디까지나 위원회의 기능을 수행하는 것이지, 본회의의 기능을 대신하는 것은 아니다.

(2) 심사대상

① 전원위원회의 심사대상에 관한 규정은 예시적으로 해석함이 타당하다.
② 국가안전보장, 외교, 통일, 국방 등 중요한 사항에 대한 법률안은 모두 전원위원회의 심사대상이 된다.
③ '국민에게 부담을 주는 법률안'에서 부담은 조세에 버금가는 경제적 부담을 의미한다.

(3) 상임위원회와의 차이점

구분	상임위원회	전원위원회
심사대상	• 상임위 소관별로 심사	• 위원회의 심사를 거치거나 위원회가 제안한 주요 의안 • 위원회의 심사를 거치지 않은 의안과 본회의에 바로 상정되는 의안은 제외
개회요건	• 본회의 의결 • 의장 또는 위원장이 필요하다고 인정하는 경우 • 재적위원 4분의 1 이상의 요구가 있는 경우	본회의 상정 전이나 본회의 상정 후에 재적의원 4분의 1 이상의 요구가 있는 때
안건폐기	본회의에 부의할 필요가 없다고 결정된 의안	안건에 대한 수정은 가능, 폐기는 불가능
의사정족수	재적위원 5분의 1 이상	재적위원 5분의 1 이상
의결정족수	재적위원 과반 출석/출석 과반	재적위원 4분의 1 이상 출석/출석 과반

5. 소위원회

위원회는 소관 사항을 분담·심사하기 위하여 상설소위원회를 둘 수 있고, 필요한 경우 특정한 안건의 심사를 위하여 소위원회를 둘 수 있다. 이 경우 소위원회에 대하여 국회규칙으로 정하는 바에 따라 필요한 인원 및 예산 등을 지원할 수 있다(국회법 제57조).

6. 연석회의

① 연석회의는 위원회의 종류가 아니라 두 개 이상의 위원회가 행하는 회의운영방식일 뿐이다.
② 연석회의는 소관위원회가 필요에 따라 다른 위원회와 협의하여 여는 것인데, 위원회와는 달리 의견을 교환할 수는 있어도 표결은 할 수 없다(국회법 제63조).

Ⅳ 위원회의 운영과 직무

1. 개회

상임위원회는 ① 본회의의 의결이 있거나, ② 의장 또는 위원장이 필요하다고 인정할 때, ③ 재적위원 4분의 1 이상의 요구가 있을 때에 개회한다(국회법 제52조). 위원회는 재적위원 5분의 1 이상의 출석으로 개회하고, 재적위원 과반수의 출석과 출석위원 과반수의 찬성으로 의결한다(국회법 제54조).

2. 위원회의 심사대상

① 원칙적으로 위원회는 모든 안건에 대해 심사할 수 있으며, 이에 대한 수정을 하거나 대안을 제시할 수도 있다.
② 중요한 안건의 경우 공청회나 청문회를 열 수 있다.
③ 의원의 불체포특권 관련 사항, 계엄해제요구, 해임건의, 대법원장 등의 임명동의는 관례상 본회의에 직접 부의한다.
④ 위원회가 이유없이 의장이 정한 심사기간을 경과하여 의장이 중간보고를 듣고 바로 본회의에 부의하는 안건(패스트트랙, 국회법 제85조~제86조)이나 본회의에서 수정동의하는 안건의 경우에는 위원회의 심사를 거치지 아니한다(국회법 제95조).

3. 보류함·위원회의 해임

① 위원회에서 본회의에 부의할 필요가 없다고 결정된 의안은 본회의에 부의하지 아니한다(국회법 제87조 제1항).
② 위원회의 결정이 본회의에 보고된 날로부터 폐회 또는 휴회 중의 기간을 제외한 7일 이내에 의원 30인 이상의 요구가 있을 때에는 그 의안을 본회의에 부의하여야 한다(국회법 제87조 제1항 단서).
③ 예산안의 경우에는 상임위원회와 예산결산특별위원회에서 본회의에 부의하지 않기로 결정할 수 없다.

Ⅴ 위원회의 의사절차

1. 정족수

위원회는 재적위원 5분의 1 이상의 출석으로 개회하고, 재적위원 과반수의 출석과 출석위원 과반수의 찬성으로 의결한다(국회법 제54조).

2. 일사부재의(一事不再議)의 원칙 적용여부

① 일단 부결된 의안은 동일회기 중에 다시 발의하거나 제출할 수 없다(국회법 제92조).
② 위원회의 의결은 국회 자체의 결정이 아니므로, 본회의에서 다시 심의해도 일사부재의원칙에 위반되는 것은 아니다.

VI 위원회 의사절차의 공개여부

1. 의사공개원칙

① 의사공개의 원칙이란 국회의 의안심의과정을 일반인에게 공개하는 것을 말하며, 이는 의사진행의 내용과 의원의 활동을 국민에게 공개함으로써 민의에 따른 국회운영을 실천한다는 민주주의적 요청에서 유래하는 것이다.
② 헌법 제50조 제1항은 "국회의 회의는 공개한다"고 하여 의사공개의 원칙을 규정하고 있다.

2. 위원회에 의사공개원칙이 적용되는지 여부

① 헌법 제50조의 의사공개의 원칙은 위원회에도 적용된다.
② 정보위원회의 회의는 공개하지 아니한다. 다만 공청회 또는 인사청문회를 실시하는 경우에는 위원회의 의결로 이를 공개할 수 있다(국회법 제54조의2).

VII 국회의 교섭단체

1. 의의와 기능

① 교섭단체란 원칙적으로 같은 정당 소속 의원들로 구성되는 원내정치단체를 말한다.
② 교섭단체는 정당국가에서 의원의 정당기속을 강화하는 하나의 수단으로 기능할 뿐 아니라 정당 소속 의원들의 원내행동통일을 기함으로써 정당의 정책을 의안심의에서 최대한으로 반영시키기 위한 투쟁집단적인 기능도 갖게 된다.
③ 교섭단체 활동은 국회의원의 자유위임(무기속위임)관계를 약화시킨다.

2. 구성

① 국회에 20인 이상의 소속 의원을 가진 정당은 하나의 교섭단체가 된다(국회법 제33조 제1항).
② 다른 교섭단체에 속하지 아니하는 20인 이상의 의원으로 따로 교섭단체를 구성할 수 있다.
③ 교섭단체의 대표의원을 원내대표라고 부른다. 교섭단체의 대표의원은 그 단체의 소속 의원이 연서·날인한 명부를 의장에게 제출하여야 하며, 그 소속 의원에 이동이 있거나 소속정당의 변경이 있을 때에는 그 사실을 지체없이 의장에게 보고하여야 한다(국회법 제33조 제2항).

3. 교섭단체 대표의원

① 교섭단체마다 의원총회와 대표의원을 둔다.
② 교섭단체대표의원은 반드시 국회의원이어야 한다.

4. 교섭단체와 정당의 비교

구분	교섭단체	정당
법적 성격	국회법상 기관	법인격 없는 사단
대표자	원내대표: 반드시 국회의원	정당대표: 국회의원 여부 불문
구성원	국회의원	정당원
헌법소원 청구인능력	X	O
권한쟁의심판 청구인능력	O	X
특징	두 개 정당의 하나의 교섭단체 구성 가능	하나의 정당은 두 개의 교섭단체 구성 불가

제6항 국회의 운영

> **● 헌법**
> 제47조
> ① 국회의 정기회는 법률이 정하는 바에 의하여 매년 1회 집회되며, 국회의 임시회는 대통령 또는 국회재적의원 4분의 1 이상의 요구에 의하여 집회된다.
> ② 정기회의 회기는 100일을, 임시회의 회기는 30일을 초과할 수 없다.
> ③ 대통령이 임시회의 집회를 요구할 때에는 기간과 집회요구의 이유를 명시하여야 한다.

1. 입법기와 회기

(1) 개념

① 국회가 동일의원들로 구성되는 시기(임기개시일)로부터 그 임기가 만료되거나 국회가 해산되기까지의 시기를 입법기(의회기)라고 한다.
② 회기는 입법기 내에서 국회가 실제로 활동능력을 가지는 일정한 기간을 말한다.
③ 국회의 회기는 소집일(집회일)로부터 기산하여 폐회일까지이다. 따라서 휴회일수도 회기에 산입한다.

(2) 일정기간 동안의 활동

① 국회는 상시로 개회하여 활동하는 것이 아니라 일정한 기간 동안에만 활동한다.

② 헌법은 국회의 상설화를 방지하기 위하여 "정기회의 회기는 100일을, 임시회의 회기는 30일을 초과할 수 없다"(헌법 제47조 제2항)고 규정하여 회기의 일수를 제한한다.
③ 다만 연간회기일수의 제한이 없으므로 국회의 상설화는 가능하다.

(3) 휴회와 회의재개

① 국회는 회기 중이라도 의결로써 일정 기간을 정하여 활동을 중지할 수 있는데 이를 휴회라 한다.
② 국회가 휴회 중이라도 대통령의 요구가 있을 때, 의장이 긴급한 필요가 있다고 인정할 때, 국회재적의원 4분의 1 이상의 요구가 있을 때에는 본회의를 재개한다(국회법 제8조 제2항).

2. 정기회와 임시회

(1) 정기회

① 정기회란 국회가 매년 1회 정기적으로 집회하는 것을 말한다.
② 우리 국회는 매년 9월 1일에(공휴일이면 그 다음 날) 정기회를 집회해서 최장 100일 동안 활동한다(헌법 제47조, 국회법 제4조).

(2) 임시회

1) 소집요구에 따른 임시회

① 임시회는 대통령과 국회재적의원 4분의 1 이상의 요구에 의하여 소집하는데, 대통령이 임시회의 집회를 요구할 때에는 기간과 집회요구의 이유를 명시하여야 한다(헌법 제47조 제3항).
② 국회의장은 상임위원회의 소집을 요구할 수는 있지만, 임시회의 집회를 요구할 수는 없다.
③ 회기는 집회 후 즉시 결정하여야 하는데, 회기는 30일을 초과할 수 없다(헌법 제47조 제2항). 다만 의결로 30일을 초과하지 않는 범위에서 연장할 수 있다(국회법 제7조 제1항).

2) 필수적인 임시회

① 국회법에 따라 국회는 2월·3월·4월·5월·6월의 1일과 8월 16일에 임시회를 집회한다(국회법 제5조의2 제2항 제1호).
② 필수적인 임시회는 해당 월의 말일까지로 하되, 30일을 초과하는 경우에는 30일로 한다.

3. 연중상시개원제도(국회법 제5조의2)

국회법은 국회의 정부에 대한 국정감시 및 통제기능의 실효성을 확보하기 위하여 국회의 연중상시개원제도를 도입하였다. 이러한 국회의 연중상시활동을 위하여 국회의장은 교섭단체대표의원과 협의를 거쳐 매년 12월말까지 다음 연도의 연간국회운영의 기본일정을 정해야 한다.

제7항 국회의 의사원칙

> ◆ **헌법**
>
> **제49조**
> 국회는 헌법 또는 법률에 특별한 규정이 없는 한 재적의원 과반수의 출석과 출석의원 과반수의 찬성으로 의결한다. 가부동수인 때에는 부결된 것으로 본다.
>
> **제50조**
> ① 국회의 회의는 공개한다. 다만 출석의원 과반수의 찬성이 있거나 의장이 국가의 안전보장을 위하여 필요하다고 인정할 때에는 공개하지 아니할 수 있다.
> ② 공개하지 아니한 회의내용의 공표에 관하여는 법률이 정하는 바에 의한다.
>
> **제51조**
> 국회에 제출된 법률안 기타의 의안은 회기 중에 의결되지 못한 이유로 폐기되지 아니한다. 다만 국회의원의 임기가 만료된 때에는 그러하지 아니하다.

국회의 의사과정에는 의사공개의 원칙, 회기계속의 원칙, 일사부재의 원칙, 다수결의 원칙 등이 존중되고 지켜져야 한다.

I 의사공개의 원칙

1. 의의

① 의사공개의 원칙이란 국회의 의안심의과정을 일반인에게 공개하는 것을 말한다.
② 의사공개의 원칙은 의사진행의 내용과 의원의 활동을 국민에게 공개함으로써 민의에 따른 국회운영을 실천한다는 민주주의적 요청에서 유래하는 것이다.
③ 헌법 제50조 제1항은 "국회의 회의는 공개한다"고 하여 의사공개의 원칙을 규정하고 있다.

2. 내용

의사공개의 원칙은 방청의 자유(국회법 제55조 제1항), 국회의사록의 공표(국회법 제118조 제1항), 보도의 자유, 중계방송의 자유를 그 내용으로 한다. 국회법은 원칙적으로 국회의 회의를 녹음·녹화·촬영·중계방송할 수 있도록 규정하고 있다(국회법 제149조의2 제1항).

3. 적용범위

(1) 본회의에의 적용

헌법 제50조 제1항의 의사공개의 원칙에 따라 국회법 제75조 제1항은 "본회의는 공개한다"고 규정하고 있어 본회의에 의사공개의 원칙이 적용됨을 명백히 하고 있다.

(2) 위원회에의 적용여부

① 위원회에도 본회의의 규정을 준용한다고 규정한 국회법 제71조에 비추어, 위원회에도 의사공개원칙이 적용된다(다수설).
② 헌법재판소는 위원회에도 의사공개원칙이 적용된다고 판시하였다(헌재 2000.6.29, 98헌마443).
　단순한 행정적 회의를 제외하고 국회의 헌법적 기능과 관련된 모든 회의는 원칙적으로 국민에게 공개되어야 한다. 따라서 의사공개의 원칙은 위원회의 회의에도 당연히 적용되는 것으로 보아야 한다(헌재 2000.6.29, 98헌마443).

(3) 소위원회에의 적용여부

국회법 제57조 제5항은 "소위원회의 회의는 공개한다. 다만 소위원회의 의결로 공개하지 아니할 수 있다"고 하여 소위원회 회의를 공개토록 규정하고 있다.

(4) 계수조정소위원회에의 적용여부

헌법재판소는 계수조정소위원회는 비공개로 할 수 있다고 보았다(헌재 2000.6.29, 98헌마443).

4. 제한

(1) 비공개요건

① 국회의 회의는 출석의원 과반수의 찬성이 있거나 의장이 국가의 안전보장을 위하여 필요하다고 인정할 때에는 공개하지 아니할 수 있다(헌법 제50조 제1항 단서).
② 국회법은 헌법을 구체화하여 의장의 제의 또는 의원 10명 이상의 연서에 의한 동의(動議)로 본회의의 의결이 있거나 의장이 각 교섭단체대표의원과 협의하여 국가의 안전보장을 위하여 필요하다고 인정할 때에는 공개하지 아니할 수 있도록 규정하고 있다(국회법 제75조 제1항).

(2) 방청제한규정(국회법 제55조 제1항)의 위헌여부

> ◆ **국회법**
> **제55조(위원회에서의 방청 등)** ① 의원이 아닌 사람이 위원회를 방청하려면 위원장의 허가를 받아야 한다.
> ② 위원장은 질서 유지를 위하여 필요할 때에는 방청인의 퇴장을 명할 수 있다.

헌법재판소는 "방청불허를 할 수 있는 사유 자체는 제한적이지만 그러한 사유가 구비되었는지에 관한 판단, 즉 회의의 질서유지를 위하여 방청을 금지할 필요성이 있는지에 관한 판단은 국회의 자율권 존중의 차원에서 위원장에게 폭넓은 판단재량을 인정하여야 할 것이다. 국회법 제55조 제1항을 위와 같이 합당하게 이해하는 한, 이 조항은 헌법에 규정된 의사공개의 원칙에 저촉되지 않으면서도 국민의 방청의 자유와 위원회의 원활한 운영 간에 적절한 조화를 꾀하고 있다고 할 것이므로 이를 두고 국민의 기본권을 침해하는 위헌조항이라 할 수는 없다"고 하였다(헌재 2000.6.29, 98헌마443).

(3) 국정감사방청불허행위의 위헌여부

헌법재판소는 시민연대의 국정감사방청신청허가를 거부한 사건에서 "국감방청불허행위는 국정감사및조사에 관한법률 제12조 또는 국회법 제55조 제1항에 근거한 것으로서, 이를 가리켜 위헌적인 공권력의 행사라고 할 수는 없다"고 하였다(헌재 2000.6.29, 98헌마443).

II 회기계속의 원칙

1. 의의

① 회기계속의 원칙이라 함은 회기 중에 의결되지 못한 의안도 폐기되지 아니하고 다음 회기에서 계속 심의할 수 있다는 원칙을 말한다.
② 헌법은 "국회에 제출된 법률안 기타의 의안은 회기 중에 의결되지 못한 이유로 폐기되지 아니한다"고 하여 회기계속의 원칙을 천명하고 있다(헌법 제51조). 다만 국회의원의 임기가 만료된 때에는 회기가 계속되지 않도록 하였다(헌법 제51조 단서).

2. 내용

(1) 제도적 이념

동일 입법기 내에서 국회는 동일한 의사를 가진다.

(2) 법률안거부권 행사

환부거부하면 국회가 재의결함으로써, 환부거부하지 않으면 법률로 확정된다.

(3) 유래와 수용

프랑스에서 시작되었고, 우리나라에서는 제3공헌법부터 규정하여 현재에 이르고 있다.

(4) 회기계속의 원칙과 국회의원임기의 만료

국회의원이 국회에 제출한 법률안은 국회의원의 임기가 만료되는 때에는 자동으로 폐기되며, 다음 대 국회에 다시 제출되어야 심의·의결할 수 있다.

III 일사부재의원칙

1. 의의

① 일사부재의의 원칙이란 의회에서 일단 부결된 의안은 동일회기 중에 다시 발의하거나 심의하지 못한다는 원칙을 말한다.
② 헌법에는 규정되어 있지 않고, 국회법 제92조에 "부결된 안건은 같은 회기 중에 다시 발의 또는 제출하지 못한다"고 하여 일사부재의의 원칙을 채택하고 있다.

③ 일사부재의의 원칙은 소수파의 의사방해를 배제하고, 의사의 능률을 도모하기 위한 제도이다.

2. 적용범위

일사부재의의 원칙은 의회에서 일단 부결된 의안은 동일회기 중에 다시 발의하거나 심의하지 못한다는 원칙이므로 ① 한 번 철회된 안건의 재의, ② 동일의안이라도 회기를 달리하는 재의, ③ 동일 안건에 대한 사유를 달리하는 재의, ④ 위원회 의결의 본회의 재의(심의단계를 달리하는 경우), ⑤ 의결된 의안의 회기 내 수정발의, ⑥ 국회의원에 대한 제명안건이 부결된 후 다른 징계안의 제출, ⑦ 동일한 국무위원에 대한 탄핵소추안이 부결된 경우 동일 회기 내 탄핵소추사유를 달리하는 재의, ⑧ 의결된 의안 또는 법률안의 회기 내 재개정 등은 일사부재의의 원칙에 반하지 아니한다.

3. 번안과 일사부재의원칙의 구별

'번안'이란 일단 가결된 의안을 번복하여 그 의안을 다시 심의하는 것을 말한다. 이는 가결된 의안을 대상으로 하는 것이므로 일사부재의의 원칙이 적용되지 않는다.

Ⅳ 다수결의 원칙

1. 의의

① 다수결원칙이란 어떤 결정을 함에 있어서 참여자의 의사가 일치하지 않는 경우에 참여자 과반수의 의사를 참여자 전원의 의사로 의제하는 의사결정원리를 말한다.
② 헌법 제49조는 "국회는 헌법 또는 법률에 특별한 규정이 없는 한 재적의원 과반수의 출석과 출석의원 과반수의 찬성으로 의결한다. 가부동수인 때에는 부결된 것으로 본다"고 규정하여 다수결원칙을 채택하고 있다.

2. 본질(민주주의의 보충적 원리)

① 다수의 방식은 결론을 도출하기 위한 의사결정의 형식원리인 동시에 의사가 일치하지 않는 경우에 결론에 승복하도록 하기 위한 기술적 원리이다.
② 다수결원칙은 그 자체로서 민주주의적인 것이 될 수는 없으며, 민주주의적 의사결정에서 전원일치가 이루어지지 않는 경우에 한하여 인정되는 민주주의의 보충적 원리이며 차선의 원리이다.

3. 정당화 근거(자유)

다수에 의한 합의로 인하여 다수의 구성원이 자유로워지는 것이므로 다수결원칙의 정당성의 근거는 자유에 있다.

4. 전제

다수결결정에 대한 합의, 참여자의 평등한 지위 보장, 다수관계의 변경가능성, 표결과정의 합리성 보장, 소수보호장치 등이 마련되어 있어야 한다.

> ◆ 소수보호장치
> 소수의 권리보호, 국정참여의 기회보장, 추상적 규범통제, 국정조사, 청원 등

5. 한계

① 다수결원칙은 민주주의를 실현시키기 위한 하나의 형식원리에 지나지 않다.
② 민주주의의 실질적 가치라고 볼 수 있는 자유·평등·정의·국민주권의 본질적 내용 및 인간의 존엄과 가치는 어떠한 경우라도 다수결의 대상이 될 수 없다.

6. 다수결원칙과 헌법재판

① 다수의 결정에 의한 결론의 도출과정이 소수의 의사를 무시하거나 합리적이지 않고 헌법이 정하는 내용과 합치하지 않을 경우에는 이를 교정하는 장치로 위헌법률심판(= 규범통제), 법률에 대한 헌법소원심판, 권한쟁의심판 등이 있다.
② 헌법재판은 진정한 민주주의를 실현함에 있어 필수불가결한 제도이며, 여기에서 입헌주의와 민주주의는 조화를 이루게 된다.

제8항 정족수

> ◆ 헌법
> 제49조
> 국회는 헌법 또는 법률에 특별한 규정이 없는 한 재적의원 과반수의 출석과 출석의원 과반수의 찬성으로 의결한다. 가부동수인 때에는 부결된 것으로 본다.

1. 정족수의 의의

① 정족수라 함은 다수인으로 구성되는 회의체에서 회의를 진행하고 의사를 결정하는데 소요되는 출석자의 수를 말한다.
② 정족수에는 의사를 여는데 필요한 의사정족수와 의결을 하는데 필요한 의결정족수가 있다.
③ 정족수의 기준이 되는 재적의원 수는 법정의 의원정수를 가리키는 것이 아니라, 궐원된 수를 제외한 현재의 실의원수를 말한다.

2. 의사(議事)정족수

① 의사정족수는 헌법에 규정이 없다.
② 국회법 제73조는 "본회의는 재적의원 1/5 이상의 출석으로 개의한다"고 의사정족수를 규정하면서, 회의 중 의원들의 퇴장 등으로 의사정족수에 달하지 못하게 되었을 때에는 의장으로 하여금 회의를 중지시키거나 산회를 선포하도록 하고 있다.

③ 위원회의 의사정족수도 재적위원 1/5 이상의 출석이다(국회법 제54조).

3. 의결(議決)정족수

(1) 일반정족수

① 헌법 또는 국회법은 "특별한 규정이 없는 한 재적의원 과반수의 출석과 출석의원 과반수의 찬성으로 의결한다"고 의결정족수를 정하면서 가부동수를 부결된 것으로 간주하도록 했다(헌법 제49조, 국회법 제109조).
② 위원회도 재적위원 과반수의 출석과 출석위원 과반수의 찬성으로 의결한다(국회법 제54조).

(2) 특별정족수

정족수	관련 법 규정
재적 2/3 이상	① 국회의원 제명(헌법 제64조 제3항) ② 헌법개정안 의결(헌법 제130조 제1항) ③ 대통령에 대한 탄핵소추의 의결(헌법 제65조 제2항 단서) ④ 국회의원 자격심사(국회법 제142조 제3항)
재적 과반수	① 계엄해제 요구(헌법 제77조 제5항) ② 헌법개정안 발의(헌법 제128조 제1항) ③ 일반 탄핵소추 의결(헌법 제65조 제2항) ④ 대통령에 대한 탄핵소추 발의(헌법 제65조 제2항 단서) ⑤ 해임건의(헌법 제63조 제2항) ⑥ 의장·부의장 선출(국회법 제15조 제1항)
재적 과반수 출석 출석 2/3 이상	① 법률안재의결(헌법 제53조 제4항) ② 본회의·위원회에서의 번안동의의 의결(국회법 제91조) ③ 국무회의의 의결정족수(국무회의규정 제6조 제1항)
재적 과반수 출석 출석 과반수	일반의결정족수(헌법 제49조)
재적 과반수 출석 다수득표자	① 국회에서 대통령 선출(헌법 제67조 제2항), ② 의장·부의장결선투표(국회법 제15조 제3항), 임시의장선거(국회법 제17조), 상임위원장(국회법 제41조 제2항), 예산결산특별위원회 위원장선거(국회법 제45조 제4항)
재적 1/3 이상	① 해임건의 발의(헌법 제63조 제2항) ② 일반 탄핵소추 발의(헌법 제65조 제2항) ③ 위원회의 공청회 개회요구(국회법 제64조 제1항) ④ 위원회의 법률안심사청문회 개회요구(국회법 제65조 제2항)
재적 1/4 이상	① 임시회 소집요구(헌법 제47조 제1항) ② 휴회 중의 본회의 재개요구(국회법 제8조 제2항) ③ 국회의원의 석방요구 발의(국회법 제28조) ④ 전원위원회 요구(국회법 제63조의2 제1항) ⑤ 국정조사 발의(국정감사및조사에관한법률 제3조 제1항)
재적 1/5 이상	① 본회의·위원회·전원위원회 의사(議事)정족수(국회법 제73조 제1항, 제54조, 제63조의2 제4항) ② 기명·무기명·호명투표 등 표결방식의 요구(국회법 제112조 제2항)

재적 1/4 이상 출석 과반수	전원위원회 의결(국회법 제63조의2 제4항)
출석 과반수	본회의 비공개여부 결정(헌법 제50조)
50인 이상	예산안에 대한 수정동의(국회법 제95조 제1항 후단)
30인 이상	① 국회의원 자격심사 청구(국회법 제138조) ② 일반의안 수정동의(국회법 제95조 제1항) ③ 위원회에서 폐기된 의안의 본회의 부의(국회법 제87조 제1항)
20인 이상	① 국무총리·국무위원·정부위원에 대한 출석요구 발의(국회법 제121조 제1항) ② 징계요구(국회법 제156조 제3항) ③ 의사일정의 변경 발의(국회법 제77조) ④ 교섭단체의 성립(국회법 제33조) ⑤ 긴급현안질문 요구(국회법 제122조의3)
10인 이상	① 회의의 비공개 발의(국회법 제75조 제1항) ② 일반의안 발의(국회법 제79조 제1항)

4. 회의 진행

(1) 본회의

본회의는 국회의원 전원이 본회의장에 모여 회합하는 회의를 말한다. 본회의는 오후 2시에 개의함을 원칙으로 한다(국회법 제72조). 본회의의 의사일정은 의장이 국회운영위원회와 협의하여 작성한다(제76조). 의원 20인 이상의 연서에 의한 동의로 본회의의 의결이 있거나, 의장이 각 교섭단체대표의원과 협의하여 필요하다고 인정할 때에는 의장은 회기 전체 의사일정의 일부를 변경하거나 당일 의사일정의 안건 추가 및 순서 변경을 할 수 있다. 이 경우 의원의 동의에는 이유서를 첨부하여야 하며, 그 동의에 대하여는 토론을 하지 아니하고 표결한다(국회법 제77조).

본회의 개의시로부터 1시간이 지날 때까지 재적의원 5분의 1 이상의 출석이 없을 경우 의장은 유회를 선포할 수 있다(제73조 제2항). 회의 도중에 재적의원 5분의 1 이상의 출석이 없을 경우 의장은 회의의 중지 또는 산회를 선포한다(제73조 제3항 본문). 의사일정상 안건의 의사가 끝났을 때에는 의장은 산회를 선포한다(제74조 제1항).

(2) 위원회

위원회는 ① 본회의의 의결이 있거나 ② 의장 또는 위원장이 필요하다고 인정할 때, ③ 재적위원 4분의 1 이상의 요구가 있을 때에 개회한다(국회법 제52조). 의사정족수는 재적위원 5분의 1 이상이며, 재적위원 과반수의 출석과 출석위원 과반수의 찬성으로 의결한다(제54조). 위원회에 회부된 안건의 심사는 안건의 취지설명 → 전문위원의 검토보고 → 대체토론 → 축조심사 → 찬반토론 → 표결의 순으로 진행된다(제58조 제1항). 축조심사는 위원회의 의결로 이를 생략할 수 있다(제58조 제4항).

제9항 국회의 입법에 관한 권한

> ● **헌법**
> **제52조**
> 국회의원과 정부는 법률안을 제출할 수 있다.
> **제53조**
> ① 국회에서 의결된 법률안은 정부에 이송되어 15일 이내에 대통령이 공포한다.
> ② 법률안에 이의가 있을 때에는 대통령은 제1항의 기간 내에 이의서를 붙여 국회로 환부하고, 그 재의를 요구할 수 있다. 국회의 폐회 중에도 또한 같다.
> ③ 대통령은 법률안의 일부에 대하여 또는 법률안을 수정하여 재의를 요구할 수 없다.
> ④ 재의의 요구가 있을 때에는 국회는 재의에 붙이고, 재적의원 과반수의 출석과 출석의원 3분의 2 이상의 찬성으로 전과 같은 의결을 하면 그 법률안은 법률로서 확정된다.
> ⑤ 대통령이 제1항의 기간 내에 공포나 재의의 요구를 하지 아니한 때에도 그 법률안은 법률로서 확정된다.
> ⑥ 대통령은 제4항과 제5항의 규정에 의하여 확정된 법률을 지체없이 공포하여야 한다. 제5항에 의하여 법률이 확정된 후 또는 제4항에 의한 확정법률이 정부에 이송된 후 5일 이내에 대통령이 공포하지 아니할 때에는 국회의 장이 이를 공포한다.
> ⑦ 법률은 특별한 규정이 없는 한 공포한 날로부터 20일을 경과함으로써 효력을 발생한다.

I 법률제정에 관한 권한

1. 법률안의 제출

우리나라에서는 국회가 법률에 대한 입법권을 독점하고 있지만, 법률안의 제출권은 국회의원과 정부가 함께 가지고 있다(헌법 제52조).

> ● **헌법**
> **제52조**
> 국회의원과 정부는 법률안을 제출할 수 있다.

(1) 국회의원에 의한 법률안의 제출

국회의원은 법률안을 제출할 수 있다(헌법 제52조).

국회의원이 법률안을 제출하여 입법을 하는 것을 의원입법이라고 한다.

1) 개별의원의 법률안 제출

국회의원이 법률안을 제출하는 경우에는 발의자를 포함하여 10명 이상의 찬성으로 의안을 발의할 수 있다(국회법 제79조 제1항). 의원이 법률안을 발의하는 때에는 발의의원과 찬성의원을 구분하되, 당해 법률안에 대하여 그 제명의 부제로 발의의원의 성명을 기재한다(제79조 제3항).

2) 위원회의 법률안 제출

위원회가 법률안을 제출하는 경우에는 위원장이 제출자가 된다.

(2) 정부에 의한 법률안의 제출

① 정부는 국무회의의 심의를 거쳐(헌법 제89조 제3호) 대통령의 명의로 법률안을 제출할 수 있다.
② 정부가 법률안을 제출함에 있어서는 부득이한 경우를 제외하고는 매년 1월 31일까지 해당 연도에 제출할 법률안에 관한 계획을 국회에 통지하여야 한다(국회법 제5조의3).

2. 법률안의 심의와 의결

(1) 본회의 보고 및 위원회 회부

법률안이 제안되면 국회의장은 이를 국회의 본회의에 보고한다. 본회의에 보고되면 소관상임위원회에 이를 회부하여 심사하게 된다. 폐회 또는 휴회 등으로 본회의에 보고할 수 없을 때에는 이를 생략하고 상임위원회에 바로 회부할 수 있다.

(2) 위원회의 심사

① 본회의에서는 질의와 답변, 토론, 표결의 단계를 거친다.
② 토론의 단계로 나아가기 전까지 수정동의를 할 수 있다.
③ 수정동의는 국회의원 30명 이상의 찬성으로 이루어진다(국회법 제95조 제1항).
④ 표결에 있어서는 헌법의 대의제원리상 당연히 자유투표가 인정되는데, 국회법은 제114조의2에서 "의원은 국민의 대표자로서 소속정당의 의사에 기속되지 아니하고 양심에 따라 투표한다"고 규정하여 명시적으로 이를 보장하고 있다.
⑤ 헌법재판소는 법률안에 대한 심의권이나 표결권은 헌법상 국회의원에게 인정되는 권한이라고 본다(헌재 1997.7.16, 96헌라2).

> **◆ 국회선진화법**
> ① **개정 배경**
> 국회는 2012. 5. 25. 국회에서 쟁점안건의 심의과정에서 물리적 충돌을 방지하고 안건이 대화와 타협을 통하여 심의되며, 소수의견이 개진될 수 있는 기회를 보장하면서도 효율적으로 심의되도록 하고, 예산안 등이 법정기한 내에 처리될 수 있도록 제도를 보완하는 한편, 의장석 또는 위원장석 점거 등을 금지함으로써 국회 내 질서유지를 강화하는 등 민주적이고 효율적인 국회를 구현하기 위하여 소위 '국회선진화법'을 의결하였다.
> ② **주요 내용**
> (a) 안건조정위원회
> 위원회는 안건(예산안, 기금운용계획안, 임대형 민자사업 한도액안 및 체계·자구 심사를 위하여 법제사법위원회에 회부된 법률안은 제외)에 대하여 이견을 조정하기 위하여 재적위원 3분의 1 이상의 요구에 따라 여야 동수로 위원회에 안건조정위원회를 두고, 안건에 대한 조정안을 재적 조정위원 3분의 2 이상의 찬성으로 의결하며, 의결된 조정안에 대해서는 소위원회 심사를 거친 것으로 보며 30일 이내에 표결하도록 하고, 신속처리대상안건을 심사하는 조정위원회는 그 안건이 법제사법위원회에 회부 또는 본회의에 부의된 것으로 보는 때에는 그 활동을 종료하도록 한다(제57조의2).
> (b) 의안의 자동상정
> 위원회에 회부되어 상정되지 아니한 의안(예산안, 기금운용계획안, 임대형 민자사업 한도액안은 제외)은 제59조에 따른 숙려기간 지난 후 30일이 지난 날 이후 처음으로 개회하는 위원회에 상정된 것으로 본다(제59조의2).

(c) 의장의 직권상정의 제한

의장의 직권상정 요건을 천재지변, 전시·사변 또는 이에 준하는 국가비상사태 및 각 교섭단체대표의원 간 합의가 있는 경우로 한정하되, 천재지변, 전시·사변 또는 이에 준하는 국가비상사태의 경우에는 각 교섭단체대표의원 간 협의를 하도록 한다(제85조 제1항 및 제86조 제2항).

(d) 신속처리안건 지정

위원회에 회부된 안건에 대하여 재적의원 과반수 또는 소관위원회 재적위원 과반수가 서명한 신속처리안건 지정 동의를 의장 또는 소관위원회 위원장에게 제출하여 재적의원 5분의 3 이상 또는 소관위원회 재적위원 5분의 3 이상이 찬성하였을 때에는 신속처리대상안건으로 지정하고, 위원회가 해당 안건을 신속처리대상안건으로 지정한 날부터 180일(법제사법위원회 체계·자구심사의 경우에는 90일) 이내에 심사를 완료하지 아니한 때에는 법제사법위원회로 회부되거나 본회의에 부의된 것으로 보며, 본회의에 부의된 것으로 보는 신속처리대상안건은 60일 이내에 본회의에 상정되어야 하되, 60일 이내에 본회의에 상정되지 아니한 때에는 그 기간 경과 후 처음으로 개의되는 본회의에 상정된다(제85조의2).

(e) 예산안 등의 자동부의

위원회는 예산안, 기금운용계획안, 임대형 민자사업 한도액안 및 세입예산안 부수 법률안으로 지정된 법률안에 대한 심사를 매년 11월 30일까지 마쳐야 하고, 심사를 마치지 아니한 경우 해당 의안은 그 다음 날에 위원회에서 심사를 마치고 바로 본회의에 부의된 것으로 본다.(제85조의3).

(f) 법제사법위원회 특칙

법제사법위원회가 체계·자구 심사를 위하여 회부된 안건에 대하여 이유없이 회부 후 60일 이내에 심사를 마치지 아니한 때에는 소관위원회 위원장이 간사와 협의하되 이의가 있는 경우에는 재적위원 5분의 3 이상의 찬성의결로 의장에게 본회의 부의를 요구하고, 의장은 30일 이내에 각 교섭단체대표의원과 합의하여 본회의에 부의하여야 하며, 각 교섭단체대표의원과 합의가 이루어지지 아니하는 경우에는 그 기간 경과 후 처음으로 개의되는 본회의에서 해당 법률안에 대한 본회의 부의 여부를 무기명투표로 표결한다(제86조 제3항 및 제4항).

(g) 정기회 기간 법률안 상정제한 삭제

정기회 기간 중에는 예산안 처리에 부수하는 법률안만 위원회 또는 본회의에 상정할 수 있도록 제한하는 규정을 삭제한다(제93조의2 제2항 삭제).

(h) 무제한토론

의원은 재적의원 3분의 1 이상의 요구가 있는 경우 본회의 심의안건에 대하여 시간의 제한을 받지 않고 무제한토론을 할 수 있고 무제한토론을 실시하는 본회의는 '1일 1차 회의'의 원칙에도 불구하고 무제한토론 종결 선포 전까지 산회하지 아니하도록 하며, 무제한토론 종결은 ① 더 이상 토론할 의원이 없거나, ② 재적의원 3분의 1 이상이 제출한 토론종결 동의를 재적의원 5분의 3 이상의 찬성으로 의결한 경우 또는 ③ 무제한토론 중 회기가 종료된 경우에 하도록 하였다(제106조의2).

(i) 의장석 등 점거금지

의원은 의장석 또는 위원장석을 점거하여서는 아니 되고, 점거한 의원이 의장 또는 위원장의 조치에 불응하는 경우 징계안을 바로 본회의에 부의하여 지체없이 의결하도록 하였다(제148조의2, 제155조 제10호 및 제156조 제7항).

(j) 회의장 출입방해금지

의원의 국회 회의장 출입을 방해하는 행위를 금지하고, 위반행위에 대하여 징계하도록 하였다(제148조의3 및 제155조 제7호의3).

(k) 질서문란행위 징계 강화

질서문란행위 관련 의원에 대한 징계는 공개회의에서의 경고 또는 사과의 경우 2개월 동안 수당 등 월액의 2분의 1을 감액하고, 30일 이내 출석정지의 경우 3개월 동안 수당 등 월액의 전액을 감액하도록 하여 징계수준을 강화하였다(제163조 제2항).

(3) 수정동의

① 예산안에 대한 수정동의는 50명 이상의 찬성을 요하지만(국회법 제95조 제1항 단서), 예산안을 제외한 일반의 안(법안 포함)의 수정동의는 30명 이상의 찬성을 요한다(국회법 제95조 제1항 본문).
② 예산상의 조치를 수반하는 법률안에 대한 수정동의도 30명 이상의 찬성을 요한다.

3. 법률안의 이송

① 국회에서 법률안을 의결하면 국회의장이 이를 정부에 송부한다(헌법 제53조 제1항).
② 법률안의 송부기간은 정하여져 있지 않으나, 국회의장은 가능한 한 지체없이 이를 이송하여야 한다.

4. 법률의 확정

(1) 기간 경과(15일)에 의한 확정

정부로 이송된 법률안에 대하여 15일 이내에 대통령이 이를 공포하지도 않고 국회에 재의를 요구하지도 않은 채 위 기간이 경과하면 법률안은 법률로서 확정된다(헌법 제53조 제5항).

(2) 재의결에 의한 확정

대통령이 법률안에 대하여 국회에 환부하고 재의를 요구하면 국회는 이를 재의에 붙인다. 재의절차에서 국회의 재적의원 과반수의 출석과 출석의원 3분의 2 이상의 찬성으로 전과 같이 의결하면, 그 법률안은 법률로서 확정된다(헌법 제53조 제4항).

5. 법률의 공포

(1) 공포의 주체

1) 대통령에 의한 공포

① 통상의 입법절차에 의하면 의결된 법률안이 정부에 이송되면 대통령은 15일 이내에 법률을 공포한다(헌법 제53조 제1항).
② 국회의 재의결에 의하여 확정된 법률이나 기간의 경과에 의하여 확정된 법률에 대해서도 대통령이 공포한다.

2) 국회의장에 의한 공포

기간의 경과로 인하여 법률이 확정된 후 또는 국회의 재의결에 의한 확정법률이 정부에 이송된 후 5일 이내에 대통령이 공포하지 아니할 때에는 국회의장이 이를 공포한다(제53조 제6항).

(2) 공포의 방법

① 대통령에 의한 법률의 공포는 관보에 게재함으로써 행하고, 국회의장에 의한 공포는 서울특별시에서 발행되는 일간신문 2 이상에 게재함으로써 행한다(법령등공포에관한법률 제11조).
② 현행법상 공포가 있는 것으로 인정되는 시기에 관하여 판례와 통설은 관보가 서울의 중앙보급소에 도달하여 일반 국민이 이를 구독하고자 원하면 그것이 가능한 상태에 놓인 최초의 시점으로 보고 있다(최초구독가능시설).

6. 법률의 효력발생

① 법률은 특별한 규정이 없는 한 공포한 날로부터 20일을 경과함으로써 효력을 발생한다(제53조 제7항).
② 국민의 권리제한 또는 의무부과와 직접 관계되는 법률, 대통령령, 총리령, 부령 등은 특별한 사유가 있는 경우를 제외하고는 법률공포 후 30일이 지나야 효력이 발생한다.
③ 3대법원 판례에 의하면 공포가 없는 한 법률이 확정되었다는 사실만으로 효력은 발생하지 않으며, 법률에 시행일이 명시된 경우에도 시행일 이후에 공포된 때에는 시행일에 관한 법률규정은 그 효력을 상실한다(대판 1955.6.21, 4288형상95).

Ⅱ 조약의 체결·비준에 대한 동의권

> ● 헌법
> 제60조
> ① 국회는 상호원조 또는 안전보장에 관한 조약, 중요한 국제조직에 관한 조약, 우호통상항해조약, 주권의 제약에 관한 조약, 강화조약, 국가나 국민에게 중대한 재정적 부담을 지우는 조약 또는 입법사항에 관한 조약의 체결·비준에 대한 동의권을 가진다.

1. 의의

① 헌법은 조약의 체결과 비준을 대통령의 권한으로 규정하면서도(헌법 제73조), 국회의 동의를 얻도록 하고 있다.
② 국회의 동의권은 대통령의 대외적 대표권 행사를 민주적으로 통제하고, 조약에 관한 국민적 합의를 형성하며, 조약의 국내법상 효력근거를 마련해 주는 데에 그 의미가 있다.

2. 국회의 동의를 요하는 조약의 범위

① 헌법 제60조 제1항은 조약을 체결·비준함에 있어 국회의 사전동의를 얻어야 할 조약의 범위를 규정하고 있다. 헌법 제60조 제1항은 열거조항이다(다수설).
② 헌법 제60조 제1항에 열거되지 아니한 조약은 국회의 동의를 요하지 아니한다.
③ 한미행정협정은 외국군대의 대한민국영역 안에서의 주둔에 관한 사항을 규정하는 것이므로 국회의 동의를 얻어야 한다. 한미행정협정은 1966년 10월 14일에 국회의 동의를 얻어 1967년 2월 9일부터 발효하였다.

3. 필요적 동의절차

국회의 동의는 국회의 권한인 동시에 직무상의 의무이므로 이를 포기할 수 없고, 동의를 받지 않고 체결한 조약은 헌법에 위반되어 국내적으로 무효이다.

4. 동의의 시기

국회의 동의는 전권대사의 서명 후 대통령의 비준 전에 하는 것이 원칙이다. 이 경우에 국회의 동의는 사전동의로서의 성질을 가진다.

5. 조약동의시 수정가능성

국회의 동의권은 당해 조약의 일괄승인인가 일괄거부인가에 관한 권한으로 보아야 하기 때문에 수정부정설이 타당하지만, 가분적 성질의 조약에 대하여는 일부승인 또는 일부부결이 예외적으로 인정되는 경우도 있을 수 있다(다수설).

6. 조약에 대한 동의의 효과

체결권자인 대통령은 조약의 체결을 비준할 수 있다. 조약의 국내법적 효력은 국내법과 같이 대통령이 체결·비준하여 공포한 때부터 발생한다.

7. 조약의 종료에 대한 국회의 동의 요부

① 헌법은 일정한 조약의 체결·비준에 대하여만 국회의 동의를 필수적 요건으로 하고 있을 뿐(헌법 제60조 제1항), 조약의 종료에 대하여는 규정을 두고 있지 않다.
② 헌법은 대통령에게 대외관계와 외교문제에 관한 일반적 권한을 부여하고 있다.
③ 조약의 종료는 국회의 동의없이 국무회의의 심의를 거쳐 대통령이 단독으로 할 수 있다(다수설).

Ⅲ 기타 입법에 관한 권한

1. 헌법개정에 관한 권한

국회는 헌법개정에 관하여 발의와 심의·의결권을 가진다(헌법 제128조 내지 제130조).

2. 국회규칙 제정에 관한 권한

① 국회는 법률에 저촉되지 아니하는 범위 안에서 의사와 내부규율에 관한 규칙을 제정할 수 있다(헌법 제64조 제1항).
② 국회규칙은 그 형식적 효력은 명령 또는 규칙과 동일하다.
③ 국회규칙은 그 규율대상이나 효력이 국회 내에 한정되는 것이 원칙이지만, 국회방청규칙처럼 국회에 들어가는 외부인에게도 효력이 미치는 경우도 있다.

제10항 국회의 재정에 관한 권한

I 조세에 관한 헌법상의 원칙

1. 조세의 의의

(1) 조세의 개념

조세란 국가나 지방자치단체 등 공권력의 주체가 재원조달의 목적으로 그 과세권을 발동하여 반대급부 없이 일반국민으로부터 강제적으로 부과·징수하는 과징금을 말한다.

(2) 구별개념

1) (특별)부담금(자세한 사항은 후술)

① 부담금은 반대급부 없이 국민에게 강제적으로 부과하는 점에서 조세와 유사하다.
② 부담금은 특정 사업목적을 위하여 특별한 집단에 부과한다는 점에서 조세와 구별된다.
③ 헌재는 텔레비전방송수신료는 조세나 수수료가 아닌 특별부담금에 해당한다고 판시한 바 있다(헌재 1999.5.27, 98헌바70).

2) 수수료·사용료

수수료·사용료는 반대급부를 전제로 한다는 점에서 조세와 구별된다.

3) 사회보험료

① 반대급부인 보험급여를 전제로 하는 점에서 조세와 구별된다.
② 급여혜택을 받지 못하는 제3자인 사용자에게 부과된다는 점에서 수익자 부담금과 구별된다.

2. 조세평등주의

(1) 의의

조세평등주의란 헌법 제11조 제1항의 평등의 원칙·차별금지의 원칙의 조세법적 표현으로서, 정의의 이념에 따라 "평등한 것은 평등하게, 불평등한 것은 불평등하게" 취급함으로써 조세법의 입법과정이나 집행과정에서 조세정의를 실현하려는 원칙을 말한다(헌재 1995.11.30, 92헌바94 등).

(2) 실질과세의 원칙

① 실질과세의 원칙이란 법률상의 형식과 경제적 실질이 서로 부합하지 않는 경우에 경제적 실질에 따라 능력에 맞는 공평한 조세부담을 과하려는 과세입법 및 세법 적용상의 원칙으로서 조세평등주의의 실현수단을 말한다.
② 거래의 형태에 따라서는 실질상의 귀속자보다 명목상의 귀속자에게 과세하는 것이 과세형평의 이상을 실현하는데 보다 효과적일 수 있으므로, 실질과세의 원칙에 대한 특례 설정도 가능하다.

3. 조세법률주의

(1) 의의

① 조세법률주의란 "법률에 의한 행정의 원칙"을 재무행정의 영역에 적용한 것으로서, 법률에 근거가 없으면 조세를 부과·징수할 수 없고, 국민도 법률에 근거가 없으면 조세납부를 요구받지 아니한다는 원칙을 말한다.
② 헌법 제59조는 "조세의 종목과 세율은 법률로 정한다"고 하여 조세법률주의를 선언하고 있다.
③ 조세법률주의는 이른바 과세요건 법정주의와 과세요건 명확주의를 그 핵심적 내용으로 삼고 있는 것이다(헌재 1989.7.21. 89헌마38).

(2) 조세법률주의의 내용

1) 과세요건 법정주의

① 조세는 국민의 재산권을 침해하는 것이 되기 때문에 납세의무를 발생하게 하는 납세의무자·과세물건·과세표준·과세기간·세율 등 과세요건과 조세의 부과·징수절차를 모두 국민의 대표기관인 국회가 제정한 법률로써 규정하여야 한다(헌재 1995.11.30. 94헌바14 등).
② 토지초과이득세법이 토지초과이득세의 산출근거인 기준시가를 전적으로 대통령령에 위임하는 것은 조세법률주의에 위반된다(헌재 1994.7.29. 92헌바49 등).

2) 과세요건 명확주의

① 비록 과세요건이 법률로 명확하게 정해진 것일지라도 그것만으로 충분한 것은 아니고 조세법의 목적이나 내용이 기본권 보장의 헌법이념과 이를 뒷받침하는 헌법상 요구되는 제 원칙에 합치되어야 하고 이에 어긋나는 조세법 규정은 헌법에 위반되는 것이다(헌재 1995.7.21. 92헌바27 등).
② 지방세의 과세대상에 대하여 단순히 '대통령령으로 정하는 고급주택', '대통령령으로 정하는 고급오락장'이라고 불명확하게 규정한 것은 조세법률주의에 위반된다(헌재 1998.7.16. 96헌바52 등).

3) 소급과세금지의 원칙

소급과세란 국세를 납부할 의무가 성립한 소득, 수익, 재산, 행위 또는 거래에 대하여 그 성립 후의 새로운 세법이나 해석 또는 관행에 의하여 소급하여 과세하는 것을 말하고, … 그 과세기간 진행 중에 새로운 세법의 해석이 있는 경우에는 그 과세기간 전체의 소득에 대하여 과세기간 종료 당시의 새로운 해석을 적용함이 원칙이고, 그것을 소급과세라 할 수는 없다(대판 1992.9.8. 91누13670).

4) 엄격해석의 원칙

엄격해석의 원칙이란 조세법규의 해석에 있어 유추해석이나 확장해석은 허용되지 아니하고 엄격히 해석하여야 한다는 원칙을 말한다(헌재 1996.8.29. 95헌바41).

(3) 실질적 조세법률주의

실질적 조세법률주의는 ① 법정의 과세요건이 충족된 이상 납세의무가 발생하고, 과세관청은 합법적인 절차에 따라 이를 부과·징수하여야 한다는 합법성의 원칙, ② 조세의 부과·징수는 적법절차에 입각해서 이루어져야 하며, 이에 대한 불복 역시 공정한 절차에 의해야 한다는 절차적 보장의 원칙, ③ 조세의 부과나 징수에 대하여 이를 다툴 수 있는 쟁송수단이 확보되어야 한다는 납세자권리보호의 원칙 등을 그 내용으로 한다.

(4) 조세법률주의의 예외

1) 조례에 의한 지방세의 부과
지방자치단체는 법률에 근거하여 조례로써 지방세 등의 조세를 부과할 수 있다.

2) 긴급재정경제처분·명령에 의한 조세의 부과
대통령은 중대한 재정·경제상의 위기를 극복하기 위하여 재정·경제에 관하여 필요한 법률의 효력을 가진 명령을 발할 수 있다(헌법 제76조).

3) 조약에 의한 협정세율규정에 의한 조세부과
조약은 그 체결에 국회의 동의를 얻을 뿐만 아니라 "헌법에 의하여 체결·공포된 조약은 … 국내법과 같은 효력을 가진다"고 규정하고 있으므로(헌법 제6조 제1항), 국회의 동의를 얻은 조약에 의한 협정세율규정은 조세법률주의라는 헌법상의 원칙에 위배되는 것이 아니다.

4) 수수료·부담금
조세가 아닌 수수료·부담금은 조세법률주의가 아니라 법치행정원칙에 따라 법률로 규정되어 부과·징수되어야 한다는 견해와 조세법률주의가 적용된다는 견해가 대립한다.

(5) 조세법률주의와 위임입법의 관계

1) 법률유보의 원칙
본질성설에 따라서 본질적인 부분은 반드시 국회가 형식적 의미의 법률로 정해야 하며 하위법규에 위임해서는 아니된다.

2) 포괄위임금지원칙

A. 위임입법의 허용여부
조세법률주의에 있어서도 조세에 관한 모든 세부적인 사항까지 직접 법률에 규정해야 하는 것은 아니며, 비본질적인 부분에 대하여는 의회가 형식적 의미의 법률로 규정하지 않고 행정부에 위임하는 것도 가능하다.

B. 위임의 정도
조세는 국민의 재산권을 침해할 가능성이 있으므로 다른 부분과 달리 위임입법의 범위 및 정도가 극히 제한되고 엄격할 수밖에 없다.

Ⅱ 부담금

1. 서론

(1) 부담금의 의의
부담금이란 "중앙행정기관의 장, 지방자치단체의 장, 행정권한을 위탁받은 공공단체 또는 법인의 장 등 법률에 의하여 금전적 부담의 부과권한이 부여된 자가 분담금, 부과금, 예치금, 기여금 그 밖의 명칭에 불구하고 재화 또는 용역의 제공과 관계없이 특정 공익사업과 관련하여 법률이 정하는 바에 따라 부과하는 조세 외의 금전지급의무"를 말한다(부담금관리기본법 제2조).

(2) 조세와의 유사점과 차이점

반대급부적 성격이 없이 공법상 강제로 부과·징수되는 점에서 부담금과 조세는 매우 유사하다. 다만 조세는 국가 등의 일반적 과제의 수행을 위한 것으로서 담세능력이 있는 일반국민에 대해 부과되지만, 부담금은 특별한 과제의 수행을 위한 것으로서 당해 공익사업과 일정한 관련성이 있는 특정부류의 사람들에 대하여만 부과되는 점에서 양자는 차이가 있다.

2. 부담금의 유형

① 부담금은 그 부과목적과 기능에 따라 순수하게 재정조달목적만 가지는 '재정조달목적 부담금'과 재정조달목적뿐만 아니라 부담금의 부과 자체로 추구되는 특정한 사회·경제정책의 실현을 목적으로 하는 '정책실현목적 부담금'으로 구분할 수 있다.

② 정책실현목적 부담금에는 부담금의 부과가 국민의 행위를 일정한 정책적 방향으로 유도하는 수단이 되는 유도적 부담금과, 특정한 공법적 의무를 이행하지 않은 사람과 그것을 이행한 사람 사이에 발생하는 형평성 문제를 조정하는 수단이 되는 조정적 부담금이 있다.

III 예산심의·확정권

> ◆ **헌법**
>
> **제54조**
> ① 국회는 국가의 예산안을 심의·확정한다.
> ② 정부는 회계연도마다 예산안을 편성하여 회계연도 개시 90일전까지 국회에 제출하고, 국회는 회계연도 개시 30일전까지 이를 의결하여야 한다.
> ③ 새로운 회계연도가 개시될 때까지 예산안이 의결되지 못한 때에는 정부는 국회에서 예산안이 의결될 때까지 다음의 목적을 위한 경비는 전년도 예산에 준하여 집행할 수 있다.
> 　1. 헌법이나 법률에 의하여 설치된 기관 또는 시설의 유지·운영
> 　2. 법률상 지출의무의 이행
> 　3. 이미 예산으로 승인된 사업의 계속
>
> **제55조**
> ① 한 회계연도를 넘어 계속하여 지출할 필요가 있을 때에는 정부는 연한을 정하여 계속비로서 국회의 의결을 얻어야 한다.
> ② 예비비는 총액으로 국회의 의결을 얻어야 한다. 예비비의 지출은 차기국회의 승인을 얻어야 한다.
>
> **제56조**
> 정부는 예산에 변경을 가할 필요가 있을 때에는 추가경정예산안을 편성하여 국회에 제출할 수 있다.
>
> **제57조**
> 국회는 정부의 동의없이 정부가 제출한 지출예산 각 항의 금액을 증가하거나 새 비목을 설치할 수 없다.
>
> **제58조**
> 국채를 모집하거나 예산외에 국가의 부담이 될 계약을 체결하려 할 때에는 정부는 미리 국회의 의결을 얻어야 한다.
>
> **제59조**
> 조세의 종목과 세율은 법률로 정한다.

1. 예산의 의의 및 성질

(1) 의의

① 헌법은 "국회는 국가의 예산안을 심의·확정한다"고 하여 국회의 예산심의·확정권을 규정하고 있다(헌법 제54조 제1항).
② 예산이란 1회계연도에 있어서 국가의 세입·세출의 예정계획을 내용으로 하고, 국회의 의결로써 성립하는 법규범의 일종을 말한다.
③ 예산은 법률과는 다른 "예산"이라는 독자적인 특수한 형식을 취하고 있다(예산비법률주의). 따라서 예산법률주의를 채택하기 위해서는 헌법개정이 요구된다.

(2) 성질

예산은 법률과 병립하는 법규범의 일종이되, 국민과 국가기관을 구속하는 일반법규범과 달리 국가기관에 대하여만 구속력을 가진다(법규범설, 통설).

2. 예산과 법률의 차이

① 예산도 일종의 법규범이고 예산과 법률 모두 국회의 의결을 거쳐 제정된 점에서 동일하다.
② 헌법은 제40조에서 입법권을 국회에 속하게 하는 한편, 제54조에서 국회에 예산심의·확정권을 부여하여 양자를 각각 별개의 국가행위형식으로 규정하고 있다.

구분	예산	법률
존재의 형식	예산의 형식	법률의 형식
제안	정부	정부와 국회(의원 10명 이상)
제출시한	회계연도 개시 90일 전까지	제한 없음
수정	삭감 가능하나, 정부의 동의 없는 증액·새비목설치 불가(수정시 50명 동의)	자유로이 수정 가능
성립	국회 의결	국회 의결
거부권	• 국회 : 예산안 심의·거부권 없음 • 대통령 : 거부권행사 불가	• 국회 : 법률안 심의·거부권 있음 • 대통령 : 거부권행사 가능
공포	효력발생요건 x (관보에 공고)	효력발생요건 o
효력발생	국회 의결시	공포한 날로부터 20일
시간적 효력	1회계연도만	폐지시까지 영속적
장소적 효력	외국공관에서도 효력발생 o	외국에서는 효력발생 x
인적 효력	국가기관만 구속	국민과 국가기관 모두 구속

3. 예산과 법률 상호 간의 관계

(1) 변경관계

예산을 가지고 법률을, 법률을 가지고 예산을 변경할 수 없다.

(2) 구속관계

① 세출예산은 비록 예산으로서 성립하여 있다고 하더라도 지출에 대한 근거 법률이 없는 경우에는 정부는 지출을 할 수 없다.
② 어떤 법률에 의하여 경비의 지출이 인정되고 명령되었다고 하더라도 그 지출의 실행에 요하는 예산이 없으면 실제의 지출행위를 할 수 없다.
③ 조세법률주의에 따라 법률의 근거가 있는 한 세입예산을 초과하거나 예산에 계상되어 있지 않은 항목의 수납도 가능하다.

4. 예산과 법률의 불일치

(1) 불일치발생의 유형

① 세출예산과 법률의 불일치는 경비의 지출근거법률은 성립되어 있으나 예산이 성립되어 있지 않거나, 그 반대의 경우에 발생한다. 이러한 경우에는 정부는 지출을 할 수 없게 된다.
② 세입예산과 법률의 불일치는 예산에 계상되어 있으나 근거법률이 없거나, 근거법률은 있으나 예산에 계상되어 있지 않은 경우에 발생한다.

(2) 불일치발생의 원인

양자의 불일치는 그 성립요건, 시기, 절차 등이 다르기 때문에 발생한다.

(3) 불일치의 조정

1) 사전적 조정

국회법 제79조의2 제1항은 "의원 또는 위원회가 예산 또는 기금상의 조치를 수반하는 의안을 발의 또는 제안하는 경우에는 그 의안의 시행에 수반될 것으로 예상되는 비용에 대한 추계서를 아울러 제출하여야 한다"고 규정하고 있다.

2) 사후적 조정

A. 예비비제도
① 예측할 수 없는 예산 외의 지출 또는 예산초과지출에 충당하기 위하여 계상되는 예산을 예비비라고 한다.
② 예비비는 총액만을 계정하고 그 용도에 관하여는 집행부의 재량에 맡기고 있다. 예비비는 총액으로 결정된 용도미정의 재원이기 때문에 사실상 예산심의나 회계대상이 되지 않는다.
③ 헌법은 제55조 제2항에서 예비비는 총액으로 국회의 의결을 얻어야 하고, 지출에 대하여는 차기국회의 승인만 얻으면 되는 것으로 규정하고 있고, 국가재정법 제22조에서는 "정부는 예측할 수 없는 예산 외의 지출 또는 예산초과지출에 충당하기 위하여 일반회계 예산총액의 100분의 1 이내의 금액을 예비비로 세입세출예산에 계상할 수 있다"고 규정하고 있을 뿐 그 용도에 관해서는 규정하고 있지 않다.

B. 추가경정예산제도
① 예산이 국회에서 성립된 후에 행정부에 의하여 집행 중에 있는 예산을 변경할 필요가 있어 이를 변경하는 예산이 추가경정예산이다.
② 헌법 제56조와 국가재정법 제89조는 전쟁이나 대규모 자연재해가 발생한 경우, 경기침체, 대량실업,

남북관계의 변화, 경제협력과 같은 등 대내·외 여건에 중대한 변화가 발생하였거나 발생할 우려가 있는 경우, 법령에 따라 국가가 지급하여야 하는 지출이 발생하거나 증가하는 경우 외에는 추가경정예산안을 편성할 수 없도록 제한하고 있다.

③ 예산의 부족은 대개 예비비로 충당함이 원칙이나, 액수가 클 경우에는 불가피하게 추가예산을 편성하지 않을 수 없다.

C. 긴급재정경제처분 또는 명령

예비비나 추가경정예산으로는 도저히 충당할 수 없는 경우라면 중대한 재정상의 위기상황을 인정할 수도 있을 것이므로 극히 제한적으로 법률안 시행을 위한 재원 마련을 위하여 긴급재정경제 처분 또는 명령을 발할 수 있을 것이다.

D. 기타의 수단

① 법률의 시행기일을 연기하거나, ② 법률의 적용을 일시 유예하거나, ③ 지체없이 필요한 법률을 제정하는 등의 방법을 생각해 볼 수 있다.

5. 예산의 성립

(1) 예산안의 편성 및 제출

① 예산은 1회계연도마다 정부가 편성하여 회계연도 개시 90일 전까지 국회에 제출하여야 한다(헌법 제54조 제2항).

② 예산안의 제출권은 오직 정부에게만 있고 국회의원은 예산안을 제출할 수 없다.

③ 예산안의 편성은 예산일년주의·총계예산주의·단일예산주의의 원칙에 따라 행하여진다.

(2) 예산안의 심의·수정·의결

① 예산안은 회계연도 개시 30일 전까지 국회가 의결함으로써 확정된다(헌법 제54조 제2항).

② 국회는 예산안에 대한 폐지·삭감은 할 수 있으나, 정부의 동의없이 증액 또는 새 비목의 설치는 할 수 없다(헌법 제57조).

③ 국회는 예산안 심의 과정에서 조약이나 법률로써 확정된 금액(법률비)과 채무부담행위로서 전년도에 이미 국회의 의결을 받은 금액(의무비)을 삭감할 수 없다.

④ 정부가 본회의 또는 위원회에서 의제가 된 정부제출의 의안을 수정 또는 철회할 때에는 본회의 또는 위원회의 동의를 얻어야 하며(국회법 제90조 제3항), 의원이 수정동의를 할 때에는 의원 50명 이상의 찬성이 있어야 한다(국회법 제95조 제1항 단서).

⑤ 국회는 예산심의를 전면거부할 수 없고 일부수정만 가능하다.

(3) 예산의 공고

① 국회가 의결한 예산은 정부에 이송되어 대통령이 공고한다.

② 예산의 공고는 그 효력발생요건이 아니다.

③ 대통령은 거부권을 행사할 수 없다.

6. 예산의 구성

① 예비비는 총액으로 국회의 의결을 얻어야 하며, 예비비의 지출은 차기국회의 승인을 얻어야 한다(헌법 제55조 제2항).
② 국회의 승인을 얻지 못한 경우에는 지출행위의 효력에는 영향이 없지만 정부는 정치적 책임을 지게 된다.

7. 예산의 불성립과 변경

(1) 예산의 불성립과 준예산

국회가 새로운 회계연도가 개시될 때까지 예산안을 의결하지 못한 때에는 정부는 국회에서 예산안이 의결될 때까지 ① 헌법이나 법률에 의하여 설치된 기관 또는 시설의 유지·운영, ② 법률상 지출의무의 이행, ③ 이미 예산으로 승인된 사업의 계속을 위한 경비를 전년도 예산에 준하여 집행할 수 있다(헌법 제54조 제3항).

(2) 예산의 변경과 추가경정예산

① 예산 성립 이후에 발생한 사유로 말미암아 이미 성립된 예산에 변경을 가할 필요가 있을 때에는 국회에 추가경정예산안을 제출하고 그 의결을 얻어야 한다(헌법 제56조).
② 추가경정예산안의 제출시기와 심의기간에 관해서는 헌법에 규정이 없다. 따라서 그 제출시기와 심의기간을 제외하고는 원칙적으로 본예산안의 심의절차가 준용된다.
③ 헌법은 대통령에게 긴급재정경제처분 또는 명령을 발할 수 있는 권한을 인정하고 있으므로(헌법 제76조), 예외적으로 이러한 긴급재정경제처분 또는 명령으로 예산을 변경할 수 있다.
④ 예산은 일반법률로써는 변경하지 못한다.

8. 예산의 효력

(1) 시간적·대인적·장소적 효력

① 예산은 시간적으로 1회계연도 내에서만 효력을 가진다(예산1년주의).
② 예산은 관계 국가기관만을 구속하고 일반국민에 대한 대인적 구속력은 없다.
③ 예산은 국내외를 불문하고 효력이 미친다. 따라서 외국에서 행해지는 수입과 지출에 대해서도 적용된다.

(2) 형식적·실질적 효력

① 예산과 법률은 형식을 달리하므로 예산으로써 법률을 변경할 수 없고 법률로써 예산을 변경할 수 없다(형식적 효력).
② 예산의 변경은 추가경정예산의 방법으로 하는 것이 원칙이다.
③ 예산은 국회의 의결을 얻으면 법적 효력을 발생하여 정부의 재정행위를 구속한다(실질적 효력).
④ 매 회계연도의 세출예산은 다음 연도에 이월하여 사용할 수 없다(국가재정법 제48조).

Ⅳ 결산심사권

> ◆ 헌법
> 제99조 감사원은 세입·세출의 결산을 매년 검사하여 대통령과 차년도국회에 그 결과를 보고하여야 한다.

1. 결산의 의의
① 결산이란 예산의 집행에 대하여 사후에 심사하는 것을 말한다.
② 결산은 예산이 원래의 목적대로 적정하게 집행되었는지를 확인하는 것이고, 차기 예산의 심의에서 어떠한 것이 적정한 예산인가 하는 판단자료를 제시해 주는 기능을 한다.
③ 결산심사를 통하여 국회가 가지는 재정에 관한 권한의 실효성이 보장된다.

2. 결산서의 작성 및 제출(국가재정법 제58조 내지 제61조)
① 각 중앙관서의 장은 결산보고서를 다음 연도 2월 말일까지 기획재정부장관에게 제출하여야 한다.
② 기획재정부장관은 대통령의 승인을 받은 국가결산보고서를 다음 연도 4월 10일까지 감사원에 제출하여야 한다.
③ 감사원은 제출된 국가결산보고서를 검사하고 그 보고서를 다음 연도 5월 20일까지 기획재정부장관에게 송부하여야 한다.
④ 정부는 감사원의 검사를 거친 국가결산보고서를 다음 연도 5월 31일까지 국회에 제출하여야 한다.

3. 결산심사의 절차 및 사후조치
정부가 세입세출의 결산을 국회에 제출 → 소관상임위원회에 회부 → 소관상임위원회는 예비심사를 하고 결과를 의장에게 보고 → 의장은 예산결산특별위원회에 회부 → 특위의 심사가 끝난 후 본회의에 부의한다.

Ⅴ 그 밖의 정부재정행위에 대한 권한

1. 긴급재정경제처분·명령에 대한 승인권(헌법 제76조 제3항)

2. 예비비지출에 대한 승인권(헌법 제55조 제2항 제2문)

3. 기채동의권
① 국채는 공채의 일종으로서 국가가 국고의 세입부족을 보충하기 위하여 부담하는 재정상의 채무를 말한다.
② 정부가 국채를 모집하려 할 때에는 국회의 의결을 얻어야 한다(헌법 제58조 전단).
③ 국채의 모집에 대한 국회의 동의는 기채를 할 때마다 얻을 수도 있고 개괄적인 예정총액에 대하여 일시에 얻을 수도 있다(통설).

4. 예산 외에 국가의 부담이 될 계약체결에 대한 동의권

① 예산 외에 국가의 부담이 될 계약이란 외국인의 장기고용계약·장기대차계약, 외국차관의 정부지불보증행위 등으로 2회계연도 이상에 걸쳐 채무를 부담하는 계약을 말한다.
② 예산 외에 국가의 부담이 될 계약을 체결하려 할 때에는 미리 국회의 의결을 얻어야 한다(헌법 제58조 후단).
③ 공법상 계약은 조약이나 법률에 근거하여 체결되기 때문에 여기에서 말하는 계약은 사법상 계약을 말한다.

5. 재정적 부담을 지우는 조약의 체결·비준에 대한 동의권(헌법 제60조 제1항)

제11항 국정통제에 관한 권한

I 국정통제권의 의의 및 유형

1. 의의

① 국정통제권이란 의회가 그 밖의 국가기관들을 감시·비판·견제할 수 있는 권한을 말한다.
② 현대국가에서는 의회의 국민대표기관으로서의 지위와 입법기관으로서의 지위는 약화되고 있는 반면, 국정통제기관으로서의 지위는 더욱 강조되고 있다.

2. 유형

현행헌법은 탄핵소추권(제65조), 국정감사·조사권(제61조), 긴급명령 등에 대한 승인권(제76조 제3항), 계엄해제 요구권(제77조 제5항), 국방·외교정책에 대한 동의권(제60조), 일반사면에 대한 동의권(제79조 제2항), 국무총리·국무위원에 대한 해임건의권(제63조), 국무총리·국무위원 등의 국회출석요구 및 질문권(제62조 제2항) 등을 통하여 국회로 하여금 국정을 통제하게 하고 있다.

Ⅱ 탄핵소추권

> **● 헌법**
> **제65조**
> ① 대통령·국무총리·국무위원·행정각부의 장·헌법재판소재판관·법관·중앙선거관리위원회 위원·감사원장·감사위원 기타 법률이 정한 공무원이 그 직무 집행에 있어서 헌법이나 법률을 위배한 때에는 국회는 탄핵의 소추를 의결할 수 있다.
> ② 제1항의 탄핵소추는 국회재적의원 3분의 1 이상의 발의가 있어야 하며, 그 의결은 국회재적의원 과반수의 찬성이 있어야 한다. 다만 대통령에 대한 탄핵소추는 국회재적의원 과반수의 발의와 국회재적의원 3분의 2 이상의 찬성이 있어야 한다.
> ③ 탄핵소추의 의결을 받은 자는 탄핵심판이 있을 때까지 그 권한행사가 정지된다.
> ④ 탄핵결정은 공직으로부터 파면함에 그친다. 그러나 이에 의하여 민사상이나 형사상의 책임이 면제되지는 아니한다.

1. 탄핵제도의 의의

(1) 탄핵제도의 개념 및 법적 성격

① 탄핵제도란 일반사법절차에 따라 소추하거나 징계절차로써 징계하기가 곤란한 고위직 행정공무원이나 법관 등 신분이 보장된 공무원이 직무상 중대한 비위를 범한 경우에 이들을 의회가 소추하거나 처벌하거나 파면하는 제도를 말한다.

② 헌법 제65조 제4항은 "탄핵결정은 공직으로부터 파면함에 그친다"라고 하고 있으므로 현행헌법상 탄핵제도는 형사제재적 성질의 것이 아니라, 미국·독일 등과 마찬가지로 징계적 처벌의 성질을 가지는 것이다.

2. 탄핵제도의 목적

① 헌법질서와 국가의 법질서를 보호하여 입헌주의를 실현한다.
② 국가권력을 행사함에 있어 위법한 행위를 한 자를 징계함으로써 권력남용을 억제한다.
③ 탄핵대상자를 공직에서 추방하여 국가작용과 공무수행이 그 기능에 합당하게 이루어지도록 함에 그 목적이 있다.
④ 탄핵소추제도는 의원내각제에서보다 대통령제하에서 더 유용하다.

3. 탄핵소추의결권

(1) 탄핵소추기관

① 현행헌법은 "국회는 탄핵의 소추를 의결할 수 있다"고 하여(제65조 제1항), 국회를 탄핵소추기관으로 하고 있다.
② 양원제를 채택하고 있는 국가에서는 일반적으로 하원을 탄핵소추기관으로 하고 있다. 미국은 탄핵소추권은 연방하원이 행사하고 탄핵심판권은 연방상원이 행사한다.

(2) 탄핵소추대상자

1) 대통령 등 공무원

① 탄핵소추대상자는 대통령, 국무총리, 국무위원, 행정각부의 장, 헌법재판소 재판관, 법관, 중앙선거관리위원회 위원, 감사원장, 감사위원 기타 법률이 정한 공무원이다(헌법 제65조 제1항).

② 기타 법률이 정한 공무원의 범위에 관하여 견해가 대립하나, 일반사법절차에 의하여 소추가 곤란한 검찰총장을 비롯한 검사, 각 처장·정부위원·각군 참모총장·고위외교관·정무직 또는 별정직고급공무원 등이 이에 해당한다.

③ 검찰청법은 검사를(제37조), 경찰법은 경찰청장(제11조 제6항), 방송통신위원회의설치및운영에관한법률은 방송통신위원회위원장(제6조 제5항)을 탄핵대상에 포함시키고 있다.

2) 대통령당선자(헌재 2004.5.14, 2004헌나1)

헌법 제65조 제1항은 '대통령 … 이 그 직무집행에 있어서'라고 하여, 탄핵사유의 요건을 '직무' 집행으로 한정하고 있으므로, 위 규정의 해석상 대통령의 직위를 보유하고 있는 상태에서 범한 법위반행위만이 소추사유가 될 수 있다고 보아야 한다. 따라서 당선후 취임시까지의 기간에 이루어진 대통령의 행위도 소추사유가 될 수 없다. 비록 이 시기 동안 대통령직인수에관한법률에 따라 법적 신분이 '대통령당선자'로 인정되어 대통령직의 인수에 필요한 준비작업을 할 수 있는 권한을 가지게 되나, 이러한 대통령당선자의 지위와 권한은 대통령의 직무와는 근본적인 차이가 있고, 이 시기 동안의 불법정치자금 수수 등의 위법행위는 형사소추의 대상이 되므로, 헌법상 탄핵사유에 대한 해석을 달리할 근거가 없다.

3) 헌법재판소재판관·국무총리서리 등

① 헌법재판소재판관이 탄핵대상이 되는 경우에는 재판관 3인 이상을 동시에 소추할 수 없다(헌법재판소법 제23조 제1항).

② 국무총리서리 등 서리의 지위에서 행한 직무집행행위도 탄핵의 대상이 되며, 대통령의 권한대행자로서의 지위에서 행한 행위도 탄핵의 대상이 된다.

4) 국회의원 등

탄핵절차가 갖는 특별한 소추절차적 성격을 감안할 때 다른 방법으로 그 법적 책임을 물을 수 있는 공직자, 예컨대 국회의원이나 고위 직업공무원은 탄핵의 대상에서 제외된다고 보아야 한다.

(3) 탄핵소추사유

1) "직무집행"과 관련될 것

직무집행과 관계가 없는 사생활에 관한 사항, 당선 전이나 퇴직 후의 행위는 탄핵소추의 사유가 되지 아니한다. 여기서의 '직무'란, 법제상 소관 직무에 속하는 고유 업무 및 통념상 이와 관련된 업무를 말한다. 따라서 직무상의 행위란, 법령·조례 또는 행정관행·관례에 의하여 그 지위의 성질상 필요로 하거나 수반되는 모든 행위나 활동을 의미한다(헌재 2004.5.14. 2004헌나1).

2) 전직의 직무행위

① 전직시의 위법행위는 전직에서 사퇴함과 동시에 탄핵소추의 사유가 소멸했으므로 취임 전이나 퇴직 이후의 행위는 이에 해당하지 않으므로 탄핵소추할 수 없다(다수설).

② 전직에서의 위헌·위법행위는 탄핵사유가 되지 않음이 원칙이나, 소추절차가 개시된 후 탄핵을 면탈하기 위하여 직위를 변경할 경우에는 탄핵사유가 된다.

3) "헌법과 법률"을 위배할 것

① 헌법에는 형식적 의미의 헌법뿐만 아니라 관습헌법도 포함된다.

② 법률에는 형식적 의미의 법률뿐만 아니라 법률과 동등한 효력을 가지는 국제조약·일반적으로 승인된 국제법규·긴급명령 등도 포함된다(통설).

③ 단순한 부도덕 또는 정치적 무능력이나 정책결정상의 과오는 해임건의의 사유는 될 수 있어도 탄핵사유가 될 수 없다.

4) 헌법과 법률을 "위배"할 것

법문은 단순히 "위배한 때"라고만 규정하고 있기 때문에 위헌이나 위법행위에는 고의나 과실에 의한 경우뿐만 아니라 법의 무지로 인한 경우도 포함된다(다수설).

5) 위법행위의 "중대성" 요부

헌법재판소는 대통령과 그 밖의 공직자를 구별하여 대통령의 경우에는 중대한 위반이어야 한다는 입장을 취한 바 있다.

(4) 탄핵소추절차

1) 탄핵소추발의

① 탄핵소추의 발의에는 기간의 제한이 없다. 이 점은 파면을 포함한 공무원에 대한 징계에 있어서는 징계사유가 발생한 날로부터 3년(금품 및 향응수수, 공금 횡령·유용의 경우 5년, 性 관련 10년)을 경과한 때에는 징계의결의 요구를 하지 못하는 것(국가공무원법 제83조의2 제1항)과 다르다.

② 대통령을 탄핵소추하는 경우에는 국회재적의원 과반수의 발의가 있어야 하며, 그 외의 자인 경우 국회재적의원 3분의 1 이상의 발의가 있어야 한다(헌법 제65조 제2항).

③ 탄핵소추의 발의가 있은 때에 의장은 발의된 후 처음 개의하는 본회의에 보고하고, 본회의는 의결로 법제사법위원회에 회부하여 조사하게 할 수 있다(국회법 제130조 제1항). 조사의 여부는 국회의 재량이므로 국회가 별도의 조사를 하지 않았다 하더라도 헌법이나 법률을 위반한 것은 아니다(헌재 2004.5.14, 2004헌나1).

④ 법제사법위원회의 조사에는 국정감사및조사에관한법률이 규정하는 조사의 방법 및 조사상의 주의의무규정을 준용한다(국회법 제131조 제2항).

2) 탄핵소추의결

① 대통령을 소추하는 경우에는 재적의원 3분의 2 이상의 찬성이 있어야 하며, 이외의 고급공무원을 소추하는 경우에는 재적의원 과반수의 찬성으로 의결한다(헌법 제65조 제2항).

② 본회의에서의 탄핵소추의결은 무기명투표로 하며(국회법 제130조 제2항), "소추의결서"로 하여야 한다(국회법 제133조).

③ 국회의 탄핵소추의결은 국회의 재량사항이므로 국회가 탄핵소추를 의결해야 할 헌법상 의무가 있는 것은 아니다.

(5) 탄핵소추효과

1) 심판청구의무의 발생
① 국회가 탄핵소추를 의결한 때에는 소추위원(국회 법제사법위원장이 소추위원이 된다)은 반드시 헌법재판소에 탄핵심판을 청구하여야 한다(헌법재판소법 제49조 제2항).
② 탄핵소추심판 청구권은 소추위원에게 부여된 직무상의 권한인 동시에 소추위원은 탄핵심판 청구를 하여야 한다는 점에서는 의무의 성격을 가진다.

2) 권한행사의 정지
① 탄핵소추가 의결된 피소추자는 소추의결서가 본인에게 송달된 때로부터 헌법재판소의 탄핵심판이 있을 때까지 권한행사가 정지된다(헌법 제65조 제3항, 국회법 제134조 제2항).
② 국민의 대표기관인 국회가 이에 관하여 사실을 조사하여 의결을 한 이상 공무의 권위와 청렴성을 보장하기 위해서 그 권한의 행사를 정지시키는 것이다.

3) 사직 또는 해임의 금지
① 소추의결서가 송달되면 임명권자는 피소추자의 사직원을 접수하거나 해임할 수 없다(국회법 제134조 제2항).
② 탄핵소추를 받은 자가 결정선고 이전에 파면되었을 때에는 탄핵심판청구를 기각하여야 한다(헌법재판소법 제53조 제2항).

4. 헌법재판소에 의한 탄핵심판

(1) 탄핵심판의 개시
① 국회에서 탄핵소추의 의결이 있으면 국회의장은 소추의결서의 정본을 소추위원에게 송달하고, 그 등본을 헌법재판소·피소추자 및 그 소속기관의 장에게 송달함으로써 국회에서 탄핵소추가 있은 사실을 통고한다(국회법 제134조 제1항).
② 소추위원이 송달받은 소추의결서의 정본을 헌법재판소에 제출하면 탄핵심판 청구의 효력이 발생한다.
③ 탄핵심판에서는 국회법제사법위원회의 위원장이 소추위원이 된다(헌법재판소법 제49조).

[우리나라 헌정사에서 탄핵심판기관]

구분	탄핵심판	위헌법률심판
제헌헌법	탄핵재판소	헌법위원회
1960년헌법	헌법재판소	헌법재판소
1962년헌법	탄핵심판위원회	법원
1972년헌법	헌법위원회	헌법위원회
1980년헌법	헌법위원회	헌법위원회
현행헌법	헌법재판소	헌법재판소

(2) 탄핵심판의 절차

① 탄핵사건의 심판은 심리공개주의와 구두변론주의를 원칙으로 한다.
② 동일한 사유에 관하여 형사소송이 계속되고 있는 경우에는 심판절차를 정지할 수 있다(헌법재판소법 제51조).
③ 증거 및 증거조사에 관하여는 형사소송에 관한 법령의 규정을 준용한다(헌법재판소법 제40조).

(3) 탄핵심판절차의 직권주의(헌재 2004.5.14, 2004헌나1)

헌법재판소는 사법기관으로서 원칙적으로 탄핵소추기관인 국회의 탄핵소추의결서에 기재된 소추사유에 의하여 구속을 받는다. 따라서 헌법재판소는 탄핵소추의결서에 기재되지 아니한 소추사유를 판단의 대상으로 삼을 수 없다. 그러나 탄핵소추의결서에서 그 위반을 주장하는 '법규정의 판단'에 관하여 헌법재판소는 원칙적으로 구속을 받지 않으므로, 청구인이 그 위반을 주장한 법규정 외에 다른 관련 법규정에 근거하여 탄핵의 원인이 된 사실관계를 판단할 수 있다. 또한 헌법재판소는 소추사유의 판단에 있어서 국회의 탄핵소추의결서에서 분류된 소추사유의 체계에 의하여 구속을 받지 않으므로, 소추사유를 어떠한 연관관계에서 법적으로 고려할 것인가의 문제는 전적으로 헌법재판소의 판단에 달려있다.

(4) 탄핵결정

① 재판관 7명 이상의 출석으로 사건을 심리하고 재판관 6명 이상의 찬성으로 탄핵의 결정을 한다(헌법재판소법 제23조 제2항 제1호).
② 탄핵심판청구가 이유 있은 때에는 헌법재판소는 피청구인을 당해 공직에서 파면하는 탄핵결정을 선고한다.
③ 탄핵심판결정선고 이전에 피소추자가 당해 공직에서 파면된 때에는 탄핵심판 청구를 기각하여야 한다(헌법재판소법 제53조 제2항).
④ 심판에 관여한 재판관은 결정서에 의견을 표시하여야 한다(헌법재판소법 제36조 제3항).

(5) 탄핵심판결정의 효과

1) 공직으로부터의 파면

① 탄핵결정은 공직자를 공직으로부터 파면함에 그친다. 그러나 탄핵의 결정으로 민사상의 책임이나 형사상의 책임이 면제되는 것은 아니다(헌법재판소법 제54조 제1항).
② 탄핵의 결정은 징계적 처벌이므로 탄핵결정과 민·형사재판 간에는 일사부재리 원칙이 적용되지 아니한다.

2) 일정기간 공직취임 금지

탄핵결정에 의하여 파면된 자는 결정선고가 있은 날로부터 5년이 경과하지 아니하면 공무원이 될 수 없다(헌법재판소법 제54조 제2항).

3) 사면 인정여부

미국의 경우처럼 명문으로 이를 금지하고 있는 경우도 있지만, 명문규정이 없는 현행헌법의 경우에도 탄핵결정에 대해서는 사면이 인정되지 아니한다(통설).

Ⅲ 국무총리·국무위원의 해임건의권

> **헌법**
> 제63조 ① 국회는 국무총리 또는 국무위원의 해임을 대통령에게 건의할 수 있다.
> ② 제1항의 해임건의는 국회재적의원 3분의 1 이상의 발의에 의하여 국회재적의원 과반수의 찬성이 있어야 한다.

1. 해임건의권의 의의

① 국회의 해임건의제도는 국회로 하여금 행정부를 감시·비판하게 함과 동시에 독선적인 행정부 구성을 견제하는 기능을 하는, 대통령제 하에서는 이례적인 의원내각제적 요소이다.
② 헌법 제63조는 해임건의권에 대하여 규정하고 있다.

2. 해임건의의 사유

① 해임건의의 사유에 대하여는 헌법상 아무런 제한이 없다.
② 해임건의사유가 충족되는 한 해임건의권의 행사에는 횟수의 제한이 없다.
③ 탄핵소추사유보다 광범하고 포괄적이다.
　ⅰ) 직무집행에 있어 헌법위반 또는 법률위반이 있는 경우
　ⅱ) 정책의 수립과 집행에 있어 중대한 과오를 범한 경우
　ⅲ) 부하직원의 과오나 범법행위에 대하여 정치적 책임을 추궁하는 경우
　ⅳ) 국무회의 구성원으로서 대통령을 잘못 보좌한 경우

3. 해임건의의 절차

① 해임건의는 국무총리 또는 국무위원에 대하여 개별적 또는 일괄적으로 할 수 있다(제63조 제1항).
② 해임건의는 국회재적의원 3분의 1 이상의 발의에 의하여 국회재적의원 과반수의 찬성으로써 하는데(제63조 제2항), 해임건의안이 본회의에 보고된 때로부터 24시간 이후 72시간 이내에 무기명투표로 표결한다.
③ 본회의에 보고된 때로부터 24시간 이후 72시간 이내에 표결하지 아니한 때에는 해임건의안은 폐기된 것으로 본다(국회법 제112조 제7항).

4. 해임건의의 효과

(1) 구속력 유무(헌재 2004.5.14, 2004헌나1)

국회는 국무총리나 국무위원의 해임을 건의할 수 있으나, 국회의 해임건의는 대통령을 기속하는 해임결의권이 아니라, 아무런 법적 구속력이 없는 단순한 해임건의에 불과하다. … 헌법 제63조의 해임건의권을 법적 구속력 있는 해임의결권으로 해석하는 것은 법문과 부합할 수 없을 뿐만 아니라, 대통령에게 국회해산권을 부여하고 있지 않는 현행헌법상의 권력분립질서와도 조화될 수 없다.

(2) 연대책임 여부

우리나라의 경우 대통령제 정부형태를 취하고 있고, 국무총리와 국무위원이 공동으로 국회에 대하여 연대책임을 지는 것이 아니므로 국무총리에 대한 해임건의가 국무위원에게 미친다고 할 수는 없다.

Ⅳ 국정감사·조사권

> ● 헌법
> 제61조 ① 국회는 국정을 감사하거나 특정한 국정사안에 대하여 조사할 수 있으며, 이에 필요한 서류의 제출 또는 증인의 출석과 증언이나 의견의 진술을 요구할 수 있다.
> ② 국정감사 및 조사에 관한 절차 기타 필요한 사항은 법률로 정한다.

1. 서설

(1) 국정감사권과 국정조사권의 개념

① 국정감사권이란 국회가 매년 정기적으로 국정전반에 대하여 감사할 수 있는 권한을 말하며, 국정조사권이란 의회가 그 입법 등에 관한 권한을 유효적절하게 행사하기 위하여 특정한 국정사안에 대하여 조사할 수 있는 권한을 말한다.

② 국정감사가 국정 전반을 대상으로 하여 정기적으로 행하는 정기적 일반국조사라면, 국정조사는 특정한 국정사안을 대상으로 하여 수시로 행하는 부정기적 특정국정조사이다.

(2) 연혁

① 미연방헌법에는 명문규정이 없고, 학설과 판례를 통하여 의회의 보조적 권한으로 국정조사권을 당연히 인정하고 있다.

② 헌법적 차원에서 바이마르헌법이 최초로 국정조사권을 규정하였다.

③ 우리나라

  (ⅰ) 국정감사권

  제헌헌법에서부터 규정해 오다가 제4공화국헌법(1972년헌법)에서 폐지되었다. 현행헌법에서 다시 규정함으로써 국정조사권과 함께 명문화되었다.

  (ⅱ) 국정조사권

  1975년 국회법에 명문화하였고, 1980년 제5공화국헌법에 헌법적 차원에서 최초로 규정하였다.

2. 국정감사·조사권의 본질

국정조사권과 국정감사권은 그 기능과 성격에 비추어, 국회가 가지는 헌법상의 권한들을 유용하고 실효적인 것이 되게 하기 위한 부수적·보조적 권한이다(통설).

3. 국정감사·조사의 내용

(1) 시기와 기간

① 국회는 국정전반에 관하여 소관 상임위원회별로 매년 정기회 집회일 이전에 감사시작일부터 30일 이내의 기간을 정하여 감사를 실시한다. 다만 본회의 의결로 정기회 기간 중에 감사를 실시할 수 있다(국정감사및조사에관한법률; 이하 '국감법'이라 한다. 제2조).

② 국회는 재적의원 4분의 1 이상의 요구가 있는 때에는 특별위원회 또는 상임위원회로 하여금 국정의 특정사안에 관하여 조사를 시행하게 한다(국감법 제3조).

(2) 대상기관

1) 국정감사대상기관

> ◆ 국정감사 및 조사에 관한 법률
> **제7조(감사의 대상)** 감사의 대상기관은 다음 각 호와 같다.
> 1. 「정부조직법」, 그 밖의 법률에 따라 설치된 국가기관
> 2. 지방자치단체 중 특별시·광역시·도. 다만, 그 감사범위는 국가위임사무와 국가가 보조금 등 예산을 지원하는 사업으로 한다.
> 3. 「공공기관의 운영에 관한 법률」 제4조에 따른 공공기관, 한국은행, 농업협동조합중앙회, 수산업협동조합중앙회
> 4. 제1호부터 제3호까지 외의 지방행정기관, 지방자치단체, 「감사원법」에 따른 감사원의 감사대상기관. 이 경우 본회의가 특히 필요하다고 의결한 경우로 한정한다.

① 국정감사의 대상기관은 국감법 제7조에 규정되어 있으며, 이는 위원회선정 대상기관(1호-3호)과 본회의의결 대상기관(4호)으로 나누어진다.

② 시·도의 고유사무에 대하여는 국정감사를 할 수 없으며, 시·군·구(기초자치단체)의 경우에는 위임사무에 대하여 감사할 수 있지만, 고유사무는 당해 지방의회가 감사한다는 것이 다수설이다(국감법 제7조 제4호).

③ 감사원법상의 감사대상기관은 사실상 국가 내의 모든 기관을 포괄하므로, 국회의 의결을 통하여 사립학교 등에 대해서도 국정감사가 실시되기도 한다.

2) 국정조사대상기관

국정조사는 국회 본회의가 의결서로 승인한 조사계획서에 기재된 기관에 국한된다(국감법 제3조).

(3) 국정감사·조사의 사안과 범위

1) 입법에 관한 사항
2) 재정에 관한 사항
3) 행정에 관한 사항: 일반 행정작용의 적법성과 타당성
4) 사법에 관한 사항: 법원·헌법재판소의 예산운용, 재판의 신속한 처리여부, 법관의 유효적절한 배치 등 사법행정에 관한 사항
5) 국회 자율에 관한 사항

4. 국정감사 · 조사권의 한계

(1) 권력분립상의 한계

1) 행정작용에 대한 간섭
국회 스스로 정부의 행정처분을 대신하여 명할 수는 없다.

2) 사법작용에 대한 간섭
① 법원에 계속 중인 사건의 조사
법원에 계속 중인 사건에 관하여 정치적 압력을 가하거나 재판내용에 개입하거나 사법상의 문서의 제출을 요구하거나 법관의 법정지휘에 관한 절차를 감사·조사하는 것은 허용되지 아니한다(통설).

② 확정된 판결의 조사
확정된 판결에 대한 조사는 당해 법관이 장래의 동종 또는 유사한 사건에서 자유로운 심증을 형성함에 있어서 사실상 영향을 받을 가능성이 있으므로 이를 부정한다.

③ 재판기록 제출요구
재판기록 일체를 제출하도록 요구하거나 기록일체를 검증하는 것은 사실상 재판의 당부를 심사하는 결과가 되어 허용되지 않는다. 국정조사에 필요한 부분만을 구체적·개별적으로 적시하여 제출해 줄 것을 요구하는 것은 가능하다.

3) 수사·소추 등 검찰사무에 대한 간섭
① 병행조사
수사나 소추의 대상이 되어 있는 범죄사건일지라도 정치적 목적(탄핵소추나 해임건의 등을 위한 목적)을 위해서는 감사·조사할 수 있다.

② 수사기록 제출요구
현재 진행 중인 수사의 속행을 방해하거나 소추에 간섭하는 감사·조사는 형사사법의 공정을 기하기 위하여 허용되지 아니한다.

③ 검사의 소환·신문
검사의 소추에 관여하는 것이므로 허용되지 않는다.

4) 지방자치단체의 고유사무에 대한 간섭
지방자치단체의 고유사무에 대한 국정감사·조사는 인정하지 않는다.

5) 감사원의 준사법적(準司法的) 행위에 대한 간섭
변상책임의 판정이나 징계처분과 문책의 요구 등 준사법적 판단작용은 감사원의 독립기관성에 비추어 국정감사·조사의 대상에서 제외된다.

(2) 기본권 보장상의 한계

① 사생활에 관한 사항일지라도 국가작용과 관련이 있는 사항(정치자금의 출처나 용도, 선거에 관여한 사회적 조직과 활동 등)은 감사·조사할 수 있다(다수설).

② 국정감사·조사에서 침해해서는 아니 되는 기본권은 사생활의 비밀과 자유만이 아니고 인신에 관한 실체적 권리와 인신보호를 위한 사법절차적 기본권 등도 당연히 포함된다.

③ 형사상 자기에게 불리한 진술을 강요해서는 아니 되고, 증언거부권을 인정하여야 할 것이다.

(3) 국가 이익상의 한계

국회로부터 공무원 또는 공무원이었던 사람이 증언의 요구를 받거나, 국가기관이 서류등의 제출을 요구받은 경우에 증언할 사실이나 제출할 서류등의 내용이 직무상 비밀에 속한다는 이유로 증언이나 서류등의 제출을 거부할 수 없다. 다만, 군사·외교·대북 관계의 국가기밀에 관한 사항으로서 그 발표로 말미암아 국가안위에 중대한 영향을 미칠 수 있음이 명백하다고 주무부장관이 증언 등의 요구를 받은 날부터 5일 이내에 소명하는 경우에는 그러하지 아니하다(국회에서의증언·감정등에관한법률 제4조).

(4) 조사방법상의 한계

조사에 참여하는 의원은 조사과정에서 조사사항과 합리적 관련성이 없거나 정당한 권한행사로 볼 수 없는 부적절한 질문이나 서류제출요구를 할 수 없으며, 피조사자나 기관이 국회에의 출석·증언·서류제출요구에 불응한 경우 의회가 강제수단을 사용하여 집행할 수는 없다.

5. 국정감사·조사결과의 처리(국감법 제16조)

① 국회는 본회의의 의결로 감사 또는 조사결과를 처리한다.
② 국회는 감사 또는 조사 결과 위법하거나 부당한 사항이 있을 때에는 그 정도에 따라 정부 또는 해당 기관에 변상, 징계조치, 제도개선, 예산조정 등 시정을 요구하고, 정부 또는 해당 기관에서 처리함이 타당하다고 인정되는 사항은 정부 또는 해당 기관에 이송한다.
③ 정부 또는 해당기관은 시정요구를 받거나 이송받은 사항을 지체없이 처리하고 그 결과를 국회에 보고하여야 한다.

Ⅴ 국무총리·국무위원 등의 국회출석요구 및 질문권

> ◆ 헌법
> 제62조
> ① 국무총리·국무위원 또는 정부위원은 국회나 그 위원회에 출석하여 국정처리상황을 보고하거나 의견을 진술하고 질문에 응답할 수 있다.
> ② 국회나 그 위원회의 요구가 있을 때에는 국무총리·국무위원 또는 정부위원은 출석·답변하여야 하며, 국무총리 또는 국무위원이 출석요구를 받은 때에는 국무위원 또는 정부위원으로 하여금 출석·답변하게 할 수 있다.

1. 국회출석요구 및 질문권의 의의

① 국무총리·국무위원 국회출석요구권 및 질문권은 대통령제 국가에서는 이례적인 제도이다.
② 현행헌법이 대통령제를 기본으로 하면서도 헌법에 정부구성원의 국회출석 및 질문권에 관한 권한과 더불어 그 의무를 규정한 것은 집행부와 국회가 긴밀한 공화·협조관계를 유지하고, 국회의 집행부 통제의 실효를 거두게 하기 위한 목적에서 의원내각제적 요소를 가미한 것이라고 볼 수 있다.

2. 출석·답변 대상자

대통령	출석·발언할 권한(헌법 제81조)은 있으나, 출석·답변할 의무는 없다.
국무총리, 국무위원, 정부위원	헌법상 출석·답변의무가 있다. 반면 출석·발언할 권한도 있다.
대법원장, 헌법재판소장, 중선관위위원장, 감사원장	국회법상 출석·답변할 의무가 있다.
검찰총장	검찰총장을 정부조직법상 제10조의 청장으로 보는 견해에 따르면 출석·답변의무가 있다고 볼 수 있다.

3. 출석·답변 요구절차

본회의는 20인 이상의 발의와 의결로 출석을 요구할 수 있고, 위원회도 의결로 국무총리·국무위원·정부위원의 출석을 요구할 수 있다(국회법 제121조).

4. 질문의 종류

(1) 대정부질문

본회의는 회기 중 기간을 정하여 국정전반 또는 국정의 특정분야를 대상으로 정부에 대하여 질문을 할 수 있다(국회법 제122조의2).

(2) 긴급현안질문

의원은 20명 이상의 찬성으로 회기 중 현안이 되고 있는 중요한 사항을 대상으로 정부에 대하여 질문을 할 것을 의장에게 요구할 수 있다(국회법 제122조의3).

5. 효과

국회의 출석·답변요구를 받은 자는 그 요구를 거부할 수 없다. 다만 대리출석하게는 할 수 있다. 국회에 출석·답변하기를 거부한 경우의 조치에 대하여는 규정이 없으므로 그 제재는 정치적 통제에 맡겨질 수밖에 없다. 극단적인 경우에는 해임건의 또는 탄핵소추의 사유가 될 것이다.

Ⅵ 기타의 통제권한

1. 긴급명령과 긴급재정경제처분·명령에 대한 승인권

헌법 제76조에 의하여 대통령이 긴급명령을 발하거나 긴급재정경제처분·명령을 발한 때에는 지체없이 국회에 보고하여 승인을 얻어야 한다. 국회 승인의 의결정족수에 대해서는 헌법에 명문의 규정이 없다. 그 결과 재적의원과반수설과 일반의결정족수설이 대립하나, 일반의결정족수설이 다수설이다.

2. 계엄해제요구권

국회는 재적의원 과반수의 찬성으로 계엄의 해제를 요구할 수 있다. 국회의 해제요구가 있으면 대통령은 계엄을 해제하여야 한다(제77조 제4항, 제5항).

3. 외교정책에 대한 동의권

국회는 헌법 제60조 제1항의 조약 체결·비준에 대한 동의권은 물론 동조 제2항에 따라 계엄선포와 국군의 외국에의 파견 또는 외국군대의 대한민국 영역 안에서의 주류에 대한 동의권을 가진다.

4. 일반사면에 대한 동의권

대통령이 일반사면을 명할 경우에는 국회의 동의를 얻어야 한다(제79조 제2항).

제12항 인사에 관한 권한

1. 인사권의 내용

(1) 대통령선출권

대통령선거에서 최고득표자가 2인 이상인 때에는 국회의 재적의원 과반수가 출석한 공개회의에서 다수표를 얻은 자를 당선자로 선출할 수 있다(제67조 제1항, 제2항).

(2) 헌법기관 일부선출권 및 기관구성에 대한 동의권

헌법재판소 재판관 3인(제111조 제3항)과 중앙선거관리위원회 위원 3인(제114조 제2항)을 선출하며, 국무총리 임명(제86조 제1항), 대법원장과 대법관 임명(제104조 제1항, 제2항), 헌법재판소장 임명(제111조 제4항), 감사원장 임명(제98조 제2항 전단) 등 헌법기관구성에 대한 동의권을 가진다.

2. 인사청문회

(1) 인사청문특별위원회의 구성(인사청문회법 제3조)

인사청문특별위원회는 임명동의안 등이 국회에 제출된 때에 구성된 것으로 보며, 위원정수는 13인으로 한다. 인사청문특별위원회는 임명동의안 등이 본회의에서 의결될 때 또는 인사청문경과가 본회의에 보고될 때까지 존속한다.

(2) 인사청문회의 실시기관 및 대상기관

1) 인사청문특별위원회의 청문대상
인사청문특별위원회는 헌법에 따라 그 임명에 국회의 동의가 필요한 대법원장·헌법재판소장·국무총리·감사원장 및 대법관과 국회에서 선출하는 헌법재판소 재판관 및 중앙선거관리위원회 위원에 대한 선출안 등을 그 대상으로 한다(국회법 제46조의3).

2) 상임위원회의 청문대상
소관 상임위원회는 ① 대통령이 임명하는 헌법재판소 재판관, 중앙선거관리위원회 위원, 국무위원, 방송통신위원회 위원장, 국가정보원장, 공정거래위원회 위원장, 금융위원회 위원장, 국가인권위원회 위원장, 고위공직자범죄수사처장, 국세청장, 검찰총장, 경찰청장, 합동참모의장, 한국은행 총재, 특별감찰관 또는 한국방송공사 사장의 후보자, ② 대통령당선인이「대통령직 인수에 관한 법률」제5조 제1항에 따라 지명하는 국무위원 후보자, ③ 대법원장이 지명하는 헌법재판소 재판관 또는 중앙선거관리위원회 위원의 후보자 등에 대한 청문을 행한다(국회법 제65조의2).

(3) 인사청문회의 실시기간(인사청문회법 제6조)
국회는 임명동의안 등이 제출된 날부터 20일 이내에 그 심사 또는 인사청문을 마쳐야 한다. 부득이한 사유로 후보자에 대한 인사청문회를 마치지 못하여 국회가 인사청문경과보고서를 송부하지 못한 경우에 대통령·대통령당선인 또는 대법원장은 20일이 경과한 다음날부터 10일 이내의 범위에서 기간을 정하여 인사청문경과보고서를 송부하여 줄 것을 국회에 요청할 수 있으며, 그럼에도 해당기간 이내에 인사청문경과보고서를 국회가 송부하지 아니한 경우에는 임명 또는 지명할 수 있다.

(4) 인사청문결과의 효력
국회의 인사청문결과가 인사권자인 대통령을 구속하는 것은 아니다.

제13항 국회의 자율권(국회 내부사항에 관한 권한)

● 헌법
제64조
① 국회는 법률에 저촉되지 아니하는 범위 안에서 의사와 내부규율에 관한 규칙을 제정할 수 있다.
② 국회는 의원의 자격을 심사하며, 의원을 징계할 수 있다.
③ 의원을 제명하려면 국회재적의원 3분의 2 이상의 찬성이 있어야 한다.
④ 제2항과 제3항의 처분에 대하여는 법원에 제소할 수 없다.

I 자율권의 의의 및 이론적 근거

1. 의의
① 국회의 자율권이란 국회가 그 밖의 다른 국가기관의 간섭을 받지 아니하고 자주적으로 자신의 조직·활동 및 내부사항에 대해 독자적으로 결정할 수 있는 권한을 말한다.
② 현행헌법 제64조와 국회법도 국회의 자율권을 규정하고 있는데, 이에는 규칙자율권, 신분자율권, 조직자율권, 의사자율권, 질서자율권, 집회자율권 등이 있다.

2. 이론적 근거
① 권력분립의 요청
  의회의 내부사항에 관하여는 집행부나 사법부 등 다른 국가기관의 개입이나 간섭이 허용될 수 없다.
② 기능독립의 요청
  의회로 하여금 입법기능·국정통제기능·헌법기관구성기능 등을 적절히 수행하게 하려면 의사와 내부사항에 관한 의회의 자주적 결정을 존중하여야 한다.
③ 기능자치의 요청
  원내에 있어서 다수파의 횡포로부터 소수파를 보호하기 위해서는 의회의 자율적인 의사규칙이 있어야 한다.

II 자율권의 내용

1. 규칙자율권

(1) 규칙자율권의 의의 및 국회규칙의 내용
① 규칙자율권이란 국회가 헌법과 법률에 저촉되지 아니하는 범위 내에서 의사와 내부규율에 관한 규칙을 자율적으로 제정할 수 있는 권한을 말한다(제64조 제1항).
② 국회규칙은 "의사와 내부규율"을 그 내용과 범위로 하는데, 헌법과 국회법에서 의사절차와 내부규율을 상세히 규정하고 있기 때문에 국회규칙은 비교적 기술적·절차적 사항을 그 내용으로 한다.

(2) 국회규칙의 제정절차
국회규칙은 ① 국회의 활동이나 국회의원과 직접 관련되는 사항은 본회의의 의결을 거쳐 제정하고, ② 국회사무처·국회도서관의 운영이나 그 소속직원에 관한 사항은 의장이 국회운영위원회의 동의를 얻어 제정한다.

(3) 국회규칙의 효력
① 형식적 효력은 법률의 하위에 있다.
② 대인적 효력은 국회구성원에 대하여만 구속력을 갖는 내부사항을 규율하는 규칙과 명령에 준하는 것으로서 제3자에 대하여도 구속력을 갖는 의사에 관한 규칙이 있다.

(4) 국회규칙의 통제

내부사항을 규율하는 규칙은 법원의 사법심사의 대상이 되지 않지만, 의사에 관한 규칙은 법원의 명령·규칙심사의 대상이 된다. 또한 국회규칙은 헌법소원심판의 대상이 될 수 있다.

2. 신분자율권

(1) 신분자율권의 의의 및 종류

① 신분자율권이란 국회의원의 자격 및 징계 등 국회의원의 신분에 관한 사항에 대하여 국회가 자율적으로 결정할 수 있는 권한을 말한다.

② 의원의 사직에 대한 사직허가권, 원내질서를 문란하게 하거나 국회의 품위와 위신을 손상한 의원이 있을 때 국회가 당해 의원에게 제재를 가하는 권한인 징계권, 의원의 체포·구금에 대한 동의권과 체포·구금된 의원의 회기 중 석방요구권을 통해서 의원의 불체포특권의 적용을 사안마다 자율적으로 결정할 수 있는 권한 등이 있다.

(2) 의원의 사직허가권

국회는 의원의 사직을 허가할 수 있다. 폐회 중에는 의장이 이를 허가할 수 있다. 사직의 허가여부는 토론 없이 표결한다(국회법 제135조).

(3) 의원의 자격심사권

1) 자격심사권의 의의

① 국회는 의원의 자격을 스스로 심사할 수 있다(제64조 제2항 전단).

② 의원의 자격심사는 의원선거에 관한 소송과 달라서 선거나 당선자결정의 유·무효를 결정하는 것이 아니고, 의원으로서의 적격성을 심사하는 것이다.

2) 의원의 자격요건

현행법상 의원의 자격요건으로는 ① 적법한 당선인일 것, ② 겸직이 금지된 직에 취임하지 아니할 것, ③ 국회법 제29조 제2항의 규정에 의하여 임기개시일 이후에 해직된 직의 권한을 행사하지 아니할 것, ④ 법률에 규정된 피선거권을 계속 보유할 것 등이다.

3) 자격심사의 절차

① 청구: 의원 30명 이상의 연서로 의장에게 청구
② 예심: 윤리특별위원회
③ 의결: 본회의, 재적의원 2/3 이상의 찬성

4) 자격심사의 결과

① 국회의원의 무자격결정은 소급효를 미치는 것이 아니라 장래에 향해서만 효력이 발생한다.
② 자격심사의 결과에 대하여는 법원에의 제소가 인정되지 않는다(제64조 제4항).

(4) 의원에 대한 징계권

1) 징계의 의의
① 국회는 의원을 징계할 수 있다(제64조 제2항 후단).
② 징계라 함은 원내질서를 문란하게 하거나 국회의 품위와 위신을 손상시킨 의원이 있을 때, 국회가 당해 의원에게 가하는 제재를 말한다.

2) 징계사유(국회법 제155조)

3) 징계의 절차
징계요구(국회법 제156조) → 징계요구시한(국회법 제157조, 10일 이내) → (의장이 3일 이내)윤리특별위원회 회부 및 심사 → 본회의 의결 → 선포(의장, 징계종류)

4) 법원에의 제소
의원에 대한 국회의 징계처분에 대해서는 법원에 제소할 수 없다(헌법 제64조 제4항).

5) 헌법재판소에의 제소
법원에 의한 사법심사배제조항은 법원의 사법권을 배제하는 예외규정이란 점에서 엄격하게 해석해야 한다는 점과 국회의 부당한 권리침해에 대한 구제수단의 확보라는 측면에서 헌법재판소에의 제소는 가능하다고 보는 것이 다수설이다.

(5) 의원의 윤리심사

1) 윤리심사사유
의원이 국회의원윤리강령 및 국회의원윤리실천규범에 대한 징계사유에 해당하지 않는 경미한 위반을 한 경우에 인정되는 것이다.

2) 윤리심사결과
윤리특별위원회는 본회의의 의결을 거치는 것이 아니라 윤리특별위원회의 의결로써 심사결과를 해당 의원에게 통고할 수 있다.

(6) 의원 특권의 적용에 관한 자율결정권
① 국회는 의원의 체포·구금에 대한 동의권과 체포·구금된 의원의 회기 중 석방요구권을 통해서 의원의 불체포특권의 적용을 사안마다 자율적으로 결정한다(헌법 제44조).
② 국회는 구체적인 경우에 의원의 발언과 표결이 직무상 행한 것인지의 여부를 결정함으로써 면책특권의 적용에 관해서도 자율적인 결정을 한다(헌법 제45조).

[자격심사와 징계]

구분	자격심사	징계
사유	• 금지된 직 취임 • 임기개시일 후 해직된 직의 권한 행사	청렴의무, 이권개입금지의무, 모욕발언금지 등 헌법과 국회법상의 의무 위반
발의정족수	의원 30명 찬성으로 발의	의장, 위원장, 의원 20명 이상, 모욕당한 의원 단독, 윤리특별위원회위원장, 윤리특별위원회 5인 이상
심사 및 징계내용	무자격 결정(장래적 효력 상실)	경고, 사과, 30일 이내의 출석정지, 제명
당사자의 방어권	허가받아 출석변명 가능	직접 출석변명 또는 다른 의원이 변명 가능, 의원은 변명 끝난 후 퇴장하여야 함
의결정족수	재적 2/3 이상	• 경고, 사과, 출석정지 : 일반의결정족수 • 제명 : 재적 2/3 이상

3. 조직자율권

① 조직자율권이란 국회가 외부의 간섭없이 독자적으로 그 내부조직을 할 수 있는 권한을 말한다.
② 국회는 헌법과 국회법에 따라 의장·부의장 등 의장단의 선출, 위원회의 구성, 사무총장과 직원의 임명을 스스로 행한다.

4. 집회자율권

국회는 헌법과 국회법이 정하는 바에 따라 집회·휴회·개회·회기 등을 자주적으로 결정한다.

5. 의사자율권

① 의사자율권이란 국회가 의사일정의 작성, 의안의 발의·동의·수정 등 의사에 관하여 헌법과 국회법 및 국회규칙의 구속을 받는 외에는 스스로 이를 행할 수 있는 권한을 말한다.
② 국회가 의사에 관하여 자율적으로 정하는 것은 자유이지만, 한번 정해진 의사에 관한 규칙을 존중했는지의 여부는 헌법적 평가에서 제외될 수 없다. 다만 의사절차의 적법성이 문제되는 경우에도 국회가 스스로 판단하고 해석하는 것이 원칙이므로 이에 대한 헌법적 평가는 예외적인 경우에 한한다.
③ 헌법재판소는 국회의 의사절차나 입법절차에 헌법이나 법률의 규정을 명백히 위반한 흠이 있는 예외적인 경우에만 국회의 자율권에 대한 헌법적 평가가 허용된다고 하였다(헌재 1997.7.16, 96헌가2).

6. 질서자율권

① 질서자율권이란 국회가 국회건물 내외의 안전과 본회의 또는 위원회의 질서를 유지하기 위한 필요한 조치를 스스로 결정할 수 있는 권한을 말한다.
② 질서자율권은 국회법에 따라 내부경찰권과 의원가택권으로 구성된다.
③ 내부경찰권이란 국회 내에서의 질서유지를 위하여 의원·방청인 기타 원내에 있는 모든 자에 대하여 일정한 사항을 명하거나 실력으로써 명령을 강제할 수 있는 권한을 말한다.
④ 의원가택권이란 국회가 그 의사에 반하여 타인이 국회 내에 침입함을 금지하고, 국회 내에 들어오는 모든 자를 국회의 질서에 따르게 할 수 있는 권한을 말한다.
⑤ 내부경찰권과 의원가택권은 의장의 경호권과 질서유지권으로 나타난다.

Ⅲ 국회자율권에 대한 사법심사 가부

1. 자격심사·징계처분에 대한 사법심사 가부
① 국회의 그 소속 의원에 대한 자격상실결정과 제명처분이 위법인 경우라고 하더라도 국회의 자율권을 존중하고자 하는 취지에서 헌법은 법원에 제소하는 것을 금지하고 있다(헌법 제64조 제4항).
② 제명의 경우에는 헌법소원을 제기하는 것이 가능하다(다수설).

2. 법률제정절차의 하자에 대한 사법심사 가부
① 법률안의 의결과정에서 위헌·위법의 문제가 있다 하더라도 원칙적으로 국회 스스로 판단할 문제이지 헌법재판소나 법원이 이를 결정할 문제는 아니다. - 원칙
② "입법절차상의 하자가 중대하고 명백한 경우" 또는 "명백하고 현저한 의사절차상의 잘못이 있고 그것이 국회의 의사결정에 직접적인 영향을 미쳤다고 인정할 충분한 근거가 있는 경우"에는 헌법재판소의 심판대상이 된다. - 예외
③ 헌법재판소는 국회의원과 국회의장 간의 권한쟁의심판사건에서 제한된 범위 내에서 국회의 자율권에 대한 사법심사를 인정하고 있다(헌재 1997.7.16, 96헌라2).
④ 법률의 입법절차가 헌법이나 국회법에 위반된다고 하더라도 그러한 사유만으로는 그 법률로 인하여 국민의 기본권이 현재·직접적으로 침해받는다고 볼 수 없으므로 헌법소원심판을 청구할 수 없다(헌재 1995.2.23, 90헌마125).

3. 원내에서의 의원의 범죄와 국회고발 요부
원내에서 행해진 것일지라도 직무행위와 관련이 없는 행위는 사법적 심사의 대상이 되며 국회의 고발도 필요로 하지 아니한다.

제14항 국회의원의 지위

Ⅰ 국회구성원으로서의 지위
① 헌법 제41조 제1항은 "국회는 국회의원으로 구성한다"고 규정하고 있으므로 국회의원은 국회라는 헌법기관의 구성원으로서의 지위를 가진다.
② 국회의원이 국가기관인 것은 아니다. 국가 '기관'이기 위하여는 그 행위가 '국가'에 귀속되어야 하는데, 국회의원의 행위가 곧바로 국가의 행위로 귀속될 수는 없기 때문이다.
③ 국회의원은 국회라는 국가기관의 활동에 참여하는 구성원으로서 독자적인 '직무상의 권한'이 주어지는 바, 그러한 권한의 범위 내에서는 권한쟁의심판의 당사자로서 헌법 제111조 제1항 제4호의 국가기관으로 의제되는 것으로 보아야 한다.

Ⅱ 국민대표자로서의 지위

1. 대의제 민주주의의 채택과 국민대표자로서의 지위
① 우리 헌법은 대의제 민주주의를 채택하고 있다.
② 대의제 민주주의에 비추어 국회의원은 국민을 대표하는 국민대표자로서의 지위를 가진다.

2. 국민대표관계의 법적 성질
국회의원은 오로지 국민전체의 이익을 위하여 활동해야 한다는 의미의 정치적 대표로서의 성격을 지니고 있다(정치적 대표설, 다수설).

3. 국민대표자로서의 국회의원과 국민의 관계(자유위임원칙)
① 대의제 민주주의는 국가기관 선출을 위한 '선거제도'와 정책결정에 있어서 국민의 개별적 동의없이 국가의사를 결정하고 처리할 수 있는 '자유위임원칙'을 주요 내용으로 한다.
② 헌법 제7조 제1항의 공무원의 국민 전체 봉사자 조항, 제44조와 제45조의 국회의원의 불체포특권 및 면책특권 조항 및 특히 제46조 제2항의 국회의원의 국가이익우선의무 조항을 근거로 자유위임원칙을 인정할 수 있다.
③ 자유위임원칙은 법률적인 면에서 구속받지 않는다는 의미를 가질 뿐, 정치적·사실적인 면에서 대의기관이 선거인으로부터 영향받는 것을 부정하는 것은 아니다.

Ⅲ 정당대표자로서의 지위

1. 정당국가화 경향과 정당국가적 민주주의
20세기에 들어와서 현대의 대중민주주의가 정치현실을 지배하게 됨에 따라 정당을 중심으로 하는 정당정치가 발달하게 되었고, 헌법도 이를 수용하는 단계에 이르렀다(헌법 제8조). 이에 오늘날의 민주주의는 정당을 중심으로 운영되는 정당국가적 민주주의라고 보는 견해가 등장하였다.

2. 정당국가 현상과 대의제 민주주의의 구조변화(전술)

3. 국회의원의 정당대표자로서의 지위
① 정당제 민주주의에 있어서는 국회의원의 대부분이 특정정당에 소속하는 정당원으로서 소속정당을 대표하는 지위에 있고, 의원의 정당에의 기속이 특징이 되고 있다.
② 국회의원은 전체국민의 대표자로서의 지위와 소속정당의 이익을 위하여 활동하는 정당의 대표자로서의 지위라는 이중적 지위를 가진다.

Ⅳ 국민대표자로서의 지위와 정당대표자로서의 지위의 조화

대의제 민주주의가 대중민주주의에 터 잡은 정당국가적 현상에 따라 변화하고 있지만, 그 변화는 대의제 민주주의의 기본적 구조 속에서 정치적 의사 형성의 과정과 모습이 변화한다고 보는 것이 타당할 것이다.

Ⅴ 국회의원의 지위와 관련된 구체적 문제

1. 정당강제

(1) 정당강제의 허용정도

국회의원의 국민대표성을 중시하는 입장에서도 특정정당에 소속된 국회의원이 정당기속 내지 교섭단체의 결정(소위 당론)에 위반하는 정치활동을 한 이유로 제재를 받는 경우, 국회의원 신분을 상실하게 할 수는 없으나 "정당 내부의 사실상의 강제" 또는 소속 "정당으로부터의 제명"은 가능하다고 보고 있다. 그렇다면, 당론과 다른 견해를 가진 소속 국회의원을 당해 교섭단체의 필요에 따라 다른 상임위원회로 전임(사·보임)하는 조치는 특별한 사정이 없는 한 헌법상 용인될 수 있는 "정당 내부의 사실상 강제"의 범위 내에 해당한다고 할 것이다(헌재 2003.10.30, 2002헌라1).

(2) 정당강제의 한계

의원에게 특정활동을 강요하거나 소속정당의 의견과 일치하지 않는 의견을 의회에서 발표하는 것을 금지하는 것 등은 자유위임에 기초한 의원의 독립성을 침해하는 것이다.

2. 위헌정당해산시 소속 의원의 자격 상실여부(전술)

3. 국회의원의 당적변경과 소속정당의 강제해산

헌법상 명문의 규정이 없지만 자유위임의 원리에 따라서 국회의원은 원칙적으로 당적변경에 따라 의원직을 상실하지 아니한다. 다만, 공직선거법상 비례대표국회의원은 소속정당의 합당·해산 또는 제명 외의 사유로 당적을 이탈·변경하거나 2 이상의 당적을 가지고 있는 때에는 퇴직한다(동법 제192조 제4항).

4. 합당·분당(헌재 1998.10.29, 96헌마186)

"국회구성권"이란 유권자가 설정한 국회의석분포에 국회의원들을 기속시키고자 하는 것이고, 이러한 내용의 "국회구성권"이라는 것은 오늘날 이해되고 있는 대의제도의 본질에 반하는 것이므로 헌법상 인정될 여지가 없다.

제15항 국회의원 자격의 발생과 소멸

I 의원자격의 발생

국회의원의 임기는 총선거에 의한 전임의원의 임기만료일의 다음 날부터 개시된다. 다만 의원의 임기가 개시된 후에 실시하는 선거에 의한 의원의 임기는 당선이 결정된 때부터 개시되며 전임자 또는 같은 종류의 의원의 잔임기간으로 한다(공직선거법 제14조 제2항).

II 의원자격의 소멸

1. 임기만료

의원은 임기만료로써 자격을 상실한다. 국회의원의 임기는 4년이다(헌법 제42조).

2. 유죄판결의 확정과 당선무효(공직선거법)

① 당선된 의원이 선거일 또는 임기개시 전에 피선거권이 없었던 사실이 임기개시일 이후에 발견되는 등의 사유로 선거무효 또는 당선무효가 선고된 경우(법 제192조), ② 당선된 의원의 선거사무장 또는 회계책임자가 선거비용제한액의 200분의 1 이상을 초과지출한 이유로 징역형 또는 300만원 이상의 벌금형을 선고받은 경우(법 제263조 제1항), ③ 당선된 의원의 회계책임자가 정치자금법상 선거비용 관련 위반행위로 징역형 또는 300만원 이상의 벌금형을 선고받은 경우(법 제263조 제2항), ④ 당선된 의원이 공직선거법 위반행위 또는 정치자금법상 선거비용 관련 위반행위로 징역형 또는 100만원 이상의 벌금형을 선고받은 경우(법 제264조), ⑤ 당선된 의원의 선거사무장·회계책임자 또는 후보자의 직계존·비속 및 배우자가 매수 및 이해유도죄(법 제230조 내지 제233조) 당선무효유도죄(제234조), 기부행위위반죄(법 제257조 제1항) 또는 정치자금부정수수죄(정치자금법 제45조 제1항)로 징역형 또는 300만원 이상의 벌금형의 선고를 받은 경우(법 제265조).

3. 퇴직

국회의원이 ① 공직선거법 제53조(공무원 등의 입후보)의 규정에 의하여 사직원을 제출하여 공직선거후보자로 등록된 때, 그리고 ② 법률에 규정된 피선거권이 없게 된 때에는 퇴직된다(국회법 제136조).

4. 사직

국회는 그 의결로 의원의 사직을 허가할 수 있다. 사직의 허가여부는 토론을 하지 아니하고 표결한다. 다만 폐회 중에는 의장이 이를 허가할 수 있다(국회법 제135조).

5. 제명

국회는 재적의원 3분의 2 이상의 찬성으로 의원을 제명할 수 있다(제64조 제3항).

6. 자격심사

국회는 의원의 자격을 심사할 수 있다(제64조 제2항). 국회에서 의원의 무자격을 의결함에는 재적의원 3분의 2 이상의 찬성이 있어야 한다(국회법 제142조 제3항). 의원의 무자격 결정에 관한 국회의 처분에 대해서는 법원에 제소할 수 없다(제64조 제4항).

7. 당적변경

공직선거법에 의하면 비례대표국회의원이 소속정당의 합당·해산 또는 제명 외의 사유로 당적을 이탈·변경하거나 2 이상의 당적을 가지고 있는 때에는 퇴직되지만, 비례대표국회의원이 국회의장으로 당선되어 국회법 규정에 의하여 당적을 이탈한 경우에는 그러하지 아니하다(공직선거법 제192조 제4항).

제16항 국회의원의 특권

● 헌법
제44조 ① 국회의원은 현행범인인 경우를 제외하고는 회기 중 국회의 동의없이 체포 또는 구금되지 아니한다.
② 국회의원이 회기 전에 체포 또는 구금된 때에는 현행범인이 아닌 한 국회의 요구가 있으면 회기 중 석방된다.
제45조 국회의원은 국회에서 직무상 행한 발언과 표결에 관하여 국회 외에서 책임을 지지 아니한다.

I 서론

국회의원은 국민 전체의 의사를 대표하여 국민 전체를 위해 활동하는 민의의 대변자이다. 이에 헌법은 일정한 범위에서 한정적으로 국회의원의 활동을 보호하고 있는데, 국회의원의 신체상의 제약을 방지하는 불체포특권과 원내에서의 언론의 자유를 보장하는 면책특권이 그것이다.

II 불체포특권

1. 서설

(1) 불체포특권의 개념 및 제도적 의의

① 불체포특권이란 현행범인이 아닌 한 국회의원은 회기 중 국회의 동의없이 체포 또는 구금되지 아니하고, 회기 전에 체포 또는 구금된 경우라도 국회의 요구가 있으면 회기 중 석방될 수 있는 특권을 말한다(제44조).
② 불체포특권은 집행부의 불법한 억압으로부터 국회의 자주적 활동을 보장함과 동시에 국회의원의 국민대표기관으로서의 활동을 보호해 준다는 데 그 제도적 의의가 있다.

③ 종전에는 회기 중 국회의원에 대한 체포동의 요청이 제출되는 경우 본회의에 보고 후 72시간 이내에 표결하도록 하고 있으나, 이 기한이 경과한 경우 체포동의안이 사실상 폐기되어 '방탄국회' 또는 '제 식구 감싸기'라는 지적이 지속적으로 제기되어 왔다. 이에 2016년 법 개정을 통해 체포동의안이 본회의 보고 후 72시간 내에 표결되지 않는 경우에는 그 이후에 최초로 개의하는 본회의에 상정하여 표결하도록 의무화함으로써 국회의원의 불체포특권이 남용되는 사례가 발생하지 않도록 하였다(국회법 제26조 제2항 단서).

(2) 불체포특권의 연혁과 입법례
① 미국헌법에 최초로 명문화되면서 각국 헌법에 보급되었다.
② 불체포특권을 회기 중에 한정하지 않는 입법례(독일·이탈리아)도 있으나, 적어도 회기 중에는 불체포특권을 인정하는 것이 세계적인 경향이다.

2. 불체포특권의 법적 성질

(1) 의회의 특권인 동시에 의원의 특권
① 불체포특권은 의회의 기능을 강화해 준다는 의미와 국회의원의 대의활동을 보호해 준다는 의미를 함께 갖는다.
② 따라서 국회의원 개인은 불체포특권을 포기할 수 없다.

(2) 일시적 유예특권
① 불체포특권은 국회의원이 범법행위를 한 경우에도 회기 중에는 체포당하지 아니하는 특권을 의미할 뿐 범법행위에 대한 형사책임의 면제를 의미하는 것은 아니다.
② 회기 중에 한하여 체포를 일시적으로 유예받는 특권에 지나지 않는다.
③ 불체포특권은 국회의 체포동의에 의하여 제한될 수 있는 상대적 특권임에 반하여, 면책특권은 국회의 의결로도 제한할 수 없는 절대적 특권이다.

3. 불체포특권의 내용

(1) 불체포특권에 관한 원칙

1) 회기 중 체포·구금 금지
① 회기 중이란 집회일로부터 폐회일까지의 기간을 말하며, 휴회 중도 이에 포함된다.
② 선거 후 당선확정일부터 의원자격발생일 전까지는 당연히(아직 의원자격이 발생하지 않았으므로) 제외된다.
③ 체포·구금에는 형사소송법상의 강제처분만이 아니라 경찰관직무집행법에 의한 보호조치나 행정상의 강제처분(감호처분, 격리처분)까지도 포함된다.
④ 의원을 불구속으로 수사 또는 형사소추하거나 판결확정 후에 자유형을 집행하는 것은 무방하다.

2) 국회의 요구가 있으면 회기 중 석방
① 회기 전이란 회기시작 이전뿐만 아니라 전 회기도 포함한다. 따라서 전 회기에 국회의 동의가 있는 경우에도 현 회기에는 석방을 요구할 수 있다.

② 석방요구는 재적 4분의 1 이상의 요구로 발의하여, 재적 과반수의 출석과 출석 과반수의 찬성으로 의결한다(제49조).
③ 석방은 회기 중에 한하므로 회기가 끝난 후에는 다시 구금할 수 있다.

(2) 불체포특권에 관한 예외

1) 현행범인의 경우
① 현행범인의 경우에는 국회의원이라 할지라도 불체포특권이 인정되지 않는다.
② 회의장 안에서는 의장의 명령 없이는 현행범인을 체포할 수 없다(국회법 제150조).

2) 국회의 동의가 있는 경우
① 국회의 동의가 있으면 회기 중에도 국회의원을 체포·구금할 수 있으므로 불체포특권이 인정되지 않는다.
② 국회의원에 대한 체포동의 의결정족수에 관해서는 명문의 규정이 없는바, 헌법 제49조에 따라 재적의원 과반수의 출석과 출석의원 과반수의 찬성을 요한다.
③ 정부의 체포동의요청이 있는 경우에 범죄의 혐의가 조작된 것일 수 있을 뿐만 아니라, 정당한 이유가 있는 경우에도 의원의 체포가 국회의 운영에 상당한 지장을 줄 수 있기 때문에 국회가 반드시 동의할 필요는 없다. 단 동의를 하는 이상 조건이나 기한을 붙일 수는 없다(다수설).

3) 국회의 석방요구가 없는 경우
회기 전에 체포·구금되고 현행범인이 아닌 경우에도 국회의 석방요구가 없으면 불체포특권은 인정되지 아니한다.

4. 불체포특권의 효과

① 불체포특권은 국회의원의 처벌을 면제하는 것이 아니라, 단지 회기 중 체포 또는 구금되지 아니하는 특권이다.
② 국회의원은 범죄사실이 있으면 형사소추와 처벌을 받는다.

5. 불체포특권의 한계

(1) 형사상의 책임
불체포특권은 범법행위로 인한 체포에 있어서 일반인의 경우와 달리 특별한 혜택을 주는 것에 불과할 뿐, 국회의원에 대하여 형사상의 책임을 감경하거나 면제하는 것이 아니다.

(2) 수사 및 형 집행
불체포특권이 인정되는 경우에도 국회의원에 대하여 수사할 수 있고, 기소할 수 있으며, 회기 중에 유죄의 판결이 확정되면 그 형을 집행할 수도 있다.

(3) 재체포 또는 재구금
회기 중에 석방된 자에 대하여는 회기가 종료하면 다시 체포 또는 구금할 수 있다.

6. 계엄하의 불체포특권

계엄하에서는 현행범인이 아닌 한 회기 전·회기 중을 가리지 아니하고 불체포특권이 인정된다(계엄법 제13조).

Ⅲ 면책특권(발언과 표결의 자유)

1. 면책특권의 개념 및 제도적 의의

면책특권이란 국회의원이 국회에서 직무상 행한 발언과 표결에 관하여 국회 외에서 책임을 지지 아니하는 특권을 말한다(제45조).

2. 면책특권의 법적 성질

(1) 의회의 특권인 동시에 의원의 특권

면책특권은 의회의 기능을 강화해 준다는 의미와 의원의 대의활동을 보호해 준다는 의미를 함께 갖는다.

(2) 인적처벌조각사유

국회의원의 면책특권은 범죄의 성립요건은 충족하나 그에 대한 형벌권 발생이 저지되어 소추되지 아니하는 인적처벌조각사유를 의미한다(통설).

3. 면책특권과 불체포특권

구분	면책특권	불체포특권
다른 점	① 국회 내에서의 언론의 자유를 보장 ② 책임면제의 영구적 특권 ③ 의회 내의 특권 ④ 직무상의 특권 ⑤ 실체법적 특권 ⑥ 절대적 특권	① 신체활동의 자유의 보장 ② 체포유예의 일시적 특권 ③ 의회 외의 특권 ④ 직무와 무관계한 특권 ⑤ 소송법적 특권 ⑥ 상대적 특권
같은 점	① 모두 의회의 자주적 활동과 의원의 자유로운 직무수행을 보장해 준다. ② 모두 의원이라는 신분때문에 인정되는 신분상의 특권이다.	

4. 면책특권의 요건

(1) 주체(국회의원)

1) 국무위원직을 겸한 국회의원

국무위원직을 겸한 국회의원의 경우에는 면책여부를 획일적으로 정할 것이 아니라, 그 발언이 어떠한 지위에서 행해진 것인가에 따라서 구체적으로 검토할 필요가 있다. 즉 문제된 발언이 국무위원으로서의 지위에서 행한 것이라면 면책되지 아니하나, 국회의원의 지위에서 행한 것이라면 면책된다(다수설).

2) 국회의원이 아닌 자

① **의원보조자**

의원보조자란 의원의 의정활동을 보조하는 사람을 말한다. 실제상 의원의 직무는 의원의 지시·명령하에 의원보좌관에 의하여 행하여지는 현실을 고려하고, 면책특권의 실효성 보장차원에서 구체적 사건별 판단을 통해 의원의 전적인 통제 속에서 이루어진 보조자의 행위는 헌법 제45조로서 보호해야 할 것이다.

② **증인·감정인·참고인**

국회에서 증인, 감정인, 참고인으로 조사받은 자는 우선 「국회에서의 증언·감정 등에 관한 법률」에 의해서 보호받는 것이 원칙이다. 즉 동법 제9조 제3항은 "국회에서 증인·감정인·참고인으로 조사받은 자는 이 법에서 정한 처벌을 받는 외에 그 증언·감정·진술로 인하여 어떠한 불이익한 처분도 받지 아니한다"고 규정하고 있다.

③ **국회의원을 교사·방조한 자**

면책특권을 인적처벌조각사유로 보는 이상 이는 책임을 면제시킬 뿐 위법성을 조각하는 것이 아니므로, 의원의 발언·표결에 관한 교사·방조자는 그 위법성으로 인하여 민사상의 손해배상책임과 형사상의 불법행위책임을 지게 된다.

(2) 국회 내에서의 행위

① '국회 내'라는 것은 장소적 관념이 아닌, 국회의 직무활동의 범위로 판단한다.

② 특정 장소나 특정 건물과 같은 물리적 공간을 기준으로 할 것이 아니고 국회의 실질적 기능을 중심으로 판단해야 하는 바, 이는 국회의사당이라는 건물만을 지칭하는 것이 아니라 국회의 본회의나 위원회는 물론 국회가 활동하는 모든 장소(예컨대 지방공청회, 비공식의 간담회, 교섭단체에서의 발언, 의례적인 회합 등)를 포함하는 개념이다.

(3) 직무행위

1. 학설의 대립

면책의 대상이 되는 직무행위는 연설·토론 또는 표결에 한정된다는 '협의설'과 그 외에도 직무수행에 부수하는 행위도 포함된다고 보는 '광의설'이 대립한다.

2. 대법원 : 광의설

(1) 유성환의원의 원고사전배포사건(대판 1992.9.22, 91도3317)

① 면책특권의 대상이 되는 행위는 직무상 발언과 표결이라는 의사표현 자체에 국한되지 않고 이에 통상적으로 부수하여 행해지는 행위까지 포함한다.

② 그와 같은 부수행위인지 여부는 결국 구체적인 행위의 목적·장소·태양 등을 종합하여 개별적으로 판단해야 할 것이다.

③ 배포한 원고의 내용이 공개회의에서 행할 발언내용이고(회의의 공개성), 원고배포행위가 회의시간 30분 전에 이루어졌으며(시간적 접근성), 국회의사당 내에서 기자들만을 상대로(장소 및 대상의 한정성), 오로지 보도의 편의를 위한 목적으로(목적의 정당성) 행하여졌으므로 이는 면책특권의 보호대상인 직무부수행위에 해당한다.

(2) 국회의원이 국회의 재무위원회, 재정경제위원회 또는 국정감사장 등에서 국무위원 등에게 소관 국정사항과 관련하여 해당 기업체의 비리의혹 등에 대하여 질의하거나 그 질의를 준비하기 위하여 정부기관 등에 대하여 자료제출을 요구한 사건(대판 1996.11.8, 96도1742)

① 면책특권의 대상이 되는 행위는 국회의 직무수행에 필수적인 국회의원의 국회 내에서의 직무상 발언과 표결이라는 의사표현행위 자체에만 국한되지 않고 이에 통상적으로 부수하여 행하여지는 행위까지 포함된다.

② 국회의원이 국회의 위원회나 국정감사장에서 국무위원·정부위원 등에 대하여 하는 질문이나 질의는 국회의 입법활동에 필요한 정보를 수집하고 국정통제기능을 수행하기 위한 것이므로 면책특권의 대상이 되는 발언에 해당함은 당연하다.

③ 국회의원이 국회 내에서 하는 정부·행정기관에 대한 자료제출의 요구는 국회의원이 입법 및 국정통제 활동을 수행하기 위하여 필요로 하는 것이므로 그것이 직무상 질문이나 질의를 준비하기 위한 것인 경우에는 직무상 발언에 부수하여 행하여진 것으로서 면책특권이 인정되어야 한다.

(4) 발언과 표결

① '발언'이란 의제에 관한 의사의 표시를 말하며, 의제에 관한 발의·토론·연설 등 모든 의사표시가 이에 해당한다. 발언에는 구두뿐만 아니라 문서 또는 태도 즉, 작위·부작위에 의하여 표현되는 경우도 포함된다.

② '표결'이란 의제에 관하여 찬·반의 의사를 표시하는 것을 말하며 그 방법에는 제한이 없다. 따라서 일정한 의사내용의 표시인 이상 기명, 무기명, 거수, 기립, 표결시의 퇴장 등이 모두 포함된다.

5. 면책특권의 적용제외사유

(1) 직무와 무관한 발언

① 국회 내에서 행한 행위일지라도 국회의원으로서의 직무와 무관한 사담, 폭력행위, 모욕적인 언사 등은 면책되지 않는다.

② 국회법 제146조는 "의원은 본회의 또는 위원회에서 다른 사람을 모욕하거나 다른 사람의 사생활에 관한 발언을 할 수 없다"고 규정하고 있다.

(2) 명예훼손적 발언의 면책여부

① 국회 내에서 행한 행위일지라도 모욕적이거나 명예훼손적인 언사 등은 면책특권의 적용대상이 되는 직무행위에 속하지 않는다(다수설).

② 면책특권의 목적 및 취지 등에 비추어 볼 때, 발언내용 자체에 의하더라도 직무와는 아무런 관련이 없음이 분명하거나 명백히 허위임을 알면서도 허위의 사실을 적시하여 타인의 명예를 훼손하는 경우 등까지 면책특권의 대상이 된다고 할 수는 없다 할 것이지만, 발언내용이 허위라는 점을 인식하지 못하였다면 비록 발언내용에 다소 근거가 부족하거나 진위여부를 확인하기 위한 조사를 제대로 하지 않았다고 하더라도 그것이 직무수행의 일환으로 이루어진 것인 이상 이는 면책특권의 대상이 된다(대판 2007.1.12, 2005다57752).

(3) 국회 외에서의 발언

① 국회 내에서 한 발언과 표결일지라도 그것을 다시 "원외"에서 발표하거나 출판하는 경우에는 면책되지 아니한다.

② 공개회의의 회의록을 그대로 공개 또는 반포하는 경우에는 보도의 자유의 일환으로서 면책된다. 그러나 비밀을 요한다고 의결한 부분과 의장이 국가안전보장을 위하여 필요하다고 인정한 부분으로서 회의록에 게재하지 아니하기로 한 내용을 보도할 경우에는 면책되지 아니한다(다수설).

6. 면책특권의 효과

(1) "국회 외에서"의 면제

① 발언과 표결에 관한 면책특권은 "국회 외에서" 책임을 지지 아니하는 것이며 국회 내에서는 책임을 물을 수 있다.

② 의원의 발언이 국회법이나 의사규칙에 규정된 징계사유에 해당하면 국회가 징계처분을 할 수 있다(통설).

(2) "법적 책임"의 면제

① 책임의 면제란 일반 국민이면 당연히 져야 할 민사상 또는 형사상의 책임과 공직자로서 지는 징계상의 책임을 지지 아니함을 말한다.

② 책임은 법적 책임을 의미하므로 정치적 책임은 물을 수 있다.

③ 소속정당에 의한 징계처분까지 면제되는 것은 아니다(통설).

④ 면책은 재임 중에 국한되는 것이 아니고 임기만료 이후에도 적용된다.

7. 면책특권에 관한 헌법 제45조의 지방의회의원에의 유추적용 가부 : 부정

① 전 국민의 이익을 대변하는 국회와 지방의 주민을 대표하는 지방의회는 민주적 정당성이나 직무의 범위라는 측면에서 엄연한 차이가 있으므로, 국회의원의 타 헌법기관에 대한 자주성과 독립성을 보장하기 위한 면책특권을 지방의회의원에게 유추적용할 수는 없다(다수설).

② 지방의회의원은 국회의원에 비해 지역대표성이 강하므로 상대적으로 민주적 정당성이 약하고, 헌법이나 법률상 규정이 없는 사안에 "특권"규정을 유추적용할 때는 엄격하게 해석해야 한다.

③ 지방의회의원에게는 헌법 제45조가 규정하고 있는 면책특권을 인정할 수 없다.

8. 면책특권과 보도기관의 책임문제

공개회의시 행해진 국회의원의 면책특권으로 보호되는 발언·표결행위를 보도한 행위 역시 민사상 또는 형사상 책임을 지지 않는다.

제17항 국회의원의 권한과 의무

I 국회의원의 권한

1. 국회의 운영과 활동에 관한 권한

① 재적의원 4분의 1 이상의 찬성으로 국회의 임시회의 집회를 요구할 수 있는 국회소집요구권(제47조 제1항), ② 의안발의권 및 의제가 된 의안에 대한 토론권, ③ 질문권과 질의권, ④ 본회의나 위원회 등에서 표결에 참가할 표결권 등이 있다.

2. 수당과 여비를 받을 권리

국회의원수당등에관한법률에 따라 일정액의 수당, 입법활동비, 여비 등을 지급받는다.

II 국회의원의 의무

> ● 헌법
> 제43조
> 국회의원은 법률이 정하는 직을 겸할 수 없다.
> 제46조
> ① 국회의원은 청렴의 의무가 있다.
> ② 국회의원은 국가이익을 우선하여 양심에 따라 직무를 행한다.
> ③ 국회의원은 그 지위를 남용하여 국가·공공단체 또는 기업체와의 계약이나 그 처분에 의하여 재산상의 권리·이익 또는 직위를 취득하거나 타인을 위하여 그 취득을 알선할 수 없다.

1. 헌법상의 의무

① 국가이익우선의 의무(제46조 제2항), ② 청렴의 의무와 이권불개입의 의무(제46조 제1항 및 제3항), ③ 겸직금지의 의무(제43조) 등이 있다.

2. 국회법상의 의무

① 품위유지의무(제25조), ② 회의출석의무(제155조 제8호, 제32조), ③ 의사에 관한 법령과 규칙 준수의무[의제외 발언금지의무(제102조), 발언시간준수의무(제104조), 모욕발언금지의무(제146조), 발언방해금지의무(제147조)], ④ 회의장질서 준수의무(회의진행방해물건반입금지의무, 제148조), ⑤ 의장의 경호권 존중의무(제145조) 등이 있다.

제3절 대통령

제1항 대통령의 헌법상 지위

I 대통령의 헌법상 지위의 유형

1. 대한민국헌법과 대통령의 헌법상 지위

(1) 대통령의 헌법상 지위의 변천

제헌헌법	국가원수로서의 지위와 집행부 수반으로서의 지위
제2공화국헌법	상징적 국가원수의 지위
제3공화국헌법	국가원수로서의 지위와 집행부 수반으로서의 지위
제4공화국헌법	입법부 및 사법부에 대하여 절대적 우위
제5공화국헌법	입법부 및 사법부에 대하여 상대적 우위

(2) 현행헌법상 대통령의 지위

현행헌법상 대통령은 국민을 대표하는 기관이면서 국가원수로서의 지위와 집행부 수반으로서의 지위를 겸하고 있다.

II 현행헌법상 대통령의 지위

> ● 헌법
> 제66조
> ① 대통령은 국가의 원수이며, 외국에 대하여 국가를 대표한다.
> ② 대통령은 국가의 독립·영토의 보전·국가의 계속성과 헌법을 수호할 책무를 진다.
> ③ 대통령은 조국의 평화적 통일을 위한 성실한 의무를 진다.
> ④ 행정권은 대통령을 수반으로 하는 정부에 속한다.

1. 국민대표기관으로서의 지위

① 대의제 민주주의에 있어서 국회는 다원적 집단이익을, 대통령은 통일적 국가이익을 대표한다.
② 대통령의 직선제조항(제67조)
③ 정치적 무책임조항(제65조)

2. 국가원수로서의 지위

(1) 대외적으로 국가를 대표할 지위
① 대통령은 국가원수이며, 외국에 대하여 국가를 대표하는 지위에 있다(제66조 제1항).
② 조약 체결·비준권, 외교사절을 신임·접수 또는 파견하는 등의 외교에 관한 권한(제73조)
③ 영전수여권(제80조)

(2) 국가와 헌법의 수호자로서의 지위
① 대통령은 국가의 독립·영토의 보전·국가의 계속성과 헌법을 수호할 책무를 진다(제66조 제2항).
② 긴급명령권과 긴급재정경제처분·명령권(제76조), 계엄선포권(제77조)
③ 위헌정당해산제소권(제8조 제4항)
④ 국가안전보장회의 주재권(제91조 제2항)

(3) 국정의 통합·조정자로서의 지위
① 헌법개정안 제안권(제128조 제1항)
② 국가안위에 관한 중요정책의 국민투표부의권(제72조)
③ 국회임시회 집회요구권(헌법 제47조 제1항) 및 국회출석·발언·의견표시권(제81조)
④ 법률안 제출권(제52조)
⑤ 사면·감형·복권에 관한 권한(제79조)

(4) 헌법기관구성권자로서의 지위
① 국회의 동의를 얻어 대법원장과 대법관의 임명, 헌법재판소장 및 감사원장과 감사위원의 임명권(제98조 제2항)
② 중앙선거관리위원 3인 임명권(제114조 제2항)

3. 집행부 수반으로서의 지위

(1) 집행에 관한 최고책임자로서의 지위
① 법률안거부권(제53조 제2항)
② 행정입법권(제95조, 제75조)

(2) 집행부조직권자로서의 지위
① 국무총리와 국무위원 임명권(제86조 제1항, 제87조 제1항)
② 공무원임면권(제78조)

(3) 국무회의의장으로서의 지위
국무회의의 의장으로서 심의에 참여할 권한(제88조)

제2항 대통령의 선거

> **헌법**
> **제67조**
> ① 대통령은 국민의 보통·평등·직접·비밀선거에 의하여 선출한다.
> ② 제1항의 선거에 있어서 최고득표자가 2인 이상인 때에는 국회의 재적의원 과반수가 출석한 공개회의에서 다수표를 얻은 자를 당선자로 한다.
> ③ 대통령후보자가 1인일 때에는 그 득표수가 선거권자 총수의 3분의 1 이상이 아니면 대통령으로 당선될 수 없다.
> ④ 대통령으로 선거될 수 있는 자는 국회의원의 피선거권이 있고 선거일 현재 40세에 달하여야 한다.
> ⑤ 대통령의 선거에 관한 사항은 법률로 정한다.
>
> **제68조**
> ① 대통령의 임기가 만료되는 때에는 임기만료 70일 내지 40일 전에 후임자를 선거한다.
> ② 대통령이 궐위된 때 또는 대통령당선자가 사망하거나 판결 기타의 사유로 그 자격을 상실한 때에는 60일 이내에 후임자를 선거한다.

제3항 대통령의 신분과 직무(신분상 지위)

I 대통령의 취임

1. 대통령직 인수위원회의 구성

> **대통령직인수에관한법률**
> **제5조(국무총리 후보자의 지명 등)** ① 대통령당선인은 대통령 임기시작 전에 국회의 인사청문 절차를 거치게 하기 위하여 국무총리 및 국무위원 후보자를 지명할 수 있다. 이 경우 국무위원 후보자에 대하여는 국무총리 후보자의 추천이 있어야 한다.
> ② 대통령당선인은 제1항에 따라 국무총리 및 국무위원 후보자를 지명한 경우에는 국회의장에게 「국회법」 제65조의2 및 「인사청문회법」에 따른 인사청문의 실시를 요청하여야 한다.
> **제6조(대통령직인수위원회의 설치 및 존속기한)** ① 대통령당선인을 보좌하여 대통령직 인수와 관련된 업무를 담당하기 위하여 대통령직인수위원회(이하 "위원회")를 설치한다.
> ② 위원회는 대통령 임기 시작일 이후 30일의 범위에서 존속한다.

2. 취임선서

> ◎ **헌법**
> **제69조**
> 대통령은 취임에 즈음하여 다음의 선서를 한다. "나는 헌법을 준수하고 국가를 보위하며 조국의 평화적 통일과 국민의 자유와 복리의 증진 및 민족문화의 창달에 노력하여 대통령으로서의 직책을 성실히 수행할 것을 국민 앞에 엄숙히 선서합니다."
> **제70조**
> 대통령의 임기는 5년으로 하며, 중임할 수 없다.

II 대통령의 임기

① 현행헌법이 대통령의 임기를 정하면서 단임으로 한 것은 대의제원리와는 합치되기 어려운 점이 있으나, 우리 국민의 헌법적 결단으로서 효력을 가지는 것이다. 임기연장 또는 중임변경을 위한 헌법개정은 그 헌법개정 제안 당시의 대통령에 대하여는 효력이 없다(제128조 제2항).

② 대통령의 임기는 전임대통령의 임기만료일의 다음 날 0시부터 개시된다. 다만 전임자의 임기가 만료된 후에 실시하는 선거와 궐위로 인한 선거에 의한 대통령의 임기는 당선이 결정된 때부터 개시된다(공직선거법 제14조 제1항).

> ◎ **헌법**
> **제70조**
> 대통령의 임기는 5년으로 하며, 중임할 수 없다.

III 대통령의 권한대행·후임자선거

> ◎ **헌법**
> **제71조**
> 대통령이 궐위되거나 사고로 인하여 직무를 수행할 수 없을 때에는 국무총리, 법률이 정한 국무위원의 순서로 그 권한을 대행한다.
>
> ◎ **정부조직법**
> **제12조(국무회의)** ② 의장이 사고로 직무를 수행할 수 없는 경우에는 부의장인 국무총리가 그 직무를 대행하고, 의장과 부의장이 모두 사고로 직무를 수행할 수 없는 경우에는 기획재정부장관이 겸임하는 부총리, 교육부장관이 겸임하는 부총리 및 제26조 제1항에 규정된 순서에 따라 국무위원이 그 직무를 대행한다.
> **제26조(행정각부)** ① 대통령의 통할하에 다음의 행정각부를 둔다.
> 1. 기획재정부
> 2. 교육부
> 3. 과학기술정보통신부
> 4. 외교부
> 5. 통일부
> 6. 법무부
> 7. 국방부
> 8. 행정안전부
> 9. 국가보훈부
> 10. 문화체육관광부
> 11. 농림축산식품부
> 12. 산업통상자원부
> 13. 보건복지부
> 14. 환경부
> 15. 고용노동부
> 16. 여성가족부
> 17. 국토교통부
> 18. 해양수산부
> 19. 중소벤처기업부

1. 권한대행의 사유

(1) 궐위
① 궐위란 대통령이 사망한 경우, 탄핵결정으로 파면된 경우, 대통령이 판결 기타의 사유로 자격을 상실한 경우, 사임한 경우 등 대통령이 재직하고 있지 아니한 경우를 말한다.
② 헌법 제68조 제2항에 비추어 보면 궐위는 대통령직 자체에 대한 궐위가 현실적으로 발생한 원래의 의미에 한정되는 것이 아니라 대통령에 취임하기 전에 "대통령당선자가 사망하거나 판결 기타의 사유로 자격을 상실한 때"를 포함한다.

(2) 사고로 인한 직무수행 불능
① 사고란 신병·해외여행·요양, 탄핵소추의결로 탄핵결정이 있을 때까지 권한행사가 정지된 경우와 같이 대통령이 재임하면서도 직무를 수행할 수 없는 경우를 말한다.
② 사고로 인한 대통령 권한대행은 「사고의 발생」과 함께 「직무를 수행할 수 없는 상태의 발생」이라는 두 가지의 요건이 충족되어야 한다.

2. 권한대행자
① 부통령의 대통령지위승계권 규정은 제헌헌법에는 없다가 1954년 제2차개정헌법에서 인정되었다. 제헌헌법에서는 대통령 궐위시 즉시 후임자를 선출한다고만 하였고, 1954년 제2차개정헌법에서부터 부통령이 승계하여 잔임기간 중 재임한다고 하였다.
② 제5차개정헌법은 전임자의 잔임기간이 2년 미만인 때 국회가 선거하였으나, 1972년의 제7차개정헌법 즉 유신헌법으로 통칭되는 제4공화국헌법에서는 전임자의 잔임기간 중 재임하되 잔임기간이 1년 미만인 경우에는 선출하지 아니하였다.
③ 제2공화국헌법에서는 참의원의장이 제1순위 대통령권한대행자이었다.

3. 궐위시의 권한대행기간과 직무범위

(1) 권한대행기간
① 대통령직이 요구하는 강한 민주적 정당성의 요청에 비추어 권한대행기간은 짧을수록 좋다.
② 헌법은 대통령이 궐위된 때에는 60일 이내에 후임자를 선거하도록 규정하고 있으므로 대통령의 권한을 대행하는 기간은 최장 60일을 넘지 못한다.
③ 사고의 경우에는 규정이 없으므로 60일 이상의 권한대행도 가능하다.

(2) 직무범위
① 현행법은 대통령의 권한대행자의 직무범위에 관한 명시적인 규정이 없으므로 현상유지에만 국한되고, 정책의 전환·인사의 이동과 같이 현상유지를 벗어나는 직무는 대행할 수 없으며, 따라서 권한대행자의 제1차적인 헌법적 과제는 헌법이 정하는 60일 이내에 대통령선거를 실시하여 새로운 대통령에게 그 권한을 넘겨주는 것이라는 현상유지설과 반드시 현상유지적이어야 할 이유가 없다는 현상변경설이 대립한다.
② 어느 견해에 따르더라도 권한대행자는 국군통수권을 행사할 수 있다.

4. 사고시의 권한대행기간과 직무범위 및 사고여부의 결정주체

(1) 사고여부 결정주체

대통령이 사고로 인하여 직무를 수행할 수 없는 경우인가를 누가 결정할 것인지에 대하여 제1차적으로는 대통령 자신이 결정하겠지만, 대통령이 정신장애 등으로 이를 결정할 수 없는 경우를 대비하여 사전에 법으로 규정하여 두는 것이 바람직하다(다수설).

(2) 권한대행기간 결정주체

대통령이 궐위된 때와 달리 사고로 인하여 대통령이 그 직무를 수행할 수 없을 때에는 헌법에 권한대행기간에 관한 명문규정이 없다.

(3) 직무범위

사고의 원인이 소멸하는 대로 대통령의 재직무가 가능하기 때문에 현상유지에 국한되고 기본정책의 전환·인사이동 등 현상유지를 벗어나는 직무는 대행할 수 없다(다수설).

5. 후임자선거

(1) '후임자'의 의미

후임자는 새 대통령의 의미로 이해해야 한다. 즉 후임자선거를 통하여 당선된 자는 전임자의 잔여임기와 관계없이 취임일로부터 새로이 5년의 임기가 개시되는 차기대통령을 의미한다.

(2) 공직선거법의 후임자선거

> **공직선거법**
> 제34조(선거일) ① 임기만료에 의한 선거의 선거일은 다음 각호와 같다.
> 　1. 대통령선거는 그 임기만료일 전 70일 이후 첫 번째 수요일
> 제35조(보궐선거 등의 선거일) ① 대통령의 궐위로 인한 선거 또는 재선거는 그 선거의 실시사유가 확정된 때부터 60일 이내에 실시하되, 선거일은 늦어도 선거일 전 50일까지 대통령 또는 대통령권한대행자가 공고하여야 한다.
> ⑤ 이 법에서 "선거의 실시사유가 확정된 때"라 함은 다음 각호에 해당하는 날을 말한다.
> 　1. 대통령의 궐위로 인한 선거는 그 사유가 발생한 날

Ⅳ 대통령의 겸직금지의무

> **헌법**
> 제83조
> 대통령은 국무총리·국무위원·행정각부의 장 기타 법률이 정하는 공사의 직을 겸할 수 없다.

Ⅴ 대통령의 형사상 불소추특권

> ● 헌법
> 제84조
> 대통령은 내란 또는 외환의 죄를 범한 경우를 제외하고는 재직 중 형사상의 소추를 받지 아니한다.

1. 불소추특권의 의의
① 헌법 제84조는 '대통령은 내란 또는 외환의 죄를 범한 경우를 제외하고는 재직 중 형사상의 소추를 받지 아니한다'고 하여 대통령의 형사상 특권을 규정하고 있다.
② 대통령의 형사상 특권은 사법권이 미치지 아니하는 예외적인 경우를 규정한 것으로, 이에 따라 사법부는 대통령에 대하여 그 신분보유기간 중에는 원칙적으로 형사재판권을 행사할 수 없다.

2. 불소추특권의 취지
① 대통령이 대내적으로 국회와 더불어 국민을 대표하는 기관이라는 점과 ② 대외적으로 국가를 대표한다는 점에 비추어, 국가원수로서의 권위를 유지하고 직무를 원활하게 수행하도록 하기 위함에 그 취지가 있다.

3. 국회의원의 면책특권과의 구별
① 대통령의 형사상 특권조항에도 불구하고 만일에 대통령이 일정한 범죄행위를 이유로 기소될 경우 이는 형사소송법 제327조 제1호의 "재판권의 부존재" 사유에 해당하므로 법원은 공소기각의 판결을 내려야 한다.
② 국회의원의 면책특권에도 불구하고 기소될 경우 법원은 형사소송법 제327조 제2호(공소제기의 절차가 법률의 규정에 위반하여 무효일 때)를 적용하여 공소기각의 판결을 한다.

4. 불소추특권의 내용(형사상 소추의 금지)

(1) 기소의 금지
① 헌법 제84조에서 말하는 "형사상의 소추"는 본래 공소제기를 의미하므로 대통령은 내란 또는 외환의 죄에 해당하지 아니하는 죄를 범한 경우에는 재직 중에 기소되지 아니한다.
② 본조에 규정된 형사소추의 개념은 넓게 보아 원래의 의미인 공소제기뿐만 아니라 형사소추와 관련된 체포·구속·수색·검증까지도 포함한다(통설).
③ 대통령은 재직 중 형사피고인으로서뿐만 아니라 증인으로서도 구인당하지 아니한다.
④ 취임 전에 범한 형사사건에 대해서도 재직 중 불소추특권이 적용된다.

(2) 수사의 가능
① 대통령이 내란 또는 외환의 죄에 해당하지 아니하는 죄를 범한 경우에 시간이 경과하면 증거를 수집하기 어려우므로 수사기관은 언제나 수사를 할 수 있다.
② 수사의 방법으로 압수·수색을 하는 것은 가능하다.

5. 불소추특권의 적용제외사유

(1) 내란죄와 외환죄
(2) 퇴직 후
(3) 민사상·행정상 책임
(4) 탄핵결정

6. 대통령 재직 중 내란 또는 외환의 죄 이외의 죄(군형법상의 반란죄)의 공소시효 정지여부(헌재 1995.1.20, 94헌마246 다수의견)

① 헌법 제84조에는 "대통령은 내란 또는 외환의 죄를 범한 경우를 제외하고는 재직 중 형사상의 소추를 받지 아니한다"고만 규정되어 있을 뿐 헌법이나 형사소송법 등의 법률에 대통령의 재직 중 공소시효의 진행이 정지된다고 명백히 규정되어 있지는 않다.
② 공소시효제도나 공소시효정지제도의 본질에 비추어 보면, 헌법 제84조의 근본취지를 대통령의 재직 중 형사상의 소추를 할 수 없는 범죄에 대한 공소시효의 진행은 정지되는 것으로 해석하는 것이 원칙일 것이다.
③ 헌법 제84조는 바로 공소시효 진행의 소극적 사유가 되는 국가의 소추권 행사의 법률상 장애사유에 해당하므로, 대통령의 재직 중에는 공소시효의 진행이 당연히 정지되는 것으로 보아야 한다.
④ 피의자 전두환에 대한 군형법상의 반란죄 등에 관한 공소시효는 그가 대통령으로 재직한 7년 5월 24일간은 진행이 정지되었다고 할 것이므로, 2001년 이후에야 완성된다.

> ◆ 헌정질서파괴범죄의공소시효등에관한특례법
> **제2조(용어의 정의)** 이 법에서 "헌정질서파괴범죄"라 함은 형법 제2편 제1장 내란의 죄, 제2장 외환의 죄와 군형법 제2편 제1장 반란의 죄, 제2장 이적(利敵)의 죄를 말한다.
> **제3조(공소시효의 적용배제)** 다음 각호의 범죄에 대하여는 형사소송법 제249조 내지 제253조 및 군사법원법 제291조 내지 제295조에 규정된 공소시효를 적용하지 아니한다.
> 1. 제2조의 헌정질서 파괴범죄
> 2. 형법 제250조의 죄로서 「집단살해죄의 방지와 처벌에 관한 협약」에 규정된 집단살해에 해당하는 범죄
> **제4조(재정신청에 관한 특례)** ① 제2조의 죄에 대하여 고소 또는 고발을 한 자가 검사나 군검사로부터 공소를 제기하지 아니한다는 통지를 받은 경우에는 그 검사 소속의 고등검찰청이나 그 군검사 소속의 고등검찰부에 대응하는 고등법원에 그 당부에 관한 재정을 신청할 수 있다.
> ② 제1항의 재정신청에 관하여는 형사소송법 또는 군사법원법의 해당 규정을 적용한다.

Ⅵ 전직대통령에 대한 예우

> ◆ 헌법
> **제85조**
> 전직대통령의 신분과 예우에 관하여는 법률로 정한다.
> **제90조**
> ② 국가원로자문회의의 의장은 직전대통령이 된다. 다만 직전대통령이 없을 때에는 대통령이 지명한다.

◆ 전직대통령예우에관한법률

제4조(연금) ① 전직대통령에게는 연금을 지급한다.
② 제1항에 따른 연금 지급액은 지급 당시의 대통령 보수연액의 100분의 95에 상당하는 금액으로 한다.
제5조(유족에 대한 연금) ① 전직대통령의 유족 중 배우자에게는 유족연금을 지급하며, 그 연금액은 지급 당시의 대통령 보수연액의 100분의 70에 상당하는 금액으로 한다.
제7조(권리의 정지 및 제외 등) ① 이 법의 적용 대상자가 공무원에 취임한 경우에는 그 기간 동안 제4조 및 제5조에 따른 연금의 지급을 정지한다.
② 전직대통령이 다음 각 호의 어느 하나에 해당하는 경우에는 제6조 제4항 제1호에 따른 예우를 제외하고는 이 법에 따른 전직대통령으로서의 예우를 하지 아니한다.
 1. 재직 중 탄핵결정을 받아 퇴임한 경우
 2. 금고 이상의 형이 확정된 경우
 3. 형사처분을 회피할 목적으로 외국정부에 도피처 또는 보호를 요청한 경우
 4. 대한민국의 국적을 상실한 경우

제4항 대통령의 비상적 권한

I 긴급명령권

◆ 헌법

제76조
② 대통령은 국가의 안위에 관계되는 중대한 교전상태에 있어서 국가를 보위하기 위하여 긴급한 조치가 필요하고 국회의 집회가 불가능한 때에 한하여 법률의 효력을 가지는 명령을 발할 수 있다.
③ 대통령은 제1항과 제2항의 처분 또는 명령을 한 때에는 지체없이 국회에 보고하여 그 승인을 얻어야 한다.
④ 제3항의 승인을 얻지 못한 때에는 그 처분 또는 명령은 그 때부터 효력을 상실한다. 이 경우 그 명령에 의하여 개정 또는 폐지되었던 법률은 그 명령이 승인을 얻지 못한 때부터 당연히 효력을 회복한다.
⑤ 대통령은 제3항과 제4항의 사유를 지체없이 공포하여야 한다.

1. 긴급명령의 의의 및 법적 성격

(1) 의의

긴급명령이란 예외적인 긴급입법조치를 말한다.

(2) 법적 성격

① 긴급명령은 비상사태를 극복하기 위하여 대통령이 발하는 긴급입법으로서 법률의 효력을 가지는 명령이다.
② 긴급명령은 국회입법원칙에 대한 중대한 예외를 이룬다.

2. 긴급명령의 발동요건

(1) 실질적 요건

1) 국가의 안위에 관계되는 중대한 교전상태가 있을 것

교전상태란 전쟁뿐만 아니라 이에 준하는 내란·사변을 말하며, 직접적으로 국가의 안위에 관계되는 중대한 것이어야 한다.

2) 국가를 보위하기 위한 긴급한 조치가 필요할 것

① 국가를 보위하기 위한 것은 국가안전보장을 위한 소극적 목적을 가지는 방어적인 것만을 말하므로, 공공복리·국력신장 등을 위해서는 긴급명령을 발동할 수 없다.
② 긴급한 조치란 국가를 보위하기 위하여 필수불가결한 조치이면 그 내용에는 특별한 제한이 없으며, 헌법 제40조가 입법권의 대상으로 하는 입법사항 전반에 걸친다.
③ 긴급한 조치가 필요하다는 것은 그러한 조치가 없으면 국가안전을 방어하는 목적달성이 불가능한 것을 말한다. 긴급한 조치의 필요성 유무에 대한 판단은 제1차적으로 대통령이 하지만, 자유재량이 아니라 그 판단은 객관성이 있어야 한다.

3) 국회의 집회가 불가능할 것

① 국회의 집회가 불가능하다는 것은 국회의 기능마비로 인한 집회의 '법률상·사실상 불능'이다.
② 국회가 개회 중 비상사태로 말미암아 그 활동이 불가능한 경우 및 국회의원의 과반수가 집회에 불응하는 경우 등을 포함하며, 긴급명령권을 행사할 당시의 국회의 개회·휴회·폐회여부를 불문한다.
③ 집회의 불능상태는 이미 존재하는 것이어야 하므로 국회를 폐쇄하는 등의 조치를 취한 후에 집회불능요건이 충족되었다고 주장하지는 못한다.

(2) 절차적 요건

① 국무회의의 심의와 국가안전보장회의의 자문을 거칠 것
② 문서로써 하되 국무총리와 관계국무위원의 부서가 있을 것
③ 지체없이 국회에 보고하여 승인을 얻을 것
  (ⅰ) "지체없이"는 즉시라는 뜻이므로 국회가 폐회 중인 때에는 국회의 임시회의 집회를 요구하여야 한다.
  (ⅱ) 의결정족수에 대하여 헌법에 명문규정이 없다.
  (ⅲ) 대통령은 긴급명령을 발한 후 국회에 보고하여 승인을 요청하였다는 사실과 국회의 승인여부를 지체없이 공포하여야 하고, 국회의 불승인에 대하여 거부권을 행사할 수 없다.

(3) 절차적 요건을 흠결한 경우의 효과

1) 국회의 승인을 얻지 못한 경우

긴급명령이 국회의 승인을 얻지 못한 경우에는 그 때부터 효력을 상실하고, 긴급명령에 의하여 개정 또는 폐지된 법률은 당연히 효력을 회복한다(헌법 제76조 제4항).

2) 국무회의의 심의를 결한 경우(후술)

3) 국무총리 또는 관계국무위원의 부서가 없는 경우(후술)

3. 긴급명령의 효력 및 폐지

(1) 효력

① 적법하게 성립한 긴급명령은 형식면에서는 명령이지만 실질적으로는 국회가 제정한 법률과 동일한 효력을 가진다.
② 긴급명령으로써 국민의 권리를 제한하거나 의무를 부과할 수 있음은 물론 기존의 법률을 개정하거나 폐지할 수 있고 그 적용을 정지할 수도 있다.

(2) 폐지

국회를 통과한 법률 또는 유효하게 성립한 긴급명령에 의해서만 가능하다.

4. 긴급명령의 한계

① 긴급명령은 그 본질에 비추어 적극적인 공공복리의 증진을 위하여 발동할 수는 없다.
② 긴급명령은 법률적 효력을 가질 뿐이므로 헌법사항을 변경할 수 없다. 즉 헌법의 개정, 국회의 해산, 국회·헌법재판소·법원의 권한에 관한 특별한 조치, 군정의 실시 등은 할 수 없다.

5. 긴급명령에 대한 통제

(1) 국회에 의한 통제

① 긴급명령을 발한 경우에는 지체없이 국회에 보고하여 승인을 얻어야 한다.
② 국회의 승인을 얻지 못한 경우에는 그 때부터 효력을 상실하며, 긴급명령에 의하여 개정되거나 폐지된 법률은 그 명령이 승인을 얻지 못한 때로부터 당연히 효력을 회복한다.
③ 국회의 승인권에는 수정승인권도 포함된다(다수설).

(2) 법원에 의한 통제

긴급명령이 국회의 승인을 얻은 경우에는 법률과 동일한 효력을 가지므로 긴급명령의 위헌여부가 재판의 전제가 되는 때에는 법원이 헌법재판소에 위헌법률심판을 제청할 수 있다.

(3) 헌법재판소에 의한 통제

법원의 제청이 있는 경우에 긴급명령은 위헌법률심판의 대상이 되며, 긴급명령이 직접 기본권을 침해한 경우에는 법률의 경우처럼 헌법소원심판의 대상이 된다(헌재 1996.2.29. 93헌마186).

ⅠⅠ 긴급재정경제처분권

> **📖 헌법**
> 제76조
> ① 대통령은 내우·외환·천재·지변 또는 중대한 재정·경제상의 위기에 있어서 국가의 안전보장 또는 공공의 안녕질서를 유지하기 위하여 긴급한 조치가 필요하고 국회의 집회를 기다릴 여유가 없을 때에 한하여 최소한으로 필요한 재정·경제상의 처분을 하거나 이에 관하여 법률의 효력을 가지는 명령을 발할 수 있다.

1. 긴급재정경제처분의 의의 및 법적 성격

(1) 의의

긴급재정경제처분이란 대통령이 행하는 긴급처분을 말한다.

(2) 법적 성격

2. 긴급재정경제처분의 요건

(1) 실질적 요건

1) 내우·외환·천재·지변 또는 중대한 재정·경제상의 위기가 있을 것

① 내우·외환·천재·지변 등은 비상사태를 예시한 것이고, 중대한 재정·경제상의 위기란 재정·경제분야의 긴급사태를 말한다.
② 중대한 재정·경제상의 위기는 현실적으로 발생하여야 한다.

2) 국가의 안전보장 또는 공공의 안녕질서를 유지하기 위하여 긴급한 조치가 필요할 것

① 긴급재정경제처분은 소극적 목적을 위해서만 행해질 수 있고, 공공의 복리증진, 문화의 향상과 같은 적극적 목적을 위해서는 행해질 수 없다.
② 긴급한 조치란 국회에 의한 동의나 의결의 절차로써는 목적을 달성할 수 없는 경우에 동원되는 조치를 말하며, 이에 대한 판단은 대통령이 한다.

3) 국회의 집회를 기다릴 여유가 없을 것

국회의 집회를 기다릴 시간적 여유가 없다는 의미에 대하여 국회가 폐회 중이어서 임시회의 집회에 필요한 1일간을 기다릴 여유조차 없는 경우에 한정되며, 개회 중은 물론이고 휴회 중인 경우에도 발할 수 없다는 견해가 다수설이다.

4) 최소한으로 필요한 처분일 것

비상사태의 극복을 위하여 요구되는 최소한의 내용을 가진 조치이어야 한다.

(2) 절차적 요건

긴급명령과 동일

3. 긴급재정경제처분의 내용과 효력

① 현상유지를 위해서 필요한 최소한의 재정·경제상의 처분을 할 수 있으며, 그 처분대상은 재정사항과 경제사항으로 엄격히 제한된다.
② 긴급재정경제처분은 어디까지나 처분적 효력만을 나타내기 때문에 그것이 법률적 효력을 나타내기 위해서는 긴급재정경제명령의 형식으로 행해져야 한다.

4. 긴급재정경제처분에 대한 통제

(1) 국회에 의한 통제
긴급명령과 동일

(2) 법원에 의한 통제
긴급재정경제처분은 국회의 승인을 얻은 경우에도 행정처분으로서의 성격을 가지는 것이므로 법원이 위헌·위법여부를 심사할 수 있다.

(3) 헌법재판소에 의한 통제
긴급재정경제처분은 행정처분의 성격을 가지므로 헌법재판소의 심판대상이 되지 않음이 원칙이다. 다만 법원의 재판을 거친 긴급재정경제처분(원행정처분)은 예외적으로 헌법소원심판의 대상이 될 수도 있다.

Ⅲ 긴급재정경제명령권

1. 긴급재정경제명령의 의의 및 법적 성격

(1) 의의
긴급재정경제명령이란 대통령이 긴급재정경제처분의 실효성을 뒷받침하기 위하여 발하는 긴급입법으로서 법률의 효력을 가진 명령을 말한다.

(2) 법적 성격
긴급재정경제명령은 국회입법원칙과 재정의회주의에 대한 중대한 예외이며 국가긴급권의 일종이다.

2. 긴급재정경제명령의 요건(긴급재정경제처분의 요건과 동일)

3. 긴급재정경제명령의 내용과 효력

① 적법하게 발령된 긴급재정경제명령은 국회가 제정한 법률과 동일한 효력을 가진다.
② 긴급재정경제명령으로써 국민의 경제적 자유와 권리를 제한할 수 있으며, 기존의 법률을 개정하거나 폐지할 수 있고 그 적용을 정지할 수도 있다.

4. 긴급재정경제명령에 대한 통제

(1) 국회에 의한 통제

긴급명령과 동일

(2) 법원에 의한 통제

긴급재정경제명령이 국회의 승인을 얻은 경우에도 그 위헌여부가 재판의 전제가 되는 때에는 법원이 헌법재판소에 위헌법률심판을 제청할 수 있다.

(3) 헌법재판소에 의한 통제

긴급재정경제명령은 위헌법률심판의 대상이 되며, 긴급재정경제명령이 직접 기본권을 침해한 경우에는 법률의 경우처럼 헌법소원심판의 대상이 된다.

Ⅳ 계엄선포권

> ● 헌법
> 제77조
> ① 대통령은 전시·사변 또는 이에 준하는 국가비상사태에 있어서 병력으로써 군사상의 필요에 응하거나 공공의 안녕질서를 유지할 필요가 있을 때에는 법률이 정하는 바에 의하여 계엄을 선포할 수 있다.
> ② 계엄은 비상계엄과 경비계엄으로 한다.
> ③ 비상계엄이 선포된 때에는 법률이 정하는 바에 의하여 영장제도, 언론·출판·집회·결사의 자유, 정부나 법원의 권한에 관하여 특별한 조치를 할 수 있다.
> ④ 계엄을 선포한 때에는 대통령은 지체없이 국회에 통고하여야 한다.
> ⑤ 국회가 재적의원 과반수의 찬성으로 계엄의 해제를 요구한 때에는 대통령은 이를 해제하여야 한다.

1. 서설

[다른 국가긴급권과의 차이점]

구분	긴급명령	긴급재정경제처분·명령	계엄선포
발동근거	헌법에 따라 직접		법률(계엄법)에 따라 발동
성질	긴급입법	긴급처분, 긴급입법	행정·사법분야의 한시적 군정통치
상황적 요건	중대한 교전상태	중대한 재정·경제상 위기	전시·사변 또는 이에 준하는 국가비상사태
국회집회	불가능한 때	기다릴 여유가 없을 때	무관
국회의 승인	필요(긍정적 통제)		통고, 국회의 해제요구(부정적 통제)
제한 기본권	모든 기본권	경제적 기본권에 한해	영장제도, 언론·출판·집회·결사의 자유

2. 계엄선포의 요건

(1) 실질적 요건

1) 전시·사변 또는 이에 준하는 국가비상사태가 발생한 경우일 것
   현실적으로 발생한 경우에 한한다.
2) 병력으로써 군사상의 필요에 응하거나 공공의 안녕질서를 유지할 필요가 있을 것
   군병력 동원이 필요한 경우라야 한다.

(2) 절차적 요건

① 국무회의의 심의를 거칠 것, ② 계엄법이 정하는 절차와 방법을 따를 것, ③ 국회에 통고할 것을 요한다.

3. 계엄의 선포권자(계엄법 제2조 제2항)와 지휘·감독권자(계엄법 제6조)

① 계엄을 선포할 수 있는 권한은 오로지 대통령만이 가진다.
② 계엄이 선포되면 계엄사령관은 계엄의 시행에 관하여 국방부장관의 지휘·감독을 받는다.
③ 전국을 계엄지역으로 하는 경우와 대통령이 직접 지휘·감독할 필요가 있는 경우에는 대통령의 지휘·감독을 받는다.

4. 계엄의 효력

(1) 경비계엄의 효력(계엄법 제7조)

① 경비계엄의 선포와 동시에 계엄사령관은 계엄지역 내의 군사에 관한 모든 행정사무와 사법사무를 관장한다. 이 경우에 행정기관 또는 사법기관은 지체없이 계엄사령관의 지휘·감독을 받는다.
② 경비계엄은 치안유지의 행정 목적을 위한 것이기 때문에 이로써 국민의 자유와 권리를 제한할 수는 없으며, 군사법원의 관할도 평상시와 동일하다.

(2) 비상계엄의 효력(계엄법 제9조)

1) 행정사무·사법사무에 관한 특별조치
   ① 비상계엄의 선포와 동시에 계엄사령관은 계엄지역 내의 모든 행정사무와 사법사무를 관장한다.
   ② '사법(司法)사무'란 재판작용을 제외한 사법행정사무(사법경찰, 검찰, 공소제기, 형의 집행, 민사비송사건)를 말한다.
   ③ 비상계엄지역 내에 법원이 없거나 관할법원과의 교통이 차단된 경우에는 모든 형사사건에 관한 재판을 군사법원이 행한다.
   ④ 비상계엄하의 군사재판은 군인·군무원의 범죄나 군사에 관한 간첩죄와 초병·초소·유독음식물공급·포로에 관한 죄 중 법률이 정한 경우에 한하여 단심으로 할 수 있는데, 다만 사형을 선고한 경우에는 그러하지 아니하다.
   ⑤ 계엄선포 중 국회의원은 현행범인 경우 외에는 체포 또는 구금되지 않는다.
   ⑥ 군사법원은 계엄선포 이전의 범죄사실에 대하여도 재판권을 갖는다.

2) 기본적 인권에 관한 특별조치

  (가) 영장제도

  영장제도에 대한 특별한 조치가 영장제도의 배제를 포함하는지 문제되는 바, 제1공화국하의 헌법위원회는 여기서 말하는 특별한 조치가 영장제도를 완전히 배제하는 것은 아니라고 결정하였다.(헌법위원회 결정 1953.10.8, 4286헌위2)

  (나) 언론에 대한 검열

  ① 비상계엄이 선포된 경우에는 헌법 제77조 제3항에 따라 언론·출판의 자유에 관하여 특별한 조치를 할 수 있다.

  ② 언론·출판의 자유에 대한 특별한 조치란 언론·출판에 대한 허가 또는 사전검열제 등을 뜻하는 것으로서 언론·출판의 자유의 본질적 내용을 침해하게 되는 것이지만, 그 자체가 헌정질서의 정상회복을 촉진하기 위한 불가피한 수단이고, 과잉금지의 원칙을 지키는 한 헌법의 침해라고 볼 수 없다(다수설).

  ③ 헌법재판소는 비상계엄하의 검열에 대한 판시는 아니었지만, 판례의 취지에 미루어 비상계엄이 선포된 경우에도 검열은 허용되지 않는다는 의미로 해석할 수 있는 듯한 판시를 한 바 있다(헌재 1998.2.27, 96헌바2).

5. 계엄의 해제

(1) 계엄의 해제

1) 자발적 해제(제89조 5호, 계엄법 제11조 제3항)

대통령은 비상사태가 평상상태로 회복되거나, 국방부장관이나 행정안전부장관이 국무총리를 거쳐 계엄의 해제를 건의하면 국무회의 심의를 거쳐 계엄을 해제한다.

2) 강제적 해제(제77조 제5항)

국회가 재적의원 과반수의 찬성으로 그 해제를 요구한 때에는 대통령은 계엄을 해제하여야 한다. 국회의 계엄해제요구에 응하지 않으면 대통령에 대한 탄핵소추의 사유가 된다.

(2) 계엄해제의 효과

1) 평상상태의 회복(계엄법 제12조)

계엄이 해제되었다고 하여 계엄하에서 행해진 위반행위의 가벌성이 소멸된다고는 볼 수 없는 것이므로 계엄기간 중의 계엄포고위반의 죄는 계엄해제 후에도 행위당시의 법령에 따라 처벌되어야 하고 계엄의 해제를 범죄 후 법령의 개폐로 형이 폐지된 경우와 같이 볼 수는 없다.

2) 군사법원의 관할(계엄법 제12조 제2항)

6. 계엄에 대한 통제

(1) 국회에 의한 통제

국회는 계엄의 해제를 요구(제77조 제5항)할 수 있을 뿐만 아니라, 입법을 통하여 계엄당국을 통제할 수 있고, 또 대집행부통제권(국정감사·조사권, 탄핵소추권, 국무총리와 국무위원에 대한 출석요구 및 해임건의권)을 행사하여 계엄을 통제할 수 있다.

(2) 사법적 통제 가부

1) 대법원 : 원칙적 부정, 예외적 허용

① 대통령이 제반의 객관적 상황에 비추어 그 재량으로 비상계엄을 선포함이 상당하다는 판단 밑에 이를 선포하였을 경우, 사법기관인 법원이 계엄선포요건의 구비여부나 선포의 당·부당을 심사하는 것은 사법권의 내재적인 본질적 한계를 넘어서는 것이 되어 적절한 바가 못된다(대판 1979.12.7. 79초70).
② 비상계엄의 선포나 확대가 국헌문란의 목적을 달성하기 위하여 행하여진 경우에는 법원은 그 자체가 범죄행위에 해당하는지의 여부에 관하여 심사할 수 있다(대판 1997.4.17. 96도3376).

2) 헌법재판소

비록 고도의 정치적 결단에 의하여 행하여지는 국가작용이라고 할지라도 그것이 국민의 기본권 침해와 직접 관련되는 경우에는 당연히 헌법재판소의 심판대상이 된다(헌재 1996.2.29. 93헌마186).

Ⅴ 국민투표부의권(정책국민투표제도)

> ● 헌법
> 제72조
> 대통령은 필요하다고 인정할 때에는 외교·국방·통일 기타 국가안위에 관한 중요정책을 국민투표에 붙일 수 있다.

1. 서설

(1) 정책국민투표제도의 연혁

① 제2차개정헌법(1954년)은 대한민국의 주권의 제약 또는 영토의 변경을 가져올 국가안위에 관한 중대사항에 관한 국민투표제를 최초로 도입하였다.
② 제5차개정헌법(1962년)에서 중대사항에 관한 국민투표제를 삭제하였다.
③ 제7차개정헌법(1972년)은 국민투표제를 다시 도입하였는데, 국가의 중요정책이라고 하여 제2차개헌보다는 제한적이지만 현행헌법보다는 포괄적으로 규정하였다.
④ 제8차개정헌법(1980년)은 외교·국방·통일 기타 국가안위에 관한 중요정책이라고 구체적으로 명시하였다. 현행헌법은 제8차개정헌법(1980년)을 그대로 계승하고 있다.

(2) 정책국민투표제도의 헌법적 의의

정책국민투표제도는 대의제의 원칙에 대한 예외가 되는 직접민주제를 의미하고, 국회에 대한 대통령의 우월적 지위를 보장해 주는 제도이며, 국론분열과 대립의 위기를 타개하는 위기극복수단을 의미한다(다수설).

(3) 국민투표의 인정 근거

국민투표의 가능성은 국민주권주의나 민주주의원칙과 같은 일반적인 헌법원칙에 근거하여 인정될 수 없으며, 헌법에 명문으로 규정되지 않는 한 허용되지 않는다(헌재 2004.5.14. 2004헌나1).

2. 국민투표의 유형 및 성격

(1) 레퍼렌덤(referendum)과 플레비지트(plebiscite)

① 레퍼렌덤이란 헌법상 제도화되어 있는 헌법규범적인 것으로, 국민이 일정한 중요사항을 직접 투표로써 최종적으로 확정하는 국민투표제를 말한다.

② 플레비지트란 헌법상 제도화되어 있지 아니한 헌법현실적인 것으로, 통치권자가 특정한 사안에 대하여 국민의 의사를 묻거나 새로운 통치질서의 정당성이나 집권자의 계속집권여부에 관하여 신임을 묻는 국민투표제를 말한다.

(2) 헌법 제72조의 정책국민투표의 성격

헌법 제72조의 국민투표의 경우 일단 헌법상의 제도로서 인정되고 있다는 점에서 레퍼렌덤의 일종이나, 어떤 정책과 결부하여 자신의 신임여부를 묻는 국민투표를 실시할 경우에는 형식상으로 레퍼렌덤이나 실질적으로는 플레비지트가 된다.

3. 정책국민투표의 대상

(1) 외교·국방·통일 기타 국가안위에 관한 중요정책

1) '외교·국방·통일 기타'

① '외교·국방·통일'은 국가안위에 관한 중요정책의 영역 내지 분야를 예시한 것으로 볼 수 있다.

② '기타' 정책도 그것이 외교·국방·통일 분야 외의 것이라 하더라도 그 비중이 외교·국방·통일정책의 비중과 동등 이상의 것이어야 한다.

2) '국가안위'와의 관련성(국가비상사태와의 관계)

'국가안위에 관한'이라는 표현은 정책국민투표의 대상이 되는 정책의 수립·추진과 관련하여 국가비상사태에 상응하는 국가적 '위기'가 이미 발생하거나 최소한 객관적으로 명백히 예상되는 경우를 가리키는 것이라고 하겠다.

3) '중요'한 정책(정책의 중요성 판단)

정책국민투표의 대상은 대의기관에 의해 추구되는 추정적 국민의사와는 별도로 현실적 국민의사를 확인할 만한 가치가 있는 사항이어야 할 것이다.

(2) 대상 관련문제

1) 헌법개정안 국민투표의 가능성

대통령이 제72조에 의한 국민투표형식을 빌어 헌법개정을 시도한다면 이는 대의제원리를 원칙적인 통치형태로 채택하고 있는 헌법질서에 위배되며, 개헌안에 대한 공고절차의 생략으로 인하여 국민의 알 권리가 침해되고, 헌법개정을 위한 별도의 가중절차를 잠탈하게 되며, 국회의 심의·표결권이 침해되어 권한분쟁을 초래할 우려가 있다는 점에서 위헌성이 강하다.

2) 법률안 국민투표의 가능성

정책의 찬반만을 묻는 국민투표의 성질상 중요정책의 기본내용만 결정하고 그것이 법률을 통해 실현되어야 할 경우 세부적인 내용의 법률안은 국회에서 논의하여 결정하는 것이 대의제와 입법권을 국회에 부여한 헌법 제40조에 부합한다.

3) 국회해산 국민투표의 가능성

권력분립에 기초한 민주적 법치국가를 기본원리로 채택하고 있고, 대통령제 정부형태를 채택하고 있는 현행 헌법 하에서는 인정되지 않는다.

4) 신임투표 및 신임연계 국민투표의 가능성

헌법재판소는 탄핵사건에서 국민투표형식으로 직접 신임을 묻는 것은 물론 정책과 결부하여 신임을 묻는 것도 허용되지 않는다고 하였다(헌재 2004.5.14, 2004헌나1).

4. 정책국민투표의 부의

(1) 정책국민투표 부의권자

헌법 제72조는 대통령에게 국민투표의 실시여부, 시기, 구체적 부의사항, 설문내용 등을 결정할 수 있는 임의적인 국민투표발의권을 독점적으로 부여하고 있다.

(2) 국민투표 부의여부에 관한 재량

① 헌법 제72조의 "대통령이 필요하다고 인정할 때에는 … 국민투표에 붙일 수 있다"는 규정은 국민투표에의 부의여부를 대통령이 재량에 의하여 결정한다는 것을 의미한다.
② 다만 대통령의 국민투표 부의여부에 대한 결정은 전적으로 대통령의 재량에 속하는 것이 아니다. 국민투표 부의여부는 대통령의 주관적 재량에 달려 있는 것이 아니라 객관적 상황에 의하여 결정되어져야 할 것이다.

(3) 국민투표 부의의 효과

국민투표부의 주체인 대통령 자신은 관련정책의 결정이나 집행을 유예하고 국민투표의 결과를 기다려야 하며, 국회 역시 국민투표부의 대상이 된 정책관련 법률안의 제출 내지 의결을 유예하였다가 국민투표의 결과를 보고 추진여부를 결정해야 할 것이다.

5. 정책국민투표의 정족수

① 헌법 제72조의 정책국민투표는 정족수에 관하여 아무런 규정을 두고 있지 아니하다.
② 헌법 제72조의 정책국민투표나 헌법 제130조의 헌법개정국민투표나 국민의사의 확인이라는 점에서 동일하므로 헌법 제72조의 정책국민투표의 경우에도 헌법 제130조 제2항의 헌법개정국민투표의 의결정족수규정을 유추하여 국회의원선거권자 과반수의 투표와 투표자 과반수의 찬성으로 가결되는 것으로 볼 수 있을 것이다.

6. 정책국민투표결과의 효력(구속력)

(1) 정책국민투표결과의 구속력 인정여부

자유위임의 원리에 비추어, 헌법 제72조의 국민투표는 국가의 중요정책에 대하여 대통령이 결정하기 전에 국민에게 찬반의 의사를 물어 그 결과를 참작하여 결정할 수 있게 하는 자문적 국민투표로 보는 것이 타당하다. 따라서 그 결과는 국가기관을 구속하지 않으며, 다만 대통령은 정치적으로 부담을 지게 될 것이다.

(2) 국회(다른 내용의 입법 가능성)

① 국회가 사실상 정치적 기속을 받는 이외에 정책국민투표결과에 법적·강제적으로 기속되어 입법에 장애를 받는다고 볼 수는 없다.
② 국회는 국민으로부터 선거를 통하여 선출된 국회의원들로 구성된 기관이므로, 국민의 본래 지향하였어야 할 추정적 국민의사를 앞세워 현실로 확인된 국민의사에 반하는 입법을 하는 것은 현실적으로 타당치 않다.

(3) 대통령(재부의 금지)

한 번 국민투표에 붙여 부결된 정책사항에 대하여 재차 국민투표에 붙이는 것은, 재부의를 불가피하게 하는 중대한 사정변경이 있지 않는 한, 일사부재의원칙에 반하여 허용되지 아니하는 것으로 보아야 한다.

7. 위헌적 국민투표부의권 행사의 경우 구제수단

(1) 헌법소원: 국민투표에 부치지 않았을 때

헌법 제72조는 국민투표에 부쳐질 중요정책인지 여부를 대통령이 재량에 의하여 결정하도록 명문으로 규정하고 있고 헌법재판소 역시 위 규정은 대통령에게 국민투표의 실시 여부, 시기, 구체적 부의사항, 설문내용 등을 결정할 수 있는 임의적인 국민투표발의권을 독점적으로 부여하였다고 하여 이를 확인하고 있다. 따라서 특정의 국가정책에 대하여 다수의 국민들이 국민투표를 원하고 있음에도 불구하고 대통령이 이러한 희망과는 달리 국민투표에 회부하지 아니한다고 하여도 이를 헌법에 위반된다고 할 수 없고 국민에게 특정의 국가정책에 관하여 국민투표에 회부할 것을 요구할 권리가 인정된다고 할 수도 없다(헌재 2005.11.24, 2005헌마579).

(2) 권한쟁의: 대통령이 입법사항에 해당하는 중요정책이나 법률안을 국민투표에 부친 경우

국회의원의 심의·표결권은 국회의 대내적인 관계에서 행사되고 침해될 수 있을 뿐 다른 국가기관과의 대외적인 관계에서는 침해될 수 없는 것이므로, 국회의원들 상호간 또는 국회의원과 국회의장 사이와 같이 국회 내부적으로만 직접적인 법적 연관성을 발생시킬 수 있을 뿐이고 대통령 등 국회 이외의 국가기관과 사이에서는 권한침해의 직접적인 법적 효과를 발생시키지 아니한다. 따라서 피청구인 대통령이 국회의 동의없이 조약을 체결·비준하였다 하더라도 국회의원인 청구인들의 심의·표결권이 침해될 가능성은 없다(헌재 2007.7.26, 2005헌라8).

(3) 탄핵심판

탄핵소추의 사유가 된다.

(4) 국민투표무효소송

제5항 헌법기관구성에 관한 권한

I 대법원구성권

① 국회의 동의를 얻어 대법원장 임명(제104조 제1항)
② 대법원장의 제청으로 국회의 동의를 얻어 대법관 임명(제104조 제2항).

II 헌법재판소구성권

① 국회의 동의를 얻어 헌법재판소장 임명(제111조 제4항)
② 재판관 모두를 형식적으로 임명[3인만을 대통령이 직접 임명(제111조 제2항·제3항), 3인은 국회가 선출한 자, 3인은 대법원장이 지명한 자(제111조 제2항·제3항)]

III 중앙선거관리위원회구성권

① 3인 임명(제114조 제2항 전문)
② 위원장은 위원 중에서 호선(互選)(제114조 제2항 후문).

IV 감사원구성권

① 국회의 동의를 얻어 감사원장 임명(제98조 제2항)
② 감사원장의 제청으로 감사위원 임명(제98조 제3항).

제6항 집행에 관한 권한

I 집행에 관한 최고결정권과 최고지휘권

① 대통령은 그 권한과 책임 하에 집행에 관한 최종적인 결정을 내림
② 집행부의 모든 구성원에 대하여 최고의 지휘·감독권 행사

Ⅱ 법률집행권

① 국회가 제정한 법률을 공포·집행함
② 법률을 집행함에 있어 필요한 경우에는 위임명령과 집행명령을 발할 권한(제75조).

Ⅲ 국가의 대표 및 외교에 관한 권한

① 조약 체결·비준권
② 외교사절의 신임·접수 또는 파견권
③ 선전포고와 강화를 할 권한(제73조)
④ 국군의 해외파견권 및 외국군대의 국내주류허용권(제60조 제2항)

Ⅳ 정부구성권과 공무원임면권

① 국무총리, 국무위원, 행정각부의 장 임명(제86조 제1항, 제87조 제1항, 제94조)
② 헌법과 법률이 정하는 바에 의하여 공무원 임면(제78조)

Ⅴ 국군통수권

국군의 최고사령관·최고지휘자로서 군령·군정에 관한 권한을 행사(제74조 제1항)

Ⅵ 재정에 관한 권한

① 예산안편성·제출권(제54조 제2항)
② 준예산집행권(제54조 제3항)
③ 예비비지출권(제55조 제2항)
④ 추가경정예산안편성제출권(제56조)
⑤ 기채권 및 예산외국가부담계약체결권(제58조)
⑥ 긴급재정경제처분 및 명령권(제76조 제1항)
⑦ 결산검사권(제99조)

Ⅶ 영전수여권

① 훈장 기타의 영전 수여권(제80조)
② 특권부인의 원칙(제11조 제3항)

제7항 입법에 관한 권한

헌법
제52조
국회의원과 정부는 법률안을 제출할 수 있다.

제53조
① 국회에서 의결된 법률안은 정부에 이송되어 15일 이내에 대통령이 공포한다.
② 법률안에 이의가 있을 때에는 대통령은 제1항의 기간 내에 이의서를 붙여 국회로 환부하고, 그 재의를 요구할 수 있다. 국회의 폐회 중에도 또한 같다.
③ 대통령은 법률안의 일부에 대하여 또는 법률안을 수정하여 재의를 요구할 수 없다.
④ 재의의 요구가 있을 때에는 국회는 재의에 붙이고, 재적의원과반수의 출석과 출석의원 3분의 2 이상의 찬성으로 전과 같은 의결을 하면 그 법률안은 법률로서 확정된다.
⑤ 대통령이 제1항의 기간 내에 공포나 재의의 요구를 하지 아니한 때에도 그 법률안은 법률로서 확정된다.
⑥ 대통령은 제4항과 제5항의 규정에 의하여 확정된 법률을 지체없이 공포하여야 한다. 제5항에 의하여 법률이 확정된 후 또는 제4항에 의한 확정법률이 정부에 이송된 후 5일 이내에 대통령이 공포하지 아니할 때에는 국회의장이 이를 공포한다.
⑦ 법률은 특별한 규정이 없는 한 공포한 날로부터 20일을 경과함으로써 효력을 발생한다.

I 서론

대통령의 입법에 관한 권한에는 법률안 제출권, 법률안거부권, 법률안 공포권, 임시회의 집회요구권, 국회출석·발언권, 헌법개정에 관한 권한, 조약체결·비준권, 긴급입법권, 행정입법권 등이 있다.

II 법률안 제출권 및 공포권

1. 법률안 제출권

① 대통령은 국무회의의 심의를 거쳐 국회에 법률안을 제출할 수 있다(제52조, 제89조 제3호).
② 대통령제 하에서는 대통령이 법률안을 제안할 수 없는 것이 원칙이나, 우리 헌법이 법률안 제출권을 인정하고 있는 것은 의원내각제의 요소를 가미한 결과이다.

2. 법률안 공포권

(1) 공포권자

국회에서 의결된 법률안은 정부에 이송되어 15일 이내에 대통령이 공포하며(제53조 제1항), 거부권 행사로 국회가 재의결하여 확정된 법률은 대통령이 지체없이 공포하여야 한다(제53조 제6항 제1문). 다만 확정된 법률이 정부에 이송된 후 5일 이내에 대통령이 공포하지 아니할 경우에는 국회의장이 예외적으로 공포한다(제53조 제6항 제2문).

(2) 공포시기

헌법 제53조 제6항 제1문은 "지체없이" 공포하여야 한다고 하고 있고, 제2문은 "5일 이내"라고 규정하고 있다.

(3) 효력발생

① 법률은 특별한 규정이 없는 한 공포일로부터 20일을 경과함으로써 효력을 발생한다(제53조 제7항).
② 국민의 권리제한 또는 의무부과와 직접 관련되는 법률은 긴급히 시행할 특별한 사유가 있는 경우를 제외하고는 공포일로부터 적어도 30일이 경과한 날로부터 효력을 발생한다(법령등공포에관한법률 제13조의2).

Ⅲ 법률안거부권(법률안 재의요구권)

1. 서설

(1) 법률안거부권의 개념

① 법률안거부권이란 국회에서 의결하여 정부에 이송한 법률안에 대하여 대통령이 이의를 제기하여 국회에 재의를 요구하는 권한을 말한다(헌법 제53조 제2항).
② 법률안거부권은 미연방헌법에서 유래한 제도로서, 국회의 고유한 권한인 법률제정권에 대한 대통령의 직접적이고 실질적인 개입권이다.

(2) 법률안거부권의 제도적 의의

① 대통령의 법률안거부권은 국회의 법률제정에 대한 독점권을 방지하며, 엄격한 삼권분립의 구조하에서 입법부를 견제하는 기능을 한다.
② 거부권은 정당하게 행사되어야 하고 남용되어서는 아니되며, 대통령의 법률안거부권 행사가 정당한 이유 없는 권한남용인 경우에는 대통령탄핵소추의 사유가 될 수 있다.

2. 법률안거부권의 법적 성격(정지조건설, 다수설)

① 대통령의 법률안거부권은 국회가 재의결할 때까지 그 법률안에 대하여 법률로서의 확정을 유보시키는 소극적인 성격을 갖는 것으로서, 대통령의 법률안거부권 행사의 결과 법률안이 법률로 확정되지 않는 효과가 국회에서 재의결되지 않는 것을 정지조건으로 발생한다.
② 국회의 재의결이라는 조건이 성취될 때 비로소 그 법률안이 법률로서 확정된다.
③ 대통령은 법률안을 재의에 붙였다 하더라도 의회가 재의결하기 전에는 언제든지 이를 철회할 수 있으며, 국회도 이를 번복할 수 있다.

3. 법률안거부권의 유형

(1) 환부거부

1) 개념
① 환부거부란 국회가 의결하여 정부에 이송한 법률안을 지정된 기일 안에 대통령이 이의서를 첨부하여 국회에 환부하고 재의를 요구하는 것을 말한다.
② 헌법 제53조 제2항은 환부거부를 인정하고 있다.
③ 법률안거부권은 정치적 측면의 규범통제의 성격을 지니고 있다.

2) 일부거부 또는 수정거부
① 헌법은 "대통령은 법률안의 일부에 대하여 또는 법률안을 수정하여 재의를 요구할 수 없다"고 하여, 이를 금지하고 있다(제53조 제3항).
② 일부거부를 불허하는 이유는 국회의 법률안 심의권을 침해하기 때문이며, 수정거부를 불허하는 이유는 거부권의 소극적 성격에 반하고, 동시에 정부가 법률안 제출권을 가지고 있기 때문이다.
③ 일부거부나 수정거부는 전부거부가 아니라 거부권의 포기로 보아야 한다.

(2) 보류거부

1) 개념
① 보류거부란 국회의 폐회나 해산으로 말미암아 대통령이 지정된 기일 내에 법률안을 국회에 환부할 수 없는 경우에, 대통령이 그 법률안을 거부하기 위하여 법률안을 공포하지 아니한 채 가지고 있으면 법률안이 자동적으로 폐기되는 것을 말한다.
② 보류거부는 의회가 대통령의 법률안거부권을 무력화시키는 것을 방지하기 위해 대통령이 의회를 견제할 수 있도록 대통령에게 부여한 권한이다.
③ 미연방헌법은 보류거부제를 인정하고 있다.

2) 인정여부
우리 헌법은 제51조에서 회기계속의 원칙을 취하고, 제53조 제2항 후문에서 국회의 폐회 중의 환부도 인정하는 동시에 제53조 제5항에서 "15일 이내에 공포나 재의의 요구를 하지 않으면 그 법률안은 법률로서 확정된다"고 규정하고 있으므로 보류거부는 원칙적으로 인정되지 않는다.
다만 국회가 임기가 만료되어 폐회된 경우에 있어서는 ① 법률안이 확정된다는 견해와, ② 법률안이 폐기된다는 견해가 대립하고 있으며, 법률안이 폐기된다고 보는 견해는 다시 ㉮ 환부가 불가능하여 결국 법률안이 폐기되므로 보류거부가 예외적으로 인정된다는 견해와 ㉯ 국회의 임기만료로 인한 폐회로 인하여 법률안이 폐기되는 것은 보류거부라기보다는 새로운 국민적 정당성에 근거한 새 국회가 지난 국회의 의안을 이어받지 않는 것, 즉 지난 국회의 민주적 정당성이 끝남에 따른 반사적 효과에 불과하다고 보는 견해로 나뉜다.

4. 법률안거부권의 행사요건

(1) 실질적 요건

① 헌법은 어떤 경우에 법률안거부권을 행사할 수 있는지 그 요건에 관하여 규정하고 있지 아니하다.
② 법률안거부권제도의 취지에 비추어, 거부권의 행사는 정당한 사유와 필요성이 있어야 한다.
> 예 위헌적인 법률안, 국익에 반하는 법률안, 예산상의 뒷받침이 없는 법률안, 집행이 불가능한 법률안, 정부에 대한 부당한 압박을 내용으로 하는 법률안 등

(2) 절차적 요건

거부권은 ① 법률안이 정부로 이송되어온 날로부터 15일 이내에, ② 국무회의의 심의를 거친 후, ③ 그 법률안에 이의서를 첨부하여, ④ 국회로 환부하여 재의를 요구하는 절차에 따라 행사된다(제53조).

5. 법률안거부권에 대한 통제

(1) 국회의 재의결권

대통령이 법률안거부권을 행사하면 국회는 그 법률안을 재의에 회부하고 재적의원 과반수의 출석과 출석의원 3분의 2 이상의 찬성으로 전과 같이 의결함으로써 그 법률안을 법률로서 확정할 수 있다(제53조 제4항).

(2) 국회의장의 법률안 공포권

헌법은 확정된 법률을 대통령이 5일 이내에 공포하지 아니할 때에는 국회의장이 이를 공포하도록 규정함으로써, 대통령의 법률안 거부가 국회에 의해 무력화되었을 때에 대통령이 법률의 공포를 거부하면서 국회에 대항하는 경우를 대비하고 있다(제53조 제6항 제2문).

Ⅳ 행정입법에 관한 권한

> ● 헌법
> 제75조
> 대통령은 법률에서 구체적으로 범위를 정하여 위임받은 사항과 법률을 집행하기 위하여 필요한 사항에 관하여 대통령령을 발할 수 있다.
> 제95조
> 국무총리 또는 행정각부의 장은 소관사무에 관하여 법률이나 대통령령의 위임 또는 직권으로 총리령 또는 부령을 발할 수 있다.

◆ **국회법**

제98조의2(대통령령 등의 제출 등) ① 중앙행정기관의 장은 법률에서 위임한 사항이나 법률을 집행하기 위하여 필요한 사항을 규정한 대통령령·총리령·부령·훈령·예규·고시 등이 제정·개정 또는 폐지된 때에는 10일 이내에 이를 국회 소관상임위원회에 제출하여야 한다. 다만, 대통령령의 경우에는 입법예고를 하는 때(입법예고를 생략하는 경우에는 법제처장에게 심사를 요청하는 때를 말한다)에도 그 입법예고안을 10일 이내에 제출하여야 한다.
② 중앙행정기관의 장은 제1항의 기간 이내에 제출하지 못한 경우에는 그 이유를 소관 상임위원회에 통지하여야 한다.
③ 상임위원회는 위원회 또는 상설소위원회를 정기적으로 개회하여 그 소관 중앙행정기관이 제출한 대통령령·총리령 및 부령(이하 "대통령령등"이라 한다)의 법률 위반 여부 등을 검토하여야 한다.
④ 상임위원회는 제3항에 따른 검토 결과 대통령령 또는 총리령이 법률의 취지 또는 내용에 합치되지 아니한다고 판단되는 경우에는 검토의 경과와 처리 의견 등을 기재한 검토결과보고서를 의장에게 제출하여야 한다.
⑤ 의장은 제4항에 따라 제출된 검토결과보고서를 본회의에 보고하고, 국회는 본회의 의결로 이를 처리하고 정부에 송부한다.
⑥ 정부는 제5항에 따라 송부받은 검토결과에 대한 처리 여부를 검토하고 그 처리결과(송부받은 검토결과에 따르지 못하는 경우 그 사유를 포함한다)를 국회에 제출하여야 한다.
⑦ 상임위원회는 제3항에 따른 검토 결과 부령이 법률의 취지 또는 내용에 합치되지 아니한다고 판단되는 경우에는 소관 중앙행정기관의 장에게 그 내용을 통보할 수 있다.
⑧ 제7항에 따라 검토내용을 통보받은 중앙행정기관의 장은 통보받은 내용에 대한 처리 계획과 그 결과를 지체 없이 소관 상임위원회에 보고하여야 한다.

헌법 제75조 대통령은 법률에서 구체적으로 범위를 정하여 위임받은 사항과 법률을 집행하기 위하여 필요한 사항에 관하여 대통령령을 발할 수 있다.

1. 행정입법의 의의

① 행정입법이란 행정기관이 법조의 형식에 의하여 일반적·추상적인 규범을 정립하는 것을 말한다.
② 입법권은 국회에 속하는 것이지만 국가기능의 확대와 복잡화에 따라 법률은 대강만을 정하고 그 세부적·전문적·기술적 사항은 명령에 위임하게 되었다.
③ 행정입법은 국회의 입법기능을 보완함으로써 법치행정의 기초를 마련한다는 헌법상 의의와 기능을 갖는다.

2. 행정입법의 분류

구분	법규명령	행정명령(행정규칙)
근거	반드시 헌법과 법률에 근거(위임명령)	헌법이나 법률의 근거 불요
법규성	있음	없음
대상	국민의 권리·의무에 관한 사항(법규사항)	국민의 권리·의무와 관계없는 사항(비법규사항)
구속력	대국민적 구속력(일반적·양면적 구속력)	대외적 구속력 없음(일면적 구속력)
형식	일정한 형식, 공포 필요	무형식, 공포 불요
통제	위헌위법명령규칙심사·헌법소원의 대상	원칙적 대상 X(예외 있음)

3. 위임명령

(1) 위임명령의 의의
① 위임명령이란 헌법에 근거하고 법률의 위임에 따라 발하는 명령을 말한다.
② 헌법 제75조 전단은 "대통령은 법률에서 구체적으로 범위를 정하여 위임받은 사항에 관하여 대통령령을 발할 수 있다"고 하여 대통령의 위임명령제정권을 규정하고 있다.

(2) 위임명령의 성질
① 위임명령은 법률의 위임에 따라 발하는 명령이므로 법률에 대하여 종속성을 가진다.
② 법률이 소멸하면 위임명령의 효력도 상실되는 것이 원칙이며, 위임명령으로써 모법에 위반되는 규정은 둘 수 없다.
③ 위임명령은 법률에 대하여 종속성을 가지는 점에서는 집행명령과 동일하나, 입법사항에 관한 새로운 사항을 규정할 수 있다는 점에서 집행명령과 구별된다.

(3) 위임명령의 범위와 한계

1) 법률유보의 원칙
침해적인 것이든 수익적인 것이든 본질적인 사항에 관한 것은 법률의 근거가 있어야 하고, 법률로 직접 규율해야 한다는 본질성설이 오늘날 통설이다.

2) 위임의 형식: 포괄위임금지의 원칙

(가) 의의 및 취지
① 포괄위임금지원칙이란 법률이 위임하는 사항과 범위를 구체적으로 한정하지 아니하고 특정의 행정기관에게 입법권을 일반적·포괄적으로 위임하는 것을 금지함을 말한다.
② 일반적·포괄적 위임은 사실상 입법권의 백지위임과 다를 것이 없으며, 의회입법의 원칙을 부인하는 것이 될 뿐만 아니라 집행권의 독재와 기본권의 무제한적 침해를 초래할 위험이 있기 때문에 허용되지 아니한다.
③ 헌법도 제75조 전단에서 "대통령은 법률에서 구체적으로 범위를 정하여 위임받은 사항에 관하여 대통령령을 발할 수 있다"고 하여 개별적·구체적 위임의 형식만을 인정하고 있다.

(나) "법률에서 구체적 범위를 정하여"의 의미
'구체적으로 범위를 정하여'란 의회입법과 법치주의의 원칙을 달성하고자 하는 헌법 제75조의 입법취지에 비추어, 법률에 대통령령 등 하위법규에 규정될 내용 및 범위의 기본사항이 가능한 한 구체적이고도 명확하게 규정되어 있어서 누구라도 당해 법률로부터 대통령령에 규정될 내용의 대강을 예측할 수 있어야 함을 말한다.

(다) 예측가능성의 판단기준
① 예측가능성의 유무는 당해 특정조항만으로 판단할 것이 아니라 관련 법률조항 전체를 유기적·체계적으로 종합 판단하여야 하며 각 대상법률의 성질에 따라 구체적·개별적으로 검토하여야 한다.
② 위임의 구체성·명확성의 요구정도는 그 규율대상의 종류와 성격에 따라 달라질 것이지만 특히 처벌법규나 조세법규와 같이 국민의 기본권을 직접적으로 제한하거나 침해할 소지가 있는 법규에서는 구

체성·명확성의 요구가 강화되어 그 위임의 요건과 범위가 일반적인 급부행정의 경우보다 더 엄격하게 제한적으로 규정되어야 하는 반면에 규율대상이 지극히 다양하거나 수시로 변화하는 성질의 것일 때에는 위임의 구체성·명확성의 요건이 완화되어야 할 것이다.

③ 위임조항 자체에서 위임의 구체적 범위를 명백히 규정하고 있지 않다고 하더라도 당해 법률의 전반적 체계와 관련규정에 비추어 위임조항의 내재적인 위임의 범위나 한계를 객관적으로 분명히 확정할 수 있다면 이를 포괄적인 백지위임에 해당하는 것으로 볼 수 없다.

(라) 법률의 명확성 원칙과의 관계(헌재 2007.4.26, 2004헌가29)

① 헌법 제75조는 "대통령은 법률에서 구체적으로 범위를 정하여 위임받은 사항에 관하여 대통령령을 발할 수 있다."고 규정하여 위임입법의 헌법상 근거를 마련함과 동시에 위임은 구체적으로 범위를 정하여 하도록 하여 그 한계를 제시하고 있다.

② 포괄위임금지의 원칙은 행정부에 입법을 위임하는 수권법률의 명확성원칙에 관한 것으로서 법률의 명확성원칙이 행정입법에 관하여 구체화된 특별규정이라고 할 수 있다.

③ 법률조항의 명확성원칙 위배여부는 헌법 제75조의 포괄위임금지의 원칙의 위반여부에 대한 심사로써 충족된다.

3) 위임입법권의 재위임(헌재 1996.2.29, 94헌마213)

법률에서 위임받은 사항을 전혀 규정하지 않고 재위임하는 것은 복위임금지의 법리에 반할 뿐만 아니라 수권법의 내용변경을 초래하는 것이 되고, 부령의 제정·개정절차가 대통령령에 비하여 보다 용이한 점을 고려할 때 재위임에 의한 부령의 경우에도 위임에 의한 대통령령에 가해지는 헌법상의 제한이 당연히 적용되어야 할 것이므로 법률에서 위임받은 사항을 전혀 규정하지 아니하고 그대로 재위임하는 것은 허용되지 않으며 위임받은 사항에 관하여 대강을 정하고 그 중의 특정사항을 범위를 정하여 하위법령에 다시 위임하는 경우에만 재위임이 허용된다.

4) 행정규칙(고시)에의 직접 위임여부(헌재 2004.10.28, 99헌바91) - 법령보충적행정규칙 인정여부

① 헌법 제40조와 헌법 제75조, 제95조의 의미를 살펴보면, 국회입법에 의한 수권이 입법기관이 아닌 행정기관에게 법률 등으로 구체적인 범위를 정하여 위임한 사항에 관하여는 당해 행정기관에게 법정립의 권한을 갖게 되고, 입법자가 규율의 형식도 선택할 수도 있다.

② 헌법이 인정하고 있는 위임입법의 형식은 예시적인 것으로 보아야 할 것이고, 그것은 법률이 행정규칙에 위임하더라도 그 행정규칙은 위임된 사항만을 규율할 수 있으므로 국회입법원칙과 상치되지도 않는다.

5) 국회의 전속적 입법사항의 위임

① 헌법이 국회의 전속적 입법사항으로 규정하고 있는 것은 헌법이 법률로 정하도록 하고 있으므로, 이에 관한 입법권은 위임할 수 없다(통설).

② 헌법 제59조는 조세의 종목과 세율만을 법률로 정하도록 하고 있으나, 해석상 납세의무자·과세물건·과세시기·과세방법 등도 반드시 법률로 정해야만 헌법 제59조에 합치된다고 할 것이다. 그러나 그 밖의 사항에 관하여 법규명령에 위임하는 것은 무방하며 또한 모법에서 그 법률로 규율해야 할 사항을 규율한 후 그 밖의 세부적 사항을 위임하는 것도 허용된다(본질성설, 의회유보설).

> ● **현행헌법상 국회의 전속적 입법사항: 위임입법금지사항**
> ① 국적취득의 요건(제2조 제1항)
> ② 국회의원의 수(제41조 제2항)
> ③ 국회의원의 선거구와 비례대표제 기타 선거에 관한 사항(제41조 제3항)
> ④ 조세의 종목과 세율(제59조)
> ⑤ 지방자치단체의 종류(제117조 제2항) 등

6) **처벌규정의 위임**(헌재 1997.5.29, 94헌바22)

처벌법규의 위임을 하기 위하여는 첫째, 특히 긴급한 필요가 있거나 미리 법률로써 자세히 정할 수 없는 부득이한 사정이 있는 경우에 한정되어야 하며, 둘째, 이러한 경우에도 법률에서 범죄의 구성요건은 처벌대상행위가 어떠한 것일 거라고 예측할 수 있을 정도로 구체적으로 정하고, 셋째, 죄형의 종류 및 그 상한과 폭을 명백히 규정하여야 하되, 위임입법의 위와 같은 예측가능성의 유무를 판단함에 있어서는 당해 특정조항 하나만을 가지고 판단할 것이 아니고 관련법조항 전체를 유기적·체계적으로 종합하여 판단하여야 한다.

7) **조례에 대한 위임**(헌재 2001.4.26, 2000헌마122)

조례의 제정권자인 지방의회는 선거를 통해서 그 지역적인 민주적 정당성을 지니고 있는 주민의 대표기관이고 헌법이 지방자치단체에 포괄적인 자치권을 보장하고 있는 취지로 볼 때, 조례에 대한 법률의 위임은 법규명령에 대한 법률의 위임과 같이 반드시 구체적으로 범위를 정하여 할 필요가 없으며 포괄적인 것으로 족하다.

8) **법률이 정관에 위임한 경우 포괄위임입법금지원칙의 적용여부**(헌재 2001.4.26, 2000헌마122)

① 법률이 정관에 자치법적 사항을 위임한 경우에는 헌법 제75조, 제95조가 정하는 포괄적인 위임입법의 금지는 원칙적으로 적용되지 않는다.
② 헌법 제75조, 제95조의 내용을 보면, 그 문리해석상 정관에 위임한 경우까지 그 적용 대상으로 하고 있지 않다. 즉 헌법상의 포괄위임입법금지원칙은 법규적 효력을 가지는 행정입법의 제정(법규명령)을 주된 대상으로 하고 있는 것이다.
③ 법률이 행정부가 아니거나 행정부에 속하지 않는 공법적 기관의 정관에 특정사항을 정할 수 있다고 위임하는 경우에는 권력분립의 원칙을 훼손할 여지가 없다. 이는 자치입법에 해당되는 영역이므로 자치적으로 정하는 것이 바람직하다.

4. 집행명령

(1) 집행명령의 의의

① 집행명령이란 헌법을 근거로 법률을 집행하기 위하여 필요한 사항을 규율하는 법규명령으로서, 법률의 집행에 있어 통일성·형평성·합리성 등을 기하기 위한 법률의 시행세칙으로서의 일반준칙을 말한다.
② 헌법 제75조 후단은 "대통령은 법률을 집행하기 위하여 필요한 사항에 관하여 대통령령을 발할 수 있다"고 하여 대통령의 집행명령제정권을 규정하고 있다.

(2) 집행명령의 성질

① 모법을 변경하거나 보충할 수 없으며, 모법에 규정이 없는 새로운 입법사항을 규정하거나 국민의 새로운 권리·의무를 규정할 수 없다.

② 집행명령은 근거법령인 모법이 폐지되면 특별한 규정이 없는 이상 실효되나, 상위법령이 개정됨에 그친 경우에는 개정 전과 모순·저촉되지 않은 한 당연히 실효되지 아니하고 개정법령의 시행을 위한 집행명령이 제정·발효될 때까지는 그 효력을 유지한다(대판 1989.9.12. 88누6962).
③ 당해 명령을 발한 행정관청이 폐지된 경우 그 관청이 발한 집행명령의 효력도 상실된다.
④ 집행명령은 행정기관과 국민을 다 같이 구속하는 법규명령으로서의 성질을 가진다.

5. 행정입법의 통제

(1) 집행부 내부에서의 자율적 통제

집행부 내부에서의 자율적 통제에는 ① 감독청의 감독권의 행사, ② 특정한 심사기관의 심사, ③ 행정절차적 통제 등의 방법이 있다. 다만 대통령령의 제정은 국무회의의 심의를 거쳐야 하고(제89조 제3호), 그 공포에는 국무총리와 관계국무위원의 부서가 있어야 한다(제82조).

(2) 국회에 의한 통제

간접적 통제방법으로는 국정감사(제61조), 질문(제62조), 국무총리 또는 국무위원의 해임건의(제63조) 및 탄핵소추(제65조) 등의 수단이 있으며, 직접적 통제방법으로는 행정입법의 성립과 발효에 동의 또는 승인을 하거나, 법률제정이나 개정으로 행정입법을 직접 통제하는 경우를 들 수 있다.

(3) 법원에 의한 통제

① 법원은 헌법 제107조 제2항에 따라 명령·규칙의 위헌·위법여부를 심사함으로써 행정입법을 통제할 수 있다. 여기서의 명령·규칙은 위임명령인가 집행명령인가를 가리지 아니하고 모든 법규명령을 말한다.
② 행정소송에 대한 대법원 판결에 의하면 명령·규칙이 헌법 또는 법률에 위반된다는 것이 확정된 경우에는 대법원은 지체없이 그 사유를 행정안전부장관에게 통보하여야 한다.

(4) 헌법재판소에 의한 통제(헌재 1990.10.15. 89헌마178)

헌법이 법률의 위헌여부심사권을 헌법재판소에 부여한 이상 통일적인 헌법해석과 규범통제를 위하여 … 입법부·행정부·사법부에서 제정한 규칙이 별도의 집행행위를 기다리지 않고 직접 기본권을 침해하는 것인 때에는 모두 헌법소원심판의 대상이 된다.

Ⅴ 기타 입법에 관한 권한

1. 헌법개정에 관한 권한

① 대통령은 헌법개정안을 제안할 권리를 가진다(제128조 제1항).
② 헌법개정안이 제안되면 대통령은 20일 이상 이를 공고하여야 한다(제129조).
③ 헌법개정안이 국민투표에 의하여 확정되면 대통령은 확정된 개정헌법을 즉시 공포하여야 한다(제130조 제3항).
④ 헌법개정에 관한 대통령의 권한은 권한인 동시에 의무이다.

2. 조약체결·비준권

① 헌법 제73조는 "대통령은 조약을 체결·비준하고, 외교사절을 신임접수 또는 파견하며, 선전포고와 강화를 한다"고 하여 대통령의 조약체결·비준에 관한 권한을 규정하고 있다.
② 조약의 체결이란 대통령에 의한 전권대표의 지명과 조약내용에 대한 기본방침 지시 등을 말하고, 조약의 비준이란 대통령이 전권대표가 서명한 조약에 대하여 최종적인 결정권을 행사함으로써 조약이 국제법상 유효함을 확인하는 것을 말한다.
③ 대통령이 조약을 체결·비준함에 있어서는 반드시 국무회의의 심의를 거쳐야 한다(제89조 제3호).

3. 임시회의 집회요구권

① 대통령은 국회임시회의 집회를 요구할 수 있다(제47조 제1항). 그러나 직접 소집할 수는 없다.
② 대통령이 국회임시회의 집회를 요구할 때에는 국무회의의 심의를 거쳐야 하고, 기간과 집회요구의 이유를 명시하여야 한다(제47조 제3항).

4. 국회출석·발언권

① 대통령은 국회에 출석하여 발언하거나 서한으로 의견을 표시할 수 있다(제81조).
② 국회출석·발언권은 대통령의 권한이므로 국회 측에서 대통령의 출석을 요구하거나 서한에 의한 의견표시를 요구할 수는 없다.

제8항 사법에 관한 권한

I 위헌정당해산제소권

정당의 목적이나 활동이 민주적 기본질서에 위배될 때에는 정부는 헌법재판소에 그 해산을 제소할 수 있다(제8조 제4항). 대통령은 제소에 앞서 국무회의의 심의를 거쳐야 한다(제89조 제14호).

II 사면권

1. 사면의 의의

① 사면이란 형사사법절차에 의하지 아니하고 형의 선고의 효과 또는 공소권을 소멸시키거나 형 집행을 면제시키는 국가원수의 특권을 말한다.
② 헌법 제79조 및 제89조와 사면법은 대통령의 사면권 행사에 대하여 규정하고 있다.

2. 사면제도의 헌법적 의의

① 대통령의 사면권은 사법부의 판단을 변경하는 권한으로 권력분립의 원리에 대한 예외가 되며, 대통령의 사면권은 법치주의와도 마찰을 가져온다.
② 사면권의 행사는 법치주의의 본질적 요청 가운데 하나인 법의 형평성을 깨뜨리며, 결과적으로 법에 대한 신뢰를 손상시킬 수 있다.
③ 비판적인 점에도 불구하고 사면제도를 통하여 형사사법제도의 경직성을 교정하고 나아가 형의 집행에 있어서 인간적이고 정치적인 요소를 고려할 수 있다는 점에 사면제도의 헌법적 의의가 있다.

3. 사면의 종류와 효과, 사면권의 내용 및 절차

> **● 헌법**
> 제79조
> ① 대통령은 법률이 정하는 바에 의하여 사면·감형 또는 복권을 명할 수 있다.
> ② 일반사면을 명하려면 국회의 동의를 얻어야 한다.
> ③ 사면·감형 및 복권에 관한 사항은 법률로 정한다.

(1) 협의의 사면

1) 일반사면
① 일반사면이란 죄의 종류를 정하여 이에 해당하는 모든 범죄인에 대하여 형의 언도의 효력을 전부 또는 일부 상실시키거나 형의 언도를 받지 않은 자에 대하여는 공소권을 상실시키는 것을 말한다.
② 일반사면은 헌법상 국무회의의 필수적 심의를 거친 후에 국회의 동의를 얻어 대통령령으로 행한다.
③ 국회는 일반사면에 대한 동의여부를 심리함에 있어 대통령이 제안하지 않은 죄의 종류를 추가할 수 없다.
④ 형의 선고에 의한 기성의 효과는 변경되지 않는다.

2) 특별사면
① 특별사면이란 형의 선고를 받은 특정인에 대하여 형의 집행을 면제하는 것을 말한다.
② 특별한 사정이 있을 때에는 이후 형의 언도의 효력을 상실케 할 수 있다.
③ 법무부장관은 사면심사위원회의 심사를 거쳐 대통령에게 특별사면을 상신한다.
④ 특별사면은 대통령의 명으로써 행한다.

(2) 감형

① 감형이란 형의 선고를 받은 자에 대하여 형을 변경하거나 형의 집행을 경감하는 것을 말한다.
② 일반감형은 죄 또는 형의 종류를 정하여 하는 것을 말하며, 국무회의의 심의를 거쳐 대통령령으로써 행하며 형을 변경한다.
③ 특별감형은 특정인에 대한 것을 말한다. 법무부장관은 사면심사위원회의 심사를 거쳐 대통령에게 특별감형을 상신하고, 대통령의 명으로써 행하며 형의 집행을 경감한다. 단, 특별한 사정이 있을 때에는 형을 변경할 수 있다.

(3) 복권

① 복권이란 죄를 범하여 형의 선고를 받은 자가 그 형의 선고의 부수적 효력으로서 다른 법령에 의하여 자격이 상실 또는 정지된 경우에 그 상실 또는 정지된 자격을 회복시켜 주는 것을 말한다.
② 일반복권은 죄 또는 형의 종류를 정하여 하는 것을 말하며, 특별복권은 특정인에 대한 것을 말한다.
③ 복권은 형의 집행을 종료하지 않은 자 또는 집행의 면제를 받지 않은 자에 대하여는 행하지 않는다.

4. 사면권 행사의 한계

① 사면법 제4조는 행정벌과 징계벌도 사면의 대상이 됨을 규정하고 있다.
② 사면법 제5조 제2항은 사면의 장래효를 명시하고 있다. 따라서 사면권자는 사면의 소급효를 그 내용으로 하는 사면권을 행사해서는 아니된다.
③ 사면권의 행사에 관한 사항은 법률로 정하도록 되어 있는데, 사면법에서는 탄핵결정에 대한 사면권의 행사를 규정하고 있지 않으므로 탄핵결정이 사면권 행사의 대상이 되기는 곤란하다.

5. 사면권 행사에 대한 사법심사 가부

① 사면법에 따르면 수형자 개인에게 특별사면이나 감형을 요구할 수 있는 주관적 권리가 있지 아니하므로, 대통령이나 법무부장관 등에게 청구인을 특별사면하거나 감형하여야 할 헌법에서 유래하는 작위의무 또는 법률상의 의무가 존재하지 아니한다. 그렇다면 청구인을 특별사면하거나 감형하지 아니하였다고 하여 그것이 곧 헌법소원심판의 대상이 되는 공권력의 불행사에 해당한다고 볼 수 없어, 이 부분 심판청구는 행정권력의 부작위에 대한 헌법소원의 요건을 충족시키지 못하여 부적법하다(헌재 2005.2.22, 2005헌마111).
② 선고된 형 전부를 사면할 것인지 또는 일부만을 사면할 것인지를 결정하는 것은 사면권자의 전권사항에 속하는 것이고, … 특별사면은 국가원수인 대통령이 형의 집행을 면제하거나 선고의 효력을 상실케 하는 시혜적 조치로서, 형의 전부 또는 일부에 대하여 하거나, 중한 형 또는 가벼운 형에 대하여만 할 수도 있는 것이다. 그러므로 중한 형에 대하여 사면을 하면서 그보다 가벼운 형에 대하여 사면을 하지 않는 것이 형평의 원칙에 반한다고 할 수도 없다(헌재 2000.6.1, 97헌바74).

제9항 대통령의 권한행사에 대한 통제

I 현행헌법

> **헌법**
>
> **제82조**
> 대통령의 국법상 행위는 문서로써 하며, 이 문서에는 국무총리와 관계 국무위원이 부서한다. 군사에 관한 것도 또한 같다.
>
> **제89조** 다음 사항은 국무회의의 심의를 거쳐야 한다.
>   17. 기타 대통령·국무총리 또는 국무위원이 제출한 사항
>
> **제90조**
> ① 국정의 중요한 사항에 관한 대통령의 자문에 응하기 위하여 국가원로로 구성되는 국가원로자문회의를 둘 수 있다.
> ② 국가원로자문회의의 의장은 직전대통령이 된다. 다만 직전대통령이 없을 때에는 대통령이 지명한다.
> ③ 국가원로자문회의의 조직·직무범위 기타 필요한 사항은 법률로 정한다.
>
> **제91조**
> ① 국가안전보장에 관련되는 대외정책·군사정책과 국내정책의 수립에 관하여 국무회의의 심의에 앞서 대통령의 자문에 응하기 위하여 국가안전보장회의를 둔다.
> ② 국가안전보장회의는 대통령이 주재한다.
> ③ 국가안전보장회의의 조직·직무범위 기타 필요한 사항은 법률로 정한다.
>
> **제92조**
> ① 평화통일정책의 수립에 관한 대통령의 자문에 응하기 위하여 민주평화통일자문회의를 둘 수 있다.
> ② 민주평화통일자문회의의 조직·직무범위 기타 필요한 사항은 법률로 정한다.
>
> **제93조**
> ① 국민경제의 발전을 위한 중요정책의 수립에 관하여 대통령의 자문에 응하기 위하여 국민경제자문회의를 둘 수 있다.
> ② 국민경제자문회의의 조직·직무범위 기타 필요한 사항은 법률로 정한다.
>
> **제127조**
> ③ 대통령은 제1항의 목적을 달성하기 위하여 필요한 자문기구를 둘 수 있다.

II 기관내부적 통제

1. 문서주의

① 대통령의 국법상 행위는 반드시 문서로써 하여야 한다.
② 국법상의 행위는 헌법과 법령이 대통령의 권한으로 정하고 있는 모든 행위를 말한다.
③ 대외적으로 법적인 효력을 가지지 못하는 비공식적인 행위는 구두로 자유로이 할 수 있지만, 대외적으로 법적인 효력을 가지는 국법상의 행위는 반드시 문서로 행해야 한다.
④ 대통령의 국법상 행위를 문서로써 하도록 한 것은 첫째, 대통령의 권한행사의 내용을 명확하게 함으로써 국민에게

예측가능성과 법적 안정성을 보장하여 주고, 둘째, 그에 관한 증거를 남기며, 셋째, 권한행사에 있어 즉흥성을 피하고 신중을 기하게 하려는 데에 그 목적이 있다.

⑤ 문서에 의하지 아니한 대통령의 국법상 행위는 헌법상 효력이 없다.

2. 부서

(1) 의의

① 부서란 대통령의 서명에 이어 국무총리와 관계국무위원이 서명하는 것을 말한다.
② 헌법 제82조는 "대통령의 국법상 행위는 문서로써 하며, 이 문서에는 국무총리와 관계국무위원이 부서한다. 군사에 관한 것도 또한 같다"고 규정하고 있다.

(2) 부서제도의 법적 성격

부서제도는 대통령의 전제를 방지하기 위한 권력통제기능, 대통령의 국무행위를 보필하는 기능, 부서권자의 책임 소재를 명백히 하는 기능 등 복합적 성격을 가지는 것으로 보는 것이 타당하다(복합적 성질설). 부서의 결과에 대하여 국회가 해임건의·탄핵소추 등의 방법으로 그 책임을 물을 수 있다.

(3) 부서 없는 대통령의 국법상 행위의 효력

부서 없는 대통령의 국법상 행위의 효력에 대해서는 ① 부서는 대통령의 국무행위에 관한 유효요건이 아니라 적법요건이기 때문에, 부서 없는 대통령의 국법상 행위도 당연히 무효가 되는 것은 아니고 위법행위가 되는 데 지나지 않으며, 국회는 이것을 탄핵소추의 사유로 할 수 있을 뿐이라는 유효설과 ② 부서는 대통령의 권한행사에 대한 견제적 기능을 하는 제도인데, 이를 결여한 대통령의 행위는 국법상 행위로서의 형식적 요건을 구비하지 못한 것이므로 무효라는 무효설이 대립하나, 무효설이 다수설이다.

(4) 부서거부권의 문제

국무총리·관계국무위원이 부서를 거부할 수 있는지에 대하여, ① 부서하는 권한은 재량있는 권한이므로 대통령의 일정한 권한행사에 동의하지 않으면 부서를 거부할 수 있으나, 대통령이 임면권을 가지고 있기 때문에 사실상 거부하기 곤란하다는 견해와, ② 부서하는 권한은 재량이 인정되는 권한이므로 대통령의 권한행사내용에 동의하지 않으면 부서를 거부할 수 있다고 보는 견해가 대립하나 이 경우 대통령은 부서를 거부하는 국무총리나 국무위원을 해임하고 부서없이 그 권한을 행사할 수 있다고 본다. 그렇게 해석하지 않으면 대통령제에 있어서 대통령이 헌법상의 권한을 행사하는 것이 불가능해지기 때문이다.

3. 국무회의의 심의

(1) 심의의 대상

① 대통령이 헌법 제89조에 열거된 사항에 관한 권한을 행사함에는 사전에 국무회의의 심의를 거쳐야 한다.
② 사전에 국무회의의 심의를 거쳐야 할 사항은 헌법 제89조에 열거되어 있지만, 동조 제17호에서 "기타 대통령·국무총리 또는 국무위원이 제출한 사항"이라고 규정하고 있으므로, 대통령과 집행부의 권한에 속하는 중요사항은 사실상 거의 모두 포함된다.

(2) 심의 없는 대통령의 국법상 행위의 효력(후술)

(3) 국무회의 심의결과의 구속력(후술)

4. 자문기관의 자문

① 헌법은 필수적 자문기관으로 국가안전보장회의를(제91조), 임의적 자문기관으로 국가원로자문회의(제90조), 민주평화통일자문회의(제92조), 국민경제자문회의(제93조), 국가과학기술자문회의(제127조 제3항) 등을 규정하고 있다.

구분		자문기구
헌법상기구	필수적	국가안전보장회의(의장-대통령, 국무회의 전심기관)
	임의적	국가원로자문회의(제5공화국때 도입, 관련법률이 없음)
		민주평화통일자문회의(의장-대통령)
		국민경제자문회의(의장-대통령, 현행헌법 도입)
법률상기구	임의적	국가교육과학기술자문회의

② 대통령은 국가안전보장에 관련되는 대외정책·군사정책·국내정책을 수립함에 있어서 국무회의의 심의에 앞서 국가안전보장회의의 자문을 거쳐야 한다(제91조 제1항). 그러나 국가안전보장회의는 단순한 자문기관이기 때문에 자문의 결과에 구속되지는 아니하며, 자문을 거치지 아니하고 국무회의의 심의에 부친 경우에도 위헌은 아니다.

Ⅲ 국회에 의한 통제

1. 탄핵소추

국회는 대통령의 위헌·위법한 직무행위에 대하여 탄핵소추를 의결할 수 있다. 국회에서 탄핵소추의 의결이 있게 되면 헌법재판소에 의한 탄핵심판결정이 있을 때까지 권한행사가 정지된다(헌법 제65조).

2. 국무총리 등에 대한 해임건의

국회는 대통령을 보좌하는 국무총리 또는 국무위원에 대한 해임을 대통령에게 건의함으로써, 대통령을 간접적으로 견제할 수 있다(헌법 제63조).

3. 국정감사·조사권

국회는 국정전반에 대한 국정감사와 특정한 국정사안에 대한 국정조사를 실시함으로써 대통령의 권한행사를 통제할 수 있다(헌법 제61조).

4. 국회의 동의 또는 승인

사전동의	계속비·예비비의 설치(제55조), 국채모집·예산외 국가부담이 될 계약의 체결(제58조), 중요조약의 체결·비준(제60조 제1항), 선전포고·국군의 외국파견·외국군대의 국내주류(제60조 제2항), 일반사면(제79조 제2항), 국무총리 임명(제86조 제1항), 감사원장 임명(제98조 제2항), 대법원장 및 대법관 임명(제104조 제1·2항), 헌법재판소장 임명(제111조 제4항)
사후승인	예비비지출(제55조 제2항)긴급명령과 긴급재정·경제처분명령(제76조 제3항)

5. 국무총리 등의 국회출석·답변요구

국무총리 등의 국회출석·답변을 요구함으로써 대통령의 권한행사에 대한 간접적 통제를 할 수 있다(헌법 제62조 제2항).

6. 국가긴급권에 대한 통제

대통령의 긴급명령과 긴급재정경제처분·명령에 대한 승인권(제76조 제3항)과 계엄해제요구권(제77조 제5항)의 행사를 통하여 대통령의 국가긴급권 행사에 대한 통제를 할 수 있다.

IV 법원에 의한 통제

1. 명령·규칙·처분에 대한 위헌 및 위법심사

대통령령과 국회의 동의를 요하지 않는 조약 및 대통령이 행한 처분이 헌법이나 법률에 위반되는지 여부가 재판의 전제가 된 경우에 법원은 위헌·위법심사를 할 수 있으며, 대법원은 이를 최종적으로 심사할 권한을 가진다(제107조 제2항).

2. 위헌법률심판 제청

대통령이 발하는 긴급명령 등은 법률과 동일한 효력을 가지므로 위헌 여부가 재판의 전제가 된 경우에 법원은 헌법재판소에 위헌법률심판을 제청할 수 있다(제107조 제1항).

V 헌법재판소에 의한 통제

1. 위헌법률심판

헌법재판소는 법률의 효력을 가지는 조약과 대통령이 발한 긴급명령 및 긴급재정경제명령이 재판의 전제가 된 경우에는 위헌법률심판을 통하여 대통령의 권한행사에 대한 통제를 할 수 있다(제111조 제1호).

2. 헌법소원심판

대통령령이나 대통령이 행한 처분 등으로 인하여 직접 국민의 기본권이 침해된 경우에 헌법소원의 요건이 갖추어진 경우에는 헌법소원심판을 통하여 대통령의 권한행사에 대한 통제가 가능하다(제111조 제5호).

3. 권한쟁의심판

대통령의 처분이나 부작위가 다른 국가기관이나 지방자치단체의 권한을 침해할 경우에는 권한쟁의심판을 통하여 대통령의 권한행사에 대한 통제가 가능하다(제111조 제4호).

4. 탄핵심판

국회의 탄핵소추의결이 있는 경우 탄핵심판을 통하여 대통령의 권한행사에 대한 통제가 가능하다(제111조 제2호).

Ⅵ 국민에 의한 통제

국민에 의한 통제로는 여론, 저항권 행사, 국민투표 등이 있다. 헌법개정안에 대한 국민투표부의는 필수적이고, 중요정책에 대한 국민투표부의는 대통령의 재량이다.

Ⅶ 정당에 의한 통제

야당은 이유 있는 비판과 국민에 대한 호소를 통하여 대통령의 부당한 권한행사를 통제할 수 있다.

Ⅷ 그 밖의 국가기관에 의한 통제

감사위원의 임명에 있어서 감사원장의 제청(제98조 제3항), 대법관의 임명에 있어서 대법원장의 제청(제104조 제2항), 헌법재판소 재판관과 중앙선거관리위원회 위원의 임명에 있어 국회의 선출 또는 대법원장의 지명(제111조 제2항, 제3항, 제114조 제2항)등을 들 수 있다.

제4절 정부

제1항 정부의 의의

① 현행헌법에 있어서 "정부"는 원칙적으로 입법부와 사법부에 대립하는 집행부를 의미한다.
② 현행헌법상 정부는 대통령을 정점으로 하여 국무총리·국무위원·행정각부 및 감사원으로 구성되고, 그 외에 국무회의와 자문회의를 두고 있다.

제2항 국무총리

● 헌법
제86조
① 국무총리는 국회의 동의를 얻어 대통령이 임명한다.
② 국무총리는 대통령을 보좌하며, 행정에 관하여 대통령의 명을 받아 행정각부를 통할한다.
③ 군인은 현역을 면한 후가 아니면 국무총리로 임명될 수 없다.

● 정부조직법
제18조(국무총리의 행정감독권) ① 국무총리는 대통령의 명을 받아 각 중앙행정기관의 장을 지휘·감독한다.
② 국무총리는 중앙행정기관의 장의 명령이나 처분이 위법 또는 부당하다고 인정될 경우에는 대통령의 승인을 받아 이를 중지 또는 취소할 수 있다.

I 국무총리제의 의의

1. 국무총리제의 유형

의원내각제에서는 수상이 집행부의 실질적인 수반의 지위를 가지고, 대통령제에서는 대통령유고시를 대비하여 부통령을 두고 국무총리는 두지 않는 것이 일반적이다. 이원정부제의 경우에 수상 또는 국무총리는 평상시에는 행정부의 수반으로서 의원내각제의 수상과 같은 지위를, 비상시에는 대통령의 보좌기관으로서의 지위를 가지게 된다.

2. 우리 헌법상 국무총리제의 변천

(1) 제헌헌법
① 대통령제하에 부통령과 국무총리를 모두 두었다.
② 국무총리는 대통령이 임명 후 국회의 사후승인을 얻었다.

(2) 제2차개정헌법

국무총리제를 폐지하였다.

(3) 제2공화국(제3차개정)헌법

① 의원내각제를 채택함에 따라 국무총리는 의원내각제의 수상이 되었다.
② 대통령이 지명하여 민의원의 동의를 얻었다.

(4) 제3공화국헌법

대통령이 임명하였고 국회의 동의나 승인은 요구되지 않았다.

(5) 제4·5공화국헌법과 현행헌법

대통령이 국회의 동의를 얻은 후에 임명한다.

3. 현행헌법상 국무총리제의 제도적 의의

현행헌법의 국무총리제는 대통령제에서의 부통령의 성격, 의원내각제에서의 수상의 성격, 대통령제에서의 국무장관의 성격 등에서 그 제도적 의의를 찾을 수 있다.

Ⅱ 국무총리의 헌법상 지위

1. 대통령의 권한대행자의 지위

국무총리는 대통령이 궐위되거나 사고로 인하여 직무를 수행할 수 없을 경우에 제1순위의 권한대행자의 지위에 있다(제71조).

2. 대통령 보좌기관의 지위에 한정되는지 여부

국무총리는 단지 대통령의 첫째가는 보좌기관으로서 행정에 관하여 독자적인 권한을 갖지 못하고 대통령의 명을 받아 행정각부를 통할하는 기관으로서의 지위만을 가지며, 행정권 행사에 대한 최후의 결정권자는 대통령이라고 해석하는 것이 타당하다(헌재 1994.4.28, 89헌마221).

3. 집행부 제2인자의 지위

① 국무위원은 대통령이 하는 관계 국법행위에만 부서하는데 반하여, 국무총리는 대통령의 모든 국법행위에 부서하여야 하고(제82조), ② 국무위원에 대한 해임건의권을 가지고(제87조 제3항), ③ 국무회의의 부의장이 되고(제88조 제3항), ④ 행정각부의 장의 임명을 대통령에게 제청하며(제94조), ⑤ 행정각부의 장을 지휘·감독하고 그 장의 명령이나 처분이 위법 또는 부당하다고 인정될 때에는 대통령의 승인을 얻어 이를 중지하거나 취소할 수 있다(정부조직법 제18조 제2항).

국무총리는 행정부의 제2인자로서 행정각부의 장보다 상위의 지위에 있다.

4. 국무회의 부의장의 지위

① 국무총리는 국무회의의 구성원(제88조 제2항)으로서 국무회의 심의에 있어서는 대통령 및 국무위원들과 법적으로 대등하다.
② 국무회의의 운영에 있어서는 부의장(제88조 제3항)으로서 국무위원의 임명을 대통령에게 제청하며, 국무위원의 해임을 대통령에게 건의하는(제87조 제1항·제3항) 등 국무위원들보다 우월한 지위에 있다.

5. 대통령 다음가는 상급행정관청의 지위

국무총리는 독임제행정관청(행정각부와 동등한 지위)으로서 행정각부의 사무에 대한 조정을 하며, 성질상 어느 한 부에 속하게 할 수 없는 사무를 담당한다. 또한 이러한 지위에서 총리령발포권(제95조)을 갖는다.

Ⅲ 국무총리의 신분과 직무

1. 국무총리의 문민원칙

헌법 제86조 제3항은 "군인은 현역을 면한 후가 아니면 국무총리로 임명될 수 없다"고 하여 국무총리의 문민원칙을 규정하고 있다.

2. 국무총리의 국회의원 겸직

① 헌법 제43조는 "국회의원은 법률이 정하는 직을 겸할 수 없다"고 하고 있을 뿐 국무총리의 의원 겸직여부에 관한 직접적인 언급은 없다.
② 국회법 제29조 제1항은 "의원은 국무총리 또는 국무위원의 직 이외의 다른 직을 겸할 수 없다"고 규정하여 국회의원이 국무총리·국무위원을 겸직할 수 있도록 규정하고 있으며, 국회법 제39조 제4항에서는 "국무총리 또는 국무위원의 직을 겸한 의원은 상임위원을 사임할 수 있다."라고 하여 국무총리·국무위원의 의원 겸직을 전제로 한 규정을 두고 있다.

3. 국무총리의 해임

① 대통령은 국무총리를 자유로이 해임할 수 있다.
② 국회도 재적의원 3분의 1 이상의 발의에 의하여 국회재적의원 과반수의 찬성으로 국무총리의 해임건의를 할 수 있다(제63조 제2항).
③ 국회의 해임건의가 있는 경우 대통령은 그에 구속되지 아니한다.

4. 국무총리의 권한대행

> ● 정부조직법
> 제22조(국무총리의 직무대행) 국무총리가 사고로 직무를 수행할 수 없는 경우에는 기획재정부장관이 겸임하는 부총리, 교육부장관이 겸임하는 부총리의 순으로 직무를 대행하고, 국무총리와 부총리가 모두 사고로 직무를 수행할 수 없는 경우에는 대통령의 지명이 있으면 그 지명을 받은 국무위원이, 지명이 없는 경우에는 제26조 제1항에 규정된 순서에 따른 국무위원이 그 직무를 대행한다.

Ⅳ 국무총리서리의 인정여부

① 국무총리서리란 국회의 동의를 받지 아니한 채 국무총리로서의 권한을 행사하는 자를 말한다.
② 현행헌법에는 국무총리서리에 대한 명문규정이 없을 뿐만 아니라 헌법 제86조 제1항은 "국무총리는 국회의 동의를 얻어 대통령이 임명한다"고 하여 국무총리 임명에 있어 국회의 사전동의를 요하고 있다.
③ 국무총리임명에 대한 국회동의의 성격, 헌법 제86조 제1항의 규정 및 정부조직법 규정을 종합적으로 고려할 때 국무총리서리를 긍정하는 견해는 타당하지 않다. 기존의 국무총리 유고시에는 정부조직법 제22조에 정한 바에 따라 국무총리의 직무대행자가 국무총리의 직무를 대행하도록 되어 있으므로 헌법 제86조 제1항의 문리해석과 정부조직법상의 직무대행제도를 고려할 때 부정설이 타당하다고 본다.

Ⅴ 국무총리의 권한

1. 대통령의 권한대행권

① 대통령이 궐위되거나 사고로 인하여 직무를 수행할 수 없을 때에는 국무총리가 제1차적으로 대통령의 권한을 대행한다(제71조).
② 우리나라 제2공화국헌법에서는 참의원의장·민의원의장 그리고 국무총리의 순이었다.
③ 미국에서는 부통령이 승계하고 다음이 하원의장 순이다.

2. 국무위원·행정각부장관의 임면관여권

(1) 국무위원은 국무총리의 제청으로 대통령이 임명한다(헌법 제87조 제1항).

(2) 국무총리 임명제청의 구속력

임명제청이 헌법상 요구되는 절차이기는 하지만, 대통령중심제의 정부형태를 고려할 때 대통령을 구속하는 효력은 가지지 않는다. 국무총리의 임명제청을 무시하고 대통령이 국무위원을 임명할 수 있고, 이러한 임명행위는 유효하다(통설).

(3) 해임건의의 성격

대통령은 국무총리의 해임건의가 없어도 독자적으로 국무위원을 해임할 수 있으며, 국무총리의 국무위원해임건의가 있다고 하더라도 대통령이 이에 구속되는 것은 아니다(통설).

3. 국무회의에서의 심의·의결권

국무총리는 국무회의의 구성원으로서 또 그 부의장으로서 정부의 권한에 속하는 중요한 정책의 심의·의결에 참가할 권한을 가진다(제88조 제3항, 제89조).

4. 대통령의 국무행위에 부서할 권한

(1) 부서할 권한

국무총리는 대통령의 모든 국법행위에 부서할 권한과 의무가 있다. 그러나 국무위원의 경우에는 그들과 관계가 있는 사항에 대하여만 부서할 권한과 의무가 있다(제82조).

(2) 국무총리의 부서 없는 대통령의 국법상 행위의 효력(전술)

5. 행정각부의 통할·감독권

> ◆ **헌법**
> 제86조
> ② 국무총리는 대통령을 보좌하며, 행정에 관하여 대통령의 명을 받아 행정각부를 통할한다.
>
> ◆ **정부조직법**
> 제15조(국가정보원) ① 국가안전보장에 관련되는 정보·보안 및 범죄수사에 관한 사무를 담당하기 위하여 대통령소속으로 국가정보원을 둔다.
> 제16조(국무총리의 행정감독권) ① 국무총리는 대통령의 명을 받아 각 중앙행정기관의 장을 지휘·감독한다.

(1) 의의

① 국무총리는 행정에 관하여 대통령의 명을 받아 행정각부를 통할하는 권한과 감독하는 권한을 가진다(제86조 제2항).
② 국무총리는 행정각부의 장에 대한 상급행정관청으로서 행정각부의 적정한 권한행사를 위하여 훈령·지시·통첩 등의 형식으로 지시·감독과 조정을 할 수 있다.

(2) 국무총리의 통할을 받지 않는 중앙행정기관의 인정여부: 가능(헌재 1994.4.28, 89헌마221)

> ⚖️ **관련판례**
> 국가안전기획부는 헌법 제96조에 의거한 정부조직법 "제2장 대통령"의 장 안에 규정되어 있는 국가안전보장에 관련한 대통령의 직무를 보좌하는 대통령직속의 특별보좌기관이라 할 것이므로 이는 국무총리의 통할을 받는 행정각부에 속하지 아니한다 할 것이다. 우리나라와 같이 대통령중심제의 정부형태를 취하고 있는 경우에는 국가안전기획부의 직무내용으로 보아 이를 대통령직속기관으로 하는 것이 합리적이고 효율적이다. 그리고 이러한 입법이 우리 헌법의 다른 규정이나 헌법이념에도 반한다고 볼 수 없다. 또 정보기관인 국가안전기획부의 설치근거를 헌법에 두지 아니하고 법률에 두었다 하여 위헌이라고 할 수 없다(헌재 1994.4.28, 89헌마221).

6. 총리령발포권

(1) 총리령의 의의

국무총리는 소관사무에 관하여 법률이나 대통령령의 위임이 있는 경우는 물론이고 그 직권으로 법규명령인 총리령을 발할 수 있으며, 비법규명령인 행정명령을 발할 수 있다(제95조).

(2) 직권명령의 성질(집행명령)

① 헌법 제95조에 규정된 국무총리의 직권명령이 비법규명령인 행정명령이라면 헌법에 그에 관한 근거규정이 없을지라도 직권으로 당연히 발할 수 있는 것이기 때문에 굳이 그것을 헌법에 명문으로 규정할 필요가 없다는 점, 법규명령으로서의 직권명령의 성격에 비추어 헌법 제95조의 "직권으로"라는 것은 "법률이나 대통령령을 집행하기 위하여 필요한 사항에 관하여는 직권으로"의 줄임말로 이해하는 것이 타당하다.
② 국무총리는 법률이나 대통령령 등 상위법령이 규정하는 범위 내에서는 직권명령(집행명령)으로 국민의 권리나 의무를 규율하는 총리령을 발할 수 있다.

(3) 총리령과 부령의 우열관계

헌법 제95조는 "국무총리 또는 행정각부의 장은 소관 사무에 관하여 법률이나 대통령령의 위임 또는 직권으로 총리령 또는 부령을 발할 수 있다"고 규정하고 있을 뿐, 총리령과 부령의 우열관계에 대한 명시적인 규정을 두고 있지 않다. 그 우월관계에 대해서 학설이 대립하나, 총리령과 부령은 그 형식적 효력에 있어 우열이 없다는 견해가 다수설이다(동위설).

7. 국회에의 출석 · 발언권

국무총리는 국회나 그 위원회에 출석하여 국정처리상황을 보고하거나 의견을 진술하고 질문에 응답할 수 있다(제62조 제1항).

Ⅵ 국무총리의 책임

1. 대통령에 대한 책임(대통령의 보좌기관)

① 집행에 관하여 대통령의 명을 받아 행정각부를 통할할 책임이 있고, ② 국무회의의 부의장으로서 국무회의 구성과 운영에 관하여 대통령을 보좌할 책임이 있으며, ③ 대통령의 모든 국법상 행위에 부서할 의무와 책임이 있다.

2. 국회에 대한 책임

(1) 국회의 해임건의와 탄핵소추에 따른 책임

① 국회는 재적의원 3분의 1 이상의 발의와 재적의원 과반수의 찬성으로 대통령에게 국무총리의 해임을 건의할 수 있다(제63조).
② 대통령의 궐위 시에 대통령의 권한을 대행하는 국무총리는 대통령권한대행자로서의 지위를 아울러 가지고 있기 때문에 이에 대한 국회의 해임건의는 불가능하다.
③ 국무총리가 직무를 수행함에 있어 헌법 또는 법률에 위반한 경우에는 국회가 탄핵소추를 의결할 수 있다(제65조).

(2) 국회의 요구에 의한 출석·답변의무

> ● 정부조직법
> 제10조(정부위원) 국무조정실의 실장 및 차장, 부·처·청의 처장·차관·청장·차장·실장·국장 및 차관보와 제29조 제2항·제34조 제3항 및 제37조 제2항에 따라 과학기술정보통신부·행정안전부 및 산업통상자원부에 두는 본부장은 정부위원이 된다.

국회와 그 위원회는 국무총리의 출석을 요구할 수 있고, 국무총리는 국회에 출석하고 질문에 답변하여야 한다. 다만 국무총리가 출석요구를 받은 때에는 국무위원 또는 정부위원으로 하여금 출석·답변하게 할 수 있다(제62조 제2항).

제3항 국무위원

> ● 헌법
> 제87조
> ① 국무위원은 국무총리의 제청으로 대통령이 임명한다.
> ② 국무위원은 국정에 관하여 대통령을 보좌하며, 국무회의의 구성원으로서 국정을 심의한다.
> ③ 국무총리는 국무위원의 해임을 대통령에게 건의할 수 있다.
> ④ 군인은 현역을 면한 후가 아니면 국무위원으로 임명될 수 없다.
> 제94조
> 행정각부의 장은 국무위원 중에서 국무총리의 제청으로 대통령이 임명한다.

I 국무위원의 헌법상 지위

1. 국무회의의 구성원의 지위

국무위원은 국무회의 구성원으로서 집행부의 권한에 속하는 중요정책을 심의할 권한과 책임이 있다. 국무위원은 국무회의의 소집을 요구할 수 있고, 국무회의에 의안을 제출할 수 있고, 그 심의와 의결에 참가하며, 그 직무에도 한계가 없다.

2. 대통령의 보좌기관의 지위

국무위원은 대통령의 보좌기관으로서 국정에 관하여 대통령을 보좌할 권한과 책임이 있다. 이를 위하여 대통령이 문서로써 하는 국정행위에 부서할 권한과 의무가 있다(제82조).

Ⅱ 국무위원의 신분상 지위

1. 국무위원의 임명 및 해임
(1) 국무위원은 국무총리의 제청으로 대통령이 임명하되(제87조 제1항), 그 수는 15인 이상 30인 이하이다(제88조 제2항). 행정각부의 장은 국무위원 중에서 국무총리의 제청으로 대통령이 임명한다(제94조).
(2) 국무위원은 대통령이 해임한다. 국무총리는 국무위원의 해임을 대통령에게 건의할 수 있으며(제87조 제3항), 국회도 국무위원의 해임건의를 할 수 있다(제63조 제1항).

2. 국무위원의 국회의원겸직 및 문민원칙
국무위원은 국회의원을 겸할 수 있다(국회법 제29조 제1항). 군인은 현역을 면한 후에만 국무위원으로 임명될 수 있다(제87조 제4항).

Ⅲ 국무위원의 권한과 책임

1. 국무위원의 권한
① 대통령의 권한대행권(제71조)
② 국무회의의 소집요구권(정부조직법 제12조 제3항)
③ 의장을 통하여 국무회의에 의안을 제출할 권한(제89조 제17호)
④ 국무회의 출석·발언·심의권
⑤ 부서권(제82조)
⑥ 국회 출석·발언권(제62조 제1항)

2. 국무위원의 책임
① 국회의 요구에 따른 출석·답변의무(제62조 제2항)
② 국회의 해임건의와 탄핵에 따른 책임(제63조, 제65조)
③ 국무총리의 해임건의에 따른 정치적 책임(제87조 제3항)
④ 대통령과 국회 및 국무총리에 대한 정치적·법적 책임
⑤ 대통령은 언제나 국무위원 해임가능

제4항 국무회의

> **● 헌법**
> 제88조
> ① 국무회의는 정부의 권한에 속하는 중요한 정책을 심의한다.
> ② 국무회의는 대통령·국무총리와 15인 이상 30인 이하의 국무위원으로 구성한다.
> ③ 대통령은 국무회의의 의장이 되고, 국무총리는 부의장이 된다.

I 서설

제헌헌법은 대통령제를 채택하면서도 국무원을 의결기관으로 하였고, 1960년헌법은 의원내각제를 채택한 결과 국무원은 행정에 관한 최고의결기관이었다(제1·2공화국). 1962년헌법(제3공화국) 이후 현행헌법에 이르기까지 국무회의는 심의기관으로 위치하고 있다.

II 국무회의의 헌법상 지위

1. 헌법상 필수기관

① 설치를 헌법이 명문으로 규정하고 있다는 점에서(제88조) 미국의 각료회의처럼 헌법에 규정이 없는 편의상의 기구와 구별되고, 영국의 내각처럼 헌법적 관례의 산물과도 구별된다.
② 국무회의는 헌법상 필수기관이므로 헌법개정에 의하지 아니하고는 폐지가 불가능하다.

2. 정책심의기관

심의기관(통설)이라는 점에서 의결기관인 의원내각제의 내각과 구별된다.

3. 최고정책심의기관

대통령도 국무회의의 일구성원이고(제88조 제2항), 국가안전보장회의의 자문을 거친 후 다시 국무회의에서 심의하게 하고 있으며(제91조 제1항), 헌법 제89조에 열거된 사항의 심의는 국무회의의 심의를 최종적인 것으로 하고 있다.

4. 독립된 합의제기관

① 대통령과 국무총리도 국무회의에서는 여러 구성원 중의 일원에 불과하므로 국무회의는 독립된 합의제 기관이지, 대통령에 소속하는 기관이 아니다(통설).
② 대통령은 국무회의에서 국무위원에게 명령하거나 지휘할 권한은 없다.

③ 국무회의는 독립기관이지만 정부의 중요정책을 심의하는 기관이어서 대외적으로 독자적인 의사를 표현할 수 없으므로 합의제 관청은 아니다.

Ⅲ 국무회의의 구성

국무회의는 대통령·국무총리와 15인 이상 30인 이하의 국무위원으로 구성된다(제88조 제2항). 대통령은 국무회의의 의장이 되고, 국무총리는 국무회의의 부의장이 된다(제88조 제3항).

Ⅳ 국무회의의 심의

1. 심의절차

(1) 소집(정부조직법 제12조)
① 대통령은 국무회의 의장으로서 회의를 소집하고 이를 주재한다.
② 국무위원은 의장에게 의안을 제출하고 국무회의의 소집을 요구할 수 있다.

(2) 출석
국무조정실장·인사혁신처장·법제처장·식품의약품안전처장 그 밖에 법률로 정하는 공무원은 필요한 경우 국무회의에 출석하여 발언할 수 있다(정부조직법 제13조 제1항). 그러나 이들은 국무회의의 구성원이 아니므로 의결에는 참여할 수 없다.

(3) 의결
국무회의의 의사절차에 관하여는 헌법에 규정이 없지만, 합의제기관이므로 의결의 형식을 취해야 한다. 의결정족수에 관하여 국무회의규정은 "국무회의는 구성원 과반수의 출석으로 개의하고 출석구성원 3분의 2 이상의 찬성으로 의결한다"(국무회의규정 제6조)고 하고 있다.

(4) 회의주재
의장이 사고로 직무를 수행할 수 없는 경우에는 부의장인 국무총리가 그 직무를 대행하고, 의장과 부의장이 모두 사고로 직무를 수행할 수 없는 경우에는 기획재정부장관이 겸임하는 부총리, 교육부장관이 겸임하는 부총리 및 제26조 제1항에 규정된 순서에 따라 국무위원이 그 직무를 대행한다(정부조직법 제12조 제2항).

2. 심의사항

국무회의는 정부의 권한에 속하는 중요한 정책을 심의한다(제88조 제1항). 특히 헌법 제89조에 규정된 사항은 반드시 국무회의의 심의를 거쳐야 한다.

1. 국정의 기본계획과 정부의 일반정책
2. 선전·강화 기타 중요한 대외정책
3. 헌법개정안·국민투표안·조약안·법률안 및 대통령령안
4. 예산안·결산·국유재산처분의 기본계획·국가의 부담이 될 계약 기타 재정에 관한 중요사항
5. 대통령의 긴급명령·긴급재정경제처분 및 명령 또는 계엄과 그 해제
6. 군사에 관한 중요사항
7. 국회의 임시회 집회의 요구
8. 영전수여
9. 사면·감형과 복권
10. 행정각부간의 권한의 획정
11. 정부안의 권한의 위임 또는 배정에 관한 기본계획
12. 국정처리상황의 평가·분석
13. 행정각부의 중요한 정책의 수립과 조정
14. 정당해산의 제소
15. 정부에 제출 또는 회부된 정부의 정책에 관계되는 청원의 심사
16. 검찰총장·합동참모의장·각군참모총장·국립대학교총장·대사 기타 법률이 정한 공무원과 국영기업체관리자의 임명
17. 기타 대통령·국무총리 또는 국무위원이 제출한 사항

헌법 제89조 제17호는 "기타 대통령·국무총리 또는 국무위원이 제출한 사항"도 국무회의의 심의를 거치도록 하고 있기 때문에 국무회의의 심의사항에는 제한이 거의 없다.

[국무회의심의사항이 아닌 것]
① 일반적으로 승인된 국제법규판단, 총리령안, 부령안, 조례안 등
② 국회의 정기회 집회의 요구
③ 감사원 소관사항
④ 대통령 선거일 공고
⑤ 검사, 국무위원, 행정각부의 장, 국무총리 등 임명
⑥ 외교사절의 신임접수
⑦ 헌법재판소장의 임명, 대법원장의 임명, 중앙선관위원 등 임명

3. 국무회의 심의 없는 대통령의 국법상 행위의 효력

헌법 제88조는 국무회의를 필수적 심의기관으로 설치하고 있고, 국무회의의 심의는 단순히 대통령의 정책수립을 보좌하는 기능만이 아니라 대통령의 권한행사에 대한 정부의 기관내적 통제의 기능도 수행한다. 따라서 국무회의의 심의는 효력요건으로서 심의절차를 무시한 대통령의 권한행사는 헌법이 요구하는 중요한 절차에 대한 명백한 위반으로서 그 효력이 부정되어야 할 것이다(다수설).

4. 국무회의 심의결과의 구속력

국무회의는 정부의 권한에 속하는 중요정책을 결정하는 것이 아니라 "심의"하는 것일 뿐이므로, 국무회의의 심의가 의결의 형식으로 이루어진 경우에도 대통령은 국무회의의 심의내용과 상이한 정치적 결단도 할 수 있다(비구속설; 다수설).

제5항 행정각부

> **헌법**
> 제94조
> 행정각부의 장은 국무위원 중에서 국무총리의 제청으로 대통령이 임명한다.
> 제95조
> 국무총리 또는 행정각부의 장은 소관 사무에 관하여 법률이나 대통령령의 위임 또는 직권으로 총리령 또는 부령을 발할 수 있다.
> 제96조
> 행정각부의 설치·조직과 직무범위는 법률로 정한다.

I 행정각부의 의의

① 행정각부란 대통령 또는 국무총리의 지휘 또는 통할 하에 법률이 정하는 소관 사무를 담당하는 중앙행정기관을 말한다.
② 행정각부는 대통령 또는 국무총리의 단순한 정책보좌기관만은 아니고 독자적인 행정업무를 처리하는 중앙행정관청으로서의 지위를 가진다는 점에서 단순한 정책보좌기관에 불과한 국무위원과 다르다.

II 행정각부의 장의 지위

1. 행정각부의 장의 이중적 지위

① 행정각부의 장은 국무위원 중에서 국무총리의 제청으로 대통령이 임명한다(제94조).
② 국무위원이 아닌 자는 행정각부의 장이 될 수 없다.
③ 행정각부의 장이 아닌 국무위원이 존재한다 하더라도 행정각부의 장과 동일한 호칭인 장관으로 부른다는 점에서 장관이 아닌 국무위원은 없다. 종래 2008년 2월에 신설되었다가 2013년 3월에 폐지된 무임소장관(국무위원), 특임장관은 대통령이 특별히 지정하는 사무 또는 대통령의 명을 받은 국무총리가 특히 지정하는 사무를 수행한 기관이었다.

2. 행정각부의 장과 국무위원의 관계

구분	행정각부의 장	국무위원
성격	행정관청	합의제정책심의기관의 구성원
업무범위	한정되어 있음	한정되지 않음
부령발령권	O	X
해임건의	O	O

Ⅲ 행정각부의 장의 권한

1. 소관사무집행권

2. 부령제정권

(1) 부령제정권의 행사절차

> ⬟ **헌법**
> 제95조
> 국무총리 또는 행정각부의 장은 소관 사무에 관하여 법률이나 대통령령의 위임 또는 직권으로 총리령 또는 부령을 발할 수 있다.

(2) 부령제정권의 범위

① 행정각부의 장이 부령으로 제정할 수 있는 범위는 법률 또는 대통령령이 위임한 사항이나 법률 또는 대통령령의 실시에 필요한 사항에 한정되므로, 법률 또는 대통령령으로 규정할 사항이 부령으로 규정되었다고 하면 그 부령은 무효임을 면치 못하는 것이다(대판 1962.1.25. 4294민상9).
② 모법의 위임에 의하여 제정된 부령은 그 효력의 우열에 있어 차이가 없으나, 동위의 법령 사이에 서로 모순·저촉되는 점이 있는 경우에는 후법우선의 원칙에 따를 수밖에 없다(대판 1982.4.30. 82노530).

(3) 부령발포권

① 행정각부의 장은 소관사무에 관한 부령발포권(제95조)이 있다.
② 국무총리 직속기관이기 때문에 그 장이 부령을 발할 수 없는 중앙행정기관으로는 행정안전부·인사혁신처·법제처·식품의약품안전처 등이 있다. 이들의 장은 비법규명령으로서의 행정규칙은 발할 수 있으나, 법규명령으로서의 부령은 발할 수 없으므로 필요한 경우 총리령으로써 하여야 한다.

2. 공무원 임용권 등

행정각부의 장은 5급 이상의 공무원에 대한 임용제청권을 가지고, 6급 이하의 공무원에 대한 임용권을 가진다(국가공무원법 제32조).

제6항 감사원

> **헌법**
>
> **제97조**
> 국가의 세입·세출의 결산, 국가 및 법률이 정한 단체의 회계검사와 행정기관 및 공무원의 직무에 관한 감찰을 하기 위하여 대통령 소속 하에 감사원을 둔다.
>
> **제98조**
> ① 감사원은 원장을 포함한 5인 이상 11인 이하의 감사위원으로 구성한다.
> ② 원장은 국회의 동의를 얻어 대통령이 임명하고, 그 임기는 4년으로 하며, 1차에 한하여 중임할 수 있다.
> ③ 감사위원은 원장의 제청으로 대통령이 임명하고, 그 임기는 4년으로 하며, 1차에 한하여 중임할 수 있다.
>
> **제99조**
> 감사원은 세입·세출의 결산을 매년 검사하여 대통령과 차년도 국회에 그 결과를 보고하여야 한다.
>
> **제100조**
> 감사원의 조직·직무범위·감사위원의 자격·감사대상공무원의 범위 기타 필요한 사항은 법률로 정한다.

I 서설

1. 감사원의 의의

① 감사원이란 국가의 세입·세출의 결산, 국가 및 법률이 정한 단체의 회계검사와 행정기관 및 공무원의 직무에 관한 감찰을 하기 위하여 대통령의 소속 하에 설치된 대통령직속기관을 말한다(제97조).

② 헌법 제98조는 감사원의 구성, 제99조는 감사원의 권한, 제100조는 감사원법의 헌법적 근거에 관하여 규정하고 있다.

2. 감사기구의 유형

현행헌법은 집행부형의 감사원을 택하여 감사원을 집행부에 소속시키는 것으로 하고 있다.

3. 우리 헌법상 감사기구의 변천

제1공화국(제헌헌법)은 대통령 소속 하의 심계원(헌법에 근거를 둔 헌법상 기관)과 감찰위원회(헌법상 기관이 아님)를 두었고, 제2공화국은 소속을 달리하는 심계원(대통령 소속, 헌법상 기관)과 감찰위원회(국무총리 소속, 헌법상 기관이 아님)를 두었다. 제3공화국(1962년헌법)에서 감찰위원회와 심계원을 통합하여 대통령 소속 하의 감사원을 설치하였고 현재에 이르고 있다.

Ⅱ 감사원의 헌법상 지위

1. 대통령 소속기관
① 감사원은 대통령 소속 하의 중앙행정기관이다(제97조).
② 국가원수로서의 대통령에 소속되는 것이지 집행부 수반으로서의 대통령에 소속되는 것은 아니다.

2. 독립기관
① 감사원은 정치적 독립기관이다.
② 감사원은 조직상으로는 대통령에 소속하지만 직무와 기능면에서는 독립하여 활동하는 헌법기관이다.
③ 감사원의 조직·직무범위 등은 헌법개정에 의하지 않고 변경할 수 있다.
④ 감사위원은 국회 또는 지방의회의 의원직과 행정부서의 공무원의 직을 겸하는 것이 금지된다.

3. 헌법상 필수기관
헌법개정에 의하지 않고는 폐지가 불가능하다.

4. 합의제 의결기관
① 감사원장과 감사위원들로 구성되는 감사원은 감사위원회의에서 재적감사위원 과반수의 찬성으로 의결하여 업무를 처리하는 합의제기관이다.
② 감사업무의 합의에 관한 한 감사원장과 감사위원의 지위는 법적으로 동등하다.

Ⅲ 감사원의 구성

1. 감사원의 구성
① 감사원은 감사원장을 포함한 5인 이상 11인 이하의 감사위원으로 구성한다(제98조 제1항).
② 감사원법 제3조는 "감사원은 감사원장을 포함한 7명의 감사위원으로 구성한다."고 규정하고 있다.

2. 감사원장과 감사위원의 임명
감사원장은 대통령이 국회의 동의를 얻어 임명하며(제98조 제2항), 감사위원은 원장의 제청으로 대통령이 임명한다(제98조 제3항).

3. 감사원장과 감사위원의 임기
감사원장과 감사위원의 임기는 4년이며, 1차에 한하여 중임할 수 있다(제98조 제2항·제3항). 감사원장이 궐위되거나 사고로 인하여 직무를 수행할 수 없을 때에는 감사위원으로 최장기간 재직한 감사위원이 그 권한을 대행한다. 다만, 재직기간이 같은 감사위원이 2명 이상인 경우에는 연장자가 그 권한을 대행한다(감사원법 제4조 제3항).

Ⅳ 감사원장 및 감사위원의 신분보장

감사원은 대통령에 소속하되, 직무에 관하여는 독립의 지위를 가진다(감사원법 제2조). 감사위원은 ① 탄핵결정이나 금고 이상의 형의 선고를 받았을 때, ② 장기의 심신쇠약으로 직무를 수행할 수 없게 된 때 외에는 본인의 의사에 반하여 면직되지 아니한다.

Ⅴ 감사원의 권한

> ◆ 헌법
> 제97조
> 국가의 세입·세출의 결산, 국가 및 법률이 정한 단체의 회계검사와 행정기관 및 공무원의 직무에 관한 감찰을 하기 위하여 대통령 소속 하에 감사원을 둔다.

1. 결산·회계검사 및 보고권

① 감사원은 국가의 결산검사권과 회계검사권, 법률이 정한 단체의 회계검사권을 가진다.
② 감사원의 회계검사기능은 헌법에 명시되어 있으므로 그 권한을 국회로 이전시키려면 헌법개정이 필요하다.
③ 감사원은 국가의 세입·세출을 매년 검사하여 대통령과 차년도 국회에 그 결과를 보고하여야 한다(제99조).
④ 감사원의 회계검사대상에는 필요적 검사사항과 선택적 검사사항이 있다.

2. 직무감찰권

① 감사원은 행정기관과 공무원의 직무에 관한 감찰을 행할 권한을 가진다.
② 직무감찰권에는 공무원의 비위적발에 관한 비위감찰권뿐만 아니라 적극적인 행정감찰권(근무평정, 행정관리의 적부심사분석과 그 개선 등)도 포함된다.

3. 감사결과에 관한 권한

① 감사원은 감사결과와 관련하여 수사권은 없고 수사기관에의 고발권 등을 가진다(감사원법 제35조).
② 감사원의 변상판정처분에 대하여는 행정소송을 제기할 수 없고, 재결에 해당하는 재심의 판정에 대하여만 감사원을 피고로 하여 행정소송을 제기할 수 있다(대판 1984.4.10, 84누91).

Ⅵ 자주입법권의 보유

1. 감사원규칙 제정권

감사원의 조직·직무범위·감사위원의 자격·감사대상공무원의 범위 기타 필요한 사항은 법률로 정하여야 하나(헌법 제100조), 감사원은 감사에 관한 절차·감사원의 내부규율과 감사사무처리에 관한 규칙을 제정할 수 있다(감사원법 제52조).

2. 감사원규칙의 법적 성격

① 감사원규칙의 제정 근거가 헌법에 규정되어 있지 않다.
② 감사원규칙이 법규명령이기 위해서는 헌법에 그에 관한 근거규정이 있어야 하나, 헌법에 그에 관한 근거규정이 없으므로 감사원규칙은 법규명령이 아니라, 행정규칙이라는 견해가 다수설이다. 다수설에 의하면 감사원규칙은 국민의 권리·의무에 관한 법규사항을 규정할 수 없다.

제5절 선거관리위원회

> ● 헌법
> 제114조
> ① 선거와 국민투표의 공정한 관리 및 정당에 관한 사무를 처리하기 위하여 선거관리위원회를 둔다.
> ② 중앙선거관리위원회는 대통령이 임명하는 3인, 국회에서 선출하는 3인과 대법원장이 지명하는 3인의 위원으로 구성한다. 위원장은 위원 중에서 호선한다.
> ③ 위원의 임기는 6년으로 한다.
> ④ 위원은 정당에 가입하거나 정치에 관여할 수 없다.
> ⑤ 위원은 탄핵 또는 금고 이상의 형의 선고에 의하지 아니하고는 파면되지 아니한다.
> ⑥ 중앙선거관리위원회는 법령의 범위 안에서 선거관리·국민투표관리 또는 정당사무에 관한 규칙을 제정할 수 있으며, 법률에 저촉되지 아니하는 범위 안에서 내부규율에 관한 규칙을 제정할 수 있다.
> ⑦ 각급 선거관리위원회의 조직·직무범위 기타 필요한 사항은 법률로 정한다.
>
> 제115조
> ① 각급 선거관리위원회는 선거인명부의 작성 등 선거사무와 국민투표사무에 관하여 관계 행정기관에 필요한 지시를 할 수 있다.
> ② 제1항의 지시를 받은 당해 행정기관은 이에 응하여야 한다.

I 선거관리위원회의 헌법상 지위와 제도적 의의

1. 제도적 의의 및 헌법상 지위

① 선거관리위원회라 함은 선거와 국민투표의 공정한 관리와 정당에 관한 사무를 처리하는 헌법상 필수적 합의제 독립기관(관청)을 말한다.
② 선거관리위원회의 업무는 그 성질상 행정작용에 해당하지만, 그 조직과 기능면에서는 독립된 기관으로서의 지위를 갖는다.
③ 9인의 위원으로 구성되는 합의제 기관이며, 헌법상 반드시 설치해야 하는 필수적 기관이다.

2. 연혁

제3차개정헌법(1960)에서 중앙선거관리위원회를 헌법기관으로 처음 규정하였고, 제5차개정헌법(1962)에서 각급 선거관리위원회를 처음 규정하였다.

Ⅱ 선거관리위원회의 종류와 구성

1. 선거관리위원회의 종류 및 위원의 정수

선거관리위원회는 ① 중앙선거관리위원회, ② 특별시·광역시·도선거관리위원회, ③ 구·시·군선거관리위원회, ④ 읍·면·동선거관리위원회로 구별된다(선거관리위원회법 제2조).

2. 선거관리위원회의 구성

① 중앙선서관리위원회는 9인의 위원으로 구성되며, 3인은 대통령이 임명하고, 3인은 국회에서 선출하며, 3인은 대법원장이 지명한다. 위원장은 위원 중에서 호선한다(헌법 제114조 제2항). ② 특별시·광역시·도선거관리위원회는 9인, ③ 구·시·군선거관리위원 역시 9인, ④ 읍·면·동선거관리위원회는 7인의 위원으로 구성된다(선거관리위원회법 제2조).

3. 위원의 임기와 신분보장

위원의 임기는 6년으로 하며 연임에 관해서는 제한이 없다(헌법 제114조 제4항·제5항).

Ⅲ 선거관리위원회의 권한과 의무

1. 선거와 국민투표·정당사무관리권

선거관리위원회는 ① 국가 및 지방자치단체의 선거에 관한 사무, ② 국민투표에 관한 사무, ③ 정당에 관한 사무, ④ 「공공단체 등 위탁선거에 관한 법률」에 따른 위탁선거에 관한 사무 및 ⑤ 기타 법령으로 정하는 사무를 행한다.

2. 규칙제정권

> ⬟ **헌법**
> 제114조
> ⑥ 중앙선거관리위원회는 법령의 범위 안에서 선거관리·국민투표관리 또는 정당사무에 관한 규칙을 제정할 수 있으며, 법률에 저촉되지 아니하는 범위 안에서 내부규율에 관한 규칙을 제정할 수 있다.

(1) 규칙제정권의 의의 및 범위

① 중앙선거관리위원회는 법령의 범위 안에서 선거관리·국민투표관리 또는 정당사무에 관한 규칙을 제정할 수 있으며, 법률에 저촉되지 아니하는 범위 안에서 내부규율에 관한 규칙을 제정할 수 있다.
② 중앙선거관리위원회는 행정명령인 규칙을 제정할 수 있음은 물론, 법규명령인 규칙도 제정할 수 있다.
③ 「공직선거관리규칙」은 중앙선거관리위원회가 헌법 제114조 제6항 소정의 규칙제정권에 의하여 공직선거법에서 위임된 사항과 각종 선거의 관리에 필요한 세부사항을 규정함을 목적으로 하여 제정된 법규명령이라 할 것이다. 그러나 「개표관리요령」은 각급 선거관리위원회 직원 등에 대한 업무처리지침 내지 사무처리준칙에 불과할 뿐 국민이나 법원을 구속하는 효력이 없다(대판 1996.7.12, 96우16).

Ⅳ 선거관리위원회의 의사

각급선거관리위원회는 위원과반수의 출석으로 개의하고 출석위원 과반수의 찬성으로 의결한다. 위원장은 표결권을 가지며 가부동수인 때에는 결정권을 가진다(선거관리위원회법 제10조).

Ⅴ 선거공영제

① 선거공영제란 국가가 선거를 관리하고 그에 소요되는 선거비용을 국가의 부담으로 하거나 후보자의 기탁금 중에서 공제함으로써 선거의 형평을 기하고 선거비용을 경감하며, 나아가 공명선거를 실현하려는 제도를 말한다.
② 헌법 제116조 제2항은 "선거에 관한 경비는 법률이 정하는 경우를 제외하고는 정당 또는 후보자에게 부담시킬 수 없다"고 규정하여 선거공영제를 선거운동의 기본원칙으로 하고 있다.

제6절 법원

제1항 사법제도의 유형

사법제도의 유형은 대체로 사법집중형(일원적 사법부구조형)과 사법분산형(이원적 사법부구조형)으로 대별할 수 있다. 전자에는 미국·영국 등이 속하고, 후자에는 독일·프랑스 등이 속한다.

제2항 법원의 헌법상 지위

1. 사법기관

원칙	사법권은 법원이 행사한다(제101조 제1항)
예외	위헌법률심판 · 탄핵심판 · 위헌정당해산심판 · 권한쟁의심판 · 헌법소원심판(헌법재판소/ 제111조 제1항)
	국회의원에 대한 자격심사와 징계처분(국회/ 제64조 제2항)
	행정심판(행정기관/ 제107조 제3항)
	사면(대통령/ 제79조)

2. 중립적 권력

원칙	사법권의 독립과 정치적 중립성을 강조(헌법 제101조 제1항, 제103조)
예외	대법원장과 대법관은 국회의 동의를 얻어 대통령이 임명(제104조 제1,2항)
	법원의 예산안은 집행부가 편성하고 국회가 확정(제54조)
	대통령은 비상계엄의 선포를 통하여 법원의 권한에 대하여 특별한 조치(제77조 제3항)

3. 수호기관(헌법수호자기능과 법치국가적 질서의 보장)

원칙	헌법재판소가 담당
예외	법원의 헌법수호자로서의 기능은 부차적인 것
	명령 · 규칙 · 처분의 위헌 · 위법심사(제107조 제2항)
	위헌법률심판 제청(제107조 제1항)
	선거소송

4. 기본권 보장기관

집행부에 의하여 국민의 기본권이 침해되는 경우 법원은 명령 · 규칙 · 처분의 위헌 · 위법심사를 통하여 국민의 권익을 보호하는 역할을 수행한다.

5. 국가 최고기관성 여부

① 사법부는 입법부와 집행부에 대한 논리적인 우위에 있을 뿐 결코 법리적 또는 현실적 의미에서의 우위에 있는 것은 아니다.
② 법원은 유일한 최고기관이 아니라 국회 · 대통령 · 헌법재판소 등 다른 최고기관과 더불어 최고기관들 중의 하나이다.

제3항 사법권의 독립

헌법

제101조
① 사법권은 법관으로 구성된 법원에 속한다.
② 법원은 최고법원인 대법원과 각급법원으로 조직된다.
③ 법관의 자격은 법률로 정한다.

제102조
① 대법원에 부를 둘 수 있다.
② 대법원에 대법관을 둔다. 다만 법률이 정하는 바에 의하여 대법관이 아닌 법관을 둘 수 있다.
③ 대법원과 각급 법원의 조직은 법률로 정한다.

제103조
법관은 헌법과 법률에 의하여 그 양심에 따라 독립하여 심판한다.

제105조
① 대법원장의 임기는 6년으로 하며, 중임할 수 없다.
② 대법관의 임기는 6년으로 하며, 법률이 정하는 바에 의하여 연임할 수 있다.
③ 대법원장과 대법관이 아닌 법관의 임기는 10년으로 하며, 법률이 정하는 바에 의하여 연임할 수 있다.
④ 법관의 정년은 법률로 정한다.

제106조
① 법관은 탄핵 또는 금고 이상의 형의 선고에 의하지 아니하고는 파면되지 아니하며, 징계처분에 의하지 아니하고는 정직·감봉 기타 불리한 처분을 받지 아니한다.
② 법관이 중대한 심신상의 장해로 직무를 수행할 수 없을 때에는 법률이 정하는 바에 의하여 퇴직하게 할 수 있다.

제108조
대법원은 법률에서 저촉되지 아니하는 범위 안에서 소송에 관한 절차, 법원의 내부규율과 사무처리에 관한 규칙을 제정할 수 있다.

I 사법권 독립의 의의 및 연혁

1. 의의

① 사법권의 독립이란 사법권을 행사하는 법관이 누구의 간섭이나 지시도 받지 아니하고 오로지 헌법과 법률 및 양심에 따라 독립하여 심판하는 것을 말한다.
② 사법권의 독립은 권력분립원리의 실천, 법질서의 안정성 유지 및 공정하고 정당한 재판을 통한 국민의 자유와 권리의 보장에 그 제도적 의의가 있다.

2. 연혁

① 사법권의 독립은 사법권이 군주에게 귀속된 소위 관방사법을 극복하는 데서 비롯되어, 이론적으로는 몽테스키외가 '법의 정신'에서 주창한 3권분립론에서 정립되었다.

② 버지니아 권리장전에서 성문화되었으며, 1787년의 미연방헌법 제3조 제1항은 오늘날과 같은 형태의 사법권의 독립을 선언한 최초의 헌법으로 알려져 있다.

II 법원의 독립

① 법원의 독립이란 권력분립의 원리에 따라 공정한 재판을 사명으로 하는 법원이 그 조직·운영 및 기능면에서 입법부와 집행부 등으로부터 독립하여야 한다는 것을 말한다.
② 헌법 제101조 제1항이 "사법권은 법관으로 구성된 법원에 속한다"고 규정한 것은 바로 법원의 독립을 강조한 것이다.

1. 입법부로부터의 독립

① 의회와 법원은 조직·구성·운영·기능면에서 상호 독립적이어야 한다.
② 의원은 법관을 겸직할 수 없고, 의회는 법률에 의해서만 법원을 조직하고 법원의 기능을 규제할 수 있으며, 의회가 법원의 재판과정에 개입하거나 재판의 내용에 간섭할 수는 없다.

2. 집행부로부터의 독립

① 집행부로부터의 독립은 사법권의 독립에 있어 본질적 요소이다.
② 집행부의 구성원과 법관의 겸직은 금지되며, 집행부는 재판에 간섭하거나 영향력을 미칠 수 없다.
③ 헌법 제102조 제3항이 "대법원과 각급 법원의 조직은 법률로 정한다"고 하고, 제101조 제3항이 "법관의 자격은 법률로 정한다"고 하고 있는 것도 법원의 집행부로부터의 독립을 위한 것에 본래의 목적이 있다.

III 법관의 재판상 독립

① 법관의 재판상 독립(물적 독립)이란 법관이 재판에 관한 직무를 수행함에 있어서는 오로지 헌법과 법률 그리고 자신의 양심에 따를 뿐 어떠한 세력으로부터도 영향을 받지 않아야 한다는 것을 말한다.
② 헌법 제103조는 "법관은 헌법과 법률에 의하여 그 양심에 따라 독립하여 심판한다"고 하여 법관의 재판상(직무상) 독립을 보장하고 있다.

1. 헌법과 법률에 의한 심판

① 헌법과 법률에 의한 심판은 헌법을 정점으로 하는 법질서의 통일성을 유지하고 재판의 정당성을 보장하기 위한 것이다.
② 헌법에는 성문헌법은 물론 헌법적 관습까지 포함된다.
③ 법률은 형사재판의 경우 형식적 의미의 법률을 의미하지만, 민사재판과 행정재판에서는 일체의 성문법과 실질적 의미의 법률(긴급명령, 조약, 국제관습법 등), 관습법 또는 조리와 같은 불문법도 포함한다.
④ 절차법에 관한 한 재판의 종류를 불문하고 '형식적 의미의 법률'에 따라야 하나, 헌법 제76조(긴급명령, 긴급재정경제명령)와 제108조(대법원규칙)에 의한 예외가 있다.

2. 양심에 따른 심판

① 양심이란 공정성과 합리성에 바탕한 법조적 양심인 법리적 확신을 말한다(객관적·법리적 양심설).
② "법관으로서의 양심"과 법관의 "인간으로서의 양심의 자유"가 충돌하는 경우에 법관은 자기의 인간으로서의 양심의 자유를 주장할 수 없다(다수설).

3. 독립하여 하는 심판

(1) 타 국가기관으로부터의 독립

법관의 재판에 국회나 집행부·헌법재판소 등의 국가기관이 간섭하여서는 아니된다. 즉 법관이 재판을 함에 있어서는 국회나 집행부 등 그 밖의 국가기관의 지시나 명령을 따르지 않아야 하고, 그 밖의 국가기관도 법관의 재판에 간섭하여서는 아니된다.

(2) 소송당사자로부터의 독립

법관은 재판을 함에 있어서 소송당사자로부터 독립하여야 한다.

(3) 사회적·정치적 세력으로부터의 독립

1) 언론보도

① 법관은 정당 또는 사회단체, 언론기관 등으로부터 독립되어야 하지만, 국민주권의 원리에 따라 주권자로서의 국민은 모든 국가기관의 모든 행위를 비판할 수 있으므로 언론매체를 통하여 재판을 비판할 수 있다.
② 피고인에게 불리한 자료를 재판에 앞서 보도하거나 판결 전에 피고인의 유·무죄를 단정하는 보도를 하는 것은 사법권의 독립을 침해할 우려가 있다.

2) 재판에 대한 비판

① 재판에 대한 비판은 법관의 법해석 또는 사실인정에 적용된 법칙을 시비의 대상으로 할 때에만 가능하고, 법관의 전속적 권한에 속하는 사실인정이나 유·무죄의 판단 그 자체를 대상으로 하거나 형사피고인의 무죄추정의 원칙을 근본적으로 부정하는 비판은 할 수 없다.
② 재판의 내용 그 자체에 간섭하는 것이거나, 사전에 재판에 영향을 미치기 위하여 집단적 행동으로 법관에게 직접 위협을 가하는 것이어서는 아니된다.
③ 재판에 대한 학리적 비판이나 사법민주화를 위한 소송의 지연, 불완전한 법정질서의 유지, 흉악범에 대한 지나치게 경미한 형량 등에 대한 비판은 가능하다.

3) 여론 또는 의견의 표시

재판진행이나 판결결과에 불만을 가진 사람들이 재판부에 전화 등으로 불만을 표시하며 압력을 가하는 것은 사법권 독립에 영향을 줄 우려가 있다.

(4) 상급심법원으로부터의 독립

① 헌법은 대법원과 각급 법원의 설치 및 재판의 심급제를 인정하고 있으나, 모든 법관은 각기 독립하여 재판권을 행사하고 상급심법원의 지휘·감독 및 그 밖의 간섭을 받지 않는다.
② 헌법재판소는 우리나라가 대륙법계에 속함을 이유로 대법원 판례의 구속성을 부인하고 있다(헌재

2002.6.27. 2002헌마18).

③ 법원조직법 제8조는 "상급법원의 재판에 있어서의 판단은 해당 사건에 관하여 하급심을 기속한다"고 규정하고 있는데, 이는 하급법원이 상급법원의 지시에 따라 재판을 하여야 한다는 것이 아니고, 파기환송사건의 판결에서 상급법원이 행한 법적 판단에 하급심법원이 기속된다는 것을 의미할 뿐이다. 이는 계층적 상소제도를 인정하고 있는 이상 불가피하다. 하지만 이 기속은 당해사건에 한하여 그러한 것이고, 다른 사건인 경우에는 동일한 종류의 사건일지라도 하급심법원이 상급법원과 다른 견해를 판시할 수 있다. 따라서 법원조직법 제8조는 법관의 재판상 독립을 규정한 헌법 제103조에 위반되는 것이 아니다(통설).

(5) 재판장·다른 법관으로부터의 독립

법관은 합의재판에 있어서 독립하여 직권을 행사하며 사실판단이나 법률판단에 관하여 재판장이나 다른 법관의 지시·명령에 따르지 않는다.

(6) 법관의 양형결정권과 재판상 독립(헌재 1992.4.28. 90헌바24)

헌법재판소는 특정범죄가중처벌등에관한법률 제5조의3 제2항 제1호에 대한 위헌소원사건(과실로 사람을 치상하게 한 자가 구호행위를 하지 아니하고 도주하거나 고의로 유기함으로써 치사의 결과에 이르게 한 경우에 살인죄보다 법정형을 더 무겁게 한 것)에서 최대한 작량감경을 하더라도 별도의 법률상 감경사유가 없는 한 집행유예를 선고할 수 없도록 하여 법관의 양형선택과 판단권을 극도로 제한하고 있고 …라고 하여, 법관의 독립을 침해한 위헌법률이라고 판시하였다.

Ⅳ 법관의 신분상 독립

법관의 신분상 독립(인적 독립)이란 재판상 독립(물적 독립)을 확보하기 위한 것이다.

1. 법관인사의 독립

헌법은 "대법원장과 대법관이 아닌 법관은 대법관회의의 동의를 얻어 대법원장이 임명한다"(제104조 제3항)고 하여, 일반법관의 임명을 사법부의 자율에 일임하고 있고, 법원조직법은 "판사의 보직은 대법원장이 행한다"(법원조직법 제44조)고 하여, 법관보직권까지도 사법부의 자율에 맡기고 있다.

2. 법관자격의 법정주의

법관의 신분상 독립을 보장하기 위하여 법관의 자격은 법률로 정한다(헌법 제101조 제3항). 법관의 자격을 규정한 법률로서 법원조직법이 있다.

3. 법관의 임기제와 정년제

헌법은 법관의 보수화나 관료화를 막기 위하여 임기제를 규정하고 있다. 대법관의 임기는 6년이고 일반법관의 임기는 10년이지만 법률이 정하는 바에 의하여 연임할 수 있다(제105조 제1항). 다만 대법원장의 임기는 6년으로 하며 중임할 수 없다. 대법원장과 대법관의 정년은 70세, 판사의 정년은 65세이다(법원조직법 제45조 제4항).

4. 법관의 신분보장

(1) 파면의 제한

헌법은 "법관은 탄핵 또는 금고 이상의 형의 선고에 의하지 아니하고는 파면되지 아니하며"라고 하고 있다(제106조 제1항).

(2) 불리한 처분의 제한

현행헌법은 "징계처분에 의하지 아니하고는 정직·감봉 기타 불리한 처분을 받지 아니한다"(제106조 제1항)고 하고 있다. 법관징계법은 법관에 대한 징계의 종류를 견책·감봉·정직의 세 가지로 제한하고 있다(법관징계법 제3조).

(3) 강제퇴직의 제한

헌법은 "법관이 중대한 심신상의 장해로 직무를 수행할 수 없을 때에는 법률이 정하는 바에 의하여 퇴직하게 할 수 있다"(제106조 제2항)고 하여, 원칙적으로 임기 전에는 본인의 의사에 반하여 퇴직하게 할 수 없도록 규정하고 있다. 대법관의 경우 대법원장의 제청에 의하여 대통령이, 그 밖의 판사의 경우에는 대법원장이 퇴직을 명할 수 있다(법원조직법 제47조).

(4) 강제휴직의 제한

대법원장은 법관이 ①「병역법」에 따른 병역복무를 위하여 징집·소집된 경우와 ② 국내외 법률연구기관·대학 등에서의 법률연수나 본인의 질병 요양 등을 위하여 휴직을 청원하는 경우로서 그 청원 내용이 충분한 이유가 있다고 인정되는 경우에 한하여 2년 이내의 범위에서 기간을 정하여 휴직을 허가할 수 있다(법원조직법 제51조).

(5) 파견근무의 제한

법관은 다른 행정부서의 공무원이 될 수 없다(법원조직법 제49조 제2호). 그러나 다른 국가기관의 파견요청이 있고, 그 요청이 타당하다고 인정되며 당해 법관이 이에 동의하는 경우에는 대법원장이 그 기간을 정하여 파견을 허가할 수 있다(법원조직법 제50조). 다만 법관의 정치적 중립성과 독립성을 위하여 대통령비서실에 파견되거나 대통령비서실의 직위는 겸임할 수 없도록 규정하고 있다(법원조직법 제50조의2).

5. 법관의 정치적 중립성

> ⬢ **법원조직법**
> **제49조(금지사항)** 법관은 재직 중 다음 각 호의 행위를 할 수 없다.
> 1. 국회 또는 지방의회의 의원이 되는 일
> 2. 행정부서의 공무원이 되는 일
> 3. 정치운동에 관여하는 일
> 4. 대법원장의 허가없이 보수를 받는 직무에 종사하는 일
> 5. 금전상의 이익을 목적으로 하는 업무에 종사하는 일
> 6. 대법원장의 허가를 받지 아니하고 보수의 유무에 상관없이 국가기관 외의 법인·단체 등의 고문, 임원, 직원 등의 직위에 취임하는 일
> 7. 그밖에 대법원규칙으로 정하는 일

Ⅴ 사법권의 독립에 대한 제한(예외)

법원에 대한 국회의 통제 및 간섭	법원에 대한 집행부의 통제 및 간섭
① 대법원장·대법관 임명에 대한 동의권	① 대통령에 의한 대법원장·대법관의 임명
② 법원예산의 심의·확정권	② 집행부에 의한 법원의 예산편성
③ 국정감사·조사권	③ 비상계엄에 있어 법원의 권한에 대한 특별조치
④ 법관탄핵소추권	④ 대통령의 사면권 행사

제4항 법원의 조직

◆ 헌법

제101조
① 사법권은 법관으로 구성된 법원에 속한다.
② 법원은 최고법원인 대법원과 각급법원으로 조직된다.
③ 법관의 자격은 법률로 정한다.

제102조
① 대법원에 부를 둘 수 있다.
② 대법원에 대법관을 둔다. 다만 법률이 정하는 바에 의하여 대법관이 아닌 법관을 둘 수 있다.
③ 대법원과 각급법원의 조직은 법률로 정한다.

제104조
① 대법원장은 국회의 동의를 얻어 대통령이 임명한다.
② 대법관은 대법원장의 제청으로 국회의 동의를 얻어 대통령이 임명한다.
③ 대법원장과 대법관이 아닌 법관은 대법관회의의 동의를 얻어 대법원장이 임명한다.

Ⅰ 헌법규정

헌법은 법원의 구성에 관하여 "법원은 최고법원인 대법원과 각급법원으로 조직된다"(제101조 제2항)고만 규정하고, 그 상세한 것은 법률에 위임하고 있다(제102조 제3항). 이 규정에 의하여 제정된 것이 법원조직법인데, 이에 의하면 법원에는 대법원·고등법원·특허법원·지방법원·가정법원·행정법원 및 회생법원의 7종이 있다(법원조직법 제3조 제1항).

Ⅱ 대법원

1. 현행헌법상 대법원의 지위

최고법원, 기본권보장기관, 헌법수호기관, 최고사법행정기관의 지위에 있다.

2. 대법원의 구성과 조직

(1) 조직

1) 대법원의 구성

① 대법원 법관 구성의 이원화

대법원장과 대법관으로 구성되며, 법률이 정하는 바에 의하여 대법관이 아닌 법관을 둘 수 있다(제102조 제2항). 대법원에 재판연구관을 둔다.

② 대법관의 수는 헌법에 규정이 없다. 법원조직법은 "대법원장을 포함하여 14명으로 한다"고 규정하고 있다(법원조직법 제4조 제2항).

2) 대법원장

① 대통령이 판사·검사·변호사의 자격이 있는 자로서 20년 이상의 법조경력을 가진 만 45세 이상의 자 중에서 국회의 동의를 얻어 임명하므로 반드시 대법관일 필요가 없다(헌법 제104조 제1항 및 법원조직법 제42조 제1항).

② 임기는 6년이며 중임할 수 없으며(제105조 제1항), 정년은 70세이다(법원조직법 제45조 제4항).

③ 대법원장의 권한

(ⅰ) 법원대표권
(ⅱ) 대법관임명제청권
(ⅲ) 헌법재판소 재판관3인 지명권, 중앙선거관리위원회 위원3인 지명권
(ⅳ) 판사임명권(대법관회의의 동의)
(ⅴ) 판사보직권
(ⅵ) 판사의 직무대리 명령권
(ⅶ) 법원공무원 임명권과 사법행정사무총괄권 및 관계공무원의 지휘·감독권
(ⅷ) 국회에 법원업무에 관련된 법률의 제정 또는 개정에 관한 의견제출권

3) 대법관회의

> **법원조직법**
> 제16조(대법관회의의 구성과 의결방법) ① 대법관회의는 대법관으로 구성되며, 대법원장이 그 의장이 된다.
> ② 대법관회의는 대법관 전원의 3분의 2 이상의 출석과 출석인원 과반수의 찬성으로 의결한다.
> ③ 의장은 의결에서 표결권을 가지며, 가부동수일 때에는 결정권을 가진다.
> 제17조(대법관회의의 의결사항) 다음 각 호의 사항은 대법관회의의 의결을 거친다.
>   1. 판사의 임명 및 연임에 대한 동의
>   2. 대법원규칙의 제정과 개정 등에 관한 사항
>   3. 판례의 수집·간행에 관한 사항
>   4. 예산 요구, 예비금 지출과 결산에 관한 사항
>   5. 다른 법령에 따라 대법관회의의 권한에 속하는 사항
>   6. 특히 중요하다고 인정되는 사항으로서 대법원장이 회의에 부친 사항

4) 대법관

① 최고법원인 대법원의 구성원으로서 사법권을 행사한다.
② 대법관회의의 구성원으로서 소관사항에 관하여 의결권을 가진다.
③ 자격요건은 대법원장과 동일하다.

5) 대법원 부설기관

① 법원행정처, 사법연수원, 사법정책연구권, 법원공무원교육원, 법원도서관, 법관인사위원회 등을 둔다.
② 대법원장의 자문기관으로 사법정책자문위원회를 둘 수 있다.

3. 대법원의 관할

대법원은 ① 상고심, ② 명령·규칙의 위헌·위법여부의 최종심사, ③ 위헌법률심판의 제청, ④ 다른 법률에 의하여 대법원의 권한으로 속하게 된 사건에 대해서 최종심판권을 갖는다. 다른 법률에 의하여 대법원의 권한에 속하는 사건으로는 공직선거법에 의한 대통령·국회의원선거소송사건과 비례대표시·도의원선거 및 시·도지사선거소송, 국민투표법에 의한 국민투표무효소송사건, 지방자치법에 의한 기관소송사건, 시도지사에 대한 주민소환소송 등이 있다.

4. 대법원의 심판

(1) 전원합의체에서 심판

대법원의 심판은 대법관 전원의 3분의 2 이상의 합의체에서 행한다(법원조직법 제7조 제1항). 합의심판에서는 헌법과 법률에 다른 규정이 없으면 과반수로써 결정한다(법원조직법 제66조 제1항). 대법원재판서에는 합의에 관여한 모든 대법관의 의견을 표시하여야 한다(법원조직법 제15조).

(2) 전원합의체의 전속심판사항

> **법원조직법**
> **제7조(심판권의 행사)** ① 대법원의 심판권은 대법관 전원의 3분의 2 이상의 합의체에서 행사하며, 대법원장이 재판장이 된다. 다만, 대법관 3명 이상으로 구성된 부에서 먼저 사건을 심리하여 의견이 일치한 경우에 한정하여 다음 각 호의 경우를 제외하고 그 부에서 재판할 수 있다.
> 1. 명령 또는 규칙이 헌법에 위반된다고 인정하는 경우
> 2. 명령 또는 규칙이 법률에 위반된다고 인정하는 경우
> 3. 종전에 대법원에서 판시한 헌법·법률·명령 또는 규칙의 해석 적용에 관한 의견을 변경할 필요가 있다고 인정하는 경우
> 4. 부에서 재판하는 것이 적당하지 아니하다고 인정하는 경우

대법원에서 명령·규칙이 헌법 또는 법률에 위반됨을 인정하고자 하는 경우에는 대법관 전원의 3분의 2 이상으로 구성된 합의체에서 이를 하여야 하지만(법원조직법 제7조 제1항 제1호·제2호), 동법 제7조 제1항 단서의 취지와 제1호 및 제2호의 반대해석상 명령·규칙이 헌법 또는 법률에 합치됨을 인정하는 경우에는 대법관 3인으로 구성된 부에서도 그 3인의 의견이 일치되는 것을 전제로 이를 할 수 있다.

5. 대법원의 규칙제정권

(1) 대법원규칙의 의의

대법원규칙이란 대법원이 헌법 제108조에 따라 법률에 저촉되지 않는 범위 안에서 소송에 관한 절차나 법원의 내부규율 또는 사무처리에 관하여 제정하는 규칙을 말한다.

(2) 제정절차

대법원규칙의 제정과 개정은 대법관회의의 의결을 거쳐야 한다. 의결된 규칙은 의결된 후 15일 이내에 법원행정처장이 관보에 게재함으로써 공포한다(대법원규칙의공포에관한규칙 제4조).

(3) 대법원규칙에 대한 통제

헌법재판소는 법무사법시행규칙에 관한 헌법소원심판에서 헌법재판소도 경우에 따라서는 명령·규칙에 대한 위헌심사권을 갖는다고 판시하였다(헌재 1990.10.15, 89헌가178).

Ⅲ 고등법원

1. 고등법원의 조직

고등법원에는 판사를 두며, 판사의 수는 따로 법률로 정한다. 다만, 각급 법원에 배치할 판사의 수는 대법원규칙으로 정한다(법원조직법 제5조 제2항·제3항). 고등법원에는 고등법원장을 두며 판사로 보한다. 고등법원에는 부를 둔다(법원조직법 제26조).

2. 고등법원의 관할

① 고등법원의 심판은 판사 3인으로 구성된 합의부에서 행한다(법원조직법 제7조 제3항).
② 제1심 판결에 대한 항소사건, 제1심 심판·결정·명령에 대한 항고사건, 지역구·시·도의원선거, 자치구·시·군의원선거 및 자치구·시·군의 장 선거에 대한 선거소송·당선소송(공직선거법 제222조 제2항, 제223조 제2항)등을 관할한다.

Ⅳ 특허법원

1. 특허법원의 조직 및 관할

(1) 조직

특허법원에는 판사를 두며, 판사의 수는 따로 법률로 정한다. 다만, 각급 법원에 배치할 판사의 수는 대법원규칙으로 정한다(법원조직법 제5조 제2항·제3항). 특허법원장은 판사로써 보한다. 특허법원에는 부를 둔다(법원조직법 제28조의3). 특허법원의 심판은 판사 3인으로 구성된 합의부에서 행한다(법원조직법 제7조 제3항).

(2) 관할

특허법원은 ① 특허법·실용신안법·디자인보호법·상표법에서 정하는 제1심사건과 ② 그 항소사건 등을 심판한다(법원조직법 제28조의4).

2. 특허법원의 설치

1998년 3월 1일 특허법원을 개원하여 현재에는 특허심판원 → 특허법원 → 대법원으로 진행하게 되었다.

Ⅴ 지방법원

1. 지방법원본원

(1) 조직

지방법원에는 판사를 두며, 판사의 수는 따로 법률로 정한다. 다만, 각급 법원에 배치할 판사의 수는 대법원규칙으로 정한다(법원조직법 제5조 제2항·제3항). 지방법원에는 지방법원장을 두되 판사로써 보한다.

(2) 지방법원의 관할

단독판사관할과 합의부관할(제1심법원으로서의 관할, 항소심으로서의 관할)이 있다(법원조직법 제7조 제4항 및 제5항).

2. 지방법원지원

지방법원지원에는 지원장을 두며 판사로써 보한다.

3. 시·군법원

대법원장은 지방법원 또는 그 지원 소속 판사 중에서 그 관할구역에 있는 시·군법원의 판사를 지명하여 시·군법원의 관할사건을 심판하게 한다. 시·군법원의 관할사항으로는 ① 소액사건심판법의 적용을 받는 민사사건, ② 화해·독촉 및 조정에 관한 사건, ③ 20민원 이하의 벌금 또는 구류니 과료에 치할 범죄사건, ④ 「가족관계의 등록 등에 관한 법률」 제75조에 따른 협의상 이혼의 확인 등이다.

Ⅵ 가정법원

1. 가정법원의 조직

가정법원에는 판사를 두며, 판사의 수는 따로 법률로 정한다. 다만, 각급 법원에 배치할 판사의 수는 대법원규칙으로 정한다(법원조직법 제5조 제2항·제3항).

2. 가정법원의 관할

> ❂ **법원조직법**
> **제40조(합의부의 심판권)** ① 가정법원 및 가정법원 지원의 합의부는 다음 각 호의 사건을 제1심으로 심판한다.
> 1. 가사소송법에서 정한 가사소송과 마류 가사비송사건 중 대법원규칙으로 정하는 사건
> 2. 가정법원판사에 대한 제척·기피사건
> 3. 다른 법률에 따라 가정법원 합의부의 권한에 속하는 사건

Ⅶ 행정법원

1. 행정법원의 조직

가정법원에는 판사를 두며, 판사의 수는 따로 법률로 정한다. 다만, 각급 법원에 배치할 판사의 수는 대법원규칙으로 정한다(법원조직법 제5조 제2항·제3항).

2. 행정법원의 관할

행정법원의 심판은 판사 3인으로 구성된 합의부에서 행한다(법원조직법 제7조 제3항). 행정법원은 ① 행정소송법에서 정한 행정사건, ② 다른 법률에 의하여 행정법원의 권한에 속하는 사건을 제1심으로 심판한다(법원조직법 제40조의4). 행정쟁송절차는 임의적 행정심판 → 행정소송(행정법원 → 고등법원 → 대법원)으로 진행한다.

[법관임명]

구분	대법원장	대법관	일반법관
제2공화국헌법	선거인단이 선출 → 대통령이 확인		대법원장이 대법관회의 의결로 임명
제3공화국헌법	법관추천회의제청 → 국회동의 → 대통령이 임명	대법원장이 법관추천회의 동의를 얻어 제청 → 대통령이 임명	
현행헌법	대통령이 국회 동의 얻어 임명		대법원장이 대법관회의 동의얻어 임명

Ⅷ 회생법원

2000년대 후반 세계적인 금융위기 이후 지속적인 경기불황으로 인하여 한계기업이 증가하고 가계부채가 증가하면서 어려움을 겪는 채무자에 대한 구조조정 필요성이 상시화 된 시대에 보다 공정하고 효율적인 구조조정 절차를 담당하기 위하여 도산사건을 전문적으로 처리하는 도산전문법원의 설치를 바라는 요구에 맞추어 2016. 12. 27. 법원조직법 개정을 통해 회생법원이 신설되었다(법원조직법 제3조 제1항 제7호).

제5항 특별법원으로서 군사법원의 지위

● 헌법
제110조
① 군사재판을 관할하기 위하여 특별법원으로서 군사법원을 둘 수 있다.
② 군사법원의 상고심은 대법원에서 관할한다.
③ 군사법원의 조직·권한 및 재판관의 자격은 법률로 정한다.
④ 비상계엄하의 군사재판은 군인·군무원의 범죄나 군사에 관한 간첩죄의 경우와 초병·초소·유독음식물공급·포로에 관한 죄 중 법률이 정한 경우에 한하여 단심으로 할 수 있다. 다만 사형을 선고한 경우에는 그러하지 아니하다.

I 서설

① 헌법은 재판은 법관자격을 가진 자가 행하고 최종심은 대법원이 되어야 하는 것으로 규정하고 있다(제101조 제1항·제2항).
② 특별법원은 법률로써 설치된 법관이 아닌 자가 재판하거나 대법원이 최종심이 되지 아니하는 법원이다.

II 특별법원의 개념

1. 학설의 대립

(1) 특수법원설
법관의 자격을 가진 자가 재판을 담당함은 물론 대법원에의 상고도 인정되나, 관할·권한이 특수한 사항에 한정된 법원인 특수법원을 의미한다.

(2) 예외법원설
헌법에 규정된 법관자격을 가지고 있지 아니한 자가 재판을 담당하거나 그 재판에 대한 대법원에의 상고가 인정되지 아니하는 예외법원이다(다수설).

2. 헌법재판소
헌법재판소는 군사법원법 제6조 등 위헌소원사건에서 예외법원설의 입장에 있다(헌재 1996.10.31, 93헌바25).

III 군사법원 이외의 특별법원의 허용가능성

군사법원 이외의 특별법원의 허용가능성에 대해서는 견해가 대립하나, ① 대법원에의 상고를 인정하는 가운데 특수한 영역의 전문적 재판을 행하기 위해 설립되는 특수법원은 인정되나, ② 대법원에의 상고가 금지되거나 헌법과 법률에 정한 법관이 아닌 자에 의한 재판이 이루어질 수 있는 예외법원(특별법원)의 설립은 헌법에 규정되고 있는 군사법원을 제외하고는 인정될 수 없다고 보는 부정설이 다수설이다.

Ⅳ 특별법원(예외법원)으로서의 군사법원

1. 군사법원의 지위
① 군사법원은 그 재판이 법관의 자격이 없는 국군장교에 의하여 행하여진다는 점에서 헌법이 인정하는 유일한 예외법원인 특별법원이다.
② 군사법원의 상고심은 원칙적으로 대법원으로 하고 있기 때문에 군사법원도 대법원의 하급법원이나, 비상계엄하의 일정한 경우의 군사재판은 단심으로 할 수 있다는 점에서도 군사법원은 전형적인 예외법원의 성격을 띠고 있다(제110조).

2. 군사법원의 조직과 관할(군사법원법 제23조·제24조)
① 군사법원의 조직·권한 및 재판관의 자격 등은 법률로 정한다. 이에 관한 법률이 군사법원법이다.
② 군사법원법에 의하면 종래 보통군사법원과 고등군사법원으로 구분하여 사실심을 모두 군사법원이 관할하게 하였으나, 법 개정을 통해 고등군사법원을 폐지하여 일반법원에서 항소심을 담당하게 하였다.
③ 나아가 관할관 및 심판관 제도를 폐지하고, 1심 군사재판을 담당하는 군사법원을 국방부장관 소속으로 하였다.
④ 판사는 군판사인사위원회의 심의를 거치고 군사법원운영위원회의 동의를 받아 국방부장관이 임명한다. 군판사의 소속은 국방부로 한다.

3. 군사법원의 재판
① 군사법원의 재판관은 헌법과 법률에 의하여 그 양심에 따라 독립하여 심판하며, 재판의 심리와 판결은 공개한다. 다만 공공의 안녕과 질서를 해칠 우려가 있을 때 또는 군사기밀을 보호할 필요가 있을 때에는 군사법원의 결정으로 재판의 심리만은 공개하지 아니할 수 있다(군사법원법 제67조 제1항). 전시 아닌 평시에 한하여 군사재판을 특별법원인 군사법원이 아니라 일반법원에서 관할하도록 하는 것은 헌법에 위반되지 않는다.
② 군사법원은 피고인에게 변호인이 없는 때에는 직권으로 국선변호인을 선정하여야 하며(군사법원법 제62조 제1항), 군인신분 취득 전에 범한 죄에 대한 재판권은 일반법원이 아니라 군사법원에서 가진다(군사법원법 제2조 제2항).

Ⅴ 특수법원

① 재판에 대한 대법원에의 상고가 인정되고, 법관의 자격을 가진 자가 특수한 사건, 예컨대 노동·조세·교통·해난 사건 등을 관할하는 하급심으로서의 특수법원을 법률로써 따로 설치하는 것은 무방하다.
② 현재 가정법원·행정법원·특허법원·회생법원 등의 특수법원이 법률로써 설치되어 있다.

제6항 법원의 권한

헌법

제107조
① 법률이 헌법에 위반되는 여부가 재판의 전제가 된 경우에는 법원은 헌법재판소에 제청하여 그 심판에 의하여 재판한다.
② 명령·규칙 또는 처분이 헌법이나 법률에 위반되는 여부가 재판의 전제가 된 경우에는 대법원은 이를 최종적으로 심사할 권한을 가진다.
③ 재판의 전심절차로서 행정심판을 할 수 있다. 행정심판의 절차는 법률로 정하되, 사법절차가 준용되어야 한다.

I 명령·규칙심사권

1. 명령·규칙심사권의 의의

① 법원의 명령·규칙심사권이란 법원이 재판의 대상이 되고 있는 구체적 사건에 적용할 명령·규칙의 효력을 심사할 수 있는 권한을 말한다.
② 헌법 제107조 제2항은 "명령·규칙 또는 처분이 헌법이나 법률에 위반되는 여부가 재판의 전제가 된 경우에는 대법원은 이를 최종적으로 심사할 권한을 가진다"고 하여 법원의 명령·규칙심사권을 인정하고 있다.

2. 명령·규칙심사권의 제도적 의의

법원에 의한 명령·규칙심사제는 명령·규칙의 합헌성과 합법성을 보장하여 국법질서의 통일성을 유지하고, 위헌 또는 위법한 명령·규칙으로 말미암아 개인의 자유나 권리가 침해되는 것을 방지하려는 데 그 제도적 의의가 있다.

3. 명령·규칙심사의 요건

(1) 구체적 규범통제

① 법원이 명령·규칙을 심사하기 위해서는 명령 또는 규칙이 헌법이나 법률에 위반되는 여부가 재판의 전제가 되어야 한다(제107조 제2항).
② 헌법은 구체적 규범통제만을 인정하고 구체적 사건과 관계없이 명령·규칙의 효력 그 자체만을 문제로 삼는 추상적 규범통제를 인정하지 않는다.

(2) '재판의 전제성'의 의미(대판 1997.2.11, 96부7)

법원이 어떤 법률을 위헌제청하기 위하여는 당해 법률이 헌법에 위반되는 여부가 재판의 전제가 되어야만 하는 것인데, 여기서 재판의 전제가 된다고 하기 위하여는 우선 그 법률이 헌법에 위반되는지의 여부에 따라 당해사건을 담당하는 법원이 다른 판단을 할 수밖에 없는 경우, 즉 판결주문이 달라질 경우여야만 한다.

4. 명령·규칙심사의 내용

(1) 명령·규칙심사의 주체

1) 각급 법원

대법원을 비롯한 각급 법원(군사법원 포함)은 명령·규칙을 심사할 수 있다. 그러나 명령·규칙의 위헌·위법여부를 최종적으로 심사할 권한은 대법원이 가진다(제107조 제2항).

2) 헌법재판소의 명령·규칙에 대한 위헌심사권 인정여부

(가) 대법원

① 헌법 제107조 제2항, 제111조 제1항 등은 법률의 위헌여부는 헌법재판소가, 명령·규칙의 위헌여부는 법원이 각각 심사한다는 뜻이다.

② 헌법 제107조 제2항에서 "재판의 전제가 된 경우"의 의미는 일반적·추상적으로 심사할 것이 아니라 구체적 쟁송으로 재판의 대상이 된 경우에 한하여 명령·규칙의 위헌여부를 심사한다는 구체적 규범통제의 원칙을 규정한 것일 뿐이다(Ⅰ형식).

③ 명령·규칙이 국민의 권리를 직접 침해하는 경우는 그 자체가 행정소송의 대상이 되어 법원의 심사를 거쳐 대법원의 최종 심사를 받을 수 있는 것이므로 헌법소원심판의 대상이 되지 않는다(Ⅲ형식).

(나) 헌법재판소(헌재 1990.10.15, 89헌마178)

① 헌법이 법률의 위헌여부심사권을 헌법재판소에 부여한 이상 통일적인 헌법해석과 규범통제를 위하여 공권력에 의한 기본권 침해를 이유로 하는 헌법소원사건에 있어서 법률의 하위법규인 명령·규칙의 위헌여부심사권이 헌법재판소의 관할에 속함은 당연하고 헌법 제107조 제2항의 규정이 이를 배제한 것이라고 볼 수 없다.

② 헌법 제107조 제2항이 규정한 명령·규칙에 대한 대법원의 최종심사권이란 구체적인 소송사건에서 명령·규칙의 위헌여부가 재판의 전제가 되었을 경우 법률의 경우와는 달리 헌법재판소에 제청할 것 없이 대법원이 최종 심사할 수 있다는 의미이다.

③ 명령·규칙 그 자체에 의하여 직접 기본권이 침해되었음을 이유로 하여 헌법소원심판을 청구하는 것은 헌법 제107조 제2항과는 아무런 상관이 없는 문제이므로 입법부·행정부·사법부에서 제정한 규칙이 별도의 집행행위를 기다리지 않고 직접 기본권을 침해하는 것인 때에는 모두 헌법소원심판의 대상이 된다(Ⅱ형식).

(2) 명령·규칙심사의 기준

① 명령·규칙을 심사하는 기준은 헌법과 법률이다.
② 헌법에는 형식적 의미의 헌법뿐만 아니라 헌법적 관습까지 포함된다.
③ 법률에는 형식적 의미의 법률뿐만 아니라 국회의 비준을 얻은 조약과 긴급명령·긴급재정경제명령도 포함된다(다수설).

(3) 명령·규칙심사의 대상

1) 법규명령

법규명령이면 위임명령·집행명령 불문하고, 대통령령·총리령·부령 불문한다.

2) 법규명령적 규칙

국가기관에 의하여 정립되고 규칙이라는 명칭을 가진 법규로서 헌법상 법규명령과 동일하게 국민에 대하여 일반적 구속력을 가지는 규칙이다. 이에는 국회규칙 · 대법원규칙 · 헌법재판소규칙 · 중앙선거관리위원회규칙 중 법규명령으로서의 규칙, 지방자치단체가 제정한 규칙 등이 있다.

3) 행정규칙

행정규칙(행정명령)은 기관 내규로서의 성질을 가지는 것이므로 제외된다.

4) 조약(협정)

국회의 비준동의가 필요 없는 조약(협정)도 명령과 동일한 효력을 가지므로 심사대상에 포함된다(다수설).

(4) 명령 · 규칙심사의 범위

① 법원의 심사권에는 명령 · 규칙의 제정 및 공포절차에 관한 형식적인 흠의 유무를 심사하는 형식적 효력에 대한 심사뿐만 아니라 명령 · 규칙의 내용이 상위규범에 위반하는지의 여부를 심사하는 실질적 효력에 관한 심사도 포함된다.
② 실질적 효력의 심사는 합헌성과 합법성의 심사에 머무르는 것이어야 하고 합목적성의 심사까지는 이를 할 수 없다.

5. 명령 · 규칙심사의 방법과 절차

(1) 위헌 또는 위법결정

① 명령 · 규칙에 대한 위헌심사는 각급 법원이 이를 할 수 있으나, 최종적인 심판은 대법원이 한다.
② 대법원은 명령 · 규칙이 위헌 또는 위법임을 인정하는 경우에는 대법관 전원의 3분의 2 이상이 출석하고 대법원장이 재판장이 되는 합의체에서 출석대법관 과반수의 찬성으로써 이를 결정한다.

(2) 합헌 또는 합법결정

명령 · 규칙이 헌법과 법률에 합치됨을 인정하는 경우에는 대법관 3명 이상으로 구성된 부에서 이를 심판한다(법원조직법 제7조 제1항).

6. 위헌 · 위법 선언된 명령 · 규칙의 효력

① 법원의 심사결과 헌법이나 법률에 위반된다고 선언된 명령 · 규칙의 효력에 대하여 학설은 법원은 그 명령 또는 규칙을 당해사건에 적용하는 것을 거부할 수 있을 뿐(개별적 효력 부인) 명령 · 규칙의 일반적인 효력의 상실 즉, 무효를 선언할 수는 없다고 보는 것이 다수설 · 판례이다. 대법원은 그 근거로서 현행 행정소송법이 행정소송에 대한 대법원 판결에 의하여 명령 · 규칙이 헌법 또는 법률에 위반된다는 것이 확정된 경우에는 대법원은 지체없이 그 사유를 행정안전부장관에게 통보하여야 하고, 통보를 받은 행정안전부장관은 지체없이 이를 관보에 게재하도록 규정하여 위헌 · 위법이 확정된 사실의 공고제도까지 두고 있다는 점을 들고 있다(Ⅰ형식).
② 처분적 명령은 각급법원이 취소할 수 있다(Ⅲ형식).
③ 헌법재판소가 헌법재판소법 제68조 제1항의 헌법소원에서 인용결정을 하여 명령 · 규칙의 위헌결정을 한 경우에는 명령 · 규칙의 일반적 효력 상실이 가능함을 전제하고 있다(Ⅱ형식, 헌재 1990.10.15. 89헌마178).

Ⅱ 위헌법률심판 제청권

1. 위헌법률심판 제청권의 의의

① 위헌법률심판 제청권이란 법률의 위헌여부가 재판의 전제가 된 경우 법원이 직권 또는 소송당사자의 신청에 따른 결정으로 헌법재판소에 위헌법률심판을 제청할 수 있는 권한을 말한다.
② 헌법 제107조 제1항은 "법률이 헌법에 위반되는 여부가 재판의 전제가 된 경우에는 법원은 헌법재판소에 제청하여 그 심판에 의하여 재판한다"고 규정하고 있다.

2. 위헌법률심판 제청의 요건

(1) 재판의 전제성

1) "재판"의 의미(헌재 1993.5.13, 92헌가10, 91헌바7 병합)

재판에는 종국판결뿐만 아니라 형사소송법 제201조에 의한 지방법원판사의 영장발부여부에 관한 재판도 포함된다.

2) "전제성"의 의미(헌재 1993.5.13, 92헌가10, 91헌바7 병합)

① 구체적 사건이 법원에 계속되어 있었거나 현재 계속 중이어야 하고, ② 위헌여부가 문제되는 법률 또는 법률조항이 당해 소송사건의 재판과 관련하여 적용되는 것이어야 하며, ③ 그 법률이 헌법에 위반되는지의 여부에 따라 당해사건을 담당한 법원이 다른 내용의 재판을 하게 되는 경우를 말한다. ④ 법원이 다른 내용의 재판을 하게 되는 경우란 당해사건의 재판의 결론이나 주문에 영향을 주거나, 재판의 결론을 이끌어 내는 이유를 달리하는 데 관련이 있거나, 재판의 내용과 효력에 관한 법률적 의미가 전혀 달라지는 경우를 말한다.

(2) 소의 이익

소송과정에 있어서 위헌의 사실을 확인할 소의 이익이 필요하다.

3. 위헌법률심판 제청권의 내용

(1) 위헌법률심판 제청의 주체(헌법재판소법 제41조 제1항)

① 대법원과 각급 법원은 물론 군사법원도 위헌법률심판 제청을 할 수 있다.
② 직권에 의한 제청뿐만 아니라 당사자의 신청에 의한 제청결정도 할 수 있으나, 제청할 권한은 당해사건을 담당하는 법원의 권한이다.
③ 대법원 외의 법원이 제청을 할 때에는 대법원을 거쳐야 하나, 이는 형식적 절차일 뿐 대법원이 하급법원의 제청에 대해 심사할 수 있는 권한은 없다.

(2) 위헌법률심판 제청의 대상

1) 형식적 의미의 법률

① 국회를 통과한 형식적 의미의 법률

② 위헌판결시를 기준으로 효력이 있는 법률
③ 아직 공포되지 않았거나 폐지된 법률은 원칙적으로 위헌법률심판 제청의 대상이 되지 않는다.

2) 긴급명령, 긴급재정·경제명령
법률과 같은 효력을 가지므로 위헌법률심판 제청의 대상이 된다.

3) 조약
헌법 제60조 제1항의 국회의 동의를 얻어 비준된 조약은 국내법률과 같은 효력을 가지므로 위헌법률심판 제청의 대상이 된다.

(3) 법원의 법률에 대한 합헌판단권 인정여부

1. 학설의 대립
(1) 긍정설
① 사법권의 본질상 법률의 효력에 대한 심사권은 법관의 고유권한이다.
② 헌법재판소법 제43조 제4호가 법원이 위헌심판제청을 할 때에 제청서에 위헌이라고 해석되는 이유를 기재하도록 규정하고 있다.
③ 헌법재판소법 제68조 제2항이 당사자의 제청신청이 기각된 때에는 당사자로 하여금 헌법재판소에 직접 헌법소원심판을 제기할 수 있도록 하고 있다.

(2) 부정설
① 현행헌법은 구 헌법 제108조 제1항의 "법률이 헌법에 위반되는 것으로 인정할 때"라는 문구를 삭제하였다.
② 구 헌법 당시 하급법원의 위헌심사제청에 대한 실질적 심사권을 대법원에 부여하였던 헌법위원회법 제15조 제2항과 법원조직법 제7조 제1항 제4호를 현행헌법하에서는 삭제하였다.

2. 헌법재판소장(헌재 1993.7.29, 90헌바35)
① 헌법재판소법 제41조 제4항은 위헌여부심판의 제청에 관한 결정에 대하여는 항고할 수 없다는 것으로서, 합헌판단권의 인정여부와는 직접 관계가 없는 조항이므로, 그 조항이 바로 법원의 합헌판단권을 인정하는 근거가 된다고 할 수 없다.
② 헌법재판소법 제68조 제2항은 위헌제청신청이 기각된 때에는 그 신청인이 바로 헌법재판소에 법률의 위헌여부에 관한 심사를 구하는 헌법소원을 제기할 수 있다는 것으로서, 그 경우에 "위헌심판신청이 기각된 때"라는 것은 반드시 합헌판단에 의한 기각결정만을 의미하는 것이 아니라 재판의 전제성을 인정할 수 없어 내리는 기각결정도 포함하는 것으로 해석되므로, 이 조항은 법원의 합헌판단권을 인정하는 근거가 된다고 볼 수 없다.
③ 헌법 제107조 제1항과 헌법재판소법 제41조(위헌여부심판의 제청), 제43조(제청서의 기재사항) 등의 각 취지는, 법원은 문제되는 법률조항이 담당법관 스스로의 법적 견해에 의하여 단순한 의심을 넘어선 합리적인 위헌의 의심이 있으면 위헌여부심판을 제청하라는 취지이다(헌재 1993.12.23, 93헌가2).

4. 위헌법률심판 제청의 절차

(1) 직권제청과 당사자의 신청에 의한 제청

법원은 직권으로 또는 당사자의 제청신청이 있는 경우 헌법재판소에 위헌법률심판을 제청할 수 있다(헌법재판소법 제41조 제1항).

(2) 제청결정

법률이 헌법에 위반되는 여부가 재판의 전제가 된 때에는 당해사건을 담당하는 법원은 직권에 의한 결정으로 위헌심판을 제청할 수 있다. 소송당사자의 제청신청이 있는 경우에는 결정으로써 심판을 제청할 수도 있고 그 신청을 기각할 수도 있다. 위헌법률심판제청 신청에 대한 법원의 기각결정에 대하여는 항고할 수 없으며, 이 경우 소송당사자는 헌법재판소에 헌법재판소법 제68조 제2항의 헌법소원(위헌심사형 헌법소원)을 청구할 수 있다.

(3) 제청서의 기재사항

제청서에는 ① 제청법원의 표시, ② 사건 및 당사자의 표시, ③ 위헌이라고 해석되는 법률 또는 법률조항, ④ 위헌이라고 해석되는 이유 등을 기재하여야 한다(헌법재판소법 제43조).

(4) 대법원의 경유

대법원 외의 법원이 위헌법률심판을 제청할 때에는 대법원을 거쳐야 한다. 이때의 경유는 단지 형식적 절차일 뿐이며, 대법원이 불송부결정을 할 수는 없다.

(5) 당사자의 위헌심판제청신청의 취하

대법원이 당사자의 위헌심판제청신청을 이유 있다고 하여 헌법재판소에 위헌심판을 제청한 후, 당사자가 위헌심판제청신청을 취하한 경우에는 대법원은 즉시 위헌심판제청취소결정을 내리고 그 정본을 헌법재판소에 송부하여야 하며, 헌법재판소는 정본이 도착하는 대로 소의 이익이 없다는 이유로 각하하게 된다.

5. 위헌법률심판 제청의 효과

(1) 재판정지

법원이 법률의 위헌여부의 심판을 헌법재판소에 제청한 때에는 당해사건의 재판은 헌법재판소의 위헌여부의 결정이 있을 때까지 정지된다. 다만 법원이 긴급하다고 인정하는 경우에는 종국재판 외의 소송절차를 진행할 수 있다(헌법재판소법 제42조 제1항).

(2) 헌법재판소의 위헌결정

헌법재판소는 제청된 법률 또는 법률조항의 위헌여부만을 결정한다. 다만 법률조항의 위헌결정으로 인하여 당해 법률 전부를 시행할 수 없다고 인정될 때에는 그 전부에 대하여 위헌결정을 할 수 있다(헌법재판소법 제45조).

Ⅲ 법정질서유지권(법정경찰권)

① 법정질서유지권이란 법정에서 질서를 유지하고 심판을 방해하는 행위를 배제 또는 제지하기 위하여 법원이 가지는 권력작용을 말한다.
② 법정질서유지권은 소송사건의 내용과는 직접 관계가 없다는 점에서 소송지휘권과 구별된다.
③ 법정의 질서유지는 재판공개의 원칙이 본래의 목적대로 기능하기 위한 전제가 된다는 점에서 재판공개원칙은 법정의 질서유지와 상호보완관계라고 할 수 있다.
④ 법정질서유지권은 원래 법원의 권한이지만, 법정을 대표하는 재판장이 행사한다(법원조직법 제58조).

제7항 사법의 절차와 운영

> **헌법**
> 제101조
> ① 사법권은 법관으로 구성된 법원에 속한다.
> ② 법원은 최고법원인 대법원과 각급법원으로 조직된다.
> 제109조
> 재판의 심리와 판결은 공개한다. 다만 심리는 국가의 안전보장 또는 안녕질서를 방해하거나 선량한 풍속을 해할 염려가 있을 때에는 법원의 결정으로 공개하지 아니할 수 있다.

Ⅰ 재판의 심급제

1. 삼심제의 원칙

① 헌법은 법원을 대법원과 각급 법원으로 조직함으로써 간접적으로 상하의 심급제를 규정하고 있을 뿐 반드시 3심제를 요구하고 있는 것은 아니지만, 3심제의 원칙은 법원조직법에 의하여 법률차원에서 인정되고 있다.
② 심급제도 자체는 헌법상 필수적인 것이지만, 반드시 모든 재판이 3심제이어야만 하는 것은 아니다.

(1) 민사 · 형사사건

1) 합의부관할사건

지방법원합의부 → 고등법원 → 대법원

2) 단독판사관할사건

① 지방법원(지원)단독부 → 지방법원본원합의부 → 대법원
② 지방법원(지원)단독부 → 고등법원 → 대법원

(2) 가정법원단독관할사건

가정법원(지원)단독부 → 가정법원본원합의부 → 대법원

(3) 행정사건

행정법원 → 고등법원 → 대법원

(4) 군사법원

보통군사법원 → 고등군사법원 → 대법원

2. 3심제원칙에 대한 예외

(1) 2심제

1) 특허소송

특허법원 → 대법원

2) 선거소송(단심제 외 선거소송)

고등법원 → 대법원

3) 주민투표소송(단심제 외 주민투표소송)

시·군 및 자치구 : 고등법원 → 대법원

4) 주민소환투표소송

지역구·시·도의원, 지역구자치구·시·군의원 또는 시장·군수·자치구의 구청장 대상 : 고등법원 → 대법원

(2) 단심제

1) 선거소송

① 대통령과 국회의원선거소송, 당선소송

② 비례대표시·도의원선거 및 시·도지사선거소송, 당선소송

2) 비상계엄하의 군사재판

① 군인·군무원의 범죄나 군사에 관한 간첩죄의 경우

② 초병·초소·유독음식물공급·포로에 관한 죄 중 법률에 정한 경우

③ 다만 사형을 선고한 경우에는 예외

3) 주민투표소송

특별시·광역시 및 도 주민소환투표소송

4) 지방자치단체장의 기관소송

① 법령에 위반된 지방의회의 재의결에 대한 지방자치단체장의 소송

② 직무이행명령에 대한 지방자치단체장의 소송

5) 기타

① 법관징계에 대한 불복소송(법관징계법 제27조 제2항)

② 국민투표무효소송(국민투표법 제92조)

Ⅱ 재판의 공개

> **헌법**
> 제27조 ③ 모든 국민은 신속한 재판을 받을 권리를 가진다. 형사피고인은 상당한 이유가 없는 한 지체없이 공개재판을 받을 권리를 가진다.
> 제109조 재판의 심리와 판결은 공개한다. 다만 심리는 국가의 안전보장 또는 안녕질서를 방해하거나 선량한 풍속을 해할 염려가 있을 때에는 법원의 결정으로 공개하지 아니할 수 있다.

1. 재판공개제의 의의

① 헌법 제109조 본문은 "재판의 심리와 판결은 공개한다"고 하여 재판공개의 원칙을 규정하고 있다.

② 재판의 공개주의는 소송의 심리와 판결을 공개함으로써 여론의 감시 하에 재판의 공정성을 확보하고 소송당사자의 인권을 보장하며, 재판에 대한 국민의 신뢰를 확보하는 데 그 의의가 있다.

2. 재판공개의 원칙

(1) 공개대상은 재판이다.

① 민사·형사·행정·선거소송 등의 절차는 공개되어야 한다.

② 가사비송절차나 그 밖의 비송사건절차는 공개대상이 아니다.

(2) 공개대상은 재판 중에서도 심리와 판결이다.

① 심리와 판결이 아닌 공판준비절차, 소송법상의 결정이나 명령은 공개할 필요가 없다.

② 법원조직법 제65조는 재판합의는 공개하지 않는다고 규정하고 있다.

(3) 공개한다는 것은 일반인의 방청을 허용한다는 의미이다.

① 법정의 수용능력 등을 감안하여 방청권을 소지한 자에게만 방청을 허용하는 것은 공개재판의 원칙에 위배되지 않는다.

② 재판에 관한 보도의 자유도 공개의 내용에 포함된다. 그러나 법정질서유지 차원에서 녹화·중계방송 등의 경우에 허가를 받도록 하는 것은 허용된다.

3. 재판공개원칙에 대한 예외

(1) 재판의 비공개

1) 공익을 위한 비공개

① 헌법은 "심리는 국가의 안전보장 또는 안녕질서를 방해하거나 선량한 풍속을 해할 염려가 있을 때에는 법원의 결정으로 공개하지 아니할 수 있다"고 하여, 공익목적을 위한 비공개의 경우만을 규정하고 있다 (제109조 단서).
② 재판의 비공개를 결정하면 법원은 그 이유를 밝혀 선고하여야 한다(법원조직법 제57조 제2항).
③ 재판의 비공개를 결정한 경우에도 재판장은 적당하다고 인정되는 사람에 대해서는 법정 안에 있는 것을 허가할 수 있다(법원조직법 제57조 제3항).
④ 비공개는 심리에 관하여만 가능하고, 판결은 반드시 공개하여야 한다(법원조직법 제57조 제1항).

2) 소송당사자의 이익을 위한 비공개

재판은 소송당사자의 이익을 위하여 비공개할 수도 있다. 그에 따라 소년보호사건절차는 공개하지 않으며, 소년사건과 가사사건은 그 보도가 제한되고 있다(가사소송법 제10조, 소년법 제68조). 이는 재판을 공개할 경우 소송당사자에게 불이익을 줄 염려가 있기 때문이다.

(2) 방청 및 보도의 제한

1) 방청의 제한

법원조직법 제58조 제2항은 "재판장은 법정의 존엄과 질서를 해할 우려가 있는 자의 입정금지 또는 퇴정을 명할 수 있고, 그 밖에 법정의 질서유지에 필요한 명령을 할 수 있다"고 규정하고 있다.

2) 보도의 제한

법원조직법 제59조는 "누구든지 법정 안에서는 재판장의 허가없이 녹화·촬영·중계방송 등의 행위를 하지 못한다"고 규정하여, 재판의 공정과 사진촬영 등으로부터 소송당사자의 인권을 보장하고, 증인 등의 사생활이 침해되지 않도록 입법적으로 배려하고 있다.

4. 재판공개원칙 위반의 효과

공개의 규정에 위반한 경우 그 재판은 헌법위반으로 상고이유가 된다(형사소송법 제361조의5 제9호, 민사소송법 제424조 제5호).

Ⅲ 배심제·참심제

1. 배심제

① 배심제란 일반 시민으로 구성된 배심원단이 직업법관과 독립하여 사실문제에 대한 평결을 내리고, 법관이 그 사실판단에 대한 평결결과에 구속되어 재판하는 제도를 말한다.

② 배심제는 국민의 사법참여를 보장함으로써 사법작용에 있어서도 민주주의원리가 관철되도록 할 뿐만 아니라, 법관의 관료화를 억제하고 일반인이 쉽게 납득할 수 있는 재판결과를 기대할 수 있게 한다.
③ 상당한 시간과 비용의 투입이 불가피하여 비효율적인 측면이 없지 않고, 여론이나 개인적인 선입관·편견 등의 영향으로 사실인정을 그르칠 염려가 있다.

2. 참심제

① 참심제란 일반시민인 참심원이 직업법관과 함께 재판부의 일원으로 참여하여 직업법관과 동등한 권한을 가지고 사실문제 및 법률문제를 모두 판단하는 제도를 말한다.
② 참심제는 국민에게 사법과정에 참여할 수 있는 기회를 제공해 주는 동시에 소송에서 전문적 지식을 갖춘 자를 적극 활용할 수 있는 장점이 있으나, 일반시민인 참심원이 직업법관과 대등한 위치에서 소송에 관여한다는 것은 사실상 기대하기 어려워 자칫 참심원의 역할이 형식적인 것에 그칠 가능성도 있다.

3. 배심제와 참심제의 위헌여부

배심원이 사실을 확정한다 하더라도 이는 법관이 주재하는 재판절차에서 법관의 지도에 따라 사실을 확정하는 것이므로, 법관에 의한 사실확정의 기회가 전면적으로 박탈당한다고 보기는 어려울 것이다. 따라서 현행헌법에서도 배심제는 배심원의 평결에 대하여 법관이 수용여부를 결정하는 한 형사재판을 중심으로 일정한 수준에서 도입이 가능할 것이다. 한편, 참심제는 법관이 아닌 자가 법률판단까지 하게 된다는 점에서 위헌의 소지가 크다.

4. 국민의 형사재판 참여에 관한 법률

(1) 대상사건의 범위(제5조)

① 합의부 관할사건 및 이에 해당하는 사건의 미수죄·교사죄·방조죄·예비죄·음모죄에 해당하는 사건과 관련사건으로서 병합하여 심리하는 사건 등을 그 대상으로 한다.
② 피고인이 국민참여재판을 원하지 아니하거나 배제결정이 있는 경우는 국민참여재판을 하지 아니한다.

(2) 필요적 국선변호(제7조)

국민참여재판에 관하여 변호인이 없는 때에는 법원은 직권으로 변호인을 선정하여야 한다.

(3) 피고인 의사의 확인(제8조)

① 법원은 피고인이 국민참여재판을 원하는지 여부에 관한 의사를 서면 등의 방법으로 반드시 확인하도록 한다.
② 피고인은 공소장 부본의 송달을 받은 날부터 7일 이내에 국민참여재판을 원하는지 여부를 기재한 서면을 제출하도록 하고, 피고인이 서면을 제출하지 아니한 때에는 국민참여재판을 원하지 아니하는 것으로 본다.

(4) 국민참여재판의 배제(제9조)

① 배심원·예비배심원·배심원후보자 또는 그 친족의 생명·신체·재산에 대한 침해 또는 침해의 우려가 있어서 출석에 어려움이 있거나 이 법에 따른 직무를 공정하게 수행하지 못할 염려가 있다고 인정되는 경우,
② 공범관계에 있는 피고인들 중 일부가 국민참여재판을 원하지 아니하여 국민참여재판의 진행에 어려움이

있다고 인정되는 경우, ③ 그 밖에 국민참여재판으로 진행하는 것이 적절하지 아니하다고 인정되는 경우에는 법원이 국민참여재판을 하지 아니하기로 하는 결정을 할 수 있다.

(5) 배심원의 평의 및 평결(제46조)

① 재판장은 변론이 종결된 후 법정에서 배심원에게 공소사실의 요지와 적용법조, 피고인과 변호인 주장의 요지, 증거능력, 그 밖에 유의할 사항에 관하여 설명하여야 한다. 이 경우 필요한 때에는 증거의 요지에 관하여 설명할 수 있다.
② 배심원단은 판사의 관여없이 독자적으로 유무죄에 관하여 평의하고 전원일치로 평결하도록 하되, 의견이 일치하지 아니하는 경우에는 판사의 의견을 들은 후에 다수결로 평결한다.
③ 심리에 관여한 판사는 평의에 참석하여 의견을 진술한 경우에도 평결에는 참여할 수 없다.
④ 배심원이 유죄의 평결을 한 경우에는 심리에 관여한 판사와 함께 양형에 관하여 토의하고 그에 관한 의견을 개진한다.
⑤ 배심원의 평결과 의견은 법원을 기속하지 아니한다.

제7장 헌법재판소

제1절 서설

제1항 헌법재판의 의의와 성격

I 헌법재판의 의의

1. 헌법재판의 개념

협의의 헌법재판이란 위헌법률심판을 의미한다고 보는 것이 일반적이며, 광의의 헌법재판이란 위헌법률심판 뿐만 아니라 위헌위법명령규칙심사·정당해산심판·탄핵심판·권한쟁의심판·헌법소원심판·선거소송 등을 총칭한다.

2. 헌법재판의 이념적 기초

(1) 경성의 성문헌법

① 헌법재판은 성문의 경성헌법을 가진 헌법국가에서 그 제도적인 의의와 기능이 크다.
② 불문의 연성헌법을 가진 영국과 같은 나라에서는 헌법재판 문제가 특별히 따로 논의되지 않는다.

(2) 헌법의 최고규범성

헌법재판은 헌법의 최고규범성을 전제로 해서 헌법과 일반법률의 효력 상의 차이를 인정하는 경우에 제도적 의의가 있다.

(3) 기본권의 직접효

헌법재판은 기본권의 직접적 효력성과 통치권의 기본권 기속성을 전제로 할 때 그 실효성이 제일 크게 나타난다.

(4) 헌법개념의 포괄성

헌법재판에서는 형식적 의미의 헌법뿐만 아니라 실질적 의미의 헌법(예 국회법, 정당법 등)까지도 모두 검토의 대상으로 한다.

3. 헌법재판의 기능

(1) 긍정적 측면
① 국민의 기본권보장기능
② 권력통제기능
③ 헌법의 규범력 확보기능
④ 소수파 보호기능
⑤ 정치적 평화 보장기능

(2) 부정적 측면
① 사법부의 정치기관화
② 보수적인 사법부로 말미암아 사회발전 지연 우려

II 헌법재판의 특성과 법적 성격

1. 헌법재판의 특성
① 헌법문제에 관한 다툼은 국가의 정치질서와 직결되기 때문에 헌법재판은 정치생활을 형성하는 재판으로서의 특성을 가진다.
② 헌법재판은 국가권력을 상대로 하는 것이기 때문에 헌법재판의 판결이나 결정내용은 이들 헌법기관 내지 국가권력의 성의 있고 자발적인 집행의지가 없이는 도저히 그 실효성을 기대할 수 없다(비강권성).

2. 헌법재판의 법적 성격
헌법재판은 정치적 사건을 사법적 절차에 의하여 해결하므로 정치적 사법작용이라는 정치적 사법작용설이 통설이다.

III 헌법재판에 있어서 사법소극주의와 사법적극주의

1. 사법소극주의

(1) 의의
① 사법소극주의는 보수적 헌법철학에 기초한 이론이다.
② 사법부는 민주적 정당성에 기초한 입법부와 집행부의 의사결정에 대하여 적극적으로 개입하기보다는 국민의 법의식이나 기존의 판례에 명백하게 위반되는 것이 아니라면, 그에 관한 가치판단을 최대한 자제하는 것이 바람직하다.
③ 사법소극주의가 현상유지적인 사법권의 소극성으로부터 당연히 귀결되는 것은 아니다.

(2) 이론적 근거

① 민주적 정당성이 취약한 사법부가 국민의 대표기관인 의회가 제정한 법률을 무효로 한다는 것은 민주주의 원리에 반한다(사법부 구성의 비민주성).
② 민주적 정당성을 가진 입법부가 하는 행위는 합헌성이 추정되어야 하므로 헌법재판은 바람직스럽지 않다(합헌성 추정의 강조).
③ 사법부가 타 국가기관의 행위에 개입함은 권력분립의 원칙에 어긋난다(고전적 권력분립론).
④ 전문적 분야와 관련된 헌법문제에 있어 그다지 전문적 지식을 소유하지 못한 사법부가 입법이나 행정처분을 심사하고 판단한다는 것은 적절하지 못하다(사법부의 비전문성).

(3) 비판

고의의 심사회피 내지 심사거부는 그 자체가 어느 쪽의 정치적 입장을 대변하거나 기정사실화하는 것이다.

2. 사법적극주의

(1) 의의

① 사법적극주의는 진보적 헌법철학에 기초한 이론이다.
② 사법적극주의는 헌법규범을 시대적 변화에 적응할 수 있도록 탄력적으로 해석함으로써 입법부나 집행부의 행위를 적극적으로 판단하는 것이 바람직하다는 이론이다.
③ 사법적극주의는 전통적인 의미에서의 사법작용의 분쟁해결기능에 적극적인 정책형성기능을 부가함으로써 사법권을 실질적인 국가권력의 지위로 올려놓고 있다.
④ 미국에서 1950년대와 1960년대에 걸쳐 연방대법원에 의하여 강조되었다.

(2) 이론적 근거

① 사법부의 구성이 비민주적일지라도 사법부는 원내다수파의 횡포를 방지하는 역할을 하므로 사법부도 민주적 성격을 가지고 있다(사법심사의 민주성).
② 현대에 와서 '입법부와 집행부의 공화' 및 '집행권력의 강화현상'으로 말미암아, 그에 대한 견제세력으로서 사법부의 적극성이 요구되고 있다(사법부의 헌법수호자적 기능).
③ 사법부가 양심적 역할과 국민의사를 대변하는 기능을 한다(국민의사의 대변기능).

(3) 비판

최고법원은 최종적 법정일 뿐 초실정법적 기구가 될 수 없다.

3. 결어

사법부는 한편으로는 권력분립의 원리를 존중해야 한다는 소극적 측면과, 또 한편으로는 민주주의 이념과 국민의 기본권 보장이라는 사명을 완수해야 한다는 적극적 측면을 직면한 상황에 적합하도록 적절히 조화시켜 나가야 할 것이다.

제2항 헌법재판소와 입법부 및 행정부의 관계

I 입법부와 헌법재판소의 관계

1. 기능상의 차이점(헌재 1997.1.16, 90헌마110 등)

① 입법자는 헌법의 한계 내에서 정치적 결정을 통하여 공동체를 형성하는데 중심적 역할을 하고, 이에 대하여 헌법재판소는 헌법에서 입법자의 형성권의 한계를 유출해 냄으로써, 입법자의 정치적 형성의 헌법적 한계를 제시한다.

② 입법자는 입법활동을 통하여 헌법을 구체화하고 실현하는데 있어서 포괄적·주도적·형성적으로 기능하나, 헌법재판소는 그의 사법적 성격에 내재된 한계 때문에 매우 한정된 특정대상에 관련하여 헌법재판의 형태로 부분적·사후적·통제적 역할을 하게 된다.

2. 국회의 입법형성권의 존중과 통제

(1) 입법형성권의 존중

① 민주적 정당성이 취약한 헌법재판소가 민주적 정당성을 확보하고 있는 입법자가 제정한 법률을 무효화시키는 것은 민주주의의 관점에서 바람직하지 않다.

② 헌법재판소는 국회의 고유기능을 침해하는 등 권력분립적 기능질서를 침해하는 행위를 하지 못한다. 이러한 측면에서 헌법재판소는 입법자가 제정한 법률을 존중해야 한다.

(2) 입법형성권의 통제

① 오늘날 권력분립은 기능적 권력분립을 의미하고, 그 유형으로 입법작용을 포함한 국가작용 일반에 대한 헌법재판소의 통제를 들 수 있다.

② 헌법재판소는 실질적 법치국가원리에 입각하여 입법자의 입법형성권이 헌법적 한계 내에서 행사된 것인지 여부를 심사할 수 있다.

II 헌법재판소에 의한 입법형성권의 존중

1. 주문(主文)형식에 있어서 입법형성권의 존중

(1) 합헌적 법률해석(헌재 1990.6.25, 90헌가11)

합헌적 법률해석은 … ① 권력분립의 정신에 합치하고 ② 민주주의적 입법기능을 최대한 존중하는 것이 되며, 일부 위헌요소 때문에 전면 위헌을 선언하는 데서 초래될 충격을 방지하고 ③ 법적 안정성을 갖추기 위하여서도 필요하다.

(2) 헌법불합치결정(헌재 2002.5.30, 2000헌마81)

① 법률이 평등원칙에 위반된 경우가 헌법재판소의 불합치결정을 정당화하는 대표적인 사유라고 할 수 있다.
② 자유권을 침해하는 법률이 위헌이라고 생각되면 무효선언을 통하여 자유권에 대한 침해를 제거함으로써 합헌성이 회복될 수 있고, 이 경우에는 평등원칙 위반의 경우와는 달리 헌법재판소가 결정을 내리는 과정에서 고려해야 할 입법자의 형성권은 존재하지 않음이 원칙이다.
③ ⅰ) 법률의 합헌부분과 위헌부분의 경계가 불분명하여 헌법재판소의 단순위헌결정으로는 적절하게 구분하여 대처하기가 어렵고, 다른 한편으로는 ⅱ) 권력분립의 원칙과 ⅲ) 민주주의 원칙의 관점에서 입법자에게 위헌적인 상태를 제거할 수 있는 여러 가지의 가능성을 인정할 수 있는 경우에는, 자유권의 침해에도 불구하고 예외적으로 입법자의 형성권이 헌법불합치결정을 정당화하는 근거가 될 수 있다.

2. 위헌심사기준에 있어서 입법형성권의 존중 – 심사기준의 완화

(1) 평등위반여부 심사기준으로서의 '자의금지의 원칙'(헌재 1999.12.23, 98헌마363)

① 평등위반여부를 심사함에 있어 입법형성권의 존중 차원에서 완화된 심사기준인 자의금지의 원칙을 적용하여 판단할 수 있다.
② 다만 입법형성권이 축소되는 경우에는 엄격한 심사기준인 비례의 원칙을 적용하여 판단한다.

(2) 기본권보호의무 위반여부 심사기준으로서의 '과소보호금지의 원칙'(헌재 1997.1.16, 90헌마110)

헌법재판소는 권력분립의 관점에서 소위 "과소보호금지원칙"을, 즉 국가가 국민의 법익보호를 위하여 적어도 적절하고 효율적인 최소한의 보호조치를 취했는가를 기준으로 심사하게 된다.

(3) 사회적 연관성이 큰 기본권 침해여부 심사기준으로서의 '명백성 통제'(헌재 2002.10.31, 99헌바7)

달성하고자 하는 공익의 비중이 클수록, 개인이 기본권의 행사를 통하여 타인과 국가공동체에 영향을 미칠수록 즉, 기본권 행사의 사회적 연관성이 클수록, 입법자에게는 보다 광범위한 형성권이 인정된다.

(4) 사회적 기본권 침해여부 심사기준으로서의 '최소보장의 원칙'(헌재 1997.5.29, 94헌마33)

① 헌법은 입법부나 행정부에 대하여는 … 모든 국민이 물질적인 최저생활을 넘어서 인간의 존엄성에 맞는 건강하고 문화적인 생활을 누릴 수 있도록 하여야 한다는 행위의 지침 즉 행위규범으로서 작용한다.
② 그러나 헌법재판에 있어서는 입법부나 행정부가 국민으로 하여금 인간다운 생활을 영위하도록 하기 위하여 객관적으로 필요한 최소한의 조치를 취할 의무를 다하였는지를 기준으로 국가기관의 행위의 합헌성을 심사하여야 한다는 통제규범으로 작용한다.

(5) 진정입법부작위에 대한 헌법소원의 요건으로서의 '헌법상 입법의무'의 예외적 인정(헌재 1993.3.11, 89헌마79 등)

① 헌법에서 기본권 보장을 위하여 명시적인 입법위임을 하였음에도 입법자가 이를 이행하지 아니한 때와
② 헌법해석상 특정인에게 구체적인 기본권이 생겨 이를 보장하기 위한 국가의 행위의무 내지 보호의무가 발생하였음이 명백함에도 불구하고 입법자가 아무런 입법조치를 취하고 있지 않은 경우에 한하여 헌법소원 심판의 대상이 된다.

Ⅲ 행정부와 헌법재판소의 관계

1. 행정부의 권한 존중(행정부 수반의 고도의 정치적 성격을 띤 통치행위)

(1) 신행정수도특별법 위헌확인사건(헌재 2004.10.21, 2004헌마554 등)

신행정수도건설이나 수도이전의 문제를 국민투표에 붙일지 여부에 관한 대통령의 의사결정이 사법심사의 대상이 될 경우, 위 의사결정은 고도의 정치적 결단을 요하는 문제여서 사법심사를 자제함이 바람직하다고 할 수 있고, 이에 따라 그 의사결정에 관련된 흠을 들어 위헌성이 주장되는 법률에 대한 사법심사 또한 자제함이 바람직하다고 할 수 있다.

(2) 이라크파병 위헌확인사건(헌재 2004.4.29, 2003헌마814)

이 사건 파견결정은 그 성격상 국방 및 외교에 관련된 고도의 정치적 결단을 요하는 문제로서, 헌법과 법률이 정한 절차를 지켜 이루어진 것임이 명백하므로, 대통령과 국회의 판단은 존중되어야 하고, 우리 재판소가 사법적 기준만으로 이를 심판하는 것은 자제되어야 한다.

2. 행정부의 권한 통제

(1) 통치행위에 대한 통제(헌재 1996.2.29, 93헌마186)

① 이른바 통치행위를 포함하여 모든 국가작용은 국민의 기본권적 가치를 실현하기 위한 수단이라는 한계를 반드시 지켜야 하는 것이다.
② 헌법재판소는 헌법의 수호와 국민의 기본권 보장을 사명으로 하는 국가기관이므로 비록 고도의 정치적 결단에 의하여 행해지는 국가작용이라고 할지라도 그것이 국민의 기본권 침해와 직접 관련되는 경우에는 당연히 헌법재판소의 심판대상이 될 수 있는 것이다.

(2) 행정입법에 대한 통제(헌재 1990.10.15, 89헌마178)

입법부·행정부·사법부에서 제정한 규칙이 별도의 집행행위를 기다리지 않고 직접 기본권을 침해하는 것인 때에는 모두 헌법소원심판의 대상이 된다.

(3) 구체적 행정처분에 대한 통제

행정처분도 공권력의 행사로서 헌법소원심판 청구의 대상이 됨은 물론이나, 헌법소원제도의 보충성의 원칙으로 인하여 먼저 행정쟁송을 제기하여야 하고(헌법재판소법 제68조 제1항 단서), 판결이 확정된 다음에는 재판소원금지의 원칙 때문에 그 확정판결을 헌법소원심판의 대상으로 삼을 수 없게 되어(헌법재판소법 제68조 제1항 본문), 결국 행정처분은 헌법소원으로 구제받을 길이 없다는 문제가 발생한다. 그러나 헌법재판소는 일정한 요건 하에 보충성의 예외를 광범위하게 인정하여 행정부의 공권력 행사에 대한 헌법소원을 인정하고 있다.

(4) 원행정처분에 대한 통제(헌재 1998.5.28, 91헌마98 등)

헌법재판소법 제68조 제1항의 헌법소원은 행정처분에 대하여도 청구할 수 있는 것이나 그것이 법원의 재판을 거쳐 확정된 행정처분인 경우에는 당해 행정처분을 심판의 대상으로 삼았던 법원의 재판이 예외적으로 헌법소원심판의 대상이 되어 그 재판 자체가 취소되는 경우에 한하여 국민의 기본권을 신속하고 효율적으로 구제하기 위하여 심판이 가능한 것이다.

(5) 검사의 불기소처분에 대한 통제

검사의 자의적인 수사에 대한 사법통제의 필요성으로 인하여 헌법재판소는 검사의 불기소처분에 대하여 범죄피해자가 제기한 헌법소원을 인정한다.

(6) 권한쟁의심판에 의한 통제

권한쟁의심판에 있어서 정부에는 당사자능력이 인정된다. 이에 헌법재판소는 권한쟁의심판을 통해 정부의 권한남용을 통제한다.

제3항 헌법재판소와 대법원의 헌법해석의 불일치

I 서설

헌법재판소형의 경우에는 최종적 헌법해석기관을 헌법재판소로 일원화함으로써 헌법해석의 통일성을 확보하도록 하고 있고, 사법심사형의 경우에는 법원의 심급구조를 통해 헌법해석의 통일성을 확보하고 있다.

II 헌법재판소와 법원의 헌법해석 불일치의 가능성

(1) 최종적인 헌법해석기관의 이원화

① 헌법 제111조는 법률의 위헌여부가 문제된 경우 헌법재판소가 최종적인 판단을 하도록 규정하고 있다.
② 헌법 제107조 제2항은 명령·규칙의 위헌위법여부가 재판의 전제가 되는 경우 법원이 최종적으로 판단하도록 규정하고 있다.
③ 양 기관 간의 관계에 있어 헌법재판소가 대법원보다 상위의 기관이 아니다.

(2) 재판헌법소원의 불인정

① 헌법재판소법 제68조 제1항은 원칙적으로 법원의 재판에 대한 헌법소원을 인정하지 않고 있다.
② 법원의 헌법해석이 헌법재판소와 상이한 경우에 이를 다툴 수 있는 길이 없어 양 기관의 헌법해석이 불일치할 가능성이 있다.

(3) 변형결정의 효력에 관한 규정의 미비
① 헌법재판소법 제47조 제1항과 제75조 제1항은 위헌결정 및 헌법소원 인용결정에 대하여만 기속력이 인정됨을 규정하고 있다.
② 헌법재판소 변형결정의 기속력을 둘러싸고 양 기관의 헌법해석이 불일치할 가능성이 있다.

(4) 법원과는 다른 독립된 국가기관으로서의 헌법재판소의 지위
① 독일기본법은 헌법재판소를 다른 법원과 더불어 사법부의 한 조직으로 규정하고 있다.
② 이에 반해 우리나라 헌법은 헌법재판소를 사법권을 가지는 일반법원과는 다른 독립의 국가기관으로 규정하고 있다.
③ 그 결과 헌법재판소와 법원 간 헌법해석의 불일치 조정을 위한 제도적 연결을 가로막아 양 기관의 헌법해석의 불일치를 초래하는 간접적 이유가 되고 있다.

Ⅲ 헌법재판소와 대법원의 관할에 대한 불일치

① 현행헌법상 헌법재판소는 위헌법률심판권, 탄핵심판권, 정당해산심판권, 권한쟁의심판권, 헌법소원심판권을 가지고 이 권한의 범위 내에서 최종적 헌법해석권을 가진다.
② 법원은 법의 해석과 적용을 임무로 하고 있고 모든 법해석은 헌법해석문제와 연관되지 않을 수 없다는 점에서 법원 역시 헌법해석권을 가진다고 할 수 있다.
  1. 법원의 법률에 대한 합헌판단권(전술)
  2. 헌법재판소의 명령·규칙에 대한 위헌심사권(전술)
  3. 원행정처분에 대한 헌법소원(후술)
  4. 법원의 재판에 대한 헌법소원(후술)
  5. 보충성 원칙의 예외(후술)

Ⅳ 헌법재판소 결정의 효력에 대한 헌법재판소와 대법원의 불일치

  1. 한정위헌결정의 기속력(후술)
  2. 위헌결정의 소급효(후술)
  3. 헌법불합치결정의 소급효(후술)

Ⅴ 결어

우리의 현행제도는 헌법재판소와 대법원의 헌법해석이 상이할 경우 이를 조정할 통로를 열어놓지 않고 있다. 따라서 양 기관의 헌법해석의 불일치는 불가피하고 이는 해석론의 전개와 입법론적인 대안이라는 간접적인 수단에 의해 해결할 수밖에 없게 되었다. 그러나 헌법해석의 통일성의 보장도 궁극적으로는 국민의 기본권 보장을 위한 것이라는 점에서 합리적인 해석론의 전개와 입법론적인 대안이 필요하다고 할 것이다.

제4항 헌법재판의 유형

I 담당기관에 따른 유형

1. 헌법재판소형
① 일반법원으로부터 독립된 헌법법원을 설치하여 헌법재판을 담당하게 하는 유형이다.
② 위헌결정에 당해 법률의 효력을 전면적으로 상실하게 하는 일반적 효력을 인정한다.
③ 독일연방헌법재판소와 오스트리아연방헌법재판소가 있다.

2. 일반법원형
① 일반법원으로 하여금 헌법재판을 담당하게 하는 유형이다.
② 위헌결정은 당해사건에 그 법률의 적용을 거부할 수 있을 뿐 그 효력을 전면적으로 상실하게 하지 않는 개별적 효력을 인정한다.
③ 미국의 연방대법원과 일본최고재판소가 있다.

3. 특수기관형
① 순수한 헌법법원도 순수한 일반법원도 아닌 '특수한 성격을 가진 기관'으로 하여금 헌법재판을 담당하게 하는 유형이다.
② 법률의 합헌성심사를 법률이 공포되기 이전에 심사하는 사전예방적 합헌성심사를 행한다.
③ 프랑스헌법법원이 있다.

II 위헌심사의 계기 및 시기에 따른 유형

1. 위헌심사의 계기에 따른 유형

(1) **구체적 규범통제**
구체적인 소송사건이 계속 중인 경우에 법원의 제청에 의하여 그 사건에 적용될 법령의 위헌여부를 판단하는 제도이다.

(2) **추상적 규범통제**
구체적인 소송사건이 계속 중이 아니고 직접적인 기본권 침해가 발생하지 않았음에도 법령에 대한 위헌여부를 판단하는 제도이다.

(3) '재판의 전제성'은 위헌법률심판에 있어서 구체적 규범통제와 추상적 규범통제를 구분하는 의미를 가진다.

2. 위헌심사의 시기에 따른 유형

(1) 사후적 규범통제
법률이 공포(시행)된 뒤에 그 법률규정에 대하여 심사를 행하는 제도이다.

(2) 사전적 예방적 규범통제
① 법률의 공포(시행) 이전에 그 법률규정에 대하여 심사를 행하는 제도이다.
② 법률 시행 전에는 구체적 분쟁이 있을 수 없으므로 사전심사제는 추상적 규범통제제도를 채택하게 된다.

Ⅲ 우리나라의 헌법재판제도

1. 구체적 규범통제
① 현행헌법은 제107조 제1항과 제111조 제1항 제1호에 의하여 헌법재판소에 위헌법률심판권을 부여하고 있다.
② 현행헌법상의 위헌법률심판은 사후적 규범통제제도이며, 법원의 재판의 전제가 된 경우에 당해사건의 법률을 심사하는 구체적 규범통제제도이다.
③ 위헌으로 결정된 법률 또는 법률조항은 일반적으로 효력을 상실하여 그 법률이 폐지된 것과 동일한 효과가 발생한다(헌법재판소법 제47조 제2항).

2. 추상적 규범통제제도(제2공화국)
제2공화국의 헌법재판소법은 구체적 규범통제와 추상적 규범통제를 모두 두고 있었다(다수설). 제2공화국의 헌법재판소법 제10조 제2항은 "법원에 사건이 계속됨이 없이 법률의 위헌여부 또는 헌법에 관한 최종적 해석을 제청할 때에는 제청서에 제청인의 표시 등을 기재하여야 한다"고 규정하고 있었다.

3. 규범통제의 유형

(1) 위헌심판제청형 규범통제
법률의 위헌여부가 재판의 전제가 된 경우에 법원의 제청에 의하여 헌법재판소가 행하는 규범통제(헌법재판소법 제41조)이다.

(2) 헌법소원형 규범통제
법률에 의한 기본권 침해가 있는 경우에 행하는 규범통제, 즉 법률에 대한 헌법소원의 경우에 행하는 규범통제(헌법재판소법 제68조 제1항)이다.

(3) 위헌소원형 규범통제
위헌법률심판제청 신청에 대한 법원의 기각결정을 받은 자가 헌법소원을 청구하는 경우에 행하는 규범통제(헌법재판소법 제68조 제2항)이다.

(4) 부수형 규범통제

공권력의 행사 또는 불행사의 근거가 된 법률에 대하여 행하는 규범통제(헌법재판소법 제75조 제5항)이다.

(5) 권한쟁의형 규범통제

권한쟁의의 근거가 된 법률에 대하여 행하는 규범통제이다(헌법재판소법 제61조). 다만 이때에는 헌법재판소법 제23조 제2항 제1호에 의해 재판관 6명 이상의 찬성이 있어야 하는 것으로 볼 것이다.

제2절 헌법재판소의 지위 및 구성과 조직

제1항 역대헌법에서의 헌법재판기관의 구성과 관할

구분	제1공화국	제2공화국	제3공화국	제4·5공화국	제6공화국
담당기관	헌법위원회	헌법재판소	법원	헌법위원회	헌법재판소
구성원	11인(부통령, 대법관 5인, 국회의원 5인)	9인(대통령·대법원·참의원이 각 3인씩 선임)	대법원장, 대법원판사	9인	9인
임명	• 대법관 5인 : 대통령 임명, • 국회의원 5인 : 국회에서 선출	• 대법원의 심판관 선임 : 대법관회의에서 선거 • 참의원의 심판관 선임 : 선거 • 6인의 심판관 선임에 대해 대통령이 확인, 나머지 3인은 대통령이 선임	• 대법원장 : 법관추천회의 제청+국회동의+대통령의 임명 • 대법원판사 : 법관추천회의 제청+대법원장의 제청+대통령의 임명	3인은 국회선출, 3인은 대법원장지명, 3인은 대통령지명	3인은 국회선출, 3인은 대법원장지명, 3인은 대통령임명 (형식적으로 9인 모두 대통령임명)
권한	위헌법률심사권만을 가짐	위헌법률심판, 탄핵재판, 정당의 해산심판, 국가기관 간의 권한쟁의심판, 헌법에 관한 최종적 해석권, 대통령·대법원장·대법관의 선거에 관한 소송 등	위헌정당해산심판과 위헌법률심사	위헌법률심사·탄핵심판·위헌정당해산결정권	위헌법률심판, 탄핵재판, 정당의 해산심판, 권한쟁의심판, 헌법소원심판
통제	구체적 규범통제	추상적·구체적 규범통제	구체적 규범통제	구체적 규범통제	구체적 규범통제
효력	개별적 효력	일반적 효력	개별적 효력	일반적 효력	일반적 효력
기타	위헌결정은 위원 2/3 이상의 찬성 필요	상설기관화, 5·16 군사쿠데타로 인하여 실제 설치되지 못함	각급 법원도 위헌심사권 가짐	법원의 위헌법률심사제청에 대하여 대법원의 불송부결정권 인정	

[제2공화국 헌법재판소와 현행 헌법재판소]

구분	제2공화국 헌법재판소	현행 헌법재판소
권한쟁의	국가기관 간의 권한쟁의심판	권한쟁의심판
헌법소원심판	부존재	존재
규범통제방식	추상적 규범통제제도 도입(견해대립)	구체적 규범통제만 인정
선거소송	대통령·대법원장·대법관 선거소송 담당	선거소송 관할권 없음
최종적 헌법해석	헌법재판소가 가진다(헌법명시).	대법원과 헌법재판소로 이원화

제2항 헌법재판소의 지위

1. 기본권보장기관 · 헌법보장기관
① 헌법재판 통해 국민의 기본권을 보장하고, 탄핵심판, 위헌정당해산심판 등을 통하여 정치권력을 순화하는 기능을 한다.
② 사법적 절차에 따라 헌법수호를 그 임무로 한다(통설).

2. 사법기관
① 헌법이라는 법규범을 해석 · 선언하고, 적용하여 분쟁을 해결하고, 심판의 결과 나오는 위헌결정, 인용결정 등에는 기속력을 인정한다는 점에서 사법기관으로서의 성격을 보유한다.
② 헌법재판소는 지방자치단체의 장 선거일불공고 위헌확인사건에서 스스로를 사법기관의 일종이라고 하였다(헌재 1994.8.31, 92헌마174).

3. 최고기관성여부
대통령 · 국회 · 법원과 더불어 최고기관 중의 하나이다.

제3항 헌법재판소의 구성과 조직

◆ 헌법
제111조
① 헌법재판소는 다음 사항을 관장한다.
　1. 법원의 제청에 의한 법률의 위헌여부 심판
　2. 탄핵의 심판
　3. 정당의 해산 심판
　4. 국가기관 상호 간, 국가기관과 지방자치단체 간 및 지방자치단체 상호 간의 권한쟁의에 관한 심판
　5. 법률이 정하는 헌법소원에 관한 심판
② 헌법재판소는 법관의 자격을 가진 9인의 재판관으로 구성하며, 재판관은 대통령이 임명한다.
③ 제2항의 재판관 중 3인은 국회에서 선출하는 자를, 3인은 대법원장이 지명하는 자를 임명한다.
④ 헌법재판소의 장은 국회의 동의를 얻어 재판관 중에서 대통령이 임명한다.

제112조
① 헌법재판소 재판관의 임기는 6년으로 하며, 법률이 정하는 바에 의하여 연임할 수 있다.
② 헌법재판소 재판관은 정당에 가입하거나 정치에 관여할 수 없다.
③ 헌법재판소 재판관은 탄핵 또는 금고 이상의 형의 선고에 의하지 아니하고는 파면되지 아니한다.

> **헌법재판소법**
> 제16조(재판관회의) ① 재판관회의는 재판관 전원으로 구성하며, 헌법재판소장이 의장이 된다.
> ② 재판관회의는 재판관 전원의 3분의 2를 초과하는 인원의 출석과 출석인원 과반수의 찬성으로 의결한다.
> ③ 의장은 의결에서 표결권을 가진다.
> ④ 다음 각 호의 사항은 재판관회의의 의결을 거쳐야 한다.
>   1. 헌법재판소규칙의 제정과 개정, 제10조의2에 따른 입법 의견의 제출에 관한 사항
>   2. 예산 요구, 예비금 지출과 결산에 관한 사항
>   3. 사무처장, 사무차장, 헌법재판연구원장, 헌법연구관 및 3급 이상 공무원의 임면에 관한 사항
>   4. 특히 중요하다고 인정되는 사항으로서 헌법재판소장이 재판관회의에 부치는 사항
> ⑤ 재판관회의의 운영에 필요한 사항은 헌법재판소규칙으로 정한다.

Ⅰ 헌법재판소장

1. 임명 등

① 헌법재판소의 장은 국회의 동의를 얻어 재판관 중에서 대통령이 임명한다(헌법 제111조 제4항).
② 정년은 70세이며, 대우와 보수는 대법원장의 예에 준한다(헌법재판소법 제15조 제1항).
③ 헌법에는 헌법재판소장의 임기나 중임제한규정이 없다.
④ 연임허용여부에 대하여도 헌법 자체가 규정을 두고 있지 않지만, 일반적으로 연임이 가능하다고 해석한다.

구분	헌법재판소장	대법원장
임명	재판관(15년 이상의 법조경력자 + 40세 이상) 중에서	20년 이상의 법조경력자 + 45세 이상인 자 중에서
중임제한	×	○ (헌법 제105조 제1항)

2. 권한대행

① 헌법재판소규칙이 정하는 순서에 의하여 그 권한을 대행한다(헌법재판소법 제12조 제4항).
② 헌법재판소장이 일시적인 사고로 인하여 직무를 수행할 수 없을 때에는 헌법재판소 재판관 중 임명일자 순으로 그 권한을 대행한다. 다만, 임명일자가 같을 때에는 연장자 순으로 대행한다(헌법재판소장의 권한대행에 관한 규칙 제2조).
③ 헌법재판소장이 궐위되거나 1개월 이상 사고로 인하여 직무를 수행할 수 없을 때에는 헌법재판소 재판관 중 재판관회의에서 선출된 사람이 그 권한을 대행한다(동 규칙 제3조).

II 헌법재판관

1. 자격 등

① 재판관은 법관의 자격을 가져야 하며(제111조 제2항), 헌법재판소법은 40세 이상의 사람으로서 15년 이상 ⅰ) 판사·검사·변호사, ⅱ) 변호사의 자격이 있는 사람으로서 국가기관, 국·공영기업체, 공공기관 그 밖의 법인에서 법률에 관한 사무에 종사한 사람, ⅲ) 변호사의 자격이 있는 사람으로서 공인된 대학의 법률학 조교수 이상의 직에 있던 사람 중에서 임명하도록 정하고 있다(헌법재판소법 제5조).
② 재판관 9인은 모두 대통령이 임명한다(제111조 제2항).
③ 9인의 재판관 중 3인은 국회에서 선출하는 자를, 3인은 대법원장이 지명하는 자를 임명한다(제111조 제3항).
④ 재판관의 임기는 6년이고 법률이 정하는 바에 의하여 연임할 수 있다(제112조 제1항).
⑤ 재판관의 정년은 70세이다(헌법재판소법 제7조 제2항).

2. 재판관의 직무와 신분

(1) 직무상 독립

① 헌법재판소 재판관은 헌법과 법률에 의하여 양심에 따라 독립하여 심판한다(헌법재판소법 제4조).
② 헌법재판의 직무상 독립(물적 독립)에 대하여는 헌법에 규정이 없고 헌법재판소법에 규정되어 있다.

(2) 신분보장

탄핵 또는 금고 이상의 형의 선고에 의하지 아니하고는 파면되지 아니한다(헌법 제112조 제3항).

(3) 정치적 중립성

헌법재판소 재판관은 정당에 가입하거나 정치에 관여할 수 없다(헌법 제112조 제2항).

(4) 겸직 금지

재판관은 국회 또는 지방의회의 의원직, 그 밖의 공무원직, 법인과 단체의 고문·임원·직원 등의 직을 겸하거나 영리를 목적으로 하는 사업을 영위할 수 없다(헌법재판소법 제14조).

III 재판관회의

① 재판관회의는 재판관 전원으로 구성하며 헌법재판소장이 의장이 된다(헌법재판소법 제16조 제1항).
② 재판관회의는 재판관 전원의 3분의 2를 초과하는 인원의 출석과 출석재판관 과반수의 찬성으로써 의결한다(헌법재판소법 제16조 제2항).
③ 의장은 의결에 있어서 표결권을 가진다(헌법재판소법 제16조 제3항).
④ 재판관회의의 운영에 관하여 필요한 사항은 헌법재판소규칙으로 정한다(헌법재판소법 제16조 제5항).
⑤ 재판관회의의 의결을 거쳐야 할 사항(헌법재판소법 제16조 제4항)
  ⅰ) 헌법재판소규칙의 제정과 개정

ⅱ) 제10조의2의 규정에 따른 입법의견의 제출에 관한 사항
ⅲ) 예산요구, 예비금지출과 결산에 관한 사항
ⅳ) 사무처장·사무차장·헌법연구관 및 3급 이상 공무원의 임면에 관한 사항
ⅴ) 특히 중요하다고 인정되는 사항으로서 헌법재판소장이 부의하는 사항

제4항 심판절차의 일반원칙

헌법

제113조
① 헌법재판소에서 법률의 위헌결정, 탄핵의 결정, 정당해산의 결정 또는 헌법소원에 관한 인용결정을 할 때에는 재판관 6인 이상의 찬성이 있어야 한다.
② 헌법재판소는 법률에 저촉되지 아니하는 범위 안에서 심판에 관한 절차, 내부규율과 사무처리에 관한 규칙을 제정할 수 있다.
③ 헌법재판소의 조직과 운영 기타 필요한 사항은 법률로 정한다.

헌법재판소법

제10조의2(입법의견의 제출) 헌법재판소장은 헌법재판소의 조직·인사·운영·심판절차 그 밖에 헌법재판소의 업무에 관련된 법률의 제정 또는 개정이 필요하다고 인정하는 경우에는 국회에 서면으로 그 의견을 제출할 수 있다.
제23조(심판정족수) ① 재판부는 재판관 7명 이상의 출석으로 사건을 심리한다.
② 재판부는 종국심리에 관여한 재판관의 과반수의 찬성으로 사건에 관한 결정을 한다. 다만 다음 각 호의 1에 해당하는 경우에는 재판관 6명 이상의 찬성이 있어야 한다.
  1. 법률의 위헌결정, 탄핵의 결정, 정당해산의 결정 또는 헌법소원에 관한 인용결정을 하는 경우
  2. 종전에 헌법재판소가 판시한 헌법 또는 법률의 해석적용에 관한 의견을 변경하는 경우
제25조(대표자·대리인) ① 각종 심판절차에 있어서 정부가 당사자인 때에는 법무부장관이 이를 대표한다.
② 각종 심판절차에 있어서 당사자인 국가기관 또는 지방자치단체는 변호사 또는 변호사의 자격이 있는 소속직원을 대리인으로 선임하여 심판을 수행하게 할 수 있다.
③ 각종 심판절차에 있어서 당사자인 사인은 변호사를 대리인으로 선임하지 아니하면 심판청구를 하거나 심판수행을 하지 못한다. 다만 그가 변호사의 자격이 있는 때에는 그러하지 아니하다.
제30조(심리의 방식) ① 탄핵의 심판·정당해산의 심판 및 권한쟁의 심판은 구두변론에 의한다.
② 위헌법률의 심판과 헌법소원에 관한 심판은 서면심리에 의한다. 다만 재판부는 필요하다고 인정하는 경우에는 변론을 열어 당사자·이해관계인 기타 참고인의 진술을 들을 수 있다.
③ 재판부가 변론을 열 때에는 기일을 정하고 당사자와 관계인을 소환하여야 한다.
제34조(심판의 공개) ① 심판의 변론과 결정의 선고는 공개한다. 다만 서면심리와 평의는 공개하지 아니한다.
제36조(종국결정) ① 재판부가 심리를 마친 때에는 종국결정을 한다.
③ 심판에 관여한 재판관은 결정서에 의견을 표시하여야 한다.
제37조(심판비용 등) ① 헌법재판소의 심판비용은 국가부담으로 한다. 다만 당사자의 신청에 의한 증거조사의 비용은 헌법재판소규칙이 정하는 바에 따라 그 신청인에게 부담시킬 수 있다.
③ 헌법재판소는 다음 각 호의 1에 해당하는 경우에는 헌법재판소규칙이 정하는 바에 따라 공탁금의 전부 또는 일부의 국고귀속을 명할 수 있다.
  1. 헌법소원의 심판청구를 각하하는 경우
  2. 헌법소원의 심판청구를 기각하는 경우에 그 심판청구가 권리의 남용이라고 인정되는 경우

제38조(심판기간) 헌법재판소는 심판사건을 접수한 날부터 180일 이내에 종국결정의 선고를 하여야 한다. 다만 재판관의 궐위로 7명의 출석이 불가능한 때에는 그 궐위된 기간은 심판기간에 이를 산입하지 아니한다.

제39조(일사부재리) 헌법재판소는 이미 심판을 거친 동일한 사건에 대하여는 다시 심판할 수 없다.

제39조의2(심판확정기록의 열람·복사) ① 누구든지 권리구제, 학술연구 또는 공익 목적으로 심판이 확정된 사건기록의 열람 또는 복사를 신청할 수 있다. 다만 헌법재판소장은 다음 각 호의 어느 하나에 해당하는 경우에는 사건기록을 열람하거나 복사하는 것을 제한할 수 있다.
  1. 변론이 비공개로 진행된 경우
  2. 사건기록의 공개로 인하여 국가의 안전보장, 선량한 풍속, 공공의 질서유지나 공공복리를 현저히 침해할 우려가 있는 경우
  3. 사건기록의 공개로 인하여 관계인의 명예, 사생활의 비밀, 영업비밀(「부정경쟁방지 및 영업비밀보호에 관한 법률」제2조 제2호에 규정된 영업비밀을 말한다) 또는 생명·신체의 안전이나 생활의 평온을 현저히 침해할 우려가 있는 경우

② 헌법재판소장은 제1항 단서에 따라 사건기록의 열람 또는 복사를 제한하는 경우에는 신청인에게 그 사유를 명시하여 통지하여야 한다.

③ 사건기록을 열람하거나 복사한 자는 열람 또는 복사에 의하여 알게 된 사항을 이용하여 공공의 질서 또는 선량한 풍속을 침해하거나 관계인의 명예 또는 생활의 평온을 훼손하는 행위를 하여서는 아니된다.

제40조(준용규정) ① 헌법재판소의 심판절차에 관하여는 이 법에 특별한 규정이 있는 경우를 제외하고는 민사소송에 관한 법령의 규정을 준용한다. 이 경우 탄핵심판의 경우에는 형사소송에 관한 법령을, 권한쟁의심판 및 헌법소원심판의 경우에는 행정소송법을 함께 준용한다.

② 제1항 후단의 경우에 형사소송에 관한 법령 또는 행정소송법이 민사소송에 관한 법령과 저촉될 때에는 민사소송에 관한 법령은 준용하지 아니한다.

I 재판부의 구성(심판주체)

1. 원칙(전원재판부)

① 헌법재판소의 심판은 헌법재판소법에 특별한 규정이 있는 경우를 제외하고는 재판관 전원으로 구성되는 재판부에서 관장한다(법 제22조 제1항).
② 전원재판부의 재판장은 헌법재판소장이 된다(법 제22조 제2항).

2. 예외(지정재판부)

① 헌법재판소장은 헌법재판소법 제68조 제1항과 동조 제2항에 의한 헌법소원심판에 있어서 그 청구요건만을 사전에 심사하기 위하여 헌법재판소에 재판관 3명으로 구성되는 지정재판부를 둘 수 있다(법 제72조 제1항).
② 지정재판부에 의한 사전심사는 헌법재판소의 심판절차 가운데 헌법소원심판에 대하여만 적용되고 다른 심판절차에 대하여는 적용되지 않는다.
③ 지정재판부는 전원의 일치된 의견으로 각하결정을 하지 아니하는 경우에는 결정으로 헌법소원을 재판부의 심판에 회부하여야 한다. 헌법소원심판의 청구 후 30일이 지날 때까지 각하결정이 없는 때에는 심판에 회부하는 결정(심판회부결정)이 있는 것으로 본다(법 제72조 제4항).

3. 재판관 배제제도(제척 · 기피 · 회피)

> ⬟ **헌법재판소법**
> **제24조(제척 · 기피 및 회피)** ① 재판관이 다음 각호의 어느 하나에 해당하는 경우에는 그 직무집행에서 제척된다.
>   1. 재판관이 당사자이거나 당사자의 배우자 또는 배우자였던 경우
>   2. 재판관과 당사자가 친족관계이거나 친족관계였던 경우
>   3. 재판관이 사건에 관하여 증언이나 감정을 하는 경우
>   4. 재판관이 사건에 관하여 당사자의 대리인이 되거나 되었던 경우
>   5. 그밖의 재판관이 헌법재판소 외에서 직무상 또는 직업상의 이유로 사건에 관여한 경우
> ② 재판부는 직권 또는 당사자의 신청에 의하여 제척의 결정을 한다.
> ③ 재판관에게 공정한 심판을 기대하기 어려운 사정이 있는 경우 당사자는 기피신청을 할 수 있다. 다만 변론기일에 출석하여 본안에 관한 진술을 한 때에는 그러하지 아니하다.
> ④ 당사자는 동일한 사건에 대하여 2명 이상의 재판관을 기피할 수 없다.
> ⑤ 재판관은 제1항 또는 제3항의 사유가 있는 경우에는 재판장의 허가를 얻어 회피할 수 있다.
> ⑥ 당사자의 제척 및 기피신청에 관한 심판에는 민사소송법 제44조, 제45조, 제46조 제1항 · 제2항 및 제48조를 준용한다.

① 제척이란 불공평한 재판을 할 우려가 현저한 법정의 사유가 있는 경우 그 재판관을 당연히 당해 재판의 직무집행에서 배제시키는 제도를 말한다.

② 기피란 제척의 사유가 없다고 하더라도 재판관에게 심판의 공정을 기대하기 어려운 사정이 있는 경우에 당사자의 신청으로 그 재판관이 그 재판의 직무집행에서 제외되게 하는 제도를 말한다. 헌법재판소법은 당사자가 동일한 사건에 대하여 2인 이상의 재판관을 기피할 수 없도록 제한하고 있다.

③ 회피란 재판관이 위와 같은 제척이나 기피사유가 있는 경우에 재판장의 허가를 얻어 스스로 재판의 직무에서 벗어나게 하는 제도이다.

II 심판의 청구와 심판청구의 당사자

1. 심판의 청구(신청주의)

(1) 의의

① 헌법재판소법은 헌법재판에서 신청주의를 정하고 있다(헌법재판소법 제14조 제1항 등).
② 헌법재판은 심판청구에 의하여 개시되며, 헌법재판소는 심판청구에 대하여 결정으로 응답할 법적 의무를 진다.

(2) 심판의 청구

① 심판청구란 헌법재판에서 청구권자가 헌법재판소에 대해 일정한 내용의 심판을 구하는 신청을 말한다.
② 심판청구가 있어야 비로소 헌법재판의 해당절차가 개시된다.
③ 심판청구는 심판절차별로 정하여진 청구서를 헌법재판소에 제출함으로써 하고(도달주의), 위헌법률심판에 있어서는 법원의 제청서, 탄핵심판에 있어서는 국회의 소추의결서의 정본으로 이에 갈음한다(헌법재판소법 제26조 제1항).

(3) 심판청구의 취하

1) 의의
① 청구의 취하란 청구인이 헌법재판소에 대하여 한 심판청구의 전부 또는 일부를 철회하는 의사표시를 말한다.
② 청구의 취하는 청구인이 헌법재판소의 결정선고시까지 할 수 있다.

2) 청구취하의 효과
청구가 취하되면 처음부터 소송계속이 없었던 것이 되어 원칙적으로 소송이 종료되고, 헌법재판소는 소송절차종료선언을 하게 된다.

[사건유형별 청구취하]

위헌법률 심판	원칙	신청인은 취하 가능. 객관소송이므로 법원은 제청철회 불가
	예외	사건의 전제가 된 법률의 개정 또는 폐지 등 제청요건이 존재하지 않는 경우, 형사사건의 공소취소나 민사사건의 소 취하로 당해사건이 종료된 경우에는 예외적으로 법원의 제청철회 가능
탄핵심판		소추위원은 심판청구취하 불가
		국회가 취하할 수 있는가에 대해서는 견해대립 있음
정당해산 심판		청구에 현저한 잘못이 없는 한 취하 불가
권한쟁의 심판	원칙	대립당사자의 구조를 취하고 있으므로 처분권주의가 적용되어 취하 가능
	예외	객관소송으로서의 성격도 있으므로 국가의 이익이나 헌법질서의 유지를 위해 필요한 경우에는 취하 불가
헌법소원 심판		처분권주의가 적용되어 취하 가능
		청구인의 심판청구취하가 있는 경우에 피청구인이 동의하거나, 2주일 내에 이의를 하지 않으면 헌법재판소는 심판절차종료선언을 하게 됨

2. 심판청구의 당사자

(1) 국가기관·지방자치단체의 대표자·대리인
각종 심판절차에서 정부가 당사자인 경우에는 법무부장관이, 국가기관이나 지방자치단체가 당사자인 경우에는 변호사 또는 변호사자격이 있는 소속 직원을 대리인으로 선임하여 심판을 수행할 수 있다(헌법재판소법 제25조 제1항·제2항).

(2) 사인이 청구인인 경우(변호사강제주의)
사인이 당사자인 탄핵심판 청구와 헌법소원심판 청구의 경우에는 변호사를 대리인으로 선임하지 않으면 심판청구 또는 심판수행을 할 수 없다. 다만 그가 변호사의 자격이 있는 경우에는 그러하지 아니한다(헌법재판소법 제23조 제3항).

Ⅲ 심리

1. 심리정족수
재판관 7명 이상의 출석으로 사건을 심리한다(헌법재판소법 제23조 제1항).

2. 심리방식
① 탄핵심판·정당해산심판·권한쟁의심판은 구두변론에 의하고, 위헌법률심판·헌법소원심판은 서면심리를 원칙으로 한다(헌법재판소법 제30조).
② 헌법재판은 직권심리가 원칙이므로 심판대상, 피청구인, 침해된 기본권, 침해유무 등을 직권으로 심사할 수 있다.

3. 증거조사
재판부는 사건의 심리를 위하여 필요하다고 인정하는 경우에는 직권 또는 당사자의 신청에 의하여 증거조사를 할 수 있다(헌법재판소법 제31조 제1항).

4. 의견제출
① 위헌법률심판 또는 위헌소원심판에서 당해 소송사건의 당사자 및 법무부장관은 헌법재판소에 법률의 위헌여부에 대한 의견서를 제출할 수 있다(헌법재판소법 제44조, 제74조 제2항).
② 헌법소원심판에 이해관계가 있는 국가기관 또는 공공단체와 법무부장관은 헌법재판소에 그 심판에 관한 의견서를 제출할 수 있다(헌법재판소법 제74조 제1항).
③ 국가인권위원회도 인권의 보호와 향상에 중대한 영향을 미치는 재판이 계속 중인 경우 헌법재판소에 사실상 및 법률상의 사항에 관하여 의견을 제출할 수 있다(국가인권위원회법 제28조).

Ⅳ 평의

1. 의의
① 평의란 헌법재판소의 심리가 종결된 후 심판에 앞서 재판관회의에서 사건에 대한 의견을 교환하는 것을 말한다.
② 서면심리와 평의는 공개하지 아니한다(헌법재판소법 제34조).

2. 합의(평결)의 방식
사건에 대하여 평의를 하고 표결(평결)하는 방식에는 쟁점별 합의방식과 주문별 합의방식이 있다. 헌법재판소의 합의방식이 각 쟁점별 합의인가 아니면 결정 전체에 대한 주문별 합의인가는 명확하지 않다.

(1) 쟁점별 합의방식

① 쟁점별 합의방식은 적법요건이나 본안에 해당되는 문제들을 개별적 쟁점별로 표결하는 방식이다.
② 적법요건에 대한 판단과 본안판단을 구별하여 먼저 적법요건에 대한 표결을 하여 적법여부를 결정한 후, 적법하다고 판단하면 부적법하다는 의견을 낸 재판관도 청구가 적법하다는 전제 하에 본안에 대한 의견을 내는 방식을 말한다(순차표결방식).

(2) 주문별 합의방식

① 주문별 합의방식은 적법요건이나 본안에 해당되는 문제들을 전체적으로 표결하여 결정주문(예를 들어 심판청구의 각하/본안의 기각 또는 인용)을 도출해 내는 방식이다.
② 청구의 적법요건에 대한 판단과 본안판단을 구별하지 않고 각 쟁점에 대하여 재판관마다 의견을 내어 결정정족수를 충족시키는지를 정하는 방식(동시표결방식)을 말한다.
③ 우리 헌법재판소는 헌법재판사건의 적법요건사항과 본안사항을 통합하고 일괄적으로 합의하여 최종적 결정주문(예를 들어 각하의견 2명+인용의견 6명+기각의견 1명)을 내리는 "주문별 합의방식"을 채택하고 있다.

3. 합의불일치시 주문방식

(1) 법원조직법 제66조의 준용

헌법재판소법 제40조 제1항에 따라 법원조직법 제66조 제2항을 준용하여 주문의 방식을 결정할 수 있다. 법원조직법 제66조 제2항의 규정에 의하면 "수액"이나 "형량"에 관하여 3개 이상의 설로 나뉘어, 각각 과반수에 이르지 못한 때에는 신청인에게 가장 유리한 견해를 가진 수에 순차로, 그 다음으로 유리한 견해를 가진 수를 더하여 과반수에 이르게 된 때의 견해를 그 합의체의 견해로 하도록 하고 있다.

즉 전부위헌 2명, 헌법불합치 2명, 한정합헌 2명, 합헌 3명 등으로 나누어진 경우 신청인에게 가장 유리한 견해인 전부위헌의 견해를 가진 수(2명)에 순차로 유리한 견해(헌법불합치 2명 → 한정합헌 2명)를 더하여 "6명"에 이르게 된 때의 견해인 "한정합헌"의 견해에 따라 주문이 결정된다.

(2) 헌법재판소 결정례

1) 위헌 2, 합헌 5, 각하 2(헌재 1987.7.14, 88헌가5 등) : 합헌결정
2) 위헌 1, 한정합헌 5, 각하 3(헌재 1992.2.25, 89헌가104) : 한정합헌결정
3) 위헌 5, 헌법불합치 2, 각하 2(헌재 1997.7.16, 95헌가6 등) : 헌법불합치결정
4) 인용 3, 기각 3, 각하 3(헌재 1997.7.16, 96헌라2) : 기각결정
5) 인용 5, 각하 4(헌재 2002.2.24, 97헌마13 등) : 기각결정
6) 헌법불합치 1, 한정위헌 5, 한정합헌 3(헌재 2002.8.29, 2000헌가5·6): 한정위헌결정
7) 위헌 1, 적용중지 헌법불합치 2, 잠정적용 헌법불합치 5, 한정위헌 1(헌재 2007.5.31, 2005헌마1139) : 잠정적용 헌법불합치결정

V 심판

1. 심판의 원칙

① 변론공개주의에 따라 구두변론에 있어서 심판은 변론을 공개하며(변론공개주의 : 헌법재판소법 제34조), 이미 심판을 거친 동일한 사건에 대하여는 다시 심판할 수 없다(일사부재리원칙 : 헌법재판소법 제39조).

② 심판비용은 국가부담을 원칙으로 한다. 따라서 청구서나 준비서면 등에 인지를 첨부하지 않는다(비용국가부담의 원칙 : 헌법재판소법 제37조 제1항).

2. 심판기간

① 헌법재판소는 위헌법률심판제청서, 탄핵소추의결서, 정당해산·권한쟁의·헌법소원에 관한 청구서를 접수한 날부터 180일 안에 종국결정을 선고하여야 한다. 다만 재판관의 궐위로 7명의 출석이 불가능한 때에는 그 궐위된 기간은 심판기간에 산입하지 아니한다(헌법재판소법 제38조).

② 심판기간규정의 성격에 관하여는 훈시규정으로 본다.

3. 심판비용

① 헌법재판소는 당사자의 신청에 의한 증거조사의 비용은 신청인에게 부담시킬 수 있다(헌법재판소법 제37조 제1항 단서).

② 헌법소원심판의 청구인에 대하여 헌법재판소규칙으로 정하는 일종의 남소제재금에 해당하는 공탁금의 납부를 명할 수 있다(헌법재판소법 제37조 제2항).

③ 공탁금의 전부 또는 일부의 국고귀속은 ⅰ) 헌법소원심판 청구를 각하하는 경우와 ⅱ) 헌법소원심판 청구를 기각하는 경우에 그 심판청구가 권리의 남용이라고 인정되는 경우에 명할 수 있다(헌법재판소법 제37조 제3항).

4. 타 법령의 준용

> **헌법재판소법**
> **제40조(준용규정)** ① 헌법재판소의 심판절차에 관하여는 이 법에 특별한 규정이 있는 경우를 제외하고는 헌법재판의 성질에 반하지 아니하는 한도 내에서 민사소송에 관한 법령의 규정을 준용한다. 이 경우 탄핵심판의 경우에는 형사소송에 관한 법령을, 권한쟁의심판 및 헌법소원심판의 경우에는 행정소송법을 함께 준용한다.
> ② 제1항 후단의 경우에 형사소송에 관한 법령 또는 행정소송법이 민사소송에 관한 법령과 저촉될 때에는 민사소송에 관한 법령은 준용하지 아니한다.
> **제47조(위헌결정의 효력)** ① 법률의 위헌결정은 법원과 그 밖의 국가기관 및 지방자치단체를 기속한다.
> ② 위헌으로 결정된 법률 또는 법률의 조항은 그 결정이 있는 날부터 효력을 상실한다.
> ③ 제2항에도 불구하고 형벌에 관한 법률 또는 법률의 조항은 소급하여 그 효력을 상실한다. 다만, 해당 법률 또는 법률의 조항에 대하여 종전에 합헌으로 결정한 사건이 있는 경우에는 그 결정이 있는 날의 다음 날로 소급하여 효력을 상실한다.
> ④ 제3항의 경우에 위헌으로 결정된 법률 또는 법률의 조항에 근거한 유죄의 확정판결에 대하여는 재심을 청구할 수 있다.
> ⑤ 제4항의 재심에 대하여는 「형사소송법」을 준용한다.

제75조(인용결정) ⑦ 제68조 제2항에 따른 헌법소원이 인용된 경우에 당해 헌법소원과 관련된 소송사건이 이미 확정된 때에는 당사자는 재심을 청구할 수 있다.
⑧ 제7항의 규정에 따른 재심에 있어 형사사건에 대하여는 형사소송법의 규정을, 그 외의 사건에 대하여는 민사소송법의 규정을 준용한다.

Ⅵ 종국결정

헌법재판소법

제23조(심판정족수) ① 재판부는 재판관 7명 이상의 출석으로 사건을 심리한다.
② 재판부는 종국심리에 관여한 재판관의 과반수의 찬성으로 사건에 관한 결정을 한다. 다만 다음 각호의 어느 하나에 해당하는 경우에는 재판관 6명 이상의 찬성이 있어야 한다.
  1. 법률의 위헌결정, 탄핵의 결정, 정당해산의 결정 또는 헌법소원에 관한 인용결정을 하는 경우
  2. 종전에 헌법재판소가 판시한 헌법 또는 법률의 해석적용에 관한 의견을 변경하는 경우

제34조(심판의 공개) ① 심판의 변론과 결정의 선고는 공개한다. 다만 서면심리와 평의는 공개하지 아니한다.
② 헌법재판소의 심판에 관하여는 법원조직법 제57조 제1항 단서와 같은 조 제2항 및 제3항을 준용한다.

제36조(종국결정) ① 재판부가 심리를 마쳤을 때에는 종국결정을 한다.
② 종국결정을 할 때에는 다음 각 호의 사항을 적은 결정서를 작성하고 심판에 관여한 재판관 전원이 이에 서명·날인하여야 한다.
  1. 사건번호와 사건명
  2. 당사자와 심판수행자 또는 대리인의 표시
  3. 주문(主文)
  4. 이유
  5. 결정일자
③ 심판에 관여한 재판관은 결정서에 의견을 표시하여야 한다.
④ 종국결정이 선고되면 서기는 지체없이 결정서 정본을 작성하여 이를 당사자에게 송달하여야 한다.
⑤ 종국결정은 헌법재판소규칙으로 정하는 바에 따라 관보에 게재하거나 그 밖의 방법으로 공시한다.

제38조(심판기간) 헌법재판소는 심판사건을 접수한 날부터 180일 이내에 종국결정의 선고를 하여야 한다. 다만 재판관의 궐위로 7명의 출석이 불가능한 경우에는 그 궐위된 기간은 심판기간에 이를 산입하지 아니한다.

재판부가 심리를 미친 때에는 종국결정을 한다(헌법재판소법 제36조 제1항).

1. 결정의 정족수

① 법률의 위헌결정·탄핵결정 및 정당해산의 결정 및 헌법소원의 인용결정을 하는 경우와, 종전에 헌법재판소가 판시한 헌법 또는 법률의 해석적용에 관한 의견을 변경하는 경우에는 재판관 6명 이상의 찬성이 있어야 한다(헌법 제113조 제1항, 헌법재판소법 제23조 제2항 제1호·제2호).

② 그 외의 결정은 종국심리에 관여한 재판관 과반수의 찬성으로써 한다.

③ 종전에 헌법재판소가 판시한 헌법 또는 법률의 해석적용에 관한 의견을 변경하는 경우의 정족수에 관해서는 헌법에 명문규정이 없으므로, 헌법 제113조 제3항에 따라 국회가 합리적으로 정할 수 있다. 따라서 관여재판관 과반수의 찬성으로 종전에 헌법재판소가 판시한 헌법 또는 법률의 해석적용에 관한 의견을 변경할 수 있도록

헌법재판소법을 개정하는 것은 헌법재판소의 운영에 필요한 사항에 대하여 법률로 정하도록 한 헌법규정에 따라 입법정책으로 결정될 수 있으므로 헌법에 위반되지 않는다.

2. 결정의 요식

종국결정을 할 때에는 ① 사건번호와 사건명, ② 당사자와 심판수행자 또는 대리인, ③ 주문, ④ 이유, ⑤ 결정일자를 기재한 결정서를 작성하고, 심판에 관여한 재판관 전원이 서명·날인하여야 한다(헌법재판소법 제36조 제2항).

3. 개별의견의 표시

① 심판에 관여한 재판관은 심판의 유형을 불문하고 결정에 의견을 표시할 의무가 있다(헌법재판소법 제36조 제3항).
② 헌법재판에서는 당연히 "헌법재판소의 의견=법정의견"이 있어야 하고, 이런 의견은 당연히 표시되므로 의견표시 의무의 대상인 의견은 헌법재판소의 의견이 아닌 재판관들의 개별의견이다.
③ 개별의견에는 반대의견, 보충의견이 있으며, 규범력이 인정되지 않는다.

4. 결정의 형식

① 심판청구가 부적법할 경우에는 각하결정을 하고, 심판청구가 적법하지만 이유가 없을 경우에는 기각결정을 하며, 심판청구가 적법하고 이유가 있을 경우에는 인용결정을 한다.
② 위헌법률심판의 경우에는 합헌결정이나 위헌결정 또는 변형결정을 한다.

5. 종국결정의 선고

헌법재판소는 심판사건을 접수한 날부터 180일 이내에 종국결정의 선고를 하여야 한다(헌법재판소법 제38조).

6. 심판의 공개

심판의 변론과 결정의 선고는 공개한다. 다만, 심리는 국가의 안전보장, 안녕질서 또는 선량한 풍속을 해칠 우려가 있는 경우에는 결정으로 공개하지 아니할 수 있으며(헌법재판소법 제34조, 법원조직법 제57조), 서면심리와 평의는 공개하지 아니한다.

7. 결정서의 송달과 관보게재에 의한 공시

종국결정이 선고되면 서기는 지체없이 결정서 정본을 작성하여 이를 당사자에게 송달하여야 한다. 종국결정은 관보에 게재함으로써 이를 공시한다(헌법재판소법 제36조 제4항·제5항).

Ⅶ 일사부재리의 원칙

① 헌법재판소는 이미 심판을 거친 동일한 사건에 대하여는 다시 심판할 수 없다(헌법재판소법 제39조).
② 동일한 사건이란 동일 청구인이 동일한 심판유형에서 동일 심판대상에 대하여 다투는 경우를 전제로 한다.
③ 일사부재리원칙에 위배되지 않는 경우
  ⅰ) 심판대상이 동일하다고 하더라도 심판유형이 다른 경우(헌법소원심판 청구와 위헌법률심판 제청사건)

ⅱ) 헌법재판소의 각하결정 후 요건에 대한 보정을 하고 다시 심판청구를 하는 경우
ⅲ) 대상법률에 대하여 위헌판단을 한 바 없고, 청구인이 동일하지 않은 경우
ⅳ) 청구인과 심판유형, 심판대상이 동일하더라도 재판의 전제가 되는 당해사건이 다른 경우

[헌법재판소의 심판절차]

구분	위헌법률심판	탄핵심판	정당해산심판	권한쟁의심판	헌법소원심판
변호사강제주의	X	O	X	X	O
가처분절차	X	X	O	O	O(해석상)
지정재판부	X	X	X	X	O
심리방식	서면	구두	구두	구두	서면
심리기간	사건접수일로부터 180일 이내에 종국결정				
심리정족수	7명 이상의 출석				
공개	원칙 : 공개 예외 : 비공개 [결정으로(국가의 안전보장, 안녕질서, 선량한 풍속을 해칠 우려가 있는 경우)/서면심리와 평의]				
결정정족수	6명 이상			출석과반수	6명 이상
재판관 의견표시	모두 필요				
심판비용	원칙 : 국가부담 예외 : 당사자 신청에 의한 증거조사비용(신청인부담 가능)				

제5항 헌법재판과 가처분

● **헌법재판소법**
제57조(가처분) 헌법재판소는 정당해산심판의 청구를 받은 때에는 직권 또는 청구인의 신청에 의하여 종국결정의 선고시까지 피청구인의 활동을 정지하는 결정을 할 수 있다.
제65조(가처분) 헌법재판소가 권한쟁의심판의 청구를 받았을 때에는 직권 또는 청구인의 신청에 의하여 종국결정의 선고시까지 심판대상이 된 피청구기관의 처분의 효력을 정지하는 결정을 할 수 있다.

I 서론

① 가처분이란 상당한 시일이 걸리는 본안결정이 있기 전에 본안사건에서 다툼이 있는 법률관계에 대하여 잠정적·임시적으로 지위를 정함으로써 본안결정의 실효성을 확보하기 위한 가구제도를 말한다.
② 가처분절차는 본안결정 이전에 회복하기 어려운 손해가 발생함으로써 본안에 대한 승소의 결정이 내려지더라도 실효성을 갖지 못하는 사태를 방지하는데 제도적 취지가 있다.

③ 헌법재판소법은 정당해산심판(헌법재판소법 제57조)과 권한쟁의심판(헌법재판소법 제65조)에 대하여만 가처분에 관한 규정을 두고 있다.

Ⅱ 가처분의 허용범위

1. 학설의 대립

정당해산심판(헌법재판소법 제57조)과 권한쟁의심판(헌법재판소법 제65조)에 대하여만 가처분에 관한 규정을 두고 있으므로 위 두 심판절차에만 가처분이 허용된다는 견해(한정설)와 다른 심판절차에도 가처분이 허용된다는 견해(예시설)가 대립한다.

2. 헌법재판소

헌법재판소는 사법시험령 제4조 제3항 효력정지 가처분신청사건에서 예시설의 입장에서 판단한 바 있다(헌재 2000.12.28, 2000헌사471).

Ⅲ 가처분의 요건

1. 심판청구요건

(1) 신청에 의한 가처분

① 가처분신청은 이미 계속 중이거나 장래 계속될 본안소송의 청구인적격이 있는 자가 할 수 있다.
② 국무총리서리 임명행위의 효력정지 및 직무집행정지 가처분사건에서 보듯이 본안의 피청구인(대통령)과 가처분의 피신청인(자연인 김종필)이 같지 않을 수도 있다(헌재 1998.7.14, 98헌사31).

(2) 직권에 의한 가처분

① 헌법재판소법은 정당해산심판청구(헌법재판소법 제57조) 및 권한쟁의심판청구(헌법재판소법 제65조)의 경우에는 '청구인의 신청'뿐만 아니라 헌법재판소의 '직권'에 의한 가처분을 인정하고 있다.
② 견해가 대립하나, 가처분제도의 기능과 헌법재판이 지니고 있는 객관적 소송으로서의 성격을 고려하면 헌법재판소법에 명시적 규정이 없는 다른 심판유형의 경우에도 헌법재판소가 직권으로 가처분결정을 할 수 있다고 볼 것이다.

(3) 본안청구와의 관계

1) 본안사건에 대한 관할 및 본안절차의 개시여부

① 가처분이 본안결정의 실효성을 확보하기 위한 제도라는 점을 고려할 때 본안에 대해서 헌법재판소가 관할권을 가져야 한다.
② 가처분의 신청은 본안심판이 헌법재판소에 계속 중일 때 신청할 수 있음이 원칙이지만 가처분제도의 실효성을 확보하기 위하여 본안심판이 계속되기 전이라도 할 수 있다.

2) 본안청구의 적법여부

본안소송에서의 승소가능성이 가처분의 요건이 되는 것은 아니지만, 가처분의 본안소송에의 부종성으로 인하여 본안소송이 부적법하거나 이유 없음이 명백한 경우에는 어차피 본안청구가 인용될 수 없으므로 가처분신청도 부적법하다(헌재 1999.3.25, 98헌사98).

3) 본안과 동등한 결정

본안판단을 미리 끌어내거나 본안결정과 동일한 정도의 효과를 얻고자 하는 가처분신청은 부적법하다. 가처분은 '임시'로 권리구제를 꾀하는 것이지 '종국적'인 권리구제를 의도하는 것이 아니기 때문이다.

(4) 보충성

신청인은 가처분을 신청하기 전에 다른 권리구제수단을 모두 거쳐야 한다.

(5) 청구기간

가처분신청은 원칙적으로 특별한 기간 제한이 없으며, 본안심판의 청구가 허용되는 기간 내이거나 본안청구가 계속 중인 이상 신청이 가능하다. 다만 본안심판에 대한 청구기간이 도과하여 본안심판을 할 수 없는 경우에는 가처분신청도 허용되지 않는다.

(6) 변호사강제주의와 일사부재리원칙

가처분사건에도 변호사강제주의와 일사부재리원칙이 적용된다(헌법재판소법 제39조).

2. 인용요건

권한쟁의심판에서의 가처분결정은 피청구기관의 처분 등이나 그 집행 또는 절차의 속행으로 인하여 생길 회복하기 어려운 손해를 예방할 필요가 있거나 기타 공공복리상의 중대한 사유가 있어야 하고 그 처분의 효력을 정지시켜야 할 긴급한 필요가 있는 경우 등이 그 요건이 되고, 본안사건이 부적법하거나 이유 없음이 명백하지 않아야 한다.

3. 인용여부

① 가처분을 인용한 뒤 종국결정에서 청구가 기각되었을 때 발생하게 될 불이익과 ② 가처분을 기각한 뒤 청구가 인용되었을 때 발생하게 될 불이익에 대한 비교형량을 하여 행한다(헌재 2000.12.8, 2000헌사471).

Ⅳ 가처분심판의 절차

① 가처분의 신속성, 잠정성에 비추어 가처분결정은 구두변론 없이도 할 수 있다.
② 재판부는 가처분의 심리를 위하여 필요하다고 인정하는 경우에는 당사자의 신청 또는 직권에 의하여 증거조사 등을 할 수 있다.
③ 헌법소원심판사건의 지정재판부도 가처분결정을 할 수 있다(헌재 1997.12.16, 97헌사189).

Ⅴ 가처분의 결정과 효력

1. 가처분결정의 내용 및 유형

① 재판부는 재판관 7명 이상의 출석으로 사건을 심리하고, 종국심리에 관여한 재판관 과반수의 찬성으로 결정한다 (헌법재판소법 제23조 제1항, 제2항).
② 가처분은 현재의 법적 상태를 규율하는 가처분뿐만 아니라 새로운 법적 상태를 형성하는 가처분도 허용된다.
③ 헌법재판소법 제57조(정당해산심판에서의 피청구인의 활동정지결정) 및 제65조(권한쟁의심판에서의 피청구기관의 처분효력정지결정)의 규정은 정당해산심판과 권한쟁의심판에 있어서 가처분을 인용할 경우의 주문을 예시적으로 규정한 것에 불과하고 그 밖에 다양한 유형의 주문도 가능하다.

2. 가처분결정의 형식

가처분신청이 부적법할 경우에는 각하결정하고, 가처분신청이 적법하고 이유가 있을 때에는 인용결정하며, 적법하나 이유가 없을 때에는 기각결정한다.

3. 가처분결정의 효력

가처분결정이 선고되면 피청구인의 별도의 절차 없이도 본안결정이 있을 때까지 가처분결정의 내용대로 법률관계를 형성하는 효력을 가진다. 가처분은 모든 국가기관을 기속하며 주문에 달리 정함이 없는 한 본안사건에 대한 결정이 있을 때까지 기속력을 가진다.

[헌법재판유형과 가처분]

심판유형	구체적 유형	가처분 인정여부
권리구제형 헌법소원심판	검사의 불기소처분에 대한 가처분	×
	입법부작위에 대한 가처분	×
	행정부작위에 대한 가처분	×
위헌법률심판	법령의 효력을 정지시키는 가처분	○
	재판의 정지를 구하는 가처분	× (신청이익이 없다 ← ∵ 재판정지)
위헌심사형 헌법소원심판	헌법재판소 (헌재 1993.12.20. 93헌사81)	이유 없다 하여 기각결정 (이유 있으면 인정하겠다는 취지)
탄핵심판	직무집행정지 가처분	× (신청이익이 없다 ← ∵ 권한정지)
	탄핵소추의결정지 가처분	인정될 수 있다

제6항 헌법재판소 결정의 효력

헌법재판소의 심판에는 5가지 심판이 있고, 여러 심판에서 여러 결정들이 일률적으로 모두 동일한 효력들을 가지는 것은 아니다. 이러한 결정들에 공통적인 효력은 다음과 같다.

I 확정력

1. 개념
① 확정력이란 헌법재판소의 결정이 있은 후에는 그 결정에 대해 다투거나 그 판단된 내용을 번복·변경할 수 없게 하는 힘을 말한다.
② 확정력은 헌법재판소에 대한 불가변력, 당사자에 대한 불가쟁력(형식적 확정력), 소송물에 대한 기판력(실질적 확정력)으로 나타난다.

2. 불가변력(자기구속력)
① 불가변력이란 헌법재판소가 행한 결정은 헌법재판소 자신도 이를 변경, 번복할 수 없는 효력이다.
② 헌법재판소 스스로에 대한 구속력이므로 자기구속력이라고도 한다.
③ 재심은 동일한 절차에서의 변경이 아니므로 재심을 인정한다고 하여 자기구속력을 해치는 것은 아니다.

3. 불가쟁력(형식적 확정력)
① 헌법재판소의 결정에 대해서는 상급심이 없으므로 헌법재판을 청구하였던 당사자는 헌법재판소의 결정에 대하여 더 이상 다툴 수 없게 되는데 이를 불가쟁력이라고 한다.
② 불가쟁력으로 인하여 헌법재판소가 이미 행한 결정에 대하여 헌법재판소 외의 다른 재판기관이나 헌법재판소 내의 다른 지정재판부 등에 다시 심판을 해줄 것을 청구할 수 없고 심판할 수도 없다.
③ 다만 헌법재판에서 재심이 인정되는 경우에는 그 범위에서 형식적 확정력이 배제된다.

4. 기판력(실질적 확정력)
① 일반적으로 기판력이란 전소(前訴)에서의 판단이 후소(後訴)를 구속하는 힘을 말한다.
② 이미 헌법재판소의 결정이 있었던 동일한 대상에 대해 동일한 주체가 또 다시 헌법재판의 심판청구를 할 수 없고, 또 헌법재판소도 앞서 행한 결정에서 이루어진 판단과 다른 내용의 판단을 할 수 없는 구속을 받게 된다.
③ 일반적으로 기판력은 심판이 행해진 바 있는 대상에만 미친다. 다만 결정의 주문(主文)에만 미칠 뿐, 이유(理由)에는 미치지 않는다.
④ 기판력은 헌법재판소에도 미치며, 위헌법률심판의 경우 제청을 행한 법원에도 미친다.
⑤ 합헌결정을 받았던 법률규정은 그 뒤 사정의 변화로 달리 판단될 수도 있다.

II 기속력

> ❖ **헌법재판소법**
> 제47조(위헌결정의 효력) ① 법률의 위헌결정은 법원과 그 밖의 국가기관 및 지방자치단체를 기속한다.
> 제67조(결정의 효력) ① 헌법재판소의 권한쟁의심판의 결정은 모든 국가기관과 지방자치단체를 기속한다.
> 제75조(인용결정) ① 헌법소원의 인용결정은 모든 국가기관과 지방자치단체를 기속한다.
> ⑥ 제5항의 경우 및 제68조 제2항의 규정에 의한 헌법소원을 인용하는 경우에는 제45조 및 제47조를 준용한다.

1. 개념

① 기속력이란 국가기관과 지방자치단체 등이 헌법재판소 결정의 취지를 존중하고 이에 반하는 행위를 하여서는 아니되는 구속을 받게 하는 힘을 말한다.
② 기판력(실질적 확정력)은 원칙적으로 당사자 사이에만 미치는 데 반하여, 기속력은 법원 기타 모든 국가기관, 지방자치단체에 대하여 효력이 미친다.

2. 기속력을 가지는 결정의 범위

① 헌법재판소법은 법률의 위헌결정, 권한쟁의심판의 결정, 헌법소원의 인용결정에 대하여만 기속력을 명시하고 있다.
② 권한쟁의심판의 경우 헌법재판소법 제67조 제1항은 기속력이 있는 결정을 단순히 "권한쟁의심판의 결정"이라고 하여 인용결정이든 기각결정이든 모든 권한쟁의심판의 결정들은 기속력을 가지는 것으로 규정하고 있다.

3. 기속력의 내용

① 기속력은 모든 국가기관이 헌법재판소의 구체적인 결정에 따라야 한다는 것과 그들이 장래에 어떠한 처분을 행할 때 헌법재판소의 결정을 존중할 것을 요구한다(결정준수의무).
② 모든 국가기관이 헌법재판소의 결정에서 문제 된 심판대상뿐만 아니라 동일한 사정에서 동일한 이유에 근거한 동일내용의 공권력 행사 또는 불행사를 금지한다(반복금지의무).

4. 기속력의 범위

(1) 주관적 범위

① 기속력이 미치는 주관적 범위에 대하여 위헌결정의 경우 헌법재판소법 제47조 제1항은 "법원 기타 국가 기관 및 지방자치단체"를, 권한쟁의심판결정과 헌법소원의 인용결정의 경우 동법 제67조 제1항과 제75조 제1항은 "모든 국가기관과 지방자치단체"를 명시하고 있다.
② 권한쟁의심판결정의 경우 법원이 빠져 있으나 모든 국가기관에는 법원도 포함된다고 볼 것이다.
③ 기속력의 주관적 범위에 대하여 "모든 국가기관과 지방자치단체"만 명시하고 있는 점에서 기속력은 그 어느 누구도 위헌결정된 법률의 효력을 주장할 수 없는 효력인 일반적 효력(대세적 효력)에 비해 그 효력범위가 제한적이다.

1) 국회

국회는 사정변경이 없는 한 위헌결정된 법률과 동일한 내용의 법률을 다시 제정하지 못하며, 그 결정의 내용에 따라 동 법률을 즉시 또는 설정된 기간 안에 위헌성이 제거된 법률로 개정하여야 한다.

2) 행정기관

① 행정기관에 기속력이 미치기 때문에 행정기관이 위헌으로 선고된 법률을 적용하여 처분 등을 하는 경우 그 행위는 법적 근거가 없는 행위로서 무효이다.

② 행정처분이 내려진 후에 그 처분의 근거법률조항에 대하여 위헌결정이 내려진 경우 행정처분의 집행력은 배제된다.

3) 법원

법원은 위헌으로 결정된 법률을 적용해서는 아니 되고, 합헌인 경우에는 그 법률을 그대로 적용하여 재판하여야 한다.

4) 헌법재판소

① 모든 재판기관은 재판의 본질상 자기기속력을 가진다. 따라서 위헌결정의 기속력은 헌법재판소 자신에도 미친다.

② 다만 헌법재판소는 헌법재판소법 제23조 제2항 제2호에 의하여 판례를 변경할 수 있는 권한을 가지므로, 기속력을 배제할 수 있는 권한을 가질 뿐이다.

(2) 객관적 범위

기속력이 결정주문에 미치는데 대하여는 이견이 없으나, 결정이유에 기속력이 미치는지에 대하여는 견해가 대립한다. 한편 헌법재판소는 결정이유에 대한 기속력을 부정하기도 하고, 기속력을 인정할 여지를 둔 바도 있다.

5. 결정유형에 따른 기속력 인정여부

(1) 합헌결정의 기속력

헌법재판소는 합헌으로 선언된 법률에 대한 위헌제청에 대하여도 이를 적법한 것으로 보아 심판대상으로 삼음으로써 합헌결정에 대한 기속력을 인정하지 않고 있다. 나아가 이미 합헌으로 선언된 법률조항에 대하여 판례를 변경하여 위헌결정한 경우도 있다.

(2) 헌법불합치결정의 기속력

헌법불합치결정은 헌법재판소법 제47조 제1항에 정한 위헌결정의 일종으로서, 심판대상이 된 법률조항이 실질적으로는 위헌이라 할지라도 그 법률조항에 대하여 단순위헌결정을 선고하지 아니하고 헌법에 합치하지 아니한다는 선언에 그침으로써 헌법재판소법 제47조 제3항 본문의 효력상실을 제한적으로 적용하는 변형위헌결정의 주문형식이다. 따라서 헌법불합치결정에도 기속력이 인정된다.

(3) 일부위헌결정의 기속력

① 일부위헌결정은 법조문 중의 일부를 지적하는 방법으로 위헌범위를 특정한 뒤 위헌선언하는 위헌결정이

고, 한정위헌결정은 법조문 중 일부를 지적하는 방법으로는 그 위헌범위를 특정할 수 없기 때문에 일정한 법률관계 내지 사실관계를 적시하는 방법으로 위헌범위를 특정한 뒤 위헌선언하는 위헌결정이다.
② 통상적인 일부위헌결정이 양적 일부위헌결정이라면, 한정위헌결정은 질적 일부위헌결정이다.
③ 양적 일부위헌결정은 위헌결정의 일종이므로 해당 범위 내에서는 기속력이 인정된다.

(4) 한정위헌결정(한정합헌결정)의 기속력

1) 대법원(기속력부정설)(대판 1996.4.9, 95누11405)

① 한정위헌결정의 경우에는 법률이나 법률조항은 그 문언이 전혀 달라지지 않은 채 그냥 존속하는 것이므로 한정위헌결정은 법률해석에 불과하다.
② 법률조항에 대한 해석·적용권은 사법권의 본질적 내용을 이루는 것으로 대법원을 최고법원으로 하는 법원에 전속하는 것이다.
③ 한정위헌결정에 표현되어 있는 헌법재판소의 법률해석에 관한 견해는 법률의 의미·내용과 그 적용범위에 관한 헌법재판소의 견해를 일응 표명한데 불과하여, 법원에 전속되어 있는 법령의 해석·적용권한에 대하여 어떠한 영향을 미치거나 기속력을 가질 수 없다.

2) 헌법재판소(기속력긍정설)(헌재 1997.12.24, 96헌마172 등)

① 헌법재판소의 한정위헌결정에도 불구하고 위헌으로 확인된 법률조항이 법률문언의 변화 없이 계속 존속한다고 하는 관점은 헌법재판소 결정의 기속력을 결정하는 기준이 될 수 없다. 즉 헌법재판소 결정의 효과로서의 법률문언의 변화와 헌법재판소 결정의 기속력은 상관관계가 있는 것이 아니다.
② 헌법재판소의 법률에 대한 위헌결정에는 단순위헌결정은 물론 한정합헌, 한정위헌결정, 헌법불합치결정도 포함하고 이들은 모두 기속력을 가진다.
③ 한정위헌결정이나 한정합헌결정은 서로 표리관계에 있는 것으로 본질적으로 다 같은 부분위헌결정이다.
④ 헌법재판소의 한정위헌결정은 결코 법률의 해석에 대한 헌법재판소의 단순한 견해가 아니라 헌법에 정한 권한에 속하는 법률에 대한 위헌심사의 한 유형이다.

III 법규적 효력(대세적 효력·일반적 효력)

1. 법규적 효력의 개념 및 법적 근거

(1) 개념 및 법적 근거

① 헌법재판소 결정의 법규적 효력은 헌법재판소에서 법규범을 심판대상으로 하는 경우에 한하여 인정되는 특수한 효력이다.
② 법규적 효력은 법규범에 대한 헌법재판소의 위헌심판결정에 대하여 일반적 구속력을 가지고 일반사인에게도 그 효력이 미치는 것을 의미한다(대세적 효력).
③ 법규적 효력에 대한 직접적인 명문규정은 없으나 헌법재판소법 제47조 제2항 및 제3항은 "위헌으로 결정된 법률 또는 법률조항은 그 결정이 있는 날로부터 효력을 상실한다. 다만 형벌에 관한 법률 또는 법률의 조항은 소급하여 그 효력을 상실한다"고 규정하고 있어 이를 법규적 효력의 근거로 볼 수 있다.

(2) 기판력 및 기속력과의 관계

① 법규적 효력은 모든 사람에게 미치는 대세적 효력이므로, 그 적용의 주관적 범위에 있어서, 당사자에만 미치는 기판력, 헌법재판소에 미치는 불가변력, 모든 국가기관에 미치는 기속력과 차이가 있다.
② 법규적 효력은 그 효력이 모든 사람에게 확장된다는 점에서 기판력의 주관적 효력의 확장을 의미한다.

2. 법규적 효력의 특징과 내용

① 법규적 효력은 법규범에 대한 헌법재판소의 위헌심판결정에 대하여 소송당사자를 수범인으로 하는 기판력의 주관적 범위뿐만 아니라, 국가기관을 수범인으로 하는 기속력의 주관적 범위를 넘어서서 일반사인에게도 그 효력(대세적 효력)이 미치는 일반적 구속성을 가진다. 따라서 국가기관과 마찬가지로 일반국민은 헌법재판소가 위헌으로 선언한 법규범에 더 이상 구속을 받지 않는다.
② 법규적 효력은 기판력과 마찬가지로 심판대상이 동일한 경우에만 그 효력이 미치며, 심사된 규범의 부분에만 그 효력이 미친다. 결정주문에만 부여되고 결정이유에는 부여되지 않는다.

Ⅳ 집행력

① 헌법재판의 결정이 가지는 집행력 일반에 대하여는 헌법재판소법에 규정이 없다.
② 단지 정당해산심판의 경우에만 헌법재판소법 제60조에서 "정당의 해산을 명하는 헌법재판소의 결정은 중앙선거관리위원회가 정당법의 규정에 의하여 이를 집행한다"고 하여 집행력에 대하여 규정하고 있다.

제3절 위헌법률심판

● 헌법
제107조
① 법률이 헌법에 위반되는 여부가 재판의 전제가 된 경우에는 법원은 헌법재판소에 제청하여 그 심판에 의하여 재판한다.
제111조
① 헌법재판소는 다음 사항을 관장한다.
  1. 법원의 제청에 의한 법률의 위헌여부 심판
제113조
① 헌법재판소에서 법률의 위헌결정, 탄핵의 결정, 정당해산의 결정 또는 헌법소원에 관한 인용결정을 할 때에는 재판관 6인 이상의 찬성이 있어야 한다.

◆ 헌법재판소법

제41조(위헌여부심판의 제청) ① 법률이 헌법에 위반되는지 여부가 재판의 전제가 된 경우에는 당해사건을 담당하는 법원(군사법원을 포함한다)은 직권 또는 당사자의 신청에 의한 결정으로 헌법재판소에 위헌여부 심판을 제청한다.
② 제1항의 당사자의 신청은 제43조 제2호부터 제4호까지의 사항을 적은 서면으로 한다.
③ 제2항의 신청서면의 심사에 관하여는 민사소송법 제254조를 준용한다.
④ 위헌여부심판의 제청에 관한 결정에 대하여는 항고할 수 없다.
⑤ 대법원 외의 법원이 제1항의 제청을 할 때에는 대법원을 거쳐야 한다.

제42조(재판의 정지 등) ① 법원이 법률의 위헌여부 심판을 헌법재판소에 제청한 때에는 당해 소송사건의 재판은 헌법재판소의 위헌여부의 결정이 있을 때까지 정지된다. 다만 법원이 긴급하다고 인정하는 경우에는 종국재판외의 소송절차를 진행할 수 있다.

제43조(제청서의 기재사항) 법원이 법률의 위헌여부 심판을 헌법재판소에 제청할 때에는 제청서에 다음 각 호의 사항을 적어야 한다.
  1. 제청법원의 표시
  2. 사건 및 당사자의 표시
  3. 위헌이라고 해석되는 법률 또는 법률의 조항
  4. 위헌이라고 해석되는 이유
  5. 그 밖에 필요한 사항

제44조(소송사건 당사자 등의 의견) 당해 소송사건의 당사자 및 법무부장관은 헌법재판소에 법률의 위헌여부에 대한 의견서를 제출할 수 있다.

제45조(위헌결정) 헌법재판소는 제청된 법률 또는 법률조항의 위헌여부만을 결정한다. 다만 법률조항의 위헌결정으로 인하여 해당 법률 전부를 시행할 수 없다고 인정될 때에는 그 전부에 대하여 위헌의 결정을 할 수 있다.

제47조(위헌결정의 효력) ① 법률의 위헌결정은 법원과 그 밖의 국가기관 및 지방자치단체를 기속한다.
② 위헌으로 결정된 법률 또는 법률의 조항은 그 결정이 있는 날부터 효력을 상실한다.
③ 제2항에도 불구하고 형벌에 관한 법률 또는 법률의 조항은 소급하여 그 효력을 상실한다. 다만, 해당 법률 또는 법률의 조항에 대하여 종전에 합헌으로 결정한 사건이 있는 경우에는 그 결정이 있는 날의 다음 날로 소급하여 효력을 상실한다.
④ 제3항의 경우에 위헌으로 결정된 법률 또는 법률의 조항에 근거한 유죄의 확정판결에 대하여는 재심을 청구할 수 있다.

제1항 서설

I 위헌법률심판의 개념과 기능

① 위헌법률심판이란 어떠한 법률규정이 헌법규범에 위반되는지를 심사하고 위헌으로 판단되는 경우 그 효력을 상실하게 하거나 그 적용을 거부하는 제도를 말한다.
② 위헌법률심판은 헌법에 위반되는 법률규정들을 소거시킴으로써 헌법에 대한 침해로부터 헌법을 보호하는 기능을 하고, 기본권 보장의 기능을 수행하게 된다.

Ⅱ 현행 위헌법률심판의 특성(객관적 규범통제)

① 현행헌법에 있어서 위헌법률심판은 사후교정적 위헌심사이며, 특히 구체적 규범통제로서의 성격을 가지는 것이다.
② 위헌으로 결정된 법률 또는 법률조항은 일반적으로 효력을 상실하여 그 법률이 폐지된 것과 동일한 효과를 낳고 있다(헌법재판소법 제47조).

Ⅲ 사전적·예방적 위헌심사의 가능성

① 위헌법률심판은 사후적 심사제이고 사전적 심사는 우리나라에서 행해지고 있지 않다.
② 헌법소원인 법령소원에서 법률이 시행되기 전에 기본권 침해의 예측이 가능한 경우 현재성이 있는 것으로 보고 그 법률의 시행 전에 그 법률에 대한 심사에 들어간 경우에는 법률시행 전의 사전적 심사가 이루어지게 된다.
③ 헌법재판소는 서울대학교신입생선발입시안에 대한 헌법소원사건(헌재 1992.10.1, 92헌마68)과 경기도남양주시둥33개도농복합형태의시설치등에관한법률 제4조 헌법소원사건(헌재 1995.3.23, 94헌마175)에서 현재의 시점에서 기본권 침해를 충분히 예측할 수 있는 이상 기본권 침해의 현재성을 인정하여 헌법소원심판 청구의 이익을 인정하는 것이 옳다고 판시한 바 있다.

제2항 위헌법률심판의 요건

위헌법률심판의 적법요건으로는 대상성, 재판의 전제성, 법원의 제청 등을 들 수 있다.

Ⅰ 위헌법률심판의 대상 : 법률

1. 유효한 현행법률

위헌법률심판의 대상이 되는 법률은 공포된 것이어야 하고, 위헌심사시를 기준으로 효력을 가지고 있는 법률이어야 한다(헌재 1989.4.17, 88헌가4).

2. 시행되었으나 폐지 또는 개정된 법률

(1) 원칙 : 위헌법률심판의 대상이 되지 않는다.

(2) 예외 : 위헌법률심판의 대상이 된다.
  1) 법익 침해상태가 계속되는 경우(헌재 1989.12.18, 89헌마32 등)

2) 폐지법률 부칙에 의하여 구법이 계속 적용되는 경우(헌재 1996.8.29, 94헌바15)
3) 구법의 위헌여부가 신법이 소급적용되기 위한 전제가 되는 경우(헌재 1989.7.14, 88헌가5 등)

3. 시행된 바 없이 폐지된 법률

위헌법률심판대상인 법률은 과거에 시행되었거나, 현재 시행 중이어야 하므로 제청 당시에 공포는 되었으나 시행되지 않은 법률은 제외된다(헌재 1997.9.25, 97헌가4).

4. 위헌결정으로 인하여 폐지된 법률

① 헌법재판소가 특정법률을 이미 위헌으로 선언한 경우에는 그 법률은 일반적으로 효력을 상실하여 폐지된 효과가 발생하므로 그 법률에 대한 위헌제청은 부적법하다(헌재 1994.8.31, 91헌가1).
② 이에 반해 합헌 또는 한정위헌(한정합헌)으로 선언된 법률에 대해서는 사정변경의 가능성이 있으므로 그 법률에 대한 위헌제청은 적법하다(헌재 1993.3.11, 90헌가70).

5. 조약

형식적 의미의 법률과 동일한 효력을 갖는 조약 등은 위헌심사의 대상이 된다(헌재 2001.2.22, 2000헌바38).

6. 긴급명령·긴급재정경제명령

비록 고도의 정치적 결단에 의하여 행해지는 국가작용이라고 할지라도 그것이 국민의 기본권 침해와 직접 관련되는 경우에는 당연히 헌법재판소의 심판대상이 될 수 있다(헌재 1996.2.29, 93헌마186).

7. 관습법

관습법은 비록 형식적 의미의 법률은 아니지만 실질적으로는 법률과 같은 효력을 가지므로 위헌법률심판의 대상이 된다. 헌법재판소도 "이 사건 관습법은 민법 시행 이전에 상속을 규율하는 법률이 없는 상황에서 재산상속에 관하여 적용된 규범으로서 비록 형식적 의미의 법률은 아니지만, 실질적으로는 법률과 같은 효력을 갖는 것이므로 위헌법률심판의 대상이 된다"고 하여 관습법에 대한 위헌법률심사를 인정한다(헌재 2013.2.28, 2009헌바129).

8. 법률의 해석·적용의 문제 - 한정위헌선언을 구하는 청구 : 원칙적 긍정(판례 변경)

종래 헌법재판소는 한정위헌선언을 구하는 청구에 대해 "일반적으로 법률조항 자체의 위헌을 구하는 것이 아니라 법률조항을 '… 하는 것으로 해석하는 한 위헌'이라는 판단을 구하는 청구는 헌법재판소법 제68조 제2항에 의한 청구로 적법하지 아니하다."고 판시하여 원칙적으로 부정하는 입장(헌재 1995.7.21, 92헌바40 등)에서, 다만 "법률조항이 불명확하여 이를 다투는 등 법률조항 자체의 위헌성에 관한 청구로 이해되는 경우"에는 이를 예외적으로 긍정하는 입장이었다(헌재 2001.9.27, 2000헌바20).
그러나 그 후 견해를 변경하여 원칙적으로 한정위헌청구를 긍정하되, 다만 재판결과를 다투는 헌법소원심판청구는 허용되지 않는다고 본다.

> **관련판례**
>
> 법률의 의미는 결국 개별·구체화된 법률해석에 의해 확인되는 것이므로 법률과 법률의 해석을 구분할 수는 없고, 재판의 전제가 된 법률에 대한 규범통제는 해석에 의해 구체화된 법률의 의미와 내용에 대한 헌법적 통제로서 헌법재판소의 고유권이며, 헌법합치적 법률해석의 원칙상 법률조항 중 위헌성이 있는 부분에 한정하여 위헌결정을 하는 것은 입법권에 대한 자제와 존중으로서 당연하고 불가피한 결론이므로, 이러한 한정위헌결정을 구하는 한정위헌청구는 원칙적으로 적법하다고 보아야 한다. 다만, 재판소원을 금지하는 헌법재판소법 제68조 제1항의 취지에 비추어, 개별·구체적 사건에서 단순히 법률조항의 포섭이나 적용의 문제를 다투거나, 의미있는 헌법문제에 대한 주장없이 단지 재판결과를 다투는 헌법소원 심판청구는 여전히 허용되지 않는다(헌재 2012.12.27, 2011헌바117).

9. 입법부작위(헌재 1993.3.11, 89헌마79 등)

① 진정입법부작위의 경우는 법률이 없는 경우이므로 위헌법률심판의 대상이 될 수 없다.
② 부진정입법부작위의 경우는 불완전하긴 하나 법률이 있는 상태이므로 법률이 그 대상이 되어야 하는 심판, 즉 위헌법률심판 내지 헌법재판소법 제68조 제2항의 헌법소원심판의 대상이 될 수 있다.

10. 법률이 아닌 법규범

① 법원의 위헌여부심판제청은 "법률"이 헌법에 위반되는 여부가 재판의 전제가 된 경우에 할 수 있는 것이다.
② 대통령령(명령)이나 부령(규칙), 장관의 지침, 지방자치단체의 조례, 사립학교법인의 정관 등은 대상이 되지 않는다.

11. 헌법규정(헌법규정에 대한 위헌심판 허용여부)

헌법재판소는 국가배상법 제2조 제1항 등 위헌소원사건에서 헌법규정에 대한 위헌심판 허용여부에 관하여 부정설의 입장을 취한 바 있다(헌재 2001.2.22, 2000헌바38).

Ⅱ 재판의 전제성

1. "재판"의 의미 : 모든 재판

(1) 헌법재판소법 제41조 제1항에서 말하는 '재판'이라 함은 원칙적으로 모든 재판을 의미하며, 여기의 재판에 해당하는지 여부는 재판의 형식이나 절차에 따라 행해지는 것이 아니라 법원의 사법권에 해당하는 의사결정인지 여부에 따라 결정된다.
(2) 판결·결정·명령 등 형식 재판, 심리절차·판결절차·집행절차, 소송절차·비송절차, 본안에 관한 재판·소송절차에 관한 재판, 종국재판·중간재판 등 형식이나 절차를 불문하고 법원의 판단행위는 여기에 해당한다(헌재 1996.12.26, 94헌바1).
(3) 헌법재판소는 형사소송법 제210조에 의한 지방법원판사의 구속영장발부여부에 관한 재판, 형사소송법 제295조에 의하여 법원이 행하는 증거채부결정, 인지첩부를 명하는 보정명령, 보석허가결정, 체포·구속적부심사청구에 관한 재판, 구속기간갱신결정, 법원이 앞으로 진행될 소송절차와 관련한 중요한 문제점을 선행결정하여야 하는 경우 등이 재판에 포함된다고 보았다.

2. 재판의 "전제성"의 의미

(1) 헌법재판소(헌재 1993.5.13, 92헌가10) – 광의(주문 + 이유 + 법률적 의미)

재판의 전제성이란 ① 구체적 사건이 법원에 계속되어 있었거나 현재 계속 중이어야 하고, ② 위헌여부가 문제되는 법률 또는 법률조항이 당해 소송사건의 재판과 관련하여 적용되는 것이어야 하며, ③ 그 법률이 헌법에 위반되는지의 여부에 따라 당해사건을 담당한 법원이 다른 내용의 재판을 하게 되는 경우를 의미한다. 여기서 법원이 다른 내용의 재판을 하게 되는 경우라 함은 ⅰ) 당해사건의 재판의 결론이나 주문에 영향을 주거나, ⅱ) 재판의 결론을 이끌어 내는 이유를 달리하는 데 관련이 있거나, ⅲ) 재판의 내용과 효력에 관한 법률적 의미가 전혀 달라지는 경우를 말한다.

재판의 전제성 문제는 법률의 위헌여부에 따라 당해사건의 법원이 다른 내용의 재판을 하게 되는지 여부에 관한 것으로서 위헌결정의 결과 남게 되는 법적 상태에 또 다른 위헌성이 발생할 가능성까지 감안하여 그 구비여부를 판단할 것은 아니다.

(2) 대법원(대판 1997.2.11, 96부7) – 협의(주문만)

법원이 어떤 법률을 위헌제청하기 위하여는 당해 법률이 헌법에 위반되는 여부가 재판의 전제가 되어야만 하는 것인데, 재판의 전제가 된다고 하기 위하여는 우선 그 법률이 헌법에 위반되는지의 여부에 따라 당해사건을 담당하는 법원이 다른 판단을 할 수밖에 없는 경우, 즉 판결주문이 달라질 경우여야만 한다.

3. 판단기관(헌재 1993.5.13, 92헌가10) : 헌법재판소(단, 법원의 견해 존중)

위헌법률심판이나 헌법재판소법 제68조 제2항의 규정에 의한 헌법소원심판에 있어서 위헌여부가 문제되는 법률이 재판의 전제성 요건을 갖추고 있는지의 여부는 헌법재판소가 별도로 독자적인 심사를 하기보다는 되도록 법원의 이에 관한 법률적 견해를 존중해야 할 것이며, 다만 그 전제성에 관한 법률적 견해가 명백히 유지될 수 없을 때에만 헌법재판소는 이를 직권으로 조사할 수 있다. 왜냐하면 사건기록 없이 위헌여부의 쟁점만 판단하게 되어 있는 헌법재판소보다는 기록을 갖고 있는 당해사건의 종국적 해결을 하는 법원이 더 잘 알 것이기 때문이다.

4. "구체적 사건이 법원에 계속 중일 것"

(1) 위헌법률심판의 경우

① 재판전제성은 구체적 사건이 법원에 계속 중일 것을 요구하므로 위헌법률심판에서의 재판의 선제성은 제청 당시만 아니라 심판시에도 갖추어져야 함이 원칙이다.

② 법원이 제청을 한 경우에는 재판이 정지되므로, 재판이 확정되지 않고 따라서 헌법재판소의 결정시까지 사건이 법원에 계속 중일 것이기 때문에 "구체적 사건이 법원에 계속 중일 것"의 요건 충족에 문제가 없다(헌법재판소법 제42조 제1항 본문).

③ 헌법재판소법 제68조 제2항의 위헌소원의 경우에는 재판이 정지되지 않으므로 심판 도중에 재판이 확정되어 더 이상 법원에 구체적 사건이 계속 중이 아닐 경우가 생긴다. 이러한 경우에 대비하여 헌법재판소법은 위헌소원에서 인용결정이 난 경우 재심을 청구할 수 있도록 규정하고 있다(헌법재판소법 제75조 제7항). 따라서 위헌소원의 경우에는 위헌제청을 신청할 당시에 법원에 구체적 사건이 계속되어 있었느냐를 재판의 전제성 인정기준으로 삼아야 할 것이다.

[재판전제성을 인정한 헌법재판소 결정례]
1. 소의 이익이 있는 경우
2. 공소장에 적용법조로 기재되지 아니한 법률조항이더라도 위임입법의 한계를 벗어나 위헌이라고 주장하는 경우
3. 법원이 적용한 법률조항(헌재 1997.1.16, 89헌마240)
   단. 비록 공소장에 적시된 법률조항이라 하더라도 구체적 소송사건에서 법원이 적용하지 아니한 법률조항은 재판의 전제성이 인정되지 않는다.
4. 병렬적 규정으로 동일심사척도가 적용될 조항
   (1) 법원의 제청이 있었던 경우
   (2) 제청한 조항과 제청하지 않은 조항이 체계적으로 밀접한 관련이 있는 경우
5. 평등원칙 또는 평등권 침해로 법 개정의 가능성이 있는 경우
6. 재심사유가 없음에도 재심개시결정이 확정된 경우
7. 당해 사건이 재심사건인 경우 심판대상조항이 본안 사건에 대한 재판에 적용될 법률조항인 경우
8. 간접적용되는 법률조항의 위헌여부가 직접적용되는 규범의 의미를 달라지게 하는 경우
9. 심판대상 조항이 평등권 침해로 적용범위 확대가능성이 있을 경우
10. 심판대상법조항이 당해사건의 재판에 간접적으로 적용되는 경우
11. 당해사건에서 공소가 제기된 법률조항은 아니지만 그 위헌여부에 따라 당해사건의 재판에 직접 적용되는 규범의 의미가 달라짐으로써 재판에 영향을 미치는 경우

Cf. 재판의 전제성은 제청신청인의 권리에 미치는 영향의 유무와 무관(헌재 1990.6.25, 89헌가98)
   헌법재판소에서의 판단을 구하여 제청한 법률조문의 위헌여부가 현재 제청법원이 심리 중인 해당사건의 재판결과에 어떠한 영향을 준다면 그것으로써 재판의 전제성이 성립되어 제청결정은 적법한 것으로 취급될 수 있는 것이고, 제청신청인의 권리에 어떠한 영향이 있는가 여부는 이와 무관한 문제라 할 것이다.

● 재판전제성을 부정한 헌법재판소 결정례

1. "구체적 사건이 법원에 계속 중일 것"이라는 기준에 맞지 않는 경우
   (1) 구체적 소송사건이 종료된 경우
       제청 당시뿐 아니라 심판시에도 구체적 소송사건이 법원에 계속 중이어야 하는데 당사자의 소 취하 등에 의하여 소송사건이 종료된 경우에는 원칙적으로 재판전제성이 소멸된다.
       다만 위헌여부심판이 제청된 법률조항에 의하여 침해된 기본권이 중요하여 동 법률조항의 위헌여부의 해명이 헌법적으로 중요성이 있는데도 그 해명이 없거나, 동 법률조항으로 인한 기본권의 침해가 반복될 위험성이 있는데도 좀처럼 그 법률조항에 대한 위헌여부심판의 기회를 갖기 어려운 경우에는, 설사 그 심리기간 중 사태의 진행으로 당해 소송이 종료되었더라도 헌법재판소로서는 제청 당시 전제성이 인정되는 한 예외적으로 객관적인 헌법질서의 수호·유지를 위하여 심판의 필요성을 인정하여 적극적으로 그 위헌여부에 대한 판단을 할 수 있다.
   (2) 위헌소원에서 당해사건이 부적법한 소송인 경우
2. 당해 소송사건에 "적용될 법률·법률조항"이 아닌 경우
   (1) 민사재판 중 형사법조항에 대해 이루어진 위헌소원인 경우
   (2) 청구인의 주장을 배척하는 당해사건 판결이 확정된 경우
   (3) 공소제기된 범죄에 관하여 적용되지 않는 법률조항인 경우
   (4) 선행재판에만 적용될 법률조항인 경우
   (5) 이미 개정된 법률조항인 경우
   (6) 당해재판의 결과에 따른 법률적 효과를 별도로 구성요건으로 한 법률조항인 경우

(7) 여권발부가 지연된 것에 대한 손해배상청구소송사건에서 여권발부 거부의 근거조항인 경우
(8) 퇴직공무원이 근로기준법상의 퇴직금의 지급을 구한 당해사건에서 전혀 다른 별개의 독립한 법체계를 지닌 공무원연금법조항
(9) 법원이 심판대상조항을 적용함이 없이 다른 법리를 통하여 재판을 한 경우
(10) 당해사건에 적용될 법률조항이 아닌 경우
(11) 헌법불합치결정에 따라 개정된 법률규정이 종전의 규정을 적용한 처분에도 적용되는 경우의 종전의 규정

3. 위헌여부에 따라 당해사건의 "주문이나 이유·내용·효력에 관한 법률적 의미가 달라지는" 경우가 아닌 경우
   (1) 확정된 종국판결이 있은 후에 동일사안에 대하여 다시 후소가 제기된 경우
   (2) 헌법재판소의 심판 계속 중에 법원에서 승소판결이 확정된 경우
   (3) 형사사건에서 무죄의 확정판결을 받은 때
   (4) 재건축조합의 결의의 '부존재' 또는 '무효' 확인을 구하는 민사사건에 있어서 구체적인 '절차'에 관한 규정인 경우

III 법원의 제청

1. 제청권자 : 법원

(1) 위헌법률심판의 제청은 법원만이 할 수 있다.
   ① 제청권을 행사하는 제청권자로서의 법원은 재판권을 행사하는 재판기관으로서의 법원을 의미한다.
   ② 단독판사 관할사건에 있어서는 담당 '법관 개인'이 법원에 해당하고, 합의부 관할사건의 경우에는 '합의부'가 법원에 해당한다.
   ③ 수소법원은 물론 집행법원도 제청권한이 있으며, 비송사건 담당법관의 경우에도 제청권이 있다.
   ④ 군사법원은 법관이 관여하는 절차는 아니지만, 헌법에 근거를 둔 특별법원이라는 점에서 제청권이 있다.

2. 제청의 요건

(1) 재판의 전제와 위헌에 대한 합리적 의심
   ① 법원은 법률의 위헌여부가 당해 소송의 재판의 전제가 되고, 위헌이라는 '확신'을 가지는 때가 아니라 위헌이라는 '합리적인 의심'이 있으면 심판을 제청할 수 있다.
   ② 헌법재판소는 법률의 위헌성에 대한 의심의 정도에 대하여 단순한 의심과 확신 사이의 중간적인 입장을 취하고 있다(헌재 1993.12.23, 93헌가2).

(2) 법원의 합헌판단권 인정여부(전술)

3. 제청의 절차

(1) 당사자의 신청·직권에 의한 법원의 제청(헌법재판소법 제41조 제1항 본문)

1) 당사자의 신청에 의한 제청

(가) 제청신청사건의 우선처리

당사자의 제청신청이 있는 경우에 법원은 제청신청사건부터 먼저 처리하고, 본안사건에 관한 결정을 한다. 이는 법원이 본안사건을 먼저 마치고 제청신청사건을 나중에 처리하는 경우에는 재판의 전제성을 판단함에 필요한 재판 자체가 존재하지 않게 되어 재판의 전제성이 없게 되는 것을 막기 위한 것이다.

(나) 제청신청을 기각한 경우의 위헌소원의 인정

법률의 위헌여부심판의 제청신청이 기각된 때에는 그 신청을 한 당사자는 항고할 수 없고, 헌법재판소에 위헌소원심판을 청구할 수 있다(헌법재판소법 제68조 제2항).

2) 법원의 직권에 의한 제청

법률 또는 법률조항이 헌법에 위반되는 여부가 재판의 전제가 된 때에는 당해사건을 담당하는 법원은 직권으로 헌법재판소에 제청할 수 있다. 법원의 제청은 제청서로 해야 한다. 제청서에는 제청법원, 사건 및 당사자, 위헌이라고 해석되는 법률 또는 법률조항, 위헌이라고 해석되는 이유, 기타 필요한 사항을 기재하여야 한다(헌법재판소법 제43조).

(2) 대법원의 경유

하급법원의 제청서는 대법원을 경유하여 헌법재판소에 송부된다. 이는 단순히 사법행정상의 편의차원에서 인정되는 단순한 절차적 의미에 불과하며 대법원이 불송부결정을 할 수는 없다.

4. 제청의 효과(재판의 정지 등)

① 법원이 법률의 위헌여부의 심판을 헌법재판소에 제청한 때에는 당해 소송사건의 재판은 헌법재판소의 위헌여부의 결정이 있을 때까지 정지된다(법 제42조 제1항 본문). 다만 법원이 긴급하다고 인정하는 경우에는 종국재판 외의 소송절차를 진행할 수 있다(법 제42조 제1항 단서).
② 재판이 정지되는 것은 '당해 소송사건'에 한하는 것이므로 제청된 법률과 동일한 법률이 재판의 전제가 되어 있는 '다른 사건'의 재판의 경우에는 별도의 위헌여부심판을 제청하지 않는 한 재판이 정지되지 않는다.
③ 헌법재판소법 제68조 제2항에 의한 위헌심사형 헌법소원심판을 청구하는 경우에는 재판이 정지되지 아니하여 당해 소송사건이 확정될 수도 있다.

Ⅳ 소의 이익

소송과정에 있어서 위헌의 사실을 확인할 이익이 존재하여야 한다.

제3항 위헌법률심판의 기준 : 헌법

1. 헌법의 개별규정

① 헌법률심판은 법률이 헌법에 위반되는 여부를 심판하는 것이므로 심판의 기준은 헌법이어야 한다.
② 헌법에는 '형식적 의미의 헌법'뿐만 아니라 '실질적 의미의 헌법'에 해당하는 헌법적 관습까지 포함된다. 따라서 헌법상의 관례나 관행도 위헌심판의 기준이 된다.

2. 헌법의 기본원리 등

위헌법률의 심사기준으로서의 헌법에는 헌법의 개별규정들뿐만 아니라 개별규정들의 이론적 기초가 되는 헌법의 원리 등도 포함된다.

3. 위헌법률심판절차에 적용되는 위헌심사의 기준(헌재 1996.12.26, 96헌가18)

헌법재판소는 위헌법률심판절차에 있어서 규범의 위헌성을 제청법원이나 제청신청인이 주장하는 법적 관점에서만 아니라 심판대상규범의 법적 효과를 고려하여 모든 헌법적 관점에서 심사한다. 법원의 위헌제청을 통하여 제한되는 것은 오로지 '심판의 대상'인 법률조항이지 '위헌심사의 기준'이 아니다.

제4항 위헌법률심판의 심리

I 심리의 원칙과 방식

1. 직권주의(헌재 1998.3.26, 93헌바12)

① 위헌법률심판에는 직권주의가 적용되어 헌법재판소는 제청신청인이나 법원의 제청이 없었던 법률조항에 대하여 직권으로 심판대상을 다른 법률규정으로 바꾸거나, 축소 또는 확대하기도 한다.
② 심판대상의 변경은 청구인들의 심판청구이유, 위헌여부심판제청사건의 경과, 당해사건 재판과의 관련성의 정도, 이해관계기관의 의견 등 여러 가지 사정을 종합하여 직권으로 결정한다.

2. 서면심리주의

위헌법률심판은 서면심리에 의하되, 재판부가 필요하다고 인정하는 경우에는 변론을 열어 당사자 등의 진술을 들을 수 있다(헌법재판소법 제30조 제2항).

Ⅱ 심리의 관점과 범위

1. 심리의 관점(헌재 1996.12.26, 96헌가18)

위헌법률심판절차에 있어서 규범의 위헌성을 제청법원이나 제청신청인이 주장하는 법적 관점에서만이 아니라 심판대상규범의 법적 효과를 고려하여 모든 헌법적인 관점에서 심사한다. 법원의 위헌제청을 통하여 제한되는 것은 오로지 심판의 대상인 법률조항이지 위헌심사의 기준이 아니다.

2. 심리의 범위

① 위헌법률심판에서 헌법재판소는 헌법을 해석하고, 그 법률이 헌법에 위반되는 것으로 해석되는지 등의 문제에 대하여 심리한다.
② 법원의 당해사건에서의 사실문제에 대하여 헌법재판소가 심리하거나 그 사건의 결론 등을 헌법재판소가 내릴 수는 없고, 이러한 사실문제 판단 등은 당해사건의 법원에서 담당하여야 한다.

Ⅲ 심판대상의 축소·확장·변경

1. 심판대상의 축소

제청법원은 먹는물관리법 제28조 제1항 전부에 대하여 위헌제청을 하였으나, 이 조항은 먹는샘물제조업자와 먹는샘물수입판매업자에 관한 부분으로 나뉘는데, 이 사건 심판의 대상은 먹는샘물제조업자에 관한 부분의 위헌여부이다(헌재 1998.12.24, 98헌가1).

2. 심판대상의 확장(헌법재판소법 제45조 단서의 적용)

(1) 법률 전체의 위헌선언

1) 일부조항의 위헌결정으로 법률 전부를 시행할 수 없는 경우
2) 핵심적 규정의 위헌결정이 있는 경우
3) 기본적 요소의 위헌결정이 있는 경우

(2) 다른 법률조항의 위헌선언

1) 독립하여 존속할 의미가 없는 조항인 경우
2) 제청법원이 착오로 위헌제청을 하지 않은 착오법률조항
3) 제청법률조항으로 삼고 있지는 않지만 제청한 조항과 동일한 심사척도가 적용되는 경우
4) 묵시적인 위헌제청신청이 있었고 그에 대한 법원의 기각결정까지 있었다고 본 경우
5) 위헌제청된 법률조항이 폐지되고 동일한 내용의 다른 법률로 개정된 경우

(3) 법률 전부에 대한 헌법불합치결정(헌재 1994.7.29, 92헌바49 등)

① 헌법재판소법은 위헌법률심판의 대상에 관하여 원칙적으로 제청법원으로부터 제청된 법률조항에 대하여서만

결정하도록 하되, 예외적으로 제정된 법률조항의 위헌결정으로 인하여 당해 법률 전부를 시행할 수 없다고 인정될 때에는 그 법률 전부에 대하여도 결정할 수 있도록 하고 있고, 이 규정은 같은 법 제68조 제2항에 의한 헌법소원심판의 대상에도 이를 준용한다고 규정하고 있다.

② 우리 재판소의 확립된 판례에 의하여 인정되고 있는 헌법불합치결정은 성질상 위헌결정의 일종으로서 대상 법률 또는 법률조항의 효력상실만을 잠정적으로 유보하는 변형결정이므로 심판대상의 확대에 관한 헌법재판소법 제45조 및 제75조 제6항의 법리는 헌법불합치결정에도 그대로 적용된다고 보아야 할 것이다.

3. 심판대상의 변경

① 당해사건의 재판에 보다 직접적으로 관련을 맺고 있는 법률조항은 제외지를 하천구역에 편입시키고 있는 위 하천법 제2조 제1항 제2호 다목이라기보다 오히려 하천구역을 포함하여 하천을 국유로 한다고 규정함으로써 직접 제외지의 소유권귀속을 정하고 있는 동법 제3조라 할 것이므로 직권으로 이 사건 심판의 대상을 위 하천법 제2조 제1항 제2호 다목에서 동법 제3조로 변경한다(헌재 1998.3.26. 93헌바12).

② 청구인들의 헌법소원심판 청구의 이유, 위헌여부심판제청신청 및 그 기각결정의 이유, 당해사건 재판과의 관련성 정도 등 여러 사정을 종합하여 볼 때, 직권으로 이 사건 심판의 대상을 법 제4조로 변경하는 것이 타당하다고 판단된다(헌재 1999.10.21. 97헌바26).

제5항 합의(전술)

제6항 정족수

I 정족수

1. 심리정족수

헌법재판소법 제23조는 재판관 7명 이상의 출석으로 사건을 심리한다고 규정하여 심리에 필요한 정족수를 7명 이상으로 하고 있다.

2. 결정정족수

재판관 6명 이상의 찬성이 있어야 법률에 대한 위헌결정(헌법불합치결정, 한정합헌결정 등 이른바 변형결정 포함)을 할 수 있으므로 위헌의견의 재판관이 5명, 합헌의견의 재판관이 4명 등 위헌의견이 재판관 과반수 또는 다수의 의견인 경우에도 법률에 대한 위헌결정을 할 수 없다.

Ⅱ 판례변경을 위한 정족수

헌법재판소가 판시한 헌법 또는 법률의 해석적용에 관한 의견을 변경하는 경우에 재판관 6명 이상의 찬성이 있어야 한다(헌법재판소법 제23조 제2항 제2호).

제7항 결정주문형식

Ⅰ 개설

1. 결정주문형식의 분류

일반적인 기준에 따르면 위헌법률심판의 결정형식에는 각하결정, 합헌결정, 헌법불합치결정, 한정합헌결정, 한정위헌결정, 일부위헌결정, 일부합헌결정, 단순위헌결정 등이 있다.

2. 결정주문형식의 선택에 관한 헌법재판관의 재량권(헌재 1989.9.8, 88헌가6)

재판주문을 어떻게 내느냐의 주문의 방식 문제는 민사소송에서 그러하듯 헌법재판에 대해서도 아무런 명문규정이 없으며, 따라서 재판의 본질상 주문을 어떻게 표시할 것인지는 재판관의 재량에 일임된 사항이라 할 것이다.

Ⅱ 위헌심판제청 각하결정

위헌법률심판의 요건인 심판의 대상성, 재판전제성 등이 결여되면 헌법재판소는 『이 사건 심판제청을 각하한다』라는 문언의 주문으로 각하결정을 한다.

Ⅲ 위헌소원에서의 심판절차종료선언결정(헌재 1994.12.29, 90헌바13)

① 헌법재판소는 실질적 위헌법률심판인 위헌소원에서 청구인이 사망한 경우에 수계(受繼)할 당사자가 없거나 수계의사가 없는 경우에는 심판절차를 종료하는 결정을 한다.
② 수계의사표시가 없는 경우에도 이미 결정을 할 수 있을 정도로 사건이 성숙되어 있고 그 결정에 의하여 유죄판결의 흠이 제거될 수 있음이 명백한 경우 등 특히 유죄판결을 받은 사람의 이익을 위하여 결정의 필요성이 있는 경우에는 종국결정이 가능하다.

Ⅳ 합헌결정

1. 단순합헌결정(본래의 합헌결정)

심판대상이 된 법률조항 내지 법률의 위헌여부를 심사한 결과 헌법위반사실을 발견·확인할 수 없어 위헌의견이 6명을 넘지 못하는 경우에 헌법재판소는 『헌법에 위반되지 아니한다』는 주문의 합헌결정을 한다.

2. 일부합헌결정

일부위헌결정과 일부합헌결정이 동시에 이루어진 결정례이다.

3. 위헌불선언결정의 폐기

① 위헌불선언결정의 주문은 단순합헌결정의 주문과 실질적인 면에서 차이가 없으므로 위헌불선언결정은 결과적으로 합헌결정의 일종이다.
② 헌법재판소는 소위 5·18특별법 위헌법률심판사건(헌재 1996.2.16, 96헌가2 등)에서 위헌결정에 찬성하는 재판관이 5명에 달하였으나 종래의 위헌불선언결정을 하지 않고 단순합헌결정을 하였다. 그 후에는 위헌불선언결정의 형식을 택하지 아니하고 합헌결정을 함으로써 위헌불선언이라는 결정형식을 폐기하는 판례변경을 하였다.

4. 합헌결정의 기속력(전술)

Ⅴ 위헌결정

1. 단순위헌결정(본래의 위헌결정)

법률조항 전부에 대하여 위헌선언을 하는 결정으로, 주문에는 『… 법률은 헌법에 위반된다』라고 표시한다.

2. 양적 일부위헌결정

헌법재판소는 법률규정의 일부내용에 대하여 위헌으로 선언하기도 한다.

3. 위헌확인결정

① 헌법재판소는 헌법재판소법 제68조 제2항의 헌법소원심판의 대상이 된 법률조항이 그 심판 계속 중에 다른 사건에서 헌법재판소에 의해 이미 위헌이라고 결정된 경우 그 법률조항에 대하여 위헌임을 확인하는 결정을 한다.
② 헌법재판소는 헌법재판소법 제68조 제2항의 헌법소원사건의 경우 구 상속세법 제9조 제1항에 대한 결정(헌재 1999.6.24, 96헌바67) 이전의 판례에서는 그 심판의 계속 중 다른 사건에서 헌법재판소에 의해 이미 위헌이라고 결정된 때에 심판의 이익이 없다고 하여 각하결정한 예가 있다(헌재 1997.1.16, 93헌바54).
③ 헌법재판소는 위헌법률심판 제청사건에서는 위헌심판의 계속 중 위헌결정이 난 경우에는 대상성이 없다는 이유로 위헌심판제청각하결정을 한 바 있다(헌재 1989.9.29, 89헌가86).

Ⅵ 변형결정

1. 변형결정의 의의와 필요성

① 변형결정이란 본안에 관한 결정 중에서 헌법재판소법이 명시적으로 규정한 합헌 또는 위헌결정 이외의 다른 모든 형식의 헌법재판소 결정을 말한다.

② 헌법재판소는 변형결정을 하는 이유로 국회의 입법권과 권위를 존중할 필요가 있다는 점, 형평을 고려하여야 한다는 점, 단순위헌결정을 할 경우 초래될 법적 공백으로 인한 혼란을 막아야 한다는 점 등을 들고 있다(헌재 1989.9.8, 88헌가6).

2. 변형결정의 인정여부

(1) 견해의 대립

헌법재판소법이 명시적으로 규정한 합헌 또는 위헌결정 이외의 제3의 변형결정을 인정할 것인가에 대해서는 견해가 대립한다.

(2) 헌법재판소

헌법재판소는 국회의원선거법 제33·34조 위헌심판사건 등에서 변형결정을 긍정하는 입장에 있다(헌재 1989.9.8, 88헌가6).

3. 변형결정의 유형

변형결정으로는 헌법불합치결정, 한정합헌결정, 한정위헌결정 등을 들 수 있다.

4. 헌법불합치결정

(1) 헌법불합치결정의 의의(헌재 1989.9.8, 88헌가6)

헌법불합치결정이란 헌법재판소법 제47조 제1항에 정한 위헌결정의 일종으로서, 심판대상이 된 법률조항이 실질적으로는 위헌이라 할지라도 그 법률조항에 대하여 단순위헌결정을 선고하지 아니하고 헌법에 합치하지 아니한다는 선언에 그침으로써, 헌법재판소법 제47조 제3항 본문의 효력상실을 제한적으로 적용하는 변형위헌결정의 주문형식을 말한다.

(2) 헌법불합치결정의 사유

1) 국회의 권위 존중(헌재 1989.9.8, 88헌가6)

2) 법적 안정성(헌재 1999.10.21, 97헌바26)

3) 형평을 위한 경우(헌재 1994.7.29, 92헌바49 등)

4) 자유권 침해의 경우 예외적 인정(헌재 2002.5.30, 2000헌마81)

① 자유권을 침해하는 법률의 경우 무효선언을 통하여 자유권에 대한 침해를 제거함으로써 합헌성이 회복될

수 있으므로 헌법불합치결정을 할 수 없음이 원칙이다.

② 법률의 합헌부분과 위헌부분의 경계가 불분명하여 헌법재판소의 단순위헌결정으로는 적절하게 구분하여 대처하기가 어렵고, 다른 한편으로는 권력분립의 원칙과 민주주의 원칙의 관점에서 입법자에게 위헌적인 상태를 제거할 수 있는 여러 가지의 가능성을 인정할 수 있는 경우에는, 자유권의 침해에도 불구하고 예외적으로 헌법불합치결정을 할 수 있다.

(3) 헌법불합치결정시 주문형태(헌재 1999.10.21, 97헌바26)

위헌적인 법률조항을 잠정적으로 적용하는 위헌적인 상태가 위헌결정으로 말미암아 발생하는 법이 없어 규율 없는 합헌적인 상태보다 오히려 헌법적으로 더욱 바람직하다고 판단되는 경우에는, 헌법재판소는 법적 안정성의 관점에서 법치국가적으로 용인하기 어려운 법적 공백과 그로 인한 혼란을 방지하기 위하여 입법자가 합헌적인 방향으로 법률을 개선할 때까지 일정 기간 동안 위헌적인 법규정을 존속케 하고 또한 잠정적으로 적용하게 할 필요가 있다.

(4) 헌법불합치결정의 기속력

1) 기속력의 인정여부(헌재 1997.12.24, 96헌마172 등)

변형결정의 하나인 헌법불합치결정의 경우에도 개정입법시한까지 심판의 대상인 법률조항은 법률문언의 변화 없이 계속 존속하나, 헌법재판소에 의한 위헌성 확인의 효력은 그 기속력을 가지는 것이다.

2) 기속력의 내용

(가) 입법자의 입법개선의무

① 헌법불합치결정은 위헌상태의 제거에 대한 최종적인 결정을 입법자에 미루고 있는 것이므로 입법자는 위헌적 상태를 조속한 시일 내에 제거해야 할 입법개선의무를 부담한다.
② 입법자가 당해 법률을 헌법합치적으로 개정할 때까지 당해 법률의 형식적 존속력만은 유지된다.
③ 법률이 형식적으로 존속한다는 것은 입법적 외관은 존재하지만 그 실질적 내용은 적용할 수 없는 상태가 됨을 말한다.
④ 법원은 더 이상 당해 법률을 적용하여 재판하지 못한다.

(나) 행정부와 기타 국가기관의 법적용금지의무

① 원칙적으로 위헌적 법률의 적용이 금지되므로, 당해사건을 포함한 법원에 계류 중인 모든 사건의 절차가 정지된다.
② 행정청은 위헌인 법률조항에 근거하여 처분을 발하여서는 아니된다.
③ 예외적으로 법률의 공백으로 인한 혼란을 막기 위해서 헌법불합치결정을 하는 경우에는 위헌법률이 잠정적으로 적용된다.

(5) 헌법불합치결정의 소급효(후술)

5. 입법촉구결정

(1) 입법촉구결정의 의의

입법촉구결정이란 결정당시에는 합헌적 법률이지만 위헌법률이 될 소지가 있다고 인정하여, 헌법에 완전히 합치하는 상태를 실현하기 위하여 또는 장차 발생할 위헌의 상태를 방지하기 위하여 입법자에게 당해 법률의 개정 또는 보완 등 입법을 촉구하는 결정형식이라고 한다.

(2) 헌법불합치결정과 입법촉구결정의 관계(헌재 1993.3.11, 88헌마5)

① 헌법불합치결정의 입법주문에서 볼 수 있듯이 헌법불합치결정과 입법촉구결정은 각각 그 자체로서 독자적으로 이루어질 수 있는 별개의 결정형식일 수 없다.

② 헌법불합치결정은 입법촉구의 취지를 수반하기 마련이고, 입법촉구결정은 헌법불합치를 그 전제로 하기 마련이므로 두 결정형식은 하나의 결정으로 볼 수 있을 것이다.

6. 한정합헌결정

(1) 한정합헌결정의 의의

① 한정합헌결정이란 해석 여하에 따라서는 위헌이 되는 부분을 포함하고 있는 법령의 의미를 헌법의 정신에 합치하도록 한정적으로 해석하여 위헌판단을 회피하는 것이다.

② 한정합헌결정은 법률의 합헌성추정의 원칙을 그 근거로 하는 합헌적 법률해석의 일종을 말한다.

(2) 한정합헌결정의 법적 성격

1) 질적 일부위헌(헌재 1992.2.25, 89헌가104)

이 사건에 있어서 평의의 결과는 단순합헌의견 3, 한정합헌의견 5, 전부위헌의견 1의 비율로 나타났는데, 한정합헌의견은 질적인 일부위헌의견이기 때문에 전부위헌의견(1)도 일부위헌의견의 범위 내에서는 한정합헌의견과 견해를 같이 한 것이라 할 것이므로, 이를 합산하면 위헌결정정족수에 도달하였다고 할 것이며 그것이 주문의 의견이 되는 것이다.

2) 한정위헌결정과의 동질성

한정합헌결정과 한정위헌결정은 서로 표리관계에 있는 것이어서 실제적으로는 차이가 있는 것이 아니며, 합헌적인 한정축소해석은 위헌적인 해석 가능성과 그에 따른 법적용을 소극적으로 배제한 것이고, 적용범위의 축소에 의한 한정적 위헌선언은 위헌적인 법적용 영역과 그에 상응하는 해석 가능성을 적극적으로 배제한다는 뜻에서 차이가 있을 뿐, 본질적으로는 다 같은 부분위헌결정이라는 것이 헌법재판소의 견해이다(헌재 1992.2.25, 89헌가104).

(3) 한정합헌결정의 기속력(전술)

7. 한정위헌결정

(1) 한정위헌결정의 의의(헌재 1995.7.21, 92헌바40)

한정위헌결정이란 불확정개념이거나 다의적인 해석 가능성이 있는 조문에 대하여 그 해석들 중 위헌해석을 택하여 그 해석 하에서 위헌이라고 선언하는 결정형식을 말한다.

(2) 한정위헌결정의 법적 성격(헌재 1992.2.25, 89헌가104)

한정위헌결정도 질적 부분위헌결정이라고 보고 한정합헌결정과 동질성을 가진다.

(3) 한정위헌결정과 일부위헌결정의 관계

① 일부위헌결정은 법조문 중의 일부를 지적하는 방법으로 위헌범위를 특정한 뒤 위헌선언하는 위헌결정이고, 한정위헌결정은 일정한 법률관계 내지 사실관계를 적시하는 방법으로 위헌범위를 특정한 뒤 위헌선언하는 위헌결정이다.
② 통상적인 일부위헌결정이 양적 일부위헌결정이라면, 한정위헌결정은 질적 일부위헌결정이다.

(4) 한정위헌결정의 기속력(전술)

(5) 한정위헌(한정합헌)결정에 대해 다시 위헌심사가 제기된 경우

① 헌법재판소는 달리 판단하여야 할 별다른 사정변경이 없음을 이유로 종전과 동일하게 한정위헌 또는 한정합헌결정을 내리는 것이 일반적이다.
② 예외적으로 한정위헌결정을 통하여 위헌부분이 제거되고 나머지 합헌적인 부분으로 내용이 축소되었음을 이유로 합헌(기각)결정을 내린 경우도 있다(헌재 2003.3.27, 2001헌마116).

8. 조건부위헌결정

헌법재판소는 구 국회의원선거법 제55조의3과 제56조에 대한 헌법소원사건에서 한정위헌결정을 한 바 있다. 이에 대하여 동 사건에서 헌법재판소는 심판대상조항을 축소 내지 제한해석한 것이 아니라 오히려 '확대해석'한 것이므로 이는 한정위헌결정이 아니라 합헌적 법률해석의 한계를 벗어난 조건부위헌결정에 해당한다고 하는 견해가 있다(허영).

9. 질적 일부위헌결정

① 일부위헌결정에는 법조문 중의 일부를 지적하는 방법으로 위헌범위를 특정한 뒤 위헌선언하는 양적 일부위헌결정과 일정한 법률관계 내지 사실관계를 적시하는 방법으로 위헌범위를 특정한 뒤 위헌선언하는 질적 일부위헌결정이 있다.
② 통상적인 일부위헌결정이 양적 일부위헌결정이라면, 질적 일부위헌결정은 한정위헌결정과 동일하다.
③ 헌법재판소도 과거 질적 일부위헌결정을 한정위헌결정과 구별하던 태도에서 탈피하여 한정위헌의 주문으로 통일해서 선고하는 경향을 보이고 있다(헌재 1991.4.1, 89헌마160).

제8항 위헌결정의 효력

I 위헌결정의 효력

① 헌법재판소의 위헌결정의 효력발생시기는 장래효와 소급효로 구분할 수 있다.
② 장래효란 위헌결정의 효력이 위헌결정 시점부터 발생하는 것을, 소급효란 위헌결정의 효력이 위헌사유가 발생한 시점부터 발생하는 것을 말한다.
③ 헌법재판소법 제47조 제3항은 위헌결정의 효력이 장래효가 원칙임을 규정하고 있고, 단서는 형벌조항의 경우 소급효를 인정하고 있다. 다만 이는 원칙을 의미할 뿐 해석에 의한 소급효 내지 장래효를 부정하는 것은 아니다.

II 위헌결정의 효력발생시기에 관한 입법례

1. 소급 무효설

① 소급효를 인정하면서 부분적으로 이를 제한하는 입법방식이다.
② 독일, 스페인, 포르투갈 등에서 채택하고 있다.

2. 폐지(장래) 무효설

① 장래효를 인정하면서 부분적으로 소급효를 인정하는 입법방식이다.
② 오스트리아에서 채택하고 있다.

3. 선택적 무효설

① 소급효와 장래효를 사건별로 결정하는 입법방식이다.
② 미연방대법원에서 채택하고 있다.

4. 우리나라

폐지무효설(헌법재판소법 제47조 제3항)을 따르고 있다.

III 위헌결정의 소급효의 인정여부

1. 헌법재판소법 제47조 제3항(장래효 원칙조항)의 위헌여부

(1) 학설의 대립

1) 위헌설

① 위헌결정의 효력의 문제는 입법정책의 문제라기보다 헌법상의 문제이다.
② 위헌결정의 소급효를 인정하지 않는 것은 기본권을 침해하는 위헌인 법률의 적용을 인정하는 것이 되어 기본권보호의무를 규정한 헌법 제10조에 부합하지 않는다.

③ 형벌법규에 대하여만 위헌결정의 소급효를 인정하고 있어 신체의 자유가 침해된 경우와 신체의 자유 이외의 기본권이 침해된 경우를 합리적 근거 없이 차별하는 것이 되어 평등의 원칙을 규정한 헌법 제11조에 위반된다.

2) 합헌설

① 헌법재판소의 위헌결정에 소급효를 인정할 것인지 아닌지는 입법정책의 문제이지 헌법적합성의 문제는 아니다.

② 형벌법규의 경우 위헌결정의 소급효를 인정하는 것이 정의에 합치할 뿐만 아니라 그에 근거한 처벌의 효력을 지속시켜야 할 법적 안정성의 요구도 없는 반면, 그 이외의 법규의 경우에는 법적 안정성의 요구가 절실하다고 보아 소급효를 제한하는 것이므로 헌법 제11조의 평등의 원칙에 반하는 것이라 할 수 없다.

2. 헌법재판소(헌재 1993.5.13, 92헌가10 등)

① 헌법재판소에 의하여 위헌으로 선고된 법률 또는 법률의 조항이 제정 당시로 소급하여 상실하는가 아니면 장래에 향하여 효력을 상실하는가의 문제는 특단의 사정이 없는 한 헌법적합성의 문제라기보다는 입법자가 법적 안정성과 개인의 권리구제 등 제반이익을 비교형량하여 가면서 결정할 입법정책의 문제인 것으로 보인다.

② 우리의 입법자는 헌법재판소법 제47조 제3항 본문의 규정을 통하여 형벌법규를 제외하고는 법적 안정성을 더 높이 평가하는 방안을 선택하였는바, 이에 의하여 구체적 타당성이나 평등의 원칙이 완벽하게 실현되지 않는다고 하더라도 헌법상 법치주의의 원칙의 파생인 법적 안정성 내지 신뢰보호의 원칙에 의하여 정당화된다 할 것이고 특단의 사정이 없는 한 이로써 헌법이 침해되는 것은 아니다.

3. 예외적 소급효의 인정여부

(1) 학설의 대립

예외적 소급효의 효력에 대해서는 ① 폐지무효설(원칙적 장래효·예외적 소급효)과 ② 소급무효설(원칙적 소급효·예외적 장래효)이 대립한다.

(2) 헌법재판소(헌재 1993.5.13, 92헌가10)

형벌법규 이외의 일반법규에 관하여 위헌결정에 불소급의 원칙을 채택한 헌법재판소법 제47조 제3항 본문의 규정 자체에 대해 기본적으로 그 합헌성에 의문을 갖지 않지만, 효력이 다양할 수밖에 없는 위헌결정의 특수성 때문에 예외적으로 그 적용을 배제시켜 부분적인 소급효의 인정을 부인해서는 아니 될 것이다.

Ⅳ 예외적 소급효의 인정범위

① 헌법재판소법 제47조 제3항은 형벌에 관한 법률 또는 법률의 조항을 제외하고는 헌법재판소의 위헌결정이 장래효를 가짐을 규정하고 있다.

② 효력이 다양할 수밖에 없는 위헌결정의 특수성 때문에 일정한 경우 예외적으로 부분적인 소급효를 인정함으로써 타당한 결과를 도출할 수 있다.

Ⅴ 형벌조항에 대한 위헌결정의 소급효

1. 원칙적 소급효

① 헌법재판소법 제47조 제3항 단서는 형벌에 관한 법률 또는 법률조항이 위헌으로 선언되는 경우에 위헌결정의 효력은 소급효를 갖는다고 규정하고 있다.

② 위헌결정 이전에 공소가 제기되어 법원에 계속 중인 사건에 대해서는 면소판결이 아니라 무죄를 선고하여야 하고, 법원의 판결 후 확정되기 전에는 판결에 영향을 미친 헌법·법률의 위반이 있는 때에 해당하여 항소와 상고의 이유가 된다. 그리고 위헌법률에 근거하여 유죄판결이 확정된 경우에는 재심을 청구할 수 있다.

③ 헌법재판소법 제47조 제4항은 법원에 의하여 이미 선언된 유죄판결을 무효로 만들거나, 확정판결의 집행을 정지시키는 것이 아니라, 유죄판결을 받은 자가 재심청구를 통하여 유죄의 확정판결을 다툴 수 있다는 의미이다.

④ 헌법재판소가 한 형벌에 관한 법률 또는 법률조항에 대한 위헌결정은 비록 소급하여 그 효력을 상실하지만, 위헌으로 결정된 법률 또는 법률조항에 근거한 유죄의 확정판결에 대하여는 재심을 청구할 수 있을 뿐으로 확정판결에 적용된 법률조항에 대한 위헌결정이 있다고 하더라도 바로 유죄의 확정판결이 당연무효로 되는 것은 아니기 때문이다(헌재 1993.7.29, 92헌바34).

2. 소급효의 제한

(1) 불처벌특례조항

헌법재판소는 교통사고처리특례법 제4조 등 헌법소원사건에서 형벌에 관한 조항이라 하더라도 불처벌에 대한 내용을 규정하고 있는 경우에는 위헌결정의 소급효를 부인하고 있다(헌재 1997.1.16, 90헌마110등).

(2) 형사절차법

헌법재판소는 형사소송법 제331조 단서 위헌심판사건에서 형사절차법에 대한 위헌결정의 소급효를 부인하고 있다(헌재 1992.12.24, 92헌가8).

Ⅵ 헌법불합치결정의 소급효

헌법불합치결정은 입법자의 최종결정을 통해서 비로소 실질적 내용과 효력을 갖게 되므로, 불합치결정의 소급효력은 당연히 입법자의 최종결정(개정법률이나 폐지법률)의 소급효력, 즉 당해사건과 병행사건은 입법자의 최종결정인 신법의 적용을 소급하여 받는다는 것을 원칙적으로 의미한다.

1. 적용중지 헌법불합치결정의 소급효

(1) 학설의 대립

① 헌법불합치결정의 소급효는 당연히 개정법률이나 폐지법률의 소급효력을 의미하므로 경과규정과 상관없이 헌법불합치결정의 본질에 기초하여 소급효가 인정된다는 신법적용설과, ② 헌법불합치결정의 소급효는 헌법

불합치결정의 원칙적인 효력이지 본질적인 부분은 아니며, 개정법률의 소급적용을 제한한 입법자의 입법형성권을 존중할 필요가 있다는 점에서 경과규정이 없으면 구법을 적용해야 한다는 구법적용설이 대립한다.

(2) 판례

① 헌법재판소는 토지초과이득세법 제8조 등 위헌소원사건에서 개정법률의 소급효를 인정하는 것이 헌법불합치결정의 본질에 부합한다고 보았다(헌재 1995.7.27. 93헌바1 등).
② 대법원은 헌법재판소의 헌법불합치결정에 따라 개선입법이 된 경우 그 개선입법의 소급적용 범위는 원칙적으로 입법자의 재량에 달린 것이기는 하지만, 적어도 헌법불합치결정을 하게 된 당해사건 및 헌법불합치결정 당시에 헌법불합치결정이 된 법률조항의 위헌여부가 쟁점이 되어 법원에 계속 중인 사건에 대하여는 개정법 부칙 경과조치의 적용범위에 이들 사건이 포함되어 있지 않더라도 그 소급효과가 미친다고 한다(대판 2002.11.8. 2002다21882).

2. 잠정적용 헌법불합치결정의 소급효

(1) 학설의 대립

① 잠정적용을 명하는 취지가 법적 공백으로 인한 혼란을 방지하고 법적 안정성을 유지하기 위한 것이므로 당해사건의 경우에는 구법을 그대로 적용해야 한다는 구법적용설, ② 불합치결정은 본질적으로 위헌결정과 동일하므로 비록 당해사건이라고 하더라도 불합치결정된 법률조항은 그 적용을 배제하는 것이 법치국가원리에 부합한다는 구법적용부정설이 대립한다.

(2) 판례

① 헌법재판소는 특허법 제186조 제1항 등 위헌제청사건에서 구법적용설의 입장을 취하였다(헌재 1995.9.28. 92헌가11 등).
② 대법원도 구법적용설의 입장을 취하였다(대판 1997.3.28. 96누11068).

Ⅶ 위헌결정과 행정처분의 효력

1. 위헌법률에 근거한 행정처분의 효력

(1) 학설의 대립

① 행정처분의 근거가 된 법률이 위헌이라면 행정처분의 효력을 부인하는 것이 타당하며, 구체적 규범통제의 실효성 확보 차원에서도 위헌결정의 계기를 부여한 당해사건의 경우에는 권리구제를 해 줄 필요가 있으므로 행정처분을 당연무효로 보아야 한다는 당연무효설과, ② 행정처분의 근거법률에 대하여 위헌결정이 내려지면 행정처분에 중대한 하자가 존재하는 것으로 볼 수는 있지만 그 하자가 명백한 경우라고는 할 수 없으므로 당해 처분은 취소사유라고 보아야 한다는 취소사유설이 대립한다.

(2) 판례

① 헌법재판소는 구 국세법 제42조 제1항 단서 헌법소원사건에서 원칙적으로 취소사유에 해당한다고 보나, 예외적으로 무효사유에 해당한다는 점을 밝히고 있다(헌재 1994.6.30, 92헌바23).
② 대법원은 원칙적으로 취소사유로 보고 있다(대판 1994.10.28, 92누9463).

2. 행정처분의 확정력의 발생과 위헌결정의 소급효

헌법재판소는 구 소득세법 제45조 위헌소원사건에서 제소기간이 도과하여 확정력이 발생한 행정처분에 대하여는 위헌결정의 소급효가 미치지 않는다고 한다(헌재 2002.5.30, 2001헌바65).

Ⅷ 위헌결정과 재심

1. 형사사건의 재심

① 헌법재판소법은 형벌에 관한 법률이나 법률조항의 위헌결정에 대하여 소급효를 갖는다고 규정하고 있다(헌법재판소법 제47조 제3항 단서).
② 위헌결정의 소급효를 관철시키기 위하여 재심절차를 규정하고 있다(제47조 제4항, 제75조 제7·8항).
③ 위헌으로 결정된 형벌에 관한 법률의 조항에 근거한 유죄의 확정판결에 대해서는 재심을 청구할 수 있다.
④ 보안처분의 근거법률이 위헌으로 결정된 경우 그 법률조항으로 보호감호를 선고받은 자도 재심을 청구할 수 있다. 대법원도 같은 견해이다(대판 1991.7.26, 91재감도58).

2. 민사사건의 재심 등

① 형벌에 관한 법률 이외의 법률 또는 법률조항은 헌법재판소가 위헌결정을 하더라도 그 결정이 있은 날로부터 효력을 상실할 뿐이다(헌법재판소법 제47조 제2항 본문).
② 민사재판이나 행정재판 등에서 판결을 선고받고 그 재판이 확정된 경우에는 그 이후에 당해사건에 적용된 법률에 대하여 헌법재판소의 위헌결정이 있다 하더라도 그 사건의 당사자였던 자는 재심을 청구할 수 없다.

제 4 절 　 탄핵심판권

⬢ **헌법**
제111조
① 헌법재판소는 다음 사항을 관장한다.
　 2. 탄핵의 심판

⬢ **헌법재판소법**
제48조(탄핵소추) 다음 각 호의 어느 하나에 해당하는 공무원이 그 직무집행에 있어서 헌법이나 법률을 위배한 때에는 국회는 헌법 및 국회법의 규정에 따라 탄핵의 소추를 의결할 수 있다.
　 1. 대통령, 국무총리, 국무위원 및 행정각부의 장
　 2. 헌법재판소재판관, 법관 및 중앙선거관리위원회위원
　 3. 감사원장 및 감사위원
　 4. 그 밖에 법률에서 정한 공무원
제49조(소추위원) ① 탄핵심판에 있어서는 국회 법제사법위원회의 위원장이 소추위원이 된다.
제50조(권한행사의 정지) 탄핵소추의 의결을 받은 사람은 헌법재판소의 심판이 있을 때까지 그 권한행사가 정지된다.
제51조(심판절차의 정지) 피청구인에 대한 탄핵심판청구와 동일한 사유로 형사소송이 진행되고 있는 경우에는 재판부는 심판절차를 정지할 수 있다.
제52조(당사자의 불출석) ① 당사자가 변론기일에 출석하지 아니하면 다시 기일을 정하여야 한다.
② 다시 정한 기일에도 당사자가 출석하지 아니하면 그의 출석 없이 심리할 수 있다.
제53조(결정의 내용) ① 탄핵심판청구가 이유 있는 경우에는 헌법재판소는 피청구인을 해당 공직에서 파면하는 결정을 선고한다.
② 피청구인이 결정선고 전에 당해 공직에서 파면되었을 때에는 헌법재판소는 심판청구를 기각하여야 한다.
제54조(결정의 효력) ① 탄핵결정은 피청구인의 민사상 또는 형사상의 책임을 면제하지 아니한다.
② 탄핵결정에 의하여 파면된 사람은 결정선고가 있은 날부터 5년이 지나지 아니하면 공무원이 될 수 없다.

1. 탄핵의 소추(국회에서 전술)

2. 탄핵의 심판

(1) 탄핵심판기관

(2) 탄핵심판절차

1) 탄핵심판의 개시
① 소추위원이 소추의결서의 정본을 헌법재판소에 제출하면 탄핵심판 청구의 효력이 발생한다.
② 국회의장은 소추의결서의 등본을 헌법재판소·피소추자 및 그 소속기관의 장에게 송달함으로써 국회에서 탄핵소추가 있은 사실을 통고한다.
③ 탄핵심판에서는 국회 법제사법위원회 위원장이 소추위원이 된다(헌법재판소법 제49조).

2) 탄핵심판의 절차

① 탄핵사건의 심판은 심리공개주의와 구두변론주의를 원칙으로 한다.
② 동일한 사유에 관하여 형사소송이 계속되는 동안에는 심판절차를 정지할 수 있다(헌법재판소법 제51조).
③ 증거 및 증거조사에 관하여는 형사소송에 관한 법령의 규정을 준용한다(헌법재판소법 제40조).

3) 탄핵심판절차의 직권주의

① 헌법재판소는 국회가 탄핵소추의결한 사유에 제한되지 않고, 스스로 독자적인 근거 하에 판단할 수 있다.
② 국회가 정책상 과오를 이유로 탄핵소추를 의결한 위법한 소추의결이라도, 헌법재판소가 심판과정에서 직무집행의 위법을 발견하여 그것을 근거로 탄핵의 결정을 하였다면 적법한 결정이다.
③ 헌법재판소는 원칙적으로 국회의 탄핵소추의결서에 기재된 소추사유에 구속된다고 판시하였다(헌재 2004.5.14, 2004헌나1).

(3) 탄핵결정

재판관 7명 이상의 출석으로 사건을 심리하고 재판관 6명 이상의 찬성으로 탄핵의 결정을 한다(헌법 제113조 제1항 및 헌법재판소법 제23조 제1항·제2항).

(4) 탄핵결정의 효과

1) 일반적 효과

① 탄핵결정은 공직자를 공직으로부터 파면함에 그친다(헌법 제65조 제4항).
② 탄핵의 결정으로 민사상의 책임이나 형사상의 책임이 면제되는 것은 아니다(헌법 제65조 제4항).
③ 탄핵의 결정은 징계적 처벌이므로 탄핵결정과 민·형사재판 간에는 일사부재리의 원칙이 적용되지 아니한다.

2) 일정 기간의 공직취임 금지

탄핵결정에 의하여 파면된 자는 결정선고가 있은 날부터 5년이 경과하지 아니하면 공무원이 될 수 없다(헌법재판소법 제54조 제2항).

I 피청구인을 파면할 것인지의 여부

1. 헌법재판소법 제53조 제1항의 해석

① 헌법재판소법 제53조 제1항의 탄핵심판 청구가 이유 있는 때란 모든 법 위반의 경우가 아니라, 단지 공직자의 파면을 정당화할 정도로 중대한 법 위반의 경우를 말한다.
② 대통령을 제외한 다른 공직자의 경우에는 파면결정으로 인한 효과가 일반적으로 적기 때문에 상대적으로 경미한 법 위반행위에 의해서도 파면이 정당화될 가능성이 큰 반면, 대통령의 경우에는 파면결정의 효과가 지대하기 때문에 파면결정을 하기 위해서는 이를 압도할 수 있는 중대한 법위반이 존재해야 한다.

2. '법 위반의 중대성'에 관한 판단기준

구체적으로 보면 탄핵심판절차를 통하여 궁극적으로 보장하고자 하는 헌법질서, 즉 자유민주적 기본질서의 본질적 내용은 법치국가원리의 기본요소인 기본적 인권의 존중, 권력분립, 사법권의 독립과 민주주의원리의 기본요소인 의회제도, 복수정당제도, 선거제도 등으로 구성되어 있다는 점에서, 대통령의 파면을 요청할 정도로 헌법수호의 관점에서 중대한 법 위반이란, 자유민주적 기본질서를 위협하는 행위로서 법치국가원리와 민주국가원리를 구성하는 기본원칙에 대한 적극적인 위반행위를 뜻하는 것이고, 국민의 신임을 배반한 행위란 헌법수호의 관점에서 중대한 법 위반에 해당하지 않는 그 외의 행위 유형까지도 모두 포괄하는 것으로서, 자유민주적 기본질서를 위협하는 행위 외에도, 예컨대, 뇌물수수, 부정부패, 국가의 이익을 명백히 해하는 행위가 그의 전형적인 예라 할 것이다. 결국 대통령의 직을 유지하는 것이 더 이상 헌법수호의 관점에서 용납될 수 없거나 대통령이 국민의 신임을 배신하여 국정을 담당할 자격을 상실한 경우에 한하여, 대통령에 대한 파면결정은 정당화되는 것이다.

3. 파면결정을 할 것인지 여부(중대한 법 위반에 해당하는지 여부)

(1) 대통령 노무현 탄핵사건(헌재 2004.5.14. 2004헌나1) : 부정(기각)

1) 특정 정당에 대한 지지발언

자유민주적 기본질서를 구성하는 의회제나 선거제도에 대한 적극적인 위반행위에 해당한다고 할 수 없으며, 이에 따라 공직선거법 위반행위가 헌법질서에 미치는 부정적 영향은 크다고 볼 수 없다.

2) 현행 선거법에 대한 폄하발언

발언이 행해진 구체적인 상황을 전반적으로 고려하여 볼 때, 자유민주적 기본질서에 역행하고자 하는 적극적인 의사를 가지고 있다거나 법치국가원리를 근본적으로 문제 삼는 중대한 위반행위라 할 수 없다.

3) 재신임 국민투표를 제안한 행위

대통령이 단지 위헌적인 재신임 국민투표의 제안만을 하였을 뿐, 이를 강행하려는 시도를 하지 않았고, 한편으로는 헌법 제72조의 '국가안위에 관한 중요정책'에 재신임의 문제가 포함되는지 등 그 해석과 관련하여 학계에서도 논란이 있다는 점을 감안한다면, 민주주의원리를 구성하는 헌법상 기본원칙에 대한 적극적인 위반행위라 할 수 없고, 이에 따라 헌법질서에 미치는 부정적인 영향이 중대하다고 볼 수 없다.

(2) 대통령 박근혜 탄핵사건(헌재 2017.3.10. 2016헌나1) : 인정(인용)

1) 공직자가 아닌 자의 의견을 비밀리에 국정 운영에 반영한 행위

대통령이 국민으로부터 위임받은 권한을 사적 용도로 남용하여 적극적·반복적으로 최O원의 사익 추구를 도와주었고, 그 과정에서 대통령의 지위를 이용하거나 국가의 기관과 조직을 동원하였다는 점에서 법 위반의 정도가 매우 중하다. 대통령은 공무 수행을 투명하게 공개하여 국민의 평가를 받아야 한다. 그런데 대통령은 최O원의 국정 개입을 허용하면서 이 사실을 철저히 비밀에 부쳤고, 그에 관한 의혹이 제기될 때마다 이를 부인하며 의혹 제기 행위만을 비난하였다. 따라서 권력분립원리에 따른 국회 등 헌법기관에 의한 견제나 언론 등 민간에 의한 감시 장치가 제대로 작동될 수 없었다. 이와 같은 피청구인의 일련의 행위는 대의민주제의 원리와 법치주의의 정신을 훼손한 것으로서 대통령으로서의 공익실현의무를 중대하게 위반한 것이다. 결국 대통령의 이 사건 헌법과 법률 위배행위는 국민의 신임을 배반한 행위로서 헌법수호의 관점에서 용납될 수 없는 중대한 법 위배행위라고 보아야 한다.

Ⅱ 개별적 의견의 표시여부

노무현 대통령탄핵심판 당시에는 탄핵심판절차에서 소수의견을 밝힐 수 있는지 여부에 대해 헌법재판소법에는 그에 관한 규정이 없었으며, 이에 대해 헌법재판소는 탄핵심판사건에 관해서 재판관 개개인의 개별적 의견 및 그 의견의 수 등을 결정문에 표시할 수는 없다고 보았다(헌재 2004.5.14. 2004헌나1).

그러나 그 후 2007. 5. 9 법 개정을 통해 헌법재판소법 제36조 제3항에서는 심판에 관여한 재판관은 모든 결정서에 의견을 표시하여야 한다고 규정함으로서 이제는 모든 결정문에 개별적 의견을 표시하여야 한다.

제 5 절　정당해산심판권

● **헌법**
제8조
④ 정당의 목적이나 활동이 민주적 기본질서에 위배될 때에는 정부는 헌법재판소에 그 해산을 제소할 수 있고, 정당은 헌법재판소의 심판에 의하여 해산된다.

● **헌법재판소법**
제55조(정당해산심판의 청구) 정당의 목적이나 활동이 민주적 기본질서에 위배될 때에는 정부는 국무회의의 심의를 거쳐 헌법재판소에 정당해산심판을 청구할 수 있다.
제57조(가처분) 헌법재판소는 정당해산심판의 청구를 받은 때에는 직권 또는 청구인의 신청에 의하여 종국결정의 선고시까지 피청구인의 활동을 정지하는 결정을 할 수 있다.
제58조(청구 등의 통지) ① 헌법재판소장은 정당해산심판의 청구가 있는 때, 가처분결정을 한 때 및 그 심판이 종료한 때에는 헌법재판소장은 그 사실을 국회와 중앙선거관리위원회에 통지하여야 한다.
② 정당해산을 명하는 결정서는 피청구인 외에 국회·정부 및 중앙선거관리위원회에도 이를 송달하여야 한다.
제59조(결정의 효력) 정당의 해산을 명하는 결정이 선고된 때에는 그 정당은 해산된다.
제60조(결정의 집행) 정당의 해산을 명하는 헌법재판소의 결정은 중앙선거관리위원회가 정당법에 따라 집행한다.

1. 정당해산의 제소

① 정부는 정당의 목적이나 활동이 민주적 기본질서에 위배될 때에는 국무회의의 심의를 거쳐 헌법재판소에 해산을 제소할 수 있다(헌법재판소법 제57조).
② 헌법재판소는 정당해산심판의 청구가 있는 경우에 직권 또는 청구인의 신청에 의하여 종국결정의 선고시까지 피청구인의 활동을 정지하는 결정(가처분결정)을 할 수 있다.

2. 정당해산의 결정 및 그 집행·효과

(1) 정당해산의 결정

9인의 재판관 중 6인 이상의 찬성으로 정당의 해산을 명하는 결정을 할 수 있다(헌법 제113조 제1항).

(2) 정당해산결정의 집행

① 헌법재판소가 정당의 해산을 명하는 결정을 한 때에는 결정서를 피청구인외에 국회·정부 및 중앙선거관리위원회에도 송달하여야 한다(헌법재판소법 제58조).
② 정당해산결정은 중앙선거관리위원회가 정당법에 따라 집행한다(헌법재판소법 제60조).
③ 해산결정의 통지를 받은 중앙선거관리위원회는 그 정당의 등록을 말소하고 지체없이 그 뜻을 공고하여야 한다(정당법 제47조).

(3) 정당해산결정의 효과

1) 기속력
정당해산결정은 모든 국가기관을 구속한다.

2) 정당의 특권 상실
헌법재판소가 해산결정을 선고하면 그 때부터 그 정당은 위헌정당이 되기 때문에 정당의 특권을 상실한다.

제6절 권한쟁의심판

● 헌법
제111조
① 헌법재판소는 다음 사항을 관장한다.
   4. 국가기관 상호간, 국가기관과 지방자치단체간 및 지방자치단체 상호간의 권한쟁의에 관한 심판

● 헌법재판소법
제61조(청구사유) ① 국가기관 상호간, 국가기관과 지방자치단체간 및 지방자치단체 상호간에 권한의 유무 또는 범위에 관하여 다툼이 있을 때에는 해당 국가기관 또는 지방자치단체는 헌법재판소에 권한쟁의심판을 청구할 수 있다.
② 제1항의 심판청구는 피청구인의 처분 또는 부작위가 헌법 또는 법률에 의하여 부여받은 청구인의 권한을 침해하였거나 침해할 현저한 위험이 있는 경우에만 이를 할 수 있다.

제62조(권한쟁의심판의 종류) ① 권한쟁의심판의 종류는 다음과 같다.
  1. 국가기관 상호간의 권한쟁의심판
    국회, 정부, 법원 및 중앙선거관리위원회 상호간의 권한쟁의심판
  2. 국가기관과 지방자치단체간의 권한쟁의심판
    가. 정부와 특별시·광역시·특별자치시·도 또는 특별자치도간의 권한쟁의심판
    나. 정부와 시·군 또는 지방자치단체인 구(이하 "자치구")간의 권한쟁의심판
  3. 지방자치단체 상호간의 권한쟁의심판
    가. 특별시·광역시·특별자치시·도 또는 특별자치도 상호간의 권한쟁의심판
    나. 시·군 또는 자치구 상호간의 권한쟁의심판
    다. 특별시·광역시·특별자치시·도 또는 특별자치도와 시·군 또는 자치구간의 권한쟁의심판
② 권한쟁의가 지방교육자치에관한법률 제2조의 규정에 따른 교육·학예에 관한 지방자치단체의 사무에 관한 것인 경우에는 교육감이 제1항 제2호 및 제3호의 당사자가 된다.

제63조(청구기간) ① 권한쟁의의 심판은 그 사유가 있음을 안 날부터 60일 이내에, 그 사유가 있은 날부터 180일 이내에 청구하여야 한다.
제65조(가처분) 헌법재판소가 권한쟁의심판의 청구를 받았을 때에는 직권 또는 청구인의 신청에 의하여 종국결정의 선고 시까지 심판대상이 된 피청구기관의 처분의 효력을 정지하는 결정을 할 수 있다.
제66조(결정의 내용) ① 헌법재판소는 심판의 대상이 된 국가기관 또는 지방자치단체의 권한의 유무 또는 범위에 관하여 판단한다.
② 제1항의 경우에 헌법재판소는 권한침해의 원인이 된 피청구인의 처분을 취소하거나 그 무효를 확인할 수 있고, 헌법재판소가 부작위에 대한 심판청구를 인용하는 결정을 한 때에는 피청구인은 결정취지에 따른 처분을 하여야 한다.
제67조(결정의 효력) ① 헌법재판소의 권한쟁의심판의 결정은 모든 국가기관과 지방자치단체를 기속한다.
② 국가기관 또는 지방자치단체의 처분을 취소하는 결정은 그 처분의 상대방에 대하여 이미 생긴 효력에 영향을 미치지 아니한다.

제1항 서설

I. 권한쟁의심판의 의의 및 기능

1. 개념

권한쟁의심판이란 국가기관 또는 지방자치단체 등 간에 권한의 존부나 범위에 관하여 적극적 또는 소극적 분쟁이 발생한 경우에 독립적 지위를 가진 제3의 기관이 그 권한의 존부·내용·범위 등을 명백히 함으로써 기관 간의 분쟁을 해결하는 제도를 말한다.

2. 기능

① 국가기관간의 권한에 관한 다툼을 해결함으로써 권력분립의 원리를 실현하는 기능
② 권력에 대한 법적 통제를 수행함으로써 헌법을 수호하는 기능
③ 소수파를 존중함으로써 정치의 평화를 실현하는 기능

3. 행정소송법의 기관소송과의 관할문제

행정소송법 제3조 제4호는 "국가 또는 공공단체의 기관 상호 간에 있어서의 권한의 존부 또는 그 행사에 관한 다툼이 있을 때에 이에 대하여 제기하는 소송"을 기관소송으로 정의하면서 그 단서는 "헌법재판소법 제2조의 규정에 의하여 헌법재판소의 관장사항으로 되는 소송은 기관소송에서 제외한다"고 규정하고 있어, 국가기관 상호 간의 권한의 다툼에 관한 소송에 있어서 헌법재판소의 관할이 우선적인 것으로 정해질 수 있도록 하여 관할의 중복문제를 해결하고 있다.

Ⅱ 권한쟁의심판의 유형

1. 권한쟁의심판의 유형

권한쟁의에는 양쪽 국가기관이나 단체가 모두 어떠한 권한이 자신의 권한이라고 주장하여 생기는 분쟁이 있는 반면, 양쪽 모두가 어떠한 권한이 자신에게는 속하지 아니한다고 주장하여 생기는 분쟁이 있을 수 있다. 전자를 적극적 권한쟁의, 후자를 소극적 권한쟁의라 한다.

2. 소극적 권한쟁의심판의 인정여부

(1) 학설의 대립

1) 긍정설

① 헌법 제111조 제1항 제4호는 모든 유형의 권한쟁의를 포괄한다는 취지로 규정한 것이다.
② 헌법재판소법 제61조 제1항이 정하는 권한의 유무 또는 범위에 관한 다툼도 소극적 권한쟁의를 당연히 포함하는 개념이다.
③ 소극적 권한쟁의를 인정하지 않으면 권한과 의무의 주체 간에 서로 책임을 회피하는 경우 객관적인 권한질서의 유지와 국가업무의 지속적인 수행이 어려워져 결과적으로 국민의 이익을 해치는 현상이 생길 수 있다.

2) 부정설

① 헌법 제111조 제1항 제4호를 소극적 권한쟁의의 근거규정으로 원용하는 것은 무리이다.
② 소극적 권한쟁의를 포함해서 권한쟁의제도의 구체적인 형성권은 입법자에게 있는데, 헌법재판소법 제61조 제2항은 권한쟁의심판 청구의 요건으로 청구인의 권한을 침해하였거나 침해할 현저한 위험이 있는 때에 한하여 할 수 있다고 규정함으로써 소극적 권한쟁의를 포함할 수 있는 해석상의 여지를 주지 않았다.
③ 우리 사법제도상 행정소송법 제36조가 정하는 부작위법확인소송을 비롯한 다른 방법으로도 소극적 권한쟁의를 해결할 길이 있다.

(2) 헌법재판소

헌법재판소가 소극적 권한쟁의의 인정여부에 관하여 명시적으로 언급한 판례는 아직 없다.

제2항 권한쟁의심판의 청구요건

I 당사자능력

1. 국가기관 상호 간의 권한쟁의심판

(1) 특징

① 헌법재판소법 제62조 제1항 제1호는 국가기관 간의 권한쟁의심판을 국회, 정부, 법원 및 중앙선거관리위원회 상호 간의 권한쟁의심판이라고 규정하고 있다.

② 국가가 법인격을 가지는 것이고 국가에 소속된 국가기관은 법인격을 가지지 않지만, 법인격을 가지지 않는 기관들이 당사자가 된다는 점이 특징이며 이는 지방자치단체와의 권한쟁의심판에서 법인격을 가지는 지방자치단체 자체가 당사자가 되는 것과 차이를 보여주는 것이다.

(2) 국회의원과 국회의장의 권한쟁의심판의 당사자능력 인정여부

1) 학설의 대립

(가) 비한정설(예시규정설)

① 헌법 제111조 제1항 제4호의 국가기관은 헌법과 법률에 의하여 고유한 권한을 부여받아 국가의 의사결정에 관여하는 자를 의미한다.

② 헌법 제111조 제1항 제4호에는 '법률이 정하는'이라는 법률유보가 없다는 점을 근거로 국회의원은 권한쟁의심판의 당사자가 될 수 있다.

(나) 한정설(열거규정설)

① 권한쟁의심판의 당사자능력의 범위는 입법정책의 문제로 헌법재판소법은 국가기관의 범위를 국회, 법원, 정부, 중앙선거관리위원회라고만 규정하고 있으므로 이를 확대해석할 수 없다.

② 국회 내에서의 구성원 또는 일부기관 사이의 분쟁이 권한쟁의심판의 대상이 된다면 헌법재판소가 정치기관화할 염려가 있다.

2) 헌법재판소의 태도

(가) 종전의 입장(헌재 1995.5.23, 90헌라1) : 부정

헌법 제111조 제1항 제4호 및 헌법재판소법 제62조 제1항 제1호가 헌법재판소가 관장하는 국가기관 상호 간의 권한쟁의심판을 국회, 정부, 법원 및 중앙선거관리위원회 상호 간의 권한쟁의심판으로 한정하고 있으므로, 그에 열거되지 아니한 기관이나 또는 열거된 국가기관 내의 각급 기관은 비록 그들이 공권적 처분을 할 수 있는 지위에 있을지라도 권한쟁의심판의 당사자가 될 수 없다.

(나) 변경된 입장(헌재 1997.7.16, 96헌라2) : 인정

① 헌법재판소법 제62조 제1항 제1호가 국가기관 상호 간의 권한쟁의심판을 국회, 정부, 법원 및 중앙선거관리위원회 상호 간의 권한쟁의심판이라고 규정하고 있더라도 이는 한정적·열거적인 조항이 아니라 예시적인 조항이라고 해석하는 것이 헌법에 합치되므로 이들 기관 외에는 권한쟁의심판의 당사자가 될 수 없다고 단정할 수 없다.

② 헌법 제111조 제1항 제4호 소정의 국가기관에 해당하는지 여부는 그 국가기관이 헌법에 의하여 설치되고 헌법과 법률에 의하여 독자적 권한을 부여받고 있는지, 헌법에 의하여 설치된 국가기관 상호간의 권한쟁의를 해결할 수 있는 적당한 기관이나 방법이 있는지 등을 종합적으로 고려하여야 할 것이다.

③ 국회의원은 헌법 제41조 제1항에 따라 국민의 선거에 의하여 선출된 헌법상의 국가기관으로서 헌법과 법률에 의하여 법률안 제출권, 법률안 심의·표결권 등 여러 가지 독자적 권한을 부여받고 있으며, 국회의원과 국회의장 간의 권한에 관한 분쟁에 대하여는 권한쟁의심판 이외에 달리 해결할 기관이나 방법이 없으므로 국회의원과 국회의장도 권한쟁의심판의 당사자가 될 수 있다.

(3) 국회의원의 당사자적격 인정여부

1) 국회의 국무총리임명 동의권한 침해에 대한 국회의원의 당사자적격 인정여부

① 국무총리임명 동의권한은 헌법 제86조 제1항에 의해 국회의 권한으로 규정되어 있어, 국회의원은 직접 국무총리임명 동의권한을 주장할 수 없다.

② 국회의원이 국회의 동의권한 침해에 대해 권한쟁의심판의 당사자적격을 인정받기 위해서는 국회의 침해된 동의권한을 회복하기 위한 제3자소송담당이 인정되어야 한다.

2) 국회의원의 제3자소송담당 인정여부

(가) 학설의 대립

① 국회의 권한 침해에 대한 권한쟁의심판 청구는 합의체인 국회만이 다수결에 의하여 결정하여야 한다고 하여 이를 부정하는 견해

② 국회만이 권한쟁의심판의 당사자가 될 수 있다면 침해된 국회의 권한을 회복하려는 소수당의 경우 권한쟁의심판을 제기할 수 없음을 이유로 소수당에게는 제3자소송담당을 인정하여야 한다는 견해

③ 다수당도 소수당의 횡포로 인하여 국회의사 결정을 할 수 없는 경우가 있으므로 다수당·소수당을 불문하고 제3자소송담당을 인정하여야 한다는 견해 등이 대립한다.

(나) 헌법재판소(헌재 2007.7.26, 2005헌라8) : 부정

① 국회의 의사가 다수결에 의하여 결정되었음에도 다수결의 결과에 반대하는 소수의 국회의원에게 권한쟁의심판을 청구할 수 있게 하는 것은 다수결의 원리와 의회주의의 본질에 어긋날 뿐만 아니라, 국가기관이 기관 내부에서 민주적인 방법으로 토론과 대화에 의하여 기관의 의사를 결정하려는 노력 대신 모든 문제를 사법적 수단에 의해 해결하려는 방향으로 남용될 우려도 있다.

② 권한쟁의심판에 있어 제3자소송담당을 허용하는 법률의 규정이 없는 현행법 체계 하에서 국회의 구성원인 청구인들은 국회의 조약에 대한 체결·비준 동의권의 침해를 주장하는 권한쟁의심판을 청구할 수 없다.

③ 청구인들의 이 부분 심판청구는 청구인적격이 없어 부적법하다.

3) 국회의 동의권이 침해된 경우에 국회의원의 심의·표결권 침해를 이유로 한 청구의 당사자적격 인정여부

(가) 학설의 대립

① 인정하는 견해

국회의 국무총리임명 동의권한에는 국회의원의 심의·표결권한이 수반되며, 국회의 국무총리임명 동의

권한이 침해된 경우 국회의원의 심의·표결권한의 침해도 수반되므로, 국회의원은 자신의 심의·표결권한 침해를 이유로 권한쟁의심판에서 청구인적격을 가질 수 있다.

② 부정하는 견해

국회가 권한을 행사하기 위해서는 국회의원들의 심의·표결이 필수불가결한 것이지만 이는 국회의사를 결정하기 위한 내부절차에 불과하므로 이러한 국회의원의 심의·표결권한은 국회의장이나 다른 국회의원에 의해서 침해될 수는 있어도 외부에 있는 대통령의 국무총리서리 임명에 의해서 침해될 수는 없다.

(나) 헌법재판소(헌재 2007.7.26, 2005헌라8) : 부정

① 국회의 동의권이 침해되었다고 하여 동시에 국회의원의 심의·표결권이 침해된다고 할 수 없다.
② 국회의원의 심의·표결권은 국회의 대내적인 관계에서 행사되고 침해될 수 있을 뿐 다른 국가기관과의 대외적인 관계에서는 침해될 수 없는 것이다.
③ 국회의원의 심의·표결권은 국회의원들 상호 간 또는 국회의원과 국회의장 사이와 같이 국회 내부적으로만 직접적인 법적 연관성을 발생시킬 수 있을 뿐이고 대통령 등 국회 이외의 국가기관과 사이에서는 권한침해의 직접적인 법적 효과를 발생시키지 아니한다.

2. 국가기관과 지방자치단체 간의 권한쟁의심판

(1) 국가기관

1) 국회와 법원

헌법 제111조 제1항 제4호 자체가 국가기관과 지방자치단체 간이라고 규정하여 국가기관으로 명시하고 있으므로 헌법재판소법 제62조 제1항 제2호를 예시규정으로 보아 정부의 기관들뿐만 아니라 국회·법원 등의 국가기관도 이에 포함된다.

2) 헌법재판소

헌법재판소는 권한쟁의심판에 있어서 심판자가 되므로 자신이 관련된 분쟁을 스스로 결정할 수 없다는 재판의 본질상 권한쟁의심판의 당사자가 될 수 없다.

3) 국회의 부분기관

헌법에 의하여 설치되고, 헌법과 법률에 의하여 독자적인 권한을 부여받고 있는 국회상임위원회와 같은 국회의 부분기관도 당사자능력이 인정된다.

4) 정부의 부분기관

① 정부 내 부분기관인 대통령, 국무총리, 국무위원, 각부장관은 독립한 헌법기관으로서 국회와의 관계에서는 당사자능력이 인정된다.
② 정부 내부기관 사이에 권한에 관한 분쟁이 발생하는 경우에는 위계적 행정조직의 상명하복관계에 따라 상급기관에 의해 조정되며, 최종적으로는 국무회의 조정에 의하거나 대통령에 의해 자체적으로 해결될 수 있으므로 권한쟁의가 허용될 수 없다.

5) 정당

정당은 그 성격이 법인격 없는 사단에 불과하며, 구성원들의 사적인 정치적 결사체에 해당한다는 점에서 헌법소원을 통한 구제가 가능하고, 원내교섭단체나 의원을 통하여 자신의 권리를 충분히 주장할 수 있으므로 권한쟁의심판의 당사자에 포함시킬 필요가 없다.

(2) 지방자치단체

1) 지방자치단체 자체

헌법과 헌법재판소법은 권한쟁의심판의 당사자로 지방자치단체로만 표시하고 있어 지방자치단체 자체(예컨대 서울시장이 아니라 서울특별시 자체)가 당사자가 된다(헌법재판소법 제62조 제1항).

2) 지방자치단체의 기관(헌재 2006.8.31, 2003헌라1)

① 지방자치단체의 장은 원칙적으로 권한쟁의심판 청구의 당사자가 될 수 없다.
② 지방자치단체의 장이 국가위임 사무에 대해 국가기관의 지위에서 처분을 행한 경우에는 권한쟁의심판 청구의 당사자가 될 수 있다.

(3) 교육감

국가기관과 지방자치단체 간의 권한쟁의가 지방교육자치에관한법률 제2조의 규정에 의한 교육·학예에 관한 지방자치단체의 사무에 관한 것인 때에는 교육감이 당사자가 된다(헌법재판소법 제62조 제2항).

3. 지방자치단체 상호 간의 권한쟁의심판

(1) 지방자치단체

1) 당사자능력

① 별개의 법인격을 가지는 지방자치단체들이 당사자가 된다.
② 헌법재판소법 제62조 제3호의 규정에 따라 특별시, 광역시, 특별자치시, 도, 특별자치도 및 시, 군, 자치구 자체가 당사자가 된다.

2) 당사자적격(청구인적격 및 피청구인적격)(헌재 2006.8.31, 2004헌라2)

지방자치단체 상호 간의 권한쟁의심판에 있어서 청구인적격은 침해당하였다고 주장하는 헌법상 내지 법률상 권한과 적절한 관련성이 있는 자에게 인정되며, 피청구인적격은 권한을 침해하는 처분 또는 부작위를 행하여 법적 책임을 지게 되는 자에게 인정된다.

(2) 교육감

교육감은 교육·학예에 관한 소관사무로 인한 소송이나 재산의 등기 등에 대하여 당해 시·도를 대표한다. 따라서 지방자치단체 간의 권한쟁의가 지방교육자치에 관한 법률 제2조의 규정에 의한 교육·학예에 관한 지방자치단체의 사무에 관한 것인 때에는 교육감이 당사자가 된다(지방교육자치에관한법률 제18조 제2항).

Ⅱ 피청구인의 처분 또는 부작위의 존재

헌법재판소법 제61조 제2항은 피청구인의 처분 또는 부작위가 헌법 또는 법률에 의하여 부여받은 청구인의 권한을 침해하였거나 침해할 현저한 위험이 있는 때에 한하여 권한쟁의심판을 할 수 있다고 규정하고 있다.

1. 처분

(1) 개념
① 처분은 행정청의 행정행위로서의 처분뿐만 아니라, 행정처분의 개념보다 넓은 개념이다.
② 사실행위, 대내적 행위, 개별적 결정, 일반적 규범의 정립까지 포함하는 개념이다.
③ 법률안 날치기사건에서 법률안의 가결선포행위 등에 대하여 권한쟁의심판이 제기되고 본안판단을 한 바 있다.

(2) 정부의 법률안 제출행위(헌재 2005.12.22, 2004헌라3)
① 처분이란 법적 중요성을 지닌 것에 한하므로, 청구인의 법적 지위에 구체적으로 영향을 미칠 가능성이 없는 행위는 처분이라 할 수 없어 이를 대상으로 하는 권한쟁의심판 청구는 허용되지 않는다.
② 정부가 법률안을 제출하였다 하더라도 그것이 법률로 성립되기 위해서는 국회의 많은 절차를 거쳐야 하고, 법률안을 받아들일지 여부는 전적으로 헌법상 입법권을 독점하고 있는 의회의 권한이다.
③ 정부가 법률안을 제출하는 행위는 입법을 위한 하나의 사전 준비행위에 불과하고, 권한쟁의심판의 독자적 대상이 되기 위한 법적 중요성을 지닌 행위로 볼 수 없다.

(3) 법률의 제정행위 및 법률 자체
헌법재판소는 법률 자체에 대하여는 부산 강서구와 진해시 간의 권한쟁의사건에서는 법률 자체가 처분에 해당한다고 판시하였으나, 강남구 등과 국회 간의 권한쟁의심판사건에서는 법률 자체의 처분성을 부정하였다.

(4) 법원의 재판 등(헌재 2006.5.25, 2005헌라4)
처분은 입법행위와 같은 법률의 제정과 관련된 권한의 존부 및 행사상의 다툼, 행정처분은 물론 행정입법과 같은 모든 행정작용 그리고 법원의 재판 및 사법행정작용 등을 포함하는 넓은 의미의 공권력 처분을 의미하는 것으로 보아야 할 것이다.

(5) 장래처분(헌재 2004.9.23, 2000헌라2)
① 장래처분을 대상으로 하는 심판청구는 원칙적으로 허용되지 아니한다.
② 피청구인의 장래처분이 확실하게 예정되어 있고, 피청구인의 장래처분에 의해서 청구인의 권한이 침해될 위험성이 있어서 청구인의 권한을 사전에 보호해주어야 할 필요성이 매우 큰 예외적인 경우에는 피청구인의 장래처분에 대해서도 헌법재판소법 제61조 제2항에 의거하여 권한쟁의심판을 청구할 수 있다.

(6) 사실행위나 내부적 행위(헌재 2006.3.30, 2003헌라2)
청구인의 권한에 부정적인 영향을 주어서 법적으로 문제되는 경우에는 사실행위나 내부적인 행위도 권한쟁의심판의 대상이 되는 처분에 해당한다.

2. 부작위(헌재 1998.7.14. 98헌라3)

① 권한쟁의심판의 대상이 되는 부작위는 단순한 사실상의 부작위가 아니고 헌법상 또는 법률상의 작위의무가 있는데도 불구하고 이를 이행하지 아니하는 것을 말한다.
② 피청구인의 부작위에 의하여 청구인의 권한이 침해당하였다고 주장하는 권한쟁의심판은 피청구인에게 헌법상 또는 법률상 유래하는 작위의무가 있음에도 불구하고 피청구인이 그러한 의무를 다하지 아니한 경우에 한하여 허용된다.

Ⅲ 권한의 유무 또는 범위에 관한 다툼의 존재

권한의 존부 및 범위 자체에 관한 청구인과 피청구인 사이의 다툼이 있어야만 권한쟁의심판이 적법하게 제기된 것으로 본다(헌법재판소법 제61조 제1항).

Ⅳ 권한을 침해하였거나 침해할 현저한 위험이 있는 때

1. 침해되는 청구인의 권한의 존재

(1) 헌법 또는 법률에 의하여 부여받은 권한

① 헌법재판소법 제61조 제2항은 "헌법 또는 법률에 의하여 부여받은 청구인의 권한을 침해하였거나"라고 규정하고 있다.
② 권한이라 함은 공적 업무를 수행하기 위하여 각 기관이 관장하고 있는 관할을 말하는 동시에 자기의 업무를 수행하기 위하여 법이 부여한 권한을 말한다.
③ 권한은 헌법뿐만 아니라 법률에 의하여 부여받은 권한도 포함된다.

(2) 주관적 권리의 포함여부

권한한정설과 권리포함설이 대립하나 헌법재판소법 제61조 제1항은 명문으로 권한쟁의심판의 대상을 '권한'에 관한 다툼으로 명시하고 있고, 주관적 권리침해의 경우에는 헌법소원심판을 청구할 수 있으므로, 권한쟁의심판의 대상은 권한에 한정된다고 보는 권한한정설이 타당하다.

(3) 지방자치단체의 위임사무에 관한 권한

1) 기관위임사무(헌재 1999.7.22. 98헌라4)

지방자치단체가 기관위임사무에 관하여 권한쟁의심판을 청구할 경우 기관위임사무는 지방자치단체 자체에 속하는 사무가 아니기 때문에 부적법한 청구이다.

2) 기관위임사무를 집행하는 지방자치단체의 장(헌재 2004.9.23. 2000헌라2)

① 기관위임사무는 지방자치단체의 사무라고 할 수 없고, 지방자치단체의 장은 기관위임사무의 집행권한과 관련된 범위에서는 그 사무를 위임한 국가기관의 지위에 서게 될 뿐 지방자치단체의 기관이 아니다.

② 지방자치단체는 기관위임사무의 집행에 관한 권한의 존부 및 범위에 관한 권한분쟁을 이유로 기관위임사무를 집행하는 국가기관 또는 다른 지방자치단체의 장을 상대로 권한쟁의심판 청구를 할 수 없다.

3) 단체위임사무

단체위임사무는 지방자치단체의 권한으로 위임되었고, 이에 대한 침해는 지방자치단체의 권한의 침해의 문제가 될 것이기 때문에 지방자치단체 자체에 위임된 사무에 관하여 지방자치단체가 행한 권한쟁의심판 청구는 적법하다.

2. 권한을 침해하였거나 침해할 현저한 위험이 있는 때

(1) 권한의 침해 또는 현저한 침해의 위험성의 의미

① 헌법재판소법 제61조 제2항에 따라 권한쟁의심판을 청구하려면, 피청구인의 처분 또는 부작위로 인해 청구인의 권한이 침해되었거나 현저한 침해의 위험성이 존재하여야 한다.
② 권한의 침해란 피청구인의 처분 또는 부작위로 인한 청구인의 권한침해가 과거에 발생하였거나 현재까지 지속되는 경우를 의미하며, 현저한 침해의 위험성이란 아직 침해라고는 할 수 없으나 침해될 개연성이 상당히 높은 상황을 의미한다(헌재 2006.5.25, 2005헌라4).

(2) 헌법재판소(헌재 2006.5.25, 2005헌라4)

권한쟁의심판 청구의 적법요건 단계에서 요구되는 권한침해의 요건은, 청구인의 권한이 구체적으로 관련되어 이에 대한 침해가능성이 존재할 경우 충족되는 것으로 볼 수 있다. 권한의 침해가 실제로 존재하고 위헌 내지 위법한지의 여부는 본안의 결정에서 판단되어야 할 것이다.

V 권리보호이익

1. 권한쟁의심판에서 권리보호이익이 청구요건인지 여부

헌법재판소는 소위 김홍신 의원사건에서 권리보호이익을 권한쟁의심판의 청구요건으로 인정하고 있다(헌재 2003.10.30, 2002헌라1).

2. 권리보호이익의 예외적 인정(헌재 2003.10.30, 2002헌라1)

① 권리보호이익이 없는 경우에는 심판청구를 각하하는 것이 원칙이다.
② 헌법소원심판과 마찬가지로 권한쟁의심판도 주관적 권리구제뿐만 아니라 객관적인 헌법질서 보장의 기능도 겸하고 있으므로, 권한침해상태가 이미 종료하여 이를 취소할 여지가 없어졌다 하더라도 다시 반복될 수 있는 사안이어서 헌법적 해명의 필요성이 있는 경우에는 예외적으로 심판의 이익을 인정할 수 있다.

Ⅵ 청구기간

① 권한쟁의심판은 권한을 침해하는 사유가 있음을 안 날부터 60일 이내에, 그 사유가 있은 날부터 180일 이내에 청구하여야 한다(헌법재판소법 제63조).
② 권한쟁의심판 청구기간은 불변기간이다.
③ 권한쟁의심판 청구기간 180일의 기산일은 청구인 주장의 권한이 침해된 날, 즉 처분 또는 부작위로 인하여 관할권 침해가 발생하는 날이며, 처분의 근거가 된 법률의 시행일이 아니다(헌재 2006.8.31, 2004헌라2).
④ 법률의 제정에 대한 권한쟁의심판의 경우, 청구기간은 법률이 공포되거나 이와 유사한 방법으로 일반에게 알려진 것으로 간주된 때, 즉 국회의 의결을 거쳐 관보에 게재·공포된 때부터 기산되는 것이 일반적이다(헌재 2006.5.25, 2005헌라4).
⑤ 부작위의 경우 현재까지 부작위가 계속됨으로써 권한침해상태가 계속되고 있어 청구기간이 계속 새롭게 진행되고 있으므로 청구기간도과의 문제가 생기지 않는다(헌재 2006.8.31, 2004헌라2).

제3항 권한쟁의심판의 심리와 결정 및 결정의 효력

Ⅰ 권한쟁의심판의 심리

1. 심리의 원칙

① 권한쟁의심판은 구두변론에 의하며, 심판의 변론과 결정의 선고는 공개한다(헌법재판소법 제30조 제1항).
② 서면심리와 평의는 공개하지 아니한다(헌법재판소법 제34조 제1항).

2. 정족수

① 권한쟁의심판의 사건은 다른 심판사건들에서와 같이 재판관 7명 이상의 출석으로 심리하고, 참석재판관 중 과반수의 찬성으로써 한다.
② 판례변경의 경우에는 6명 이상의 찬성이 있어야 한다.

Ⅱ 권한쟁의심판결정의 내용과 유형

1. 각하결정

권한쟁의심판의 청구요건을 갖추지 못한 경우 각하결정을 한다.

2. 심판절차종료선언결정(취하)(헌재 2001.5.8, 2000헌라1)

청구인이 권한쟁의심판 도중에 권한쟁의심판 청구를 취하하면 헌법재판소는 심판절차종료선언을 한다.

3. 인용결정

(1) 의의
청구인의 청구가 이유 있다고 받아들이는 결정이 인용결정이다. 이에는 권한존부확인결정 또는 권한범위확인결정, 권한침해확인결정, 무효확인결정, 취소결정, 부작위위법확인결정 등이 있다.

(2) 권한존부(범위)확인결정
① 헌법재판소법 제66조 제1항은 "헌법재판소는 심판의 대상이 된 국가기관 또는 지방자치단체의 권한의 유무 또는 범위에 관하여 판단한다"고 규정하고 있다.
② 권한존부(범위)확인결정은 일반적으로 청구인의 권한의 침해나 침해위험을 판단함에 있어 선행하여 행하여진다. 그러나 장래처분에 대한 권한쟁의에서는 독자적으로 선고할 수 있다.
③ 헌법재판소는 당진군과 평택시 간의 권한쟁의심판사건에서 제방에 대한 관할권한이 당진군에 있음을 확인하는 결정을 한 바 있다(헌재 2004.9.23, 2000헌라2).

(3) 권한침해확인결정
① 권한의 존부는 권한이 누구에게 귀속하는가의 문제이며, 권한의 범위는 귀속된 권한이 침해되었는가에 관한 판단이다. 따라서 권한의 존부와 범위에 관하여 판단한다는 의미는 피청구인의 처분 또는 부작위로 인하여 청구인의 권한이 침해되었음을 확인한다는 의미이다.
② 헌법재판소는 문제된 권한이 헌법상·법률상 존재하는지 여부, 존재한다면 어디에 속하는지를 판단하고, 청구인의 권한이 침해된 것으로 판단될 때에는 권한침해를 확인하는 결정을 한다.
③ 헌법재판소는 '소위 법률안 날치기 통과사건'에서 국가안전기획부법중개정법률안 등을 상정하여 가결선포한 것은 청구인들의 법률안 심의·표결의 권한을 침해한 것이다라는 주문을 취한 바 있다(헌재 1997.7.16, 96헌라2).

(4) 무효확인결정
① 헌법재판소법 제66조 제2항은 "피청구기관의 처분이 이미 청구인의 권한을 침해한 때에는 그 무효를 확인할 수 있다"고 규정하여, 권한의 존부 및 범위에 대한 확인을 넘어 피청구인의 처분에 대하여 무효확인을 할 수 있도록 하고 있다.
② 처분이 무효가 되기 위해서는 중대하고 명백한 흠이 있어야 한다.
③ 헌법재판소는 경기도와 성남시간의 권한쟁의사건에서 "중대하고도 명백한 흠이 있어" 무효라고 판시하였다(헌재 1999.7.22, 98헌라4).
④ 헌법재판소는 '소위 법률안 날치기 통과사건'에서 국회의 입법과 관련하여 일부 국회의원들의 권한이 침해되었다고 하더라도 그것이 입법절차에 관한 헌법의 규정을 명백히 위반한 흠에 해당하는 것이 아니라면 그 법률안의 가결선포행위를 무효로 볼 것은 아니다라고 판시한 바 있다(헌재 1997.7.16, 96헌라2).

(5) 취소결정
① 헌법재판소법 제66조 제2항은 "피청구기관의 처분이 이미 청구인의 권한을 침해한 때에는 이를 취소할 수 있다"고 규정하고 있다.

② 취소란 이미 행해진 국가기관 또는 지방자치단체의 처분의 효력을 헌법재판소의 선고로 상실시키는 것을 뜻하기 때문에 "폐지"를 의미한다.

③ 헌법재판소는 권한을 침해하는 처분이 중대·명백하지 않은 정도, 즉 중대하지만 명백하지 않거나, 명백하지만 중대하지 않은 하자의 경우에는 취소결정을 하게 될 것이다.

④ 헌법재판소는 부산시 강서구와 진해시 간의 권한쟁의사건에서 『피청구인이 … 행한 각 점용료부과처분은 이를 취소한다』라고 판시한 바 있다(헌재 2006.8.31. 2004헌라2).

(6) 위헌 내지 위법확인결정

① 헌법재판소법 제66조 제2항은 "피청구기관의 처분 또는 부작위가 이미 청구인의 권한을 침해한 때에는 이를 취소하거나 그 무효를 확인할 수 있다"고 규정하고 있으나, 부작위의 경우에는 아무런 처분이 없는 상태이므로 취소나 무효의 대상이 될 수는 없고, 위법 내지 위헌임을 확인하는 결정을 하게 될 것이다.

② 헌법재판소는 부산시 강서구와 진해시 간의 권한쟁의사건에서 『피청구인이 위 각 토지에 관하여 지방자치법 제5조에 의한 사무와 재산의 인계를 청구인에게 행하지 아니하는 부작위는 위법함을 확인한다』라는 주문의 형식을 취한 바 있다(헌재 2006.8.31. 2004헌라2).

③ 부작위의 위헌 또는 위법확인이 있게 되면 피청구인은 결정취지에 따른 처분을 하여야 한다(헌법재판소법 제66조 제2항).

4. 기각결정

청구인의 청구가 이유 없다고 인정할 때에는 기각결정을 하게 된다. 또 권한침해가 없다고 판단하는 경우, 무효확인청구에 무효사유가 없다고 판단하는 경우에 기각결정을 한다. 그리고 처분에 대한 취소사유가 없다고 보거나, 부작위가 위헌·위법이 아니라고 판단될 때에도 기각결정을 한다.

Ⅲ 권한쟁의심판결정의 효력

1. 기속력

(1) 기속력의 범위

① 헌법재판소법 제67조 제1항은 "헌법재판소의 권한쟁의심판의 결정은 모든 국가기관과 지방자치단체를 기속한다"고 규정하고 있다.

② 제67조 제1항은 권한침해의 결정이 아니라 "권한쟁의심판의 결정"이라고 명시하고 있으므로 권한쟁의심판의 결과 나오는 모든 결정이 기속력을 가진다.

③ 권한쟁의심판결정의 기속력은 위헌법률심판의 경우 '위헌결정', 헌법소원심판의 경우 '인용결정'에 대하여만 기속력을 명시하고 있는 것과 차이가 있다.

(2) 기속력의 내용

① 권한침해를 인정하는 결정의 경우 피청구인은 더 이상 청구인의 권한을 행사하여서는 아니된다(반복금지효).

② 무효확인결정의 경우 청구인의 권한을 침해하는 피청구인의 행위는 당연히 효력을 상실하게 되고, 취소결정이 있으면 그 처분은 원칙적으로 소급하여 효력을 상실한다.
③ 부작위에 대한 위법·위헌확인이 있는 경우에 피청구인은 처분으로 나아가야 할 것이다(처분의무).
④ 다른 국가기관이나 지방자치단체도 헌법재판소 결정의 취지를 존중해야 한다.

2. 취소결정에서의 소급효의 배제

① 국가기관 또는 지방자치단체의 처분을 취소하는 결정은 그 처분의 상대방에 대하여 이미 발생한 효력에는 영향을 미치지 아니한다(헌법재판소법 제67조 제2항).
② 헌법재판소가 행하는 권한쟁의심판에서 처분의 취소결정은 기관 간에 행해진 처분의 효력을 소급적으로 상실시키는 것이고, 이런 소급적 효력은 그 처분의 상대방(=제3자)에 대하여는 미치지 않는다는 것이다.
③ 취소결정에서의 소급효의 배제는 처분의 유효성을 믿은 제3자의 법적 안정성 내지 선의의 상대방(=제3자)의 권익을 보호하기 위한 것이다. 처분이 취소된 경우에 한하여 소급효배제의 효과가 미치며, 무효확인결정의 경우에는 소급효배제가 적용되지 않는다.

제7절 • 헌법소원심판

◆ **헌법**
제111조
① 헌법재판소는 다음 사항을 관장한다.
  5. 법률이 정하는 헌법소원에 관한 심판

◆ **헌법재판소법**
제68조(청구사유) ① 공권력의 행사 또는 불행사로 인하여 헌법상 보장된 기본권을 침해받은 자는 법원의 재판을 제외하고는 헌법재판소에 헌법소원심판을 청구할 수 있다. 다만 다른 법률에 구제절차가 있는 경우에는 그 절차를 모두 거친 후에 청구할 수 있다.
② 제41조 제1항에 따른 법률의 위헌 여부 심판의 제청신청이 기각된 때에는 그 신청을 한 당사자는 헌법재판소에 헌법소원심판을 청구할 수 있다. 이 경우 그 당사자는 당해 사건의 소송절차에서 동일한 사유를 이유로 다시 위헌 여부 심판의 제청을 신청할 수 없다.
제69조(청구기간) ① 제68조 제1항의 규정에 따른 헌법소원의 심판은 그 사유가 있음을 안 날부터 90일 이내에, 그 사유가 있는 날부터 1년 이내에 청구하여야 한다. 다만 다른 법률에 따른 구제절차를 거친 헌법소원의 심판은 그 최종결정을 통지받은 날부터 30일 이내에 청구하여야 한다.
② 제68조 제2항에 따른 헌법소원심판은 위헌여부심판의 제청신청을 기각하는 결정을 통지받은 날부터 30일 이내에 청구하여야 한다.
제70조(국선대리인) ① 헌법소원심판을 청구하려는 자가 변호사를 대리인으로 선임할 자력이 없는 경우에는 헌법재판소에 국선대리인을 선임하여 줄 것을 신청할 수 있다. 이 경우 제69조의 따른 청구기간은 국선대리인의 선임신청이 있는 날을 기준으로 정한다.

② 제1항에도 불구하고 헌법재판소가 공익상 필요하다고 인정할 때에는 국선대리인을 선임할 수 있다.
③ 헌법재판소는 제1항의 신청이 있는 경우 또는 제2항의 경우에는 헌법재판소규칙으로 정하는 바에 따라 변호사 중에서 국선대리인을 선정한다. 다만 그 심판청구가 명백히 부적법하거나 이유없는 경우 또는 권리의 남용이라고 인정되는 경우에는 국선대리인을 선정하지 아니할 수 있다.

제72조(사전심사) ① 헌법재판소장은 헌법재판소에 재판관 3명으로 구성되는 지정재판부를 두어 헌법소원심판의 사전심사를 담당하게 할 수 있다.
③ 지정재판부는 다음 각 호의 어느 하나에 해당되는 경우에는 지정재판부 재판관 전원의 일치된 의견에 의한 결정으로 헌법소원의 심판청구를 각하한다.
  1. 다른 법률에 따른 구제절차가 있는 경우 그 절차를 모두 거치지 아니하거나 또는 법원의 재판에 대하여 헌법소원의 심판이 청구된 경우
  2. 제69조의 청구기간이 지난 후 헌법소원심판이 청구된 경우
  3. 제25조에 따른 대리인의 선임 없이 청구된 경우
  4. 그 밖에 헌법소원심판의 청구가 부적법하고 그 흠결을 보정할 수 없는 경우
④ 지정재판부는 전원의 일치된 의견으로 제3항의 각하결정을 하지 아니하는 경우에는 결정으로 헌법소원을 재판부의 심판에 회부하여야 한다. 헌법소원심판의 청구 후 30일이 지날 때까지 각하결정이 없는 때에는 심판에 회부하는 결정이 있는 것으로 본다.

제75조(인용결정) ① 헌법소원의 인용결정은 모든 국가기관과 지방자치단체를 기속한다.
② 제68조 제1항에 따른 헌법소원을 인용할 때에는 인용결정서의 주문에 침해된 기본권과 침해의 원인이 된 공권력의 행사 또는 불행사를 특정하여야 한다.
③ 제2항의 경우에 헌법재판소는 기본권 침해의 원인이 된 공권력의 행사를 취소하거나 그 불행사가 위헌임을 확인할 수 있다.
④ 헌법재판소가 공권력의 불행사에 대한 헌법소원을 인용하는 결정을 한 때에는 피청구인은 결정 취지에 따라 새로운 처분을 하여야 한다.
⑤ 제2항의 경우에 헌법재판소는 공권력의 행사 또는 불행사가 위헌인 법률 또는 법률의 조항에 기인한 것이라고 인정될 때에는 인용결정에서 해당 법률 또는 법률의 조항이 위헌임을 선고할 수 있다.
⑥ 제5항의 경우 및 제68조 제2항에 따른 헌법소원을 인용하는 경우에는 제45조 및 제47조를 준용한다.
⑦ 제68조 제2항에 따른 헌법소원이 인용된 경우에 해당 헌법소원과 관련된 소송사건이 이미 확정된 때에는 당사자는 재심을 청구할 수 있다.
⑧ 제7항에 따른 재심에서 형사사건에 대하여는 「형사소송법」을 준용하고, 그 외의 사건에 대하여는 「민사소송법」을 준용한다.

제1항 서설

I. 헌법소원의 의의 및 기능

1. 의의

헌법소원이란 공권력의 행사 또는 불행사로 말미암아 헌법상 보장된 기본권이 직접 그리고 현실적으로 침해당한 자가 헌법재판기관에 당해 공권력의 위헌여부의 심사를 청구하여 기본권을 구제받는 제도를 말한다.

2. 기능

헌법소원제도는 개인의 주관적 기본권을 보장하는 기본권 보장기능과 위헌적인 공권력의 행사를 통제함으로써 객관적 헌법질서를 수호하는 헌법보장기능을 수행한다(헌재 1995.7.21. 92헌마144). 이것을 헌법소원제도의 이중적 기능이라 한다.

II. 헌법소원의 유형

1. 권리구제형 헌법소원(헌법재판소법 제68조 제1항의 헌법소원)

① 권리구제형 헌법소원이란 공권력의 행사 또는 불행사로 말미암아 헌법상 보장된 기본권을 침해당한 자가 청구하는 헌법소원을 말한다.
② 이것이 본래의 헌법소원이다.

2. 위헌심사형 헌법소원(헌법재판소법 제68조 제2항의 헌법소원)

(1) 의의

① 위헌심사형 헌법소원이란 법률의 위헌여부의 제청신청이 법원에 의하여 기각된 경우에 제청신청을 한 당사자가 청구하는 헌법소원을 말한다.
② 우리 헌법재판소법 제68조 제2항은 위헌심판제청신청이 기각당한 경우에 바로 헌법소원을 청구할 수 있도록 함으로써 제1심 단계에서부터 재판의 전제가 된 법률의 위헌심판을 받을 수 있도록 하고 있다.

(2) 법령소원과의 구별

① 법률을 대상으로 하는 법령소원은 위헌소원과 구별된다.
② 양자 모두 법률을 대상으로 하는 것이나 위헌소원의 심판은 위헌법률심판제청 신청이 기각되었을 때 청구하는 것으로 실질적으로 위헌법률심판인 반면에, 법률에 대한 법령소원은 법률을 직접 대상으로 하는 헌법소원이다.
③ 양자는 청구요건 등에 있어서 차이가 있다.

제2항 권리구제형 헌법소원심판의 청구요건

I 청구인능력

1. 청구인능력이 인정되는 경우

(1) 자연인

1) 국민과 외국인
① 헌법소원심판을 청구할 수 있는 자는 공권력의 행사 또는 불행사로 말미암아 헌법상 보장된 기본권이 침해되었다고 주장하는 모든 국민이다.
② 헌법재판소는 국회노동위원회의 헌법소원청구인능력을 부인한 사건에서 외국인의 기본권 주체성을 긍정하고 있다(헌재 1994.12.29, 93헌마120).

2) 당사자의 심판 도중 사망의 경우
① 원칙(헌재 1994.12.29, 90헌바13)
ⅰ) 심판절차가 수계될 성질의 것이 아니거나(예컨대 고용계약상의 지위와 같은 일신전속적인 지위), ⅱ) 수계할 당사자가 없거나, ⅲ) 수계의사가 없는 경우에는 심판절차가 종료된다.
② 예외(헌재 1994.12.29, 90헌바13)
수계의사표시가 없는 경우에도 이미 결정을 할 수 있을 정도로 사건이 성숙되어 있고 그 결정에 의하여 유죄판결의 흠이 제거될 수 있음이 명백한 경우 등, 특히 유죄판결을 받은 자의 이익을 위하여 결정의 필요성이 있는 경우에는 심판절차가 종료되지 않고 종국결정이 가능하다.

(2) 법인(사법인) 및 법인 아닌 사단·재단(한국영화인협회, 한국신문편집인협회, 자동차매매조합)(헌재 1991.6.3, 90헌마56)
① 우리 헌법은 법인의 기본권향유능력을 인정하는 명문규정을 두고 있지 않지만, 본래 자연인에게 적용되는 기본권 규정이라도 언론·출판의 자유, 재산권의 보장 등과 같이 성질상 법인이 누릴 수 있는 기본권은 당연히 법인에게도 적용하여야 할 것으로 본다.
② 법인도 사단법인·재단법인 또는 영리법인·비영리법인을 가리지 아니하고 위 한계 내에서는 헌법상 보장된 기본권이 침해되었음을 이유로 헌법소원심판을 청구할 수 있다.
③ 법인 아닌 사단·재단이라고 하더라도 대표자의 정함이 있고 독립된 사회적 조직체로서 활동하는 때에는 성질상 법인이 누릴 수 있는 기본권을 침해당하게 되면 그의 이름으로 헌법소원심판을 청구할 수 있다.

(3) 정당
헌법재판소는 지방의회의원선거법 제36조 제1항 헌법소원사건에서 정당의 청구인능력을 인정하고 있다. 정당이 누리는 기본권으로 재산권, 선거에 있어서 기회균등권을 든 바 있다(헌재 1991.3.11, 91헌마21).

(4) 국립대학교(헌재 1992.10.1, 92헌마68)

① 국립대학인 서울대학교는 특정한 국가목적에 제공된 인적·물적 종합시설로서 공법상의 영조물이다.
② 서울대학교와 학생과의 관계는 공법상의 영조물이용관계이다.
③ 교육의 자주성이나 대학의 자율성은 헌법 제22조 제1항이 보장하고 있는 학문의 자유의 확실한 보장수단으로 꼭 필요한 것으로서 이는 대학에게 부여된 헌법상의 기본권이다.

(5) 사립학교(헌재 1993.7.29, 89헌마123)

① 사립학교 자체는 교육을 위한 시설에 불과하여 헌법소원심판을 청구할 수 없다.
② 사립학교법인의 경우에는 기본권 주체성이 인정되어 헌법소원심판을 청구할 수 있다.

(6) 노동조합(헌재 1999.11.25, 95헌마154)

노동단체에게 정치자금의 기부를 금지함으로써 노동조합이 침해당하는 기본권은 헌법 제33조의 단결권이 아니라 헌법 제21조의 노동조합의 정치활동의 자유, 즉 표현의 자유, 결사의 자유, 일반적 행동자유권 및 개성의 자유로운 발현권을 그 보장내용으로 하는 행복추구권이라고 보아야 한다.

2. 청구인능력이 부정되는 경우

(1) 국가기관

공법인인 국가나 지방자치단체 등에 기본권 주체성을 인정한다면 이는 기본권 사상의 반전을 가져오는 것이므로 공법인은 기본권의 주체가 될 수 없는 것이 원칙이다.

1) 국회상임위원회(노동위원회)(헌재 1994.12.29, 93헌마120)

국가(또는 국가기관, 국가조직의 일부나 공법인)는 기본권의 "수범자"이지 기본권의 주체로서 그 "소지자"가 아니고 오히려 국민의 기본권을 보호 내지 실현해야 할 "책임과 의무를 지니고 있는 지위"에 있을 뿐인 바, 국회의 일부조직인 청구인(국회노동위원회)은 국가기관의 일부이므로 기본권의 주체로서 헌법소원심판 청구를 할 수 없다 할 것이다.

2) 국회의원

① 입법권은 헌법 제40조에 의하여 국가기관으로서 국회에 속하는 것이고, 국회의원이 국회 내에서 행사하는 질의권·토론권 및 표결권 등은 입법권 등 공권력을 행사하는 국가기관인 국회의 구성원의 지위에 있는 국회의원에게 부여된 권한으로서 국회의원 개인에게 헌법이 보장하는 권리, 즉 기본권으로 인정된 것이라고 할 수 없다. … 국회의원이 국회의 의안처리과정에서 권한을 침해당하였다고 하더라도 이는 기본권의 침해에는 해당하지 않으므로 국회의원은 개인의 권리구제수단인 헌법소원을 청구할 수 없다(헌재 1995.2.23, 91헌마231).
② 청구인이 침해당하였다고 주장하는 기본권은 무소속 국회의원이 상임위원회에 소속하여 활동할 권리, 무소속 국회의원으로서 교섭단체소속 국회의원과 동등하게 대우받을 권리라는 것으로서 이는 입법권을 행사하는 국가기관인 국회를 구성하는 국회의원의 지위에서 주장하는 권리일지언정 헌법이 일반 국민에게 보장하고 있는 기본권이라고 할 수는 없다(헌재 2000.8.31, 2000헌마156).

(2) 공법인(공법인기관)

1) 헌법소원의 청구인능력 : 부정

공법인인 ① 지방자치단체(헌재 2006.12.28, 2006헌마312), ② 지방자치단체장(헌재 1997.12.24, 96헌마365), ③ 지방의회(헌재 1998.3.26, 96헌마345), ④ 교육위원회 교육위원(헌재 1995.9.28, 92헌마23) 및 ⑤ 농지개량조합(헌재 2000.11.30, 99헌마190) 등은 헌법소원 청구인으로서의 적격이 없다.

2) 위헌법률심판제청 신청과 위헌소원심판 청구의 가능성 : 긍정

지방자치단체나 그 소속의 기관인 지방자치단체장이나 지방의회도 법원의 소송에서 어느 법률의 위헌여부가 그 소송에서의 재판의 전제가 되는 경우에는 위헌법률심판의 제청신청을 할 수 있고 그 신청이 기각되더라도 위헌소원의 심판을 청구할 수 있다.

(3) 한국영화인협회 감독위원회(헌재 1991.6.3, 90헌마56)

청구인 한국영화인협회 감독위원회는 영화인협회로부터 독립된 별개의 단체가 아니고, 영화인협회의 내부에 설치된 8개의 분과위원회 가운데 하나에 지나지 아니하며, 달리 단체로서의 실체를 갖추어 당사자능력이 인정되는 법인 아닌 사단으로 볼 자료도 없다. 따라서 감독위원회는 그 이름으로 헌법소원심판을 청구할 수 있는 헌법소원심판 청구능력이 있다고 할 수 없는 것이므로 감독위원회의 이 사건 헌법소원심판 청구는 부적법하다.

(4) 남문중·상업고등학교(민법상 권리능력이나 민사소송법상 당사자능력이 없는 단체)(헌재 1993.7.29, 89헌마123)

① 청구인 남문중·상업고등학교는 교육을 위한 시설에 불과하여 우리 민법상 권리능력이나 민사소송법상 당사자능력이 없다.
② 청구인 남문중·상업고등학교에 관한 권리·의무의 주체로서 당사자능력이 있는 청구인 남문학원이 헌법소원을 제기하여 권리구제를 받는 절차를 밟음으로써 족하다.

II 공권력의 행사 또는 불행사(청구대상)

1. 공권력 행사·불행사의 판단기준

(1) 국민의 권리·의무 내지 법적 지위에의 직접적 영향(헌재 1993.11.25, 92헌마293)

정부투자기관에 대한 예산편성공통지침행위는 정부의 그 투자기관에 대한 내부적 감독작용에 해당할 뿐이고, 국민에 대하여 구체적으로 어떤 권리를 설정하거나 의무를 명하는 법률적 규제작용으로서의 공권력작용에 해당한다고 할 수는 없다.

(2) 기본권 침해의 가능성·위험성(헌재 1999.6.24, 97헌마315)

공권력의 행사로 인하여 헌법소원을 청구하고자 하는 자의 법적 지위에 아무런 영향을 미치지 않는다면 애당초 기본권 침해의 가능성이나 위험성이 없으므로 그 공권력의 행사를 대상으로 헌법소원을 청구하는 것은 허용되지 아니한다. 이 사건에서 지적등록사항 정정신청의 요건을 갖춘 것임에도 불구하고 이를 거부한 피청구인의 이 사건 반려처분은 청구인의 재산권을 침해할 가능성이 있는 공권력 행사라 할 것이므로 이를 헌법소원의 대상으로 삼아 취소를 구하는 것은 허용된다.

(3) 공권력 행사·불행사의 특정(헌재 2004.11.25. 2002헌마749)

그 동안의 관행을 이유로 계약제교사 채용행위 일반에 대하여 추상적으로 위헌확인을 해줄 것을 고수하고 있다. 이 부분의 헌법소원은 심판대상이 되는 공권력의 행사 또는 불행사가 구체적으로 특정되지 않은 점에서 부적법하다.

2. 공권력 주체에 의한 작용

(1) 공법인·영조물 : 인정

① 헌법소원의 대상이 되는 행위는 국가기관의 공권력작용에 속하여야 한다.
② 국가기관은 입법·행정·사법 등의 모든 기관을 포함하며 간접적인 국가행정, 예를 들어 공법상의 사단·재단 등의 공법인, 국립대학교와 같은 영조물의 작용도 헌법소원의 대상이 된다(헌재 1998.8.27. 97헌마372).
③ 국립대학교인 서울대학교는 특정한 국가목적에 제공된 인적·물적 종합시설로서의 공법상 영조물이다. … 서울대학교가 대학입학고사 시행방안을 정하는 것은 … 공권력의 행사이다(헌재 1992.10.1. 92헌마68).

(2) 대통령선거방송토론위원회와 공영방송사(헌재 1998.8.27. 97헌마372) : 인정

공영방송사는 가장 중요한 선거운동방법인 방송토론회의 개최기관으로서 선거관리업무의 일환으로 볼 수 있는 작용을 하고 있다고 보아야 할 것이므로 공권력의 주체라고 하지 않을 수 없다. … 이러한 관계규정에 비추어 보면 방송토론회의 주관자인 토론위원회는 공영방송사와 일체가 되어 공직선거법에 따른 업무를 수행하는 공권력의 주체라고 하지 않을 수 없다.

(3) 외국이나 외국기관의 공권력행사(헌재 1997.9.25. 96헌마159) : 부정

헌법소원심판의 대상이 되는 공권력의 행사 또는 불행사는 헌법소원의 본질상 대한민국 국가기관의 공권력작용을 의미하고 외국이나 국제기관의 공권력작용은 이에 포함되지 아니한다 할 것이므로, 이 부분 심판청구는 헌법소원심판 청구의 대상이 될 수 없어 부적법하다.

3. 입법권에 대한 헌법소원

(1) 헌법규정에 대한 헌법소원(헌재 1996.6.13. 94헌바20) : 부정

국민투표에 의하여 확정된 현행헌법의 성립과정과 헌법 제130조 제2항이 헌법의 개정을 국민투표에 의하여 확정하도록 하고 있음에 비추어, 헌법은 그 전체로서 주권자인 국민의 결단 내지 국민적 합의의 결과라고 보아야 할 것으로, 헌법의 규정을 헌법재판소법 제68조 제1항 소정의 공권력 행사의 결과라고 볼 수도 없다.

(2) 법률에 대한 헌법소원 : 인정(←직접성을 갖추면)

1) 기본권 침해의 직접성

① 입법작용이 공권력의 행사인 이상 법률에 대한 헌법소원도 가능하다.

② 법률 또는 법률조항 자체가 헌법소원의 대상이 되려면 구체적인 집행행위를 기다리지 아니하고 그 법률 또는 법률조항에 의하여 직접·현재 자기의 기본권을 침해받아야 한다(헌재 1991.6.3, 89헌마46).
③ 기본권 침해의 직접성이란 법령 그 자체에 의하여 자유의 제한, 의무의 부과, 법적 지위의 박탈이 발생하는 경우를 말한다(헌재 1997.12.24, 96헌마149).

2) 보충성원칙의 배제(헌재 1993.5.13, 91헌마190)

법률 자체에 의한 직접적인 기본권 침해여부가 문제되었을 경우에는 그 법률의 효력을 직접 다투는 것을 소송물로 하여 일반법원에 구제를 구할 수 있는 절차가 존재하지 아니하므로, 다른 구제절차를 거칠 것 없이 바로 헌법소원심판을 청구할 수 있다.

(3) 입법부작위에 대한 헌법소원(후술)

4. 행정권에 대한 헌법소원

(1) 행정처분에 대한 헌법소원

① 행정처분에 대한 헌법소원은 헌법소원에 있어서의 보충성의 원칙 때문에 행정소송을 통한 권리구제절차를 거치지 아니하고는 제기할 수 없다.
② 행정소송을 거치는 경우 그것은 법원의 재판으로 끝날 수밖에 없는 것이고, 법원의 재판은 헌법소원심판의 대상에서 제외하고 있으므로 행정처분에 대한 헌법소원은 원칙적으로 불가능하다.

(2) 원행정처분에 대한 헌법소원

① 원행정처분이란 법원의 행정소송을 모두 거친 그 행정소송의 대상이 되었던 행정처분을 말한다.
② 헌법재판소법 제68조 제1항은 법원의 재판에 대한 헌법소원을 금지하고 있을 뿐, 재판의 대상이 되었던 원행정처분을 헌법소원심판의 대상에서 배제한다고 규정하고 있지 않다.
③ 다른 법률상 구제절차인 행정심판·행정소송 등을 모두 경유한 후 다시 원행정처분에 대하여 헌법소원의 제기를 인정할 수 있는지에 대하여 견해가 대립한다.

1) 학설의 대립

(가) 부정설
① 원행정처분에 대한 헌법소원을 인정하는 것은 헌법 제107조 제2항에 위배된다.
② 만약 원행정처분에 대해 헌법소원을 인정하게 되면 간접적으로 또는 우회적으로 법원의 재판에 대한 헌법소원을 허용하는 결과가 되어 입법자의 의사에 반한다.
③ 확정판결의 기판력에 반하는 결과를 초래한다.

(나) 긍정설
① 법원의 재판에 대한 직접적 소원과 재판을 거친 원행정처분에 대한 소원은 명백히 구분되어야 한다.
② 만약 원행정처분을 헌법소원심판의 대상에서 제외한다면 헌법재판소법 제75조 제3항 내지 제5항은 무의미하게 된다.

2) 헌법재판소 : 부정

헌법재판소는 원행정처분에 대하여 법원에 행정소송을 제기하여 패소판결을 받고 그 판결이 확정된 경우에는 기판력에 의한 기속을 받게 되므로 위 판결의 기판력이 제거되지 아니하는 한, 원행정처분에 대한 헌법소원은 허용되지 않는 것이 원칙이며, 다만 헌법재판소가 위헌으로 결정한 법령을 적용함으로써 국민의 기본권을 침해한 법원의 재판에 대해서는 예외적으로 헌법소원심판의 대상이 될 수 있다는 점에서 이러한 예외적인 경우에는 원행정처분도 헌법소원심판의 대상이 된다고 한다(헌재 1998.5.28, 91헌마98 등).

(3) 행정부작위에 대한 헌법소원(후술)

(4) 행정규칙에 대한 헌법소원

1) 원칙(헌재 1991.12.24, 91헌마42) : 부정

재기수사명령이 있는 사건에 관하여 지방검찰청검사가 다시 불기소처분을 하고자 하는 경우에 미리 그 명령청의 장의 승인을 얻도록 한 검찰사건사무규칙의 규정은 검찰청 내부의 사무처리지침에 불과한 것일 뿐 법규적 효력을 가진 것이 아니므로 헌법소원심판의 대상이 아니다.

2) 예외 : 인정(← 법규성이 인정될 경우)

(가) 법령보충적 행정규칙(헌재 1992.6.26, 91헌마25)

법령의 직접적인 위임에 따라 수임행정기관이 그 법령을 시행하는 데 필요한 구체적 사항을 정한 것이면, 그 제정 형식이 비록 법규명령이 아닌 고시·훈령·예규 등과 같은 행정규칙이더라도 그것이 상위법령의 위임한계를 벗어나지 않는 한, 상위법령과 결합하여 대외적인 구속력을 갖는 법규명령으로서 기능하게 된다. 따라서 청구인이 공무원임용령 제35조의2 등에 의하여 직접 기본권의 침해를 받았다면 이에 대하여 바로 헌법소원심판을 청구할 수 있다.

(나) 재량준칙의 반복시행(헌재 1990.9.3, 90헌마13)

재량권 행사의 준칙인 규칙이 그 정한 바에 따라 되풀이 시행되어 행정관행이 이룩되게 되면, 평등의 원칙이나 신뢰보호의 원칙에 따라 행정기관은 그 상대방에 대한 관계에서 그 규칙에 따라야 할 지기구속을 당하게 되는 경우에는 대외적인 구속력을 가지게 된다.

(5) 법규명령에 대한 헌법소원 – 명령·규칙에 대한 헌법소원(헌재 1993.5.13, 92헌마80)

명령·규칙이 구체적 집행절차를 매개로 하지 아니하고 직접·현재 국민의 기본권을 침해하는 경우 그 명령 또는 규칙을 대상으로 하여 헌법소원심판을 청구할 수 있다.

(6) 검사의 처분

1) 불기소처분

(가) 불기소처분의 개념

불기소처분이란 수사결과 소추요건 흠결 등의 사유로 인하여 소추할 수 없거나(공소권 없음·죄가 안 됨·혐의 없음), 소추가 가능하더라도 소추의 필요가 없어 공소를 제기하지 않는 검사의 종국처분(기소유예) 또는 기소중지 등을 말한다.

(나) 형사피해자에 의한 헌법소원

① 헌법소원의 인정근거

헌법재판소는 불기소처분에 대한 '피해자'의 헌법소원을 인정하는 근거로 국가의 기본권보장의무(헌

법 제10조), 범죄피해에 대한 국가의 구조의무(헌법 제30조), 재판절차진술권(헌법 제27조 제5항), 평등권(헌법 제11조) 등을 들고 있다.

② 형사피해자인 고소인 : 부정

검사의 불기소처분에 대해 형사피해자가 다툴 수 있는 방법으로는 종전에는 검찰청에의 항고·재항고 제도와 헌법재판소에의 헌법소원제도가 있었다. 그리고 공무원의 직무관련범죄(형법 제123조, 제124조, 제125조, 제126조)에 대해서는 고등법원에 재정(裁定)신청을 제기할 수 있었으므로, 이 경우에는 검찰청에의 항고·재항고, 헌법재판소의 헌법소원, 법원의 재정신청이 모두 가능했다. 다만 헌법재판소에 헌법소원을 제기하기 위해서는 검찰청에의 항고·재항고를 거쳐야 했다.

그런데 2008.1.1. 개정 형사소송법에서는 고등법원에 재정신청을 할 수 있는 범죄를 모든 범죄로 확대했고, 재정신청을 하기 위해서는 검찰청에의 항고를 먼저 거치도록 하였다. 그리고 2008.1.1. 개정 검찰청법에서는 재정신청을 할 수 있는 범죄에 대해서는 재항고제도를 폐지했다. 그 결과 형사상 모든 범죄에 대해서 형사피해자인 고소인은 검찰청에의 항고를 거친 후 고등법원에 재정신청을 제기할 수 있을 뿐, 검찰청에의 재항고 내지 헌법재판소에 헌법소원을 제기할 수 없게 되었다. 검사의 불기소처분에 대해 헌법소원을 제기하려면 보충성의 원칙에 따라 법원의 재정신청을 먼저 거쳐야 하고, 법원의 재정신청을 거친 후에는 재판에 대한 헌법소원과 원행정처분에 대한 헌법소원이 원칙적으로 금지되기 때문에 결국 검사의 불기소처분에 대해서는 헌법소원을 제기할 수 없게 되는 것이다.

결국 검사의 불기소처분에 대한 고소인의 불복방법은 검찰청에의 항고를 거친 후 고등법원에 재정신청을 제기하는 방법으로 일원화되었다.

③ 고소하지 아니한 형사피해자 : 긍정

불기소처분에 대하여 인정되는 검찰청법 제10조 제1항 및 제3항에 의한 항고 및 재항고의 구제절차는 "고소인 또는 고발인"이 청구할 수 있도록 규정되어 있다. 따라서 '고소하지 아니한 형사피해자'는 검찰청의 항고를 거쳐 법원에 재정신청을 할 수 없으므로 보충성의 예외가 적용되어 헌법재판소에 바로 헌법소원을 제기할 수 있다.

④ 기타

a) 재기수사 후 원래의 불기소처분에 대한 헌법소원(헌재 1992.12.24. 91헌마168) : 부정

최초의 불기소처분에 관하여 검찰총장이 청구인의 재항고를 받아 들여 사건의 재기수사를 명하고 이에 따라 피청구인이 사건을 재기하여 다시 수사를 한 다음 역시 불기소처분을 하였다. 그렇다면 최초의 불기소처분은 그 효력을 잃게 되었으므로 이미 효력을 잃은 불기소처분의 취소를 구하는 청구는 부적법하다.

b) 재고소 후 다시 내려진 불기소처분에 대한 헌법소원(헌재 1992.2.14. 91헌마196) : 긍정

검사의 불기소처분에 대하여 법원에 재정신청을 하였으나 그 신청이 기각되자 같은 사안에 대하여 다시 고소하여 재차 불기소처분이 내려진 경우, 후자의 불기소처분에 대한 헌법소원은 적법하다. 왜냐하면 재정신청의 대상이 되었던 불기소처분과 헌법소원심판 청구의 대상으로 되어 있는 불기소처분은 각 별도의 고소사실에 대한 별개의 처분이라고 할 것이기 때문이다.

(다) 형사피의자에 의한 헌법소원

① '죄가 안됨' 처분에 대한 헌법소원(헌재 1996.11.28. 93헌마229) : 부정

'죄가 안됨' 결정이나 '혐의 없음' 결정은 모두 피의자에 대하여 소추장애사유가 있어 기소할 수 없다

는 내용의 동일한 처분으로서(따라서 소추장애사유가 없음에도 기소하지 않는다는 내용의 결정인 '기소유예' 결정과는 본질을 달리한다) 피청구인이 '혐의 없음' 결정을 한다고 하더라도 반드시 청구인들이 살인 등 피의사건과 무관하다는 사실이 확정되는 것도 아니고, '죄가 안됨' 결정이 청구인들에게 범죄혐의가 있음을 확정하는 것도 결코 아니다. 따라서 피청구인이 청구인들의 범죄 혐의유무에 불구하고 '죄가 안됨' 결정을 하였다고 하여 이를 청구인들의 기본권을 침해하는 공권력행사라고 할 수 없다. 따라서 피청구인이 '혐의 없음' 결정을 하지 않고 '죄가 안됨' 결정을 한 것이 청구인들의 헌법상 기본권을 침해하는 공권력의 행사라고 할 수 없으므로 이 사건 심판청구 중 위 부분에 대한 청구는 부적법하다.

② '공소권 없음' 처분에 대한 헌법소원(헌재 2003.1.30. 2002헌마323) : 부정

'공소권 없음' 결정은 그 결정이 있다고 하여 청구인인 피의자에게 범죄혐의가 있음이 확정되는 것이 결코 아니므로 피의사실이 인정됨에도 즉 소추장애사유가 없어 기소할 수 있음에도 기소하지 않는 내용의 결정인 기소유예결정과는 본질적으로 다르다. 따라서 피청구인이 '혐의없음' 결정을 하지 않고 '공소권없음' 결정을 한 것을 가리켜 청구인의 헌법상의 기본권을 침해하는 공권력의 행사라고는 할 수 없다.

③ 기소유예처분에 대한 헌법소원 : 부정

종래 기소유예처분에 대해서는 '혐의 없음'의 불기소처분의 경우와는 달리, 항고·재항고를 제기할 수 있는 법률규정이 없어 곧바로 헌법소원을 제기할 수 있다고 보았다(헌재 1992.10.1. 91헌마169). 그러나 과거와 달리 2008.1.1. 이후 현재는 모든 범죄의 불기소처분이 법원의 재정신청의 대상이 되므로 고소인은 먼저 재정신청을 통하여 구제를 강구하여야 하며, 바로 헌법소원을 청구할 수 없다(헌법소원의 보충성원칙). 그리고 만약 재정신청의 결과가 기각되어 구제를 받지 못하더라도 원 불기소처분에 대해서는 원칙적으로 헌법소원을 청구할 수 없으며, 다만 예외적으로 재판소원이 인정될 경우에 그 재판과 함께 하여서만 헌법소원을 청구할 수 있다. 즉 이는 원행정처분에 대해서는 판결의 기판력 때문에 헌법소원을 청구할 수 없으며, 예외적으로 재판소원이 인정될 경우, 그 재판과 함께 하여서만 헌법소원을 청구할 수 있다.

④ 기소중지처분·수사재기불요처분에 대한 헌법소원 : 긍정

검사가 기소중지처분을 한 사건에 관하여 그 고소인이나 피의사가 그 기소중지의 사유가 해소되었음을 이유로 수사재기신청을 하였는데도 검사가 재기불요 또는 불능 처분을 하였다면, 이 재기불요 또는 불능 처분은 실질적으로는 그 결정시점에 있어서의 제반 사정 내지 사정변경 등을 감안한 새로운 기소중지처분으로 볼 수 있으므로 이 재기불요 또는 불능 처분도 헌법소원의 대상이 되는 공권력의 행사에 해당한다(헌재 1997.2.20. 95헌마362).

(라) 고발인에 의한 헌법소원

검사의 불기소처분에 대한 '직무관련범죄(형법 제123조~제126조)에 대한 고발인'을 제외한 고발인은 검찰청에의 항고를 거친 후 검찰총장에게 재항고할 수 있다(검찰청법 제10조). 이러한 불복수단을 거친 후 고발인이 헌법소원을 제기할 수 있는지가 문제된다. 이에 대해 헌법재판소는 범죄피해자가 아닌 고발인에게는 달리 특별한 사정이 없는 한 자기관련성이 없다고 하였다(헌재 1989.12.22. 89헌마145). 다만 항고 또는 재항고결정 자체의 고유한 위법성을 이유로 하는 경우 예외적으로 항고 또는 재항고에 대하여 헌법소원을 청구할 수 있다고 판시하였다(헌재 2009.11.26. 2009헌마47).

2) 기타의 처분

(가) 형사피해자에 의한 헌법소원

① 불구속 공소제기(헌재 1996.11.28, 96헌마256) : 부정

법원에 공소가 제기된 이후 피고인의 구속에 관한 권한은 오직 법관에게 있을 뿐 검사에게는 피의자를 구속하기 위한 검사의 구속영장청구권과 유사한 권한마저도 없으며, 법원의 재판절차에 흡수되어 구속·불구속심리의 구체적인 사법적 심사를 받게 되므로, 검사의 불구속 공소제기는 헌법소원심사의 대상이 될 수 없다.

② 공소취소처분(헌재 1997.3.27, 96헌마219) : 부정

검사의 공소취소처분에 따라 법원이 공소기각결정을 하여 동결정이 확정된 경우에는 설사 검사의 공소취소처분이 다시 취소된다고 하더라도 이는 형사소송법 제420조 소정의 재심사유에 해당되지 아니하여 원래의 공소제기로 인한 소송계속 상태가 회복될 수 있는 가능성이 없으므로 공소취소처분의 취소를 구하는 이 사건 심판청구는 권리보호의 이익이 없어 부적법하다.

③ 내사종결처분 : 부정

진정에 기하여 이루어진 내사사건의 종결처리는 진정사건에 대한 구속력이 없는 수사기관의 내부적 사건처리방식에 지나지 아니하므로 진정인의 고소 또는 고발의 권리행사에 아무런 영향을 미치는 것이 아니어서 헌법소원심판의 대상이 되는 공권력의 행사라고 할 수 없다(헌재 1990.12.26, 89헌마277).
다만 고소사건을 진정사건으로 보아 종결처분한 것에 대해서는 헌법소원을 제기할 수 있다(헌재 2000.11.30, 2000헌마356).

(나) 형사피의자에 의한 헌법소원

① 기소처분, 약식명령청구(헌재 1992.6.24, 92헌마104) : 부정

검사가 공소제기의 기소처분을 한 경우에는 법원에 의한 공판절차가 개시되게 되며 통상적인 경우에는 이러한 후속의 형사소송절차에서 기소처분의 위헌성 여부와 위헌성 여부에 대하여 충분히 심판받을 기회가 부여되게 되는바, 기소처분에 의한 형사소송절차에서 청구인이 주장하는 바에 관하여 심판을 받을 기회가 제공되지 않았거나 제공될 성질의 것이 아니었다는 특단의 사정을 찾을 수 없다면, 헌법재판소의 심판대상이 아닌 사항에 관한 심판청구로서 부적법한 청구라 할 것이다.

② 수사제기결정(헌재 1996.2.29, 96헌마32) : 부정

검사의 수사제기결정(搜査提起決定)은 수사기관 내부의 의사결정에 불과하고 피의자의 기본권에 직접적이고 구체적인 침해를 가하는 것이 아니며, 공소제기처분도 그 자체로서 피고인의 기본권을 침해하는 것이라고 할 수 없으므로 헌법소원의 대상이 될 수 없고, 수사과정에서 행한 구체적인 수사처분으로 인하여 기본권을 침해받은 경우에는 형사소송법 등 관계법령에 따라 구제절차를 거친 후가 아니면 헌법소원심판을 청구할 수 없다.

③ 검사의 구형(헌재 2004.9.23, 2000헌마453) : 부정

검사의 구형은 양형에 관한 의견진술에 불과하여 법원이 그 의견에 구속된다고 할 수 없으므로 피청구인의 구형 그 자체로는 청구인에게 직접적으로 어떠한 법률적 효과를 발생한다고 할 수 없고, 선고된 형량에 대하여 불복이 있을 경우 형사소송법 규정에 의한 상소를 하여 다툴 수 있는 등 형의 양정에 관하여는 재판절차를 통하여 충분한 사법적 심사를 받게 되므로 검사의 구형 그 자체는 독립하여 헌법소원심판의 청구대상이 될 수 없다.

(7) 행정계획

① 국민에 대한 구속적인 행정계획은 헌법소원의 심판대상이 되지만, 비구속적 행정계획의 경우 원칙적으로 헌법소원심판의 대상이 되지 않는다.

② 비구속적 행정계획안일지라도 국민의 '기본권에 직접 영향을 끼치고 그 실시가 확실히 예상되는' 행정계획안(사실상의 준비행위·사전안내)은 헌법소원의 대상이 된다.

(8) 권력적 사실행위

권력적 사실행위란 일정한 법률효과의 발생을 목적으로 하는 것이 아니라, 직접적으로는 사실상의 효과만을 가져오는 공권력의 행사를 말한다.

[헌법소원의 대상성이 인정된 권력적 사실행위]
① 변호인의 접견방해행위(헌재 1992.1.28, 91헌마111)
② 재무부장관의 국제그룹해체지시(헌재 1993.7.29, 89헌마31)
③ 구치소장의 미결수용자의 재소자용의류착용처분(헌재 1995.5.27, 97헌마137 등)
④ 교도소장의 미결수용자의 서신검열·지연발송·지연교부행위(헌재 1995.7.21, 92헌마144)
⑤ 검사의 소송기록송부지연행위(헌재 1995.11.30, 92헌마44)
⑥ 공정거래위원회의 무혐의 조치(헌재 2002.6.7, 2001헌마381)
⑦ 교육인적자원부장관의 학칙시정요구(헌재 2003.6.26, 2002헌마337 등)
⑧ 전진산업의 폐기물사업장에 대한 과다감사(헌재 2003.12.18, 2001헌마754)
⑨ 교도소장의 계구사용행위(헌재 2003.12.18, 2001헌마163)
⑩ 공정거래위원회의 심사불개시결정(헌재 2004.3.25, 2003헌마404)
⑪ 대한민국대사관의 결혼경위 기재요구행위(헌재 2005.3.31, 2003헌마87)
⑫ 검사조사실에서 계구사용행위(헌재 2005.5.26, 2004헌마49)

(9) 행정기관 상호 간의 내부적 의사결정

① 행정기관 또는 국가기관 상호간의 내부적 의사결정은 국민에 대하여 직접적인 법률효과를 발생시키는 행위가 아니므로 원칙적으로 헌법소원의 대상이 되지 않는다.

② 국민의 권리·의무에 직접 영향을 미치는 경우에는 예외적으로 헌법소원의 대상이 되는바, 헌법재판소는 세무대학과 같은 국·공립대학의 총·학장의 임용제청이나 그 철회가 헌법소원심판 대상이 된다고 판시하였다(헌재 1993.5.13, 91헌마190).

(10) 행정청의 거부행위(헌재 1999.6.24, 97헌마315)

국민의 신청에 대한 행정청의 거부행위가 헌법소원심판의 대상인 공권력의 행사가 되기 위해서는 국민이 행정청에 대하여 신청에 따른 행위를 요구할 수 있는 법규상·조리상의 신청권이 있어야 한다.

5. 사법권에 대한 헌법소원

(1) 법원의 재판에 대한 헌법소원의 인정여부

헌법재판소법 제68조 제1항은 법원의 재판을 헌법소원심판의 대상에서 제외하고 있다.

1) 헌법재판소법 제68조 제1항의 위헌여부

   (가) 합헌설

   ① 헌법 제111조 제1항 제5호는 "법률이 정하는 헌법소원에 관한 심판"이라 하여 헌법소원제도의 구체적 내용의 형성을 입법에 위임하고 있으므로 헌법재판소법 제68조 제1항이 법원의 재판을 헌법소원심판의 대상에서 제외시킨다 하여 위헌이라 할 수 없다.

   ② 재판에 대한 헌법소원을 인정하면 최고법원인 대법원 위에 제4심의 재판기관을 두는 결과가 되고 남소의 폐해가 크다.

   (나) 위헌설

   ① 일체의 법원의 재판을 헌법소원심판의 대상에서 제외시킨 것은 헌법소원제도를 형해화시키고 헌법소원제도의 본질을 침해하는 것으로 헌법 제111조 제1항 제5호에 반한다.

   ② 모든 재판을 헌법소원심판의 대상에서 배제하는 것은 재판에 의한 기본권 침해에 대한 기본권 보장을 외면한 것으로 기본권을 최대한 보장하여야 하는 입법의무를 위반한 것이다.

   ③ 법원의 재판을 헌법소원심판의 대상에서 제외시킨 것은 사법권의 잠재적 기본권 침해자로서의 기능을 소홀히 한 것이다.

2) 헌법재판소(한정위헌설)(헌재 1997.12.24, 96헌마172 등)

   헌법재판소법 제68조 제1항의 법원의 재판에 헌법재판소가 위헌으로 결정하여 그 효력을 상실한 법률을 적용함으로써 국민의 기본권을 침해하는 재판도 포함되는 것으로 해석하는 한도 내에서 헌법재판소법 제68조 제1항은 헌법에 위반된다.

(2) 재판에 대한 헌법소원이 예외적으로 허용되기 위한 요건

① 헌법재판소의 법률에 대한 위헌결정에는 단순위헌결정은 물론 한정위헌(합헌)결정, 헌법불합치결정도 포함된다.

② 헌법재판소가 이미 위헌으로 결정한 법률을 법원이 적용하였다는 사실만으로는 충분하지 않고 그 위헌법률의 적용으로 인하여 국민의 기본권이 침해될 것이 요구된다.

③ 법원이 헌법재판소의 위헌결정 이전에 그 법령을 적용하여 선고한 판결은 헌법재판소가 위헌으로 결정한 법령을 적용하여 국민의 기본권을 침해한 재판이 아니므로 이를 대상으로 한 헌법소원심판 청구는 부적법하다.

(3) 헌법소원이 금지되는 재판

1) '법원의 재판'의 범위(헌재 1992.12.24, 90헌마158)

① 헌법재판소법 제68조 제1항의 '법원의 재판'이라 함은 소송사건을 해결하기 위하여 법원이 행하는 종국적 판단의 표시인 종국판결과 같은 의미로 사용되기도 하나 소송법상으로는 법원이 행하는 공권적 법률판단 또는 의사표현을 지칭하는 것이다.

② 소송법상 의미에서 재판은 사건을 종국적으로 해결하기 위한 종국판결 외에 본안 전 소송판결 및 중간판결이 모두 포함되는 것이고 기타 소송절차의 파생적·부수적인 사항에 대한 공권적 판단도 포함되는 것으로 일반적으로 보고 있다.

2) 헌법소원의 대상이 되지 않는 '법원의 재판'

① 법원의 회사정리계획의 인가결정에 대한 헌법소원심판청구는 법원의 재판 자체를 대상으로 한 것으로서 헌법소원의 대상이 되지 아니한다(헌재 1992.10.1, 91헌마112).

② 재판장의 소송지휘권의 행사에 관한 사항은 그 자체가 재판장의 명령으로서 법원의 재판에 해당하거나, 그것이 비록 재판의 형식이 아닌 사실행위로 행하여졌다고 하더라도 항소심의 종국판결이 선고된 경우에는 종국판결에 포함되어 그 불복방법은 항소심 판결에 대한 상고에 의하여만 가능하다. 따라서 재판장의 변론지휘권의 부당한 행사를 대상으로 하는 헌법소원심판 청구는 부적법하다(헌재 1992.12.26, 89헌가271).

③ 미결구금일수의 산입에 대한 법원의 결정은 헌법소원의 대상이 되지 않는다(헌재 2003.3.18, 2003헌마184).

④ 법원의 감치결정은 헌법소원심판의 대상이 되는 예외적인 재판에 해당되지 아니함이 명백하므로, 이 사건 심판청구는 헌법소원의 대상이 될 수 없는 법원의 재판에 대한 것으로서 부적법하다(헌재 2003.4.22, 2003헌마277).

⑤ 법원이 기피신청에 대하여 한 각하결정은 법원의 재판을 헌법소원심판의 대상에서 제외하고 있는 헌법재판소법 제68조 제1항에 따라 헌법소원심판의 대상이 되지 아니한다(헌재 2004.6.24, 2003헌마612).

⑥ 위헌법률심판 제청 불행사는 재판에 관한 법원의 공권적 판단이라 할 것이고, 나아가 이 사건 위헌법률심판 제청 불행사가 헌법소원심판의 대상이 되는 예외적인 재판에 해당된다고 볼 수도 없으므로, 결국 이 사건 심판청구는 헌법재판소법 제68조 제1항이 금지하고 있는 법원의 재판에 대한 헌법소원으로서 부적법하다(헌재 2004.8.26, 2003헌마412).

⑦ 공시송달 명령은 민사소송법 제194조 제1항에 정한 요건에 따라 재판장이 직권으로 또는 당사자의 신청에 따라 발하는 명령으로서 송달이라는 소송절차의 부수적인 사항에 대한 공권적 판단의 일종이므로 법원의 재판에 해당한다(헌재 2005.4.12, 2005헌마315).

⑧ 훈계행위는 법원의 재판작용에 속하거나 또는 종국판결에 흡수·포함되어 일체를 이루는 것으로서 그에 대한 불복은 종국판결에 대한 상소의 방법으로만 가능하므로, 이 부분 심판청구는 결국 법원의 재판을 대상으로 한 헌법소원에 해당하여 부적법하다(헌재 2005.6.28, 2005헌마563).

⑨ 법원의 재판에는 재판 자체뿐만 아니라 재판절차에 관한 법원의 판단도 포함되는 것으로 보아야 할 것이다. 그런데 청구인이 기본권 침해사유로 주장하는 재판의 지연은 결국 법원의 재판절차에 관한 것이므로 헌법소원의 대상이 될 수 없는 것이다(헌재 1998.5.28, 96헌마46).

(4) 사법부작위에 대한 헌법소원(후술)

공권력의 불행사에 대한 헌법소원은 공권력의 주체에게 헌법에서 직접 도출되는 작위의무나 법률상의 작위의무가 특별히 구체적으로 존재하여 이에 의거하여 기본권의 주체가 그 공권력의 행사를 청구할 수 있음에도 불구하고 공권력의 주체가 그 의무를 해태하는 경우에 한하여 허용되므로, 이러한 작위의무가 없는 공권력의 불행사에 대한 헌법소원은 부적법하다. 이에 관한 한 사법부작위의 경우도 마찬가지이다.

III 기본권의 침해요건(청구인적격)

1. 침해되는 기본권의 존재와 기본권 침해의 실제성

(1) 침해되는 기본권의 존재

1) 기본권의 범위
① 헌법소원심판 청구는 헌법상 보장된 기본권이 침해되었음을 요건으로 하므로 침해되는 기본권이 있을 것을 전제로 한다.
② 헌법재판소법 제68조 제1항의 '헌법상 보장된 기본권을 침해받은 자'는 '헌법상 보장된 기본권을 침해받았다고 주장하는 자'로 해석하여야 한다.
③ 헌법상 보장된 기본권은 명시적인 기본권뿐만 아니라 헌법 제10조의 인간의 존엄과 가치, 행복추구권에서 도출되는 헌법에 명시되지 않은 기본권도 침해의 대상이 된다.

2) 반사적 이익
① 원칙(헌재 1999.11.25, 99헌마163)
동물용 의약품제조업자가 종래 독점적인 영업이익을 누리고 있었다 하더라도 이는 약사법이 국민보건의 향상을 위하여 의약품제조업을 허가제로 한데 기인하는 반사적 이익에 불과하여, 그러한 사실상의 독점적인 영업이익이 상실되었다 하더라도 이로써 청구인들의 헌법상 기본권이 침해되는 것이 아니다.
② 예외(헌재 1992.10.1, 92헌마68)
일본어를 배우고 있는 학생들의 경우 서울대학교 인문계열 진학을 희망하는 경우 일본어를 선택과목으로 시험을 치를 수 없어 불리한 입장에 놓이게 된 것이나, 이러한 불이익은 서울대학교가 학문의 자유와 대학의 자율권이라는 기본권의 주체로서 자신의 주체적인 학문적 가치판단에 따른 법률이 허용하는 범위 내에서의 적법한 자율권 행사의 결과 초래된 반사적 불이익이어서 부득이한 일이다.

3) 국회구성권(헌재 1998.10.29, 96헌마186)
헌법재판소는 유권자가 설정한 국회의석분포에 국회의원들을 기속시키고자 하는 내용의 "국회구성권"이라는 기본권은 헌법상 인정될 수 없으므로, 이로 인하여 청구인의 기본권이 침해받을 여지가 없다고 보아 부적법 각하하였다.

(2) 기본권 침해의 실제성
① 헌법소원심판의 청구인은 어느 기본권을 보유한다고 하더라도 그 기본권이 실제로 침해될 때 그 기본권의 구제를 위한 헌법소원심판을 청구하게 된다.
② 헌법재판소는 국회법에 규정된 시한 내에 의장과 부의장을 선출하지 않는 등 국회의 원구성을 하지 않은 것(헌재 1996.11.28, 96헌마207), 유죄판결을 받은 전직대통령에 대해 상훈법에 따른 훈장치탈을 하지 않는 것(헌재 1998.9.30, 97헌마263) 등만으로는 청구인의 기본권이 침해받을 여지가 없다고 보아 부적법 각하하였다.

2. 기본권 침해의 자기관련성

(1) 의의(헌재 1989.9.6, 89헌마194)

① 헌법소원심판 청구는 기본권이 침해되었음을 요건으로 하지만, 기본권의 침해는 심판청구인 자신의 기본권이 침해당한 경우라야 한다. 이를 자기관련성이라고 한다.
② 제3자의 기본권 침해에 대하여는 원칙적으로 헌법소원심판을 청구할 수 없다.

(2) 자기관련성의 판단방법(헌재 1994.12.29, 89헌마2)

헌법재판소는 헌법해석기관이며 헌법소원의 기능이 주관적 기본권 보장과 객관적 헌법보장기능을 함께 가지고 있으므로 권리귀속에 관한 소명만으로 자기관련성의 구비여부를 판단할 수 있다.

(3) 자기관련성의 인정

1) 원칙(공권력의 상대방)

(가) 일반적인 경우(헌재 1993.7.29, 89헌마123)

① 공권력의 행사나 불행사로 기본권을 침해받았다고 하여 헌법소원이 제기되는 것이므로 기본권 침해의 자기관련성은 그 공권력의 행사 또는 불행사의 직접적인 상대방만이 이에 해당한다.
② 공권력의 행사 또는 불행사로 인하여 직접적·법적 이해관계를 가지는 사람이어야 자기관련성이 인정된다.
③ 단지 간접적이고 사실적이며 경제적인 이해관계가 있는 자들은 자기관련성이 인정되지 않는다.

(나) 공권력이 일정한 절차를 거쳐서 행사되는 경우(헌재 1994.6.30, 92헌마61)

① 공권력이 일정한 절차를 거쳐서 행사되는 경우에는, 그 절차에 참가하여 공권력 행사의 상대방이 된 자만이 기본권 침해를 받은 자로서의 자기관련성이 인정된다.
② 절차에 참가하지 아니한 제3자는 당해 공권력행사의 내용이 그 절차에 참가하지 아니한 자의 법적 지위를 직접적으로 변경하는 등 예외적인 사유가 아닌 한 헌법소원심판 청구에 필요한 기본권 침해가 직접적으로 관련되었다고 인정되지 않는다.

2) 예외(제3자)(헌재 1997.9.25, 96헌마133)

법의 목적, 실질적인 규율대상, 법규정의 제한이나 금지가 제3자에게 미치는 효과나 진지성의 정도 및 규범의 직접적인 수규자에 의한 헌법소원제기의 기대가능성 등을 종합적으로 고려하여 제3자에게 예외적으로 자기관련성이 인정될 수 있다.

(4) 시혜적 법률에서의 자기관련성(헌재 2005.6.30, 2003헌마841)

국가기간뉴스통신사에 대한 재정지원 등 혜택의 부여는 오로지 국가기간뉴스통신사인 ○○뉴스사를 수급자로 하여 행해지는 것인바, 이러한 시혜적 법률의 경우에는 법률의 수규자가 당사자로서 기본권 침해를 주장하는 침해적 법률의 경우와는 달리, 수혜의 범위에서 제외된 청구인이 '국가가 다른 집단에게 부여한 혜택으로부터 자신이 속한 집단을 평등원칙에 반하여 부당하게 제외하였다'라는 취지의 위헌주장을 할 수 있고, 이에 대하여 헌법재판소가 평등권 위반을 확인한다면 그 결과로서 청구인도 혜택규정에 의하여 배제되었던 혜택에 참여할 가능성이 있으므로 청구인의 자기관련성을 인정할 수 있다.

(5) 고발인의 자기관련성 인정여부

자기관련성과 관련하여 고소인적격이 있는 형사피해자에게는 당해사건의 재판절차에서의 진술권이라는 주관적 기본권을 부여하고 있으므로(헌법 제27조 제5항), 청구인적격이 인정됨에 의문이 없다. 다만 고발인에 대해서는 견해가 대립한다.

1) 견해의 대립

(가) 부정설

① 고소는 범죄피해자의 보호가 주된 목적임에 반하여, 고발은 범죄규제를 통한 국가적 이익보호가 주된 목적이므로, 고발인에게 재판절차에서의 진술권 등의 기본권을 인정할 수는 없다.
② 고발인의 청구인적격을 인정하면 헌법소원이 민중소송화될 염려가 있다.

(나) 긍정설

① 자기가 고발한 사건을 검사가 소홀히 다루었다고 하여 헌법소원심판을 청구하는 것이라면 이는 검찰권 행사로 인하여 자신의 평등권이 침해되었다는 주장이므로 그 고발인은 자기관련성을 갖추고 있는 것이다.
② 검찰권에 대한 우리의 헌법적 통제상황은 고소사건에서보다 오히려 고발사건에서 더욱 필요하다.

2) 헌법재판소 : 부정

① 헌법재판소는 일관되게 범죄피해자인 고소인의 청구인적격만 인정하고 범죄피해자가 아닌 고발인의 청구인적격을 부정하고 있다.
② 헌법소원에 의한 구제범위가 협소하게 되므로 고소인이 될 수 있는 범죄피해자의 범위를 넓게 해석하여 보완하고 있다.
③ 반드시 형사절차상의 보호법익의 주체만이 아니라 문제되는 범죄로 인하여 법률상 불이익을 받게 되는 자라면 헌법상 재판절차진술권의 주체가 될 수 있다.

> [재판절차진술권이 보장되는 형사피해자인 경우]
> ① 위증죄의 경우 위증으로 인하여 불이익한 재판을 받게 되는 사건당사자
> ② 교통사고로 사망한 사람의 부모

3. 기본권 침해의 직접성

(1) 의의

기본권 침해의 직접성이란 헌법소원을 제기하게 한 기본권의 침해는 그 침해를 야기한 공권력 행사 그 자체로 인하여 청구인의 기본권이 직접 침해당한 경우를 말한다.

(2) 법령소원에서의 직접성

1) 직접성의 의의(헌재 1992.11.12, 91헌마192)

① 법령소원에서의 기본권 침해의 직접성이란 별도의 집행행위의 매개 없이 법령 그 자체에 의하여 자유의 제한, 의무의 부과, 법적 지위의 박탈 등 기본권 침해가 발생하는 것을 말한다.
② 집행행위에는 입법행위도 포함되는바, 법률규정이 그 규정의 구체화를 위하여 하위규범의 시행을 예정하고 있는 경우에는 당해 법률의 직접성은 부정된다.

③ 국민에게 일정한 의무를 부과하는 법규정을 정한 후 이를 위반할 경우 형벌이나 행정벌 등을 부과할 것을 정한 경우에 그 형벌이나 행정벌의 부과를 위 직접성에서 말하는 집행행위라고 할 수는 없다.

2) 직접성 요건의 완화(집행행위가 있더라도 직접성이 긍정되는 경우)

① 그 집행행위를 대상으로 하는 구제절차가 없는 경우
② 구제절차가 있다고 하더라도 권리구제의 기대가능성이 없고 다만 청구인에게 불필요한 우회절차를 강요하는 것밖에 되지 않는 경우
③ 법령이 일의적이고 명백해서 집행기관이 재량의 여지없이 그 법령에 따라 일정한 집행행위를 하여야 하는 경우
④ 집행행위 이전에 이미 국민의 권리관계를 직접 변동시키거나 국민의 법적 지위를 결정적으로 정하는 것이어서 국민의 권리관계가 확정된 상태인 경우
⑤ 직접성요건을 충족시키는 규정들과 직접성 요건이 결여된 규정들이 그 내용상 상호 내적 연관관계에 있으면서 통일적인 청구취지를 구성하고 있는 경우

4. 기본권 침해의 현재성

(1) 의의(헌재 1989.7.21, 89헌마12)

① 기본권 침해의 현재성이란 현재에 기본권 침해가 있어야 헌법소원심판을 청구할 수 있다는 것을 말한다.
② 과거에 기본권의 침해가 있었지만 헌법소원심판을 청구할 당시에는 이미 그 침해가 종료되었거나, 장래 어느 시점에서 권리침해를 받을 단순한 우려가 있다는 것만으로는 현재성을 구비하였다고 인정할 수 없다.

(2) 현재성 요건의 완화

① 기본권 침해가 장래에 발생하더라도 현재 시점에서 그 침해가 충분히 예측된다면 기본권 구제의 실효성을 위하여 침해의 현재성을 인정한다.
② 기본권의 침해행위가 이미 종료되었지만 침해행위의 반복위험이 있고 헌법적으로 긴요한 사항이어서 심판의 이익이 인정되는 경우에도 침해의 현재성을 인정한다.

Ⅳ 보충성의 원칙

1. 의의

① 헌법소원의 보충성이란, 헌법소원은 기본권 침해를 제거할 수 있는 다른 수단이 없거나 헌법재판소에 제소하지 아니하고서도 동일한 결과를 얻을 수 있는 법적 절차나 방법이 없을 때에 한하여 예외적으로 인정되는 기본권의 최후적 보장 수단성을 말한다.
② 헌법재판소법 제68조 제1항 단서는 "다른 법률에 구제절차가 있는 경우에는 그 절차를 모두 마친 후가 아니면 헌법소원심판을 청구할 수 없다"고 하여 보충성의 원칙을 채택하고 있다.
③ 보충성은 헌법소원이 그 본질상 헌법상 보장된 기본권 침해에 대한 예비적이고 보충적인 최후의 구제수단임을 밝힌 것이다.

2. "다른 법률에 구제절차"의 의미

(1) 공권력의 행사·불행사를 직접 대상으로 하는 구제절차(헌재 1993.5.13, 92헌마297)

① 다른 법률에 의한 구제절차라 함은 공권력의 행사 또는 불행사를 직접 대상으로 하여 그 효력을 다툴 수 있는 권리구제절차를 의미하는 것이다.
② 공권력의 행사 또는 불행사의 결과 생긴 효과를 원상회복시키거나 사후적·보충적 구제수단인 손해배상청구나 손실보상청구를 의미하는 것은 아니다.

(2) 적법한 구제절차(헌재 1993.7.29, 91헌마47)

① 다른 법률에 의한 구제절차는 적법한 구제절차임을 전제로 한다.
② 구제절차에 신청기간이 정해져 있는 경우 그 기간을 넘겨 신청하거나, 행정소송을 제기하였다가 그 소송을 취하하였거나 취하 간주된 경우에는 구제절차를 적법하게 거친 것이 아니어서 부적법한 청구가 된다.

(3) 청원제도(헌재 1998.10.29, 98헌마4)

청원은 그 성격이나 기능을 고려해 볼 때 헌법소원의 보충성 원칙에서 요구하는 거쳐야 할 사전권리구제절차에 해당되지 않는다.

(4) 진정서·탄원서의 제출(헌재 1992.11.12, 91헌마146)

형사피의자로 입건되었던 자는 검찰청에 진정서나 탄원서를 제출하거나 수사재기를 신청함으로써 자신의 억울함을 호소할 수도 있겠으나, 그것은 검사의 직권발동을 촉구하는 하나의 방법일 뿐 검사가 그에 따라 의무적으로 어떠한 조처를 해야 하는 것도 아니어서 그것은 헌법재판소법 제68조 제1항 단서 소정의 구제절차에 해당하는 것이라고 할 수 없다.

(5) 국회에서의 해결(헌재 1994.8.31, 92헌마126)

고도의 정치적 성격을 지닌 사건에서는 여당과 야당이 타협과 대결을 통하여 국정을 해결하는 정치부인 국회에서 우선적으로 이 사안을 다룰 필요가 있다. 뿐만 아니라 국회가 이 문제를 해결하겠다고 나선다면, 사법기관의 일종인 헌법재판소로서는 이를 존중함이 마땅하다고 본다.

3. 보충성원칙 요건 흠결의 치유(헌재 1991.4.10, 90헌마194 참조)

전심절차는 헌법소원을 제기할 시점에서 반드시 다 경유하여야 하는 것은 아니고 심판계속 중에, 즉 헌법재판소의 결정이 있기 전까지만 필할 경우에는 그 전치요건의 흠결이 치유되고 보충성 원칙이 지켜진 것으로 본다.

4. 보충성원칙의 예외

(1) 보충성원칙의 예외 인정여부

1) 학설의 대립

(가) 예외긍정설
① 보충성을 절대적 요건으로 할 경우 헌법소원제도의 기능이 무력화될 우려가 있다.

② 기본권 최대보장의 헌법이념을 존중하는 관점에서 보충성의 예외를 인정할 필요가 있다.

(나) 예외부정설
① 보충성 원칙에 대한 예외를 인정하는 명문의 근거가 없다.
② 보충성 원칙의 예외를 넓게 인정하면 헌법과 기본권에 관련된 사항이면 모든 행정쟁송을 헌법재판소에서 단심으로 심판하는 결과가 되어 국민의 권리구제를 위하여 반드시 유익한 것은 아니다.

2) 헌법재판소
헌법재판소는 일관되게 보충성 원칙에 대한 예외를 인정하고 있다(헌재 1989.9.4, 88헌마22 등).

(2) 보충성원칙의 예외 인정범위(헌재 1998.10.29, 97헌마285 등)

① 문제가 된 공권력의 행사나 불행사를 직접 대상으로 하여 그 효력을 다툴 수 있는 권리구제절차가 없는 경우
② 헌법소원청구인이 그 불이익으로 돌릴 수 없는 정당한 이유가 있는 착오로 전심절차를 밟지 않은 경우
③ 전심절차로 권리가 구제될 가능성이 거의 없거나 권리구제절차가 허용되는지 여부가 객관적으로 불확실하거나 헌법소원심판 청구인에게 대단히 우회적 절차를 요구하는 것 밖에 되지 않는 등 전심절차 이행의 기대가능성이 없는 경우

Ⅴ 권리보호의 이익

1. 의의(헌재 1989.4.17, 88헌마3)

① 소송법에서 일반적으로 권리보호의 이익이 있다는 것은 구제수단이 현실적·실제적으로 구제의 기능을 할 수 있는 상황을 말한다.
② 헌법소원제도는 국민의 기본권 침해를 구제해 주는 제도이므로 그 제도의 목적상 권리보호의 이익이 있는 경우에 비로소 이를 제기할 수 있다.

2. 권리보호이익의 존속성의 요구(헌재 1997.12.24, 95헌마247)

① 권리보호이익은 헌법소원 제기 당시뿐만 아니라 헌법재판소가 결정을 할 시점에서도 존재하여야 한다.
② 심판청구 당시 권리보호의 이익이 인정되더라도, 심판계속 중에 생긴 사정변경, 즉 사실관계 또는 법령제도의 변동으로 말미암아 권리보호의 이익이 소멸 또는 제거된 경우에는 원칙적으로 심판청구는 부적법하게 된다.

3. 권리보호이익의 예외적 인정(헌재 1992.1.28, 91헌마111)

① 침해행위가 앞으로도 반복될 위험이 있는 경우
② 당해 분쟁의 해결이 헌법질서의 수호·유지를 위하여 긴요한 사항이어서 헌법적으로 그 해명이 중대한 의미를 지니고 있는 경우

4. 기본권 침해의 반복의 위험성의 의미와 입증책임(헌재 1997.6.26, 97헌바4)

① 기본권 침해의 반복의 위험성은 어디까지나 추상적이거나 이론적 가능성이 아니라 구체적·실제적인 것이어야 한다. 피청구인측에 의하여 청구인들의 기본권이 반복적으로 침해될 위험성이 존재하고 또한 그 위험성이 다른 국민보다 더 크다 할 구체적 사정이 있다는 의미이다.
② 입증책임은 청구인에게 있다.

Ⅵ 변호사강제주의

1. 변호사강제주의의 합헌성 인정근거(헌재 1990.9.3, 89헌마120)

변호사강제주의는 업무에 분업화원리의 도입, 재판을 통한 기본권의 실질적 보장, 사법의 원활한 운영과 헌법재판의 질적 개선, 재판심리의 부담경감 및 효율화, 사법운영의 민주화 등 공공복리에 기여하는 바가 크다.

2. 변호사강제주의의 적용범위: 사인이 당사자인 심판(헌재 1990.9.3, 89헌마120)

변호사강제주의의 규정은 헌법재판의 종류 가운데 사인이 당사자로 되는 심판청구인 탄핵심판청구와 헌법소원심판청구에 있어서 적용된다.

3. 변호사강제주의의 내용

(1) 대리인 사임의 효과

1) 재판이 성숙단계에 이른 경우(헌재 1992.1.14, 91헌마156)
대리인이 사임하였더라도 기왕의 대리인에 의하여 수행된 소송행위 자체로서 재판 성숙단계에 이르렀다면 기왕의 대리인의 소송행위가 무효로 되는 것은 아니다.

2) 청구인의 주장과 소명에 부족함이 없다고 보여 질 경우(헌재 1996.10.4, 95헌마70)
변호사의 사임이 있더라도 청구인의 주장과 소명에 부족함이 없다고 보여 질 경우에는 대리인을 선임하지 아니하였다고 하더라도 심판청구가 부적법하게 되는 것은 아니다.

(2) 대리인이 추인한 청구인의 심판수행행위(헌재 1992.6.26, 89헌마132)

변호사의 자격이 없는 사인인 청구인이 한 헌법소원심판청구나 주장 등 심판수행은 변호사인 대리인이 추인한 경우만이 적법한 헌법소원심판청구와 심판수행으로서의 효력이 있고 헌법소원심판대상이 된다.

Ⅶ 청구기간

헌법재판소법 제69조 제1항은 "헌법소원심판은 사유가 발생하였음을 안 날부터 90일 이내에, 사유가 있는 날부터 1년 이내에 청구하여야 한다. 다만 다른 법률에 따른 구제절차를 거친 헌법소원의 심판은 그 최종결정을 통지받은 날부터 30일 이내에 청구하여야 한다"고 규정하고 있다.

1. 청구기간의 기산점

(1) 상황성숙성이론과 청구기간의 기산점(헌재 1996.3.28, 93헌마198)

이른바 상황성숙성이론은, 법령에 대한 헌법소원을 기본권침해를 받은 때를 기다렸다가 청구하라고만 요구한다면 기본권구제의 실효성을 기대할 수 없는 경우가 있으므로, 헌법소원의 적법요건 중 하나인 현재성 요건과 관련하여 구체적인 기본권의 침해가 있기 전이라도 그 침해가 확실히 예상될 때에는 미리 헌법소원을 청구할 수 있도록 하여 국민의 기본권보장의 실효성을 높이자는 것으로서, 법령에 대한 헌법소원의 청구기간의 기산점과 관련하여 이를 적용할 것은 아닌 것이다. 따라서 종전에 이와 견해를 달리하여 법령에 대한 헌법소원의 청구기간의 기산점에 관하여 기본권의 침해가 확실히 예상되는 때로부터 청구기간을 기산한다는 취지로 판시한 우리 재판소의 의견은 이를 변경하기로 한다.

(2) 법령의 유예기간과 청구기간의 기산점(헌재 1996.3.28, 93헌마198)

이른바 유예기간을 경과하기 전까지 청구인들은 이 사건 보호자동승조항에 의한 보호자동승의무를 부담하지 않는다. 이 사건 보호자동승조항이 구체적이고 현실적으로 청구인들에게 적용된 것은 유예기간을 경과한 때부터라 할 것이므로, 이때부터 청구기간을 기산함이 상당하다. 종래 이와 견해를 달리하여, 법령의 시행일 이후 일정한 유예기간을 둔 경우 이에 대한 헌법소원심판 청구기간의 기산점을 법령의 시행일이라고 판시한 우리 재판소 결정들은, 이 결정의 취지와 저촉되는 범위 안에서 변경한다.

(3) 헌법재판소가 발족하기 전에 기본권이 침해된 경우와 청구기간의 기산점(헌재 1992.12.24, 90헌마174)

헌법재판소가 발족하기 전에 있었던 공권력에 의한 기본권 침해를 주장하는 헌법소원심판 청구의 청구기간은 헌법재판소가 구성된 1988.9.19.부터 기산하여야 한다.

2. 청구기간

(1) 다른 법률에 의한 구제절차를 거치지 않은 헌법소원의 청구기간

헌법소원심판 청구는 그 사유가 있음을 안 날부터 90일 이내에, 그 사유가 있는 날부터 1년 이내에 청구하여야 한다(헌법재판소법 제69조 제1항 본문).

1) "사유가 있음을 안 날"과 "사유가 있은 날"의 의미(헌재 1993.7.29, 89헌마31)

① 사유가 있음을 안 날이란 적어도 공권력의 행사에 의한 기본권 침해의 사실관계를 특정할 수 있을 정도로 현실적으로 인식하여 심판청구가 가능해진 경우, 즉 법령의 제정 등 공권력의 행사에 의한 기본권 침해의 사실관계를 안 날을 뜻하는 것이지, 법률적으로 평가하여 위헌성 때문에 헌법소원심판의 대상이 됨을 안 날을 뜻하는 것은 아니다.

② 사유가 있은 날이란 공권력의 행사에 의해서 기본권 침해가 발생한 날, 즉 공권력의 행사로 인하여 침해되는 사실이 발생한 객관적 시점을 뜻한다.

2) 두 기간 모두 충족할 것

헌법소원의 사유가 있음을 '안 날'로부터 90일 이내라는 기간과 그 사유가 '있은 날'로부터 1년 이내라는 두 기간은 모두 지켜져야 하고, 어느 한 기간이라도 도과한 경우에는 청구요건을 갖추지 못한 부적법한 청구가 된다.

3) 청구기간이 문제되지 않는 경우

① 기본권 침해가 현재의 시점에서 예측되는 경우(헌재 1999.12.23, 98헌마363)

장래 확실히 기본권 침해가 예측되어 현재관련성을 인정하는 이상 청구기간이 경과하였다고 할 수 없다. 청구기간을 준수하였는지 여부는 이미 기본권 침해가 발생한 경우에 비로소 문제된다.

② 진정입법부작위의 경우(헌재 1994.12.29, 89헌마2)

공권력의 불행사로 인한 기본권 침해는 그 불행사가 계속되는 한 기본권 침해의 부작위가 계속되므로 기간의 제약 없이 청구할 수 있다.

(2) 다른 법률에 의한 구제절차를 거친 헌법소원의 청구기간

다른 법률에 의한 구제절차를 적법하게 거친 경우에는 최종결정을 통지받은 날부터 30일 이내에 청구하여야 한다(헌법재판소법 제69조 제1항 단서).

1) "최종결정을 통지받은 날"의 의미

청구인이 주장하는 구제절차의 최종결정인 대법원 판결의 정본이 청구인에게 송달된 날을 기준으로 한다(헌재 1992.6.26, 89헌마161).

2) 다른 구제절차를 부적법하게 거친 경우(헌재 1993.7.29, 91헌마47)

다른 구제절차를 적법하게 거치지 않는 경우에는 그 청구기간은 구제절차의 최종결정을 통지받은 날부터 30일의 청구기간을 적용하지 않고 안 날부터 90일, 있은 날부터 1년의 기간이 기준이 된다.

(3) 위헌소원의 청구기간(헌재 1996.12.26, 95헌마383)

① 위헌법률심판의 제청신청이 기각되어 헌법재판소법 제68조 제2항에 따라 청구하는 헌법소원심판은 제청신청을 기각하는 결정을 통지받은 날부터 30일 이내에 청구하여야 한다(헌법재판소법 제69조 제2항).

② 위헌제청신청이 기각된 경우라는 것은 반드시 합헌판단에 따른 기각결정만이 아니라 재판의 전제성을 인정할 수 없어 하는 기각결정도 포함하며, 제청신청이 기각된 날이란 특별한 사정이 없는 한 기각결정을 송달받은 날이라고 해석하여야 한다.

③ 위헌소원의 경우에는 제청신청기각일부터 30일 이내라는 청구기간요건 외에 통상의 청구기간, 즉 사유가 있음을 안 날부터 90일 이내, 있은 날부터 1년 이내의 기간은 준수할 필요가 없다.

(4) 법령소원에서의 청구기간

1) 법령헌법소원에서 청구기간의 적용여부(헌재 1992.6.26, 91헌마25)

법규정립행위는 그것이 국회입법이든 행정입법이든 막론하고 일종의 법률행위이므로 그 행위의 속성상 행위자체는 한 번에 끝나는 것이고, 그러한 입법행위의 결과인 권리침해상태가 계속될 수 있을 뿐이라고 보아야 한다. 그렇다면 기본권 침해행위는 한 번에 끝났음에도 불구하고 그 결과가 계속 남아 있다고 하여 청구기간의 제한을 전면적으로 배제하여야 한다는 주장은 법적 안정성의 확보를 위한 청구기간의 설정취지에 반하는 것으로서 부당하다.

2) 법령의 시행과 동시에 기본권 침해가 발생하는 경우

① 법령소원의 경우에는 원칙적으로 법령의 시행과 동시에 기본권을 침해받게 된다.
② 법령의 시행과 동시에 기본권을 침해당한 자는 그 법령이 시행된 사실을 안 날부터 90일 이내에, 그 법령이 시행된 날부터 1년 이내에 청구하여야 한다.

3) 법령의 시행 후 기본권 침해가 발생하는 경우(헌재 2006.7.27, 2004헌마655)

① 법령이 시행된 후에 비로소 그 법령에 해당하는 사유가 발생하여 기본권의 침해를 받게 된 경우에는 그 사유가 발생하였음을 안 날부터 90일 이내에, 그 사유가 발생한 날부터 1년 이내에 청구하여야 한다.
② 청구기간의 기산점이 되는 '법령에 해당하는 사유가 발생한 날'이란 법령의 규율을 구체적이고 현실적으로 적용받게 된 최초의 날을 의미하는 것으로 보는 것이 상당하다. 즉, 일단 '법령에 해당하는 사유가 발생'하면 그 때로부터 당해 법령에 대한 헌법소원의 청구기간의 진행이 개시되며, 그 이후에 새로이 '법령에 해당하는 사유가 발생'한다고 하여서 일단 개시된 청구기간의 진행이 정지되고 새로운 청구기간의 진행이 개시된다고 볼 수는 없다.

(5) 부작위에 대한 헌법소원의 청구기간

1) 진정입법부작위(헌재 1994.12.29, 89헌마2)

공권력의 불행사로 인한 기본권 침해는 그 불행사가 계속되는 한 기본권 침해의 부작위가 계속되므로 기간의 제약 없이 청구할 수 있다.

2) 부진정입법부작위(헌재 1996.6.13, 95헌마115)

불완전한 입법규정 자체가 헌법위반이라는 적극적인 헌법소원을 제기하여야 할 것이고, 이때에는 헌법재판소법 제69조 제1항 소정의 청구기간의 적용을 받는다.

(6) 현재성 요건의 완화와 청구기간(헌재 1999.12.23, 98헌마363)

장래 확실히 기본권 침해가 예측되어 현재관련성을 인정하는 이상 청구기간 경과의 문제는 발생하지 않는다. 청구기간을 준수하였는지 여부는 이미 기본권 침해가 발생한 경우에 비로소 문제될 수 있기 때문이다. 이러한 경우는 아직 기본권 침해는 없으나 장래 확실히 기본권 침해가 예측되므로 미리 앞당겨 현재의 법적 관련성을 인정하는 것이다.

(7) 계속되는 공권력 행사와 청구기간(헌재 2005.5.26, 99헌마513 등)

경찰청장의 지문 등의 보관행위는 각 보관 또는 전산화한 날 이후 헌법소원심판 청구시점까지 계속되고 있으므로, 계속되는 권력적 사실행위를 대상으로 하는 경우에는 청구기간 도과의 문제는 발생하지 아니한다.

(8) 청구기간의 추완(정당한 사유로 헌법소원심판 청구기간을 도과한 경우)(헌재 1993.7.29, 89헌마3)

① 헌법재판소법 제40조 제1항에 의하면 행정소송법 제20조 제2항 단서가 헌법소원심판에도 준용되므로, 정당한 사유가 있는 경우에는 청구기간의 도과에도 불구하고 헌법소원심판 청구는 적법하다.
② 정당한 사유라 함은 청구기간 도과의 원인 등 여러 가지 사정을 종합하여 지연된 심판청구를 허용하는 것이 사회통념상으로 보아 상당한 경우를 뜻한다.

3. 청구기간 도과여부의 판단기준일

(1) 청구서가 접수된 날(헌재 1990.5.21, 90헌마78)

청구기간이 도과하였는지는 헌법재판소에 헌법소원심판의 청구서가 접수된 날을 기준으로 판단하여야 하고 심판청구서의 발송일을 기준으로 할 것은 아니다.

(2) 대리인선임의 경우

1) 본인 명의의 청구 후 대리인선임시 청구서를 제출한 경우(헌재 1992.12.24, 92헌마186)

청구인 명의로 심판청구를 하고, 대리인을 선임하라는 보정명령을 받고 대리인을 선임함과 동시에 그 대리인 명의로 된 심판청구서를 다시 제출하였다면 결국 본인이 청구를 한 시점이 기준이 된다.

2) 국선대리인 선임신청이 있는 경우

헌법재판소법 제70조 제1항 후문이 국선대리인의 선임신청이 있는 날을 기준으로 함을 명시하고 있다.

(3) 청구의 변경·보충의 경우(헌재 1992.6.26, 91헌마134)

심판청구를 변경하였다면 변경에 의한 신청구는 그 청구변경서를 제출한 때에 제기한 것이라고 볼 것이고, 따라서 이 시점을 기준으로 청구기간의 준수여부를 가려야 할 것이다.

(4) 예비적으로 청구가 추가된 경우(헌재 1998.5.28, 96헌마151)

헌법소원심판 청구에 대한 청구취지 변경이 이루어진 경우 청구기간의 준수여부는 헌법재판소법 제40조 제1항 및 민사소송법 제238조에 의하여 예비적으로 추가된 청구서가 제출된 시점을 기준으로 판단하여야 한다.

Ⅷ 일사부재리원칙

헌법재판소는 이미 심판을 거친 동일한 사건에 대하여는 다시 심판할 수 없다(헌법재판소법 제39조). 헌법재판소가 이미 행한 결정에 대하여는 자기기속력 때문에 이를 취소·변경할 수 없다 할 것이며, 이는 법적 안정성을 위하여 불가피한 일이다.

1. 일사부재리원칙에 저촉되는 경우

(1) 헌재결정에 대한 불복신청·즉시항고(헌재 1990.10.12, 90헌마170)

헌법재판소의 결정에 대하여는 불복신청이 허용될 수 없는 것일 뿐만 아니라, 즉시항고는 헌법재판소법상 인정되지 아니하는 것이어서 이에 대한 심판청구는 부적법하고 그 흠결을 보충할 수 없는 경우에 해당한다.

(2) 헌법소원심판청구 각하결정에 대한 헌법소원(헌재 1992.9.3, 92헌마197)

청구요건을 갖추지 못하여 부적법한 것으로 헌법재판소에 의한 각하결정을 받은 뒤 그 하자가 보정이 가능하여 보정을 한 후에 다시 심판청구를 할 수는 있어도 동일한 내용의 심판청구를 되풀이 할 수는 없다.

2. 일사부재리원칙에 저촉되지 않는 경우

(1) 심판대상이 중복이라도 심판청구 유형이 상이한 경우(헌재 1997.6.26, 96헌가8 등)

심판대상이 중복되는 경우라고 하더라도 헌법재판소법 제68조 제1항에 의한 헌법소원심판 청구사건과 헌법재판소법 제41조 제1항에 의한 위헌법률심판 제청사건은 심판청구의 유형이 상이하므로 위 두 사건이 동일한 사건이라고 할 수 없어 중복청구라고 할 수 없다.

(2) 전소에서의 위헌판단 결여 · 청구인의 상이(헌재 1997.8.21, 96헌마48)

전소의 심판대상 법률조항과 중복되는 후소이더라도 그 조항에 대한 위헌판단을 한 바 없고, 청구인이 동일하지 아니한 경우에는 중복청구가 아니므로 일사부재리원칙에 반하지 않는다.

Ⅸ 청구인의 변경 가능성(헌재 1998.11.26, 94헌마207)

① 헌법소원심판절차에서 원칙적으로 임의적 당사자변경은 인정되지 아니한다.
② 당사자변경을 자유로이 허용한다면 심판절차의 진행에 혼란을 초래하고 또 상대방의 방어권 행사에도 지장을 줄 우려가 있기 때문에 당사자의 동일성을 해치는 임의적 당사자변경(청구인변경)은 헌법소원심판에서도 허용되지 않는다.

제3항 공권력의 불행사에 대한 헌법소원

Ⅰ 서론

헌법재판소법 제68조 제1항은 헌법소원심판의 대상으로 '공권력의 행사 또는 불행사'라고 규정하고 있다. 이러한 공권력에는 입법작용, 행정작용, 사법작용이 모두 포함된다. 따라서 이하에서는 각 공권력의 불행사와 관련된 헌법소원의 요건에 대하여 검토하고자 한다.

Ⅱ 입법부작위에 대한 헌법소원

1. 입법부작위의 의의 및 종류

입법부작위란 광의로는 입법자가 법률의 제정 · 개정 · 폐지를 하지 않거나 불충분한 입법을 하는 것을, 협의로는 입법의무가 있음에도 상당기간 입법을 하지 않는 것을 말한다. 이러한 입법부작위에는 ① 국회에 입법의무가 존재하지 아니하여 단순히 입법을 하지 않고 있는 단순입법부작위, ② 헌법이 국회에 입법의무를 지우고 있음에도 국회가 입법의무를 이행하지 않는 진정입법부작위, ③ 국회가 헌법상의 입법의무에 따라 법률을 제정하였지만 그 법률이 불완전하거나 불충분한 부진정입법부작위가 있다.

2. 진정·부진정입법부작위의 구별

(1) 구별실익

진정입법부작위와 부진정입법부작위를 구별하는 실익은 부작위로 인한 기본권 침해의 경우에 그 구제방법이 상이하다는데 있으므로 양자를 구별하는 것은 현실적으로 중요한 문제이다.

(2) 구별기준(헌재 1996.11.28, 93헌마258)

일반적으로 진정입법부작위란 입법자가 헌법상 입법의무가 있는 어떤 사항에 관하여 전혀 입법을 하지 아니함으로써 "입법행위에 흠결이 있는 경우"를, 부진정입법부작위란 입법자가 어떤 사항에 관하여 입법은 하였으나 당해 사항을 불완전·불충분하게 규율함으로써 "입법행위에 결함이 있는 경우"를 말한다.

3. 진정입법부작위에 대한 헌법소원

(1) 헌법소원의 요건

1) 헌법적 입법의무(대상적격)(헌재 1993.3.11, 89헌마79)

(가) 원칙

헌법상 입법의무가 없는 경우의 단순입법부작위는 원칙적으로 헌법소원심판의 대상이 되지 않는다.

(나) 예외

① 헌법에서 기본권 보장을 위하여 명시적인 입법위임을 하였음에도 입법자가 이를 이행하지 아니한 경우
② 헌법해석상 특정인에게 구체적인 기본권이 생겨 이를 보장하기 위한 국가의 행위의무 내지 보호의무가 발생하였음이 명백함에도 불구하고 입법자가 아무런 입법조치를 취하고 있지 않은 경우

> [명시적 헌법위임에 의한 입법의무의 인정여부]
> ① 입법부작위가 헌법소원심판의 대상이 되기 위한 요건으로서의 입법의무는 입법의무의 내용과 한계를 명백히 규정하는 '구체적인' 헌법위임에 따른 '구체적인' 의무를 의미하며, 헌법의 기본원리에서 파생하는 '일반적인' 의무를 의미하는 것은 아니다. 예컨대 우리 헌법상의 기본원리인 사회국가원리로부터 입법자의 구체적인 의무가 나오는 것은 아니다.
> ② 헌법 제11조 제1항의 평등원칙은 원칙적으로 입법자에게 헌법적으로 아무런 구체적인 입법의무를 부과하지 않으며, 다만 입법자가 평등원칙에 반하는 일정 내용의 입법을 하게 되면, 이로써 피해를 입게 된 자는 직접 당해 법률조항을 대상으로 하여 평등원칙의 위반여부를 다툴 수 있을 뿐이라고 보아야 할 것이다.
> ③ 자유권적 기본권은 그 본질상 개인의 기본권에 대한 국가의 부당한 침해를 방어하는 소극적 방어권이므로, 이에 기하여 입법자의 입법의무가 발생하는 경우는 예상되지 않는다. 다만 입법자에게 자유권의 본질적 내용을 침해하지 말아야 할 의무는 인정된다. 그러나 이는 적극적인 입법행위가 있을 경우의 문제이지 입법부작위의 문제는 아닌 것이다.
> ④ 헌법 제23조 제3항에 의하면 재산권에 대한 공용침해가 있는 때에는 법률에 의한 보상의무가 발생한다. 통설적 입장에 따라 이 조항을 불가분조항으로 해석하는 경우에는 보상규정을 두지 않은 것은 부진정입법부작위라 볼 수 있지만, 불가분조항으로 보지 않는 소수설의 입장에 의할 경우 보상규정을 두지 않은 것은 진정입법부작위라고 볼 것이다.
> ⑤ 정치적 기본권과 청구권적 기본권의 법적 성격을 구체적 권리로 보는 통설적 입장에 의하면 이를 구체적으로 행사하기 위한 절차를 규정해야 할 입법의무가 발생한다.

⑥ 사회적 기본권의 성격을 추상적 권리로 보는 입장에서는 헌법규정만으로 직접 기본권의 효력이 발생하는 것이 아니므로 입법의무가 발생하지 않는다. 반면 사회적 기본권을 구체적 권리로 보는 입장에 의하면 헌법규정의 직접적 효력이 인정되므로 구체적 입법의무가 발생한다.

[헌법해석에 의한 입법의무]
① 기본권의 이중적 성격으로부터 국가의 기본권보호의무가 도출되므로, 헌법해석에 의한 입법자의 기본권보호의무 역시 인정된다.
② 입법자는 제3자로부터 기본권이 침해당하지 않도록 적절한 입법조치를 하여야 할 의무를 진다. 또 입법행위 후의 사정변경으로 법률이 위헌으로 되어 입법개선의 필요성이 있는 경우에는 입법자에게 이러한 위헌상태를 제거할 입법개선의무가 발생한다.

2) 청구인적격

① 청구인이 주장하는 입법부작위가 자신의 기본권을 침해하는 경우를 자기관련성이라고 하는 바, 청구인은 입법자가 입법의무를 이행하는 경우 혜택을 받을 수 있는 자에 속해야 하며, ② 입법부작위로 인하여 청구인의 기본권이 현재 침해받고 있어야 한다. ③ 그러나 기본권 침해의 직접성은 문제되지 않는다. 왜냐하면 입법부작위는 법률의 부존재를 다투는 것이므로 법률의 존재를 전제로 하는 집행행위가 문제되지 않기 때문이다.

3) 보충성의 원칙

입법부작위에 대하여는 다른 구제절차가 없으므로 직접 헌법소원을 제기할 수 있다.

4) 권리보호이익

입법부작위로 인하여 청구인의 침해된 권리가 구제받을 수 있는 경우에 한하여 헌법소원을 제기할 수 있다.

5) 청구기간

① 공권력의 불행사는 그 불행사가 계속되는 한 기본권 침해의 부작위가 계속된다.
② 공권력의 불행사에 대한 헌법소원심판은 그 불행사가 계속되는 한 기간의 제약 없이 적법하게 청구할 수 있다.

(2) 위헌성 판단의 기준(헌재 1994.12.29, 89헌마2)

① 입법자가 입법의무를 지고 있다고 하여서 그 불이행의 모든 경우가 바로 헌법을 위반한 경우라고는 단정할 수 없다.
② 입법자에게는 형성의 자유 또는 입법재량이 인정되므로 입법의 시기 역시 입법자가 자유로이 결정할 수 있음이 원칙이라 할 것이다. 그러나 입법자는 헌법에서 구체적으로 위임받은 입법을 거부하거나 자의적으로 입법을 지연시킬 수는 없는 것이다.
③ 입법자가 입법을 하지 않기로 결의하거나 상당한 기간 내에 입법을 하지 않는 경우에는 입법재량의 한계를 넘는 것이 된다. 따라서 입법부작위는 이와 같이 입법재량의 한계를 넘는 경우에 한하여 위헌으로 인정되는 것이다.

(3) 결정주문의 형식과 효력

① 입법부작위에 대한 심판청구를 인용할 경우에는 인용결정주문은 '위헌확인선언'의 형식을 취한다(헌법재판소법 제75조 제3항).

② 인용결정에는 기속력이 인정되므로 국회는 헌법재판소의 결정취지에 따라 새로운 처분 즉, 적극적인 입법을 해야 한다(헌법재판소법 제75조 제4항).

4. 부진정입법부작위에 대한 헌법소원

① 부진정입법부작위의 경우 불완전·불충분하긴 하나 법령이 있는 상태이기 때문에 입법부작위(부작위 부분) 그 자체를 대상으로 하는 헌법소원을 제기할 수는 없다.
② 부진정입법부작위 그 자체가 직접 기본권 침해를 가져오는 경우에는 불완전한 법령 그 자체(작위 부분)를 대상으로 하는 적극적 헌법소원을 제기할 수 있을 뿐이며, 이 경우에는 청구기간을 준수하여야 한다.

5. 행정입법부작위에 대한 헌법소원

(1) 행정입법부작위에 대한 헌법소원의 요건(헌재 1998.7.16, 96헌마246)

행정권력의 부작위에 대한 헌법소원은 공권력의 주체에게 헌법에서 유래하는 작위의무가 특별히 구체적으로 규정되어 이에 의거하여 기본권의 주체가 행정행위를 청구할 수 있음에도 공권력의 주체가 그 의무를 해태하는 경우에 허용되고, 특히 행정명령의 제정 또는 개정의 지체가 위법으로 되어 그에 대한 법적 통제가 가능하기 위하여는 첫째 행정청에게 시행명령을 제정(개정)할 법적 의무가 있어야 하고, 둘째 상당한 기간이 지났음에도 불구하고, 셋째 명령제정(개정)권이 행사되지 않아야 한다.

(2) 행정입법의 작위의무가 헌법상 의무인지 여부(헌재 1998.7.16, 96헌마246)

① 보건복지부장관의 행정입법의 작위의무는 의료법 및 위 규정에 의한 위임에 의하여 부여된 것이고 헌법의 명문규정에 의하여 부여된 것은 아니다.
② 삼권분립의 원칙, 법치행정의 원칙을 당연한 전제로 하고 있는 우리 헌법하에서 행정권의 행정입법 등 법집행의무는 헌법적 의무라고 보아야 한다.
③ 보건복지부장관에게는 헌법에서 유래하는 행정입법의 작위의무가 있다.

(3) 보충성의 원칙(대판 1992.5.8, 91누11261)

행정입법부작위는 부작위위법확인소송의 대상이 되지 않는다. 즉 행정소송은 구체적 사건에 대한 법률상 분쟁을 법에 의하여 해결함으로써 법적 안정을 기하자는 것이므로 부작위위법확인소송의 대상이 될 수 있는 것은 구체적 권리의무에 관한 분쟁이어야 하고, 추상적인 법령에 관하여 그 제정의 여부 등은 그 자체로서 국민의 구체적인 권리의무에 직접적 변동을 초래하는 것이 아니어서 행정소송의 대상이 될 수 없다.

Ⅲ 행정부작위에 대한 헌법소원

1. 헌법소원의 요건

(1) 헌법에서 유래하는 작위의무의 존재(헌재 1999.9.16, 98헌마75)

헌법규정으로 도출되는 공권력 주체의 작위의무는, 헌법규범을 준수해야 하는 일반적인 의무가 아니라 개별사안에 있어서 이행해야 할 구체적인 작위의무를 말하며, 이에 근거하여 기본권 주체가 구체적인 공권력행위를 청구할 수 있는 권리가 발생해야 한다.

(2) 구체적 작위의무의 존재(헌재 1991.9.16, 89헌마163)

① 행정권력의 부작위에 대한 헌법소원의 경우에 있어서는 공권력의 주체에게 헌법에서 유래하는 작위의무가 특별히 구체적으로 규정되어 이에 의거하여 기본권의 주체가 행정행위를 청구할 수 있음에도 공권력의 주체가 그 의무를 해태하는 경우에 허용된다.
② 의무위반의 부작위 때문에 피해를 입었다는 단순한 일반적인 주장만으로는 족하지 않다.

(3) 법률상 의무의 포함여부(헌재 1995.3.23, 91헌마143)

헌법소원의 심판대상이 되는 공권력의 불행사가 있다고 하려면 피청구인에게 그에 상응하는 법률상의 작위의무가 있어야 한다.

2. '거부처분'에 대한 부작위위헌확인소원 : 부정

① 헌법재판소는 당사자의 신청에 대한 행정청의 명백한 거절의사가 표시되는 거부처분에 대한 부작위위헌확인을 구하는 헌법소원심판청구를 허용하지 않는다.
② 피청구인의 거부처분이 있고 그 거부처분은 공권력의 행사임이 명백하므로 청구인으로서는 그 거부처분의 취소를 구하는 헌법소원심판을 청구함으로 족하다고 할 것이고, 이와 병행하여 국가기관의 공권력의 불행사를 이유로 부작위위헌확인심판 청구를 하는 것은 허용되지 않는다(헌재 1993.5.10, 93헌마92).

3. 검사의 '불기소처분'에 대한 헌법소원

(1) '죄가 안됨'의 불기소처분(전술)

(2) 검사의 재기수사 후 원래의 불기소처분(전술)

4. 검사의 '기소유예처분'에 대한 헌법소원

(1) 피해자의 헌법소원(헌재 1999.3.25, 98헌마303 ; 헌재 1995.1.20, 94헌마246)

헌재는 기소유예처분이 소추재량권의 내재적 한계를 일탈하였다고 평가된다면 그것은 소추재량의 남용을 통한 자의적인 처분으로서 정의와 형평에 반하고 헌법상 인정되는 국가의 평등보호의무에 위반되는 것이라고 하여 교내 '집단괴롭힘'에 대한 기소유예처분을 취소하였다.

(2) 피의자의 헌법소원(헌재 1992.6.26, 92헌마7)

기소유예처분은 범죄혐의를 인정하는 처분이므로 피의자의 입장에서도 이를 취소받을 필요가 있다. 헌법재판소는 기소유예처분으로 피의자의 차별 없는 공정하고 성실한 수사를 받을 청구인의 기본권, 즉 평등권이 침해되었고, 그 결과 헌법 제27조 제1항 소정의 법관에 의한 재판을 받을 권리도 침해된 것이라고 하여 헌법소원을 인정한다.

5. 검사의 '기소중지처분'에 대한 헌법소원(전술)

Ⅳ 사법부작위에 대한 헌법소원

1. 서설

사법권의 불행사에 대한 헌법소원이 적법한 헌법소원이 되려면 헌법에서 유래하는 작위의무가 특별히 규정되어 있고, 이에 의거하여 기본권의 주체가 공권력의 행사, 즉 재판을 청구할 수 있어서 이를 하였음에도 법원이 그 작위의무를 해태하는 경우이어야 한다.

2. 작위의무의 존재여부

(1) 법령이 규정하지 않은 재판을 할 작위의무(헌재 1994.6.30, 93헌마161)

① 헌법 제27조 제1항에 규정한 국민의 재판청구권은 중요한 기본권인데, 법원은 위 기본권에 근거해서 법령에 정한 국민의 정당한 재판청구행위에 대하여만 재판을 할 의무를 부담한다.
② 법령이 규정하지 아니한 재판청구행위에 대하여까지 헌법상의 재판청구권에서 유래한 재판을 할 작위의무가 법원에 있다고 할 수 없다.

(2) 신속한 판결선고의무(헌재 1999.9.16, 98헌마75)

① 헌법 제27조 제3항 제1문에 규정된 신속한 재판을 받을 권리의 실현을 위해서는 구체적인 입법형성이 필요하며, 다른 사법절차적 기본권에 비하여 폭넓은 입법재량이 허용된다.
② 신속한 재판을 위해서 적정한 판결선고기일을 정하는 것은 여러 가지 요소를 복합적으로 고려하여 결정되어야 할 사항인데, 이때 관할법원에게는 광범위한 재량권이 부여된다.
③ 법률에 의한 구체적 형성 없이는 신속한 재판을 위한 어떤 직접적이고 구체적인 청구권이 발생하지 아니한다.

(3) 판단 유탈·탈루에 대한 헌법소원(헌재 1996.4.25, 92헌바30)

대법원이 청구인이 주장하는 바와 같이 판단하여야 할 사항의 일부에 관하여 판결의 주문에서 빠뜨리고 판결한 것이라면, 탈루한 부분은 여전히 법원에 계속되어 있다 할 것이고, 그렇지 아니하고 단지 공격방어방법에 관한 판단을 빠뜨린 것이라면 재심의 소에 의하여 구제받을 수 있는 것이므로 그러한 절차를 생략한 채 이를 이유로 바로 헌법재판소에 헌법소원을 청구하여 재판의 취소를 구하거나 추가재판을 구하는 것은 허용되지 아니한다. 따라서 이 부분의 청구는 부적법하다.

제4항 위헌심사형 헌법소원

I 서론

1. 의의

① 위헌심사형 헌법소원이란 법률의 위헌여부의 제청신청이 법원에 의하여 기각된 경우에 제청신청을 한 당사자가 청구하는 헌법소원을 말한다(헌법재판소법 제68조 제2항).
② 위헌심사형 헌법소원은 위헌법률심판제청 신청인의 권리구제를 위한 제도로서의 의의와 객관적 규범통제제도로서의 의의를 가진다.

II 법적 성격

헌법재판소는 위헌법률심판설의 입장을 취하고 있다(헌재 1996.4.25, 92헌바47).

III 위헌심사형 헌법소원의 청구요건

1. 청구요건의 특수성

(1) 기본권 침해의 자기관련성·직접성·현재성의 불요(헌재 1997.8.21, 94헌바2)

헌법소원의 적법요건으로서의 자기관련성·직접성·현재성이란 헌법재판소법 제68조 제1항에 규정한 헌법소원에서 요구되는 요건이고, 헌법재판소법 제68조 제2항에 규정한 이른바 규범통제형(위헌심사형) 헌법소원에 있어서 요구되는 것이 아니다.

(2) 보충성원칙의 불요(헌재 1997.7.16, 96헌바36)

헌법재판소법 제68조 제2항 소정의 헌법소원은 그 본질이 헌법소원이라기보다는 위헌법률심판이므로 헌법재판소법 제68조 제1항 소정의 헌법소원에서 요구되는 보충성 원칙은 적용되지 아니한다.

2. 형식적 요건

(1) 법원의 제청신청의 기각

1) 제청신청이 '기각'된 때의 의미

① 헌법재판소법 제68조 제2항은 법원이 당사자의 제청신청을 기각한 경우에 위헌소원심판을 청구할 수 있다고 명시하고 있다.
② 헌법재판소법 제68조 제2항은 위헌여부심판의 제청신청이 '기각된 때'에 헌법소원심판을 청구할 수 있다고 규정하고 있으나, 법원이 기각결정을 해야 함에도 불구하고 재판의 전제성이 없다는 이유로 '각하결정'이라

는 재판형식으로 배척한 경우에도 제68조 제2항에 의한 헌법소원심판청구는 허용된다(헌재 1989.12.18. 89헌마32 등).

2) 제청신청에 대한 법원의 결정이 있기 전의 위헌소원심판 청구(헌재 1999.4.29. 98헌바29)

청구인들이 법원이 위헌여부심판의 제청신청을 각하 또는 기각하기 전에 헌법소원심판을 청구하였으므로 심판청구를 부적법 각하한다.

3) 제청신청기각결정이 없었던 법률규정에 대한 위헌소원심판 청구(헌재 2001.1.18. 2000헌바29)

청구인이 수표법 제28조 제2항, 제29조 제1항에 대하여만 위헌제청신청을 하였고, 법원의 기각결정 역시 위 조항들에 한정되었으나, 청구인이 다투는 취지로 보건대 수표법 제29조 제1항에 같은 조 제4항을 보태어 보아야만 비로소 의미를 가지므로 묵시적으로나마 수표법 제29조 제4항에 대하여도 청구인의 위헌제청신청이 있었고 그에 대한 법원의 기각결정까지 있었다고 보아, 이 사건 심판대상에 포함시켜 함께 판단한다.

4) 동일사유를 이유로 하는 재청구(상급 심급까지 포함하는지 여부)(헌재 2007.7.26. 2006헌바40)

헌법재판소법 제68조 제2항은 법률의 위헌여부심판의 제청신청이 기각된 때에는 그 신청을 한 당사자는 헌법재판소에 헌법소원심판을 청구할 수 있으나, 다만 이 경우 그 당사자는 당해사건의 소송절차에서 동일한 사유를 이유로 다시 위헌여부심판의 제청을 신청할 수 없다고 규정하고 있는바, 이 때 당해사건의 소송절차란 당해 사건의 상소심 소송절차를 포함한다 할 것이다.

5) 묵시적 신청(헌재 2006.5.25. 2003헌바33)

당사자가 위헌법률심판제청 신청의 대상으로 삼지 않았고, 또한 법원이 기각결정의 대상으로 삼지 아니하였음이 명백한 법률조항이라 하더라도 묵시적으로 제청신청과 기각결정의 대상에 포함되어 있는 것으로 볼 수 있는 경우에는 이러한 법률조항에 대한 심판청구도 적법하다.

(2) 청구권자

법원에 위헌제청신청을 하였다가 기각결정을 받은 당사자가 청구권자이다(헌법재판소법 제41조 제1항).

(3) 변호사강제주의(위헌법률심판과 동일)

헌법재판소는 헌법재판소법 제25조 제3항이 사인이 당사자인 경우를 변호사강제주의가 적용되는 경우로 규정하였고, 위헌소원도 당사자(청구인)가 사인이라는 점을 논거로 헌법재판소법 제68조 제2항의 위헌소원사건에서도 변호사강제주의가 적용되는 것으로 본다.

(4) 권리보호이익(위헌법률심판과 동일)

(5) 청구기간(헌재 1989.7.21. 89헌마38)

① 위헌법률심판제청 신청이 기각된 날부터 30일 이내에 청구하여야 한다(헌법재판소법 제69조 제2항).
② 기각된 날이란 특단의 사정이 없는 한 제청신청에 대한 기각결정을 송달받은 날을 의미한다.

3. 실질적 요건(위헌법률심판과 동일)

헌법재판소법 제68조 제2항의 헌법소원을 청구하기 위해서는 문제된 법률의 위헌여부가 재판의 전제가 되어야 한다.

Ⅳ 심판대상과 심판기준(위헌법률심판과 동일)

1. 심판대상 : 법률

2. 심판기준 : 헌법

Ⅴ 종국결정

1. 주문형식

합헌을 인정하는 경우에는 위헌소원은 그 실질이 위헌법률심판이므로 "기각한다"라는 주문형식이 아니라, "법률 … 은 헌법에 위반되지 아니한다"라는 주문형식을 취하며, 위헌을 인정하는 경우에는 "법률 … 은 헌법에 위반된다"라는 주문형식을 취한다.

2. 위헌결정의 효력

헌법재판소법 제68조 제2항의 헌법소원이 인용되면, 즉 당해 법률 또는 법률조항에 대하여 위헌결정이 내려지면 위헌법률심판의 위헌결정의 효력과 마찬가지로 기속력 등이 발생한다. 법률에 대한 위헌결정은 법률 폐지의 성질을 지닌다. 따라서 법률의 위헌여부에 대한 헌법재판소의 심판은 소극적 입법행위로서의 성질도 지니고 있다고 볼 수 있다.

Ⅵ 재심청구

헌법재판소법 제68조 제2항의 헌법소원의 경우에는 당해 소송사건이 정지되지 않기 때문에 헌법재판소의 위헌 결정 이전에 확정되는 경우도 있다. 따라서 헌법재판소법 제75조 제7항은 헌법재판소의 위헌결정이 있을 때에는 이미 확정된 당해 소송사건에 관하여 재심을 청구할 수 있도록 규정하고 있다.

1. 재심청구권자의 범위(헌법소원을 제기한 당사자만)(헌재 2000.6.29, 99헌바66등)

① 헌법재판소법 제75조 제7항의 "당해 헌법소원과 관련된 소송사건"이란 문면상 당해 헌법소원의 전제가 된 당해 소송사건만을 가리키는 것이라고 볼 수밖에 없다.
② 재심청구권도 입법형성권의 행사에 의하여 비로소 창설되는 법률상의 권리일 뿐, 청구인의 주장과 같이 헌법 제27조 제1항, 제37조 제1항에 의하여 직접 발생되는 기본적 인권은 아니다.
③ 심판대상 법조항인 헌법재판소법 제75조 제7항(제68조 제2항의 규정에 의한 헌법소원이 '인용된 경우'에 당해 헌법소원과 관련된 소송사건이 이미 확정된 때에는 당사자는 재심을 청구할 수 있다)이 헌법재판소법 제68조 제2항에 의한 헌법소원을 청구하여 '인용결정을 받지 않은 사람'에게는 재심의 기회를 부여하지 않는다고 하여 청구인의 재판청구권이나 평등권, 재산권과 행복추구권을 침해하였다고는 볼 수 없다.

2. 재심사유로서의 '인용'의 의미

재심사유로서의 인용의 의미에 대해 대법원은 법원에 대하여 기속력이 있는 위헌결정이 선고된 경우를 말하고, 기속력이 없는 한정위헌결정의 경우는 헌법소원이 인용된 경우에 해당하지 아니한다고 해석하는 반면에(대판 2001.4.27, 95재다14), 헌법재판소는 위헌결정뿐만 아니라 변형결정도 포함된다고 보아 한정위헌결정이 난 경우에도 재심을 청구할 수 있다고 한다.

제5항 헌법소원심판 청구서의 기재

I 개설

헌법재판소법 제71조 제1항에 의하면 헌법재판소법 제68조 제1항의 규정에 의한 헌법소원심판 청구서에는 (1) 청구인 및 대리인의 표시 (2) 침해된 권리 (3) 침해의 원인이 되는 공권력의 행사 또는 불행사 (4) 청구이유 (5) 기타 필요한 사항을 표시하도록 규정되어 있다.

II 기재사항의 검토

1. 청구인 및 대리인의 표시

청구인의 성명, 주소 등과 대리인의 성명, 주소 등을 기재하여야 한다(헌법재판소법 제71조 제3항).

2. 침해된 권리

(1) 침해된 권리의 특정

청구인이 침해되었다고 주장하는 권리는 헌법상의 기본권이다. 청구인은 침해되었다고 주장하는 기본권을 특정하여야 하며, 침해된 권리를 특정하여 표시하지 아니한 경우 헌법재판소는 각하결정을 한다(헌재 1992.12.24, 90헌마158).

(2) 직권조사

헌법소원심판 청구서에 침해된 권리를 기재함에 있어서 헌법재판소로 하여금 헌법상 보장된 기본권의 침해가 있다는 주장인 것으로 인식할 수 있는 정도의 표시로 족하고, 헌법재판소의 심판에 있어서는 반드시 그 표시된 권리에 구애되는 것이 아니라 청구인이 주장하는 침해된 기본권과 침해의 원인이 되는 공권력의 행사를 직권으로 조사하여 판단할 수 있다(헌재 1997.1.16, 90헌마110).

3. 침해의 원인이 되는 공권력의 행사 또는 불행사

침해의 원인이 되는 공권력의 행사 또는 불행사를 특정하여 기재하여야 한다. 이를 어긴 경우에는 각하결정을 한다. 단 침해의 원인이 되는 공권력의 행사 또는 불행사를 상세한 정도로 특정하지 않았다고 하여 부적합하다고 볼 수는 없고 헌법재판소의 직권에 의한 판단이 허용된다(헌재 1997.1.16, 90헌마110).

4. 청구이유

문제되는 공권력의 행사 또는 불행사가 어떠한 이유에서 기본권을 침해하거나 헌법에 위반되는지를 밝혀서 기재하여야 한다.

5. 피청구인의 기재문제

공권력을 행사할 수 있는 지위에 있고 그 공권력을 행사하거나 또는 공권력을 행사하지 않음으로써 국민의 기본권을 침해한 기관이 피청구인이 된다.

(1) 피청구인에 대한 직권조사 · 확정(헌재 1993.5.13, 91헌마190)

청구인이 피청구인을 잘못 지정한 경우 직권으로 불복한 처분에 대하여 정당하게 책임져야 할 처분청을 지정하여 정정할 수도 있고, 청구서에 기재된 피청구인이나 청구취지에 구애됨이 없이 청구인의 주장요지를 종합적으로 판단하여 청구인이 주장한 기본권과 침해의 원인이 되는 공권력을 직권으로 조사하여 피청구인을 확정하여 판단하여야 하는 것이다.

(2) 피청구인적격이 있는 자

1) 처분행정청(헌재 1992.12.24, 90헌마182)

기록에 의하면 공권력의 행사는 대한민국에 의하기보다도 여수지방해운항만청에 의한 것이며, 나아가 헌법재판소법 제40조 제1항에 의하여 준용되는 행정소송법 제13조 제1항에서는 피고적격을 처분행정청으로 한정하고 있어 처분청인 여수지방해운항만청장과는 별도로 대한민국을 피청구인으로 삼을 것은 아니다.

2) 명령권자(헌재 1992.12.24, 92헌마204)

파견근무명령은 소속장관이 명령권자이고 대통령은 명령권자가 아니므로, 대통령에 대한 청구부분은 심판의 대상인 파견근무명령의 명령권자가 아닌 자에 대한 청구로서 피청구인의 적격이 없는 자에 대한 부적법한 청구이다.

6. 필요적 기재사항이 아닌 사항(헌재 1990.11.19, 89헌마150)

검사의 불기소처분에 대한 헌법소원심판 청구에 있어서 피고소인의 기재가 헌법재판소법 제71조 제1항 소정의 헌법소원심판 청구서의 필요적 기재사항이라고 할 수 없다.

제6항 헌법소원심판의 심리

1. 직권심리주의

(1) 이론적 근거

헌법소원이 개인의 주관적인 권리의 구제수단인 동시에 객관적 헌법질서 보장기능을 가진다는 헌법소원의 본질에 직권심리주의의 타당성의 근거가 있다.

(2) 직권심리의 범위

1) 피청구인·심판대상에 대한 직권조사(헌재 1993.5.13, 91헌마190)

청구인의 심판청구서에 기재된 피청구인이나 청구취지에 구애됨이 없이 청구인의 주장요지를 종합적으로 판단하여야 하며 청구인이 주장한 기본권과 침해의 원인이 되는 공권력을 직권으로 조사하여 피청구인과 심판대상을 확정하여 판단하여야 한다.

2) 직권에 의한 심판대상의 확대(헌재 2000.7.20, 98헌마52)

청구인은 헌법소원심판 청구서에 법무사법 제2조만 기재하였으나, … 제3조의 규정에 의하여 제한되는 것이므로 이 조항도 심판대상으로 한다.

3) 기본권 침해유무에 대한 직권심사(헌재 1989.9.4, 88헌마22)

헌법재판소로서는 청구인의 주장에만 얽매이어 판단을 한정할 것이 아니라 가능한 한 모든 범위에서 헌법상의 기본권 침해의 유무를 직권으로 심사하여야 할 것이다.

4) 침해된 기본권과 침해원인인 공권력 행사에 대한 직권심사(헌재 1997.1.16, 90헌마110)

심판청구서의 기재는 헌법상 보장된 기본권의 침해가 있다는 주장인 것으로 인식할 수 있는 정도의 표시로 족하고, 헌법재판소의 심판에 있어서는 반드시 그 표시된 권리에 구애되는 것이 아니라 청구인이 주장하는 침해된 기본권과 침해의 원인이 되는 공권력의 행사를 직권으로 조사하여 판단할 수 있다.

2. 서면심리주의

① 헌법소원심판은 서면심리에 의하되 다만 재판부는 필요하다고 인정하는 경우에는 변론을 열어 당사자·이해관계인 기타 참고인의 진술을 들을 수 있다(헌법재판소법 제30조 제2항).
② 서면심리는 공개하지 아니한다(헌법재판소법 제34조 제1항 단서).

3. 심리정족수

지정재판부에 의한 사전심사가 아닌 전원재판부에 의한 심판에 있어서는 재판관 7명 이상의 출석으로 심리한다(법 제23조 제1항).

제7항 헌법소원심판의 결정

I 헌법소원심판의 담당기관

1. 지정재판부(헌법재판소법 제72조 제4항)
① 지정재판부는 재판관 전원의 일치된 의견에 의하여 헌법소원을 각하하는 결정을 하거나, 재판부의 심판에 회부하여야 한다.
② 헌법소원심판 청구 후 30일이 경과할 때까지 각하결정이 없는 때에는 심판에 회부하는 결정이 있는 것으로 본다.

2. 전원재판부
지정재판부가 헌법소원을 재판부의 심판에 회부하는 결정을 한 때에는 전원재판부가 이를 심판한다.

II 헌법소원 결정의 정족수

1. 인용결정을 위한 가중정족수
헌법소원심판에서 인용결정을 하기 위해서는 헌법재판관 6명 이상의 찬성이 필요한 것으로 하여 정족수요건을 가중하고 있다.

2. 판례변경을 위한 정족수
헌법재판소법 제23조 제2항 제2호는 종전의 헌법재판소가 판시한 헌법 또는 법률의 해석적용에 관한 의견을 변경하는 경우에 재판관 6명 이상의 찬성이 있어야 한다고 규정하여 판례변경의 경우에도 정족수를 가중하고 있다.

제8항 헌법소원심판의 결정형식

I 본래 의미의 헌법소원심판
본래 의미의 헌법소원심판의 종국결정에는 각하결정, 심판절차종료선언결정, 3명 재판관 지정재판부에 의한 사전심사에서의 각하결정, 본안결정 등이 있다.

1. 각하결정(본안전 결정, 요건 결정)

각하결정은 헌법소원의 형식적·절차적 요건에 흠결이 있는 경우, 즉 심판청구가 부적법한 경우에 내리는 결정형식이다. 예컨대 보충성의 요건 흠결이나, 헌법소원심판의 대상이 될 수 없는 사항에 대하여 심판을 청구하는 경우에 내리는 결정형식이다.

2. 심판절차종료선언결정

(1) 심판절차계속 중에 청구인이 사망한 경우

1) 심판절차종료선언의 사유

① 심판절차가 수계될 수 없는 성질의 경우

(가) 일신전속적 권리의 경우(헌재 1992.11.12, 90헌마33)

고용계약상의 지위는 일신전속적인 것이므로 청구인의 사망에 의하여 종료되고 상속인에게 승계될 것이 아니다. 그러므로 심판절차 또한 수계될 성질의 것이 되지 못하고 청구인의 사망과 동시에 당연히 그 심판절차가 종료된다.

(나) 상속인과 법적 관련성이 없는 경우(헌재 1999.11.25, 99헌마431)

청구인이 사망한 이상 무고로 인한 법적 불이익은 그로써 종료되고, 청구인의 상속인은 그러한 무고의 고소사실과 아무런 법적 관련성을 갖지 아니한다. 그러므로 이 사건 심판절차는 상속인에 의하여 수계될 것이 아니고 청구인의 사망과 동시에 종료되었다.

② 수계당사자 내지 수계의사가 없는 경우(헌재 1994.12.29, 90헌바13)

(가) 헌법재판소법 제40조 제1항은 헌법재판소의 심판절차에 관하여는 헌법재판소법에 특별한 규정이 있는 경우를 제외하고는 민사소송에 관한 법령의 규정을 준용하도록 규정하고 있고, 민사소송법 제233조 제1항은 "당사자가 죽은 때에 소송절차는 중단된다. 이 경우 상속인·상속재산관리인, 그 밖에 법률에 의하여 소송을 계속하여 수행할 사람이 소송절차를 수계하여야 한다"고 규정하고 있다.

(나) 당사자가 심판도중에 사망한 경우라도 수계할 의사표시가 있는 경우에는 심판절차가 계속되지만, 수계할 당사자가 없거나 수계의사가 없는 경우에는 심판절차가 종료된다.

2) 예외적 종국결정의 사유(헌재 1994.12.29, 90헌바13)

수계의사표시가 없는 경우에도 이미 결정을 할 수 있을 정도로 사건이 성숙되어 있고 그 결정에 의하여 유죄판결의 흠이 제거될 수 있음이 명백한 경우 등, 특히 유죄판결 받은 자의 이익을 위하여 결정의 필요성이 있는 경우에는, 심판절차가 종료되지 않고 따라서 종국결정이 가능하다.

(2) 청구인이 심판청구를 취하한 경우(헌재 1995.12.15, 95헌마221)

청구인의 심판청구취하가 있는 경우에 피청구인이 동의하거나 2주일 내에 이의를 하지 않으면 헌법재판소는 심판절차종료선언을 한다.

3. 3명 재판관 지정재판부의 사전심사와 각하결정 또는 심판회부결정

(1) 사전심사와 각하결정

헌법재판소법 제72조 제1항은 "헌법재판소장은 헌법재판소에 재판관 3명으로 구성되는 지정재판부를 두어 헌법소원심판의 사전심사를 담당하게 할 수 있다"고 규정하고 있다. 3명 지정재판부에 의한 사전심사는 헌법재판소의 업무부담을 덜고 소송경제를 도모하려는 데에 그 취지가 있다(헌재 1995.12.15, 95헌마221).

(2) 심판회부결정

① 지정재판부는 전원의 일치된 의견으로 각하결정을 하지 아니하는 경우에는 결정으로 헌법소원을 재판부의 심판에 회부하여야 한다(헌법재판소법 제72조 제4항 전단).
② 헌법소원심판의 청구 후 30일이 경과할 때까지 각하결정이 없는 때에는 심판에 회부하는 결정이 있는 것으로 본다(헌법재판소법 제72조 4항 후단).
③ 후난의 30일의 기간에는 재판장의 요구에 따른 보정기간, 재판부기피신청이 있는 경우 이 신청에 대한 결정이 있을 때까지 정지되는 기간(즉 청구인이 기피신청을 한 날로부터 그 기피신청에 대한 각하결정이 송달된 날까지의 기간)은 산입되지 아니한다(헌재 1993.10.29, 93헌마222).

(3) 위헌소원의 경우에도 적용(헌재 1994.9.6, 94헌바36)

① 헌법재판소는 위헌소원의 경우에도 제72조의 사전심사제가 적용된다고 본다.
② 3명 지정재판부가 위헌소원심판의 청구요건들을 갖추지 못한 것으로 판단한 경우 전원재판부에 회부하지 않을 수 있다고 한다.

4. 기각결정

기각결정은 헌법소원심판 청구가 이유없는 경우, 즉 청구인의 주장을 배척하는 경우에 하는 결정형식이다.

5. 인용결정

(1) 개념

인용결정은 공권력의 행사 또는 불행사로 말미암아 헌법상 보장된 기본권이 침해되었음을 인정하는 결정형식이다.

(2) 취소결정

1) 근거

헌법재판소법 제75조 제3항은 헌법소원을 인용할 경우에 "헌법재판소는 기본권 침해의 원인이 된 공권력의 행사를 취소 … 할 수 있다"고 규정하고 있다.

2) 주문형식

헌법소원을 인용할 때에는 인용결정서의 주문에서 침해된 기본권과 침해의 원인이 된 공권력의 행사 또는 불행사를 특정하여야 한다. 법령소원에 있어서 인용결정, 즉 법령에 대한 위헌선언의 결정 중에는 주문에서 침해된 기본권을 명시한 예도 있고, 주문에 침해된 기본권을 명시하지 않고 단순히 그 법령이 위헌임을 표시하는 것으로 그친 경우도 있다.

(3) 위헌확인결정

1) '부작위'에 대한 위헌확인결정

헌법재판소법 제75조 제3항은 헌법소원을 인용할 경우에는 "그 불행사가 위헌임을 확인할 수 있다"고 규정하고 있다.

2) '침해행위 종료'로 인한 위헌확인결정

기본권을 침해하는 행위가 이미 종료된 경우에는 헌법소원심판의 권리보호이익이 없으나, 예외적으로 헌법적 해명이 중요한 의미를 가지거나 침해행위가 앞으로 반복될 위험이 있는 경우에는 권리보호이익을 인정한다. 그런데 이 경우에 권리보호이익이 있다고 보아 본안심리를 한 결과 위헌으로 판단되더라도 그 행위가 이미 종료되어 취소할 수 없으므로 위헌임을 '확인'하는 결정을 한다.

(4) 거부행위에 대한 취소 또는 위헌확인결정

헌법재판소법 제75조는 "헌법소원의 인용결정의 경우에는 기본권 침해의 원인이 된 공권력의 행사를 취소하거나 그 불행사가 위헌임을 확인할 수 있다"고 규정하고 있다. 거부행위도 작위라고 본다면 취소의 대상이 될 것이다. 다른 한편 그 기본권 침해행위로서의 거부행위가 이미 종료된 경우에는 위헌확인결정을 할 것이다(헌재 1997.11.27. 94헌마60).

Ⅱ 법령소원심판·위헌소원심판 및 부수적 위헌결정

1. 법령소원심판

(1) 각하결정

심판대상법률이 기본권 침해의 직접성을 가지지 않거나 청구기간을 도과한 경우 등에는 각하결정을 한다.

(2) 본안결정의 주문형식

청구인의 주장이 이유가 없는 경우에는 법령소원도 본래의 의미의 헌법소원이기 때문에 "청구를 기각한다"는 주문형식을 취한다. 위헌소원의 경우 "법률 … 은 헌법에 위반되지 아니한다"고 표현하는 것과 차이가 있다. 청구인의 주장이 이유가 있는 경우에는 "법률 … 은 헌법에 위반된다"는 주문형식을 취한다.

(3) 변형결정

법령소원의 경우에도 각종 변형결정이 있을 수 있다. 이는 위헌법률심판에 있어서와 동일하다.

2. 위헌소원심판

(1) 각하결정·심판종료선언결정 등

위헌소원의 대상인 법률이 아닌 법령에 대한 심판청구 또는 법원의 제청신청기각결정이 없었던 법률규정에 대한 심판청구 등의 경우에는 각하결정이 이루어진다. 또 심판절차종료선언결정도 있을 수 있다.

(2) 본안결정의 주문형식

합헌을 인정하는 경우에는 위헌소원은 그 실질이 위헌법률심판이므로 "기각한다"라는 주문형식이 아니라, "법률 … 은 헌법에 위반되지 아니한다"라는 주문형식을 취하며, 위헌을 인정하는 경우에는 "법률 … 은 헌법에 위반된다"라는 주문형식을 취한다.

(3) 변형결정

위헌소원의 경우에도 각종 변형결정이 있을 수 있다. 이는 위헌법률심판에 있어서와 동일하다.

3. 부수적 위헌결정

헌법재판소법 제75조 제5항은 "헌법재판소는 공권력의 행사 또는 불행사가 위헌인 법률 또는 법률의 조항에 기인한 것이라고 인정될 때에는 인용결정에서 당해 법률 또는 법률의 조항이 위헌임을 선고할 수 있다"고 규정하고 있으므로, 이러한 경우에도 법률규정에 대한 위헌선언이 있을 수 있다. 이 경우의 위헌심사는 심판대상인 공권력의 행사 또는 불행사에 대한 심판에 부수하여 이루어지는 규범심사라고 할 수 있다.

제9항 헌법소원심판결정의 효력

I 헌법소원심판결정의 효력 일반

헌법소원심판의 결과 나오는 결정은 일반적으로 불가변력, 형식적 확정력, 실질적 확정력 등을 가진다.

II 헌법소원의 인용결정의 효력

1. 기속력

(1) 반복금지효(소극적 효력)

헌법재판소가 헌법소원의 인용결정으로 취소한 공권력작용을 다시 반복해서는 아니되는 효력을 말한다.

(2) 처분의무(적극적 효력)

헌법재판소법 제75조 제4항은 "헌법재판소가 공권력의 불행사에 대한 헌법소원을 인용하는 결정을 한 때에는 피청구인은 결정취지에 따라 새로운 처분을 하여야 한다"고 규정하고 있다.

(3) 검사의 불기소처분에 대한 인용결정의 기속력

헌법재판소는 재수사설에 입각하여 헌법재판소의 취소결정에도 불구하고 검찰이 재차 불기소처분을 한 사건에 대한 헌법소원심판에서 재인용결정을 한 바 있다(헌재 1993.11.25, 93헌마113).

2. 집행력

① 부작위·거부행위 등과 같은 소극적인 행위에 대한 인용결정의 경우 적극적인 처분·입법 등으로 나아가야 할 의무가 있는데, 만약 이를 행하지 않을 경우 그것을 어떻게 강제하여 실현할 수 있는가의 문제가 집행력의 문제이다.
② 헌법재판소법 제40조 제1항은 헌법재판소법에 특별한 규정이 있는 경우를 제외하고는 헌법소원심판의 경우에 행정소송법을 준용한다고 규정하고 있으므로 이에 따라 행정소송법상의 간접강제제도를 준용할 수 있다고 본다.

제10항 헌법재판소 결정에 대한 재심

I 재심의 의의

① 재심이란 확정된 종국판결에 절차상의 중대한 하자 등이 있는 경우에 그 판결의 취소와 이미 종결되었던 사건의 재심판을 구하는 불복신청방법을 말한다.
② 판결이 확정되면 기판력이 생기고 이에 따른 법적 안정성이 확보된다. 그러나 판결에 중대한 하자가 있는 경우에도 법적 안정성을 중시하여 당사자의 권리구제를 외면하는 것은 구체적 정의에 반하는 결과를 초래하게 된다.
③ 법적 안정성과 구체적 정의의 상반된 요청을 조화시키기 위해 마련된 재심제도는 재판의 종결·확정이라는 법적 안정성의 요청에도 불구하고 구체적 타당성의 측면에서 확정재판에 대한 구제가 더욱 절실하게 요청되는 경우에 그 필요성이 인정된다.

II 재심의 허용여부

헌법재판소는 개별적 허용설의 입장을 취하고 있다. 헌법소원과 위헌법률심판에 대한 헌법재판소의 판례는 있으나, 권한쟁의·정당해산·탄핵심판의 경우에 재심의 허용여부에 관해서는 아직까지 헌법재판소의 판례가 없다.

Ⅲ 위헌법률심판

위헌법률심판에 대한 헌법재판소의 결정에 대하여는 재심을 허용하지 아니함으로써 얻을 수 있는 법적 안정성의 이익이 재심을 허용함으로써 얻을 수 있는 구체적 타당성의 이익보다 훨씬 크다고 판단되므로, 재심에 의한 불복방법이 그 성질상 허용될 수 없다.

Ⅳ 위헌심사형 헌법소원

1. 위헌결정(헌재 1992.6.26, 90헌아1) : 부정

헌법재판소법 제68조 제2항에 의한 헌법소원사건에 관한 헌법재판소의 결정에 대하여는 원칙적으로 재심을 허용하지 아니함으로써 얻을 수 있는 법적 안정성의 이익이 재심을 허용함으로써 얻을 수 있는 구체적 타당성의 이익보다 훨씬 높을 것으로 쉽사리 예상할 수 있고, 따라서 헌법재판소의 이러한 결정에는 재심에 의한 불복방법이 그 성질상 허용될 수 없다.

2. 각하결정(헌재 1992.6.26, 90헌아1) : 부정

재심대상결정이 위헌법률심판을 구하는 헌법소원심판의 절차에서 요구되는 적법요건을 갖추지 아니하였음을 이유로 하여 헌법소원심판 청구를 각하하는 내용의 것이라고 하여도 그 결정에 대한 재심의 허용여부에 관하여 결론을 달리하는 것은 아니라고 할 것이다.

Ⅴ 권리구제형 헌법소원

1. 법령에 대한 헌법소원 : 부정

법령헌법소원도 위헌법률심판의 성격을 가지는 바, 재심을 허용하지 아니함으로써 얻을 수 있는 법적 안정성의 이익이 재심을 허용함으로써 얻을 수 있는 구체적 타당성의 이익보다 훨씬 클 것이므로 법령헌법소원에 대한 헌법재판소의 결정에 대하여는 재심에 의한 불복이 그 성질상 허용될 수 없다.

2. 공권력작용에 대한 헌법소원

(1) 절차상 중대하고 명백한 위법(헌재 1995.1.20, 93헌아1) : 인정

헌법재판소법 제68조 제1항에 의한 헌법소원 중 행정작용에 속하는 공권력작용을 대상으로 하는 권리구제형 헌법소원절차에 있어서는 사안의 성질상 헌법재판소의 결정에 대한 재심은 재판부의 구성이 위법한 경우 등 절차상 중대하고도 명백한 위법이 있어서 재심을 허용하지 아니하면 현저히 정의에 반하는 경우에 한하여 제한적으로 허용될 수 있다.

(2) 보충성원칙 준수여부에 관한 사실오인(헌재 2000.6.29, 99헌아18) : 부정

이 사건 심판청구는 재판부의 구성이 위법한 경우 등 절차상 중대하고도 명백한 위법이 있어서 재심을 허용하지 아니하면 현저히 정의에 반하는 경우라고 보기 어려워 재심을 허용할 수 없다.

(3) 청구기간 준수여부에 대한 사실오인(헌재 2007.10.4, 2006헌아53) : 인정

헌법재판소법 제70조 제4항에 의하여 헌법소원심판의 청구기간을 산정함에 있어서 청구인이 국선대리인 선임신청을 한 날로부터 위 선임신청 기각결정의 통지를 받은 날까지의 기간은 청구기간에 산입하지 아니함에도 불구하고 이를 간과한 채 청구기간을 잘못 계산하여 심판청구가 청구기간을 도과하여 부적법하다는 이유로 각하하는 결정을 한 경우, 재심대상 사건에는 헌법재판소법 제40조 제1항에 의하여 준용되는 민사소송법 제451조 제1항 제9호의 '판결에 영향을 미칠 중요한 사항에 관하여 판단을 누락한 때'에 해당하는 재심사유가 있다고 할 것이다.

(4) 민사소송법 소정의 판단유탈(헌재 2001.9.27, 2001헌아3) : 인정

① "판단유탈"이 재심사유로 허용되지 않는다고 본다면 중대한 사항에 대한 판단을 유탈함으로써 결정에 영향을 미쳤다고 하더라도 이 잘못은 영원히 시정할 길이 없게 된다. 더욱이 헌법재판소법 제71조 제1항 제4호의 규정에 따르면 같은 법 제68조 제1항의 규정에 의한 헌법소원의 심판청구서에는 반드시 청구이유를 기재하도록 되어 있는데, 그 취지는 청구인의 청구이유에 대하여 유탈함이 없이 판단할 것을 요구함에 있다 할 것이다.

② 공권력의 작용에 대한 권리구제형 헌법소원심판절차에 있어서 '헌법재판소의 결정에 영향을 미칠 중대한 사항에 관하여 판단을 유탈한 때'를 재심사유로 허용하는 것이 헌법재판의 성질에 반한다고 볼 수는 없다. 따라서 민사소송법 제451조 제1항 제9호 소정의 "판단유탈"을 재심사유로 허용하는 것은 공권력의 작용을 대상으로 하는 권리구제형 헌법소원의 성질에 반한다고 할 수 없으므로 민사소송법 제451조 제1항 제9호를 준용하여 "판단유탈"도 재심사유로 허용되어야 한다.

③ 종전에 이와 견해를 달리하여 헌법재판소법 제68조 제1항에 의한 헌법소원 중 행정작용에 속하는 공권력작용을 대상으로 한 권리구제형 헌법소원에 있어서 민사소송법 제422조 제1항 제9호 소정의 판단유탈은 재심사유가 되지 아니한다는 취지로 판시한 우리 재판소의 의견은 이를 변경하기로 한다.

제11항 헌법재판소의 규칙제정권

◆ 헌법
제113조 ② 헌법재판소는 법률에 저촉되지 아니하는 범위 안에서 심판에 관한 절차, 내부규율과 사무처리에 관한 규칙을 제정할 수 있다.

I 의의

헌법재판소규칙이라 함은 헌법재판소가 헌법에 따라 법률에 저촉되지 아니하는 범위 안에서 심판에 관한 절차·내부규율·사무처리에 관하여 제정하는 사법규칙을 말한다. 이 가운데 심판절차에 관한 규칙은 법규명령에 해당하고, 내부규율과 사무처리에 관한 규칙은 행정명령에 해당하는 규칙으로 보아야 할 것이다.

II 대상과 범위

헌법재판소규칙은 심판에 관한 절차사항, 내부규율에 관한 사항, 사무의 처리방법에 관한 사항을 그 대상으로 한다.

III 제정의 절차와 공포

헌법재판소규칙의 제정과 개정은 재판관회의의 의결사항이고, 그 규칙은 관보에 게재하여 공포한다.

IV 효력

헌법재판소규칙은 특별한 규정이 없는 한 공포한 날로부터 20일을 경과함으로써 효력을 발생한다. 헌법재판소규칙과 법률이 충돌할 경우 헌법재판소규칙은 무효가 된다. 헌법 제113조 제2항이 "헌법재판소는 법률에 저촉되지 아니하는 범위 안에서 … 규칙을 제정할 수 있다"고 하고 있기 때문이다.

대한민국 헌법

[시행 1988.2.25.] [헌법 제10호, 1987.10.29, 전부개정]

유구한 역사와 전통에 빛나는 우리 대한국민은 3·1운동으로 건립된 대한민국임시정부의 법통과 불의에 항거한 4·19민주이념을 계승하고, 조국의 민주개혁과 평화적 통일의 사명에 입각하여 정의·인도와 동포애로써 민족의 단결을 공고히 하고, 모든 사회적 폐습과 불의를 타파하며, 자율과 조화를 바탕으로 자유민주적 기본질서를 더욱 확고히 하여 정치·경제·사회·문화의 모든 영역에 있어서 각인의 기회를 균등히 하고, 능력을 최고도로 발휘하게 하며, 자유와 권리에 따르는 책임과 의무를 완수하게 하여, 안으로는 국민생활의 균등한 향상을 기하고 밖으로는 항구적인 세계평화와 인류공영에 이바지함으로써 우리들과 우리들의 자손의 안전과 자유와 행복을 영원히 확보할 것을 다짐하면서 1948년 7월 12일에 제정되고 8차에 걸쳐 개정된 헌법을 이제 국회의 의결을 거쳐 국민투표에 의하여 개정한다.

■ 제1장 총강

제1조 ① 대한민국은 민주공화국이다.
② 대한민국의 주권은 국민에게 있고, 모든 권력은 국민으로부터 나온다.

제2조 ① 대한민국의 국민이 되는 요건은 법률로 정한다.
② 국가는 법률이 정하는 바에 의하여 재외국민을 보호할 의무를 진다.

제3조 대한민국의 영토는 한반도와 그 부속도서로 한다.

제4조 대한민국은 통일을 지향하며, 자유민주적 기본질서에 입각한 평화적 통일정책을 수립하고 이를 추진한다.

제5조 ① 대한민국은 국제평화의 유지에 노력하고 침략적 전쟁을 부인한다.
② 국군은 국가의 안전보장과 국토방위의 신성한 의무를 수행함을 사명으로 하며, 그 정치적 중립성은 준수된다.

제6조 ① 헌법에 의하여 체결·공포된 조약과 일반적으로 승인된 국제법규는 국내법과 같은 효력을 가진다.
② 외국인은 국제법과 조약이 정하는 바에 의하여 그 지위가 보장된다.

제7조 ① 공무원은 국민 전체에 대한 봉사자이며, 국민에 대하여 책임을 진다.
② 공무원의 신분과 정치적 중립성은 법률이 정하는 바에 의하여 보장된다.

제8조 ① 정당의 설립은 자유이며, 복수정당제는 보장된다.
② 정당은 그 목적·조직과 활동이 민주적이어야 하며, 국민의 정치적 의사형성에 참여하는 데 필요한 조직을 가져야 한다.
③ 정당은 법률이 정하는 바에 의하여 국가의 보호를 받으며, 국가는 법률이 정하는 바에 의하여 정당운영에 필요한 자금을 보조할 수 있다.
④ 정당의 목적이나 활동이 민주적 기본질서에 위배될 때에는 정부는 헌법재판소에 그 해산을 제소할 수 있고, 정당은 헌법재판소의 심판에 의하여 해산된다.

제9조 국가는 전통문화의 계승·발전과 민족문화의 창달에 노력하여야 한다.

■ 제2장 국민의 권리와 의무

제10조 모든 국민은 인간으로서의 존엄과 가치를 가지며, 행복을 추구할 권리를 가진다. 국가는 개인이 가지는 불가침의 기본적 인권을 확인하고 이를 보장할 의무를 진다.

제11조 ① 모든 국민은 법 앞에 평등하다. 누구든지 성별·종교 또는 사회적 신분에 의하여 정치적·경제적·사회적·문화적 생활의 모든 영역에 있어서 차별을 받지 아니한다.
② 사회적 특수계급의 제도는 인정되지 아니하며, 어떠한 형태로도 이를 창설할 수 없다.
③ 훈장 등의 영전은 이를 받은 자에게만 효력이 있고, 어떠한 특권도 이에 따르지 아니한다.

제12조 ① 모든 국민은 신체의 자유를 가진다. 누구든지 법률에 의하지 아니하고는 체포·구속·압수·수색 또는 심문을 받지 아니하며, 법률과 적법한 절차에 의하지 아니하고는 처벌·보안처분 또는 강제노역을 받지 아니한다.
② 모든 국민은 고문을 받지 아니하며, 형사상 자기에게 불리한 진술을 강요당하지 아니한다.
③ 체포·구속·압수 또는 수색을 할 때에는 적법한 절차에 따라 검사의 신청에 의하여 법관이 발부한 영장을 제시하여야 한다. 다만, 현행범인인 경우와 장기 3년 이상의 형에 해당하는 죄를 범하고 도피 또는 증거인멸의 염려가 있을 때에는 사후에 영장을 청구할 수 있다.

④ 누구든지 체포 또는 구속을 당한 때에는 즉시 변호인의 조력을 받을 권리를 가진다. 다만, 형사피고인이 스스로 변호인을 구할 수 없을 때에는 법률이 정하는 바에 의하여 국가가 변호인을 붙인다.

⑤ 누구든지 체포 또는 구속의 이유와 변호인의 조력을 받을 권리가 있음을 고지받지 아니하고는 체포 또는 구속을 당하지 아니한다. 체포 또는 구속을 당한 자의 가족 등 법률이 정하는 자에게는 그 이유와 일시·장소가 지체 없이 통지되어야 한다.

⑥ 누구든지 체포 또는 구속을 당한 때에는 적부의 심사를 법원에 청구할 권리를 가진다.

⑦ 피고인의 자백이 고문·폭행·협박·구속의 부당한 장기화 또는 기망 기타의 방법에 의하여 자의로 진술된 것이 아니라고 인정될 때 또는 정식재판에 있어서 피고인의 자백이 그에게 불리한 유일한 증거일 때에는 이를 유죄의 증거로 삼거나 이를 이유로 처벌할 수 없다.

제13조 ① 모든 국민은 행위시의 법률에 의하여 범죄를 구성하지 아니하는 행위로 소추되지 아니하며, 동일한 범죄에 대하여 거듭 처벌받지 아니한다.

② 모든 국민은 소급입법에 의하여 참정권의 제한을 받거나 재산권을 박탈당하지 아니한다.

③ 모든 국민은 자기의 행위가 아닌 친족의 행위로 인하여 불이익한 처우를 받지 아니한다.

제14조 모든 국민은 거주·이전의 자유를 가진다.

제15조 모든 국민은 직업선택의 자유를 가진다.

제16조 모든 국민은 주거의 자유를 침해받지 아니한다. 주거에 대한 압수나 수색을 할 때에는 검사의 신청에 의하여 법관이 발부한 영장을 제시하여야 한다.

제17조 모든 국민은 사생활의 비밀과 자유를 침해받지 아니한다.

제18조 모든 국민은 통신의 비밀을 침해받지 아니한다.

제19조 모든 국민은 양심의 자유를 가진다.

제20조 ① 모든 국민은 종교의 자유를 가진다.

② 국교는 인정되지 아니하며, 종교와 정치는 분리된다.

제21조 ① 모든 국민은 언론·출판의 자유와 집회·결사의 자유를 가진다.

② 언론·출판에 대한 허가나 검열과 집회·결사에 대한 허가는 인정되지 아니한다.

③ 통신·방송의 시설기준과 신문의 기능을 보장하기 위하여 필요한 사항은 법률로 정한다.

④ 언론·출판은 타인의 명예나 권리 또는 공중도덕이나 사회윤리를 침해하여서는 아니 된다. 언론·출판이 타인의 명예나 권리를 침해한 때에는 피해자는 이에 대한 피해의 배상을 청구할 수 있다.

제22조 ① 모든 국민은 학문과 예술의 자유를 가진다.

② 저작자·발명가·과학기술자와 예술가의 권리는 법률로써 보호한다.

제23조 ① 모든 국민의 재산권은 보장된다. 그 내용과 한계는 법률로 정한다.

② 재산권의 행사는 공공복리에 적합하도록 하여야 한다.

③ 공공필요에 의한 재산권의 수용·사용 또는 제한 및 그에 대한 보상은 법률로써 하되, 정당한 보상을 지급하여야 한다.

제24조 모든 국민은 법률이 정하는 바에 의하여 선거권을 가진다.

제25조 모든 국민은 법률이 정하는 바에 의하여 공무담임권을 가진다.

제26조 ① 모든 국민은 법률이 정하는 바에 의하여 국가기관에 문서로 청원할 권리를 가진다.

② 국가는 청원에 대하여 심사할 의무를 진다.

제27조 ① 모든 국민은 헌법과 법률이 정한 법관에 의하여 법률에 의한 재판을 받을 권리를 가진다.

② 군인 또는 군무원이 아닌 국민은 대한민국의 영역 안에서는 중대한 군사상 기밀·초병·초소·유독음식물공급·포로·군용물에 관한 죄 중 법률이 정한 경우와 비상계엄이 선포된 경우를 제외하고는 군사법원의 재판을 받지 아니한다.

③ 모든 국민은 신속한 재판을 받을 권리를 가진다. 형사피고인은 상당한 이유가 없는 한 지체 없이 공개재판을 받을 권리를 가진다.

④ 형사피고인은 유죄의 판결이 확정될 때까지는 무죄로 추정된다.

⑤ 형사피해자는 법률이 정하는 바에 의하여 당해 사건의 재판절차에서 진술할 수 있다.

제28조 형사피의자 또는 형사피고인으로서 구금되었던 자가 법률이 정하는 불기소처분을 받거나 무죄판결을 받은 때에는 법률이 정하는 바에 의하여 국가에 정당한 보상을 청구할 수 있다.

제29조 ① 공무원의 직무상 불법행위로 손해를 받은 국민은 법률이 정하는 바에 의하여 국가 또는 공공단체에 정당한 배상을 청구할 수 있다. 이 경우 공무원 자신의 책임은 면제되지 아니한다.

② 군인·군무원·경찰공무원 기타 법률이 정하는 자가 전투·훈련 등 직무집행과 관련하여 받은 손해에 대하여는 법률이 정하는 보상외에 국가 또는 공공단체에 공무원의 직무상 불법행위로 인한 배상은 청구할 수 없다.

제30조 타인의 범죄행위로 인하여 생명·신체에 대한 피해를 받은 국민은 법률이 정하는 바에 의하여 국가로부터

구조를 받을 수 있다.

제31조 ① 모든 국민은 능력에 따라 균등하게 교육을 받을 권리를 가진다.
② 모든 국민은 그 보호하는 자녀에게 적어도 초등교육과 법률이 정하는 교육을 받게 할 의무를 진다.
③ 의무교육은 무상으로 한다.
④ 교육의 자주성·전문성·정치적 중립성 및 대학의 자율성은 법률이 정하는 바에 의하여 보장된다.
⑤ 국가는 평생교육을 진흥하여야 한다.
⑥ 학교교육 및 평생교육을 포함한 교육제도와 그 운영, 교육재정 및 교원의 지위에 관한 기본적인 사항은 법률로 정한다.

제32조 ① 모든 국민은 근로의 권리를 가진다. 국가는 사회적·경제적 방법으로 근로자의 고용의 증진과 적정임금의 보장에 노력하여야 하며, 법률이 정하는 바에 의하여 최저임금제를 시행하여야 한다.
② 모든 국민은 근로의 의무를 진다. 국가는 근로의 의무의 내용과 조건을 민주주의원칙에 따라 법률로 정한다.
③ 근로조건의 기준은 인간의 존엄성을 보장하도록 법률로 정한다.
④ 여자의 근로는 특별한 보호를 받으며, 고용·임금 및 근로조건에 있어서 부당한 차별을 받지 아니한다.
⑤ 연소자의 근로는 특별한 보호를 받는다.
⑥ 국가유공자·상이군경 및 전몰군경의 유가족은 법률이 정하는 바에 의하여 우선적으로 근로의 기회를 부여받는다.

제33조 ① 근로자는 근로조건의 향상을 위하여 자주적인 단결권·단체교섭권 및 단체행동권을 가진다.
② 공무원인 근로자는 법률이 정하는 자에 한하여 단결권·단체교섭권 및 단체행동권을 가진다.
③ 법률이 정하는 주요방위산업체에 종사하는 근로자의 단체행동권은 법률이 정하는 바에 의하여 이를 제한하거나 인정하지 아니할 수 있다.

제34조 ① 모든 국민은 인간다운 생활을 할 권리를 가진다.
② 국가는 사회보장·사회복지의 증진에 노력할 의무를 진다.
③ 국가는 여자의 복지와 권익의 향상을 위하여 노력하여야 한다.
④ 국가는 노인과 청소년의 복지향상을 위한 정책을 실시할 의무를 진다.
⑤ 신체장애자 및 질병·노령 기타의 사유로 생활능력이 없는 국민은 법률이 정하는 바에 의하여 국가의 보호를 받는다.
⑥ 국가는 재해를 예방하고 그 위험으로부터 국민을 보호하기 위하여 노력하여야 한다.

제35조 ① 모든 국민은 건강하고 쾌적한 환경에서 생활할 권리를 가지며, 국가와 국민은 환경보전을 위하여 노력하여야 한다.
② 환경권의 내용과 행사에 관하여는 법률로 정한다.
③ 국가는 주택개발정책 등을 통하여 모든 국민이 쾌적한 주거생활을 할 수 있도록 노력하여야 한다.

제36조 ① 혼인과 가족생활은 개인의 존엄과 양성의 평등을 기초로 성립되고 유지되어야 하며, 국가는 이를 보장한다.
② 국가는 모성의 보호를 위하여 노력하여야 한다.
③ 모든 국민은 보건에 관하여 국가의 보호를 받는다.

제37조 ① 국민의 자유와 권리는 헌법에 열거되지 아니한 이유로 경시되지 아니한다.
② 국민의 모든 자유와 권리는 국가안전보장·질서유지 또는 공공복리를 위하여 필요한 경우에 한하여 법률로써 제한할 수 있으며, 제한하는 경우에도 자유와 권리의 본질적인 내용을 침해할 수 없다.

제38조 모든 국민은 법률이 정하는 바에 의하여 납세의 의무를 진다.

제39조 ① 모든 국민은 법률이 정하는 바에 의하여 국방의 의무를 진다.
② 누구든지 병역의무의 이행으로 인하여 불이익한 처우를 받지 아니한다.

■ 제3장 국회

제40조 입법권은 국회에 속한다.
제41조 ① 국회는 국민의 보통·평등·직접·비밀선거에 의하여 선출된 국회의원으로 구성한다.
② 국회의원의 수는 법률로 정하되, 200인 이상으로 한다.
③ 국회의원의 선거구와 비례대표제 기타 선거에 관한 사항은 법률로 정한다.

제42조 국회의원의 임기는 4년으로 한다.
제43조 국회의원은 법률이 정하는 직을 겸할 수 없다.
제44조 ① 국회의원은 현행범인인 경우를 제외하고는 회기 중 국회의 동의 없이 체포 또는 구금되지 아니한다.
② 국회의원이 회기 전에 체포 또는 구금된 때에는 현행범인이 아닌 한 국회의 요구가 있으면 회기 중 석방된다.

제45조 국회의원은 국회에서 직무상 행한 발언과 표결에 관하여 국회외에서 책임을 지지 아니한다.
제46조 ① 국회의원은 청렴의 의무가 있다.
② 국회의원은 국가이익을 우선하여 양심에 따라 직무를 행한다.
③ 국회의원은 그 지위를 남용하여 국가·공공단체 또는

기업체와의 계약이나 그 처분에 의하여 재산상의 권리·이익 또는 직위를 취득하거나 타인을 위하여 그 취득을 알선할 수 없다.

제47조 ① 국회의 정기회는 법률이 정하는 바에 의하여 매년 1회 집회되며, 국회의 임시회는 대통령 또는 국회재적의원 4분의 1 이상의 요구에 의하여 집회된다.

② 정기회의 회기는 100일을, 임시회의 회기는 30일을 초과할 수 없다.

③ 대통령이 임시회의 집회를 요구할 때에는 기간과 집회요구의 이유를 명시하여야 한다.

제48조 국회는 의장 1인과 부의장 2인을 선출한다.

제49조 국회는 헌법 또는 법률에 특별한 규정이 없는 한 재적의원 과반수의 출석과 출석의원 과반수의 찬성으로 의결한다. 가부동수인 때에는 부결된 것으로 본다.

제50조 ① 국회의 회의는 공개한다. 다만, 출석의원 과반수의 찬성이 있거나 의장이 국가의 안전보장을 위하여 필요하다고 인정할 때에는 공개하지 아니할 수 있다.

② 공개하지 아니한 회의내용의 공표에 관하여는 법률이 정하는 바에 의한다.

제51조 국회에 제출된 법률안 기타의 의안은 회기 중에 의결되지 못한 이유로 폐기되지 아니한다. 다만, 국회의원의 임기가 만료된 때에는 그러하지 아니하다.

제52조 국회의원과 정부는 법률안을 제출할 수 있다.

제53조 ① 국회에서 의결된 법률안은 정부에 이송되어 15일 이내에 대통령이 공포한다.

② 법률안에 이의가 있을 때에는 대통령은 제1항의 기간 내에 이의서를 붙여 국회로 환부하고, 그 재의를 요구할 수 있다. 국회의 폐회 중에도 또한 같다.

③ 대통령은 법률안의 일부에 대하여 또는 법률안을 수정하여 재의를 요구할 수 없다.

④ 재의의 요구가 있을 때에는 국회는 재의에 붙이고, 재적의원 과반수의 출석과 출석의원 3분의 2 이상의 찬성으로 전과 같은 의결을 하면 그 법률안은 법률로서 확정된다.

⑤ 대통령이 제1항의 기간 내에 공포나 재의의 요구를 하지 아니한 때에도 그 법률안은 법률로서 확정된다.

⑥ 대통령은 제4항과 제5항의 규정에 의하여 확정된 법률을 지체 없이 공포하여야 한다. 제5항에 의하여 법률이 확정된 후 또는 제4항에 의한 확정법률이 정부에 이송된 후 5일 이내에 대통령이 공포하지 아니할 때에는 국회의장이 이를 공포한다.

⑦ 법률은 특별한 규정이 없는 한 공포한 날로부터 20일을 경과함으로써 효력을 발생한다.

제54조 ① 국회는 국가의 예산안을 심의·확정한다.

② 정부는 회계연도마다 예산안을 편성하여 회계연도 개시 90일 전까지 국회에 제출하고, 국회는 회계연도 개시 30일 전까지 이를 의결하여야 한다.

③ 새로운 회계연도가 개시될 때까지 예산안이 의결되지 못한 때에는 정부는 국회에서 예산안이 의결될 때까지 다음의 목적을 위한 경비는 전년도 예산에 준하여 집행할 수 있다.

1. 헌법이나 법률에 의하여 설치된 기관 또는 시설의 유지·운영
2. 법률상 지출의무의 이행
3. 이미 예산으로 승인된 사업의 계속

제55조 ① 한 회계연도를 넘어 계속하여 지출할 필요가 있을 때에는 정부는 연한을 정하여 계속비로서 국회의 의결을 얻어야 한다.

② 예비비는 총액으로 국회의 의결을 얻어야 한다. 예비비의 지출은 차기국회의 승인을 얻어야 한다.

제56조 정부는 예산에 변경을 기할 필요가 있을 때에는 추가경정예산안을 편성하여 국회에 제출할 수 있다.

제57조 국회는 정부의 동의없이 정부가 제출한 지출예산 각 항의 금액을 증가하거나 새 비목을 설치할 수 없다.

제58조 국채를 모집하거나 예산 외에 국가의 부담이 될 계약을 체결하려 할 때에는 정부는 미리 국회의 의결을 얻어야 한다.

제59조 조세의 종목과 세율은 법률로 정한다.

제60조 ① 국회는 상호원조 또는 안전보장에 관한 조약, 중요한 국제조직에 관한 조약, 우호통상항해조약, 주권의 제약에 관한 조약, 강화조약, 국가나 국민에게 중대한 재정적 부담을 지우는 조약 또는 입법사항에 관한 조약의 체결·비준에 대한 동의권을 가진다.

② 국회는 선전포고, 국군의 외국에의 파견 또는 외국군대의 대한민국 영역 안에서의 주류에 대한 동의권을 가진다.

제61조 ① 국회는 국정을 감사하거나 특정한 국정사안에 대하여 조사할 수 있으며, 이에 필요한 서류의 제출 또는 증인의 출석과 증언이나 의견의 진술을 요구할 수 있다.

② 국정감사 및 조사에 관한 절차 기타 필요한 사항은 법률로 정한다.

제62조 ① 국무총리·국무위원 또는 정부위원은 국회나 그 위원회에 출석하여 국정처리상황을 보고하거나 의견을 진술하고 질문에 응답할 수 있다.

② 국회나 그 위원회의 요구가 있을 때에는 국무총리·국무위원 또는 정부위원은 출석·답변하여야 하며, 국무총리 또는 국무위원이 출석요구를 받은 때에는 국무위원 또는 정부위원으로 하여금 출석·답변하게 할 수 있다.

제63조 ① 국회는 국무총리 또는 국무위원의 해임을 대통령에게 건의할 수 있다.
② 제1항의 해임건의는 국회재적의원 3분의 1 이상의 발의에 의하여 국회재적의원 과반수의 찬성이 있어야 한다.

제64조 ① 국회는 법률에 저촉되지 아니하는 범위 안에서 의사와 내부규율에 관한 규칙을 제정할 수 있다.
② 국회는 의원의 자격을 심사하며, 의원을 징계할 수 있다.
③ 의원을 제명하려면 국회재적의원 3분의 2 이상의 찬성이 있어야 한다.
④ 제2항과 제3항의 처분에 대하여는 법원에 제소할 수 없다.

제65조 ① 대통령·국무총리·국무위원·행정각부의 장·헌법재판소 재판관·법관·중앙선거관리위원회 위원·감사원장·감사위원 기타 법률이 정한 공무원이 그 직무집행에 있어서 헌법이나 법률을 위배한 때에는 국회는 탄핵의 소추를 의결할 수 있다.
② 제1항의 탄핵소추는 국회재적의원 3분의 1 이상의 발의가 있어야 하며, 그 의결은 국회재적의원 과반수의 찬성이 있어야 한다. 다만, 대통령에 대한 탄핵소추는 국회재적의원 과반수의 발의와 국회재적의원 3분의 2 이상의 찬성이 있어야 한다.
③ 탄핵소추의 의결을 받은 자는 탄핵심판이 있을 때까지 그 권한행사가 정지된다.
④ 탄핵결정은 공직으로부터 파면함에 그친다. 그러나, 이에 의하여 민사상이나 형사상의 책임이 면제되지는 아니한다.

■ 제4장 정부

제1절 대통령

제66조 ① 대통령은 국가의 원수이며, 외국에 대하여 국가를 대표한다.
② 대통령은 국가의 독립·영토의 보전·국가의 계속성과 헌법을 수호할 책무를 진다.
③ 대통령은 조국의 평화적 통일을 위한 성실한 의무를 진다.
④ 행정권은 대통령을 수반으로 하는 정부에 속한다.

제67조 ① 대통령은 국민의 보통·평등·직접·비밀선거에 의하여 선출한다.
② 제1항의 선거에 있어서 최고득표자가 2인 이상인 때에는 국회의 재적의원 과반수가 출석한 공개회의에서 다수표를 얻은 자를 당선자로 한다.
③ 대통령후보자가 1인일 때에는 그 득표수가 선거권자 총수의 3분의 1 이상이 아니면 대통령으로 당선될 수 없다.
④ 대통령으로 선거될 수 있는 자는 국회의원의 피선거권이 있고 선거일 현재 40세에 달하여야 한다.
⑤ 대통령의 선거에 관한 사항은 법률로 정한다.

제68조 ① 대통령의 임기가 만료되는 때에는 임기만료 70일 내지 40일 전에 후임자를 선거한다.
② 대통령이 궐위된 때 또는 대통령 당선자가 사망하거나 판결 기타의 사유로 그 자격을 상실한 때에는 60일 이내에 후임자를 선거한다.

제69조 대통령은 취임에 즈음하여 다음의 선서를 한다.
"나는 헌법을 준수하고 국가를 보위하며 조국의 평화적 통일과 국민의 자유와 복리의 증진 및 민족문화의 창달에 노력하여 대통령으로서의 직책을 성실히 수행할 것을 국민 앞에 엄숙히 선서합니다."

제70조 대통령의 임기는 5년으로 하며, 중임할 수 없다.

제71조 대통령이 궐위되거나 사고로 인하여 직무를 수행할 수 없을 때에는 국무총리, 법률이 정한 국무위원의 순서로 그 권한을 대행한다.

제72조 대통령은 필요하다고 인정할 때에는 외교·국방·통일 기타 국가안위에 관한 중요정책을 국민투표에 붙일 수 있다.

제73조 대통령은 조약을 체결·비준하고, 외교사절을 신임·접수 또는 파견하며, 선전포고와 강화를 한다.

제74조 ① 대통령은 헌법과 법률이 정하는 바에 의하여 국군을 통수한다.
② 국군의 조직과 편성은 법률로 정한다.

제75조 대통령은 법률에서 구체적으로 범위를 정하여 위임받은 사항과 법률을 집행하기 위하여 필요한 사항에 관하여 대통령령을 발할 수 있다.

제76조 ① 대통령은 내우·외환·천재·지변 또는 중대한 재정·경제상의 위기에 있어서 국가의 안전보장 또는 공공의 안녕질서를 유지하기 위하여 긴급한 조치가 필요하고 국회의 집회를 기다릴 여유가 없을 때에 한하여 최소한으로 필요한 재정·경제상의 처분을 하거나 이에 관하여 법률의 효력을 가지는 명령을 발할 수 있다.
② 대통령은 국가의 안위에 관계되는 중대한 교전상태에 있어서 국가를 보위하기 위하여 긴급한 조치가 필요하고 국회의 집회가 불가능한 때에 한하여 법률의 효력을 가지는 명령을 발할 수 있다.
③ 대통령은 제1항과 제2항의 처분 또는 명령을 한 때에는 지체 없이 국회에 보고하여 그 승인을 얻어야 한다.
④ 제3항의 승인을 얻지 못한 때에는 그 처분 또는 명령은 그때부터 효력을 상실한다. 이 경우 그 명령에 의하

여 개정 또는 폐지되었던 법률은 그 명령이 승인을 얻지 못한 때부터 당연히 효력을 회복한다.

⑤ 대통령은 제3항과 제4항의 사유를 지체 없이 공포하여야 한다.

제77조 ① 대통령은 전시·사변 또는 이에 준하는 국가비상사태에 있어서 병력으로써 군사상의 필요에 응하거나 공공의 안녕질서를 유지할 필요가 있을 때에는 법률이 정하는 바에 의하여 계엄을 선포할 수 있다.

② 계엄은 비상계엄과 경비계엄으로 한다.

③ 비상계엄이 선포된 때에는 법률이 정하는 바에 의하여 영장제도, 언론·출판·집회·결사의 자유, 정부나 법원의 권한에 관하여 특별한 조치를 할 수 있다.

④ 계엄을 선포한 때에는 대통령은 지체 없이 국회에 통고하여야 한다.

⑤ 국회가 재적의원 과반수의 찬성으로 계엄의 해제를 요구한 때에는 대통령은 이를 해제하여야 한다.

제78조 대통령은 헌법과 법률이 정하는 바에 의하여 공무원을 임면한다.

제79조 ① 대통령은 법률이 정하는 바에 의하여 사면·감형 또는 복권을 명할 수 있다.

② 일반사면을 명하려면 국회의 동의를 얻어야 한다.

③ 사면·감형 및 복권에 관한 사항은 법률로 정한다.

제80조 대통령은 법률이 정하는 바에 의하여 훈장 기타의 영전을 수여한다.

제81조 대통령은 국회에 출석하여 발언하거나 서한으로 의견을 표시할 수 있다.

제82조 대통령의 국법상 행위는 문서로써 하며, 이 문서에는 국무총리와 관계 국무위원이 부서한다. 군사에 관한 것도 또한 같다.

제83조 대통령은 국무총리·국무위원·행정각부의 장 기타 법률이 정하는 공사의 직을 겸할 수 없다.

제84조 대통령은 내란 또는 외환의 죄를 범한 경우를 제외하고는 재직 중 형사상의 소추를 받지 아니한다.

제85조 전직대통령의 신분과 예우에 관하여는 법률로 정한다.

제2절 행정부

제1관 국무총리와 국무위원

제86조 ① 국무총리는 국회의 동의를 얻어 대통령이 임명한다.

② 국무총리는 대통령을 보좌하며, 행정에 관하여 대통령의 명을 받아 행정각부를 통할한다.

③ 군인은 현역을 면한 후가 아니면 국무총리로 임명될 수 없다.

제87조 ① 국무위원은 국무총리의 제청으로 대통령이 임명한다.

② 국무위원은 국정에 관하여 대통령을 보좌하며, 국무회의의 구성원으로서 국정을 심의한다.

③ 국무총리는 국무위원의 해임을 대통령에게 건의할 수 있다.

④ 군인은 현역을 면한 후가 아니면 국무위원으로 임명될 수 없다.

제2관 국무회의

제88조 ① 국무회의는 정부의 권한에 속하는 중요한 정책을 심의한다.

② 국무회의는 대통령·국무총리와 15인 이상 30인 이하의 국무위원으로 구성한다.

③ 대통령은 국무회의의 의장이 되고, 국무총리는 부의장이 된다.

제89조 다음 사항은 국무회의의 심의를 거쳐야 한다.
1. 국정의 기본계획과 정부의 일반정책
2. 선전·강화 기타 중요한 대외정책
3. 헌법개정안·국민투표안·조약안·법률안 및 대통령령안
4. 예산안·결산·국유재산처분의 기본계획·국가의 부담이 될 계약 기타 재정에 관한 중요사항
5. 대통령의 긴급명령·긴급재정경제처분 및 명령 또는 계엄과 그 해제
6. 군사에 관한 중요사항
7. 국회의 임시회 집회의 요구
8. 영전수여
9. 사면·감형과 복권
10. 행정각부간의 권한의 획정
11. 정부안의 권한의 위임 또는 배정에 관한 기본계획
12. 국정처리상황의 평가·분석
13. 행정각부의 중요한 정책의 수립과 조정
14. 정당해산의 제소
15. 정부에 제출 또는 회부된 정부의 정책에 관계되는 청원의 심사
16. 검찰총장·합동참모의장·각군참모총장·국립대학교총장·대사 기타 법률이 정한 공무원과 국영기업체관리자의 임명
17. 기타 대통령·국무총리 또는 국무위원이 제출한 사항

제90조 ① 국정의 중요한 사항에 관한 대통령의 자문에 응하기 위하여 국가원로로 구성되는 국가원로자문회의를 둘 수 있다.

② 국가원로자문회의의 의장은 직전대통령이 된다. 다만, 직전대통령이 없을 때에는 대통령이 지명한다.
③ 국가원로자문회의의 조직·직무범위 기타 필요한 사항은 법률로 정한다.

제91조 ① 국가안전보장에 관련되는 대외정책·군사정책과 국내정책의 수립에 관하여 국무회의의 심의에 앞서 대통령의 자문에 응하기 위하여 국가안전보장회의를 둔다.
② 국가안전보장회의는 대통령이 주재한다.
③ 국가안전보장회의의 조직·직무범위 기타 필요한 사항은 법률로 정한다.

제92조 ① 평화통일정책의 수립에 관한 대통령의 자문에 응하기 위하여 민주평화통일자문회의를 둘 수 있다.
② 민주평화통일자문회의의 조직·직무범위 기타 필요한 사항은 법률로 정한다.

제93조 ① 국민경제의 발전을 위한 중요정책의 수립에 관하여 대통령의 자문에 응하기 위하여 국민경제자문회의를 둘 수 있다.
② 국민경제자문회의의 조직·직무범위 기타 필요한 사항은 법률로 정한다.

제3관 행정각부

제94조 행정각부의 장은 국무위원 중에서 국무총리의 제청으로 대통령이 임명한다.
제95조 국무총리 또는 행정각부의 장은 소관사무에 관하여 법률이나 대통령령의 위임 또는 직권으로 총리령 또는 부령을 발할 수 있다.
제96조 행정각부의 설치·조직과 직무범위는 법률로 정한다.

제4관 감사원

제97조 국가의 세입·세출의 결산, 국가 및 법률이 정한 단체의 회계검사와 행정기관 및 공무원의 직무에 관한 감찰을 하기 위하여 대통령 소속하에 감사원을 둔다.
제98조 ① 감사원은 원장을 포함한 5인 이상 11인 이하의 감사위원으로 구성한다.
② 원장은 국회의 동의를 얻어 대통령이 임명하고, 그 임기는 4년으로 하며, 1차에 한하여 중임할 수 있다.
③ 감사위원은 원장의 제청으로 대통령이 임명하고, 그 임기는 4년으로 하며, 1차에 한하여 중임할 수 있다.
제99조 감사원은 세입·세출의 결산을 매년 검사하여 대통령과 차년도국회에 그 결과를 보고하여야 한다.
제100조 감사원의 조직·직무범위·감사위원의 자격·감사대상공무원의 범위 기타 필요한 사항은 법률로 정한다.

제5장 법원

제101조 ① 사법권은 법관으로 구성된 법원에 속한다.
② 법원은 최고법원인 대법원과 각급법원으로 조직된다.
③ 법관의 자격은 법률로 정한다.
제102조 ① 대법원에 부를 둘 수 있다.
② 대법원에 대법관을 둔다. 다만, 법률이 정하는 바에 의하여 대법관이 아닌 법관을 둘 수 있다.
③ 대법원과 각급법원의 조직은 법률로 정한다.
제103조 법관은 헌법과 법률에 의하여 그 양심에 따라 독립하여 심판한다.
제104조 ① 대법원장은 국회의 동의를 얻어 대통령이 임명한다.
② 대법관은 대법원장의 제청으로 국회의 동의를 얻어 대통령이 임명한다.
③ 대법원장과 대법관이 아닌 법관은 대법관회의의 동의를 얻어 대법원장이 임명한다.
제105조 ① 대법원장의 임기는 6년으로 하며, 중임할 수 없다.
② 대법관의 임기는 6년으로 하며, 법률이 정하는 바에 의하여 연임할 수 있다.
③ 대법원장과 대법관이 아닌 법관의 임기는 10년으로 하며, 법률이 정하는 바에 의하여 연임할 수 있다.
④ 법관의 정년은 법률로 정한다.
제106조 ① 법관은 탄핵 또는 금고 이상의 형의 선고에 의하지 아니하고는 파면되지 아니하며, 징계처분에 의하지 아니하고는 정직·감봉 기타 불리한 처분을 받지 아니한다.
② 법관이 중대한 심신상의 장해로 직무를 수행할 수 없을 때에는 법률이 정하는 바에 의하여 퇴직하게 할 수 있다.
제107조 ① 법률이 헌법에 위반되는 여부가 재판의 전제가 된 경우에는 법원은 헌법재판소에 제청하여 그 심판에 의하여 재판한다.
② 명령·규칙 또는 처분이 헌법이나 법률에 위반되는 여부가 재판의 전제가 된 경우에는 대법원은 이를 최종적으로 심사할 권한을 가진다.
③ 재판의 전심절차로서 행정심판을 할 수 있다. 행정심판의 절차는 법률로 정하되, 사법절차가 준용되어야 한다.
제108조 대법원은 법률에 저촉되지 아니하는 범위 안에서 소송에 관한 절차, 법원의 내부규율과 사무처리에 관한 규칙을 제정할 수 있다.
제109조 재판의 심리와 판결은 공개한다. 다만, 심리는 국가의 안전보장 또는 안녕질서를 방해하거나 선량한 풍속을 해할 염려가 있을 때에는 법원의 결정으로 공개하지 아니할 수 있다.

제110조 ① 군사재판을 관할하기 위하여 특별법원으로서 군사법원을 둘 수 있다.
　② 군사법원의 상고심은 대법원에서 관할한다.
　③ 군사법원의 조직·권한 및 재판관의 자격은 법률로 정한다.
　④ 비상계엄하의 군사재판은 군인·군무원의 범죄나 군사에 관한 간첩죄의 경우와 초병·초소·유독음식물공급·포로에 관한 죄 중 법률이 정한 경우에 한하여 단심으로 할 수 있다. 다만, 사형을 선고한 경우에는 그러하지 아니하다.

■ 제6장 헌법재판소

제111조 ① 헌법재판소는 다음 사항을 관장한다.
　　1. 법원의 제청에 의한 법률의 위헌 여부 심판
　　2. 탄핵의 심판
　　3. 정당의 해산 심판
　　4. 국가기관 상호간, 국가기관과 지방자치단체 간 및 지방자치단체 상호간의 권한쟁의에 관한 심판
　　5. 법률이 정하는 헌법소원에 관한 심판
　② 헌법재판소는 법관의 자격을 가진 9인의 재판관으로 구성하며, 재판관은 대통령이 임명한다.
　③ 제2항의 재판관 중 3인은 국회에서 선출하는 자를, 3인은 대법원장이 지명하는 자를 임명한다.
　④ 헌법재판소의 장은 국회의 동의를 얻어 재판관 중에서 대통령이 임명한다.

제112조 ① 헌법재판소 재판관의 임기는 6년으로 하며, 법률이 정하는 바에 의하여 연임할 수 있다.
　② 헌법재판소 재판관은 정당에 가입하거나 정치에 관여할 수 없다.
　③ 헌법재판소 재판관은 탄핵 또는 금고 이상의 형의 선고에 의하지 아니하고는 파면되지 아니한다.

제113조 ① 헌법재판소에서 법률의 위헌결정, 탄핵의 결정, 정당해산의 결정 또는 헌법소원에 관한 인용결정을 할 때에는 재판관 6인 이상의 찬성이 있어야 한다.
　② 헌법재판소는 법률에 저촉되지 아니하는 범위 안에서 심판에 관한 절차, 내부규율과 사무처리에 관한 규칙을 제정할 수 있다.
　③ 헌법재판소의 조직과 운영 기타 필요한 사항은 법률로 정한다.

■ 제7장 선거관리

제114조 ① 선거와 국민투표의 공정한 관리 및 정당에 관한 사무를 처리하기 위하여 선거관리위원회를 둔다.
　② 중앙선거관리위원회는 대통령이 임명하는 3인, 국회에서 선출하는 3인과 대법원장이 지명하는 3인의 위원으로 구성한다. 위원장은 위원 중에서 호선한다.
　③ 위원의 임기는 6년으로 한다.
　④ 위원은 정당에 가입하거나 정치에 관여할 수 없다.
　⑤ 위원은 탄핵 또는 금고 이상의 형의 선고에 의하지 아니하고는 파면되지 아니한다.
　⑥ 중앙선거관리위원회는 법령의 범위 안에서 선거관리·국민투표관리 또는 정당사무에 관한 규칙을 제정할 수 있으며, 법률에 저촉되지 아니하는 범위 안에서 내부규율에 관한 규칙을 제정할 수 있다.
　⑦ 각급 선거관리위원회의 조직·직무범위 기타 필요한 사항은 법률로 정한다.

제115조 ① 각급 선거관리위원회는 선거인명부의 작성 등 선거사무와 국민투표사무에 관하여 관계 행정기관에 필요한 지시를 할 수 있다.
　② 제1항의 지시를 받은 당해 행정기관은 이에 응하여야 한다.

제116조 ① 선거운동은 각급 선거관리위원회의 관리하에 법률이 정하는 범위 안에서 하되, 균등한 기회가 보장되어야 한다.
　② 선거에 관한 경비는 법률이 정하는 경우를 제외하고는 정당 또는 후보자에게 부담시킬 수 없다.

■ 제8장 지방자치

제117조 ① 지방자치단체는 주민의 복리에 관한 사무를 처리하고 재산을 관리하며, 법령의 범위 안에서 자치에 관한 규정을 제정할 수 있다.
　② 지방자치단체의 종류는 법률로 정한다.

제118조 ① 지방자치단체에 의회를 둔다.
　② 지방의회의 조직·권한·의원선거와 지방자치단체의 장의 선임방법 기타 지방자치단체의 조직과 운영에 관한 사항은 법률로 정한다.

■ 제9장 경제

제119조 ① 대한민국의 경제질서는 개인과 기업의 경제상의 자유와 창의를 존중함을 기본으로 한다.
　② 국가는 균형 있는 국민경제의 성장 및 안정과 적정한 소득의 분배를 유지하고, 시장의 지배와 경제력의 남용을 방지하며, 경제주체 간의 조화를 통한 경제의 민주화를 위하여 경제에 관한 규제와 조정을 할 수 있다.

제120조 ① 광물 기타 중요한 지하자원·수산자원·수력과 경제상 이용할 수 있는 자연력은 법률이 정하는 바에 의하여 일정한 기간 그 채취·개발 또는 이용을 특허할 수 있다.

② 국토와 자원은 국가의 보호를 받으며, 국가는 그 균형 있는 개발과 이용을 위하여 필요한 계획을 수립한다.

제121조 ① 국가는 농지에 관하여 경자유전의 원칙이 달성될 수 있도록 노력하여야 하며, 농지의 소작제도는 금지된다.

② 농업생산성의 제고와 농지의 합리적인 이용을 위하거나 불가피한 사정으로 발생하는 농지의 임대차와 위탁경영은 법률이 정하는 바에 의하여 인정된다.

제122조 국가는 국민 모두의 생산 및 생활의 기반이 되는 국토의 효율적이고 균형 있는 이용·개발과 보전을 위하여 법률이 정하는 바에 의하여 그에 관한 필요한 제한과 의무를 과할 수 있다.

제123조 ① 국가는 농업 및 어업을 보호·육성하기 위하여 농·어촌종합개발과 그 지원 등 필요한 계획을 수립·시행하여야 한다.

② 국가는 지역간의 균형 있는 발전을 위하여 지역경제를 육성할 의무를 진다.

③ 국가는 중소기업을 보호·육성하여야 한다.

④ 국가는 농수산물의 수급균형과 유통구조의 개선에 노력하여 가격안정을 도모함으로써 농·어민의 이익을 보호한다.

⑤ 국가는 농·어민과 중소기업의 자조조직을 육성하여야 하며, 그 자율적 활동과 발전을 보장한다.

제124조 국가는 건전한 소비행위를 계도하고 생산품의 품질향상을 촉구하기 위한 소비자보호운동을 법률이 정하는 바에 의하여 보장한다.

제125조 국가는 대외무역을 육성하며, 이를 규제·조정할 수 있다.

제126조 국방상 또는 국민경제상 긴절한 필요로 인하여 법률이 정하는 경우를 제외하고는, 사영기업을 국유 또는 공유로 이전하거나 그 경영을 통제 또는 관리할 수 없다.

제127조 ① 국가는 과학기술의 혁신과 정보 및 인력의 개발을 통하여 국민경제의 발전에 노력하여야 한다.

② 국가는 국가표준제도를 확립한다.

③ 대통령은 제1항의 목적을 달성하기 위하여 필요한 자문기구를 둘 수 있다.

■ 제10장 헌법개정

제128조 ① 헌법개정은 국회재적의원 과반수 또는 대통령의 발의로 제안된다.

② 대통령의 임기연장 또는 중임변경을 위한 헌법개정은 그 헌법개정 제안 당시의 대통령에 대하여는 효력이 없다.

제129조 제안된 헌법개정안은 대통령이 20일 이상의 기간 이를 공고하여야 한다.

제130조 ① 국회는 헌법개정안이 공고된 날로부터 60일 이내에 의결하여야 하며, 국회의 의결은 재적의원 3분의 2 이상의 찬성을 얻어야 한다.

② 헌법개정안은 국회가 의결한 후 30일 이내에 국민투표에 붙여 국회의원선거권자 과반수의 투표와 투표자 과반수의 찬성을 얻어야 한다.

③ 헌법개정안이 제2항의 찬성을 얻은 때에는 헌법개정은 확정되며, 대통령은 즉시 이를 공포하여야 한다.

■ 부칙〈제10호, 1987.10.29.〉

제1조 이 헌법은 1988년 2월 25일부터 시행한다. 다만, 이 헌법을 시행하기 위하여 필요한 법률의 제정·개정과 이 헌법에 의한 대통령 및 국회의원의 선거 기타 이 헌법시행에 관한 준비는 이 헌법시행 전에 할 수 있다.

제2조 ① 이 헌법에 의한 최초의 대통령선거는 이 헌법시행일 40일 전까지 실시한다.

② 이 헌법에 의한 최초의 대통령의 임기는 이 헌법시행일로부터 개시한다.

제3조 ① 이 헌법에 의한 최초의 국회의원선거는 이 헌법공포일로부터 6월 이내에 실시하며, 이 헌법에 의하여 선출된 최초의 국회의원의 임기는 국회의원선거후 이 헌법에 의한 국회의 최초의 집회일로부터 개시한다.

② 이 헌법공포 당시의 국회의원의 임기는 제1항에 의한 국회의 최초의 집회일 전일까지로 한다.

제4조 ① 이 헌법시행 당시의 공무원과 정부가 임명한 기업체의 임원은 이 헌법에 의하여 임명된 것으로 본다. 다만, 이 헌법에 의하여 선임방법이나 임명권자가 변경된 공무원과 대법원장 및 감사원장은 이 헌법에 의하여 후임자가 선임될 때까지 그 직무를 행하며, 이 경우 전임자인 공무원의 임기는 후임자가 선임되는 전일까지로 한다.

② 이 헌법시행 당시의 대법원장과 대법원판사가 아닌 법관은 제1항 단서의 규정에 불구하고 이 헌법에 의하여 임명된 것으로 본다.

③ 이 헌법 중 공무원의 임기 또는 중임제한에 관한 규정은 이 헌법에 의하여 그 공무원이 최초로 선출 또는 임명된 때로부터 적용한다.

제5조 이 헌법시행 당시의 법령과 조약은 이 헌법에 위배되지 아니하는 한 그 효력을 지속한다.

제6조 이 헌법시행 당시에 이 헌법에 의하여 새로 설치될 기관의 권한에 속하는 직무를 행하고 있는 기관은 이 헌법에 의하여 새로운 기관이 설치될 때까지 존속하며 그 직무를 행한다.